Ernst Bönsch/Uwe Bönsch

SCHACHLEHRE –
SCHACHTRAINING

Methodisches Handbuch für Lehrende und Lernende

Sportverlag Berlin

© 2000 by Econ Ullstein List Verlag GmbH & Co. KG – Sportverlag Berlin
Alle Rechte vorbehalten

Autoren: Dr. paed. Ernst Bönsch/
Internationaler Großmeister Uwe Bönsch
Umschlaggestaltung: Volkmar Schwengle, Buch und Werbung, Berlin
Umschlagfotos: Archiv, privat
Lektorat: Dirk Poldauf, Internationaler Meister
Satz und Repro: LVD GmbH, Berlin
Druck und Bindung: Wiener Verlag, Himberg

Printed in Austria 2000
ISBN 3–328–00869–1

Deutsche Bibliothek – CIP Einheitsaufnahme

Bönsch, Ernst: Schachlehre – Schachtraining:
Methodisches Handbuch für Lehrende und Lernende/Ernst und Uwe Bönsch
1. Auflage, Econ Ullstein List Verlag GmbH & Co – Sportverlag Berlin, 2000
ISBN 3–328–00869–1

INHALT

▶ Einzeltraining

▶ Selbsttraining – individuelles Selbststudium (Eröffnungsmaterialien, Endspielwerke, Mittelspielliteratur, Biographien, Bulletins, Turnierbücher, Partiensammlungen und Fachzeitschriften in gedruckter Form und auf elektronischen Datenträgern)

▶ Das Spezialisieren in der Eröffnungsphase
 • Methodischer Weg der eröffnungsmäßigen Spezialisierung in drei Phasen:
 1. Vertraut machen mit den wichtigsten Eröffnungs- und Verteidigungssystemen
 2. Einfache oder »strenge« Spezialisierung
 3. Erweiterte Spezialisierung
 • Anlegen von Eröffnungskarteien (Organisationstechnische und methodische Aspekte): Loseblattsystem, geheftete Ordnungsmittel, computergestützte »Karteien«
 Beispiele zur methodisch-inhaltlichen Gliederung:
 • Beispiel 1: Spezialisieren mit Weiß (1.e2-e4) gegen Sizilianisch 1.e2-e4 c7-c5 2.♘g1-f3 2. ... ♘c6 2. ... d6 2. ... e6 2. ... ♘f6 2. ... g6 2. ... a6 2. ... v.; Schema gegen das Najdorf-System (3.d4 cxd4 4.♘xd4 ♘f6 5.♘c3 a6)
 • Beispiel 2: Spezialisieren als Nachziehender gegen 1.e2-e4 (Schema: Najdorf-System)
 • Beispiel 3: Spezialisieren als Nachziehender gegen 1.e2-e4 (Schema: Pirc-Verteidigung)

▶ Das Führen eines Wettkampfbuchs
 • Anregen zur systematischen schachlichen Tätigkeit
 • Analysieren und Einschätzen der eigenen Wettkampfpartien (WP)
 • Kontrollmöglichkeit bei Spitzenspielern und talentierten Jugendlichen über ihr Leistungsvermögen
 • Selbstkontrolle des Spielers
 • Registrieren aller Wettkampfpartien und gehaltvollen Trainingspartien
 Methodisch-inhaltliche Hinweise zur Anlage eines Wettkampfbuchs: Inhaltliche Aufgliederung, Turnier- und Wettkampfleistungen (Schema), Jahresauswertung (Schema), Lehrgänge und Weiterbildung

 • Unterschiede zwischen Training und Wettkampf
 • Das wettkampfnahe Training
 • Trainingspartien mit verkürzter Bedenkzeit
 • Formen der strategischen Schulung
 • Ausbildung taktischer Fähigkeiten und Fertigkeiten
 • Schulen von Endspielfertigkeiten
 • Internettraining und Trainingspartien im Netz
 • Simultan- und Handicappartien
 • Beratungspartien
 • Methode des ›lauten Denkens‹
 • Fernschachpartien
 • Trainingswettkämpfe und Wettkämpfe
 • Zielsetzungen und Aufgaben für den Aktiven vor, während und nach dem Wettkampf
 • Partieauswertungs-Schema nach leistungsbestimmenden Faktoren (Schema)

GELEITWORT

von Professor Dr. Hans-Jürgen Hochgräfe
Leiter des Referates Ausbildung im Deutschen Schachbund e. V.

Unser Jahrtausend stellt zunehmend höhere Anforderungen an das Bildungsniveau aller Menschen. Es gilt, den neuen Herausforderungen in Wissenschaft, Wirtschaft, Politik und Schule gerecht zu werden und immer schwierigere Probleme zu bewältigen. Vor allem dürfte die heranwachsende Generation durch die dem Schachspiel innewohnenden Denk- und Problemlösefähigkeiten profitieren.

Vorliegendes Buch soll dazu beitragen, viele Menschen, vor allem Kinder und Jugendliche, für das Schach zu interessieren. Nicht nur Fachtrainer und Übungsleiter, auch Schachfunktionäre, Lehrer, Erzieher und Eltern werden durch das kompendiumhafte Abhandeln und gediegenes methodisches Unterweisen in die Lage versetzt, das Schachspiel in einfacher und fasslicher Weise zu vermitteln. Darüber hinaus erhalten junge Spieler umfassende Anleitungen für ihr häusliches individuelles Training. Zur Zeit gibt es in der internationalen Literatur kein vergleichbares Lehrwerk, das der gruppenmäßigen Lehr- und Trainingstätigkeit in Umfang, Qualität und didaktischer Klarheit so gerecht wird.

Mit SCHACHLEHRE-SCHACHTRAINING entstand ein modernes methodisches Handbuch für alle Hauptgebiete der schachlichen Aus- und Weiterbildung. Es bietet nicht nur den über 1300 lizenzierten Trainern des Deutschen Schachbundes, sondern zahlreichen Spielern, die eine Lizenzierung ihrer Spezialkenntnisse als Fachübungsleiter oder Trainer anstreben, notwendige Informationen, Lehr- und Trainingsmaterialien. Gleichzeitig birgt es Grundlagen für ein neues, nicht so zeitaufwendiges und für alle Schachspieler rationelles Aneignen notwendigen Schachwissens für die praktische Tätigkeit als Trainer/ Übungsleiter. Durch verstärkte individuelle Wissensaneignung im vorausgehenden Selbststudium können zukünftige Ausbildungsgänge noch effektiver gestaltet werden.

Das Autorenteam, der heutige Bundestrainer des Deutschen Schachbundes und der Verbandstrainer des früheren Deutschen Schachverbandes, stützen sich auf großmeisterliche Expertise sowie Erfahrungswerte aus langjähriger praktischer Tätigkeit. Als Spieler oder Trainer erwarben sie professionelle Berufserfahrungen auf höchstem internationalen Level bei zahlreichen Einladungsturnieren, Länderkämpfen, FIDE-Zonenturnieren, Interzonenturnieren, Europa-Mannschaftsmeisterschaften und Weltmeisterschaften. Wertvolle pädagogisch-methodische Erkenntnisse gewannen sie auch in vorbereitenden Trainingslehrgängen und beim Betreuen bundesdeutscher sowie ostdeutscher Auswahlmannschaften in insgesamt zehn Damen- und Herrenschacholympiaden.

Der Buchthematik gingen wissenschaftliche Arbeiten voraus. Ernst Bönsch schrieb zu schachmethodischen Fragen unter anderen die Diplomarbeit »Zur Methodik des Schachspiels – ein Beitrag für den außerschulischen Kindersport« (1955) und eine Dissertation A zum Thema »Untersuchungen über die didaktisch-methodische Gestaltung der Schachausbildung unter besonderer Berücksichtigung der spieltheoretischen Entwicklung des Schachsports« (1977). Uwe Bönsch behandelte in seiner A-Trainerlizenz-Hausarbeit leistungssportliche Aspekte unter der Thematik »Analyse von Schachschulen und leistungsorientierten Ausbildungsstätten – Perspektiven und Möglichkeiten einer Deutschen Schachschule« (1999).

Der Aussagewert des Werkes gewinnt durch die spürbare Wertschätzung und Liebe der Autoren zum Schachspiel und ihr Fachwissen, das sie bei A-, B- und C-Traineraus- und Weiterbildungen, beim Abfassen von offiziellen Leistungssportkonzeptionen und Trainingsmaterialien als auch in der zentralen Lehrkommission des Deutschen Schachbundes nutzen konnten. Mehrere im Buch aufgenommene Lehr- und Trainingsinhalte wurden beim FIDE-Einsatz der Trainerausbildung in Äthiopien, bei Schachlehrtätigkeiten in New Yorker High Schools in den USA zur Förderung von Begabungen auf mathematisch-naturwissenschaftlichem Gebiet erfolgreich erprobt.

EINFÜHRUNG

SCHACHLEHRE – SCHACHTRAINING setzt sich vorrangig zum Ziel, umfangreiche methodische Kenntnisse für die gruppenmäßige Ausbildung zu vermitteln. Das Buch wendet sich besonders an Trainer, Schachlehrer und Fachübungsleiter[*]. Als Leiter von Schachgruppen erhalten sie ein Instrumentarium methodisch aufbereiteter Materialien. Lehrmethodisch entspricht das problemhafte Gestalten der Wissensvermittlung, mit seinen schöpferischen und selbständigen Aspekten, dem Anliegen eines modernen Schachunterrichts. Auch vielen Aktiven, Schachfunktionären, interessierten Eltern und Autodidakten werden die fachgerechten Aussagen als Lehrbuch und Nachschlagewerk nützen. Über 1000 spezielle Diagramme, zahlreiche Grafiken, Schemata und Tabellen erhöhen anschaulich den Inhalt des Textes.

Das erste Kapitel vermittelt eine umfangreiche Analyse über den Wert des Schachspiels für die heranwachsende Generation, die zunehmend mit vorteilhaften Lern-, Denk- und Problemlösefähigkeiten vertraut sein muss. Otto Schily, Bundesminister des Innern, zuständig für Sport und selbst ein passionierter Schachspieler, würdigt in seinem Grußwort zur Deutschen Jugendmeisterschaft 1999 sowohl die intellektuelle als auch die soziale Herausforderung des Spiels: »Gerade der Schachsport fördert Entschlusskraft, Geduld und Zielstrebigkeit sowie Ausdauer und erzieht zu folgerichtigem und logischem Denken. Er erhöht die Kombinations- und Konzentrationsfähigkeit, regt die planerische und die schöpferische Phantasie an. Das Schachspiel lehrt, sich über die eigene Leistung zu freuen und die Leistung anderer zu akzeptieren. So ist das Schachspiel geistige Auseinandersetzung und gleichzeitig gemeinsames Erlebnis. Es vermittelt gleichermaßen soziales Miteinander wie auch regelgerechtes Streben nach Erfolg. Und es macht einfach Spaß.«

[*] Eine Bitte zur Kenntnisnahme: Alle im Text verwendeten Bezeichnungen wie Trainer, Schachlehrer, Übungsleiter, Leiter, Sportler, Spieler, Kaderspieler, Teilnehmer u. ä. gelten vereinfachend für die männliche und weibliche Form.

Zum besseren Verständnis der Ausbildungsproblematik werden im zweiten Kapitel anhand historisch determinierter schachlicher Entwicklungsetappen spezifische Lehr- und Spieltheorien charakterisiert, Schachschulen sowie Leistungstendenzen analysiert und damit dem Gegenwartsschaffen nutzbar gemacht. Die Dynamik der leistungssportlichen Entwicklung im Weltmaßstab und Akzeleration junger Spieler zur Weltelite wird besonders berücksichtigt.

Beim Erarbeiten des Lehr- und Ausbildungsprogramms, das die technischen Grundelemente des Schachspiels vermittelt, kommt es den Verfassern darauf an, auch diejenigen Lehrkräfte mit noch nicht so ausgeprägter schachlicher Qualifikation an Schulen und anderen pädagogischen Einrichtungen in die Lage zu versetzen, das in neun Lektionen konzipierte Stoffangebot ohne aufwendige Vorbereitungen zu lehren. Zweifellos erleichtert das »Abarbeiten« der Gliederungsthemen Stoffvermittlung, Übungen und Hausaufgaben unter Einbeziehen der beigefügten Arbeitsblätter und teilprogrammierten Überprüfungsfragen wesentlich den Ausbildungsgang. Schachinteressierte Eltern, die ihren Kindern das Schachspiel im »häuslichen Selbstunterricht« nahe bringen wollen, entnehmen alles Notwendige dem vierten Kapitel. Trainer oder Schachlehrer können spielpraktische Formen und Mittel, wie das Spielen von Minipartien und Lösen von Übungsaufgaben sinnvoll mit lehr- und trainingsmäßigen Elementen verknüpfen. Lektionsadäquate Arbeitsblätter in Form von Übungen, Wissensspeicher und Kontrollübungen unterstützen den Aneignungsprozess.

Einen großen Umfang nimmt das Kapitel zum Schachtraining ein. Oft wurde der Begriff des Schachtrainings mit dem des Schachlehrens synonym verwandt. Angemessene Definitionen sollen Gegensätze und Gemeinsamkeiten klären. Unterschieden wird auch ausdrücklich zwischen theoretischen und praktischen Trainingsformen. Die modernisierte Form der Eröffnungskarteien und das Anlegen von Wettkampfbüchern gelten als notwendige persönliche Trainingsmittel für Heranwachsende. Viele eigene Erfahrungen der Autoren konnten in das Kapitel zur Rolle des Trainers/Schachlehrers/Fachübungsleiters im Prozess der Schachausbildung einfließen. Die einzelnen Aufgaben der Trainer werden in detaillierter Weise abgehandelt. Gleichzeitig wird auch auf die unterschiedliche Art von Trainings- und Betreuungsaufgaben bei Kindern, Jugendlichen und Erwachsenen mittels Trainerratschlägen hingewiesen. Trainer, die eine Lizenz als A- oder B-Trainer anstreben, können die im Abschnitt 3.3.4 gegebenen Erfahrungen und Anregungen als auch die schreibtechnischen Formalien zum Abfassen von Hausarbeiten nutzen.

Die mehr als 600 Aufgaben (Kombinationen) umfassende Übungssammlung für Unterricht und Training ist sowohl für den organisierten Trainingsprozess als auch für das individuelle Selbsttraining geeignet. In ihrer Gesamtheit ermöglichen die vorwiegend taktisch orientierten Übungen durch die verdichtete analytische Denkarbeit spürbare Leistungssteigerungen, zumal Aufgaben aller drei Partiephasen enthalten sind. Der Autodidakt sollte allerdings erst nach beharrlichem Analysieren der Stellungen zum Lösungsteil greifen. Ob die Steine dabei berührt werden oder nicht, hängt vom Schachverständnis des Übenden ab.

Wichtige Richtlinien für das Training der Kaderspieler des Deutschen Schachbundes werden im Rahmentrainingsplan auszugsweise dargestellt. In den Kapiteln acht und neun sind Materialien für die Praxis, wie internationale Titel- und Ratingbestimmungen der FIDE, verschiedene Notationsformen, Spielsysteme, Regelwerke und Spielordnungen enthalten. Die Angaben zu den internationalen Schachorganisationen, zum Deutschen Schachbund/Schachjugend, nationale Ausbildungsstätten sowie professionelle Bezugsquellen für das Schachtraining orientieren auf die gegenwärtigen organisationstechnischen Strukturen.

Der Abschnitt über spezielle Schachtermini informiert den Lehrenden und Lernenden durch eine stichwortartige (alphabetisch geordnete) Zusammenstellung über die häufig gebrauchten Schachbegriffe, wobei Termini aus der Schachpädagogik, dem Übungs-, Trainings- und Wettkampfbetrieb vorrangig sind. Durch Querverweise auf Textstellen wird dieses Kapitel auch den Anforderungen eines Sachwortregisters gerecht.

Oft benutzte englischsprachige Schachbegriffe sollen das Lesen englischer Fachliteratur im Verlauf der europäischen Integration erleichtern. Die inzwischen auf allen Schachgebieten gebräuchlichen Abkürzungen, Symbole und Kürzel, von der traditionellen Notation bis zum modernen Computerschach, tragen zum notwendigen Schachverständnis bei. In das Literaturverzeichnis wurden neben den Titeln, die inhaltlich verwendet wurden auch Bücher aufgenommen, die im Grenzbereich der Schachlehre weiterbilden. Eine zentrale Position nehmen pädagogische, psychologische und trainingsorientierte Schriften sowie wissenschaftliche Lizenz-Trainerarbeiten ein. In der Endfassung entstand eine Liste von 1033 gegenwärtigen und früheren schachpädagogisch und leistungssportlich relevanten Quellen.

Das von einem Autorenteam verfasste Werk vermittelt dem Nutzer den aktuellen Wissensstand auf dem Gebiet des Lehr- und Trainingswesens im Schach.

Wertvolle Erfahrungen zu Gebieten der lehr- und trainingsmethodischen Grundkonzeption erwarben die Autoren bei zahlreichen nationalen und internationalen Turnier- und Trainereinsätzen, beim Durchführen von Trainingslagern und Trainerausbildungen. Außerdem förderten Gruppen- und Einzeltraining mit Talenten in der Spitzensportförderung, Botwinnikschule, Sportfördergruppe der Bundeswehr, im Kadertraining, Sportgymnasium Halle und in Leistungsstützpunkten den methodischen Erkenntnisfundus. Zentrale Stoffgebiete zur Lehr- und Trainingsgestaltung konnten in jahrelanger hauptberuflicher Trainertätigkeit und eigener Trainings- und Spielpraxis erprobt werden.

Mit dem Ziel, einen optimalen methodischen Weg zum Erlernen des Schachspiels zu erforschen, wurde das »Komplexe Ausbildungsprogramm zum Erlernen der technischen Grundelemente mit Stoffaufgliederung« zwei Schuljahre lang in einer ersten und zweiten Klasse der Goetheschule Halle (unter Teilnahme aller Kinder) vom Autor E. B. getestet. Mitte der siebziger Jahre lehrten weitere dreißig Schachlehrer/Übungsleiter in außerunterrichtlichen Arbeitsgemeinschaften nach obigem Programm mit den dazugehörigen Arbeitsblättern. Der didaktische Grundweg wurde bei Schachlehrertätigkeiten in den Jahren 1995 bis 1998 in Kreativitätsschulen des Bildungs- und Forschungsinstituts Professor Dr. Mehlhorn in mehreren Städten Deutschlands sowie an der

Stuyvesant High School und Bronx High School of Science in New York City beschritten.

Im vorliegenden neuen Lehrwerk bleiben bewährte Strukturen in der didaktisch-methodischen Anlage der früheren SCHACHLEHRE erhalten. Durch den weiten Verbreitungsgrad des Buches, das dreimal mit hohen Auflagen erschien, wurde in den letzten anderthalb Jahrzehnten zahlreichen Kindern im In- und Ausland das Schachspiel gelehrt. Die begleitenden Trainingsanweisungen trugen zum Verbessern ihrer Spielstärke bei. In das neue Lehr- und Trainingsprogramm flossen die dabei gewonnenen Erfahrungen mit ein, und der Inhalt wurde durch neue wissenschaftlich-rationelle Trainingsformen erweitert. Kognitiv erkannte Leistungskriterien und moderne computergestützte Trainingsmittel kamen hinzu.

Wir danken PD Dr. habil. Marion Kauke für die produktive wissenschaftliche Begleitung des Buches und dem Internationalen Meister Dirk Poldauf für das sachkundige Lektorieren des Manuskripts. Für das Zusammenstellen der technischen Materialien von Regelwerken, Spielordnungen, Anschriften und FIDE-Regularien gilt unser besonderer Dank den Verantwortlichen des Deutschen Schachbundes, der Deutschen Schachjugend, Fédération Internationale des Échecs, Europäischen Schachunion und des Deutschen Fernschachbundes.

Die Autoren

1. ZUR BEDEUTUNG DES SCHACHSPIELS

Die Komplexität und der rapide Wandel der modernen Welt stellt immer höhere Ansprüche an das Vermögen und die Bereitschaft der Menschen, intellektuelle Herausforderungen zu bestehen und neuartige Probleme zu lösen. Wohldurchdachte Entscheidungsfindungen unter den Bedingungen von Risiko und Unsicherheit in der Informationsgesellschaft erfordern ständiges Erschließen geistiger Ressourcen und Ausbilden lebenslanger intellektueller Lernfähigkeiten bis ins hohe und höhere Erwachsenenalter. Durch den Wandel des Wesens der Arbeit, des ständig wachsenden psychonervalen Anteils im Arbeitsprozess, werden gleichfalls bedeutendere Anforderungen an die schöpferischen Fähigkeiten und das problemorientierte Handeln gestellt. Eine erfolgreiche gesamtwirtschaftliche Entwicklung setzt die dynamische Wettbewerbsfähigkeit und hohe Belastbarkeit in intellektueller, physiologischer und psychischer Hinsicht voraus. Damit rücken Fragen der Leistungsbereitschaft, der geistigen Leistungsfähigkeit, die sich vor allem auf ein konzentriertes konstruktiv-kritisches Denkvermögen gründen, verstärkt in den Blickpunkt der Betrachtungen. In vielen Bereichen der Wirtschaft, Wissenschaft und Politik werden zum Erfassen und Lösen schwieriger intellektueller Aufgaben immer mehr Denk- und Problemlösefähigkeiten als auch rationale Entscheidungsfindungen verlangt.

Sportliches Handeln und Streben tragen zunehmend für eine immer größer werdende Zahl Menschen dazu bei, Wohlbefinden, Leistungswillen und gemeinschaftliches Handeln zu fördern, Resignationstendenzen zu überwinden sowie Lebensmut und Persönlichkeitsentfaltung zu unterstützen. Die von Körperkultur und Sport ausgehenden sozialen und biologischen Impulse wirken dabei auf die Reproduktion körperlicher und geistiger Spannkraft. Durch die Pflege und Förderung des Schachspiels als sportlicher Disziplin fällt den Schachorganisationen die sozialpädagogische Aufgabe zu, beim Erfüllen geistigkultureller sowie sportlicher Bedürfnisse breiter

Bevölkerungsgruppen mitzuwirken und zugleich bestimmte persönlichkeitsbildende Eigenschaften und schöpferische Fähigkeiten, vor allem bei der jungen Generation, entwickeln zu helfen. Aus diesem gesellschaftlichen Anliegen ergeben sich für die Landesverbände und Vereine Aufgabenstellungen, die in unterhaltsamer oder wettkampfadäquater Form zu lösen sind:

– Den geistig-kulturellen und sportlichen Ansprüchen der Menschen entsprechend sind im Rahmen einer sinnvollen Freizeitgestaltung vielfältige, interessant organisierte Schachwettkämpfe anzubieten.

– Die spezifischen Eigentümlichkeiten des Schachs als strategischem Spiel sind zu nutzen, Kinder zum logischen Denken, zur Kritik- und Konzentrationsfähigkeit zu erziehen, ihre Analysefähigkeit und Kombinatorik zu schulen und Phantasie anzuregen.

– Durch die Pflege und Förderung des Schachspiels als sportliche Disziplin soll auf das Entfalten geistiger und charakterlicher Wesensmerkmale von Persönlichkeiten Einfluss genommen werden, wobei das Herausbilden wertvoller Eigenschaften wie Willenskraft, Zielstrebigkeit, Entschlusskraft, Mut, Fleiß und Ausdauer vorrangig sind.

– Fähigkeiten wie Kombinations- und Konzentrationsfähigkeit, problemhaftes und räumliches Denken (Raumgedächtnis), Speicherfähigkeit und Entscheidungsfreudigkeit, die sich nutzbringend in bestimmten Berufskategorien und Wissenschaftszweigen auswirken, sind zu entwickeln. Nach Bleis/Hofmann bestreitet alltäglichen Lebenskampf und Wettbewerb »nicht derjenige erfolgreicher, der mehr weiß, sondern der, der ein Mehr an Konzentration, Ausdauer, Ideenkraft, Flexibilität, Phantasie, Kombinationsvermögen, Urteilskraft und persönlichem Engagement einsetzen kann« (1980, S. 61).

Das Schach als strategisches Kampfspiel erfordert und bewirkt diese Voraussetzungen im Rahmen seiner wettkampfmäßig betriebenen Tätigkeit. Es »fördert die Konzentration, den Realismus und die Ausdauer, die Kreativität, geistige Flexibilität, Phantasie und Initiative, es verbessert das Gefühl für das Machbare, lehrt die Identifikation mit der Aufgabenstellung und erfordert ein bedingungsloses persönliches Engagement. Schach hebt die Willensstärke und den Mut zum kalkulierbaren Risiko. Es gibt kein Spiel, das die Fähigkeiten und Tugenden in so umfassendem Maße begünstigt, die für den erfolgreichen Vollzug jener problemorientierten Denk-, Analyse-, Entscheidungs-, Motivations-, Durchsetzungs- und Kontrollprozesse unentbehrlich sind« (ebenda 1980, S. 60). Wettbewerbsmäßig betriebenes Spielen trägt zu einem besseren Zeitgefühl bei, da die Kinder in einer vorbestimmten Zeiteinheit ihre Denkaufgaben (Züge) zu erfüllen haben. Damit wächst auch das Verantwortungsgefühl für den Wert der Zeit. Das wettkampfmäßige Ausüben prägt aber auch Fähigkeiten der emotionalen Intelligenz. Kritisches Selbsteinschätzen sowie Analysieren eigener Stärken und Schwächen in Partien verhelfen zur Leistungssteigerung. Besonders Verlustpartien sind selbstkritisch zu werten. Wettkämpfe bringen es mit sich, dass man auch verlieren lernen muss. Gleichzeitig soll der auftretende Verlustärger produktiv gemeistert werden und zu neuen Trainingsaktivitäten anspornen.

Nach Kasparow wollen heute immer mehr Menschen beim Kampf die intellektuelle Komponente sehen, die auch mit einem erzieherischen Effekt verbunden ist. »Neben dem intellektuellen Reiz des Schachs ist der erzieherische Wert von Bedeutung. Ich möchte als Schachweltmeister erreichen, daß in allen Schulen ein Jahr Schachunterricht – etwa in der siebenten oder achten Klasse – gegeben wird. Schach lehrt die Schüler Logik, entwickelt die Phantasie, erzieht zu Selbstdisziplin und Entschlossenheit. Vor allem aber lehrt es die Dreizehnjährigen spielerisch, Verantwortung zu übernehmen. Du übernimmst Verantwortung für deine Entscheidungen: Du ziehst Nutzen aus deinen richtigen Zügen, du zahlst für deine Fehler. In der siebenten Klasse bekommen die Kinder normalerweise noch nicht viel Verantwortung übertragen. Schach ist ein sehr einfacher und schöner Weg, diese zu entwickeln. Logik, Phantasie, Selbstdisziplin, Entschlossenheit und Verantwortung, das sind einzigartige Qualitäten. Darüber hinaus enthält Schach eine starke künstlerische Komponente: Die Freude an einer gelungenen Kombination erfüllt das Herz des Menschen wie Musik« (Vorwort in Runkel 1995, S. 8).

Das Schachspiel wird als psychologischer Forschungsgegenstand für verschiedene Wissenschaftsbereiche, insbesondere zum Untersuchen menschlicher Denkprozesse und auch zum Veranschaulichen und Simulieren der Wirkungsweise heuristischer Strategien, genutzt. Das Spiel, das vom Philosophen Georg Klaus in den Komplex der menschlichen Sprache, Mathematik und Logik eingereiht wurde, stellt eine Erscheinung des gesellschaftlichen Bewusstseins dar. Es beinhaltet wesentliche Merkmale realer Gegebenheiten. »Schach ist lebendig wie Dialektik. Hier begegnet dem Menschen ein Spiel, das in den Spielregeln und in der Konstruktion seines Figurenkraftfeldes die Grundgesetze der Dialektik, die die allgemeinsten Bewegungsgesetze der Natur, der Gesellschaft und des Denkens sind, in abstrakter, zugleich aber reiner, kristallklarer Form widerspiegeln. Im Schach kann der Mensch ein Stück seines menschlichen Wesens betätigen« (1969, S. 234). In allen grundlegenden Intelligenzkonzeptionen hat nach Kauke das Schachspiel als Modell paradigmatisch fungiert und fundamentale Lösungsprinzipien der mathematischen Spieltheorie begründet. »Spiele wie Schach ... die wesentlich vom strategischen Denken und Handeln der Mitspieler bestimmt sind, ließen den Gedanken an die Formulierung von ›Spieltheorien‹ aufkommen, die nicht nur für wirtschaftliche oder politische Zwecke, ja selbst in der biologischen und psychologischen Grundlagenforschung brauchbar sind« (1998, S. 9).

Dem Wesen nach ist Schach ein Zwei-Personen-Nullsummen-Spiel, in dem Elemente des Sports, der Kunst und Wissenschaft integriert sind. Als ursprüngliche Lebenskategorie besitzt das Spiel an sich eine besondere Funktion, die von dem niederländischen Spielkulturforscher Jan Huizinga einprägsam beschrieben wurde: »Bereits in seiner Eigenschaft als eine regelmäßig wiederkehrende Abwechslung wird es Begleitung, Ergänzung, ja Teil des Lebens im allgemeinen. Es schmückt das Leben, es ergänzt es und ist insofern unentbehrlich, unentbehrlich für die Einzelperson als biologische Funktion und unentbehrlich für die Gemeinschaft wegen des Sinnes, der in ihm enthalten ist, wegen seiner Bedeutung, wegen seines Ausdruckswertes und wegen der geistigen und sozialen Verbindungen, die es schafft: kurzum als Kulturfunktion. Es befriedigt Ideale des Ausdrucks und des Zusammenlebens. Es hat seinen Platz in einer Sphäre, die über der des rein biologischen Prozesses des

Sichnährens, Sichspaarens und Sichschützens liegt« (1958, S. 16).

Von der gesellschaftlichen Anwendungssphäre her wurde das Schachspiel historisch wie viele andere Spiele fest in den Bereich des Sports eingegliedert. Das war begründet in den Gemeinsamkeiten des Wettkampfgedankens, dem Austragen reglementierter Turniere, Länderkämpfe usw. sowie in der starken leistungsorientierten Zielrichtung mit konditionellen und volitiven Anstrengungen. Dem Kampf zwischen zwei Gegnern bzw. Mannschaften geht ebenfalls ein Ausbildungs- und Trainingsprozess voraus. Auch im Schach resultiert eine sportliche Leistung immer aus der Leistung der Gesamtpersönlichkeit. Ausgehend von dem Erkennen des psychologischen Anforderungsprofils in der jeweiligen Sportart bieten sich uns eine Reihe kongruenter Faktoren. Die für einen hohen schachlichen Leistungsgrad notwendigen Fähigkeiten und Eigenschaften, wie schöpferisches Denken, Gedächtniskraft, Phantasie, Intuition, Vorstellungsvermögen, Vorausberechnung, Entschlusskraft, spezieller Mut, gesundes Selbstvertrauen, Optimismus, Kritikfähigkeit und Kondition, sind auch Anforderungskriterien für die überwiegende Mehrzahl der anderen Sportdisziplinen.

Von hohem Interesse dürfte das dialektische Zusammenwirken zwischen der ›geistigen‹ Sportart Schach – worin Strategie und Taktik tragende Elemente quasi die abstrakte Abbildung des Kampfes in Form der Spielhandlungen sind – und dem strategisch-taktischen Denken, im Sinne situationsangemessenen Handelns, in den Körper- und Bewegungssportarten sein. Sicher könnten die strategisch-taktischen Gesetze, die sich beim Schachkampf bekanntlich in reiner kristallklarer Form widerspiegeln, mit Hilfe vergleichender wissenschaftlicher Untersuchungen aussagekräftige Impulse zur theoretisch-intellektuellen Weiterentwicklung von Sportspielen und Zweikampfsportarten vermitteln (Bönsch 1983, S. 861–867). Ausgehend von der Erkenntnis, dass Höchstleistungen in allen Sportdisziplinen immer mehr von der Effektivität und Zuverlässigkeit intellektueller Operationen des Sportlers, insbesondere der Qualität seines strategisch-taktischen Denkens abhängen, erfahren Trainingsmethoden zum Ausprägen jener geistigen Ressourcen erhöhte Aufmerksamkeit. Es wird vor allem auf diejenigen Sportarten verwiesen, in denen aufgrund der Sportartspezifik sich technische und physiologische Leistungssteigerungen relativ erschöpfen

und ein weiterer Leistungszuwachs bzw. Niveauanstieg vornehmlich auf theoretisch-strategisch/taktischem Sektor zu ermöglichen ist. Die Frage nach dem »geistigen Gehalt des Sports« wurde zwar in den letzten Jahrzehnten mit beachtlichem Wissen gestützt, konnte aber auf diesem speziellen Gebiet noch nicht ausreichend beantwortet werden. Hierfür bieten die von Georg Klaus verwendeten Beispiele und Abstraktionen der Schachstrategie in seinem Werk »Spieltheorie in philosophischer Sicht« (1968) eine tragfähige theoretische Grundlage. Praktisch-experimentelle Untersuchungen zum Thema Schach als Modell zur Analyse strategisch-taktischer Fähigkeiten in Zweikampfsportarten führte M. Keller (1985) mit Hilfe von Schachcomputern durch.

Das seit der Mitte des 19. Jahrhunderts zunehmende sportgemäße Motivieren des Schachspiels schließt nicht aus, dass nach wie vor auch wesentliche ästhetische Kategorien den Partieninhalt mitbestimmen. Das künstlerische Element kommt im Wettkampfschach sehr differenziert zum Ausdruck, was erkennen lässt, dass nicht jede Partie Anspruch auf ein künstlerisches Prädikat erheben darf. Schließlich steht dem Willen eines Spielers ein gegendenkender feindlicher Wille gegenüber, der mit jedem Zug versucht, die Logik und Reinheit seiner Gedanken zu zerstören. Einen ästhetischen Gewinn vermitteln nur diejenigen Schachpartien, in denen sich die Gesetze des Denkens in Schärfe, Vollkommenheit und Dynamik schlüssig darbieten. Tiefgründige Kombinationen, weitreichende folgerichtige strategische Pläne, intuitiv-schöpferische Züge und mutige Opferwendungen wecken bei jedem Kenner Emotionen und schenken innere Befriedigung, die auch den Erscheinungsformen der Kunst eigen ist. Betrachten wir unter diesen Aspekten die ›Immergrüne‹ oder ›Unsterbliche Partie‹ Anderssens, die geistvollen Kombinationen Morphys und Tals, die Glanzpartien Laskers, Capablancas, Aljechins, Tartakowers und Rubinsteins sowie der führenden Meister in der Gegenwart, dann wird deutlich, dass sich das Schachspiel ein kunstsinniges Publikum schuf, das fähig ist, die Schönheiten der Schachkunst zu verstehen und zu genießen. Wenn bei diesen Überlegungen die künstlerisch verdichteten Kombinationen des Problemschachs, der Studien oder Endspiele mit einfließen, dann kann man mit Recht sagen, dass Millionen Liebhaber des Schachs das Spiel als Form des geistigen Genusses und als geistiges Abenteuer erleben. So liegt das ästhetische Kriterium des Schachs

»in der möglichst reinen Darstellung der dem Schach zugrunde liegenden dialektischen Momente, ein Umstand, der in Opferkombinationen oder in der Realisierung tiefer strategischer Pläne augenfällig in Erscheinung tritt und der im Problemschach seine Verselbständigung erfahren hat« (Kleine, 1961, S. 647). Wie jedes Kunstgenre sein eigenes spezifisches Schönheitsnormativ hervorbrachte, so tragen im Schach starke Züge, geistvolle Manöver und Kombinationen zu ästhetischen Empfindungen der sachkundigen Betrachter bei. Wenn nach Emanuel Lasker der stärkste Zug auch der schönste sei, dann werden bei der gegenwärtig weltweit hohen Spielkultur ständig neue »Kunstwerke« geschaffen. Aber nicht nur den Koryphäen bleibt es vorbehalten, exzellente Gedanken und Spielzüge zu Meisterwerken zu formen, auch die übergroße Anzahl der Hobbyspieler und Schachliebhaber erfreut sich täglich an kreativen Einfällen und geistigen Abenteuern auf dem Schachbrett. Emotionale Freude und Genugtuung lassen sich nicht nur durch Betrachten kunstvoller Darbietungen, sondern auch durch das Erleben und Freisetzen eigener intellektueller Fähigkeiten sowie schöpferischer Phantasie erzielen. Hier liegt auch ein wesentlicher Aspekt der langjährigen Anziehungskraft und Faszination des königlichen Spiels begründet. Sicher wird durch diese geistvolle Freizeitbeschäftigung ein wertvoller Beitrag zur humanistischen Menschheitskultur geleistet. *Schach ist als Elixier sinnvoller, freudbetonter Freizeitgestaltung ein Bestandteil kultureller Lebensweise und gehobener Lebensqualität auf mannigfachen Ebenen des Zusammenlebens in einer modernen Gesellschaft.*

Schon über Jahrhunderte hinweg begegnet man dem Schachspiel in vielen künstlerischen Gestaltungen wie in schöngeistigen Werken, in der Malerei und Graphik, in Filmen und im Theaterschaffen. Besonders in der schöngeistigen Literatur werden seine ästhetischen Werte gewürdigt. Zahlreiche Schriftsteller, Dichter und Poeten bezogen sich auf historische, inhaltliche, vergleichende und ethische Wesenszüge des uralten aber gleichzeitig modernen Spiels. Aus der Vielzahl der Autoren sollen nur die bedeutendsten hervorgehoben werden: Marcel Achard, Leonid N. Andrejew, Fernando Arrabal, Jacob Balde, Samuel Beckett, Bertholt Brecht, Omar Chajjam, Jacobus de Cessolis, Fjodor Michailowitsch Dostojewskij, Hans Fallada, Lion Feuchtwanger, Abu'l Kasim Mansur ben Hasan Firdausi, Theodor Fontane, Marie de France, Max Frisch, Johann Wolfgang von Goethe, Graham Greene, Wilhelm Heinse, Ernest Hemingway, Ephraim Kishon, Gotthold Ephraim Lessing, Georg Christoph Lichtenberg, Wladimir Wladimirowitsch Majakowskij, Vladimir Nabokov, Katherine Neville, Jean Paul, Edgar Allan Poe, Alexander Puschkin, Erich Maria Remarque, Jean Jacques Rousseau, Friedrich Rückert, Arthur Schopenhauer, William Shakespeare, Lew Tolstoi, Ivan Sergejewitsch Turgenjew, Marcus Hieronymus Vida, François Marie Arouet Voltaire, Carl Zuckmayer und Stefan Zweig.

Das wissenschaftliche Element im Schach äußert sich in drei Richtungen: erstens im methodischen Erforschen des Leistungszuwachses, vor allem der drei Spielphasen im Sinne eines immer tieferen Eindringens in die Eröffnungs-, Mittel- und Endspieltheorie; zweitens in der zunehmenden Optimierung des Schachalgorithmus mit Hilfe von Problembearbeitungsprozessen; drittens im Verdeutlichen der Wirkungsweise heuristischer Strategien in Problemlösungsprozessen.

Im ersten Problemkreis erleben wir, analog zu anderen Wissenschaftsbereichen, eine Art Wissensexplosion. Die Fülle der täglich erscheinenden Schachpublikationen zu sichten bzw. auszuwerten ist kaum noch möglich, da ständig weltweit neues Schachwissen in Form von praktischen Partien und analytischen Untersuchungen ›produziert‹ wird. Im Internet und in Printmedien werden Fachzeitschriften, Bulletins, Turnierbücher, Partie- und Turnierdisketten (CDs) kommentiertes und unkommentiertes Partienmaterial veröffentlicht. Sie bilden das Rohmaterial für zeitgemäße wissenschaftliche Schachwerke und elektronische Datenbanken. Hauptbestandteil der wissenschaftlich-analytischen Untersuchungen sind die für die spieltheoretische Vorbereitung notwendigen Eröffnungs- und Verteidigungssysteme. 25- bis 30-zügige Varianten sind keine Seltenheit und charakterisieren den hohen theoretischen Erkenntnisstand des Eröffnungswissens. Umfangreiche elektronische Datenbanken mit weit mehr als einer Million gespeicherter Partien werden immer häufiger genutzt. Sie erlauben den unmittelbaren Zugriff zu Partieaufzeichnungen aus den letzten zwei Jahrhunderten.

Das Verständnis für die Phase des schwer überschaubaren Mittelspiels mit seinen strategischen und taktischen Spielelementen unterstützen zahlreiche Strategie- und Taktikbücher als auch interaktive Multimedia-Trainings-CDs. Die zu einem großen Teil erforschte Endspieltheorie wird in mehrbändigen Endspielwerken und speziellen thematischen Datenbanken gespeichert.

Das Erforschen und Festlegen eines Schachalgorithmus beschäftigt seit vielen Jahren die Fachwissenschaftler. Um tiefer in die weitgehend noch relativ unbekannten Prozesse des menschlichen Denkens eindringen zu können, bedarf es entsprechend programmierter Schachrechenmaschinen, damit die Methoden erkannt werden, die ein Schachspieler beim richtigen Bewerten der Stellung und Einschätzen eines Zuges anwendet. Zu den konstruktionellen Möglichkeiten des Herstellens logisch operierender Elektronenrechenmaschinen setzt sich die von Michael Botwinnik bereits 1969 geäußerte Auffassung »Die Fortschritte auf dem Gebiet der Schachmaschinen werden zweifellos dazu führen, daß die Maschine stärker wird als alle Schachgroßmeister einschließlich aller Weltmeister« (S. 224) immer mehr durch. Gegen diese Annahme gab es unter den Fachexperten lange Jahre starke Vorbehalte. So antwortete Weltmeister Garri Kasparow zu Beginn des Jahres 1988 auf die Frage, ob es vor der Jahrhundertwende einem Computerprogramm möglich sei, einen Großmeister zu schlagen: »Ausgeschlossen und sollte irgendein Großmeister doch Schwierigkeiten haben, bin ich gern bereit, ihm ein paar Ratschläge zu geben« (nach Hsu, 1990, S. 94). Knapp ein Jahrzehnt später erklärte er gegenüber Larry King, dem CNN-Talkmaster nach seiner 2 $^1/_2$ zu 3 $^1/_2$ Niederlage gegen Deep Blue in New York: »Ich habe alle Menschen geschlagen. Meine einzige Herausforderung ist jetzt die Maschine« (nach Löffler, 1997, S. 10). Beim »Frankfurter Chess Classic 2000« belegte Fritz on Primergy anlässlich der inoffiziellen Schnellschach-Weltmeisterschaften hinter Anand und Kramnik den dritten Platz. Dieses hervorragende Resultat basiert auf einer Rechenleistung von 2 800 000 Stellungsbeurteilungen pro Sekunde und einer Rechentiefe von etwa 16 Halbzügen. Die regelmäßig durchgeführten offiziellen Weltmeisterschaften für Großrechner und Mikrocomputer beantworten zwar noch nicht grundlegend die Richtigkeit von Botwinniks These, sie bestärken aber die Fachwelt in der Annahme, dass durch die Entwicklung leistungsfähigerer kreativer Rechner und verfeinerter Methoden des Programmierens ein weiterer Qualitätszuwachs »künstlicher Intelligenz« zu erreichen ist.

Das Schachspiel selbst, als Gegenstand komplex zu behandelnder Entwicklungsaufgaben (speziell Problemsituationen), wird fortwährend mehr zum Objekt wissenschaftlicher Untersuchungen. Methodologische Fragestellungen geben dabei wesentliche Ansatzpunkte zur Nutzung des Schachs als logisches Kombinationsspiel für andere Wissensbereiche. Der Psychologe Friedhart Klix benutzte beispielsweise die Eigenschaften heuristischer Schachstrategien als Modellbetrachtung zur Veranschaulichung der Wirkungsweise heuristischer Strategien in Problemlösungsprozessen. In dem Kapitel »Heuristische Entscheidungen im Schach: Horizontal- und Vertikalstrategien der Informationsbewältigung als Ausdruck strategischer Primärentscheidungen« (1971, S. 735–743) wird unter Einbeziehen der bisherigen Forschungsarbeiten von Puschkin, Tichomirow, de Groot, Newell und Samuel in praktischen Schachstellungen der Nachweis über die Alternative in kognitiven Primärentscheidungen über die Strategie des Informationsgewinns in strukturell schwer überschaubaren Situationen erbracht. Zum Verdeutlichen spezieller Denkprozesse demonstriert Hans-Dieter Schmidt unter dem Aspekt des »Problemlösens als Genese« (1972, S. 178–185) mittels einer Endspielkombination (Bauerndurchbruch) die psychologische Konfliktsituation, in der ein »gegendenkender« Partner den Denkvollzug stört. Der Hinweis, dass durch diese Darstellung ein Alltagsfall, zum Beispiel die problembezogene wissenschaftliche, politische usw. Diskussion bzw. Prüfungssituation exemplifiziert wird, verleiht dem Exkurs ein besonderes Gewicht.

Betrachtungen über die vom Schachsport ausgehenden persönlichkeitsbildenden und wissenschaftsfördernden Komponenten zum Nutzen der Wissenschaft stellt Fleischer in seinem Beitrag »Analogien zwischen dem Schachspiel und wissenschaftlichen Problembearbeitungsprozessen« (Schach und Persönlichkeitsbildung, 1972, S. 50–54) an. Dabei geht er im ursächlichen Aspekt von der beim Schachspieler stark entwickelten Konzentrations-, Kombinations- und Speicherfähigkeit aus. Problemanalytiker und Schachspieler entwerfen auf ihren spezifischen Ebenen gleichsam heuristische Erkennungs-, Bewertungs- und Entscheidungsprogramme, wobei sie sich jeweils auf determinierte fachliche Prinzipien stützen. Neuere Sichtweisen über »Intellektuelle Hochleistungen in komplexen Inhaltsbereichen« mit den Schwerpunkten »Komplexes Problemlösen« und »Das Denken von Experten« vermitteln Michael Waldmann und Franz E. Weinert unter Einbeziehen von Schachuntersuchungen in ihrem Werk »Intelligenz und Denken« (1990, S. 158–160).

Die Beziehungen des Schachspiels zur Mathematik untersuchte Gik (1986) anhand aussagekräftiger Beispiele (Minimal- und Maximalprobleme, Zugfolgeprobleme u. a.) unter Zuhilfenahme kombinatorischer und arithmetischer Mittel, auch auf graphentheoretischer Grundlage, denn mathematisches und schachliches Denken verläuft in ähnlichen Bahnen.

Inwieweit Schach durch seine umfangreichen Fähigkeits- und Eigenschaftspotentiale in der Lage ist, die geistige Entwicklung von Kindern und Erwachsenen positiv zu beeinflussen, wurde durch Beiträge auf verschiedenen wissenschaftlichen Veranstaltungen wie der »Ersten Wissenschaftlichen Konferenz des Deutschen Schachverbandes« 1972 in Halle, dem »Internationalen Schulschachkongreß« 1984 in Hamburg, dem »Wissenschaftlich-methodischen FIDE-Seminar« 1985 in Leningrad sowie den Spezialkursen »Bedeutung des Schachs für Erziehung, Wissenschaft und Kultur« 1988 und 1989 in Dresden nachgewiesen. Aussagekräftige psychologische Befunde zur Förderung intellektueller Leistungsfähigkeit durch Spielen, vor allem des Schachspiels als Repräsentant strategischer Brettspiele, werden von Spieltheoretikerin Marion Kauke im Buch »Spielintelligenz« (1992) dargelegt. Nicht nur Konzentrationsfähigkeit, sorgfältiges schlussfolgerndes Denken, Komponenten des allgemeinen Intelligenzquotienten, sondern auch Verlaufsqualitäten schöpferischen Denkens, wie Originalität, Flexibilität, Flüssigkeit und Elaboration sind durch systematisch gelehrtes Schachspielen beträchtlich steigerbar. Darüber hinaus fordert und fördert Schach vorausschauendes und planendes Denken sowie vernetztes Denken für rationale Entscheidungsfindungen unter partieller Unsicherheit und Risiko.

Die Verknüpfungen des modernen Schachs zu wissenschaftlichen Disziplinen und anderen Lebensgebieten sind in folgender zusammenfassender Übersicht skizziert:
• Psychologie und Schach: Wissenschaftliche Beschreibung des Schachspielens, Motivation zum Spielen, Spieltrieb, Nutzen für rationale Trainingsgestaltung und Wettkampfvorbereitung, Relevanz des Schachs für das tägliche Leben, Vereinheitlichung der Psychologie, dargestellt am Beispiel Schach
• Neurowissenschaften, Kognitive Wissenschaft, Gehirnforschung und Schach: Menschliche Informationsverarbeitung und Gehirnvorgänge beim Schachspielen, neuronale Netze und Schach
• Computerwissenschaft und Schach: Informationsverarbeitung, künstliche Intelligenz, Fuzzy-Logic, Neuro-Schachcomputer, Schach als Simulationsmodell für hochkomplexe Denkprozesse und Entscheidungsfindungen, multimediale Partienverwaltung in elektronischen Datenbanken, Computerprogramme als starke Spielpartner
• Chaos- & Komplexitätstheorie und Schach: Schach als komplexes, ordentlich-chaotisches Phänomen
• Evolutionstheorie: Überlebensstrategien in einer komplexer werdenden High-Tech-Welt
• Pädagogik und Schach: Verbesserung der schulischen Leistungen durch Erhöhen der intellektuellen Lernfähigkeit. Fördern der verstandes- und charakterbildenden Eigenschaften und Fähigkeiten wie produktives und schlussfolgerndes Denken, Phantasie und Vorstellungskraft, Kreativität, Konzentrationsfähigkeit, Fleiß und Ausdauer.
• Schach als psychische und sozialpädagogische Herausforderung: Bindeglied und Bewährungsfeld für Kranke und Behinderte, Überwinden von Beschwerden und Resignation in schwierigen Lebenssituationen, Bewahren der geistigen Regsamkeit, Dynamik und des Lebensmutes im höheren Erwachsenenalter
• Sportwissenschaft, Sportpsychologie und Schach: Transfer von logischen Denkprozessen für die Strategie und Taktik in Zweikampf- und Spielsportarten
• Schach als Metapher und Paradigma in den Wissenschaften: wie Physik, Wirtschaftswissenschaften z. B. inspirierend für nichtkooperative Spieltheorie, für die Nash, Selten und Harsanyi 1994 den Nobelpreis erhielten, sowie für Managementschulungen als Modell für zielgerichtete Problemlösungen in Unternehmen
• Schach als Bestandteil kulturvoller Lebensweise: Einbeziehen des königlichen Spiels in Romane der Weltliteratur, Theaterstücke und Filme (erweiterter Dialog mit Reinhard Munzert, 1997, S. 50).

Im Resümee kann hervorgehoben werden: Schach als Erscheinung des gesellschaftlichen Bewusstseins war und ist dem Wesen nach ein intellektuelles Spiel. Historisch entwickelte es sich der Form nach zum wettkampfmäßig betriebenen Sport. Gehaltvolle Partien, Studien und Kompositionen vermitteln durch ihre ästhetische Ausdruckskraft einen geistigen Genuss und reihen sich damit in die Erscheinungsformen des Künstlerischen ein. Schließlich birgt die didaktisch-methodische Erforschung des Leistungszuwachses und die mit der Weiterentwicklung kreativer Rechenmaschinen einhergehende Analyse menschlicher Denkprozesse im Hinblick einer ›künstlichen Intelligenz‹ wesentliche Prozesse wissenschaftlicher Denkweisen in sich. Multimediale Partienrepräsentation in Datenbanken und Wettkämpfe per Internet beziehungsweise E-Mail geben dem Schach weltweite Chancen. Als spektakulär erwies sich die Internetpartie zwischen Garri Kasparow und der ›Welt‹, die sich aus 3,5 Millionen Gegnern in 79 Nationen zusammensetzte. Über 25 Millionen Zugriffe in der Microsoft »Gaming Zone« hielten viele Spieler in der zweiten Hälfte des Jahres 1999 in Atem. Nach Kasparow besitzt Schach gegenüber Fußball, Basketball und Tennis den Vorteil, dass selbst im Internet es jeder wie gewohnt spielen kann, während andere populäre Sportarten nur mit Hilfe von Computern simuliert werden können.

Da es für die heranwachsende Generation und im gesellschaftlichen Leben immer mehr darauf ankommt, über vorteilhafte Lern-, Denk- und Problemlösefähigkeiten zu verfügen, wird dem Schach durch sein Potenzial, entsprechende Entwicklungen anzuregen, ein höherer Stellenwert zukommen. Es vermag damit auf spielerischem Wege den allgemeinen Bildungs- und Erziehungsauftrag der Schulen wirksam zu unterstützen. Eigenschaften wie Fleiß, Ausdauer, jederzeit kritisches Selbsteinschätzen sowie das Analysieren eigener Stärken und Schwächen verhelfen zu besseren Ergebnissen. Man kann sich über eigene Erfolge freuen und zugleich die Leistung anderer anerkennen. Besonders Niederlagen sind selbstkritisch zu werten. Dabei kommt nur der voran, der auch lernt, zu verlieren und den Verlustärger entwicklungsstimulierend zu meistern. Schach zwingt zur spielerischen Auseinandersetzung, verschafft geistige Abenteuer und vermittelt gleichzeitig gemeinsame Erlebnisse. Und das völlig unabhängig davon, auf welchem Erdteil sich die Spielpartner im Moment befinden. Über Länder- und Sprachgrenzen hinweg vermag jeder mit jedem zu spielen. Diese soziale und kommunikative Seite bewirkt immer wieder eine starke intellektuelle Faszination, die auch im 21. Jahrhundert bei wachsendem Freizeitangebot als sinnvolle freizeitliche Beschäftigung eine noch größere Rolle spielen wird.

2. Historische Entwicklungsetappen schachspezifischer Spieltheorien, Schachschulen und Lehrmeinungen

Warum beschäftigen wir uns mit Spieltheorien, Schachschulen und Leistungsförderungen aus Vergangenheit und Gegenwart? Es geht nicht um das Darstellen spektakulärer Erfolge, sondern es sollen vor allem Ursachen von Leistungen erforscht und erkannt werden. Gesucht wird nach leistungsbestimmenden Faktoren bzw. Bedingungen der Spieler, unter denen sie ihre Leistungen (persönliche Höchstleistungen) erreichten. Unter diesem Aspekt wurden bisher keine komplexen zielgerichteten Untersuchungen geführt. Auch Trainingskonzeptionen und Vorstellungen zu einem rationellen Leistungsaufbau blieben weitestgehend unerwähnt. Andererseits ist es sehr nützlich, aus der Vielfalt leistungssportlicher Aktivitäten diejenigen Projekte, trainingsmethodischen Konzepte oder Details herauszukristallisieren, die sich in der geschichtlichen Praxis als besonders effektiv erwiesen und die für gegenwärtige Trainingsmethoden anwendbar sind.

2.1 Entstehen des Schachspiels und seine frühe Verbreitung

Zum Ursprung des Schachspiels gibt es eine Vielzahl von Sagen und Legenden. Sie bilden den Ansatz für Hypothesen über die Entstehungszeit, das Ursprungsland und den Namen der Erfinder. So wird das Entstehen des Schachspiels nach einer Aufzeichnung des Persers Ibn Khallikan (1211–1282) dem weisen Brahmanen Sissa Ibn Dahir zugeschrieben. Er soll für seinen indischen Herrscher Shihram ein Spiel ersonnen haben, in dem ausgedrückt wurde, dass ein König als wichtigste Figur ohne Hilfe anderer Figuren und Bauern nichts auszurichten vermag. Seitdem erkannte der Herrscher, wie wichtig für ihn seine Untertanen sind. Als Belohnung durfte der Brahmane eine Bitte äußern. In seiner Antwort lag eine weitere Belehrung für seinen Herren, der über die angebliche Nichtigkeit des Anliegens ungehalten war. Er wollte als Lohn Weizen: ein Korn für das erste Feld eines Schachbretts, zwei für das zweite Feld,

vier für das dritte Feld, acht für das vierte Feld usw. Die Menge wurde also von Feld zu Feld verdoppelt. Bald musste der Vorsteher des Königs Kornkammern erkennen, dass nach dem 64. Feld eine unglaublich große Summe zu Stande kam, nämlich 18 446 744 073 709 551 615 oder mathematisch ausgedrückt 18 Trillionen, 446 Billarden, 744 Billionen, 73 Milliarden, 709 Millionen, 551 Tausend und 615 Körner. Die phantastische Zahl ergibt sich aus der Formel $1+2+2^2 + ... + 2^{63} = 2^{64}-1$. Berechnungen zufolge müsste für alle Körner ein Speicher mit einer 80 m^2 großen Grundfläche von der Erde bis zur Sonne geschaffen werden und es wären 300 Millionen Güterzüge erforderlich, um die Weizenkörner dem Erfinder zu überbringen. Diese unerschöpfliche Vielfalt beschreibt bildhaft ein indisches Sprichwort: »Das Schachspiel ist ein See, in dem eine Mücke baden und ein Elefant ertrinken kann!«

Nach vorherrschender Meinung der Schachhistoriker liegen die Wurzeln des Schachs vor etwa 2500 Jahren in Indien. In der altindischen Literatur wird unter dem Namen Tschaturanga ein Brettspiel erwähnt, bei dem die Felder und die Figurenanzahl dem heutigen Schach entsprechen. Tschaturanga ist ein Sanskritwort und heißt wörtlich übersetzt, »das Vierteilige«. Ebenso wurde auch das damalige indische Heer bezeichnet, das sich aus vier Gruppierungen (Kriegselefanten, Schlachtrosse, Wagen und Fußvolk) zusammensetzte. Die indischen Schöpfer des Schachs wollten das Darstellen einer Schlacht mittels eines Spiels veranschaulichen. Es ist anzunehmen, dass sowohl der militär-strategische Plan als auch die taktischen Ausführungen durch die einzelnen Heeresgruppen vorher auf dem Spielbrett vorweggenommen und festgelegt wurden. Das Konzipieren und Modellieren des Kampfs lässt das Schach als ein besonderes Spiel erkennen, das aus gesellschaftlich objektiven Gegebenheiten und Notwendigkeiten heraus entstand.

Von Indien gelangte das Spiel gegen Ende des fünften Jahrhunderts nach Persien, wo es sich schnell verbreitete. Der bekannte persische Dichter Abu 'l Kasim Mansur ben Hasan **Firdausi** erwähnte um 1000 u. Z. in seinem berühmten Heldengedicht Schahnameh, dem Buch der Könige, erstmals etwas über die damaligen Regeln. Das bei den Persern unter dem Namen Schatrandsch bekannt gewordene Spiel unterschied sich in verschiedener Hinsicht vom heute gültigen Regelwerk. Es war in erster Linie ein Beraubungsspiel. Alle feindlichen Figuren galt es zu erobern. Ein Sieg wurde ferner errungen, wenn der gegnerische König matt oder patt gesetzt wurde. Der Schah (König), Faras (Springer) und der Rukh (Turm) zogen wie heute. Das En-passant-Schlagen und die Rochade waren unbekannt. Der Fersan (Dame) durfte nur schräg ziehen bis auf das nächste Feld. Der Fil (Elefant, Läufer) bewegte sich ebenfalls nur schräg, aber springend bis auf das übernächste Feld. Dem Baidag (Fußgänger, Bauer) war der Zweitschritt nicht erlaubt. Diese Regeln ließen kein kombinationsreiches Spiel zu.

Durch die Araber gelangte das Schatrandschspiel im achten Jahrhundert nach dem mohammedanischen Spanien, und von dort verbreitete es sich allmählich über das gesamte Europa, außer Russland. Nach dem alten Russland soll das Schatrandsch auf dem Wege über Innerasien durch mongolische Fürsten gekommen sein. Als beweiskräftig gilt die Analogie der russischen Schachterminologie, die mit den orientalischen Bezeichnungen weitgehend übereinstimmt. In allen anderen westeuropäischen Ländern gab es Wandlungen und Änderungen. Immer mehr wuchs das Bestreben, die Spielführung schneller und dynamischer zu gestalten. Das Spiel nahm durch die begrenzte Gangart von Dame und Läufer einen schleppenden Verlauf. Im 13. Jahrhundert wurde der Doppelschritt des Bauern eingeführt. Der König durfte, sofern er noch nicht gezogen hatte, auf das dritte Feld, und zwar nach beliebiger Richtung, springen, z. B. von e1 nach g1, c3, g3, c2, d3, f3, g2 und e3. Besonders in der Zeit der Renaissance (15.–16. Jahrhundert) erhielt das Schachspiel durch einschneidende Regeländerungen neue Impulse und gewann an Popularität. So wurde der Sprung des Läufers beseitigt. Er durfte jetzt schräg ziehen, das heißt auf einer Diagonale beliebig weit. Die Dame avancierte von einer schwachen zur stärksten Figur. Sie erlangte die Spielkraft von Turm und Läufer zusammen. Seit dieser Zeit gibt es nur noch eine Form des Sieges: das Matt. Durch die unbeschränkte Möglichkeit der Bauernumwandlung erhielt vor allem das Endspiel neue Variations-

möglichkeiten. Gegen Mitte des 16. Jahrhunderts entwickelte sich aus dem Sprung des Königs nach g1 (c1) die kurze und lange Rochade. In der Folge gab es in den verschiedenen Ländern noch unterschiedliche Regeln und Auslegungen. Erst im vergangenen Jahrhundert stabilisierte sich ein einheitliches Reglement.

Besonders bedeutsam für das theoretische Weiterentwickeln und Verbreiten des Schachs war die Erfindung des Buchdrucks. Gespielte Partien, eröffnungs- und endspieltheoretische Abhandlungen konnten besser ausgetauscht werden, was zum schnelleren und umfassenderen Fortschritt der Schachtheorie beitrug. Zahlreiche Werke über theoretische Untersuchungen und praktische Spielaufzeichnungen leiteten die Periode der neuzeitlichen Geschichte des Schachspiels ein.

Die Spielweise der spanischen und italienischen Meister war gekennzeichnet durch einen geradlinigen, kombinationsreichen Angriffsstil, wobei Figuren- und Bauernopfer den Ton angaben. Typisch dafür ist ihre Vorliebe für Eröffnungsgambits. Im Jahre 1497 gab der Spanier **Luis Ramírez Lucena** aus Salamanca das erste gedruckte Schachwerk heraus. In seinem Buch entwickelte und kennzeichnete er schon bestimmte Spielanfänge. So sind bereits Namen zu finden wie Italienisch, Russisch, Spanisch, Springerspiel, Läuferspiel, Französisch und Skandinavisch. Die heute als fehlerhaft erkannte Variante 1.e4 e5 2.♘f3 f6 3.♘xe5 fxe5 4.♕h5+ ♔e7 5.♕xe5+ ♔f7 6.♗c4+ usw. erhielt von ihm die Bezeichnung »Gambit Damiano«. Aus etwa gleicher Zeit stammt eine in der Göttinger Universitätsbibliothek aufbewahrte Handschrift in lateinischer Sprache. In dieser »Göttinger Handschrift« wird versucht, die Eröffnungen in vier Gruppen zu gliedern: 1.e4, 1.d4, 1.f4 und 1.c4. Zu den bereits von Lucena genannten Spielanfängen findet auch das »Angenommene Damengambit« (1.d4 d5 2.c4 dxc4) Erwähnung. 1512 veröffentlichte der bekannte portugiesische Spieler **Damiano** ein Schachbuch in Rom. Ein Kapitel befasste sich bereits mit künstlerischen Endspielen. Die Eingangsregel bei seinen Ratschlägen, dass kein Zug zwecklos gespielt werden soll, besitzt heute didaktisch den gleichen Wert wie damals.

Als erstes Lehrbuch für das Schachspiel gilt das von **Zafra Ruy López** im Jahre 1561 verfasste Werk »Libro de la invención liberal y arte del juego del Axedrez« (Die Erfindungsgabe im Schach). López polemisierte im eröffnungstheoretischen Teil hauptsächlich gegen Damiano. Er wollte nachweisen, dass der zweite Zug in der heutigen »Spanischen Partie« (früher »Springerspiel des Ruy López«) 2. ... ♞c6 wegen 3.♝b5 schlecht wäre und durch 2. ... d6 oder 2. ... ♝c5 zu ersetzen sei. Die Lucenasche Verteidigung 3. ... ♞ge7 galt damals schon als unzureichend. Andere Züge, wie 3. ... a6 oder 3. ... ♞f6, waren noch nicht bekannt. Er betrachtete den Doppelbauern auf c6 als entscheidenden positionellen Nachteil. Allerdings war seine Beweisführung nicht überzeugend. Nach ihm wurde die Zugfolge 1.e4 e5 2.♝c4 ♝c5 3.♛e2 d6 4.c3 ♞c6 5.f4 exf4 als »Gambit des López« benannt. Die Eröffnung 1.e4 e5 2.c3 und eine Variante mit 2. ... ♞f6 im abgelehnten Königsgambit wurden ebenfalls aufgenommen.

Zu den bedeutendsten Schachmeistern des 16. und 17. Jahrhunderts zählen die Italiener **Giovanni Leonardo, Giulio Cesare Polerio, Dr. Alessandro Salvio** und **Gioachino Greco**. Polerio zeichnete mehrere Partien aus dieser Zeitspanne auf, die aber erst im Jahre 1873 von dem Schachforscher A. v. d. Linde ausgewertet wurden. In den Aufzeichnungen finden wir eine Reihe von Eröffnungen, die in ihrer Grundstruktur bis in die Neuzeit erhalten blieben. Zum Beispiel:

– Italienisch (früher »Giuoco piano«) 1.e4 e5 2.♞f3 ♞c6 3.♝c4 ♝c5 4.c3 ♛e7 5.0–0 d6 usw.
– Zweispringerspiel im Nachzuge (früher Zweispringerspiel) die Variante 5. ... ♞xd5
– Spanisch mit der Erwiderung 3. ... ♝c5
– Französisch 1.e4 e6 2.d4 d5
– Sizilianisch 1.e4 c5
– Damengambit, Damenbauernspiele u. a. m.

Ferner waren viele Eröffnungen vertreten, die später erst ihre namentliche Bezeichnung erhielten, z. B. Schottisch, Mittelgambit, Allgaier-Gambit, Evans-Gambit usw.

Die offenen Eröffnungen herrschten natürlich vor. Dazu ein Beispiel der damaligen, oft fehlerhaften Spielweise zwischen López und Leonardo: 1.e4 e5 2.f4 d6 3.♝c4 c6 4.♞f3 ♝g4 5.fxe5 dxe5 6.♝xf7+ ♚xf7 7.♞xe5+ ♚e8 8.♛xg4 ♞f6 9.♛e6+ ♛e7 10.♛c8+ ♛d8 11.♛xd8+ ♚xd8 12.♞f7+ und gewinnt.

1604 gab Salvio in Neapel ein Schachbuch heraus, das in seiner zweiten Auflage (1634) noch um 13 Kapitel über Eröffnungsgambits erweitert wurde. Erwähnenswert ist das nach ihm benannte Gambit 1.e4 e5 2.f4 exf4 3.♞f3 g5 4.♝c4 g4 5.♞e5 ♛h4+, das er in einem portugiesischen Buch vorfand und als »Neues Gambit« bezeichnete. Gioachino Greco war ein außerordentlich starker Spieler und hinterließ als Theoretiker viele Handschriften (1625). Sie wurden 1656 in England und 1669 in Frankreich gedruckt. Die Sammlung enthält 150 Partien, die teils von Polerio, Lopez und Salvio stammen. Neben bereits bekannten eröffnungstheoretischen Varianten kamen zwei neue Zugfolgen vor: 1.e4 e5 2.f4 exf4 3.♝c4 ♝e7 4.♞f3 ♝h4+ (das spätere Cunningham-Gambit) und 1.e4 e5 2.f4 ♛h4+, wobei das frühe Damenschach absolut gegen die heutigen Prinzipien verstößt. Die von den spanischen und italienischen Meistern praktizierte und gelehrte aggressive, vielfach von riskanten Opfern und Kombinationen getragene Stilrichtung ging nach ihrem bedeutendsten Lehrmeister Gioachino Greco, der aus der Landschaft Kalabrien stammt, als »Kalabresische Schule« in die Schachgeschichte ein.

Im 18. Jahrhundert konzentrierte sich das Schachgeschehen immer mehr auf die westlichen Großstädte. Paris, London und auch die niederländischen Städte Amsterdam, Leiden und Haag zeigten hohes Interesse für das Spiel. Die Zeit des vereinsmäßig organisierten Schachlebens begann. Zirkel und Schachorganisationen etablierten sich hauptsächlich in den damals aufkommenden Kaffeehäusern. In Paris bildet das berühmte »Café de la Régence« den schachlichen Mittelpunkt ab 1750 bis zur Gegenwart. Dort huldigten dem königlichen Spiel auch die Großen der französischen Literatur wie Diderot, Rousseau und Voltaire. In London war das bekannte Kaffeehaus von Old Slaughter als repräsentativer Treffpunkt für Schachspieler bekannt.

F. A. D. Philidor

Als bester Spieler im 18. Jahrhundert galt der Franzose **François André Danican Philidor** (1726–1795). Auf theoretischem Gebiet setzte er sich mit der bestehenden Stilrichtung auseinander und begründete neue Strateme. So wies er in seinem vielbeachteten Buch »L'Analyze des Èches«, das er nach dem Match gegen Stamma im Jahr 1749 herausgab, besonders auf die bedeutsame Rolle der Bauern hin. Gemäß der Maxime »Der Bauer ist die Seele des Spiels!« lehrte er den Bauernangriff in geschlossener Phalanx. Dabei kommt es darauf an, die eigenen Bauern vereinigt zu halten, die feindlichen Bauernketten zu sprengen, das heißt sie zu schwachen Einzel- oder rückständigen Bauern zu degradieren. Natürlich trug das absolute Überbewerten der Bauernstrukturen einen leicht einseitigen Charakter. Doch für die Weiterentwicklung der Schachstrategie war seine Lehre progressiv und bot die Grundlage für weitere Verfeinerungen. Die Spielführung wirkte solide und sicher. Die von ihm in der Praxis erprobte Zugfolge 1.e4 e5 2.♘f3 d6 erhielt den Namen Philidor-Verteidigung. Obwohl Philidors »L'Analyze des Échecs« in fast allen europäischen Ländern als Lehrbuch Verbreitung fand, gab es in Italien einen Ort, wo man ihm lebhaft widersprach, das war in Modena. **Ercole Del Rio, Giambatista Lolli** und **Domenico Lorenzo Ponziani**, die drei »großen Modenesen«, opponierten gegen die Meinung Philidors und hoben wie schon ihr traditionelles Vorbild Greco, besonders die aktive Rolle der Figuren hervor. Der Grundgedanke der »Italienischen Schule« – so ging diese Stilrichtung der drei Modenesen in die Schachgeschichte ein – lag im raschen Entwickeln der Leichtfiguren und Stellen auf wirksame Felder. Dabei nahm die Läuferentwicklung nach c4 und c5 eine dominierende Position ein. Von hier aus konnten die schwachen Punkte im gegnerischen Lager f7 und f2 wirkungsvoll anvisiert werden. Die Bauern spielten nur insofern eine maßgebliche Rolle, wie sie im Stande waren, die eigenen Figuren von wirkungsvollen Positionen zu verdrängen. Das strategische Realisieren gewährleistete vorzüglich der Aufbau 1.e4 e5 2.♘f3 ♘c6 3.♗c4 ♗c5, also die sogenannte Italienische Eröffnung. Die offenen angriffsfreudigen Spielweisen garantierten ein lebhaftes Figurenspiel. Als nachteilig wirkte sich jedoch das Unterschätzen der Bauern aus, vor allem in bezug auf das Endspiel.

Nach dem Tode Philidors kamen immer mehr die Anschauungen der Italiener zur Geltung. Das größte Verdienst am Publizieren ihrer Ideen gebührte den englischen Theoretikern Sarrat, Lewis, Walker und Staunton. **Jacob Henry Sarrats** Lehrbücher »A treatise on the game of chess« (1880) und »A new treatise on the game of chess« (1882) gaben neben einer Übersicht der bisherigen Schachentwicklung und Analysen der von Philidor verworfenen Eröffnungszüge auch methodische Hinweise für verschiedene Endspiel-

typen. **William Lewis'** (1787–1870) ausführliche Lehrbücher für Fortgeschrittene »A series of progressive lessons on the game of chess« (1831) und »A second serie of lessons, ... written expressly for the use of the higher class of players« (1832), enthalten erstmalig Analysen über das Schottische Gambit, das Evans-Gambit und das Zweispringerspiel im Nachzuge. Der dritte große Theoretiker **George Walker**, einer der spielstärksten Meister Englands zu Anfang des 19. Jahrhunderts, fasste seine Erkenntnisse in dem 380seitigen Lehrbuch »The art of chess play« zusammen. Die geänderte Reihenfolge der Eröffnungsbehandlung – an erster Stelle steht jetzt das giuoco piano – lässt auf die zunehmende Popularität der Italienischen Eröffnung schließen. Walker begründete eine neue Form der Schachpublizistik, die wöchentliche Schachspalte in der Londoner Zeitschrift »Bells life« (1834–1873). Mit seinem Freund **William David Evans** (1790–1872) untersuchte er in vielen Kämpfen die Italienische Partie, wobei Evans erstmals das später nach ihm benannte Flügelgambit anwandte (1.e4 e5 2.♘f3 ♘c6 3.♗c4 ♗c5 4.b4 ♗xb4). **Howard Stauntons** (1810–1874) Leistungen lagen vornehmlich auf theoretisch-didaktischem Gebiet. In seinen Schriften »The chess players handbook« (1847), »The chess players textbook« (1849) und »The chess players companion« (1849) werden neben einer reichen Anzahl von Meisterpartien auch theoretische Eröffnungsanalysen für Vorgabepartien dargelegt. Nach ihm wurde die scharfe Gambitvariante 1.d4 f5 2.e4 gegen die Holländische Verteidigung benannt.

Die ersten schriftlichen Aufzeichnungen, die vom Schachleben auf dem amerikanischen Kontinent kündeten, stammen aus der Feder **Benjamin Franklins**. Im Gegensatz zu herkömmlichen Veröffentlichungen wurden in seinen »Morals of chess« erstmals Anstandsregeln für die Spieler formuliert. Nur

Paul Morphy

für das praktische Schach interessierte sich **Paul Morphy** (1837–1884), der der Nachwelt eindrucksvolle Kombinationspartien hinterließ. Noch heute spricht man bei weitsichtigen taktischen Vorausberechnungen von Kombinationen

»à la Morphy«. Seine Angriffsoperationen basierten auf einer strategisch-positionellen Grundrichtung, wobei ihn ein hohes Verständnis für den harmonischen Partieaufbau in Verbindung mit schnellem Mobilisieren der Streitkräfte und deren Konzentration im Zentrum auszeichnete.

In Frankreich trat der nach Philidor bekannteste Meister **Louis Charles Mahé de Labourdonnais** (1797–1840) mit einem dem Stand der damaligen Schachtheorie adäquaten Lehrbuch »Traité sur le jeu des Échecs« (1833) hervor. Gleichzeitig sorgte er für ein schachjournalistisches Ereignis von besonderer Tragweite; er gab die erste monatliche Fachzeitschrift für Schach, die den Namen »Palamède« trug, heraus.

Wie zu ersehen ist, konzentrierte sich das schachliche Leben in Westeuropa fast ausschließlich auf die zur damaligen Zeit ökonomisch und kulturell fortgeschrittensten Staaten England und Frankreich. In den anderen Ländern, so auch in Deutschland, wo der gesellschaftliche Fortschritt erst später eintrat, fehlte es nicht zuletzt auch deshalb an spielstarken Repräsentanten und fachkundigen Publizisten. Obwohl das in der Nähe von Halberstadt gelegene Dorf Ströbeck geschichtlich schon seit dem elften Jahrhundert urkundlich belegt ist und als traditionelles Schachdorf im In- und Ausland bekannt war, blieb seine Ausstrahlungskraft aufgrund ungenügender spielerischer Leistungen gering. Wie die Sage berichtet, soll im Jahre 1011 der gefangene Graf Gunzelin seine Wächter das Schachspiel gelehrt haben. Jahrhundertelang hielt sich eine mit dem Dorf fest verwachsene Schachtradition. So ist vor dem Gasthof »Zum Schachspiel« ein aus Quadersteinen gefügtes Schachbrett in den Dorfplatz eingelassen. Seit 1823 besteht Schach auf Beschluss der Gemeindeväter als Unterrichtsfach im regulären Stundenplan (Unmittelbar nach der Wende wurde bei den Kommunalwahlen 1990 die neu gegründete Schachpartei »Verein Schachtradition« stärkste politische Kraft im Ort und stellte mit Rudi Krosch den Bürgermeister).

Besonders bedeutsam für den schachlichen Aufschwung in Deutschland war das erste deutschsprachige Originalwerk über Spieleröffnungen von **Johann Allgaier** »Neue theoretisch-praktische Anweisungen zum Schachspiel« (erschienen 1795), das hauptsächlich die Spielanfänge von Philidor, Lolli und Ponziani zum Inhalt hat. Methodisch wertvoll gestaltete sich das Anordnen der Eröffnungen in übersichtlicher Tabellenform. Nach ihm wurde die Opfer-

fortsetzung im Königsgambit 1.e4 e5 2.f4 exf4 3.♘f3 g5 4.h4 g4 5.♘g5 h6 6.♘xf7 Allgaier-Gambit benannt.

Die bisherigen Untersuchungen der lehr- und spieltheoretischen Schachentwicklung erlauben bereits jetzt zwei beachtenswerte Feststellungen. Das Herausbilden strategischer Spieltheorien und davon abgeleitet das Konsolidieren bestimmter Eröffnungssysteme vollzog sich im engen Wechselwirken mit den jeweils leistungsstärksten Persönlichkeiten im Schach. Viele Meister publizierten selbst ihre Theorien in Form von Lehrbüchern und eröffnungstheoretischen Abhandlungen. Darüber hinaus wurde durch den dialektischen Prozess Theoriebildung-Wettkampfpraxis die Qualität des allgemeinen Schachverständnisses dynamisch gefördert. Gleichzeitig erklärt dieser Vorgang aber auch das häufige Verwenden von Namen in der schachgeschichtlichen und -terminologischen Darstellungsweise. Des Weiteren kann zwischen historischer Entwicklung und schachlichem Ausbildungsprozess eine interessante Parallele erkannt werden. Bekanntlich bestach die Spielweise der spanischen und italienischen Meister durch einen geradlinigen, kombinatorischen Angriffsstil, dem ein forciertes Figurenentwickeln zugrunde lag. Ziehen wir einen Vergleich zu den wichtigsten Leitsätzen in der heutigen Anfängerausbildung, dann wird deutlich, dass didaktische Forderungen, wie schnelles und zielstrebiges Entwickeln der Figuren, dynamisches Figurenspiel und das Anstreben einer offensiven Spielführung, im Vordergrund stehen. Im Prinzip sind das kongruente Spielgrundsätze, die stilistisch die gleichen Tendenzen beinhalten. Diese didaktische Bedeutung kann noch durch einen weiteren Aspekt belegt werden. In den ersten Lehrbüchern des 15. und 16. Jahrhunderts (Lucena, Damiano, Lopez) sind hauptsächlich Eröffnungsbezeichnungen wie »Italienisch«, »Spanisch«, »Schottisch«, »Vierspringerspiel« zu finden. Alle genannten Systeme stellen offene Eröffnungen dar und gehören heute zum grundlegenden Eröffnungsinstrumentarium vieler Eleven. Die geschichtlich ältesten Spielanfänge bilden also gleichzeitig die theoretische Ausgangsposition in der Eröffnungslehre.

2.2 Übergang vom häuslichen Gesellschaftsspiel zu sportlichen Wettkämpfen

Die Herausgabe von Fachzeitschriften und Schachbüchern, das Spielen von Korrespondenzpartien und Matchs verschaffte den Schachspielern zu Beginn der zweiten Hälfte des 19. Jahrhunderts immer vielfältigere Kommunikationsmöglichkeiten. So kamen im Jahre 1851 sechzehn Spieler zu einem internationalen Wettstreit in London zusammen, der als erstes Turnier in die Geschichte des Schachsports einging. Von diesem Zeitpunkt an gelangte das Schachspiel in eine neue Phase von reglementierten Wettkämpfen, die hauptsächlich in Form von Turnieren ausgetragen wurden. Revolutionierend wirkte das Begrenzen der Bedenkzeit und die damit verbundene Zügebegrenzung auf das damalige Schachleben. Eine »ernste« Partie dauerte gewöhnlich ein bis zwei Stunden, aber höchstens drei Stunden. Es blieb allerdings auch nicht aus, dass besonders langsame Spieler ihre Gegner zur Verzweiflung bringen konnten. Beim Turnier in London gab es hinsichtlich der Bedenkzeitregel noch keine zufrieden stellende Lösung. Ein Jahr nach der Veranstaltung schlug Cantab im »Chess Player's Chronicle« vor, die Gesamtzeit jeder Partie auf sechs Stunden zu begrenzen, also pro Spieler drei Stunden. Zur Zeitmessung war eine Sanduhr (solange der Spieler am Zuge ist, steht sie senkrecht, dann wird sie hingelegt) vorgesehen. Für jedes Turnier bzw. jedes Match wurden in den folgenden Jahren spezielle Vereinbarungen getroffen. So musste beispielsweise im Wettkampf Harrwitz-Löwenthal jeder Spieler innerhalb von 20 Minuten seinen Zug ausführen. Erst beim zweiten Londoner Turnier im Jahre 1862 gab es eine brauchbare sportliche Lösung. Jeder Teilnehmer erhielt für 20 Züge zwei Stunden Bedenkzeit, und zur Kontrolle wurden Sanduhren benutzt. Diese Regelung bewährte sich auch bei späteren Turnieren.

Die Ära des Turnierschachs, also der sportlichen Wettkämpfe, ist eng verbunden mit dem Namen **Adolph Anderssen** (1818–1879), dem erfolgreichsten Spieler um die Mitte des 19. Jahrhunderts. In seiner Spielführung vereinigte er die Dynamik der Italienischen Schule mit den Vorzügen der Philidorschen Bauernstrategie. Eröffnungsmäßig bevorzugte er als Anziehender das Evans-Gambit, die Schottische und Spanische Partie sowie das Königsgambit (Kieseritzky-Gambit). Mit den schwarzen Farben entgegnete

Adolph Anderssen

er vornehmlich 1. ... e5 und 1. ... c5. Anderssens tiefgründige Spielführung, effektvolle Kombinatorik und weitsichtige Vorausberechnungen erzeugten bei allen Schachbegeisterten ästhetisches Empfinden. Im Kampf gegen Kieseritzky (London 1851) gelang ihm mit Weiß eine besonders eindrucksvolle Partie, die als »Die Unsterbliche« in die Lehrbücher einging: **1.e4 e5 2.f4 exf4 3.♗c4 ♛h4+ 4.♔f1 b5 5.♗xb5 ♘f6 6.♘f3 ♛h6 7.d3 ♘h5 8.♘h4 ♛g5 9.♘f5 c6 10.g4 ♘f6 11.♖g1 cxb5 12.h4 ♛g6 13.h5 ♛g5 14.♛f3 ♘g8 15.♗xf4 ♛f6 16.♘c3 ♗c5 17.♘d5 ♛xb2 18.♗d6 ♗xg1 19.e5 ♛xa1+ 20.♔e2 ♘a6 21.♘xg7+ ♔d8 22.♛f6+ ♘xf6 23.♗e7 matt.**

Eine weitere Glanzleistung vollbrachte er gegen Dufresne (Berlin 1852), als er mit dem Evans-Gambit durch eine geistreiche Kombinationsserie seinen renommierten Gegner in 24 Zügen matt setzte: **1.e4 e5 2.♘f3 ♘c6 3.♗c4 ♗c5 4.b4 ♗xb4 5.c3 ♗a5 6.d4 exd4 7.0–0 d3** Besser war 7. ... ♘ge7, zumal 8.♘g5 mit 8. ... d5! 9.exd5 ♘e5 10.♛xd4 f6 pariert wird. **8.♛b3 ♛f6 9.e5 ♛g6 10.♖e1 ♘ge7 11.♗a3 b5** Versucht, den Entwicklungsrückstand wettzumachen. **12.♛xb5 ♖b8 13.♛a4 ♗b6 14.♘bd2 ♗b7 15.♘e4 ♛f5** Nach Lasker wäre 15. ... d2 nebst ... 0–0 verteidigungsstärker gewesen. **16.♗xd3 ♛h5 17.♘f6+! gxf6 18.exf6 ♖g8 19.♖ad1!!?** (Diagramm 1).

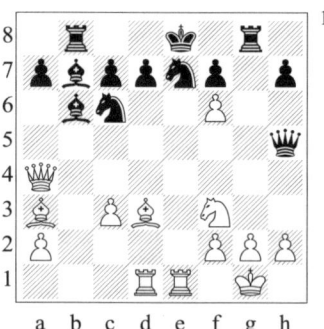

Der mutige Versuch zu einer genialen, aber sicher nicht ganz berechenbaren Kombination. Solider wäre 19.♗e4 gewesen. **19. ... ♛xf3?** Die Annahme des Springeropfers führt zwangsläufig zum Verlust. Offensichtlich stellt 19. ... ♖g4!, das dem schwarzen König das Feld g8 freigibt, die zweckmäßigste Verteidigungsidee dar. **20. ♖xe7+ ♘xe7** Auf 20. ... ♔f8 folgt 21. ♖e3+ und 20. ... ♔d8 führt ebenfalls zu effektvollem Matt: 21. ♖xd7+ ♔c8 22. ♖d8+! ♘xd8 23. ♕d7+ ♔xd7 24. ♗f5+ nebst 25. ♗d7 matt. **21. ♕xd7+!! ♔xd7 22. ♗f5+ ♔e8 23. ♗d7+ ♔f8 24. ♗xe7 matt.**

Unter dem Einfluss Anderssens entwickelte sich in Deutschland eine Schachrichtung, die bald den Anschluss an die führenden Schachnationen Frankreich und England fand. Vor allem in Berlin wirkte eine zahlenmäßig kleine, aber produktive Gemeinschaft von Schachbegeisterten. Zu ihnen zählten Ludwig Bledow, Rudolph von Bilguer, Thassilo von der Lasa, Wilhelm Haustein, Benjamin Horwitz, Karl Schorn und andere. An der Spitze der Berliner Plejade stand der Gymnasiallehrer **Ludwig Bledow** (1795–1846). Er leitete die Berliner Schachgesellschaft und gab 1846 die erste Nummer der »Schachzeitung« heraus. Ausgehend von seiner taktisch-offensiv orientierten Spielweise gestaltete sich in gleicher Grundrichtung die sogenannte »Berliner Schule«. Im späteren Zusammenwirken mit Anderssen opponierte die Berliner Schule gegen die noch stark verbreiteten Philidorschen Prinzipien. Die in der »Berliner Schachgesellschaft« vereinigten Spieler trafen jedoch nicht nur zu Wettkämpfen und Turnieren zusammen, sie versammelten sich auch wöchentlich zweimal zu gemeinsamen Studien schachtheoretischer Fragen. Damit gaben sie den Anstoß zu ersten Formen eines gemeinschaftlichen schachspezifischen Trainings im Sinne des partnerschaftlichen Sichtens, Prüfens und Analysierens von Partien. Die Möglichkeit, alle auf dem Schachbrett ausgeführten Züge zu fixieren, kam neben dem Sammeln von Match- und Turnierpartien ebenfalls der kritischen Analyse und Auswertung der Eröffnungstheorie zugute. **Rudolph von Bilguer** (1815–1840) nutzte diesen Umstand und begann mit dem Konzipieren eines Monumentalwerkes über die gesamte Schachtheorie. Nach seinem frühen Tod führte sein Freund **Tassilo von Heidebrand und der Lasa** (1818–1899) das umfangreiche Vorhaben zu Ende und veröffentlichte im Jahre 1843 das »Handbuch des Schachspiels ...« – Entworfen und angefangen von P. R. v. Bilguer, fortgesetzt und herausgegeben von seinem Freunde v. d. Lasa. Das später unter der Bezeichnung »Handbuch des Schach-

spiels« oder der »Bilguer« bekannt gewordene Werk wurde zum populärsten Schachbuch des vergangenen Jahrhunderts. Mit beispielhafter Präzision entstand eine methodisch ausführlich gegliederte eröffnungstheoretische Übersicht. In der von Carl Schlechter herausgegebenen achten Auflage wurde auf 1040 Seiten neben tabellarisch geordneten Eröffnungsvarianten auch grundlegendes Wissen über die Endspiellehre vermittelt. Mit diesem variantenreichen Theoriewerk hinterließen die beiden Autoren einen Nachlass, der nicht nur dem eröffnungstheoretisch Interessierten wertvolle Zugfolgen anbot, sondern der auch den Schachbuchliteraten des zwanzigsten Jahrhunderts noch nachahmenswerte Vorlagen bereithält.

2.3 Ausprägen der strategisch-fundierten Spielauffassung von Steinitz-Tarrasch und der psychologische Kampf Laskers

Nicht ohne Grund entwuchs das Schachspiel der durch schnelles Entwicklungstempo der Produktivkräfte gekennzeichneten Epoche des Frühkapitalismus immer mehr den empirischen Betrachtungsweisen und entwickelte sich durch neue aussagekräftige theoretische Erkenntnisse weiter.

Die in der Folge günstigeren Möglichkeiten des Reisens und des damit verbundenen häufigeren Zusammentreffens bei Turnierveranstaltungen, das verstärkte Nutzen des Buchdrucks zum Verbreiten spieltheoretischer Ansichten und das zunehmende kämpferisch-sportliche Element innerhalb der Schachpartie führten zu einem höheren Leistungsniveau und begünstigten andererseits den wissenschaftlichen Erkenntnisfortschritt in den einzelnen Partiephasen.

Hauptgegenstand bisheriger Untersuchungen bildeten in der Schachgeschichte die Eröffnungen. Aber auch verschiedene Endspiele wurden bereits theoretisch erforscht. Während Philidor die Bedeutung der Bauern und ihre Wertigkeit in der strategischen Spielführung begründete, gebührt **Wilhelm Steinitz** (1836–1900), dem ersten offiziellen Weltmeister das Verdienst, alle drei Partiephasen einer kritischen Wertung unterzogen zu haben.

Besondere Aufmerksamkeit schenkte er dabei dem Erforschen und Aufdecken der dem Schach innewohnenden strategischen Gesetzmäßigkeiten. In engem Wechselwirken zum eigenen Partieschaffen, durch gründliches Auswerten seiner Wettkampfpartien formte sich der junge Kombinationsspieler in späteren Jahren zu einem reifen Positionsspieler mit gefestigten strategischen Grundsätzen. Er selbst begründet es so: »Die Turniere von Paris 1867 und Baden-Baden 1870, auf

Wilhelm Steinitz

denen ich den erhofften 1. Preis nicht zu erringen vermochte, machten mich stutzig. Ich fand, daß mit dem Kombinationsspiel zwar ganz hübsche Einzelergebnisse, aber keine dauernden Erfolge zu erzielen waren. Bei nachträglicher Durchsicht der Partien bemerkte ich recht bedenkliche Schwächen, gar manches anscheinend aussichtsvolle und geglückte Opfer erwies sich als unrichtig. Ich gelangte zu der Überzeugung, daß zu einer wirksamen Verteidigung einer Stellung weit weniger Kräfte nötig seien als zum Angriff und daß ein Angriff überhaupt nur Aussicht auf Erfolg besitze, wenn die gegnerische Stellung schon entsprechend geschwächt ist. Dies veranlaßte mich zum Nachdenken, und mein Sinnen war nun darauf gerichtet, eine einfache und wirksame Methode herauszufinden, um diese Schwächung der feindlichen Stellung herbeizuführen« (zit. n. Bachmann 1924, S. 118).

Ausgehend von der These, dass sich zu Beginn der Partie die Grundstellung im Gleichgewicht befinden muß, leitete er die richtige Konsequenz ab: Das Gleichgewicht einer Stellung kann im Verlaufe einer Partie nur durch einen Fehler gestört werden. Bei gleichem (fehlerfreiem) Spiel bleibt das Gleichgewicht der Stellung also immer gewahrt. Gestützt von diesen Überlegungen schuf Steinitz ein ganzes System von strategischen Grundsätzen, die man in nachstehenden Schwerpunkten beziehungsweise Prinzipien zusammenfassen kann:

- größtmögliches Ausschalten des auf stellungsmäßiger Zufälligkeit beruhenden Partieausgangs
- Vermeiden von sporadischen Angriffsaktionen zugunsten allmählicher Unterminierung und damit verbundener Schwächung der gegnerischen Stellung

- Schaffen von »schwachen Punkten«, speziell in der Bauernstruktur
- Herbeiführen eines Übergewichtes von Bauern auf dem Damenflügel
- Belassen der Rochadebauern in der Grundstellung, weil sie dort dem König am besten Schutz gewähren
- Hervorheben der Wertigkeit des Königs als starker Figur
- Erringen von möglichst viel Terrain, wobei Umgruppierungen bzw. notwendiges Zurückziehen der Kräfte auf die Grundlinie nicht ausgeschlossen werden
- Nutzen der Kraft des Läuferpaares in offenen Stellungen.

Ohne Zweifel stellen diese Strategeme ein wertvolles Weiterentwickeln der Schachauffassung dar. Allerdings ließ Steinitz keine anderen Meinungen und Verbesserungen gelten. In dieser Starrheit blieben manche dynamischen, die Schachtheorie verfeinernden Faktoren unberücksichtigt. So beachtete er ungenügend den relativen Wert der Figuren. Das Läuferpaar war zum Beispiel für ihn immer stärker als zwei andere Leichtfiguren. Ebenso überbewertete er die potentielle Bauernmehrheit am Damenflügel und unterschätzte die Kampfkraft der Bauern im Mittelspiel (vgl. Grekow 1947, S. 16 f.).

Aber auch die progressiven strategischen Prinzipien wurden von seiner Mitwelt ungenügend gewürdigt. Anscheinend fehlte ihm das nötige methodisch-pädagogische Geschick, seine Ansichten anschaulich und allgemeinverständlich zu publizieren. Erst sein Schüler **Dr. Siegbert Tarrasch** (1862–1934) verstand es, die Prinzipienlehre des Weltmeisters wortgewandt zu interpretieren und damit für die breite Schicht der Schachanhänger zu popularisieren. Ihm gelang es ausgezeichnet, die Steinitzsche Lehre zu vervollkommnen und seinen eröffnungstheoretischen Varianten einen sachlich-gediegenen Inhalt zu geben. Im Wesentlichen orientierte er sich auf die erkannten Gesetzmäßigkeiten im Spiel und leistete darüber hinaus durch tiefgründige analytische Forschungsarbeiten einen wertvollen Beitrag zu allen drei Spielphasen. Seine feinsinnigen, didaktisch hervorragend akzentuierten Kommentare und Glossen verschafften ihm zahlreiche Anhänger. Besonders überzeugend gelang es, die eigenen Turniererfahrungen und Erkenntnisse über die selbständige Kraftwirkung der Steine lernbe-

gierigen Schülern dar-
zulegen. Heute kann
man wohl zu Recht sa-
gen, dass aus seinen di-
daktischen Anmerkun-
gen Generationen von
Schachspielern gelernt
haben.

Dr. Siegbert Tarrasch

In den Werken »300
Schachpartien«, »Die
moderne Schachpartie«
und vor allem in dem
umfangreichen Lehr-
buch für Anfänger und Geübte »Das Schachspiel«
legte er in streng systematisierter Form seine theoretischen und praktischen Schachkenntnisse dar.
Besonders das letztgenannte Werk vereint umfassend die Lehrweise der Eröffnungs-, Mittelspiel-
und Endspielphase nach einem neuen methodischen Schema. Etwas schulmeisterhaft souverän
klingt es allerdings im Vorwort, wenn er behaup-
tet, »daß jemand, der vom Schachspiel noch gar
nichts weiß, aus keinem einzigen der bisherigen
Lehrbücher es lernen kann, einfach deshalb, weil
die in ihnen angewandten Methoden, die Anfangsgründe zu lehren, nach meiner Ansicht
ebenso verfehlt sind, wie wenn man einem Kinde,
um ihm das Sprechen beizubringen, einen Vortrag über die Grammatik der deutschen Sprache
halten wollte« (Tarrasch 1931, S. 1).

Im Gegensatz zu früheren Lehrbüchern beginnt
er mit dem Erklären der Endspiele und erläutert
als erstes das Mattsetzen mit Dame und Turm, den
Kampf zwischen Dame und Turm und der Dame
gegen einen vorgerückten Bauern. Erst nach 44
Seiten erfolgt im Rahmen einer »kurzen Zusammenfassung der Anfangsgründe« die Aufzählung
der üblichen spieltechnischen Grundbegriffe, wie
das Vorstellen der weißen und schwarzen Heere,
die Zug- und Schlagmöglichkeiten der einzelnen
Steine, die kurze und lange Rochade usw. Aus
dem Komplex der sich anschließenden Figuren-
und Bauernendspiele erhielt sein Lehrsatz über die
Stellung der Türme in Turm-Bauern-Endspielen

*»Die Türme gehören hinter die Freibauern,
hinter die feindlichen, um sie aufzuhalten,
hinter die eigenen, um ihr Vorgehen zu
unterstützen« (1931, S. 75),*

fundamentale Bedeutung. Zum ersten Mal wird
in einem Lehrbuch auch die schwierige Thematik
der Mittelspielbehandlung gelehrt. Aus der Praxis

hervorgegangene typische Kombinations- und
Angriffsbeispiele werden zu Motivgruppen zusammengefasst. So gibt er inhaltsvolle Darstellungen zu den Themen der Fesselung, des Doppelangriffs, Angriffs mit dem f-Bauern, Angriffs auf
der f-Linie, Angriffs auf die schwachen Punkte
f7, f2, Angriffs auf der g- bzw. b-Linie, der h- bzw.
a-Linie und über die Gefahren der langen Rochade u. a.

Nach Tarrasch besitzt die Taktik das Primat im
Mittelspiel. Wie schon Steinitz lehrte er, dass dort
angegriffen werden muss, wo das stärkere Potential zur Verfügung steht. Das gleiche gilt auf strategischem Gebiet für das Besetzen von starken
Punkten im eigenen und schwachen Punkten im
feindlichen Lager. Für ihn gab es immer nur einen
richtigen Zug in jeder Stellung. »Jede Stellung
muß man als ein Problem betrachten, bei dem es
gilt, den richtigen Zug, den die Stellung erfordert
und der fast immer ein einziger ist, zu finden.«
Und dann, wenn ein Spieler bereits eine vorteilhafte Stellung besitzt, »sieht es so aus, als ob ihm
mehrere gleich gute Züge zur Verfügung ständen.
Bei näherer Untersuchung stellt es sich heraus,
daß ein Zug der stärkste, der allerstärkste ist, und
nur der ist der richtige« (Tarrasch 1931, S. 306).
Dieses Verabsolutieren der Lösung des Stellungs-
problems birgt natürlich nur die halbe Wahrheit.
Nicht berücksichtigt sind unter anderem die Be-
zugsfaktoren zum Gegner, die später von Lasker
meisterhaft angewandt wurden.

Ähnliche doktrinäre Ansichten lehrte Tarrasch
auch in der Eröffnungsbehandlung. So betrachtete
er jeden rückständigen Bauern auf einer offenen
Linie als ›schweren Positionsnachteil‹. Das Besetzen des Zentrums ist für ihn oberstes Gebot. Ver-
nachlässigte Zentrumsbesetzungen, die zum Beispiel in Verbindung zu Fianchettierungen stehen,
tadelte er als ›kleinliche und feige Strategie‹,
wodurch es gar nicht zum Kampf zwischen den
beiden Heerlagern kommt. Als eine ›geradezu
entsetzliche Partie‹ und ›Karikatur einer Partie‹
bezeichnete er die in Mährisch-Ostrau 1923 gespielte Variante, die in die heutige Turnierpraxis
als Englische Symmetrievariante Eingang fand:
1.♘f3 ♞f6 2.c4 c5 3.g3 g6 4.♗g2 ♝g7 5.♘c3
♞c6 6.d3 0–0 7.♗e3 d6 8.♕c1 ♜e8 9.h3 ♝d7
10.0–0 ♜c8 11.a3 a6 12.♜b1 ♜b8 13.b4 cxb4
14.axb4 b5 usw. Als im theoretischen Sinne nicht
ganz korrekt charakterisierte er auch den ersten
Zug 1. ... c7-c6 gegen 1.e2-e4, »da er nichts für die
Entwicklung leistet«. Inzwischen stellt die Caro-
Kann-Verteidigung eine anerkannte Variante dar

und besitzt große Popularität. Seine analytischen Untersuchungen in der Französischen Verteidigung und im Damengambit sind dagegen für die moderne Schachtheorie bedeutsam. Im Kampf gegen die Französische Verteidigung führte er mit 1.e4 e6 2.d4 d5 3.♘d2 anstelle des Alternativzuges 3.♘c3 die positionelle Behandlung ein, die heute von vielen Spielern als Angriffswaffe benutzt wird. Ebenfalls von grundlegender theoretischer Bedeutung erweist sich seine Idee des unverzüglichen Angriffs auf den weißen Zentrumsbauern d4 im klassischen Damengambit nach den Zügen 1.d4 d5 2.c4 e6 3.♘c3 mittels 3. ... c5. In alle Lehrbücher ging diese Zugfolge als Tarrasch-Verteidigung ein.

Wie unschwer zu ersehen ist, trugen sowohl Steinitz' strategische Grundsätze als auch Tarraschs Spielgesetze, -regeln und -prinzipien wesentlich zum wissenschaftlichen Durchdringen und Weiterentwickeln des Schachspiels bei. Ihnen gelang es, die jahrhundertelang vorherrschende Subjektivität durch formallogische wissenschaftliche Grund- und Leitsätze zu ersetzen. Soweit kann die Steinitz-Tarrasch-Schule als progressiv angesehen werden. Erst als sie ihre richtigen Grundsätze zu verabsolutieren begannen und damit jegliches schöpferische Ausweiten unterbanden, stellten sie selbst ihre wissenschaftlichen Denkweisen auf den Kopf und verstrickten sich dadurch in einen hemmenden Doktrinärismus. Besonders Tarraschs überreglementierte ›Spielgesetze‹ und übersteigerte Abstraktheit in der Gedankenfassung wirkten sich negativ auf die dynamische Führung des Kampfes aus.

Das bislang ungenügend berücksichtigte kämpferische Element in der schachlichen Auseinandersetzung wurde in der zweiten Hälfte des 19. Jahrhunderts vornehmlich von Lasker theoretisch und praktisch herausgearbeitet. **Dr. Emanuel Lasker** (1868–1941) gehörte zu den profiliertesten Erscheinungen der Schachgeschichte. Nicht nur, dass er 27 Jahre den Titel des Weltmeisters innehatte und aus zahlreichen Großturnieren bis ins hohe Alter als Sieger hervorging, darüber hinaus löste er schwierige mathematische Probleme, schrieb philosophische und schachtheoretische Schriften, wurde ›nebenbei‹ einer der weltbesten Bridgespieler, erfand das Gesellschaftsspiel »Laska« und trug wesentlich zum Verbreiten des japanischen Brettspiels Go in Deutschland bei. Er studierte an der Berliner Humboldt-Universität Mathematik und Philosophie und promo-

Dr. Emanuel Lasker

vierte 1900 mit der Dissertation »Zur Theorie der Reihen an der Convergenzgrenze« an der Universität Erlangen. Im Jahr 1905 erschien sein mathematisches Werk »Zur Theorie der Moduln und Ideale«. Eine umfassende Darstellung über sein Schaffen vermittelt J. Hannaks Buch »Emanuel Lasker – Biographie eines Schachweltmeisters« (1952) und R. Hübners Artikelserie in der Zeitschrift Schach (1999). In der kleinen Gemeinde Thyrow in Brandenburg wurde im Jahr 1994, genau 100 Jahre nach seinem Weltmeisterschaftssieg gegen Wilhelm Steinitz in New York, Philadelphia und Montreal, eine »Emanuel-Lasker-Straße« ihm zu Ehren benannt. Lasker-Gedenkturniere fanden 1962 und 1968 in Berlin, 1998 in Potsdam und seit 1996 regelmäßig in Thyrow statt.

Lasker entwickelte die Steinitzschen wissenschaftlichen Strategeme zu einer neuen Qualität weiter: Er schuf die Theorie des Kampfes gegen die psychische Persönlichkeit des Gegners! Im Gegensatz zur Denkauffassung früherer Schachmeister bezog Lasker verstärkt die Persönlichkeit des Gegners mit in seine schachlichen Überlegungen ein. Während es Steinitz und Tarrasch darauf ankam, den objektiv richtigen Zug in jeder Stellung zu finden, interessierte Lasker vor allem der Zug, der seinem Gegner am unangenehmsten sein könnte. Nach seiner Auffassung muss es so viele richtige Züge geben, wie es psychologisch differenzierte Charaktere gibt. Diese Gedankengänge hinderten ihn nicht daran, die Steinitzschen Prinzipien spieltechnisch in der Praxis anzuwenden; er ordnete sie lediglich in die Funktion des vielschichtigen Kampfes mit seinem Gegner ein. Unter diesen Aspekten begann er die Vorzüge und Schwächen der Gegner zu studieren, ihre Eigenarten aufzuspüren und ihre spielerischen Stärken und Mängel zu analysieren. In besonderem Maße bezog er die in der charakterlichen Veranlagung begründete stilistische Ausprägung ein. Ein anderer Wesenszug seiner psychologischen Kampfesweise bestand darin, dass er des öfteren bewusst das Gleichgewicht der Stellung störte – auch zu seinen Ungunsten –, um damit die Gegner zu überstürzten aggressiven Handlungen zu verleiten, die sie dann trotz objektiv besserer, aber inzwischen schwierigerer Position nicht immer gedanklich-analytisch bewältigen konnten. Anschaulich demonstrierte Lasker diese Kampfesführung gegen Tarrasch im Match um die Weltmeisterschaft 1908 in Berlin.

Für Lasker bedeutete das Schachspiel primär Kampf! Wissenschaftliche und ästhetische Kategorien spielten eine untergeordnete Rolle. Er wollte den Willen des Gegners bezwingen. In der von ihm entwickelten Lehre vom Kampf, der »Machologie«, strebte er nach einem idealen Schachspieler, der, vertraut mit allen Kampfmethoden, ausgestattet mit Logik und Erfahrung, alle Vorzüge in sich vereint. Diesen Idealtyp nennt er den »Macheiden«. Ausgerüstet mit optimalen Strategien, die ihm für die verschiedensten Situationen zur Verfügung stehen – das heißt in jeder speziellen Situation richtig und zweckmäßig handelnd –, soll er in der Lage sein, die ideale Schachpartie zu spielen. Nach Hannak wird es die Partie sein, »in die nicht nur die Regeln des Spiels und des restlosen Kennens seiner Theorie und seines unbändigen Reichtums an Varianten und Kombinationen eingehen werden, sondern das ganze Triebleben des Menschen, sein Geist, seine Sehnsucht, sein Schönheitsdrang, sein Sinn für Ökonomie, Freiheit, Unbegrenztheit und Unsterblichkeit« (1952, S. 154). Wie von Hannak richtig dargestellt, wenn auch mit einem anderen Vokabular, müssen neben der spielerisch-technischen Perfektionierung wesentliche Persönlichkeitsfaktoren im Sinne des Erreichens höchster Spielqualitäten mit einbezogen werden. Natürlich fällt es selbst heute unter fortgeschrittenen Bedingungen theoretischer Betrachtungs- und Wertungsmöglichkeiten nicht leicht, die »perfekte« Partie zu bestimmen. Trotz des hohen Schachverständnisses fließt noch zu viel subjektives Gedankengut mit ein, und erst im Zeitalter des algorithmisierten Computerschachs könnten objektive Kriterien in der Eröffnungs- und Endspielphase sowie weitgehendst in der Mittelspielphase gefunden werden.

Das psychologische Führen des Schachkampfes erfuhr in der heutigen Turnierpraxis eine spezifische Ausrichtung. Während es Lasker bei seinen Turniervorbereitungen in erster Linie auf das Erkennen und dementsprechend das Bekämpfen des gegnerischen Stils ankam, richtet sich die moderne psychologische Stoßrichtung hauptsächlich auf das Kennenlernen und Bekämpfen des gegnerischen Eröffnungsrepertoires. Laskers schachspezifische Gedanken zur Theorie des

Kampfes verdeutlichte er in dem Begriff »common sense«. Die 1895 in seinem Buch »Common sense in Chess« zusammengefassten Erfahrungen und Ratschläge gehören zu den wertvollsten didaktischen Beiträgen der Schachgeschichte. 29 Jahre später publizierte er eine stark überarbeitete deutsche Fassung unter dem Titel »Gesunder Menschenverstand im Schach« (1925). In zwölf Vorlesungen (Kapiteln) stellte er eine Reihe von Grundsätzen auf, die sich bei der Erläuterung der Eröffnungsphase (Kapitel 1–6), der Angriffsführung (Kapitel 7–8), der Verteidigungen (Kapitel 9) und der Endspielbehandlung (Kapitel 10–12) ergeben. Alle Grundsätze entspringen einem gemeinsamen Sachgebiet, der Lehre vom Kampf. In vortrefflicher Weise gelang es ihm, speziell in der Strategie und Taktik fundamentale strategische Leitsätze herauszukristallisieren, die in unserer heutigen Mittelspielliteratur gelten.

2.4 Vom technischen Präzisionsstil Capablancas zur neoromantischen Stilrichtung

In der zweiten Hälfte des 19. Jahrhunderts fand mit der wissenschaftlich fundierten strategischen Spielauffassung eine wesentliche Etappe der Schachgeschichte ihren Abschluss. Ausgehend von der Steinitzschen These über die Relevanz des Gleichgewichts der Stellung und die daraus resultierenden Prinzipien des Störens bzw. Stabilisierens trugen Tarraschs Spielgesetze und pädagogische Interpretationen maßgeblich zum Verbreiten der sogenannten »Neuen Schule« im Schach bei. Immer mehr mussten bisher praktizierte subjektive Anschauungen theoretisch begründeten und praktisch erprobten strategischen Grundsätzen weichen. Eine weitere Dimension im schachlichen Evolutionsprozess trat annähernd zur gleichen Zeit in Form des psychologisch motivierten Kampfes mit dem Gegner in den Vordergrund. Das Einbeziehen der Psychologie in die Theorie des Kampfes sowie das Wirken Laskers, eine macheidische spielerische Idealkonstruktion anzustreben, verliehen dem Schachspiel ausgeprägtere sportliche Züge und gaben seiner weiteren Entwicklung kräftige Impulse.

Wie Laskers, so ruhte auch **José Raul Capablancas** (1888–1942) Spielauffassung auf den Fundamenten der klassischen Schachschule Steinitz'. Er verstand es vorteilhaft, die ehernen strategischen Grundsätze der neuen Schachschule mittels einer technisch präzisen Spielbehandlung in die Turnierpraxis einzubeziehen. Hinzu kamen günstige leistungsbestimmende Faktoren, wie starke physische Konstitution, intaktes Nervensystem, ausgeprägtes Selbstvertrauen und ausgezeichnetes Vorstellungsver-

José Raul Capablanca

mögen. Ein frappierendes Positionsgefühl verhalf ihm intuitiv zur richtigen Stellungsbeurteilung. Auf dem Höhepunkt seiner Schachlaufbahn beherrschte er die positionell-technische Handhabung mit höchster Präzision und spielte fast fehlerlos. Das brachte ihm auch die Bezeichnung »die Schachmaschine« ein. Durch diesen Präzisionsstil war er nur schwer zu besiegen. Euwe urteilte über seine Spielweise: »Bewunderungswürdig, wie Capablancas Kombinationen berechnet sind. Man kann es drehen und wenden, wie man will, man kann die Möglichkeiten nach allen Richtungen hin untersuchen, stets kommt man zu dem Schluß, daß alles haargenau stimmt. Gefühl oder Berechnung? Beides. Capablanca weiß, daß bestimmte Angriffsstellungen gewonnen sind, und es kostet ihn dann wenig Mühe, die wichtigsten Varianten arithmetisch genau festzulegen« (Hannak 1952, S. 27 f.). Neben seiner umfangreichen spielpraktischen Tätigkeit trug Capablanca auch auf bestimmten Gebieten zur lehr- und spieltheoretischen Weiterentwicklung des Schachspiels bei. Obwohl mehr Schachbücher über ihn als von ihm verfasst worden sind, nimmt sein im Jahre 1927 veröffentlichtes Werk »Grundzüge der Schachstrategie« eine zentrale Stellung in der Strategie-Literatur ein. Während er sich in der Lehrmethodik beim Erlernen des Schachspiels stark an Tarraschs Systematisieren hält, bietet sein Kapitel über die allgemeine Schachstrategie und über die Strategie in den Endspielen zahlreiche neue Gedanken und präzisierte Aussagen. Als großer Endspielkönner untersuchte er natürlich diese Spielphase besonders gründlich. In seinen »Letzten Schachlektionen« erläuterte er in elf Themengruppen eine Reihe von instruktiven Beispielen zur Schulung der Endspieltheorie. Dem Eröffnungsstudium schenkte Capablanca relativ wenig Beachtung. Er verließ sich hauptsächlich auf sein Positionsgefühl und befolgte die allgemeinen Grundsätze der Strate-

gie. Trotzdem trug er in einigen Eröffnungssystemen durch kritische Analysen zur Verbesserung dieser Spielphase bei. In der Caro-Kann-Verteidigung wurde die heute so beliebte Fortsetzung 4. ... ♗f5 (nach 1.e4 c6 2.d4 d5 3.♘c3 dxe4 4.♘xe4) nach ihm bezeichnet. Von aktuellem Interesse sind seine Hinweise zur »Verbesserung der Form« des Schachspielers. Allerdings verstand er unter dem Verbessern der Form ausschließlich die stilistische Vervollkommnung. Erstmals wird in diesem Zusammenhang auch auf die Bedeutung des trainingsmäßigen Selbststudiums hingewiesen.

Zu weiteren namhaften Anhängern des technischen Präzisionsstils zählen die Großmeister **Akiba K. Rubinstein** (1882–1961) und Max Euwe. Rubinstein gewann seine Partien durch vollendetes Anwenden der Steinitzschen Lehre und weitsichtige Klarheit im Denken. In nachstehender hervorragenden Kombinationspartie charakterisierte Hannak treffend: »Die harmonische Konstruktion seiner Partien ist an Ebenmäßigkeit und edlem Gleichmaß von keinem anderen Meister erreicht worden. Dazu eine enorme Kenntnis der Eröffnungstheorie, ein ständiger Entdecker neuer Pfade und ein geradezu phantastischer Zauberer des Endspiels – ein Riese an Kraft im Gewande eines Büßers« (1952, S. 123). Rotlevi-Rubinstein, Lodz 1907: **1.d4 d5 2.♘f3 e6 3.e3 c5 4.c4 ♘c6 5.♘c3 ♘f6 6.dxc5 ♗d3 6. ... ♗xc5 7.a3 a6 8.b4 ♗d6 9.♗b2 0–0 10.♕d2? 10.cxd5 exd5 11.♗e2 10. ... ♕e7 11.♗d3 dxc4 12.♗xc4 b5 13.♗d3 ♖d8 14.♕e2 ♗b7 15.0–0 ♘e5 16.♘xe5 ♗xe5 17.f4 ♗c7 18.e4 ♖ac8 19.e5 ♗b6+ 20.♔h1 ♘g4! 21.♗e4 ♕h4 22.g3** (Diagramm 2)

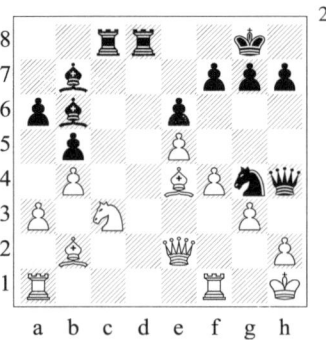

2

22. ... ♖xc3!! Die Einleitung einer wunderschönen und nicht zu widerlegenden Kombinationsserie **23.gxh4** Andere Züge verlieren ebenfalls,

z. B. 23. ♗xc3 ♝xe4+ 24. ♕xe4 ♛xh2 matt oder 23. ♗xb7 ♜xg3 24. ♖f3 ♜xf3 25. ♗xf3 ♞f2+ 26. ♔g1 ♞e4+ 27. ♔f1 ♞d2+ 28. ♔g2 ♞xf3 29. ♕xf3 ♜d2+ usw. **23. ...** ♜**d2!!** Die Pointe des Damenopfers. **24.** ♕**xd2** Auf 24. ♕xg4 gewinnt 24. ... ♝xe4+ 25. ♖f3 ♜xf3. **24. ...** ♝**xe4+ 25.** ♕**g2** ♜ **h3!!** Weiß gab auf, denn es folgt Matt in spätestens drei Zügen.

Besondere Anerkennung gebührt seinen wissenschaftlichen Leistungen auf dem Gebiet der Eröffnungstheorie. Im Spanischen Vierspringerspiel stammt von ihm die ausgleichende Fortsetzung 4. ... ♞d4 nach den Zügen 1.e4 e5 2.♞f3 ♞c6 3.♞c3 ♞f6 4.♗b5. In der Französischen Verteidigung wird das Schlagen 3. ... dxe4 nach 1.e4 e6 2.d4 d5 3.♞c3 und in der Sizilianischen Verteidigung die Fortsetzung 1.e4 c5 2.♞f3 ♞f6 als Rubinstein-Variante bezeichnet. In der verbesserten Steinitz-Verteidigung der Spanischen Partie führte das Rubinstein-System 6. ... ♞ge7 nach 1.e4 e5 2.♞f3 ♞c6 3.♗b5 a6 4.♗a4 d6 5.c3 ♗d7 6.d4 zu kompliziertem Spiel. Gegen die Nimzowitsch-Indische Verteidigung entwickelte er mit 4.e3 nach 1.d4 ♞f6 2.c4 e6 3.♞c3 ♗b4 ein grundlegendes System, und in der Englischen Symmetrievariante führte er den Zug 5. ... ♞c7 nach 1.c4 c5 2.♞c3 ♞f6 3.g3 d5 4.cxd5 ♞xd5 5.♗g2 in die Turnierpraxis ein. Jährlich findet ihm zu Ehren im polnischen Kurort Polanica Zdroj ein Rubinstein-Gedenkturnier statt.

Exweltmeister **Professor Dr. Max Euwe** (1901–1981) war nicht nur ein leistungsstarker Spieler, sondern auch pädagogischer Ratgeber einer ganzen Schachgeneration. Neben seiner beruflichen Tätigkeit als Mathematiker beteiligte er sich erfolgreich an vielen internationalen Turnier- und

Prof. Dr. Max Euwe

Matchveranstaltungen. Sein größter Erfolg war der Matchsieg 1935 gegen Aljechin um die Weltmeisterschaft. Der harten Doppelbelastung von Beruf und Leistungsschach konnte er nur durch ein eisernes Festhalten an selbstgesteckten Lebensmaximen gerecht werden. »Genie der Ordnung und des Fleißes« nannte ihn Meister Hans Kmoch. Durch hohen didaktischen Wert zeichnen sich seine systematischen Arbeiten zur Eröffnungs-, Endspiel- und Mittelspiellehre aus.

Unter anderem verfasste er zwölf Bände »Theorie der Schacheröffnung« (1957–1962), acht Bände »Das Endspiel« (1957) und zwölf Bände »Das Mittelspiel« (1956–1962). Die Lehrbuchserie über das Mittelspiel stellt die erste wissenschaftlich gegliederte Thematik zu dieser schwer zu lehrenden Partiephase dar und gliedert sich in a) Statische Merkmale: I. Der relative Wert der Figuren, II. Zentrumsbildung, III. Verschiedene Bauernformationen, IV. Der Kampf um offene Linien, V. Schwache Bauern; b) Dynamische Merkmale: VI. Die Initiative, VII. Die Arten des Königsangriffs, VIII. Die Verteidigung, IX. Das Lavieren, X. Abwicklung und Übergänge; c) Subjektive Merkmale: XI. Bekannte Unzulänglichkeiten und XII. Der individuelle Stil. 1949 erschien unter seiner Regie das Euwe-Loseblattwerk, das sind aktuelle eröffnungstheoretische Beiträge in periodischer Folge. Auf dem 41. Weltkongress der FIDE wurde M. Euwe zum Präsidenten gewählt. Mit hoher Sachkenntnis leitete er den Weltschachbund bis 1978.

Bis zu Beginn der zwanziger Jahre dominierte die Lehr- und Spielplankonzeption der Schachschule Steinitz-Tarrasch. Die Vertreter des technischen Präzisionsstils und das fast fehlerfreie Vorausberechnen Capablancas ließen den Gedanken von der Überlebtheit des Schachspiels aufkommen. Gegen den drohenden »Remistod« wurden damals mehrere Veränderungen erwogen, z. B. das Einführen eines neuen Bewertungssystems, wobei ein »Pattsieg« honoriert werden sollte, das Verändern der Figuren in der Grundstellung, Abschaffen der Rochade u. a. m. In dieser Situation begannen einige junge Meister in der Turnierarena den bislang gültigen Partieaufbau mit völlig neuen strategischen Mitteln zu bekämpfen. Im besonderen standen die verabsolutierten Mittelspielgrundsätze Tarraschs im Feuer der Kritik, und gegen seine Lehre vom Zentrum und den Zentrumsbauern wurden massive praktische und theoretische Angriffe geführt.

Als Hauptvertreter der schachlichen Erneuerung traten A. Nimzowitsch, S. G. Tartakower und R. Réti in Erscheinung. Sie belebten einerseits die Partieführung mit strategisch-taktischen Kampfmitteln aus der romantischen Spielepoche und entwickelten andererseits völlig neue strategische Grundgesetze im Eröffnungs- und Mittelspielstadium. Durch zunehmende praktische Turniererfolge im Kampf mit den Autoritäten gelang es ihnen immer mehr, die Richtigkeit ihrer progressiven Ideen nachzuweisen.

Aaron Nimzowitsch (1887–1935), erfolgreicher Turnierkämpfer und streitbarer Theoretiker, galt als der Vorkämpfer der Neoromantiker. Neben seinen sportlichen Leistungen wurde er durch das Veröffentlichen der beiden Lehrbücher »Mein System« und »Die Praxis meines Systems« bekannt.

Aaron Nimzowitsch

Das Werk bildet die fundierte Grundlage seiner revolutionären Schachauffassungen. Eingeleitet wurde der theoretische Meinungsstreit durch den im Jahre 1913 in der »Wiener Schachzeitung« veröffentlichten Aufsatz unter der Überschrift »Entspricht Dr. Tarraschs ›Die moderne Schachpartie‹ wirklich moderner Auffassung?« In dieser Polemik über theoretische Grundsatzfragen opponierte er hauptsächlich gegen die Strategie der unbedingten Zentrumsbehauptung und gegen die dogmatische Betrachtungsweise verschiedener Eröffnungs- und Verteidigungssysteme. Nimzowitschs Kritik erstreckte sich auf die Französische Verteidigung, vornehmlich auf das Rechtfertigen der Einengungsvariante 3.e4-e5 (nach 1.e4 e6 2.d4 d5), die Spanische Partie, das Vierspringerspiel und Varianten im Damengambit. Scharf verurteilte er die Bemerkung Tarraschs, dass der Caro-Kann-Zug 1. ... c6 nichts für die Entwicklung leiste und folglich inkorrekt sei, sowie dessen Überbewerten der Skandinavischen Verteidigung, deren thematischer Zug 1. ... d5 keinen Verlust eines Entwicklungstempos darstelle.

Dem Lehrbuch »Mein System« liegen zwei Hauptteile zugrunde: 1. Elemente der Schachstrategie und 2. Lehre vom Positionsspiel. Die Kapitel des ersten Teiles gliedern sich in die Themen: Zentrum und Entwicklung, die offene Turmlinie, die siebente und achte Reihe, der Freibauer, der Abtausch, die Elemente der Endspielstrategie, der gefesselte Stein, das Abzugsschach und die Bauernkette. Nimzowitsch verwendete als erster Schachlehrer einprägsame Schemata zum Veranschaulichen seiner Lehrgrundsätze. Gleichzeitig bevorzugte er eine humorvoll-begriffliche stilistische Ausdrucksweise, die bewusst Parallelen zu Ereignissen des täglichen Lebens beinhaltet.

In der Lehre vom Positionsspiel stellt Nimzowitsch eine Reihe von neuen tragenden Positionsgrundsätzen auf; im Gegensatz zum bisher anerkannten »Akkumulieren geringfügiger Vorteile« nennt er die Leitlinie die »nach außen und nach innen betriebene Prophylaxe«, die ihren Sinn im Überdecken strategisch wichtiger Punkte hat. »Schwache Punkte, noch mehr aber starke Punkte, kurz alles, was man unter dem Sammelbegriff strategisch wichtige Punkte zusammenfassen kann, sollen überdeckt werden! Denn tun die Offiziere solches, so winkt ihnen als Belohnung dafür, daß sie die strategisch wichtigen Punkte decken helfen, daß sie auch sonst in jeder Beziehung gut zu stehen kommen; also die Bedeutung des strategischen Punktes überflutet sie mit ihrem Schimmer, um das nicht ohne Pathos auszudrücken« (1958, S. 177), lautet dazu seine Begründung. Ein weiteres Hauptpostulat seiner Positionslehre bildet die Forderung über die »Gesamtbeweglichkeit der Bauernmasse«. Bewegliche Bauernformationen können im strategischen Zentrumskampf und in der Angriffsführung »durch die Expansionslust erdrückend wirken« (1958, S. 179 f.). Von hoher didaktischer Bedeutung sind seine »Wege zur Aneignung des Positionsspiels«, die zusammengefasst sechs Prinzipien enthalten:

»1. Man wirke der falschen Auffassung entgegen, als ob jeder Zug etwas Unmittelbares zu leisten habe; auch Warte- und Ruhezüge haben ihre Existenzberechtigung!

2. Man erkenne die Idee der Vorbeugung als die leitende des Positionsspiels an! In diesem Sinne kämpfe man gegen gegnerische Befreiungszüge an und beuge einer inneren Desorganisation dadurch vor, daß man die eigenen Figuren in Kontakt mit den (eigenen) strategisch wichtigen Punkten bringe!

3. Man habe vor der Zentralstrategie einen höllischen Respekt; man vermeide jedes frühzeitige Schwenken nach den Flügeln hin (aus Furcht vor einer gegnerischen Zentralinvasion) und suche vielmehr im Zeichen des Zentralisierens zu operieren!

4. Man spiele auf Gesamtbeweglichkeit der eigenen Bauernmasse, nicht aber auf die Beweglichkeit jedes Bauern an und für sich!

5. Man gewöhne sich daran, die Beherrschung der Mitte als ›Hemmungsfrage‹ aufzufassen; nicht aber sei die arithmetische Vollzähligkeit der Mittelbauern entscheidend.

6. Nicht der Angriff und auch nicht die Verteidigung, nur das Konsolidieren ist für das Positionsspiel bezeichnend!« (1958, S. 195).

Nimzowitschs Gedankengut fand auch in der Eröffnungstheorie seinen Niederschlag. Nach ihm sind zwei komplexe Eröffnungen benannt, die »Nimzowitsch-Eröffnung« mit dem antipositionellen Springerzug nach c6 auf 1.e4 und die »Nimzowitsch-Indische Verteidigung« 1.d4 ♘f6 2.c4 e6 3.♘c3 ♝b4. Aufgrund seiner umfangreichen Untersuchungen erhielten die einengende Zugfolge 1.e4 e6 2.d4 d5 3.e5 in der Französischen Verteidigung und der Springerzug 2. ... ♘f6 in der Sizilianischen Verteidigung nach 1.e4 c5 2.♘f3 die Bezeichnung »Nimzowitsch-Variante«.

Savielly G. Tartako-wer (1887–1956) zählte zu den produktivsten Verfassern lehrtheoretischer Schriften und Artikel. Seine Beiträge erschienen u. a. in den bedeutenden Fachzeitschriften und Zeitungen wie L'Echiquier (Brüssel), La Stratégie, Les Cahiers de Echiquier Français, Le Monde

Savielly G. Tartakower

(Paris), Wiener Schachzeitung, The Chess-Review (New York), British Chess Magazine, Algemeen Dagblad, Rotterdamsch Schaakniewa, De Telegraaf, Elsevier (Amsterdam), Tidskrift för Schak (Stockholm), Skakbladet (Kopenhagen), Magyar Sakkvilag (Kecskemét), Swiat Szachowy (Warschau), Chwila (Lwow), 64 und Schachmaty w SSSR (Moskau), L'Italia Scacchiatica (Florenz und später Mailand), El Axedrez Español (Madrid), Les Escaca a Catalunya, La Nun (Barcelona), Xadres Brasiliero, Xeque (Rio de Janeiro), Critica, La Razon (Buenos Aires).

Zur Revision alter Lehrmeinungen trugen wesentlich seine methodischen Werke »Die hypermoderne Schachpartie« (1924/25) und »Schachmethodik« bei. Das klassische Standardwerk »Die hypermoderne Schachpartie« bestand aus acht Folgen und trägt den Charakter einer Lehrzeitschrift. In den einzelnen Heften erschienen Grundsatzartikel über die Theorie der Eröffnungsphase, des Mittel- und Endspiels sowie historisch-kritische Auseinandersetzungen über die theoretischen Ansichten und praktischen Leistungen führender zeitgenössischer Schachmeister. Aufschlussreich ist das Beantworten der Frage über das Eröffnen und die Anlage einer Partie, in der die Neoromantiker gegen den bisher vorrangigen Königsbauernzug 1.e2-e4 polemisieren: »Mit

dem Ziehen des Königsbauern ›löst sich‹ erstens die kindische Balgerei im Zentrum sehr bald in eine stumpfsinnige Gleichgewichtserschöpfung oder gar in ein Debakel des vorwitzigen Angreifers auf; zweitens glaubt die neueste Eröffnungstheorie für den Königsläufer eine viel nachhaltigere Diagonale (g2-a8), für den Königsspringer ein eventuell viel wirksameres Feld (h3) und für die Dame im Anfang der Partie am liebsten natürlich überhaupt keine angreifende Entwicklung zu finden; drittens besitzt erfahrungsgemäß fast jede Stellung eine große Widerstandskraft, die sich im Verhältnis der heranwälzenden Drohungen steigert (›Gesetz des gesteigerten Widerstandes‹), und pflegt daher ein Generalsturm ohne entsprechende Artillerievorbereitung wie ein fruchtloser Amoklauf zu wirken; viertens zwingt gerade die Möglichkeit, die offenen Spiele mit klaren Varianten und exakten Analysen zu belegen, etwas Anderes, Neues, Apartes zu suchen, was dem Kampfe der Individualitäten mehr Spielraum gibt« (1924/25, S. 8). Siehe die einprägsame grafische Skizze zum Veranschaulichen maßgeblicher Entscheidungen in einem Partieverlauf auf Seite 40 oben.

Im Buch mit dem anspruchsvollen Titel »Schachmethodik« (1929) liegt das Hauptaugenmerk auf dem Erlernen der Mittelspielstrategie. Zahlreiche, nach strategischen Motiven geordnete Miniaturpartien, ausgewählte Kampfstellungen und lehrreiche Meisterpartien wurden in belehrender Form analysiert und kommentiert. Entsprechend seiner pädagogischen Leitidee »Nur durch Unterhaltung – die nötige Belehrung!« (S. V) versucht er, den trockenen Stoff durch aphorismenhaftes spaßiges Interpretieren lebendig zu gestalten: »Man lernt im Schach nur durch Fehler«, »Die Fehler sind dazu da, um gemacht zu werden«, »Der vorletzte Fehler gewinnt«, »Die Drohung ist stärker als ihre Ausführung«, »Es ist besser, die Figuren des Gegners zu opfern«, »Der Taktiker muß wissen, was er zu tun hat, wenn es etwas zu tun gibt; der Stratege muß wissen, was er zu tun hat, wenn es nichts zu tun gibt«.

Eröffnungstheoretisch erforschte Tartakower besonders die Holländische Verteidigung 1. ... f5 und den Holländischen Angriff 1.f4. Im Damengambit erhielt die Verteidigungsidee mittels b7-b6 (1.d4 d5 2.c4 e6 3.♘c3 ♘f6 4.♗g5 ♗e7 5.e3 0–0 6.♘f3 h6 7.♗h4 b6) seinen Namen und erfreut sich auch heute in der modernen Turnierpraxis großer Beliebtheit. Die Zugfolge 1.d4 ♘f6 2.c4 e6 3.g3 wurde von ihm 1929 beim Turnier in Barcelona in die Praxis einge-

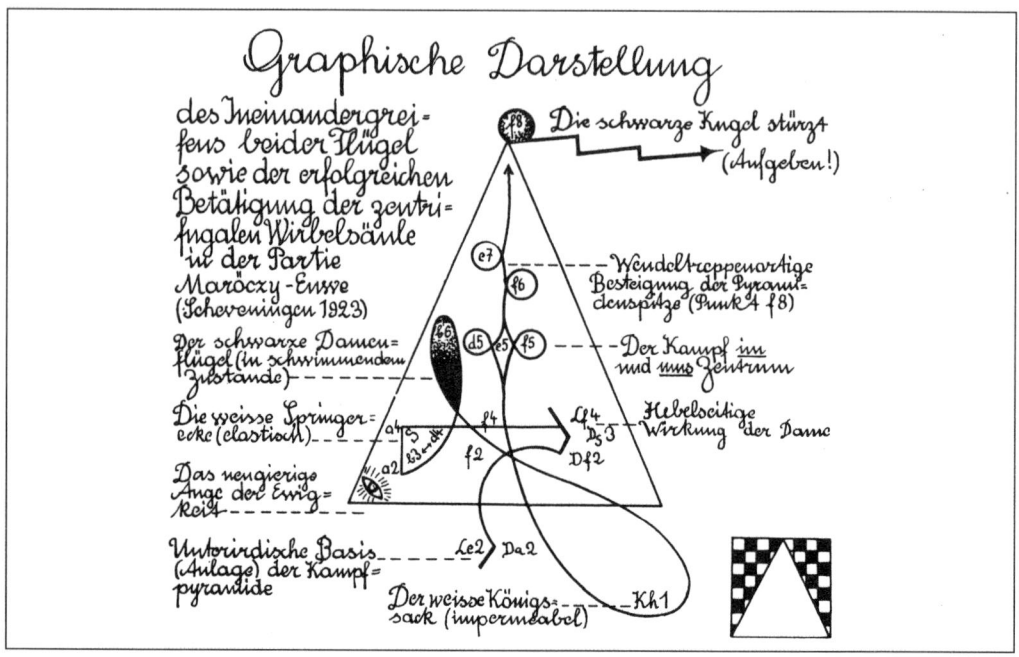

Maßgebliche Entscheidungen in einem Partieverlauf (Tartakower)

führt und heißt seitdem Katalanische Eröffnung. Tartakower untersuchte eingehend die Eröffnungsstrategie des Aufbaus 1.b4 und gab ihr anlässlich seiner Partie gegen Maróczy beim internationalen Turnier in New York 1924 die Bezeichnung »Orang-Utan-Eröffnung«. Als Erster wandte er den antipositionellen Zug 2.♘c3 nach 1.d4 ♘f6 in Wettkämpfen an.

Neben Nimzowitsch und Tartakower geht **Richard Réti** (1889–1929) als Hauptvertreter der Neoromantischen Schule bzw. »hypermodernen Schachschule«, wie sie oft auch bezeichnet wird, in die Schachgeschichte ein. Rétis Spielauffassung war rein positionell begründet. Im Mittelspiel bestach er durch verblüffende und verwickelte Kombinationen. Mit wissenschaftlicher Klarheit erfasste er den dialektischen Prozess zwischen theoretischen Erkenntnissen und praktischem Wettkampfschach. Seine dynamische Eröffnungsstrategie fand ihren Ausdruck in dem zurückhaltenden Besetzen der Zentrumsfelder und den Flankenentwicklungen der beiden Läufer, vor allem des Königsläufers. Charakteristisch ist der Aufbau 1.♘f3 d5 2.c4 nebst 3.g3, die Grundform der »Réti-Eröffnung«. Große Anerkennung wurde ihm als Studienkomponist zuteil. Zum Veranschaulichen der »Lehre vom Quadrat« benutzen heute alle Autoren die aus dem Jahre 1921 stammende lehrhafte Studie von Réti, in der das Remis in scheinbar aussichtsloser Stellung noch zu erreichen ist (Diagramm 3): 1.♔g7 h4 2.♔f6 h3 (2. ... ♔b6 3.♔e5 h3 4.♔d6 h2 5.c7) 3.♔e6 h2 4.c7 remis.

Weitere Vertreter der hypermodernen Schachrichtung mit eigenständigen theoretischen Erkenntnissen sind **Efim D. Bogoljubow** (1889–1952) und **Ernst Grünfeld** (1893–1962). Zum eröffnungstheoretischen Allgemeingut entwickelten sie die Verteidigungsformen gegen den Damenbauernzug 1.d4 ♘f6 2.c4 e6 3.♘f3 ♗b4+ und 1.d4 ♘f6 2.c4 g6 3.♘c3 d5, die als Bogoljubow-System und Grünfeld-Indische Verteidigung bekannt wurden.

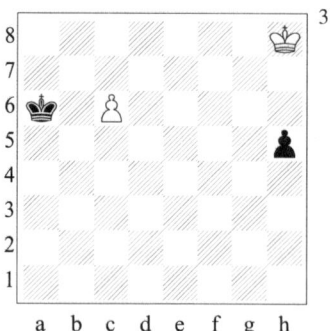

3

2.5 Von der Russischen Schach-schule bis zur wissenschaftlichen Schachauffassung Michail Bot-winniks und pragmatischen Spielführung Anatoli Karpows

Die Popularität des Schachspiels unter den Völkern der ehemaligen Sowjetunion und der hohe Leistungsstand ihrer Großmeister erfordern, Entwicklungswege und Erkenntnisse eingehend zu analysieren. Dabei wird sichtbar, dass beim Bestimmen substantieller Quellen neben dem gesellschaftlichen Wertschätzen und dem inhaltlichen Selektieren von Erkenntnissen früherer Schachschulen speziell die Tradition der progressiven »Russischen Schachschule« maßgeblich ist. Betrachten wir deshalb zunächst die Entwicklung der Schachtheorie und ihrer Schöpfer im alten Russland.

Im zaristischen Russland verlief die Schachentwicklung parallel mit der zu Beginn des 19. Jahrhunderts aufblühenden nationalen Kultur, den fortschrittlichen gesellschaftlichen Ideen der revolutionären Bewegungen; dennoch blieb das Schachspiel vorrangig ein Privileg der damaligen Aristokratie. Der erste, auch über die Ländergrenzen hinweg bekannte Spieler war **Alexander D. Petrow** (1794–1867). Nicht nur als praktischer Spieler, auch als Schachschriftsteller und Kritiker übte er einen entscheidenden Einfluss auf das Schach in Russland aus. Kritisch-schöpferisch wertete er die Partien des berühmten Philidor in seinem Buch »Das Schachspiel«. Die mutigen kritischen Analysen, ohne Furcht vor den anerkannten Autoritäten, deuteten schon die Grundzüge der progressiven Einstellungen der russischen Schachschule an. Petrows Schaffen erstreckte sich auch auf die Problemkomposition. Seine Aufgaben waren scharfsinnig und oft sehr originell. Als besonders lehrreich kann sein Exkurs in die Historie angesehen werden, wo er in Form einer Schachaufgabe die Flucht Napoleons aus Russland symbolisch darstellt (Diagramm 4: Verwendete Synonyme: Feld a1 = Moskau, Feld h1 = Petersburg, Feld h8 = Paris, Diagonale h1-a8 = Beresina, schwarzer König = Napoleon, weiße Springer = Kosaken). Der schwarze König (Napoleon) wird von den weißen Springern (Kosaken) angegriffen und verfolgt: 1.♘d2+ ♚a2 2.♘c3+ ♚a3 3.♘db1+ ♚b4 4.♘a2+ ♚b5 5.♘bc3+ ♚a6 6.♘b4+ (Die sofortige Mattmöglichkeit mittels 6.♕a8 wurde in Analogie zur geschichtlichen Wahrheit nicht ausgeführt. Der Autor de-

monstrierte dafür die nicht ausgenützte Gefangennahme Napoleons beim Überschreiten der Beresina von a7 nach b8.) 6. ... ♚a7 7.♘b5+ ♚b8 8.♘a6+ ♚c8 9.♘a7+ ♚d7 10.♘b8+ ♚e7 11.♘c8+ ♚f8 12.♘d7+ ♚g8 13.♘e7+ ♚h8 (Paris) 14.♔g2 matt.

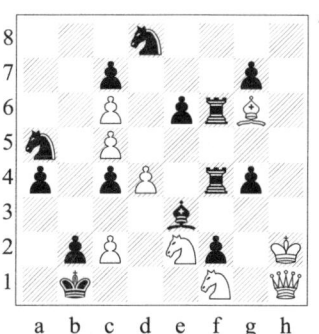

Als einer der profiliertesten Schachtheoretiker seiner Zeit galt der Petersburger Mathematikprofessor **Carl Friedrich von Jänisch** (1813–1872). Neben zahlreichen theoretischen Aufsätzen in russischen, französischen und deutschen Schachzeitschriften zählte sein zweibändiges methodisches Werk »Analyse nouvelle du jeu des échecs« (Neue Analyse der Schacheröffnungen) neben dem deutschen »Bilguer« als Standardwerk der Eröffnungstheorie. Jänischs analytisches Hauptverdienst bestand darin, dass er viele Eröffnungsvarianten kritisch überprüfte, neu systematisierte und mit eigenen Analysen versah. Besonders eingehend untersuchte er die Zugfolge 1.e4 e5 2.Sf3 Sf6 und nannte sie zu Ehren des erfolgreichen russischen Spielers »Die Verteidigung Petrows« bzw. »Die russische Verteidigung«. Desgleichen analysierte er das Opferspiel 1.e4 c5 2.b4, das Sizilianische Flügelgambit. Die Fragen des mathematischen Beziehungsgefüges der Schachfiguren waren der Inhalt eines dreibändigen Werkes mit dem Titel »Traité des Applications de l'analyse mathematique au jeu des échecs« (Abhandlung über die Anwendung der mathematischen Analyse im Schachspiel, 1862–63). Der erste Band beschäftigt sich mit mathematischen Fragen über den Gang der Schachsteine und absoluten Wert der Figuren. Der zweite Band erläutert Springerzüge, und im dritten Band wird der relative Wert der Figuren gewürdigt.

Michail I. Tschigorin (1850–1908) wird heute allgemein als eigentlicher Begründer der Russischen Schachschule gesehen. Mit etwa 24 Jahren besaß er noch ein geringes Spielvermögen, aber in relativ kurzer Zeit wurde er bald der beste Spieler Russlands und einer der leistungsstärksten Schachmeister in der Welt. Seine Hauptziele waren: Streben nach Anerkennung für das Schach, um es zum Nationalspiel zu entwickeln und Verschaffen von Weltgeltung für das russische Schach. Tschigorin versagte den vorherrschenden Dogmen der Steinitzschen Neuen Schule seine Anerkennung. Im praktischen Spiel und in umfangreichen theoretischen Schriften bekundete er eine neue Stilrichtung. »Die Fähigkeit, geschickt zu kombinieren, die Begabung, in einer gegebenen Stellung den zweckmäßigsten Zug zu finden, der schneller zur Verwirklichung des vorgesehenen Planes führt, steht höher als alle Prinzipien oder ist – richtiger gesagt – das einzige Prinzip im Schachspiel, das einer solchen Begriffsbestimmung entspricht« (zit. n. Kotow 1957, S. 33), polemisiert er in der lehrtheoretischen Auseinandersetzung gegen die Dogmen von Steinitz und Tarrasch. Sein immerwährendes Bestreben, Neues zu schaffen, jede Partiephase schöpferisch zu gestalten und die ganze Schachpartie als werdendes Kunstwerk anzusehen, wirkte revolutionierend auf das internationale Schachgeschehen. In einer bemerkenswerten Abhandlung Grekows über »Die russische Schule in der Schachkunst« heißt es dazu: »Die charakteristischen Merkmale Tschigorins als Schachdenker und Künstler waren vor allem: das Wahrnehmen des Schachs als Kunst, als Schöpfung; die strenge Beachtung der ästhetischen Seite der Schachschöpfung, Ablehnung des Einflusses der allgemeinen Prinzipien; das Bestreben, den Gegner nicht im Wettkampf durch eine geringere Zahl von Fehlern, sondern geistig – durch den Vorteil eigener Findigkeit – zu besiegen; die unumgängliche Aktivität auch bei der Verteidigung, die bei ihm gewöhnlich in einen Gegenangriff auswächst; das ständige Suchen neuer Wege – so sieht das dichterische Antlitz des Meisters Tschigorin, des Schöpfers der russischen Schachschule, aus« (1947, S. 30 f.).

Auch auf eröffnungstheoretischem Gebiet leistete Tschigorin wertvolle Forschungsarbeit. Dabei lehrte er seine Schüler oft, dass es nicht darauf ankomme, eine Vielzahl von Varianten im Kopf zu behalten, sondern dass es notwendig sei, die Idee der einzelnen Eröffnungen – und die im Zusammenhang notwendigen Züge für das Durchführen der Pläne zu begreifen. In den ersten Jahren seiner Tätigkeit untersuchte er besonders das Evans-Gambit, die Italienische Partie, das Zweispringerspiel im Nachzuge und das Königsgambit. In der Französischen Verteidigung stammt von ihm der Zug 2.♕e2, der gegen die Grundidee des französischen Aufbaus gerichtet ist. Besonders bereichert wurden durch ihn die Spanische Partie, das Damengambit und die Königsindische Verteidigung. In der Spanischen Partie erweiterte er die schwarze Verteidigung durch das rasche Entwickeln der Kräfte am Damenflügel mittels a6, b5, ♘a5 und c5. Erstmals fand dieses System im Londoner Turnier 1899 gegen Lasker seine Premiere: 1.e4 e5 2.♘f3 ♘c6 3.♗b5 a6 4.♗a4 ♘f6 5.0–0 ♗e7 6.♘c3 b5 7.♗b3 0–0 5.d3 d6 9.♗e3 ♘a5 10.♘e2 c5 11.c3 ♘xb3 12.axb3 ♕c7 usw. Im Damengambit erhielt die Zugfolge 1.d4 d5 2.c4 ♘c6 seinen Namen (Tschigorin-Verteidigung). Der Springer vor dem c-Bauern wirkt zwar antipositionell, soll jedoch durch den frühen Angriff auf das weiße Zentrum gerechtfertigt werden. Eine führende Position im heutigen Turnierschach nimmt die von Tschigorin ausgearbeitete Zugfolge 1.d4 ♘f6 2.c4 g6 3.♘c3 ♗g7 4.e4 d6 usw. ein. Im deutschen Sprachgebrauch heißt sie »Die Königsindische Verteidigung«, im Russischen »Altindische Verteidigung«. Tschigorin war ein bedeutender Propagandist und Lehrmeister des Schachspiels. In vielen Städten Russlands wurden durch seine Initiative Schachklubs gegründet. Er half mit, große internationale Turniere und Zweikämpfe zu veranstalten. Sein vielseitiges Wissen und seine progressiven Auffassungen vermittelte er einer aufgeschlossenen Zuhörerschar durch Vorlesungen in Petersburger Schachkursen.

Weitere bekannte Repräsentanten der russischen Schule sind Emanuel Schiffers (1850–1904), Alexander Solowzow (1847–1923), Andrej Ascharin (1843–1896), Andrej Hardin (1842–1910), Stefan Lewicki (1876–1924), Alexander Lewin (1871–1929), Alexej Gontscharow (1879–1913), Stefan Isbinski (1884–1912) und Alexander Ewenson (1892–1919). Einer der wenigen russischen Meister, die sich nicht den Lehren Tschigorins anschlossen, war Semjon Alapin (1856–1923). Als Eröffnungstheoretiker präzisierte er viele Eröffnungswege. In der Spanischen Partie schlug er den Zug 3. ... ♗b4 vor, die Sizilianische Verteidigung bekämpfte er mit 2.c3, und besonders ausführlich analysierte er Systeme in der Französischen Verteidigung. So plädierte er in der Variante 1.e4 e6 2.d4 d5 3.♘c3 für den Zug 3. ... ♘c6 und zeigte nach 1.e4 e6 2.d4 d5 3.♘c3 ♘f6 4.♗g5 ♗e7 5.e5 ♘fd7 6.♗xe7

♛xe7 7.♘b5 den Zug 7. ... ♚d8. Im abgelehnten Königsgambit wurde die Zugfolge 1.e4 e5 2.f4 d5 3.exd5 e4 4.d3 ♘f6 5.dxe4 ♘xe4 nach ihm Alapin-Variante genannt.

Neben Tschigorin war es vor allem **Dr. Alexander Aljechin** (1892–1946), der den progressiven Ideen der russischen Schachschule Ansehen in der Welt verschaffte. Im Gegensatz zum versachlichten Zweckmäßigkeitsstil Capablancas suchte Aljechin das Schöne, wissenschaftlich Kunstvolle in einer Schachpartie. Da aber seine jeweiligen Gegner in die »Gestaltung

Dr. Alexander Aljechin

des Kunstwerkes« naturgemäß einbezogen werden, beklagte er sich oft über die Fehler der »aufgezwungenen Mitarbeiter«, die abweichende »Vorstellungen von wahrhaft Schönem« in ihren Zügen erkennen ließen. Diese Auffassungen Aljechins kennzeichnen seine schöpferische Grundhaltung und darüber hinaus sein volles Bekenntnis zum Deuten des Schachs als Ausdruck des Künstlerischen. In dem Bestreben, permanent Neues zu suchen und möglichst tief in die Schachmaterie einzudringen, war er wie Tschigorin immer wieder bemüht, der Ästhetik im Schach das Primat zu geben. Dass er aber im ernsten Wettstreit auch seinen »aufgezwungenen Mitarbeitern« trotz aller künstlerischen Impressionen besondere Beachtung beimaß, zeigten seine gründlichen psychologischen und physischen Turniervorbereitungen. Als einer der ersten Meister versuchte Aljechin, die schachliche Leistung komplex zu sehen und für den Erfolg bestimmende Faktoren zu erkennen, wie zum Beispiel das Wissen um die eigenen Stärken und Schwächen, das kritische Einschätzen der Vorzüge und Mängel des Gegners, das Streben nach wissenschaftlichen und künstlerischen Leistungen, die »unerschütterliche Konzentration, die den Spieler vollständig von der Außenwelt isolieren muß«, das abwägende Herangehen an theoretische Varianten beziehungsweise Neuerungen, starke Willensanspannungen und das hartnäckige Arbeiten an sich selbst (vgl. Kotow 1957, S. 67 ff.). Beispielhaft beschreibt er seine umfangreichen psychologischen und sportspezifischen Vorbereitungen auf das Match gegen Capablanca in dem Werk »Auf dem Wege zur Weltmeisterschaft – 1923 bis 1927«. Aufschlussreich ist eine Äußerung Aljechins über das Rauchen während einer Schachpartie, zumal er als starker Raucher bekannt war: »Gewiß beruhigt eine Zigarette vorübergehend, doch darf man nicht verkennen, daß Nikotin das Gedächtnis schwächt, das Nervensystem ruiniert und die Willensstärke herabsetzt. Ich selbst bin im Kampf um die Weltmeisterschaft erst wirklich zuversichtlich geworden, als ich die Leidenschaft zum Tabak überwunden hatte« (zit. nach Kotow 1957, S. 70).

Auch in der theoretischen Weiterentwicklung des Schachspiels leistete Aljechin Wertvolles. In der Eröffnungstheorie gibt es kaum einen Komplex, den er nicht durch Hinweise beeinflusst oder erneuert hätte. Die Verteidigung 1. ... ♘f6 auf 1.e4 wurde von ihm ausgearbeitet und trägt seinen Namen. In der Spanischen Partie stammt die fianchettierte Läuferentwicklung nach der Zugfolge 1.e4 e5 2.♘f3 ♘c6 3.♗b5 a6 4.♗a4 d6 5.c3 ♗d7 6.d4 g6 7.0–0 ♗g7 von ihm. Ebenso wird als Aljechin-System die Damenentwicklung nach c2 in der Nimzowitsch-Indischen Verteidigung (1.d4 ♘f6 2.c4 e6 3.♘c3 ♗b4 4.♛c2) bezeichnet. Eine scharfe Königsattacke bewirkt sein vorgeschlagenes Bauernopfer in der Französischen Verteidigung nach der Zugfolge 1.e4 e6 2.d4 d5 3.♘c3 ♘f6 4.♗g5 ♗e7 5.e5 ♘fd7 6.h4, das als Aljechin-Chatard-Angriff in die Lehrbücher einging. Untersucht wurde von ihm ebenfalls die Variante mit 4.a3 und 4.♛g4 nach 1.e4 e6 2.d4 d5 3.♘c3 ♗b4. Wertvolle Verbesserungen wandte er ferner im Damengambit und in der Damenindischen Verteidigung an.

In der Mittelspielbehandlung stützte er sich zwar auf die Steinitzschen Prinzipien, hielt doch ihre Details nicht für immerwährend gültig. Mit Hilfe der Prinzipien sollte die exakte Analyse und das damit verbundene Einschätzen einer konkret entstandenen Stellung vorgenommen werden. Diese Einstellung konkretisierte sich besonders in der Lehre vom Tempo, im Kampf um das Zentrum und Beurteilen der Bauernmajorität. Aljechin entwickelte die Angriffsstrategie des Zwei-Flankenangriffs, wobei die Kräfte des Gegners durch Ablenken gespalten werden sollen, und gab wertvolle Hinweise zum Thema des Bauernopfers, um Initiative zu erlangen. In der Endspiellehre bereicherte er vor allem die Theorie der Schwerfiguren-Endspiele. Eine ausführliche Analyse seines reichhaltigen Schaffens, der wertvollsten Partien mit den besten Kombinationen und lehrreichsten taktischen Schlägen sowie seiner eröffnungstheoretischen Ideen nahm Großmeister Kotow in dem zweibändigen Werk »Das Schacherbe Aljechins« (1957, 1961) und in der Monografie »Aleksandr Alechin« (1973) vor. Aljechin wurde häufig für seine scharfsinnigen analytischen Fähigkeiten gelobt, u. a. auch für die Kommentare in seinem Werk: »Meine besten Partien 1908–1923«. Umso bemerkenswerter erscheint ein von GM Dr. Robert Hübner verfasster Artikel »Über Aljechins Anmerkungen«, in dem er den Worten Aljechins eigene (kritische) Kommentare in Kursivschrift gegenüberstellt (In: Schach-Journal 4/1992, S. 4–11). Das Studium dieser »Zäsur« ist Trainern und trainingswilligen Spielern zu empfehlen.

Der im Juni 1914 gegründete Allrussische Schachverband vereinigte nur 22 örtliche Klubs und zählte ungefähr 800 Mitglieder. Bereits im Oktober 1920 wurden auf Befehl des militärischen Oberkommandos die ersten Schachturniere organisiert. 1921 gab es einen Neubeginn für die vor 40 Jahren aus finanziellen Gründen eingestellte Fachzeitung, »Schachmatny listok«, die spätere »Schachmaty w SSSR«. Auf dem dritten Allunionsschachkongress fand ein Umstrukturieren des Organisationsaufbaus statt. Der im Jahre 1923 wiedergegründete Allrussische Schachverband wurde aufgelöst, und von nun an lenkte die Allunionssektion Schach beim Obersten Rat für Körperkultur die Geschicke des Schachs. Als Leiter der Allunionssektion Schach wurde der ehemalige Oberkommandierende der Roten Armee und Minister Nikolai W. Krylenko gewählt. Krylenko popularisierte das Schach als kulturellen Erziehungsfaktor, zum Anerziehen wertvoller Willenseigenschaften und Ablenken von schlechten Gewohnheiten wie Trinken, Kartenspielen und Rowdytum. Unterstützt wurde der neue Verband durch W. I. Lenins Einstellung zum Schach. Bereits mit zehn Jahren erlernte er von seinem Vater die Regeln und wurde in jungen Jahren ein begeisterter Spieler. Oft benutzte er zum Erläutern seiner Ideen Vergleiche mit dem Schachspiel. In einem Appell zum physischen Ertüchtigen der Jugend äußerte er: »Das Schachspiel ist sehr schwierig, es ist auch eine Art von Kunst. Es verlangt viel Zeit, beharrliche Arbeit und Ausdauer. Ohne Zweifel ist das Schachspiel in der Freizeit durchaus nützlich, denn bei dieser geistigen Gymnastik werden gleichzeitig Gedächtnis, Wille, Aufmerksamkeit, Ausdauer und logisches Denken trainiert« (zit. n. Demeter 1967, S. 59). Daraus resultieren die später in den Sprachgebrauch des Schachlebens eingegangen verknappten Aussprüche wie ›Schach ist Gymnastik des Geistes‹ oder ›Schach ist Gymnastik des Verstandes!‹. Vornehmlich in der Emigration spielte er Fernpartien, u. a. gegen den bekannten russischen Spieler Andrej Hardin und zeigte großes Interesse für das Lösen von Studien und Problemen.

Wenn man alle diese für das Schachleben positiven Gesichtspunkte berücksichtigt, dann fällt es nicht schwer zu erkennen, dass die junge sich entwickelnde sowjetische Schachschule umfangreiche staatliche Unterstützung hatte. Zahlreiche Aktivitäten und Beschlüsse wurden von der Schachorganisation angeregt, durch Autoritäten gefördert und administrativ umgesetzt.

Die sportlich-spielerische Seite repräsentieren einige Meister, die den Begründer der progressiven russischen Schachschule Michail Tschigorin noch persönlich kannten; es sind vor allem **Grigori J. Löwenfisch** (1889–1961) und **Peter A. Romanowski** (1892–1964). Für beide war Tschigorin das stilistische Vorbild, und seine Ideen spiegelten sich in ihren Wettkämpfen und theoretischen Schriften wider. Löwenfisch schrieb ab 1925 Beiträge und Bücher zu Fragen des Wettkampfgeschehens, der Eröffnungen und Endspiele. Romanowski äußerte sich vor allem zu Problemen der Lehrmethodik. Seine Lehrprogramme zum Erlernen und Festigen des Schachspiels »Programma sanjati s tschetwertym i pjatym rasrjadami« (Lehrprogramme der vierten und fünften Leistungsklassen) und »Programma sanjati s schachmatistami wtorogo i tretjego rasrjadow« (Lehrprogramme der zweiten und dritten Leistungsklassen) bilden die Grundlage für alle späteren veröffentlichten Unterrichts- und Übungsprogramme. Der gesamte Lehrstoff wurde in 34 Stunden Theorie und Praxis aufgeteilt und beinhaltet neben dem Erlernen der Grundelemente Fragen der Endspiel- und Eröffnungstheorie sowie Strategie und Taktik. Romanowskis Popularität basierte einmal auf der erfolgreichen sportpraktischen Seite und zum anderen auf seiner systematisch-zielstrebigen Tätigkeit in der Schachpädagogik. Aufschlussreich bei der strategisch-taktischen Ausbildung sind seine Werke über das Mittelspiel »Mittelschpilplan« (1960) und »Mittelschpil-Kombinazija« (1963). Unter seiner Redaktion erschien von Wladimir Sak im Jahr 1959 ein methodisch übersichtlich gegliedertes Lehrprogramm zur Ausbildung von zehn-

und zwölfjährigen Kindern »Schachmaty-Programma dlja detskich sportiwnych schkol po
podgotowke schachmatistow IV i III rasrjadow«
1959 (Schachprogramm für Kindersportschulen
zur Vorbereitung von Schachspielern der IV und
III Leistungsklasse). Aufgrund seiner großen
Verdienste als Spieler, Organisator, Publizist
und Pädagoge wurde ihm im Jahre 1936 als er-
stem Schachspieler der Titel »Verdienter Meister des Sports« verliehen.

Auf dem Gebiet des Problemschachs erwarb
der Moskauer Meister **Nikolai Grigorjew** (1895–
1938) internationalen Ruf. Als Endspielforscher,
Autor vieler gehaltvoller Studien und Probleme
hinterließ er der Schachwelt mehr als 150 Kompositionen. Grigorjew verstand es in ausgezeichneter Weise, den ästhetischen Inhalt der Aufgaben
praxisnah zu komponieren. Seine Schöpfungen
dienten Endspiel-Lehrbuchautoren als Grundla-
genmaterial. Das musterhafte Beispiel einer
feinsinnigen Komposition im Lehrgewand demonstriert das Königsmanöver in Diagramm 5.

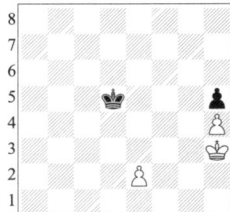

Der weiße König muss
den e-Bauern beim Vor-
marsch unterstützen,
darf jedoch nicht die
Oppositionsstellung
♔f2-♚f4 zulassen (Re-
mis): 1.♔g3! ♚e4 2.♔
g2! ♚e3 3.♔f1 ♚e4
4.♔e1 ♚e3 5.♔d1 ♚f4
6.♔d2 ♚e4 7.e3 ♚f3 8.♔d3 ♚g3 9.♔e4!
♚g4 10.♔e5 ♚xh4 11.♔f4 ♚h3 12.e4 ♚g2
13.e5! h4 14.e6 und gewinnt (Grigorjew, 1936).

In der ersten Periode der sowjetischen
Schachentwicklung war die Verbreitung des
Schachspiels unter allen Bevölkerungsschich-
ten, besonders der Jugend vorrangig. Turniere
mit Massencharakter, aber auch Leistungstur-
niere mit profilierten ausländischen Meistern zur
Vorbildwirkung schlossen sich an. So vereinigte
das erste internationale Einladungsturnier 1925 in
Moskau mit Bogoljubow, Lasker, Capablanca,
Marshall, Torre, Tartakower, Reti u. a. die damaligen weltbesten Spieler.

Anlässlich dieser schachlichen Großveranstal-
tung wurden erstmals Untersuchungen über das
Schachspiel mit wissenschaftlichen Fragestellungen durchgeführt: Welche Seiten der Persönlichkeit werden durch das Schachspiel besonders
angesprochen? Wie bedeutsam ist das Schachspiel für die Persönlichkeitsentwicklung? Welche psychischen Funktionen spielen eine Rolle?

Welche Erscheinungen sind für das Schach typisch und welche individuellen Eigenarten of-
fenbaren sich darin? Die Forschungen fanden im
Auftrag des Laboratoriums für experimentelle
Psychologie und Psychotechnik in Moskau statt.
Über die Ziele der Untersuchung, die Methodik
der Experimente, die gefundenen Ergebnisse und
die dementsprechenden Schlussfolgerungen gaben die Professoren Djakow, Petrowski und Rudik ein Buch heraus, das in seiner deutschen Übersetzung 1927 unter dem Titel »Psychologie des
Schachspiels – auf der Grundlage psychotechnischer Experimente an den Teilnehmern des Internationalen Schachturniers zu Moskau 1925«
erschien. Dem Schach wird der Rang einer intellektuellen Kunst zuerkannt und eine hohe sozialpädagogische Bedeutung beigemessen. Das Turnier und die damit verbundene wissenschaftliche
Analyse lösten ein reges Echo in aller Welt aus.

Mit dem internationalen Ereignis in Moskau
wurde gleichzeitig die zweite Periode in der
schachlichen Entwicklung eingeleitet. Sie war
gekennzeichnet durch das Festigen organisatori-
scher Strukturen, dem Bilden von Schachklubs
und -zirkeln in den Schulen. Das Spiel gestaltete
sich immer mehr zum Kulturfaktor.

Als dritte Periode der Schachentwicklung kann
die Zeit von 1931 bis zum Ausbruch des zweiten
Weltkrieges 1939 angesehen werden. Eine neue
Generation von Schachspielern war herangewa-
chsen. Durch theoretische Untersuchungen traten hervor die Meister W. A. Alatorzew (1909–
1987), S. W. Belawenez (1910–1941), I. A. Kan
(1909–1978), A. N. Konstantinopolski (1910–
1990), G. M. Lissizyn (1909–1972), W. A. Ma-
kogonow (1904–1993), W. N. Panow (1906–
1973), W. W. Ragosin (1908–1962), W. A. Rauser (1908–1941), N. N. Rjumin (1908–1942),
W. A. Tschechower (1908–1965). Sie waren oftmals Teilnehmer der jährlichen Landesmeisterschaften und belebten die Schachtheorie durch
neue Ideen und Varianten. In die Eröffnungstheorie gingen ein:

– das klassische Rauser-System (6.♗g5) und
  der klassische Rauser-Angriff (6.♗e3) im
  Drachensystem (Sizilianisch)
– die Ragosin-Verteidigung (nach 4.♘f3) in der
  Nimzowitsch-Indischen Verteidigung
– die Makogonow-Variante (5.h3) in der Königsindischen Verteidigung
– der Panow-Angriff (3.exd5 cxd5 4.c4) in der
  Caro-Kann-Verteidigung und andere.
Nach dem zweiten Weltkrieg nahm das Schach

eine progressive Entwicklung. Über vier Millionen Bürger spielen es wettkampfmäßig. Viele Menschen aus allen Schichten sind mit den Spielregeln vertraut und betrachten das Spiel als sinnvolle Freizeitgestaltung. Die Relationen zwischen einer breiten Massenbewegung und einer niveaubestimmenden Spitze sind sehr günstig. Erstmals in der Welt wurde 1966 ein Lehrstuhl für den Schachsport an einer Hochschule eingerichtet (Staatliches Zentralinstitut für Körperkultur Moskau, GZOLIFK), an dem Schachlehrer, Trainer und Methodiker ausgebildet werden. Es folgten studentische Ausbildungsstätten an sieben weiteren Sporthochschulen, an denen Schachpädagogen studieren können. Im Jahr 1983 eröffnete eine Fakultät Schach am Zentralinstitut für Körperkultur ihre Pforten für eine zweijährige postgraduale Trainerausbildung. Hier wurden nur Trainer mit Hochschulabschluss und Praxiserfahrung aufgenommen, die den Titel Meister des Sports (entspricht der Qualifikation eines Schachmeisters) besitzen. Wertvolle Förderungsmöglichkeiten boten die in allen Unionsrepubliken geschaffenen speziellen Kinder- und Jugendschachschulen. Hier liegt sicher eines der ›Geheimnisse‹ erfolgreicher Nachwuchs-Leistungsentwicklung!

Die weit verbreitete Form der Kinder- und Jugendschachschulen als außerschulische Einrichtung existiert seit 1966. Sie wurden auch als »Schachsportschulen« bezeichnet. Über 1300 hauptamtliche Trainer betreuten ca. 100 000 Kinder und Jugendliche. Inhaltlich-organisatorisch erfolgte die Einteilung der Schüler in vier Gruppen: Anfänger, Trainingsgruppen, Leistungsgruppen, Hochleistungsgruppen. In einzelnen Gruppen wurde nach verschiedenen Bildungs- und Erziehungszielen gelehrt:

1. Gruppe (Anfänger)

1. Jahr: Alter 9–12 J., 6 Wochenstunden
2. Jahr: Alter 10–13 J., 6 Wochenstunden
Beherrschen der elementaren Grundlagen im Schach, erste Teilnahme an Wettkämpfen, taktische Elemente, verstärktes Schachinteresse wecken, Schönheiten des Schachs erkennen lassen.

2. Gruppe (Trainingsgruppen)

1. Jahr: Alter 9–12 Jahre, 8 Std. pro Woche, Ziel LK 4
2. Jahr: Alter 11–14 Jahre, 9 Std. pro Woche, Ziel LK 3

3. Jahr: Alter 12–15 Jahre, 12 Std. pro Woche, Ziel LK 2
4. Jahr: Alter 13–16 Jahre, 12 Std. pro Woche, Ziel LK 2+
5. Jahr: Alter 14–17 Jahre, 16 Std. pro Woche, Ziel LK 1
Zur selbständigen schachlichen Arbeit erziehen; Heranführen an Grundlagen der Schiedsrichter- und organisatorischen Tätigkeit. Im Mittelpunkt stehen taktische Motive z. B. Königsangriff.

3. Gruppe (Leistungsgruppen)

1. Jahr: ab 15 J., 20 Std. pro Woche, Ziel 1. MA-1/3 Norm
2. Jahr: ab 17 J., 20 Std. pro Woche, Ziel 2. MA-1/3 Norm

Wissenserweiterung; Studium der Endspiele und des Mittelspiels (Strategie); Informationen über den Lebensrhythmus eines Schachspielers; praktische Tätigkeit als Schiedsrichter und Organisator; Erwerb des Nachweises als »Ehrenamtlicher Schiedsrichter«.

4. Gruppe (Hochleistungsgruppen)

1. Jahr: ab 18 J., 24 Std. pro Woche, Ziel Meister
2. Jahr: ab 18 J., 24 Std. pro Woche, Ziel Meister

Erweiterung des theoretischen Wissens; Grundlagen der Trainingsmethodik; psychologisches Vorbereiten auf Gegner; spezielles Eröffnungsrepertoire erarbeiten (Eröffnungskartei anlegen).

Das gesamte Ausbildungsprogramm beinhaltet folgende Gebiete: Schachgeschichte, Regelwerk, Klassifizierungsordnung und Turnierorganisation, Eröffnungen, Endspiele, Strategie, Taktik, Simultan- und Beratungspartien, Problem-, Studien- und Kombinationslösungswettbewerbe, Analysieren und Kommentieren eigener Partien, allgemeine Körperkultur, Teilnahme am Sommerlager.

Die heutigen Großmeister Artur Jussupow und Sergej Makarytschew besuchten die Kinder- und Jugendschachschule am Moskauer Pionierpalast vom sechsten Lebensjahr an bis zum Ende der 10. Schulklasse.

Eine weitere Ausbildungsmöglichkeit gab es in Form von »Kinder- und Jugendschachschulen als allgemeinbildende Oberschulen mit Spezialklassen«. Diese speziellen allgemeinbildenden Schulen mit verstärktem Sportunterricht wurden nach dem Beispiel der Kinder- und Jugendsportschulen in der DDR geschaffen. Während jedoch dort diese Spezialschulen nur für ausgewählte olympische Disziplinen vorbehalten blieben, konnten in der ehemaligen Sowjetunion auch Schachspieler in diesen Einrichtungen gefördert werden. Begabte junge Spieler sollten optimale Trainingsbedingungen und gleichzeitig eine schulische Ausbildung erhalten. Der Lehrprozess in den allgemeinbildenden Fächern und ein spezielles Trainingsregime waren in der »Schachklasse« genau aufeinander abgestimmt! Vormittags wechselten Schul- und Schachunterricht einander ab. Der Nachmittag blieb Hausaufgaben und individuellem Training vorbehalten. Freistellungen für Wettkämpfe wurden problemlos gewährt.

So gab es beispielsweise allein in Georgien 30 Spezialschulen Schach mit leistungssportlicher Orientierung. In der Stadt Tbilissi arbeiteten über 40 Trainer und weitere Schachpädagogen für die Ausbildung junger Mädchen und Jungen.

Diese langfristige systematische Lehr-, Ausbildungs- und Trainingsarbeit unter Mitwirken von zahlreichen Schachlehrern, Trainern und Aktiven mit vielen Tausenden von Kindern ist sicher der Grund, dass der Strom von Talenten aus dem Osten nicht versiegt und auch heute noch immer wieder neue Namen in die Ratingliste mit hohen Elowerten eingehen.

Ein vielfältiges Schachleben wäre ohne entsprechende Fachveröffentlichungen nicht denkbar. Über Jahre hinweg gaben Verlage eine beachtliche Zahl von Eröffnungsbüchern, Lehrmaterialien, Turnierbulletins, Biographien, Kompositionsbücher u. a. heraus (jährlich ca. 50 Publikationen). An Fachzeitschriften erschienen als Periodika Schachmaty w SSSR, Schachmatny-Bulletin, Schachmaty (in russischer und lettischer Sprache), Ajastan (in armenischer Sprache), Tschadraki (in grusinischer Sprache), das Bulletin des Zentralen Schachklubs und die 14tägige »64«-Schachrundschau. Die jeweiligen Auflagen waren sehr hoch.

In der Armee und besonders den Spezialabteilungen der Kosmonauten wurde Schach als ›Gymnastik des Gehirns‹ sehr gefördert. In einem psycho-physischen Experiment zum Überprüfen der Denk- und Gedächtnisfunktionen im kosmischen Raum sollte eine (Fern)-Partie zwischen ›Himmel‹ und ›Erde‹ dienen. Diese Partie wurde am 09. Juni 1970 von der Besatzung des um die Erde kreisenden Raumschiffes Sojus 9, A. Nikolajew/W. Sewastjanow (dem späteren Schachpräsidenten von 1978–1986) gegen General N. Kaminin/Pilot W. Gorbatkow der Bodenleitstation Baikonur, sechs Stunden lang während der 141. und 144. Erdumkreisung gespielt. Sie zählte zum wissenschaftlich-psychologischen Testprogramm der Raumfahrer und sollte Aufschluss über logisches Denken, Phantasie und rasches Reagieren unter kosmischen Bedingungen geben. Großmeister Bronstein äußerte zur Qualität dieser historischen Partie ›eine sowohl im Angriff als auch in der Verteidigung gut geführte Begegnung: 1.d4 d5 2.c4 dxc4 3.e3 e5 4.♗xc4 exd4 5.exd4 ♘c6 6.♗e3 ♗d6 7.♘c3 ♘f6 8.♘f3 0–0 9.0–0 ♗g4 10.h3 ♗f5 11.♘h4! ♕d7 12.♕f3 ♘e7 13.g4 ♗g6 14.♖ae1 ♔h8! 15.♗g5 ♘eg8 16.♘g2 ♖ae8 17.♗e3 ♗b4 18.a3 ♗xc3 19.bxc3 ♗e4 20.♕g3 c6 21.f3 ♗d5 22.♗d3 b5 23.♕h4 g6 24.♘f4 ♗c4! 25.♗xc4 bxc4 26.♗d2 ♖xe1 27.♖xe1 ♘d5 28.g5 ♕d6 29.♘xd5 cxd5 30.♗f4 ♕d8 31.♗e5+ f6 32.gxf6 ♘xf6 33.♗xf6+ ♖xf6 34.♖e8+ ♕xe8 35.♕xf6+ ♔g8 remis.

Das Schachspiel, als eine Synthese von Sport, Kunst und Wissenschaft, ist zu einem bedeutsamen, nicht mehr wegzudenkenden Kulturfaktor geworden. In allen Großstädten des weiten Landes bestehen eigene Schachklubs, die täglich geöffnet sind, wo Wettkämpfe stattfinden, Lektionen, Vorträge und andere Lehrveranstaltungen geboten werden. Mehrere Unionshauptstädte bauten moderne Schachpaläste, die nach sportartspezifischen Erfordernissen konstruiert und mit turniertechnischen bzw. lehrmethodischen Einrichtungen ausgerüstet wurden. Wöchentlich strahlte das zentrale Fernsehen im ersten Programm eine Lehrsendung ›Schachschule‹ aus, die im zweiten Programm, in den Programmen ›Orbita‹ und ›Wostok‹ wiederholt wurde.

Auch auf dem Gebiet des Frauenschachs gab es seit 1945 einen sowohl breiten- und leistungsmäßig beachtlichen Aufschwung. Aus der Schar von über 100 000 organisierten Mädchen und Frauen entwickelten sich hervorragende Spielerinnen, die bei internationalen Wettbewerben Spitzenplätze belegten. Den Titel einer Frauenweltmeisterin errangen Ludmilla Rudenko (1950), Elisaweta Bykowa (1953 und 1960), Olga Rubzowa (1958), Nona Gaprindaschwili (1962) und Maja Tschiburdanidse (1978–1991). Eine dominierende Rolle nimmt dabei die von Wachtang Karseladse in Georgien begründete »Grusinische (Frauen)-Schachschule« ein. Erfahrene Trainer wie Michail Schischow, Aiwar Gipslis, Buchuti Gurgenidse, Tamas Georgadse und Eduard Gufeld setzten das Werk Karseladses fort und verhalfen talentierten Spielerinnen wie Nona Gaprindaschwili, Maja Tschiburdanidse, Nana Alexandria, Nana Ioseliani zur Großmeisterreife. Jetzige Spitzentalente der Frauen-Schachschule sind die Weltmeisterinnen Nino Khurtsidze U20 (WM Halle 1995), Ana Matnadse U14 (WM Cannes 1997), Nana Dzagnidze U12 und Sopio Kukhashvili U16 (beide bei WM in Spanien 1999).

Zur spieltheoretischen Weiterentwicklung trugen zahlreiche Großmeister, Meister und Trainer der ehemaligen sowjetischen Schachschule bei. Besonders umfangreich ist die analytische Arbeit in der Eröffnungstheorie:

– In der Spanischen Eröffnung: das Keres-System (1.e4 e5 2.♘f3 ♘c6 3.♗b5 a6 4.♗a4 ♘f6 5.0–0 ♗e7 6.♖e1 b5 7.♗b3 d6 5.c3 0–0 9.h3 ♘a5 10.♗c2 c5 11.d4 ♘d7); das Taimanow-Furman-System (1.e4 e5 2.♘f3 ♘c6 3.♗b5 a6 4.♗a4 b5 5.♗b3 ♘a5); die Suetin- und Lutikow-Fortsetzungen (1.e4 e5 2.♘f3 ♘c6 3.♗b5 a6 4.♗a4 ♘f6 5.0–0 ♗e7 6.♖e1 b5 7.♗b3 0–0 8.c3 d6 9.a3 (Suetin), 9.♗c2 (Lutikow); die Flohr- und Lilienthal-Gambit-Variante (9.h3 ♗b7).

– Im Königsgambit: die Keres-Variante (1.e4 e5 2.f4 d5 3.exd5 e4 4.d3 ♘f6 5.♘d2).

– In der Sizilianischen Verteidigung: das Boleslawski-System (1.e4 c5 2.♘f3 ♘c6 3.d4 cxd4 4.♘xd4 ♘f6 5.♘c3 d6 6.♗e2 e5); der Keres-Angriff (1.e4 c5 2.♘f3 d6 3.d4 cxd4 4.♘xd4 ♘f6 5.♘c3 e6 6.g4); die Polugajewski-Variante (1.e4 c5 2.♘f3 d6 3.d4 cxd4 4.♘xd4 ♘f6 5.♘c3 a6 6.♗g5 e6 7.f4 b5); das Simagin-Weressow System (1.e4 c5 2.♘f3 ♘c6 3.d4 cxd4 4.♘xd4 g6); das Keres-System (1.e4 c5 2.♘e2); das Taimanow-System (1.e4 c5 2.♘f3 ♘c6 3.d4 cxd4 4.♘xd4 e6); die Rauser-Variante (1.e4 c5 2.♘f3 ♘c6 3.d4 cxd4 4.♘xd4 ♘f6 5.♘c3 d6 6.♗g5 nebst ♕d2); die Sweschnikow- oder Tscheljabinsker Variante (1.e4 c5 2.♘f3 ♘c6 3.d4 cxd4 4.♘xd4 ♘f6 5.♘c3 e5 6.♘db5 d6 7.♗g5 a6 8.♘a3 b5); das Kasparow-Gambit (1.e4 c5 2.♘f3 e6 3.d4 cxd4 4.♘xd4 ♘c6 5.♘b5 d6 6.c4 ♘f6 7.♘1c3 a6 8.♘a3 d5!?).

– In der Nimzowitsch-Indischen Verteidigung: das Leningrader System (1.d4 ♘f6 2.c4 e6 3.♘c3 ♗b4 4.♗g5). In der Königsindischen Verteidigung: das Awerbach-System (1.d4 ♘f6 2.c4 g6 3.♘c3 ♗g7 4.e4 d6 5.♗e2 0–0 6.♗g5).

– Im Modernen Benoni: die Neshmetdinow-Suetin-Fortsetzung (1.d4 ♘f6 2.c4 c5 3.d5 e6 4.♘c3 exd5 5.cxd5 d6 6.e4 g6 7.♗d3 ♗g7 8.♘ge2 0–0 9.0–0 b6); die Schofman-Verteidigung (6.♘f3 g6 7.♗f4).

– In der Grünfeld-Indischen Verteidigung: die Boleslawski-Variante (1.d4 ♘f6 2.c4 g6 3.♘c3 d5 4.♘f3 ♗g7 5.♕b3 dxc4 6.♕xc4 0–0 7.e4 c6).

– In der Holländischen Verteidigung: das Iljin-Genewski-System (1.d4 f5 2.c4 e6 3.g3 ♘f6 4.♗g2 ♗e7 5.♘f3 0–0 6.0–0 d6); das Leningrader System (1.d4 f5 2.c4 ♘f6 3.♘f3 g6); die Hort-Antoschin-Variante (1.d4 f5 2.g3 ♘f6 3.♗g2 d6 4.c4 c6 5.♘c3 ♕c7).

– Im Angenommenen Damengambit: die Furman-Variante (1.d4 d5 2.c4 dxc4 3.♘f3 ♘f6 4.e3 e6 5.♗xc4 c5 6.♕e2); die Borissenko-Furman-Variante (3. ... a6 4.e4).

– In der Slawischen Verteidigung: das Tolusch-Geller-Gambit (1.d4 d5 2.c4 c6 3.♘f3 ♘f6 4.♘c3 dxc4 5.e4!?); der Blumenfeld-Angriff (4. ... e6 5.e3 ♘bd7 6.♗d3 dxc4 7.♗xc4 b5 5.♗d3 a6 9.e4 c5 10.e5 cxd4 11.♘xb5).

– In der Englischen Eröffnung: das Keres-System (1.c4 e5 2.♘c3 ♘f6 3.g3 c6); das Mikenas-System (1.c4 ♘f6 2.♘c3 e6 3.e4).

Verschiedene Eröffnungskomplexe erlebten durch eingehende analytische Behandlungen eine wertungsmäßige Renaissance bzw. Weiterentwicklung wie zum Beispiel die Pirc-Ufimzew-Verteidigung (1.e4 d6 2.d4 ♘f6 3.♘c3 g6), das Weressow-System oder die Belorussische Eröffnung (1.d4 d5 2.♘c3 ♘f6 3.♗g5), das Wolga-Gambit (1.d4 ♘f6 2.c4 c5 3.d5 b5), die Sokolski-Eröffnung (1.b4) und das Blumenfeld-Gambit (1.d4 ♘f6 2.c4 e6 3.♘f3 c5 4.d5 b5).

Leistungsstärkster Repräsentant in der Nachkriegszeit war **Dr. Michail Botwinnik** (1911–1995). Erst mit zwölf Jahren erlernte er das Schachspiel, nahm aber leistungsmäßig einen schnellen Aufstieg. In seinem Beruf als Elektrotechniker wurde er ein namhafter Wissenschaftler und kann zum Thema gesteuerter Wechselstrommaschinen auf zwölf Erfindungen zurückblicken. Mit wissenschaftlicher Präzision bereitete er sich auf seine Wettkämpfe vor und wertete sie gründlich selbstkritisch aus. Als Schachpädagoge lehrte er die allseitige Vorbereitung auf den Schachkampf: die körperliche, psychische und die schachspezifische. Ohne Zweifel kann man ihn als den Begründer des modernen wissenschaftlichen Eröffnungsstudiums bezeichnen. Nachdrücklich forderte er das Studium von je drei bis vier Eröffnungssyste-

Dr. Michail Botwinnik

men mit Weiß und Schwarz als notwendiges Repertoire für ein Turnier. Mit den weißen Farben soll bereits in der Eröffnungsphase neben der notwendigen Entwicklungsstrategie der Grundstein für die Initiative im Mittelspiel gelegt werden. Als Nachziehender wendet sich Botwinnik gegen Symmetriefortsetzungen, weil sie erstens den Anzugsvorteil des Weißen unterstreichen und zweitens ein aktives Gegenspiel hemmen. Schließlich hält er es für logisch konsequent, wenn in der strategischen Konzeption taktische Realisierungen begründet liegen. Es gelang Botwinnik hervorragend, die progressiven Ideen Tschigorins in seine Theorien einzubeziehen. Grekow hob hervor: »Botwinnik bereicherte den Charakter der schöpferischen Arbeit der russischen Schule durch seine zielbewußte Arbeit in der Schachkunst und durch seinen festen Willen zum Sieg. Er versteht es, in seiner Schachkunst alle Elemente, die zu einem Sieg notwendig sind, einzuschalten und alles, was diese Aufgabe hindert, zu verwerfen« (1947, S. 60). Reich ist die Anzahl von Eigenschöpfungen, Neuerungen und Verbesserungen in einer Reihe von Eröffnungs- und Verteidigungssystemen. Seine Vorliebe galt der Untersuchung von dynamischen Möglichkeiten in der Französischen Verteidigung, der Caro-Kann-Verteidigung, der Nimzowitsch-Indischen Verteidigung und der Königsindischen Verteidigung. Als Anziehender fertigte er gründliche Analysen an über das Slawische Damengambit und über das System 4.♕b3 gegen die Grünfeld-Indische Verteidigung. Nach ihm benannt wurde die Zugfolge in der Slawischen Verteidigung 1.d4 d5 2.c4 c6 3.♘f3 ♘f6 4.♘c3 e6 5.♗g5 dxc4 6.e4 b5 7.e5 h6 8.♗h4 g5 (Botwinnik-Variante) und in der Nimzowitsch-Indischen Verteidigung 1.d4 ♘f6 2.c4 e6 3.♘c3 ♗b4 4.e3 d5 5.a3 ♗xc3+ 6.bxc3 c5 7.cxd5 exd5 8.♗d3 0–0 9.♘e2 (Botwinnik-Variante).

Mit der Ära Botwinniks begann gleichzeitig eine neue Etappe in der Austragungsform von Weltmeisterschaftskämpfen. Während bislang jeder Weltmeister seinen Herausforderer selbst bestimmen konnte, fanden gemäß FIDE-Beschluss ab 1948 alle drei Jahre Weltmeisterschaftskämpfe mit vorausgehenden Ausscheidungsveranstaltungen statt (Zonenturniere, Interzonenturniere, Kandidatenmatchs).

Wie in bisherigen historischen Etappen, so geht auch in der Gegenwart das Streben nach Höchstleistungen eng mit dem Forschen nach neuen theoretischen Erkenntnissen einher. Obwohl der Erkenntnisprozess in der spieltheoretischen Weiterentwicklung bei weitem nicht mehr so einschneidenden Charakter trägt wie im vergangenen Jahrhundert, so strahlen doch speziell die jeweiligen Weltmeister nach wie vor starke Impulse auf die stilistische und eröffnungstheoretische Meinungsbildung junger Sportler aus. In der weiteren historischen Entwicklung trugen nach Michail Botwinnik den Titel eines Schachweltmeisters Wassili Smyslow, Michail Tal, Tigran Petrosjan, Boris Spasski, Robert Fischer, Anatoli Karpow, Garri Kasparow und Alexander Khalifman.

Wassili Smyslow (*24. 03. 1921) war der erste Weltmeister, der bereits als Kind in einem Schachzirkel fachmethodisch von erfahrenen Schachlehrern ausgebildet wurde. In seiner Schachauffassung ließ er sich vom Ideengut Tschigorins leiten.

Wassili Smyslow

So polemisierte er gegen den Grundsatz vom Vorteil des Läuferpaars, aber in dem Sinne, dass die konkrete Stellung als das Primäre anzusehen ist. Besondere Aufmerksamkeit verwandte er für die strategische Beurteilung des Zentrumskampfs. In der Eröffnungsphase liebt er nicht den schablonenhaften Aufbau, sondern sucht nach schöpferischen Wegen, die seinem Geschmack, seinen künstlerischen Ambitionen gerecht werden. Smyslow ist ein Meister der Strategie, schreckt aber nicht vor Opferwendungen zurück. In der Einführung zu seinem Buch »Ausgewählte Partien« präzisiert er die notwendige Denkart für das dialektische Verhalten von Strategie und Taktik: »Eine richtig gespielte Partie ergibt in ihrer Entwicklung häufig Kulminationspunkte, an denen eine Entscheidung nur mit kombinatorischen Mitteln möglich ist. Deshalb muß das Spiel des Meisters dem Bemühen Ausdruck verleihen, den grundlegenden strategischen Plan zur Lösung der gegebenen Aufgabe mit der geschickten Anwendung taktischer Mittel zu verbinden. Eine Abweichung nach der einen oder anderen Seite bzw. übertriebener Subjektivismus in der Stellungsbeurteilung zerstört die logische Entwicklung der Schachpartie und steht im Widerspruch zu den vielfältigen Formen realistischen Schaffens ...« (1954, S. 23).

Aufgrund seiner eröffnungstheoretischen Untersuchungen erhielt die in der Spanischen Partie von ihm in die Praxis eingeführte Aufstellung nach 9. ... h6 den Namen Smyslow-System (1.e4 e5 2.♘f3 ♘c6 3.♗b5 a6 4.♗a4 ♘f6 5.0–0 ♗e7 6.♖e1 b5 7.♗b3 d6 8.c3 0–0 9.h3). Im Angenommenen Damengambit heißt die Zugfolge 1.d4 d5 2.c4 dxc4 3.♘f3 ♘f6 4.e3 g6 Smyslow-Variante. In der Englischen Eröffnung wird die Läuferentwicklung nach b4 als Smyslow-System bezeichnet (1.c4 e5 2.♘c3 ♘f6 3.g3 ♗b4). In der Grünfeld-Indischen Verteidigung nennt man die Fortsetzungen nach dem von ihm gefundenen Läuferzug 7. ... ♗g4 Smyslow-Variante (1.d4 ♘f6 2.c4 g6 3.♘c3 d5 4.♘f3 ♗g7 5.♕b3 dxc4 6.♕xc4 0–0 7.e4 ♗g4). Nicht nur aus trainingsmäßiger Sicht widmet Smyslow dem Studium der letzten Spielphase viel Aufmerksamkeit: »Im praktischen Endspiel erschließen sich ungeachtet aller theoretischen Erkenntnisse breite Möglichkeiten für Schöpfertum. Die Kunst, das Endspiel richtig zu behandeln, erfordert solche Fähigkeiten wie tiefes Berechnen und reiche Phantasie. Ich habe dieses Partiestadium immer mit Begeisterung gespielt und mich niemals gescheut, ins Endspiel überzugehen, wenn es die Logik des Kampfes erforderte« (1996, S. 7). So wertete der inzwischen 75-jährige Seniorenweltmeister im Vorwort seines letzten Buches »Die Kunst des Endspiels« diese wichtige Spielphase. In dem Werk stellt er auch seine eigenen Studien (Kompositionen) mit der Begründung vor: »Ich bin der Ansicht, daß die Beschäftigung mit Studien die analytischen Fähigkeiten schult, das heißt, die Stärke des Schachspielers hebt und ihn nicht vom praktischen Spiel ablenkt« (1996, S. 99).

Nach dem Vorbild Botwinniks stellte auch W. Smyslow seine Erfahrungen dem talentierten Nachwuchs zur Verfügung. Die Sportvereinigung Burewestnik organisierte eine »Smyslow-Schule« (Beginn 1978) in einem Heim am Kliazma-See bei Moskau, später an weiteren Orten (Ende 1987). Der Direktor der Schule, Boris Postowsky, koordinierte die Vortragstätigkeit von Fachleuten mit verschiedenen schachlichen Themen z. B.: Smyslow: Meine Konzeption des Schachs; Dworetski: Probleme der Leistungsverbesserung eines Schachspielers. Analyse komplizierter Stellungen. Probleme der Eröffnungsvorbereitung; Zlotnik: Wie studiert man Eröffnungen und das Mittelspiel? Die Beschränkung der Figurenbeweglichkeit; Jussupow: Zugzwang im Endspiel; Kischnjow: Analyse von Hängepartien; Smolian: Psychologie im Schach; Golowko: Physisches Training und sportliche Form im Schach; Rasuwajew: Partien von Rubinstein. Bei den Sessionen war die Teilnahme von Heimtrainern möglich. Dadurch wurde der Kontakt zu den Spitzentrainern des Lehrganges vertieft. Gleichzeitig war es eine Art Weiterbildung mit wertvollen Anregungen und Erkenntnissen für das häusliche Training. Absolventen wie die bekannten Großmeister Waleri Salow, Jewgeni Barejew, Alexej Drejew, Sergej Tiwjakow, Andrej Kharitonow, Konstantin Assejew, Ildar Ibragimow, Juri Piskow und Michal Krassenkow schlossen die Schule als Regelstudenten ab. Gelegentliche Teilnehmer waren Wladimir Akopjan, Alexander Nenaschew, Jewgeni Pigusow, Lew Psachis, Grigory Serper, Igor Glek sowie Artur Jussupow und Sergej Dolmatow, die schon höheres Spielniveau hatten und auch Lektionen gaben.

Der Weltmeisterschaftssieg des Taktikers **Michail Tal** (1936–1992) über den großen Strategen Botwinnik forderte die ganze Schachwelt zum Meinungsstreit heraus. Die Ansichten waren geteilt. Für viele war Tal der genialste Spieler des 20. Jahrhunderts, der ›Mozart des

Michail Tal

Schachspiels‹, der das moderne Schach bis zur Perfektion beherrscht. Andere brachten für seine riskante Spielführung wenig Verständnis auf und fanden sie oberflächlich, ja zum Teil inkorrekt. Wagemutig suchte er in jeder Position nach schönen und verborgenen kombinatorischen Möglichkeiten. Mit einem phänomenal raschen Berechnen von tiefgründigen Varianten beherrschte er meisterhaft das Mittelspiel. Tal liebt den Kampf, das risikofreudige Spiel und nimmt selbst – à la Lasker – schwierige gefahrvolle Stellungen in Kauf, um den Gegner mit problemreichen Positionen zu konfrontieren. Ein typisches Tal-Opfer zeigt Diagramm 6 aus dem Weltmeisterschaftskampf 1960 in der sechsten Partie gegen Botwinnik mit den schwarzen Farben.

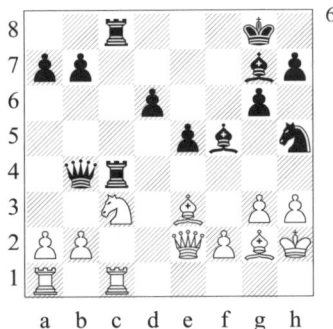

Im 21. Zug zog Tal mutig 21. ... ♘f4! Für den Springer erhält er als materielles Äquivalent nur einen Bauern, aber aktives Figurenspiel. 23-jährig wurde er nach diesem Match der bis dahin jüngste Weltmeister in der Geschichte. Tals Hauptaktionsradius war das praktische Turnierschach. Drei Jahrzehnte zählte er zu den weltbesten Spielern. Er schrieb für viele internationale Fachzeitschriften Turnierberichte und theoretische Auswertungen, hielt Schachvorlesungen an der lettischen Schachuniversität, kommentierte Partien im Moskauer Fernsehen und erfreute viele Schachliebhaber durch interessante Simultanveranstaltungen. 1988 errang der ›Zauberer von Riga‹ den Weltmeistertitel im Blitzschach. Leider verließ uns der sympathische lebensbejahende Mischa, der im deutschsprachigen Raum sehr beliebt und mit dem beide Autoren persönlich gut befreundet waren, im Alter von 56 Jahren viel zu früh.

Tigran Petrosjans (1929–1984) Stil war von Kindheit an streng positionell geprägt. Das ist in erster Linie seinem Tbilissier Schachlehrer Artschil Ebralitse zuzuschreiben, der dem Idol Capablanca huldigte. Maßgeblichen Einfluss hinterließ auch Nimzowitschs Werk »Die Praxis meines Systems«. Beide Vorbilder prägten Petrosjans geistiges Rüstzeug. Von diesen Lehrmeistern theoretisch geformt und durch eine umfangreiche Spielpraxis gestählt, entwickelte sich der »eiserne Tiger«, der durch endloses Lavieren seine Geg-

Tigran Petrosjan

ner zermürbte und dem sein nüchterner prosaischer Sicherheitsstil oft als übervorsichtig und initiativarm angekreidet wurde. Petrosjans schachtheoretisches Engagement gestaltete sich mannigfaltig. Zahlreiche eröffnungstheoretische Aufsätze, Turnier- und Partieauswertungen stammen aus seiner Feder. Im Dezember 1968 verteidigte er an der Universität Jerewan seine Dissertation über das Thema »Einige Probleme der Logik in der Schachpartie«. Von 1968 (Gründungsjahr) bis 1977 war er Chefredakteur der Schachzeitschrift »64«. Von Oktober 1977 bis zu seinem Tode (1984) leitete er die »Petrosjan-Schachschule« (Kinder- und Jugendsportschule der Sportvereinigung Spartak), an der viele talentierte Mädchen und Jungen aus seinem reichen Wissens- und Erfahrungsschatz Nutzen zogen. In seinem Buch »Die Schachuniversität« (1988) gliederte er den Lehrstoff in zwölf Lektionen: 1. Aus der Vergangenheit; 2. Trau, schau, wem! 3. Informationen und Objektivität; 4. Beurteilungen ändern sich! 5. Eröffnung nach eigenem Geschmack oder warum ich den Zug ♗g5 mag; 6. Immer aktuelle Ideen suchen! 7. Ein Meister wird an die Tafel gerufen; 8. In der Analyse und am Schachbrett; 9. Das Problem des schwierigen Gegners; 10. Das positionelle Qualitätsopfer; 11. Petrosjan-Variante; 12. Der Reiz der Neuheit. Hinter diesen kurzen und manchmal ironisch formulierten Themenstellungen verbirgt sich seine ganze Schachphilosophie, untermalt mit eindrucksvollen praktischen Erkenntnissen.

Eröffnungstheoretisch galt seine Vorliebe den geschlossenen Eröffnungs- und Verteidigungssystemen. Als Anziehender bereicherte er durch mannigfaltige Ideen den Spielaufbau 1.d4 ♘f6 2.♘f3 e6 3.♗g5 c5 4.e3 ♗e7 5.♘bd2 d5 6.♗d3 ♘bd7 7.c3 b6 8.0–0 ♗b7 9.♕b1 usw., der als Petrosjan-Variante seinen Namen trägt. Gegen die Damenindische Verteidigung führte er nach der Folge 1.d4 ♘f6 2.c4 e6 3.♘f3 b6 den Zug 4.a3 ein, der sich prophylaktisch gegen den schwarzen Läuferausfall nach b4 richtet. Ausführliche Analysen der Zentrumsstabilisierungen mittels 7.d5 in der Königsindischen Verteidigung (1.d4 ♘f6 2.c4 g6 3.♘c3 ♗g7 4.e4 d6 5.♗e2

0–0 6.♘f3 e5) veranlassten Eröffnungsbuchautoren dazu, diese schon lange bekannte Fortsetzung als Petrosjan-System zu bezeichnen.

Boris Spasskis

Boris Spasski

(*30. 01.1937) schachliche Ausbildung erfolgte unter der fachkundigen Leitung des Leningrader Schachlehrers Wladimir Sak. Dessen Einfluss formte bei ihm einen streng positionellen Stil. Erst mit Tolusch als neuem Trainer und fachlichem Berater, der die taktisch-offensive Spielführung stark betonte, nahm seine stilistische Ausrichtung immer mehr taktisches Gepräge an. Jedoch ist seine Taktik nicht zu verwechseln mit romantischen Unternehmungen. Er operiert auf einer gesunden positionellen Grundlage, in der taktische Aktionen mit ins Kalkül gezogen werden. Der junge Spasski hatte ab Mitte 1961 das Glück, von Igor Bondarewski, einem der erfahrensten russischen Trainer betreut zu werden, den er Freunden gegenüber sogar als ›Vater‹ bezeichnete. Der Psychologe Nikolai Krogius charakterisierte seine Trainerqualitäten so: »Es gelang ihm, die kombinatorischen Neigungen von Boris mit dem Studium typischer strategischer Ideen und technischer Verfahren zu verbinden. Der Logiker mit dem eisernen Willen legte Wert auf Genauigkeit der Analyse und die Systematisierung des untersuchten Stoffes. Aufgrund seiner schachlichen und Lebenserfahrungen konnte er den Leuten auf den Grund ihrer Seele schauen« (1995, S. 45).

Bei entscheidenden Turnieren wendete Spasski das Prinzip der zeitweiligen Spezialisierung an. So wehrte er beispielsweise im entscheidenden Match gegen Petrosjan mit der Tarrasch-Verteidigung – die er fünfmal anwandte – das Damengambit ab. Spasskis Eröffnungsrepertoire gilt als vielseitig. Im Weißprogramm zieht er 1.e4 und 1.d4. Als Nachziehender erwidert er gegen 1.e4 »offene« Verteidigungen (1. ... e5) und die Sizilianische Verteidigung. Gegen den geschlossenen Aufbau 1.d4 bevorzugt er im Damengambit die Tartakower-Variante, die Königsindische Verteidigung und die Nimzowitsch-Indische Verteidigung. In einem Match gegen Petrosjan errang er

1969 mit 12,5 : 10,5 den Weltmeistertitel, den er drei Jahre später im »Jahrhundertwettkampf« von Reykjavik an Robert Fischer verlor.

Nachdem ein Vierteljahrhundert lang östliche Spieler die höchste Krone im Schach erfolgreich verteidigten, gelang es dem nordamerikanischen Großmeister **Robert James Fischer** im Jahre 1971 durch eine Reihe von glänzenden Matchsiegen (gegen Taimanow und Larsen je 6 : 0, gegen Petrosjan 6,5 : 2,5) das Herausforderungsrecht zu erkämpfen und ein Jahr später den damaligen Weltmeister Boris Spasski in Reykjavik mit 12,5 : 8,5 Punkten (+7−3=11) in einem weltweit beachteten WM-Match zu schlagen.

Ohne Zweifel zählt Bobby Fischer, am 9. März 1943 in Chicago geboren, in Brooklyn aufgewachsen und sechsjährig gemeinsam mit seiner Schwester Joan das Schachspiel nach einer Spielanleitung erlernend, zu den erfolgreichsten Schachspielern aller Zeiten. Bereits im Alter von 15 Jahren, 6 Monaten

Bobby Fischer

und einen Tag erfüllte er die Norm für den GM-Titel.Nicht zuletzt deshalb soll am Beispiel des Exweltmeisters mittels einer diagnostizierenden Leistungs- bzw. Persönlichkeitsanalyse der Frage nachgegangen werden, aufgrund welcher Faktoren es ihm gelang, ein so hohes Leistungsniveau zu erreichen.

Bobby Fischers Person ist nicht nur in Schachkreisen heiß umstritten. Während bei allen bisherigen Weltmeistern weitestgehend ein wechselseitiges Beziehungsgefüge zwischen der Gesamtpersönlichkeit und den kreativen Schachleistungen festzustellen war, öffnet sich hier bei ihm eine Kluft. Der Komplex seiner schachspezifischen Fähigkeiten und Fertigkeiten hält den höchsten qualitativen Anforderungen stand. Bei der Analyse wichtiger leistungsbestimmender Faktoren wird das besonders sichtbar. Im psychischen Bereich dominieren starke Nervenkraft, hoch entwickeltes »Berufsgedächtnis« und ausgeprägtes Vorstellungsvermögen. Hervorstechende schachspezifische Faktoren sind das gleichermaßen gut entwickelte strategische und taktische Können, die umfangreichen fundamentierten eröffnungstheoretischen Kenntnisse, das Anwenden von Spezialsystemen als Ausdruck von schöpferischen Neuerungen, das ununterbrochene Anstreben von verteilten Chancen, das Vermeiden von Remisfortsetzungen in kritischen Stellungen sowie die Fähigkeit, in allen drei Partiephasen rasch und präzise analysieren zu können. Seine Stärken auf psychisch-willensmäßiger Ebene sind ein ausgeprägter Siegeswille, der in der Vernichtung des gegnerischen »Ichs« seine Befriedigung findet, eine zielorientierte Initiativ- und Angriffsbereitschaft, enorme Verteidigungshärte, ein an Überheblichkeit grenzendes Selbstbewusstsein und ein fast krankhafter Schachfanatismus, dem ein hohes Interesse am Schachspiel zu Grunde liegt. An der Spitze der Trainingsfaktoren steht unbändiger Trainingsfleiß. Die Ausdauer, über viele Jahre intensiv die Schachliteratur zu studieren und fast ununterbrochen am Brett zu üben, veranlassten seinen ehemaligen Sekundanten Larry Evans zu der Bemerkung: »Mit der Hingabe eines Mönches studierte er von morgens bis in die Nacht Schach« (zit. n. Gligoric 1972, S. 186). B. Spasski urteilte in einem Interview über ihn: »Er hat eine reine, keusche Beziehung zum Schach, verehrt das Spiel wie einen Gott. Bobby ist und bleibt unter uns Schachprofis die große Leitfigur. Wie ein Gewerkschafter tritt er für die Rechte seines Berufstandes ein. Alle Verbände, ob FIDE oder PCA, können von ihm lernen. Er selbst ist eine *eigene* Organisation« (1997, S. 5). Im Interesse eines effektiven Selbststudiums erlernte er die russische Sprache. Hohe Wertigkeit besaß für ihn das körperliche Konditionieren: Fußball, Tennis, Handball, Billard, Schwimmen und lange Spaziergänge benutzte er als physischen Ausgleich. Fischer bereicherte die Schachpraxis durch eine große Anzahl technisch eindrucksvoll geführter Kampfpartien. Eröffnungstheoretisch ging er den Weg von der einfachen zur erweiterten Spezialisierung und bevorzugte bei internationalen Großturnieren die Form des zeitweiligen Spezialisierens. Bei der Schacholympiade in Havanna 1966 wandte er beispielsweise die Spanische Abtauschvariante dreimal mit Erfolg an. Als Anziehender spielte er jahrelang nur den Zug 1.e4. Die in der Turnierpraxis am häufigsten anzutreffende Sizilianische Verteidigung bekämpfte er mit der Läuferentwicklung nach c4. Mit den schwarzen Steinen sind seine Hauptverteidigungen gegen 1.e4 Sizilianisch (Najdorf-System) und gegen 1.d4 Königsindisch. Fischer tat viel für das Wiederbeleben älterer und in Vergessenheit geratener Varianten. So reaktivierte er die alte Anderssen-Fortsetzung 3. ... a6 4.♗xc6 dxc6 5.0–0

in der Spanischen Partie, die etwas ungebräuchliche Variante 1.e4 c6 2.d4 d5 3.exd5 cxd5 4.c3 und auch die Steinitz-Variante des Zweispringerspiels im Nachzuge 1.e4 e5 2.♘f3 ♘c6 3.♗c4 ♘f6 4.♘g5 d5 5.exd5 ♘a5 6.♗b5+ c6 7.dxc6 bxc6 8.♗e2 h6 9.♘h3!? Im Jahre 1969 veröffentlichte er seine besten Partien unter dem Titel »My Memorable Games«. Das Buch besitzt einen hohen Lehrwert. In der russischen Ausgabe (Moskau 1972) wird sein Schaffen durch ein fachkundiges Vorwort von W. Smyslow und eine ausführliche – auch schachstilistische Fragen berührende – Nachbetrachtung von A. Suetin vorteilhaft ergänzt. Im gleichen Jahr erschien von ihm ein beachtenswertes Lehrbuch in deutscher Sprache unter dem Titel »Bobby Fischer lehrt Schach« (Originaltitel der amerikanischen Ausgabe »Bobby Fischer Teaches Chess«). Seine beiden Mitautoren Dr. Stuart Margulies und Donn Mosenfelder sind pädagogische Experten auf dem Gebiet des programmierten Unterrichts. Im Buch werden die grundlegenden Mattstellungen und -kombinationen mit »ja« »nein«-Alternativkästchen erfragt. Didaktisch beginnt der zum Selbsttraining konzipierte Lehrgang mit Aufgaben »Matt in einem Zuge«. Danach folgen jeweils auf einer Druckseite Kombinationen bis zu Matts in vier Zügen. Das mit zahlreichen Beispielen aus der eigenen Turnierpraxis versehene Übungsbuch endete mit den spaßigen Worten »Herzlichen Glückwunsch! Sie haben soeben den Kursus abgeschlossen. Ich hoffe, daß mein Buch Ihnen hilft, besser Schach spielen zu lernen. Ein Zeichen des Erfolges wäre es, wenn Sie jetzt manchen ehemaligen Gegner, der nicht an diesem Lehrgang teilgenommen hat, schlagen könnten. Bobby Fischer« (1972, S. 334).

Ein gediegenes fachliches Können, das sich substantiell auf Talent, Fleiß und Zielstrebigkeit gründet, verkörpert die eine Seite Fischers. Die andere Seite seiner Persönlichkeit ist nicht weltmeisterwürdig. Er lebt seit Jahren zurückgezogen und menschenscheu in Budapest. Als erster Weltmeister mied er nach dem Titelgewinn die Kommunikation mit anderen Schachspielern und den sportlichen Kampf. Von ihm ist keine einzige Partie bekannt geworden, die er als Weltmeister spielte. Für die Öffentlichkeit gilt er als eigensinniger Einzelgänger. Unter der Überschrift »Unzuverlässig, arrogant, unhöflich, krank. Das Porträt eines Schachgenies. Fünf Stunden mit dem Großmeister Robert Fischer aus den USA« charakterisierte H. Lohausen das Verhalten Fischers während einer Simultanveranstaltung in Solingen: Bobby ist unzuverlässig, den Turniersaal betrat er zwei Stunden nach der vereinbarten Zeit. Bobby ist arrogant; zwei empfohlene Lokale zum Speisen lehnte er ab, »weil sie ihm nicht gut genug erschienen«. Beim Simultanspielen »zog er unwirsch und schlug manchmal so mit einer Figur zu, daß die gegnerische Figur vom Tisch fiel«. Die heruntergefallene Figur interessierte ihn nicht. Bobby ist ein notorischer Nörgler; auf die Dankesworte des Vereinsvorsitzenden nach der Veranstaltung (+12 -5 = 3) lautete sein Kommentar: »Ich will mein Geld, und dann gehe ich« (zit. n. Evertz 1974, S. 204 f.). Auch bei normalen Turnierbeteiligungen stellte er eine Reihe von Forderungen finanzieller und spieltechnischer Art, die zwar zur damaligen Zeit von den Veranstaltern nicht immer zu bewältigen waren, andererseits aber positive Maßstäbe für ein hochklassiges professionelles Schach setzten. Als Mitglied einer religiösen Sekte weigerte er sich kategorisch, an einem Sabbat zu spielen. Im Zusammenhang mit Verhandlungen über das WM-Match gegen Karpow trug sein starrköpfiges Verhalten schließlich dazu bei, dass ihm am 3. April 1975 der Weltmeistertitel aberkannt wurde. Erst 20 Jahre später, im September 1992, feierte der inzwischen 49-jährige Exweltmeister sein Comeback. Ein fünf Millionen Dollar hoher Preisfonds ermöglichte den spektakulären Revanchekampf in dem montenegrinischen Badeort Sveti Stefan und Belgrad gegen Boris Spasski, den Fischer nach 30 Partien mit 17,5 : 12,5 Punkten wiederum gewann.

Anatoli Karpow, am 23. Mai 1951 in Slatoust (Ural) geboren, spielt seit seinem vierten Lebensjahr Schach.

Als Achtzehnjähriger wurde er Juniorenweltmeister, mit 19 Jahren Internationaler Großmeister, und mit 23 Jahren erklärte ihn die FIDE zum Weltmeister. Im Jahre 1978 behielt er nach einem 32-Partien-Match gegen Viktor Kortschnoj in Baguio mit 6 : 5-Gewinnpunkten seinen Weltmeistertitel. Im Februar des gleichen Jahres schrieb er eine Diplomarbeit an der ökonomischen Fakultät der Leningrader Shdanow-Universität zum Thema: »Die Freizeit

Anatoli Karpow

als ökonomische Kategorie«. 1981 verteidigte Karpow in Meran (Italien) wiederum gegen Kortschnoj seinen Titel überlegen mit 6 : 2-Gewinnpartien bei 10 Remisen. Inzwischen kann Karpow auf drei Jahrzehnte langes Turnierschach auf höchstem Niveau zurückblicken. Fünfmal wurde er Weltmeister und seine vielen Turniersiege sind kaum zu überbieten.

In der Entwicklungsphase kennzeichneten seine Partien einen ausgereiften Zweckmäßigkeitsstil mit den hervorstechenden Merkmalen einer strengen Logik und rationellen Berechnungsfähigkeit. In einem persönlichen Gespräch mit dem Autor äußerte er zur Charakteristik seines Stils: »Ich fühle mich besonders zum Realismus auf dem Brett hingezogen. Mir gefällt nicht so sehr das riskante Spiel der ›Schachmusketiere‹, sondern weitaus mehr werte ich die geordnete, harmonische Folgerichtigkeit des Plans, die in einer tiefschürfenden Einschätzung der Stellung begründet liegt« (Gedächtnisprotokoll E. B., 1973). Obwohl seine Züge verständlich einfach und unauffällig wirken, sind die Pläne kaum zu durchschauen aber ungemein effizient. Während Karpows rationelle Figurenkoordination und das intuitive Positionsgefühl an Capablanca erinnern, spiegelt seine sportlich-kämpferische Einstellung, sein Integrieren schöpferischer Elemente in die Eröffnung und das Mittelspiel charakteristische Auffassungen seines ehemaligen Lehrmeisters Botwinnik wider.

Ein klassisches Beispiel seines Stils demonstrierte er mit Weiß gegen Großmeister Topalow in Linares 1994. Die Partie erhielt den Schönheitspreis des Informators und wird aufgrund ihres hohen Lehrwertes mit leicht gekürzten Originalkommentaren A. K. wiedergegeben: **1.d4 ♘f6 c4 c5** Eine seltene Fortsetzung in der Praxis meines Gegners. Was plant er? Benoni oder Wolga-Benkö-Verteidigung? Weil Topalow selten 2. ... c5 zieht, weiche ich seiner Vorbereitung mit einem ähnlich seltenen Zug aus! **3.♘f3!?** Mein Partner sagte nach der Partie, dass ihm dieser Zug nicht gefiel. Statt eines vollblütigen Spiels sah er sich mit einer langwierigen Verteidigung konfrontiert. **3. ... cxd4 4.♘xd4 e6 5.g3 ♘c6 6.♗g2 ♗c5 7.♘b3 ♗e7 8.♘c3 0–0 9.0–0 d6 10.♗f4!** Der andere Standardzug 10.♗g5 ist auch möglich, um frühzeitig Druck auf d6 auszuüben. Im Kampf gegen die Bauern d6 und e6 tauscht der Anziehende häufig seinen schwarzfeldrigen Läufer gegen den Springer f6. **10. ... ♘h5 11.e3!** Eine wichtige Neuerung. Das übliche Vorgehen gibt Weiß nur einen kleinen Vorteil: 11.♗e3 ♘e5 12.c5 d5 13.♗d4 ♘c6 14.e4. Beachtung verdient auch 11.♕d2 ♘xf4 12.gxf4. Meine Idee scheint aber besser zu sein. Weiß öffnet die e-Linie für ein Druckspiel im Zentrum. Außerdem bilden die Bauern c4 und f4 einen wirksamen Schutz gegen jene auf d6 und e6. **11. ...** ♘xf4 Der einzige Zug. Schwarz kann nicht mit 11. ... g6 abwarten, da sich der Läufer mit 12.♗h6 dem Abtausch entzieht. **12.exf4 ♗d7 13.♕d2 ♕b8** Es fällt nicht leicht, für die Dame ein besseres Feld zu finden. Auf der c-Linie gerät sie in die Fernwirkung des Turms, und auf b6 könnte nach c4-c5 der ♗d7 in Gefahr geraten. Außerdem könnte sie auf b6 und c7 von einem Springer auf d5 vertrieben werden, nachdem Schwarz f4-f5 mit exf5 beantwortet hat. **14.♖fe1** Der Läufer e7 könnte nun nach f4-f5 in Schwierigkeiten geraten. Schwarz muß deshalb den Vorstoß auch auf Schwächung seiner Bauernstruktur am Königsflügel verhindern. **14. ... g6 15.h4 a6** Obwohl sich die beiden weißen Springer am Damenflügel befinden, sieht 15. ... h5 doch zu verwegen aus. Weiß könnte nach 16.♖ad1 ♖d8 17.f5! gxf5 18.♕h6 ernste Absichten anmelden. **16.h5** Es ist noch offen, wie Weiß gegen den schwarzen König vorgeht. **16. ... b5** Das langsame 16. ... ♖a7?! 17.h6 b5 18.♘d4 sieht für Schwarz zu gefährlich aus. Jetzt aber kann der Anziehende seine Hauptidee mit einigen kombinatorischen Schlägen verwirklichen. **17.hxg6 hxg6 18.♘c5!** **dxc5** Nach 18. ... ♗e8 hat Weiß zwei schöne Möglichkeiten: 19.♘xa6 ♖xa6 20.cxb5 ♖b6 21.bxc6 oder (was mir mehr gefällt) 19.♘xe6!? fxe6 20.♖xe6 ♖f6 21.♖ae1 ♖xe6 22.♖xe6 ♗f7 23.♕e3 ♕c8 24.♗xc6. **19.♕xd7 ♖c8 20.♖xe6!** Diagramm 7. Die Krönung der Idee! Wie ein Tornado fällt der Turm über die schwarze Stellung her und zerschlägt dabei die Deckung des gegnerischen Monarchen. Die Fortsetzung

20.♗xc6 gewinnt keine Figur und führt nach 20. ... ♖a7 21.♕d3 ♖xc6 22.cxb5 c4 23.♕f3 ♖c8 zu einer unklaren Stellung. **20. ... ♖a7! 21.♖xg6+!** Schwarz darf das Opfer nicht ablehnen, da er sonst forciert verliert: 21. ... ♔f8 22.♕h3 fxg6 23.♕h8+ ♔f7 24.♗d5 matt oder 21. ... ♔h7 22.♕h3+ ♔xg6 23.♗e4+ ♔g7 24.♕h7+ nebst Matt. **21. ... fxg6 22.♕e6+ ♔g7 23.♗xc6 ♖d8 24.cxb5 ♗f6 25.♘e4 ♗d4 26.bxa6 ♕b6 27.♖d1 ♕xa6 28.♖xd4!** Das dritte Turmopfer in der Partie! So etwas gibt es selten, insbesondere in solchen hochklassigen Turnieren. **28. ... ♖xd4 29.♕f6+ ♔g8 30.♕xg6+ ♔f8 31.♕e8+ ♔g7 32.♕e5+** Einfacher gewinnt 32.♘xc5 ♖d1+ 32.♔h2 ♕f1 34.♕e5+ ♔h6 35.♕g5+ ♔h7 36.♕h5+. Ich hatte aber nicht mehr genügend Zeit, um die genaue Zugfolge zu berechnen. **32. ... ♔g8 33.♘f6+ ♔f7 34.♗e8+ ♔f8 35.♕xc5+ ♕d6 36.♕xa7 ♖xf6** Eine interessante, auf Pattmotiven beruhende Verteidigungschance bestand in 36. ... ♖d1+ 37.♔g2 ♖g1+ 38.♔h3 Nach 38.♔xg1?? ♕d1+ 39.♔g2 ♕h1+! ist remis. 38. ... ♖h1+ 39.♔g4 und Weiß gewinnt. **37.♗h5 ♖d2 38.b3 ♖b2 39.♔g2** Schwarz gab auf (Karpow 1998, S. 210–213).

In zahlreichen Schriften und Büchern wurde das Schaffen des zwölften Weltmeisters gewürdigt. Ausführliche fachliche Wertungen seines Aufstiegs zum WM-Titel nahm M. Botwinnik in seinem Buch: »Tri matscha Anatolija Karpowa« (Drei Wettkämpfe Anatoli Karpows) vor. Alle Partien im 3/4-Finalkampf gegen Polugajewski, Halbfinale gegen Spasski und Finalkampf gegen Kortschnoj wurden einer gründlichen Analyse unterzogen. In einem 250 Seiten umfassenden Werk vermittelt Karpow selbst seine Gedankengänge anhand zahlreicher ausgewählter eigener Partien, die in der Zeitspanne von 1969 bis 1977 gespielt wurden. Der russische Titel lautet: Isbrannye partii 1969–1977. Eine viele Details beinhaltende Darstellung über seinen Lebensweg – vom Kindesalter bis zum Weltmeistertitel – ist den mit aufschlussreichen Illustrationen versehenen Büchern »Dewjataja wertikal« (Die neunte Linie), »Uralskii samozwet« (Uralsker Edelstein) und seinem »Selbstporträt« aus Pfleger/Metzing (1984) zu entnehmen. 1997 gab er »Meine besten Partien – 64 Siege aus 25-jähriger Schachkarriere« heraus. Im Vorwort verweist er auf die Gesamtbilanz von über 1000 Partiesiege und 140 erste Plätze, die in etwa 200 Turnieren und Matchs (außer Mannschafts- und Blitzturnieren) erzielt wurden.

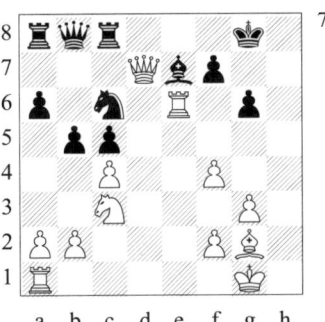

7

Anatoli Karpow widmete dem Aus- und Weiterbilden von talentierten Jungen und Mädchen viel Aufmerksamkeit. So leitete er 1988 eine Schachschule in Moskau und gründete eine weitere im Mai 1989 im Haus der Sowjetischen Wissenschaft und Kultur in Berlin. Im Mai 1998 eröffnete er das »Karpow-Schachzentrum« in Baden-Baden, einer Stadt mit 130-jähriger Schachtradition. Im gleichen Jahr verfasste er mit »Disneys Schachbuch« (Originaltitel: Disney's chess guide) eine spezielle Anleitung für Kids, die durch hervorragende Illustrationen, vor allem den bekannten Disneyfiguren, hohen Aufforderungscharakter für Kinder unter zehn Jahren besitzt.

2.6 Die universelle Spielführung Garri Kasparows und die leistungssportliche Entwicklung in der Gegenwart

Garri Kasparow wurde nach zwei denkwürdigen Matchkämpfen gegen Anatoli Karpow im November 1985 dreizehnter Weltmeister im Schach. Am 13. April 1963 in Baku geboren, nahm er eine steile leistungsmäßige Entwicklung. Nach dem frühen Ableben seines Vaters unterstützte ihn seine Mutter und förderte umfassend sein Talent. »Mein bester Freund und erster Trainer« – so bezeichnete Garri liebevoll den Anteil seiner Mutter. Bereits mit 14 Jahren gewann er ein stark besetztes Meisterturnier in Minsk. An diesem Erfolg hatte wohl seine Ausbildung in der Schachschule von Botwinnik keinen unwesentlichen Einfluss.

Garri Kasparow

Als 17-jähriger wurde er 1980 in Dortmund Junioren-Weltmeister und erhielt im gleichen Jahr den Titel Internationaler Großmeister. Kasparow besitzt bereits in jungen Jahren eine ungewöhnlich reife Spielauffassung. Er neigt bei aller Vorliebe für kombinatorische Lösungswege, insbesondere taktische Verwicklungen, zur schachlichen Universalität. Parallelen zur schöpferischen und draufgängerischen Spielführung Aljechins sind erkennbar. Ausgeprägter Trainingsfleiß, ein tadellos funktionierendes optisches Gedächtnis, starke

Physis und hohes Schachinteresse charakterisieren seine leistungsbestimmenden Faktoren. Ex-WM Tigran Petrosjan verallgemeinerte die Spielweise des 18-jährigen Garri nach einem Sieg gegen den schwedischen GM Ulf Andersson: »Bei Kasparow ist es in der Regel so, daß alle (Figuren) einbezogen werden. Diese Fähigkeit zur geduldigen Mobilisierung der ›Reservetruppen‹ vor dem entscheidenden Angriff ist eines von Kasparows Erfolgsgeheimnissen. Nur äußerst selten läßt er sich bei einem vorwitzigen Angriff ertappen. Weitere Nachschubwege benötigt er nie! Man kann nicht umhin, die Art und Weise zu bewundern, in der er jede einzelne Figur, den König ausgenommen, in den Angriff einbezieht und dabei dafür sorgt, daß es für Schwarz absolut keine Möglichkeit gibt, den Austausch irgend einer Figur zu erzwingen« (zit. n. Kasparow 1987, S. 90).

Schon in diesem Alter gelang es ihm, sein hohes Wissen auch pädagogisch umzusetzen. Während der Studenten-Mannschafts-WM 1981 in Graz schrieb der Amerikaner Eric Schiller: »Garri ist ein ausgezeichneter Lehrer. In Graz hielt er einen Vortrag, in dem er die Partien einiger Teilnehmer aus der Dritten Welt analysierte. Die Art, wie er die Botwinnik-Ausbildungsmethode darstellte, war vorzüglich, seine praktischen Ratschläge erwiesen sich als nützlich. Ich muß zugeben, daß mein eigenes Spiel sich im Verlauf der folgenden Monate merklich verbesserte – dabei hatte ich nur als Übersetzer fungiert!« (ebenda S. 87).

Aus dem Kandidatenwettbewerb 1984 ging Kasparow als klarer Sieger hervor. Als jüngster Herausforderer nahm er 21-jährig im September des gleichen Jahres den Finalkampf gegen Karpow um den höchsten Schachtitel in Moskau auf. Nach 158 Tagen und 48 Partien wurde der längste Weltmeisterschaftskampf in der Geschichte des Sports beim Stande von 5 : 3 für den Titelverteidiger von FIDE-Präsident F. Campomanes abgebrochen. Historische Bedeutung in diesem Match trägt die am 14. Dezember 1984 gespielte 32. Partie, in der Kasparow seinen ersten Sieg gegen den 5 : 0 führenden Weltmeister errang und damit eine mögliche Wende herbeiführte:

32. Partie, **Kasparow-Karpow**, Damenindisch **1.d4 ♘f6 2.c4 e6 3.♘f3 b6 4.♘c3 ♗b7 5.a3 d5 6.cxd5 ♘xd5 7.♕c2** Mit der Idee, auf der e-Linie Druck auszuüben und eventuell e2-e4 zu unterstützen. In der 10. Partie erreichte Weiß mittels 7.e3 keine Vorteile. **7. ... ♘d7** Nach 34 Minuten Nachdenken gespielt und vielleicht nicht das Beste. Beim Interzonenturnier 1982 in Moskau

antwortete Gheorghiu gegen Kasparow 7. ... c5, wonach der Anziehende eine nicht zu unterschätzende Initiative erhielt: 8.e4 ♞xc3 9.bxc3 ♝e7 10.♝b5+ ♝c6 11.♝d3 ♞d7 12.0–0 h6?! 13.♜d1! ♛c7 14.d5! **8.♞xd5 exd5 9.♝g5! f6** Mit der Schwächung des Königsflügels stellen sich naturgemäß die ersten Sorgen ein. Aber auch 9. ... ♛c8, 9. ... ♝e7 oder 9. ... ♞f6 haben ihre Nachteile. **10.♝f4 c5 11.g3** Auf der Diagonale h1-a8 oder h3-c8 wird der weiße Läufer zur größeren Kräfteentfaltung kommen. **11. ... g6 12.h4!** Sehr angriffsorientiert gespielt. **12. ... ♛e7 13.♝g2 ♝g7 14.h5 f5 15.♛d2 ♝f6 16.♜c1!** Nicht nur das Besetzen der e-Linie, sondern die nachhaltige Drohung ♜c3-♜e3 zwingt Schwarz zum sofortigen Reagieren. **16. ... ♜c8! 17.♜c3 ♜c6 18.♜e3 ♜e6 19.♜xe6 ♛xe6 20.♞g5 ♛e7 21.dxc5** In dieser schwierigen Position könnte auch die Abtauschfortsetzung 21.hxg6 hxg6 22.♜xh8+ ♝xh8 23.dxc5 ♛xc5 24.♞e6 ♛a5 25.♞c7+ ♚d8 bzw. 25. ... ♚f7 26.b4 eine Alternative sein! **21. ... ♞xc5 22.hxg6 d4!** Karpow versucht es mit taktischen Verwicklungen, denn 22. ... hxg6 23.♜xh8+ ♝xh8 24.♝xd5 ♝xd5 25.♛xd5 ♝xb2 26.♛c6+! wäre unangenehm. **23.g7!** Es war Vorsicht geboten: 23. ♝xb7? ♛xb7, und der Turm h1 »hängt« mit Matt bzw. 24.♜xh7?? ♛h1+!! nebst 25.♜xh1 ♜xh1 matt! Aber auch in der Textfortsetzung geht ein Bauer verloren. **23. ... ♝xg7 24.♝xb7 ♛xb7 25.f3 ♛d5 26.♜xh7 ♜xh7** Die Rochade würde mit 27.b4 ♞a4 28.e4! fxe4 29.♛h2! nebst Mattdrohung auf h8 bestraft. **27.♞xh7 ♛b3** In dieser bereits durch beiderseitige Zeitnot gekennzeichneten Stellung erschien 27. ... d3!? etwas giftiger, z. B. 28.b4 ♛c4 29.♛e3+ ♞e6 30.♛xd3 ♛xd3 31.exd3 ♝b2 oder 31. ... b5 **28.♝d6 ♞e6 29.♞g5 h6 30.♝f4 ♝xg5 31.♝xg5 ♞xg5 32.♛xg5 ♛xb2 33.♛xf5 ♛c1+ 34.♚f2 ♛e3+ 35.♚f1 ♛c1+ 36.♚g2 ♛xa3 37.♛h5+ ♚d7 38.♛g4+ ♚c6 39.♛xd4 b5 40.g4 b4 41.g5** Abgabezug; nach der Analyse gab Karpow die Partie auf.

Im September 1985 kam es zur Neuauflage um die Weltmeisterschaft mit A. Karpow in Moskau. Diesmal war das Match auf 24 Partien begrenzt. Während Kasparow beim vorangegangenen Kampf erst nach 32 Partien zum ersten Gewinnpunkt kam, ging er jetzt durch einen Startsieg gleich in Führung. In der Folge entwickelte sich ein dramatischer und auf hohem Niveau ausgetragener Zweikampf, der mit dem Ergebnis von 13 : 11 (+5–3=16) für den zwölf Jahre jüngeren

Herausforderer endete. Auf allen Gebieten der Partieführung wurden der interessierten Schachwelt schöpferische und kampfbetonte Beispiele geboten. In der Eröffnungsphase brillierte Kasparow mit einigen neuen Ideen in der Nimzowitsch-Indischen Verteidigung, der Sizilianischen Verteidigung und im Damengambit. So dürfte das Bauernopfer 8. ... d5 in der Sizilianischen Verteidigung wohl als »Kasparow-Gambit« in die Geschichte eingehen. Die Mittelspielphase war geprägt durch zahlreiche Risikozüge. Wie man mittels strategisch-pointierter Bauernopfer Figuren zur höchsten Kraftentfaltung führen kann, wurde von ihm lehrbuchmäßig demonstriert. Ein klassisches Beispiel seiner dynamischen Spielweise zeigt nachstehende Partie, die von ihm als beste Leistung des Matchs bezeichnet wird.

16. Partie, **Karpow-Kasparow**, Sizilianisch **1.e4 c5 2.♞f3 e6 3.d4 cxd4 4.♞xd4 ♞c6 5.♞b5 d6 6.c4 ♞f6 7.♞1c3 a6 8.♞a3 d5!?** Ein umstrittenes Bauernopfer, das bereits in der 12. Partie zur Diskussion stand. **9.cxd5 exd5 10.exd5 ♞b4 11.♝e2** Karpow wählte eine neue Fortsetzung, da ihm in der 12. Partie die Läuferentwicklung nach c4 nach 11. ... ♝g4! 12.♝e2 ♝xe2 13.♛xe2+ ♛e7 nichts einbrachte. **11. ... ♝c5 12.0–0** Anstelle der Rochade wäre der vereinfachende Zug 12.♞c2 mit Generalabtausch natürlich möglich gewesen, z. B. 12. ... ♞bxd5 13.♞xd5 ♛xd5! 14.♛xd5 ♞xd5 15.0–0 ♝e6 16.♝f3 0-0-0 = **12. ... 0–0 13.♝f3?!** Das Festhalten des Bauern d5 erlaubt es Schwarz, ein lebhaftes Figurenspiel zu inszenieren. Besser war wohl 13.♞c2, um den stark stehenden schwarzen Springer zu befragen. **13. ... ♝f5 14.♝g5 ♜e8 15.♛d2 b5** Nimmt dem weißen Springer das wichtige Feld c4. Günstige Figurenentwicklung und Einengen der weißen Kräfte war das strategische Ziel. **16.♜ad1 ♞d3!** Hier übt er eine fast lähmende Wirkung im weißen Lager aus. **17.♞ab1 h6 18.♝h4 b4 19.♞a4 ♝d6 20.♝g3 ♜c8 21.b3 g5! 22.♝xd6 ♛xd6 23.g3 ♞d7!** Das Feld soll für die Dame frei gemacht werden, die dann auf der langen Diagonale noch druckvoller steht. **24.♝g2 ♛f6 25.a3 a5 26.axb4 axb4 27.♛a2 ♝g6! 28.d6 g4** Natürlich nicht 28. ... ♛xd6 wegen 29.♞b2. **29.♛d2 ♚g7 30.f3 ♛xd6 31.fxg4 ♛d4+ 32.♚h1 ♞f6 33.♜f4 ♞e4!** Danach geht die weiße Dame verloren. Das materielle Äquivalent ist nicht ausreichend. Wie aus dem Zeit-Züge-Diagramm zu erkennen ist, befindet sich Karpow bereits in hochgradiger Zeit-

not, während Kasparow in Ruhe seine Schluss-
kombination berechnen konnte. **34.♕xd3 ♘f2+
35.♖xf2 ♗xd3 36.♖fd2 ♕e3! 37.♖xd3 ♖c1!
38.♘b2** 38.♖xe3 ♖xd1+ 39.♗f1 ♖xe3 verliert
ebenfalls. **38. ... ♕f2! 39.♘d2 ♖xd1+ 40.♘xd1
♖e1+** Weiß gab auf, das Matt ist nicht zu verhindern.

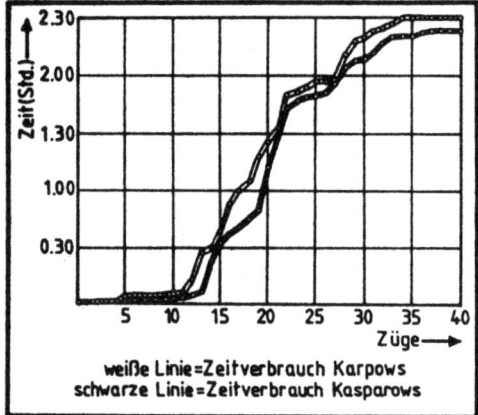

Zeit-Züge-Diagramm

Ab 1993 verteidigte Kasparow seinen Titel bei
FIDE-Weltmeisterschaften nicht mehr. Er gründete eine neue Weltorganisation, die Professionell Chess Association (PCA) und gewann im
gleichen Jahr ein von ihm als Weltmeisterschaft
deklariertes Match gegen Nigel Short in London
(12,5 : 7,5) und zwei Jahre später gegen Herausforderer Viswanathan Anand 1995 in New York
mit 10,5 : 7,5. Seit diesem Zeitpunkt gab es praktisch zwei Weltmeister: den FIDE-Weltmeister
Anatoli Karpow und PCA-Weltmeister Garri Kasparow. In den nächsten Jahren verwandte der Pro-
fessionell-Weltmeister viel Zeit für Werbeveran-
staltungen, Schaukämpfe gegen Computer (Deep
Blue), kommerzielle Projekte und politische Aktivitäten in Russland. Anfang 1998 wollten er und
der Spanier Luis Rentero (Sponsor der Supertur-
niere von Linares) mit einem neu ins Leben gerufenen Weltverband World Chess Council (WCC)
gegenüber der FIDE einen sportlichen Gegenpol
in Form einer weiteren Weltmeisterschaft schaffen. Nach einer längeren Spielpause im Jahr 1998
war seine Kraft ungebrochen. Das traditionelle
niederländische Hoogovensturnier in Wijk aan
Zee (Januar 1999) mit der Kategorie XVIII gewann er klar mit 10 aus 13. Dabei gelang ihm in
der vierten Runde eine spektakuläre Partie gegen

Topalow (2686), die mit mehreren Figurenopfern
im Mittelspiel zu den schönsten der Gegenwart
zählt.

Kasparow-Topalow, Pirc-Ufimzew-Verteidigung B 07 **1.e4 d6 2.d4 ♘f6 3.♘c3 g6 4.♗e3
♗g7 5.♕d2 c6 6.f3 b5 7.♘ge2** gleich 7.h4!?
h5 8.a4 b4 9.♘d1 a5 10.♘h3 ♗xh3 11.♖xh3
♘bd7 12.♘f2 0–0 13.g4 c5! 14.♗b5 cxd4
15.♗xd4 ♖c8 16.0–0–0 führt zu unklarer Stellung, Van der Wiel-Nijboer, Niederlande 1995
**7. ... ♘bd7 8.♗h6 ♗xh6 9.♕xh6 ♗b7 10.a3
e5 11.0–0–0 ♕e7 12.♔b1 a6** 12. ... a5 war aktiver **13.♘c1 0–0–0 14.♘b3 exd4 15.♖xd4 c5
16.♖d1 ♘b6 17.g3 ♔b8 18.♘a5 ♗a8
19.♗h3 d5 20.♕f4+ ♔a7 21.♖he1 d4
22.♘d5 ♘bxd5 23.exd5 ♕d6 24.♖xd4!!**
(Diagramm 8).

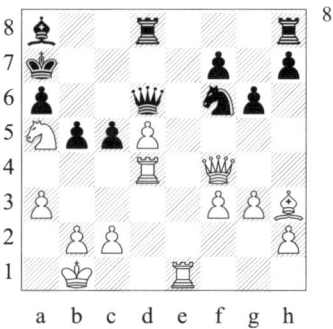

Ein überraschend wuchtiger taktischer Einschlag,
der gegen die offene schwarze Königsstellung gerichtet ist. **24. ... cxd4?!** Gefährliche Annahme
des Turmopfers, zumal das schwer zu findende
24. ... ♔b6! 25.b4 ♕xf4 26.♖xf4 ♘xd5
27.♖xf7 cxb4 standhält. **25.♖e7+** Das zweite
Turmopfer zwingt den König auf die Reise. **25. ...
♔b6 26.♕xd4+ ♔xa5** 26. ... ♕c5 27.♕xf6+
♕d6 28.♗e6!! **27.b4+! ♔a4 28.♕c3!** ♕xd5
29.♖a7 ♗b7 30.♖xb7! Wieder ist der Turm
nicht zu nehmen wegen Matt auf b3. **30. ... ♕c4**
30. ... ♖he8 31.♖b6 ♖a8 32.♗f1!! gewinnt
(Analyse in Schach 3/1999, S. 19) **31.♕xf6 ♔xa3
32.♕xa6+ ♔xb4 33.c3+!** Der einzige Weg zum
Gewinn. **33. ... ♔xc3 34.♕a1+ ♔d2 35.♕b2+
♔d1 36.♗f1! ♖d2 37.♖d7! ♖xd7 38.♗xc4
bxc4 39.♕xh8.** Nun besitzt Weiß zum ersten Mal
Materialvorteil, der sofort zum Gewinn führt.
39. ... ♖d3 40.♕a8 Aber nicht 40.♕xh7? c3!
41.♔a2 c2 und Schwarz gewinnt. **40. ... c3
41.♕a4+ ♔e1 42.f4 f5 43.♔c1 ♖d2 44.♕a7**
aufgegeben.

Zweifellos zählt Garri Kasparow in der Geschichte der Schachweltmeister zu den herausragenden Persönlichkeiten. Sein hoher Kampfgeist und nimmermüder Einsatz bei Turnieren hinterlässt aber auch seine Spuren. Hochleistungssport über Jahre hinweg bedeutet Stress ohne Ende. Einfühlsam charakterisiert der Berliner Schachexperte Dirk Poldauf, der das internationale Leistungsschach live verfolgt, seine Eindrücke nach den glänzenden Turniererfolgen Anfang 1999: »Was Kasparow in Wijk aan Zee und Linares mit Elovorstellungen von 2876 bzw. 2918 geleistet hat, nötigt mir persönlich großen Respekt ab. Seine Ratingzahl liegt jetzt aktuell bei 2839. Permanente Höchstleistungen – auch im Training vor und zwischen den Wettkämpfen – fordern ihren körperlichen Tribut. Der weltbeste Schachspieler ist trotz seiner erst 35 Jahre vollständig ergraut« (Schach 4/1999, S. 6). Im Jahr 2000 wiederholte Kasparow seinen Erfolg in Wijk aan Zee und gewann sogar mit $1^{1}/_{2}$ (!) Punkten Vorsprung vor Kramnik, Leko und Anand. Das veranlasste den Zweitplazierten Wladimir Kramnik zu dem anerkennenden Bekenntnis: »Das ist etwas, was mir absolut unerklärlich ist. Wenn ich in einem 13-Runden-Turnier mit Weiß zweimal einen ernsten Vorteil bekomme, bin ich hoch zufrieden. Aber er bekommt ihn mit allen Farben in jeder Partie. Es ist sehr schwer, gegen ihn zu kämpfen. Ich arbeite schachlich sehr hart, aber ich schaffe es nicht, solche Stellungen zu erhalten« (F. Friedel, CBM 75 Multimedia-Datenbank).

Kasparows Aktivitäten beschränken sich nicht nur auf das königliche Spiel. Seinen unternehmungslustigen Geist, gepaart mit einer unglaublichen Kreativität beschreibt sein Vertrauter Juri Wassiljew wie folgt: »Garri war bereits 1991 offizieller Dollarmillionär. Seitdem hat sich sein Vermögen um ein Mehrfaches vergrößert. Er besitzt eine Charterfluggesellschaft und handelt mit Flugmotoren sowie Flugzeugen der neueren Generation. Er berät einige westliche Banken bezüglich der Situation in Rußland und hat eine ständige Kolumne im *Wallstreet Journal*. Man lädt ihn in den amerikanischen Senat ein, um eine Rede zu halten. Und schließlich spielt er auch nicht schlecht Schach!« (Schach 1/1999, S. 8).

Schon lange wurde im Weltschachbund an einer Veränderung des Weltmeisterschafts-Modus überlegt. Im Dezember 1997 kündigte Präsident Kirsan Iljumschinow in Groningen eine neue Ära an und damit das Ende der 110-jährigen WM-Geschichte von Steinitz bis Kasparow/Karpow.

Die 100 besten Spieler der Welt sollten in einem modifizierten Knockout-System den Herausforderer des FIDE-Weltmeisters Anatoli Karpow ermitteln (Preisfonds 5 Millionen Dollar!). Bedingt durch das neue System besitzen auch Außenseiter eine Chance, sich durchzusetzen. Kasparow und Kramnik lehnten die Teilnahme aus unterschiedlichen Gründen ab. Der Inder Viswanathan Anand gewann das K. o.-Finale nach Tiebreak gegen den 26-jährigen Michael Adams und traf wenige Tage später in Lausanne auf Titelverteidiger Karpow. Nach einem 3 : 3 Stand entschied wiederum ein Tiebreak mit verkürzter Bedenkzeit. Erstmals in der Schachgeschichte wurde ein WM-Kampf durch zwei 25-Minutenpartien entschieden, die **Anatoli Karpow** etwas glücklich gewann.

Ab 1999 wurde ein jährlicher WM-Zyklus beschlossen. Der zweite Event um die Weltmeisterschaft fand in Las Vegas statt. Im Finale gewann der 33-jährige Khalifman aus St. Petersburg gegen den Armenier Wladimir Akopjan mit $3^{1}/_{2} : 2^{1}/_{2}$ Punkten. Auf dem Weg ins Finale besiegte er u. a. Gata Kamsky, Boris Gelfand und Judit Polgar.

Alexander Khalifman wurde damit 14. Weltmeister in der Geschichte des Schachs. Am 18. Januar 1966 in Leningrad geboren, erlernte er das Schachspiel mit sechs Jahren von seinem Vater. Sein erster Trainer war Wassili Bywschew, später betreute ihn Gennadi Nesis. Der GM-Titel wurde ihm 1990 verliehen. 1996 belegte er den ersten Platz bei der Russischen Landesmeisterschaft in Elista. Mit dem jetzigen Trainer leitet er in seiner Heimatstadt die Schachakademie »Grandmaster Chess School«, die unter dem Slogan »Schach = Intellekt + Charakter« arbeitet. Titelverteidiger A. Karpow trat bei der WM in den USA nicht an.

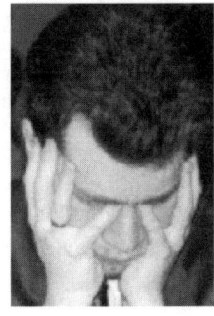

Alexander Khalifman

Eine umfassende Analyse der Entwicklung des Weltschachs zu Beginn des 21. Jahrhunderts, insbesondere seiner kommerziell-organisatorischen Ausrichtung im Sinne eines totalen Managements von Veranstaltungen auf höchstem Level wie der Weltmeisterschaftskämpfe, nahm Gerald Schendel in der Fachzeitschrift Rochade Europa 4/2000, Seite 62–65 vor.

Jahr	Weltmeister (Alter)	Herausforderer (Alter)	Spielort	Ergebnis
1886	**Steinitz** (50)	Zukertort (44)	New York, St. Louis, New Orleans	$12^1/_2 : 7^1/_2$
1889	**Steinitz** 53)	Tschigorin (39)	Havanna	$10^1/_2 : 6^1/_2$
1890/91	**Steinitz** (54)	Gunsberg (36)	New York	$10^1/_2 : 8^1/_2$
1892	**Steinitz** (56)	Tschigorin (42)	Havanna	$12^1/_2 : 10^1/_2$
1894	Steinitz (58)	**Lasker** (26)	New York, Philadelphia, Memphis, Chicago, Baltimore	5 : 12
1896/97 R	**Lasker** (28)	Steinitz 60)	Moskau	$12^1/_2 : 4^1/_2$
1907	**Lasker** (39)	Marshall (30)	New York, St. Louis, New Orleans	$11^1/_2 : 3^1/_2$
1908	**Lasker** (40)	Tarrasch (46)	Düsseldorf, München	$10^1/_2 : 5^1/_2$
1910	**Lasker** (42)	Schlechter (36)	Wien, Berlin	5 : 5
1910	**Lasker** (42)	Janowski (42)	Berlin	$9^1/_2 : 1^1/_2$
1921	Lasker (53)	**Capablanca** (33)	Havanna	5 : 9
1927	Capablanca (39)	**Aljechin** (35)	Buenos Aires	$15^1/_2 : 18^1/_2$
1929	**Aljechin** (37)	Bogoljubow (40)	Deutschland, Holland	$15^1/_2 : 9^1/_2$
1934	**Aljechin** (42)	Bogoljubow (45)	Deutschland	$15^1/_2 : 10^1/_2$
1935	Aljechin (43)	**Euwe** (34)	Holland	$14^1/_2 : 15^1/_2$
1937 R	Euwe (36)	**Aljechin** (45)	Holland	$9^1/_2 : 15^1/_2$
1948	**Botwinnik** (37)	Smyslow, Keres, Reshevsky, Euwe	Den Haag, Moskau (WM-Turnier)	+10 =8 -2
1951	**Botwinnik** (40)	Bronstein (27)	Moskau	12 : 12
1954	**Botwinnik** (43)	Smyslow (33)	Moskau	12 : 12
1957	Botwinnik (46)	**Smyslow** (36)	Moskau	$9^1/_2 : 12^1/_2$
1958 R	Smyslow (37)	**Botwinnik** (47)	Moskau	$10^1/_2 : 12^1/_2$
1960	Botwinnik (49)	**Tal** (24)	Moskau	$7^1/_2 : 11^1/_2$
1961 R	Tal (25)	**Botwinnik** (50)	Moskau	8 : 13
1963	Botwinnik (52)	**Petrosjan** (34)	Moskau	$9^1/_2 : 12^1/_2$
1966	**Petrosjan** (37)	Spasski (29)	Moskau	$12^1/_2 : 11^1/_2$
1969	Petrosjan (40)	**Spasski** (32)	Moskau	$10^1/_2 : 12^1/_2$
1972	Spasski (35)	**Fischer** (29)	Reykjavik	$8^1/_2 : 12^1/_2$
1975	Fischer (33)	(WM nicht verteidigt)		
1975	**Karpow** (24)	(WM lt. Fide-Beschluss)		
1978	**Karpow** (27)	Kortschnoj (47)	Baguio City	$16^1/_2 : 15^1/_2$
1982	**Karpow** (30)	Kortschnoj (50)	Moskau	11 : 7
1984/85	Karpow (33)	Kasparow (21)	Moskau	25 : 23 (5 : 3) Abbruch
1985	Karpow (34)	**Kasparow** (22)	Moskau	11 : 13
1986 R	**Kasparow** (23)	Karpow (35)	London, Leningrad	$12^1/_2 : 11^1/_2$
1987	**Kasparow** (24)	Karpow (36)	Sevilla	12 : 12
1990	**Kasparow** (27)	Karpow (39)	New York, Lyon	$12^1/_2 : 11^1/_2$
1993 FIDE	**Karpow** (42)	Timman (42)	Niederlande	$11^1/_2 : 6^1/_2$
1993 PCA	**Kasparow** (30)	Short (28)	London	$12^1/_2 : 7^1/_2$
1995 PCA	**Kasparow** (32)	Anand (26)	New York	$10^1/_2 : 7^1/_2$
1996 FIDE	**Karpow** (45)	Kamsky (22)	Elista	$10^1/_2 : 7^1/_2$
1998 FIDE	**Karpow** (47)	Anand (26)	Lausanne	3 : 3 (Tie-break 2 : 0)
1999 FIDE	**Khalifman** (33)	K. o.-Turnier (ohne Karpow)	Las Vegas	$3^1/_2 : 2^1/_2$ (Akopjan)

Vorstehend ein Gesamtüberblick zu allen bisherigen traditionellen Weltmeisterschaftskämpfen, wobei deutlich ein Verjüngungsprozess bei den Herausforderern zu erkennen ist (u. a. Angaben bis 1993 nach Bouton/Rodrigues; In: RE 7/93, S. 7). Die Altersangaben beziehen sich auf das jeweilige Jahr des Wettkampfs.

 Hervorgehobener Spieler = Sieger des Matchs, R= Revanchekampf.

Ab 1927 werden Frauen-Weltmeisterschaften ausgetragen, zunächst in Turnierform und später als Matchs (Hervorgehobene Spielerin = Siegerin des Matchs)

Jahr	Weltmeisterin	Herausforderin	Spielort	Ergebnis
1927	**Menchik**		London (WM-Turnier)	+10 =1
1930	**Menchik**		Hamburg (WM-Turnier)	+6 =1 -1
1931	**Menchik**		Prag (WM-Turnier)	+8
1933	**Menchik**		Folkestone (WM-Turnier)	+14
1935	**Menchik**		Warschau (WM-Turnier)	+9
1937	**Menchik**		Stockholm (WM-Turnier)	+14
1939	**Menchik**		Buenos Aires (WM-Turnier)	+17 =2
1950	**Rudenko**		Moskau (WM-Turnier)	+9 =5 -1
1953	Rudenko	**Bykowa**	Leningrad	6 : 8
1956	**Rubzowa**		Moskau (WM-Turnier)	+7 =6 -3
1958	Rubzowa	**Bykowa**	Moskau	$5^1/_2 : 8^1/_2$
1960	**Bykowa**	Zworikina	Moskau	$8^1/_2 : 4^1/_2$
1962	Bykowa	**Gaprindaschwili**	Moskau	2 : 9
1965	**Gaprindaschwili**	Kuschnir	Riga	$8^1/_2 : 4^1/_2$
1969	**Gaprindaschwili**	Kuschnir	Tbilissi/Moskau	$8^1/_2 : 4^1/_2$
1972	**Gaprindaschwili**	Kuschnir	Riga	$8^1/_2 : 7^1/_2$
1975	**Gaprindaschwili**	Alexandria	Pizunda/Tbilissi	$8^1/_2 : 3^1/_2$
1978	Gaprindaschwili	**Tschiburdanidse**	Pizunda	$6^1/_2 : 8^1/_2$
1981	**Tschiburdanidse**	Alexandria	Borzhomi/Tbilissi	8 : 8
1984	**Tschiburdanidse**	Lewitina	Wolgograd	$8^1/_2 : 5^1/_2$
1986	**Tschiburdanidse**	Achmilowskaja	Sofia/Borzhomi	$8^1/_2 : 5^1/_2$
1988	**Tschiburdanidse**	Ioseliani	Telawi	$8^1/_2 : 7^1/_2$
1991	Tschiburdanidse	**Xie Jun**	Manila	$6^1/_2 : 8^1/_2$
1993	**Xie Jun**	Joseliani	Monaco	$8^1/_2 : 2^1/_2$
1996	Xie Jun	**Polgar, Zsuzsa**	Jaen (Spanien)	$4^1/_2 : 8^1/_2$
1999	**Xie Jun** (Polgar trat nicht an)	Galjamowa	Kasan/Shenyang	$8^1/_2 : 6^1/_2$

WM Xie Jun

Das Frauenschach erhielt in den letzten zwei Jahrzehnten durch gezielte Förderungen der drei Polgar-Töchter aus Ungarn eine besondere Dimension. Judit und Zsuzsa zählen zur absoluten Weltspitze bei den Frauen und zum erweiterten Kreis der Männer; Sofia gehört zur Weltspitze bei den Frauen.

Das Polgar-Experiment

Welche Idee lag zu Grunde? Im Jahre 1967 plante Vater Laszlo Polgar in Budapest ein leistungsorientiertes Experiment mit dem Ziel, seine Kinder maximal zu fördern und an die Weltspitze im Schach heranzuführen: »Wir wollten ein psychologisches Experiment durchführen, um die Einflüsse der Vererbung und die der Umgebung zu studieren ... Wir wollen untersuchen, was passiert, wenn sich ein kleines Kind ganz von seinem Spezialgebiet fesseln läßt. Weiter interessiert uns, welche Rolle die Familie bei der Herausbildung der Genialität spielt.« »Ich wollte zeigen, daß Frauen dieselben geistigen Leistungen erbringen

können wie Männer ...« (Polgar: Geplante Genies, 1988, S. 62–64). Sein Ausbildungsprinzip
lautet: Hartes Training und leistungsstarke Gegner! »Das Niveau der Schachspielerinnen ist bei
weitem schwächer als dasjenige der Männer ...
Wenn ich will, daß sich die Leistungen unserer
Kinder auf einem Männerniveau bewegen sollen,
dann muß ich dementsprechende psychologische
und schachspezifische Voraussetzungen und Wir-
kungssysteme für sie sichern. Wenn ich meinen
Kindern statt heißem Wasser lauwarmes Wasser
gebe, werden sie nicht wissen, wie sie mit dem
heißen Wasser umgehen müssen ... Wenn Por-
tisch, Fischer oder Kasparow auf einem Frauen-
turnier hätten spielen müssen, und dies in einem
ähnlichen Entwicklungsstadium wie Zsuzsa, hätten sie nie ihr jetziges Niveau erreicht. Es ist aus
psychologischen Gründen wichtig, daß man Erfolge und Niederlagen nicht mit schwächeren
Spielern erlebt. Außerdem ist es nicht gleichgül-
tig, ob man an einem Training für Schwächere
oder für Stärkere teilnimmt« (ebenda, S. 67).

Die Polgarschwestern v.l.n.r. Judit, Zsuzsa und Sofia

Für das Entwicklungsexperiment besitzt das Elternhaus absolute Priorität. Die Familie ist das
erste Interaktionsfeld, sie bietet Modelle fürs
Leben und formt das kindliche Selbstbewusstsein.
Für das geistige Entwickeln von Kindern ist eine
frühzeitige Stimulierung nötig. Im Alter von 3–6
Jahren besitzen sie eine ungewöhnlich hohe Lern-
kapazität, die in diesem Altersbereich entwick-
lungsmäßig zu nutzen ist. Nach L. Polgar sind
wertvolle Eigenschaften und Fähigkeiten zu vermitteln: Vertrauen, Mut, Kraft, Beharrlichkeit,
Begeisterungsfähigkeit, Genauigkeit beim Beobachten, Widerstandsfähigkeit gegenüber Erfolg
und Misserfolg, fähig sein zum Anstrengen, Toleranz, Kreativität u. a. m. Kindern sollte im Alter

von 4–5 Jahren gelehrt werden, dass man »ernsthaft spielt«.

Die drei Töchter hatten das Privileg, nicht zur
Schule gehen zu müssen. Sie lernten zu Hause und
wurden am Jahresende in der Schule geprüft. Sie
waren schon mit jungen Jahren sehr selbständig.
Beide Eltern beschäftigen sich rund um die Uhr
mit Bilden und Erziehen der Kinder, dafür war
viel Geduld erforderlich.

Zur Biografie der Familie: **Laszlo Polgar**
(Vater), pädagogischer Psychologe; **Klara Polgar** (Mutter), Lehrerin für Russisch, Deutsch und
Esperanto; **Zsuzsa**: geb. 19. 04. 1969, erlernt mit
vier Jahren vom Vater Schach, mit $4^{1}/_{2}$ Jahren
wurde sie 1973 Budapester Meisterin in der
U11-Klasse mit 100 %, mit zwölf Jahren WM-
Titel bei Mädchen U16 und Verleihung des Titels WIM, spricht mit 16 Jahren fünf Fremdspra-
chen: Bulgarisch, Deutsch, Englisch, Esperanto
und Russisch, 1996 WM-Titel Frauen nach
Match gegen Xie Jun. Elo-Zahl 07/2000: 2565.
Sofia: geb. 02. 11. 1974, gewann gemeinsam mit
ihren Schwestern in Saloniki 1988 und Novi Sad
1990 die Goldmedaille bei der Schacholympiade
der Frauen, Elo-Zahl 07/2000: 2501, Platz 10
bei den Damen; **Judit**:
die jüngste und erfolg-
reichste der drei Töch-
ter wurde am 23. 07.
1976 geboren; mit acht
Jahren erster interna-
tionaler Wettkampf;
mit zwölf Jahren Welt-
meister bei männlicher
Jugend; mit 15 Jahren
Großmeistertitel! Im
Jahr 1988 spielte sie 14
Turniere. Mit zwölf
Jahren bereits Platz 1
bei den Frauen (Ratingliste). Ihre Elo-Zahl
07/2000: 2656. Nach Vater Polgar ist Judit nicht
die Talentierteste, sondern die mit Zsuzsa ge-
machten Erfahrungen wirken sich bei der Jüngsten am positivsten aus!

Weltbeste Judit Polgar

Zum Lehr- und Trainingsumfang zu Hause: Um
sechs Uhr aufstehen, Tischtennis spielen, insgesamt täglich 8–10 Stunden (öfters 12–14 Std.)
Eröffnungstheorie, Endspiele, Schnellschach und
Blindschach bzw. Ausgleichssport. Auf einem
30-brettigen magnetischen Wandtafelschach werden jeden Tag Aufgaben gelöst. Im Schachzim-
mer stehen 5000 Schachbücher. Vater Polgar: »Ihr
ganzer Tag ist sinnvoll ausgefüllt: Die Trainer

kommen vorbei; die Kinder gehen zu den Turnieren; jeden Morgen spielen sie eine Stunde lang Tischtennis.« Mutter Klara: »... ihr Programm ist abwechslungsreich. Ihre Stunden sind nutzbringend eingeteilt. Die Trainer sind ja auch Menschen. Sie unterrichten nicht nur; sie machen Witze, erzählen Geschichten und berichten von ihren Turnieren. So eignen sich die Mädchen ebenfalls Lebenserfahrung an. Oft sind die Stunden sehr lustig, und ein Außenstehender würde nicht vermuten, daß es sich dabei um ernsthaften Unterricht handelt.« Vater: »... was wir tagaus, tagein machen ist: arbeiten, arbeiten, arbeiten« (ebenda, S. 65, 67).

Mit sechs Jahren vermochten Sofia und Judit blind zu spielen mit Uhr. Als sie »über den Tisch schauen« konnten, wurden sie Mitglieder des MTK-Schachclubs in Budapest. Regelmäßig beschäftigten sich professionelle Trainer mit ihnen zu Hause. Im Lauf des Jahres trainierten sie auch mit bekannten Spielern wie Paul Benkö, Laszlo Szabo, Ivan Farago, Milorad Knezević, Tibor Florian, Levente Lengyel, Peter Lukacs, Josef Pinter und Peter Szekely. Ihr Hauptmentor war Laszlo Hazai.

Das Credo der Polgarerfahrungen für das Erreichen von Höchstleistungen lautet:

Nur tägliche harte Arbeit/Training im Schach verspricht heute Spitzenleistungen. Talent oder Veranlagung allein reichen nicht mehr aus!

Ähnliche Schlussfolgerungen vermittelte auch die Mutter, Klara Kasparowa, als erste Trainerin eines zukünftigen Weltmeisters im British Chess Magazine 1986:»Das Wort ›Ruhe‹ gibt es für uns nicht. Seit er neun war, gab es keinen Tag für ihn ohne festen Arbeitsplan. Wir haben ständig gearbeitet, es ist sehr schwer zur Spitze zu gelangen. Und weder er noch ich könnten es verstehen, nur für den Spaß zu leben« (S. 21–22).

In den 90er Jahren nahm die Anzahl von hochrangigen Turnieren zu. So fand 1996 in Las Palmas das stärkste Turnier aller Zeiten mit einem Ratingschnitt von 2756,7! der Kategorie XXI statt (1. Kasparow 6^1/$_2$, 2. Anand 5^1/$_2$, 3.–4. Kramnik, Topalow je 5, 5.–6. Karpow, Iwantschuk je 4). Nachstehende Zusammenstellung bietet einen Überblick zu den bedeutendsten Rundenturnieren in diesem Zeitraum (ab Kategorie XVI). Damit wird eine Periode moderner Schachgeschichte auf höchstem Leistungslevel charakterisiert.

Jahr	Turnier	Teilnehmer	Kategorie	ELO-Ø	Sieger
1991	Reggio Emilia	7	XVI	2644	Karpow
1991	Tilburg	8	XVII	2666	Kasparow
1991	Linares	14	XVII	2658	Iwantschuk
1991	Amsterdarn	10	XVI	2635	Salow/Short
1992	Reggio Emilia	10	XVIII	2677	Anand
1992	Linares	14	XVII	2671	Kasparow
1992	Dortmund	10	XVII	2662	Kasparow/Iwantschuk
1992	Moskau	8	XVIII	2677	Gelfand, Anand
1993	Linares	14	XVIII	2677	Kasparow
1993	Dortmund	8	XVI	2637	Karpow
1993	München	12	XVI	2629	Schirow
1994	Linares	14	XVIII	2685	Karpow
1994	Amsterdam	4	XVIII	2697,5	Kasparow
1994	München	12	XVI	2636	Iwantschuk
1994	Dortmund	10	XVI	2640	Piket
1994	Nowgorod	6	XVIII	2699,8	Kasparow/Iwantschuk
1994	Buenos Aires	8	XVIII	2693,8	Salow
1995	Dos Hermanas	10	XVIII	2681	Kamsky/Karpow/Adams
1995	Amsterdam	4	XVIII	2690	Lautier
1996	Amsterdam	10	XVIII	2679	Topalow/Kasparow
1996	Dos Hermanas	10	XIX	2714,5	Kramnik/Topalow
1996	Nowgorod	6	XIX	2711,7	Topalow
1996	Dortmund	10	XVIII	2677,5	Kramnik/Anand
1996	Wien	10	XVIII	2689,5	Gelfand/Karpow/Topalow

1996	Las Palmas	6	XXI	**2756,7**	Kasparow
1997	Linares	12	XIX	2700,8	Kasparow
1997	Ubeda	12	XVI	2640	Lautier
1997	Dos Hermanas	10	XIX	2701,5	Anand/Kramnik
1997	Dortmund	10	XVIII	2699,5	Kramnik
1997	Nowgorod	6	XIX	2719,2	Kasparow
1997	Belgrad	10	XVIII	2678,5	Iwantschuk/Anand
1988	Wijk aan Zee	14	XVII	2670	Kramnik/Anand
1998	Linares	7	XXI	2752,1	Anand
1988	Madrid	10	VVII	2654	Anand
1998	Dortmund	10	XVIII	2698,4	Kramnik/Adams/Swidler
1988	Tilburg	12	XVIII	2680	Anand
1988	Groningen	6	XVI	2629	Tiwjakow/Milow
1999	Linares	8	XX	2733	Kasparow
1999	Wijk aan Zee	14	XVII	2673	Kasparow
1999	Dos Hermanas	10	XIX	2700	Adams
1999	Sarajevo	10	XIX	2703	Kasparow
1999	Dortmund	8	XIX	2705	Leko
2000	Wijk aan Zee	14	XVIII	2697	Kasparow
2000	Linares	6	XXI	2752	Kramnik/Kasparow
2000	Bali	10	XVI	2628	Judit Polgar
2000	Sarajewo	12	XIX	2702	Kasparow
2000	Merida	4	XVII	2657	Schirow
2000	Dortmund	9 + 1 Computer	XIX	2703 ohne Computer	Kramnik/Anand
2000	Montecatini	8	XVII	2669	Iwantschuk
2000	Polancia Zdroj	10	XVII	2673	Gelfand

Das heutige Turnierschach wird zunehmend durch Spieler geprägt, die in den 80er und 90er Jahren Großmeisterniveau erreichten. Noch nie war die Alterspyramide so weit nach unten verlagert (vgl. Weltrangliste 1–20). Wenn man bedenkt, dass nach dem Zweiten Weltkrieg die These vorherrschte, das beste Schachalter läge zwischen 30 und 40 Jahren, so reicht die gegenwärtige alters- und leistungsmäßige Akzeleration immer mehr in den jüngeren Altersbereich.

Judit Polgar erspielte im Dezember 1991 mit 15 Jahren den GM-Titel. Peter Leko (Ungarn) wurde mit 14 Jahren, vier Monaten und 22 Tagen Großmeister; Etienne Bacrot (Frankreich) mit 14 Jahren zwei Monaten, Ruslan Ponomarjow (Ukraine) mit 14 Jahren und 17 Tagen. Der am 10. Dezember 1985 geborene junge Chinese Bu Xiangzhi erzielte als jüngster Spieler aller Zeiten mit 13 Jahren, zehn Monaten und zwei Tagen seine dritte Großmeisternorm und erhielt den Titel im Mai 2000!

Altersbereich	Weltklassespieler Platz 1–20 (Geburtsjahr)
20–30 Jahre	Rustam Kasimshanow (1979), Peter Leko (1979), Alexander Morosewitsch (1977), Peter Swidler (1976), Wladimir Kramnik (1975), Wesselin Topalow (1975), Alexej Schirow (1972), Michael Adams (1971)
31–40 Jahre	Viswanathan Anand (1969), Alexej Drejew (1969), Wassili Iwantschuk (1969), Boris Gelfand (1968), Ilia Smirin (1968), Jewgeni Barejew (1966), Nigel Short (1965), Garri Kasparow (1963), Michal Krassenkow (1963), Zurab Asmaiparaschwili (1960), Jiangchuan Ye (1960)
41–50 Jahre	Anatoli Karpow (1951)

Jüngstes Toptalent mit der hohen Wertzahl von 2630 ist GM Ruslan Ponomarjow aus der Ukraine (11. 10. 1983). Weltklassespieler im Alter von 20 bis 30 Jahren repräsentieren eine neue Schachgeneration. Woraus lässt sich die gewachsene Leistungskraft der jüngeren Großmeister erklären? U. E. könnten folgende Gründe dafür sprechen:

- Insgesamt entwickelte sich das Schachspiel mitgliedermäßig, organisatorisch-technisch und vor allem leistungsbezogen weiter.
- Der schachliche Ausbildungsprozess wurde durch effektivere trainingsmethodische Verfahren, leistungsbestimmte Maßnahmen, Förderprogramme, Rahmenpläne und individuelle Jahrespläne etc. verbessert.
- Leistungsorientierte Schachschulen und Einrichtungen wie Kinder- und Jugendschachschulen in der ehemaligen UdSSR, Botwinnik-Schule, Smyslow-Schule, Petrosjan-Schule, Schachschule Dworetski/Jussupow, Grusinische (Frauen) Schachschule als auch private, städtische oder staatliche Fördermaßnahmen wie die Polgarfamilie, Lekofamilie, Mäzene in England, Frankreich und Bulgarien wirkten sich progressiv aus.
- Kinder im Alter ab zehn Jahren werden bereits mit modernsten elektronischen Trainingsmitteln vertraut und können den Computer mit seinen einstellbaren Spielstärkestufen (Handicap, Spaß, Freund, Sparring und später Blitz, Schnellpartien, Turnierpartien) als Spielgegner nutzen.
- Das Einbeziehen neuer, anspruchsvoller Trainingsmittel wie Computerprogramme, elektronische Datenbanken und das Internet ökonomisieren den Trainingsprozess.
- Aktive Subjektpositionen (Motivation) und damit verbundene Steigerung einer Selbstwirksamkeit (Trainingsbereitschaft) wie Selbsttraining, Selbststudium nahmen aufgrund verbesserter Konditionen und höherer Preisgelder zu.
- Der Spielstil ist stark eröffnungsbetont. Es werden längere Theorievarianten angewendet und gezielte theoretische Vorbereitungen auf den Gegner rationeller per Laptop bzw. neuester Datenbanken vorgenommen.
- Starke nationale und internationale Gegnerschaft zwingen zu höheren geistigen Anstrengungen und Leistungsbereitschaft (Polgar-Experiment!).
- Wettkämpfe wie Openturniere, Schnellschachwettbewerbe, Schnell-/Blindschach-Wettbewerbe und Computerpartien vermitteln einen ganzjährigen Trainings-Wettkampfbetrieb. Durch die Zunahme von hochklassigen, gesponserten Turnierveranstaltungen werden mehrere Wettkämpfe auf höchstem sportlichen Level gespielt.

Das Schachspiel hat sich sowohl breitenmäßig als auch leistungsorientiert weiter entwickelt. Populärer wurde es nicht zuletzt aufgrund multimedialer Ereignisse, u. a. auch durch das »Erobern« der Kapitale New York (WM-Match über den Wolken auf dem World Trade Center). Schach als strategisches Spiel wird zunehmend in wissenschaftliche Prozesse und psychologische Forschungen einbezogen. Besonders die im modernen Zeittrend liegende Computerisierung aller Lebensbereiche verstärkt nicht nur bei Jugendlichen das Interesse, gegen mehr- oder weniger starke Schachcomputer und Programme zu spielen. Auch Schachkoryphäen erreichen in den letzten Jahrzehnten in der Bevölkerung einen immer größeren Bekanntheitsgrad. Namen wie Bobby Fischer, Garri Kasparow, Anatoli Karpow und Judit Polgar sind nicht nur in Schachkreisen bekannt. Stimuli wie nationale Wertzahlen, internationale Ratingzahlen und das Streben nach FIDE-, IM- und GM-Titel lassen die Leistungsmotivation von Millionen jungen und älteren Schachspielern aufrecht erhalten. In naher Zukunft verspricht das chinesische Leistungsschach, weltweit zu brillieren. Aus eigenem Erleben in Peking (Turnierteilnahme 10.08–04. 09. 1995, U. B.) war zu erkennen, wie ernsthaft Schach in Clubs und Schulen betrieben wird. Schachliche Karrieren werden gesellschaftlich organisiert und stimuliert. Sicher ist es bei dieser harten und zielorientierten Trainingsarbeit nur eine Frage der Zeit, bis neben den führenden chinesischen Damen auch die männlichen Spieler eine dominierende Position im Weltschach einnehmen. Die Ergebnisse bei der Schacholympiade in Elista 1998 (Damen Platz 1, Herren Platz 5 und des 13-jährigen Supertalents Bu Xiangzhi) sprechen für sich.

Immer wieder taucht die Frage auf, welches Leistungsniveau im Laufe der historischen Entwicklung erreicht wurde. Wo sind die internationalen Orientierungspunkte? Betrachten wir dazu eine zeitgemäße Zusammenstellung von Leistungsträgern in Form einer modernen Leistungspyramide auf der Grundlage von internationalen Ratingzahlen (Elo-System), also mathematisch vergleichbaren Parametern.

Aufschlussreich ist dabei die vergleichende Einordnung Mitte des Jahres 2000 zwischen der Weltspitze mit dem Leistungsniveau der erfolgreichsten weiblichen Spielerin aller Zeiten und dem leistungsstärksten Computerprogramm auf der Ebene des Normalschachs (nicht Blitz- und Schnellschach).

Internationale Leistungspyramide

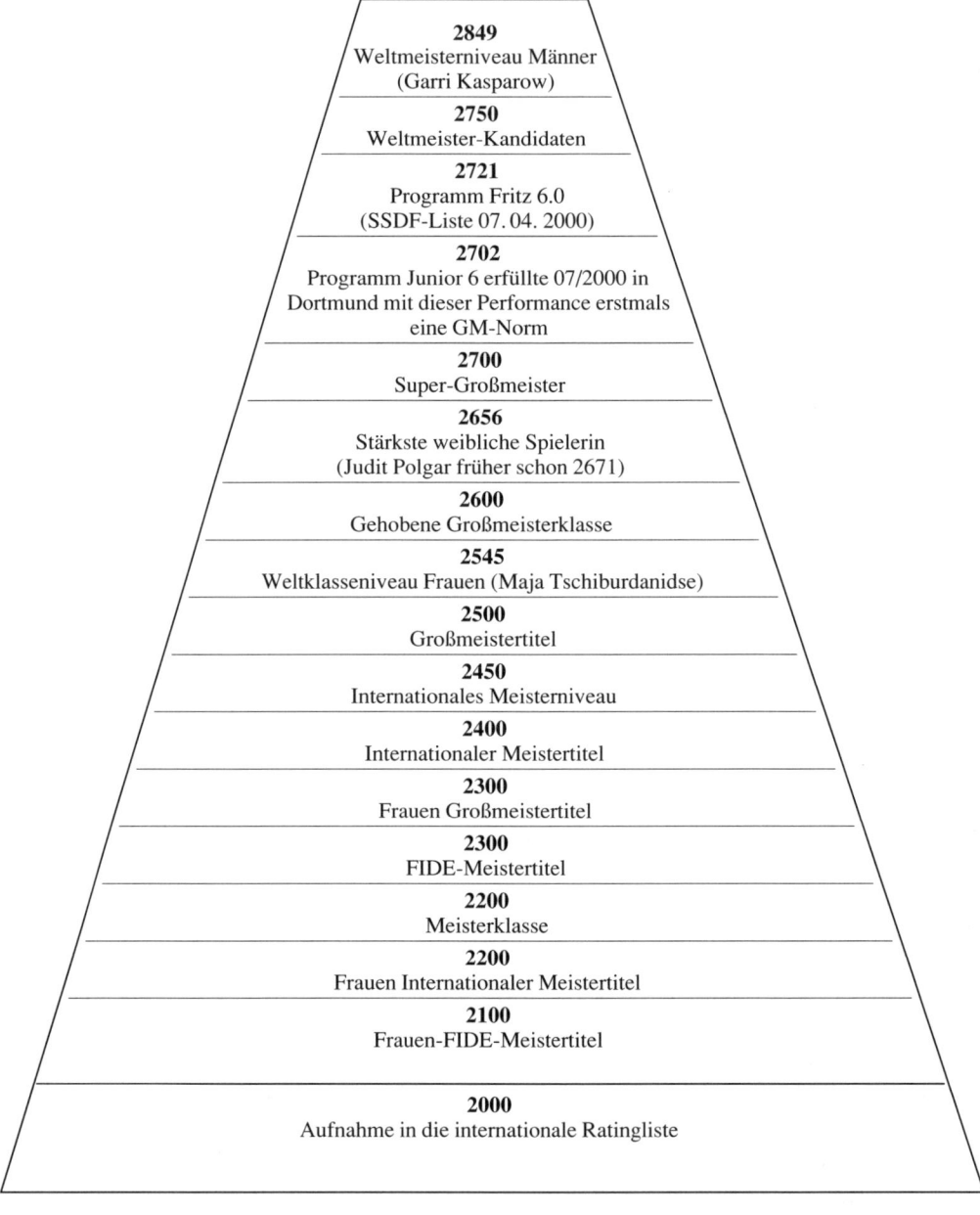

2849
Weltmeisterniveau Männer
(Garri Kasparow)

2750
Weltmeister-Kandidaten

2721
Programm Fritz 6.0
(SSDF-Liste 07. 04. 2000)

2702
Programm Junior 6 erfüllte 07/2000 in
Dortmund mit dieser Performance erstmals
eine GM-Norm

2700
Super-Großmeister

2656
Stärkste weibliche Spielerin
(Judit Polgar früher schon 2671)

2600
Gehobene Großmeisterklasse

2545
Weltklasseniveau Frauen (Maja Tschiburdanidse)

2500
Großmeistertitel

2450
Internationales Meisterniveau

2400
Internationaler Meistertitel

2300
Frauen Großmeistertitel

2300
FIDE-Meistertitel

2200
Meisterklasse

2200
Frauen Internationaler Meistertitel

2100
Frauen-FIDE-Meistertitel

2000
Aufnahme in die internationale Ratingliste

Die Elo-Zahlen 2100, 2200, 2300, 2400, 2500 sind Mindestwerte für den Titelerwerb

Klassifikation der Schachspieler (alle gewerteten Spieler, aktive und passive)

Spieler der Klasse	Elo über	Männer und Frauen		nur Frauen	
		Welt	Deutschland	Welt	Deutschland
Weltmeisterniveau	2800	1	–	–	–
	2775	3	–	–	–
WM-Kandidaten	2750	4	–	–	–
	2725	5	–	–	–
Supergroßmeister	2700	12	–	–	–
	2675	19	–	1	–
Besonders starker GM	2650	30	–	1	–
	2625	47	1	1	–
Gehobene GM-Klasse	2600	86	3	1	–
	2575	128	7	1	–
Leistungsstarker GM	2550	211	11	4	–
	2525	339	20	5	–
Großmeister	2500	498	27	7	–
	2475	710	40	11	–
Leistungsstarker IM	2450	984	58	15	–
	2425	1383	92	23	1
Internationaler Meister	2400	1997	146	34	1
	2375	2750	196	43	1
	2350	3632	289	63	2
	2325	4811	426	96	3
FIDE Meister	2300	6441	628	124	5
	2275	8452	908	171	8
	2250	10901	1248	222	11
	2225	13568	1637	306	19
Nationaler Meister	2200	16558	2038	410	24
	2175	18977	2394	556	35
	2150	21244	2712	735	49
	2125	23234	2989	893	67
Meisteranwärter	2100	25157	3231	1107	87
	2075	26826	3433	1364	118
	2050	28261	3560	1653	126
	2025	29345	3682	1907	154
Gewertete Spieler	2001	30062	3739	2166	164

Eine aussagefähige, detaillierte Übersicht von allen im Weltschachbund gewerteten Spielerinnen und Spielern im Vergleich zum Deutschen Schachbund veranschaulicht die von Andrzej Filipowicz (1999) zusammengestellte Tabelle.

Eine relativ umfassende zeitgeschichtliche Analyse sowohl historischer als auch gegenwärtiger Schachschulen und leistungsorientierten Ausbildungsstätten – Perspektiven und Möglichkeiten einer Deutschen Schachschule unter dem Blickwinkel entwicklungswirksamer Faktoren für das Fördern von Schachbegabungen: I. Anlagen mit frühkindlicher Prägung, II. Frühzeitiges Erlernen, III. Umwelteinflüsse (Eltern, Trainer, Organisation, Wettkämpfe), IV. Aktive Subjektposition (Motivation, Selbststudium) und Selbstwirksamkeit wird in meiner A-Trainer-Hausarbeit (U. B. 1999) vorgenommen.

2.7 Wiederholungsfragen

Zum Abschnitt 2.1

1. Welche entscheidenden Regeländerungen gab es im 15. und 16. Jahrhundert?
2. Welche stilistische Grundrichtung vertraten die spanischen und italienischen Meister?
3. Charakterisieren Sie die Verdienste Philidors für die theoretische Entwicklung des Schachspiels!
4. Was kann man unter dem Begriff »Schachschulen« verstehen?
5. Warum werden in der schachgeschichtlichen und eröffnungstheoretischen Ausdrucksweise so viele Personennamen verwendet?

Zum Abschnitt 2.2

1. Wann und wo fand das erste internationale Schachturnier statt?
2. Wer spielte die »Unsterbliche Partie«?
3. Wer waren die Begründer der sogenannten »Berliner Schule«?
4. Wie hieß das bedeutendste Schachwerk, das gegen Mitte des 19. Jahrhunderts erschien?
5. Womit erfolgte das Registrieren der Bedenkzeit bei Schachwettkämpfen im 19. Jahrhundert?

Zum Abschnitt 2.3

1. Nennen Sie einige wichtige strategische Grundsätze, die Steinitz entwickelte!
2. Nennen Sie einige wichtige Leitsätze Tarraschs in der Eröffnungsphase; im Mittelspiel und Endspiel!
3. Wie äußert sich die psychologische Kampfesweise Emanuel Laskers?
4. Wie nannte Emanuel Lasker seinen idealen Kämpfertyp?
5. In welchem Werk veröffentlichte Emanuel Lasker seine Lehre vom Schachkampf?

Zum Abschnitt 2.4

1. Wie hieß der typische Vertreter des technischen Präzisionsstils im 20. Jahrhundert?

2. In welchem Land wird A. Rubinstein zu Ehren jährlich ein Gedenkturnier veranstaltet?
3. In welchen beiden Lehrbüchern popularisierte A. Nimzowitsch seine strategischen Grundsätze?
4. Welche neue strategische Eröffnungsstrategien lehrten die Neoromantiker?
5. Wie heißt die Endspielregel, die Réti 1921 in seiner lehrhaften Studie (Weiß: ♔h8, c6 – Schwarz: ♚a6, h5) veranschaulichte?

Zum Abschnitt 2.5

1. Wer war der Begründer der russischen Schachschule?
2. Welchen Stil bevorzugte A. Aljechin in seinen Partien?
3. Welche Aufgabe hatten die wissenschaftlichen Untersuchungen anlässlich des 1. Internationalen Weltturniers 1925 in Moskau?
4. Charakterisieren Sie die Bedeutung Botwinniks für das moderne Schachtraining!
5. Unterscheiden Sie anhand stilistischer Merkmale die Schachauffassungen Petrosjans und Tals!
6. Wie beeinflusste Bobby Fischer die Schachszene?
7. Welcher Spielstil ist für Anatoli Karpow charakteristisch?

Zum Abschnitt 2.6

1. Warum war Garri Kasparow in der zweiten Hälfte der neunziger Jahre nicht Weltmeister der FIDE, obwohl er als bester Spieler galt?
2. Welche alters- und leistungsmäßige Entwicklung ist gegenwärtig charakteristisch?
3. Nenne alle Weltmeister der Schachgeschichte!
4. Nach welchem Modus werden die Weltmeisterschaftkämpfe der FIDE ab 1999 veranstaltet?
5. Worauf gründet sich das höhere Spielniveau der gegenwärtigen Leistungsträger?
6. Was beinhaltet das »Polgar-Experiment«?

3. LEHR- UND TRAININGSMETHODISCHE GRUNDKONZEPTION FÜR DEN SCHACHSPORT

Wie die historische Analyse der spieltheoretischen und lehrmäßigen Entwicklung des Schachsports erkennen lässt, kann bisher weder auf eine geschlossene Theorie des Schachlehrens noch auf einen sportartspezifisch fundierten Trainingsprozess verwiesen werden. Offensichtlich besteht ein beachtlicher Widerspruch zwischen dem hohen Erkenntnisstand der Eröffnungstheorie sowie den Kenntnissen in der Endspieltechnik und dem Komplex der didaktisch-trainingsmäßigen Aus- und Weiterbildungstheorie. Der Begriff »lehr- und trainingsmethodische Grundkonzeption« oder eine sinngemäße Umschreibung wurde in der internationalen Fachliteratur noch nicht erwähnt. Wertvolle Gedanken hinsichtlich des konzeptionellen Ausarbeitens lassen sich im wesentlichen aus der schachspezifischen Spieltheorie, den Kenntnissen der Allgemeinen Didaktik als Theorie des Unterrichts, den theoretischen und methodischen Erkenntnissen des sportlichen Trainings sowie langjährigen Erfahrungswerten im sportartspezifischen lehr- und trainingsmäßigen Unterweisen ableiten. Wenn die Termini »lehr- und trainingsmethodisch« des öfteren in unmittelbarem Zusammenhang verwendet werden, dann erklärt sich das aus der Tatsache, dass im Schachsport das wissensmäßige Aneignen des Stoffs (Eröffnungs-, Mittelspiel- und Endspielkenntnisse), einen Hauptteil des gesamten Trainingsprozesses ausfüllt. Während bei den Sportarten, in denen das Aneignen von sportlichen Bewegungsfähigkeiten und -handlungen dominieren, das Erlernen und Festigen sportlicher Techniken etappenweise mit Hilfe dynamisch-motorischer Prozesse zum stereotypen Vervollkommnen führen, kann man im Schach nicht von ähnlich abgeschlossenen Ausbildungsphasen sprechen. Die Begründung liegt vornehmlich in der ungenügenden Speicherungs- und Verarbeitungsfähigkeit des menschlichen Gedächtnisses sowie in der begrenzten zeitlichen Möglichkeit für die Stoffaneignung. Aus dieser Erkenntnis ergibt sich unter anderem auch die Notwendigkeit eines selektiven Stoffangebotes, das normalerweise während des Schachunterrichts bzw. -trainings dargeboten oder autodidaktisch erarbeitet wird.

3.1 Grundlegende Fragen des Schachunterrichts (Ausbildungsprozess)

Die Hauptform des schachlichen Stoffvermittelns erfolgt im außerunterrichtlichen Lehr- und Übungsbetrieb in den Arbeitsgemeinschaften der Schulen. Aufgrund des relativ engen Bezugsgefüges zum schulischen Fachunterricht integrierte sich der Begriff **Schachunterricht** immer mehr in den Sprachgebrauch. In anderen Sportdisziplinen spricht man in der Regel vom Übungsbetrieb.

Der heute in den Arbeitsgemeinschaften und Zirkeln praktizierte außerunterrichtliche Schachunterricht erweist sich als Synthese zweier Einflussgrößen, dem Fachunterricht aus dem Bereich allgemeinbildender Schulen und dem vereinsgebundenen Übungs- und Trainingsbetrieb in den Gemeinschaften, Vereinen und Clubs der Sportverbände.

Viele Stoffgebiete im Schach lassen sich analog der didaktischen Wissensvermittlung in den speziellen Unterrichtsfächern lehren. Die gemeinsamen unterrichtlichen und außerunterrichtlichen Prozesse deuten gewisse Parallelen zwischen den methodischen Lehrplankonzeptionen im allgemeinbildenden Schul- und außerunterrichtlichen Schachunterricht an. In der pädagogisch-didaktischen Anlage sind gemeinsame Leitlinien vorhanden.

In der vereinheitlichten begrifflichen Terminisierung können wir hierbei vom schachbezogenen Curriculum als Oberbegriff sprechen. Damit werden Lerninhalte, Lernziele, die organisatorische und methodische Unterrichtsgestaltung als auch das Aneignen von Kenntnissen, Fähigkeiten, Einstellungen, Verhaltensweisen sowie Zeit und Ort des Lehrens und Lernens thematisiert.

Das Wort »**Curriculum**« stammt aus dem Lateinischen mit den Ursprungsbedeutungen: Lauf, Wettlauf, Rennbahn u. a. Das Curriculum vitae mit der heutigen Bedeutung als Lebenslauf ging fest in den Sprachgebrauch ein. Im Bereich der modernen Erziehungswissenschaft werden die Bildungsintentionen nicht mehr durch den klassischen Lehrplan, sondern durch offizielle Rahmenrichtlinien bzw. Curriculum bestimmt. Den Lehrenden wird dadurch ein Spielraum eingeräumt, den Bildungsstoff schüler-, situations- und fachorientiert entsprechend dem fortgeschrittenen Erkenntnisstand der jeweiligen Wissenschaft zu vermitteln.

»Curriculum wird hier grundsätzlich im Sinne einer Konkretisierung der Rahmenrichtlinien verstanden. Gegenüber der herkömmlichen Unterrichtsplanung enthält dieses Curriculum-Modell ein Mehr an Unterstützung für die Vorbereitung und Hilfe zur Überprüfung des Unterrichts für alle Beteiligten. Es enthält Materialien, die durch eine erläuternde Begründung der mit ihnen verknüpften Ziele und durch eine ausführliche Darstellung von Erfahrungen für Unterricht aufgeschlossen werden. Es enthält im allgemeinen einen didaktischen Kommentar, der jedoch nicht Musterlektionen oder Lösungsschlüssel vorgibt, sondern Entstehungsgeschichte und Verbesserungsbedürftiges der Lehrplanung ausbreitet und so zu eigenen Versuchen anregt« (Deutscher Bildungsrat 1974, S. 21).

Wenn es um Fragen des Vermittelns von Wissen geht, sind prinzipielle didaktische Überlegungen unerlässlich. So lassen sich alle Lehr- und Lernprozesse nur unter dem Aspekt didaktischer Fragestellungen erklären.

Die **Didaktik** als wissenschaftliche Teildisziplin der Pädagogik untersucht die unterrichtlichen und außerunterrichtlichen Prozesse des Lehrens und Lernens. Etymologisch stammt das Wort aus dem griechischen (didactos) und heißt soviel wie lehrhaft, lehrbar oder gelehrt. Heute verstehen wir aus lehrtheoretischer Sicht darunter die »Lehre vom Lehren« oder die Kunst des Lehrens. Da sich der Prozess des Lehrens (und Lernens) überwiegend in der klassischen Form des Unterrichts widerspiegelt, nennt man die Didaktik auch Unterrichtslehre und Theorie des Unterrichts. Die Didaktik behandelt also Ziele, Inhalte, Methoden, Organisation des Unterrichts bzw. das Steuern

von Lernprozessen. Das Gegenstandsfeld der Didaktik ist aber nicht, wie oft angenommen wird, auf die Bereiche des professionellen Schulunterrichts begrenzt. Es erstreckt sich auf alle Gebiete des Lebens in denen in irgendeiner Form Lehr- oder Lernprozesse stattfinden. Aus unserer Sicht ist besonders an das Unterrichten und Lehren in Arbeitsgemeinschaften, Schachzirkeln oder das Trainieren, Üben in Kinder- und Jugendgruppen als auch mit Kaderspielern in Leistungsstützpunkten/Talentzentren bzw. bei Lehrgängen gedacht.

Eine weitere bildungsmäßige Einflussgröße auf das Unterrichten ist die **Methodik**. Die Termini Methoden, Unterrichtsmethode, Verfahren und Weg werden in der pädagogischen Wissenschaft vielfältig gebraucht und gedeutet. Didaktik und Methodik sind in einem Wechselverhältnis zu sehen, wobei der Didaktik das Primat zukommt, denn methodische Überlegungen setzen immer didaktische voraus.

In diesem Zusammenhang soll die Unterrichtsmethode als Gegenstand des Untersuchens von speziellen Fächern (also zum Beispiel Methodik des Mathematikunterrichts, des Sportunterrichts oder des Schachunterrichts) betrachtet werden. Davon ausgehend verstehen wir unter der Unterrichtsmethode im besonderen »die Art und Weise, wie der Lehrer den Unterrichtsstoff vermittelt, welche Überlegungen er dabei anstellt, welche Wege er einschlägt und welche Maßnahmen er ergreift, um die Schüler zur festen Aneignung des Unterrichtsstoffes zu führen« (Klingberg 1984, S. 239).

Die engen Beziehungen zwischen der Methode und dem Inhalt des Unterrichts finden ihre pädagogisch-didaktische Einordnung in der »Ziel-Inhalt-Methode-Relation«. Für uns erhebt sich die Frage, inwieweit dieses Beziehungsgefüge auch im außerschulischen Schachunterricht wirksam wird. Beim Beantworten dieser Frage ist es notwendig, auf die Bezugspunkte dieses in Modellform gekleideten pädagogischen Prozesses einzugehen. Alle drei Funktionen befinden sich in gesetzmäßiger Wechselbeziehung und wirken untereinander. Welche Unterrichtsmethode angewandt werden soll, ist von den zu vermittelnden Stoffinhalten abhängig. Wenn wir davon ausgehen, dass der Inhalt die Methode bestimmt, dann kann das nicht losgelöst, sondern nur verbunden mit der Zielfunktion gesehen werden. Das Hinführen zu gut ausgebildeten, leistungsorientierten und fairen Sportlern schließt also Stoffinhalte und

Welche Einstellungen, Verhaltensweisen, Fähigkeiten, Fertigkeiten und Willensqualitäten sollen angeeignet werden?	Welche Bildungs- und Erziehungsinhalte sind zu vermitteln bzw. anzuerziehen?	Art und Weise, den Unterricht effektiv und fachbezogen zu gestalten.
Leistungsorientierte Spielerinnen und Spieler mit hohen schachspezifischen Kenntnissen, Fähigkeiten und Fertigkeiten.	Stoffgebiete wie Eröffnungstheorie, Strategie und Taktik, Endspielkenntnisse; Erziehen zu Fleiß, Selbständigkeit, Ausdauer, Fairness u. a.	Problemhaft gestalteter Unterricht, darbietende Unterrichtsmethode, Gemeinschaftstraining, Selbsttraining/-studium; Methodische Bildungs- und Erziehungshinweise

Schema der Ziel-Inhalt-Methode-Relation

Methoden von vornherein aus, die diesem Erziehungs- und Bildungsziel entgegenstehen. Ohne Zweifel treffen alle genannten Aspekte auch auf den Schachunterricht zu. Das Schema hebt seine Spezifik im Prozess der **Ziel-Inhalt-Methode-Relation** hervor.

Soweit zu den pädagogisch-didaktischen Vorüberlegungen. Wenden wir uns nun den unmittelbaren Fragen des Lernens und Lehrens zu.

In allen Bereichen, in denen in irgendeiner Art etwas erlernt wird, verläuft nach Erkenntnissen der Lernpsychologie der Prozess des Lernens in folgenden Phasen:

Motivationsphase → Phase des Auseinandersetzens mit Schwierigkeiten → Phase der Lösung → Phase des Einprägens, Übens und Anwendens.

In der allgemeinen Methodenlehre des Unterrichts werden im wesentlichen drei methodische Grundformen unterschieden: die darbietende Unterrichtsmethode, die erarbeitende Unterrichtsmethode und die aufgebende Unterrichtsmethode (der problemhaft gestaltete Unterricht).

Charakteristisch für die **darbietende Methode** ist der Lehrervortrag. Der Stoff wird hauptsächlich durch die sprachlichen Möglichkeiten des Lehrenden dargeboten. Sie gilt als zeitsparend und wird vor allem dort angewendet, wo geringe Vorkenntnisse und persönliche Erfahrungen der Schüler vorhanden sind, z. B. beim Vermitteln historischer Zusammenhänge und Fakten. Ein eindrucksvoller Lehrervortrag kann auch emotional-erzieherisch lange nachwirken. Rhetorische Fähigkeiten des Lehrenden steigern das Einprägen des Stoffs und bieten einen Erlebniswert. Differenzierte Formen der darbietenden Lehrmethode sind das Vormachen, Vorzeigen, Vorführen und Vortragen.

Im Mittelpunkt der **erarbeitenden Unterrichtsmethode** steht das speziell durch Frage und Antwort gekennzeichnete Unterrichtsgespräch. Die Wurzeln dieser Methode reichen weit zurück bis in die Antike. Schon Sokrates versuchte seine Schüler durch geschickte Fragestellungen auf ihre Wissenslücken aufmerksam zu machen, um sie dann zu motivieren, durch Fragen bzw. Rede und Gegenrede neue Einsichten zu gewinnen. Der kommunikative Prozess zwischen Lehrenden und Lernenden ist besonders in einem offenen Curriculum pädagogisch wirksam.

Bei der aufgebenden Unterrichtsmethode **(problemhaft gestalteter Unterricht)** liegt das Schwergewicht in der selbständigen Arbeit der Lernenden. Der Lehrer stellt Problemaufgaben, kontrolliert Lösungsverfahren und wertet die gewonnenen Erkenntnisse aus.

Jede Art der Lehrtätigkeit vollzieht sich in einer dieser drei oder in einer davon modifizierten methodischen Form des Bildens. Beim Überlegen der zweckmäßigsten Lehrmethode im Schach müssen wir ebenso wie im schulischen Unterricht vom Lehrziel und vom Lehrstoff ausgehen. Wir werden also bemüht sein, diejenige Unterrichtsmethode vorrangig anzuwenden, die Schüler mit Denkmethoden vertraut macht, zum selbständigen Denken erzieht und damit gleichzeitig den spezifischen Sachverhalten der schachlichen Denkprozesse entspricht. Desgleichen soll sie den verschiedenen Formen des Unterrichtens und Übens im Schach gerecht werden. Zweifellos eignet sich nach diesen Erwägungen besonders die aufgebende Unterrichtsmethode, oder anders formuliert und in der Folge entsprechend gebraucht, die Form des problemhaft gestalteten Unterrichts.

3.1.1 Aspekte des problemhaft gestalteten Schachunterrichts

Ausgehend von psychologischen Untersuchungen zu Fragen des schöpferischen Denkens entstand die Theorie vom modernen Unterricht, dem Problemunterricht. Damit wurde den Sachverhalten entsprochen, dass schöpferisches und selbständiges Denken im Unterricht besonders durch das Lösen von Problemen gefördert werden. Nach Machmutow wird der Problemunterricht als Unterrichtsprozess bezeichnet, sofern beim Anwenden »das Prinzip der Problematik, also die psychologisch-didaktischen Eigenschaften des Lernproblems berücksichtigt werden, die eine innerlich motivierte Selbstbewegung des Schülers im Erkenntnisprozeß beim Lernen determinieren, indem sich beim Schüler ein bewußtes System von wissenschaftlichen Begriffen, seine Denkfähigkeiten und seine Erkenntnisselbständigkeit entwickeln« (1978, S. 163).

Das Problematisieren von Stoffinhalten erzieht aber nicht nur zu schöpferischem und selbständigem Denken, es stimuliert auch zu einer aktiveren Lernhaltung und lässt das Lernen interessanter und abwechslungsreicher erscheinen. Dabei muss das Problem aus der Sicht des Schülers im Lösungsbereich liegen und aus eigener Kraft durch Überlegungen, Versuchen und wiederholtes Durchdenken lösbar sein. Wenn es gelingt, ein Problem selbständig zu lösen, dann durchlebt ein Lernender den gleichen emotionalen Heureka-Effekt wie ihn Forscher, Künstler oder fortgeschrittene Schachspieler bei einer wichtigen Entdeckung, gelungenen Aufführung oder geglückten Kombination empfinden.

Während des problemhaft gestalteten Unterrichts durchläuft die Erkenntnistätigkeit der Schüler mehrere <u>Hauptphasen</u>, die durch die führende Hand des Lehrenden gesteuert werden. Die einzelnen Phasen dürfen nicht formal dogmatisch abgegrenzt werden. Sie gehen fließend ineinander über und beinhalten das Problemstellen, die Ideenfindung und Hypothesenprüfung.

1. Problemstellen – Erfassen der Problemsituation, Erkennen des Problems durch die Schüler

- Der Lehrende erklärt den Problemsachverhalt, »versetzt« die Schüler in eine Problemsituation, formuliert das Problem, das die Schüler erfassen und dann lösen sollen.
- Die Problemsituation wird schrittweise – unter Einbeziehen der Kenntnisse und Erfahrungen der Schüler – entwickelt. Sie sollen dabei selbständig Probleme erkennen und formulieren.
- Der Lehrende stellt ohne besondere Einleitung eine Frage oder Aufgabe, die die Schüler spontan in eine Problemsituation versetzen (Das ist nur bei solchen Problemen möglich, bei denen der Widerspruch ganz offensichtlich und für die Schüler subjektiv bedeutsam ist).
- Die Schüler erkennen im Zusammenhang mit dem Stoff Probleme, die der Lehrer aufgreift.

2. Suche nach Lösungsmöglichkeiten, Bearbeiten des Problems (Ideenfindung)

- Die Erkenntnisphase ist deutlich ausgeprägt. Der Lehrer lässt mehrere Hypothesen/Lösungsansätze aufstellen bzw. Vorschläge machen und einander gegenüberstellen, Möglichkeiten und Wege zu ihrem Überprüfen theoretisch begründen, die Wahrscheinlichkeit ihres Zutreffens erwägen und die Reihenfolge des Überprüfens festlegen.
- Die Erkenntnisphase ist deutlich ausgeprägt. Es wird nur eine Hypothese (Vermutung, Annahme o. ä.) aufgestellt und begründet. Ihr wird nachgegangen.
- Der Schritt der Hypothesenbildung ist nicht deutlich ausgebildet. Er klingt nur an, ist mit anderen Schritten verbunden. Die Problemanalyse führt direkt zu Lösungsvorschlägen (Diese Variante setzt ein Problem einfacher Struktur voraus).
- Der Schritt der Hypothesenbildung ist nicht deutlich ausgebildet. Bei der Problemanalyse wird das Problem in Teilprobleme zerlegt. Es wird eine Kette von

Fragen und Teilaufgaben abgeleitet, die
nacheinander zu beantworten bzw. zu
lösen sind (Diese Variante ist vor allem
bei komplexen oder übergreifenden Problemstellungen angebracht).

3. Ausführen der Lösung (Hypothesenprüfung)

- Die Hypothese (Vermutung, Annahme,
der Lösungsvorschlag) wird bestätigt
(durch deduktives Schließen, durch einen
Beweis, durch Berechnen, Interpretationen, durch Nachlesen, Feedback u. a.).
Das Problem/die Aufgabe ist gelöst.
- Die Hypothese (Vermutung, Annahme, der
Lösungsvorschlag) wird nicht akzeptiert
(Nachweis der Unzweckmäßigkeit oder
des Fehlberechnens u. ä.). Das Problem/
die Aufgabe muss nochmals analysiert und
die Lösung erneut gesucht werden.
- Mehrere Hypothesen können bestätigt
werden. (Das ist nur bei einander nicht
ausschließenden Hypothesen möglich). Es
gibt in diesem Falle mehrere Lösungswege
des Problems (z. B. wenn Mattsetzen mit
verschiedenen Figuren gegeben ist).
- Die Hypothese, Vermutung u. ä. kann nur
für Spezialfälle des Problems bestätigt
werden. Die Schüler werden zur Erkenntnis geführt, dass sie das »Suchfeld« erweitern müssen, weil ihre Vermutung nur
einen Teilbereich der Lösung erkennen
lässt. Bei manchen Mattaufgaben, Endspielstellungen sind mehrere Lösungen zu
suchen.
- Das Problem kann nicht gelöst werden,
weil eine wissenschaftliche Neubewertung
erfolgte (z. B. Endspiele durch Computer-
berechnung) oder noch Gegenstand der
Forschung ist.

(überarbeitete Fassung nach E. Fuhrmann, 1986, S.13ff.)

Beim Ausbilden und Erziehen junger Schachspieler ist das Hinführen zum selbsttätigen und in
der Zielvorstellung selbständigen aktiven Menschen sehr bedeutsam. Jede Schachpartie fordert
ein hohes Maß schöpferischer Initiative. Jedes
ernsthafte prozessmäßige Beschäftigen mit dem
Schachsport (z. B. im Training) verlangt ein ungewöhnlich starkes Ausprägen von Selbsttätig-

keit, wie sie auch das individuelle Selbststudium/
Selbsttraining erfordert. Wir erkennen also, dass
– ausgehend von der Spezifik der Sportart, sich
fortsetzend bis zum Erwerb gewisser Fertigkeiten
im Trainingsprozess – der selbständigen Hand-
lungsweise ein betont hoher Stellenwert eingeräumt wird. Der problemhaft orientierte Unterricht bietet konzeptionell schon die Gewähr,
Schüler zu einer produktiveren Lernhaltung zu
führen. Im ersten Stadium der schachlichen Wissensvermittlung werden also bereits typische
sportartspezifische Situationen angewendet. Als
Kernstück der Methode gilt die ›selbständige
Schülerarbeit‹ (eigene Denkanforderung). Darunter versteht man das Lernverfahren, bei dem es
dem Lernenden gelingt, vorgegebene Aufgabenstellungen der richtigen Lösungsmethode zuzuordnen. Er sollte dabei in der Lage sein, sein Wissen und Können so einzusetzen, damit er nicht
bei jedem Lernschritt die Hilfe des Lehrenden in
Anspruch nehmen muss.

Praktische Erfahrungen mit dieser Lehrmethode im Schachunterricht lassen erkennen, dass
sich besonders Themen aus der Endspiellehre vorteilhaft eignen. Elementare Verfahren des Mattsetzens wie KD – K, KTT – K, KT – K, KLL –
K, KLS – K u. a. m. bieten von ihrer einfachen
Struktur und der aufeinander aufbauenden Logik
her günstige Lernbedingungen. Betrachten wir
dazu ein anschauliches Beispiel. Bei dem Lehren
der technischen Grundelemente kann sich folgende Lernsituation ergeben: Beim Behandeln
des Themas *Mattsetzen mit zwei Türmen* (vgl. Kapitel 4.2 in Lektion 4) ist den Kindern aus früheren Stunden die grundsätzliche Verfahrensweise
des Mattsetzens mit einem Turm bekannt. Nachdem der Schachlehrer wiederholend auf das notwendige Abschneiden der Reihen und Linien mit
dem Turm hinweist, lässt er bereits selbständig
den Mattweg finden. So wird im Diagrammbeispiel 65 der erste Zug 1. ♖a4 relativ leicht erkannt. (Ziel: Festhalten des schwarzen Königs in
der eigenen Bretthälfte.) Im Diagramm 66 prägt
sich der Begriff *Treppenschach* durch die selbständige Lösungsanforderung um so bewusster
ein (Ein motivierendes Erfolgserlebnis ist ebenfalls garantiert!). Durch die damit verbundene
konzentrierte aktive Lernhaltung wird es den Kindern nicht schwer fallen, die der Lektion folgenden Übungsaufgaben *Matt in einem Zug* erfolgreich zu lösen. Der gleiche positive Effekt wird
auch beim Lehren weiterer elementarer Endspiele
wie das Vermitteln einfacher Bauernendspiele

z. B. *Regel vom Quadrat* oder *Oppositionsregel* erzielt.

Selbst Eröffnungssysteme bis hin zu speziellen Varianten lassen sich mit dieser Methode vorteilhaft lehren. So sind Zugfolgen von Eröffnungen mit relativ klaren strategischen Zielrichtungen wie bei der Sizilianischen Verteidigung (Weiß: Vorbereiten eines Königsangriffs, Schwarz: Gegenspiel am Damenflügel oder im Zentrum) mit den jeweils logisch-richtigen Zügen von den Lernenden selbst zu finden und von ihrer inneren Struktur her zu begründen. Der Trainer gibt nur verbale Vorgaben und steuert bzw. korrigiert den am Demonstrationsbrett vorgeführten Eröffnungsverlauf. Erfahrungswerte besagen, dass über 80 % der Kinder beim nächsten Wiederholen noch in der Lage waren, die Eröffnungscharakteristiken richtig einzuschätzen.

Aus didaktischer Sicht soll beim problemorientierten Unterrichten vorrangig darauf geachtet werden, dass der Problemlösungsprozess dem jeweiligen aktuellen Erkenntnisstand der Lernenden angepasst ist. Dabei darf weder ein Über- noch Unterfordern geschehen, damit geistige Aktivitäten zum Aufgabenlösen freigesetzt werden.

Das Anwenden des problemhaft gestalteten Unterrichts erfordert aber auch gründliche methodisch-organisatorische Überlegungen. Beim Auswählen des Unterrichtsstoffs muss einerseits der Schwierigkeitsgrad der Aufgaben dem Ausbildungsniveau der Schüler entsprechen und zum anderen soll die für das Lösen der Aufgaben beanspruchte Zeit in positivem Verhältnis zum angestrebten Resultat stehen.

Zum organisatorischen Vorbereiten des Unterrichts gehört das Bereitstellen von zweckentsprechenden Arbeitsmitteln wie Schachbretter, Demonstrationsbrett (oder zwei Demonstrationsbretter), Schachbücher, Schachzeitschriften, Bulletins, Eröffnungskarteien, Partienmaterial, Overheadprojektor, vorgefertigte Diagrammbilder, Arbeitsblätter bzw. Computer Hard- und Software.

Als **Kooperationsformen der Unterrichtsarbeit** (Abbildung S. 75) vorwiegend beim Lösen von Übungsaufgaben bewähren sich mehrere Varianten:

- das **Einzellernen** (jeder Schüler sitzt allein an einem Schachbrett)
- das **Partnerlernen** (je zwei Schüler sitzen sich an einem Schachbrett gegenüber)
- das **Gruppenlernen** (mindestens zwei Schüler auf der einen Seite bilden eine Konsultationsgruppe)

- das **frontale Lernen** (alle Schüler sitzen wie in der Schulklasse mit dem Gesicht zum Lehrenden).

Das Organisieren der zweckmäßigsten Kooperationsform richtet sich nach den räumlichen Voraussetzungen, der Anzahl der Teilnehmer und den vorhandenen Arbeitsmitteln. Am lernintensivsten dürfte die Form des Einzellernens sein. Das Auswerten der erzielten Ergebnisse sollte nicht als formaler Akt der Kontrolle angesehen und manchmal aus Zeitgründen eingespart werden. Die gefundenen Ergebnisse, Erkenntnisse oder Lösungen bedeuten ja gleichzeitig das Erreichen einer neuen stofflichen Qualität. Formen des Auswertens bilden der mündliche Bericht über das gewonnene Resultat verbunden mit dem Erläutern der dazu angewandten Methode und dem schriftlichen Beantworten der gestellten Aufgaben mittels Schachnotation (auch beim frontalen Lernen mit dem Demonstrationsbrett und Overheadprojektor anwendbar). Bei bestimmten Aufgaben oder Zeitknappheit können auch Lösungen als Hausaufgaben angefertigt werden.

Zusammenfassend noch einmal die Vorteile des problemhaft gestalteten Unterrichtens:

> Die Fähigkeit des selbständigen Denkens und Arbeitens wird bereits durch das technische Ausüben der Unterrichtsmethode geschult und entwickelt.
> Durch die praktizierte Selbsttätigkeit und Selbständigkeit wird stimulierend auf die schöpferisch-geistige Arbeit hingewirkt.
> Die problemhaft gestaltete Lehrmethode erzielt eine produktivere Lernhaltung der Schüler. Dadurch werden Lernintensität und Lerneffekt wesentlich verbessert.
> Lehrmethode, Trainingsprozess und Schachpartie befinden sich mit der geforderten Selbsttätigkeit und damit vorteilhafteren Denkfähigkeit im Einklang.
> Das selbständige Auseinandersetzen mit dem Lehrstoff und »Entdecken« neuer Kenntnisse führen zu einem tiefen und dauerhaften Aneignen des erworbenen Wissens.

Als nachteilig beim Problemunterricht kann der Zeitfaktor angesehen werden. Das selbständige Lösen von Aufgaben erfordert mehr Zeit als beispielsweise die Vermittlung ›fertigen‹ Wissens in der darbietenden Unterrichtsmethode. Es lassen

Kooperationsformen des Lernens beim problemhaft gestalteten Unterricht

Kooperationsform	Thematische Schwerpunkte
Einzellernen	– Taktische Übungen – Lösen von Kombinationsaufgaben, Matt- u. Pattstellungen – Lösen von Endspielen, Studien und Schachaufgaben – Kontrollübungen bzw. Leistungsprüfungen – Nutzen von Schachprogrammen als Trainingsmittel
Partnerlernen	– Erarbeiten von thematisch gleichen Eröffnungsvarianten – Analysieren von strategischen Positionen – Auswerten von gespielten Übungspartien, Minipartien zwischen den Partnern – Üben von Endspieltypen
Gruppenlernen	– Auswerten von eigenen Wettkampf- und Turnierpartien – Analysieren von Fernschachpartien – Auswerten von gespielten Themapartien – Analysieren von ausgewählten Partiestellungen
Frontalunterricht	– Erarbeiten von Endspiellehrsätzen (Quadratregel, Oppositionslehre u.a.) – Erarbeiten von Strategiegrundsätzen (Kampf ums Zentrum, Verwertung offener Linien, »guter« und »schlechter« Läufer u.a.) – Lösen von Übungsaufgaben mit Overheadprojektor

sich auch nicht alle Stoffgebiete problemhaft lehren, wie zum Beispiel Themen aus der Schachgeschichte und Regelwerkfragen.

3.1.2 Didaktisch-methodische Grundsätze für die Schachausbildung

Das lehr- und lernorientierte Curriculum bietet eine Vielzahl von Regeln, Gesetzen, Hinweisen und Prinzipien, wodurch Lehrende den Unterrichtsprozess didaktisch-methodisch optimal gestalten können. Zweifellos ist es erforderlich, auch für die Praxis des Schachunterrichts ein spezielles Instrumentarium von Handlungsgrundsätzen zu entwickeln. Die für die allgemeinbildenden Schulen zugeschnittenen didaktischen Prinzipien sind durch ihre Spezifik nur bedingt anwendbar. Entsprechend den konkreten Sachverhalten beim Schachunterricht wird für zweckmäßig erachtet, von didaktisch-methodischen Grundsätzen zu sprechen.

Didaktisch-methodische Grundsätze sind aus pädagogisch-psychologischen Gesetzmäßigkeiten abgeleitete Strategien der Unterrichtsführung, die das inhaltliche und methodisch-organisatorische Gestalten des Unterrichts steuern. Sie kennzeichnen den Prozesscharakter des Lehrens und Lernens. In ihnen sind bewährte didaktische Prinzipien eingeschlossen. Die Lehr- und Lerngrundsätze tragen didaktischen Aufforderungscharakter für Schachlehrer, Trainer, Fachübungsleiter und sollen Antwort geben auf die Fragen:

Wie soll richtig gelehrt und gelernt werden? Wie ist der Ausbildungsstoff fasslich, systematisch und anschaulich zu vermitteln? Wie sind Bilden und Erziehen sinnvoll miteinander zu verbinden? Wie können Fähigkeiten und Fertigkeiten entwickelt werden? Welche Methoden und Verfahren versprechen einen erfolgreichen Schachunterricht?

Für den Schachunterricht sind folgende fünf didaktisch-methodische Grundsätze anwendbar:

* Grundsatz der Einheit von schachlichem Ausbilden und Erziehen
* Grundsatz der Systematik
* Grundsatz der Fasslichkeit
* Grundsatz der Anschaulichkeit
* Grundsatz des dauerhaften Aneignens von Kenntnissen, Fähigkeiten und Fertigkeiten.

Alle Grundsätze des Unterrichtens sind unlösbar miteinander verbunden. Sie bedingen einander und durchdringen sich wechselseitig. Beim Anwenden müssen sie deshalb stets komplex betrachtet werden.

3.1.2.1 Grundsatz der Einheit von schachlichem Ausbilden und Erziehen

Bilden und Erziehen werden als Grunderscheinung des menschlichen Lebens angesehen. Sie sind weder durch ein Entwicklungsalter zeitlich begrenzt noch an bestimmte Lehrinstitutionen gebunden. Bilden und Erziehen sind dialogisch eng verbunden. Überall dort, wo gelehrt wird, tritt auch ein erzieherischer Effekt ein. Der Effekt kann jedoch positiv oder negativ, maximal, moderat oder minimal sein. Das trifft auch im erweiterten Sinne auf Formen der Selbsterziehung und -bildung zu.

Unter **Bildung** als pädagogischen Prozess versteht man das Einwirken, Vermitteln bzw. Aneignen von Kenntnissen, Fertigkeiten, geistigen und physischen Fähigkeiten also des gesamten Bildungsgutes (Stoff). Heute setzt sich der Begriff **Ausbildung** durch, und es ist damit das Befähigen im Beruf, Fach, in einer Sportart oder Disziplin gemeint. Im Schachsport zielt der Bildungsaspekt besonders auf einen spezifischen Wissenserwerb, die mentale Leistungsbefähigung und das Verbessern des Leistungs- bzw. Spielvermögens (Training).

Erziehung ist entwicklungsgeschichtlich der ältere und umfassendere Begriff, der etymologisch aus dem Wortstamm »ziehen« hervorging. Gemeint war dabei vorrangig das Auf- und Großziehen als bedeutsamer und zielgerichteter zwischenmenschlicher Vorgang. Heute wird das Wort lexikalisch verknappt und mehrdimensional definiert. Erziehung ist »im engeren Sinne eine absichtliche planvolle Einwirkung auf einen jungen Menschen zum Zweck der Unterweisung des Willens, vielfach gleichgesetzt mit Charakter und Gesinnung, im Gegensatz zur Unterweisung des Verstandes; im weiteren Sinne das Handeln Älterer an Jüngeren im Rahmen bestimmter Erziehungsnormen und

Zielvorstellungen, das in der Absicht geschieht, dem Jüngeren zu eigenverantwortlicher Lebensführung zu verhelfen; im weitesten Sinne jedes soziale Handeln, durch das andere Menschen in ihren (psychischen) Dispositionen in einer als positiv bewerteten Richtung beeinflußt, stabilisiert oder verändert (verbessert) werden sollen« (Dorsch 1991, S. 189).

Damit wird auch das Herausbilden gesellschaftsrelevanter Wertmaßstäbe, Normen und Einstellungen verstanden, die zum Entwickeln von Charaktereigenschaften, Überzeugungen, Verhaltensweisen und zur Leistungsbereitschaft beitragen. Alle Bildungs- und Trainingsmaßnahmen sind so zu gestalten, dass sie gleichsam erziehungswirksam sind, das Selbsterziehen aktivieren und zum Herausbilden von Persönlichkeiten mit hoher Trainings- und Wettkampfbereitschaft beitragen. Durch das bewusste und eigenverantwortliche Mitwirken der Spieler im Ausbildungsprozess werden Antriebsstärke und Verantwortung angeregt, was zum effektiveren Ausschöpfen aller persönlichen Leistungsreserven führt. Für das Training im Leistungsschach relevante Eigenschaften wie Zielstrebigkeit, Fleiß, Ausdauer, Belastbarkeit, Diszipliniertheit und für die Wettkampftätigkeit maßgebliche psychische Komponenten wie Willensstärke, Entschlusskraft, Selbstvertrauen, Mut, Siegeswillen, Selbstbeherrschung, Besonnenheit, Fairness, Zuverlässigkeit, Teamgeist und Kooperationsfähigkeit gilt es bereits im Kindes- und Jugendalter zu fordern und zu fördern.

Die nicht immer einfache Aufgabe des erzieherischen Einwirkens kann mit folgenden Methoden versucht werden:

Methode des Vorlebens (Nutzen der Vorbildwirkung des Trainers/Übungsleiters/ Betreuers durch seine positiven Verhaltensweisen als Autoritätsperson (Worte und Verhalten bzw. Auftreten müssen übereinstimmen)
Methode des Ansporns (erreichbare Ziele und Teilziele vorgeben, helfende Kritik üben, ermuntern und auf vorhandene Stärken orientieren)
Methode des Angewöhnens (das Bedürfnis zum richtigen Handeln entwickeln, im frühen Entwicklungsstadium sich richtige Verhaltensweisen, Regelverhalten, Kooperati-

vität und leistungsfördernde Eigenschaften zu eigen machen)
Methode des Überzeugens (mittels wissenschaftlicher Erklärungen auf leistungsfördernde Maßnahmen wie gesundheitsbewusste Lebensweise, ausreichender Schlaf, körpersportliche Betätigung und Meiden von Genussgiften hinweisen)
Methode des Wertens (bereits im Ansatz vorhandene positive Wettkampf- und Trainingseigenschaften anerkennend bewerten, das richtige Verhältnis von Lob und Tadel finden).

Allen am sportlichen Ausbildungsprozess beteiligten Trainern, Übungsleitern, Schachlehrern, Betreuern, Eltern und Funktionären kommt die verpflichtende Aufgabe zu, während des Unterrichts, Trainings sowie bei Wettkampfveranstaltungen und Reisen auf junge Schachspieler förderlich einzuwirken. Wenn bei uns Schachpädagogen das Vermitteln/Trainieren des Schachspiels mit seinen geistigen Verlaufsqualitäten wie Beweglichkeit, Kreativität, Logik u. a. im Mittelpunkt steht, dann erscheint es zweckmäßig, bei Kindern analoge Einstellungen zur geistigen Tätigkeit wie Lust am Knobeln, kreativen Denken, Freude an geistigen Anstrengungen und Stolz auf die persönliche Leistung entwickeln zu helfen. Welche Intentionen des Einflussnehmens, Bildens und Erziehens bieten sich uns an?

Formen der erzieherischen Einflussnahme vorwiegend während des theoretisch-unterrichtsmäßigen Ausbildens beim Schachunterricht, Training und bei Lehrgängen

– Übertragen von konkreten, verantwortungsvollen Aufgaben wie Übernahme von kleineren Lehrfunktionen im Schachunterricht und Training.
– Hinführen zum kooperativen Helfen, Unterstützen untereinander, speziell jüngeren und leistungsschwächeren Spielern bzw. Mannschaftskameraden (Kameradschaftlichkeit/ Teamfähigkeit anstelle Egozentrik!).
– Vorbildwirkung des Trainers/Fachübungsleiters als Erzieherpersönlichkeit (positiver Transfer von Verhaltensweisen, z. B. Pünktlichkeit, Zuverlässigkeit bzw. leistungsfördernder Lebensgewohnheiten!).

– Erzielen von erzieherisch-stimulierenden Einwirkungen durch Benachrichtigen der Eltern über positive Ergebnisse und vielversprechende Leistungstendenzen ihrer Kinder.
– Arbeiten nach dem im individuellen Trainingsplan vorgegebenen Zielstellungen und Trainingsaufgaben.

Formen der erzieherischen Einflussnahme vorwiegend bei sportpraktischer Tätigkeit (Wettkämpfe, Turniere, Einzel- und Mannschaftsmeisterschaften, Reisen)

– Achten auf einen pünktlichen Beginn bei Mannschaftskämpfen und Einzelturnieren durch Schiedsrichter, Betreuer, Mannschaftsleiter und Funktionäre, wobei die Forderung an alle Aktiven lauten muss, jeweils spätestens fünf Minuten vor Partiebeginn am »Brett« zu sitzen oder im Spielraum anwesend zu sein.
– Striktes Einhalten eines sportlich einwandfreien Turnierrahmens (z. B. kein Alkoholkonsum, Einhalten der Nachtruhe).
– Hinführen zu einer regelmäßigen eröffnungstheoretischen Vorbereitung auf den jeweiligen Gegner vor jeder Partie (mit oder ohne Trainer).
– Körperliche Betätigung (Ausgleichssport wie Tischtennis, Fußball, Spaziergänge etc.) und u. U. psycho-physisches Regenerieren (Autogenes Training, Musikrelaxaktion u. a.) bei Turnierveranstaltungen.
– Erzielen erzieherisch-stimulierender Einwirkungen durch Hervorheben sportlicher Erfolge in der Presse; feierliches Ausgestalten von Siegerehrungen mit Urkunden, Medaillen, Pokalen, Ehrengeschenken und Preisen.
– Einwirken der Trainer und Betreuer auf junge Sportler, bei Wettkämpfen trotz Unpässlichkeiten und Indispositionen jederzeit mit voller Kraft zu spielen.
– Einschreiten der Trainer und Betreuer gegen jede Art von Ergebnismanipulation (z. B. Remisvereinbarungen).
– Übertragen konkreter, verantwortungsbewusster Aufgaben, wie Organisieren von kleineren Turnieren und Vergleichskämpfen sowie Einsatz als Schiedsrichter.

Formen der Selbsterziehung vorwiegend beim Selbsttraining, schachlichen Selbststudium und bei Hausaufgaben

– Gewissenhaftes Einhalten des vorgegebenen Selbststudiums und -trainings (bei Kindern und Jugendlichen in Absprache mit den Eltern feste Trainingszeiten in Tagesablauf einplanen).
– Bei Talenten, hochbefähigten und leistungsorientierten Kindern ein tägliches Beschäftigen mit Schach vorsehen!
– Selbständiges beharrliches Suchen nach Lösungen von schachlichen Haus- und Übungsaufgaben (bei Schwierigkeiten nicht gleich nach Lösungen schauen!).
– Regelmäßiges und gründliches Auswerten der eigenen Wettkampfpartien (vor allem von fehlerhaften- und Verlustpartien!).
– Sorgfältiges Führen des persönlichen Wettkampfbuches (in Form des Partiesammelns, Registrierens und Auswertens frühzeitig damit beginnen → bei Wettkampf- und Turniertätigkeit).
– Systematisches Aneignen von eröffnungstheoretischen Kenntnissen; Erarbeiten spezieller Eröffnungs- und Verteidigungssysteme im Sinne der »engen Spezialisierung«; Anfertigen eigener schriftlicher Ausarbeitungen in Form von Eröffnungskarteien bzw. Nutzen des Computers einschließlich ChessBase-Datenbanken und anderer Software-Produkte.

3.1.2.2 Grundsatz der Systematik

Die Systematik bezieht sich in der didaktisch-methodischen Aussage zum einen auf den Inhalt des Unterrichts und zum anderen auf die Lehrweise. Der Inhalt wird in den Schulfächern durch das Curriculum bzw. den Lehrplan vorgegeben und in der schachlichen Ausbildung durch Lehrbücher, Richtlinien für das Training der Kaderspieler im Deutschen Schachbund (RTP), Fachzeitschriften und Anleitungsmaterialien bestimmt. Alle Stoffgebiete, vom technischen Erlernen der Regeln über Bereiche der Eröffnung, des Mittel- und Endspiels bis zum Üben taktischer Aufgaben lassen sich durch Bestimmen von Lernzielen bzw. Feinlernzielen übersichtlich formulieren und zielorientiert planen.

Im Mittelpunkt des Grundsatzes der Systematik steht der zweite Gesichtspunkt, nämlich die Bezugnahme auf die Lehrweise des Unterrichts. Es geht also um das logische folgerichtige Aneignen von Kenntnissen, Fähigkeiten und Fertigkeiten, verbunden mit dem sportlichen Erziehen der Kinder.

Auf die Bedeutung einer systematischen folgerichtigen Darlegung der Kenntnisse durch Anknüpfen an bereits Bekanntes, durch übersichtliches Gliedern wiesen schon die Klassiker der Pädagogik überzeugend hin. Neue Aspekte über das pädagogische Systematisieren ergeben sich durch das immer tiefere Verständnis und Eindringen in die Gesetzmäßigkeiten des Herausbildens von sportartspezifischen Leistungen. Wie verstehen wir das Anwenden des didaktisch-methodischen Grundsatzes der Systematik beim schachsportlichen Ausbilden, und welche Regeln können

wir für den Schachlehrer/Trainer und Übungsleiter ableiten?

Erste Regel

Jede Unterrichts- und Übungsstunde soll nach einem bestimmten Strukturschema verlaufen, das jedoch nicht dazu verleiten darf, die Stunde als starre unveränderliche Form anzusehen. Die Reihenfolge der stofflichen Inhalte kann je nach den festgelegten Schwerpunkten geändert werden. Als didaktisch-inhaltliche Linienführung sind möglichst die Gliederungsgesichtspunkte der Einführung, des Vermittelns und Festigens des Stoffs (Üben) sowie des Auswertens und Kontrollierens des Erlernten anzustreben. Die Dauer der Lehrstunden ist nach den jeweiligen Gegebenheiten festzulegen. Die Zeitspanne im Hauptteil A sollte entsprechend dem Alter und Niveau der Teilnehmer flexibel gewählt werden (vgl. folgende Übersichten).

Schematische Darstellung von Schach-Unterrichtsstunden

Für Kinder von 7–8 Jahren

Gliederung		Min.	Inhalt
Einführung		10	Psychisches Einstimmen, Bekanntgabe des Stundenziels, Wiederholungen, Kontrolle der Hausaufgaben
Hauptteil	A	10	Theoretische Ausbildung, Stoffvermitteln
	B	20	Praktisches Üben und Festigen des Stoffs durch Fragestellungen, spezielle Übungen und Spielen von »Mini«- Übungspartien
Schlussteil		5	Ausklingen, Auswerten und Zusammenfassen, Stellen von Hausaufgaben

Für Kinder von 9–12 Jahren

Gliederung		Min.	Inhalt
Einleitung		5–10	Psychisches Einstimmen, Bekanntgabe des Stundenziels, Wiederholungen, Kontrolle der Hausaufgaben
Hauptteil	A	20–40	Theoretische Ausbildung, Stoffvermitteln
	B	40–60	Praktisches Üben und Festigen des Stoffs durch spezielle Übungen, thematische Trainingspartien bzw. Spielen von Trainingsturnieren
Schlussteil		5–10	Ausklingen, Auswerten und Zusammenfassen, Stellen von Hausaufgaben

Zweite Regel

Der neue Stoff soll folgerichtig in entsprechender logischer Anordnung dargeboten werden. Dabei sind die grundlegenden pädagogischen Prinzipien zu berücksichtigen:

vom Einfachen zum Komplizierten
vom Leichten zum Schweren
vom Bekannten zum Unbekannten

So ist es beispielsweise in der Eröffnungslehre zweckmäßig, vor dem Kennenlernen einer speziellen Variante das Verständnis für alle Haupteröffnungs- und Verteidigungssysteme zu vermitteln.

Die oben genannten Prinzipien werden durch das enge Verknüpfen des Stoffes mit der Praxis vorteilhaft unterstützt. So sollte kein theoretischer Lehrsatz (z. B. in der Endspiellehre die »Regel der Opposition« und »Quadratregel«, in der Eröffnungslehre die »schnelle und zielstrebige Ent-

---

Erster Teilschritt

Zeigen des Zieldiagramms mit dem Mattbild von Läufer und Springer, dabei Hinweis auf die »richtige« Ecke geben.

8/1

Zweiter Teilschritt

Treiben des Königs aus der »falschen« Ecke durch w-förmige Springerzüge in Verbindung mit dem eigenen Läufer und König in die »richtige« Ecke.

8/2

Dritter Teilschritt

Treiben des feindlichen Königs durch Abschneiden von Fluchtfeldern an einen beliebigen Brettrand.

8/3

wicklung der Kräfte«, »Schaffen von günstigen Bauernstrukturen«, »Kampf um ein starkes Zentrum«) ohne gleichzeitige praktische Übungen erläutert werden. Die ›aufbauende‹ Lehrfolge nach dem Aufsteigeprinzip schließt jedoch eine konzentrische Lehrmethode, die es erlaubt, bereits früher behandelte Themen zu einem späteren Zeitpunkt nochmals – aber auf einer tiefgründigeren Basis – zu wiederholen, nicht aus.

Dritte Regel
Der neue Stoff ist in Teilgebiete zu zerlegen und systematisch zu gliedern. Das trifft auch auf die Zielstellung der Unterrichtsstunde zu (Erarbeiten von Teilzielen).

Die Problematik des Lehrens in Teilschritten soll an einem praktischen Beispiel verdeutlicht werden, und zwar an der technischen Methode des Mattsetzens von König, Läufer und Springer gegen König. Gewöhnlich wird in den Lehrbüchern dargelegt, wie der König an den Rand gedrängt und dann in der richtigen Ecke matt gesetzt wird. Ein einprägsames Verfahren verspricht das Zerlegen der Mattführung in Teilschritte.

Nachdem die Einzelverfahren technisch beherrscht werden, erfolgt das Üben in der Ganzheitsmethode, also in der logisch-richtigen Reihenfolge. Die von der Schlussstellung (Mattdiagramm 8/1) ausgehende Methode stützt sich auf den großen Vorteil, dass dem Schüler beim Aneinanderfügen der einzelnen Teilschritte immer das anzustrebende Ziel, die Läufer-Springer-Mattstellung, vor Augen schwebt.

Vierte Regel
Jede Unterrichtsstunde soll mindestens einen Schwerpunkt haben. Diese bleiben besonders im Gedächtnis der Schüler haften, wobei die Akzentuierung der Schwerpunkte sehr unterschiedlich sein kann. Normalerweise stellen sie die wichtigsten Erkenntnisse einer Thematik dar, z. B. Hauptprinzipien in der Eröffnungslehre, Leitsätze im Endspiel, wichtige Mittelspielstrategeme, taktische Verfahren usw.

Durch das Herausarbeiten, Hervorheben von Schwerpunkten läuft eine Unterrichtsstunde nicht gleichförmig ab, was sich vorteilhaft gegen Konzentrationsschwächen der Schüler auswirkt. Vergleiche dazu beigefügte Schemata »Didaktisch-methodische Struktur einer Schach-Unterrichtsstunde« mit der schwerpunktmäßigen Thematik der »Regel vom Quadrat« in Bauern-

endspielen und das »Grundlinienmatt« in der Taktikschulung auf den Seiten 82 und 83.

Ein logisch folgerichtiger Unterricht wird unterstützt durch wirkungsvolle Anschauung wie das Zeigen von Schemata, Gliederungen und Diagrammreihen. Zur systematischen Lehrweise gehört auch das kontinuierliche Wiederholen und Üben der Schachlektionen. Wiederholungen sollten möglichst abwechslungsreich und vielfältig sein. Eng damit verbunden sind die Kontrolle und Bewertung der Leistung.

3.1.2.3 Grundsatz der Fasslichkeit

Als fasslich wird jener Unterricht verstanden, in dem die individuellen, altersgemäßen, physiologischen und psychologischen Eigentümlichkeiten des Lernenden berücksichtigt werden und jeder Unterrichtsstoff den Kräften der Schüler angemessen ist bzw. ihrem Entwicklungsstand entspricht. Das zu vermittelnde Wissensgut soll sich der Lernende im Rahmen eines vertretbaren Aufwandes von Zeit und Energie aneignen. Es kommt darauf an, ein reales Verhältnis zwischen Leistungsanforderungen (vom Lehrenden) und Leistungsvermögen (des Lernenden) im Ausbildungsprozess zu finden.

Eine praktische Konsequenz für den Pädagogen besteht darin, möglichst solche Anforderungen zu stellen, die mit gewissen Anstrengungen für den Schüler verbunden sind. Fasslich unterrichten heißt also nicht, den Schülern alle Schwierigkeiten aus dem Weg räumen; es ist vielmehr wesentlich, die Schüler schöpferisch zu fordern, ihnen dabei aber didaktische Hilfe angedeihen zu lassen. Andererseits ist aber darauf zu achten, dass die obere Grenze des Leistungsvermögens nicht überschritten wird, da sonst der Bezug zum Lernstoff leicht verloren geht und andererseits die Neigung zum Resignieren gefördert wird. Das richtige Maß zu finden, trifft den Kerngedanken des didaktisch-methodischen Grundsatzes der Fasslichkeit.

Welche konkreten Forderungen ergeben sich aus dem bisher Gesagten für den Schachlehrer, Trainer und Übungsleiter?

Erste Forderung: Berücksichtige die Alterseigentümlichkeiten!
Bei Kindergruppen ist der konkret-anschauliche Unterricht, möglichst unter Zuhilfenahme von Demonstrationsbrett und Wandtafel, zu bevorzu-

Didaktisch-methodische Struktur einer Schach-Unterrichtsstunde
für Kinder von 9–12 Jahren (Beispiel einer Doppelstunde 16,00–17,30 Uhr)   Thema: Bauernendspiele (Regel vom Quadrat)

Zeitrahmen	16,00	16,10 — Hauptteil A	16,50 — Hauptteil B	17,20 — 17,30
Stoff	Bekannt geben des Stundenziels Kontrolle der Übungsaufgaben zum Thema der Nahopposition	SINN: Vorausblickendes Erkennen, ob ein zur Umwandlung strebender Bauer aufgehalten werden kann oder nicht. METHODE: Gedankliche Diagonale vom Bauer bis zur letzten Reihe ziehen – dann Quadrat bilden (Ausnahme: Doppelschritt des Bauern beachten!) BEISPIEL: Erklären des Grundprinzips an der klassischen Retistudie: Weiß: Kh8 c6 (am Zug) Schw.: Ka6 h5	Spielen von Übungspartien mit vorgegebenen Stellungsbildern. 2 Partien evtl. mit Zeitlimitieren spielen lassen: 1. Weiß: Kf1 a2 d4 Schw.: Kf3 e6 f7 Ziel: Weiß am Zuge soll gewinnen! 2. Weiß: Ka4 c5 Schw.: Kd8 h7 Ziel: Weiß am Zuge soll remis halten!	Vergabe von Hausaufgabe: Weiß: Kc1 f4 h2 Schw.: Kh4 a3 c7 Wie gewinnt Weiß am Zug?
Didaktisch-methodisches Vorgehen	Kontrolle der Hausaufgaben	Schachlehrer erläutert am Demobrett den Stoffinhalt. Lehrstudie ausführlich erklären und Fragen dazu stellen.	Minipartien spielen lassen, evtl. mit Schachuhren. Je nach Spielverständnis Partnerübungen oder Beratungspartien ansetzen.	Notieren der Stellung
Methodische Grundform	darbietend	darbietend, erarbeitend	Selbständige Schülerarbeit	darbietend
Kooperationsform	frontal	Einzellernen	Partnerlernen/Gruppen	frontal
Arbeitsmittel, Literatur	Übungsheft	Demobrett, Normalschachspiele	Normalschachspiele, evtl. Schachuhren. Partieformulare, Schreibzeug	Übungsheft

Didaktisch-methodische Struktur einer Schach-Unterrichtsstunde

für Kinder von 9–12 Jahren (Beispiel einer Doppelstunde 16,00–17,30 Uhr   Thema: Taktikschulung (Das Grundlinienmatt)

Zeitrahmen	16,00	16,10	16,50	17,20	17,30
		Hauptteil A	Hauptteil B		
Stoff	Bekannt geben des Stundenziels Hinweis auf Bedeutung der Taktik im Schachkampf	– Einfachste Formen des Mattsetzens – Ungeschützte achte oder erste Reihe – Grundsätzliche Mattbilder mit Dame und Turm – Schwierigere Formen durch Opferwendungen Beispiel 1 (W. a. Z.): Weiß: Kg1 Dc4 Tc7 Tf1 g2 h2 Schw.:Kg8 Db2 Ta2 Tf8 f7 g7 h7 Beispiel 2 (W. a. Z.): Weiß: Kh1 Dh3 Te1 Te2 g2 b2 Schw.: Kg8 Da7 Tb8 Tc8 f7 g7 h7	Wettkampfnahes Üben von sechs Kombinationsaufgaben nach folgendem Muster bzw. ähnlichen Schwierigkeitsgraden. Beispiele (W. a. Z.): Weiß: Kh1 De7 Te1 Lb3 a2 b2 g3 h2 Schw.: Kg8 Dh3 Td2 f8 a7 f7 g7 h7 Weiß: Ka1 Dc7 Te1 Te3 Lc3 a3 b2 Schw.: Kh8 Da6 Ta8 Tg8 a5 b4 g7 h7 Weiß: Kg1 Da3 Tc1 f2 g2 h2 Schw.: Kh8 Dh4 Tf6 Sb6 b7 d5 g7 h7	Hausaufgaben: In wievielen Zügen kann Weiß am Zug mattsetzen? Weiß: Ka1 Dg1 Tg2 Th4 La3 Se7 b2 e5 f4 h2 Schw.:Kh8 Dd4 Tf7 Tf8 Ld5 Sa5 Se3 a6 b7 d3 e4 g7 h6	
Didaktisch-methodisches Vorgehen		Auf dem Demobrett wird zunächst das Grundprinzip erläutert. Dann folgen Abwicklungsbeispiele mit kombinatorischem Einschlag (meist Opfer).	Entsprechend der Leistungsstärke werden die Stellungsbilder vom Arbeitsblatt auf das Brett übertragen oder direkt vom Blatt gelöst. Lösungsbedenkzeit 20 Minuten, danach gemeinsame Auswertung.	Notieren der Stellung	
Methodische Grundform	darbietend	darbietend, erarbeitend	Selbständige Schülerarbeit	darbietend	
Kooperationsform	frontal	frontal	Einzellernen	frontal	
Arbeitsmittel, Literatur		Demobrett, Taktik-Aufgabensammlung	Demobrett, Normalschachspiele, Arbeitsblätter, Schreibzeug	Übungsheft	

gen. Bei Jugendgruppen sind neben dem Vermitteln von technischen Kenntnissen verstärkt
verschiedene trainingsmäßige Formen (Auswerten der Wettkampfpartien, Grundlagen der Eröffnungsspezialisierung u. a.) mit in die Unterrichtsarbeit einzubeziehen. Das Berücksichtigen
dieser Forderung verlangt auch eine dem Gesamt-
niveau der Altersgruppe angepasste sprachlich-
begriffliche Wiedergabe des Lehrstoffs. Des öfteren ist zu beobachten, wie hoch qualifizierte
Spitzenspieler über die Köpfe der Kinder und Jugendlichen hinweg sprechen. Zum anderen fühlen sich Jugendliche unterfordert, wenn Erklärungen zu kindlich einfach gegeben werden. Da
selbst aufmerksame Zuhörer kaum in der Lage
sind, mehr als 12 bis 15 Worte pro Satz gedanklich aufzunehmen, sollte jeder Lehrende immer
nach dem rhetorischen Dreisatz verfahren: Sage
vorher, worüber du reden wirst, sage zwischendurch worüber du gerade sprichst und sage zum
Schluss, worüber du geredet hast! So wird man
sich noch lange an die Kerngedanken des Stoffs
erinnern.

**Zweite Forderung: Berücksichtige die indivi-
duellen Unterschiede in der Leistungs- und
Belastungsfähigkeit!**
Erfahrungsgemäß sind die individuellen Leis-
tungsunterschiede in den örtlichen Schachgruppen sehr groß. Das individuelle Eingehen auf
Besonderheiten der Schüler stellt deshalb den
Schachpädagogen vor keine leichte Aufgabe. Ein
genaues Kennen der Schützlinge hinsichtlich ihres
Lernverhaltens (Lerneinstellung, Aufnahmefähigkeit, Ansprechbarkeit auf Lob und Tadel) ist
sehr wesentlich. Beachtenswert ist das Problem
des unterschiedlichen Lerntempos. So wird beim
Lösen von Aufgaben (Kombinationsschulung)
naturgemäß unterschiedlich viel Zeit verbraucht.
Unruhe und dadurch auch Stören der noch Beschäftigten sind gewöhnlich die Folge. In dieser
Situation muss der Trainer durch Stellen vorbe-
reiteter Zusatzaufgaben die vorhandenen Leistungsschwankungen ausgleichen. Das Fordern
des individuellen Eingehens beinhaltet auch das
Erkennen und Fördern von Begabungen. Den Ta-
lentiertesten sollen speziellere und kompliziertere
Aufgaben gestellt werden. Gegebenenfalls kann
man sie mit kleinen Lehraufträgen in die Unter-
richtstätigkeit einbeziehen. In einer normalen
Übungsgruppe können auf Dauer Probleme auftreten, wenn in einer Gruppe nur ein überragen-
der Spieler vorhanden ist. Es sollte unbedingt ein
zweiter starker Spieler herangebildet oder einbe-

zogen werden, damit er als Konkurrent im Sinne
des »leistungsfördernden Faktors bzw. Ansporns«
auftritt (gegen Überheblichkeit und Unaufmerksamkeit während des Unterrichtens/Trainierens).
Man erzielt damit einen lern-motivationalen Vorteil! Weitere gezielte Forderungen in Form von
verstärkten Hausübungen und streng kontrollier-
tem Selbsttraining können die bei Talenten vorhandene erhöhte Belastbarkeit ausschöpfen helfen.

3.1.2.4 Grundsatz der Anschaulichkeit

Die Erkenntnis, dass 80 % aller Menschen sogenannte optische Typen sind und der Mensch 85 %
aller Kenntnisse durch das Sehen lernt, veranlasst
uns, den Formen des »lebendigen Anschauens«
grundlegende Bedeutung beizumessen. Nach
Untersuchungen aus der Informationstheorie lassen sich die Aufnahmefähigkeit mit visuellen Mitteln um 35 % und die Gedächtnisleistungen sogar
um 55 % steigern. Deshalb wirkt sich eine mehr-
kanalige Informationsaufnahme besonders günstig auf die Behaltensleistung aus. Es ist deshalb
nicht verwunderlich, dass die Forderung nach
einem anschaulichen Unterricht zu den wichtigsten Grundsätzen der Didaktik gehört. Pestalozzis
Maxime, die Anschauung sei »das absolute Fun-
dament aller Erkenntnis«, und Senecas Sentenz,
»Lang ist der Weg durch Lernen, kurz und wirksam durch Beispiele«, behalten aktuelle Bedeutung. Ob in der allgemeinbildenden Schule, in der
akademischen Lehre oder im außerschulischen
Sportunterricht, überall wird den Prinzipien der
Anschaulichkeit hohe Beachtung geschenkt. Besonders bekräftigt wird diese Tatsache im Kin-
der- und Jugendbereich.

Die Wahrnehmung im Kindesalter trägt vornehmlich konkreten Charakter. Alle Begriffe,
Gesetze und Regeln prägen sich leichter in das
Bewusstsein der Lernenden ein, wenn sie durch
konkrete anschauliche Beispiele, Diagramme und
Schemata gestützt werden. Der anschaulich gestaltete Unterricht erleichtert nicht nur das Aneignen von Wissen, er trägt auch wesentlich zum
Behalten des Erlernten bei. Der schachsportli-
che Ausbildungsprozess mit allen seinen Lehr-
formen ist ohne anschauliche Hilfsmittel nicht
denkbar. Schon in den ersten Stunden des Unterrichts, beim Kennenlernen der Figuren, Verständlichmachen der Eröffnungsgrundsätze oder im
späteren Schulen von Strategie und Taktik, immer

trägt die konkrete bildhafte Demonstration der Themen entscheidend zum besseren Erkenntniserwerb bei. Welche Möglichkeiten zum Gestalten eines anschaulichen Schachunterrichts sind anzuwenden?

Erstens: Nutzen des Demonstrationsschachbretts

Das in seiner Form überdimensionale Schachbrett (Feldgröße mindestens 10 x 10 cm) bedeutet für den Schachunterricht genau so viel wie für den Schullehrer die Wandtafel. Um den Grad des Anschaulichen und des fasslichen Darstellens noch zu erhöhen, empfiehlt sich das Arbeiten mit zwei nebeneinanderstehenden Demonstrationsbrettern. Während auf dem einen Brett beispielsweise der folgerichtige Ablauf einer Partie oder eines Lehrendspiels gezeigt wird, können am Nachbarbrett sich ergebende Nebenvarianten, geplante Kombinationen bzw. didaktische Überlegungen den Anschauungsgehalt steigern. Der Schachpädagoge Ziow sammelte positive Erfahrungen mit kleineren Demonstrationsbrettern für die Hand der Schüler, die auf diesen Brettern alle Züge nachspielten und Fragestellungen direkt von ihrem Platz aus zu beantworten vermochten.

Zweitens: Nutzen eines Overheadprojektors

In allgemeinbildenden Schulen, Sportschulen und anderen pädagogischen Einrichtungen wurden in verstärktem Maße Tageslichtprojektoren als wirkungsvolle Demonstrationsmöglichkeit in die Lehrarbeit einbezogen. Auch dem Schachlehrer und Übungsleiter helfen die visuellen Unterrichtsmittel zu einer rationellen und interessanten Unterrichtsgestaltung. So können beispielsweise gewisse Standard-Lehrbeispiele, auf Folie gedruckt oder geschrieben, so oft wie notwendig an die Wand projiziert werden. Es ist ratsam, dass sich der Schachpädagoge nach und nach fachspezifische Anschauungsmittel (Diagrammstellungen, Kombinationsaufgaben, Lehrendspiele, Eröffnungsschemata) erarbeitet. (Vgl. dazu ein selbstgefertigtes Folienbeispiel zum Thema Oppositionslehre – Kenntlichmachen der einzelnen Oppositionsarten, speziell der virtuellen Opposition auf Seite 86).

Für den Anfänger ist es oft schwer, die virtuelle Opposition zu verstehen, da sie in der äußeren Form von allen anderen Oppositionsarten abweicht. Mit dem übersichtlichen Demonstrieren aller Oppositionsarten auf dem Folienbild wird das schnelle Erkennen einer Oppositionslage augenscheinlich. Die schematisch eingezeichneten Rechtecke helfen, das Gemeinsame des Oppositionsgedankens zu verdeutlichen und charakterisieren besonders die Gegebenheiten der virtuellen Opposition. Als Material eignet sich dünne Transparentfolie im Format 210 x 297 mm.

Drittens: Einbeziehen von Arbeitsblättern

Wir verstehen darunter A4-Blätter, die didaktisch so aufbereitet sind, dass dem Lernenden ein aktives schöpferisches Auseinandersetzen mit dem Bildungsgut vorbehalten bleibt. Die Arbeitsblätter dienen also nicht nur aufgrund der besseren Anschauungsmöglichkeit zum rationelleren Aneignen neuer Kenntnisse, sondern eignen sich vorzüglich zum Üben, Festigen und Kontrollieren des Stoffs.

Die hauptsächlichsten Vorteile beim Anwenden der Arbeitsblätter sind

– Erhöhen der Effektivität des Unterrichts (Zeit einsparen)

– Erleichtern des kausalen Mitdenkens der Schüler

– Einsparen von zum Teil komplizierten verbalen Erklärungen

– Operieren mit gleichen Termini, vorgegebenen Begriffen und Symbolen.

Zum Herstellen von Diagrammbildern (Diagrammreihen) in unterschiedlichen Größen gibt es inzwischen computertechnisch mehrere Möglichkeiten mit Hilfe ChessOle, ChessBase u. a. Aber auch Diagrammstempel aus Gummi (Größe 6 x 6 cm), Abreibe-Figurensymbole, Buntstifte und farbige Filzstifte können für kleinere Erfordernisse nach wie vor verwendet werden.

Wir unterscheiden grundsätzliche drei Arten: Arbeitsblätter zum Üben, Festigen und zur Kontrolle des Stoffs.

Arbeitsblätter zum *Üben* des Stoffs (Übungen)

Das individuelle Üben – also das Ausfüllen, Einfügen und Bestimmen – hilft in hohem Maße beim Verarbeiten des aufzunehmenden Stoffs. Die Denktätigkeit kann, ungestört durch die anderen Mitglieder der Trainingsgruppe, vor sich gehen, und die Denkschritte werden sichtbar festgehalten. Eine erhöhte Lerneinstellung und bewusstere Lerntätigkeit sind die Folge. Gleichzeitig wirkt sich auch bei derartigen Übungshandlungen die vorhandene Analogie zu den bereits bekannten methodischen Formen in verschiedenen Fächern des Schulunterrichts günstig aus.

Arbeitsblätter zum *Festigen* des Stoffs (Wissensspeicher)

Die Arbeitsblätter zum Festigen des Unterrichtsstoffs beinhalten wichtige schwerpunktmäßige Ausarbeitungen, Regeln, Definitionen, Zusam-

NAHOPPOSITION

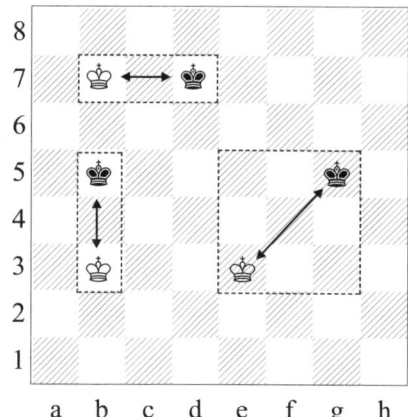

– reelle waagerechte O.
– reelle senkrechte O.
– Schrägopposition

FERNOPPOSITION

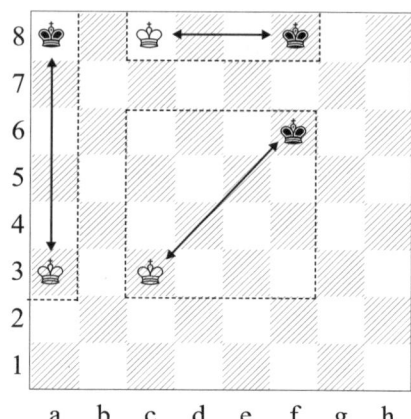

– reelle waagerechte FO.
– reelle senkrechte FO.
– Schrägopposition

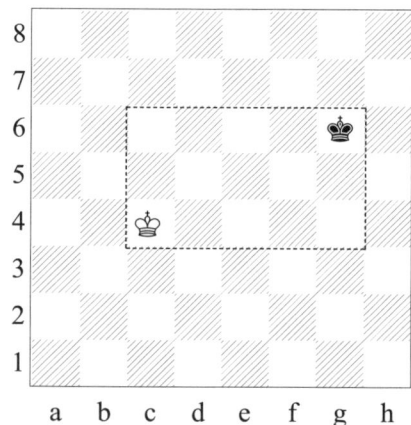

VIRTUELLE OPPOSITION

DEFINITION

EINE OPPOSITIONSLAGE IST GEGEBEN, WENN IN DEM RECHTECK, DESSEN ECKEN DIE KÖNIGE BESETZT HALTEN, ALLE ECKEN VON DERSELBEN FARBE SIND.

Beispiel eines Folienbildes zur Nahopposition, Fernopposition und virtuellen Opposition

menfassungen oder Leitsätze aus dem Lektionsstoff.

Während des Unterrichts helfen die Arbeitsblätter, den Stoff besser zu erfassen und dienen gleichzeitig als Ausgangsbasis für beispielhafte Erklärungen am Demonstrationsbrett. Die Arbeitsblätter mit dem Vermerk »Wissensspeicher« sind zum Verbleib bei den Kindern bestimmt. So können diese Unterlagen zum selbständigen häuslichen Wiederholen und damit zum Festigen der wichtigsten Kenntnisse beitragen. Beim Arbeiten mit jüngeren Kindern im ersten und zweiten Schuljahr bietet die Information durch die Wissensspeicher-Blätter den schachinteressierten Eltern die Möglichkeit, den Wissensstand ihrer Kinder zu überprüfen und gegebenenfalls ihre eigenen Schachkenntnisse zu vervollständigen.

Arbeitsblätter zur *Kontrolle* des Stoffs (Kontrollübungen)

Neben den Funktionen des Kontrollierens und Bewertens des Stoffs trägt das Lösen von vorgedruckten Diagrammstellungen auch wesentlich zum speziellen Entwickeln von Fähigkeiten und Fertigkeiten bei. Diese kombinierte Übungs- und Trainingsform enthält bereits ausgeprägte Züge des »wettkampfnahen Trainings«. Wenn sich der Schachlehrer/Trainer selbständig Diagrammreihen zusammenstellt, dann fällt es ihm gewöhnlich nicht schwer, dem Leistungsvermögen einer Gruppe adäquate Beispiele zu finden. Hier sollte besonders der Grundsatz der Fasslichkeit, mit den (vermeidbaren) Problemen des Über- und Unterforderns, beachtet werden.

Es ist ratsam, das Lösen der Kontrollübungen in wettbewerbsgemäßer Form durchführen zu lassen. Dazu muss jede Aufgabe einen Schwierigkeitsgrad erhalten, der sich in einer bestimmten Punktzahl ausdrückt. Die erreichte Gesamtpunktzahl gibt dann über den Leistungsstand jedes einzelnen und der Gruppe Auskunft. In besonderen Fällen genügen zum Beurteilen auch teilprogrammierte Fragestellungen (vgl. Arbeitsblatt zur fünften Lektion »Erkennen von Remisstellungen«). Ein Annähern an das wettkampfmäßige Schach bringt das Benutzen der Schachuhr mit sich. Zusätzlich zum fixierten Lösungsweg kann auch die verbrauchte Denkzeit notiert werden. Die Übenden lösen die gestellten Aufgaben vom Blatt, notieren den Lösungsweg in der dafür vorgesehenen Rubrik und stoppen gleichzeitig mit Hilfe der Schachuhr die benötigte Bedenkzeit. Das Bewerten geschieht dann nach zwei Kriterien, nach Punkten und nach Zeitverbrauch. Beim fachspezifischen Auswerten werden die einzelnen Lösungsverfahren am Demonstrationsbrett nachvollzogen und vom Trainer sachkundig erläutert.

***Viertens:* Arbeiten mit anschaulicher Fachliteratur und computergestützten Lehr- und Lernmitteln**

Traditionell zählen Lehrbücher, Eröffnungsmonographien, Strategie- und Taktikbücher, Endspielwerke, Biographien, Turnierbücher, Bulletins, und Fachzeitschriften zum Standardrepertoire eines Trainers. Zum Unterstützen der Lehrarbeit können besonders anschaulich gestaltete Schachbücher wertvolle Hilfe geben. Leider gibt es noch zu wenig gedruckte Fachmaterialien, die den Anforderungen einer anschaulichen und didaktisch orientierten Darstellungsweise gerecht werden.

Für Nutzer von Personalcomputern mit entsprechender Software bzw. Internetzugang bieten sich zunehmend mehr übersichtlich gestaltete schachliche Lehr- und Lerninformationen. Moderne Softwareprodukte vermitteln durch ein komfortables Datenmanagement multimediales Lehren, Lernen und Trainieren. Das Einbetten von Kommentaren, Bildern, Ton- und Videoaufnahmen in Partietexten; das Einbeziehen von farbigen Pfeilen, farbig markierten Feldern bzw. Felderkomplexen vermitteln ein umfassenderes eröffnungstheoretisches als auch strategisch-taktisches Verständnis einer Partie. Neue verbesserte Formen des Eröffnungstrainings erlauben Funktionen wie die des »Positionsbaumes« (sinnvolles Verschmelzen von Partien, Varianten und Zugfolgen zu einem temporären Stellungsbaum, Ausgabe der Hauptvariante in einer Stellung) oder der »Eröffnungsreport« (Auswerten einer Eröffnungsstellung: Angaben über Pläne, Hauptvarianten, kritische Varianten, Zugvorschläge, Modevarianten und Spieler, die diese Variante mit Erfolg anwandten). Die Datenbanken *Spielerdossier* mit statistischer Auswertung aller Partien nach Turnieren, Gegnern und Eröffnungen, biographische Daten, Eröffnungsrepertoire, Karriereverlauf sowie *Spielerlexikon* (nach FIDE-Elolisten, Elo-Entwicklungsprofil, Foto, etc.) illustrieren und aktualisieren das Schachwissen.

Eine gelungene Form des Verbindens von aktuellen Partieinformationen und anschaulichen multimedialen Darstellungen wie Eröffnungsübersichten, Mittelspielanalysen, Taktik- und Endspieltraining beinhaltet die Fachzeitschrift ChessBase Magazin. In jeder Ausgabe (zweimonatlich) befinden sich auf einer beigefügten CD über 1000 Partien von allen wichtigen Turnieren, wobei besonders die großmeisterlichen Kommentare (ein Drittel aller Partien) hohen Lernwert besitzen.

Die Erfahrung lehrt, dass alle Arten der gedruckten Schachliteratur, trotz umfangreichen elektronischen Schachangeboten, in der praktischen Lehr- und Trainingstätigkeit nach wie vor bedeutsam sind.

3.1.2.5 Grundsatz des dauerhaften Aneignens von Kenntnissen, Fähigkeiten und Spielfertigkeiten

Dem Grundsatz der »Dauerhaftigkeit« wird dann entsprochen, wenn das durch den Unterricht erworbene Wissen und Können sowie die gewonnenen Einsichten und Einstellungen fest, dauerhaft und stabil »verinnerlicht« werden.

Unter dem Begriff »stabil verinnerlicht« verstehen wir in der schachlichen Ausbildung vor allem ein gefestigtes, solides und stets anwendungsbereites Wissen, das gemeinsam mit anderen schachbedeutsamen Eigenschaften einen produktiven und schöpferischen Einsatz im Wettkampfgeschehen verspricht.

Untersuchen wir im einzelnen, wie das Sichern und Festigen der erworbenen Ergebnisse im Rahmen des didaktischen Prozesses vor sich geht, wobei zwischen dauerhaften Aneignen von Kenntnissen und dauerhaften Aneignen von Fähigkeiten und Fertigkeiten zu unterscheiden ist. Aufschluss-

die Probleme des Speicherns im Gedächtnis besonders zu beachten.

Nach informationstheoretischem Kenntnisstand werden die aufgenommenen Informationen (Chunks) zunächst in einem Kurzzeitgedächtnis (KZG) oder Arbeitsgedächtnis (AG) und ausgewählte Informationen später in dem Langzeitgedächtnis (LZG) gespeichert. In differenzierteren funktionellen Darstellungen spricht man auch von einem sogenannten Ultrakurzzeitgedächtnis oder sensorischen Informationsspeicher, in dem die eintreffenden Sinnesinformationen nur so lange festgehalten werden, bis eine Mustererkennung und Auswahl wichtiger Merkmale erfolgt.

Vom Kurzzeitspeicher, der über eine geringe Aufnahmekapazität (durchschnittlich 7 ± 2 Einheiten) und Speicherzeit (bis 30 Sekunden) verfügt, werden nur ein Teil der Eindrücke und Informationen je nach subjektiver Wichtigkeit ausgewählt und in den Langzeitspeicher geleitet. Das meiste wird in dieser Anfangsphase wieder vergessen, sobald es seine Funktion erfüllte.

Um bei wichtigen Informationsinhalten den Vergessensgrad zu mindern, müssen sie durch zyklische Wiederholungsprozesse mehrmals reaktiviert und somit zum Weitertransport in den Langzeitspeicher prädestiniert werden. Diese Phase des Übergangs vom Kurz- zu Langzeitspeicher wird von manchen Forschern auch als operatives Gedächtnis (OG) bezeichnet. Prozessual lässt sich dieser Vorgang nach folgendem Schema darstellen:

Sensorische Informationsaufnahme	KZG	OG Wiederholungen	LZG

reich ist in diesem Zusammenhang die Erkenntnis: Je früher Schach erlernt und ausgeübt wird, desto weniger taktische Fehler werden später begangen und umso stärker kann sich das Positionsgefühl ausprägen.

Das **dauerhafte Aneignen von Kenntnissen** gilt als das Kernstück des gesamten Bildungsprozesses. Die Spezifik des Schachsports erfordert nach dem Erlernen der Technik des Spiels auch im Training einen fortdauernden Kenntniszuwachs. So tragen die unter dem Begriff »Selbststudium« verstandenen Tätigkeiten Prozesscharakter, solange Schach mit Leistungsabsichten betrieben wird. Diese gewichtigen Gründe veranlassen uns,

So wirkt das Langzeitgedächtnis selektiv und nur bestimmte psychische Inhalte werden verfestigt. Nach den Speichertheorien wird der Langzeitspeicher in ein mittelfristiges (sekundäres) Gedächtnis, in dem Chunks einige Minuten bis zu mehreren Tagen gespeichert werden und ein langfristiges (tertiäres) Gedächtnis, mit unbegrenzt langem Informationsbehalt, unterschieden. Aus diesem Speicher können Informationen jederzeit wieder reaktiviert, also über das Arbeitsgedächtnis unserem Bewusstsein zugänglich gemacht werden.

In vorliegendem Modell (Seite 89) werden allgemeine Verlaufsprozesse der Informationen (Rei-

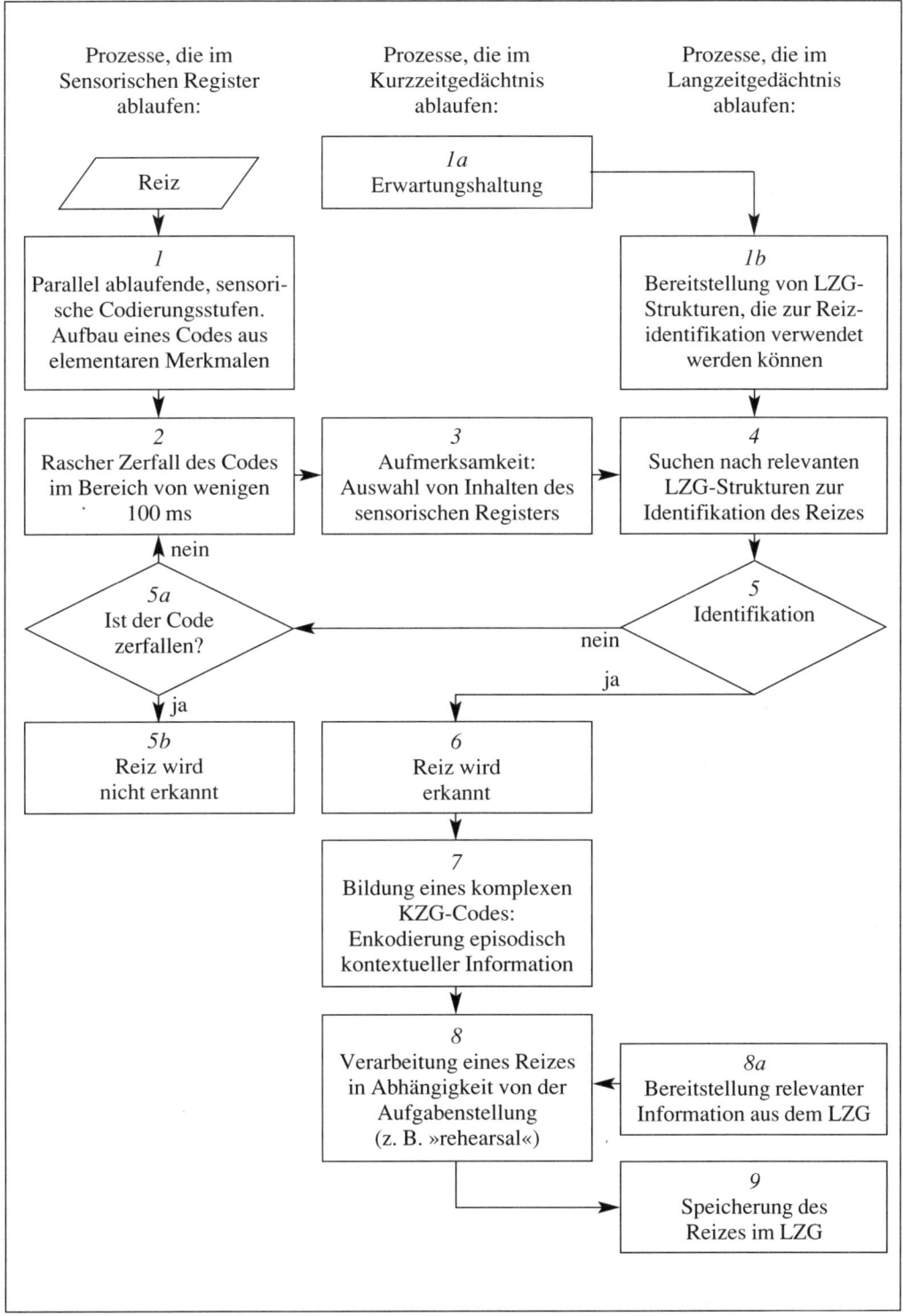

Prozesse, die im Sensorischen Register ablaufen:

Prozesse, die im Kurzzeitgedächtnis ablaufen:

Prozesse, die im Langzeitgedächtnis ablaufen:

Reiz

1a
Erwartungshaltung

1
Parallel ablaufende, sensorische Codierungsstufen. Aufbau eines Codes aus elementaren Merkmalen

1b
Bereitstellung von LZG-Strukturen, die zur Reizidentifikation verwendet werden können

2
Rascher Zerfall des Codes im Bereich von wenigen 100 ms

3
Aufmerksamkeit: Auswahl von Inhalten des sensorischen Registers

4
Suchen nach relevanten LZG-Strukturen zur Identifikation des Reizes

nein

5a
Ist der Code zerfallen?

5
Identifikation

nein

ja

ja

5b
Reiz wird nicht erkannt

6
Reiz wird erkannt

7
Bildung eines komplexen KZG-Codes: Enkodierung episodisch kontextueller Information

8
Verarbeitung eines Reizes in Abhängigkeit von der Aufgabenstellung (z. B. »rehearsal«)

8a
Bereitstellung relevanter Information aus dem LZG

9
Speicherung des Reizes im LZG

Hypothetischer Verlauf der Informationsverarbeitung (aus Klimesch, 1988, S. 45)

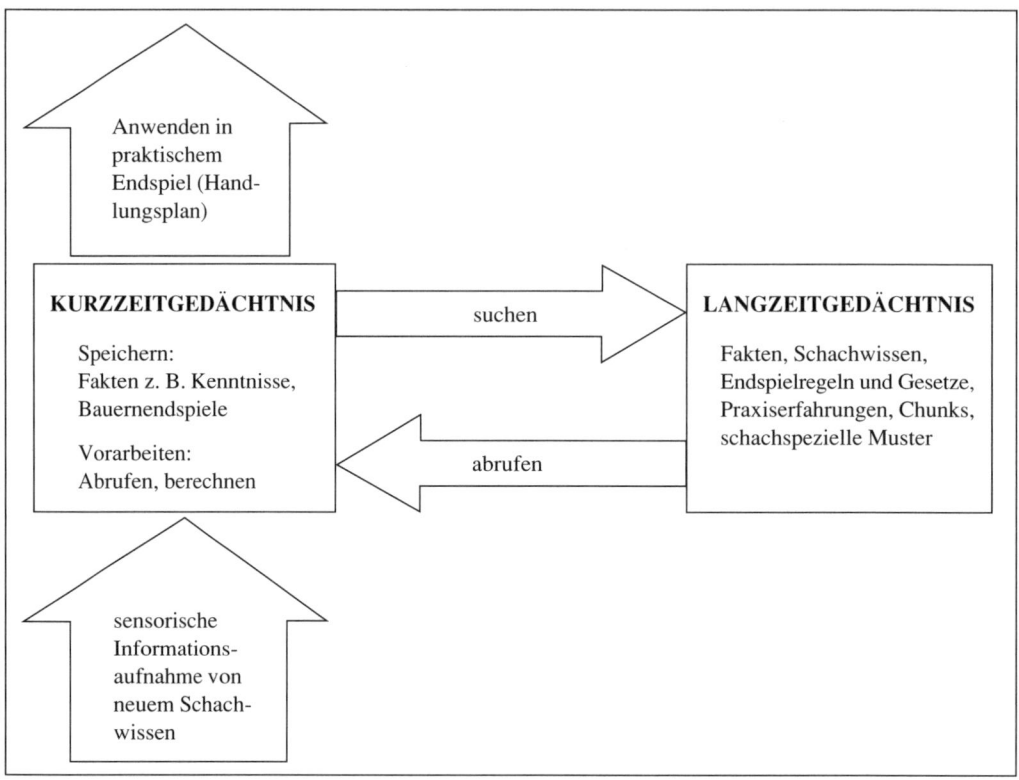

ze) von der kurzzeitigen Aufnahme im sensorischen Register (Ultrakurzzeitgedächtnis) bis zum dauerhaften Speichern im Langzeitgedächtnis erklärt und dargestellt als Sequenz verschiedener Encodierungsstufen. Zeitlich nacheinander ablaufende Codierungsstufen werden durch Zahlen und parallel ablaufende Verarbeitungsstufen zusätzlich durch Buchstaben angegeben.

Eine verkürzte schachspezifische Modellierung des Informationsflusses durch das Arbeitsgedächtnissystem kennzeichnet obenstehende Skizze. Sie zeigt ein Beispiel der Wissensaufnahme von Endspielkenntnissen, speziell einfache Bauernendspiele, die nach der rezeptiven Aufnahme zunächst mit vorhandenen Regeln und Gesetzmäßigkeiten im LZG verglichen und danach dort wieder abgespeichert werden. Diese speziellen Kenntnisse (auch Muster genannt) sind bei auftretenden praktischen Endspielen jederzeit abrufbereit wieder verfügbar. Mit zunehmender Expertise wirken sie als automatisierte Prozesse, die ohne fortlaufende Kontrolle im Bewusstsein ablaufen (vergleichbar mit dem automatischen Schalten beim Autofahren oder Zeilen erfassendem Lesen von Texten).

Für die mannigfaltigen Lehr-, Lern- und Behaltensprozesse im Schach sind Gedächtnis- und Speichervorgänge sehr bedeutsam. So müssen zunächst erst einmal zahlreiche Regeln, Eröffnungsgrundsätze, Endspielkenntnisse, einfache taktische Mittel wie die Gabel, Fesseln, Ablenken, Abzugsschach, Doppelschach und andere schachrelevante Fakten für die Dauer im Langzeitgedächtnis gespeichert werden.

Mechanismen des Kurzzeitgedächtnisses ermöglichen bei Wettkämpfen das unmittelbare eröffnungstheoretische Vorbereiten. Vorausgesetzt, das gegnerische Eröffnungsprogramm ist bekannt, können bei Mannschaftskämpfen und Turnierrunden 24 Stunden vorher und noch bis kurz vor Partiebeginn entsprechende Varianten und Zugfolgen kurz- und mittelfristig gespeichert werden. Im Langzeitgedächtnis befinden sich beim aktiven Schachsportler abrufbereit neben den elementaren Schachkenntnissen spezialisierte Eröffnungs- und Verteidigungsvarianten (das gesamte persönliche Eröffnungsrepertoire), Endspielwissen (Verfahren, Gewinnführung usw.) und Mittelspielstrategeme (strategische Leitsätze wie Kampf ums Zentrums, offene Linien, Bauernstrukturen), taktische Standardoperationen (Kombinationen, Opfer) sowie viele weitere »Muster«. Es kann angenommen werden, dass im Langzeitgedächtnis ebenfalls die Grundlagen für das »Positionsgefühl« und die »Intuitionen« gespeichert sind.

Der Prozess des gedächtnismäßigen Aneignens von Schachinformationen verläuft in mehreren Etappen. Zunächst wird die Information gezielt wahrgenommen. Dann erfolgt ein Trennen von wesentlichen und unwesentlichen Informationen. In der dritten Etappe erfahren die wesentlichen Informationen die konzentrierte Aufmerksamkeit. Unwesentliche Informationen werden abgestoßen, sinnvolle Kenntnisse prägen sich fest ein. Schließlich kommt es je nach dem Grad des Einprägens zum Speichern dieser Kenntnisse im Gedächtnis (vgl. dazu das fokussierte Darstellen des Aneignens einer Eröffnungsvariante nach den Spezialisierungsprinzipien am Beispiel der Sizilianischen Verteidigung, Najdorf-System: 1.e4 c5 2.♘f3 d6 3.d4 cxd4 4.♘xd4 ♘f6 5.♘c3 a6).

Wichtig für den Lehrenden ist das Wissen, dass die gewünschte Speicherung (Behaltenseffekt) in hohem Maße von der Art und Weise des Darbietens abhängt. So sollen beim akustischen Darbieten 20 %, beim optischen Darbieten 30 %, beim optisch-akustischen Darbieten 50 % und bei gedanklichem Durchdringen und Anwenden in der Praxis 90 % der angebotenen Informationsmenge behalten werden. Dadurch ist auch das handlungsorientierte Lernen, das sogenannte learning by doing, begründet.

Der Schachpädagoge kann aus diesen Feststellungen schlussfolgern, möglichst diejenigen Lehr- und Unterrichtsmethoden zu bevorzugen, die ein umfangreiches Speichern von Schachwissen gewährleisten. Hierbei sei nochmals auf die Unterrichtsmethode verwiesen, die durch ihr Anwenden allein schon ein gedankliches Durchdringen des zu lernenden Stoffs mit sich bringt: das problemhaft gestaltete Unterrichten.

Das Aneignen von dauerhaften Kenntnissen steht in ständigem Kampf mit dem Löschen von Informationen im Gehirn, dem Vorgang des Vergessens. Zu Beginn des Schachunterrichts ist der Lernerfolg am größten. Die Schüler zeigen am Anfang der Übungsstunde eine positive Einstellung zum Lehrstoff, was sich vornehmlich in bewusster Aufmerksamkeit und Konzentriertheit widerspiegelt. Mit fortschreitender Trainingszeit lässt gewöhnlich die Aufmerksamkeit und damit auch der Zuwachs an gelerntem Wissen nach. Ein Hauptmittel gegen das Vergessen ist die Methode des getimten Wiederholens. Nicht nur während des Unterrichts, auch zu Beginn jeder neuen Unterrichtsstunde muss das Wichtigste noch einmal abgefragt und damit wiederholt werden. Um stabile Behaltenseffekte zu erzielen, reichen normalerweise die Wiederholungsübungen während des Unterrichtens nicht aus. Die Lernenden müssen erkennen, dass ohne ihr freiwilliges Mitwirken zu Hause durch ein Selbststudium kein dauerhafter Wissenszuwachs möglich ist. Intensität und Effektivität des Einprägens hängen immer von der subjektiven Bereitschaft und Einstellung zur Tätigkeit ab. So tragen das bewusst machen der persönlichen Bedeutsamkeit des Lernens, Freude an der geistigen Arbeit und das Einhalten der an den Zielen orientierten Forderungen zu einer positiven Lernhaltung bei.

Aus sportartspezifischer Sicht werden beim Aneignen bzw. Einprägen dauerhafter stabiler Kenntnisse, Fähigkeiten und Fertigkeiten unterschiedliche Methoden wirksam.

Das Festigen der Eröffnungskenntnisse wird maßgeblich durch die Methode des Spezialisierens und durch das systematische Erfassen ausgewählter Varianten in Eröffnungskarteien erreicht. Diese Arbeiten tragen überwiegend individuellen Charakter und können unter Zuhilfenahme spezieller Eröffnungsliteratur, elektronischen Datenbanken mit Partie- und Eröffnungsübersichten im Selbststudium vorgenommen werden. Endspielkenntnisse sind vornehmlich durch das Vorführen am Demobrett und Übungen im Gruppenunterricht zu vermitteln. Das Schulen taktischer Elemente wird besonders unterstützt durch das Einbeziehen von Arbeitsblättern, Lösen von Kombinationsaufgaben am Brett oder Demobrett.

Zum dauerhaften Aneignen strategischer Kenntnisse wie das Entwickeln eines Planes, Erlangen von Initiative, statische und dynamische Stellungsbehandlung u. a. können das Vorführen von positionell gut geführten Meisterpartien oder das Auswerten von eigenen (Partien der Schützlinge) beitragen.

Der Fähigkeitsbegriff im Schach beruht im engeren Sinne auf intellektuellen Operationen, die sich in folgerichtigen Denkvorgängen ausdrücken. Je präziser die Denkprozesse beim Vorausberechnen ablaufen, desto erfolgreicher können schachdenkspezifische Lösungswege erreicht werden. Das Herausbilden und Vervollkommnen schachlicher Fähigkeiten und Fertigkeiten wird besonders durch das Training von Denkprozessen bewirkt.

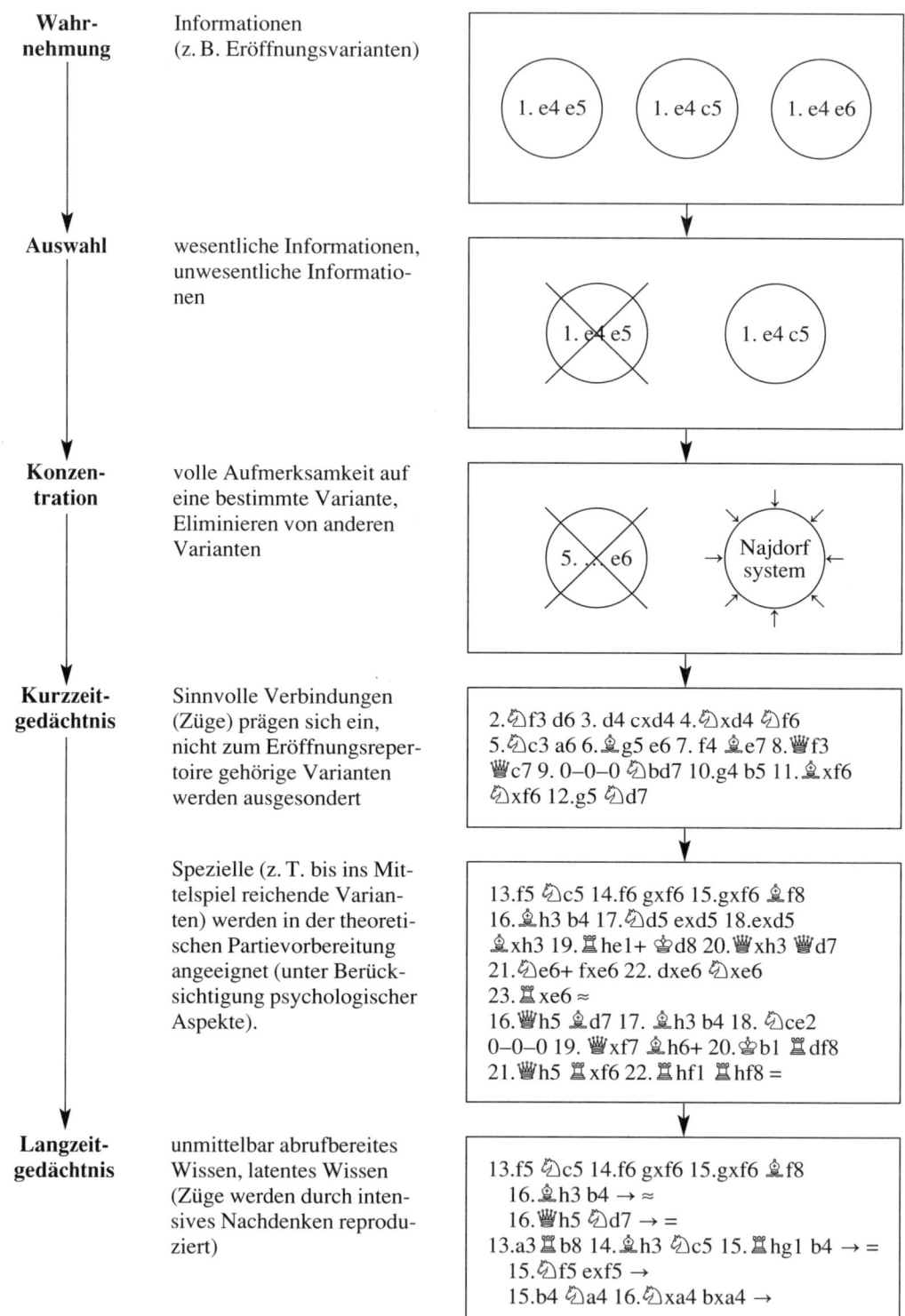

Wahr-nehmung	Informationen (z. B. Eröffnungsvarianten)	1. e4 e5 1. e4 c5 1. e4 e6
Auswahl	wesentliche Informationen, unwesentliche Informationen	1. e4 e5 1. e4 c5
Konzen-tration	volle Aufmerksamkeit auf eine bestimmte Variante, Eliminieren von anderen Varianten	5. ... e6 Najdorf system
Kurzzeit-gedächtnis	Sinnvolle Verbindungen (Züge) prägen sich ein, nicht zum Eröffnungsreper-toire gehörige Varianten werden ausgesondert	2.♘f3 d6 3. d4 cxd4 4.♘xd4 ♘f6 5.♘c3 a6 6.♗g5 e6 7. f4 ♗e7 8.♕f3 ♕c7 9. 0–0–0 ♘bd7 10.g4 b5 11.♗xf6 ♘xf6 12.g5 ♘d7
	Spezielle (z. T. bis ins Mit-telspiel reichende Varian-ten) werden in der theoreti-schen Partievorbereitung angeeignet (unter Berück-sichtigung psychologischer Aspekte).	13.f5 ♘c5 14.f6 gxf6 15.gxf6 ♗f8 16.♗h3 b4 17.♘d5 exd5 18.exd5 ♗xh3 19.♖he1+ ♔d8 20.♕xh3 ♕d7 21.♘e6+ fxe6 22. dxe6 ♘xe6 23. ♖xe6 ≈ 16.♕h5 ♗d7 17. ♗h3 b4 18. ♘ce2 0–0–0 19. ♕xf7 ♗h6+ 20.♔b1 ♖df8 21.♕h5 ♖xf6 22.♖hf1 ♖hf8 =
Langzeit-gedächtnis	unmittelbar abrufbereites Wissen, latentes Wissen (Züge werden durch inten-sives Nachdenken reprodu-ziert)	13.f5 ♘c5 14.f6 gxf6 15.gxf6 ♗f8 16.♗h3 b4 → ≈ 16.♕h5 ♘d7 → = 13.a3 ♖b8 14.♗h3 ♘c5 15. ♖hg1 b4 → = 15.♘f5 exf5 → 15.b4 ♘a4 16.♘xa4 bxa4 →

Aneignung von Schachkenntnissen – Selektion von Eröffnungsvarianten

Das Geheimnis des Erfolges liegt in der
Zielstrebigkeit   (Benjamin Disraeli)

3.2 Das Schachtraining

Allgemein bedeutet der Begriff **Training** das Planen und Organisieren von rationellen und effektiven Prozessen beim Ausbilden oder Qualifizieren. Sie sind gekennzeichnet durch zweckmäßige Maßnahmen, Methoden und Verfahren zum Erhöhen der Leistungsfähigkeit und Vervollkommnen, Verbessern spezieller Tätigkeiten, Fähigkeiten und Fertigkeiten.

Das Wort selbst stammt aus dem lateinischen »trahere«, was soviel wie ziehen, schleppen bedeutet. Aus dem altfranzösischen Begriff »trainer« entwickelte sich zu Beginn des 19. Jahrhunderts im englischen Sprachgebrauch die Bezeichnung »Training« (ursprünglicher Sinn: Führen der Pferde zur Bewegung). Nachdem die Begriffe »Training«, »trainieren« fest in den Sprachgebrauch des gesamten Sports eingegangen sind, gibt es heute bereits Übertragungen in andere Lebensbereiche wie Sprachtraining, Managertraining, Fahrtraining usw.

Häufig werden die Begriffe Training und Üben synonym gebraucht. Unter **Üben** versteht man vorrangig das Verbessern der sportlichen Technik. Im Schachunterricht erlernte Grundelemente

Der Deutsche Sportbund unterscheidet beim allgemeinen langfristigen Trainings- und Leistungsaufbau generell zwischen Nachwuchs- und Hochleistungstraining. Diese beiden Etappen umfassen nach der allgemeinen Basisausbildung das Grundlagen- und Aufbautraining sowie das Leistungs- und Hochleistungstraining für den Spitzenbereich auf höchstem Level. Bezugspunkte zwischen Trainingsjahren, Ausbildungsetappe, Kaderbereich und Fördereinrichtung für den gesamten Sport skizziert das auf der Seite 94 stehende Modell »Struktur der Talentförderung« (Deutscher Sportbund 1991), das in abgewandelter Form für die Sportverbände übertragbar ist.

Im Deutschen Schachbund werden nach dem neuen Rahmentrainingsplan mit drei Stufen Grundlagentraining und je vier Stufen Leistungs- und Hochleistungstraining klar überschaubare Einteilungen vorgegeben.

Das sportliche Training zielt normalerweise auf das Erhöhen und Stabilisieren der sportlichen Leistungsfähigkeit, wobei im Leistungssport das Erreichen der individuell möglichen Höchstleistung im Vordergrund steht. Wissenschaftlich fundierte und pädagogisch-methodisch begleitende Maßnahmen unterstützen den Leistungsaufbau. Folgende Skizze zeigt die verschiedenen Komponenten, die im wesentlichen den Aufbau einer komplexen Leistung in der Sportart Schach beeinflussen:

Leistungsvermögen (Bildung, Ausbildung)	**WETTKAMPF- LEISTUNG**	**Leistungsbereitschaft** (Erziehung)
Kenntnisse Fähigkeiten Fertigkeiten Kondition		Motivation Fleiß Trainingswillen Ausdauer

wie das Mattsetzen mit Leicht- oder Schwerfiguren gegen den alleinstehenden König oder einfache Formen von Bauernendspielen (Quadratregel, Regeln der Opposition) sollen eingeübt, gefestigt und in Übungspartien, sogenannten »Minipartien«, ausprobiert und geübt werden. Wenn wir aber vom sportlichen Training sprechen, dann wird darunter ein intensives planmäßiges Üben unter leistungsfördernden Bedingungen verstanden. Das Hauptziel liegt im Erzielen einer sportlichen Leistung, also eines angestrebten sportlichen Erfolges.

Zum Ausschöpfen des Leistungsvermögens im Schach tragen neben dem spezifischen Schachtraining die körperliche Vorbereitung (physisch-sportliches Konditionieren) und das Herausbilden wertvoller psychischer Eigenschaften wie Entschlusskraft, Mut, Konzentrationsdauer u. a. maßgeblich bei. Um qualitativ hohe schachspezifische Fähigkeiten und Fertigkeiten zu entwickeln – die sich komplex betrachtet in schöpferischen Denkprozessen manifestieren – sind oftmalige, kontinuierliche, intensive und vielseitige Wiederholungen notwendig. Auf den schachlichen Rei-

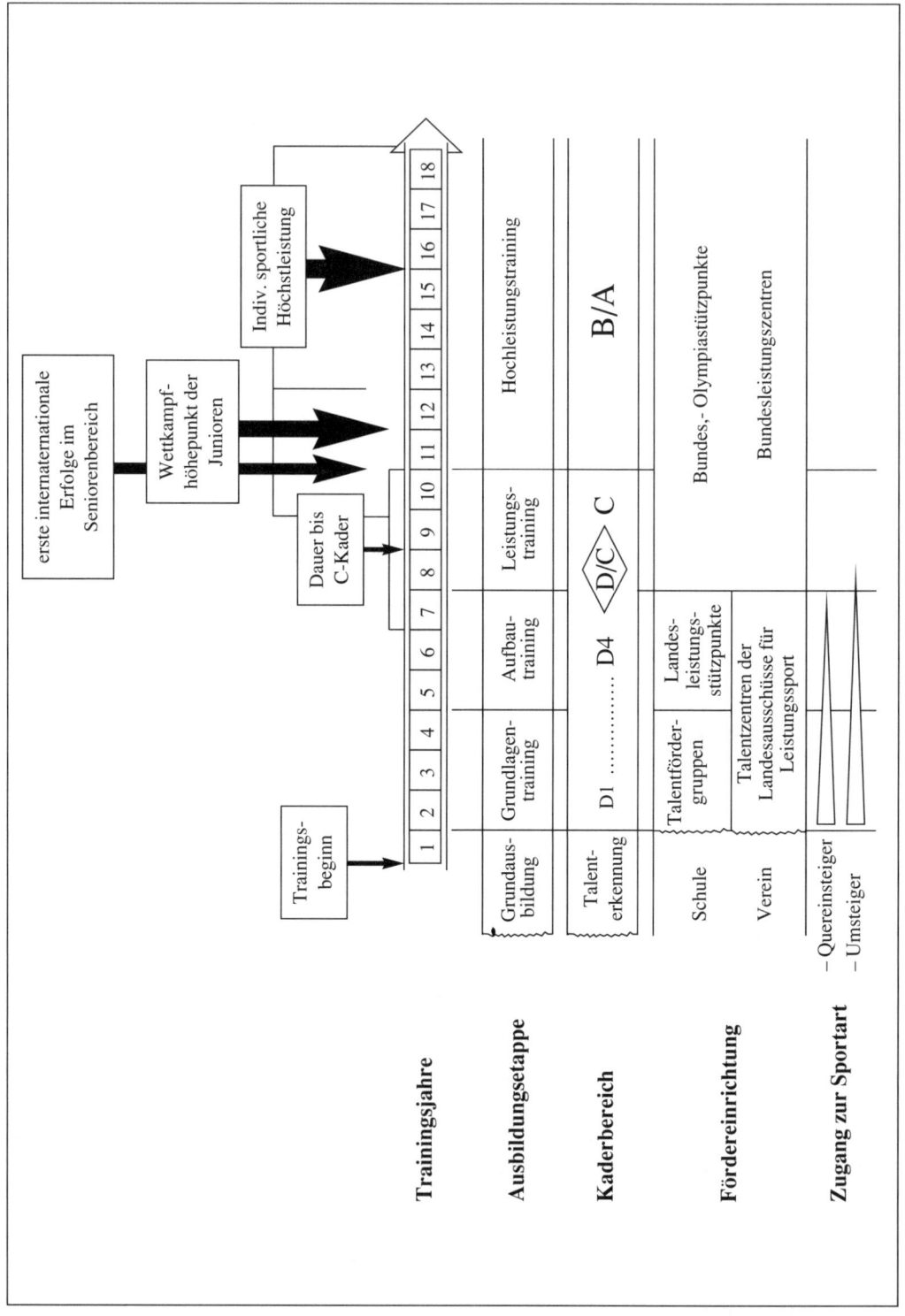

Struktur der Talentförderung

feprozess bezogen heißt das also ein möglichst tägliches, differenziert-abgestimmtes und vielschichtiges Beschäftigen mit sportartspezifischen Tätigkeiten. Das Training im Schach kann man demnach folgendermaßen definieren:

> ☞ Schachtraining ist der nach wissenschaftlichen Erkenntnissen geführte pädagogische Prozess sportlicher Vervollkommnung, in dem dauerhafte spezialisierte Eröffnungskenntnisse und konkretes Endspielwissen durch intensives Studium und Übungen angeeignet, schöpferisches Denken hinsichtlich kombinatorischer und strategischer Fähigkeiten im Mittelspiel durch kontinuierliche, konsequente und variable Wiederholungen entwickelt und mit Hilfe umfangreicher Spielpraxis hohe Fertigkeiten in Wettkampfpartien erworben werden.

3.2.1 Grundlegende schachspezifische Denkprozesse

Sollen qualitative schachspezifische Denkabläufe verbessert werden, dann muss man zunächst wissen, was unter spezifischem schachlichen Denken zu verstehen ist. Gehen wir dabei von einigen sportlichen Erwägungen aus. Wenn sich ein Spieler – gleich, ob in der freudbetonten Unterhaltungspartie, der Trainings- oder Wettkampfpartie – am Zuge befindet, versucht er zunächst, ›alle‹ eigenen Züge zu prüfen, die möglich sind, um den vermeintlich besten auszuwählen. Dabei muss er ›alle‹ Gegenzüge des Partners untersuchen, gleichzeitig Vergleiche anstellen, welche Veränderungen die Brettstellung durch diese Gegenzüge erfahren würde. Genau genommen ist dieses übliche Darstellen eines Denkablaufes im Schach als nicht ganz korrekt anzusehen. Natürlich können, selbst von einem noch so versierten Spieler nicht ›alle‹ möglichen Züge untersucht werden. Selbst dann nicht, wenn anstelle der reglementierten Bedenkzeiten unbegrenzte Zeitkapazitäten zum Überlegen denkbar wären. Auch der schnellste Computer würde nicht alle Züge einer normalen Partie durchrechnen können, wenn man bedenkt, dass bei einer durchschnittlichen Zügezahl von 40 je Partie etwa 10^{118} Varianten möglich sind. Um sich vorzustellen, was diese für unsere Verhältnisse irreale Zahl bedeutet und welche Variationsbreite im Schach verborgen liegt, wurde errechnet, dass ein Computer, der je Sekunde 150 Millionen Züge bewältigt, bei pausenlosem Einsatz mehr als 10^{100} Jahrhunderte (Erdzeitalter ca. 3 Milliarden Jahre) benötigen würde, um alle Varianten zu prüfen, die in nur einer Partie möglich sind. Somit ist klar zu erkennen, dass ein quantitatives Vorausberechnen der Varianten illusorisch ist. Wie kommt es dennoch zu so weitsichtigen folgerichtigen Vorausberechnungen? Wie konnten und können solche hervorragenden Kombinationspartien wie die »Unsterbliche Partie« oder viele glanzvolle »Schönheitspartien« in der Vergangenheit und Gegenwart entstehen?!

Der geübte Schachspieler muss sich also mit wachsender Spielstärke eine Denkmethode angeeignet haben, die sehr rationell funktioniert. Er vermag während seines Denkprozesses auf etwa 50 000 (De Groot) Chunks und Pattern, also Gedächtniseinheiten bzw. Mustern (Motiven) mit schachspezifischen Inhalten (Eröffnungsstrukturen, Figuren- und Bauernkonstellationen, figuralen Wertmaßstäben, Partieverläufen- und Fragmenten, Positionsmerkmalen, Angriffsverfahren, Taktikelemente, Standardkombinationen, Opferwendungen, Endspielregeln etc.), die im Langzeitgedächtnis gespeichert liegen, zurückzugreifen. Sie werden bei jedem Zug in die aktuelle Brettsituation einbezogen und bilden die Grundlage für neue Entscheidungsfindungen. »Jede Anordnung von Steinen und Feldern, zwischen denen ein anregender Zusammenhang erkannt wird, wird als Motiv bezeichnet«, so definiert H. Bastian (1998, S. 38) diese strukturelle Abbildfunktion. Wie unschwer zu erkennen ist, sind die Zugentscheidungen nur auf der Basis einer riesigen Reduktion des potentiellen Informationsangebots möglich. Es werden also immer nur die für die jeweilige Stellung relevanten Züge untersucht, wie es moderne elektronische Schachprogramme durch Verfahren wie z. B. Alpha-Beta-Algorithmus erfolgreich nachvollziehen. Diese »Selektivität des Schachdenkens« dürfte beim menschlichen Schachspieler mit dem Positionsgefühl eng zusammenhängen. Er sieht gewöhnlich beim ersten Blick, welche Zugmöglichkeiten in einer Position zu untersuchen bedeutsam ist. Hierbei spielen eine Reihe von reproduktiven Faktoren, wie Gedächtnis und Erfahrung, eine wesentliche Rolle. Desgleichen verbindet sich mit dem selektiven Denken ein Abstraktionsprozess, in dem von einem Typisieren der Stellung ausgegangen wird. Es bilden sich gedankliche Assoziationen. Strukturelle Zusammenhänge bekannter Figurenkonstellationen werden sichtbar.

Welche Art von Reduktionen vollführt ein Schachspieler? Zwei Aspekte sind dabei hervorzuheben: die Reduktion von Varianten und die Reduktion von Suchräumen.

In der **variantenmäßigen Reduktion** geschieht ein Einschränken des angebotenen Zugpotentials, d. h. ein Spieler prüft nicht alle, sondern nur durchschnittlich zwei bis vier Züge in einer Position. Das wären bei einer 40 Züge langen Partie jeweils etwa einhundert erste Züge. Wenn wir nun die Vielzahl der oben genannten Zugmöglichkeiten in Relation zum eigentlichen Analyseprozess setzen, dann kann man zweifellos feststellen, dass selbst der beste Schachmeister mit Sicherheit weit über neunzig Prozent der realen Zugmöglichkeiten nicht beachtet (selektiert) und trotzdem im Stande ist, eine logisch in sich geschlossene Partie zu spielen. Die Erklärung dafür liegt im schachspezifisch strukturierten Denken.

Unter **Reduktion von Suchräumen** verstehen wir Teilgebiete des Schachbretts, wie z. B. das Zentrum, den Damenflügel, Königsflügel, die weiße und schwarze Königsstellung und andere definierte Gebiete. Der Blick richtet sich nicht auf alle 64 Felder gleichermaßen, sondern ausgewählte Brettzonen werden mit erheblich unterschiedlicher Intensität betrachtet (nach Botwinnik sind es nur acht bis achtzehn Felder). Aussagekräftige wissenschaftlich-experimentelle Untersuchungen zu dieser Thematik leistete der russische Psychologe Tichomirow (vgl. Bruschlinski/ Tichomirow 1975, S. 181–272) mittels der Methode der oculomotorischen Aktivität, also durch Filmaufnahmen der Augenbewegungen von Schachspielern, die in den 80er Jahren von Adorjan, Short und Dr. Pfleger nachvollzogen wurden.

Ein weiterer Gedanke bezüglich der Reduktion von Suchräumen liegt im einschränkenden Betrachten des zu berechnenden Materials. Bei weitem werden nicht alle auf dem Brett befindlichen Steine in die Überlegungen einbezogen. Sind zum Beispiel bei einer vollen Mittelspielstellung etwa 25–30 Steine noch auf dem Brett, dann kommen gewöhnlich nur etwa drei bis sechs Steine für das variantenmäßige Analysieren in Frage.

Somit kann festgestellt werden, dass Schachexperten nur das Zusammenwirken einer begrenzten (geringen) Anzahl von Steinen auf einem begrenzten Abschnitt des Schachbretts analysieren. Sie konzentrieren sich also von vornherein nur auf diejenigen Steine, die unmittelbar an den Brennpunkten des aktuellen Geschehens teilhaben bzw. auf die Felder, auf denen Zusammenstöße bzw.

Aktivitäten möglich sind. Daraus leitet sich die Kardinalfrage dieser ganzen Problematik ab: Wie kann man nun erkennen, welche Steine und welche Felder für die Betrachtung und damit für die gedankliche Analyse relevant sind?

Mit dem Beantworten dieser Frage verbindet sich auch die Überlegung nach dem Wesen des schachspezifischen Denkens, einem vorausschauenden problemlösenden Denken. Möchte man eine aussagekräftige Antwort zur prozessmäßigen Auffassung vom schöpferischen Denken erhalten, ist es notwendig, vom Grundsätzlichen eines Problemlösungsprozesses – wie es die dialektische Logik ausdrückt – auszugehen. Jedes Problem (als logische Kategorie) stellt sich als ein Gedankenkomplex dar, in dem das gedankliche Erkennen, Suchen und Lösen von unbekannten bzw. ungelösten Merkmalen reflektiert wird. Eine Problemsituation kann demnach in drei Bestandteile gegliedert werden: in die Problemprämisse (Problemstellen, Erfassen der Problemsituation), Ideenfindung (Suche nach Lösungsmöglichkeiten) und in den Lösungsweg (Zielfinden).

■ Denkprozesse nach de Groot

Spezifizieren wir diese Strukturebenen auf den schachlichen Denkprozess, dann lassen sich nach de Groot (1978) mehrere aufeinanderfolgende Stadien psychologisch begründen:

1. Stadium der Orientierung
2. Stadium der Prüfung (Exploration)
3. Stadium der Untersuchung (Investigation)
4. Stadium der Beweisführung.

Die erste, problemanalytische Phase dient vorrangig zur materiellen und positionellen Orientierung. Es geht um das Beantworten der Fragen: Wer steht besser? Ist es günstiger, strategisch oder taktisch zu spielen usw.?

Dabei wird ein Klassifizieren von Problemstellungen vorgenommen. So gilt es zu unterscheiden zwischen hochgradigen Merkmalsverdichtungen in Form von »offensiven«, »dynamischen« oder »statischen« Stellungen.

In der zweiten Phase des Prüfens (Exploration) werden die Aktionsmöglichkeiten weniger »errechnet«, sondern mehr »überschlagen«. Es erfolgt das Selektieren mehrerer Varianten und Bestimmen der Hauptvariante. Die kognitive Psychologie bezeichnet diese Vorgänge als »heuristische Entscheidungsbildung in Problemräumen«. Entsprechend der angewandten Denkmethodik kann man in diesem Stadium auch von einer »horizontalen oder Oberflächenstrategie« sprechen (im Unterschied zur »Vertikal- oder Tiefenstrategie«). Dem Begriff »Oberflächenstrategie« wird hier keine qualitative Wertung beigemessen. Er bezeichnet vielmehr das explorative Herangehen, nämlich das Durchkombinieren mehrerer Varianten, aber immer nur eine geringe Zügezahl voraus.

Der Phase der Exploration schließt sich die dritte Phase, die der Untersuchung (Investigation) an. Diese Phase stellt den Hauptteil der gerichteten analytischen Untersuchungen dar. Das zeigt sich auch am hohen Verbrauch an Bedenkzeiten. Primär kommt es nun zum Vorausberechnen von Varianten, vornehmlich der erkannten Hauptfortsetzungen. Es erfolgt ein mehrmaliges Durcharbeiten und Präzisieren dieser Varianten in die Tiefe, deshalb auch die Bezeichnung »Tiefenstrategie«. In dieser Phase spielt die Gedächtnisleistung, und zwar die des Kurzzeitgedächtnisses, eine tragende Rolle. Die verschiedenen »Untersuchungsbäume« (Varianten mit ihren Verzweigungen und Zugverästelungen) können nur so weit verfolgt werden, inwieweit das Gedächtnis in der Lage ist, die erkannten Zugverzweigungen bis zu einer Entscheidungsfindung zu speichern. Kennzeichnend für die dritte Phase ist auch das Auftauchen von »plötzlichen« intuitiven Zügen, die mit dem heuristischen Aha-Erlebnis vergleichbar sind.

In der vierten Phase, der Beweisführung, erfolgt ein nochmaliges Überprüfen und Vergleichen der konzipierten Möglichkeiten. Unter Umständen muss auch zwischen zwei »gleich starken« Hauptfortsetzungen gewählt werden. Schließlich geschehen letzte vorausblickende kritische Überlegungen, die sich in sogenannten »Vorwirkungsbildern« (nach Krogius) manifestieren. Je stärker, ausgeprägter die Vorwirkungsbilder sich gedanklich erfassen lassen, desto präziser kann die geplante Stellung nach drei, vier oder mehreren Zügen – im Gegensatz zur gegenwärtigen – eingeschätzt werden. In diese Phase und in die der Investigation fällt eine Erscheinung, die man als »progressives Vertiefen« bezeichnen kann. Bei der Wahl einer Möglichkeit kreisen die Gedanken immer wieder um eine Lösungsidee, man kommt immer wieder auf einen Zug zurück, der letztlich dann als dominierender Zug erkannt wird. Einschränkend muss jedoch zur Phasenstruktur der schachlichen Denkabläufe gesagt werden, dass die einzelnen Phasen nicht so durchgängig sind und abgegrenzt werden können, wie es in der theoretischen Modellierung ausge-

drückt wurde. Oft kommen Auslassungen oder auch Wiederholungen vor.

- **Originärer Prozess der Variantenberechnung und Zugfindung nach Krassenkow und Lutz**
Beide Autoren entwickeln auf der Grundlage des Kotowschen ›Variantenbaums‹, aus dem sich gedanklich die ›Kandidatenzüge‹ herauskristallisieren lassen, einen Algorithmus, der beim Berechnen von Positionen mental im Vorstellungsbereich eines Schachspielers abläuft. Ch. Lutz fertigte dazu ein anschauliches Flussdiagramm an, das die Gedankenschritte vom Nachdenken über die Ausgangsstellung bis zur Ausführung des Zugs am Brett symbolisiert:

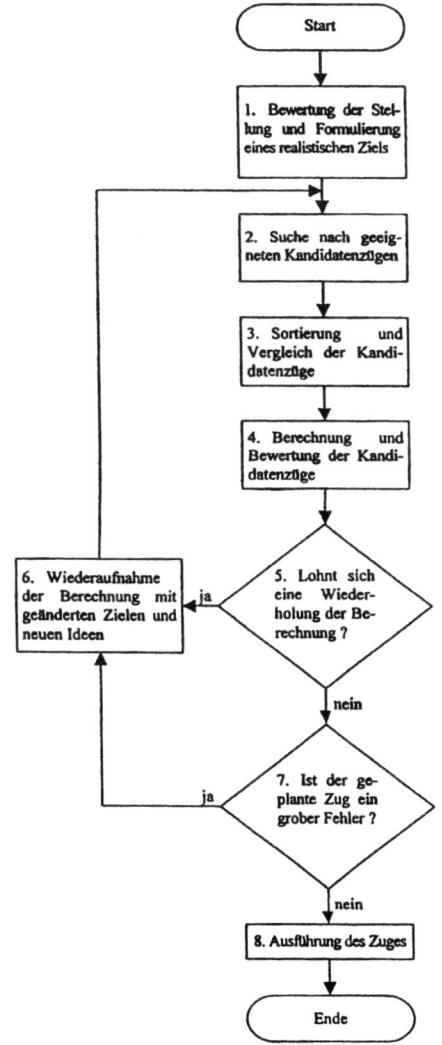

(Krasenkow, 1999 und Lutz, HA A-Trainer 1999)

3.2.2 Schachspezifische Trainingsformen

Nach inhaltlichen Gesichtspunkten lässt sich das gesamte schachspezifische Training in zwei Hauptformen unterteilen: in theoretische und praktische Ausbildung. Beim praktischen Training werden auch die Wettkämpfe, unter dem Blickwinkel von intensivsten Trainingsanforderungen, einbezogen.

3.2.2.1 Theoretische orientierte Trainingsformen

Die theoretische Ausbildung kann mit Unterstützen von Trainern in Form von Gruppentraining oder Einzeltraining erfolgen. Einen hohen Stellenwert besitzt im Schach das individuelle, eigenständige Training (Selbsttraining/Selbststudium). Wenden wir uns zunächst den Trainer unterstützenden Formen der Ausbildung zu.

■ **Gruppentraining**

In das gruppenmäßige Trainieren werden gleichzeitig mehrere Sportler einbezogen. Ein weiterer Vorteil liegt in einem kooperierenden Verhalten mit positiven synergetischen Effekten. Die in gemeinschaftlicher Form geführten Trainingsstunden zielen ausbildungsmäßig auf den schachspezifischen Kenntniserwerb und zum anderen auf das Verbessern spezieller Leistungsdispositionen. Eine scharfe Trennung zwischen beiden Inhalten ist nicht immer klar zu ziehen, zumal sich jeder verinnerlichte Wissenszuwachs im »Können« integriert.

Den **schachspezifischen Kenntniserwerb** bestimmen vorwiegend Schulungsformen, die unter Zuhilfenahme von Demonstrationsbrett, computergestütztem »Bildwerfer« bzw. Video Beamer oder am ›normalen‹ Schachbrett praktiziert werden. Ausbildungsthemen zum Schulen aller drei Partiephasen sind:

– Erklären der wichtigsten Eröffnungen (offene, halboffene, geschlossene Systeme) mit ihren speziellen Handlungsgrundsätzen
– Vorführen von Partien aus aktuellen Turnieren und Wettkämpfen durch den Trainingsleiter
– Vorführen historisch wertvoller Partien, z. B. Anderssens »Unsterbliche« und typische Partien früherer Weltmeister
– Vorführen von Wettkampfpartien der Teilnehmer mit kritischen Einschätzungen durch den

Aktiven, Trainer und die Zuhörer, wobei besonders die Eröffnungsphase analysiert wird
– Thematische Vorträge zu allen theoretisch erforschten Endspielen mit den Schwerpunkten Bauern- und Turmendspiele
– Analytische Untersuchungen kritischer (ausgewählter) Partiestellungen
– Theoretische Darlegungen zu Fragen der Strategie und Taktik in allen drei Spielphasen
– Demonstrieren von Eröffnungsfehlern anhand von »Kurzpartien«.
– Erklären taktischer Elemente wie Kombinationen, Fesselungen, Doppelangriff etc.
– Wie entwickelt man einen strategischen Plan? (Beispiele lehrreicher Positionspartien)
– Die Bedeutung von Studien, Kunstendspielen für das bessere Verstehen von Endspielen.

■ **Einzeltraining**

»Je härter das Training, um so leichter der Kampf!« lautet das Motto des Schachpsychologen GM Krogius. Ähnlich wie beim Einzellernen (vgl. Kooperationsformen des Lernens beim problemhaft gestalteten Unterricht, Kap. 3.1.1) stellt die Form des Einzeltrainings (ein Trainer und ein Schüler) die effektivste Art im Ausbildungsprozess dar. Über längere Zeit, z. B. zwei Stunden oder einen Trainingsblock über vier Stunden hinweg, erfolgt die Wissensvermittlung voll konzentriert. Der Schüler hat in dieser Zeit im Prinzip gar keine »Chance«, unkonzentriert oder »abwesend« zu sein. Dabei erweisen sich besonders Formen wie beim »problemhaft gestalteten Unterricht« als zweckmäßig. Durch geschicktes Einbeziehen von Fragestellungen werden schöpferische Gedanken verlangt. Der Trainer stellt problemorientierte Aufgaben, kontrolliert Lösungsverfahren und wertet anschließend die gewonnenen Erkenntnisse aus. Gleichzeitig signalisiert das sofortige Feedback den jeweiligen Wissensstand und den Grad der Erkenntnis. Lehr- und Trainingsaktivitäten können stoffadäquat sinnvoll eingesetzt werden.

Neben dem obligaten Eröffnungstraining mit der Zielrichtung des frühzeitigen Spezialisierens soll besonders Endspielwissen praxisnah gelehrt und trainiert werden. Eröffnungsgrundkenntnisse zur Lehre vom Quadrat oder zur Oppositionsregel sind in unterschiedlichen Versionen (mehrere Aufgaben zum gleichen Thema) lösen zu lassen.

Da bei einem Talent der gesamte Ausbildungsprozess aus Zeitgründen in geraffter Form erfolgt (normalerweise zählt ja die schachliche Ausbildung von allen Sportdisziplinen zu der zeitaufwendigsten, die viele Jahre erfordert), wird der Trainingsökonomie im Schach besondere Aufmerksamkeit geschenkt.

Ein fortgeschrittener Anfänger sollte »mindestens 200 Stunden Einzeltraining bekommen, um alle benötigten Grundlagen für einen Spieler mit DWZ 2200 zu erarbeiten und zu festigen« (Machelett 1998, S. 8). Günstig erweist sich, wenn Trainer und Spieler über längere Zeit hinweg zusammenarbeiten können. Der Trainer kennt Stärken und Schwächen seines Schützlings, beherrscht sein individuelles Eröffnungsrepertoire und kann zwischendurch auch Erfahrungen über sein praktisches Spiel verfolgen. Vorhandene Schwächen können somit wirkungsvoller bekämpft werden.

■ **Selbsttraining – individuelles Selbststudium**
Praktisch-ökonomische Erwägungen führen immer mehr zu einem individuell organisierten Selbsttraining bzw. Selbststudium. Unterschiedliche Spielauffassungen (Angriffs- oder Verteidigungsstil), das Erarbeiten von speziellen – der Psyche des Spielers entsprechenden – Eröffnungs- und Verteidigungswaffen (persönliches Eröffnungsrepertoire) und vor allem praktikable Aspekte lassen das selbständig geführte Training effektiv und angebracht erscheinen. Die autodidaktische Form des Kenntniszuwachses und Fähigkeitserwerbs besitzt im Schach historischen Charakter. Schon Akiba Rubinstein bekannte in einer Zeit, als es noch nicht so viele Turniere gab, wie umfangreich seine eigenständige, vor allem analytische Tätigkeit war: »Sechzig Tage im Jahr spiele ich auf Turnieren, fünf Tage ruhe ich mich aus und dreihundert arbeite ich an mir selbst« (zit. n. Suetin 1989, S. 311). Nach Botwinnik sollen Jugendliche zu selbständigen Verhaltensweisen erzogen werden. »Der Schachspieler darf ja während der Partie auch nicht in Theoriebüchern blättern und auch nicht bei irgend jemanden Rat holen. Er ist verpflichtet, seine Entscheidung ganz selbständig zu treffen. Die Gewohnheit zu selbständigen Handeln kann sich der heranreifende Schachspieler beim Erlernen des Spiels und bei der Vorbereitung zu Wettkämpfen aneignen. Was mich persönlich betrifft, so hatte ich damals weder Lehrer noch Trainer im heutigen Sinn. Meine Lehrerschaft waren die Schachbücher, Schachzeitschriften und natürlich auch meine Partner am Brett, Altersgenossen und Schachmeister der älteren Generation. Ich entschied selbst, was ich dieser Lehrerschaft nachahmen sollte und was zu verwerfen war. So eignete ich mir die Gewohnheit zu

selbständigen Handeln an« (1979, in Estrin: Weltmeister lehren Schach, S. 62). Wie gründlich erfolgreiche Spieler sich mit dem Schachspiel befassen, schildern Hort und Jansa über die Arbeitsweise GM Robert Hübners. Er »arbeitet jahrelang an einem Buch, monatelang an der Analyse einer Partie, wochenlang bei der Ausarbeitung einer Variante, tagelang an der Beurteilung eines einzigen Zuges« (1998, Vorwort).

Typisch ist das individuelle Aneignen von Eröffnungs- und Endspielwissen und das eigenständige Vorbereiten auf den Wettkampfgegner. Weiterführende Formen des individuellen Trainings stellen das selbständige Lösen und Üben vorgegebener Motive aus allen drei Partiephasen dar, die vom Trainer oder Übungsleiter leistungsgemäß ausgewählt wurden. Besonders bedeutsam ist hierbei das Nutzen von bewert- und abrechenbaren Aufgaben. So können durch angebotene Trainingsbriefe talentierte junge Spieler zu schöpferischem Studium, gründlichem Analysieren von Varianten und Stellungsbildern im Bereich der Strategie und Taktik angeregt werden.

Die Hauptform des selbständigen Trainierens oder Selbsttrainings besteht im wissenschaftlich betriebenen individuellen Selbststudium. Das **individuelle Selbststudium** – das im Gegensatz zu anderen Sportarten nur im Schach so spezifischen Charakter trägt – wird mit wachsender Theoriebildung des Spiels immer bedeutsamer. Während noch im vergangenen Jahrhundert schachliche Gefechte vornehmlich im Mittelspiel ihr Gepräge erhielten, verlagerte sich mit dem quantitativen und qualitativen Ansteigen der Schachliteratur zunehmend der Schwerpunkt auf die erste Spielphase.

Wir unterscheiden heute in der Schachpartie zwei sogenannte Lernphasen (Eröffnungs- und Endspielteil) und eine kreative Phase (Mittelspiel). Ausgehend von dieser Dreiteilung entstand eine immense Anzahl schachtheoretischer Druckerzeugnisse, die für den sportartspezifischen Ausbildungsprozess unerlässliche Trainingsmittel darstellen. Die wichtigsten Veröffentlichungen für das Selbststudium sind Eröffnungsmaterialien wie eröffnungstheoretische Werke (einschließlich computergestützte Spezialdatenbänke und thematische Eröffnungsübersichten), Endspielwerke, Mittelspielliteratur, Biographien, Turnierbulletins und Fachzeitschriften.

Eröffnungsmaterialien in Form von eröffnungstheoretischen Büchern gelten nach wie vor als Nachschlagewerke für alle Eröffnungsfragen und bilden das methodische Gerüst zum Aufbau einer speziellen Eröffnungskartei. Dabei üben Sammelbände wegen ihrer Universalität eine wichtige Funktion aus. Gut verwendbar sind die neu aufgelegte »Enzyklopädie der Schacheröffnungen« in fünf Bänden mit einer vollständigen Übersicht der wichtigsten Varianten und Systeme sämtlicher Eröffnungen, der periodisch erscheinende Belgrader »Sahovski Informator« mit je 600–700 ausgewählten, eröffnungsmäßig geordneten Partien, »Modern Chess Opening« in sechs Bänden, die 24-bändige Reihe »Moderne Eröffnungstheorie« sowie die vielen auf dem Markt befindlichen Eröffnungs-Monographien.

Für die aktuelle Studienarbeit tritt immer mehr das Nutzen elektronischer Datenbanken in den Vordergrund. Zahlreiche Spezialdatenbanken, Powerbooks, Eröffnungsschlüssel auf Disketten und CD's unterstützen in komfortabler Weise das Eröffnungsstudium und bei Fortgeschrittenen das gezielte Eröffnungstraining. So sind im Eröffnungsschlüssel, der einen guten Überblick und schnelle Zugriffszeit bietet, alle Eröffnungen mit ihren Untervarianten unter dem Code oder dem Eröffnungsnamen abrufbar. Bei dem großen Eröffnungsschlüssel Big-Key von ChessBase, der auf dem Code des Informators basiert (Einteilung der Eröffnungen von A-E), vermitteln z. B. 500 Detailschlüssel von A00-E99 und 54 280 Unterschlüssel bzw. 56 007 Klassifikationsstellungen einen lückenlosen Überblick zu allen Varianten und Zugfolgen jeder Eröffnung. Besonders effektiv gestaltet sich das Eröffnungstraining durch Verschmelzen von mehreren Partieanfängen zu einem Positionsbaum oder Stellungsbaum. Das schnelle Verknüpfen von Partien zu einem »Baum« ermöglicht das automatische Erstellen einer Hauptvariante, die Ausgabe der kritischen Variante bei bester Fortsetzung beider Seiten und das augenblickliche Berechnen aller vollen Zugfolgen, die zu einer Stellung führen.

Endspielwerke (Lehrbücher und Enzyklopädien) bilden die wissenschaftliche Grundlage beim systematischen Studium einzelner Endspieltypen. Früher waren sie eine wertvolle Hilfe beim Analysieren von schwierigen Endspielen bei Hängepartien. Einen komplexen Überblick zu allen Endspielformationen geben
– die universelle »Enzyklopädie der Schachendspiele«: Band Bauernendspiele mit 1610 Beispielen, Band Turmendspiele Teil 1 mit 1500 Beispielen, Band Turmendspiele Teil 2 mit 1700 Beispielen, Band Damenendspiele mit 1800 Bei-

spielen, Band Läufer- und Springer-Endspiele mit 2016 Beispielen.
– das vierbändige Werk von Awerbach »Lehrbuch der Endspiele«, das sich gliedert in Band I: Elementare Mattführungen, Bauernendspiele; Band II: Läuferendspiele, Springerendspiele; Band III: Springer gegen Läufer, Turmendspiele; Band IV: Damenendspiele, Dame gegen Turm, Dame gegen Leichtfigur mit einem Gesamtumfang von 1513 Seiten
– das vierbändige »Lehr- und Handbuch der Endspiele« von Chéron: Bd. I. Turm-Endspiele; Bd. II. Die elementaren Mattführungen, die Bauernendspiele, Springer- und Läufer-Endspiele; Bd. III. Die Damen-Endspiele, die Umwandlung, Endspiele mit mehr als 50 Zügen, Nachträge; Bd. IV. Berichtigungen und Ergänzungen zu den Bd. 1–3 sowie weitere Endspieltypen.

Endspielschulung für Anfänger und Endspieltraining für Fortgeschrittene können zunehmend mehr computergestützt mit Hilfe spezieller Disketten und CD's geführt werden. Neben Einführungskursen zu elementaren taktischen und strategischen Motiven der Endspielführung bieten Endspieltests und Tausende Endspielstudien interaktive Trainingsvoraussetzungen für diese Spielphase.

Mittelspielliteratur vermittelt grundlegende strategische und taktische Kenntnisse und trägt zum Verbessern der leistungsbestimmenden Faktoren bei. Es gibt eine Vielzahl von nutzbaren Literaturquellen zu den weitreichenden Gebieten der Strategie und Taktik mit ihren Untergebieten wie der Angriff gegen den König, Verteidigung und Gegenangriff, Dynamik des Schachkampfs, Einheit von statischer und dynamischer Stellungsbehandlung, Initiative, das Zusammenwirken der Streitkräfte als oberstes Gesetz der Schachstrategie, Probleme des Zentrumskampfs, Bedeutung typischer Bauernstrukturen und unbeweglicher Bauernketten, Stärken und Schwächen des Bauern, Angriff im Zentrum und am Damenflügel, das Spiel auf beiden Flügeln, Fragen der Stellungsbeurteilung und viele weitere Themen. Eine der umfangreichsten gedruckten Quellen dürfte wohl die Belgrader »Anthologie der Schach-Kombinationen« mit 2001 Kombinationsbeispielen sein. Vergleiche dazu den Abschnitt Strategie und Taktik im Literaturkapitel des Buches. Eigenständiges Taktiktraining lässt sich auch gut mit den üblichen Kombinationsaufgaben in Schachzeitschriften (ständige Rubriken) sowie mit Taktikdisketten und CD's üben.

Biographien informieren über den Lebensweg und das schachliche Schaffen der weltbesten Spieler aus Vergangenheit und Gegenwart. Sie sind Beispiel gebend beim Ausprägen eines persönlichen Stils und geben Auskunft über die historisch bedingten Denkweisen progressiver Meister und Schachschulen. Für das Studium eignen sich nach wie vor die klassischen biographischen Schriften und ausgewählten Partien von Aljechin »Auf dem Wege zur Weltmeisterschaft – 1923–1927« und »Meine besten Partien«; Barcza/Alföldy/Kapu: »Die Weltmeister des Schachspiels«; Euwe/Prins: »Capablanca, das Schachphänomen«; Fischer: »Meine 60 denkwürdigen Partien«; Hannak: »Dr. Emanuel Lasker – Biographie eines Schachweltmeisters«; Kotow: »Das Schacherbe Aljechins«, Bd. 1 u. 2; Réti: »Die Meister des Schachbretts«; Smyslow: »Ausgewählte Schachpartien«; Tartakower: »Tartakowers Glanzpartien«. Eine interessante Monographie verfasste Dr. Robert Hübner zum Lebensweg Weltmeister Aljechins (auf CD-ROM und Multimediaeffekten) mit allen verfügbaren 1700 Partien, davon 500 von Aljechin selbst und seinen Zeitgenossen kommentiert. Aus trainingsmäßiger Sicht sind die 25 von Hübner akribisch ausführlich und kritisch analysierten Partien besonders wertvoll. Das Anfertigen von Spielerporträts hervorragender Meister im Selbststudium wirkt motivierend, vermittelt neue Ideen, Muster und kann auch für ein Gemeinschaftstraining nutzbringend sein. F. Behrhorst sammelte gute Erfahrungen mit dieser Trainingsform im Spielstärkebereich von 1600 bis über 2400 Elopunkten. Beim Ausarbeiten eines Referats über Aljechin könnte der Spieler folgende Leitfragen durchdenken und beantworten wie »Wodurch läßt sich Aljechins Spiel charakterisieren? Wie bereitete er sich auf Capablanca vor und warum besiegte er ihn? Wähle einige von Aljechins kommentierte Partien aus, prüfe kritisch die Analysen und versuche Deine Antworten auf die ersten beiden Fragen zu belegen!« (A-Trainerarbeit 1994, S. 12).

Bulletins, Turnierbücher und Partiesammlungen werden zu allen bedeutenden nationalen und internationalen Schachwettkämpfen herausgegeben. In den Bulletins sind gewöhnlich sämtliche Partien unkommentiert abgedruckt. Das aktuelle Partienmaterial kann also sofort nach Turnierende gesichtet und eröffnungstheoretisch ausgewertet werden. Besonders wichtige Veranstaltungen wie Schacholympiaden, Weltmeisterschaftskämpfe und internationale Spitzenturniere

werden in Turnierbüchern gewürdigt. Immer häufiger werden Partien bei hochrangigen Wettkämpfen bereits während der Veranstaltung computermäßig erfasst und auf elektronischen Datenträgern gespeichert. Aktuelles Partienmaterial wird über das Internet (immer häufiger auch live) weitergegeben und kann somit umgehend von interessierten Spielern und Trainern für die Trainingsarbeit und Wettkampfvorbereitung genutzt werden. Für das Nachspielen und Analysieren von Partien, nach wie vor eine der effektivsten Trainingsformen, sind inzwischen riesige Datenbänke mit über einer Million Einzelpartien abrufbereit. Darin sind alle wichtigen Matchs, nationale und internationale Meisterschaften, Einladungsturniere, Offene Turniere, Länderkämpfe und Olympiaden integriert. Die Palette reicht von den ersten offiziellen Matchkämpfen im Jahr 1834 in London bis zu Wettkämpfen, die erst vor kurzem gespielt wurden. Tag für Tag kommen neue Partieaufzeichnungen hinzu.

Das Studium der **Fachzeitschriften** gehört zu den Pflichtübungen eines jeden leistungsorientierten Spielers. Um ständig die neuesten Entwicklungstendenzen und Trends auf dem Gebiet der Schachtheorie verfolgen zu können, ist es unerlässlich, regelmäßig aktuelle Partien, eröffnungstheoretische Abhandlungen, lehrreiche Endspiele und andere fachspezifische Artikel auszuwerten. Selbstverständlich müssen die für das eigene Repertoire relevanten theoretischen Neuerungen in die individuelle Eröffnungskartei aufgenommen werden. Es erscheint notwendig, mindestens eine Schachzeitung zu abonnieren, damit regelmäßig neue Partien und schachbezogene Informationen zugänglich sind. Wichtige nationale und internationale Fachperiodika sind im Kapitel »Literatur« enthalten.

Das sinnvolle Erfassen von Partien und eröffnungstheoretischen Abhandlungen aus verschiedenen Sprachen kann mit Hilfe eines Notationsschlüssels (Schema) relativ einfach vorgenommen werden.

	♔	♕	♖	♗	♘	♙
BULGARISCH	Ц	Д	T	O	S	
DÄNISCH	K	D	T	L	S	
DEUTSCH	K	D	T	L	S	
ENGLISCH	K	Q	R	B	Kt	P
FINNISCH	K	D	T	L	R	
FRANZÖSISCH	R	D	T	L	S	
GRIECHISCH	P	B	Π	A	I	

	♔	♕	♖	♗	♘	♙
HOLLÄNDISCH	K	D	T	L	P	
ISLÄNDISCH	K	D	H	B	R	
POLNISCH	K	H	W	G	S	
RUMÄNISCH	R	D	T	N	C	
RUSSISCH	Kp	Φ	Л	C	K	
SCHWEDISCH	K	D	T	L	S	
SERBISCH	K	D	T	L	S	
SPANISCH	R	D	T	A	C	P
TSCHECHISCH	K	D	V	S	J	
UNGARISCH	K	V	B	F	H	

Das Spezialisieren in der Eröffnungsphase

Weitere wertvolle Hilfsmittel für das individuelle schachliche Vervollkommnen sind das eröffnungsmäßige Spezialisieren, Anlegen von Eröffnungskarteien und regelmäßige Führen eines Wettkampfbuchs mit eigenen Partieauswertungen.

Ähnlich wie in den meisten Wissenschaftsdisziplinen ereignete sich auch auf schachtheoretischem Gebiet eine Wissensexplosion, die gleichzeitig eine Flut von Informationen auslöste. Diese Informationsflut zu bewältigen und die gewonnenen Erkenntnisse dem eigenen Repertoire zuzuordnen, gehört zu den schwierigsten Problemen des wettkampfmäßig tätigen Schachspielers. Nach Suetin ist »Das Eröffnungsrepertoire ... das Steuerruder, ohne dessen ausreichende Beherrschung man einfach von Kurs abkommt« (1988, S. 123).

Wer die Eröffnungsphase ohne Nachteil überstehen will, kommt nicht umhin, sich ein hohes Maß an eröffnungstheoretischem Wissen anzueignen. Das dürfte für Gedächtniskünstler wie Wassili Iwantschuk (und Harry Nelson Pillsbury in seiner Epoche) sowie die heutigen Computerprogramme, einschließlich »advanced chess«-Partien, keine Hürden sein; für alle anderen Schachspieler jedoch reichen die Gedächtniskapazitäten nicht aus. Da das Speichern universeller Eröffnungskenntnisse nicht möglich ist, bleibt keine Alternative übrig. Das schachliche Wissensgut muss eingeengt und die anzuwendenden Spielsysteme sollten stark reduziert werden. »Es lassen sich beispielsweise nicht alle Varianten des Scheveninger Systems der Sizilianischen Verteidigung und alle Partien einprägen, die zu diesem Thema gespielt wurden. Wenn man aber 30 bis 40 Stunden darauf verwendet, so kann man anhand der vollständigen Abhandlung über die Eröffnung die wichtigsten Abarten dieses Systems erlernen, die Hauptvarianten sowie ein Dutzend von Musterpartien in sein Notizbuch

übertragen und die Methode zur Gestaltung von typischen Stellungen in diesem System begreifen« (24 Lektionen von Garri Kasparow, 1986). Das sinnvolle Einengen der eigenen Spielmöglichkeiten nennt man »Spezialisieren«. Obwohl es gegen die bisherige Gedankenkette keinen stichhaltigen Einwand gibt, verstoßen immer wieder talentierte Spieler aus verschiedenen Gründen gegen das Prinzip der Spezialisierung. Sie schöpfen dadurch ihre leistungsmäßigen Potenzen nicht aus und hemmen unbewusst ihr Entwicklungstempo.

Betrachten wir im folgenden einige Faktoren, durch die das Spezialisieren vorteilhaft auf den ernsten Wettkampf einwirkt:

- Durch das Anwenden vertrauter Varianten wird eine größtmögliche Sicherheit in der Eröffnungsphase erlangt (Stärken des Selbstvertrauens und vermindertes Startfieber).
- Das Vorbereiten auf den Gegner während eines Turniers kann zugunsten anderer Faktoren, z. B. aktive und passive Erholung, stark reduziert werden.
- Die Spezifik der Partieanlage wird weitestgehend selbst bestimmt. So sind leichter individuell bevorzugte Stellungsbilder herbeizuführen.
- Psychische Kräfte und Bedenkzeiten werden eingespart und kommen anderen Spielphasen zugute. Das bietet die Gewähr, kritische Stellungen und erkannte Kulminationspunkte gründlicher analysieren zu können.
- In gewissen Situationen kann es zweckmäßig sein, zwangsläufige Zugfolgen mit Remistendenzen anzuwenden, die bis ins späte Mittelspiel reichen, und zwar bei körperlicher Indisposition, turniertaktischen und mannschaftsdienlichen Erwägungen sowie bei klar stärkeren Gegnern.

Welchen methodischen Weg soll der leistungsinteressierte Spieler im Sinne einer zweckmäßigen Spezialisierung einschlagen? Entsprechend der allgemeinen Entwicklungstendenz im Sport wird der Wissenserwerb und spezifische Ausbildungsprozess bereits ins frühe Kindesalter verlagert. Da die Reifezeit zu einem profilierten Schachmeister 12 bis 16 Jahre dauert, sollte die frühzeitige sportartspezifische Ausbildung besonders beachtet werden. Für die Eröffnungsschulung ergibt sich daraus die Konsequenz, dass beim jungen talentierten Spieler die Phase des ›Allroundspielens‹, des Probierens und Suchens nicht übermäßig ausgedehnt, sondern baldmöglichst mit einer zielgerichteten, systematischen Eröffnungswahl begonnen werden sollte.

☞ Den methodischen Weg des eröffnungsmäßigen Spezialisierens kennzeichnen drei Phasen:

1. Kennenlernen der wichtigsten Eröffnungs- und Verteidigungssysteme
2. Einfache oder »strenge« Spezialisierung
3. Erweiterte Spezialisierung.

Zu 1) Die Phase des Kennenlernens der gebräuchlichsten Eröffnungen fällt normalerweise in die Zeit der allgemeinen Grundausbildung im Kindesalter (6–10 Jahre). Nach Erreichen eines bestimmten Spielniveaus macht der Übungsleiter seine Schützlinge mit den drei Eröffnungsgruppen (offene, halboffene und geschlossene Systeme) bekannt. In dieser Altersstufe werden die Eröffnungen der ersten Gruppe, entsprechend ihrer vorwiegend taktisch-romantischen und vor allem verständlichen Partieanlage, dominierend sein. Beim Behandeln der Eröffnungssysteme genügt das Darlegen der eröffnungsspezifischen Grundidee und das Demonstrieren einer Hauptvariante.

Zu 2) Die Phase der einfachen Spezialisierung wird eingeleitet durch das willkürliche Sympathisieren mit gewissen Varianten. Temperament, Charaktereigenschaften, Vorbildwirkung von favorisierten Spielern und Trainern sowie bisherige Erfolgserlebnisse wirken hierbei stimulierend. Sehr von Nutzen ist zu diesem Zeitpunkt der Rat und das Beeinflussen durch einen Trainer oder erfahrenen Spieler, obwohl es nicht immer leicht fällt, die geeigneten Systeme zu empfehlen. In der Praxis vermitteln überwiegend die Trainer ihre eigenen Eröffnungssysteme ihren Schützlingen. Varianten und Zugfolgen sollten dabei nicht schematisch aus der Literatur kopiert werden, sondern es ist auf ihre grundlegenden strategischen Gedanken hinzuweisen. Es gilt vor allem, die Idee einer Eröffnung verstehen zu lernen! Damit kann jederzeit nachvollzogen werden, warum in einer Variante jeweils ein bestimmter Zug (und kein anderer) zu machen ist!

Methodisch beginnt man den ersten Schritt am zweckmäßigsten mit dem Zurechtlegen von Spezialverteidigungen als Nachziehender. Gegen die Hauptzüge **1.e4** und gegen **1.d4** wird je **eine** Verteidigung festgelegt. Auf 1.e4 nehmen wir beispielsweise Sizilianisch und gegen 1.d4 Königsindisch. Natürlich kann man auch beliebig andere Kombinationen wählen. Innerhalb der jeweiligen Verteidigung geht nun die Spezialisierung weiter. So heißt es aus der Vielzahl sizilianischer Varianten immer eine auswählen, die zur favorisierten Zugfolge bestimmt wird. Wir wählen also immer nur eine und zwar die am günstigsten erscheinende Zugfolge von Schwarz gegen **alle** weißen Möglichkeiten aus! In der Folge kommt es darauf an, auch gegen weitere Anfangszüge von Weiß 1.f4, 1.♘f3 und 1.c4 konkrete Erwiderungszüge zu finden. Aus ökonomischen Gründen kann man sich gegen 1.♘f3 und 1.c4, um bei dem angeführten Beispiel zu bleiben, ebenfalls königsindisch aufbauen.

Als Anziehender sollte man in jungen Jahren den Zug **1.e4** bevorzugen. Viele der daraus entstehenden Abspiele sind leichter, erklärbarer und geradliniger als die bisweilen schwer einschätzbaren positionell-strategischen Stellungen geschlossener Systeme. Zur einfachen Spezialisierung gehört weiterhin das Festlegen je einer Variante gegen alle sinnvollen Erwiderungszüge auf 1.e4, wie 1. ... e5, 1. ... e6, 1. ... c5, 1. ... c6, 1. ... d5, 1. ... d6, 1. ... ♘f6, 1. ... g6 und 1. ... ♘c6.

Dass selbst diese einfachste Form der Spezialisierung einen hohen Kraft- und Zeitaufwand erfordert, ergibt sich zwangsläufig aus dem hochentwickelten Stand der heutigen Schachtheorie. Allein in »erster Instanz« sind mindestens fünfzehn Eröffnungs- und Verteidigungsvarianten zu untersuchen, die jedoch erst die Ausgangsbasis nachfolgender Verästelungen ergeben. Gewöhnlich sind viele Jahre erforderlich, bis ein schlagkräftiges System von Angriffs- und Verteidigungswaffen geschmiedet werden kann. Erschwerend kommt hinzu, dass alle Systeme einem ständigen Erneuerungsprozess unterworfen sind, was ein ununterbrochenes Verfolgen und Auswerten der theoretischen Neuerungen in allen Fachveröffentlichungen gebietet.

Zu 3) Als höchste Stufe in der eröffnungstheoretischen Ausbildung gilt die erweiterte Spezialisierung. Wir verstehen darunter das aktive Beherrschen von 2–3 Eröffnungs- und 3–4 Verteidigungssystemen. Diese Form stellt ungemein hohe Wissensanforderungen an den Leistungsspieler und setzt darüber hinaus überdurchschnittliche Gedächtnisleistungen voraus. Die Hauptvorteile der erweiterten Spezialisierung sind:
– eigene größere eröffnungspsychologische Variationsbreite und

– Erschweren der gegnerischen Eröffnungsvorbereitung.

In der Praxis kann das Erweitern so vonstatten gehen, dass beispielsweise mit den weißen Steinen zum Zug 1.e4 der zweite Hauptzug 1.d4 hinzugenommen wird. Zu einem späteren Zeitpunkt lässt sich das Programm dann eventuell durch 1.c4 ergänzen.

Als Nachziehender beginnt man am zweckmäßigsten mit dem Variieren innerhalb des eigenen schon bekannten Verteidigungssystems. Z. B. verteidigt sich Kasparow gegen 1.e4 ausschließlich sizilianisch, wählt aber verschiedene Varianten wie die Najdorf-, Scheveninger- oder Sweschnikow-Variante. Der nächste Schritt wäre dann das Aufnehmen einer völlig neuen Verteidigung, z. B. nach Sizilianisch die Caro-Kann-Verteidigung oder Französisch etc. Das Erweitern des Repertoires hängt auch vom sich eventuell wandelnden Stil und wachsender Spielstärke ab. Jeder Trainer sollte regelmäßig prüfen, ob sein Schützling die zu seinem Spielstil passenden Eröffnungssysteme anwendet. Beispielsweise müsste ein taktisch orientierter Spieler gegen 1.d4 die Königsindische Verteidigung oder Modernes Benoni statt Klassischem Damengambit wählen.

In diese Phase fällt auch die Form des zeitweiligen Spezialisierens, das heißt, eine bestimmte Variante wird nur für eine begrenzte Zeit bzw. für ein entsprechendes Turnier oder bestimmte Gegner vorbereitet. Ein klassisches Beispiel dafür ist Bobby Fischers Vorbereitung auf die Schacholympiade 1966 in Havanna, in dem er die Spanische Abtauschvariante anwandte und drei Mal erfolgreich war.

Anlegen von Eröffnungskarteien (Organisationstechnische und methodische Aspekte)

Das praktische Umsetzen der eröffnungsmäßigen Spezialisierung wird mit Hilfe verschiedener Formen von Karteien realisiert. Obwohl der Begriff »Kartei« in seiner Vereinheitlichung für alle Formen des systematischen Erfassens der Eröffnungsvarianten nicht immer voll zutreffend erscheint, sollte er aufgrund seines verständlich-anschaulichen Sinngehalts als globale Bezeichnung weiter verwendet werden. Welche Arten sind bei einer Neuanlage zu empfehlen?

☞ Das Loseblatt-System

Überall dort, wo Unterlagen und Wissensgut gespeichert werden, setzte sich immer mehr die Form der Loseblatt-Sammlung durch. Diese ungeheftete Ablageart mit der rationellen Bedienungsweise bietet auch beim Aufbau einer modernen Eröffnungskartei günstige Möglichkeiten. Neben großformatigen A4-Blättern können gegebenenfalls sogar themabezogene Partien, Theorieartikel, Zeitungsartikel und Computerausdrucke eingefügt werden.

Für die Aufnahme des Loseblatt-Materials sind verschiedene Behälter verwendbar: Hänge- bzw. Pendelregistratur, Rollbox und Karteikasten.

Das Kernstück der Hänge- und Pendelregistratur bildet die Einstellmappe. Sie entspricht in ihrer Funktion dem Hefter, mit dem Unterschied, dass anstelle des Einheftens nur abgelegt wird. Die im Handel angebotenen Hängeregistraturen bestehen normalerweise aus vier übereinandergelegten Schüben, die gewöhnlich 160 Einstellmappen (möglichst farbig) d. h. etwa 10 000 Karteiblätter aufnehmen. Bei diesem beachtlichen Kapazitätsangebot verbleibt noch genügend Platz zum Unterbringen einer thematischen Partiensammlung. Da die ersten drei genannten Formen im Anschaffungspreis relativ hoch sind, empfiehlt sich für jugendliche Schachspieler das Nutzen von Karteikästen. Mit verhältnismäßig einfachen Mitteln wie farbigen Karteikarten, übersichtlichen Leitblättern und differenziert beschrifteten »Reitern«, kann schon ein vollwertiges Organisationsprinzip geschaffen werden. Das Loseblatt-System trägt vornehmlich stationären Charakter und hilft besonders für ein langfristiges Vorbereiten auf Turniere. Vor allem für den eröffnungstheoretisch stark geforderten Fernschachspieler bedeutet dieses System ein sinnvolles »Handwerkszeug«.

☞ Geheftete Ordnungsmittel

Als transportable Kartei eignen sich aufgrund ihrer festgefügten Struktur am besten die verschiedenen Hefter und Ordner in A4-Größe, zum Beispiel der Schnellhefter, Hebel- oder Ringordner, Klarsichtordner und Klemmrücken.

Wie beim Loseblatt-System erleichtert auch hier ein sauberes Beschriften und sorgfältig durchdachtes Gliedern das schnelle Auffinden der Varianten. Wohl kaum wird auf das Benutzen von Registern mit den dazugehörigen Deckblättern verzichtet werden können. Für das unmittelbare Vorbereiten auf den Gegner während eines Turniers sind geheftete und in Klemmmappen befindliche Karteien vorteilhaft zu verwenden. Auf keinen Fall sollen die Aufzeichnungen in den handelsüblichen festgefügten Büchern oder Schreibheften erfolgen. Die starre, nicht auswechselbare Form entspricht schon lange nicht mehr praktischen Erkenntnissen zur Wissensspeicherung. Auch das andere Extrem, die sogenannte »Haufenmethode«, wenn in eine Mappe alle Aufzeichnungen, Zettel, Partien und Ausschnitte gepackt werden, ist wegen seines unübersichtlichen Handhabens abzulehnen.

☛ Computergestützte »Karteien«

In der modernen eröffnungstheoretischen Arbeit wird zunehmend die Computertechnik mit ihren Hilfsfunktionen verwendet. So bietet ChessBase anwendungsfreundliche Programme, die bestimmte Funktionen, wie das Suchen und Zusammenfügen von gewünschten Eröffnungsvarianten abnehmen. Es können Positionsbäume erstellt, Eröffnungsreports abgefragt und eine Repertoiredatenbank zur Pflege des eigenen Repertoires angelegt werden. Schnell lassen sich repertoirerelevante Partien und theoretische Neuerungen in die eigene Datenbank integrieren. Trotzdem erachten wir es bei jungen Spielern für zweckmäßig, dass sie sich zunächst eine eigene »Eröffnungskartei« per Hand erarbeiten. Sie erhalten dadurch ein besseres Grundverständnis und Feeling für das jeweilige Eröffnungssystem und können ihre Unterlagen (in der Regel leicht transportierbare Schnellhefter) zu allen Wettkämpfen mitnehmen. Sollten Heimcomputer, Laptop oder Notebook darüber hinaus mit genutzt werden können, so erhöht sich natürlich der praktische Effekt im Eröffnungstraining.

☛ Beispiele zur methodisch-inhaltlichen Gliederung

An drei praktischen Beispielen soll noch einmal das Prinzip des Eliminierens, d. h. das Aussondern, Weglassen von nichtrelevanten Zügen für die entsprechende Variante, veranschaulicht werden. Um die spezifischen Unterschiede in der Anlage von Weiß und Schwarz besonders kenntlich zu machen, wurde in den ersten beiden Gliederungsschemata (Beispiel 1, 2) das gleiche Eröffnungsthema gewählt.

Hinweis: Beginn und Ende der skizzierten Variante sind identisch, aber zwischendurch sind die Zugfolgen verschieden. Hierbei wird der Unterschied zum lehrbuchhaften Darstellen verdeutlicht. In Beispiel 3 werden aus der Sicht des Nachziehenden noch ausführlicher Untervarianten gegen die weißen eventuell noch auszuführenden Züge angegeben.

Die hervorgehobenen Züge verfolgen geradlinig die als Beispiel angegebene Variante (**Fettdruck** = eigene ausgewählte bzw. vorbereitete Züge, <u>unterstrichen</u> = Beispielvariante der anderen Seite, v. = verschiedene Zugfolgen). Alle sinnvollen Erwiderungszüge werden in der Kartei auf einem neuen Leitblatt erfasst und bilden die Grundlage für weitere Verzweigungen. Um Wiederholungen bei Zugumstellungen zu vermeiden, ist es ratsam, entsprechende Vermerke anzubringen.

Beispiel 1   *Spezialisieren als Anziehender*

1.e2-e4 gegen Sizilianisch

1.e2-e4 <u>c7-c5</u> **2.♘g1-f3**
2. ... ♘c6 <u>2. ... d6</u> 2. ... e6 2. ... ♘f6 2. ... g6 2. ... a6 2. ... v.

Schema gegen das Najdorf-System (3.d4 <u>cxd4</u> 4.♘xd4 <u>♘f6</u> 5.♘c3 <u>a6</u>)

6.♗g5	♘bd7	**8.♕f3**	h6	**11.♗xf6**	gxf6
6. ...	<u>e6</u>	8. ...	v.	11. ...	♗xf6
		8. ...	♕c7	11. ...	<u>♘xf6</u>
7.f4	b5				
7. ...	♕b6	**9.0-0-0**	0-0	**12.g5**	<u>♘d7</u>
7. ...	h6	9. ...	<u>♘bd7</u>		
7. ...	♘bd7			**13.f5**	♗xg5+
7. ...	<u>♗e7</u>	**10.g4**	<u>b5</u>	13. ...	♘c5 usw.

Beachte: ☛ Da die Sizilianische Verteidigung aus mehreren Varianten besteht, müsste nun mit Weiß je eine Zugfolge gegen 2. ... ♘c6, 2. ... e6, 2. ... ♘f6, 2. ... g6 und 2. ... a6, so wie gegen das Najdorf-System, erarbeitet werden.

Beispiel 2   *Spezialisieren als Nachziehender*

Najdorf-System gegen 1.e2-e4

1. ...	**c5**	5.f3	...		**8.♕f3**	**♕c7**
2.♘c3	...	**5.♘c3**	**a6**			
2.d4	...				**9.0–0–0**	**♘bd7**
2.f4	...	6.h3	...			
2. v.	...	6.g3	...		**10.g4**	**b5**
2.♘f3	**d6**	6.f4	...			
		6.♗e2	...		**11.♗xf6**	**♘xf6**
3.♗b5	...	6.♗c4	...			
3.c3	...	6.♗e3	...		12.g5	**♘d7**
3.♗c4	...	6.a4	...			
3. v.	...	**6.♗g5**	**e6**		13.a3	...
3.d4	**cxd4**				13.f5	**♘c5**
		7.♕f3	...			
4.♕xd4	...	7. v.	...			
4. v.	...	7.f4	**♗e7**			
4.♘xd4	**♘f6**					

Anmerkung: Hervorheben von Zügen durch farbige Filzstifte oder Kugelschreiber sowie Kenntlichmachen typischer Stellungsbilder mittels Eindrucken von Diagrammen fördern nicht nur die Übersichtlichkeit, sondern stimulieren auch die eröffnungstheoretische Forschungsarbeit als freudbetonte Beschäftigung.

Über den Wert einer Kartei soll folgende kleine Episode Auskunft geben. Großmeister Wolfgang Uhlmann berichtete über den bitteren Verlust seiner Eröffnungskartei während der Anreise zum Turnier nach Marienbad 1965: »Auf der Bahnfahrt von Prag nach Pilsen traf ich gute alte Freunde, die mich in meinem Abteil entdeckten. Der unvergessene Paul Keres, Wasja Pirc und Karel Opočenzský. Natürlich war das Hallo groß, und wir begaben uns gemeinsam zum Speisewagen. Ich saß allein im Abteil, nahm aber in meiner Naivität an, dass ich mein Gepäck durchaus eine Weile unbeaufsichtigt lassen könne, zumal der Zug in der Zwischenzeit nicht halten würde. Um so größer war der Schock, als ich nach meiner Rückkehr vergebens nach meinem Reisegepäck suchte. Mein Koffer, meine Aktentasche und mein Mantel waren während der Fahrt gestohlen worden! Am schmerzlichsten war neben dem materiellen Schaden der Verlust meiner Schachkartei. Die Aufzeichnungen jahrelanger analytischer Arbeit waren verloren. Was nun?« (Schach 11/1999, S. 64).

📖 **Das Führen eines Wettkampfbuchs**
Zum planmäßigen Arbeiten im Schach gehören auch die regelmäßigen Aufzeichnungen im Wettkampfbuch. Der Wert und die Bedeutung dieses wichtigen trainingsunterstützenden Mittels kommen in folgenden Aspekten zum Ausdruck:
■ *Anregen zur systematischen schachlichen Tätigkeit*
Das zielstrebige Nutzen des Wettkampfbuchs weist besonders dem leistungsinteressierten jungen Spieler die ersten Schritte zum wissenschaftlich betriebenen Selbststudium im Schach. Beim gründlichen und allseitigen Bewerten der eigenen Spielpraxis können rechtzeitig die Fehler in den leistungsbestimmenden Faktoren erkannt und Maßnahmen zum Ausmerzen der Schwächen eingeleitet werden.
■ *Analysieren und Einschätzen der eigenen Wettkampfpartien (WP)*
Das Analysieren der eigenen Partien bildet einen wesentlichen Teil des schachlichen Vervollkommnens. Im Gegensatz zu den komplizierten Auswertungen in anderen Sportdisziplinen mit erheblichem technischen Aufwand (Foto, Filmschleifen, Beobachtungs- und Messgeräte) bietet die Notation auf dem Spielformular im Schach günstige Voraussetzungen einer umfassenden Einschätzung aller Partiephasen.
■ *Kontrollmöglichkeit bei Spitzenspielern und talentierten Jugendlichen über ihr Leistungsvermögen*

Pirc-Verteidigung gegen 1.e2-e4

1.e4 d6   2.d4 ♘f6   3.♘c3 g6
I. 4.f4   II. 4.♘f3   III. 4.♗g5   IV. 4.f3   V. 4.♗f4   VI. 4.♗e2   VII. 4.g3

I. 4.f4 ♗g7
    5.e5 dxe5   6.dxe5 ♕xd1+   7.♔xd1 ♘fd7   8.♘d5 ♔d8→
                    6.fxe5 ♘d5→
    5.♘f3 c5   6.dxc5 ♕a5   7.♗d3 ♕xc5   8.♕e2 0–0→
                          7.♕d3 ♕xc5   8.♗e3 ♕a5   9.♘d2 0–0→
                    6.♗b5+ ♗d7   7.e5 ♘g4   8.e6 ♗xb5   9.exf7+ ♔d7
                                                                10.♘xb5 ♕a5+
                                                              11.♘c3 cxd4
                                                               12.♘xd4 ♗xd4!→

II. 4.♘f3 ♗g7
    5.♗e2 0–0   6.0–0 ♘c6   7.d5 ♘b8 (Δ c7-c6)→
                                7.h3 e5→

III. 4.♗g5 h6
    5.♗f4 ♗g7   6.h3 c5   7.dxc5 ♕a5   8.♕d2 ♕xc5   9.♗e3 ♕a5→
                    6.♕d2 g5   7.♗e3 ♘g4→
                                7.♗g3 ♘h5→
                    6.♗e2 c5   7.e5 ♘h5→
                    6.♘f3 c5   7.e5 ♘h5→

IV. 4.f3 c6
    5.♗e3 ♘bd7   6.♕d2 ♗g7   7.♗h6 ♗xh6   8.♕xh6 b5   9.♗d3 e5→
                                                             9.0–0–0 ♕a5
                                                              10.♔b1 ♘b6
                                                               11.♘h3 ♗xh3
                                                              12.♕xh3 ♘a4→

V. 4.♗f4 ♗g7
    5.♕d2 ♘c6   6.0–0–0 e5   7.dxe5 dxe5   8.♕xd8+ ♘xd8   9.♗g5 c6→
                    6.d5 e5   7.dxc6 exf4   8.♗b5 0–0→
                                7.♗e3 ♘b8→

VI. 4.♗e2 ♗g7
    5.h4 ♘c6   6.♗e3 e5   7.d5 ♘d4→
                  6.h5 ♘xh5   7.♗xh5 gxh5   8.♗e3 e5→
    5.♗e3 c6   6.h4 ♕a5   7.♕d2 h5→
    5.g4 ♘c6   6.g5 ♘fd7   (Δ e7-e5)→

VII. 4.g3 ♗g7
    5.♗g2 0–0   6.♘ge2 c6   7.0–0 e5→
                    6.♘f3 c5   7.0–0 cxd4   8.♘xd4 ♗g4→

Beachte: Im Schema wurden nur alle sinnvollen Züge beider Seiten aufgenommen.
Der Pfeil (→) bedeutet das Fortsetzen der ausgewählten Variante mit Schwarz.

Durch das Erfassen aller Wettkampfpartien entsteht die Form eines jederzeit überschaubaren und kontrollierbaren Leistungsprotokolls. Bei Einladungen zu Lehrgängen, Fördermaßnahmen, Kadernominierungen, Aufstellen von Auswahlmannschaften, Erarbeiten von Bestenlisten und zum Erfassen bestimmter Auswahlkriterien helfen die speziellen Eintragungen im Wettkampfbuch beim objektiven Bewerten.

■ *Selbstkontrolle des Spielers*
Der Wettkampfspieler erkennt beim regelmäßigen Führen sein Leistungsvermögen genauer und kann dadurch besser Misserfolge und Leistungsschwankungen einschätzen. Da ernste Wettkampfpartien bis zu einem gewissen Grad das »psychologische Ich« widerspiegeln, sind Rückschlüsse auf Trainingsgestaltung, psychische Willens- und Charaktereigenschaften sowie bestimmte Verhaltensweisen, besser zu erklären. So können immer wiederkehrende Fehler in gewissen Partiephasen, mangelhafte Zeiteinteilung, technische Unzulänglichkeiten, Konditionsschwächen in der letzten Spielstunde u. a. schnell erkannt und zielbewusst beseitigt bzw. verbessert werden.

■ *Registrieren aller Wettkampfpartien und gehaltvollen Trainingspartien*
Im Prinzip werden alle unter wettkampfmäßigen Bedingungen gespielten Partien erfasst. Damit ist der chronologische Entwicklungsweg eines Spielers präzis fixiert. Aus verschiedenen Gründen kann es sich als ratsam erweisen, auch gehaltvolle Trainingspartien mit verkürzter Bedenkzeit, Fernpartien und Beratungspartien mit aufzunehmen. Das summarische und ergebnismäßige Zusammenfassen aller Wettkampfpartien für die statistische Jahresauswertung kann durch das übersichtliche Auflisten relativ einfach erfolgen.

Methodisch-inhaltliche Hinweise zur Anlage eines Wettkampfbuchs

Die bisherige jahrzehntelange praktische Erprobung zeigte, dass DIN A4 oder A5 Bücher (liniert oder kariert) mit Leinenschutzumschlag dafür gut geeignet sind.

Inhaltliche Aufgliederung

Seite 1:
Kurze persönliche Charakteristik
Geburtstag und -ort, Wohnanschrift, Schule, Beruf, Vereinszugehörigkeit, Ratingzahl bzw. DWZ, wann wurde das Schachspielen erlernt? Name des Übungsleiters bzw. Trainers.

Ab Seite 2:
Eintragen der Wettkampfpartien und Auswertungen
Die in chronologischer Folge eingetragenen Angaben zu den gespielten Partien stellen das Kernstück des Buchs dar. Naturgemäß verlangen besonders die Überlegungen bei der Rubrik »Einschätzung der Partie« eine sorgfältige und selbstkritische Stellungnahme durch den Spieler. Parallel zum Wettkampfbuch werden alle Originalformulare oder Kopien gesammelt (in A5-Schnellheftern oder Klemmmappen) und gleichlaufend nummeriert. Als nützlich erweisen sich Analysen und Korrekturen sofort nach der Partie, möglichst abgestimmt mit dem Gegner.

Das Registrieren der Partien geschieht nach folgenden Gesichtspunkten (siehe auch das Muster der Kopfleiste mit den Beispielen):

Linke Seite des aufgeschlagenen Buchs

■ Nummerieren der Partien (in Übereinstimmung mit den gesammelten und abgehefteten Partieformularen)
■ Tag des Wettkampfs oder Turniers
■ Name des Gegners
■ ELO/DWZ des Gegners
■ Brett/Runde (Bei Mannschaftskämpfen wird das Brett und bei Einzelturnieren die jeweilige Runde eingetragen)
■ Veranstaltung (Ort und Art des Wettkampfs, z. B. Kreisklasse, Bezirks-, Landes-, Verbands-, Ober- oder Bundesliga, bzw. Einzelturniere wie U10, U12, U14, U16, U18, Einladungsturniere, Open, Landesmeisterschaften, Deutsche Meisterschaften, internationale Turniere, EM und WM)
■ Farbe (Weiß oder Schwarz)
■ Eröffnung (Genaue Eröffnungsbezeichnung möglichst mit Variantenangabe)
■ Anzahl der Züge
■ Zeit (Verbrauchte Bedenkzeit, auch die des Gegners, z. B. 2 : 30)
■ Ergebnis (Gewinn 1, Verlust 0, Remis 1/2)

Rechte Seite des Buchs

■ *Spielbedingungen* (Hier soll festgehalten werden, unter welchen Voraussetzungen der Wettkampf stattfand und welche Faktoren bestimmend auf das Spielergebnis einwirkten (z. B. Spiellokal ungeheizt oder zu warm, Unruhe im Turniersaal, schlechte Beleuchtung, unsachgemäßes Spielmaterial, technisch-organisatorische Mängel, kein Schiedsrichter anwesend,

Linke Seite eines ausgefüllten Wettkampfbuchs (Daniel Werner)

Nr.	Tag	Gegner	ELO/ DWZ	Brett Rd.	Veranstaltung	Farbe	Eröffnung	Züge	Zeit Std.	Ergebnis
174	31.10.	Weiß	DWZ 1908	7	Jugendopen Erfurt	W	Französisch	48	1:37	1
175	12.11.	IM Salow	DWZ 2280	1	Schwerin Open	S	Sizilianisch B99	43	W 0:55 S 0:65	0
176										

Rechte Seite eines ausgefüllten Wettkampfbuchs

Spielbedingungen	Einschätzung der Partie
Gute Spielbedingungen, große Halle	Gegner verbrauchte in EP viel Zeit, da er sie nicht gut kannte; ich kam nach der Eröffnung in Vorteil und gewann im Mittelspiel die Qualität
Spiellokal war o. K., viele Zuschauer anwesend	In EP verbrauchten wir wenig Zeit, Variante war uns gut bekannt; durch Figurenopfer von Weiß war ich sehr aufgeregt, verlor die Dame gegen Turm, Läufer und Springer bei schlechterer Königsstellung

körperlich indisponiert, störende Gedanken, Kopfschmerzen, Nervosität u. a.)

■ *Einschätzung der Partie* (Das analytische Einschätzen muss besonders die vorhandenen Fehler und Ungenauigkeiten erkennen lassen. Charakteristische Merkmale einer gründlichen Auswertung können u. a. sein: Wie wurde die Eröffnungs-, Mittelspiel- und Endspielphase behandelt? Wer ist von der Theorie abgewichen (ab welchem Zug)? War die eigene Spielführung plangerecht oder inkonsequent? Wie wurde die Bedenkzeit eingeteilt (mangelndes Zeitgefühl)? Trat Zeitnot auf? Häufige Remisangebote des Gegners? Art des Verlustes wie Matt, Aufgabe, ZÜ, Disqualifikation. Alle diese Faktoren werden natürlich nicht in einer Partie vorkommen. Sollten viele davon zutreffen, dann muss man sich aus Platzgründen auf das Wesentliche beschränken, zumal ja andererseits verschiedene Auswertungsfaktoren bereits auf dem Spielformular vermerkt werden können. Theoretische Neuerungen sind in die eigene Eröffnungskartei aufzunehmen.

Ab Buchmitte beginnen:
Schachsportlicher Werdegang (Turnier- und Wettkampfleistungen)
Hier soll möglichst lückenlos die eigene leistungsmäßige Entwicklung ausgewiesen werden. Alle Turnier- und Wettkampfleistungen können chronologisch in einer dafür vorgesehenen Tabelle mit Angaben über den *Zeitraum, Art der Veranstaltung, Spielort, Kategorie oder Art des Turniers, erreichter Platz bei Teilnehmeranzahl, Punkte, gespielte Partien und Performance, Normen oder Qualifikationen* eingetragen werden (siehe Beispiel Jennifer Sdunzik S. 110 unten)

Jahresauswertung
Nach jedem Jahr (Kalenderjahr) vermittelt eine untergliederte Wettkampfauswertung wertvolle Erkenntnisse über Erfolge oder Misserfolge hinsichtlich der leistungsmäßig unterschiedlichen Wettkampfgegner sowie der Ergebnisse als An- und Nachziehender. Vgl. auf Seite 111 stehendes Beispiel-Schema für Nachwuchsspieler mit Farbaufteilung, wobei für Spieler höherer Leistungsstufen auch höhere Ratingwerte in der linken Spalte vorzusehen sind.

Es sei noch bemerkt, dass ein sorgfältig geführtes Wettkampfbuch den leistungsorientierten Schachspieler nicht nur in der Trainingsarbeit voran bringt, sondern ihm auch Freude und Genugtuung über seinen sportlichen Werdegang bietet. Das schließt ein computergestütztes Erfassen/Registrieren und Auswerten auf einer speziell dafür eingerichteten Datenbank nicht aus.

Aus Zeit- und Platzgründen können folgende Symbole und Abkürzungen für Eintragungen ins Wettkampfbuch verwendet werden:

±	Weiß steht etwas besser	x	schwacher Punkt
±	Weiß steht besser	⊥	Endspiel
+−	Weiß hat entscheidenden Vorteil	⊞	Läuferpaar
∓	Schwarz steht etwas besser	◾	gleichfarbige Läufer
∓	Schwarz steht besser	◪	ungleichfarbige Läufer
−+	Schwarz hat entscheidenden Vorteil	8	Doppelbauer
=	Stellung ist ausgeglichen	∞	verbundene Bauern
∞	Stellung ist unklar	o..o	vereinzelte Bauern
⪧	Weiß hat Kompensation für das Material	*	Zeit
⪦	Schwarz hat Kompensation für das Material	L	mit
⊂	Entwicklungsvorsprung	⌐	ohne
○	Raumvorteil	−	siehe
→	mit Angriff	ch	Meisterschaft
↑	mit Initiative	m	Match
⇄	mit Gegenspiel	corr.	Fernschachpartie
⊙	Zugzwang	EP	Eröffnungsphase
++	matt (oder #)	M	Mittelspiel
!	guter Zug	KTL	König-Turm-Läufer-Endspiel
!!	ausgezeichneter Zug	KDB	König-Dame-Bauer-Endspiel
!?	interessanter Zug	(=), RA	Remisangebot
?	schwacher Zug	ZN	Zeitnot
??	grober Fehler	ZÜ	Zeitüberschreitung
?!	zweifelhafter Zug	Vert.	Verteidigung
~	beliebiger Zug	V.	Variante
Δ	mit der Idee	ECO	Eröffnungskode (Enzyklopädie-Index)
□	einziger Zug		
⌒	besser ist		
N	Neuerung		
↗	Diagonale		
⇔	Linie		
«	Königsflügel		
»	Damenflügel		

(Weitere Beispiele ⇨
Kap. 11.3 Abkürzungsverzeichnis)

Zeitraum	Veranstaltung	Ort	Kategorie DWZ/ELO	Platz (Teiln.)	Pkt.	Part.	Performance/ Normen
28.01–01.02.00	Landesmeisterschaft U14 Mädchen	Guben		1 (8)	6 ½	7	Qualifikation für DEM Mädchen
08.–12.02.00	Open (Männer)	Friedrichsroda		39 (40)	2 ½	9	
März 2000	Landesliga Frauen	Torgelow			1	1	
20.–23.04.00	11. Osterturnier	Potsdam		51 (68)	3	7	
05.–08.05.00	Deutsche Schulschach MM	Wurmannsquick		1(13)	4 ½	7	Deutscher Meister
03.–11.06.00	DEM U14w	Überlingen		4–6 (24)	5 ½	9	Zielstellung erreicht

Beispiel Jennifer Sdunzik 1. Halbjahr 2000

Jahresauswertung

Gegner ELO/DWZ	mit Weiß			mit Schwarz			insgesamt		
	+	=	–	+	=	–	+	=	–
2405 → höher									
2305–2400									
2205–2300									
2105–2200									
2005–2100									
1905–2000									
1805–1900									
1705–1800									
1605–1700									
1505–1600									
1405–1500									
1305–1400									
1205–1300									
1105–1200									
1000–1100									
unter 1000									
insgesamt									

3.2.2.2 Praxis orientierte Trainings-formen und Wettkämpfe

Training und Wettkampf sind die beiden wichtigsten Komponenten in der sportlichen Entwicklung eines Spielers, wobei das Trainieren als Treppe auf dem Weg zur Leistung oder zum Olymp angesehen werden kann. Das leistungsorientierte Training ist nicht Selbstzweck. Schließlich nützt niemand die Rolle eines »Trainingsweltmeisters«. Gefragt sind leistungsstarke und wettkampfstabile Spitzenspieler, die fähig sind, ihr schachliches Spezialwissen sowie ihre Trainingspotenzen voll in die Wettkampfpartien zu übertragen.

Unterschiede zwischen Training und Wett-kampf lassen sich in zehn Punkten kennzeichnen:

1. Wettkämpfe sind für Aktive und Trainer bedeutsamer, da gewöhnlich auch anwesende Zuschauer dem Spielverlauf beiwohnen, Partien durch Medien dokumentiert, in Zeitungen und Zeitschriften veröffentlicht werden ggf. Übertragungen in Rundfunk, Fernsehen und Internet erfolgen. Der Wettkampf erlangt eine gesellschaftliche Wertung.
2. Beim Wettkampf wird deutlich, ob der trainingsmäßige Weg mit seinen Mühen und Zeitaufwänden richtig war.
3. Im Unterschied zum Training können Wettkämpfe zu nationalen und internationalen Ti-telehren, höheren Leistungsstufen oder Wertungszahlen verhelfen und nicht zuletzt Preise gewonnen werden.
4. Bei Wettkämpfen gibt es stets einen »Gegner«, der in Wechselwirkung spielerisch und psychologisch bekämpft wird. Ungenauigkeiten und Fehler werden sofort bestraft.
5. Bei offiziellen Wettbewerben wacht ein Schiedsrichter über den Partieverlauf und nimmt u. U. positiv oder negativ Einfluss auf das Wettkampfgeschehen.
6. Während man im Training mehrfach die Möglichkeit besitzt eine Eröffnungsvariante zu untersuchen, eine kombinatorische Übung zu lösen oder ein Endspiel zu studieren, reduzieren sich in einer Wettkampfpartie alle Gegebenheiten auf nur einen »Versuch«.
7. Jede wettkampfmäßig gespielte Partie ist zeitlich limitiert, was leistungsmindernden Zeitdruck bis zur Zeitnot mit sich bringen kann.
8. Alle Wettkampfsituationen müssen allein und ohne Hilfe von Trainern bewältigt werden. Höhere Entscheidungsfähigkeit und Konzentrationskraft ist gefordert.
9. Wettkämpfe können unter ungewohnten oder ungünstigen tageszeitlichen, klimatischen Bedingungen, Lichtverhältnissen etc. stattfinden.

10. Die Wettkampfatmosphäre bringt eine insgesamt höhere nerval-psychische Anspannung mit sich, was zu einer Verzerrung der normalen Leistungsfähigkeit führen kann.

Damit alle Trainingspotenzen auch voll wettkampfwirksam werden, ist ein möglichst vielseitiges, dem bevorstehenden Wettkampf nahe kommendes Training, anzustreben.

Die praktischen Trainingsformen unterteilen sich in das wettkampfnahe Training und in Trainings- und Wettkampfpartien. Wettkampfpartien werden in diesem Bezug vornehmlich unter dem trainings- und leistungsaufbauenden Aspekt gesehen. Praktische Kämpfe können bekanntlich entsprechend ihrer Zielsetzung oder des Einordnens in den Leistungsaufbau (Individueller Trainingsplan) für den jeweiligen Sportler entweder mehr zum Training oder Wettkampf tendieren. Hinsichtlich Trainingshäufigkeit und -intensität sind die Worte des erfahrenen Trainers und Seniorenweltmeisters Alexej Suetin nicht zu unterschätzen: »Im Training sollte man nicht den Hunger stillen, sondern den Appetit anregen für die eigentlichen Schachwettkämpfe!«

Das wettkampfnahe Training trägt vornehmlich zum Verbessern der Leistungsdispositionen (spezielle schachliche Fähigkeiten) bei. Wir verstehen darunter alle wettbewerbsmäßig ausgeübten Trainingsformen, die vom normalen Wettkampfschach mit den reglementierten Bedenkzeitbedingungen z. B. 40 Züge in zwei Stunden (zuzüglich Zeitkontrolllimiten) abweichen. Obwohl mit dem Reduzieren der Bedenkzeiten der Trainingseffekt sinkt, gebührt jeder wettkampfnahen Trainingsform eine bestimmte Beachtung, die vor allem in der Zeitökonomik begründet liegt. Entsprechend den trainingsmäßigen Zielsetzungen gliedert sich das wettkampfnahe Training in Partien mit verkürzter Bedenkzeit, praxisorientierte Formen der strategischen sowie der Kombinations- und Endspielschulung.

Trainingspartien mit verkürzter Bedenkzeit tragen ganzheitlichen Charakter. Sie werden einmal mit vorgegebener Züge- und Zeitbegrenzung und zum anderen ohne Zügebegrenzung, aber mit Gebrauch der Schachuhr gespielt. Wertvolle Formen mit Züge- und Zeitbegrenzungen sind 30 (40) Züge in 60 Minuten. Differenzierten Trainingseffekt erzielen Partien mit Hilfe der Schachuhr, aber ohne Zügenotation in Form des Schnell- und Blitzschachs mit je 60, 45, 30, 20, 15, 10, 7 $\frac{1}{2}$, 7 und 5 Minuten Bedenkzeit. Partien mit verkürzter Bedenkzeit zwingen zum schnelleren Denken und

können als Training gegen die Zeitnot empfohlen werden. Bei Lehrgängen der deutschen Spitzenspieler werden vorzugsweise Trainingspartien mit 30, 20 oder 5 Minuten Bedenkzeit gespielt. Als besonders effektiv hat sich das praktische Erproben von Eröffnungsanalysen herausgestellt. Mit zunehmender Computerisierung werden Trainingspartien und Matchs gegen Spielprogramme immer bedeutsamer. Der Trainingspartner zu Hause auf dem Bildschirm oder mit Hilfe eines Electronic Chess Board (DGT-Brett) ist nicht nur ein praktikabler, sondern inzwischen auch leistungsstarker Sparringspartner. Während in nicht allzu früher Vergangenheit die Computer den menschlichen Spielern ungenügend Spielkraft entgegenzusetzen vermochten, droht die technische Entwicklung diesen Prozess ins Gegenteil zu kehren. Bereits 1998 musste der damalige Dritte der Weltrangliste, Wladimir Kramnik, nach ausführlichen Testpartien mit verkürzter Bedenkzeit gegen Junior 5 (400 MHz, Pentium II mit 128 MByte RAM und Fritz Powerbook) eingestehen: »Es ist heute sehr schwer, gegen einen guten Computer Blitz zu spielen. Man muss in hohem Maße konzentriert sein. Und es ist psychologisch schwer, weil man weiß, dass der Gegner niemals patzen wird. Auch eine Gewinnstellung zu gewinnen bedeutet harte Arbeit. Ich glaube, es wird in naher Zukunft ein Programm geben, das in Fünf- und Zehnminutenpartien jeden Menschen schlagen wird« (CSS 05/1998, S. 18). Die Nachfolgeversion Junior 6 erzielte beim Superturnier »Dortmund 2000« (Kategorie XIX) unter normaler Bedenkzeitregelung mit 4½ Punkten aus neun Partien (Performance 2702!) erstmals eine GM-Norm.

Bei den **Formen der strategischen Schulung** werden ausgewählte Partiestellungen vorgegeben. Thematisch unterscheiden wir

– das Spielen bestimmter strategischer Bauernstrukturen bzw. Figurenkonstellationen

– das Ausspielen gleicher Stellungen

– das Spielen von Stellungen, die sich nicht mehr im Gleichgewicht befinden.

Hierbei können auch entstandene vorteilhafte Partiestellungen zum Weiterspielen verwendet werden, die aus der Wettkampfpraxis der eigenen Trainingsgruppe stammen. Gegebenenfalls sind vorzeitig remis gegebene Positionen weiter spielen zu lassen.

Zur **Ausbildung taktischer Fähigkeiten und Fertigkeiten** verhelfen das

– Lösen vorgegebener taktisch orientierter Stellungsbilder auf dem Normalschachbrett

– Lösen von Stellungsbildern vom Demonstrationsbrett ohne Benutzen des Schachbretts
– Lösen vorgezeichneter Stellungsbilder von Arbeitsblättern
– Lösen von Diagrammbildern, die mittels Overheadprojektor und Video Beamer gezeigt werden
– Lösen vorgegebener Stellungsbilder unter wettkampfnahen Bedingungen (mit Nutzen der Schachuhr bei unterschiedlicher Bedenkzeitvorgabe)
– Lösen von Taktikaufgaben ohne Ansicht des Bretts nach Ansage der Stellung durch den Trainer. Diese schwierige Form nur für Fortgeschrittene geeignet.

Das **Schulen von Endspielfertigkeiten** richtet sich vornehmlich nach dem Leistungsgrad der Übenden. Während das Trainieren standardisierter Lehrendspiele und Studien dem bereits Höherklassifizierten vorbehalten bleibt, tragen »Minipartien« mit Endspielcharakter, wie König und Bauern gegen König und Bauern; König, Turm und Bauern gegen König, Turm und Bauern; König, zwei Springer und Bauern gegen König, zwei Springer und Bauern sowie beliebig anders zusammengesetzte Figurenkonstellationen, wesentlich zum Erlernen und Festigen der Endspielkenntnisse von Anfängern bei.

Internettraining und Trainingspartien im Netz gewinnen immer stärker an Bedeutung. Ein vielfältiges Angebot an Trainingslektionen, Partieanalysen und Trainingspartien bieten allen Spielern ohne Heimtrainer eine ausgezeichnete Alternative (vgl. Kapitel 9.8 Internetadressen für Training, Wettkämpfe und Informationen).

Nicht zu unterschätzende Bedeutung für das Schulen allgemeiner Spielfertigkeiten können **Simultan- und Handicappartien** erlangen. Ihnen wurde im Trainingssinne noch nicht die gebührende Aufmerksamkeit beigemessen, obwohl bereits Aljechin in seiner Weltmeisterschaftsvorbereitung gegen Capablanca hervorhob: »Sie sind in eröffnungstheoretischer und technischer Beziehung eine wertvolle Schule für die ernste Einzelpartie. Zwar hat der Meister im Simultanspiel gewöhnlich mit wesentlich schwächeren Gegnern zu rechnen, doch tritt hier das Sprichwort ›Viele Köpfe, viele Sinne‹ in sein Recht. Auch unter den schwächeren Gegnern finden sich immer welche, die im gegebenen Augenblick das Richtige treffen, schlaue Paraden entdecken und überraschende Wendungen herbeiführen und den Meister auf neue Gedanken bringen, während andere wieder

durch unsachgemäßes Verhalten Gelegenheit geben, sich in der Ausnutzung gegnerischer Unterlassungen zu schulen« (1955, S. 1).

In ähnlicher Weise tragen auch die **Beratungspartien** zur wettkampfnahen Trainingsgestaltung bei. »Hier spielt der Meister entweder allein gegen eine Gruppe oder selbst innerhalb einer Gruppe gegen eine andere. In beiden Fällen hat er es gewöhnlich mit erfahrenen Spielern zu tun, die ihn zur Vorsicht und Vertiefung zwingen. Der grundlegende Unterschied zwischen der Einzelpartie bleibt jedoch bestehen: Sowohl die Gegner als auch die Helfer können durch die Verschiedenheit der Auffassungen wie des Temperaments die Gedankengänge des Meisters beeinflussen und seine Erfahrungen bereichern« (ebenda). Beratungspartien können auch von ungefähr gleichstarken Gruppen gegeneinander und unter Vorgabe eines bestimmten Themas gespielt werden.

Mit Hilfe der **Trainingsmethode des ›lauten Denkens‹** können am Beispiel gut kommentierter Welt- oder Großmeisterpartien Defizite und typische Fehler im Vorausberechnen verbal erkannt, durch den Trainer thematisiert und entsprechend bekämpft werden. Schachspezifische Gedankengänge werden von zwei Spielern geäußert und durch einen Trainer registriert. Zu bevorzugen sind aufgrund ihres leichteren Verständigungsgrads taktisch orientierte Partien. Bei dieser Methode kann auch die vom Spieler praktizierte Art der Stellungsbeurteilung und Variantenberechnung herausgehört und beurteilt werden. Gegebenenfalls ist durch den Trainer auf Blumenfelds Forderung zu verweisen: die geplante Fortsetzung (Zugfolge) noch einmal Zug für Zug zu überdenken, denn die visuelle Wahrnehmung ist aussagekräftiger als die gedanklich vorausberechnete. Damit wird auch die jeweils neu entstandene Stellung unter einem anderen, aktuelleren Blickwinkel betrachtet. Schon 1939 nutzte der Psychologe De Groot die Form des lauten Denkens zum Rekapitulieren von Schachpositionen unterschiedlicher Leistungsspieler. Er folgerte daraus, dass ein wesentlicher Teil der Spielstärke in den Erfahrungswerten liegt, bestimmte schachspezifische Strukturen schneller wiederzuerkennen.

Fernschachpartien per Postkarte, Fax oder E-Mail im Sinne des wettkampfnahen Trainings gewährleisten durch das vergrößerte Zeitvolumen ein tiefgründigeres und exakteres Analysieren als andere Spielformen. »Fernschach ist zweifellos vollkommenes Schach, mich fasziniert die Tiefe des Spiels und seine Einheitlichkeit. Fernschach ist für mich wie ein Bild im Rahmen, während Nahschach oft aus diesem Rahmen fällt, durch Zeitnot, die unterschiedliche körperliche Verfassung der Spieler und andere äußerliche Umstände«, resümierte Doppelweltmeister Tynu Yim über seine Spezialstrecke (1999, S. 71).

Vorteilhaft im Trainingssinne sind Spielfertigkeiten der beiden Lernphasen Eröffnung und Endspiel, als auch der kreativen Mittelspielphase, wie beim »advanced chess« zu optimieren bzw. zu festigen. Da in der Regel immer mehrere Partien gleichzeitig stattfinden, können hinsichtlich eines interaktiven (partnerbezogenen) Eröffnungstrainings neue oder kritische Varianten getestet werden. Der Trainingseffekt geht allerdings verloren, falls man sich die gesamte Analysearbeit von Computerprogrammen abnehmen lässt.

Trainingswettkämpfe und Wettkämpfe

Die Erfahrung lehrt, dass Schachpartien, die unter wettkampfadäquaten Bedingungen ausgetragen werden, einen besonders hohen Effekt zur Leistungssteigerung besitzen. Zwischen Training und Wettkämpfen gibt es starke Bezugspunkte, die sich in der Tätigkeit ergänzen und die auch voneinander abhängig sind.

Nach Harre haben sportliche Wettkämpfe »eine große Bedeutung für den Aufbau und die Ausprägung der Wettkampfleistung und für die Vervollkommnung leistungsbestimmender Fähigkeiten, Fertigkeiten und psychischer Eigenschaften, so daß sie zu Recht als eine wichtige Belastungsform (als wichtigste Form des wettkampfspezifischen Trainings) bezeichnet werden« (1982, S. 263).

☞ Unter Schachwettkampf verstehen wir einen offiziellen Leistungsvergleich nach festgelegten Spielregeln und Normen der Wettkampfordnung zwischen Spielerinnen/Spieler bzw. Mannschaften mit dem Ziel, höchste sportliche Leistungen sowie den Sieg zu erreichen oder eine Platzierung zu ermitteln.

Die belastungsreiche Wettkampfausübung bringt ein gravierenderes Ausschöpfen der leistungsbestimmenden Faktoren als in den genannten Trainingsformen mit sich. Der psychologische Belastungseffekt wird noch durch das Vorhandensein des Gegners verstärkt.

☞ Wettkampf bedeutet auf der einen Seite intensiviertes Training, andererseits aber auch Höhepunkt einer bestimmten Entwicklungsphase!

Wir unterscheiden hinsichtlich der Wertigkeit Aufbau-, Kontroll- und Hauptwettkämpfe bzw. Wettkampfhöhepunkte. Dabei ist das hierarchische Einordnen von Aufbau- und Kontrollwettkämpfen vergleichsweise zu Hauptwettkämpfen von Spieler zu Spieler unterschiedlich. Im Kinder- und Jugendbereich, vor allem bei Talenten, besitzen Wettkämpfe bezüglich eines langfristigen Leistungsaufbaus Übergangscharakter. Während für viele Jungen und Mädchen bereits die Teilnahme an einem mittleren Erwachsenenturnier schon ein Wettkampfhöhepunkt sein kann, gelten z. B. für herausragende Nachwuchstalente oder Bundesligaspieler und aktive Großmeister ganz andere Maßstäbe.

Die jährliche Wettkampfbelastung (Partien) soll laut Rahmentrainingsplan des DSB möglichst hoch liegen, z. B. für leistungsorientierte D1-Kader 60–70, D2-Kader 70–80, D3-Kader 80–90 und D4-Kader 90–100.

In der inhaltlichen Gestaltung der Wettkampfpartien wird ein maximales Umsetzen der vorhandenen Trainingspotenzen gefordert. Damit sind verschiedenartige **Aufgaben- und Zielstellungen für den Aktiven** verbunden:

Vor dem Wettkampf

- Jeden Wettkampf ernst nehmen
- Vertraut machen mit dem gegnerischen Spieltyp, seiner positionellen oder taktischen Grundeinstellung
- Heraussuchen und Kennenlernen der gegnerischen Spezialvarianten als An- und Nachziehender
- Auswählen von Eröffnungsvarianten auf der Grundlage des eigenen Eröffnungsprogramms (persönliche Eröffnungskartei)
- Durchsicht der verfügbaren Literatur und Datenbänke nach relevanten Neuerungen
- Psychologisches Einstellen auf die vermeintlichen Stärken und Schwächen des Gegners, wobei die eigenen Leistungskapazitäten zu berücksichtigen sind.

Während des Wettkampfs

- Anwenden von eröffnungstheoretischen Spezialsystemen, Eigenschöpfungen und Neuerungen
- Anstreben von vertrauten Stellungsstrukturen (maximales Nutzen bekannter Muster)

- Streben nach Initiative; dem Gegner möglichst den »eigenen Willen« aufzwingen
- Vermeiden von Ausgleichs- und Remisfortsetzungen in kritischen Stellungen, Risikofortsetzungen nicht aus dem Wege gehen
- Konsequentes Ausnutzen von Ungenauigkeiten und Fehlern des Gegners, keine Hemmungen und Verzögerungen bei stellungsgemäßen Opfern und Scheinopfern
- Ausschöpfen der vorgegebenen Bedenkzeit; selbstverständliche Züge aus zeitsparenden Gründen sofort ausführen, auch dann, wenn eine negative Spielentwicklung erkennbar, aber nicht zu vermeiden ist!
- Ausspielen von Stellungen mit gleichen Chancen in der Mittel- und Endspielphase!
- Bei auftretender Zeitnot des Gegners nicht zum schnellen Ziehen (Mitblitzen) verleiten lassen!
- Anstreben von taktischen Verwicklungen, wenn ruhiger positioneller Spielverlauf zum eigenen Nachteil führt!
- Ausführen von Zügen und Zugfolgen gegen schwächere Gegner unter psychologischen Aspekten, wie Spielen von »zweitstärksten« Fortsetzungen, um Vereinfachungen und Abtauschmöglichkeiten auszuweichen.
- Verteidigungsstellungen aktiv behandeln! Suchen nach entlastenden Zugfolgen und Gegenangriffen.
- Keine Neigung zur Friedfertigkeit zeigen, wenn nach erfolgter Verteidigung die eigene Position noch gewisse Gewinnchancen bietet.
- Vermeiden von Störungen des Denkprozesses und Konzentrationsvermögens; nicht nach jedem Zug aufstehen!
- Beachten von regeltechnischen Feinheiten wie dreimalige Stellungswiederholungen und 50-Züge-Regel!
- In schlechterer Stellung nicht resignieren. Aktiv-optimistische Denkhaltung bewahren nach dem Motto: »Wer kämpft, kann verlieren – wer nicht kämpft, hat verloren!«

Aufgaben nach dem Wettkampf

Generell ist ein gründliches und kritisches Auswerten jeder Partie nach den Auswertungsprinzipien des Wettkampfbuches vorzunehmen. Charakteristische Merkmale

einer sorgfältigen analytischen Einschätzung können im Beantworten nachstehender Fragen hinsichtlich einer Fehleranalyse erkannt werden:

- Gelang es mir, mich auf die Eröffnungsstrategie des Anziehenden einzustellen?
- Konnte ich mit den weißen Farben den Anzugsvorteil realisieren?
- Traten Eröffnungsfehler auf?
- Wurde mit den schwarzen Farben Ausgleich in der Eröffnungsphase erzielt?
- War die Mittelspielführung plangerecht, oder traten Inkonsequenzen auf?
- Wie wurde das Endspiel behandelt, traten Ungenauigkeiten auf?
- War in irgendeiner Position die Partie für mich oder meinen Gegner gewonnen?
- Konnte eine bessere Position realisiert werden?
- Gab es noch ausreichende Kraftreserven in der letzten Spielstunde?
- Traten regeltechnische Verstöße auf?
- Worin ist der eventuelle Partieverlust begründet?

Partieauswertungs-Schema

Das auf Seite 116 stehende Auswertungsschema bietet dem Übungsleiter/Trainer die Möglichkeit, Stärken und Schwächen eines jungen Spielers konkret zu benennen. Für höher qualifizierte Spieler können andere Leistungsmerkmale eingesetzt werden. Auswertungsbasis sind die letzten 10 Partien. Jeder leistungsbestimmende Faktor wird im Rahmen einer 1–10 Punkteskala bewertet (maximal 100 Punkte). Die jeweilige Quersumme gibt Aufschluss über vorhandene Spielmängel, die dann durch entsprechende Trainingsmaßnahmen behoben werden können.

Trainer mit langjähriger Berufspraxis wissen wie wichtig es ist, immer wieder die Partien der Schützlinge zu analysieren sowie über das Verhalten der Spieler vor, während und nach dem Wettkampf nachzudenken. Dabei geht es auch darum, Schwächen zu entdecken, die nicht so klar auf der Hand liegen oder durch andere Handlungsweisen überschattet werden. Dabei können Fehleinschätzungen zu falschen Schlussfolgerungen und ineffektiven Trainingsmethoden führen. Vorteilhaft ist, wenn die Spieler diesen Weg der Selbsterkenntnis unterstützen. Sie sollten dazu befähigt werden, ihr sportliches ›Ich‹ zu erkennen und ge-

Partieauswertungs-Schema

	Leistungsbestimmende Faktoren ⇩ Partien ⇒	1	2	3	4	5	6	7	8	9	10	Pkt
Eröffnung	Eröffnungstheoretische Kenntnisse											
	Zielstrebige Figurenentwicklung											
	Kampf ums Zentrum											
Mittelspiel	Strategisches Können											
	Taktische Fähigkeiten											
	Angriffsfreudigkeit											
	Richtige Stellungsbeurteilung											
	Ausnutzen von Fehlern											
	Zähigkeit in schlechten Stellungen											
	Sinnvolles Abwickeln											
Endspiel	Endspielkenntnisse											
Psychische Faktoren	Gesundes Selbstvertrauen											
	Entschlusskraft											
	Siegeswille/Mut											
	Einteilen der Bedenkzeit											

meinsam mit dem Trainer nach Fehler vermeidenden oder leistungssteigernden Lösungswegen zu suchen. Das Diagnostikzentrum der ›Internationalen Rigaer Michail Tal Fernakademie‹ entwickelte einen Fragebogen (siehe Seite 117 oben), der beiträgt, über sich selbst nachzudenken und den Prozess des Selbsterkennens zu erleichtern (nach Koblenz, 1993, S. 57).

3.3 Rolle des Trainers, Schachlehrers und Fachübungsleiters im Prozess der Schachausbildung

Im Deutschen Schachbund bildeten sich auf der Grundlage spezieller Tätigkeitsstrukturen folgende spezifische Fachübungsleiter- und Trainerformen heraus, für die Lizenzen vergeben werden:
- Fachübungsleiter (unterschiedliche Regelung in den Landesverbänden)
- C-Trainer (Lizenzstufe 1 mit vierjähriger Gültigkeit)
- B-Trainer (Lizenzstufe 2 mit dreijähriger Gültigkeit)
- A-Trainer (Lizenzstufe 3 mit zweijähriger Gültigkeit)

In den Landesverbänden und im Deutschen Schachbund arbeiten lizenzierte Trainer mit unterschiedlichen Aufgaben:
- Honorartrainer in Landesstützpunkten, Trainingszentren, Talent-Stützpunkte der Länder

- Haupt- und nebenamtliche Trainer in den Ländern
- Bundesnachwuchstrainer
- Bundestrainer

3.3.1 Anforderungen an die Persönlichkeit des Lehrenden

Viele im Schach tätigen Trainer/Ausbilder betrachten ihre Aufgabe als eine faszinierende Tätigkeit. Sie können ihr selbstgewähltes Hobby, das immer wieder magische Anziehungskraft ausübt, intensiv erleben und gleichzeitig ihr erworbenes Wissen Jüngeren mitteilen. Als ständige Bezugspersonen für Sportler steuern sie den Trainingsprozess und fahren mit zu Wettkämpfen. Ihr Wirkungsfeld erfordert deshalb eine hohe organisatorische Mobilität und zeitliche Flexibilität. Der erfolgreiche Trainer/Übungsleiter benötigt zum Ausüben seiner Tätigkeit grundlegende Kenntnisse zu Fragen des Bildens und Erziehens sowie fachspezifische methodische Fähigkeiten und schachpraktische Fertigkeiten.

Er muss sich jederzeit, bei allen seinen Handlungen und Aktivitäten, darüber im klaren sein, dass von seinem Vorbildwirken, seinen moralischen Verhaltensweisen, psychischen Eigenschaften und Gewohnheiten eine erziehungswirksame Einflussnahme ausgeht. Dazu ist eine gewisse emotionale Intelligenz erforderlich, d. h. ein gesundes Maß an Selbstbewusstsein, Einfühlungs-

Fragebogen der ›Internationalen Rigaer Michail Tal Fernakademie‹

1. Führen Sie ein Trainingstagebuch?	ja, nein, nicht regelmäßig?
2. Wussten Sie, dass das Führen eines Tagebuchs das System der Selbstkontrolle bedeutet, die Selbsterkennung fördert?	ja, nein?
3. Haben Sie sich jemals gefragt: Wer bin ich? Was kann ich? Was vermag ich praktisch zu realisieren?	ja, nein?
4. Ist Ihnen klar, welche Charakterzüge Ihnen eigen sind?	ja, nein?
5. Ist Ihnen ein objektiver, selbstkritischer Blick eigen?	ja, nein, nicht im vollem Maße?
6. Sind Sie befähigt, rechtzeitig den Stillstand Ihrer praktischen und kreativen Potenzen zu erkennen?	ja, nein?
7. Sind Sie befähigt, zu unterscheiden, was beim Aneignen von Wissen, der Theorie zur allgemeinen Orientierung bzw. zur dauerhaften Aneignung dienen soll?	ja, nein?
8. Sind Sie befähigt, die Wurzeln Ihrer Mängel zu erkennen und die Willenskraft aufzubringen, sie zu beseitigen?	ja, nein, teilweise?
9. Dominiert bei Ihnen die Motivation des praktischen Erfolges, wobei die kreative Rolle des Schaffensprozesses ignoriert wird?	ja, nein, teilweise?
10. Haben Sie wegen einer ungünstigen Erfahrung übertriebene, falsche Schlüsse gezogen?	ja, nein?
11. Haben Sie feststellen können, dass nach einer andauernden geistigen Belastung Ihre kreative Arbeitsfähigkeit enorm sinkt?	ja, nein?
12. Pflegen Sie den Verlust einer Partie als ›unverdientes, bitteres‹ Los aufzufassen, dabei nicht erkennend, dass jeder Verlust einer Partie als eine Etappe zur Selbsterkennung (auch Selbstvervollkommnung) aufzufassen ist?	ja, nein?
13. Haben Sie bewusst feststellen können, dass Sie sich im Banne eines ›eingefleischten‹ Stereotyps befinden, schablonenhaft zu denken pflegen?	ja, nein, oftmals?
14. Wussten Sie, dass sich die Fähigkeit zur Erkenntnis nicht immer der trägen Kraft der Angewohnheit als überlegen erweist?	ja, nein?

vermögen, anhaltendes Engagement und Motivation, soziale Kompetenz wie Durchsetzungsfähigkeiten, ausgeprägtes Kommunikationsverhalten, Toleranz, Fairness und rhetorische Qualitäten. Die kommunikative Fähigkeit schließt ein, anderen aufmerksam zuhören zu können und eigene Anliegen klar und verständlich zu formulieren.

Trainer im Spitzensport stehen gewollt oder ungewollt im Rampenlicht der Öffentlichkeit und sind permanent der Kritik von Funktionären sowie der Presse ausgesetzt. Im besonderen Maße wird die Fähigkeit zur sozialen Kompetenz, dem situationsangemessenen Kommunizieren mit Einzelspielern oder einer Mannschaft während des Trainings und beim Wettkampf gefordert. Entsprechende sozialkompetente Verhaltensweisen unterstützen oder hemmen Erfolgskriterien vor allem im Nachwuchs- und Hochleistungssport.

Der geschulte Trainer und Übungsleiter weiß unterschiedliche Arten des Führungsverhaltens gegenüber Nachwuchssportlern und erfahrenen Leistungssportlern einzusetzen. Junge Kinder sind noch relativ unselbständig im Training, Wettkampf und bei Wettkampfreisen. Sie benötigen ständige Aufmerksamkeit, Anleitung, Betreuung und emotionale Wärme. Das erfordert gleichzeitig ein auf Vertrauen und Autorität begründetes Verhalten, das gewöhnlich von Kindern und Eltern gleichermaßen akzeptiert und befürwortet wird.

Leistungssportler wie A-, B- und C-Kader müssen dagegen anders geführt und betreut werden. Sie besitzen bereits eine hohe fachliche Kompetenz und sind bezogen auf den Wettkampf oft ihrem Trainer ebenbürtig oder sogar überlegen (Das Leistungsniveau des Sportlers steigt und das des Trainers stagniert bzw. sinkt altersbedingt ab). Außerdem verfügen sie über mehr Lebenserfahrung als jüngere Spieler und können auf Berufsabschlüsse, Hoch- oder Fachschulbildung verweisen. Ihnen gegenüber wäre ein autoritäres Verhalten nicht angebracht. Es gilt, ihre Ratschläge als auch Fähigkeiten und Kenntnisse mit in die Trainingsarbeit einzubeziehen. Die nach wie vor notwendige führende Hand des Trainers trägt zunehmend den Charakter eines kameradschaftlichen Miteinanders, aber auch eines Mitverantwortens. Der Trainer ist vor allem Helfer und Vertrauensperson, der den gesamten Trainings- und Ausbildungsprozess immer wieder neu durchdenkt, systematisiert und steuert. Aufgabenstellungen erfolgen zunehmend individueller. Übungsprozesse und Wettkampfvorbereitungen sind weitestgehend eigenständig zu erledigen. Der pädagogische Bezug zu älteren Sportlern entspricht einem Wechselverhältnis, ist kein einseitiger Vorgang und gestaltet sich deshalb weitgehend interaktiv. Oft wird die Frage gestellt: Was kann ein Trainer einem erfahrenen Spitzenspieler noch geben? Aufschlussreich ist dazu die Meinung des weltbesten Spielers Garri Kasparow über seinen spielstärkemäßig weitaus schwächeren Trainer Juri Dochojan: »Ich hatte 1994 sehr viel Glück, daß Juri mein Coach wurde. Er ist extrem produktiv als Assistent. Wir können sechs bis sieben Stunden am Tag zusammenarbeiten. Und mehr. Mein Vertrauen in ihn ist entscheidend für diese Art Turniere. Ich kann ihn jederzeit bitten, etwas zu prüfen. Er geht sehr gut mit dem Computer um, schaut sich Varianten an und kommt sofort mit einigen Ideen zurück. Diese Kooperation ist extrem wichtig für mich. Zum ersten Mal seit Ende der 70er Jahre, als ich noch mit Nikitin arbeitete, bin ich sehr zufrieden mit meinem Coach. Zwischenzeitlich lief es diesbezüglich weniger gut, weil mir niemand die nötige psychologische Unterstützung geben konnte. Ich selbst mußte meinen Trainern sagen ›macht euch keine Sorgen‹ und so weiter. Juri gibt mir Rückhalt, wir sind ein gutes Team. Ich bin sehr glücklich darüber« (Poldauf in Schach 03/99, S. 33).

Natürlich hängt die Aufnahme einer sportpädagogischen Tätigkeit nicht vom vollendeten Ausbildungsgrad der geforderten Persönlichkeitseigenschaften ab. Die pädagogische Reife des Lehrenden wächst mit den Jahren und Arbeits-

aufgaben. Während der praktischen Tätigkeit werden durch zyklische Weiterbildungslehrgänge des Deutschen Schachbundes und der Landesverbände fortlaufend die Fähigkeiten und Fertigkeiten in der Ausbildungsarbeit erhöht.

Im gesamten Lehrwesen, der Unterrichtsgestaltung und pädagogischen Arbeit vollziehen sich ähnliche Tätigkeitsprozesse und Verhaltensmuster. So unterscheidet sich der Schachlehrer/Trainer/Übungsleiter im Schach relativ wenig von der Lehrkraft in den Schulen. Es liegt nahe, dass die junge Schachpädagogik bewährte Erkenntnisse aus der traditionellen Schulpädagogik und Lehrerforschung übernimmt. Unterrichten, Trainieren und Erziehen sind kommunikative Prozesse, die vom Lehrenden kommunikationsfördernde Verhaltensstile verlangen. Zwei unterschiedliche Verhaltenstendenzen alternativer Führungsstile werden in nachstehender Übersicht beschrieben, wobei der sozialintegrative Stil besonders im freiwilligen Lehr-, Übungs- und Trainingsbetrieb unumgänglich ist (nach M. Bönsch 1991, S. 46–47):

Indikatoren für ein Lehrerverhalten, das a) kommunikationsfördernd ist (sozialintegrativer Führungsstil):

- begründet eigenes Vorgehen
- nimmt Vorschläge auf
- gibt selbst Alternativen
- wünscht Initiative
- bittet um Beiträge
- akzeptiert Kritik
- fördert Gruppenarbeit
- lässt über Vorgehen abstimmen
- argumentiert bei Widerspruch
- stellt sich selbst in Frage
- bittet um Aufgabenerledigung
- gibt häufig Freiraum für selbständiges Tun
- sieht Schüler als gleichberechtigten Gesprächspartner
- erkennt seine Kompetenz und deren Grenzen
- vertritt entschieden seine Auffassung, besteht aber nicht auf deren uneingeschränkter Einhaltung
- ist immer zur Hilfe bereit
- stützt emotional, baut auf
- vermeidet angsterzeugendes Klima
- verhindert Leistungszwang
- ermöglicht Erfolge
- sucht bei Konflikten nach Kompromissen

b)kommunikationsfeindlich ist
   (autoritärer Führungsstil):
- schreibt alles vor
- befiehlt ständig
- duldet keinen Widerspruch
- droht mit Strafe
- wendet Zwang an
- duldet keine Kritik
- wünscht keine Initiative der Lernenden
- lässt nur Ausführung der Befehle zu
- lässt nur Einzelarbeit zu
- droht bei Widerspruch
- erlaubt keine Kritik an sich
- gibt keinen Spielraum für selbständiges
  Tun
- sieht im Schüler einen Untertan
- stellt sich selbst nicht in Frage
- besteht auf der Richtigkeit seiner Auffassungen
- macht schlecht
- kritisiert hart, destruktiv
- operiert bewusst mit der Angst der Schüler
- fordert uneingeschränkt Leistung
- kümmert sich nicht um Erfolgserlebnisse
- reagiert bei Widerstand unnachgiebig, hart.

3.3.2 Aufgaben und Tätigkeits-merkmale des Schachpädagogen

Für den in der Praxis tätigen Übungsleiter, Trainer bzw. Schachlehrer in Schulen Vereinen und Gemeinschaften ergeben sich ein Vielzahl von Aufgaben. Als ständigen Bezugspersonen obliegt ihnen nicht nur das Vermitteln von fachspezifischem Wissen; sie sind auch maßgeblich beteiligt beim Herausbilden von Einstellungen, volitiven Eigenschaften, sportlichen Verhaltensweisen und sie beraten junge Spieler hinsichtlich der Lebensführung. Gleichfalls gilt es, für ein gesundes Klima im Sinne positiver zwischenmenschlicher Kontakte unter den Übenden/Trainierenden zu sorgen. Über den Einfluss des Trainers für die Leistungsentwicklung aus heutiger Sicht sagte Weltmeister Alexander Khalifmans langjähriger Trainer Gennadi Nesis: »Er hat noch immer große Bedeutung. Allerdings veränderten sich seine Tätigkeitsmerkmale. Es gibt heute keine Partie-Vertagungen mehr, also entfällt die nächtliche Analyse einer konkreten Stellung vor einer Hängepartie. Auch die Computer und ihre Datenbanken nehmen dem Trainer heutzutage viel von sei-

ner Arbeit weg« (Interview 1999, S. 6). Auf die Frage, ob der Coach damit überflüssig wird, meinte Nesis: »Nein. Der Mensch als Betreuer ist niemals zu ersetzen. Ganz wichtig sind auch in unserer Sportart die gemeinsamen Erfahrungen und die psychologische Betreuung. Man muß zum rechten Zeitpunkt den richtigen Rat geben. Zum Beispiel, ob der Schützling auf Gewinn oder Remis spielen soll, je nachdem, wie die Form oder der Tabellenstand sind. Ein Trainer kann meist besser einschätzen, in welcher Verfassung der Spieler ist« (ebenda).

Uwe Bönsch während seiner Trainertätigkeit in Äthiopien

Spezielle Aufgabenstellungen werden letztendlich bestimmt vom jeweiligen Tätigkeitsprofil und Aufgabengebiet des Schachpädagogen und sind in einer zusammenfassenden Übersicht, vornehmlich für den Nachwuchsbereich, dargestellt:

- Vermitteln einer wissenschaftlich fundierten schachspezifischen Ausbildung und Gewährleisten von optimalen Trainingsvoraussetzungen
- Organisieren regelmäßiger praktischer Spielmöglichkeiten
- Hinführen der Sportler zu systematischem Selbsttraining bzw. Selbststudium
- Fördern und Stimulieren des Leistungsstrebens
- Erziehen zu einer sportgerechten Lebensweise
- Allseitige Vorbereitung der Sportler auf Wettkämpfe und Turniere
- Betreuung bei Mannschaftswettkämpfen und Einzelturnieren
- Propagieren des Schachs und Gewinnen von Kindern zur Teilnahme an den Arbeitsgemeinschaften bzw. Zirkeln

■ Planmäßiges Sichten junger Talente und Einleiten von besonderen Förderungsmaßnahmen
■ Heranführen geeigneter junger Spieler zur Übungsleitertätigkeit
■ Ständiges Vervollkommnen der eigenen Fähigkeiten und Fertigkeiten.

Viele der genannten Aufgabenstellungen lassen sich nur im engen Zusammenwirken mit Eltern, Schulen und Vereinsfunktionären unter Berücksichtigen der territorialen Voraussetzungen, speziellen Bildungs- und Erziehungssituationen in den verschiedenen Schachgruppen und Zirkeln sowie des jeweiligen Qualifikationsniveaus des Übungsleiters oder Trainers in schöpferischer Weise verwirklichen. Besonders verantwortungsbewusste Trainer notieren sich ihre Erkenntnisse, Erfahrungen und Ergebnisse des Trainings- und Erziehungsprozesses in einem »pädagogischen Tagebuch«. Somit können sie jederzeit trainingsrelevante Gegebenheiten besser einschätzen und bewährte Maßnahmen wiederholen. Gleichfalls bieten die Aufzeichnungen eine argumentative Hilfe bei Konfliktsituationen, Auswahlverfahren und Mannschaftsaufstellungen.

3.3.2.1 Vermitteln einer wissenschaftlich fundierten schachspezifischen Ausbildung und Gewährleisten von optimalen Trainingsvoraussetzungen

In der ersten Phase des schachlichen Ausbildungsprozesses in außerunterrichtlichen Arbeitsgemeinschaften der Schulen ist es die vorwiegende Aufgabe der Schachpädagogen, den Kindern ein elementares Grundwissen zu vermitteln. Dieser »Grundschule« des Schachspiels folgen spezielle Unterweisungen in der Eröffnungs-, Mittel- und Endspiellehre. Auf der Basis dieser Ausbildungsinhalte ergeben sich für die Lehrenden eine Reihe von schachspezifisch orientierten Schwerpunktaufgaben. Schon rechtzeitig, möglichst im Alter von 10–12 Jahren, sollten die Kinder – vorausgesetzt die technischen Mittel sind vorhanden – auf die moderne Computertechnik, elektronische Datenbanken und speziellen Spielprogramme als Lehr- und Trainingsmittel hingewiesen werden.

In der Eröffnungslehre:
■ Vertraut machen mit dem strategisch durchdachten Aufbau einer Schachpartie (schnelles und zielstrebiges Entwickeln der Kräfte und Kampf um ein starkes Zentrum)
■ Vertraut machen mit den wichtigsten Eröffnungs- und Verteidigungssystemen, ihren charakteristischen Merkmalen, besonders Systeme der offenen Eröffnungen (Begreifen der Eröffnungsideen!)
■ Fachkundige individuelle Beratung beim Auswählen der Eröffnungs- und Verteidigungswaffen nach den Prinzipien der einfachen Spezialisierung
■ Hilfe geben beim systematischen Aufbau einer Eröffnungskartei und Zeigen der wichtigsten Varianten
■ Während des Eröffnungstrainings Hauptvarianten im Kopf reproduzieren und am Brett vorführen lassen
■ Hinführen zum planmäßigen Studium der für das spezielle Eröffnungsrepertoire notwendigen schachtheoretischen Veröffentlichungen (vgl. Abschnitt 3.2.2).

In der Mittelspielschulung:
■ Orientieren zur offensiven Spielführung auf einer gesunden positionellen Grundlage; Schulen von Mittelspielstrategemen wie den relativen Wert der Figuren, Bedeutung des Kampfes um das Zentrum, Verständnis für Raum und Zeit u. ä.
■ Schulen und Üben des kombinatorischen Blicks, wie Erkennen von typischen Mattkombinationen, taktischen Angriffsführungen gegen die feindliche Königsstellung, vertraut machen mit verschiedenen Kombinationsmotiven
■ Hinführen zum Nachspielen und Analysieren ausgewählter Partien aus Schachzeitschriften, Monographien, Bulletins, Datenbanken und anderen sportartspezifischen Veröffentlichungen.
■ Regelmäßiges Lösen von taktischen Übungsaufgaben vom Demobrett, Arbeitsblatt, Computer oder am Normalschachbrett (ohne Berühren der Figuren)

In der Endspiellehre:
■ Bewusst machen der großen Bedeutung von Endspielkenntnissen für das allgemeine Schachverständnis
■ Erziehen zum planmäßigen Beschäftigen mit den wichtigsten Endspieltypen und zum bewussten Nachvollziehen von Endspielen aus der Turnierpraxis. Besonders sind selbstgespielte Endspiele zu analysieren und zum Erweitern bzw. Auffrischen des Endspielwissens zu nutzen.

- Schulen der in der Praxis am häufigsten vorkommenden Bauern-, Turm-, Leichtfiguren-
  und Damenendspiele.
- Einbeziehen von Studien mit unterschiedli-
  chem Schwierigkeitsgrad in das Endspieltraining.

3.3.2.2 Organisieren regelmäßiger praktischer Spielmöglichkeiten

Im Zusammenwirken mit Schulen, Vereinen und
Nachwuchsverantwortlichen sollte versucht werden, Kinder möglichst frühzeitig am Punktspiel-
betrieb teilnehmen zu lassen. Um das schachliche
Interesse bei Kindern wach zu halten, bedarf es
ständig neuer Erfolgserlebnisse. Deshalb sind
neben den regulären Punktspielkämpfen in den
Orten, Kreisen und Ländern die vielfältigsten
Möglichkeiten des praktischen Wettkampfes zu
nutzen, z. B. Teilnahme an Mannschaftskämpfen
der Männer und Frauen, Städtevergleichen, Pokalkämpfen der Grundschulen und Gymnasien.
Darüber hinaus ist das Organisieren zusätzlicher
Wettkampfmöglichkeiten anzustreben, wie das
Durchführen von offiziellen Schulmeisterschaften
(Klassen- und Einzelturniere), Trainingsturniere,
Freundschaftswettkämpfe mit anderen Schulen,
Vergleiche zwischen Lehrern und Schülern, Beteiligen an Simultanveranstaltungen, Handicappartien gegen Spitzenspieler und Mitwirken an
»lebenden Schachpartien«. Zunehmend sollten
elektronische Spielpartner (Computerprogramme)
mit leistungsangemessenen Spielstufen wie
»Handicap und Spaß«, »Freund«, »Sparring«,
»Turnierpartie« und »Wertungspartie« einbezogen werden.

3.3.2.3 Hinführen der jungen Spieler zum systematischen Selbsttraining und Selbststudium

Das frühzeitige Anleiten zum kontinuierlichen
selbständigen Üben und Trainieren wirkt sich besonders günstig auf das Ausprägen leistungsbestimmender Eigenschaften aus. Zwei Aspekte
stehen dabei im Mittelpunkt, das individuelle
Selbststudium und die ständige Auswertung der
Wettkampfpartien. Wie aus Abschnitt 3.2.2 zu ersehen ist, besitzt speziell im Schachsport das individuelle Selbststudium beim persönlichen Vervollkommnen einen hohen Stellenwert. Bereits in

der ersten Lehrphase sind die Kinder durch Ertei-
len von Hausaufgaben an das selbständige Beschäftigen mit dem Schachspiel und das selbst-
tätige Lösen von Aufgaben zu gewöhnen. Mit
steigendem Schachverständnis kommt vor allem
dem Nachspielen von Partien aus Schachzeitschriften und Einbeziehen elektronischer Hard-
und Software (Computer, Partiedatenbanken) besondere Bedeutung zu. Mit der Anlage eines
Wettkampfbuches sollte möglichst schon im Alter
von zehn bis zwölf Jahren begonnen werden. In
dieser Altersstufe reicht zunächst das Registrieren
der einzelnen Wettkampfpartien in der vorgege-
nen ›Kopfleiste‹ aus. Mit wachsender Spielstärke
sollen die Partien selbst ausgewertet werden.
Die Eintragungen beziehen sich immer mehr auf
die systematische, gründliche und selbstkritische
Analyse aller Wettkampfpartien, vor allem der
Verlustpartien. Gleich von Beginn an darf nicht
unbeachtet bleiben, dass alle Partieformulare gesammelt, geordnet, mit Registriernummern versehen und sauber abgeheftet werden!

3.3.2.4 Fördern und Stimulieren des Leistungsstrebens

Das Streben nach Leistungen hat viele Ursachen.
Neben dem Selbstbestätigen des persönlichen
Egos, dem Wunsch eigene Maßstäbe zu vervollkommnen und außergewöhnliche Ziele zu erreichen, steht die Lust am Vergleichen, Bessersein
und Übertrumpfen eines Partners oder Gegners.
Diese sportliche Komponente liegt im Prinzip
allen wettbewerblichen Spielen zugrunde. Im
Schach kommen Faktoren wie das Lösen von
Denkaufgaben, Schmieden sowie Realisieren
strategischer Pläne und taktischer Kombinationen
hinzu. Den ungewöhnlichen Reiz des jahrhunder-
tealten Spiels gilt es zielstrebigen und intelligen-
ten Kindern nahe zu legen, die dabei immer wieder neue geistige Abenteuer erleben.

Darüber hinaus verhilft dem Sportler ein
hoher Expertisegrad zu gesellschaftlicher Wertschätzung und finanziell-ökonomischen Vorteilen. Erfolgreiche Spieler mit entsprechendem
Leistungslevel (Ratingpunkte) sichern sich einen
angemessenen Lebensstandard durch Sponsoren,
Preisgelder, Starthonorare, eigene Zeitplanung
des Lebensregimes, kostenlosen Aufenthalt in
Luxushotels sowie zusätzliche Einnahmen durch
Trainingsangebote, Simultankämpfe, Medien-
spektakel und Fachpublikationen.

Einen hohen Stellenwert im Leben eines Sportlers nimmt das Erfüllen von selbstgestellten Zielen und eigenen Wünschen ein. Schon im Kindesalter bleiben gewöhnlich nur diejenigen ihrer Sportart treu, die wenigstens ab und zu positive Ergebnisse im Wettkampf oder Training erleben. Der Spruch »Erfolg ist der Vater des Erfolgs!« besitzt einen tiefen psychologischen Hintergrund und sollte von keinem Übungsleiter oder Trainer außer Acht gelassen werden. Auch Trainingserfolge können bei wiederholtem Wettkampfversagen motivierend sein.

Auf das Leistungsstreben orientierte Maßnahmen für Kinder und Jugendliche sind:

- Das Aussprechen von Belobigungen mit neuen höheren perspektivischen Anforderungen verbinden!
- Benachrichtigen der Schule bei ansprechenden sportlichen Leistungen sowie zentralen Nominierungen, wie Aufnahme in den Landes-Kaderkreis und Bundes-Kaderkreis des Deutschen Schachbunds.
- Mitteilungen an die Eltern bei vorbildlichem Auftreten in bestimmten Trainings- und Wettkampfsituationen
- Einbeziehen der Eltern bzw. Verwandten in Schachveranstaltungen am Heimatort
- Popularisieren sportlicher Erfolge in öffentlichen Kommunikationsmitteln (Presse, Schulfunk, Schulzeitung)
- Befriedigen persönlicher Bedürfnisse durch Organisieren interessanter Wettkampfreisen, Kennenlernen fremder Städte, Länder und Menschen
- Durchführen feierlicher Siegerehrungen mit Urkunden, Medaillen, Pokalen, Geld-, Sachund Ehrenpreisen
- Gewinnen und Nutzen von Sponsoren für Trainings- und Wettkampfmaßnahmen bei überdurchschnittlich talentierten Spielern.

Das Streben nach Höchstleistungen im Spitzenbereich erfordert vor allem umfangreiche Trainingsbelastungen. In Bezug auf Leistungsaufbau und Trainingsanforderungen gibt es zwischen den verschiedenen Sportdisziplinen kaum unterschiedliche Verfahrensweisen, wenn ja, dann liegen sie in der Regel auf sportartspezifischem Gebiet. In jeder Sportart wird hartes und ausdauerndes Training verlangt. Und nur die Spieler werden ihr Leistungsoptimum erreichen und zur Weltklasse vorstoßen, die auf der Grundlage ihres Talents überdurchschnittliche Anforderungen auf sich

nehmen. Eine Aufgabe des Trainers ist es, diesen psychischen Prozess seiner Schützlinge zu begleiten und zu aktivieren.»Wenn man im Sport an der Spitze stehen will, muss man sich den ganzen Tag damit beschäftigen. So ist es im Fußball und ich kann mir nicht vorstellen, dass es die Spitzenspieler im Schach anders machen. Dieses »harter Hund' bezieht sich bei mir nur darauf, dass ich den Spielern vermitteln will, dass sie alles für ihren Sport tun müssen, Opfer bringen müssen und sich mit ihrem Sport identifizieren müssen. Darum geht es mir« äußerte der erfolgreiche Nationalspieler und jetzige Fußballtrainer Felix Magath in einem Interview auf die Frage von Hartmut Metz über seine Tätigkeit als ›harter Trainer‹ einer Bundesligamannschaft (RE 7/2000, S. 2).

3.3.2.5 Erziehen zu einer sportgerechten Lebensweise

Die wachsende Bedeutung der physischen Stabilität (Kondition) auf das Lern- und Leistungsvermögen verlangt vom Schachpädagogen ein immer bewussteres Einwirken auf eine gesunde sportgerechte Lebensweise junger Sportler.

Die Lehrer in den Schulen sind neben den Eltern unsere natürlichen ›Verbündeten‹. Sie bemühen sich, alltägliche Probleme und Verhaltensweisen der Kinder und Jugendlichen in den Unterrichtsstoff einzubeziehen.»Der Erfolg solcher Unterrichtseinheiten hängt nicht zuletzt davon ab, inwieweit der Lehrer als Mensch und Persönlichkeit von den Schülern geachtet ist und ob er in bezug auf das angezielte Gesundheitsverhalten ein glaubwürdiges Vorbild ist (z. B. Nichtraucher statt Raucher). Besonders hilfreich ist es, wenn es gelingt, im Klassenverband sozial attraktive Schüler zu finden, die für die anderen als Verhaltensmodelle herausgestellt und eingesetzt werden können. Ist dies nicht möglich, könnte man zurückgreifen auf Modelle, die für die Jugendlichen Idole bzw. Vorbilder darstellen (z. B. bekannte Persönlichkeiten aus den Bereichen Musik, Film oder Sport)« erklären die Erziehungswissenschaftler Professor Jerusalem und Dr. Mittag zum Thema Gesundheitserziehung für junge Menschen (1994, S. 866).

Da der Trainer/Übungsleiter durch seine Fachautorität bzw. seinen sozialen Vertrautheitsgrad oft eine intensivere Bindung zu seinem Schützling besitzt als Eltern oder Schullehrer, sollte er sich beim Aufklären über das negative Wirken von

Genussgiften wie Alkohol, Nikotin und Drogen besonders verantwortlich fühlen. Immer wieder muss auf die persönlichkeits- und leistungsmindernde Rolle des Alkohols hingewiesen werden, die sich während einer Partie durch Herabsetzen des Reaktionsvermögens und in einer reduzierten Fähigkeit zum präzisen Vorausberechnen zeigt. Zudem entspricht übermäßiger Alkoholgenuss nicht den ethischen und moralischen Normen eines Sportlers. Mit gleicher Energie muss auch von Beginn an gegen das Rauchen und andere Suchterscheinungen vorgegangen werden. Den Kindern und Jugendlichen ist das gesundheitsschädigende Wirken des Nikotins vor Augen zu führen.

Der Übungsleiter und Trainer wacht bei seinen jungen Schützlingen, besonders bei gemeinsamen Aufenthalten in Sportlagern, während Meisterschaften und Wettkampfreisen über das Einhalten der hygienischen Regeln bei der persönlichen Gesundheitspflege. Wertvolle Erkenntnisse wurden z. B. den Teilnehmern und Trainern während der Deutschen Jugendmeisterschaft 1999 in Oberhof vermittelt. Ein Experte sprach zum Thema Suchtprävention und appellierte dabei an alle, dass Bezugspersonen wie Betreuer, Eltern, Trainer, Übungsleiter und Freunde nicht wegschauen, sondern ihren positiven Einfluss geltend machen. Manche Kinder übertreiben es auch mit ihrer Vorliebe für Automatenspiele, Computerspielprogramme und Kartenspiele. Ihnen ist nahe zu legen, dass sie dadurch wertvolle Zeit verschenken, die ihnen für Schachtraining und Schularbeiten verloren gehen. Zudem dürfte die zusätzliche sitzende Tätigkeit Schachspielern nicht gut bekommen.

Wer es wirklich ernst meint mit dem Verbessern der eigenen Leistungsfähigkeit, muss mehr tun, als sich regelmäßig auf den nächsten Gegner theoretisch vorzubereiten. Der ganze Körper ist fit zu halten, will man bei jeder Partie in Hochform sein. Was trägt dazu bei, neben dem bisher Gesagten ein Äquivalent für die mehrstündige sitzende geistig anstrengende Tätigkeit in geschlossenen Räumen zu erreichen?
1. Viel Bewegung an der frischen Luft, auch wenn nicht die Sonne scheint und es draußen grau und nass ist! Ein Spaziergang hilft negativen Stress abbauen, neue Kräfte aktivieren, Sauerstoff bzw. Licht tanken und damit Wohlbefinden erreichen. Laufen und Joggen vermitteln eine positive Wirkung gegen psychische Probleme, Depressionen, Angstzustände und steigern das Selbstwertgefühl.

2. Jede Möglichkeit des Ausgleichssports zur physischen Fitness nutzen, z. B. körperliches Betätigen in Form von Sportspielen, Schwimmen, Tischtennis, Tennis, Joggen, Walking, Wanderungen, Skilaufen etc. Absolutes Minimumprogramm für zu Hause kann folgende gymnastische Gleichgewichtsübung sein: Tägliches An- und Ausziehen auf einem Bein!
3. Das Immunsystem des Körpers stärken! Vor allem in der feucht-kalten Jahreszeit gegen krank machende Bakterien, Viren und andere Schadstoffe entsprechende Vorkehrungen treffen: Saunabesuche, Wechselduschen, vitaminreiche Ernährung (frisches Obst, Gemüse, Vitaminpräparate), reichlich Früchtetee, verdünnte Säfte und Mineralwasser trinken.
4. Für ausreichenden Schlaf sorgen! Topfit in einem Turnier kann man nur mit regelmäßigem gesunden Schlaf sein, der das Nervensystem regeneriert. Zu vermeiden sind überheizte Schlafzimmer, laute Geräusche, zu voller Magen oder aufregende Ereignisse wie belastende Gespräche als auch der Fernsehkrimi vor dem Schlafengehen. Bei Einschlafstörungen ein Glas Milch trinken, einen Spaziergang machen, leichte Lektüre lesen oder pflanzliche Arzneimittel (Baldrian, Melisse, Hopfen u. a.) einnehmen. Schlafdefizite können den Stoffwechsel belasten und die Nebennieren produzieren übermäßig Stresshormone.
5. Auf ausgewogenes Essen achten! Nahrungsmittel besitzen einen nicht zu unterschätzenden Einfluss auf Leistungskraft und Wohlbefinden. Kohlenhydrat- und eiweißreiche Kost steigern körperliche und geistige Leistungen und sind einer fettreichen Ernährung vorzuziehen. Zum besseren Wohlbefinden (Wellness) tragen Bananen und Schokolade bei, da der Serotoninspiegel den Stoffwechsel im Gehirn energetisch beeinflusst. Im Kakaopulver und seinen Produkten wirken die anregenden Stoffe Phenyletylamin, Theobromin und Koffein. Ebenso sorgt das Chlorophyll im Salat, in Kräutern und Sprossen für eine beschleunigte Sauerstoffversorgung des Gehirns. In Nüssen, Kürbis- und Sonnenblumenkernen befindet sich der Stoff Cholin, der Denkprozesse begünstigen soll.
6. Kaffe wohldosiert trinken und auf persönliche Verträglichkeit prüfen! Kaffeegenuss hat positive als auch negative Wirkungen. Koffein belebt und steigert die Konzentrationsfähigkeit. Neueren Forschungen zufolge soll das Koffein sogar Wachstum und Entwicklung von Gehirnzellen anregen. Zuviel davon macht nervös, mindert die

Aufmerksamkeit und adäquate Informationsverarbeitung. Erhöhter Kaffeekonsum hebt den Cholesterinspiegel und kann bis zu unangenehmen Reizen der Magenschleimhaut sowie Herzrhythmusstörungen führen. Ebenso können chronische Einschlafstörungen darauf zurückzuführen sein. 7. Durchblutungsstörungen des Gehirns vorbeugen! Altersbedingte Störungen treten bereits ab dem 35. Lebensjahr auf. Die Gefäße verengen sich und weniger Sauerstoff erreicht u. a. unser Denkorgan Gehirn, das mit über 100 Milliarden Nervenzellen auch das Kurz- und Langzeitgedächtnis versorgt. Konzentrationsschwäche, Vergesslichkeit, Reizbarkeit, rasches Ermüden aber auch Abgeschlagenheit oder Schlafstörungen sind zu beklagen. Je fließfähiger das Blut, desto besser ist auch die Sauerstoffzufuhr zum Gehirn. Körpersportliche Übungen, viel Bewegen im Freien, gesundes Ernähren sowie Verzicht auf Genussgifte aktivieren und stabilisieren die Blut- bzw. Sauerstoffversorgung des gesamten Nervensystems. Bei Konzentrationsmangel und Müdigkeit kann ein Unterversorgen von Magnesium und Eisen vorliegen. Magnesium übt im Körper wichtige Funktionen im Energiestoffwechsel und bei den Nervenreizleitungen aus. Das Mineral ist enthalten in Getreide, Milchprodukten sowie in Heil- und Mineralwässern. Im Entwicklungsalter, vor allem bei Mädchen in der Pubertät, auf reichhaltige Nahrung mit dem Mineralstoff Eisen achten (Fleisch, Geflügel, Fisch, grünes Gemüse)!
8. Spitzenspieler und leistungsstarke Jugendliche höherer Altersstufen sind zunehmend mit psychoregulativen Verfahren wie Autogenes Training, Progressive Muskelentspannung, Musikrelaxation und Neurolinguistisches Programmieren (NLP) vertraut zu machen.

3.3.2.6 Allseitige Vorbereitung der Sportler auf Wettkämpfe und Turniere

Entsprechend der hohen Bedeutung von Wettkämpfen für das Steigern der Leistung, Ausprägen psychisch-moralischer Eigenschaften und nicht zuletzt für das Schaffen von Erfolgserlebnissen, ist auch die Wettkampfvorbereitung gebührend zu beachten. Um längeren intellektuellen und emotionalen Belastungen stand zu halten, muss neben der schachlichen Ausbildung auch der physisch-gesundheitlichen Form gebührende Aufmerksamkeit geschenkt werden. Wenn körperliche oder nervliche Schwächen auftreten,

dann werden bei einer fünf bis sechsstündigen Partie sowohl Erkältungskrankheiten als auch Kopf- oder Zahnschmerzen ihre Spuren (Ablenkungen, Missstimmung, Müdigkeit, Unkonzentriertheit etc.) hinterlassen. Über längere Distanz so beeinträchtigt, steigt nicht nur die »Friedfertigkeit« (Remisbreite), auch falsches Berechnen oder Fehlzüge können verstärkt auftreten. Vergleiche dazu auch die Ausführungen im vorstehenden Kapitel. Bei der langfristigen Vorbereitung auf einen wichtigen Wettkampf durchlebt der Aktive mehrere Phasen. Aus trainingspsychologischer Sicht spricht man 1. von der Langzeitspannungs-Phase (›long-term tension‹), 2. Vorstartspannungs-Phase (›prestart tension‹) und 3. Startspannungs-Phase (›start tension‹). Die erste Phase beginnt mit der Entscheidung über die Wettkampfteilnahme, die in der Regel zunächst hoch motiviert und langsam ansteigende Aktivitäten auslöst. Intensivierte Trainingsstunden sind die Folge. Die zweite Phase, die einige Tage vor dem Wettkampf beginnt, kennzeichnet einen plötzlichen Anstieg der Aktivations(spannungs)-kurve bei reduziertem sportartspezifischen Trainingsumfang. Die dritte Phase setzt unmittelbar vor Beginn der Partie ein und bringt einen hohen Spannungsgrad als auch eine sensible Gemütsverfassung (klassischer Vorstartzustand) mit sich (nach Vanek/Cratty, S. 113). Da diese Spannungsphasen von Sportler zu Sportler entsprechend seiner psychisch-volitiven Veranlagung recht unterschiedlich auftreten, bleibt es dem Trainer vorbehalten, mehr oder weniger beschwichtigend einzuwirken. Wie der weltbeste Spieler Garri Kasparow sein psychisches Erregungsniveau vor und während Wettkämpfen bereits in jüngeren Jahren zu regulieren versuchte, beschreibt er in einem Gespräch mit der Zeitschrift »Psychologie heute«: »Mit Autogenem Training habe ich gelernt, im entscheidenden Augenblick nichts zu sehr an mich herankommen zu lassen, mir nichts zu sehr zu Herzen zu nehmen. Ich nenne das die Fähigkeit zur Bewahrung von Nervenenergie. ... Ich habe mit einem Psychologen in der Sowjetunion zusammengearbeitet. Wenn ein Mensch viele körperliche Kräfte verliert, kann er sie relativ schnell zurückgewinnen, beispielsweise durch Essen oder durch bestimmte Übungen. Aber ein Verlust an Nervenenergie führt zu langandauernder psychischer und physischer Erschöpfung. Es ist in diesem Falle viel schwerer, sich zu regenerieren. Deshalb muß man seine psychischen Energien gut bewahren und richtig einteilen – das gilt ja nicht nur für das Schachspiel – während einer Partie, während des ganzen Turniers, während des ganzen Zeitraums, während der man gefordert ist« (1985, S. 62).

Hinsichtlich einer allseitigen sportlichen Vorbereitung obliegen dem Übungsleiter/Trainer eine Reihe von trainingsmäßigen, erzieherischen und betreuungsmäßigen Aufgabenstellungen, die in der Vorbereitungszeit und während Mannschafts- und Einzelwettbewerben gelöst oder beachtet werden sollen. Überwiegend eigene langjährige Erfahrungswerte der Autoren konkretisieren nachstehende Ratschläge für Trainer:

Grundsätzliche Aufgaben und Trainerratschläge in der Vorbereitungsphase

- Einwirken auf den Schützling, sich auf jeden Wettkampf/Turnier und jede Partie gründlich vorzubereiten. Erkennen der Bedeutung des jeweiligen Wettkampfes für weitere Leistungssteigerungen.
- Aufspüren schachspezifischer Schwächen des zu erwartenden Gegners, z. B. Erforschen des gegnerischen Eröffnungsrepertoires, seiner speziellen Eröffnungs- und Verteidigungswaffen mit Hilfe von Turnierbulletins, Fachzeitschriften, Spielerkarteien bzw. elektronischen Datenbanken (Menü: Suchmaske); Erkennen seines Spielstils, seiner psychisch-moralischen Eigenschaften, wie Risikobereitschaft, Entschlusskraft (Neigung zur Zeitnot), Siegeswille, Verteidigungshärte, Kompromissbereitschaft (Remisfreundlichkeit), überhöhtes Selbstvertrauen (Überschätzen der individuellen Möglichkeiten).
- Festlegen geeigneter Eröffnungswaffen als An- und Nachziehender nach psychologischen Aspekten, Lösen der Eröffnungsprobleme im Sinne der zeitweiligen Spezialisierung.
- Trainieren wettkampfnaher Situationen, z. B. Ausprobieren der zu erwartenden Bedenkzeiten; Einbeziehen von thematischen Blitz-, Schnell- oder Normalschach-Partien.
- Regelmäßige körperliche Betätigung, Gymnastik, Sportspiele etc. zum Stärken der Physis (Konditionieren).
- Gesunderhaltende Maßnahmen nach Goethes Ratschlag: Wer seinen Geist stärken will, der pflege seinen Körper! Mindestens acht Stunden Nachtschlaf, ausreichend Vitamine und viel sauerstoffreiche Luft sind geboten.
- Psychologische Einflussnahme auf das Stärken des Selbstvertrauens, der Kampfmoral und

Mindern des Startfiebers durch Entspannungsübungen, Autogenes Training bzw. Neurolinguistisches Programmieren. Musik ist zur Aktivierung und Regenerierung der leistungsförderlichen Gestimmtheit einzusetzen. Im Gegensatz zu landläufigen Meinungen nämlich ist die heuristische (erkenntniserleichternde) Funktion der Emotionen für die Ideenfindung des Schachspielers unerlässlich. Musik ist eine problemspezifische Sprache für Gefühle. Ihr leistungsstimulierender Einsatz, auch gegen Phasen psychischer Sättigung und Ermüdung während des Trainings oder zur Umstimmung nach deprimierenden Verlustpartien, ist kundig vorzunehmen (u. a. durch Auswahl geeigneter Stücke) und wohldosiert anzuwenden.

Spezielle Aufgaben und Trainerratschläge vor Mannschaftskämpfen

- Der Trainer muss das Prinzip der kollektiven Wettkampfwirksamkeit durchsetzen, d. h. dass der Erfolg der Mannschaft wichtiger ist als der Erfolg des Einzelnen (auch wenn es mit Nachteilen u. a. Verlust von Ratingpunkten verbunden ist).
- Objektives Einschätzen des Leistungsvermögens der gegnerischen Mannschaft.
- Beraten und Festlegen gemeinschaftlicher und individueller Leistungsziele.
- Festigen des mannschaftlichen Zusammenhalts und Stärken des Teamgeistes, um einen Mannschafts-Synergieeffekt zu erzeugen. Gegenseitiges Unterstützen bei eröffnungsmäßigen Vorbereitungen (Beraten, Materialsuche, Erfahrungen austauschen etc.).
- Mannschaftsbesprechungen vor Wettkämpfen können für Auswertungen und Festlegungen für die anstehenden Aufgaben genutzt werden.
- Verbessern der sozialen Kontakte und Beziehungen zwischen den Spielern durch vielfältige außerschachliche Aktivitäten wie gemeinsame Gespräche, Mahlzeiten, Ausflüge, Spaziergänge, Tischtennis- und Billardmatchs, geselliges Beisammensein etc.
- Hinwirken auf eine freudige optimistische Kampfstimmung.
- Einbeziehen psychoregulativer Verfahren wie Autogenes Training, Entspannungsübungen, Musikrelaxation und Neurolinguistisches Programmieren während Vorbereitungslehrgängen.
- Nutzen der Coach- bzw. Trainerfunktion, um spezielle Ressourcen und Fähigkeiten der Spie-

ler herauszufinden, zu koordinieren und zum Wohl der Mannschaft einzusetzen.
- Verwenden eines visuellen teambezogenen Symbols, z. B. ein »Mannschaftsmaskottchen«, als leistungsfördernden magisch-psychologischen Effekt.

Betreuungs- und Erziehungsaufgaben bei Mannschaftskämpfen und Einzelturnieren

Die Aufgaben des Trainers/Betreuers sind im hohen Maße vom jeweiligen Alter, Reifegrad und Leistungsstärke der Schützlinge abhängig. So wird die pädagogische Einflussnahme bei Kindern/Jugendlichen im U10- bis U14-Bereich anders geartet sein, als bei zu betreuenden C/D-Kaderspielern oder Nationalkadern. Generell gilt, je jünger die Kinder sind, desto intensiver und umfassender, aber auch verantwortungsvoller erfolgen sportbezogene bzw. allgemeine Hilfeleistungen. Während Kinder im U10-Alter noch rund um die Uhr betreut (geweckt, gemeinsame Mahlzeiten und Freizeitgestaltung, Wettkampfvorbereitung etc.) werden müssen, nimmt der schachpädagogische Beeinflussungsgrad von Jahr zu Jahr ab. Im AK-Bereich U12, U14 liegen schon persönliche Erfahrungswerte vor und verschiedene Tätigkeiten können (sollen) selbständig gelöst werden. Ab U16 ist der Reifeprozess schon so weit fortgeschritten, dass neben einer speziellen Eröffnungsunterstützung (individuelle theoretische Vorbereitung auf den Gegner) nur noch ein psychologisches Führen erforderlich ist. Beim Betreuen internationaler Titelträger zu EM, WM, Schacholympiaden etc. übt der Trainer immer mehr die Rolle eines Sekundanten oder Leistungskoordinators aus. Alters- und leistungsbezogen nehmen das individuelle Selbststudium/Selbsttraining sowie eigene Entscheidungen bei der Eröffnungs-, d. h. Variantenwahl zu. In allen Altersbereichen gilt es, die unterschiedlichen Typen des Nervensystems und damit die »Nervenkostüme« der Spieler/Schützlinge zu erkennen. Bei ängstlichen Spielern bedeutet das mehr Zuspruch, Unterstützung, Hilfen, Aufmunterungen und Lob zu geben.

Oft wird ein Trainer von seinen Schützlingen gefragt, mit welchen Gefühlen sie ihren bevorstehenden Gegnern gegenübertreten sollen. Sie wissen zwar, dass übermäßiges Harmoniebedürfnis und freundschaftliches Verbundensein zu geringerem Kampfgeist führen kann, wollen sich aber andererseits nicht mit Bobby Fischers Spruch ›Man muss seinen Gegner hassen!‹ solidarisieren. Einen moderaten und fairen Standpunkt äußerte Turniersieger Wladimir Kramnik auf eine entsprechende Frage von Raj Tischbierek in Wijk aan Zee: »Es ist lächerlich, einander vor der Partie aus dem Weg zu gehen. Manchmal esse ich mit einem Spieler zu Mittag, der anschließend mein Gegner ist. Daß man seine Gegner hassen muß, ist Unsinn. Schach ist kein Kampf gegen die Persönlichkeit des Gegners. Für mich ist es eine Wissenschaft. Ich will beweisen, daß meine Vorbereitung gut ist, daß meine Ideen funktionieren, daß ich Schach verstehe« (Interview 1998, S. 22).

Besonderes Feingefühl erfordert das Betreuen von Mädchen. Hier heißt es nicht nur nach Verlustpartien, sondern generell das Selbstvertrauen vor Wettkämpfen zu stärken. Aufgetretene Fehler dürfen aus pädagogischer Sicht nicht zu hart getadelt werden. Das gilt besonders nach verlorenen Partien! Durch Aufmuntern und Vermitteln von Selbstvertrauen sind Spielerinnen psychisch wieder aufzubauen, wodurch sie neue Kräfte für die nächste Runde mobilisieren können. Anknüpfend an bereits erbrachte Leistungen wie frühere Erfolge beziehungsweise eventuelle bisherige Gewinnpartien gegen bevorstehende Gegner, sollte der Trainer auch in kritischen Situationen Mut machen und bereits erreichte und zu erwartende Entwicklungsfortschritte anerkennen. Weibliche Spielerinnen besitzen rollenbedingt nicht die freche ›Chuzpe‹, die manche Jungen auszeichnet. Das weibliche Harmoniebedürfnis hemmt oftmals den Kampfgeist und eine gewisse Unversöhnlichkeit gegenüber dem Kontrahenten. So können sie nicht immer ihr Leistungsvermögen voll ausschöpfen und sind manchmal zu schnell mit Punkteteilungen zufrieden. Mangelnde Erfolgserlebnisse im Wettkampf und Training verursachen Motivationsverluste und führen sie unter Umständen weg vom Schach. Um alle pädagogischen Ratschläge umzusetzen, braucht ein Trainer viel Geduld. Vor allem darf er sich in Konfliktsituationen niemals zu schnellen Urteilen und Verurteilungen hinreisen lassen.

Im einzelnen werden vom Trainer oder Übungsleiter altersadäquat folgende Betreuungs- und Beobachtungsaufgaben erwartet:
- Gemeinsame eröffnungstheoretische Vorbereitung auf den Gegner
- Psychologische Einflussnahme vor jeder Runde hinsichtlich der Stärken und Schwächen der zu erwartenden Gegner, Steuern der Emotionen und der Ratio während eines Turniers
- Dämpfen des Startfiebers durch ablenkende

Maßnahmen in der unmittelbaren Phase vor Partiebeginn, wie Spaziergänge, Gespräche, Musikrelaxation

- Festlegen eines detaillierten Kampfplans bei Einzelturnieren, z. B. Berücksichtigen der Farbverteilung, zielorientierte und Kräfte schonende Spielführung gegen die verschiedenen Gegner
- ›Farbgerechter‹ Einsatz der Spieler entsprechend ihren speziellen Fähigkeiten bei Mannschaftsturnieren und Pokalkämpfen (Mannschaftserfolg geht über Einzelergebnisse).
- Bei längeren Partien darauf achten, dass der Blutzuckerspiegel konstant bleibt. Zwischendurch etwas frisches Obst (Banane, Apfel), Müsli-Riegel, Traubenzucker essen sowie ausreichend trinken (Früchtetee, Säfte, Mineralwasser, Cola, Kaffee).
- Wachen über das Einhalten der sportgerechten Lebensweise während eines Turniers und des sinnvollen Gestaltens der Freizeit sowie ausreichender Schlaf zum Regenerieren des Nervensystems
- Bei Spielern, die durch Misserfolg, anstrengender Zeitnotphase oder Überkonzentration gestresst sind und dadurch Denkblockaden bzw. Blackouts erleben z. B. folgendes Rezept der 8–8–8-Methode anbieten: 8 Sekunden lang Luft holen, 8 Sekunden die Luft anhalten und 8 Sekunden lang ausatmen. Dem Gehirn wird kurzzeitig weniger Sauerstoff zugeführt und es stellt dadurch die stressbedingte Überaktivität ein. Die Psyche normalisiert sich wieder.
- Beobachtungsaufgaben während des Wettkampfs:
  Wird die Bedenkzeit richtig oder falsch eingeteilt (hastiges Ziehen, Zeitknappheit oder Zeitnot)? Werden ›selbstverständliche‹ Züge sofort ausgeführt? (Kasparow ☞ »Unentschlossenheit ist der größte Feind vieler Schachspieler. Mein Tip: Die ersten fünfzehn Züge innerhalb einer halben Stunde machen«, 1985, S. 63). Sind Konzentrationsschwächen vorhanden? Werden Stellungen mit gleichen Chancen ausgekämpft? Lässt sich der Spieler bei akuter Zeitnot des Gegners ebenfalls zu schnellem Ziehen verleiten? Wird nach jedem Zug regelmäßig die Uhr gedrückt? Werden die Züge auch unter Wettkampfbelastung richtig aufgeschrieben? Verhält sich der Spieler fair ›am Brett‹? (z. B. pünktliches Erscheinen vor Partiebeginn, Ziehen der berührten Figur, Nichtreden während der Partie, bei Partieverlust dem Gegner gratulieren). Ist Sicherheit in regeltechnischen Fragen vorhanden, z. B. dreimaliges Wiederholen der gleichen Stellung, 50-Züge-Regel, Notieren von Remisangeboten? Lässt die Spielkraft (weitsichtiges und präzises Vorausberechnen, längere zeitliche Dauer der Zügeberechnungen) in der letzten Spielstunde nach bzw. nimmt die Fehlerquote zu?

- Bei Verlustpartien oder Remisen in Gewinnstellungen psychologisches Einwirken (ermunternde Worte, auf vorhandene Stärken verweisen, nicht schimpfen, keine Vorwürfe machen und den psychologisch bedingten Verlustärger in Grenzen halten!)
- Gemeinsames Nachspielen und Auswerten der Partien als erste Fehleranalyse im Sinne einer Kurzauswertung und als Mittel zum Entspannen, Abreagieren.
- Turnierarena, tägliche Partievorbereitung mit prickelnder Wettkampfatmosphäre und anschließender Partieanalyse verursachen überdurchschnittliche Spannung und Hektik für den Organismus. Energiereserven werden verbraucht und sind regelmäßig wieder aufzuladen. Welche Mechanismen laufen dabei in unserem nervalen System ab? Die Schaltzentrale für An- und Entspannen befindet sich im vegetativen Nervensystem (sympathische und parasympathische Nerven). Während der Sympathikus die Leistungsfähigkeit aktiviert, sorgt der Parasympathikus für Erholen und Entspannen. Er regt dabei die körpereigenen Selbstheilungskräfte an. Tritt durch Überaktivitäten ein Ungleichgewicht ein, fühlen wir uns nervös und gereizt. Nicht selten leiden überaktivierte Spieler an Fehlspannungen, vegetativen Störungen oder Dystonien. Im Falle von nervalen Fehldispositionen sollten psychophysische Entspannungsformen und -Techniken eingesetzt werden, z. B. Atemschulung, Yoga, Meditation und Autogenes Training. Fitness und entspanntes Verhalten können ebenfalls erreicht werden durch Bewegungsformen wie Gymnastik, Nutzen von Fitnessgeräten, Gehen, Walking, Wandern, Jogging, Radfahren, Schwimmen, Skilaufen, Stretching und Tanzen. Körperliche Entspannung vermitteln auch Wasser- und Wärmeeinwirkungen durch Bäder, Güsse, Wechselduschen, Sauna und Massagen. Nach aufregenden Partien (Opferwendungen, langwierigen Verteidigungen, Zeitnot, Verlust etc.) hilft auch das Einbeziehen von regenerativer, entspannender Musik. Besonders klassische Musikstücke lösen schneller seelische Ver-

krampfungen, verkürzen die Erholungsphase und mobilisieren neue psycho-physische Energien für die nächste Runde.

3.3.2.7 Propagieren des Schachs und Gewinnen von Kindern zur Teilnahme an Arbeitsgemeinschaften

Das Propagieren und Weiterverbreiten des Schachsports verlangen vom Übungsleiter und Trainer grundlegende Kenntnisse und Erkenntnisse über den gesellschaftlichen Nutzen des Schachs. Er sollte in der Lage sein, überzeugend den intellektuellen und erzieherischen Wert des Spiels für die persönliche Entwicklung der Kinder und Jugendlichen nachzuweisen. Dabei ist auch die hohe Wertschätzung hervorzuheben, die bekannte Persönlichkeiten in Reden und Aussprüchen dem Schachspiel entgegenbrachten bzw. bringen: Schach ist eine Art Geistesschulung, bei der gleichzeitig Gedächtnis, Wille, Aufmerksamkeit, Ausdauer und logisches Denken trainiert werden. Wie in verschiedenen wissenschaftlichen Untersuchungen nachgewiesen wurde, trägt das Schachspiel besonders bei Schülern zum Entwickeln wertvoller Fähigkeiten, Fertigkeiten und Eigenschaften bei.

Schach hilft beim Schulen des folgerichtigen logischen Denkens, übt strategisch-taktisches Vorausberechnen, analytische Fähigkeiten und Vorstellungsvermögen. Schach fördert das Herausbilden wertvoller Einsichten wie das Erkennen des unabdingbaren Zusammenspiels von Kraft, Raum und Zeit, des Wechselverhältnisses von Ursache und Wirkung und des dialektischen Verhältnisses von Quantität und Qualität. Schach stärkt durch sein Ausüben psychisch-moralische Willenseigenschaften wie Mut, Entschlusskraft, Geduld, Fleiß, Beharrlichkeit und Zielstrebigkeit. Schach erzieht zur ausdauernden Aufmerksamkeit bzw. Konzentrationsfähigkeit und Selbstkritik, zum disziplinierten Einteilen psychisch-physischer Kräfte, also einer guten Kräfteökonomie, zur Selbstbeherrschung und zum schnellen Verarbeiten von Misserfolgserlebnissen (Disziplinieren der Emotionen und Affekte). Schach regt durch seine künstlerische Komponente die schöpferische Phantasie an, stimuliert Intuitionen und weckt ästhetische Kategorien.

Der Übungsleiter vermittelt Lehrern und Erziehern die Erkenntnisse über die Bedeutung des Schachs und versucht durch werbende Maßnahmen Kinder und ihre Eltern (bei Elternversammlungen und anderen Zusammenkünften) für das Schachspiel zu begeistern (vgl. Kapitel 1). Vor allem sollten Kinder der zweiten und dritten Klassen für die Teilnahme an Arbeitsgemeinschaften gewonnen werden.

3.3.2.8 Planmäßiges Sichten junger Talente und Einleiten spezieller Fördermaßnahmen

Neben dem systematischen Ausbilden und Erziehen aller jungen Spielerinnen und Spieler gehört zu den Aufgaben eines Trainers, Ausschau nach besonders schachlich veranlagten jungen Mädchen und Jungen zu halten. Ausgehend von der Talentsichtung in den Vereinen und Landesverbänden gilt es, ein reibungsloses leistungsbezogenes Fördersystem zu gewährleisten. Darin sollte unter Berücksichtigung landesspezifischer Grundinteressen der Entwicklungsweg eines Talents vorrangig sein. Bei Toptalenten muss die zielgerichtete spezielle Förderung absolute Priorität besitzen. Nachstehende spezielle Kriterien charakterisieren den Leistungsaufbau eines Talents (Konzeption zur Leistungssportförderung im Deutschen Schachbund):

Phasen	Entwicklungskriterien
1	Talentsichtung in den Landesverbänden entsprechend ihren Konzepten; Sichtungsturniere ab U9; Sichtungsmaßnahmen im Schulschach; Aufnahme in die D1/D2 Kaderkreise.
2	Aufnahme in die D3/D4-Kaderkreise der Landesverbände; Erwerb einer Ratingzahl (Elo-Zahl); Erfolge auf nationaler Ebene; Teilnahme an Trainingsmaßnahmen der Landesverbände.
3	Aufnahme in den Bundeskaderkreis D/C-Kader (Verbleib in den D4-Kadern), Erwerb einer internationalen Ratingzahl, beziehungsweise Verbessern der Wertzahl; Erfolge auf nationaler und internationaler Ebene; Teilnahme an Trainingsmaßnahmen der Bundesebene.

4	Verbessern der Elo-Zahl auf 2350 (Mädchen/Frauen 2150); Erfolge bei internationalen Normenturnieren und Meisterschaften.
5	Aufnahme in den C-Kaderkreis des DSB
6	Besonders herausragende Talente mit der Leistungsprognose ›Weltspitze‹ werden in die Sonderförderung des DSB aufgenommen.

Als höchste und effizienteste Form der sportlichen Förderung wurde 1998 die Sonderförderung des Deutschen Schachbundes ins Leben gerufen. Über die Kaderförderung hinaus werden maximal drei Talente vom Bundestrainer ausgewählt. Es wird ein Vertrag abgeschlossen. Bei der Auswahl wird das gesamte Umfeld der jungen Spieler mit berücksichtigt. Bezugspersonen dürfen der intensiven Förderung nicht entgegenstehen, sondern sollen aktiv und harmonisierend die Leistungsentwicklung unterstützen. Bei der Ent-

scheidung über die Aufnahme findet auch die ›Jordan-Kurve‹ Berücksichtigung. Dr. D. Jordan nahm eine statistische Auswertung der Elozahlen von Weltklassespielern in ihrer schachlichen Entwicklung vor. Daraus leitete er einen Entwicklungskorridor für Toptalente ab. So lange sich ein Talent in diesem Korridor befindet, kann die Prognose »Erreichen der Weltspitze« gewagt werden (siehe Diagramm links unten).

Ein detaillierter Turnier- und Trainingsplan sowie eine Abstimmung zwischen Elternhaus, Schule, Vereins-, Landes- und Bundesebene unterstützen die Förderung nachhaltig. Namhafte Trainer begleiten die jungen Sportler über einen längeren Zeitraum. Im Jahr 2000 erfüllten die Top-Talente Elisabeth Pähtz, Arkadij Naiditsch und Leonid Kritz die Förderungskriterien.

Die Aufnahme in die männlichen und weiblichen Bundeskader wird von angemessenen Leistungskriterien bestimmt (Konzeption, ebenda):

Kader	Schachspieler	Schachspielerinnen
C-Kader	Neuaufnahme mit einer Elo-Zahl von mindestens 2350 oder besonders junge, hochtalentierte Spieler.	Neuaufnahme mit einer Elo-Zahl von mindestens 2150 oder besonders junge, hochtalentierte Spielerinnen.
B-Kader	Neuaufnahme mit einer Elo-Zahl von mindestens 2525 oder besonders junge, hochtalentierte Spieler.	Neuaufnahme mit einer Elo-Zahl von mindestens 2250 oder besonders junge, hochtalentierte Spielerinnen.
A-Kader	ab Elo-Zahl von 2575	ab Elo-Zahl von 2350

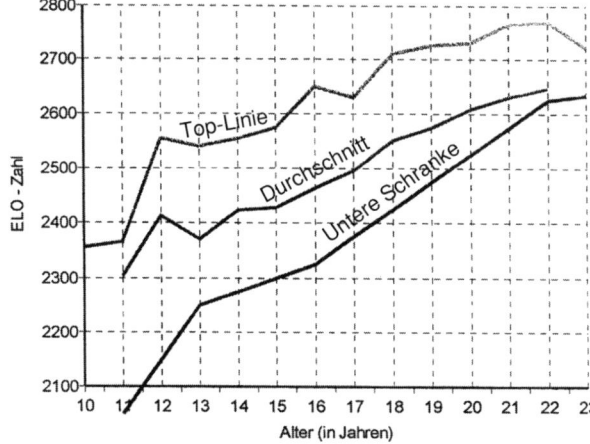

Diagramm Entwicklungskorridor für Toptalente

Zweifellos zählt das Prognostizieren von Leistungserwartungen mit dem ›Blick in die Zukunft‹ zu den schwierigsten Aufgaben. Gemessen am Persönlichkeitsbild eines profilierten Schachmeisters sind aber bereits bei Kindern im Alter von sechs bis zehn Jahren bestimmte leistungsrelevante Merkmale erkennbar. Der Übungsleiter sollte beim Beurteilen von Talenten nachfolgende Kriterien beachten:

- hoher intellektueller Leistungsgrad, der am Zensurendurchschnitt in den allgemeinbildenden Fächern gemessen wird (Mathematikzensur!)
- bemerkenswerte geistige Potenzen, insbesondere Verlaufsqualitäten des

schöpferischen Denkens, beurteilt mittels spezieller Beobachtungen und psychologischer Tests (Raven, Torrance u. a.)

- harmonisch entwickeltes Gesamtverhalten
- allgemein guter Gesundheitszustand und belastungsfähiges vegetatives Nervensystem
- gesunder Ehrgeiz und zielgerichtetes Leistungsstreben
- ausgeprägter Spieltrieb, Freude am Knobeln und am Lösen von Denksportaufgaben
- zielorientierter Wille und Fleiß (beharrlich bei Hausaufgaben und beim Lösen von Übungen)
- ausdauernde Aufmerksamkeit während des Schachunterrichts und Trainings bzw. anhaltende Konzentrationsfähigkeit in der Übungs- und Wettkampfpartie
- Unbekümmertheit und gesundes Selbstvertrauen (schnelles Verarbeiten von Misserfolgserlebnissen), Mut und Entschlusskraft
- speicherungsfähiges Gedächtnis, das sich in der Merkfähigkeit von Eröffnungsvarianten und Reproduktion eigener Partien ausdrückt
- Einfallsreichtum und schöpferische Phantasie (schnelles Lösen von Schachaufgaben).

Nicht oft werden alle Kriterien gleichzeitig zutreffen. Ein erfahrener Trainer/Übungsleiter wird jedoch aufgrund seines Wissens und der Vergleichswerte mit anderen Kindern spezifische positive Fähigkeiten und Eigenschaften schnell erkennen. So versprechen z. B. Kinder, die im Altersbereich von 10–13 Jahren bereits in der Lage sind, einen Trainingsblock (Spezialtraining) von vier Stunden (mit kurzer Pause nach zwei Stunden) konzentriert zu absolvieren, einen raschen Leistungsfortschritt.

Grundlage aller Förderabsichten im Kindesalter ist der Rückhalt durch die Eltern. Sie gilt es zu gewinnen und ihr Einverständnis bzw. finanziell-ökonomische Unterstützung von örtlichen Trainingsmaßnahmen sowie zur Teilnahme an Trainingslehrgängen und Wettkämpfen zu erhalten. Nicht immer ist ein Trainer zeitlich in der Lage, alle erziehenden und betreuenden Aufgaben zu bewältigen. Deshalb ist anzustreben, dass (vor allem in größeren Vereinen) ein Sozialwart mit hilft, die Verbindung zur Familie, schulischen und beruflichen Ausbildung bzw. Bundeswehr oder zu universitären Einrichtungen zu pflegen.

Der Deutsche Schachbund bietet seinen Kaderspielern eine Reihe von Förderangeboten: Nominierungen zu Europa- und Weltmeisterschaften U10 bis U20, Nominierungen zu internationalen Einzel- und Mannschaftsturnieren, Nominierungen zur Internationalen deutschen Jugendmeisterschaft, Freiplätze für deutsche Meisterschaften, Besuch der Botwinnik-Schachschule, Lehrgänge für jüngere und spielstärkste Mitglieder des Kaders, Trainerbetreuung bei internationalen Meisterschaften, Zuschüsse für Turnierbesuche und Trainingsmaßnahmen. Mittels eines Fragebogens zur Trainings- und Wettkampfgestaltung wird der schachliche Ausbildungsstand und das leistungsrelevante Umfeld der Spieler erfragt (vgl. Beispiel eines Informationsbogens zum Ermitteln von Kaderspielern auf Seite 131).

Als eine wirksame Fördermethode junger talentierter Schachspieler gilt das Aufstellen von Individuellen Jahrestrainings- und Wettkampfplänen (ITP). Entsprechend den Vorgaben des DSB-Rahmentrainingsplans (RTP) soll zunächst eine Ist-Zustandsanalyse, also gegenwärtiger Leistungsstand, Ausprägungsniveau der Leistungsvoraussetzungen, Analyse des bisherigen Trainings, materielle Voraussetzungen sowie schulische, berufliche und sportliche Entwicklungsanforderungen angefertigt werden. Davon ausgehend sind für das jeweilige Trainingsjahr reale Leistungsziele, schulische und persönliche Bildungs- und Erziehungsaufgaben (z. B. schulisch/berufliche Abschlüsse, Benotungen; Pünktlichkeit, Konzentrationsfähigkeit etc.), spezielle Trainingsaufgaben für alle drei Spielphasen (z. B. Erarbeiten einer neuen Eröffnung/Verteidigung, Analysieren aller relevanten Partien aus Fachzeitungen, Studium von Turmendspielen etc.), voraussehbare Wettkampfteilnahmen, zumutbare Belastungsnormen u. a. festzulegen. Besonders das Formulieren erreichbarer Leistungsziele ist für die Motivation von Schachtalenten unerlässlich. Wenn der Sportler sich mit den Zielen identifizieren kann, wird eine positive Ausgangsposition für harte Trainings- und Wettkampfbelastungen geschaffen. Dabei sollte folgender trainingspsychologischer Aspekt nicht außer Acht gelassen werden:

☛ Nur Leistungsziele stellen, die auch durch Trainings- und Leistungsvoraussetzungen zu erfüllen sind. Wer zu hohe Ziele stellt, erzeugt Stress und blockiert sich selbst. Misserfolge können somit vorprogrammiert sein. Das kann zur leistungsmindernden Selbstabwertung führen.

INFORMATIONSBOGEN ÜBER KADERSPIELER

Bitte sauber und leserlich schreiben – Zeit lassen – Nur die wichtigen Daten angeben! Unzutreffendes bitte streichen!
Wenn du die Fragen mit ⊗ nicht beantworten möchtest ⇨ weglassen!

1.1 Persönliche Daten

Name, Vorname:_____ Geburtsdatum:_____

Straße/Nr.:_____ PLZ/Wohnort:_____

Telefon:_____ Fax:_____ Schule:_____

eMail:_____ Hobbys:_____

1.2 Schachliche Daten

Verein:_____ seit wann:_____

Schulschachgruppe:_____

Mitglied in welchem Landeskader: _____

Welche Elo: _____ und welche DWZ:_____ erwartest du im Jan. 2000?

Trainingsstunden pro Woche (Schule/Verein):_____(allein):_____

Namen deiner Vereins-/Heimtrainer:_____/_____

Stellungnahme deiner Trainer zu deinen Fähigkeiten:_____

_____

Arbeitest du mit ChessBase oder anderen Datenbanken? ja_____ nein_____

Welche Schachbücher hast du schon »studiert«:_____

_____

Lieblingsschachbücher:_____

_____

Schachliche Ziele im letzten Jahr:_____

_____

Davon erreicht:_____

_____

Schachliche Ziele 2000:_____

_____

Geplante Turniere 2000 (Turnierpartien):_____

_____

Welche schachlichen Stärken hast du:_____

_____

Welche schachlichen Schwächen hast du:_____

_____

_____

1.3 Turnierdaten Saison 1999:

Schnellschachturniere:_____/_____Partien Blitzturniere:_____/_____Partien

Alle anderen Turniere sind in der DWZ-Kartei erfasst und liegen uns vor!

1.4 Unterstützung Eltern ⊗

Grundsätzliche Einstellung gegenüber dem Schach: Positiv – mittel – negativ

Finanzielle Unterstützung für Bücher, Turniere u. s. w.: Hoch – mittel – niedrig – keine

Mithilfe bei der Betreuung/bei Fahrten: Gerne – mittel – nicht so gerne

Stellungnahme deiner Eltern zum Schachleistungssport ihres Kindes:_____

_____

_____

1.5 Unterstützung Verein

Grundsätzliche Einstellung gegenüber Jugendschach: Positiv – mittel – negativ

Finanzielle Unterstützung für Bücher, Turniere u. s. w.: Hoch – mittel – niedrig – keine

Organisation der Betreuung/Fahrten: Gerne – mittel – nicht so gerne

Training im Verein: gutes Training – Analyse von Partien – Blitzpartien – Einzeltraining – Sonstiges _____

Stellungnahme deines Jugendleiters/Vereinsvorsitzenden/Vereinsmitgliedes zum Leistungssport:_____

_____

1.6 Wunschthemenzettel für Kadertraining:_____

_____

Bitte einsenden bis zum 20.12.1999 an: Uwe Bönsch, Lerchenweg 24, 06179 Langenbogen

Die Jahrespläne sind gemeinsam mit dem jeweiligen Spieler zu Beginn eines jeden Jahres, unter Einbeziehen des letzten Planes, zu erarbeiten und den Eltern als auch der Schule vorzulegen (vgl. Beispiel eines Individuellen Trainings- und Wettkampfplans).

Individueller Trainings- und Wettkampfplan für das Jahr....

Name, Vorname	Geburtstag	Verein	Schule/Uni.	DWZ/ELO	Trainer

Leistungsziele	
Trainingsumfang Trainingszeiten	
Trainingsinhalte: Eröffnung	
Mittelspiel	
Endspiele	
Ausgleichssport/Fitness	
Wettkämpfe/Turniere	
Belastungsnorm (Anzahl der Partien im Jahr)	Mannschaftskämpfe: .... Turnierpartien: .... insgesamt: .... ——————————————— Trainingspartien: ....
Lehrgänge	
Urlaub/Ferien	

Bemerkungen:

....

        Trainer   Spielerin/Spieler

3.3.2.9 Heranführen geeigneter junger Spieler zur Übungsleitertätigkeit

Das Übertragen wichtiger Aufgaben und Verantwortung an junge Menschen entspricht immer mehr den Erfordernissen der Zeit. Der erfahrene Übungsleiter fördert die Mithilfe junger Schülerinnen und Schüler beim Planen, Vorbereiten und Organisieren der Zirkelarbeit. Besonders geeignete Jugendliche sind in die pädagogisch-methodische Lehr- und Übungstätigkeit einzubeziehen. Vor allem sollen auch Nachwuchsspieler, die sich keine leistungssportliche Perspektive mehr geben, für die Ausbildungsarbeit gewonnen werden.

Bei der Auswahl junger Schachspieler für eine Übungsleitertätigkeit können vornehmlich nachstehende Fragen beachtet werden und als Kriterium gelten:

- Sind die Jugendlichen in der Lage, ihre fachlichen Kenntnisse und Fertigkeiten anderen Schülern weiter zu vermitteln?
- Welche Autorität genießen sie in ihrer Übungsgruppe und in ihrem Klassenverband?
- Mit welcher Aktivität und Konsequenz setzen sie sich für die Belange ihrer Gruppe, Mannschaft ein (Aktivensprecher!)?
- Besitzen sie ausreichende Schachkenntnisse und theoretisches Wissen?

In der ersten Phase des Einlernens setzt der Übungsleiter befähigte junge Spieler zunächst als Übungsleiterassistenten und Mannschaftsleiter ein. Nach angemessener Zeit sollen diese eine Ausbildung als Fachübungsleiter/C-Trainer erhalten und die geforderten Prüfungen ablegen (vorausgesetzt wird das 16. Lebensjahr).

3.3.2.10 Ständiges Vervollkommnen der eigenen Fähigkeiten und Fertigkeiten

Der Übungsleiter/Trainer kann seine Bildungs- und Erziehungsaufgaben nur dann gut lösen, wenn er ständig das sportartspezifische Wissen aktualisiert und die für seine Tätigkeit notwendigen Fertigkeiten weiterentwickelt. Er muss also kontinuierlich seiner eigenen Qualifizierung besondere Aufmerksamkeit widmen, um durch den erzielten Bildungsvorlauf eine effektive, auf hohem Niveau stehende Schachausbildung vermitteln zu können. Die Hauptinhalte der Weiterbildung für Fachübungsleiter bzw. Lizenztrainer sind:

- Vertiefen und Erweitern sportwissenschaftlicher Grundlagenkenntnisse entsprechend den Rahmenrichtlinien des Deutschen Schachbundes.
- Aktualisieren des sportartspezifischen Wissens durch: planmäßiges Auswerten fachtheoretischer Veröffentlichungen zu Fragen des Übungs-, Trainings- und Wettkampfbetriebes; regelmäßiges Auswerten von Turnierbulletins, Fachperiodika, Neuerscheinungen und Partiedatenbanken zum Vervollständigen eröffnungstheoretischer Kenntnisse; Nachspielen qualitativ wertvoller Partien aus Fachveröffentlichungen bzw. elektronischen Datenbanken; Festigen strategischer und taktischer Kenntnisse auf mittelspiel- und endspieltheoretischem Gebiet.
- Verbessern sportartspezifischer Fähigkeiten und Fertigkeiten durch Spielen von Wettkampf- und Freundschaftspartien; Spielen von Partien mit verkürzter Bedenkzeit, einschließlich Blitzpartien; Geben von Simultan- und Handicapvorstellungen.
- Nutzen des Internets und Einbeziehen der Computertechnik als modernes Trainingsmittel zum Eröffnung-, Mittelspiel- und Endspieltraining sowie ständiges vertraut machen mit neuen Versionen. Verwenden von Spielprogrammen als Möglichkeit zum Spielen von Trainingspartien mit unterschiedlichen Bedenkzeiten.

Verschiedene Themen können bei Weiterbildungsveranstaltungen der Landesverbände bzw. des Deutschen Schachbundes, in der höchsten bisher erworbenen Lizenzstufe, gehört werden. So standen beispielsweise beim Weiterbildungslehrgang von A-Trainern 1999 in Hannover folgende Themen auf dem Programm: Einführungsvortrag zur Ausbildungssituation (Dr. Hans-Jürgen Hochgräfe), Trainerausbildung in Äthiopien und Erläuterung der Leistungssportkonzeption für Landesverbände (Uwe Bönsch), Trainereinsatz in Namibia (Klaus Darga), Zur Arbeit der Lehrkommission (Herbert Bastian), Bausteine eines systematischen Trainings (Bernd Rosen), Königsbauernspiele (Christian Bossert), Wert und Gegenwert für die Dame (Jaroslav Srokovsky), Sizilianisch mit 3.♗b5 (Michail Zeitlin), Analysen von A- und B-Trainer-Hausarbeiten und Vorschläge für Gestaltungsnormen (Dr. Ernst Bönsch), Zum Schachsportabzeichen (Jörg Pachow). Bild auf Seite 134: Ch. Bossert fotografierte die Lehrgangsteilnehmer.

Weiterbildungslehrgang von A-Trainern1999 in Hannover

Darüber hinaus soll der Trainer/Übungsleiter viele Möglichkeiten des sportartspezifischen Weiterbildens durch spezielle Formen des Selbsttrainings nutzen bzw. das persönliche Leistungsniveau durch das Beteiligen an Trainingsveranstaltungen spielstarker Schachgemeinschaften erhöhen oder bewahren.

3.3.3 Verhaltensspiegel eines Schachpädagogen

Der Bildungs- und Erziehungsprozess erreicht nur infolge eines differenzierten Eingehens auf die zu betreuenden Spieler hohe Effektivität. Aus-

schließlich durch das Berücksichtigen der individuellen Besonderheiten kann eine maximale Wirksamkeit erzielt werden. Eingedenk dieser Feststellung soll die untenstehende zusammenfassende Übersicht die pädagogisch-psychologischen Verhaltensweisen eines Schachpädagogen als Bezugsperson und Autorität darstellen, wobei mit Hilfe der **Positiv-negativ-Gegenüberstellung** eine einprägsame Anschaulichkeit beabsichtigt ist.

Durch das verknappte Darstellen von pädagogisch/psychologischen Ansprüchen und unpädagogischen Handlungsweisen soll nicht der Eindruck erweckt werden, der Übungsleiter/Trainer

Ein Schachpädagoge handelt seinen jungen Spielerinnen und Spielern gegenüber

richtig und vorbildlich, wenn er:	pädagogisch falsch, wenn er:
eine positive Einstellung zu seiner Tätigkeit hat, gewissenhaft seine Verpflichtungen erfüllt und pünktlich zum Training und Wettkampf erscheint	nur routinemäßig seinen Verpflichtungen nachkommt; unkorrekt ist und wenig Wert auf Pünktlichkeit legt
sich in seiner Eigenschaft als Trainer/Übungsleiter zu allen gleichbleibend verhält (ohne Rücksicht auf Geschlecht, Leistungsniveau etc.)	einige Schützlinge, »Lieblinge« bevorzugt; Fehlverhalten unterschiedlich wertet
die Persönlichkeit der jungen Spieler schätzt, ihnen die notwendige Achtung und Aufmerksamkeit schenkt	sie unterschätzt, zu ihnen unaufmerksam ist (z. B. ihre Antworten nicht beachtet), sie lächerlich macht, verspottet oder sogar beleidigt
ihnen ein entsprechendes Maß an Vertrauen entgegenbringt; selbst deren Vertrauen nicht enttäuscht	ihnen Mangel an Vertrauen entgegenbringt, anvertraute Internas und Intimitätenwissen leichtfertig weitergibt
jederzeit ein offenes Ohr für persönliche Probleme und Schwierigkeiten hat; Bitten um Hilfe nicht ablehnt und ihnen bereitwillig rät und hilft	persönlichen Problemen und Sorgen kein Interesse entgegenbringt; Rat und Hilfe ablehnt

Lob und Tadel ausgewogen anwendet, besonders bei Mädchen viel anerkennende Worte findet;	vorwiegend tadelt und nörgelt; Versäumnisse und mangelhafte Leistungen überbewertet
sie nach Misserfolgen für neue Aufgaben motiviert (dabei auf bisherige Stärken verweist); eine optimistische Grundhaltung zeigt	bei Misserfolgen Schadenfreude zeigt (z. B. wenn sein Rat nicht befolgt wurde, obwohl er sich hinterher als richtig erwies); überwiegend pessimistisch reagiert
individuelle Besonderheiten und Fähigkeiten leistungsfördernd einsetzt, z. B. spezielle eröffnungstheoretische Kenntnisse	ihre individuelle Besonderheiten oder speziellen Fähigkeiten übersieht und ignoriert
an ihre Fähigkeiten (Alters- und Leistungsstufen) angemessene Forderungen richtet	unangemessene Anforderungen stellt (übertrieben oder zu wenig anspruchsvoll)
sie zu hohen Leistungen in der Schule/Lehre anhält und einen positiven Einfluss auf ihre Lernhaltung ausübt	immer die Interessen der sportlichen Tätigkeit über die Anforderungen der Schule oder des Berufs (Hausaufgaben, Prüfungen, Abschlüsse etc.) stellt
sich zu beherrschen weiß und möglichst auch in kritischen Situationen ruhig bleibt; skurrile Verhaltensweisen, speziell in der Pubertätsphase erkennt und beachtet	unbeherrscht, launisch auftritt, seinen Missmut an Kindern und Jugendlichen auslässt und sie anschreit; Entwicklungsprobleme im Jugendalter außer Acht lässt
immer offen und ehrlich auftritt, ein gegebenes Wort oder Versprechen einhält	unaufrichtig handelt; selbst nicht einhält, was er von seinen Schützlingen fordert

müsste ein ›Heiliger‹ sein. Trotz besten Vorsätzen macht jeder in seiner Tätigkeit einmal einen Fehler, irrt sich mal, vergisst eine Zusage oder ein Versprechen bzw. verspätet sich zu einem Termin. Sollte es dennoch zu solchen Versäumnissen oder Fehlern kommen, so dürfte ein ehrliches Entschuldigen (mit Angaben von Gründen) das Vertrauensverhältnis zum Schützling nicht stören, vielleicht sogar fördern.

3.3.4 Anfertigen von Hausarbeiten für Trainerlizenzen des Deutschen Schachbundes

Nach den »Rahmen-Richtlinien des Deutschen Schachbundes für die Ausbildung von Fachübungsleitern und Trainern« gehört das Anfertigen einer Trainerarbeit zur Prüfungsordnung. Dabei gilt es den Nachweis zu erbringen, ein sportartspezifisches Thema in Form einer Hausarbeit allein anzufertigen. Inhaltlich soll die Ausarbeitung möglichst weiterführende Gedanken und Ergebnisse zu didaktisch-methodischen Fragen der schachlichen Lehre und des Trainings aufweisen. Dabei sind nachstehende sechs Punkte, die in den Richtlinien vorgegeben wurden, zu berücksichtigen.

- **Richtlinien für das einheitliche Gestalten und Abfassen von schriftlichen Hausarbeiten zum Erwerb der A- und B-Trainerlizenz des Deutschen Schachbundes e.V.**

1. Allgemeine Vorgaben
Der Deutsche Schachbund ist bemüht, durch die Herausgabe vorliegender Richtlinien zum Vereinheitlichen der Trainerarbeiten beizutragen. Damit soll das Verfassen von Manuskripten erleichtert und vor allem jungen Trainerinnen und Trainern beim Anfertigen von schachwissenschaftlichen Texten geholfen werden. Durch das einheitliche Gestalten kann die fachinterne Kommunikation gefördert und ein besseres Verständnis für sportartspezifische Prozesse erzielt werden. Die Vorgaben sind auch für die B-Trainerausbildung in den Landesverbänden und bei privaten/kommerziellen Trägern gültig.

2. Zielstellung der Trainerarbeiten
Von angehenden Trainern ist der Nachweis über die Fähigkeit zu erbringen, ein sportartspezifisches Thema in Form einer schriftlichen Hausarbeit anfertigen zu können. Die Ausarbeitung sollte möglichst weiterführende Gedanken und praxiswirksame Anregungen für die sportliche Tätigkeit im Deutschen Schachbund oder in den Landesverbänden enthalten. Inhaltliche Schwerpunkte beim Vergeben von A-Trainerarbeiten sind The-

men zur Gestaltung und Weiterentwicklung des Schachtrainings, der Schachpädagogik und -psychologie. Inhaltliche Schwerpunkte beim Vergeben von B-Trainerarbeiten sind Themen zur Talentsichtung und -förderung sowie zu methodischen Fragen in der Schachausbildung (Kinder- und Jugendbereich).

3. Mentorenschaft
Jedem Trainer sollte die Möglichkeit eingeräumt werden, sich durch einen erfahrenen Trainer beim Durchdenken und Abfassen der schriftlichen Arbeit beraten zu lassen.

4. Allgemeine Formalien
– Die Arbeit ist im Format DIN A4 in einwandfreiem Deutsch zu verfassen.
– Jede Arbeit ist in dreifacher schriftlicher Ausfertigung zuzüglich einer Diskettenversion (in Word-Format abgespeichert) an die Geschäftsstelle des DSB einzureichen.
– Am Ende jeder Arbeit ist ein Erklärungsver-

merk zu geben, dass die Arbeit selbständig und nur unter Verwendung der angeführten Literatur angefertigt wurde.

5. Spezielle schreibtechnische Formalien
Für das Gestalten der Arbeit und Abfassen des Textes werden spezielle Normative vorgegeben. Mindestanzahl von Seiten: für A- und B-Trainerarbeiten jeweils 15 bzw. 10.

6. Nutzen der Trainerarbeiten
– Alle A- und B-Trainerarbeiten sind Eigentum des Deutschen Schachbundes e. V.
– Alle Arbeiten werden in der Geschäftsstelle des Deutschen Schachbundes gesammelt, gelagert und stehen zum Ausleihen (gegen Kostenerstattung) zur Verfügung.
– Das Original jeder Trainerarbeit verbleibt in der Geschäftsstelle.
– Es ist zu prüfen, ob alle A-Trainerarbeiten auf einer CD erfasst werden können (praktikablere Nutzungsmöglichkeiten).

■ **Erfahrungen und Anregungen zum Abfassen des Manuskripts in Arbeitsschritten**

1. Material sammeln
Fachliteratur, eigene Erkenntnisse und Aufzeichnungen, computergestützte Datenbanken, Literaturrecherchen in Bibliotheken, Universitäten und durch Fernleihe, Nutzen des Scannens

2. Ordnen der Materialien
Zunächst mechanisches Ordnen in Karteikästen, Aktenordnern oder Ablagekästen und dann inhaltliches Ordnen nach sachbezogenen Themen, Datenbank im Computer anlegen

3. Erarbeiten einer Grobgliederung des Inhaltsverzeichnisses
Durchdenken und Formulieren der Problemstellung (wird häufig überarbeitet)

4. Anlegen von Zettelmanuskripten bzw. Computerdateien
Schriftliche Exzerpte, Textteile zu bestimmten Punkten, bibliographische Hinweise, Computerdateien einrichten etc.

5. Anfertigen des Rohmanuskripts
Es ist die erste durchgängige Fassung des Textes mit Schreibmaschine oder Textverarbeitungsprogramm in DIN-A4 Format. Dabei auf reichlichen linken Rand achten. Platz für Einschübe, Änderungen lassen. Durch Überarbeiten und Verbessern von allen Kapiteln und der äußeren Form entsteht ein Vorentwurf zur Reinschrift.

6. Reinschrift oder Endfassung
Es sind Endkorrekturen zur Rechtschreibung und Zeichensetzung nach dem Duden vorzunehmen. Bei Zitaten ist die Quellenangabe zu prüfen. Bei längeren Manuskripten sollten Seitenzahlen ins Inhaltsverzeichnis eingefügt werden. Eine zweite Person soll wenn möglich Korrektur lesen oder Rechtschreibprogramme von Computern nutzen.

7. Fertigstellen der Hausarbeit
Für die Abgabe sind drei Kopien herzustellen. Arbeiten (zwei möglichst geheftet und eine ungeheftet) an die zuständige Prüfungskommission des Deutschen Schachbundes schicken.

■ **Spezielle schreibtechnische Formalien beim Anfertigen des Textes**

Titelblatt
Es sollte folgende Angaben enthalten: Titel mit evtl. Untertitel (größere Zeichen in Fettdruck), Charakter der Arbeit (Hausarbeit für die A- (B-) Trainerlizenz des DSB, Name, Anschrift, Monat/Jahr.

Schreibtechnische Normative
$1^1/_2$ zeiliger Abstand, Randabstände links 30–40 mm und rechts 10–15 mm, zwischen den Hauptkapiteln zweizeiligen Abstand lassen, längere Zitate engzeilig schreiben, Absätze werden durch das Einrücken der ersten Zeile um fünf Anschläge gekennzeichnet, Seitenzahlen rechts unten anbringen, evtl. zwischengelegte Blätter durch angefügte Kleinbuchstaben markieren z. B. 10a, 14b usw.

Gliederung
Textgliederung nach Ordnungszahlen vornehmen (Dezimalgliederung): Die einzelnen Kapitel werden nach arabischen Ziffern untergliedert. Jeder Unterabschnitt erhält eine weitere Zahl hinzu. Zwischen den einzelnen Zahlen steht ein Punkt. So entstehen beliebig viele Stufen, z. B.

Titel erster Ordnung oder Kapitel	1.	2.	3. →
Titel zweiter Ordnung	1.1	1.2	1.3 →
Titel dritter Ordnung	1.1.1	1.1.2	1.1.3 →
Titel vierter Ordnung	1.1.1.1	1.1.1.2	1.1.1.3 → usw.

Beachte: Ein Schlusspunkt wird nach der letzten Zahl nicht mehr gesetzt. Mehr als vier Untergliederungen sollten bei dem Charakter einer Hausarbeit nicht verwendet werden. Gegebenenfalls sind weitere notwendige Gliederungen durch fettgedruckte Zwischenüberschriften zu kennzeichnen.

Diagramme, Tabellen, Grafiken und Zeichnungen
sollten möglichst nahe der dazugehörigen Textstelle (Ursprung) eingefügt werden. Diagramme mit ChessBase und ChessOle sind gut weiter zu verarbeiten.

Zitate
Sie sind quellengetreu wiederzugeben. Während kürzere Zitate durch Anführungszeichen »... ... ...« einzuschließen sind, sollten längere Verweise aus optischen Gründen drei Anschläge nach rechts eingerückt und einzeilig geschrieben werden. Die Anführungsstriche können dann entfallen, z. B.
　　Bei Auslassungen in Zitaten (gekennzeichnet durch drei Punkte ...)
　　ist besonders verantwortungsbewusst zu prüfen, ob die Quellenaussage
　　korrekt erfolgt und nicht unzulässig verkürzt oder verfälscht wird.

Fußnoten
werden im Text durch eine halbhoch gestellte verkleinerte arabische Ziffer[1] markiert. Sie sind auf der gleichen Seite unten, getrennt durch einen Strich, anzubringen. Die zusammenfassende Wiedergabe der Fußnoten auf einer der letzten Seiten des Manuskripts erschwert die Lesefähigkeit durch den Nutzer. Falls möglich, sollte auf Fußnoten aus Gründen des Leseflusses ganz verzichtet werden!

Abkürzungen
sollten aus Gründen der Eindeutigkeit möglichst vermieden werden. Gerechtfertigt sind sie dann, wenn die Klarheit der Aussage nicht leidet und durch mehrfache Wiederholungen ökonomischer Vorteil erzielt wird. Angebracht sind sie bei

- immer wiederkehrenden Begriffen wie z. B., z. T., etc.
- Länderkürzeln wie GER, USA, ENG, RUS
- Fachbegriffen wie Elo-Zahl, DWZ, DSB, DSJ
- Buch- und Zeitschriften im Literaturverzeichnis z. B. Kap., Jg., Aufl., Z., Zt., Hrsg., S., Bd., Nr., ff. usw.

Literaturverzeichnis
Es ist ein unverzichtbarer Bestandteil jeder Arbeit mit wissenschaftlichem Anspruch. Gewöhnlich werden auch Bücher, Fachzeitschriften und Quellen angegeben, aus denen nicht nur zitiert wurde, die aber zur Gedankenfindung beigetragen haben. Manchmal ist es auch wertvoll, auf weiterführende Literaturquellen zu verweisen. Bei alphabetisch zu ordnenden **Autorenquellen** sind folgende Fakten anzugeben: *Nachname, Vorname* (abgekürzt), *Titel des Werkes* (evtl. auch *Untertitel), Auflage, Band, Erscheinungsort, Erscheinungsjahr.*

4. Lehr- und Ausbildungsprogramm zum Erlernen der technischen Grundelemente mit Stoffaufgliederung

4.1 Methodische Vorbemerkungen

Vorliegendes Material zum Erlernen der technischen Grundelemente gliedert sich in neun Themenkomplexe (Lektionen). Die einzelnen Lektionen beinhalten ein Stoffangebot für jeweils mehrere Unterrichtsstunden. Insgesamt sind etwa 40 Doppelstunden dafür vorgesehen.

Die Stofffülle der einzelnen Übungsstunden hängt von didaktischen Erwägungen ab, z. B. Entwicklungsgrad, Aufnahme- und Belastbarkeit sowie Alter der Teilnehmer. Das gilt besonders für das Vermitteln des neuen Stoffs im Hauptteil A. Die Dauer der Übungsstunden (Doppelstunde) beträgt je 90–120 Minuten. Die einzelnen Themen sind aufeinander abgestimmt und tragen aufbauenden Charakter. Zu Beginn jeder Lektion werden die Zielstellungen bildungs- und erziehungsseitig formuliert. Jedem Schachlehrer bleibt es vorbehalten, die formulierten Bildungs- und Erziehungsziele durch Lernziele zu konkretisieren. Lernziele sind aktivierende Aufforderungen. So könnte z. B. in der ersten Lektion ein Lernziel heißen: Das Schachbrett, Demonstrationsbrett und Beziehungsgefüge zum Koordinatensystem beherrschen! Möglich wäre auch ein weiteres Spezifizieren in Fein-Lernziele.

Ein moderner und effektiver Schachunterricht kann nur unter Zuhilfenahme von verschiedenen Lehr- und Anschauungsmitteln erfolgen. Zur Grundausstattung jeder Arbeitsgemeinschaft oder jedes Zirkels gehören: mehrere Normalschachspiele (Turnierformat) und Turnieruhren, 1 Demonstrationsbrett und Schachlehrbücher.

Zum besseren Realisieren der didaktisch-methodischen Grundsätze der Systematik, Fasslichkeit und vor allem der Anschaulichkeit sollten über die verbreitete Praxis, mit Demonstrationsbrettern zu arbeiten, beschriftete Folien mittels Overhead-Projektor gezeigt werden. Elektronische Lernprogramme und entsprechende Module in Computern eingesetzt ermöglichen einen ungewöhnlich anschaulichen Unterricht.

Jede Lektion besitzt zwei Schwerpunkte: den stoffvermittelnden Teil (Gliederungspunkt 4. STOFF) und den Übungsteil (Gliederungspunkt 5. ÜBUNGEN).

Der stoffvermittelnde Teil wurde streng nach didaktisch-methodischen Aspekten in einer knappen allgemeinverständlichen Form zusammengestellt, wobei speziell auch in den Diagrammreihen die Steigerung vom Leichten zum Schweren berücksichtigt wurde. Zahlreiche Schaubilder (Diagramme, Diagrammreihen) erhöhen den Anschauungsgehalt der Lektionen.

Das Festigen des Stoffs im Rahmen des Übungskomplexes ist auf zwei Arten vorgesehen. In den ersten Lektionen dominieren die wiederholenden Fragestellungen, und in den folgenden Lektionen stehen praktische Formen des Wettbewerbs bzw. Spielens von »Minipartien« im Vordergrund. Für das Stimulieren und Schaffen von Erfolgserlebnissen sind speziell im Übungsteil Benotungen, Verteilen von Wertungspunkten und das Erzielen von Partiepunkten gedacht. Zum weiteren Festigen und selbsttätigen Durchdenken des Stoffs dienen die Hausaufgaben. Die angegebenen Aufgaben beinhalten keine direkten Wiederholungen, sondern setzen sich aus neuen, weiterführenden Beispielen zusammen. Entsprechend dem Inhalt der einzelnen Lektionen sind abschließend noch spezielle methodische Hinweise und Ratschläge für den Schachpädagogen unterbreitet. Die didaktisch-schöpferische Vielfalt des Lehrenden in der Unterrichtsarbeit ist gefordert!.

Die beigefügten »Arbeitsblätter für den Schachunterricht« erleichtern das inhaltlich-methodische Gestalten der Unterrichtsarbeit. Sie sind unterteilt in drei Komplexe: 1. Übungen, 2. Wissensspeicher und 3. Kontrollübungen. Für alle Lektionen wurden adäquate Beispiele erarbeitet. Jeder Schachlehrer kann beliebig viele Arbeitsblätter zusätzlich entwerfen und in seine Lehrarbeit einbeziehen.

Um einen Gesamtüberblick über das erworbene Wissen, grundlegendes fachspezifisches Denken und bestimmte analytische Fähigkeiten zu erhalten, sind die »Überprüfungsfragen und -aufgaben« zusammengestellt. Die teilprogrammierte Frageweise erleichtert das Beantworten. Die in Wettbewerbsform gekleidete Vergabe von Punkten soll das Interesse der Kinder zusätzlich stimulieren.

4.2 LEKTIONEN

I. LEKTION

1. THEMA: Das Schachbrett und die Bezeichnung der Felder

2. BILDUNGS- und ERZIEHUNGSZIELE

> Kennenlernen des Schachbretts, Demonstrationsbretts und Beziehungsgefüges zum Koordinatensystem
> Beschreiben der einzelnen Felder
> Hinführen zu selbständigem Auffinden der Felder und sicherem Auftreten vor dem Demonstrationsbrett

3. LEHR- und ANSCHAUUNGSMITTEL

Demonstrationsbrett, Turnierschachspiele, Stadtplan New York, Arbeitsblätter

4. STOFFVERMITTLUNG

Das Schachbrett besteht aus 64 abwechselnd weiß und schwarz (hell und dunkel) gefärbten Quadratfeldern. Das Brett liegt richtig, wenn sich in der rechten Ecke ein weißes Feld befindet.
Jedes Feld hat seine Bezeichnung. Mit Hilfe der am Rande stehenden arabischen Zahlen und kleinen Buchstaben können alle Felder rasch und präzis bestimmt werden (Diagramm 9).

Zum besseren Verständlichmachen bezeichnen wir die Felder nach ihrem Richtungs- bzw. Bezugsaspekt:
> die nebeneinander befindlichen Felder als »Waagerechte« (»Horizontale«) oder *Reihe*, z. B. 1., 2., 3. Reihe usw.
> die übereinander befindlichen Felder als »Senkrechte« (»Vertikale«) oder *Linie*, z. B. a-Linie, b-Linie, c-Linie usw.
> die schräg zueinander liegenden Felder als »Schräge« oder *Diagonale*, z. B. Diagonale a1-h8, schwarz- und weißfeldrige Diagonale (Diagramm 10)
> alle Felder am Brettrand als *Randfelder* und in den Ecken (a1, a8, h1, h8) als *Eckfelder* (Diagramm 11)

  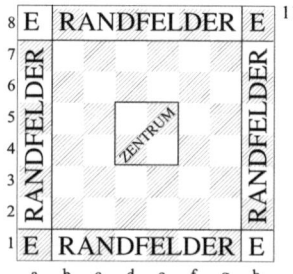

Die vier in der Mitte des Schachbretts befindlichen Felder werden als Zentrumsfelder oder »Zentrum« benannt. Sie heißen **d4 – d5 – e4 – e5**.

5. ÜBUNGEN

Fragestellungen durch den Schachlehrer/Übungsleiter:
5.1 Wieviel weiße und schwarze Felder sind auf dem Schachbrett?
5.2 Wo befinden sich die Felder a1, e4, f5, c3, h7 usw. auf dem Demonstrationsbrett?
5.3 Welche Felder liegen auf der Diagonale a1-h8, a2-g8 usw.?
5.4 Nenne die Randfelder der 8. Reihe!
5.5 Nenne die Randfelder der a-Linie!
5.6 Wie heißen alle schwarzen Eckfelder?
5.7 Welche Felder zählen zum Zentrum?

6. HAUSAUFGABEN

6.1 Notiere die weißen Felder auf der a- und h-Linie!
6.2 Notiere die schwarzen Felder der ungeraden Reihen!
6.3 Versuche aus dem Kopf (ohne Ansicht des Bretts) alle Felder auf der ersten Reihe aufzuschreiben!

7. METHODISCHE HINWEISE

☞ Um die Bezeichnung der einzelnen Felder verständlicher zu gestalten, kann der Vergleich zu einer Stadt mit ihren Straßen und Hausnummern herangezogen werden (Beispiel Stadtplan New York mit den geradlinigen Avenues in Nord-Süd-Richtung und Streets in West-Ost-Richtung). Bei älteren Schülern sind die Begriffe des Koordinatensystems bevorzugt zu verwenden.
☞ Alle Kinder sollen möglichst einmal am Demonstrationsbrett üben.
☞ Der Schwerpunkt liegt im Übungsteil. Die vorgegebenen Fragen sind in variabler Form zu stellen.
☞ Beim Verwenden des Arbeitsblatts »Übungen« ist darauf zu achten, dass die Eintragungen auf dem selbstgefertigten Schachbrett möglichst mit farbigen Stiften vorgenommen werden.

II. LEKTION

1. THEMA: Die Schachfiguren und ihre Gangart

2. BILDUNGS- und ERZIEHUNGSZIELE

➢ Kennenlernen der einzelnen Figuren, ihrer Gangart und der Möglichkeiten des Schlagens
➢ aufrichtiges und diszipliniertes Verhalten gegenüber der Forderung »berührt – geführt«

3. LEHR- und ANSCHAUUNGSMITTEL

Demonstrationsbrett, Turnierschachspiele, Arbeitsblätter

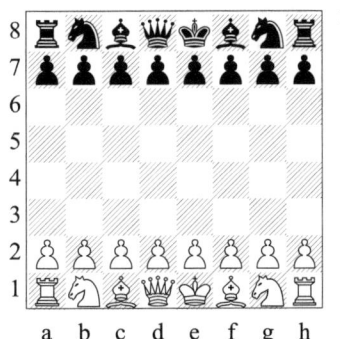

4. STOFFVERMITTLUNG

Auf dem Schachbrett stehen sich zwei gleichstarke »Heere« gegenüber. Auf jeder Seite sind je acht Figuren (Reihe 1 und 8) und je acht Bauern (Reihe 2 und 7). Auf den ersten beiden Reihen stehen die weißen Steine und auf der 7. und 8. Reihe die schwarzen Steine. Diese Formation nennt man die Grundstellung (Diagramm 12).
Die Linien a, b und c bilden den Damenflügel und die Linien f, g und h den Königsflügel.

Bemerkung: Umgangssprachlich werden oft auch die Bauern als »Figuren« bezeichnet. Dame und Turm nennt man in der Schachsprache Schwerfiguren, Läufer und Springer dagegen Leichtfiguren. Alle Schachsteine tragen eine Kurzbezeichnung und werden bei Schachbildern (Diagrammen) durch Symbole charakterisiert:

Schachsteine	Kurzbezeichnung	Symbole weiß	schwarz
König	K	♔	♚
Dame	D	♕	♛
Turm	T	♖	♜
Läufer	L	♗	♝
Springer	S	♘	♞
Bauer	B	♙	♟

Zum Wert der Figuren

Ein wesentlicher Gesichtspunkt zum Wert der einzelnen Figuren ist die von ihnen ausgehende Kraft, die in hohem Maße auf den Grad der Bewegungsfreiheit zurückzuführen ist. In der jeweiligen Ausgangsposition, dem Standort der Figuren, vermögen die einzelnen Figuren folgende Anzahl von Feldern zu beherrschen oder besetzen (bereits hier wird die Bedeutung des Zentrums im d+e-Linienbereich durch die hohen Freiheitsgrade erkennbar):

Figuren	Ecke	a+h-Linie	b+g-Linie	c+f-Linie	d+e-Linie	Durchschnitt
Dame	21	21	23	25	27	23,4
Turm	14	14	14	14	14	14
Läufer	7	7	9	11	13	9,4
Springer	2 ø	3,8 ø	5,8	8	8	5,52
König	3	5	8	8	8	6,4

Wenn man den Bauern als Grundwertungseinheit = 1 nimmt, können alle Figuren entsprechend ihrem Bedeutungsgrad differenziert eingestuft werden (Für den König gibt es keine Bewertungsstufe, da man ihn nicht schlagen darf!).

> **Werteskala:** **Bauer = 1**
> **Läufer = 3**
> **Springer = 3**
> **Turm = 5**
> **Dame = 9**

Beachte! Das sind allerdings nur Durchschnittswerte (in der Strategieschulung spricht man vom relativen Wert der Figuren, das heißt vom stellungsmäßigen Wert der Steine). Im praktischen Spiel ist das Verhältnis der Figuren untereinander viel komplizierter. So muss mit steigendem Spielverständnis das Schlagen oder Tauschen nach den Gegebenheiten einer konkreten Stellung erfolgen. Zunächst sollen jedoch die Abtauschoperationen nach einfachen Rechenexempeln geschehen. Gelingt es beispielsweise, einen Turm mit einem Läufer zu schlagen, dann werden zwei Wertungseinheiten gewonnen. Den Unterschied zwischen Turm und Läufer bzw. Springer nennt man eine *»Qualität«*.

Das Ziehen und Schlagen der Steine

Alle Figuren können entsprechend ihrer spezifischen Gangart vorwärts, rückwärts, seitwärts und schräg ziehen. Wird ihr Weg durch einen feindlichen Stein unterbrochen, so sind sie berechtigt, ihn zu schlagen, d. h., sie nehmen den Platz des gegnerischen Steines ein. Es besteht keine Schlagpflicht. Ein Stein darf niemals ein Feld betreten, das von einem Stein gleicher Farbe besetzt ist.

Bewegungsrichtung des **Turms:** Der Turm zieht waagerecht und senkrecht beliebig weit (13).
Bewegungsrichtung des **Läufers:** Der Läufer darf nur auf den Schrägen (Diagonalen) beliebig weit ziehen (Diagramm 14,15).

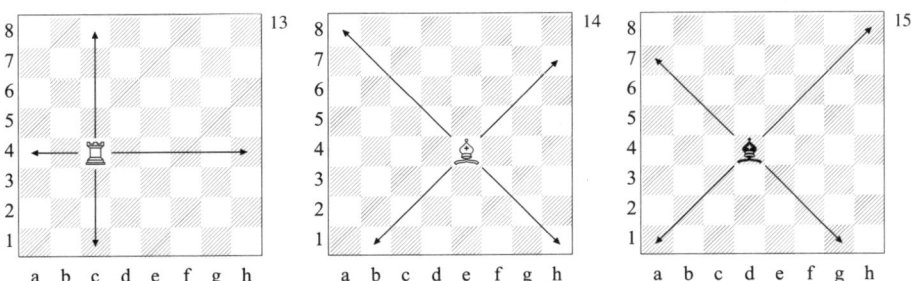

Bewegungsrichtung der **Dame:** Die Dame zieht senkrecht, waagerecht und schräg beliebig weit, wie Turm und Läufer zusammen (Diagramm 16).

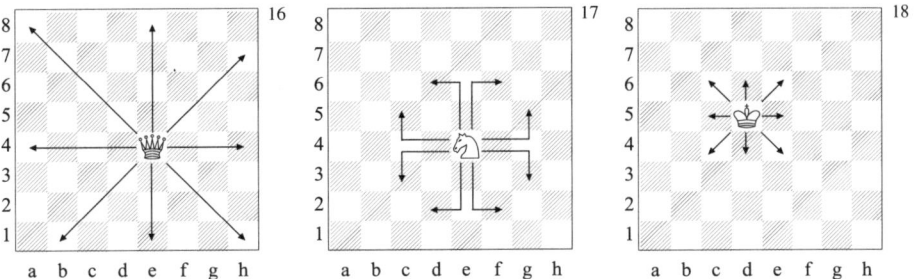

Bewegungsrichtung des **Springers:** Der Springer zieht (springt) auf jedes zweitnächste Feld, dessen Farbe anders als die des Ausgangsfeldes ist. Gedankenstütze: ☞ *»zwei vor«* – *»eins zur Seite«* oder *»zwei zur Seite«* – *»eins nach vorn«*, Zugmöglichkeiten in alle Richtungen (Diagramm 17).
Beachte: Der Springer kann als einzige Figur sowohl über eigene als auch über gegnerische Steine ziehen bzw. springen. Die genaue Regelformulierung lautet: *»Der Springer zieht auf eines der Felder, die seinem Standfeld am nächsten, aber nicht auf gleicher Linie, Reihe oder Diagonalen mit diesen liegen. Er zieht nicht direkt über dazwischenliegende Felder.«*

Bewegungsrichtung des **Königs:** Der König zieht in jede gerade, senkrechte und schräge Richtung, aber immer nur auf das nächste Feld (Diagramm 18).

> ☞ **Besonderheiten:** Der König darf im Gegensatz zu allen anderen Figuren nicht geschlagen werden. Es ist ihm verwehrt, ein Feld zu betreten, das von feindlichen Figuren bedroht wird.

Bewegungsrichtung des Bauern: Der Bauer zieht nach vorn, aber immer nur auf das nächste Feld (Diagramm 19). Eine Ausnahme bildet der Doppelschritt aus der Grundstellung (Diagramm 20). Das Schlagen erfolgt ein Feld schräg nach vorn (Diagramm 21).

☞ **Besonderheiten:** Wenn ein weißer Bauer die 8. Reihe oder ein schwarzer Bauer die 1. Reihe erreicht hat, so **muss** sich der jeweilige Bauer sofort in eine Figur umwandeln, wahlweise in Dame, Turm, Läufer oder Springer (Diagramm 22). Das gleiche trifft zu, wenn eine Figur auf der 8. oder 1. Reihe mit einem Bauern geschlagen wird (Diagramm 23). So kann es vorkommen, dass nach häufigen Umwandlungen mehrere weiße bzw. schwarze Damen oder auch andere Steine auf dem Schachbrett stehen.

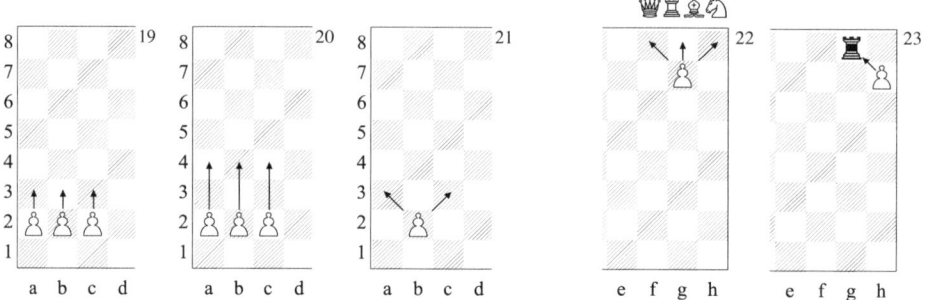

☞ **Hinweis:** Das Schlagen »im Vorübergehen« (»En passant«-Schlagen) wird wegen seiner komplizierten Art erst in der dritten Lektion gelehrt.

5. ÜBUNGEN

5.1 Übungen zum Festigen der Kenntnisse über die Wertigkeit der Figuren
Nachstehende Fragebeispiele (siehe Tabelle) sind von den Kindern zu beantworten:

Beispiel	Weiß	Wie viel Wertigkeiten?	Schwarz	Wie viel Wertigkeiten?	Wer steht besser?
1	♗♘		♜		
2	♖♗♗		♛		
3	♕♘♘♙		♜♜♗♞♙♙		
4	♕♖♗♘		♛♗♞♞♙♙		
5	♕♖♖♙		♛♗♞♗♙♙		
6	♕♕		♜♜♞♙♙♙		

5.2 Spielen von Minipartien
☞ *Spielidee:* Erzielen von Materialvorteil! Wer bei Partieabbruch oder -ende das bessere Figurenpotential besitzt, hat »gewonnen«!
5.2.1 Kampf zwischen verschiedenen Bauernformationen (siehe Tabelle):

Beispiel	Weiß	Schwarz	am Zug
1	c2	b7	wechselseitig
2	c2 e2 g2	b7 d7 f7	wechselseitig
3	b2 c2 e2 g2	b7 d7 f7 g7	wechselseitig
4	a2 b2 c2 d2 e2 f2 g2 h2	a7 b7 c7 d7 e7 f7 g7 h7	Weiß

5.2.2 Kampf zwischen 2 Türmen und 2 Läufern bei wechselseitigem Anzug: (Weiß: ♖a1 ♖h1, Schwarz: ♗c8 ♗f8)

5.2.3 Kampf der Dame gegen 2 Läufer (Weiß: ♗c1 ♗f1, Schwarz: ♕d8)

5.2.4 Kampf zwischen 2 Läufern und zwei Springern (Weiß: ♗c1 ♗f1, Schwarz: ♘b8 ♘g8)

6. HAUSAUFGABEN

6.1 Auf welche Felder kann ein Turm ziehen, wenn er auf a1 steht?

6.2 Welche Felder muss ein weißer Springer betreten, wenn er von der Grundstellung am schnellsten auf die 8. Reihe gelangen will?

6.3 Wie viel Züge braucht ein Bauer aus der Grundstellung, bis er sich verwandeln kann?

6.4 Auf wie viel Felder kann der Läufer ziehen, wenn der weiße König auf d3 und der Läufer auf f1 steht?

7. METHODISCHE HINWEISE

☞ Für die Unterrichtsarbeit ist die Kooperationsform des Partnerlernens zu bevorzugen.

☞ Die Termini »Linie«, »Reihe«, »Diagonale« und die Bezeichnung der einzelnen Felder mit Buchstaben und Zahlen sind bewusst zu gebrauchen und möglichst oft zu verwenden.

☞ Die Übungen sind in der vorgegebenen und eventuell in abgeänderter Form so lange durchzuführen, bis die Gangart aller Steine einwandfrei beherrscht wird.

☞ Gleich von Anbeginn der Übungen muss darauf geachtet werden, dass jede angefasste Figur auch gezogen wird. Je konsequenter diese Forderung berücksichtigt wird, desto schneller gewöhnen sich die Kinder an überlegtes und sorgfältiges Ausführen der Züge. Beachten der Regel: »Berührt – geführt«! Wird ein Stein während einer Übungspartie zurechtgerückt, dann muss vorher »j'adoube« (gesprochen: »schadub«) oder »ich rücke zurecht« bzw. »ich berühre« angesagt werden.

☞ Die Spielzeit für die Minipartien kann auf drei bis fünf Minuten festgelegt werden, dann ist die Partie abzubrechen (abzuschätzen) und die Farbe zu wechseln, damit jeder einmal mit den weißen und schwarzen Farben spielt. Ebenfalls ist darauf zu achten, dass nicht immer die gleichen Partner miteinander üben.

☞ Als Spezifizieren der Spielidee kann für die Minipartien (5.2.1) als Ziel genannt werden: Führen der Bauern auf die achte und erste Reihe bzw. Erzielen einer Bauernmehrheit. Derjenige, der keinen Zug mehr auszuführen vermag – Pattsituation –, hat ebenfalls verloren.

☞ Die im Abschnitt 5.1 skizzierten Übungen können a) als Tafelbild angeschrieben oder b) als Gedächtnisaufgaben gestellt werden.

III. LEKTION

1. THEMA: Die Notation von Schachzügen, wichtige Begriffe und schwierige Regeln

2. BILDUNGS- und ERZIEHUNGSZIELE

➤ Erlernen der Zugnotation, Schachgebote; Decken, Fesseln und Tauschen von Steinen; Rochadeformen; Schlagen »im Vorübergehen«

➤ Erziehen zur Systematik, zum planmäßigen und sauberen Notieren von Schachzügen

3. LEHR- und ANSCHAUUNGSMITTEL

Demonstrationsbrett, Turnierschachspiele, Wandtafel, Arbeitsblätter

4. STOFFVERMITTLUNG

4.1 Die Aufzeichnung der Züge

Um eine Partie mitschreiben und jede beliebige Stellung näher beschreiben zu können, benutzt man die Schachnotation. Dazu ist es nötig, alle Felder und Figuren speziell zu bezeichnen.

Die Bedeutung der einzelnen Felder wurde bereits in Lektion I erklärt. Die Kurzbezeichnung der Steine ist aus der Tabelle der zweiten Lektion zu entnehmen. Beim Notieren einer Stellung wird zunächst die Kurzbezeichnung der Figur und dann ihr Standfeld geschrieben. Bei den Bauern wird nur der Standort gekennzeichnet.

Die Grundstellung zu Partiebeginn lautet:

> Weiß: ♔e1 ♕d1 ♖a1 ♖h1 ♗c1 ♗f1 ♘b1 ♘g1 a2 b2 c2 d2 e2 f2 g2 h2
> Schwarz: ♚e8 ♛d8 ♜a8 ♜h8 ♝c8 ♝f8 ♞b8 ♞g8 a7 b7 c7 d7 e7 f7 g7 h7.

Die Figuren werden jeweils in der Reihenfolge ihres »Ranges« notiert. Diese Systematik hilft, eventuelle Hör- und Schreibfehler schnell zu erkennen. Beim Fixieren von Zügen, Zugfolgen und Partien gibt es verschiedene Möglichkeiten der Schreibweise. Wir machen uns mit der modernsten Form vertraut.

Die offizielle algebraische FIDE-Notation

Jeder Zug wird in der abgekürzten Schreibform gekennzeichnet; durch den Anfangsbuchstaben der betreffenden Figur und durch das Ankunftsfeld. Zum Beispiel ♗c4, ♕f3, ♘c3, ♖d1, Kf8. Bei einem Bauernzug wird nur das Ankunftsfeld geschrieben, z. B. e4, d4, c5, g6, a6.

Wird eine Figur geschlagen, so muss ein »Schlagzeichen« (x) zwischen dem Kurzzeichen der Figur und dem Ankunftsfeld eingefügt werden, z. B. ♗xc4, ♕xf3, ♘xc3, ♖xd1, ♔xf8.

Schlägt ein Bauer, muss auch die Senkrechte des Ausgangsfeldes mit angegeben werden, z. B. cxd4, exd5, axb6, fxg4.

Beachte: Können zwei gleiche Figuren das gleiche Feld besetzen, muss eindeutig die gezogene Figur gekennzeichnet werden.

1. Fall: Es stehen zwei Springer auf den Feldern der gleichen Waagerechten c3 und e3. Zieht ein Springer nach d5, so heißt es ♘cd5 oder ♘ed5 (beim Schlagen eines Steines: ♘cxd5 oder ♘exd5).

2. Fall: Es stehen zwei Springer auf den Feldern der gleichen Senkrechten b1 und b5. Zieht ein Springer nach c3, so heißt es ♘1c3 oder ♘5c3 (beim Schlagen eines Steines: ♘1xc3 oder ♘5xc3).

3. Fall: Es stehen zwei Springer auf verschiedenen Waagerechten und Senkrechten f3 und c6. Zieht ein Springer nach d4, so heißt es ♘fd4 oder ♘cd4 (beim Schlagen eines Steines: ♘fxd4 oder ♘cxd4).

Beispiel eines Partieanfanges:

1.e4 e5 2.♘f3 ♘c6 3.♗b5 a6 4.♗xc6 dxc6 usw.

In der Schachliteratur sind auch noch andere Notationsformen anzutreffen. Bei der vollständigen Notation oder Langnotation wird zuerst das Ausgangsfeld und dann das Zielfeld angegeben. Das obige Beispiel wird jetzt so notiert: 1.e2-e4 e7-e5 2.♘g1-f3 ♘b8-c6 3.♗f1-b5 a7-a6 4.♗b5xc6 d7xc6.

☞ *Bemerkung*: Anstelle des Schlagzeichens (x) wird in der Kurznotation auch der Doppelpunkt (:) verwendet, der oftmals am Ende des Zuges steht; z. B. 1.e4 e5 2.♘f3 ♘c6 3.♗b5 a6 4.♗c6: dc6:

Zum Kennzeichnen bestimmter Zugoperationen und zum Beurteilen von Stellungen dienen einheitliche Symbolbezeichnungen. Nachstehend einige ausgewählte Kürzel:

x	= schlägt	??	= grober Fehler
+	= Schach	~	= beliebiger Zug
++	= matt	=	= Stellung ist ausgeglichen
0–0	= kurze Rochade	±	= Weiß steht besser
0–0–0	= lange Rochade	⩲	= Weiß steht etwas besser
!	= guter Zug	∓	= Schwarz steht besser
!!	= ausgezeichneter Zug	⩱	= Schwarz steht etwas besser
?	= schwacher Zug	RA, (=)	= Remisangebot

4.2 Die verschiedenen Schachgebote
4.2.1 Das einfache Schachgebot
Das Bedrohen des Königs durch einen oder mehrere gegnerische Steine (Figuren oder Bauern) heißt
»Schach« bieten. Offizielle Regel: *»Ein König ›steht im Schach‹, wenn er von einer oder mehreren
gegnerischen Figuren angegriffen wird, sogar wenn diese selbst nicht ziehen können.«* Das Ansagen
eines Schachgebots ist nicht erforderlich! (Beispiele zu Schachgeboten in Diagrammreihe 24–28).

Diagrammreihe Schachgebote

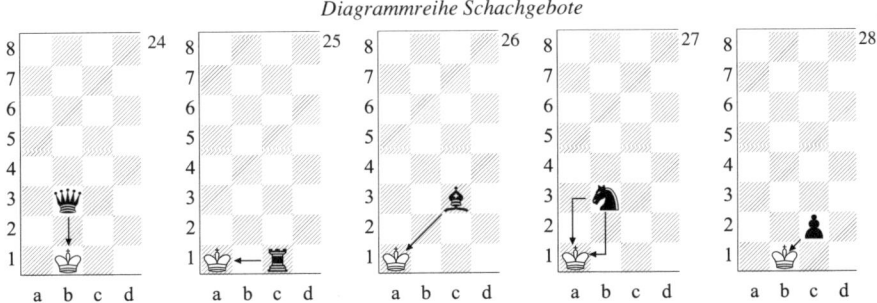

Kann der König das Schachgebot nicht parieren, dann ist er matt (wird näher in Lektion IV erklärt).
Dem König stehen mehrere Möglichkeiten zur Verfügung, das Schachgebot zu parieren:
- der Schach bietende Stein wird vom König selbst geschlagen (Diagramm 29)
- der Schach bietende Stein wird von einem anderen Stein geschlagen (Diagramm 30)
- der König weicht auf ein Nachbarfeld aus (Diagramm 31)
- ein eigener Stein zieht dazwischen und wehrt das Schachgebot ab (Diagramm 32).

Diagrammreihe Abwehrparaden

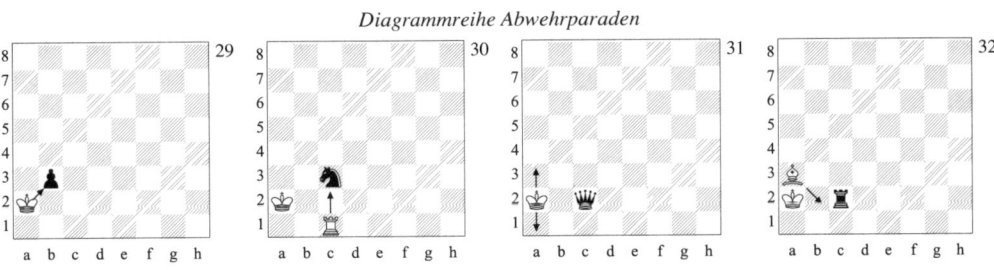

4.2.2 Das Abzugsschach
Wenn durch das Wegziehen eines gegnerischen Steins ein anderer dadurch Schach bietet, dann nennen wir das Abzugsschach. Im Beispiel Diagramm 33 zieht der Läufer nach einer beliebigen Richtung ab, und der Turm bietet dem schwarzen König Schach.

Abzugsschach

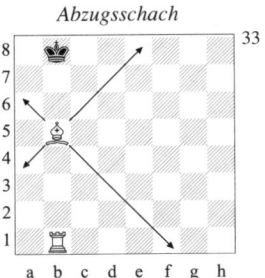

4.2.3 Das Doppelschach

Beim Doppelschach wird dem König aus zwei verschiedenen Richtungen Schach geboten. Ein Doppelschach geht immer aus einem Abzugsschach hervor. Im Diagramm 34 gibt der Springer auf a6 oder c6 Schach und deckt gleichzeitig das Damenschach auf der b-Linie auf.

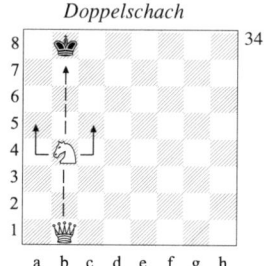

Doppelschach

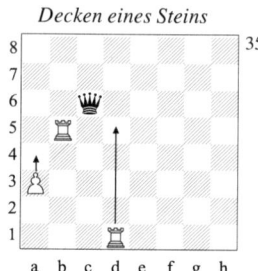

Decken eines Steins

4.3 Das Decken eines Steins

Das Sichern eines Steines durch einen anderen eigenen Stein nennt man »decken« im Sinne von schützen oder sichern. Wie Diagramm 35 zeigt, kann der weiße Turm auf b5 durch den anderen Turm oder durch den eigenen Bauern gedeckt werden.

4.4 Das Fesseln eines Steins

Wenn ein Stein so angegriffen wird, dass er in seiner Bewegungsfreiheit eingeschränkt wird, dann bezeichnen wir diesen Vorgang als »Fesseln«.

☞ Wir unterscheiden zwischen einer echten (absoluten) und einer unechten (relativen) Fesselung. Bei der echten Fesselung kann der angegriffene Stein nicht wegziehen bzw. sich selbst befreien (siehe Diagramme 36–38).

Bei der unechten Fesselung kann zwar der Stein ziehen, aber es ist gewöhnlich ein Nachteil damit verbunden, wie die Diagramme 39–41 zeigen. Das Fesseln anderer Steine ist nur durch Dame, Turm und Läufer möglich.

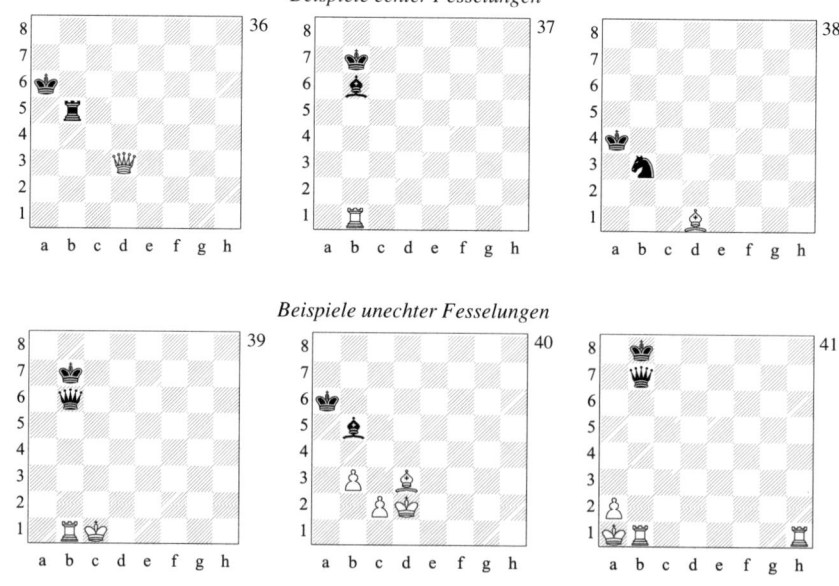

Beispiele echter Fesselungen

Beispiele unechter Fesselungen

4.5 Das Tauschen von Steinen

Das wechselseitige Schlagen von gleichem Material nennt man tauschen oder abtauschen. So tauscht sich beispielsweise Bauer gegen Bauer, Dame gegen Dame, Läufer gegen Läufer, Springer gegen Springer (Diagramm 42 bis 46). Es gibt noch viele andere gleichwertige Tauschvariationen (wie Läufer gegen Springer), die jedoch erst zu einem späteren Zeitpunkt behandelt werden.

4.6 Die Rochaden

Bei den Rochaden werden König und Turm bewegt. Sie gelten als *ein* Zug.

Sinn: Der König soll durch **einen** Zug in Sicherheit gebracht (Schutz hinter den eigenen Bauernwall) und der Turm schneller ins Spielgeschehen überführt werden.

Voraussetzungen:

➢ erstens dürfen weder König noch Turm bereits gezogen haben
➢ zweitens darf der König nicht im Schach stehen
➢ drittens müssen die Felder zwischen König und Turm »frei« von eigenen und gegnerischen Figuren sein
➢ viertens dürfen die Felder, die der König überschreitet, und jenes Feld, das der König betritt, von keinem feindlichen Stein bedroht sein (Diagramm 47).

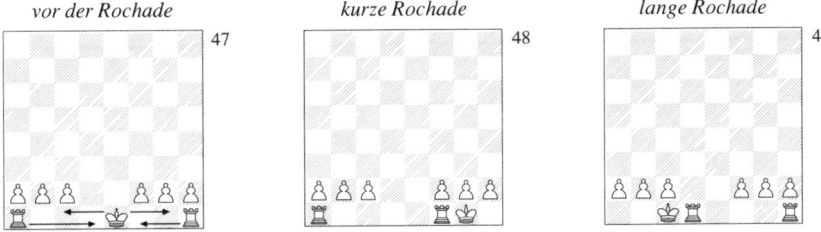

| *vor der Rochade* | *kurze Rochade* | *lange Rochade* |

Ausführung:

1. Phase: Der König zieht zwei Felder in die Richtung des Turms.
2. Phase: Der Turm »überspringt« den König und setzt sich auf das angrenzende Feld.

In nachstehenden Beispielen ist es dem weißen König aus regeltechnischen Gründen nicht erlaubt zu rochieren. Vgl. Diagrammbeispiele 50 (wenn der König im Schach steht), 51 (der gegnerische Läufer und der eigene Springer blockieren die Rochaden), 52 (Die Felder d1 und f1 sind von feindlichen Figuren bedroht.), 53 (Die Felder g1 und d1 sind von feindlichen Steinen bedroht.):

Diagrammbeispiele über nichtmögliches Rochieren

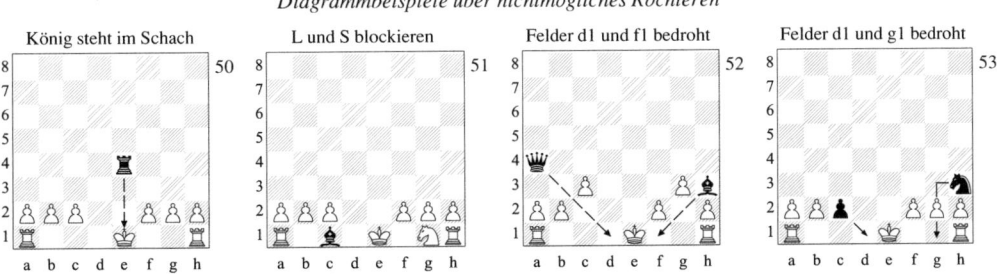

| König steht im Schach | L und S blockieren | Felder d1 und f1 bedroht | Felder d1 und g1 bedroht |

4.7 Das Schlagen »im Vorübergehen«

Die komplizierteste Form des Bauernschlagens ist das Schlagen »im Vorübergehen« oder das »En passant«-Schlagen (eingebürgerte Bezeichnung aus dem Französischen).

Ein Bauer kann dann geschlagen werden, wenn er aus der Grundstellung zwei Felder nach vorn zieht und dabei ein Feld überschreitet, das von einem gegnerischen Bauern bedroht wird. Das Schlagen muss aber unmittelbar im nächsten Zug erfolgen.

Die Notation des »En passant«-Schlagens in der Diagrammreihe 54 bis 56 lautet: 1.b4 axb3 e. p.

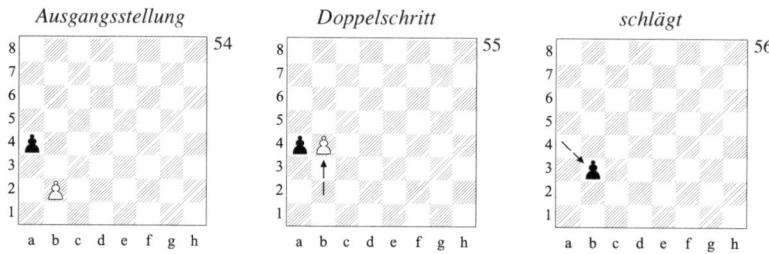

Ausgangsstellung   *Doppelschritt*   *schlägt*

5. ÜBUNGEN

5.1   Zum Aufzeichnen von Zügen
5.1.1 Notiere die Stellungsbilder Nr. 36 bis 41!
5.1.2 Notiere die Tauschbeispiele Nr. 42 bis 46!
5.1.3 »Übersetze« folgende Kurzpartie von der Langnotation in die normale Notation: 1.e2-e4 c7-c5 2.♘g1-f3 ♞b8-c6 3.d2-d4 c5xd4 4.♘f3xd4 e7-e5 5.♘d4-f5 ♞g8-e7?? 6.♘f5-d6 matt
5.2   Zur Rochade
5.2.1 Weiß: ♔e1 ♖a1 ♖h1 a2 b2 c3 f2 g2 h2 – Schwarz: ♛e4 ♝b5 ♝g5 e3. Kann eine der beiden Rochaden ausgeführt werden?
5.2.2 Weiß: ♔e1 ♕f4 ♖a1 ♖h1 ♘e2 a2 b3 g3 h2 – Schwarz: ♛e4 ♜c6 ♝d3 ♝d4 Sa3 c4 e3. Kann rochiert werden?
5.3   Figurengewinn: Weiß: ♔a3 ♕g1 ♖e1 ♘c2 – Schwarz: ♚e8 ♛e4 ♜f8 ♞e3. Wie kann Weiß am Zug Material gewinnen? Wie kann Schwarz am Zug Material gewinnen?

6. HAUSAUFGABEN

6.1 Beschreibe den Weg des Springers von a1 nach h8!
6.2 Weiß: ♝h1 (am Zug) Schwarz: f3 d5 Beschreibe den kürzesten Weg des weißen Läufers von h1 nach d1, wenn Schwarz ebenfalls mitzieht!
6.3 Weiß: ♝g2 Schwarz: ♚d5 ♛e4 ♞f3. Spricht man hier von einer echten oder unechten Fesselung?
6.4 Kann rochiert werden, wenn nur die Könige und alle vier Türme in der Grundstellung stehen (ohne Bauern)?
6.5 Ein weißer Bauer steht auf a2. Auf welchem Feld müsste sich der schwarze Bauer befinden, damit er im nächsten Zug »en passant« schlagen kann?

7. METHODISCHE HINWEISE

☞ Für das Erlernen der Notation soll möglichst »schulmäßig« die Wandtafel benutzt werden.
☞ Es ist vorteilhaft, beim Aufschreiben von Schachzügen (Lösen von Übungen, Erledigen von Hausaufgaben und Notation von Schachpartien) die ökonomischere Kurznotation zu verwenden.
☞ Bei den Diagrammbeispielen über »unmögliches Rochieren« sollte in Diagramm 53 besonders darauf hingewiesen werden, dass die Bedrohung des Feldes b1 durch den Bauern im Sinne des Rochierens gegenstandslos ist.

☞ Gedankenbrücke für das notwendige Rochieren im Anfängerstadium: »Unrochiert – verliert!«
☞ Im spielpraktischen Teil können die Formen der Minipartien aus der 2. Lektion (Übungen) wiederholt werden.

IV. LEKTION

1. THEMA: Das Mattsetzen

2. BILDUNGS- und ERZIEHUNGSZIELE

> Erkennen des Spielgedankens
> einfache Formen des Mattsetzens
> Erhöhen der Liebe zum Schach durch Schaffen von Erfolgserlebnissen im Spiel

3. LEHR- und ANSCHAUUNGSMITTEL

Demonstrationsbrett, Turnierschachspiele, Overhead-Projektor und Folien, Arbeitsblätter

4. STOFFVERMITTLUNG

4.1 Spielgedanke
Das Ziel einer Schachpartie besteht darin, den feindlichen König unter Ausnutzen der vorgegebenen Spielregeln matt zu setzen. Das Matt ist erreicht, wenn der König ein Schachgebot nicht mehr abwenden kann (siehe III. Lektion, Abschnitt 4.2.1).

4.2 Typische Mattbilder mit den Schwerfiguren
4.2.1 Matt mit zwei Türmen (Diagramm 57–59)

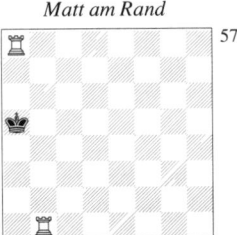
Matt am Rand 57

Matt am Rand 58

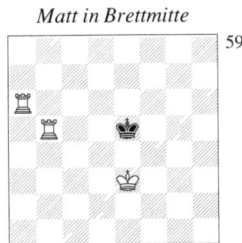
Matt in Brettmitte 59

4.2.2 Matt mit der Dame (Diagramm 60-62)

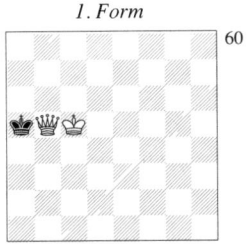
1. Form 60

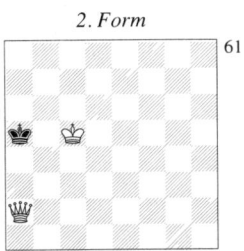
2. Form 61

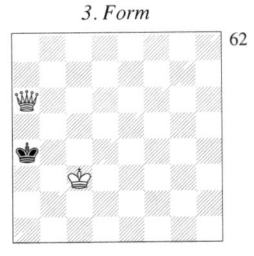
3. Form 62

4.2.3 Matt mit dem Turm (Diagramm 63-64)

Matt am Rand 63

Matt in der Ecke 64

4.3 Mattsetzen mit Schwerfiguren

Grundsätzliche Verfahrensweise: In der ersten Phase wird der König durch Schachgebote bzw. Abschneiden von Fluchtfeldern an den Brettrand gedrängt. Dann erfolgt das Matt am Brettrand oder in der Ecke. Das Mattsetzen mit den Schwerfiguren ist noch verhältnismäßig einfach zu vollführen. Anschauliche Beispiele zeigen die Diagrammfolgen 65 bis 67, in denen das Mattsetzen mit beiden Türmen, und 68 bis 70, in denen die schnellste Form des Matts mit der Dame demonstriert wird.

4.3.1. Das Mattsetzen mit beiden Türmen
Beide Türme können ohne Hilfe des eigenen Königs das Matt erzwingen: 1. ♖a4 (Festhalten des Königs in der schwarzen Bretthälfte) 1. ... ♚f5 (Diagramm 65) 2. ♖h5+ die 5. Reihe wird »erobert« 2. ... ♚g6 3. ♖b5! Jetzt stehen die Türme in der richtigen Formation zum Mattsetzen bereit (Diagramm 66) 3. ... ♚f6 4. ♖a6+ ♚e7 5. ♖b7+ ♚d8 6. ♖a8 matt (Diagramm 67).

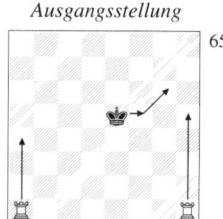
Ausgangsstellung 65

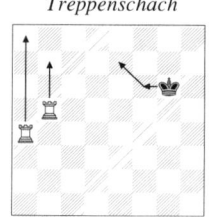
Treppenschach 66

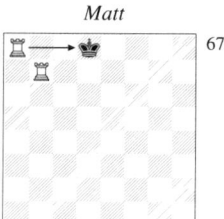
Matt 67

4.3.2. Das Mattsetzen mit der Dame
Die Ausgangsstellung für ein schnelles Mattsetzen ist im Diagramm 68 sehr ungünstig, weil die weißen Figuren relativ weit vom schwarzen König entfernt stehen. Trotzdem gelingt der Dame in spätestens zehn Zügen das Matt.
Lösungsweg:
1. ♕g4 (versperrt dem König die weiße Bretthälfte) 1. ... ♚d5 (nach 1. ... ♚f6 folgt 2. ♕e4, und der König wäre schon im Rechteck f8-f5-h5 eingeschlossen) 2. ♔d2 ♚e5 3. ♔d3 ♚d5 4. ♕f5+ (Diagramm 69) ♚d6 5. ♔c4 ♚c6 6. ♕e6+ ♚c7 7. ♔b5 ♚b7 8. ♕d7+ ♚b8 9. ♔b6 ♚a8 10. ♕b7 matt (Diagramm 70).

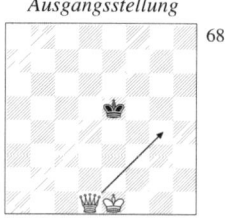
Ausgangsstellung 68

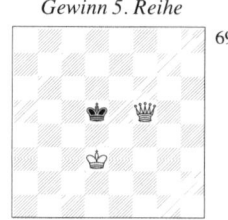
Gewinn 5. Reihe 69

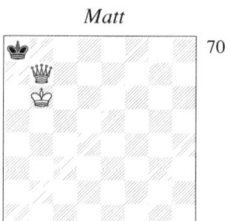
Matt 70

Beachte: Beim Mattverfahren mit der Dame liegt die Gefahr nahe, den gegnerischen König patt zu setzen (Begriffserläuterung »Patt« siehe Lektion V). Es ist deshalb ratsam, die Dame recht weit vom feindlichen König wegzuführen, sofern dieser am Brettrand bzw. in der Ecke abgeschnitten wurde (s. Beispiele 71, 72).

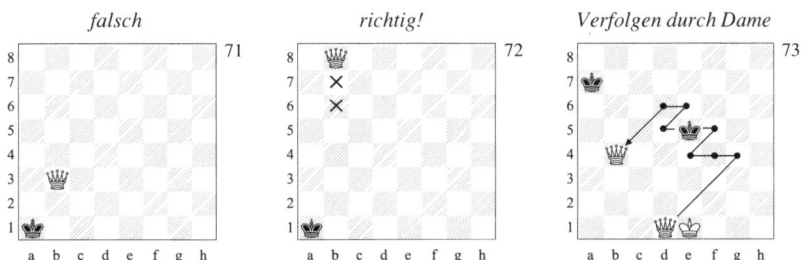

falsch   *richtig!*   *Verfolgen durch Dame*

Ein sicherer und beliebter Verfahrensweg des Mattsetzens ist das Verfolgen des feindlichen Königs ohne Hilfe des eigenen Königs. Die Zügeanzahl erhöht sich zwar bedeutend, doch die Gefahr des Pattsetzens wird ausgeschlossen (vgl. Diagramm 73). Folgendes Beispiel zeigt den Weg der Dame bis zum Abschneiden des Königs am Brettrand.

Weg der Dame: 1.♕g4 ♔d5 2.♕f4 ♔c5 3.♕e4 ♔d6 4.♕f5 ♔c6 5.♕e5 ♔b6 6.♕d5 ♔c7 7.♕e6 ♔b7 8.♕d6 ♔a7 9.♕b4 Nun wird der weiße König zur Unterstützung des Matts nach c7 geführt.

4.3.3 Das Mattsetzen mit dem Turm
Am Beispiel der Diagrammreihe 74 bis 76 wird das gemeinsame Abdrängungsverfahren von König und Turm demonstriert. Im Gegensatz zum Mattsetzen mit der Dame muss hier der weiße König schnell mit ins Spiel gebracht werden. Das Matt ist spätestens in 16 Zügen erreichbar.

Lösungsweg:
1.♔e2 ♔d4 2.♖a4+ ♔d5 (Auf 2. ... ♔c3 wird der König in das Quadrat a1-a3-c3-c1 eingeschlossen) 3.♔d3 ♔e5 (Nach 3. ... ♔c5 kann der König auf dem Damenflügel in das Quadrat a5-a8-c8-c5 eingeschlossen werden) 4.♖d4 (Jetzt befindet er sich im Quadrat e5-e8-h8-h5, wie aus dem Diagrammbild 75 zu ersehen ist.) 4. ... ♔f5 5.♔e4 (Beginn der systematischen Einengung) 5. ... ♔g5 6.♔e3 ♔f5 7.♔f3 (nicht 7.♖f4+, sonst kehrt der schwarze König wieder nach e5 zurück) 7. ... ♔g5 8.♖f4 ♔g6 9.♔g4 ♔h6 10.♖f6+ (Quadrate des eingeschlossenen Königs werden kleiner) 10. ... ♔h7 11.♔g5 ♔g7 12.♖f5 ♔h7 13.♖f7+ ♔h8 14.♔g6 ♔g8 15.♖f6 (oder beliebiger Tempozug auf der f-Linie) 15. ... ♔h8 16.♖f8 matt (Diagramm 76).

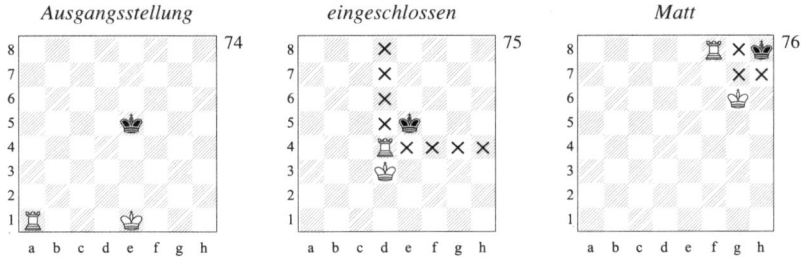

Ausgangsstellung   *eingeschlossen*   *Matt*

4.4 Mattsetzen mit zwei Läufern
Die Ausgangsstellung kann beliebig sein. Der schwarze König wird natürlich versuchen, in der Brettmitte zu bleiben. Nach wenigen Zügen gelingt es mit Unterstützung des eigenen Königs, die beiden Läufer ins Zentrum zu stellen. Nehmen wir an, dass die Position von Diagramm 77 erreicht wurde, so verbleibt dem schwarzen König nur noch ein geringer Bewegungsraum. Nun kommt es darauf an,

dem schwarzen König weitere Diagonalen zu »beschneiden« und ihn dabei in eine Ecke zu drängen.
Zum Beispiel:
1.♔c5 ♚e7 2.♗f5 (verhindert die Rückkehr nach e6) 2. ... ♚f7 3.♔d6 ♚f8 4.♗e6 ♚e8 5.♗g7
♚d8 6.♗f7 ♚c8 7.♔c6 ♚d8 8.♗f6+ (Diagramm 78) 8. ... ♚c8 9.♗e6+ ♚b8 10.♔b6 ♚a8
11.♗g5 (Tempozug) 12. ... ♚b8 13.♗f4+ ♚a8 14.♗d5 matt (Diagramm 79)

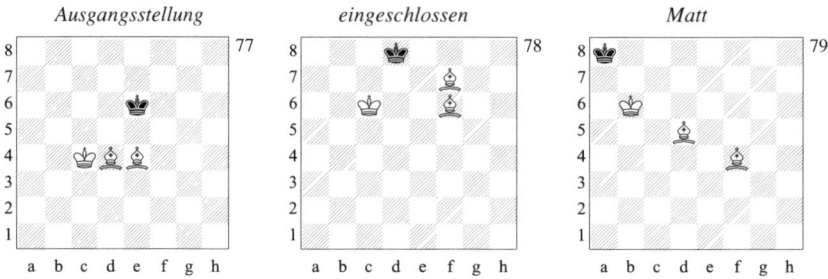

Ausgangsstellung	eingeschlossen	Matt

4.5 Mattsetzen mit zwei Springern
Das Matt mit zwei Springern ist zwar technisch möglich, aber nur bei fehlerhaften Zügen des alleinstehenden Königs ausführbar. Der schwarze König darf auf das Schachgebot des Springers nicht
freiwillig in die Ecke gehen, sonst wird er matt (Diagramme 80–82).

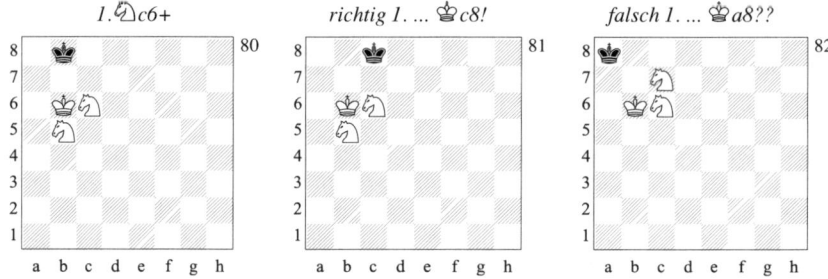

1.♘c6+   *richtig 1. ... ♚c8!*   *falsch 1. ... ♚a8??*

4.6 Mattsetzen mit Läufer und Springer (typische Mattbilder)
Schlussstellungen aus dem Kampf Läufer und Springer gegen König zeigen die Diagramme 83 bis 85:

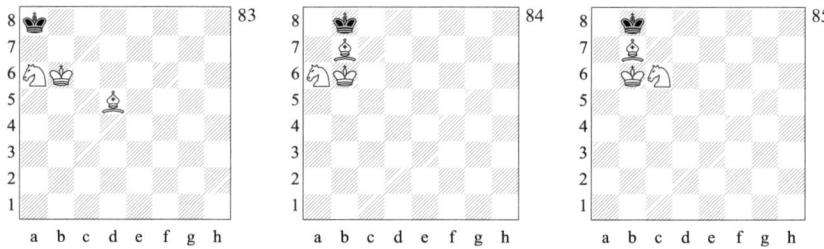

Hinweis: Das systematische Realisieren des Mattsetzens mit Läufer und Springer wird aufgrund des
höheren Schwierigkeitsgrads erst bei der Behandlung der Endspiele gelehrt.

5. ÜBUNGEN

5.1   Lösen von Aufgaben »Matt in einem Zug«
5.1.1 Weiß am Zug setzt matt (Diagramme 86 bis 95)

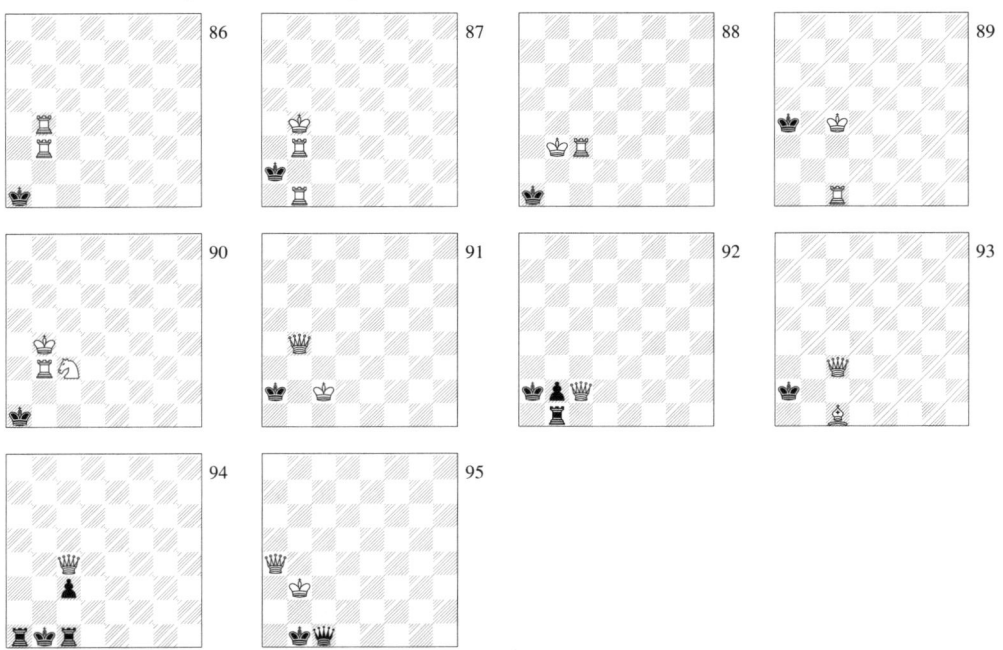

5.1.2 Schwarz am Zug setzt matt (Diagramme 96 bis 105)

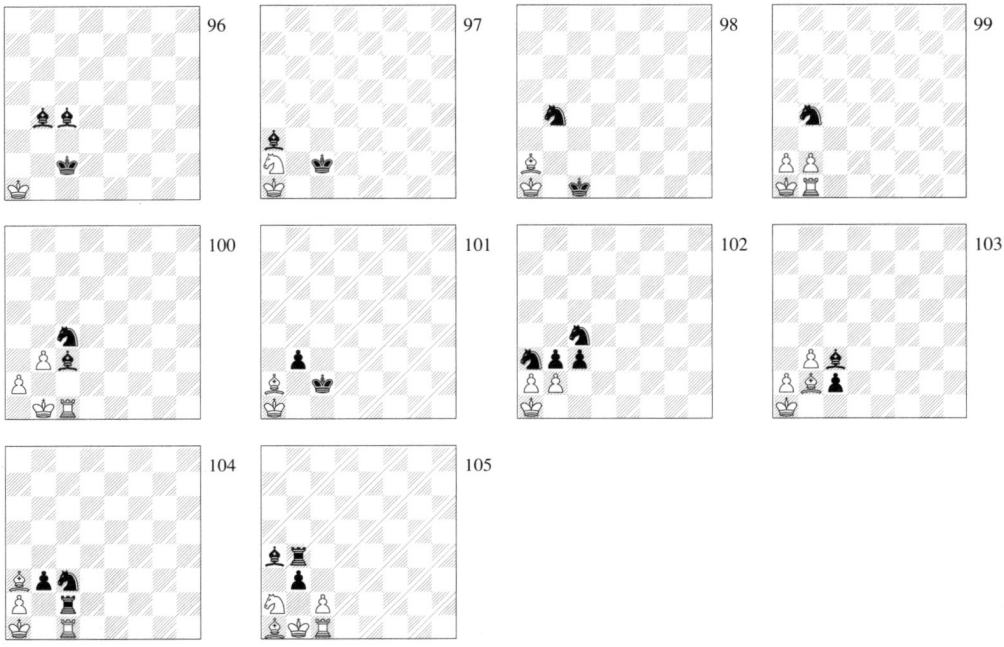

5.2 Spielen von Übungspartien bis zum Matt

Ausgangsstellungen (Weiß am Zug):	
Weiß	Schwarz
1. ♔g1 ♖a1 ♖f1	♚e4
2. ♔e1 ♕h1	♚e6
3. ♔e1 ♖a1	♚c3
4. ♔d6 ♗e6 ♗e5	♚e8
5. ♔e1 ♗c1 ♗f1	♚e5

6. HAUSAUFGABEN

6.1 Wie kann Weiß am Zug matt setzen? (Weiß: ♔b1 ♖a4 ♖g8 ♗f2, Schwarz: ♚h5)
6.2 Wie kann Weiß am Zug in zwei Zügen matt setzen? (Weiß: ♔e1 ♖c8 ♖f1, Schwarz: ♚g5)
6.3 Wie kann Weiß am Zug in drei Zügen matt setzen? (Weiß: ♔f7 ♗e1 ♗h1, Schwarz: ♚h8)

7. METHODISCHE HINWEISE

☞ Ein thematischer Schwerpunkt der Lektion liegt im variationsreichen Einprägen der vorgegebenen Mattbilder. Das Erkennen einer Mattsituation sollte so lange geschult und geübt werden, bis möglichst alle Kinder fehlerlos die einfachen Mattbilder sehen.

☞ Die in 5.1 angegebenen Übungen sind vorteilhaft mittels Arbeitsblättern oder des Overhead-Projektors zu lösen.

☞ Dem Übungsleiter wird empfohlen, eine Beispielsammlung von einfachen Mattdiagrammen aus der Turnierpraxis oder Fachliteratur anzulegen. Darüber hinaus können Mattbilder auch aus Vereinfachungen von Studien und Problemen »gewonnen« werden.

☞ Zum besseren Einprägen bzw. inhaltlichen Durchdringen des Stoffs werden die Kinder aufgefordert, eigenständige einfache Mattaufgaben zu konstruieren. Folgende methodische Schritte bewähren sich (jedes Kind sitzt allein an einem Brett). Aufgaben: Ausdenken von Stellungen mit Matt in einem Zug. Dabei verschiedene thematische Möglichkeiten nutzen wie das Mattsetzen mit a) 2 Türmen, b) 1 Dame, c) 1 Turm, d) 1 Läufer, e) 1 Springer, f) 1 Bauer.

V. LEKTION

1. THEMA: Das unentschiedene Spiel (Remis)

2. BILDUNGS- und ERZIEHUNGSZIELE

– aktives Beherrschen der unentschiedenen Spielformen Patt und Dauerschach
– Kennenlernen der weiteren reglementierten Remismöglichkeiten
– prinzipielles Orientieren auf das Bemühen zu einem siegreichen Ausgang einer Partie (Siegeswillen belohnen)

3. LEHR- und ANSCHAUUNGSMITTEL

Demonstrationsbrett, Turnierschachspiele, Overhead-Projektor und Arbeitsblätter

4. STOFFVERMITTLUNG

Nicht jede Partie wird im Schach durch Sieg oder Niederlage entschieden. Wenn der Gegner nicht matt gesetzt bzw. zur Aufgabe gezwungen werden kann, endet die Partie unentschieden (remis). Prinzipiell ist laut Regeln eine Partie remis, »sobald eine Stellung entstanden ist, aus welcher ein Matt durch keine erdenkliche Folge von regelgemäßen Zügen, selbst bei ungeschicktestem Spiel, erreichbar ist«.

Es gibt es fünf weitere Möglichkeiten des unentschiedenen Spielausgangs:

> Patt
> Dauerschach
> durch gegenseitige Übereinkunft
> Reklamation auf dreimalige Stellungswiederholung
> Inanspruchnahme der 50-Züge-Regel.

Für jede Remispartie erhält der Spieler einen halben Punkt (1/2).

☞ MERKE: Es ist nicht sinnvoll, Figuren und Bauern ohne Grund zu tauschen und dadurch das Spiel vereinfachen.

☞ MERKE: Jedes Remisangebot ist auf dem Spielformular zu vermerken. Als Symbol dafür gilt =.

4.1 Das Patt

Was verstehen wir unter einer Pattsituation?

Ein Patt entsteht dann, wenn der Spieler, der am Zug ist, keinen regelgemäßen Zug ausführen kann und sein König nicht im Schach steht. Dadurch ist die Partie sofort beendet.

4.1.1 Einfache Pattstellungen, mit Schwarz am Zug (Diagramme 106 bis 110)

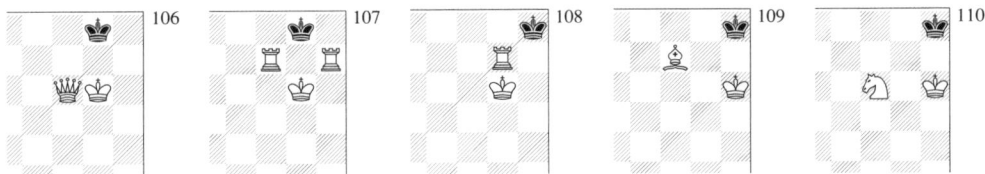

4.1.2 Schwierige Pattstellungen

In den Diagrammen 111 und 112 befindet sich Schwarz am Zug, was trotz materiellen weißen Vorteils patt ergibt.

Diagramm 113 zeigt eine typische Pattfalle. Weiß zog im letzten Zug ♘c7 und droht undeckbar matt bzw. Herbeiführen eines klar gewonnenen Endspiels. Die einzige Rettung ins Remis nutzte Schwarz konsequent durch Preisgabe der letzten beweglichen Figur 1. ... ♖b2+ 2.♔xb2 patt oder 2.♔a1 ♖b1+, und der weiße König kann sich nicht den Turmschachs entziehen.

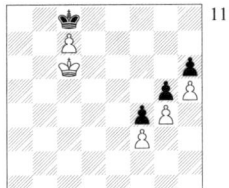  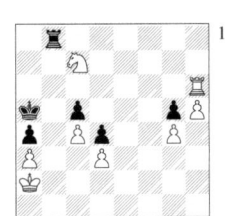

☞ MERKE: Ein Spieler flüchtet sich gewöhnlich dann ins Patt, wenn er materiell im Nachteil ist. Voraussetzung für eine »Pattfalle« ist eine figurenreduzierte Stellung und starre (festgelegte) Bauernformation. Oftmals wird die letzte Figur dann so geopfert, dass nach Annahme des Opfers kein eigener Stein mehr gezogen werden kann.

4.2 Das Dauerschach

Kann ein König den gegnerischen Schachgeboten nicht entweichen, dann sprechen wir von einem Dauerschach oder »ewigem Schach«.

> ☞ *Beachte*: Dauerschach ist nur sinnvoll, wenn der weitere Spielverlauf zum eigenen Nachteil führen könnte.

4.2.1 Typische Formen des Dauerschachs mit Dame (+ + + bedeutet Dauerschachzone) in Beispielen 114 bis 116

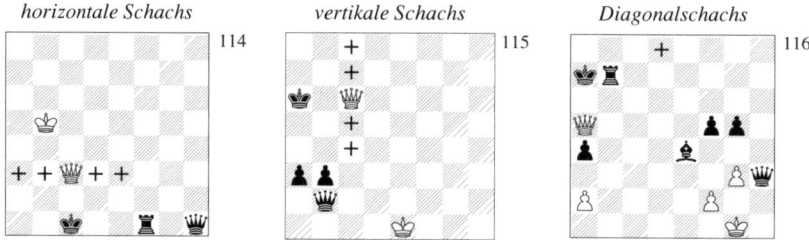

4.2.2 Typische Formen des Dauerschachs mit dem Turm (Diagramme 117 und 118)

 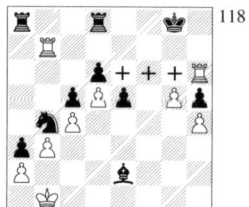

4.2.3 Dauerschachformen mit Leichtfiguren (Diagramme 119 und 120)

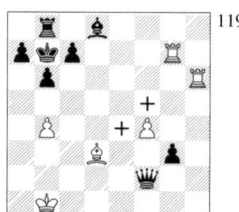 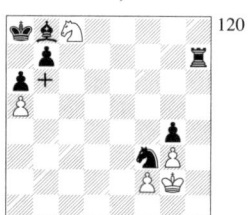

4.3 Remis durch gegenseitiges Übereinkommen

Bei stark reduziertem Material ist oft ein Fortsetzen der Partie nicht sinnvoll. Die Partner einigen sich dann auf Remis. Die Beurteilung, wann eine Stellung objektiv nicht mehr gewonnen werden kann, ist in vielen Fällen nicht leicht zu treffen.

4.3.1 Theoretische Remisstellungen ☞ kein Matt ist mehr möglich
Diagrammreihe 121 bis 124 zeigt vereinfachte Endspielpositionen, in denen eine Gewinnführung aufgrund unzureichenden Materials technisch nicht realisierbar ist.

4.3.2 Theoretische Remisstellungen

Das Matt ist nur bei fehlerhaftem Spiel möglich. In der Diagrammreihe 125 bis 134 kann eine Gewinnfortsetzung nur dann Erfolg versprechen, wenn einer der beiden Spieler einen groben Fehler begeht (z. B. Figur einstellen, ziehen auf ein falsches Feld oder übersehenes Matt).

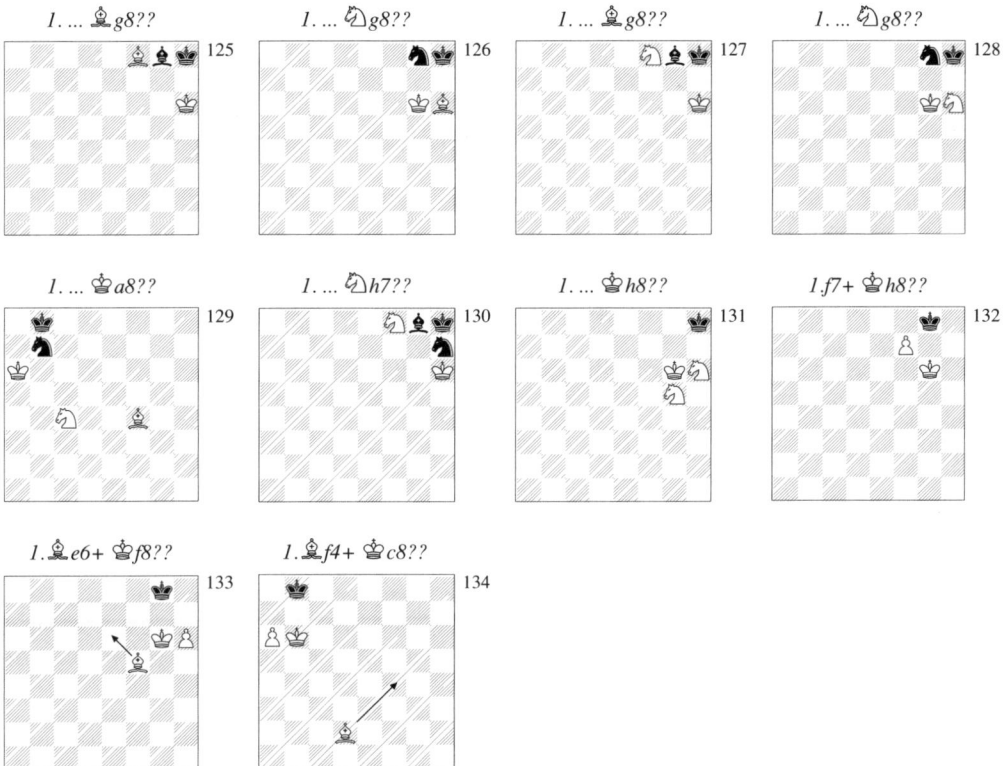

4.3.3 Schwierige theoretische Remisstellungen

In Diagrammreihe 135 bis 140 werden Beispiele angeführt, die objektiv zum Remis führen müssten, obwohl auf beiden Seiten zum Teil noch mehrere Steine vorhanden sind.

> ☞ *Beachte:* Die materiell schwächere Partei muss sehr sorgfältig spielen. Oft gibt es nur einen
> einzigen Zug, der das Remis garantiert!

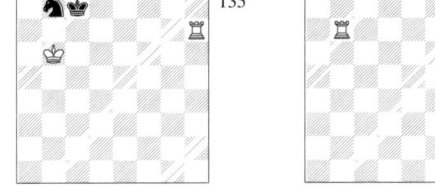
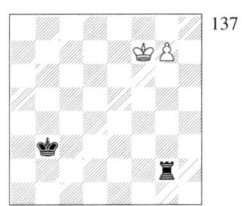

Diagramm 135: 1. ... ♘d7+! 2.♔c6 ♘b8+ remis
Diagramm 136: Remis durch Pattsetzen des schwarzen Königs (Nur 1. ... ♗e6? 2.♖h7+ ♔g8
                          3.♖e7! würde verlieren.)
Diagramm 137: Der schwarze Turm muss sich gegen den zur Umwandlung bereiten Bauern opfern.

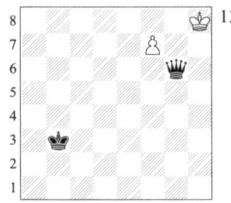 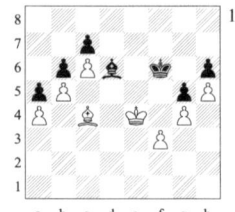 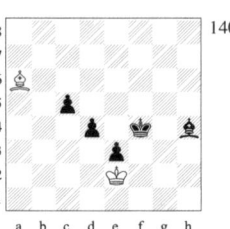

Diagramm 138: Die Dame kann zwar im nächsten Zug den Bauern schlagen, setzt jedoch den weißen
            König patt.
Diagramm 139: Zeigt eine typische ungleiche Läuferremisstellung mit festgelegten Bauernformatio-
            nen.
Diagramm 140: Bei ungleichen Läuferendspielen können u. U. mehrere Bauern nicht gewinnen, z. B.
            1. ... ♔e4 2.♗c4 ♗f6 3.♗a6 ♔d5 4.♔d3 ♔c6 5.♔c2! ♔b6 6.♗e2 ♔a5 7.♔b3!
            ♗e7 8.♗f1 remis (Endspielstudie v. A. Chéron, Urdruck 1945).

4.4 Reklamation auf dreimalige Stellungswiederholung

Wenn eine Stellung – mit demselben Spieler am Zug – dreimal vorkommt, dann kann Remis beansprucht werden.
In den Spielregeln der FIDE heißt es:
»Die Partie ist remis auf Verlangen des Spielers, der zu dem Zeitpunkt am Zuge ist, in dem dieselbe
Stellung zum dritten (nicht notwendigerweise aufeinanderfolgenden) Mal a) unmittelbar entstehen
wird, falls er als erstes seinen Zug auf sein Partieformular schreibt und dem Schiedsrichter seine Absicht erklärt, diesen Zug ausführen zu wollen, oder b) soeben entstanden ist. Stellungen unter a) und
b) gelten als gleich, wenn der gleiche Spieler am Zuge ist, Figuren der gleichen Art und Farbe die gleichen Felder besetzen und die Zugmöglichkeiten aller Figuren beider Spieler gleich sind. Stellungen
sind nicht gleich, wenn sich das Recht, en passant zu schlagen, oder das Recht, zu rochieren momentan oder endgültig geändert hat.«

☞ *Beachte*! Bevor zum dritten Mal in einer Wettkampfpartie die gleiche Stellung herbeigeführt
wird, muss der Schiedsrichter benachrichtigt werden. Er entscheidet dann, ob die Reklamation
gerechtfertigt ist oder nicht.

4.5 Anwenden der 50-Züge-Regel

Inhalt: Die Spielregeln besagen, dass die Partie auf Verlagen eines am Zug befindlichen Spielers
remis ist, falls
a) die letzten 50 aufeinanderfolgenden Züge eines jeden Spielers geschehen sind, ohne dass ein Bauer
gezogen oder eine Figur geschlagen worden wäre, oder
b) der am Zug befindliche Spieler einen Zug auf sein Partieformular schreibt und seine Absicht erklärt,
diesen Zug ausführen zu wollen, mit dem Ergebnis, dass dann die letzten 50 aufeinanderfolgenden
Züge eines jeden Spielers gemacht worden sind, ohne dass ein Bauer gezogen oder eine Figur geschlagen worden wäre.
Sinn: Die Handhabung der 50-Züge-Regel zwingt die Spieler zu aktivem Handeln und verhindert das
unbegrenzte Fortsetzen einer Partie. In der Spielpraxis kommt die 50-Züge-Regel selten vor.

5. ÜBUNGEN

5.1 Erkennen der Pattsituation
5.1.1 Welcher Zug von Weiß würde ein Patt herbeiführen? (Diagramme 141 bis 145)

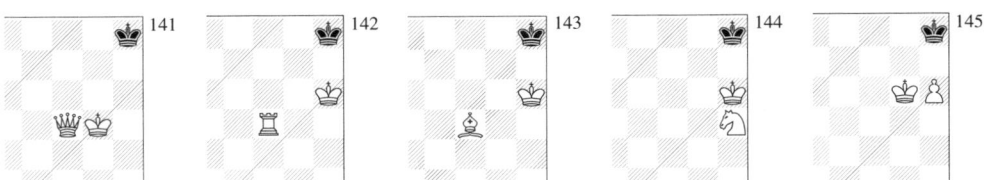

5.1.2 Mittels welcher Züge kann das Patt erzwungen werden? (Diagramm 146 und 147 mit Schwarz am Zug, Diagramm 148 und 149 mit Weiß am Zug), Diagramm 150: Durch welchen Zug kann sich der Nachziehende gegen die weiße Übermacht ins Remis (Patt) retten?

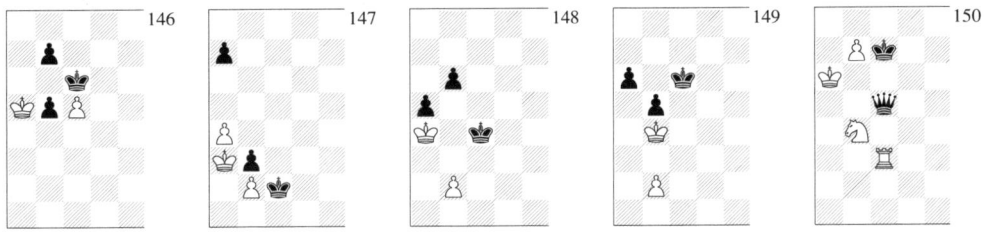

5.2 Dauerschach-Übungen
Diagramm 151: Auf welchen Feldern gibt die weiße Dame Dauerschach?
Diagramm 152: Auf welchen Feldern kann der weiße Turm Dauerschach geben?
Diagramm 153: Wie kann Weiß Remis durch Dauerschach halten?
Diagramm 154: In einer schwierigen Kampfposition besitzt Schwarz materielle Übermacht und gefährlichen Königsangriff. Wie kann Weiß sich retten?

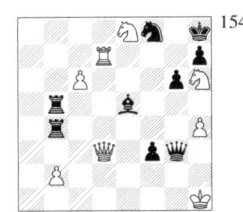

6. HAUSAUFGABEN

6.1 Wie kann der jeweils am Zug befindliche Spieler Remis durch Patt erzielen?

Aufgabe	Weiß	Schwarz	am Zug
1	♔h6 ♕f7	♚h8 ♜g8	Schwarz
2	♔h3 b6 c7	♚c8 ♛g1 ♞f3	Weiß
3	♔a1 ♕b1	♚d2 ♛c4 c2 c6	Weiß
4	♔a6 ♕d7	♚a8 ♛b8	Schwarz
5	♔g1 ♕f6 a4 f2 f3	♚h6 ♛h3 g6 h7	Schwarz

6.2 Weiß: ♔g2 ♛a4 ♖f7 c5 g3 – Schwarz: ♔a7 ♛g4 ♖h5 ♖h6 a6 b7 f4 f5 Wie kann Weiß am Zug Dauerschach geben?

6.3 Weiß: ♔h1 ♛e7 ♖g1 ♗g5 d5 g3 h2 Schwarz: ♔h7 ♛f5 ♗g7 d6 e5 g6 Wie kann Schwarz am Zug Dauerschach geben?

7. METHODISCHE HINWEISE

☞ Um den Sinn des Pattgedankens besser erfassen zu können, empfiehlt sich das komplexe Demonstrieren der Diagrammreihen 106 bis 112 mit dem Overhead-Projektor. Das gleiche trifft in analoger Weise für die Formen des Dauerschachs zu (Diagramme 114 bis 120).

☞ Ein ausführliches Erklären am Demonstrationsbrett gebührt der Pattfalle im klassischen Beispiel 113. Hierbei soll den Schülern bewusst werden, dass in vielen schon verloren geglaubten Partien noch Möglichkeiten des Verteidigens gefunden werden können. Eine alte Schachweisheit warnt bei besser stehenden Positionen: »Nichts ist schwerer, als eine ›gewonnene‹ Partie zu gewinnen!«

☞ Die unter 4.3.3 angeführten schwierigen theoretischen Remisstellungen sollen vornehmlich die Bedeutung des in 7.2 dargelegten Gedankens, des sorgfältigen Prüfens in materiell schlechter stehenden Stellungen, unterstützen.

☞ Die Hausaufgaben 6.1 bis 6.3 können auch als zusätzliche Übungen während des Unterrichts verwendet werden.

VI. LEKTION

1. THEMA: Allgemeine Eröffnungsgrundsätze

2. BILDUNGS- und ERZIEHUNGSZIELE

➢ Der strategische Aufbau einer Schachpartie
➢ Erläutern von Hauptprinzipien der ersten Spielphase
➢ Erziehen zur ökonomischen Betrachtungsweise des Raum-Zeit-Problems in der Eröffnungsphase

3. LEHR- und ANSCHAUUNGSMITTEL

Demonstrationsbrett, Schachheft, Arbeitsblätter

4. STOFFVERMITTLUNG

Jede normal verlaufende Schachpartie gliedert sich in drei Teile: Eröffnung, Mittelspiel und Endspiel. Die Übergänge zwischen den einzelnen Teilen sind fließend und können nicht genau bestimmt werden. Nach W. G. Sak (1981, S. 4) wird eine Partie nach folgendem vereinfachenden Prinzip gespielt: angreifen – zurückziehen – nicht zurückziehen – wegnehmen.

In der Eröffnung findet der Aufmarsch (Entwicklung) der weißen und schwarzen Streitkräfte statt. Was muss zu Beginn einer jeden Partie beachtet werden? Welche wichtigen Grundsätze bestimmen die ersten Züge? Die Antwort auf diese Fragen sollen folgende Eröffnungsgrundsätze geben:

☐ Schnelles und zielstrebiges Entwickeln der Kräfte
☐ Kampf um ein starkes Zentrum
☐ Schaffen einer günstigen Bauernstellung.

4.1 Schnelles und zielstrebiges Entwickeln der Kräfte

Die ersten Züge jeder Schachpartie verfolgen das Ziel, alle Figuren auf günstige Plätze zu stellen. Dieser Aufmarsch der Streitkräfte soll rasch erfolgen, das heißt also, dass möglichst mit jedem Zug eine Figur gezogen (entwickelt) wird. Ein und dieselbe Figur zweimal hintereinander zu ziehen, ist zu vermeiden. Dabei dürfen die Figuren nicht wahllos entwickelt werden. Jeder Zug muss ›sitzen‹ d. h. sinn- und wirkungsvoll sein: Die eigenen Figuren sind zentral zu postieren, sie dürfen sich nicht gegenseitig behindern und sollen viele Felder beherrschen bzw. bedrohen.

> ☞ **Hinweis:** Verwende den anschaulichen Vergleich zum militärischen oder sportlichen Kampf! Das Schachspiel kann als Abbild eines militärischen Kampfs oder Sportspiels angesehen werden. Diejenige Armee oder Mannschaft wird größere Voraussetzungen für den Sieg haben, die in der Lage ist, ihre Truppen/ Kräfte schneller und günstiger an die entscheidenden Kampfabschnitte/ Spielzonen zu bringen. Es kann bereits durch schnelle und zielstrebige Kräfteentwicklung eine gewisse Überlegenheit erzielt werden.

Wenn eine Figur zu Beginn der Partie zwei- oder mehrmals hintereinander gezogen wird, dann kommt es gewöhnlich zu einem Tempoverlust (Vergeuden von Zeit). So bringen z. B. folgende erste Züge Tempoverluste mit sich: 1.e4 d5 2.exd5 ♛xd5 3.♘c3 ♛d8 oder 1.c4 d5 2.cxd5 ♛xd5 3.♘c3 ♛d8. In beiden Fällen entwickelte Weiß auf Kosten der schwarzen Damenzüge eine Figur.

In folgendem Beispiel vernachlässigt Weiß seine Figurenentwicklung und zieht unüberlegt nur die Bauern, was hart bestraft wird: 1.f3 e5 2.g4?? ♛h4!! matt. Selbst bei größeren Turnieren passieren mitunter noch solche groben Fehler. So verlor ein Spieler schon nach drei Zügen, weil er anstelle einer normalen Figurenentwicklung nur nutzlose Bauernzüge machte (siehe Diagramm 155). Stellung nach 1.e4 f5 2.♘c3 g5?? 3.♛h5 matt (Mansfield-Trinks, Offene USA-Meisterschaft 1959)

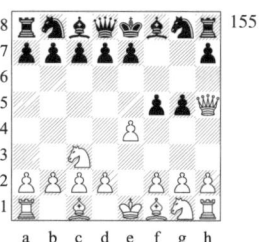

Dieses Diagrammbild soll eine ernste Warnung gegen leichtsinniges Verhalten in der Eröffnung sein! Die Bauernzüge h7-h6 bzw. h2-h3 dürfen nur dann ausgeführt werden, wenn es die Stellung erfordert. Der damit verbundene Tempoverlust kann sich bitter rächen (vgl. Diagramm 156). Die Stellung entstand nach den Zügen 1.e4 e5 2.♘f3 d6 3.♗c4 h6? 4.♘c3 ♗g4? 5.♘xe5! ♗xd1? 6.♗xf7+ ♚e7 7.♘d5 matt. In vorstehendem Beispiel verstieß Schwarz neben dem nutzlosen Bauernzug 3. ... h6 noch gegen ein anderes Eröffnungsprinzip. Der schwache Punkt f7 wurde ungenügend geschützt. Weiß nutzte diese Schwäche zu einem durchschlagenden Mattangriff aus.

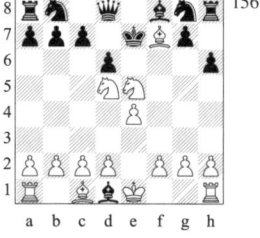

Was verstehen wir unter einer »günstigen« Aufstellung der Kräfte? Es erscheint immer zweckmäßig, wenn zunächst das Entwickeln der Leichtfiguren vorangeht. Im Normalfall bedeutet das, die Springer nach f3 und c3, die Läufer nach c4, b5, e3, f4 oder g5 zu ziehen. Diagrammbild 157 verdeutlicht die schematisierte Aufstellung der weißen Streitkräfte auf wirksame Felder (x kennzeichnet alle Felder, die von weißen Figuren kontrolliert werden). Bei vorstehender Aufstellung werden insgesamt 44 Felder von den weißen Streitkräften beherrscht: 16 sind von eigenen Steinen besetzt, und 28 Felder werden »bedroht«.

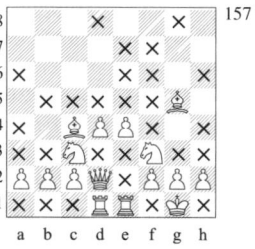

Merksätze	Erläuterung (Begründung)
Stelle alle Figuren auf günstige Felder!	Dadurch beherrschen und bedrohen sie viele Linien, Diagonalen und Felder.
Ziehe keine Figur zwei- oder mehrmals hintereinander!	Das bedeutet Tempoverlust. Das Entwickeln anderer Figuren wird vernachlässigt.
Rochiere rechtzeitig!	Der König steht dann geschützter hinter seinen Bauern.
Bringe die Schwerfiguren, vor allem die Dame nicht zu früh ins Spiel!	Sie können dadurch eher von feindlichen Leichtfiguren und Bauern angegriffen werden.
Schütze die schwachen Punkte f7 und f2!	Diese Felder sind nur durch den König geschützt. Alle anderen im Königsbereich befindlichen Felder werden noch von Figuren gedeckt.
Strebe als Anziehender stets nach Initiative!	Als Weißer besitzt man durch den Anzugsvorteil bereits ein Tempo mehr.
Kämpfe als Nachziehender um Gegenspiel!	Durch eigenes passives Verhalten kann Weiß besser seine Pläne verwirklichen.

4.2 Kampf um ein starkes Zentrum

Was verstehen wir unter dem Begriff »Zentrum«?

Das Zentrum besteht aus den Mittelfeldern (Zentralfeldern) des Schachbretts. Wir unterscheiden:
> das (einfache) Zentrum, bestehend aus den Feldern d4, d5, e4, e5
> das erweiterte Zentrum mit den Feldern c4, c5, d4, d5, e4, e5, f4, f5 (Diagramm 158).

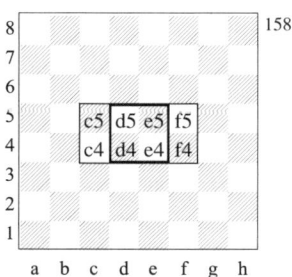

Welche Bedeutung besitzt das Zentrum?
- □ Über die Zentrumsfelder verlaufen die meisten Angriffsaktionen gegen den noch nicht rochierten König.
- □ Allein durch das Besetzen des einfachen Zentrums mit den beiden Mittelbauern werden vier gegnerische Felder kontrolliert (durch den d-Bauern: c5 und e5, durch den e-Bauern: d5 und f5).
- □ Figuren, die sich im Zentrum befinden, können relativ schnell auf beide Flügel überführt werden.
- □ Figuren im Zentrum beherrschen weitaus mehr Felder, Linien und Diagonalen, als wenn sie an den Seiten oder sogar am Rand stehen.

☞ *Vergleiche:* Die Wirksamkeit des Mittelstürmers und Halbstürmers im Fuß- und Handballspiel, des Mittelspielers (Center) im Basketball.

Der Einfluss der Bauern auf das Zentrum kann verschiedenartig sein. Er unterscheidet sich
– im Besetzen eines Zentrumsfeldes (Bauer e4)
– in der Möglichkeit des Besetzens eines Zentrumsfeldes (Bauer e6)
– im Bedrohen eines Zentrumsfeldes (Bauer c4).
Diagramm 159 veranschaulicht den jeweiligen Bezug der genannten Bauern zu den Zentrumsfeldern.

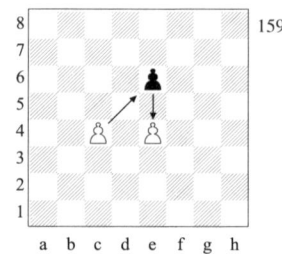

Aus der positionellen Bedeutung des Zentrums ergibt sich zwangsläufig der strategische und taktische Kampf um ein starkes Bauernzentrum. Der Kampf um Besitznahme der Zentrumsfelder kann von der Methodik her in zwei Formen geführt werden: als direkte oder indirekte Einflussnahme.

In der Praxis gestaltet sich dieser Kampf gewöhnlich folgendermaßen: Weiß besetzt im ersten Zug mittels e2-e4 das Zentralfeld e4. Schwarz hat nun die Wahl zwischen dem analogen Erwiderungszug 1. ... e5 im Sinne der direkten Besetzung des Zentrums oder indirekten Einwirkungen wie 1. ... c5 (gegen das Feld d4), 1. ... d5 (Angriff auf e4), 1. ... ♞f6 (Angriff auf e4) u. a.
Eine weitere indirekte Bekämpfung des Zentrums wäre 1. ... c6 oder 1. ... e6 als Vorbereitung des Vorstoßes 2. ... d5 bzw. 1. ... g6 nebst Flankieren des Läufers nach g7, um diagonal das Feld d4 zu bedrohen.
Ausgehend von diesen Überlegungen, inwieweit erfolgversprechend auf das Zentrum eingewirkt werden kann, entstanden im Verlaufe der Schachevolution bestimmte Eröffnungssysteme und Varianten.

☞ MERKE: Die Fernbedrohung gegen das Zentrum kann genauso wirkungsvoll sein wie das Besetzen der Felder!

(Näheres zur Eröffnungsthematik wird in Lektion 9 behandelt.)

Merksätze	Erläuterung (Begründung)
Ziehe als junger Spieler im ersten Zug den Königsbauern nach e4!	Ein wichtiges Zentrumsfeld wird besetzt. Andere sinnvolle Anfangszüge wie 1.d4, 1.c4, 1.♞f3 oder 1.f4 bleiben dem Fortgeschrittenen vorbehalten (Stadium der erweiterten Spezialisierung).
Stelle die Figuren geschützt auf Zentrumsfelder, z.B. einen Springer nach d5!	Diese Figuren besitzen einen großen Wirkungskreis. So bedroht ein Springer von d5 die Felder b6, c7, e7 und f6 im gegnerischen Lager.
Greife das feindliche Zentrum an und versuche es aufzulösen!	Dadurch wird der Aufmarschplan und eventuelle Angriffsplan des Gegners durchkreuzt.
Beachte auch die indirekten Angriffe auf das Zentrum!	Die aus der Ferne wirkenden Figuren (z.B. die Läuferpostierungen auf g7 und b7) können nachhaltig das Zentrum kontrollieren und stören.

4.3 Schaffen einer günstigen Bauernstellung

Schon die ersten Züge prägen den Charakter einer Stellung. Die Positionen der Bauern beeinflussen entscheidend das Kampfgeschehen. So ist es maßgeblich zu wissen, welche Bauern und Bauernformationen stark sind bzw. welche Bauernstellungen möglichst vermieden werden müssen!

Beispiele von Bauernformationen:

In Diagramm 160 unternahm Schwarz nichts gegen die starke weiße Bauernformation, die nach 1.e4 h6? 2.d4 a5? 3.c4 entstehen konnte. In einer Anfängerpartie (Diagramm 161) ›zertrümmerte‹ Weiß die schwarze Bauernstellung und gewann aufgrund der anfälligen schwarzen Bauern.

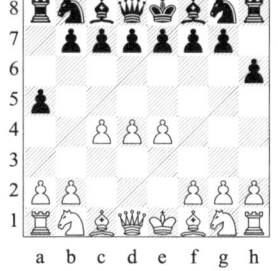

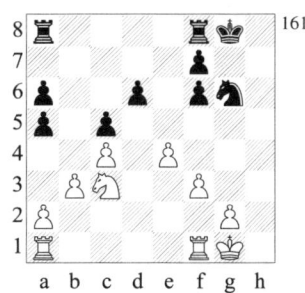

☞ MERKE: Beide Diagrammstellungen (160 und 161) sind nachteilig für Schwarz.

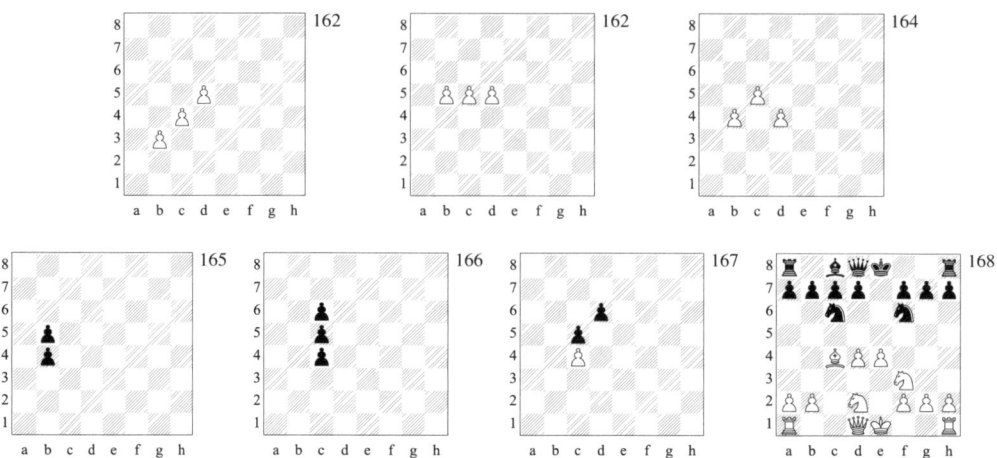

Diagramme 162–164 zeigen schematisierte Beispiele von günstigen Bauernformationen (Bauernketten). Der Doppelbauer (Diagramm 165) und Tripelbauer (Diagramm 166) sind Bauern von minderer Kampfkraft, da sie sich gegenseitig nicht stützen und leichter zu erobern sind. In bestimmten Positionen kann ein Doppelbauer auch nützlich sein (Kontrolle von Feldern). In Diagramm 167 ist der schwarze Bauer auf d6 »rückständig«. Zwei schwarze Bauern werden von einem (!) weißen Bauern blockiert. In Diagramm 168 wird demonstriert, wie Weiß nach den Anfangszügen 1.e4 e5 2.♘f3 ♘c6 3.♗c4 ♗c5 4.c3 ♘f6 5.d4 exd4 6.cxd4 ♗b4+ 7.♗d2 ♗xd2+ 8.♘bxd2 eine starke Bauernposition im Zentrum erhält. Wie soll sich nun der Nachziehende verhalten? Schwarz muss versuchen, diese Zentrumskette zu bekämpfen. Als geeigneter Zug erweist sich dabei der Sprengungsversuch 8. ... d5! Nach 9.exd5 ♘xd5 ist der weiße d-Bauer vereinzelt und gleichzeitig blockiert.

Merksätze	Erläuterung (Begründung)
Vermeide unnütze Bauernzüge wie a3, h3, h6!	Jeder planlose Bauernzug schwächt die Stellung.
Beachte die Schwächung durch Einzelbauern, isolierte Doppel- und Tripelbauern!	Die Bauern aller drei Formationen können sich nicht gegenseitig ›helfen‹ (decken) und sind somit leicht angreifbar.
Ziehe zu Beginn der Partie möglichst wenig Bauern!	Weit vorgeschobene Bauern sind leicht angreifbar. Denke daran: Kein Bauer kann wieder zurück!

4.4 Charakteristische Fehlerquellen des Anfängers

Obwohl die Spielregeln und Grundprinzipien schon gut bekannt sind, tauchen in der praktischen Partie immer wieder die gleichen Fehler auf. Typische Merkmale falscher Handlungsweisen in der ersten Spielphase sind:

- ☐ hastiges und unüberlegtes Ziehen
- ☐ mehrmaliges Ziehen mit einem Bauern oder einer Figur hintereinander
- ☐ ungenügendes Berücksichtigen des logischen Zusammenhangs zwischen den eigenen Zügen
- ☐ das ungestüme Bestreben, den Gegner gleich zu Beginn jeder Partie matt setzen zu wollen (in der Annahme, dass er das Matt nicht sieht)
- ☐ das Bestreben, dem Gegner eine Figur abzujagen, in der Hoffnung, dass er die Drohungen übersieht
- ☐ zu frühzeitiges Einsetzen der Dame im Königsangriff bzw. gegen andere Figuren oder um Bauern zu erobern

□ Vernachlässigen des Entwickelns der Leichtfiguren
□ Vernachlässigen der Rochade und damit der Sicherheit des eigenen Königs
□ häufiges (zweckloses) Schachbieten
□ Furcht vor den Schachgeboten des Gegners
□ nutzlose Bauernzüge.

Die im nachstehenden Übungsteil zusammengestellten Beispiele sollen dazu beitragen, die genannten Fehler auszumerzen!

5. ÜBUNGEN

5.1 Zum Thema: Erfolg durch schnelle und zielstrebige Entwicklung der Kräfte
Beispiel 1: 1.e4 d6 2.d4 ♘d7 3.♗c4 g6 4.♘f3 ♗g7? 5.♗xf7+! ♔xf7 6.♘g5+ und Schwarz gibt wegen Matt oder Damenverlust auf. (1)
Beispiel 2: 1.e4 e5 2. ♘f3 ♘c6 3.♗c4 ♗c5 4.b4 ♗xb4 5.c3 ♗a5 6.0–0 d6 7.d4 ♗b6 8.dxe5 dxe5 9.♗xf7+!? ♔xf7 10.♘xe5+ ♔f8? 11.♗a3+ ♘ge7 12.♕f3+ und das Matt auf f7 ist unvermeidbar. (2)
Beispiel 3: 1.e4 e5 2.♘f3 d6 3.♗c4 ♗g4 4.♘c3 g6? Ermöglicht dem Weißen einen schönen Mattangriff. 5.♘xe5! ♗xd1?? (5. ... dxe5 oder 5. ... ♗e6 ist das kleinere Übel, da nur ein Bauer verloren geht) 6.♗xf7+ ♔e7 7.♘d5 matt. (3)
Beispiel 4: 1.e4 e5 2.♘f3 ♘c6 3.d4 exd4 4.♘xd4 ♕h4 (zu früh ins Spiel gebracht) 5.♘c3 ♘f6? (versperrt der eigenen Dame den Rückzug) 6.♘f5! ♕h5 7.♗e2 ♕g6 8.♘h4! und die schwarze Dame ist in der Falle. (4)
Beispiel 5: 1.e4 e5 2.f4 ♕h4+? 3.g3 ♕h6? (besser 3. ... ♕d8) 4.♘c3 exf4 5.d4 ♕f6 6.♘d5 ♕c6 7.♗b5! ♕d6 (es drohte ♘xc7+) 8.♗xf4 ♕g6 (möchte mit ♕xe4+ den Turm auf h1 gewinnen) 9.♘xc7+ ♔d8 10.♘xa8 ♕xe4+ 11.♕e2 ♕xh1 12.♗c7 matt. Die Strafe für das planlose Herumziehen mit der Dame und das Vernachlässigen der Entwicklung von Figuren. (5)

5.2 Zum Thema: Der Kampf um ein starkes Zentrum
Beispiel 1: 1.e4 e5 2.♘f3 ♘c6 3.♗c4 ♗c5 4.c3 (Die typische Form, ein starkes Bauernzentrum aufzubauen.) 4. ... d6 5.d4 exd4 6.cxd4 ♗b6 7.♘c3 ♘f6 8.0–0 0–0 9.♗b3! (Sonst konnte durch das Scheinopfer auf e4 das weiße Zentrum vernichtet werden.) 9. ... ♗g4 10.♗e3 h6? (Schwarz musste mit ♖e8 den weißen e-Bauern bedrohen. Der Tausch 10. ... ♗xf3 11.gxf3 hätte eine dauernde Stützung des e4-Bauern ergeben und wäre günstig für den Anziehenden.) 11.♕d3 ♖e8 12.♘d2 ♕e7 13.♖ae1 ♖ad8 14.a3 ♕f8 15.f4. Weiß besitzt ein stabiles Zentrum. Es droht bereits ein Angriff am Königsflügel mittels f5, h3 nebst g4! (6)
Beispiel 2: 1.e4 e5 2.♘f3 ♘c6 3.♗c4 ♗c5 4.c3 ♘f6 5.d4 exd4 6.cxd4 ♗b6? (besser 6. ... ♗b4+) 7.d5! ♘e7 8.e5 (Die weißen Zentrumsbauern verunsichern bereits empfindlich die schwarzen Figuren.) 8. ... ♘e4 9.d6 cxd6 10.exd6 ♘xf2 11.♕b3 ♘xh1 12.♗xf7 ♔f8 13.♗g5! Das Matt ist nur unter Preisgabe der Dame zu verhindern. (7)
Beispiel 3: 1.e4 e5 2.♘f3 ♘c6 3.d4 exd4 4.♘xd4 ♘f6 5.♘c3 ♗b4 6.♘xc6 bxc6 (Der »Grundstein« zur späteren Zentrumsbildung.) 7.♗d3 d5! 8.exd5 cxd5 9.0–0 0–0 10.♗g5 ♗e6 11.♕f3 ♗e7 12.♖ae1 ♖b8 13.♘d1 c5. Schwarz besitzt die aktive Position; nicht zuletzt aufgrund der dynamischen Zentrumsbauern. (8)

5.3 Zum Thema: Das Ausnutzen von fehlerhaften Bauernzügen
Beispiel 1: 1.e4 e5 2.♘f3 f6? 3.♘xe5 fxe5 (besser ist 3. ... ♕e7) 4.♕h5+ ♔e7 5.♕xe5+ ♔f7 6.♗c4+ d5 7.♗xd5+ ♔g6 8.h4 ♗d6 9.h5+ ♔h6 10.d4+ g5 11.hxg6 e. p.+ ♔xg6 12.♕h5+ ♔f6 13.♕f7 matt. (9)
Beispiel 2: 1.e4 e5 2.♘f3 ♘c6 3.d4 exd4 4.♘xd4 ♘ge7 (günstiger wäre 4. ... ♘f6) 5.♘c3 g6? (Der Bauernzug schwächt das Feld f6) 6.♗g5 ♗g7 7.♘d5! ♗xd4? 8.♕xd4!! ♘xd4 9.♘f6+ ♔f8 10.♗h6 matt. (10)

Beispiel 3: 1.e4 e5 2.♘f3 d6 3.d4 f5? 4.dxe5 fxe4 5.♘g5 d5 6.♘c3 (Nach Keres ist 6.e6 stärker)
6. ... ♗b4 7.e6 ♗xc3+? 8.bxc3 ♘h6 9.♕h5+ ♚f8 10.♗a3+ ♚g8 11.♕f7+! ♘xf7 12.exf7 matt.
(11)

Beispiel 4: 1.e4 e5 2.♘f3 ♘c6 3.♗c4 ♗c5 4.0–0 d6 5.h3? (unnötig) 5. ... h5 6.♘h2 (jeder normale
Entwicklungszug wäre sinnvoller) 6. ... ♘f6 7.d3 ♗g4! (soll die h-Linie öffnen) 8.hxg4 hxg4
9.♘xg4 ♘h5! 10.♗e3 ♕h4 11.♗xc5 ♕h1+! 12.♚xh1 ♘g3+ 13.♚g1 ♖h1 matt. (12)

6. HAUSAUFGABEN

6.1 Begründe, warum Schwarz in Diagramm 169 die schlechtere Bauernstellung besitzt!

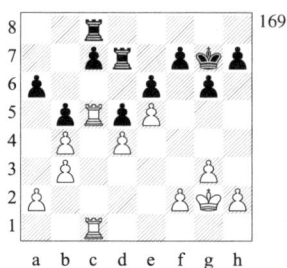

169

6.2 Weise in nachfolgender Lehrpartie durch das Einsetzen von Bewertungssymbolen (! und ?) nach,
welche Züge von Weiß fehlerhaft waren und zum Verlust führten: 1.e4 e5 2.d4 exd4 3.♕xd4
♘c6 4.♕e3 ♘f6 5.h3 ♗c7 6.a3 0–0 7.♗c4 ♖e8 8.♕b3 d5 9.♗xd5 ♘xd5 10.♕xd5 ♕xd5
11.exd5 ♗b4+ 12.♚d1 ♖e1 matt.

7. METHODISCHE HINWEISE

☞ Der Vergleich zum sportlichen oder militärischen Kampf gibt wertvolle Hilfe beim Verständlichmachen des Kraft-Raum-Zeit-Problems in der Eröffnungsphase.

☞ Alle verwendeten Partiebeispiele erfolgten bewusst ohne Eröffnungsangabe. Die Eröffnungsbezeichnungen sind in diesem Zusammenhang nicht bedeutsam. Primär geht es um den strategisch
folgerichtigen Aufbau einer Partie.

☞ Die in 4.1, 4.2, 4.3 genannten Eröffnungsgrundsätze wurden adäquat dem Ausbildungsstand der
Schüler leichtverständlich gehalten. Besonderes Augenmerk gebührt den Merksätzen. Sie sind oftmals zu wiederholen.

☞ Anfängerfehler besitzen oft stereotypen Charakter. Der Trainer sollte möglichst viele Übungspartien beobachten und zum Schluss jeder Stunde die markantesten Fehler am Demonstrationsbrett
korrigieren.

☞ Neben dem üblichen Vorführen der Übungsbeispiele 5.1 bis 5.3 am Demonstrationsbrett sollte das
problemhafte Unterrichten (organisatorische Form: das Partnerlernen) bevorzugt werden.

☞ Mit N.-N. bezeichnete Partiebeispiele bedeuten »namenlose Gegner«.

Partiennachweis zu den Beispielen in 5.1, 5.2 und 5.3: (1) N.-N. Partie; (2) Ekl-Schenewold, Fern-
schachpartie 1968; (3) Legal-Quermis, Paris 1750; (4) Fraser-Taubenhaus, Paris 1888; (5) N.-N. Partie; (6) Leonhardt-Burn, Karlsbad 1911; (7) fehlerhafte Eröffnungsvariante; (8) Abspiel aus der Schottischen Partie; (9) fehlerhafte Variante; (10) N.-N. Partie; (11) Mlotkowski-Deacon, Philadelphia
1913 (Blindpartie); (12) Schwartz-Hartlaub, Bremen 1918

VII. LEKTION

1. THEMA: Elementare Endspiele

2. BILDUNGS- und ERZIEHUNGSZIELE

> Kennenlernen der Endspieltypen, die infolge großen Materialvorteils auf direktem Wege zum Matt führen
> Bedeutung des Studierens technisch gewonnener Endspiele für die Wettkampfpraxis bewusst werden lassen
> Wecken von Interesse am Studium von lehrreichen Endspielen und der Freude an ihrem ästhetischen Gehalt

3. LEHR- und ANSCHAUUNGSMITTEL

Demonstrationsbrett, Endspielbücher, Arbeitsblätter

4. STOFFVERMITTLUNG

4.1 Zur Bedeutung der Endspiellehre

Wenn wir davon ausgehen, dass in einer normalen Schachpartie in der ersten Spielphase (Eröffnung) die Streitkräfte ›aufmarschieren‹ und den Charakter des Spielverlaufs weitestgehend bestimmen, in der zweiten Spielphase (Mittelspiel) das strategisch-taktische Kampfgeschehen dynamisch hin- und her wogt, und in der letzten Spielphase (Endspiel) die Partie resultativ entschieden und damit das Ergebnis fixiert wird, dann lässt sich unschwer erkennen, welche entscheidende Bedeutung dem letzten Partiestadium beizumessen ist.

Im Endspiel befinden sich nur noch wenige Figuren und Bauern auf dem Brett. Das Material und damit auch die objektiven Variationsmöglichkeiten sind stark reduziert. Das geringe Figurenpotential ermöglichte ein Erfassen und Systematisieren annähernd aller Endspiele. Die heutige moderne Endspielliteratur erlaubt das Nachschlagen und Nachvollziehen der am häufigsten vorkommenden Endspieltypen. In zunehmendem Maße können auch Hilfeleistungen mittels computergestützter Programme in Anspruch genommen werden. Somit ist ein weiterer bedeutungsvoller Aspekt zur Endspiellehre gegeben. Allein durch das Erlernen und Begreifen der wichtigsten Grundendspieltypen wird ein Anheben der Spielstärke erzielt. Nach Großmeister Kotow gilt die Endspielführung als Prüfstein der technischen Vervollkommnung eines Schachspielers. Niemand wird Meister, der nicht im Endspiel gut Bescheid weiß. Alle Großen im Schach waren auch gleichzeitig hervorragende Endspielkönner. So ist bekannt, dass Morphy, Steinitz, Dr. Lasker, Capablanca, Dr. Aljechin, Rubinstein und auch die führenden Großmeister der Gegenwart ausgezeichnete Kenner der Endspieltheorie und Könner im Behandeln der praktischen Partieendspiele waren und sind.

☞ Schließlich sei noch besonders zu beachten, dass sich jeder kleine Fehler, jede noch so geringe Ungenauigkeit im letzten Partiestadium stark, zum Teil partieentscheidend auswirkt. Während beispielsweise im Mittelspiel ein Minusbauer unter Umständen durch verschiedene Aktivitäten wie durch Königsangriff, Besitzergreifen von offenen Linien oder Abwickeln zu ungleichen Läuferendspielen wieder kompensiert werden kann, reicht im Endspiel der Mehrbesitz eines Bauern oft zum Sieg aus.

4.2 Einige Besonderheiten der Endspielphase gegenüber den anderen Partiestadien

Erstens:	Im Endspielkampf sind weniger Figuren und Bauern beteiligt als im Mittelspiel.
Zweitens:	Viele Endspielpositionen können als logische Aufgabe mit einer einzigen Lösung angesehen werden.
Drittens:	Die Rolle des Wissens, der Endspielkenntnisse (Theorie) nimmt entscheidend zu.
Viertens:	Viele praktische Partieendspiele sind durch die theoretische Erforschung schon bekannt und werden im Prinzip nur nachvollzogen.

Fünftens: Gegensätzlich zu früheren Spielstadien wird der König zu einer starken Kampffigur!
Sechstens: Aufgrund des verringerten Materials tritt die spezifische Wirkungskraft jeder Figur
           besonders hervor.
Siebtens: Das harmonische Zusammenwirken der einzelnen Figuren (und Bauern) nimmt an
           Bedeutung zu.
Achtens: Die Wertigkeit der Bauern steigt an. Manche vorgeschobenen Bauern sind stärker als
           Figuren!

4.3 Zugzwang

Im Endspiel dominiert ein Manöver besonderer Art: der Zugzwang. Was verstehen wir darunter?

☞ Wenn in einer Stellung der An- oder Nachziehende aufgrund der reglementierten Zugpflicht
einen Zug ausführen muss, der mit Nachteilen verbunden ist, dann sprechen wir von Zugzwang.

Zwei anschauliche Beispiele der Zugzwangsform zeigen die Diagramme 170 und 171. Schwarz am Zug muss in beiden Fällen entscheidenden Nachteil in Kauf nehmen. Im Diagramm 170 verbleibt dem schwarzen König nur das Feld d7, wodurch das Umwandlungsfeld für den Bauern frei wird. Im Diagramm 171 führt der ›Pflichtzug‹ des Königs nach a8 gleich zum Matt!

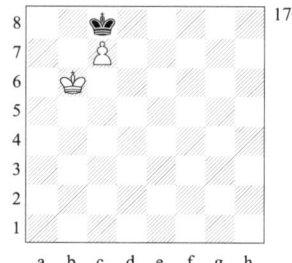

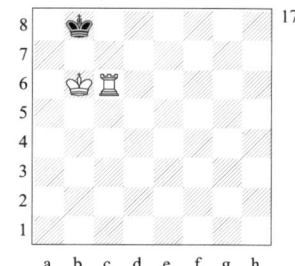

4.4 Mattsetzen mit Läufer und Springer

Bei fehlerfreiem Spiel kann Matt in spätestens 35 Zügen erzwungen werden. Das Gewinnverfahren gliedert sich in drei Teile:

- Zunächst wird der König an den Brettrand gedrängt. Der feindliche König strebt gewöhnlich in die für ihn ungefährliche Ecke – besitzt **nicht** die Farbe des Läufers.
- Dann erfolgt das ›Überführen‹ d. h. das Treiben des Königs in die ›richtige‹ Ecke.
- Schließlich setzen Läufer und Springer in der Ecke, deren Farbe mit der des Läufers übereinstimmt, matt.

Methodisch einprägsamer erscheint jedoch das Lehren des Gewinnweges in entgegengesetzter Reihenfolge (in Teilschritten): erstens Zeigen der Schluss (Matt)-Stellung, zweitens Treiben des Königs in die richtige Ecke und drittens Abdrängen des Königs an den Rand.

Erster Teilschritt
Diagramm 172 zeigt das Matt durch den Läuferzug nach c6. In Diagramm 173 setzt der Springer auf c6 matt.
Dem schwarzen König sind alle Fluchtfelder abgeschnitten. Das Feld a8 besitzt die gleiche Farbe wie der Läufer. Damit sind alle Voraussetzungen für das Matt gegeben.

Demonstrieren des Mattsetzens mit Läufer und Springer
– Erster Teilschritt

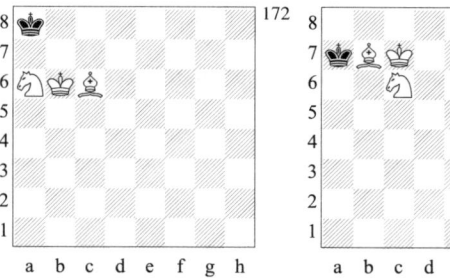

Demonstrieren des Mattsetzens mit Läufer und Springer – Zweiter Teilschritt

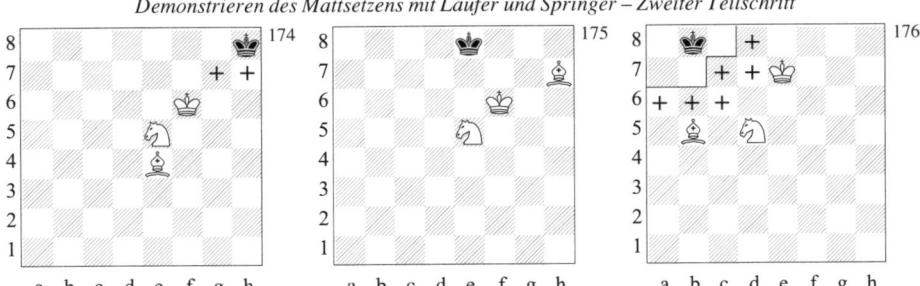

Zweiter Teilschritt:

Treiben des Königs aus der »falschen« in die »richtige« Ecke

Diagrammbild 174 kann als Ausgangsposition zu diesem Verfahrensschritt genommen werden. Dem schwarzen König ist das Ausbrechen zur Feldmitte verwehrt. Der Läufer kontrolliert das wichtige Feld h7.

Gewinnmethode: Durch gezielte (w-förmige) Springerzüge wird der König in die Ecke a8 getrieben. Zum Beispiel 1.♞f7+ ♚g8 2.♝f5 (Tempozug) 2. ... ♚f8 3.♝h7 (damit der König nicht wieder zurück kann) 3. ... ♚e8 4.♞e5. Der Springer beginnt seinen w-förmigen Marsch, wie in Diagramm 175 gezeigt.

Nun gibt es zwei Verteidigungswege, einen aktiven mittels **4. ... ♚d8** (wobei der Versuch unternommen wird, nach a8 durchzubrechen) und einen passiven mittels **4. ... ♚f8**, um zum Ausgangsfeld nach h8 zurückzukehren:

Aktiver Verteidigungsweg:

4. ... ♚d8 5.♚e6 ♚c7 6.♞d7! ♚b7 (♚c6) 7.♝d3! ♚c6 8.♝a6 ♚c7 9.♝b5 ♚d8 10.♞b6 ♚c7 11.♞d5+

Passiver Verteidigungsweg:

4. ... ♚f8 5.♞d7+ ♚e8 6.♚e6 ♚d8 7.♝d3 ♚e8 (oder 7. ... ♚c7 8.♝b5 ♚d8 9.♞b6 ♚c7 10.♞d5+ ♚d8 11.♚f7 ♚c8 2.♚e7 ♚b8 13.♞d7) 8.♝b5 ♚d8 9.♞b6 ♚c7 10.♞d5+

Jetzt ist in beiden Fällen der schwarze König in der »richtigen« Ecke eingeschlossen und das Matt in wenigen Zügen erreichbar. Dabei ist gleich, wer sich am Zug befindet.

Fortsetzungen nach Stellungsbild 176 ⇨

Endphase 1: 1. ... ♚a7 2.♝d7 ♚b7 3.♚d8 ♚b8 4.♝a6! ♚a7 5.♝c8 ♚b8 6.♞b4 ♚a7 7.♚c7 ♚a8 8.♝b7+ ♚a7 9.♞c6 matt.

Endphase 2: 1. ... ♚c8 2.♝a6+ ♚b8 3.♚d7 ♚a7 4.♝c8 ♚b8 5.♞b4 ♚a7 6.♚c7 ♚a8 7.♝b7+ ♚a7 8.♞c6 matt.

Endphase 3: 1. ... ♚b7 2.♚d7 ♚b8 3.♝a6 ♚a7 4.♝c8 ♚b8 5.♞b4 ♚a7 6.♚c7 ♚a8 7.♝b7+ ♚a7 8.♞c6 matt.

Dritter Teilschritt:

Abdrängen des Königs an den Rand

Entsprechend der Zielstellung des Verfahrens müssen dem König durch die drei weißen Figuren nach und nach Fluchtfelder genommen werden. In erster Linie sind dabei der weiße König und Läufer beteiligt. Der Springer wird nur ab und zu mit Sperrfunktionen betraut. Natürlich gelingt es, im Laufe der Zeit den König an den Rand zu drängen. Jedoch zwingt die 50-Züge-Regel die stärkere Partei dazu, die Züge ökonomisch auszuführen!

Ein relativ einfaches Verfahren des Abdrängens besteht im Bilden von rechtwinkeligen Dreiecken, in die der schwarze König eingeschlossen wird. Dazu folgender methodischer Weg:

Demonstrieren des Mattsetzens mit Läufer und Springer – Zweiter Teilschritt

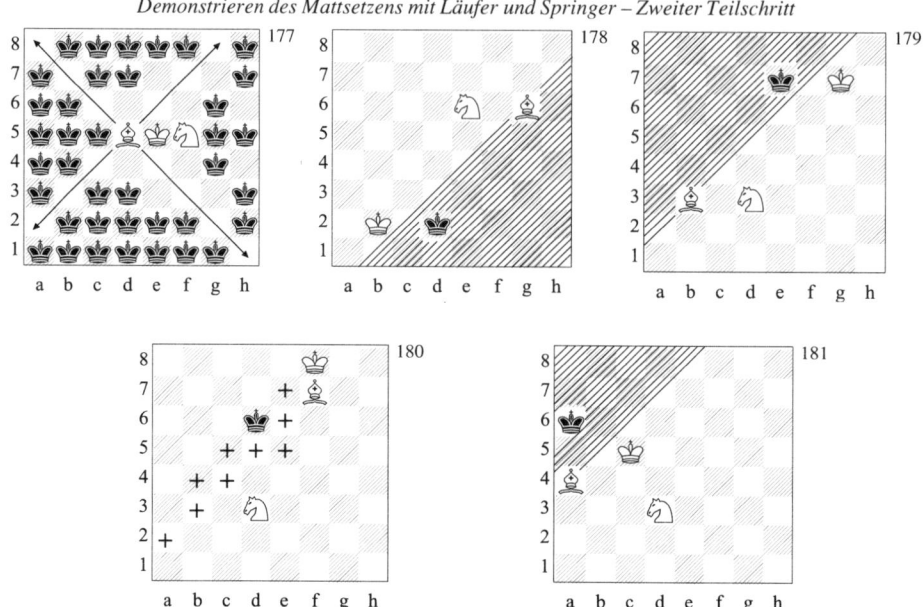

Erste Zielstellung: Führen des eigenen Königs auf ein Zentrumsfeld von der anderen Farbe des Läufers, also Anstreben einer analogen Figurenstellung von Diagramm 177. In dieser Position kann der schwarze König auf 38 verschiedenen Feldern stehen. In jedem Fall wird er in ein Dreieck eingeschlossen.

Zweite Zielstellung: Ganz gleich, auf welchem Brettabschnitt sich der schwarze König befindet – es wird immer ein großes Dreieck als sein Gefängnis errichtet. Dabei markiert der Läufer die Hypotenuse des rechtwinkeligen Dreiecks wie in Diagramm 178. Der schwarze König ist in den Dreiecken b1-h7-h1 oder a2-g8-a8 eingeschlossen (Diagramm 178 und Analogiediagramm 179). Jede weiße Figur erfüllt ihre konkrete Funktion: Der Läufer beherrscht die Diagonale a2-g8, der Springer verteidigt die Felder e5, c5 und b4, und der König bewacht die Punkte f8 und f6 (vgl. Diagramm 179).

Dritte Zielstellung: Das Zurückdrängen des schwarzen Königs in ein kleineres Dreieck erfolgt maßgeblich durch den weißen König, der vom Läufer unterstützt wird. Das Abdrängungsmanöver ist relativ einfach. Es genügt deshalb zum Veranschaulichen ein praktisches Beispiel gemäß Diagramm 179: 1.♗f7 ♚d6 2.♚f8 (wenig Erfolg verspricht 2.♚f6? ♚d7 3.♗b3 ♚e8 4.♚g7 ♚e7 und die Ausgangsstellung wurde wieder erreicht) 2. ... ♚d7 3.♗b3 ♚d6 (3. ... ♚c7 4.♚e7) 4.♚e8 ♚c7 (4. ... ♚c6 5.♚e7 ♚c7 6.♗a4) 5.♚e7 ♚c6 6.♚e6 ♚b5 (auf andere Züge 7.♗a4) 7.♚d6 ♚a5 8.♚c5 ♚a6 9.♗a4, und der schwarze König befindet sich im nächsten, kleineren Dreieck (Diagramm 181).

Vierte Zielstellung: Der Ring um den schwarzen König wird immer kleiner. Es könnte folgen 9. ... ♚b7 10.♚d6 ♚b6 11.♗d7 ♚a5 12.♚c5 ♚a6 13.♘b4+ ♚b7 14.♘d5 ♚a6 15.♚b4 ♚b7 16.♚b5 ♚b8 (oder 16. ... ♚a7), und der König wird nach bekanntem Vorbild in der Ecke matt gesetzt (Erarbeitet nach Awerbach und Chéron).

4.5 Kampf zwischen verschiedenen Figuren (ohne Bauern)

Endspieltyp	Methodisches Vorgehen Gewinn- bzw. Verteidigungsplan	Resultat
♕ ⇔ ♜	König und Dame nähern sich den schwarzen Figuren. Der Turm wird von seinem König getrennt und durch Schachgebote erobert. Herbeiführen von Zugzwangstellungen!	Dame gewinnt; in Ausnahmefällen remis
♕ ⇔ ♜♜	Die Türme decken sich gegenseitig. Andererseits gibt die Dame Schach bzw. fesselt einen der Türme.	remis
♕ ⇔ ♝	König und Dame nähern sich auf der entgegengesetzten Farbe des Läufers, drängen den feindlichen König an den Rand und setzen ihn dort matt.	Dame gewinnt
♕ ⇔ ♞	Der König wird an den Rand abgedrängt und dort matt gesetzt.	Dame gewinnt
♕ ⇔ ♝♝	Durch Schachgebote der weißen Dame gelingt das Annähern des eigenen Königs. Die Läufer werden vom König getrennt und erobert. Remisstellung: z. B. ♔g7, ♗f6, ♗g6 (Lolli).	Dame gewinnt, in Ausnahmefällen remis
♕ ⇔ ♞♞	Der König wird durch Schachgebote abgedrängt. Die Springer können sich nicht auf Dauer gegenseitig decken. Remisstellung: z. B. ♔g7, ♞f6, ♞g6.	Dame gewinnt, in Ausnahmefällen remis
♕ ⇔ ♝♞	Der König wird an den Rand gedrängt und mittels Zugzwangsmanövers matt gesetzt. Remisstellung: z. B. ♔g8, ♗g7, ♞e5.	Dame gewinnt; in Ausnahmefällen remis
♖ ⇔ ♝	Der schwarze König versucht in die Ecke zu fliehen, die nicht vom Läufer besetzt werden kann. Durch das Anfesseln des Läufers wird eine Pattstellung herbeigeführt.	remis, in Ausnahmefällen verloren
♖ ⇔ ♞	Der Springer bleibt immer in der Nähe seines Königs und verhindert somit die Opposition am Rand. Jedoch können sich u. U. aus Abwicklungen heraus ungünstige Postierungen ergeben, die zum Verlust des Springers führen.	remis; in Ausnahmefällen verloren
♖♗ ⇔ ♜	Der schwarze Turm verhindert durch Schachgebote und Fesselungen das Matt. Das Endspiel ist schwierig zu behandeln (vgl. theoretische Remisstellungen von Kling und Kuiper).	remis; in Ausnahmefällen verloren
♖♘ ⇔ ♜	Weiß versucht mit seinen drei Figuren ein Mattbild am Brettrand aufzubauen, aber der schwarze König kann sich erfolgreich verteidigen.	remis; in Ausnahmefällen verloren
♖♖ ⇔ ♜	Der König wird durch die beiden Türme an den Rand gedrängt und matt gesetzt. Andererseits gelingt es, einen Turm zu tauschen.	zwei Türme gewinnen
♗♗ ⇔ ♜	Zwei Leichtfiguren (2 Läufer, auch Läufer und Springer) können nicht gegen den Turm gewinnen. Durch Schachgebote und Fesselungen verhindert der Turm den Mattplan.	remis
♗♗♘ ⇔ ♜	Die drei Leichtfiguren drängen den feindlichen König an den Rand und setzen ihn matt. Die störenden Turmschachs werden durch Dazwischenstellen von Figuren abgedeckt.	2 Läufer und Springer gewinnen
♗♘♘ ⇔ ♜	Der Turm tauscht sich gegen den Läufer ab, und es entsteht ein remises Endspiel zwei Springer gegen König.	remis

4.6   Kampf von Figuren gegen einen Bauern
4.6.1 Dame gegen einen Bauern auf der zweiten oder siebenten Reihe

Strategisches Ziel:
- Besetzen des Umwandlungsfeldes mit der Dame
- Heranführen des weißen Königs, um matt setzen zu können.

Methodischer Weg:
Die Dame nähert sich durch Schachs, mitunter Treppenschachs und zwingt den feindlichen König vor seinen Bauern. In dem Moment rückt der eigene König je ein Feld näher. Eine Ausnahme bildet der Kampf gegen den Läufer- und Turmbauern. Der schwarze König flüchtet sich bei Schachgeboten jeweils in die Ecke und steht dann patt.

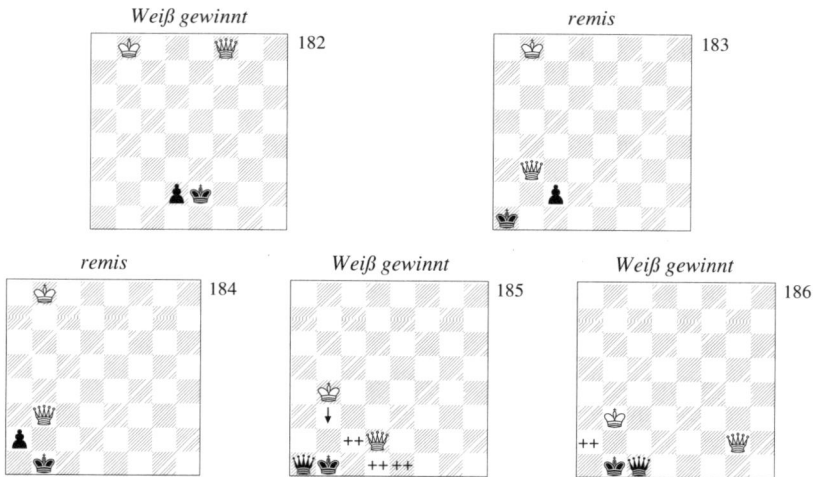

Beispiel 1: Dame gegen den Mittelbauern

In Diagramm 182 gewinnt Weiß am Zug mit 1.♕e7+ ♔f2 2.♕d6 ♔e2 3.♕e5+ ♔f2 4.♕d4+ ♔e2 5.♕e4+ ♔f2 6.♕d3 ♔e1 7.♕e3+ ♔d1 (Sonst geht der Bauer verloren. Nun erfolgt der erste Annäherungsschritt des weißen Königs.) 8.♔c7 ♔c2 9.♕e2 ♔c1 10.♔c4+ ♔b2 11.♕d3 ♔c1 12.♕c3+ ♔d1 (Der Vorgang wiederholt sich auf der Seite des Damenflügels.) 13.♔d6 ♔e2 14.♕c2 ♔e1 15.♕e4+ ♔f2 16.♕d3 ♔e1 17.♕e3+ ♔d1 18.♔d5 ♔c2 19.♕e2 ♔c1 20.♕c4+ ♔b2 21.♕d3 ♔c1 22.♕c3+ ♔d1 23.♔e4 ♔e2 24.♕e3+ ♔d1 25.♔d3 ♔c1 26.♕xd2+ und Matt in zwei Zügen.

> ☞   MERKE: Das gleiche Verfahren führt auch beim Kampf der Dame gegen einen Springerbauern zum Erfolg!

Beispiel 2: Dame gegen Läuferbauer

Die Position in Diagrammbild 183 entstand nach den üblichen Schachgeboten der Dame. Unterschiedlich zum Beispiel 1 muss jedoch in dieser Stellung der König nicht vor den Bauern ziehen (um ihn gedeckt zu halten), sondern er kann in die Ecke fliehen.
☞   Beachte wiederum: Wird der Bauer geschlagen, dann steht der schwarze König im Patt!

Beispiel 3: Dame gegen Randbauer

Auch in Diagramm 184 führt der weitere Verlauf nicht zum Sieg. Der König zieht auf das Schachgebot der Dame in die Ecke nach a1 und steht dort patt. In Diagrammbeispiel 185 geschah soeben a1♕. Aber auf 1.♔b3! gibt es keine Parade gegen die mehrfachen Mattdrohungen (z. B. auf c2, d1 oder e1). Diagramm 186 charakterisiert das Matt nach Umwandlung des Läuferbauern. Weiß kann im nächsten Zug auf a2 matt setzen.

Ausnahmeregel zum Kampf der Dame gegen den Läufer- und Randbauern:
Die Dame gewinnt gegen den Bauern, wenn der eigene König sich in der Nähe des Bauern befindet und trotz Bauernumwandlung (zur Dame oder zu einer anderen Figur) das Matt unterstützt.

4.6.2 Turm gegen vorgeschobenen Bauern

☞ MERKE: Der Turm gewinnt immer dann gegen einen Bauern, wenn der eigene König mit eingreifen kann.

So besetzt beispielsweise der weiße König im Diagramm 187 das Umwandlungsfeld des Bauern (♔c1 → ♔b1), und die Eroberung des schwarzen Bauern ist nur eine Frage der Zeit.
Erheblich schwieriger gestaltet sich der Kampf, falls der weiße König weit vom feindlichen Bauern entfernt steht. In diesem Falle sind folgende Strategien zu beachten.

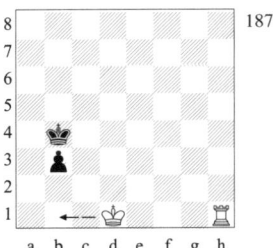

Von Weiß (stärkere Partei):
– Rasches Herbeiführen des Königs mit dem Ziel, möglichst vor den schwarzen Bauern zu gelangen
– Abschneiden des schwarzen Königs mit Hilfe des Turmes auf der fünften Reihe.

Von Schwarz:
Führen des Königs auf die Seite des Bauern, wo sich der gegnerische König befindet (um sein Annähern zu verhindern).

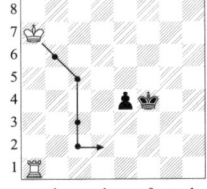
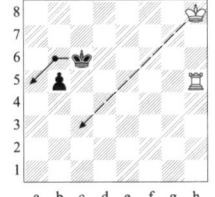
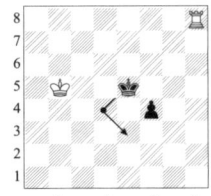
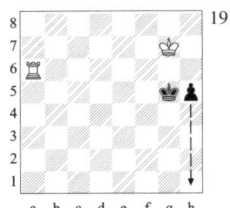

Die Diagrammbeispiele 188 bis 191 veranschaulichen einige lehrreiche Erkenntnisse.
In Diagramm 188 gelangt der weiße König noch rechtzeitig zum Umwandlungsfeld und erobert den Bauern; z. B. 1.♔b6 e3 2.♔c5 ♔e4 3.♔c4 e2 4.♔c3 ♔e3 5.♔c2 ♔f2 6.♔d2 mit Gewinn. In Diagramm 189 verhindert der Turm das sofortige Überschreiten der fünften Reihe und zwingt den König zu einem Umweg. Inzwischen nähert sich der weit entfernt stehende weiße König und entscheidet die Partie; z. B. 1. ... ♚b6 2.♔g7 ♚a5 3.♔f6 ♚a4 4.♔e5 b4 5.♔d4 b3 6.♔c3 mit Gewinn. Beim sofortigen Vorgehen des Bauern 1. ... b4 2.♔g7 b3 geht der Bauer durch 3.♖h3 b2 4.♖b3 verloren. In Diagramm 190 verhindert Schwarz durch 1. ... ♚d4! die Annäherung des weißen Königs und hält nach 2.♖f8 ♚e3 3.♔c4 f3 leicht remis. Fehlerhaft wäre 1. ... f3? 2.♔c4 ♚e4 3.♖e8+ ♚f4 4.♔d3 und der schwarze Bauer geht verloren. Nach 1. ... ♚e4? bietet der weiße König Opposition 2.♔c4 ♚e3 3.♔c3 f3 4.♖e8+ ♚f2 5.♔d2 mit Gewinn des Bauern. In Diagramm 191 kann keine Sperre auf der fünften Reihe errichtet werden. Schwarz am Zug erreicht deshalb nach genauem Spiel remis: 1. ... h4! 2.♖a5+ ♚g4 3.♔g6 h3! (3. ... ♚g3? verliert wegen 4.♔g5) 4.♖a4+ ♚g3 5.♔g5 h2! (5. ... ♚g2 würde wiederum verlieren: 6.♔g4!) 6.♖a3+ ♚g2 7.♔g4 h1♛ 8.♖a2+ ♚g1 remis.

4.6.3 Läufer gegen Bauer

In der Regel gelingt es dem Läufer immer, den feindlichen Bauern durch Besetzen einer Diagonale die Umwandlung zu verwehren. Das setzt voraus, dass a) der Läufer bei einem weit vorgeschobenen Bauern das Umwandlungsfeld besitzt und b) der feindliche König den Läufer nicht am Betreten der notwendigen Diagonale zu hindern vermag.

4.6.4 Springer gegen Bauer

Dem Springer fällt es normalerweise nicht schwer, den feindlichen Bauern am Umwandeln zu hindern. Wenn der eigene König jedoch nicht mit eingreifen kann (steht zu weit entfernt), dann hält der Springer jeden zum Umwandeln bereitstehenden Bauern (2. oder 7. Reihe) allein auf, mit Ausnahme des Randbauern!

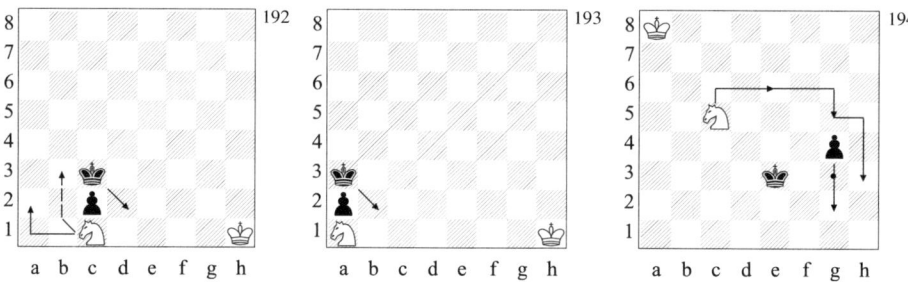

Diagramm 192 zeigt den Kampf von Springer gegen König und Bauer. Der Springer verfügt über genügend viele Fluchtfelder und kann nicht vom schwarzen König abgedrängt werden. Zum Beispiel folgt auf 1. ... ♚d2 2.♘a2 (♘b3+), und das Umwandlungsfeld bleibt weiterhin unter seiner Kontrolle. Anders verhält es sich im Beispiel mit dem Randbauern (Diagramm 193). Auf die Annäherung 1. ... Kb2 verbleibt ihm kein Fluchtfeld, und er geht verloren. Auch bei Weiß am Zug gelingt es dem Springer nicht, den a-Bauern an der Verwandlung zu hindern, z. B. 1.♘c2+ ♚b2, und kein Zug vermag dem schwarzen Bauern das Einziehen zu verwehren.

Nun zum Kampf des Springers gegen einen weit entfernt stehenden Bauern. Die Strategie des Annäherns demonstriert das lehrreiche Beispiel im Diagrammbild 194. Auf den ersten Blick erscheint durch die exponierte weiße Figurenstellung das Vorhaben – den Bauern an der Umwandlung zu hindern – wenig erfolgversprechend. Der Springer müsste eine Position vor dem schwarzen Bauern beziehen können (auf g3, g2 oder g1). Mit Hilfe einer *Umgehung* kann das Problem gelöst werden. Zum Beispiel 1.♘e6! g3 2.♘g5 g2 3.♘h3, und das Feld g1 wird kontrolliert. Versucht Schwarz die Umgehung nach 1.♘e6! durch 1. ... ♚e4 zu vereiteln, dann nähert sich der weiße König 2.♚b7 ♚e5 mit 3.♘c5! g3 4.♘d3+ nebst 5.♘e1.

4.7 Kampf von König, Leichtfigur und Bauer gegen den alleinigen König
4.7.1 König, Läufer und Bauer gegen König

Der Bauer kann mit Unterstützung von König und Läufer leicht zur Umwandlung geführt werden. Trotzdem gibt es einige Ausnahmestellungen, die man kennen muss!

Erste Remisstellung
⇨ wenn der Läufer nicht das Umwandlungsfeld beherrscht!

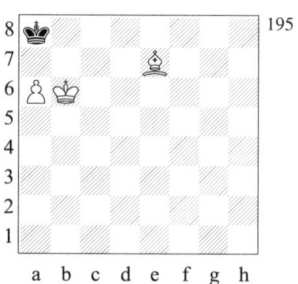

In Diagramm 195 gelingt es dem Läufer nicht, den schwarzen König aus der Ecke zu vertreiben. Das Vorziehen des Bauern nach a7 würde den schwarzen König patt setzen.

Zweite Remisstellung
⇨ wenn der Läufer eingeschlossen ist!

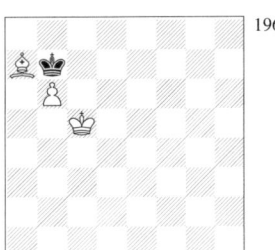
196

In Diagramm 196 kann der weiße König nicht das Umwandeln des Bauern unterstützen. Bei seiner Annäherung zieht der schwarze König nach a8 und steht dann auf patt.

4.7.2 König, Springer und Bauer gegen König
Die drei Steine gewinnen gewöhnlich leicht gegen den alleinstehenden König. Befindet sich der weiße Bauer jedoch bereits auf der vorletzten Reihe, dann entstehen einige Ausnahmefälle, die remis enden.

197

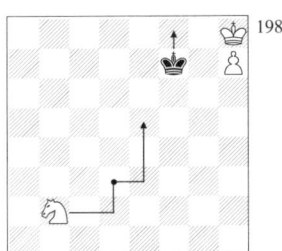
198

Diagrammbeispiel 197 zeigt eine Remisstellung, wo der schwarze König immer nur zwischen a8 und b7 hin- und herpendelt. Für Weiß gibt es keine Möglichkeit, ihn aus der Ecke zu vertreiben. Ein Annähern des weißen Königs nach a6 oder b6 verursacht patt. (Der Springer könnte auch auf c8 stehen.)

Eine andere Remisposition erkennen wir im Beispielbild 198. Die für Weiß optisch günstig aussehende Stellung täuscht. Der weiße König sitzt in einem Gefängnis (h8), aus dem ihn selbst sein Springer nicht zu befreien vermag, wenn sich Schwarz am Zug befindet. Zum Beispiel 1. ... ♔f8 2.♘d3 ♔f7 3.♘e5+ ♔f8, und der Springer ist im Zugzwang. Er muss den schwarzen König wieder nach f7 lassen. Andererseits gewinnt Weiß am Zug leicht mittels 1.♘d3 ♔f8 2.♘e5 ♔e7, und der weiße König ist befreit.

5. ÜBUNGEN

5.1 Praktische Übungen zum Thema: Mattsetzen mit Läufer und Springer (Spielen der Stellungen)

	Weiß	Schwarz	am Zug
1	♔e7 ♗b5 ♘d5	♔b8	Schwarz
2	♔b2 ♗g6 ♘e6	♔d2	Weiß
3	♔e1 ♗c1 ♘g1	♔e5	Weiß

5.2 Praktische Übungen zu den Figurenendspielen (Spielen der Stellungen)

	Weiß	Schwarz	am Zug
1	♔e3 ♕d3	♔e5 ♖f5	Weiß
2	♔e3 ♕d3	♔e5 ♗d5	Weiß
3	♔e3 ♕d3	♔e5 ♗d6	Weiß
4	♔e3 ♕d3	♔e7 ♗e6 ♘d6	Weiß
5	♔e3 ♖d3 ♖f3	♔e5 ♖a5	Weiß
6	♔e3 ♗d3 ♗e3 ♘f2	♔e6 ♖d6	Weiß

5.3 Übungen zum Endspiel Dame gegen Bauer (Spielen der Stellungen)

	Weiß	Schwarz	am Zug
1	♔e8 ♕d8	♚e2 d2	Weiß
2	♔d8 ♕e8	♚h2 g2	Weiß

5.4 Übungen zum Endspiel Springer gegen Bauer (Spielen der Stellungen)

	Weiß	Schwarz	am Zug
1	♔a3 ♘d8	♚f2 g3	Weiß
2	♔f2 ♘e3	♚h2 h3	Weiß

6. HAUSAUFGABEN

6.1   Beim Endspiel ♔ ♗ ♘ gegen ♚ wurde der schwarze König bereits in die »richtige« Ecke abgedrängt. In wieviel Zügen ist das Matt erreichbar? Notiere die Gewinnführung, wenn Weiß in nachfolgender Stellung sich am Zug befindet! Weiß: ♔e7 ♗b5 ♘d5, Schwarz: ♚b7

6.2   Der schwarze Turm musste sich im letzten Zug (durch Zugzwang) vom eigenen König entfernen. Wie kann Weiß das ausnützen? Weiß: ♔c6 ♕d8, Schwarz: ♚a7 ♜b1

6.3   Wie ist die Stellung des Endspiels Dame gegen zwei Leichtfiguren einzuschätzen (Anzug beliebig)?

6.3.1 Weiß: ♔e8 ♕h5, Schwarz: ♚g8 ♝g7 ♘e5

6.3.2 Weiß: ♔f4 ♕c6, Schwarz: ♚f7 ♝e6 ♝f6

6.4   Im Endspiel Turm gegen Läufer befindet sich der schwarze König in der Ecke der Farbe seines Läufers. Wie kann Weiß gewinnen? Weiß: ♔g6 ♖f7, Schwarz: ♚g8 ♝g1

6.5   Im Endspiel Dame gegen Bauer steht der weiße König in der Nähe des Bauern. Wie gewinnt Weiß am Zug? Weiß: ♔h5 ♕f8, Schwarz: ♚e2 f2

7. METHODISCHE HINWEISE

☞ Im Abschnitt 4.1 soll besonders die Bedeutung der Endspielkenntnisse für das damit verbundene Verbessern der Spielstärke herausgestellt werden. Diese Erkenntnis steigert bei den Schülern die Intensität der Lernarbeit.

☞ Beim Kapitel Mattsetzen mit Läufer und Springer (4.4) ist besonders das erste und zweite Verfahren wichtig. Die Methode des König-Abdrängens an den Rand (drittes Verfahren) kann unter Umständen durch eigene Erfahrungen (Üben), geschult werden.

☞ Das Lehren des Kampfes zwischen den verschiedenen Figurenkonstellationen (Kapitel 4.5) ist vorteilhaft mit den dazugehörigen Übungen vorzunehmen.

☞ Unter der Forderung »Spielen der Stellungen« (Kapitel 5) verstehen wir das partnermäßige Üben unter vereinfachten wettkampfmäßigen Bedingungen, z. B. Aufschreiben der Züge oder (und) Einsatz der Schachuhr mit festgelegter Bedenkzeit.

VIII. LEKTION

1. THEMA: Einführen in die Bauernendspiele

2. BILDUNGS- und ERZIEHUNGSZIELE

> Kennenlernen der grundlegenden methodischen Verfahren bei der Behandlung von einfachen Bauernendspielen
> Anerziehen von Handlungsweisen zur Nutzung der Kräfteökonomie
> Hinführen zu einer aufgeschlossenen Haltung für das Studium von Endspielen

3. LEHR- und ANSCHAUUNGSMITTEL

Demonstrationsbrett, Endspielbücher, Arbeitsblätter

4. STOFFVERMITTLUNG

4.1 Vorbemerkungen zur Thematik

In der Endspielpraxis kommen die Bauernendspiele relativ häufig vor. Daraus ergibt sich auch die Bedeutsamkeit ihres Studiums. Schon im 18. Jahrhundert bezeichnete A. Philidor die Bauern als die Seele des Schachspiels! Sie bilden das Gerippe einer Stellung und bestimmen maßgeblich deren charakteristische Besonderheit. Von hoher Bedeutung ist die Funktion der Bauern bei stark reduziertem Figurenmaterial, also in der Endphase einer Partie.

Der Grundgedanke jedes Bauernendspiels liegt in der Umwandlung eines Bauern zur Dame (oder einer der Stellung entsprechenden anderen Figur). Das theoretische Erforschen der Bauernendspiele war ein langwieriger Prozess. Große Verdienste erwarben sich dabei J. Berger (untersuchte den Begriff der »Opposition«). J. Rabinowitsch (erforschte die Methode der »Gegenfelder«, die später von N. D. Grigorijew weiter vervollkommnet wurde) sowie I. Maiselis, J. Awerbach und A. Chéron, die die heutige Systematisierung vornahmen.

4.2 Grundlegende Regeln der Bauernendspiele (nach Chéron)
4.2.1 Regel vom Quadrat
4.2.2 Regel der Opposition
4.2.3 Regel über die relative Wertlosigkeit des Turmbauern
4.2.4 Regel über die wirksamen Felder
4.2.5 Regel über das Nehmen von blockierten Bauern
4.2.6. Kopfrechenverfahren

Zu 4.2.1 Regel vom Quadrat

SINN: Vorausblickendes Erkennen, ob ein zur Umwandlung strebender Bauer aufgehalten werden kann oder nicht.

VORAUSSETZUNG: Der König steht so weit entfernt, dass er nicht seinen eigenen Bauern zu schützen vermag.

METHODE: Gedanklich bildet man vom Standpunkt des Bauern eine Diagonale (in Richtung des gegnerischen Königs) bis zur letzten Reihe und entwickelt von diesem Feld aus ein Quadrat (vgl. Diagramm 199).

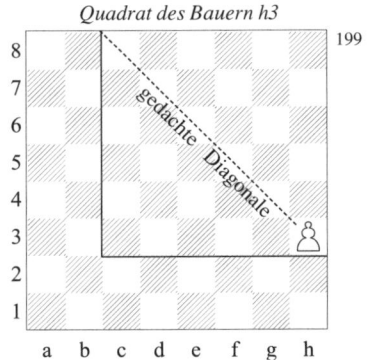

Quadrat des Bauern h3

Ausnahme: Doppelschritt!

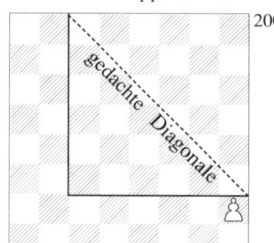

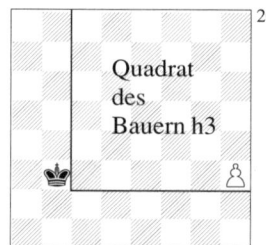

Quadrat des Bauern h3

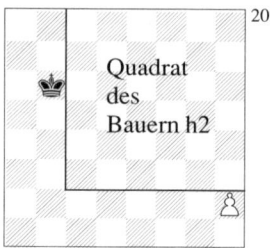

Quadrat des Bauern h2

Diagramm 200 zeigt die einzige Ausnahme in der Quadratregel, die daher resultiert, dass der Bauer noch in seiner Grundstellung steht und von dort zwei Felder vorziehen kann! In den Diagrammen 201 und 202 vermag der schwarze König nicht den weißen Bauern aufzuhalten, wenn Weiß am Zug ist. In Diagramm 202 trifft das nur zu, wenn Weiß h2-h4 zieht. Würde sich der schwarze König auf irgend einem Feld innerhalb des eingezeichneten Quadrats befinden, so käme er **vor** dem Bauern zum Umwandlungsfeld.

Anwendungsbeispiele

Die Anwendung in der Praxis gestaltet sich um so schwieriger, je mehr Steine noch auf dem Brett stehen. In jedem Falle wirkt der König als starke Kampffigur, der das Einholen des feindlichen Bauern geschickt mit dem Sichern der eigenen Kräfte (Bauer) verbindet. Folgende gehaltvolle Lehrendspiele (Studien) demonstrieren eindrucksvoll die Bedeutung der Regel vom Quadrat des Bauern:

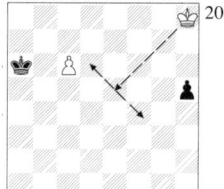

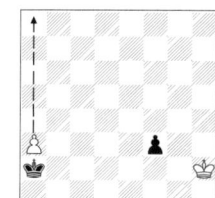

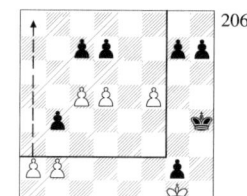

Beispiel 1: Weiß am Zug hält remis! (Diagramm 203, Studie von Réti, 1921). Zunächst scheint die Lage für Weiß aussichtslos. Der schwarze Bauer h5 strebt seiner Umwandlung nach h1 unaufhaltsam zu. Doch der weit vorgeschobene weiße Bauer auf c6 droht mit Unterstützung seines Königs ebenfalls zur Dame zu gehen.

Nun zur Lösung: Der weiße König verbindet zwei Zielsetzungen: Annäherung an den eigenen Bauern und Eindringen in das Quadrat des Bauern h5. Die praktische Ausführung geht so vor sich: 1.♔g7! h4 2.♔f6! ♔b6 (falls 2. ... h3, dann 3.♔e7 h2 4.c7 ♔b7 5.♔d7 remis) 3.♔e5! h3 4.♔d6 h2 5.c7 remis. Oder 1. ... ♔b6 2.♔f6 h4 3.♔e5!, und falls der weiße Bauer geschlagen wird, dringt der König über f4 ins »Quadrat« des Bauern ein (vgl. Diagramm 204 über die geometrische Gleichheit der Entfernungen auf dem Schachbrett!)

Beispiel 2: Weiß am Zug gewinnt! (Diagramm 205, Studie von H. Rinck, 1922). Dieses Beispiel zeigt wieder einmal deutlich, dass man im Schach nicht schematisch verfahren darf. Während im Beispiel 1 der weiße König durch den diagonalen Marsch ins Zentrum eine Doppeldrohung verbinden konnte, scheitert diese Methode an einem kleinen taktischen Witz. Nach 1.a4 ♔b3 2.a5 ♔c4 3.a6 ♔d3 4.a7 f2 5.a8♕ f1♕ folgt nun 6.♕a6+ mit Damengewinn! Den anderen Versuch, nach 1.a4 ♔b3 2.a5 durch ♔c3 dem eigenen Bauer zur Umwandlung zu verhelfen, widerlegt Weiß mittels 3.♔g1! ♔d4 4.a6 ♔e3 5.♔f1. Jeder andere Zug anstelle 3.♔g1 ergibt allerdings nur remis, z. B. 3.♔g3? ♔d4! remis oder 3.a6? ♔d2 remis.

Beispiel 3: Weiß am Zug gewinnt! (Diagramm 206, Studie von Troitzky, 1913). In eindrucksvoller Weise wird demonstriert, wie es Weiß gelingt, durch ganz präzise Züge in Form von Sperropfern den schwarzen König nicht in das Quadrat des entfernten a-Bauern eindringen zu lassen. Jedoch muss Weiß seine Züge in einer genau aufeinanderfolgenden Reihenfolge ausführen, andernfalls hält Schwarz remis bzw. kann sogar noch gewinnen!

Wenn zum Beispiel Weiß den naheliegenden Zug 1.♔xg2? wählt, dann hält das Eindringen des Königs in das Quadrat des a-Bauern remis. 1. ... ♔g5 2.a4 bxa4 e. p. 3.bxa3 ♔f6 (im Quadrat) 4.a4 ♔e7! 5.♔g3 (falls 5.a5, dann 5. ... ♔d8 6.♔g3 ♔c8 7.♔f4 d6 8.cxd6! cxd6 9.♔g5! ♔b7 10.f6 gxf6+ 11.♔xf6 h5 12.♔g5! ♔a6 13.♔xh5 ♔xa5 14.♔g4 mit Remis). Setzt Weiß gleich im ersten Zug mit 1.a4 seinen Bauern in Bewegung, so wird der weiße König nach 1. ... ♔g3 2.a5 h5 3.a6 h4 4.a7 h3 5.a8♕ elegant mit 5. ... h2 matt gesetzt. Die einzige Möglichkeit, dem schwarzen König den Einzug in das Quadrat des a-Bauern zu verwehren, besteht im virtuosen Opfern der weißen Bauern, wodurch der schwarze König zu Umwegen gezwungen wird. Also 1.f6! (versperrt die Diagonale nach d8) 1. ... gxf6 2.♔xg2 ♔g5 3.a4 bxa3 e. p. 4.bxa3 ♔f5 5.a4! ♔e5 (noch befindet sich der König im Quadrat) 6.d6!! (Im richtigen Augenblick! Das Schlagen ist erzwungen. Aber nicht 6.c6?, denn nach 6. ... d6! gelangt der König durch das Schlagen auf d5 und c6 wieder ins Quadrat.) 6. ... cxd6 7.c6!! Die endgültige Sperre für den schwarzen König 7. ... dxc6 8.a5 ♔d5 9.a6 und der Bauer wird nicht mehr eingeholt.

4.2.2 Regel der Opposition

SINN: Die Einnahme der Opposition bringt den Gegner in Zugzwang. Gewöhnlich ist damit auch ein Vorteil verbunden, und es können strategisch wichtige Felder besetzt werden.

DEFINITION: »Die Könige stehen in Opposition, wenn in dem Rechteck, dessen Ecken die Könige besetzen, alle Ecken von derselben Farbe sind.«

Wir unterscheiden folgende Oppositionsformen:
Waagerechte Nahopposition, Waagerechte Fernopposition (Diagramm 207); Senkrechte Nahopposition, Senkrechte Fernopposition (Diagramm 208); Schräge Nahopposition, Schräge Fernopposition (Diagramm 209); Virtuelle Opposition (Diagramm 210)

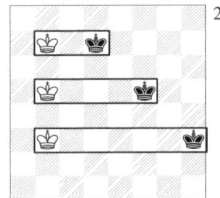 207
 208
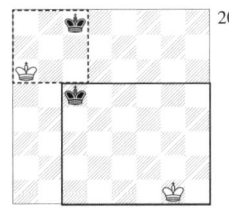 209
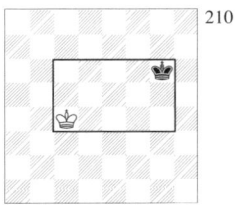 210

Bemerkungen: Bei den waagerechten und senkrechten Oppositionsformen ist eine Opposition bereits gegeben, wenn die Könige sich auf der gleichen Farbe gegenüberstehen! Bei der Bestimmung der schrägen und virtuellen Opposition muss unbedingt nach der Definition verfahren werden.

Stehen sich die Könige in *einem* Feldabstand gegenüber, dann spricht man von der **Nahopposition**. Vgl. dazu die Diagrammbeispiele 207 (♔b7-♔d7), 208 (♔c6-♔c8) und 209 (♔a6-♔c8). In allen anderen Fällen besteht die **Fernopposition**. Die Schrägopposition wird auch als diagonale Opposition bezeichnet.

Anwendungsbeispiele
Durch den Erhalt der Opposition können strategisch wichtige Felder erobert werden. In der Praxis ist es jedoch oft so, dass neben dem Besitz der Opposition noch andere Faktoren zum Erzielen eines entscheidenden Vorteils mitwirken. Von allen Oppositionsarten sind im Sinne der Verwirklichung eines

Vorteils nur die waagerechte und senkrechte Nahopposition ausschlaggebend. Die anderen Formen tragen nur Übergangscharakter. Es kommt also darauf an, eine andere Oppositionsart in eine vorteilbringende waagerechte oder senkrechte Opposition umzuwandeln. Betrachten wir dazu folgende klassische Beispiele:

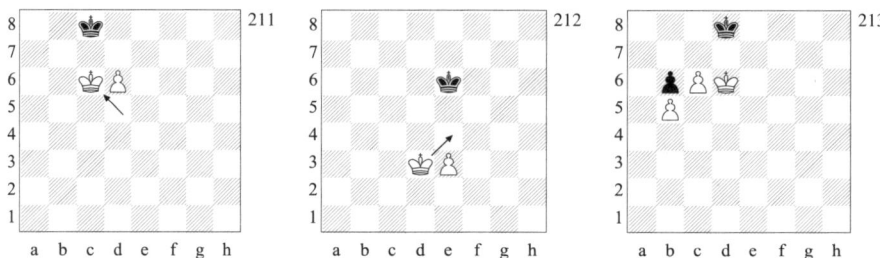

In Diagramm 211 zog Weiß zuletzt 1.♔c6! und bekam dadurch die senkrechte Opposition. Nach 1. ... ♚d8 kann sich der Bauer verwandeln 2.d7 ♚e7 3.♔c7 nebst 4.d8♕.

> ☞ MERKSATZ für gleichgeartete Bauernendspiele: Erreicht ein Bauer die **sechste (dritte)** Reihe, dann entscheidet die Opposition der Könige über den Gewinn. Betritt ein Bauer die **siebente (zweite)** Reihe, so ist die Stellung mit Schachgebot ⇨ remis und ohne Schachgebot ⇨ gewonnen. Eine Ausnahme bildet der Randbauer.

Diagramm 212 demonstriert ein grundsätzliches Bauernendspiel, in dem zum Gewinn neben der Opposition noch die Stellung des weißen Königs vor dem Bauern erforderlich ist. Weiß am Zug erfüllt mittels 1.♔e4! beide Bedingungen, z. B. 1. ... ♚d6 2.♔f5 (Durch das Schwenken erobert der König die fünfte Reihe.) 2. ... ♚d7 3.♔e5 ♚e7 (Schwarz kann zwar jetzt selbst Opposition bieten, doch sie geht durch den weißen Bauernzug gleich wieder verloren ⇨ Tempo.) 4.e4 ♚f7 5.♔d6 (Der gleiche Vorgang wiederholt sich noch einmal.) 5. ... ♚f8 6.♔d7 ♚f7 7.e5 ♚f8 8.e6 und gewinnt.
Schwarz am Zug bietet mit 1. ... ♚d5! Opposition, und Weiß kann nicht mehr vor seinen Bauern ziehen. Die Partie bleibt remis.
In Diagramm 213 ist der Anzug nicht partieentscheidend. Weiß gewinnt in jedem Fall. Zunächst bietet der weiße König die Schrägopposition, dann die waagerechte und schließlich die senkrechte Opposition. Eingeleitet wird die Gewinnführung durch ein Bauernopfer: 1.c7+ ♚c8 2.♔e6 (Schrägopposition) 2. ... ♚xc7 3.♔e7 (waagerechte Opposition) 3. ... ♚c8 4.♔d6 (schwenken) 4. ... ♚b7 5.♔d7 (waagerechte Opposition) 5. ... ♚b8 6.♔c6 (schwenken) 6. ... ♚a7 7.♔c7 (waagerechte Opposition) 7. ... ♚a8 8.♔xb6 (Der schwarze Bauer wurde erobert) 8. ... ♚b8 (Nun bietet zwar Schwarz Opposition, aber das ist bei der weißen Königsstellung auf der 6. Reihe nicht mehr entscheidend. Vgl. Merksatz!) 9.♔c6 und der weiße Bauer zieht ohne Schachgebot auf die 7. Reihe mit Gewinn.

> ☞ MERKSATZ: Wenn der König vor seinem Bauern die sechste (dritte) Reihe betritt, ist die Partie gewonnen. Das gilt auch dann, wenn der Gegner die Opposition besitzt. Eine Ausnahme bildet der Randbauer.

Das Verfahren der Dreiecknutzung
In manchen Stellungen reicht die Opposition allein nicht zum Gewinn aus. Ein weiteres Hilfsmittel im Kampf zur Eroberung von Feldern stellt die Dreiecknutzung dar.

> IDEE: Ausführen von drei gegenüber zwei Zügen. Danach befindet sich der Gegner am Zug! Der König der stärkeren Partei soll also nach drei Zügen wieder auf seinem Ausgangsfeld stehen. Der gegnerische König erreicht das Ausgangsfeld bereits nach zwei Zügen, befindet sich nun aber am Zug.

Sehen wir uns dazu ein praktisches Beispiel an (Weiß am Zug gewinnt).

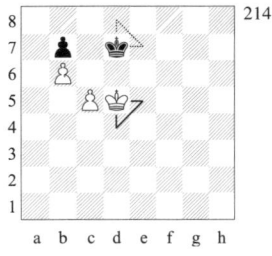

In Diagramm 214 bilden die Felder e5-d4-d5 das weiße Dreieck. Könnte Schwarz das analoge Dreieck e7-d8-d7 gleichfalls ausführen, dann bliebe die Stellung remis. Aber das ist nicht möglich. Zum Beispiel 1.♔e5 ♔e7 2.c6!, und der b-Bauer geht zur Dame. Deshalb müsste der schwarze König einen anderen Weg einschlagen, der jedoch durch das Anwenden der »Dreiecknutzung« auch nicht zum Remis reicht. Z. B. 1. ... ♔c6 2.♔d4 ♔d7 3.♔d5 (Nun wurde die gleiche Stellung wieder erreicht, aber diesmal mit Schwarz am Zug! Weiß treibt den König in die Ecke und gewinnt durch einen Bauerndurchbruch.) 3. ... ♔d8 4.♔d6 ♔c8 5.♔e7 ♔b8 6.♔d7 ♔a8 7.c6! bxc6 8.♔c7! c5 9.b7+ und Matt in zwei Zügen. Möchte Weiß in der Ausgangsstellung durch 1.c6+? sofort gewinnen, dann vermag Schwarz durch den überraschenden Zug 1. ... ♔c8!! remis zu halten.

Zur Wirkung der Fernopposition
Wie mit Hilfe der Fernopposition Vorteile erzielt werden können, demonstriert das Lehrbeispiel in Diagramm 215 (Weiß am Zug gewinnt, Schwarz am Zug remis).

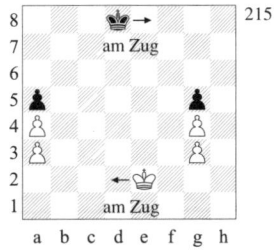

Über die Wirksamkeit der Fernopposition entscheidet wie üblich schon der erste Zug. Beginnen wir einfachheitshalber mit Schwarz am Zug: 1. ... ♔e8! Die Fernopposition erstreckt sich über fünf Felder hinweg. Ganz gleich, wohin der weiße König zieht, Schwarz bietet immer Opposition und hält somit remis, z. B. 2.♔d3 ♔d7 3.♔e4 ♔e6 oder 2.♔d2 ♔d8 3.♔c3 ♔c7 usw. Dagegen erhält Weiß am Zug durch 1.♔d2! die Opposition. Betritt der schwarze König sofort die siebente Reihe, dann gibt Weiß auf den entsprechenden Feldern die Opposition (auf c7-c3, d7-d3, e7-e3). Auf 1. ... ♔c8 folgt 2.♔e3! mit dem Ziel, den g-Bauern zu erobern. Der schwarze König muss also zu Hilfe eilen 2. ... ♔d7. Nun nicht 3.♔e4? wegen 3. ... ♔e6 (Opposition) sondern 3.♔d3! (Opposition), und der vorangegangene Vorgang droht sich zu wiederholen. Bleibt Schwarz mit 3. ... ♔d6 in der Mitte, so 4.♔d4 (Opposition), und nun muss der schwarze König endgültig nach einer Seite ausweichen. Weiß erobert einen Bauern.

4.2.3 Regel über die relative Wertlosigkeit des Turmbauern
Der geringere Wert des Turmbauern gegenüber allen anderen Bauern liegt in der Tatsache begründet, dass der »schwächere« König nicht vom Umwandlungsfeld (Ecke) vertrieben werden kann. Bei diesem Endspiel muss man sich zwei Stellungsbilder merken.

In der ersten Remisstellung (Diagramm 216) hält der schwarze König die Ecke besetzt und zieht immer nur nach g8 und zurück. Wird der Bauer nach h7 gezogen, dann steht er patt. In der zweiten Remisstellung (Diagramm 217) wurde der weiße König eingeschlossen. Es entsteht nun ein Wettlauf der Könige auf der h- und f-Linie. Da der schwarze König immer auf der Höhe seines Gegenübers zu bleiben vermag, geht das Rennen unentschieden aus, und der weiße König bleibt entweder eingeschlossen, oder der schwarze König gelangt in die Ecke nach h8. Zum Beispiel 1.♔h4 ♔f4 2.♔h5 ♔f5 3.♔h6 ♔f6 4.♔h7 ♔f7 5.h4 ♔f8 6.♔g6 ♔g8 mit Übergang zur ersten Remisstellung.

Erste Remisstellung

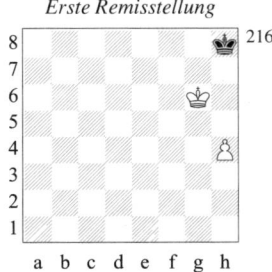

Zweite Remisstellung

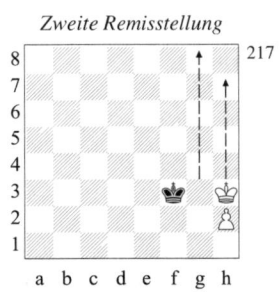

4.2.4 Regel über die wirksamen Felder

> DEFINITION: Wirksame Felder sind die Felder, die der König der stärkeren Partei besetzen muss, um bestimmte Vorteile zu erlangen.

Wir unterscheiden zwei Arten von wirksamen Feldern:
1. Felder der unbedingten Wirksamkeit; sie sichern allein durch ihr Besetzen den Sieg.
2. Felder der bedingten Wirksamkeit; zum Gewinn ist noch zusätzlich die Opposition erforderlich.
(Im Gegensatz zur Quadratregel beschützt der König hier seinen Bauern.)

REGELN (MERKSÄTZE) ÜBER DIE BEDEUTUNG DER WIRKSAMEN FELDER

> **MERKSATZ zu einem Bauer auf der 2., 3. und 4. Reihe**
>
> Ein Bauer gewinnt dann, wenn sein König vor ihm auf der gleichen Senkrechten oder auf einer der benachbarten Senkrechten mit mindestens einem Feld Abstand steht.

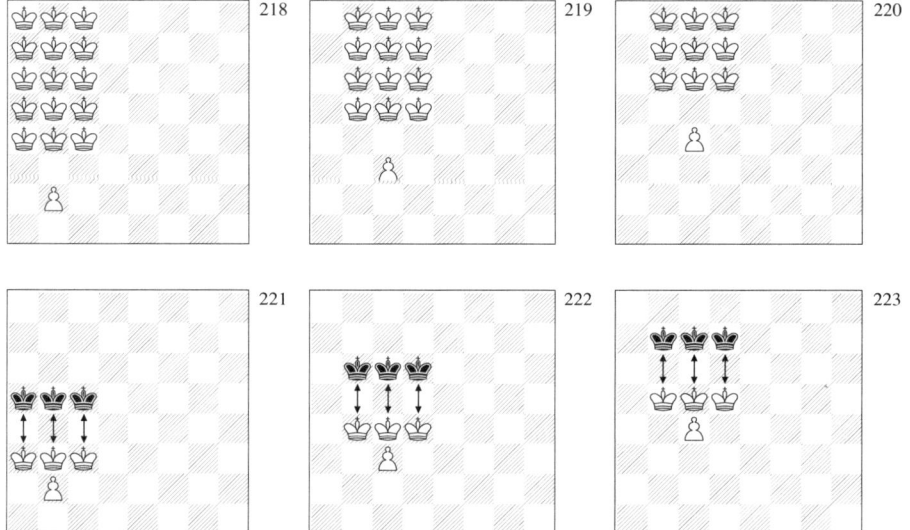

In den Diagrammen 218, 219, 220 befindet sich der weiße König auf den Feldern der unbedingten Wirksamkeit und garantiert damit den Sieg. In 221, 222, 223 besetzen die weißen Könige jeweils Felder der bedingten Wirksamkeit (kein Feld Abstand vor dem eigenen Bauern, aber dafür die Opposition). Weiß kann also nur gewinnen, wenn Schwarz am Zug wäre. Befindet sich jedoch Weiß am Zug, so hält die schwarze Partei in jedem Falle remis. (Vgl. dazu Punkt 4.2.2 Regel der Opposition, Abschnitt: Anwendung in der Endspielpraxis.)

> **MERKSATZ zu einem Bauer auf der 5. Reihe**
>
> Ein Bauer gewinnt immer, wenn sein König vor ihm auf der gleichen Senkrechten oder auf einer der benachbarten Senkrechten steht. Bei einem Bauern auf der fünften Reihe ist also weder ein Feld Abstand noch die Opposition erforderlich (vgl. Diagramm 224).

> **MERKSATZ zu einem Bauer auf der 6. Reihe**
>
> Ein Bauer gewinnt nur, wenn der gegnerische König am Zug ist, d. h. wenn er ohne Schach die siebente Reihe betritt (Diagramm 225).

Weiß am Zug könnte also in Diagramm 225 nur remisieren. Bei Schwarz am Zug gewinnt Weiß, da die Umwandlung möglich ist.

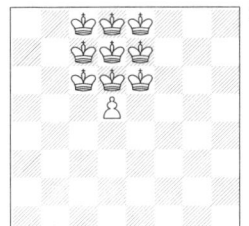

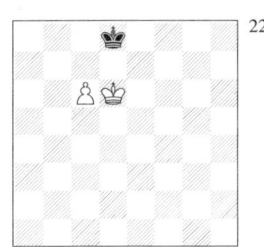

Anwendungsbeispiele

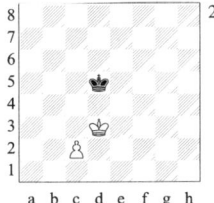

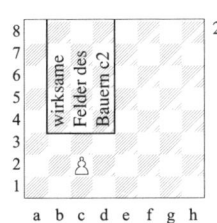

Weiß am Zug gewinnt

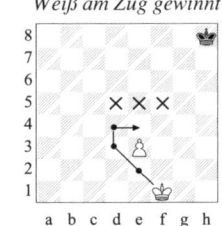

Weiß am Zug gewinnt

In Diagramm 226 macht Weiß am Zug remis. Befindet sich Schwarz am Zug, gewinnt Weiß. Betrachten wir beide Möglichkeiten:

Zu Weiß am Zug: Der König d3 steht auf keinem Feld der bedingten Wirksamkeit. Es fehlen ein Feld Abstand zum Bauern und damit zum Opponieren. Somit bietet der schwarze König immer Opposition und hält remis.

Zu Schwarz am Zug: Weiß gelingt es ziemlich schnell, ein wirksames Feld zu besetzen. Vgl. dazu auch die wirksamen Felder des Bauern c2 im Beispieldiagramm 227: 1. ... ♚c5 2.♔c3 (Opposition) 2. ... ♚b5 3.♔d4 (Durch das notgedrungene Ausweichen des schwarzen Königs nach b5 oder d5 konnte der weiße König bereits ein wirksames Feld erobern.) 2. ... ♚b6 3.♔c4 ♚c6 4.c3 (Tempozug des Bauern, Schwarz muss die Opposition verlassen.) 4. ... ♚d6 5.♔b5 ♚c7 6.♔c5 ♚b7 7.♔d6 ♚c8 8.c4 ♚d8 9.c5 ♚c8 10.♔c6 (wichtig!) 10. ... ♚d8 11.♔b7 und der Bauer geht zur Dame.

Die Gewinnidee in Diagramm 228 besteht darin, dass der weiße König eines der wirksamen (kritischen) Felder d5, e5 oder f5 zu besetzen versucht. Der direkte Weg über f2-f3-f4 oder e4 scheitert an der gegnerischen Opposition. Deshalb ist ein »Umweg« erforderlich, damit der schwarze König nicht mittels Opposition die kritischen Felder verteidigen kann. Zum Beispiel 1.♔e2! ♚g7 2.♔d3 ♚f6 3.♔d4! ♚e6 4.♔e4! (Opposition nebst Eroberung der Felder d5 oder f5 und der schwarze König wird in der Folge Reihe um Reihe zurückgedrängt). Andere erste Züge reichen nicht zum Gewinn aus, z. B. 1.♔f2 ♚g8 2.♔f3 ♚f7 (Opposition) 3.♔e4 ♚e6 4.♔d4 ♚d6, und Weiß kann seine Zielstellung nicht realisieren.

In Diagramm 229 steht der weiße König schon formal im wirksamen Felderbereich, doch die Gegenwart des schwarzen Bauern hebt diesen Umstand wieder auf. Gelingt es, den schwarzen Bauern zu erobern, ohne den eigenen zu verlieren, dann tritt die Regel der wirksamen Felder wieder in Kraft. Der Lösungsgedanke der Aufgabe besteht also darin, den feindlichen König zunächst abzuschirmen, um den f-Bauern zu schützen. 1.♔d4!! ♚c6 (auf 1. ... ♚b4 gewinnt 2.f4) 2.♔e5! ♚c5 3.f4 (Nach 3.♔f6? erobert Schwarz den Bauern mit 3. ... ♚d4) 3. ... ♚c4 4.♔f6. Der Bauer g6 wird nun geschlagen und der weiße König befindet sich auf den gewinnbringenden wirksamen Feldern. Andere erste Züge, die gestatten, dass der schwarze König sich nähert, führen zum Remis. Zum Beispiel 1.f4? ♚c4 2.♔e5 ♚d3 3.♔f6 ♚e4 oder 1.♔d5? ♚b4! 2.♔d4 ♚b3 3.f4 ♚c2! 4.♔e5 ♚d3 5.♔f6 ♚e4.

4.2.5 Regel über das Nehmen von blockierten Bauern

> SINN: Vorausschauendes Erkennen, ob die Partie nach dem Schlagen des feindlichen Bauern gewonnen ist oder nicht.

Die Regel über das Nehmen von blockierten Bauern orientiert sich nach der Position der Könige auf zwei Aspekte:
1. Die Könige nähern sich von verschiedenen Seiten,
2. Die Könige nähern sich von der gleichen Seite.

Weiß gewinnt

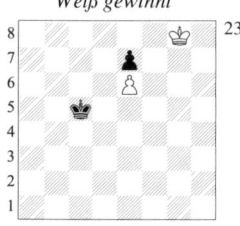

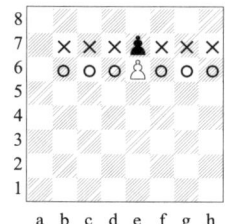

o = Grenzbereichsfelder des schwarzen Bauern
x = Grenzbereichsfelder des weißen Bauern

Zum ersten Aspekt:
Die Könige nähern sich von verschiedenen Seiten
a) Weiß am Zug (Diagramm 230) gewinnt durch die Annäherung über f8, z. B. 1.♔f8 ♚d6 2.♔f7 ♚c6 3.♔xe7. Zieht Weiß 1.♔f7? so 1. ... ♚d6 2.♔g6 ♚xe6 und Schwarz gewinnt!
b) Schwarz am Zug gewinnt analog dazu mit 1. ... ♚d5 2.♔f7 ♚d6 3. König beliebig, und der Bauer wird geschlagen.

> MERKSATZ: *Der* König ist im Vorteil, dem es als ersten gelingt, den feindlichen Bauern von hinten anzugreifen.

Zum zweiten Aspekt:
Die Könige nähern sich von der gleichen Seite. Jeder blockierte Bauer besitzt einen Grenzbereich. Unter Grenzbereich versteht man jeweils die drei Felder zu beiden Seiten des Bauern (z. B. in Diagramm 231: ♙e6 → b6-c6-d6-f6-g6-h6; ♙e7 → b7-c7-d7-f7-g7-h7).

> MERKSATZ: *Der* König, der als erster ein Grenzbereichsfeld des feindlichen Bauern besetzt, gewinnt den Bauern.

Anwendungsbeispiele
Weiß am Zug (Diagramm 232): 1.♔b7 (Das entfernt liegende Grenzbereichsfeld des schwarzen Bauern e7 wird besetzt) 1. ... ♚b5 2.♔c7 ♚c5 3.♔d7 ♚d5 4.♔xe7 und gewinnt.
Schwarz am Zug: 1. ... Kb6 und der weiße Bauer geht in drei Zügen verloren.

Weiß gewinnt

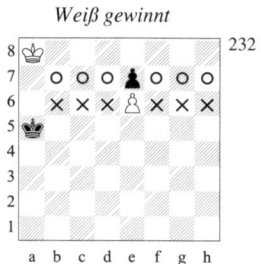

Weiß am Zug remis
Schwarz am Zug, Weiß gewinnt den Bauern

Erklärungen zum Diagramm 233: Wenn Weiß am Zug, dann gelingt es dem weißen König nicht, eines der Felder g3, f3 oder e3 zu besetzen – also remis; z. B. 1.♔g2 ♚g4 2.♔f2 ♚f4 3.♔g2 ♚g4 usw.

Wenn Schwarz am Zug, so gewinnt Weiß den Bauern, da sein König die Opposition erhält und in den Grenzbereich des Bauern d3 eindringt, z. B. 1. ... ♚g4 2.♔g2 ♚f4 3.♔f2 ♚e4 4.♔g3 (Grenzbereichsfeld) 4. ... ♚d4 5.♔f3 ♚d5 6.♔e3 ♚c4 7.♔e4 und Schwarz verliert seinen Bauern durch Zugzwang.

4.2.6 Kopfrechenverfahren

SINN: Schnelles und sicheres Erkennen des Ergebnisses nach einer langen Zugfolge.

METHODE: Zunächst werden in Gedanken alle eigenen Züge bis zum Erkennen eines bestimmten Resultats durchgespielt. Man merke sich dabei: Anzahl der Züge und das Resultat der Zugfolge. Als nächstes werden alle gegnerischen Züge (gleiche Anzahl) in Gedanken durchgespielt. Nun heißt es in der gedanklichen Gegenüberstellung beide Resultate zu vergleichen.

VORTEIL: Im Gegensatz zum üblichen abwechselnden Ziehen (falls der Zug, dann dieser) wird durch das Kopfrechenverfahren eine größere Genauigkeit erreicht.

Eine typische Anwendungsweise findet das Verfahren beim vorausberechnenden Nehmen von entfernten Bauern.

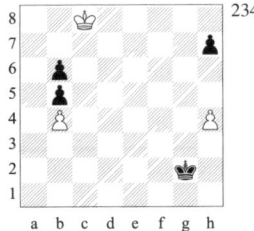
234

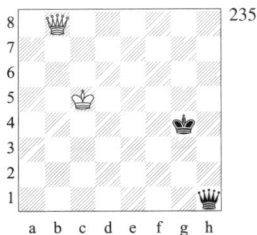
235

Ähnliche Beispiele wie in Diagramm 234 kommen in der Spielpraxis häufig vor. Routinierte Spieler geben nach kurzem Nachdenken die Partie remis. Warum? Beim Vorausberechnen überlegen beide Spieler, wo nach wie viel Zügen die beiden Könige stehen werden bzw. wer zuerst im Besitz einer Dame ist. Weiß am Zug könnte beispielsweise folgende Überlegung anstellen: Der schwarze h-Bauer kann nicht erobert werden, da der schwarze König ihn rechtzeitig zu decken vermag und auf dem Wege dahin gleichzeitig den weißen h-Bauern gewinnt. Zum Beispiel 1.♔d7 2.♔e7 3.♔f7 4.♔g7. Nach vier Zügen von Schwarz 1. ... ♚g3 2. ... ♚xh4 3. ... ♚g4 4. ... h5 besitzt Schwarz einen siegbringenden Mehrbauern. Das kann aber bestimmt nicht das Ziel des Weißen sein! Also muss ein neuer Plan ersonnen werden.

Ein anderes Ziel der Überlegungen: Wer erhält nach dem Schlagen der feindlichen Bauern als erster eine Dame? Wird durch die Dame die Partie gewonnen? Notwendig erweist sich das gedankliche Vorausüberlegen durch das sogenannte Kopfrechenverfahren: 1.♔b7 2.♔xb6 3.♔xb5 4.♔c5 5.b5 6.b6 7.b7 8.b8♕; 1. ... ♚g3 2. ... ♚xh4 3. ... ♚g4 4. ... h5 5. ... h4 6. ... h3 7. ... h2 8. ... h1♕. Das Einschätzen der Stellung nach dem Vorausberechnen: Remis (vgl. Diagramm 235), da weiße Damenschachs nicht zum Gewinn der gegnerischen Dame führen.

5. ÜBUNGEN

5.1 Aufgaben zur »Quadratregel«

Aufgabe	Weiß	Schwarz	Fragen
1	♔f1 a2 d4	♔f3 e6 f7	Wie gewinnt Weiß am Zug?
2	♔c1 f4 h2	♔h4 a3 c7	Wie gewinnt Weiß am Zug?
3	♔a4 c5	♔d8 h7	Wie hält Weiß am Zug remis?
4	♔h7 c6	♔a6 a5	Wie hält Weiß am Zug remis?
5	♔h5 c6	♔a6 f6 g7 h6	Wie hält Weiß am Zug remis?

5.2 Aufgaben zur »Oppositionsregel«

Aufgabe	Weiß	Schwarz	Fragen
1	♔e8 b4 d4	♔b7 c6	Wie hält Schwarz am Zug remis?
2	♔c7 a4 c4	♔a7 b6	Wie gewinnt Weiß am Zug?
3	♔g5 f4 h4	♔g7 g6	Wie hält Schwarz am Zug remis?

5.3 Aufgaben zum Thema über die relative Wertlosigkeit des Turmbauern

Aufgabe	Weiß	Schwarz	Fragen
1	♔e4 h2	♔a2 h4 h5	Wie hält Schwarz am Zug remis?
2	♔f3 h2	♔e1 h3	Wie hält Schwarz am Zug remis?

5.4 Aufgaben zur Regel über die wirksamen Felder

Aufgabe	Weiß	Schwarz	Fragen
1	♔e2 d2	♔d5	Wie gewinnt Weiß am Zug?
2	♔h4 b2	♔f3 b7	Wie hält Weiß am Zug remis?

5.5 Aufgaben zur Regel über das Nehmen von blockierten Bauern

Aufgabe	Weiß	Schwarz	Fragen
1	♔g4 e4	♔g6 e5	Wie hält Schwarz am Zug remis?
2	♔c4 e4	♔e8 e6	Wie gewinnt Weiß am Zug?

5.6 Aufgaben zur Methode des Kopfrechenverfahrens

Aufgabe	Weiß	Schwarz	Fragen
1	♔a5 a3 g5	♔g2 a7 g7	Schlussfolgere durch Abzählen (ohne die Figuren zu berühren), wie die Partie einzuschätzen ist, wenn Weiß zieht!
2	♔a5 a3 g5	♔g2 a7 g7	Schlussfolgere durch Abzählen (ohne die Figuren zu berühren), wie die Partie einzuschätzen ist, wenn Schwarz zieht!
3	♔b2 a4 b4 h2	♔h3 b6 h5	Schlussfolgere durch Abzählen (ohne die Figuren zu berühren), wie die Partie einzuschätzen ist, wenn Weiß zieht!

6. HAUSAUFGABEN

Zielstellungen:
a) Bestimme, welche Endspielregel angewandt werden muss!
b) Kann die Stellung für Weiß oder Schwarz gewonnen werden, oder ist sie remis?
c) Zeige den Lösungsweg!

Aufgabe	Weiß	Schwarz	am Zug
1	♔g2 ♘e7 g3 h4	♚e4 d6 f6 g5 h5	Weiß
2	♔g2 f3	♚d1 e5 g5	Weiß
3	♔g8 a2	♚g6 a3	Weiß
4	♔g4 f3	♚g6	Schwarz
5	♔g6 e4	♚c3 e5	Schwarz
6	♔b4 b2	♚h6 g7	Weiß

7. METHODISCHE HINWEISE

☞ Beim Behandeln dieser Themen ist immer wieder darauf hinzuweisen, welche hohe Bedeutung der Bauer an sich im Endspielstadium besitzt.

☞ Die Lehr- und Merksätze sind prinzipiell in Verbindung mit den Diagrammbeispielen zu verwenden, da sie ein relativ starkes Abstraktionsvermögen voraussetzen.

☞ Der Gedanke des Oppositionsbietens kann in Form von Minipartien anschaulich geübt werden. Zum Beispiel: Beide Könige befinden sich in der Ausgangsstellung (e1 und e8). **Ziel**: Der weiße König soll versuchen, die achte Reihe zu erreichen. Schwarz soll das möglichst verhindern. Eine Partie könnte also so verlaufen: 1.♔e2 (Opposition) ♚e7 2.♔e3 (Opposition) ♚e6 3.♔e4 (Opposition) ♚d6 4.♔f5 ♚e7 5.♔g6 ♚f8 6.♔h7 nebst ♔h8. Danach sind Variationen in der Ausgangsstellung vorzunehmen, z. B. Weiß ♔e1, Schwarz ♚d8. Wichtig ist 1.♔d2! Opposition usw.

☞ In der Endspielliteratur werden die wirksamen Felder auch als »kritische« oder »Schlüsselfelder« bezeichnet (Maiselis, Awerbach).

☞ Beim Kopfrechenverfahren soll ein tatsächliches Durchrechnen der Züge im Kopf angestrebt werden. Dabei ist das gedankliche Üben vor dem Demonstrationsbrett wegen seiner Übersichtlichkeit zu bevorzugen.

☞ Die zahlreichen Übungen können unter Umständen auch als zusätzliche Hausaufgaben gegeben werden.

IX. LEKTION

1. THEMA: Einteilen der Spieleröffnungen

2. BILDUNGS- und ERZIEHUNGSZIELE

➤ Kennenlernen der am häufigsten vorkommenden Eröffnungen und ihre Bezeichnungen
➤ Schaffen der wissensmäßigen Grundlagen (historischer Bezug)
➤ Herausbilden von Sympathien für besondere Eröffnungsgebiete in Hinsicht auf eine individuell-stilistisch bedingte spätere eröffnungstheoretische Spezialisierung

3. LEHR- und ANSCHAUUNGSMITTEL

Demonstrationsbrett, Wandtafel, Eröffnungslehrmaterialien, Arbeitsblätter

4. STOFFVERMITTLUNG

4.1 Entstehen und Entwicklung der Spieleröffnungen

Analog der historischen Entwicklung des Schachspiels verläuft das Entstehen und Herausbilden von Spielanfängen (Eröffnungen). Die Eröffnungssysteme sind also keine künstlich ersonnenen Zugfolgen, sie fanden vielmehr ihren Ursprung in den unzählig gespielten Trainings- und Wettkampfpartien der vergangenen Jahrzehnte und Jahrhunderte. Zweckmäßige Zugfolgen kristallisierten sich hauptsächlich unter dem Einfluss prominenter Spielerpersönlichkeiten heraus und wurden somit zur »Theorie«.

So ist es auch zu verstehen, dass viele Systeme, Varianten und ganze Eröffnungskomplexe die Namen von erfolgreichen und populären Schachmeistern tragen, wie zum Beispiel die Philidor-Verteidigung; die Steinitz-Verteidigung, das Rubinstein-, Tschigorin-, Smyslow- und Keres-System, das Jänisch-Gambit, der Marshall-Angriff und die Flohr-Variante in der Spanischen Partie; das Evans-Gambit in der Italienischen Partie; der Panow-Angriff und das Capablanca-System in der Caro-Kann-Verteidigung; das Nimzowitsch- und Tarrasch-System in der Französischen Verteidigung; die Aljechin-Verteidigung; das Paulsen- und Boleslawski-System, der Richter/Rauser- und Keres-Angriff, die Taimanow-Variante sowie Laskers Jagdvariante in der Sizilianischen Verteidigung; die Nimzowitsch-Eröffnung 1.e4 ♘c6; die Pirc-Ufimzew-Verteidigung; das Colle-System; die Nimzowitsch-Indische und Grünfeld-Indische Verteidigung; das Sämisch-, Petrosjan- und Awerbach-System in der Königsindischen Verteidigung; das Rubinstein-Botwinnik-System in der Englischen Eröffnung; das Réti-System und andere mehr.

Eine Reihe von Eröffnungen wurde nach bestimmten Territorien, also Orten, Städten und Ländern, benannt, in denen die entsprechenden Zugfolgen erstmals in einem Wettkampf vorkamen und die Varianten besonders analysiert oder erforscht wurden. So kennen wir die Italienische, Schottische und Wiener Partie; die Berliner Verteidigung in der Spanischen Partie; die Russische Verteidigung; die Skandinavische und Französische Verteidigung; die Cambridge-Springs-Verteidigung im Damengambit; das Scheveninger System in der Sizilianischen Verteidigung; die Meraner Variante in der Slawischen Verteidigung; die Katalanische und Belorussische Eröffnung; das Wolga- und Budapester Gambit; das Leningrader System in der Holländischen Verteidigung; die Englische Eröffnung und andere.

Der dritte Aspekt bei der »Namensgebung« stellt Bezugspunkte zur entstandenen Figurenkonstellation (und Bauernstruktur) dar. Das sind Spieleröffnungen wie das Königs- und Mittelgambit; das Läuferspiel; das Zweispringerspiel im Nachzuge; das Drei- und Vierspringerspiel; die Geschlossene Variante, die Vierspringer-Variante, die Bauernraubvariante und das Drachensystem in der Sizilianischen Verteidigung; die Königsfianchetto-Verteidigung 1.e4 g6 2.d4 ♗g7; das Damenbauernspiel; das Angenommene Damengambit im Damengambit; der Vierbauernangriff in der Königsindischen Verteidigung; symmetrische und asymmetrische Systeme in den verschiedenen Eröffnungen.

Die fortschreitende Entwicklung des Schachspiels brachte eine immer größere Ausweitung und Feinprofilierung der Systeme mit sich. So waren die Spielanfänge im 15. und 16. Jahrhundert gekennzeichnet durch stürmische, kombinationsbetonte Angriffe gegen den feindlichen (vorwiegend schwarzen) König. Es dominierten opferreiche Varianten. Im Vordergrund standen die »offenen« Spiele wie Italienisch, Spanisch, Königsgambit und ähnliche.

Im 18. Jahrhundert polemisierte Philidor gegen die übertriebene romantische Spielauffassung und popularisierte den vorsichtigen Stellungskampf. Nach ihm wurde die Zugfolge 1.e4 e5 2.♘f3 d6 als »Philidor-Verteidigung« benannt. Ende des 18. und zu Beginn des 19. Jahrhunderts begann eine Rückkehr zu aktivem Figurenspiel. Die Gambitvarianten im Königsgambit, der Italienischen Partie, Spanischen Partie u. a. erfuhren eine Wiederbelebung. Viele neue Eröffnungen entstanden. Neben den bislang »klassischen« offenen Eröffnungen fanden auch die halboffenen und geschlossenen Spiele ihre Anhänger. Besonders populär wurden in diesem Jahrhundert die indischen Systeme (Königsindisch, Damenindisch, Grünfeld-Indisch, Benoni-Verteidigung, Nimzowitsch-Indisch u. a.). Heute zählen die Sizilianische Verteidigung, die Königsindische Verteidigung und aus dem Kreis der offenen Spiele die Spanische Partie zu den beliebtesten und meistgespielten Eröffnungen. Besonders in den letzten dreißig Jahren wurde die Eröffnungstheorie beachtlich weiterentwickelt. In zahlreichen Eröffnungslehrbüchern, eröffnungstheoretischen Ausarbeitungen, elektronischen Datenbanken usw. erfolgte ein immer spezifischeres Eindringen in die Feinheiten der Eröffnungsstrategie. Theoretische Forschungen und vor allem die Wettkampfpraxis wirken wechselseitig auf die Evolution der Eröffnungstheorie und heben sie ständig auf ein höheres Niveau.

4.2 Zur Bedeutung des ersten Zuges

Die erste Phase der eröffnungstheoretischen Ausbildung vollzieht sich in einem allgemeinen Kenntniserwerb der gebräuchlichsten Spieleröffnungen. Später erfolgt dann das gründliche Studium einzelner ausgewählter Eröffnungen, also ein Spezialisieren auf bestimmte Systeme.

Theoretisch ergeben sich für Weiß im ersten Zug 20 verschiedene Spielmöglichkeiten. Eine logische Berechtigung unter Berücksichtigen der Eröffnungsgrundsätze (s. Lektion 6) besitzen im Prinzip nur acht Anfänge: 1.e4, 1.d4, 1.c4, 1.♘f3, 1.f4, 1.b3, 1.b4 und 1.g3. Bauernzüge wie 1.a3 oder 1.a4 verstoßen bekanntlich gleich gegen mehrere Eröffnungsgrundsätze. Die Springerzüge nach a3 und h3 widersprechen einer zielstrebigen Entwicklung der Kräfte und tragen nicht zum Kampf um das Zentrum bei. 1.f3 oder 1.g4 schwächen sogar die eigene Königsstellung bedrohlich.

Besondere Bedeutung für den Anfänger erlangt der Zug 1.e4. Der Bauer auf e4 kontrolliert die Felder d5 und f5; durch sein zweischrittiges Vorziehen wurden Läufer und Dame die Diagonalen geöffnet. Und gleichzeitig wird das Ausüben der Rochade erleichtert.

Ähnliche Erwägungen spielen auch bei den schwarzen Entgegnungen eine Rolle. Dem Führer der schwarzen Steine ist jedoch nicht zu raten, die Züge des Anziehenden einfach nachzuahmen. Wird der symmetrische Aufbau zu lange beibehalten, so kann Weiß durch seinen Anzugsvorteil das bessere Spiel erlangen.

4.3 Systematisieren der Spieleröffnungen

Alle Eröffnungen teilt man in drei Hauptgruppen ein:

Offene Spiele	Halboffene Spiele	Geschlossene Spiele
1.e2-e4	1.e2-e4 ohne 1. ... e7-e5	außer 1.e2-e4

Die offenen Spiele 1.e4 e5

Motiv A: Angriff auf e5 mit den d-Bauern	– Mittelgambit – Nordisches Gambit	2.d4 exd4 3.♕xd4 2.d4 exd4 3.c3
Motiv B: Angriff auf e5 mit den f-Bauern	– Königsgambit – Wiener Partie – Läuferspiel	2.f4 2.♘c3 ♘f6 3.f4 2.♗c4 ♘f6 3.d3
Motiv C: Angriff auf e5 mit dem Springer 2.♘f3	– Philidor-Verteidigung – Schottische Partie – Ponziani-Eröffnung – Spanische Partie – Italienische Partie – Zweispringerspiel im Nachzuge – Ungarische Verteidigung – Vierspringerspiel – Dreispringerspiel – Russische Verteidigung – Lettisches Gambit	2. ... d6 2. ... ♘c6 3.d4 2. ... ♘c6 3.c3 2. ... ♘c6 3.♗b5 2. ... ♘c6 3.♗c4 ♗c5 2. ... ♘c6 3.♗c4 ♘f6 2. ... ♘c6 3.♗c4 ♗e7 2. ... ♘c6 3.♘c3 ♘f6 2. ... ♘c6 3.♘c3 ♗b4 2. ... ♘f6 2. ... f5

Die halboffenen Spiele (Erwiderung auf 1.e4)

Motiv A: Angriff auf den Bauern e4	– Skandinavische Verteidigung – Französische Verteidigung – Caro-Kann-Verteidigung – Aljechin-Verteidigung	1. ... d5 1. ... e6 2.d4 d5 1. ... c6 2.d4 d5 1. ... ♘f6

| *Motiv B:*
Angriff auf den Punkt d4 | – Sizilianische Verteidigung
– Nimzowitsch-Verteidigung
– Jugoslawisch (Königsfianchetto)
– Pirc-Ufimzew-Verteidigung | 1. ... c5
1. ... ♞c6
1. ... g6
1. ... d6 2.d4 g6 |

Die geschlossenen Spiele

Das Damengambit	1.d4 d5 2.c4
– Angenommenes Damengambit	2. ... dxc4
– Abgelehntes Damengambit	2. ... e6
– Orthodoxe Verteidigung	2. ... e6 3.♞c3 ♞f6 4.♗g5 ♗e7 5.e3 0–0 6.♞f3
– Cambridge-Springs-System	2. ... e6 3.♞c3 ♞f6 4.♗g5 ♞bd7 5.e3 c6 6.♞f3 ♛a5
– Abtauschsystem	2. ... e6 3.♞c3 ♞f6 4.♗g5 ♞bd7 5.cxd5 exd5 6.e3 c6 7.♗d3 ♗e7
– Slawische Verteidigung	2. ... c6
– Tschigorin-Verteidigung	2. ... ♞c6
– Albins Gegengambit	2. ... e5
Das Damenbauernspiel	1.d4 d5 ohne 2.c4
Die indischen Verteidigungen	
– Nimzowitsch-Indische Verteidigung	1.d4 ♞f6 2.c4 e6 3.♞c3 ♗b4
– Königsindische Verteidigung	1.d4 ♞f6 2.c4 g6 3.♞c3 ♗g7
– Damenindische Verteidigung	1.d4 ♞f6 2.c4 e6 3.♞f3 b6
– Grünfeld-Indische Verteidigung	1.d4 ♞f6 2.c4 g6 3.♞c3 d5
Benoni-Verteidigung	1.d4 ♞f6 2.c4 c5 3.d5
– Wolga-Gambit	1.d4 ♞f6 2.c4 c5 3.d5 b5
– Blumenfeld-Gambit	1.d4 ♞f6 2.c4 e6 3.♞f3 c5 4.d5 b5
– Budapester Gambit	1.d4 ♞f6 2.c4 e5
– Altindische Verteidigung	1.d4 ♞f6 2.c4 d6 3.♞c3 e5
Die Holländische Verteidigung	1.d4 f5 2.c4
Die Englische Eröffnung	1.c4 e5 1. ... c5 1. ... ♞f6
Das Réti-System	1.♞f3 d5
– Klassische Variante	1. ... 2.c4 c6 3.b3
– Königsindisch im Anzuge	1. ... 2.g3 ♞f6 3.♗g2
Die Katalanische Eröffnung	1.d4 ♞f6 2.c4 e6 3.g3
Die Weressow-Eröffnung	1.d4 ♞f6 2.♞c3 d5 3.♗g5
Die Bird-Eröffnung	1.f4
Das Larsen-System	1.b3
Die Orang-Utan- Eröffnung (Sokolski)	1.b4

5. ÜBUNGEN

5.1 Bestimme die Namen der »offenen Eröffnungen«!

 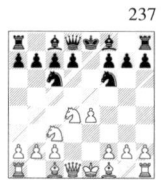 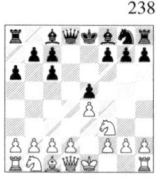  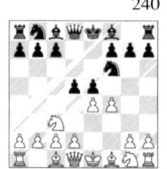 

| 236 | 237 | 238 | 239 | 240 | 241 |

5.2 Bestimme die Namen der »halboffenen Spiele«!

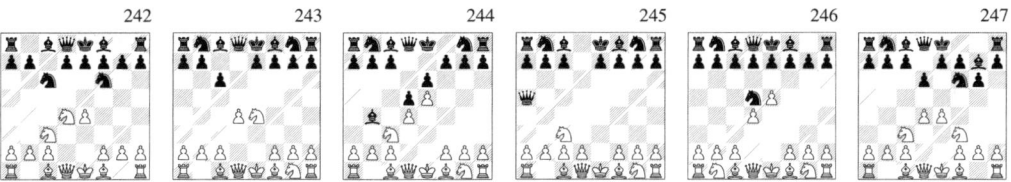

242   243   244   245   246   247

5.3 Bestimme die Namen der »geschlossenen Spiele«!

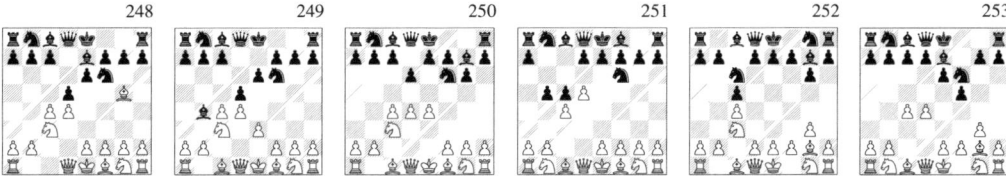

248   249   250   251   252   253

6. HAUSAUFGABEN

Suche in der Eröffnungsliteratur folgende Eröffnungen heraus und benenne die Varianten!

6.1 Zu den »offenen Eröffnungen«	6.1.1	1.e4 e5 2.♘f3 ♘c6 3.♗c4 ♗c5 4.b4!?
	6.1.2	1.e4 e5 2.f4 exf4 3.♘f3 g5 4.h4 g4 5.♘e5
	6.1.3	1.e4 e5 2.♘f3 ♘c6 3.d4 exd4 4.c3 dxc3 5.♗c4 ♘f6
	6.1.4	1.e4 e5 2.♘f3 ♘c6 3.♗b5 a6 4.♗a4 ♘f6 5.0–0 ♗e7 6.♖e1 b5 7.♗b3 0–0 8.c3 d5
	6.1.5	1.e4 e5 2.♘f3 ♘c6 3.♗c4 ♘f6 4.♘g5 ♗c5 5.♘xf7 ♗xf2+ 6.♔f1 ♕e7
6.2 Zu den »halboffenen Eröffnungen«	6.2.1	1.e4 c5 2.♘f3 d6 3.d4 cxd4 4.♘xd4 ♘f6 5.♘c3 a6
	6.2.2	1.e4 e6 2.d4 d5 3.Sc3 ♘f6 4.♗g5 dxe4 5.♘xe4 ♗e7
	6.2.3	1.e4 c6 2.d4 d5 3.exd5 cxd5 4.c4 ♘f6 5.♘c3
6.3 Zu den »geschlossenen Spielen«	6.3.1	1.d4 d5 2.c4 e6 3.♘c3 ♘f6 4.♗g5 ♘bd7 5.e3 c6 6.♘f3 ♕a5
	6.3.2	1.d4 ♘f6 2.c4 g6 3.♘c3 ♗g7 4.e4 d6 5.f4
	6.3.3	1.d4 f5 2.c4 ♘f6 3.♘f3 g6 4.g3 ♗g7 5.♗g2 d6 6.♘c3 0–0

7. METHODISCHE HINWEISE

☞ Beim Darlegen des Stoffs in Abschnitt 4.1 sollte besonders herausgearbeitet werden, dass die heutigen Eröffnungen das gesamte historische Schachwissen in komprimierter Form auf diesem speziellen Gebiet sind. Zum anderen können ohne konkretes Eröffnungswissen auf die Dauer keine Turniererfolge erzielt werden. Schließlich wird der Zug 1.e4 als zweckmäßigster erster Zug für den Anfänger angesehen.

☞ Die systematische Übersicht der Spieleröffnungen (Abschnitt 4.3) soll in erster Linie schachliches Allgemeinwissen herausbilden, wobei es im Ermessen des Schachlehrers liegt, die Komplexe »halboffene« und »geschlossene« Systeme zu behandeln (Regelmäßiges Einbeziehen und Nutzen der Eröffnungsstandardliteratur).

☞ Für das Bestimmen der Eröffnungen im Übungsteil 5.1 bis 5.3 eignet sich vorteilhaft das Benutzen des Overhead-Projektors. Mittels entsprechend gestalteter Arbeitsblätter kann anschaulich geübt und wiederholt werden. Auch elektronische Anschauungsmittel sind zunehmend in die Lehr- und Trainingspraxis einzubeziehen.

☞ Bei den Hausaufgaben ist die Arbeit mit der Eröffnungsliteratur vorrangig. Durch das methodisch selbständige Aufsuchen der Varianten gewöhnen sich die Kinder an die für sie zunächst etwas unübersichtliche Gliederung der Inhaltsverzeichnisse in den Lehrbüchern und anderen Eröffnungsmaterialien.

4.3 Beispiele von Arbeitsblättern zum Intensivieren des Schachunterrichts

LEKTIONEN	ARBEITSBLÄTTER	THEMEN
I. LEKTION	Übungen Wissensspeicher	Das Schachbrett Das Schachbrett und Bezeichnen der Felder
II. LEKTION	Übungen Wissensspeicher	Figurensymbole und Gangart Gangart und Schlagmöglichkeiten der Steine
III. LEKTION	Übungen Wissensspeicher	Die Notation Das »En passant«-Schlagen
IV. LEKTION	Übungen Wissensspeicher Kontrollübungen	Das Mattsetzen Typische Mattbilder Lösen von Mattaufgaben
V. LEKTION	Übungen Wissensspeicher Kontrollübungen	Das Patt und Dauerschach Das unentschiedene Spiel Erkennen von Remisstellungen
VI. LEKTION	Übungen Wissensspeicher	Schnelles Entwickeln der Kräfte Allgemeine Eröffnungsgrundsätze
VII. LEKTION	Übungen Wissensspeicher	Elementare Endspiele Elementare Endspiele – Kampf zwischen Figuren ohne Bauern
VIII. LEKTION	Übungen Wissensspeicher Kontrollübungen	Regel vom Quadrat Regel vom Quadrat Regel vom Quadrat
IX. LEKTION	Übungen Wissensspeicher	Einteilen der Eröffnungen Systematisierung der offenen Spiele (nach 1.e4 e5)

Arbeitsblätter für den Schachunterricht		Name:
Übungen	Thema: Das Schachbrett	I. LEKTION

Aufgaben
1. Zeichne ein Quadrat auf das Arbeitsblatt!
2. Trage an den Rändern die Buchstaben und Zahlen der Notation ein!
3. Bezeichne die vier Zentrumsfelder mit einem Z!
4. Markiere die beiden längsten Diagonalen mit (x) und (+)!

Arbeitsblätter für den Schachunterricht	Name:

Wissensspeicher 📖	Thema: Das Schachbrett und Bezeichnen der Felder	I. LEKTION

Das Schachbrett besteht aus 64 abwechselnd weiß und schwarz gefärbten Quadratfeldern. In der rechten Ecke befindet sich ein weißes Feld. Mit Hilfe der am Rande stehenden Zahlen und Buchstaben können alle Felder genau bestimmt werden.

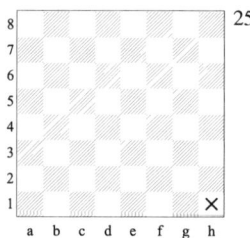
254

255

8	a8	b8	c8	d8	e8	f8	g8	h8
7	a7	b7	c7	d7	e7	f7	g7	h7
6	a6	b6	c6	d6	e6	f6	g6	h6
5	a5	b5	c5	d5	e5	f5	g5	h5
4	a4	b4	c4	d4	e4	f4	g4	h4
3	a3	b3	c3	d3	e3	f3	g3	h3
2	a2	b2	c2	d2	e2	f2	g2	h2
1	a1	b1	c1	d1	e1	f1	g1	h1

a b c d e f g h

Bezeichnungen der nebeneinanderliegenden Felder:
senkrecht = Linien
waagerecht = Reihen
schräg = Diagonalen

alle Felder an der Außenseite des Brettes = Randfelder
alle Randfelder in der Ecke = Eckfelder
Zentrumsfelder = d4 d5 e4 e5

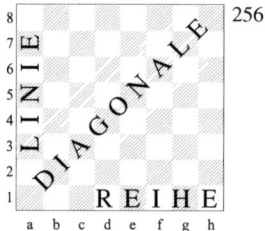
256

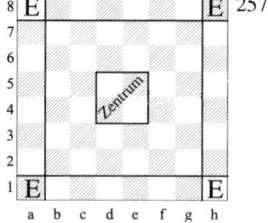
257

Arbeitsblätter für den Schachunterricht		Name:
Übungen	Thema: Figurensymbole und Gangart der Steine	II. LEKTION

Schachsteine	Kurzbezeichnung	Symbole weiß schwarz	
König	....	......	......
Dame	....	......	......
Turm	....	......	......
Läufer	....	......	......
Springer	....	......	......
Bauer	....	......	......

Aufgaben
1. Trage die entsprechenden Kurzbezeichnungen ein!
2. Vervollständige die Tabelle mit den weißen und schwarzen Symbolfiguren (Malen von Schachfiguren)!

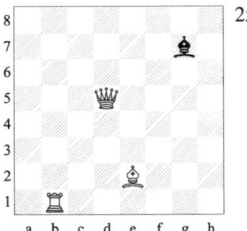

258

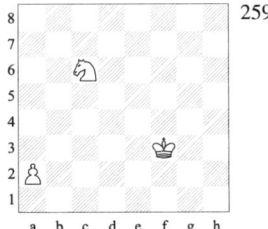

259

Markiere alle Felder, die von der Dame (x), vom Turm (+) und von den Läufern (.) betreten werden können!

Markiere alle Felder, die vom König (x), Springer (+) und Bauern (.) betreten werden können!

Arbeitsblätter für den Schachunterricht	Name:

Wissensspeicher 📖	Thema: Gangart und Schlagmöglichkeiten der Steine	II. LEKTION

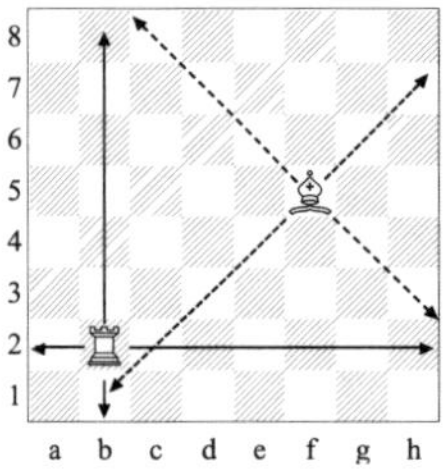

260

Turm und Läufer

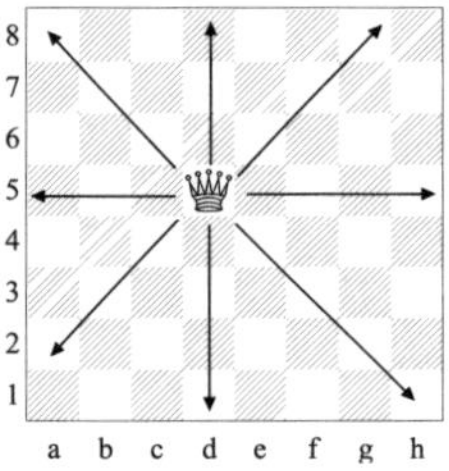

261

Dame

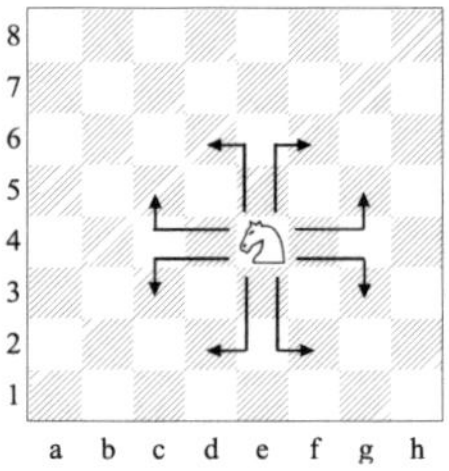

262

Springer

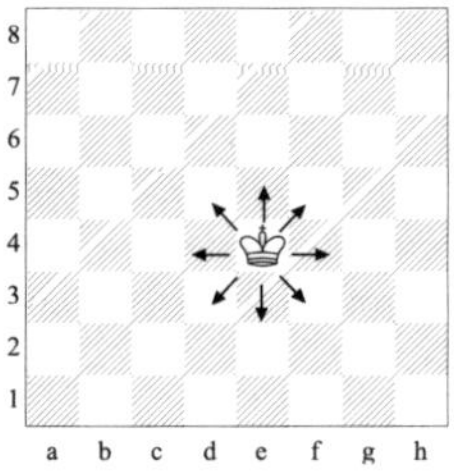

263

König

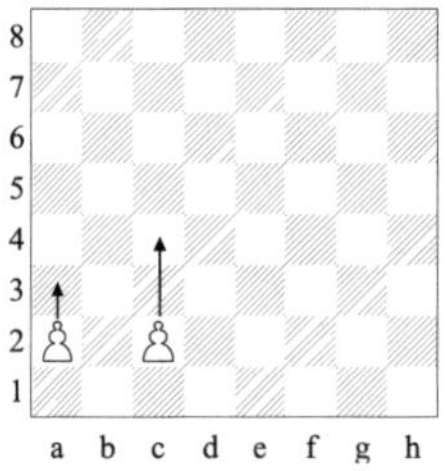

264

Bauer

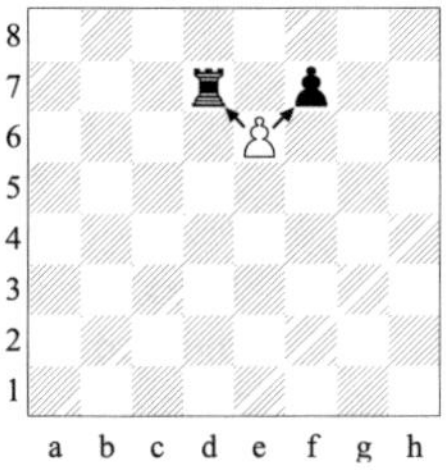

265

Schlagen

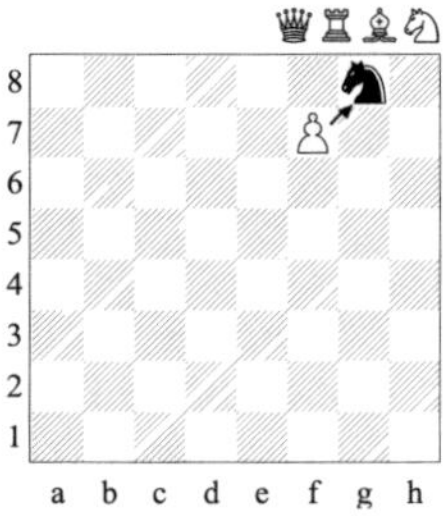

266

Umwandlung

Arbeitsblätter für den Schachunterricht	Name:

Übungen	Thema: Die Notation	III. LEKTION

Übersetze nachstehende Partie aus der Langnotation in die Kurznotation!

1. e2-e4	e7-e6	1. ....
2. d2-d4	d7-d5	2. ....
3. ♘b1-d2	♘b8-c6	3. ....
4. ♘g1-f3	♘g8-f6	4. ....
5. e4-e5	♘f6-d7	5. ....
6. ♘d2-b3	f7-f6	6. ....
7. ♗f1-b5	f6xe5	7. ....
8. d4xe5	♘d7-c5	8. ....
9. ♘f3-g5	♗c8-d7?	9. ....
10. ♗b5xc6	b7xc6	10. ....
11. ♕d1-h5+	g7-g6	11. ....
12. ♕h5-f3	aufgegeben	12. ....

Notiere nebenstehendes Stellungsbild!

Weiß: ....

           ....

Schwarz: ....

           ....

1. Markiere auf dem Diagramm den
kürzesten Weg des Springers von b1 nach b8!
2. Notiere die Zugfolge in der Kurznotation!

1. ....   2. ....   3. ....   4. ....   5. ....

Arbeitsblätter für den Schachunterricht		Name:
Wissensspeicher 📖	Thema: Das »En passant«-Schlagen	III. LEKTION

Eine besondere Form des Bauernschlagens ist das Schlagen ›im Vorübergehen‹ (en passant« kommt aus dem Französischen und wird gesprochen ☞ ›Angpassang‹)

REGEL:

Ein Bauer kann geschlagen werden, wenn er aus der Grundstellung zwei Felder nach vorn zieht und dabei ein Feld überschreitet, das von einem gegnerischen Bauern bedroht wird. Das Schlagen muss unmittelbar im nächsten Zug erfolgen.

Zugfolge mit weißen Schlagen:

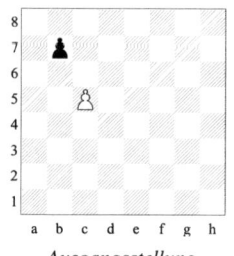
Ausgangsstellung

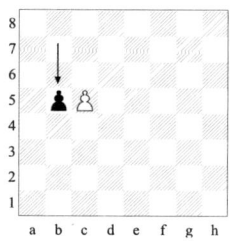
1. ... b5

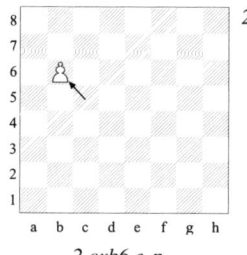
2.cxb6 e.p.

Zugfolge mit schwarzen Schlagen:

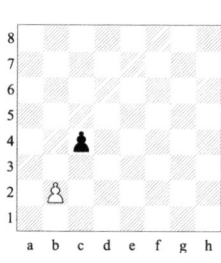
Ausgangsstellung

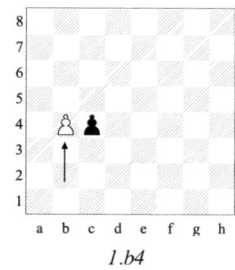
1.b4

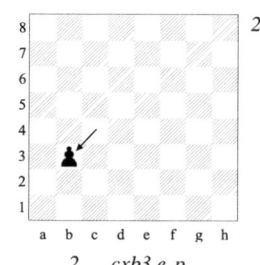
2. ... cxb3 e.p.

Arbeitsblätter für den Schachunterricht		Name:
Übungen	Thema: Das Mattsetzen	IV. LEKTION

Setze die weißen Figuren so in die Diagramme ein, damit der schwarze König matt wird:
275⇨ ♖, 276⇨ ♗, 277⇨♘, 278⇨ ♙!
Kennzeichne die fünf Turmzüge bis zum Matt (279)!
Kennzeichne die Läuferschachs bis zum Matt (280)!
Kennzeichne das Matt mit beiden Türmen (281)!
Wie kann Weiß am Zug in zwei Zügen (2 Möglichkeiten) matt setzen (282)!

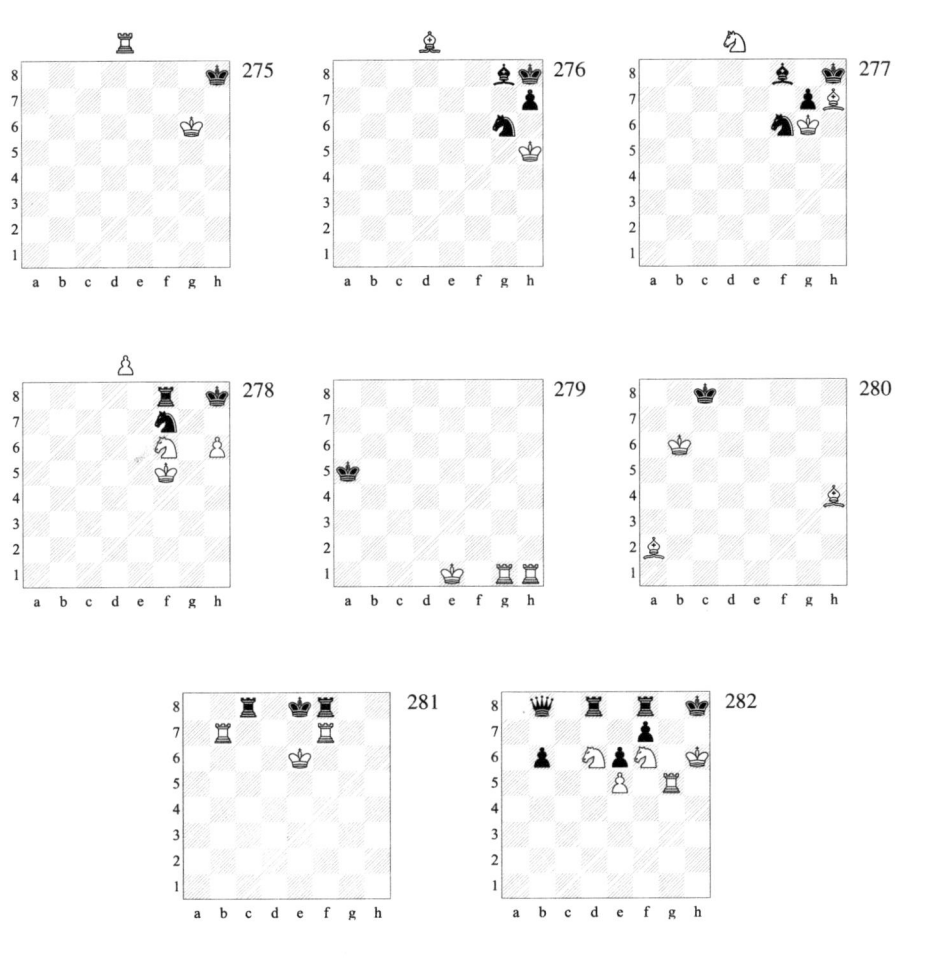

Arbeitsblätter für den Schachunterricht	Name:
Wissensspeicher 📖 Thema: Typische Mattbilder	IV. LEKTION

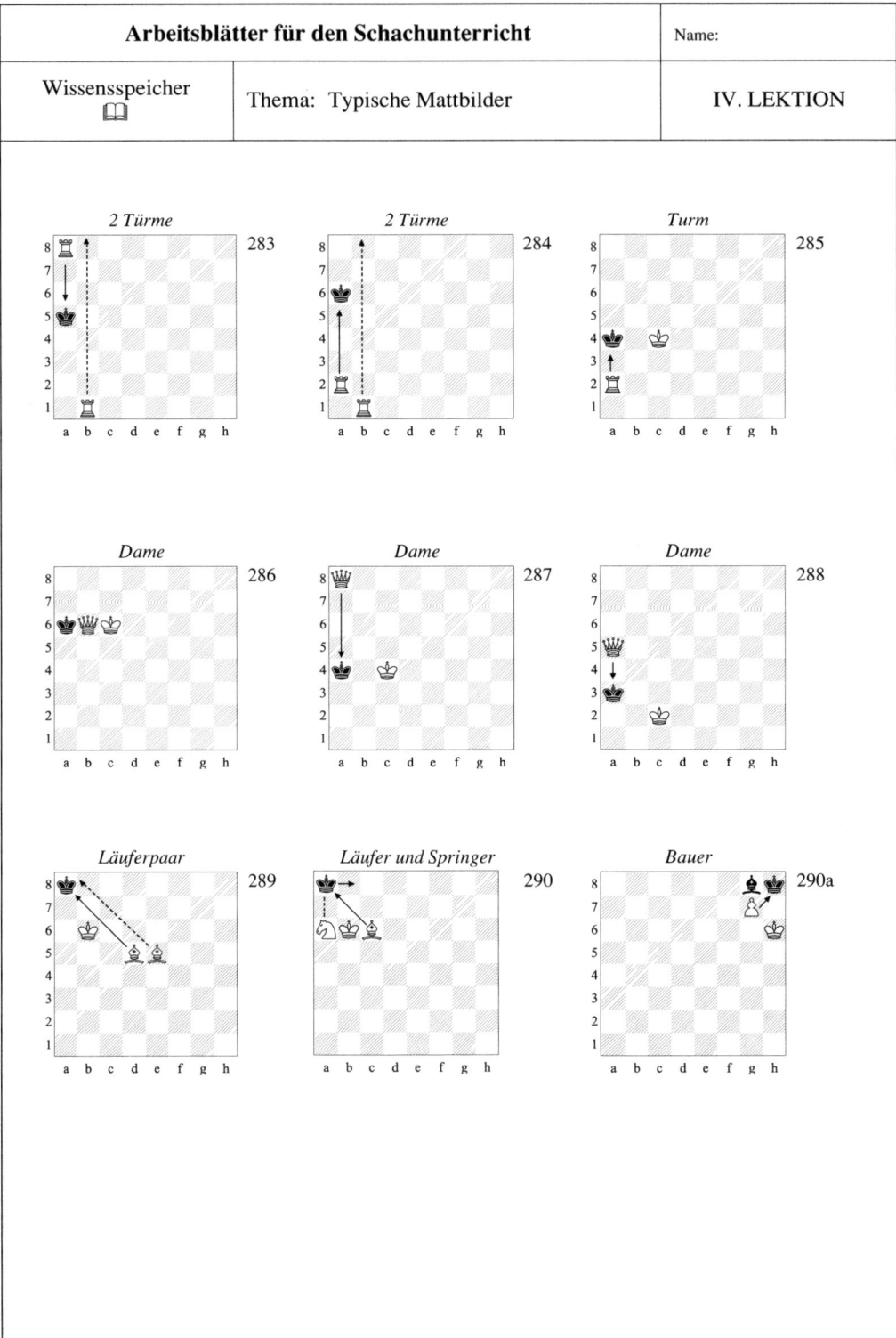

Arbeitsblätter für den Schachunterricht		Name:
Kontrollübungen	Thema: Lösen von einfachen Mattaufgaben	IV. LEKTION

Wie kann Weiß in einem Zug matt setzen?

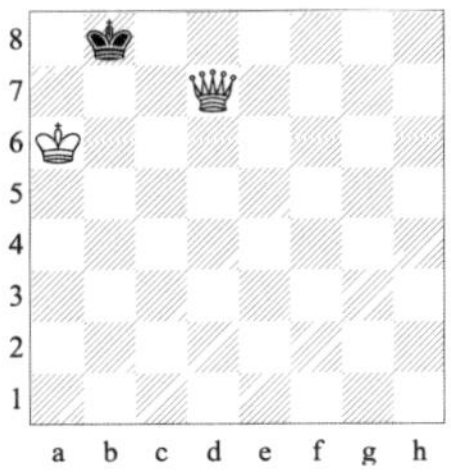

291

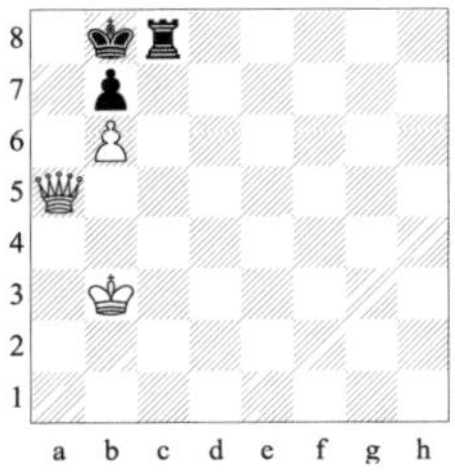

292

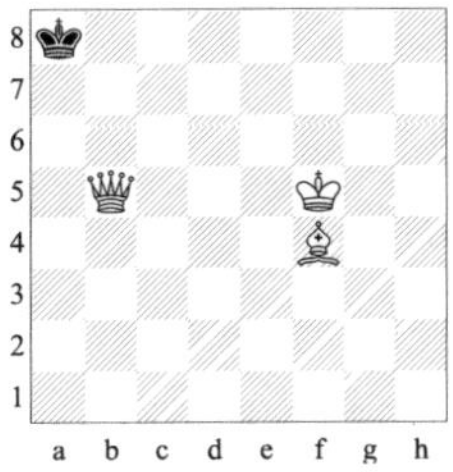

293

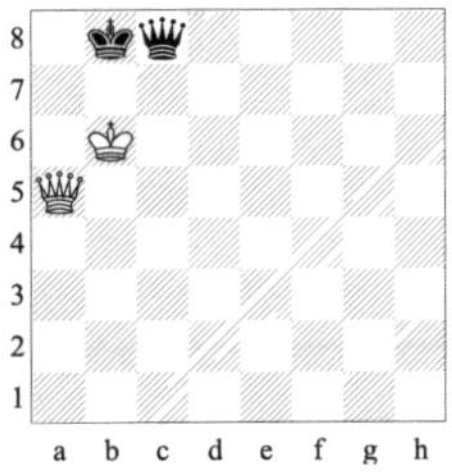

294

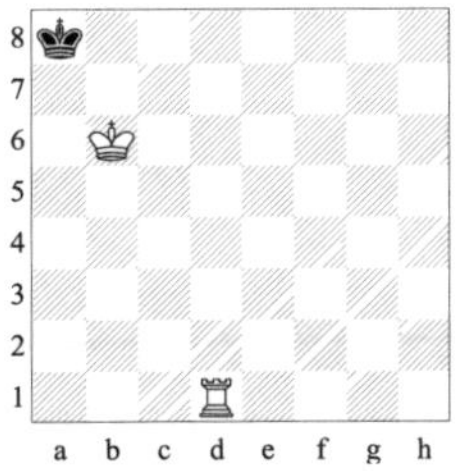

295

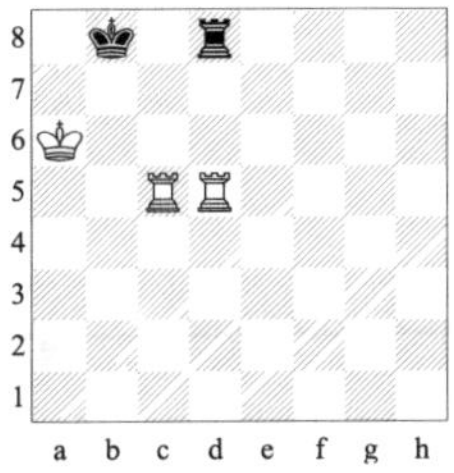

296

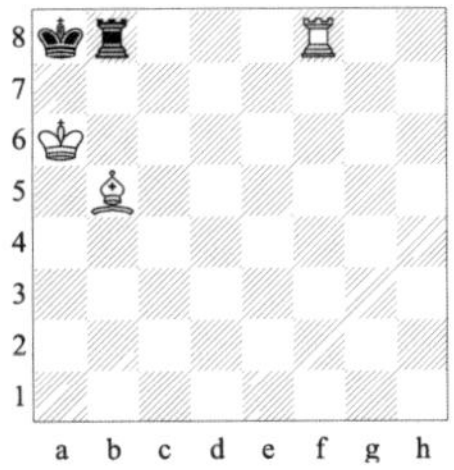

297

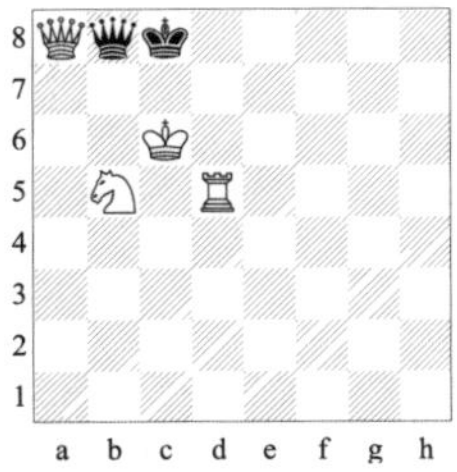

298

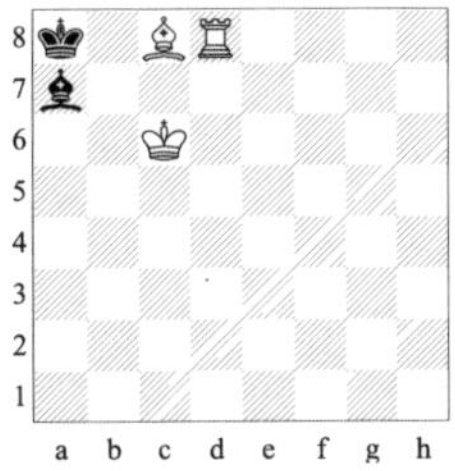

299

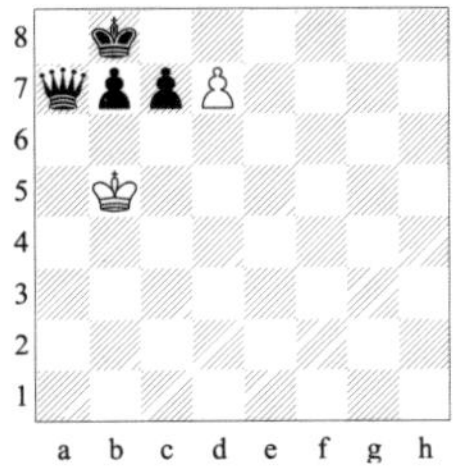

300

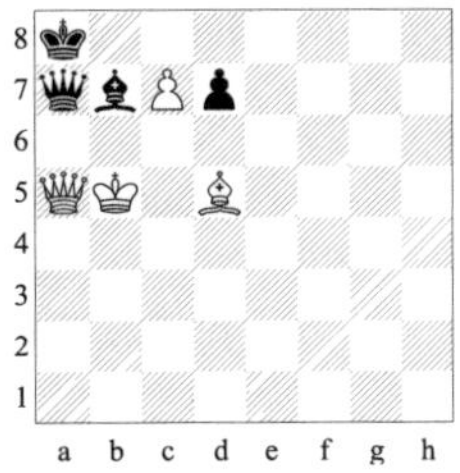

301

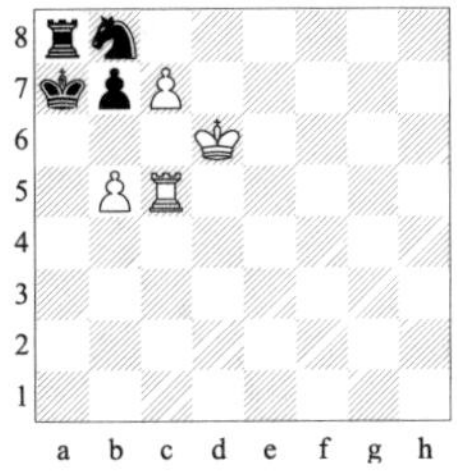

302

Arbeitsblätter für den Schachunterricht		Name:
Übungen	Thema: Patt und Dauerschach	V. LEKTION

Setze die weißen Figuren so ein, damit eine Pattsituation entsteht: 303 → ♛, 304 → ♜, 305 → ♝, 306 → ♞, 307 und 307a → ♟!

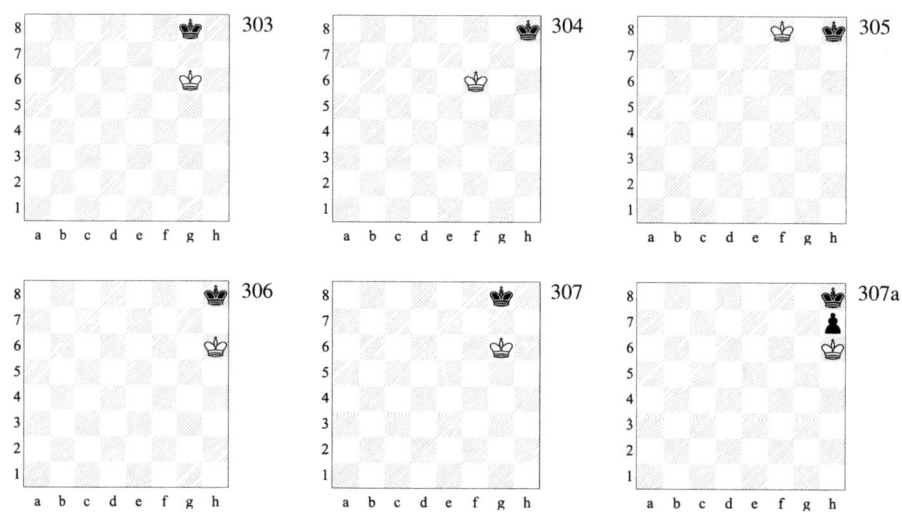

Durch welche Züge kann Schwarz am Zug in das Remis einlenken? Markiere den schwarzen Zug mit einem Pfeil!

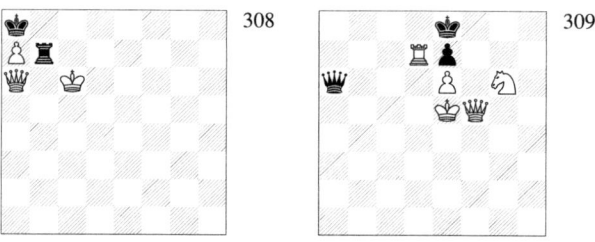

Wie kann Weiß am Zug Dauerschach geben? Markiere die Dauerschachfelder mit einem Kreuz (+)!

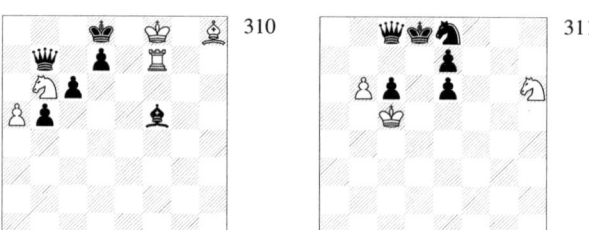

Arbeitsblätter für den Schachunterricht		Name:
Wissensspeicher 📖	Thema: Das unentschiedene Spiel	V. LEKTION

Die fünf Arten des unentschiedenen Spielausgangs (Remis):
1. Patt
2. Dauerschach
3. Gegenseitiges Übereinkommen
4. Reklamation auf dreimalige Stellungswiederholung
5. In Anspruch nehmen der 50-Züge-Regel.

PATT
Ein Patt wird dann angestrebt, wenn materieller Nachteil entstanden ist. Die Voraussetzung für ›Pattfallen‹ besteht in einer ›figurenarmen‹ und festgelegten Bauernstellung der schwächeren Partei. Gewöhnlich wird die letzte bewegliche Figur dann so geopfert, dass nach Annahme des Opfers kein Stein mehr gezogen werden kann.

DAUERSCHACH
Kann ein König den gegnerischen Schachgeboten nicht entweichen oder durch Dazwischenziehen von Figuren das Schach entkräften, dann sprechen wir von einem zwangsläufigen Dauerschach oder »ewigem Schach«.

STELLUNGSWIEDERHOLUNG
Die Partie ist remis auf Verlangen eines Spielers, der zu dem Zeitpunkt am Zug ist, in dem dieselbe Stellung zum dritten (nicht notwendigerweise aufeinanderfolgenden) Mal
a) sogleich entstehen wird, falls er als erstes seinen Zug auf sein Partieformular schreibt und dem Schiedsrichter seine Ansicht erklärt, diesen Zug ausführen zu wollen, oder
b) soeben entstanden ist.
Stellungen unter a) und b) gelten als gleich, wenn der gleiche Spieler am Zug ist, Figuren von der gleichen Art und Farbe die gleichen Felder besetzen und die Zugmöglichkeiten beider Spieler gleich sind. Stellungen sind nicht gleich, wenn sich das Recht, en passant zu schlagen, oder das Recht zu rochieren momentan oder endgültig geändert hat.

50-ZÜGE-REGEL
Die Partie ist remis auf Verlangen des Spielers, der am Zug ist,
a) falls die letzten 50 aufeinanderfolgenden Züge eines jeden Spielers geschehen sind, ohne dass ein Bauer gezogen oder eine Figur geschlagen worden wäre, oder
b) falls der Spieler einen Zug auf sein Partieformular schreibt und seine Absicht erklärt, diesen Zug ausführen zu wollen, mit dem Ergebnis, dass dann die letzten 50 aufeinanderfolgenden Züge eines jeden Spielers gemacht worden sind, ohne dass ein Bauer gezogen oder eine Figur geschlagen worden wäre.

Arbeitsblätter für den Schachunterricht		Name:
Kontrollübungen	Thema: Erkennen von Remisstellungen	V. LEKTION

Ist die Stellung remis? Weiß am Zug

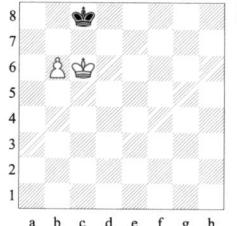 312

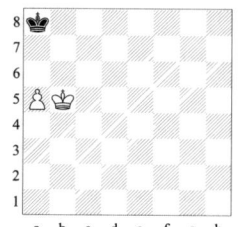 313

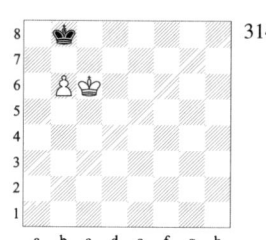 314

 314a

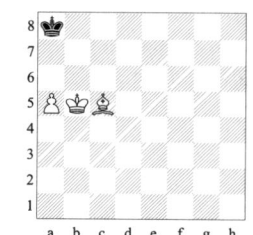 315

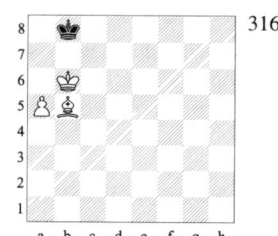 316

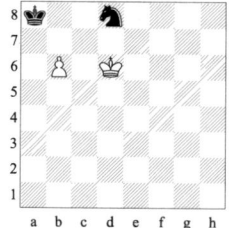 317

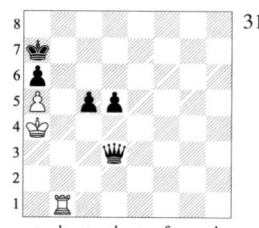 318

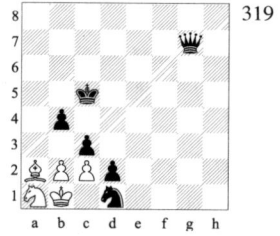 319

Arbeitsblätter für den Schachunterricht		Name:
Übungen	Thema: Schnelle Entwicklung der Kräfte	VI. LEKTION

Begründe, welche »Eröffnungssünden« der Nachziehende beging!

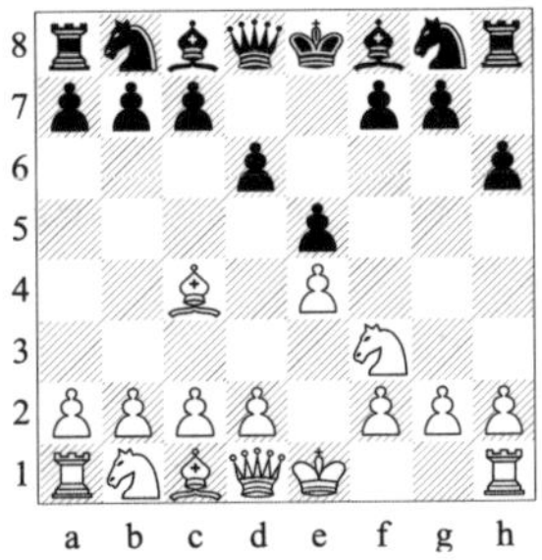

320

1.e4 e5 2.♘f3 d6 3.♗c4 h6?

....

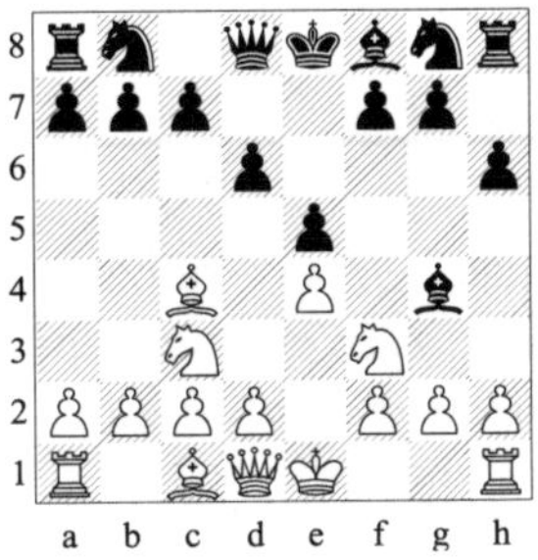

....

321

4.♘c3 ♗g4?

....

5.♘xe5! ♗xd1?

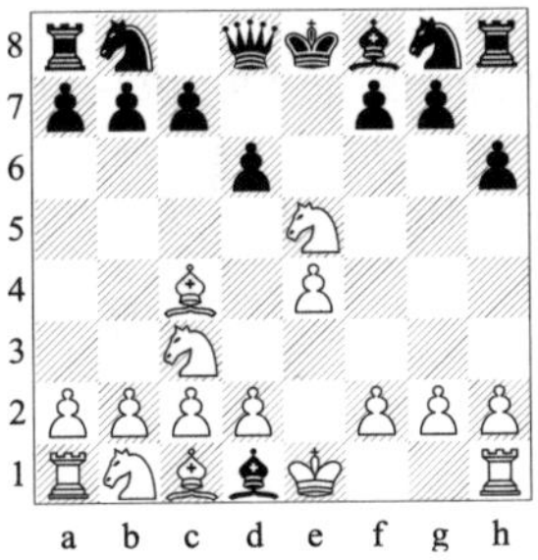

....

322

6. ......! ...... 7. ......!

....

....

Arbeitsblätter für den Schachunterricht		Name:
Wissensspeicher 📖	Thema: Allgemeine Eröffnungsgrundsätze	VI. LEKTION

Eröffnungsgrundsätze,
die immer zu beachten sind!

☞ SCHNELLES UND ZIELSTREBIGES ENTWICKELN DER KRÄFTE

Stelle alle Figuren auf günstige Felder!

Ziehe keine Figur zwei- oder mehrmals hintereinander!

Rochiere rechtzeitig!

Bringe die Schwerfiguren (vor allem die Dame) nicht zu früh ins Spiel!

Schütze die schwachen Punkte f7 und f2!

Strebe als Anziehender nach Initiative!

Kämpfe als Nachziehender um Gegenspiel!

☞ KAMPF UM EIN STARKES ZENTRUM

Ziehe im ersten Zug e2-e4!

Versuche rechtzeitig, auch das Feld d4 mit einem Bauern zu besetzen!

Stelle die Figuren geschützt auf Zentrumsfelder, z. B. einen Springer nach d5!

Greife das gegnerische Zentrum an und versuche es aufzulösen!

Beachte auch die indirekten Angriffe auf das Zentrum!

☞ SCHAFFEN EINER GÜNSTIGEN BAUERNSTELLUNG

Vermeide unnütze Bauernzüge wie a3, h3, h6 u. a.!

Beachte die Schwächung durch Einzelbauern, isolierte Doppel- und Tripelbauern.

Ziehe in der Eröffnungsphase möglichst wenig Bauern!

Arbeitsblätter für den Schachunterricht		Name:
Übungen	Thema: Elementare Endspiele	VII. LEKTION

Auf welchem Feld müsste sich der schwarze König befinden, damit eine Zugzwangstellung entsteht? Vervollständige die beiden Positionen!

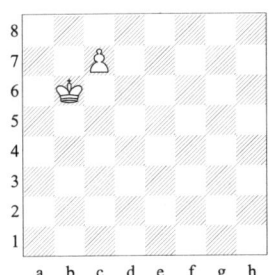
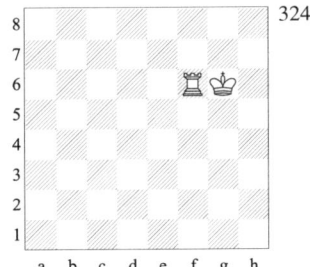

Markiere die »richtigen« schwarzen Königszüge!

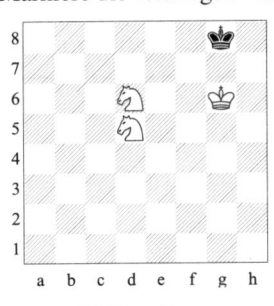
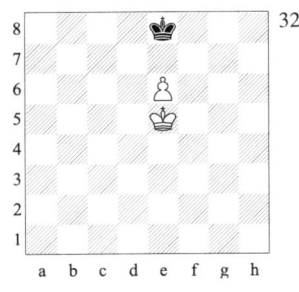

Weiß am Zug   *Schwarz am Zug*

Markiere die Läuferzüge im Beispiel 327, die zum Matt führen!
Markiere den Weg des Springers im Diagramm 328, der beim Vorziehen des Bauern das Remis sichert!

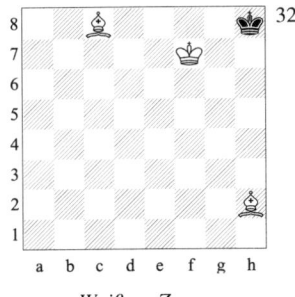
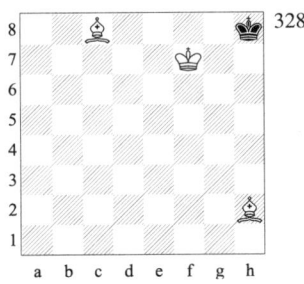

Weiß am Zug   *Weiß am Zug*

Arbeitsblätter für den Schachunterricht	Name:
Wissensspeicher 📖	Thema: Elementare Endspiele — Kampf zwischen Figuren ohne Bauern	VII. LEKTION

Endspieltyp — Ergebnis

Endspieltyp	Ergebnis
♛ ⇔ ♜ →	Dame gewinnt, in Ausnahmefällen remis
♛ ⇔ ♜♜ →	remis
♛ ⇔ ♝ →	Dame gewinnt
♛ ⇔ ♞ →	Dame gewinnt
♛ ⇔ ♝♝ →	Dame gewinnt in Ausnahmefällen remis
♛ ⇔ ♞♞ →	Dame gewinnt in Ausnahmefällen remis
♛ ⇔ ♝♞ →	Dame gewinnt, in Ausnahmefällen remis
♜ ⇔ ♝ →	remis in Ausnahmefällen verloren
♜ ⇔ ♞ →	remis, in Ausnahmefällen verloren
♜♝ ⇔ ♜ →	remis, in Ausnahmefällen verloren
♜♞ ⇔ ♜ →	remis, in Ausnahmefällen verloren
♜♜ ⇔ ♜ →	2 Türme gewinnen
♝♝ ⇔ ♜ →	remis
♝♝♞ ⇔ ♜ →	2 Läufer und Springer gewinnen
♝♞♞ ⇔ ♜ →	remis

| **Arbeitsblätter für den Schachunterricht** | | Name: |
| Übungen | Thema: Regel vom Quadrat | VIII. LEKTION |

Zeichne das jeweilige Quadrat des Bauern ein!

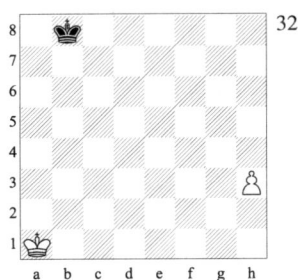
329

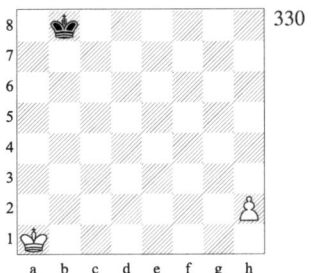
330

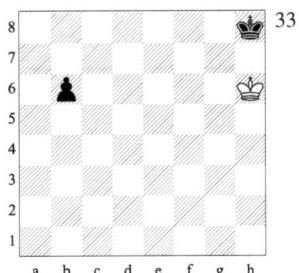
331

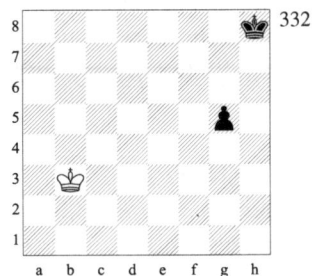
332

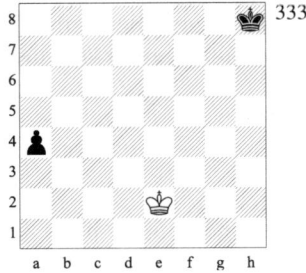
333

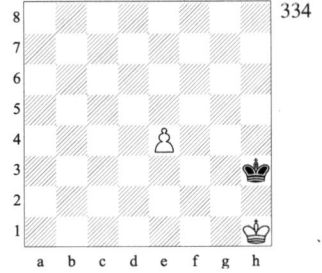
334

Arbeitsblätter für den Schachunterricht	Name:

Wissensspeicher 📖	Thema: Regel vom Quadrat	VIII. LEKTION

»Quadrat des Bauern nennt man das Quadrat, das als Diagonale die Schräge hat, die von dem Bauern zur Umwandlungsreihe geht« (Chéron)

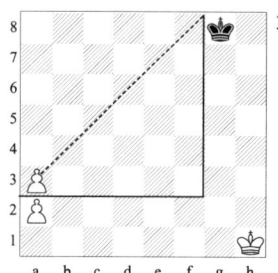 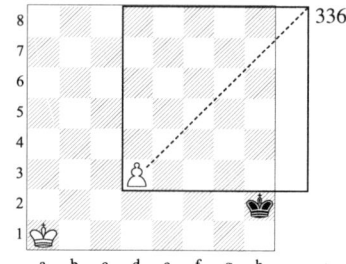

SINN
Einfaches und sicheres Vorausberechnen, ob ein zur Umwandlung strebender Bauer vom feindlichen König aufgehalten werden kann oder nicht.

VORAUSSETZUNG
Der zum Bauern gehörende König steht so weit entfernt, dass er nicht seinen eigenen Bauern zu schützen vermag.

METHODE
In der gedanklichen Überlegung zieht man vom augenblicklichen Standort des Bauern eine Diagonale bis zur letzten gegenüberliegenden Reihe und entwickelt von diesem Feld aus ein Quadrat.

BEACHTE
Das Quadrat des Bauern kann sich unter Umständen auch über den Brettrand hinweg erstrecken. Es wird immer in der Richtung zum feindlichen König hin entwickelt.

Arbeitsblätter für den Schachunterricht		Name:
Kontrollübungen	Thema: Regel vom Quadrat	VIII. LEKTION

Bestimme mit Hilfe der Quadratregel, ob die Diagrammstellungen
gewonnen sind oder nicht! Weiß zieht an.

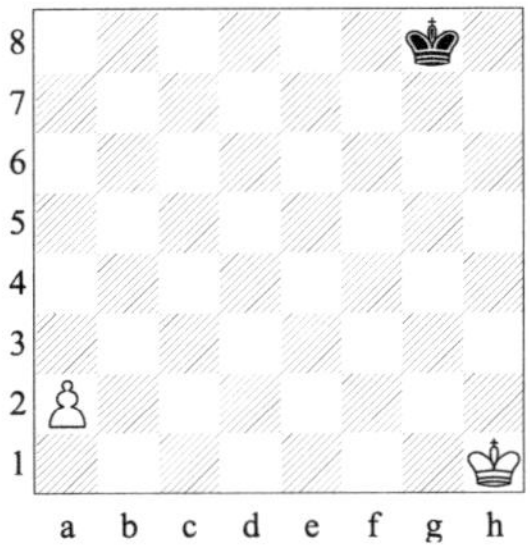

337

ja/nein

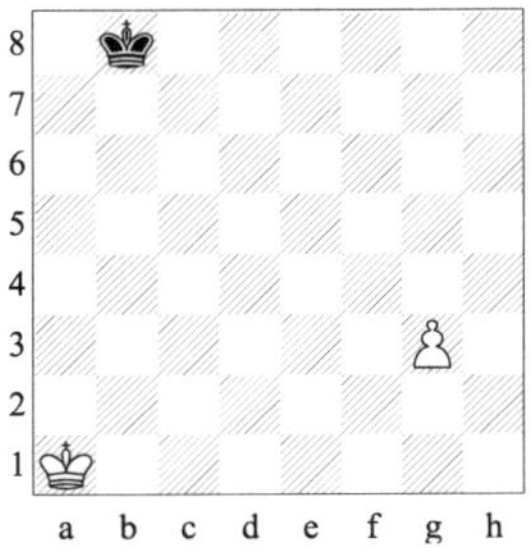

338

ja/nein

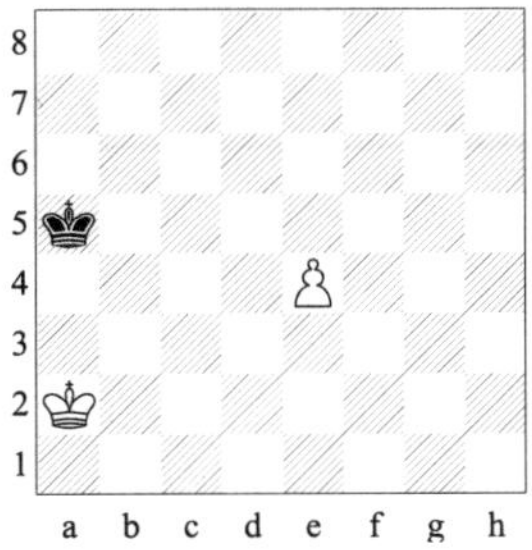

339

ja/nein

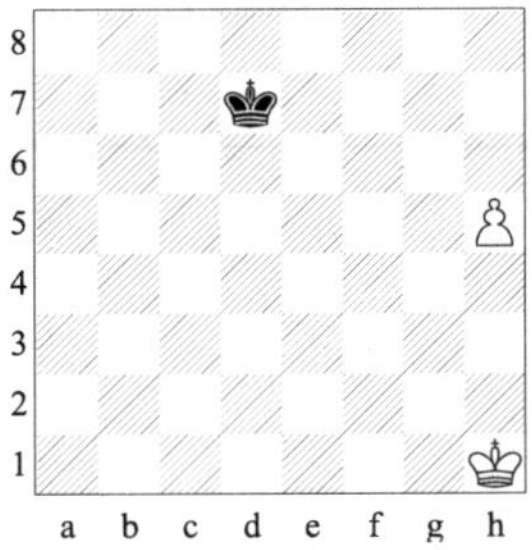

340

ja/nein

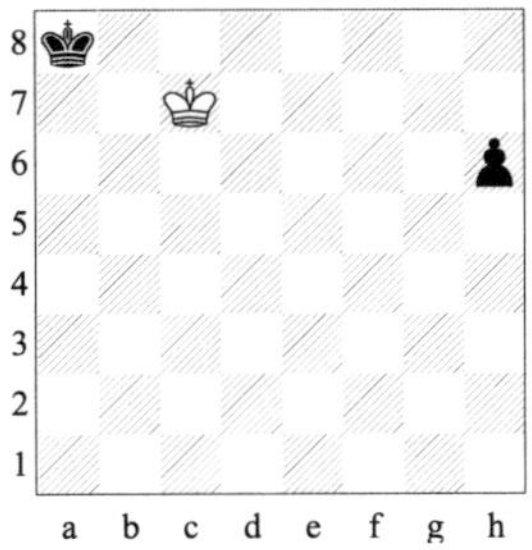

341

ja/nein

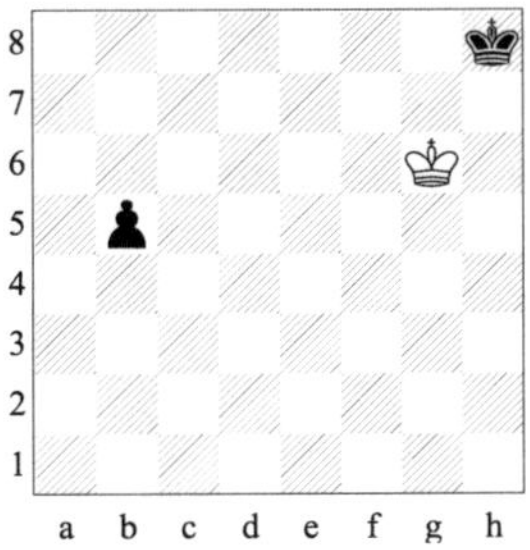

342

ja/nein

Arbeitsblätter für den Schachunterricht	Name:
Übungen Thema: Einteilen der Eröffnungen	IX. LEKTION

Drucke in nachstehende Diagramme je ein typisches
Stellungsbild der bezeichneten Eröffnung!

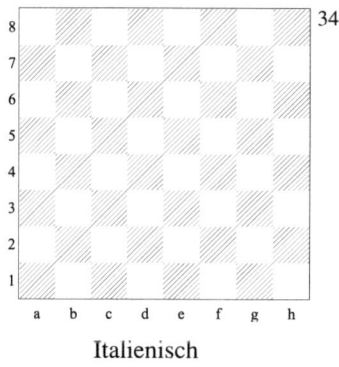

346

Italienisch

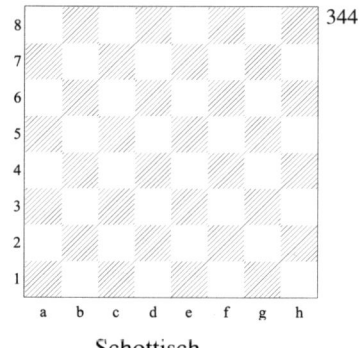

344

Schottisch

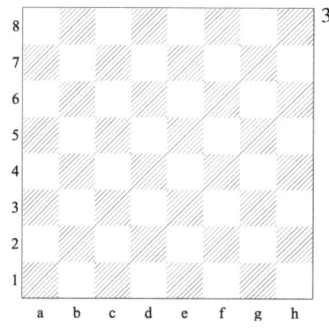

345

Spanisch

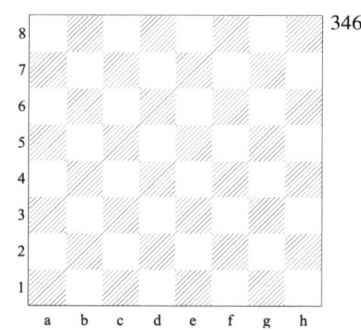

346

Sizilianisch

Arbeitsblätter für den Schachunterricht		Name:
Wissensspeicher 📖	Thema: Systematisieren der offenen Spiele (nach 1.e4 e5)	IX. LEKTION

Angriff auf den Punkt e5 durch den d- und f-Bauern

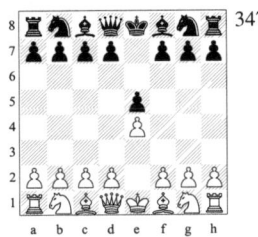

347

Mittelgambit → 2.d4 exd4 3.♕xd4
Nordisches Gambit → 2.d4 exd4 3.c3
Königsgambit → 2.f4
Wiener Partie →2.♘c3 ♘f6
Läuferspiel →2.♗c4 ♘f6 3.d3

Verschiedene Formen der Königsspringerspiele nach 2.♘f3

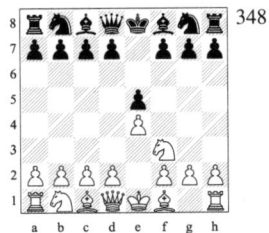

348

Philidor-Verteidigung → 2. ... d6
Schottische Partie → 2. ... ♘c6 3.d4
Ponziani-Eröffnung → 2. ... ♘c6 3.c3
Spanische Partie → 2. ... ♘c6 3.♗b5
Italienische Partie → 2. ... ♘c6 3.♗c4 ♗c5
Zweispringerspiel im Nachzuge → 2. ... ♘c6 3.♗c4 ♘f6
Ungarische Verteidigung → 2. ... ♘c6 3.♗c4 ♗e7
Vierspringerspiel → 2. ... ♘c6 3.♘c3 ♘f6
Dreispringerspiel → 2. ... ♘c6 3.♘c3 ♗b4
Russische Verteidigung → 2. ... ♘f6
Lettisches Gambit → 2. ... f5

4.4 Teilprogrammierte Überprüfungsfragen und -aufgaben

1. Wie nennt man die nebeneinander befindlichen Felder von a6 bis h6? →a) Linie, b) Reihe, c) Diagonale

2. Zu welcher Gruppierung gehören die drei Felder f4 g4 h4? → a) Damenflügel, b) Zentrum, c) Königsflügel

3. Wie nennt man Läufer und Springer? → a) Schwerfiguren, b) Leichtfiguren

4. Wie zieht der Läufer? → a) waagerecht, b) schräg, c) senkrecht

5. Welcher Stein kann immer nur ein Feld weit ziehen? →a) Bauer, b) Läufer, c) König

6. Welcher Stein schlägt nur schräg? → a) König, b) Bauer, c) Springer

7. Welcher Stein darf niemals geschlagen werden? →a) Dame, b) König, c) Bauer

8. Wieviel Züge benötigt ein Bauer aus der Grundstellung, bis er sich verwandeln kann? → a) 5, b) 6, c) 7

9. Von welcher Stellung kann eine Figur, z. B. die Dame, die meisten Felder bedrohen? →a) vom Rand, b) aus der Ecke, c) aus dem Zentrum

10. Welches Symbol wird für Matt verwendet? →a) +, b) ++, c) x

11. Welches Symbol benutzt man für »Weiß steht besser«? → a) ±, b) ±, c) ∓

12. Bei welchem Schachgebot muss unbedingt der angegriffene König ziehen? → a) beim einfachen Schach, b) Abzugsschach, c) Doppelschach

13. Welche Rochade kann in vorliegender Stellung nicht ausgeführt werden? Weiß: ♔e1 ♕f6 ♖a1 ♖h1 ♗b2 ♗e2 a7 b3 c2 g3 h2 – Schwarz: ♚e8 ♛h6 ♜a8 ♜h8 ♗b7 ♘e7 ♘f2 b4 c7 e3 f7 g6 →
a) auf der weißen Seite: kurze Rochade, b) auf der weißen Seite: lange Rochade
c) auf der schwarzen Seite: kurze Rochade, d) auf der schwarzen Seite: lange Rochade

14. In welchem Fall ist das Schlagen »im Vorübergehen« erlaubt? → a) Weiß: b2 – Schwarz: a4, b) Weiß: b3 – Schwarz: a4, c) Weiß: c3 – Schwarz: b4

15. In wie viel Zügen ist das Matt erreichbar? Weiß: ♖a5 ♖b5 – Schwarz: ♚g6 → a) 3, b) 4, c) 5

16. In wie viel Zügen können die beiden Läufer matt setzen? Weiß: ♔b6 ♗b3 ♗g5 – Schwarz: ♚c8→ a) 2 Züge, b) 3 Züge, c) 4 Züge

17. Mit welcher Figur setzt Weiß am Zug matt? Weiß: ♔c6 ♕c8 ♖a1 ♖c5 ♘d5 – Schwarz: ♚a6 ♛a7 ♜b7 ♜b8 ♗c1 ♘a2 ♘c2 → a) Dame, b) Turm, c) Springer

18. Stelle fest, ob der schwarze König im Patt steht! Weiß: ♔g8 ♖a8 ♖e5 ♗h5 ♘f5 b5 c6 – Schwarz: ♚e8 ♜f7 ♘d8 b6 c7 e6 → a) ja, b) nein

19. Welcher erste Zug soll im Anfängerstadium bevorzugt werden? → a) 1.c4, b) 1.f4, c) 1.e4

20. Wie sind bei einem Endspiel ♔♗♘ gegen ♚ vorteilhaft die Springerschachs zu geben, wenn der König aus der »falschen« Ecke in die »richtige« gedrängt werden soll? →a) v-förmig, b) w-förmig, c) x-förmig

21. Welches Resultat ergibt das Endspiel bei normalem Verlauf? Weiß: ♔♕ – Schwarz: ♚♜♜ → a) Weiß gewinnt, b) Schwarz gewinnt, c) remis

22. Welches Resultat ergibt das Endspiel bei normalem Verlauf? Weiß: ♔♗♘♘ – Schwarz: ♚♜ → a) Weiß gewinnt, b) Schwarz gewinnt, c) remis

23. Welches Resultat ergibt das Endspiel bei normalem Verlauf? Weiß: ♔♗♗♘ – Schwarz: ♚♜ → a) Weiß gewinnt, b) Schwarz gewinnt, c) remis

24. Wie ist das Endspiel Dame gegen e-Bauer einzuschätzen, wenn der Bauer vor der Umwandlung steht? Weiß: ♔a8 ♕c8 (am Zug) – Schwarz: ♚e2 d2 → a) Weiß gewinnt, b) remis

25. Wie ist das Endspiel Dame gegen f-Bauer einzuschätzen, wenn der Bauer vor der Umwandlung steht? Weiß: ♔h8 ♕e8 (am Zug) – Schwarz: ♚g2 f2 → a) Weiß gewinnt, b) remis

26. Wie ist das Endspiel Turm gegen Bauer einzuschätzen? Weiß: ♔b5 ♖h8 – Schwarz: ♚e5 f4 (am Zug) → a) Weiß gewinnt, b) remis

27. Wie ist der Kampf Springer gegen Bauer einzuschätzen, wenn der Bauer schon weit vorgeschoben ist? Weiß: ♔a8 ♘c5 (am Zug) – Schwarz: ♚e3 g4 →a) Schwarz gewinnt, b) remis

28. Wann ist nachstehende Position zu gewinnen? Weiß: ♔h8 ♘b2 h7 – Schwarz: ♚f7→ a) wenn Weiß sich am Zug befindet, b) wenn Schwarz sich am Zug befindet

29. Kann Weiß am Zug die Stellung remis halten? Weiß: ♔h8 c6 – Schwarz: ♚a6 h5 →a) ja, b) nein

30. Mit Hilfe welcher Regel kann Weiß am Zug das Bauernendspiel gewinnen? Weiß: ♔d3 e3 – Schwarz: ♔e6 → a) Regel vom Quadrat, b) Regel der Opposition, c) Regel über das Nehmen blockierter Bauern
31. Wie ist das Bauernendspiel einzuschätzen? Weiß: ♔d6 c6 – Schwarz: ♔d8 (am Zug) → a) Weiß gewinnt, b) remis
32. Besagt die »Oppositionsregel«, dass sich jeweils die Könige gegenüberstehen müssen? → a) ja, b) nein
33. In welchem Falle kann das Bauernendspiel gewonnen werden? Weiß: ♔b5 c4 – Schwarz: ♔b7 → a) bei Weiß am Zug, b) bei Schwarz am Zug
34. Gelingt es Weiß am Zug, die wirksamen Felder des Bauern zu besetzen und damit die Partie zu gewinnen? Weiß: ♔f1 e3 – Schwarz: ♔h8 → a) ja, b) nein
35. Ist es partieentscheidend, ob man in der blockierten Bauernposition am Zug ist oder nicht? Weiß: ♔g8 e6 – Schwarz: ♔c5 e7 → a) ja, b) nein
36. Zu welcher Kategorie der Eröffnungen zählt die Caro-Kann-Verteidigung? → a) offene Spiele, b) halboffene Spiele, c) geschlossene Spiele
37. Wie nennt man die Eröffnung mit der Zugfolge 1.e4 e5 2.♘f3 d6? → a) Ungarische Verteidigung, b) Ponziani-Eröffnung, c) Philidor-Verteidigung
38. Zu welcher Verteidigung zählt die Zugfolge 1.d4 ♘f6 2.c4 g6 3.♘c3 ♗g7? → a) Grünfeld-Indische Verteidigung, b) Königsindische Verteidigung, c) Nimzowitsch-Indische Verteidigung
39. Nach welchem berühmten Schachmeister wurde die Eröffnung 1.e4 Sc6 benannt? → a) Aljechin, b) Steinitz, c) Tschigorin
40. Welche Zugfolge entspricht dem Wolga-Gambit? → a) 1.d4 ♘f6 2.c4 c5 3.d5 b5, b) 1.d4 ♘f6 2.c4 e5, c) 1.d4 d5 2.c4 e5

4.5 Lösungen zum Lehr- und Ausbildungsprogramm

4.5.1 Lösungen der Übungsaufgaben in den Lektionen I bis IX

I. LEKTION
5.1 → 32 weiße und 32 schwarze Felder; **5.3** → Z. B. Diagonale a2-g8: a2 b3 c4 d5 e6 f7 g8; **5.4** → a8 b8 c8 d8 e8 f8 g8 h8; **5.5** → a1 a2 a3 a4 a5 a6 a7 a8; **5.6** → a1 h8; **5.7** → d4 e4 d5 e5

II. LEKTION

5.1	Weiß	Wertigkeiten	Schwarz	Wertigkeiten	Wer steht besser?
1	♗ ♗ ♘	6	♖	5	Weiß
2	♖ ♗ ♗	11	♕	9	Weiß
3	♕ ♘ ♘ ♙	16	♖ ♖ ♖ ♗ ♞ ♟ ♟	18	Schwarz
4	♕ ♖ ♗ ♘	20	♕ ♕ ♞ ♟ ♟ ♟	18	Weiß
5	♕ ♖ ♖ ♙	20	♕ ♗ ♗ ♞ ♟ ♟	20	ausgeglichen
6	♕ ♕	18	♖ ♖ ♗ ♞ ♟ ♟	18	ausgeglichen

III. LEKTION (D = Diagramm)
5.1.1 → D36: W: ♕d3 Sch: ♔a6 ♖b5; D37: W: ♖b1 Sch: ♔b7 ♗b6; D38: W: ♗d1 Sch: ♔a4 ♘b3; D39: W: ♔c1 ♖b1 Sch: ♔b7 ♕b6; D40: W: ♔d2 ♗d3 b3 c2 Sch: ♔a6 ♗b5; D41: W: ♔a1 ♖b1 ♖h1 a2 Sch: ♔b8 ♕b7
5.1.2 → D42: 1.♖xb4+ ♔xb4; D43: 1.♗xc4 ♔xc4; D44: 1.♘xc3 ♔xc3; D45: 1.axb3 cxb3; D46: 1.♗xa4 ♔xa4
5.1.3 → 1.e4 c5 2.♘f3 ♘c6 3.d4 cxd4 4.♘xd4 e5 5.♘f5 ♘ge7?? 6.♘d6++; **5.2.1** → 0–0–0; **5.2.2**

→ja beide! die kurze und lange Rochade; **5.3** →Weiß am Zug 1.♖xe3 ♖f3! (gute Parade, aber der nächste Zug gewinnt die Dame) 2.♕g6+!! Schwarz am Zug 1. ... ♘xc2+ 2.♔b2 ♘xe1

IV. LEKTION

5.1.1 Weiß am Zug setzt matt: →D86: ♖a3 (♖a4); D87: ♖3b2; D88: ♖c1; D89: ♖a1; D90: ♖b1; D91: ♕b2 (♕a4); D92: ♕a4; D93: ♕b2; D94: ♕b3; D95: ♕a2; **5.1.2** Schwarz am Zug setzt matt: →D96: ♗c3; D97: ♗b2; D98: ♘c2; D99: ♘c2; D100: ♘a3; D101: b2; D102: cxb2; D103: c1♕ (♖); D104: ♖xa2; D105: bxc2

V. LEKTION

5.1.1 →D141: ♕g6 (♕f7); D142: ♖g5; D143: ♗h7 oder ♗e6; D144: ♘f6; D145: h7; **5.1.2** →Schwarz am Zug setzt patt: D146: 1. ... ♔xc5; D147: 1. ... a5; Weiß am Zug setzt sich selbst patt: D148: 1.b4 axb4; D149: 1.♔a5 ♔b7 2.b4; Schwarz am Zug setzt sich selbst patt: D150: 1. ... ♔b8! 2.♖xc5 patt oder 2.♘c6+ ♕xc6 3.♖xc6 patt

5.2 → D151: auf den Feldern d8 und d7; D152: auf den Feldern d7 e7 f7; D153: 1. ... ♔h7 (1. ... ♔f7 2.♕f5+ ♔e7? 3.♖xe4+ gewinnt) 2.♕e7+ ♔g6 3.♕g5+ Dauerschach; D154: 1.♘f7+ ♔g8 2.♘h6+ ♔h8 remis.

VIII. LEKTION

5.1 Zur Regel vom Quadrat

5.1.1 → 1.d5! exd5 2.a4 und gewinnt (Bianchetti, 1925); **5.1.2** → 1.h3! c5 2.♔b1! c4 3.♔a2 c3 4.♔b3!! a5 5.♔xa2 ♔g3 6.f5 ♔f4 7.f6 ♔e3 8.f7! c2 9.f8♕ c1♕ 10.♕h6+ und gewinnt (Grigorjew,1937); **5.1.3** → 1.♔b5 h5 2.♔c6! ♔c8 (drohte ♔b7) 3.♔d5 mit Remis (Moravec,1952); 5.1.4 → 1.♔g6 a4 2.♔f5 a3 3.♔e6 remis; 1.♔g6 a4 2.♔f5 ♔b6 3.♔e5! a3 4.♔d6 remis, 1.♔g6 a4 2.♔f5 ♔b6 3.♔e5! ♔xc6 4.♔d4 remis (Adamson,1922); **5.1.5** → 1.♔g6 ♔b6 2.♔xg7 h5 3.♔xf6 remis, 1.♔g6 h5 2.♔xg7! h4 3.♔xf6 remis, 1.♔g6 f5 2.♔xg7 f4 3.♔f6 f3 4.♔e6 remis, 1.♔g6 f5 2.♔xg7 f4 3.♔f6 ♔b6 4.♔e5 remis oder 1.♔g6 ♔b6 2.♔xg7 f5 3.♔f6 f4 4.♔e5 f3 5.♔d6 remis (Réti,1928)

5.2 Zur Oppositionsregel

5.2.1 →1. ... ♔a8! 2.♔e7 (2.b5 ♔b7!) 2. ... ♔a7! 3.♔e6 ♔a6! 4.♔d7 ♔b7 5.♔d6 ♔b6 6.♔e5 ♔b5 7.♔d6 ♔b6 remis (Neustadtl)

5.2.2 → 1.♔d6 ♔b7 (eigentlich müsste er auf ein Feld in die entgegengesetzte Richtung ausweichen) 2.♔d7 ♔a6 (oder nach a8, b8) 3.♔c6 ♔a7 4.♔c7 ♔a6 5.♔b8 ♔a5 6.♔a7 mit Gewinn (Chéron, 1926)

5.2.3 →1. ... ♔f7! aber nicht 1. ... ♔h7 2.h5! gxh5 3.♔xh5 ♔g7 4.♔g5 ♔f7 5.♔f5 und gewinnt (Chéron,1926)

5.3 Zur Regel über die relative Wertlosigkeit des Turmbauern

5.3.1 → 1. ... ♔b3 2.♔f5 ♔c4 3.♔g5 ♔d5 4.♔xh5 ♔e6 5.♔xh4 ♔f7, und der König flüchtet in die Ecke

5.3.2 →1. ... ♔f1 2.♔g3 ♔e2! 3.♔xh3 ♔f3 schließt den König ein

5.4 Zur Regel über die wirksamen Felder

5.4.1 →1.♔d3 ♔e5 2.♔c4 ♔e6 3.♔c5 ♔d7 4.♔d5 ♔c7 5.♔e6 ♔d8 6.♔d6 ♔e8 7.d4 ♔d8 8.d5 ♔e8 9.♔c7 gewinnt

5.4.2 →Die Lösung der Übung ist schwierig, aber sehr lehrreich! Weiß verliert zwar einen Bauern, gibt ihn aber so, dass er gleichzeitig die Opposition erlangt. Z. B. 1.♔g5 ♔e4 2.♔f6 ♔d5 3.♔e7 ♔c6 (Zieht Schwarz gleich 3. ... b5, dann dringt Weiß mit 4.♔d7 b4 5.♔c7 ♔c5 6.♔b7 b3 7.♔a6 ♔b4 8.♔b6 ♔c4 9.♔a5 in den Grenzbereich des schwarzen Bauern ein. Auf 6. ... ♔b5 macht 7.b3 ♔c5 8.♔a6 ♔c6 9.♔a5 ♔c5 10.♔a4 ♔c6! 11.♔xb4 ♔b6 remis.) 4.♔e6! b6 5.♔e5! ♔c5 6.♔e4 ♔c4 7.♔e3! b5 (7. ... ♔b3 8.♔d4 ♔xb2 9.♔c4) 8.♔d2 ♔b3 9.♔c1 ♔a2 10.b4! (alles andere verliert) 10. ... ♔b3 11.♔b1 ♔xb4 12.♔b2 mit Opposition, und der schwarze König kann kein wirksames Feld mehr betreten (Nach einer Studie von Grigorjew,1938).

5.5 Zur Regel über das Nehmen von blockierten Bauern

5.5.1 → Der weiße König dringt zwar in den Grenzbereich des e5-Bauern ein, kann aber durch die Opposition des schwarzen Königs nicht gewinnen. Z. B. 1. ... ♚f6 2.♔h5 ♚f7 3.♔g5 ♚e7 4.♔f5 ♚d6 5.♔f6 ♚d7! 6.♔xe5 ♚e7 remis

5.5.2 → Gelingt es dem weißen König, den schwarzen Bauern auf e6 zu nehmen, so befindet er sich auf einem Feld der unbedingten Wirksamkeit und gewinnt. Z. B. 1.e5! (Legt sofort fest, sonst folgt 1. ... e5! mit Remis.) 1. ... ♚d7 2.♔b5! ♚c7 3.♔c5 ♚d7 4.♔b6 (Grenzbereichsfeld des Bauern) 4. ... ♚e7 5.♔c6 ♚e8 6.♔d6 ♚f7 7.♔d7 ♚f8 8.♔xe6 ♚e8 9.♔d6 ♚d8 10.e6 ♚e8 11.e7 (Der Bauer gelangt ohne Schach auf die 7. Reihe – also Gewinn.)

5.6 Zur Methode des Kopfrechenverfahrens

5.6.1 → Weiß am Zug gewinnt. Er benötigt 8 Züge bis zur Damenumwandlung und ist dann wieder am Zug, während Schwarz 9 Züge braucht. Schwarz am Zug benötigt 9 Züge bis zur Umwandlung und Weiß wiederum 8, aber beide besitzen nun eine Dame, und Weiß kann seinen Damenzug nicht ausnützen; z. B. 1.♔a6 2.♔xa7 3.♔b8 4.a4 5.a5 6.a6 7.a7 8.a8♛ bzw. mit Schwarz 1. ... ♚g3 2. ... ♚g4 3. ... ♚xg5 4. ... ♚f4 5. ... g5 6. ... g4 7. ... g3 8. ... g2 9. ... g1♛ remis.

5.6.2 → Schwarz am Zug hält remis: 1. ... ♚g3 2.♔a6 ♚g4 3.g6 ♚g5 4.♔xa7 ♚xg6 5.♔b7 ♚f5 6.a4 g5 7.a5 g4 8.a6 g3 9.a7 g2 10.a8♛ g1♛

5.6.3 → Weiß am Zug gewinnt, da er nur 5 Schritte gegenüber 7 schwarzen Schritten bis zur Umwandlung benötigt; z. B. 1.a5 bxa5 2.bxa5 ♚xh2 3.a6 ♚g1 4.a7 h4 5.a8♛ h3, und das Damenendspiel ist leicht gewonnen. Bei Schwarz am Zug befindet sich der schwarze Randbauer ein Feld weiter vorn, und das Damenendspiel ist nicht zu gewinnen, z. B. 1. ... ♚xh2 2.a5 bxa5 3.bxa5 ♚g1 4.a6 h4 5.a7 h3 6.a8♛ h2 remis.

IX. LEKTION

5.1 Offene Eröffnungen
D236 Italienische Partie, D237 Schottische Partie, D238 Spanische Partie, D239 Königsgambit, D240 Wiener Partie, D241 Dreispringerspiel

5.2 Halboffene Eröffnungen
D242 Sizilianische Verteidigung, D243 Caro-Kann-Verteidigung, D244 Französische Verteidigung, D245 Skandinavische Verteidigung, D246 Aljechin-Verteidigung, D247 Pirc-Ufimzew-Verteidigung,

5.3 Geschlossene Spiele
D248 Damengambit, D249 Nimzowitsch-Indische Verteidigung, D250 Königsindische Verteidigung, D251 Wolga-Gambit, D252 Englische Eröffnung, D253 Holländische Verteidigung

4.5.2 Lösungen der Hausaufgaben in den Lektionen I bis IX

I. LEKTION
6.1 → a2 a4 a6 a8, h1 h3 h5 h7; **6.2** → a1 c1 e1 g1, a3 c3 e3 g3, a5 c5 e5 g5, a7 c7 e7 g7
6.3 → a1 b1 c1 d1 e1 f1 g1 h1

II. LEKTION
6.1 → a2 a3 a4 a5 a6 a7 a8 b1 c1 d1 e1 f1 g1 h1; **6.2** → Z. B. ♞b1-♞c3-♞b5-♞d6-♞c8; **6.3** → 5 Züge; **6.4** → auf 3 Felder (e2 g2 h3)

III. LEKTION
6.1 → Z. B. 1.♞b3 2.♞d4 3.♞f5 4.♞h6 5.♞f7 6.♞h8; **6.2** → 1.♝xf3 d4 2.♝d1; **6.3** → unechte Fesselung; **6.4** → ja – kurze und lange Rochade; **6.5** → auf b4

IV. LEKTION
6.1 → 1.♜h4 matt; **6.2** → 1.♜g8+ ♚h6 2.♜h1 matt; **6.3** → 1.♝d2 ♚h7 2.♝e4+ ♚h8 3.♝c3 matt

V. LEKTION

6.1 →Nr. 1: 1. ... ♖g6+; Nr. 2: 1.b7+ ♔xb7 2.c8♕+ ♔xc8; Nr. 3: 1.♕xc2+ ♔xc2 (1. ... ♕xc2); Nr. 4: 1. ... ♕d6+ 2.♕xd6; Nr. 5: 1. ... ♕g4+ fxg4; **6.2** →1. ♖xb7+ ♔xb7 2.♕d7+ ♔b8 3.♕d8+; **6.3** → 1. ... ♕f3+ 2.♖g2 ♕f1+ usw. oder 1. ... ♕e4+

VI. LEKTION

6.1 → Die schwarzen Bauern auf der a- und c-Linie sind rückständig. Die Bauern a6 und c7 können leicht von weißen Türmen angegriffen bzw. erobert werden; **6.2** →1.e4 e5 2.d4 exd4 3.♕xd4 ♘c6 4.♕e3 ♘f6 5.h3? ♗e7 6.a3?? 0–0 7.♗c4 ♖e8 8.♕b3? d5! 9.♗xd5 ♘xd5 10.♕xd5 ♕xd5 11.exd5 ♗b4+!! 12.♔d1 ♖e1++

VII. LEKTION

6.1 →Das Matt ist in sieben Zügen erreichbar. Z. B. 1.♔d7 ♔b8 2.♗a6 ♔a7 3.♗c8 ♔b8 4.♘b4 ♔a7 5.♔c7 ♔a8 6.♗b7+ ♔a7 7.♘c6 matt; **6.2** → Der Turm geht mit Schach verloren. Z. B. 1.♕d4+ ♔a8 2.♕h8+ ♔a7 (2. ... ♖b8 3.♕a1++) 3.♕h7+; **6.3.1** remis; **6.3.2** remis **6.4** → 1.♖f1 ♗h2 2.♖h1 ♗g3 3.♖g1 ♗h2 4.♖g2! e5 5.♖e2 ♗d6 6.♖e8+ ♗f8 7.♖d8 (Tempozug) 7. ... ♔h8 8.♖xf8++; **6.5** →In diesem Ausnahmefall gewinnt die Dame auch gegen den Läuferbauern. Z. B. 1.♕e7+ ♔f1 (Der König strebt in die »Pattecke«) 2.♔g4 ♔g2 3.♕e4+ ♔g1 4.♔g3! f1♕ 5.♕e3+ ♔h1 6.♔h6+ ♔g1 7.♕h2 matt

VIII. LEKTION

6.1 → a) Regel vom Quadrat; b) Weiß gewinnt; c) 1.g4! hxg4 2.h5 und gewinnt 1. ... gxh4 2.gxh5 und gewinnt, 1. ... ♔e5 2.gxh5 ♔e6 3.h6 ♔f7 4.h5 und gewinnt, 1. ... d5 2.gxh5 d4 3.h6 d3 4.♘d5! (droht ♘c3+) 4. ... ♔e5 5.h7 d2 6.h8♕ d1♕ 7.♕xf6+ und gewinnt (aus einer Partie Shuralwew-Gutman, Riga 1974); **6.2** →a) Regel der Opposition; b) remis; c) 1.♔h1 ♔e2 2.♔g2 ♔d3 3.♔h3! ♔e3 4.♔g3 (Analogie zur Studie von Neustadtl); **6.3** → a) Regel über die relative Wertlosigkeit des Turmbauern; b) remis; c) 1.♔h8! und der weiße König verfolgt den schwarzen. Er sperrt ihn auf c2 ein (Grigorjew); **6.4** → a) Regel der wirksamen Felder; b) Weiß gewinnt; c) Z. B. 1. ... ♔f6 2.♔f4 ♔e6 3.♔g5 usw. **6.5** →a) Regel über das Nehmen von blockierten Bauern; b) Schwarz gewinnt; c) 1. ... ♔d3! 2.♔f5 ♔d4 und gewinnt den Bauern; **6.6** →a) Methode des Kopfrechenverfahrens und der Quadratregel; b) Weiß gewinnt; c) 1.♔c5! g5 2.b4 g4 3.♔d4 und der weiße König befindet sich im Quadrat des schwarzen Bauern (Duras, 1905)

IX. LEKTION

6.1.1 → Evans-Gambit; **6.1.2** →Königsgambit – Kieseritzky-Gambit; **6.1.3** → Schottisches Gambit; **6.1.4** →Spanische Partie – Marshall-Angriff; **6.1.5** → Zweispringerspiel im Nachzuge – Traxler-Variante; **6.2.1** → Sizilianische Verteidigung – Najdorf-Variante; **6.2.2** →Französische Verteidigung – Rubinstein-System; **6.2.3** → Caro-Kann-Verteidigung – Panow-Angriff; **6.3.1** →Damengambit – Cambridge-Springs-Variante; **6.3.2** → Königsindische Verteidigung – Vierbauernangriff; **6.3.3** → Holländische Verteidigung – Leningrader System

4.5.3 Lösungen zu Arbeitsblättern der Lektionen I – IX

I. LEKTION: Thema: Das Schachbrett

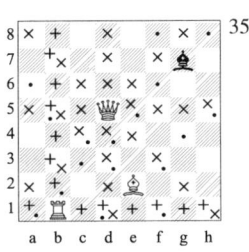

II. LEKTION: Thema: Figurensymbole und Gangart der Steine

Schach-steine	Kurzbe-zeichnung	Symbole	
		weiß	schwarz
König	♔	♔	♚
Dame	♕	♕	♛
Turm	♖	♖	♜
Läufer	♗	♗	♝
Springer	♘	♘	♞
Bauer		♙	♟

Lösung zum
Diagramm 258:

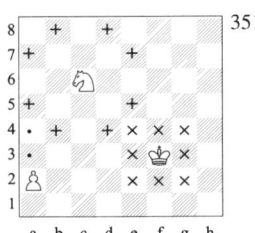

Lösung zum
Diagramm 259:

III. LEKTION: Thema: Die Notation

1.	e2-e4	e7-e6	1.	e4	e6
2.	d2-d4	d7-d5	2.	d4	d5
3.	♘b1-d2	♞b8-c6	3.	♘d2	♞c6
4.	♘g1-f3	♞g8-f6	4.	♘gf3	♞f6
5.	e4-e5	♞f6-d7	5.	e5	♞d7
6.	♘d2-b3	f7-f6	6.	♘b3	f6
7.	♗f1-b5	f6xe5	7.	♗b5	fxe5
8.	d4xe5	♞d7-c5	8.	dxe5	♞c5
9.	♘f3-g5	♗c8-d7?	9.	♘g5	♗d7?
10.	♗b5xc6	b7xc6	10.	♗xc6	bxc6
11.	♕d1-h5+	g7-g6	11.	♕h5+	g6
12.	♕h5-f3	aufgegeben	12.	♕f3	aufgegeben

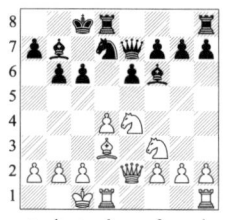

352

Lösung zum Diagrammbild 267: Weiß: ♔c1 ♕e2 ♖d1 ♖h1 ♗d3 ♘e4 ♘f3 a2 b2 c2 d4 f2 g2 h2, Schwarz: ♚c8 ♛e7 ♜d8 ♜h8 ♝b7 ♝f6 ♞d7 a7 b6 c6 e6 f7 g7 h7

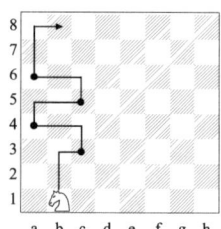

353

Lösung zum Diagrammbild 268: Der Weg des Springers von b1 nach b8: 1.♘c3 2.♘a4 3.♘c5 4.♘a6 5.♘b8

IV. LEKTION

Thema: Mattsetzen

Bei den Diagrammen 275 = ♖f8, 276 = ♗f6, 277 = ♘f7, 278 = g7, 279 = ♖g4-♖h5-♖g6-♖h7-♖g8, 280 – ♗e6-♗g3-♗d5, 281 = ♖c7-♖d7, 282 = Lösung I: 1.♖g8† 2.♘xf7† †, Lösung II: 1.♖g7 nebst 2.♖h7++

Thema: Lösen von Mattaufgaben

Bei den Diagrammen 291 = ♕b7 oder ♕d8, 292 = ♕a7, 293 = ♕a6 oder ♕b8, 294 = ♕a7, 295 = ♖d8, 296 = ♖xd8, 297 = ♗c6, 298 = ♘a7, 299 = ♗b7, 300 = d8♕ oder ♖, 301 = c8♕ oder ♖, 302 = c8♘.

V. LEKTION

Thema: Patt und Dauerschach

Bei den Diagrammen 303 = ♕f6, 304 = ♖g7, 305 = ♗g6, 306 = ♘f6, 307 = g7, 307a = f7, 308 = ♖b6, 309 = ♕d6, 310 = ♗f6 und ♗e5, 311 = ♘f7 und ♘e5.

Thema: Erkennen von Remisstellungen

Bei den Diagrammen 312 = ja, 313 = ja, 314 = nein, 314a = nein, 315 = ja, 316 = nein, 317 = ja, 318 = ja, 1.♖b7+, 319 = ja 1.b3.

VI. LEKTION

Thema: Schnelle Entwicklung der Kräfte

Bei den Diagrammen

320 = 3. ... h6 ist ein nutzloser Bauernzug, der nichts für die Entwicklung leistet (besser ist 3. ... Le7) 321 = Der schwarze Läufer steht ungeschützt. Weiß kann mit 5.♘xe5! einen Bauern schlagen und Matt drohen (besser ist 4. ... ♘f6) 322 = Nach dem Schlagen der Dame ist das Matt unvermeidbar 6.♗xf7+ ♚e7 7.♘d5 matt. Schwarz musste sich mit Bauernverlust (5. ... dxe5 6.♕xg4) abfinden.

VII. LEKTION:

Thema: Elementare Endspiele

Bei den Diagrammen 323 = ♔c8-♔d7, 324 = ♔g8-♔h8, 325 = ♔f8, 326 = ♔e7, 327 = ♗f4-♗f5-♗e5, 328 = ♘e6-♘g5-♘h3.

VIII. LEKTION:

Thema: Die Regel vom Quadrat + Übungen

Die Lösungen zu den Übungsaufgaben 329, 330, 331, 332, 333, 334 werden in nachstehenden Diagrammen dargestellt:

zu: 329   zu: 330   zu: 331   zu: 332   zu: 333   zu: 334

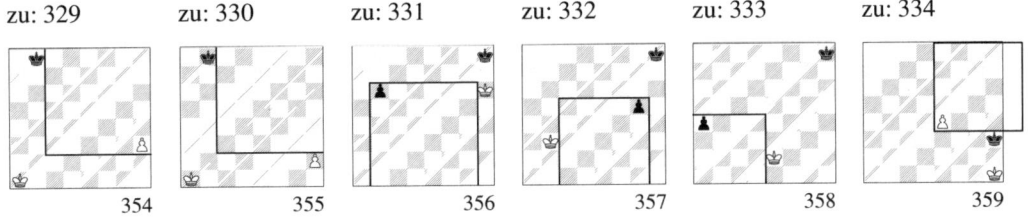

354   355   356   357   358   359

Thema: Die Regel vom Quadrat + Kontrollübungen

Bei den Diagrammen: 337 = ja, 338 = nein, 339 = ja, 340 = ja, 341 = nein, 342 = nein.

IX. LEKTION:

Thema: Einteilung der Spieleröffnungen

360   361   362   363

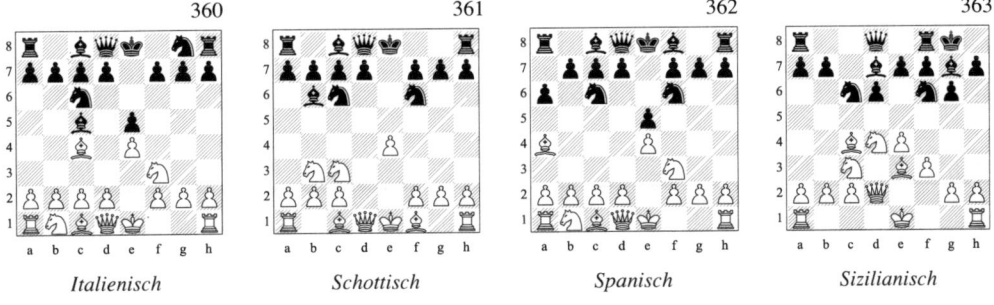

Italienisch   *Schottisch*   *Spanisch*   *Sizilianisch*

4.5.4 Lösungen zu teilprogrammierten Überprüfungsfragen und -aufgaben mit Notenskala von 0–100 Punkten

Frage	richtige Antwort	Punktzahl	Frage	richtige Antwort	Punktzahl
1	b	1	21	c	2
2	c	1	22	c	3
3	b	1	23	a	3
4	b	1	24	a	4
5	c	1	25	b	4
6	b	1	26	b	4
7	b	1	27	b	5
8	a	1	28	a	5
9	c	1	29	a	6
10	b	1	30	b	3
11	a	1	31	a	4
12	c	1	32	b	3
13	b	2	33	b	3
14	a	1	34	a	6
15	a	1	35	a	5
16	b	1	36	b	2
17	c	2	37	c	3
18	a	2	38	b	3
19	c	1	39	c	3
20	b	2	40	a	5

Notenskala
80 – 100 Punkte = Note 1
60 – 79 Punkte = Note 2
40 – 59 Punkte = Note 3
20 – 39 Punkte = Note 4
12 – 19 Punkte = Note 5
0 – 11 Punkte = Note 6

Bewertung: Insgesamt sind 100 Punkte erreichbar

5. SYSTEMATISCHE ÜBERSICHT
DER ERÖFFNUNGSSYSTEME UND VARIANTEN

Die gesamte Eröffnungstheorie wurde mit Beginn des 20. Jahrhunderts durch gezielte theoretische Forschungen und umfangreichere Turnierpraxis wesentlich erweitert. Konnte man in früheren Jahren die erste Spielphase in Form von offenen, halboffenen und geschlossenen Eröffnungsweisen noch einigermaßen verstehen, ist heute kein Spieler mehr in der Lage, Tausende von Varianten, Untervarianten und Zugfolgen zu überschauen oder sich universelle Kenntnisse auf diesem Gebiet anzueignen. Gleichzeitig war es notwendig, die riesige Informationsfülle aller Eröffnungen nach formalen Aspekten zu unterscheiden und zu untergliedern. So waren vor allem die Schachautoren gefordert, Klassifikationssysteme zu entwickeln, damit durch vereinheitlichte Ausdrucksweisen die verschiedenen Eröffnungen mit ihren Varianten bezeichnet und geordnet werden konnten.

Im Jahre 1971 entwickelte IM Braslav Rabar für den »Schachinformator« ein Klassifikationssystem, durch das alle Eröffnungen in drei Hauptgruppen eingeteilt wurden:
Gruppe I mit der Bezeichnung „E" = Eröffnungen nach 1.e4, Gruppe II mit der Bezeichnung „D" = Eröffnungen nach 1.d4, Gruppe III mit der Bezeichnung „R" = Verschiedene Eröffnungen 1.f4 1.g3 1.b4 1.♘f3 1.c4 sowie einige Eröffnungen nach 1.e4 und 1.d4. Eine weitere detaillierte Untergliederung erwies sich als zweckmäßig. Das geschah durch Hinzufügen der Ziffern von 0–9 z.B. E0 E1 E2 usw. sowie durch die nächste Spezifizierung mittels Beifügen einer weiteren Ziffer z.B. E00 E01 E02 usw. Der Rabar-Index wurde damals von den meisten Theoriewerken übernommen. Das Loseblattwerk Schacharchiv nutzte viele Jahre folgendes Kennziffersystem:
A. Geschlossene Spiele (1.d4 d5), B. Halbgeschlossene Spiele (1.d4, sonstiges), C. Flankenspiele (1. nicht e4, c4, d4), D. Halboffene Spiele (1.e4, nicht e5), E. Offene Spiele (1.e4 e5). Ab 1972 wurde im Schacharchiv der Rabar-Index mit angegeben und später übernommen. Ein eigenes Code-System entwarf das International Chess Data Informations System „New in Chess" mit dem NIC-KEY.

Für das Mitte der siebziger Jahre entstandene fünfbändige Standardwerk „Enzyklopädie der Schacheröffnungen" wurde ein neues Schlüsselsystem erarbeitet, das die gesamte Eröffnungstheorie in fünf Säulen übersichtlich einordnet. Heute ist dieses Codesystem zum international meist verwendeten Schlüssel geworden. Auch der periodisch erscheinende Schachinformator übernahm ab Band 17 den „Enzyklopädie-Index" zunächst in Klammer und ab Band 31 dann an vorderer Stelle.

Nachstehende Zusammenstellung verfolgt vornehmlich zwei Ziele: Erstens soll dem Trainer, Übungsleiter und Aktiven ein Gesamtüberblick zum derzeitigen Stand des Eröffnungswissens gegeben werden. Zum anderen ermöglicht die angewandte Klassifizierungsmethode schnell und präzis die gewünschte Zugfolge in Schachpublikationen, Fachzeitschriften, elektronischen Datenbanken u. a. aufzufinden und damit der eigenen Lehr- und Trainingsarbeit nutzbar zu machen. Grundlagen der Übersicht sind die in der Literaturliste angegebenen Quellen, vor allem die fünf Bände der Enzyklopädie, das Internationale Schlüsselbuch von Samarian und die 24bändige Moderne Schachtheorie des Sportverlags.

Der Aufbau des Enzyklopädie-Index-Schlüssels erfolgt nach den fünf Hauptgruppen A B C D E. Jede Hauptgruppe untergliedert sich in zehn Untergruppen 0 1 2 3 4 5 6 7 8 9 (A 0 – E 9).

Zur besseren Unterscheidung wird noch eine zweite Untergliederung vorgenommen und damit eine weitere Zahl hinzugefügt (A 00 - E 99). So entstehen insgesamt 500 Unterscheidungsmerkmale, d. h. Schlüssel bzw. Varianten. Zum besseren kommunikativen Verständnis wurden alle historisch entstandenen und gegenwärtig gebräuchlichen verbalen Bezeichnungen in Form von Eröffnung, Variante, System, Verteidigung, Gambit, Angriff, Aufbau, Fianchetto, Zug usw. hinzugefügt. Mehrfachbezeichnungen von Eröffnungen und Varianten sind durch unterschiedliche Betrachtungsweisen (z.B. Spanische Partie oder Spiel des López) als auch auf den schachhistorischen Erkenntniszuwachs zurückzuführen. Die im Fettdruck dargestellten Varianten, Zugfolgen und Züge gelten als die Hauptfortsetzung. Der Gesamtschlüssel zeigt folgende Struktur (v = verschiedene Eröffnungen):

A	1.v ohne 1.e4 1.d4 1.d4 v ohne 1. ... d5 1. ... ♘f6 1.d4 ♘f6 2.v ohne 2.c4 1.d4 ♘f6 2.c4 v ohne 2. ... e6 2. ... g6
B	1.e4 v ohne 1. ... c5 1. ... e6 1. ... e5 1.e4 c5
C	1.e4 e6 1.e4 e5
D	1.d4 d5 1.d4 ♘f6 2.c4 g6 mit d7-d5
E	1.d4 ♘f6 2.c4 e6 1.d4 ♘f6 2.c4 g6 ohne d7-d5

Abkürzungen: E. = Eröffnung, Vert. = Verteidigung, V. = Variante, S. = System, A = Aufbau

A 00 **1.a3 1.c3 1.♘c3 1.e3 1.d3 1.h4 1.g4** Grobs Angriff u. a. unregelmäßige Eröffnungszüge **1.b4** Sokolski-Eröffnung, Orang-Utan Eröffnung **1.g3** Königsfianchetto (ohne Übergang in andere Eröffnungen)

A 01   **1.b3** Larsen-Eröffnung (ohne Übergang in A 02 A 04 A 06 A 07 A 15 u.a.)

A 02   **1.f4 e5** (1. ... ♘c6 1. ... c5 1. ... ♘f6 1. ... f5) Froms Gambit

A 03   **1.f4 d5** Bird-Eröffnung

A 04   **1.♘f3 f5** (1. ... b5 1. ... g6 1. ... c5 u. a. Holländisches System)

A 05   **1.♘f3 ♘f6** (ohne ... d5 mit Übergängen in verschiedene Eröffnungen z. B. Zukertort-E., Sokolski-E. u. a.)

A 06   **1.♘f3 d5 2.b4** (2.b3) u. a. Zukertort-E. (ohne g3 oder c4)

A 07   **1.♘f3 d5 2.g3** Barcza-System (mit Übergängen in andere Systeme ohne c7-c5)

A 08   **1.♘f3 d5 2.g3 c5 3.♗g2** (3. ... g6 3. ... ♘c6 4.0-0 e6 5.d3) Königsindisch im Anzuge, Barcza-System

A 09   **1.♘f3 d5 2.c4** (2. ... dxc4 2. ... d4) Reti-Eröffnung

A 10 **1.c4 f5** 1. ... b6 1. ... g6 u. a. Abarten von Holländisch, Damenindisch, Königsindisch (ohne d4)

A 11   **1.c4 c6 2.♘f3** (2.g3) **2. ... d5 3.g3 ♘f6 4.♗g2 g6** (4. ... dxc4 4. ... ♗f5 4. ... ♗g4) Reti-E.

A 12   **1.c4 c6 2.♘f3 d5 3.b3** (3. ... ♗g4 3. ...♘f6 4.g3 ♗f5; 4. ... ♗g4) Reti-E. (New Yorker-S.)

A 13   **1.c4 e6 2.♘f3** (2.g3 2.♘c3) 2. ... **d5** (2. ... ♘f6 3.g3 a6) **3.g3 ♘f6 4.♗g2 dxc4** Reti-E.

A 14   **1.c4 e6 2.♘f3 d5 3.g3 ♘f6 4.♗g2 ♗e7** Reti-Eröffnung

A 15   **1.c4 ♘f6 2.♘f3 g6** (2. ... b6) **3.b4** (3.b3 ♗g7 4.♗b2 0-0) Englisch gegen königsindischen Aufbau

A 16   **1.c4 ♘f6 2.♘c3 d5** (2. ... g6 2. ... c6 2. ... d6 2. ... b6) Englische Eröffnung, Englisch oder Bremer Partie

A 17   **1.c4 ♘f6 2.♘c3 e6 3.♘f3** (3.g3) **3. ... ♗b4** Englisch

A 18   **1.c4 ♘f6 2.♘c3 e6 3.e4 d5** (3. ... e5 3. ... d6 3. ... ♘c6) **4.e5** (4.cxd5) Englisch

A 19   **1.c4 ♘f6 2.♘c3 e6 3.e4 c5** Englisch

A 20 **1.c4 e5 2.♘f3** (2.g3 2.e3 2.d3 2.a3) Englisch

A 21   **1.c4 e5 2.♘c3 d6** (2. ... g6 2. ... f5 2. ... ♗b4) Englisch

A 22   **1.c4 e5 2.♘c3 ♘f6 3.g3** (3.♘f3 ohne d7-d6 3.d3 etc.) **3. ... ♗b4** (3. ... d5 → A 29) Englisch

A 23   **1.c4 e5 2.♘c3 ♘f6 3.g3 c6** Englisch

A 24   **1.c4 e5 2.♘c3 ♘f6 3.g3 g6 4.♗g2** (4.b3) **4. ... ♗g7 5.♘f3** (5.e4 5.e3) Englisch

A 25   **1.c4 e5 2.♘c3 ♘c6 3.g3** (3.e3 etc.) **3. ... g6** (3. ... ♗c5 etc.) **4.♗g2 ♗g7 5.e3** (5.♖b1 etc.) Englisch (Sizilianisch im Anzug)

A 26   **1.c4 e5 2. ♘c3 ♘c6 3.g3 g6 4.♗g2 ♗g7 5.d3** (ohne 6.e3 oder 6.♖b1)

A 27   **1.c4 e5 2.♘c3 ♘c6 3.♘f3 f5** (3. ... g6 3. ... d6 3. ... ♘ge7) Englisch (Holländische Struktur)

A 28   **1.c4 e5 2.♘c3 ♘c6 2.♘f3 ♘f6 4.d4** (4.a3 4.e4 4.d3 4.e3) Englisch (Vierspringer-Variante)

A 29   **1.c4 e5 2.♘c3 ♘c6 3.♘f3 ♘f6 4.g3** Englisch (Vierspringer-Variante)

A 30   **1.c4 c5 2.♘f3** (2.f4 2.b3) **2. ... ♘f6** (2. ... ♘c6 2. ... b6 2. ... e6) **3.g3** Englisch (Symmetrie-Variante)

A 31   **1.c4 c5 2.♘f3 ♘f6 3.d4 cxd4 4.♘xd4 e5** (4. ... b6 4. ... a6 4. ... ♘c6 4. ... g6) **5.♘b5 d5** (5. ... ♗c5 5. ... ♗b4) **6.cxd5** Englisch (Symmetrie-Variante)

A 32   **1.c4 c5 2.♘f3 ♘f6 3.d4 cxd4 4.♘xd4 e6 5.♘c3** (5.g3) **5. ... ♗b4** (5. ... a6 5. ... d5 5. ... b6) **6.♘b5** (6.♕b3 6.e3 6.g3 6.♘c2) 6. ... ♘c6 7.a3 Englisch (Symmetrie-Variante)

A 33   **1.c4 c5 2.♘f3 ♘f6 3.d4 cxd4 4.♘xd4 e6 5.♘c3 ♘c6 6.g3** (6.♘db5 6.e3 6.a3) 6. ... ♕b6 c5 6. ... ♗c5 6. ... ♗b4 6. ... a6 6. ... ♗e7 etc.) 7.♘b3 (7.♘db5) 7. ... ♗b4 (7. ... ♘e5) 8.♗g2 Englisch (Symmetrie-Variante)

A 34   **1.c4 c5 2.♘c3 ♘f6** (2. ... e5 2. ... b6 2. ... g6) **3.g3** (3.♘f3) **3. ... d5** (3. ... e6 3. ... b6) **4.cxd5 ♘xd5 5.♗g2 ♘c7** (5. ... Sc3) **6.♘f3 ♘c6 7.0–0** (7.♕a4 7.d3 7.a3) **7. ... e5** (7. ... e6) **8.d3** (8.b3 8.a3) **8. ... ♗e7 9.♘d2** (9.♗e3) Englisch (Symmetrie-Variante)

A 35   **1.c4 c5 2.♘c3 ♘c6 3.♘f3** (3.f4) **3. ... g6** (3. ... e5 3. ... f5 3. ... e6 3. ... ♘f6) **4.e3** (4.d4 cxd4 5.♘xd4 ♗g7 6.♘c2 6.e3) **4. ... ♗g7** (4. ... ♘f6 5.d4 cxd4 6.exd4 d5) **5.d4 d6** (5. ... cxd4 6.exd4 d5) **6.♗e2** (6.d5) **6. ... ♘f6** (6. ... ♗g4) **7.d5** Englisch (Symmetrie-Variante)

A 36   **1.c4 c5 2.♘c3 ♘c6 3.g3 g6** (3. ... e5) **4.♗g2 ♗g7 5.e4** (5.e3 5.d3 5.a3) 5. ... ♘f6 (5. ... e6 5. ... d6) 6.♘ge2 (6.d3) 6. ... 0–0 7.0–0 d6 8.d3 (8.a3) 8. ... ♘e8 (8. ... a6) 9.h3 ♘c7 10.f4 f5 11.♗e3 Englisch (Botwinnik-Variante)

A 37   1.c4 c5 2.♘c3 ♘c6 3.g3 g6 4.♗g2 ♗g7 5.♘f3 e5 (5. ... e6 6.0–0 ♘ge7 7.d3 etc.; 5. ... d6 5. ... a6 5. ... ♘h6 etc.) 6.0-0 ♘ge7 7.a3 (7.d3 7.b3 etc.) 7. ... 0-0 8.d3 d6 (8. ... a6) 9.♖b1 a5 (9. ... ♖b8) 10.♗d2 Englisch (Symmetrie-V.)

A 38   **1.c4 c5 2.♘c3 ♘c6 3.g3 g6 4.♗g2 ♗g7 5.♘f3 ♘f6 6.0–0** (6.d3 etc.) **6. ... 0–0 7.d3** (7.a3 7.b3) 7. ... d6 (7. ... b6 7. ... a6 7. ... d5) 8.a3 (8.♗d2 8.h3) 8. ... ♗d7 9.♖b1 a5 10.♗d2 Englisch (Symmetrie-Variante)

A 39   **1.c4 c5 2.♘c3 ♘c6 3.g3 g6 4.♗g2 ♗g7 5.♘f3 ♘f6 6.0–0 0–0 7.d4 cxd4** (7. ... d5; 7. ... d6 → E 65) 8. ♘xd4 ♘xd4 9.♕xd4 d6 10.♕d3 (10.♕d2 10.♕h4 10.♗g5) Englisch (Symmetrie-Variante)

A 40   **1.d4 e5** (Englund-Gambit) **1. ... ♘c6 1. ... b5 1. ... b6 1. ... e6** Keres-System **2.c4 b6; 1. ... g6** (Robatsch-Verteidigung) ohne ♘f6 mit frühem c7-c5, verschiedene (seltene) Antworten auf 1.d4

A 41   **1.d4 d6 2.c4** (2.♘f3) **2. ... g6 3.♘c3 ♗g7 4.♘f3 ♘d7** (4. ... ♗g4 4. ... e5 4. ... ♘c6 4. ... c6) 5.g3 (5.♗g5) 5. ... e5 6.♗g2 ♘h6 (6. ... ♘e7) 7.0–0 0–0 Moderne Verteidigung gegen 1.d4 (mit oder ohne späterem e2-e4 und Sf6)

A 42   **1.d4 d6 2.c4 g6 3.♘c3 ♗g7 4.e4 e5** (4. ... ♘d7 4. ... ♘c6 4. ... c6 4. ... f5 4. ... c5) 5.♘f3 (5.dxe5 5.d5) 5. ... exd4 (5. ... ♗g4) 6.♘xd4 ♘c6 7.♗e3 ♘ge7 Moderne Verteidigung gegen 1.d4 (mit c2-c4/ohne ♘f6)

A 43   **1.d4 c5 2.d5** (2.dxc5) **2. ... d6** (2. ... ♘f6 2. ... e6 2. ... b5 2. ... f5 Clarendon-Court-Verteidigung) 3.e4 ♘f6 4.♘c3 g6 5.♘f3 ♗g7 6.♗e2 (6.♗b5) 6. ... 0–0 (6. ... ♘a6) 7.0–0 ♘a6 (7. ... ♗g4) 8.h3 ♘c7 9.a4 b6 10.♗f4 Alt-Benoni-Verteidigung

A 44   **1.d4 c5 2.d5 e5** 3.e4 (3.c4) 3. ... d6 4.♘c3 (4.♗d3 4.g3 4.f4 4.♘f3) 4. ... a6 (4. ... ♘e7 4. ... g6 4. ... ♗e7 4. ... ♘f6) 5.a4 ♘e7 (5. ... g6 5. ... ♘f6) 6.♘f3 ♘g6 7.h4 h5 8.g3 ♗e7 9.♗e2 Alt-Benoni-Verteidigung

A 45 **1.d4 ♘f6 2.♗g5** (2.e3 2.c3 2.g3 2.♘c3 2.g4 Gibbins-Weidenhagen-Gambit) **2. ... ♘e4** (2. ... c5 2. ... e6 2. ... g6 etc.) 3.♗f4 (3.♗h4) 3. ... d5 (3. ... c5) 4.f3 (4.♘d2) 4. ... ♘f6 5.e4!? (5.♘c3) 5. ... dxe4 6.♘c3 Damenbauernspiele (Trompowsky-Angriff)

A 46 **1.d4 ♘f6 2.♘f3 e6** (2. ... c5 2. ... b5 Polnische Vert. 2. ... d6) **3. ♗g5** (3.♗f4 3.e3 3.g3) 3. ... c5 (3. ... h6) 4.e3 (4.c3 4.e4 etc.) 4. ... ♕b6 5.♘bd2 ♕b2 6.♗d3 d5 7.c4 Damenbauernspiele

A 47 **1.d4 ♘f6 2.♘f3 b6 3.♘c3** (3.e3 3.g3 3. ... ♗g5 3.♗f4) 3. ... ♗b7 4.♗g5 d5 5.e3 e6 6.♘e5 Damenindischer Aufbau ohne c2-c4

A 48 **1.d4 ♘f6 2.♘f3 g6 3.♗g5** (3.♗f4 Londoner System 3.b3 3.e3, 3.♘c3 d5 4.♗f4 Barry-Angriff etc.) 3. ... ♗g7 4.♘bd2 (4.c3 4.e3 4.♗xf6?!) 4. ... d6 (4. ... c5 4. ... 0–0 4. ... h6) 5.e4 (5.e3) 5. ... 0–0 (5. ... h6) 6.c3 (6.h3) 6. ... c5 (6. ... ♘bd7) 7.dxc5 dxc5 8.♗c4 Königsindischer Aufbau ohne c2-c4, Torre-Angriff

A 49 **1.d4 ♘f6 2.♘f3 g6 3.g3 ♗g7** (3. ... g7 3. ... b6) 4.♗g2 0–0 5. 0–0 d6 (5. ... c5) 6.b3 (6.♘c3 6.♘bd2 etc.) 6. ... e5 (6. ... c5 6.♘bd7) Königsindischer Aufbau ohne c2-c4

A 50 **1.d4 ♘f6 2.c4 b6 3.♘c3** (3.♘f3 3.d5) 3. ... ♗b7 (3. ... e6) 4.♕c2 (4.d5 4.f3) 4. ... d5 (4. ... e6) 5.cxd5 ♘xd5 6.♘f3 (6.e4) 6. ... ♘xc3 7.bxc3 g6 8.e4 Damenindischer Aufbau ohne e7-e6

A 51 **1.d4 ♘f6 2.c4 e5 3.dxe5** (3.d5 etc.) **3. ... ♘e4** Fajarowicz-Gambit 4.♘f3 ♘c6 (4. ... ♗b4) 5.♘bd2 (5.a3) Budapester Gambit

A 52 **1.d4 ♘f6 2.c4 e5 3.dxe5 ♘g4 4. ♗f4** (4.♘f3 4.e4 4.e6) 4. ... ♘c6 (4. ... ♗b4+ 4. ... g5 etc.) 5.♘f3 ♗b4+ 6.♘c3 (6.♘bd2) 6. ... ♕e7 7.♕d5 f6 8.exf6 ♘xf6 9.♕d3 Budapester Gambit (Hauptvariante)

A 53 **1.d4 ♘f6 2.c4 d6 3.♘c3** (3.♘f3) 3. ... e5 (3. ... c6 3. ... ♗f5 3. ... ♘bd7) **4.dxe5** (4.d5 4.e4) 4. ... dxe5 5.♕xd8+ ♔xd8 6.♘f3 (6.♗g5) 6. ... ♘fd7 7.♗d2 (7.♗e3 7.g3) Altindische Vert.

A 54 **1.d4 ♘f6 2.c4 d6 3.♘c3 c5 4.♘f3 ♘bd7** (4. ... e4 etc.) 5.♗g5 (5.e3 5.g3 etc.) 5. ... ♗e7 (5. ... c6) 6.e3 0–0 7.♕c2 (7.♕e2) 7. ... c6 8.♗d3 h6 (8. ... ♖e8) 9.♗h4 ♖e8 10.0–0–0 Altindische Verteidigung

A 55 **1.d4 ♘f6 2.c4 d6 3.♘c3 e5 4.♘f3 ♘bd7 5.e4** ♗e7 6.♗e2 (6.g3 0–0 7.♗g2 c6 8.0–0 ♖e8) 6. ... 0–0 (6. ... 0–0 6. ... c6) 7.0–0 ♖e8 (7. ... c6) 8.♕c2 (8.h3) 8. ... c6 9.b3 ♗f8 10.♗b2 Altindische Verteidigung.

A 56 **1.d4 ♘f6 2.c4 c5 3.d5** (3.dxc5 3.e3 etc.) 3. ... e5 (3. ... d6 3. ... g6 → Hromadka-System etc.) 4.♘c3 d6 5.e4 ♗e7 Altindische Vert. → A 43, 44

A 57 **1.d4 ♘f6 2.c4 c5 3.d5 b5 4.cxb5** (4.♘f3 4.♘d2 4.a4 4.♗g5 4.♕c2 etc.) **4. ... a6** (4. ... e6) 5.e3 (5.b6 5.f3 5.♕c2 etc.) 5. ... g6 (5. ... e6 5. ... axb5) 6.♘c3 ♗g7 7.a4 (7.e4 7.♘f3 7.bxa6) 7. ... d6 8.♕b3 Wolga-Gambit, Benkö-Gambit

A 58 **1.d4 ♘f6 2.c4 c5 3.d5 b5 4.cxb5 a6 5.bxa6 ♗xa6** (5. ... e6 5. ... g6 5. ... ♘xa6 etc.) **6.♘c3** (6.g3) **6. ... d6 7.♘f3** (7.f4) 7. ... g6 8.g3 ♗g7 9.♗g2 (9.♗h3) 9. ... ♘bd7 10.0–0 ♘b6 (10. ... 0–0) 11.♖e1 Wolga-Gambit, Benkö-Gambit

A 59 **1.d4 ♘f6 2.c4 c5 3.d5 b5 4.cxb5 a6 5.bxa6 ♗xa6 6.♘c3 d6 7.e4** ♗xf1 8.♔xf1 g6 9.g3 (9.♘f3 9.♘ge2 etc.) 9. ... ♗g7 10.♔g2 0–0 11.♘f3 ♘bd7 12.♖e1 (12.h3 12.♘d2 etc.) 12. ... ♕a5 (12. ... ♘g4 12. ... ♕b6 etc.) Wolga-Gambit, Benkö-Gambit

A 60 **1.d4 ♘f6 2.c4 c5 3.d5 e6 4.♘c3** (4.dxe6 4.g3 4.♘f3) **4. ... exd5 5.cxd5** (5.♘xd5) **5. ... d6** (5 ... g6) 6.♘f3 ♗e7 Moderne Benoni-Verteidigung (Benoni)

A 61 **1.d4 ♘f6 2.c4 c5 3.d5 e6 4.♘c3 exd5 5.cxd5 d6 6.♘f3 g6** 7.♗g5 (7.♘d2 7.♗f4 etc.) 7. ... h6 (7. ... ♗g7) 8.♗h4 g5 9.♗g3 ♘h5 10.e3 (10.♘d2) Benoni

A 62 **1.d4 ♘f6 2.c4 c5 3.d5 e6 4.♘c3 exd5 5.cxd5 d6 6.♘f3 g6 7.g3 ♗g7 8.♗g2 0–0 9.0–0** (9.♘d2) **9. ... ♘a6** (9. ... ♖e8 9. ... g4 9. ... b6 etc.) 10.♘d2 (10.h3 10.♗f4 etc.) Benoni mit 7.g3

A 63 **1.d4 ♘f6 2.c4 c5 3.d5 e6 4.♘c3 exd5 5.cxd5 d6 6.♘f3 g6 7.g3 ♗g7 8.♗g2 0–0 9.0–0 ♘bd7 10.♘d2** (10.♖e1 10.a4 10.♗f4 etc.) 10. ... a6 (10. ... ♕e7 10. ... ♘e8 etc.) 11.a4 ♖b8 (11. ... ♘e8 etc.) 12.♘c4 Benoni

A 64 **1.d4 ♘f6 2.c4 c5 3.d5 e6 4.♘c3 exd5 5.cxd5 d6 6.♘f3 g6 7.g3 ♗g7 8.♗g2 0–0 9.0–0 ♘bd7 10.♘d2 a6 11.a4 ♖e8** Benoni

A 65 **1.d4 Nf6 2.c4 c5 3.d5 e6 4.Nc3 exd5 5.cxd5 d6 6.Nf3 g6** (6. ... Be7) **7.Bd3** (7.Bf4 7.Be2 7.Bb5 7.f3 etc.) Benoni

A 66 **1.d4 Nf6 2.c4 c5 3.d5 e6 4.Nc3 exd5 5.cxd5 d6 6.e4 g6 7.f4 Bg7** (7. ... Qe7 etc.) 8.e5 Nfd7 (8. ... dxe5) 9.Nb5 dxe5 10.Nd6+ Ke7 11.Nxc8+ Qxc8 12.Nf3 (12.d6) 12. ... Re8 13.Bc4 (13.fxe5) Benoni (Zentraler Angriff)

A 67 **1.d4 Nf6 2.c4 c5 3.d5 e6 4.Nc3 exd5 5.cxd5 d6 6.e4 g6 7.f4 Bg7 8.Bb5+ Nfd7** (8. ... Bd7) 9.Bd3 (9.a4 9.Nf3 9.Ne2) 9. ... 0-0 (9. ... a6 9. ... Qh4+ 9. ... Na6) 10.Nf3 Na6 (10. ... Qb6 10. ... b6) 11.0-0 Nc7 (11. ... Rb8) 12.a4 Re8 13.h3 Benoni (Dreibauern-System)

A 68 **1.d4 Nf6 2.c4 c5 3.d5 e6 4.Nc3 exd5 5.cxd5 d6 6.e4 g6 7.f4 Bg7 8.Nf3 0-0 9.Be2** (9.Bd3) **9. ... Bg4** (9. ... b5 9. ... Na6 etc.) 10.0-0 (10.e5) Benoni (Dreibauern-System)

A 69 **1.d4 Nf6 2.c4 c5 3.d5 e6 4.Nc3 exd5 5.cxd5 d6 6.e4 g6 7.f4 Bg7 8.Nf3 0-0 9.Be2 Re8** 10.Nd2 (10.e5 10.0-0) 10. ... Na6 (10. ... a6 10. ... Bg4 10. ... c4 10. ...b6 10. ... Nbd7) 11.0-0 Nc7 (11. ... Rb8) Benoni (Dreibauern-System)

A 70 **1.d4 Nf6 2.c4 c5 3.d5 e6 4.Nc3 exd5 5.cxd5 d6 6.e4 g6 7.Nf3 Bg7** (7. ... a6 7. ... Bg4 etc.) 8.Qa4+ (8.Bd3 8.a4 8.Bb5+ 8.Bf4) 8. ... Bd7 9.Qb3 Qc7 10.Bf4 0-0 11.Be2 Benoni (Hauptsystem)

A 71 **1.d4 Nf6 2.c4 c5 3.d5 e6 4.Nc3 exd5 5.cxd5 d6 6.e4 g6 7.Nf3 Bg7 8.Bg5 h6 9.Bh4 g5** 10.Bg3 Nh5 11.Bb5+ Kf8 12.e5 (12.Be2) Benoni (Hauptsystem mit 8.Bg5)

A 72 **1.d4 Nf6 2.c4 c5 3.d5 e6 4.Nc3 exd5 5.cxd5 d6 6.e4 g6 7.Nf3 Bg7 8.Be2 0-0 9.Bg5** (9.Bf4 9.Nd2 etc.) 9. ... h6 10.Bh4 g5 11.Bg3 Nh5 12.Nd2 Nxg3 13.hxg3 Benoni (Hauptsystem mit 9.Bg5)

A 73 **1.d4 Nf6 2.c4 c5 3.d5 e6 4.Nc3 exd5 5.cxd5 d6 6.e4 g6 7.Nf3 Bg7 8.Be2 0-0 9.0-0 Bg4** (9. ... Na6 9. ... Nbd7 9. ... b6 etc.) 10.h3 (10.Nd2 10.Bg5) 10. ... Bxf3 11.Bxf3 a6 (11. ... Nbd7) 12.Bf4 Benoni (Hauptsystem)

A 74 **1.d4 Nf6 2.c4 c5 3.d5 e6 4.Nc3 exd5 5.cxd5 d6 6.e4 g6 7.Nf3 Bg7 8.Be2 0-0 9.0-0 a6 10.a4 Nbd7** (10. ... b6 etc.) 11.Nd2 (11.Bg5 11.Bf4) Benoni (Hauptsystem)

A 75 **1.d4 Nf6 2.c4 c5 3.d5 e6 4.Nc3 exd5 5.cxd5 d6 6.e4 g6 7.Nf3 Bg7 8.Be2 0-0 9.0-0 a6 10.a4 Bg4 11.Bf4** (11.Bg5 11.Nd2 11.h3 11.Re1 11.a5) 11. ... Re8 (11. ... Bxf3) 12.Nd2 (12.Qc2) 12. ... Bxe2 13.Qxe2 Benoni (Hauptsystem)

A 76 **1.d4 Nf6 2.c4 c5 3.d5 e6 4.Nc3 exd5 5.cxd5 d6 6.e4 g6 7.Nf3 Bg7 8.Be2 0-0 9.0-0 Re8 10.Qc2 Na6 11.Bf4** (11.a3 11.Re1 11.Bg5 11.h3) Benoni (Hauptsystem)

A 77 **1.d4 Nf6 2.c4 c5 3.d5 e6 4.Nc3 exd5 5.cxd5 d6 6.e4 g6 7.Nf3 Bg7 8.Be2 0-0 9.0-0 Re8 10.Nd2 a6** (10. ... Nbd7 10. ... b6 10. ... Bd7) 11.a4 Nbd7 (11. ... b6) 12.Qc2 Benoni (Hauptsystem)

A 78 **1.d4 Nf6 2.c4 c5 3.d5 e6 4.Nc3 exd5 5.cxd5 d6 6.e4 g6 7.Nf3 Bg7 8.Be2 0-0 9.0-0 Re8 10.Nd2 Na6 11.Re1** (11.Re1 11.Rb1 11.Bxa6; 11.f4 → A 69) Benoni (Hauptsystem)

A 79 **1.d4 Nf6 2.c4 c5 3.d5 e6 4.Nc3 exd5 5.cxd5 d6 6.e4 g6 7.Nf3 Bg7 8.Be2 0-0 9.0-0 Re8 10.Nd2 Na6 11.f3 Nc7** (11. ... Rb8 etc.) 12.a4 b6 13.Nc4 (13.Kh1 13.a5) Benoni (Haupts.)

A 80 **1.d4 f5 2.Nf3** (2.Bg5 2.Nc3 2.e3 2.g4 etc.) 2. ... Nf6 (2. ... e6) 3.c3 (3.Bg5 3.Bf4) 3. ... e6 4.Bg5 Be7 5.Nbd2 Holländische Verteidigung, Holländisch

A 81 **1.d4 f5 2.g3** Nf6 (2. ... g6 2. ... Nc6 2. ... b6 2. ... e6 etc.) 3.Bg2 g6 (3. ... e6 3. ... d6 3. ... c6 etc.) 4.Nf3 (4.Nh3 4.Nc3) 4. ... Bg7 5.0-0 0-0 6.b3 (6.Nbd2) 6. ... d6 7.Bb2 c6 (7. ... Nc6) 8.Nbd2 a5 9.a4 Holländisch (Leningrader Variante)

A 82 **1.d4 f5 2.e4 fxe4** (2. ... d6 2. ... e6) **3.Nc3** (3.f3 etc.) 3. ... Nf6 (3. ... g6 etc.) 4.f3 (4.g4) 4. ... d5 (4 ... exf3) 5.fxe4 dxe4 6.Bg5 Holländisch (Staunton-Gambit)

A 83 **1.d4 f5 2.e4 fxe4 3.Nc3 Nf6 4.Bg5 Nc6** (4. ... e6 4. ... c6 4. ... g6 4. ... b6 etc.) 5.d5 (5.f3 5.Bb5) 5. ... Ne5 6.Qd4 Nf7 7.Bxf6 (7.h4) (Staunton-Gambit)

A 84 **1.d4 f5 2.c4 Nf6** (2. ... e6 2. ... g6 2. ... c5 2. ... d6 etc.) 3.Nf3 (3.e3) 3. ... e6 (3. ... g6 3. ... b6) 4.e3 b6 (4. ... d5) Holländisch

A 85 **1.d4 f5 2.c4 Nf6 3.Nc3 e6** (3. ... e6 3. ... g6 3. ... d6) 4.Nf3 (4.e3 4.Bg5 4.g3 4.a3) 4.Nf3 Bb4 (4. ... b6 4. ... d5 4. ... Be7) 5.Bd2 (5.Qb3 5.Qc2) Holländisch

A 86 **1.d4 f5 2.c4 ♘f6 3.g3 g6** (3. ... d6) **4.♗g2 ♗g7 5.♘h3** (5.e3) 5. ... 0–0 6.♘c3 d6 (6. ... e6 6. ... ♘c6) 7.d5 c6 (7. ... ♘bd7 7. ... c5 7. ... ♘a6) Holländisch (Leningrader Variante mit ♘h3)

A 87 **1.d4 f5 2.c4 ♘f6 3.g3 g6 4.♗g2 ♗g7 5.♘f3 0–0** (5. ... ♘c6 5. ... d6) **6.0–0** (6.b3) **6. ... d6** (6. ... c6) 7.♘c3 (7.d5 7.b3) **7. ... a5** (7. ... e6) 8.♗g5 Holländisch (Leningrader Variante)

A 88 **1.d4 f5 2.c4 ♘f6 3.g3 g6 4.♗g2 ♗g7 5.♘f3 0–0 6.0–0 d6 7.♘c3 c6** 8.d5 (8.♕c2 8.b3 8.♖e1 8.♗g5) 8. ... e5 (8. ... ♕c7 8. ... cxd5) 9.dxe6 e.p. ♗xe6 10.♕d3 (10.b3) Holländisch (Leningrader Variante)

A 89 **1.d4 f5 2.c4 ♘f6 3.g3 g6 4.♗g2 ♗g7 5.♘f3 0–0 6.0–0 d6 7.♘c3 ♘c6** 8.d5 (8.b3 8.♕c2 etc.) 8. ... ♘a5 (8. ... ♘e5) 9.♕d3 (9.♘d2 9.♕a4) Holländisch (Leningrader Variante)

A 90 **1.d4 f5 2.c4 ♘f6 3.g3 e6 4.♗g2 d5** (4. ... ♗b4+ 5.♗d2 ♗e7 5. ... ♕e7 5. ... ♗xd2+) 5.♘f3 c6 6.0–0 ♗d6 7.♕c2 (7.b3 7.♘c3 7.♗f4 7.♘bd2) Holländisch (Klassisches Stonewall und Varianten mit ♗b4)

A 91 **1.d4 f5 2.c4 ♘f6 3.g3 e6 4.♗g2 ♗e7 5.♘c3** (5.♘h3 5.e3) 5. ... 0–0 6.♕b3 (6.e3 6.e4) Holländisch (Klassisches System mit Abweichungen)

A 92 **1.d4 f5 2.c4 ♘f6 3.g3 e6 4.♗g2 ♗e7 5.♘f3 0–0 6.0–0** (6.b3 6.d5 6.♘c3) 6. ... d5 (6. ... ♘e4 6. ... c6 etc.) 7.♘bd2 (7.♕c2) 7. ... c6 (7. ... ♘bd7 7. ... ♕e8; 7. ... b6 8.b3 ♗b7 9.♗b2 → A 93) 8.♕c2 ♕e8 (8. ... ♘e4 8. ... a5 8. ... b6) 9.♘e5 ♘bd7 (9. ... ♕h5 10.♘df3 ♘e4 11.♘d3) 10.♘d3 ♘e4 11.♘f3 Holländisch (Stonewall-System)

A 93 **1.d4 f5 2.c4 ♘f6 3.g3 e6 4.♗g2 ♗e7 5.♘f3 0–0 6.0–0 d5 7.b3 c6** (7. ... b6 7. ... ♘c6 7. ... a5 7. ... ♘a6 7. ... c5) 8.♕c2 (8.♗b2 8.♘bd2 8.♘e5 8.e3 etc.) Holländisch (Stonewall-System)

A 94 **1.d4 f5 2.c4 ♘f6 3.g3 e6 4.♗g2 ♗e7 5.♘f3 0–0 6.0–0 d5 7.b3 c6 8.♗a3 ♘bd7** (8. ... ♗xa3 8. ... b6 8. ... ♗d7 8. ... ♘e4) 9.♕c1 (9.♗xe7) Holländisch (Stonewall-System)

A 95 **1.d4 f5 2.c4 ♘f6 3.g3 e6 4.♗g2 ♗e7 5.♘f3 0–0 6.0–0 d5 7.♘c3 c6** 8.♕c2 (8.♗g5 8.♗f4 8.b3 8.♖b1 8.♕b3 8.♘e5 8.♖e1 ♕d3) 8. ... ♕e8 9.♗g5 (9.♗f4) Holländisch (Stonewall-System)

A 96 **1.d4 f5 2.c4 ♘f6 3.g3 e6 4.♗g2 ♗e7 5.♘f3 0–0 6.0–0 d6 7.♘c3** (7.b3 etc.) 7. ... a5 (7. ... ♘e4 7. ... ♘c6 7. ... ♔h8 7. ... ♘bd7 7. ... ♗e8 etc.) 8.b3 (8.♕c2 8.♖e1) 8. ... ♘e4 (8. ... c6) Holländisch (Hauptvariante), Iljin-Genewski-System

A 97 **1.d4 f5 2.c4 ♘f6 3.g3 e6 4.♗g2 ♗e7 5.♘f3 0–0 6.0–0 d6 7.♘c3 ♕e8 8.♖e1** (8.b4 8.e4 8.♕d3 8.♗f4 8.♗g5 8.e3 8.♕b3 etc.) Holländisch

A 98 **1.d4 f5 2.c4 ♘f6 3.g3 e6 4.♗g2 ♗e7 5.♘f3 0–0 6.0–0 d6 7.♘c3 ♕e8 8.♕c2 ♕h5** (8. ... ♘c6) 9.♗g5 (9.b3 9.e4 9.h3 9.b4 9.♕b5 9.♗f4) Holländisch

A 99 **1.d4 f5 2.c4 ♘f6 3.g3 e6 4.♗g2 ♗e7 5.♘f3 0–0 6.0–0 d6 7.♘c3 ♕e8 8.b3** a5 (8. ... ♕h5 8. ... ♘c6 etc.) 9.♗b2 (9.♘a3 9.♖e1) 9. ... ♘a6 (9. ... ♕h5 9. ... c6) 10.e3 c6 11.♕e2 Holländisch

B 00 **1.e4 b6 2.d4 ♗b7 3.♗d3** (3.♘c3 3.f3) 3. ... e6 (3. ... ♘f6 3. ... f5) 4.♘f3 (4.♘e2) 1.e4 ♘c6 2.d4 (2.♘f3) 2. ... d5 (2. ... e5) 3.♘c3 (3.e5 3.exd5) 3. ... dxe4 4.d5 ♘b8 5.♗c4 Damenfianchetto, Nimzowitsch-Verteidigung

B 01 **1.e4 d5 2.exd5** (2.♘f3!? dxe4 3.♘g5 ♘f6 4.♗c4 e6 5.♕e2 Tennyson-Gambit) 2. ... ♕xd5 (2. ... ♘f6) 3.d4 ♘c6, 3.♘f3 ♗g4! 4.♗e2 ♘c6 5.h3!? Nizza-Variante, 3.♘c3 ♕a5 (3. ... ♕d8) 4.d4 (4.♘f3 4.b4!? Mieses-Gambit) 4. ... ♘f6 (4. ... e5) 5.♘f3 ♗g4 (5. ... ♘c6 5. ... ♗f5) Skandinavische Verteidigung

B 02 **1.e4 ♘f6 2.e5** (2.♘c3 2.♗c4 2.♕e2 etc.) **2. ... ♘d5 3.c4** (3.♘c3 3.♗c4) 3. ... ♘b6 4.c5 ♘d5 5.♗c4 (5.♘c3) Aljechin-Verteidigung (Jagdvariante)

B 03 **1.e4 ♘f6 2.e5 ♘d5 3.d4 d6** (3. ... ♘b6 3. ... c5) **4.c4** (4.♗c4 4.♗g5 4.f4 4.exd6 etc.) 4. ... ♘b6 5.f4 (5.exd6; 5.♘f3 g6 → B 04; 5.♘f3 ♗g4 → B 05) 5. ... dxe5 (5. ... ♗f5 5. ... g6 etc.) 6.fxe5 ♗f5 (6. ... c5) 7.♘e3 (7.♘c3 e6 8.♘f3 ♗b4; 8. ... ♗e7) 7. ... ♗f5 8.♘c3 e6 9.♘f3 ♗e7 (9. ... ♕d7 9. ... ♗g4 9. ... ♗b4 9. ... ♘b4) 10.d5 (10.♗e2) Aljechin-Verteidigung (Vierbauernvariante)

B 04 **1.e4 ♘f6 2.e5 ♘d5 3.d4 d6 4.♘f3 g6** (4. ... dxe5 4. ... ♘c6 4. ... ♘b6 4. ... ♗f5) 5.c4

(5.♘g5) 5. ... ♘b6 6.exd6 (6.♗e2) 6. ... cxd6 7.♗e2 ♗g7 8.0–0 0–0 9.h3 ♘c6 10.♘c3 ♗f5 11.♗e3 d5 Aljechin-Verteidigung (Moderne Variante)

B 05   **1.e4 ♘f6 2.e5 ♘d5 3.d4 d6 4.♘f3 ♗g4** 5.♗e2 (5.c4 5.h3) 5. ... e6 (5. ... c5 5. ... ♘c6 5. ... g6 5. ... ♘d7) 6.0–0 ♗e7 (6. ... ♘c6) 7.c4 (7.♘c3 7.h3) 7. ... ♘b6 8.h3 (8.♘c3 8.exd6) 8. ... ♗h5 9.♘c3 (9.exd6) 9. ... 0–0 10.♗e3 d5 11.c5 (11.cxd5 11.b3) Aljechin-Vert. (Moderne V.)

B 06   **1.e4 g6 2.d4 ♗g7** (2. ... d6 2. ... e6) 3.♘f3 (3.♘c3 d6 3.c3) 3. ... d6 4.♗c4 (4.♘c3) 4. ... c6 (4. ... ♘f6) 5.♗b3 Moderne Verteidigung, Robatsch-System

B 07   **1.e4 d6 2.d4 ♘f6** 2. ... f5?! Balogh-Verteidigung **3.♘c3** (3.♘d2 3.f3 3.♗d3) **3. ... g6** (3. ... c6 Tschechisches System 3. ... e5) 4.♗e2 ♗g7 5.h4 etc. 4.f3 ♗g7 (4. ... c6) 5.♗e3 0–0 6.♕d2 b5 7.h4 etc. 4.♗g5 ♗g7 (4. ... c6 4. ... ♘bd7 4. ... h6) 5.♕d2 etc. Pirc-Ufimzew-Verteidigung, Jugoslawische Verteidigung

B 08   **1.e4 d6 2.d4 ♘f6 3.♘c3 g6 4.♘f3** ♗g7 5.♗e2 (5.h3 5.♗c4 5.♗g5 5.♗f4) 5. ... 0–0 (5. ... c5 6.d5 → A 43; 6.0–0 cxd4 7.♘xd4 → B 70) 6.0–0 (6.h3) 6. ... ♗g4 (6. ... c6 7.h3; 7.a4; 7.♖e1; 6. ... ♘c6 6. ... ♘bd7 6. ... ♘a6 6. ... a6) 7.♗e3 (7.♗g5 etc.) 7. ... ♘c6 8.♕d2 (8.♕d3 8.♘d2) Pirc-Ufimzew-Verteidigung

B 09   **1.e4 d6 2.d4 ♘f6 3.♘c3 g6 4.f4** ♗g7 5.♘f3 (5.e5) 5. ... 0–0 (5. ... c5) 6.♗d3 (6.e5 6.♗e3 6.♗e2 6.♗c4) 6. ... ♘c6 Österreichischer Angriff (6. ... ♗g4 6. ... ♘a6 6. ... ♘bd7 6. ... c5 etc.) 7.0–0 (7.e5 7.♗e3 etc.) 7. ... ♗g4 (7. ... e5 8.fxe5 dxe5 9.d5) 8.e5 (8.♕e1 8.♗e3 8.♗b5) Pirc-Ufimzew-Vert. (Dreibauernangriff)

B 10   **1.e4 c6 2.♘f3** (2. d3 2.c4 2.b3 2.♘e2 2.e5 2.f4 2.♘c3 → ohne Übergang zu B 11) **2. ... d5** (2. ... d6; 2. ... g6 3.d4 ♗g7 4.♘c3 d5 → B 15) 3.♘c3 (3.e5 etc.) **3. ... dxe4** (3. ... ♘f6 3. ... d4) Caro-Kann-Verteidigung

B 11   **1.e4 c6 2.♘c3 d5 3.♘f3** ♗g4 4.h3 ♗xf3 (4. ... ♗h5 5.exd5 cxd5 6.♗b5+ ♘c6 7.g4 ♗g6 8.♘e5) 5.♕xf3 e6 (5. ... ♘f6) 6.g3 (6.d4) Caro-Kann-Vert. (Zweispringer-Variante)

B 12   **1.e4 c6 2.d4 d5** (2. ... g6) 3.e5 (3.♘d2 3.f3 3.♗d3) 3. ... ♗f5 4.♘c3 (4.♘e2 4.h4 4.c4 4.♗d3 4.♘f3) 4. ... e6 5.g4 ♗g6 6.♘ge2 c5 (6. ... f6) 7.♗e3 (7.h4) 7. ... ♘c6 8.dxc5 Caro-Kann-Verteidigung (Vorstoß-Variante)

B 13   **1.e4 c6 2.d4 d5 3.exd5 cxd5 4.♗d3** ♘c6 5.c3 ♘f6 6.♗f4; **4.c4** (4.♘c3 4.♘f3) **4. ... ♘f6** (4. ... e5) **5.♘c3 ♘c6** 6.♗g5 (6.♘f3) 6. ... ♕a5 (6. ... ♕b6 6. ... dxc4) Caro-Kann-Vert. (Abtausch-Variante; 4.c4)

B 14   **1.e4 c6 2.d4 d5 3.exd5 cxd5 4.c4 ♘f6 5.♘c3 e6** (5. ... g6 6.♕b3 ♗g7 7.cxd5 0–0) 6.♘f3 ♗b4 (6. ... ♗e7 6. ... ♘c6; 6. ... dxc4 7.♗xc4 → D 26, D 27) 7.cxd5 exd5 (7. ... ♘xd5) 8.♗e2 0–0 9.0–0 Caro-Kann-Verteidigung (Panow-Angriff)

B 15   **1.e4 c6 2.d4 d5 3.♘c3 dxe4** (3. ... g6 3. ... b5) **4.♘xe4** (4.f3 4.♗e3 4.♗c4) **4. ... ♘f6** (4. ... g6 4. ... e5 etc.) **5.♘xf6** (5.♘g3 5.♕d3 5.♘g5 5.♗d3) **5. ... exf6** 6.♗c4 (6.♘f3) 6. ... ♕e7 (6. ... ♗d6 6. ... ♗e7 6. ... ♘d7) Caro-Kann-Vert. (Flohr-Variante)

B 16   **1.e4 c6 2.d4 d5 3.♘c3 dxe4 4.♘xe4 ♘f6 5.♘xf6+ gxf6+** 6.c3 (6.♘f3 ♗g4 7.♗e2 ♕c7; 6.♘e2 6.♗e2 6.♗c4 6.♕d3 6.♗e3 etc.) 6. ... ♗f5 7.♘e2 (7.♗c4 7.♘f3) Caro-Kann-Verteidigung (Nimzowitsch-Variante)

B 17   **1.e4 c6 2.d4 d5 3.♘c3 dxe4 4.♘xe4 ♘d7** 5.♗c4 (5.♘f3 etc.) 5. ... ♘gf6 6.♘g5 (6.♘f6) 6. ... e6 (6. ... ♘d5) 7.♕e2 ♘b6 8.♗b3 (8.♗d3) Caro-Kann-Vert. (Hauptvariante)

B 18   **1.e4 c6 2.d4 d5 3.♘c3 dxe4 4.♘xe4 ♗f5 5.♘g3** (5.♕f3 5.♗d3 5.♘c5) **5. ... ♗g6 6.h4** (6.♘f3 6.♗c4 6.f4 6.♘h3 6.♘1e2) **6. ... h6 7.♘f4** (7.♘h3 7.♗d3) Caro-Kann-Vert. (Hauptv.)

B 19   **1.e4 c6 2.d4 d5 3.♘c3 dxe4 4.♘xe4 ♗f5 5.♘g3 ♗g6 6.h4 h6 7.♘f3 ♘d7 8.h5** (8.♗d3) 8. ... ♗h7 9.♗d3 ♗xd3 10.♕xd3 ♕c7 (10. ... e6) 11.♗d2 (11.♖h4) 11. ... e6 12.0-0-0 (12.c4 12.♕e2) Caro-Kann-Verteidigung (Hauptvariante)

B 20   **1.e4 c5 2.b4** Flügelgambit (2.g3 Tartakower oder Steinitz-Variante, 2.♘e2 Keres, 2.c4 Swiederski, 2.b3 Anderssen, 2.♗c4 Philidor, 2.♕e2, 2.d3 etc.) Sizilianische Verteidigung oder Sizilianisch (seltene Züge)

B 21   **1.e4 c5 2.d4** (2.f4 Larsen-System) **2. ... cxd4 3.c3** dxc3 4.♘xc3 ♘c6 5.♘f3 d6 (5. ... e6 5. ... g6) 6.♗c4 e6 7.0–0 Sizilianisch (Morra-Gambit, Sizilianisches Mittelgambit; 2.f4)

B 22   1.e4 c5 2.c3 ♘f6 (2. ... d5 2. ... e6 2. ... d6 2. ... b6) 3.e5 ♘d5 4.d4 cxd4 5.♘f3 (5.♕xd4 5.♗c4) 5. ... ♘c6 6.cxd4 (6.♗c4) 6. ... d6 7.♗c4 ♘b6 8.♗b5 dxe5 (8. ... ♗d7) 9.♘xe5 ♗d7 10.♘c3 (10.♗xc6) Sizilianisch mit 2.c3 Alapin-Variante

B 23   1.e4 c5 2.♘c3 ♘c6 (2. ... e6 2. ... d6 etc.) 3.f4 Vinkensystem (3.♘ge2 3.♗c4 3.♗b5 Herrman-Variante etc.) 3. ... e6 (3. ... g6 3. ... d6) 4.♘f3 ♘ge7 (4. ... d5) 5.d4

B 24   1.e4 c5 2.♘c3 ♘c6 3.g3 g6 4.♗g2 ♗g7 5.d3 (5.♘h3 5.♘ge2 5.f4) 5. ... e6 (5. ... b6 5. ... ♖b8 5. ... ♘h6) 6.♗e3 (6.f4 6.♘h3) 6. ... ♘d4 7.♘ce2 b6 8.c3 Sizilianisch (Geschlossenes S.)

B 25   1.e4 c5 2.♘c3 ♘c6 3.g3 g6 4.♗g2 ♗g7 5.d3 d6 6.f4 (6.♘ge2 6.♘f3 6.♘h3 6.♗g5) 6. ... e6 (6. ... e5 6. ... ♖b8 6. ... ♘f6 6. ... f5 6. ... b6) 7.♘f3 ♘ge7 8.0–0 0–0 9.♗e3 (9.♗d2) Sizilianisch (Geschlossenes System)

B 26   1.e4 c5 2.♘c3 ♘c6 3.g3 g6 4.♗g2 ♗g7 5.d3 d6 6.♗e3 e6 (6. ... ♖b8 6. ... e5 6. ... ♘f6 etc.) 7.♕d2 ♘ge7 (7. ... ♕a5 7. ... ♖b8) 8.♘ge2 (8.♘h3) 8. ... ♘d4 9.0–0 0–0 10.♖ae1 Sizilianisch (Geschlossenes System)

B 27   1.e4 c5 2.♘f3 g6 (2. ... ♕c7 2. ... b6) 3.c3 (3.d4 3.♗c4 ♗g7 4.d4 cxd4 5.♘xd4 ♘c6 → B 38; 4. ... ♘c6 → A 40; 4. ... ♕a5 → A 40; 4. ... d6 5.♘c3 → A 42) 3. ... ♗g7 4.d4 cxd4 (4. ... ♕a5) 5.cxd4 d5 6.e5 (6.exd5) 6. ... ♗g4 7.♘c3 ♘c6 8.♗e2 ♘h6 Sizilianisch (frühes Fianchetto oder Ungarische Variante)

B 28   1.e4 c5 2.♘f3 a6 3.c4 (3.c3 3.d4 3.♘c3 3.b4 etc.) 3. ... ♘c6 4.d4 cxd4 5.♘xd4 e5 (5. ... ♘f6) 6.♘f5 d5 7.cxd5 ♗xf5 8.exf5 ♘d4 Sizilianisch (frühes a7-a6, O'Kelly-System)

B 29   1.e4 c5 2.♘f3 ♘f6 3.e5 (3.♘c3) 3. ... ♘d5 4.♘c3 (4.d4 4.c4 etc.) 4. ... e6 (4. ... ♘xc3) 5.♘xd5 (5.♘e4) 5. ... exd5 6.d4 ♘c6 (6. ... d6) 7.c3 (7.dxc5 ♗xc5 8.♗d3) 7. ... d6 8.♗b5 ♗e7 9.exd6 ♕xd6 10.0–0 0–0 Sizilianisch (Rubinstein-Variante)

B 30   1.e4 c5 2.♘f3 ♘c6 3.♗b5 (3.♗e2 3.b3 3.g3 3.d3) 3. ... e6 (3. ... ♘f6 3. ... ♕b6 3. ..., a6 etc.; 3. ... d6 → B 51) 4.0–0 ♘ge7 5.♖e1 (5.c3 5.b3) 5. ... a6 6.♗f1 (6.♗xc6) 6. ... d5 7.exd5 ♘xd5 8.d4 Sizilianisch (Rossolimo-Variante)

B 31   1.e4 c5 2.♘f3 ♘c6 3.♗b5 g6 4.0–0 (4.c3) 4. ... ♗g7 5.c3 (5.♖e1) 5. ... ♘f6 (5. ... a6 5. ... e5) 6.♖e1 (6.d4 6.e5 6.♕e2 etc.) 6. ... 0–0 7.d4 cxd4 8.cxd4 d5 Sizilianisch (Rossolimo-Variante)

B 32   1.e4 c5 2.♘f3 ♘c6 3.d4 cxd4 (3. ... d5) 4.♘xd4 e5 (4. ... ♕c7 4. ... ♕b6 4. ... d5 4. ... ♘xd4) 5.♘b5 (5.♘xc6) 5. ... a6 6.♘d6+ ♗xd6 7.♕xd6 ♕f6 8.♕d1 (8.♕xf6 8.♕a3 8.♕c7 8.♕d2 8.♕d3) 8. ... ♕g6 9.♘c3 ♘ge7 (9. ... d5) Sizilianisch (Löwenthal-Variante, Labourdonnais-Variante)

B 33   1.e4 c5 2.♘f3 ♘c6 3.d4 cxd4 4.♘xd4 e5 6.♘db5 (6.♘f5 6.♘f3 etc.) 6. ... d6 (6. ... h6) 7.♗g5 (7.♘d5 7.a4) 7. ... a6 8.♘a3 (8.♗xf6) 8. ... b5 (8. ... ♗e6 etc.) 9.♗xf6 (9.♘d5) 9. ... gxf6 10.♘d5 f5 11.♗d3 (11.♗xb5 11.exf5 11.♕d3 11.g3 11.♘xb5) Sizilianisch (Sweschnikow-Variante, Lasker-Variante, Pelikan-Variante)

B 34   1.e4 c5 2.♘f3 ♘c6 3.d4 cxd4 4.♘xd4 g6 5.♘c3 (5.♘xc6) 5. ... ♗g7 (5. ... ♘f6 5. ... d6) 6.♗e3 ♘f6 7.♘xc6 (7.♗e2) 7. ... bxc6 8.e5 ♘d5 (8. ... ♘g8) 9.♘xd5 cxd5 10.♕xd5 ♖b8 11.♗c4 (11.♗a7) Sizilianisch (Beschleunigtes Fianchetto, Simagin-Variante)

B 35   1.e4 c5 2.♘f3 ♘c6 3.d4 cxd4 4.♘xd4 g6 5.♘c3 ♗g7 6.♗e3 ♘f6 7.♗c4 0–0 (7. ... ♕a5 7. ... ♕a5; 7. ... d6 8.h3 0–0 → B 72; 7. ... d6 8.f3 → B 75) 8.0–0 (8.♗b3) 8. ... ♘xe4 9.♘xe4 d5 10.♘xc6 bxc6 11.♗d3 Sizilianisch (Beschleunigtes Fianchetto, Simagin-Variante)

B 36   1.e4 c5 2.♘f3 ♘c6 3.d4 cxd4 4.♘xd4 g6 5.c4 ♘f6 6.♘c3 d6 (6. ... ♘d4) 7.f3 ♘xd4 8.♕xd4 ♗g7 9.♗e3 (9.♗g5) 9. ... 0–0 10.♕d2 ♕a5 11.♖c1 Sizilianisch (Maroczy-Aufbau)

B 37   1.e4 c5 2.♘f3 ♘c6 3.d4 cxd4 4.♘xd4 g6 5.c4 ♗g7 6.♘c2 (6.♘b3 6.♘b5) 6. ... d6 (6. ... ♘f6) 7.♗e2 f5 (7. ... ♘f6) 8.exf5 ♗xf5 9.0–0 ♘h6 Sizilianisch (Maroczy-Aufbau)

B 38   1.e4 c5 2.♘f3 ♘c6 3.d4 cxd4 4.♘xd4 g6 5.c4 ♗g7 6.♗e3 ♘f6 (6. ... b6 6. ... ♘h6 6. ... ♕b6 6. ... e6) 7.♘c3 (7.f3?) 7. ... 0–0 8.♗e2 (8.h3) 8. ... d6 (8. ... b6) 9.0–0 ♗d7 (9. ... ♘xd4 9. ... ♘d7 9. ... a5 9. ... a6) Sizilianisch (Maroczy-Aufbau)

B 39   1.e4 c5 2.♘f3 ♘c6 3.d4 cxd4 4.♘xd4 g6 5.c4 ♗g7 6.♗e3 ♘f6 7.♘c3 ♘g4 Sizilianisch (Maroczy-Aufbau)

B 40   1.e4 c5 2.♘f3 e6 3.d4 cxd4 4.♘xd4 ♘f6 5.♘c3 (5.♗d3) 5. ... ♗b4 6.e5 (6.♗d3) 6. ... ♘d5

(6. ... ♘e4) 7.♗d2 (7.♕g4 0–0 8.♗h6 g6) 7. ... ♘xc3 8.bxc3 ♗e7 9.♕g4 0–0 Sizilianisch (Klassisches System mit e7-e6)

B 41 **1.e4 c5 2.♘f3 e6 3.d4 cxd4 4.♘xd4 a6 5.c4** (5.g3 5.♘d2) 5. ... ♘f6 6.♘c3 ♗b4 (6. ... ♕c7 6. ... d6) 7.e5 (7.♗d2 7.♗d3) 7. ... ♘e4 8.♕g4 ♘xc3 9.a3 ♗f8 Sizilianisch (Paulsen-Variante)

B 42 **1.e4 c5 2.♘f3 e6 3.d4 cxd4 4.♘xd4 a6 5.♗d3 ♗c5** (5. ... ♘c6 5. ... ♘f6 5. ... ♘e7 5. ... g6 etc.) 6.♘b3 ♗a7 (6. ... ♗b6) 7.♕e2 (7.0–0) 7. ... ♘c6 8.♗e3 ♗xe3 9.♕xe3 d6 10.♘c3 ♘f6 11.0–0–0 0–0 12.f4 Sizilianisch (Paulsen-Variante)

B 43 **1.e4 c5 2.♘f3 e6 3.d4 cxd4 4.♘xd4 a6 5.♘c3 ♕c7** (5. ... b5 5. ... ♘e7 5. ... ♗c5 5. ... ♗b4; 5. ... d6 → B 54) 6.♗d3 (6.♗e2 6.g3 6.♗e3 6.f4) 6. ... ♘c6 (6. ... b5 6. ... ♘f6) 7.♘xc6 bxc6 8.0–0 ♘f6 9.♕e2 Sizilianisch (Paulsen-Variante)

B 44 **1.e4 c5 2.♘f3 e6 3.d4 cxd4 4.♘xd4 ♘c6 5.♘b5** (5.c4 etc.) 5. ... d6 (5. ... ♘f6 6.♘1c3 d6 7.♗f4 e5 8.♗g5 a6 → B 33; 6. ... ♗b4 → B 45; 5. ... ♗c5) 6.c4 (6.♗f4 e5 7.♗e3 a6) 6. ... ♘f6 (6. ... a6) 7.♘1c3 a6 8.♘a3 ♗e7 (8. ... d5!? Kasparow-Gambit) 9.♗e2 0–0 10.0–0 b6 11.♗e3 (11.f4 etc.) Sizilianisch (Paulsen-Taimanow-Variante)

B 45 **1.e4 c5 2.♘f3 e6 3.d4 cxd4 4.♘xd4 ♘c6 5.♘c3 ♘f6** (5. ... d6 → B 54) 6.♘db5 (6.♘xc6 6.g3 6.♗e2 6.♗e3 etc.) 6. ... ♗b4 (6. ... d6 7.♗f4 e5 8.♗g5 → B 33) 7.a3 (7.♗f4) 7. ... ♗xc3+ 8.♘xc3 d5 9.exd5 exd5 (9. ... ♘xd5) 10.♗d3 0–0 11.0–0 d4 12.♘e2 Sizilianisch (Klassisches System)

B 46 **1.e4 c5 2.♘f3 e6 3.d4 cxd4 4.♘xd4 ♘c6 5.♘c3 a6** 6.♗e2 (6.g3 6.♗e3 6.♘xc6 6.♗f4 etc.) 6. ... ♘ge7 7.f4 (7.♗f4 7.0–0 7.♘b3) 7. ... b5 8.0–0 ♗b7 Sizilianisch (Paulsen/Taimanow-V.)

B 47 **1.e4 c5 2.♘f3 e6 3.d4 cxd4 4.♘xd4 ♘c6 5.♘c3 ♕c7 6.g3** (6.♗e2 a6; 6.♘b3 6.f4 a6 7.f3 → B 82; 6.♘db5) 6. ... a6 (6. ... ♘f6?!; 6. ... d6 7.♗g2 ♘f6 8.0–0 a6 → B 80) 7.♗g2 ♘f6 8.0–0 ♗e7 (8. ... ♘xd4 8. ... h6) 9.♖e1 Sizilianisch (Paulsen/Taimanow-Variante)

B 48 **1.e4 c5 2.♘f3 e6 3.d4 cxd4 4.♘xd4 ♘c6 5.♘c3 ♕c7 6.♗e3 a6** (6. ... ♘f6) 7.♗d3 (7.a3 7.f4 7.♘b3) 7. ... ♘f6 8.0–0 ♘e5 (8. ... ♗d6 8. ... b5 8. ... ♘xd4; 8. ... d6 9.f4 ♗e7 10.♕f3 → B 82) 9.h3 ♗c5 Sizilianisch (Paulsen-Variante)

B 49 **1.e4 c5 2.♘f3 e6 3.d4 cxd4 4.♘xd4 ♘c6 5.♘c3 ♕c7 6.♗e3 a6 7.♗e2** ♘f6 (7. ... b5 etc.) 8.0–0 (8.a3) 8. ... ♗b4 (8. ... b5) 9.♘a4 (9.♘c6) 9. ... 0–0 (9. ... ♗e7 9. ... ♗d6 9. ... ♘e7) Sizilianisch (Paulsen-Variante)

B 50 **1.e4 c5 2.♘f3 d6 3.♘c3** (3.c3 3.d3 3.b4 Keres-Gambit 3.b3 3.c4 3.♗c4 3.♗e2 Tartakower 3.d3 ♘c6 4.g3 g6 5.♗g2 ♗g7 6.0–0 e6 7.♖e1 ♘ge7 → A 04) 3. ... ♘f6 (3. ... e5 3. ... a6 3. ... e6) 4.e5 Sizilianisch (Verschiedenes mit 2. ... d6)

B 51 **1.e4 c5 2.♘f3 d6 3.♗b5+ ♘c6** (3. ... ♘d7) 4.0–0 ♗d7 (4. ... ♗g4 etc.) 5.♖e1 ♘f6 6.c3 a6 7.♗f1 (7.♗xc6) Sizilianisch (Rossolimo-Variante, Moskauer System)

B 52 **1.e4 c5 2.♘f3 d6 3.♗b5+ ♗d7** 4.♗xd7+ (4.a4 etc.) 4. ... ♕xd7 (4. ... ♘xd7) 5.0–0 (5.c4) 5. ... ♘c6 (5. ... ♘f6) 6.e5 dxe5 7.♘xe5 Sizilianisch (Rossolimo-Variante)

B 53 **1.e4 c5 2.♘f3 d6 3.d4 cxd4 4.♕xd4** ♘c6 (4. ... a6 4. ... ♗d7) 5.♗b5 ♗d7 (5. ... ♕d7) 6.♗xc6 ♗xc6 (6. ... bxc6) 7.c4 (7.♘c3 ♘f6 8.♗g5 e6 9.0–0–0 ♗e7) 7. ... ♘f6 8.♘c3 g6 9.0–0 ♗g7 Sizilianisch (Ungarische Variante, Tschechower Variante)

B 54 **1.e4 c5 2.♘f3 d6 3.d4 cxd4 4.♘xd4 ♘f6** (4. ... ♘c6 4. ... e6) 5.f3 e5 (5. ... e6) 6.♘b3 d5 7.♗g5 Sizilianisch (Rauser, Anti-Drachen-Variante)

B 55 **1.e4 c5 2.♘f3 d6 3.d4 cxd4 4.♘xd4 ♘f6 5.f3 e5 6.♗b5+** (Rauser, Anti-Drachen-Variante)

B 56 **1.e4 c5 2.♘f3 d6 3.d4 cxd4 4.♘xd4 ♘f6 5.♘c3 ♘c6** (5. ... ♘bd7 5. ... e5 5. ... ♗d7) **6.♗e3** (6.g3 6.f4 6.h3 6.f3 6.♘de2 6.♘b3) 6. ... ♘g4 (6. ... e5) 7.♗b5 ♘xe3 8.fxe3 ♗d7 9.0–0 Sizilianisch (Abweichungen von Sosin-und Rauser-Variante)

B 57 **1.e4 c5 2.♘f3 d6 3.d4 cxd4 4.♘xd4 ♘f6 5.♘c3 ♘c6 6.♗c4 ♕b6** (6. ... d7 6. ... e5 6. ... g6) 7.♘b3 (7.♘xc6 7.♘de2 etc.) 7. ... e6 8.0–0 ♗e7 (8. ... a6) 9.♗g5 (9.a4 9.♗e3) Sizilianisch (Sosin-Variante)

B 58 **1.e4 c5 2.♘f3 d6 3.d4 cxd4 4.♘xd4 ♘f6 5.♘c3 ♘c6 6.♗e2 e5 7.♘f3** (7.♘xc6) 7. ... h6 (7. ... ♗e7) 8.0–0 Sizilianisch (Boleslawski-Variante)

B 59 1.e4 c5 2.Nf3 d6 3.d4 cxd4 4.Nxd4 Nf6 5.Nc3 Nc6 6.Be2 e5 7.Nb3 Be7 8.0–0 0–0 (8. ... Be6) 9.Kh1 (9.Be3) 9. ... a5 10.a4 Nb4 11.f4 Sizilianisch (Boleslawski-Variante)

B 60 1.e4 c5 2.Nf3 d6 3.d4 cxd4 4.Nxd4 Nf6 5.Nc3 Nc6 6.Bg5 Bd7 (6. ... Qb6 6. ... Qa5 6. ... g6 6. ... Ng4 6. ... Nd7 6. ... e5 6. ... h6 6. ... a6) 7.Be2 (7.Bxf6 7.Nb3) 7. ... Qa5 8.Bxf6 gxf6 9.f4 e6 10.Nb3 Qb6 (Rauser-System)

B 61 1.e4 c5 2.Nf3 d6 3.d4 cxd4 4.Nxd4 Nf6 5.Nc3 Nc6 6.Bg5 Bd7 7.Qd2 (7.Nxc6 bxc6 8.e5!? Richter-Angriff 7. ... Rc8 (7. ... Nxd4 7. ... a6 7. ... Qb6 7. ... Ng4!?) 8.0-0-0 (8.Nb3 8.f4) 8. ... Nxd4 9.Qxd4 Qa5 10.f4 (10.Bd2) 10. ... e6 (10. ... Rxc3 10. ... h6 10. ... Qc5) 11.e5 dxe5 12.fxe5 Bc6 (12. ... Rxc3) 13.Nb5 13.Bb5 Sizilianisch (Rauser-System)

B 62 1.e4 c5 2.Nf3 d6 3.d4 cxd4 4.Nxd4 Nf6 5.Nc3 Nc6 6.Bg5 e6 7.Qd3 (7.Be2 7.Bb5 7.Nxc6 7.Bc4 7.g3 7.Nb3) 7. ... a6 (7. ... Be7) 8.Rd1 (8.0-0-0) 8. ... Bd7 9.Be2 Be7 10.0–0 0–0 Sizilianisch (Rauser-System, Keres-Variante)

B 63 1.e4 c5 2.Nf3 d6 3.d4 cxd4 4.Nxd4 Nf6 5.Nc3 Nc6 6.Bg5 e6 7.Qd2 Be7 (7. ... h6 7. ... Bd7?) 8.0-0-0 (8.Rd1 8.Bxf6 8.f4) **8. ... 0–0** (8. ... Nxd4 8. ... a6) 9.Nb3 (9.Ndb5 9.Be2 9.Kb1 9.Bxf6) 9. ... Qb6 (9. ... a6 9. ... h6 9. ... Na5 9. ... a5 9. ... d5!?) 10.f3 a6 (10. ... Rd8) 11.g4 Qc7 (11. ... Rd8) 12.Be3 b5 Sizilianisch (Rauser-System)

B 64 1.e4 c5 2.Nf3 d6 3.d4 cxd4 4.Nxd4 Nf6 5.Nc3 Nc6 6.Bg5 e6 7.Qd2 Be7 8.0-0-0 0–0 **9.f4 h6** (9. ... e5 9. ... d5 etc.) 10.Bh4 (10.Bxf6) 10. ... Bd7 11.Nf3 Qa5 Sizilianisch (Rauser-System)

B 65 1.e4 c5 2.Nf3 d6 3.d4 cxd4 4.Nxd4 Nf6 5.Nc3 Nc6 6.Bg5 e6 7.Qd2 Be7 8.0-0-0 0–0 **9.f4 Nxd4** 10.Qxd4 Qa5 (10. ... h6 11.Bh4 Qa5) 11.Bc4 (11.e5 11.Kb1 11.Be2 etc.) 11. ... Bd7 (11. ... h6) 12.e5 Sizilianisch (Rauser-System)

B 66 1.e4 c5 2.Nf3 d6 3.d4 cxd4 4.Nxd4 Nf6 5.Nc3 Nc6 6.Bg5 e6 7.Qd2 a6 8.0–0-0 (8.Rd1 etc.) **8. ... h6** (8. ... Be7) 9.Be3 (9.Bf4 Bd7 10.Nxc6 Bxc6 11.Qe1) 9. ... Bd7 (9. ... Qc7) 10.f3 b5 11.g4 Ne5 Sizilianisch (Rauser-S.), Aronin-Variante

B 67 1.e4 c5 2.Nf3 d6 3.d4 cxd4 4.Nxd4 Nf6 5.Nc3 Nc6 6.Bg5 e6 7.Qd2 a6 8.0-0-0 Bd7 **9.f4** (9.f3) **9. ... b5** (9. ... h6 9. ... Rc8 etc.) 10.Bxf6 (10.Nxc6) 10. ... gxf6 11.Nxc6 (11.Kb1 11.f5) Sizilianisch (Rauser-System)

B 68 1.e4 c5 2.Nf3 d6 3.d4 cxd4 4.Nxd4 Nf6 5.Nc3 Nc6 6.Bg5 e6 7.Qd2 a6 8.0-0-0 Bd7 **9.f4 Be7 10.Nf3** (10.Be2 10.Qe1 10.f5) **10. ... b5 11.e5** (11.Bd3) 11. ... b4 12.exf6 bxc3 13.Qxc3 gxf6 11.Bh4 d5 Sizilianisch (Rauser-System)

B 69 1.e4 c5 2.Nf3 d6 3.d4 cxd4 4.Nxd4 Nf6 5.Nc3 Nc6 6.Bg5 e6 7.Qd2 a6 8.0-0-0 Bd7 **9.f4 Be7 10.Nf3 b5 11.Bxf6** gxf6 (11. ... Bxf6) 12.Kb1 Sizilianisch (Rauser-System)

B 70 1.e4 c5 2.Nf3 d6 3.d4 cxd4 4.Nxd4 Nf6 5.Nc3 g6 (Versch. Züge von Weiß außer 6.f4 und 6.Be3) **6.Be2 Bg7 7.0–0 0–0 8.**Nb3 Nc6 9.Bg5 Sizilianisch (Drachen-Variante)

B 71 1.e4 c5 2.Nf3 d6 3.d4 cxd4 4.Nxd4 Nf6 5.Nc3 g6 6.f4 Nc6 (6. ... Bg7 6. ... Nbd7; 6. ... a6 → B 93) 7.Nxc6 bxc6 8.e5 Nd7 9.exd6 exd6 10.Be3 Sizilianisch (Drachen-Variante)

B 72 1.e4 c5 2.Nf3 d6 3.d4 cxd4 4.Nxd4 Nf6 5.Nc3 g6 6.Be3 Bg7 7.Be2 Nc6 8.Nb3 (8.Qd2 8.h4) 8. ... 0–0 9.f4 a5 (9. ... Be6 10.g4) 10.a4 Be6 11.Bf3 Sizilianisch (Drachen-V.)

B 73 1.e4 c5 2.Nf3 d6 3.d4 cxd4 4.Nxd4 Nf6 5.Nc3 g6 6.Be3 Bg7 7.Be2 Nc6 8.0–0 0–0 **9.Qd2** (9.f4 9.h3 9.f3) 9. ... d5 (9. ... Ng4 9. ... Bd7) 10.exd5 (10.Nxc6) 10. ... Nxd5 11.Nxc6 Sizilianisch (Drachen-Variante)

B 74 1.e4 c5 2.Nf3 d6 3.d4 cxd4 4.Nxd4 Nf6 5.Nc3 g6 6.Be3 Bg7 7.Be2 Nc6 8.0–0 0–0 **9.Nb3 Be6** (9. ... a5 9. ... a6) 10.f4 Qc8 (10. ... Na5) 11.h3 Sizilianisch (Drachen-Variante)

B 75 1.e4 c5 2.Nf3 d6 3.d4 cxd4 4.Nxd4 Nf6 5.Nc3 g6 6.Be3 Bg7 7.f3 Nc6 (7. ... a6) 8.Qd2 Bd7 9.Bc4 Rc8 10.Bb3 Ne5 (10. ... Na5) mit später schwarzer Rochade. Sizilianisch (Moderne Drachen-Variante)

B 76 1.e4 c5 2.Nf3 d6 3.d4 cxd4 4.Nxd4 Nf6 5.Nc3 g6 6.Be3 Bg7 7.f3 0–0 8.Qd2 (8.Bc4) **8. ... Nc6** (8. ... d5 etc.) 9.0–0-0 (9.g4 etc.) 9. ... d5 (9. ... Nxd4 10.Bxd4 Be6) 10.Qe1 (10.exd5 Nxd5 11.Nxc6 bxc6 12.Bd4; 10.Kb1 Nxd4 11.e5!?) Sizilianisch (Moderne Drachen-Variante)

B 77 **1.e4 c5 2.♘f3 d6 3.d4 cxd4 4.♘xd4 ♘f6 5.♘c3 g6 6.♗e3 ♗g7 7.f3 0-0 8.♕d2 ♘c6 9.♗c4 ♗d7** (9. ... ♘xd4 9. ... a5 9. ... ♘d7 etc.) **10.h4** etc. außer 10.0-0-0 Sizilianisch (Moderne Drachen-Variante)

B 78 **1.e4 c5 2.♘f3 d6 3.d4 cxd4 4.♘xd4 ♘f6 5.♘c3 g6 6.♗e3 ♗g7 7.f3 0-0 8.♕d2 ♘c6 9.♗c4 ♗d7 10.0-0-0 ♖c8** (10. ... ♕b8 10. ... ♕c7 10. ... ♘a5) 11.♗b3 ♘e5 12.h4 h5 (12. ... ♘c4 13.♗xc4 ♖xc4 14.h5) 13.♔b1 (13.♗g5 13.g4 13.♗h6 etc.) 13. ... ♘c4 14.♗xc4 ♖xc4 Sizilianisch (Moderne Drachen-Variante)

B 79 **1.e4 c5 2.♘f3 d6 3.d4 cxd4 4.♘xd4 ♘f6 5.♘c3 g6 6.♗e3 ♗g7 7.f3 0-0 8.♕d2 ♘c6 9.♗c4 ♗d7 10.0-0-0 ♕a5** 11.♗b3 ♖fc8 12.♔b1 (12.h4 etc.) 12. ... ♘e5 13.h4 (13.g4 13.♗g5 13.♕e2) 13. ... ♘c4 (13. ... b5) 14.♗xc4 ♖xc4 15.♘b3 (15.g4) 15. ... ♕c7 (15. ... ♕d8 15. ... ♕a6) 16.♗d4 (16.♗g5? 16.h5) 16. ... ♗e6 17.h5 (17.♖he1 17.g4!?) Sizilianisch (Moderne Drachen-Variante)

B 80 **1.e4 c5 2.♘f3 d6 3.d4 cxd4 4.♘xd4 ♘f6 5.♘c3 e6 6.g3** (6.♗e3 6.♗b5; 6.♗g5 ♘c6 → B 62; 6.♗g5 a6 → B 95) 6. ... a6 (6. ... ♘c6 etc.) 7.♗g2 ♕c7 8.0-0 ♘c6 (8. ... ♗e7 8. ... ♗d7) 9.♖e1 Sizilianisch (Scheveninger System)

B 81 **1.e4 c5 2.♘f3 d6 3.d4 cxd4 4.♘xd4 ♘f6 5.♘c3 e6 6.g4** ♗e7 (6. ... ♘c6 6. ... a6 6. ... h6 6. ... e5 6. ... d5) 7.g5 ♘fd7 8.♗e3 ♘c6 9.♖g1 Sizilianisch (Keres-Angriff)

B 82 **1.e4 c5 2.♘f3 d6 3.d4 cxd4 4.♘xd4 ♘f6 5.♘c3 e6 6.f4** ♘c6 (6. ... a6 6. ... ♗e7 6. ... ♕b6) 7.♗e3 ♗e7 8.♕f3 ♕c7 (8. ... e5 8. ... ♗d7 8. ... ♘d4) 9.♗d3 (9.0-0-0 9.♘db5) 9. ... a6 10.♘b3 (10.0-0) 10. ... b5 11.0-0 ♗b7 (11. ... 0-0) 12.♕h3 (12.♖ae1) Sizilianisch (Scheveninger System)

B 83 **1.e4 c5 2.♘f3 d6 3.d4 cxd4 4.♘xd4 ♘f6 5.♘c3 e6 6.♗e2 ♘c6** (6. ... ♘bd7 7.f4 a6 → B 84) 7.0-0 (7.♗e3 etc.) 7. ... ♗e7 8.♗e3 0-0 9.f4 ♗d7 (9. ... e5 9. ... ♕c7 9. ... ♘d4) 10.♘b3 (10.♕e1 10.♔h1) Sizilianisch (Scheveninger System)

B 84 **1.e4 c5 2.♘f3 d6 3.d4 cxd4 4.♘xd4 ♘f6 5.♘c3 e6 6.♗e2 a6 7.0-0** (7.f4 7.♗e3) **7. ... ♕c7** (7. ... ♘bd7) 8.f4 ♗e7 (8. ... ♘bd7 8. ... b5) 9.♗e3 (9.♔h1) 9. ... 0-0 10.♔h1 (10.♕e1 10.g4 10.a4 etc.) 10. ... b5 11.e5 Sizilianisch (Scheveninger System)

B 85 **1.e4 c5 2.♘f3 d6 3.d4 cxd4 4.♘xd4 ♘f6 5.♘c3 e6 6.♗e2 a6 7.0-0 ♗e7** (7. ... ♘c6) 8.f4 ♘c6 9.♗e3 0-0 (9. ... ♕c7 etc.) 10.♕e1 (10.a4 10.♔h1) Sizilianisch (Scheveninger S.)

B 86 **1.e4 c5 2.♘f3 d6 3.d4 cxd4 4.♘xd4 ♘f6 5.♘c3 e6 6.♗c4 a6** (6. ... ♗e7) **7.♗b3** (7.a4 7.a3) 7. ... ♘bd7 (7. ... ♗e7) 8.f4 (8.♗e3 etc.) 8. ... ♘c5 9.f5 Sizilianisch (Sosin-Angriff, Fischer-V.)

B 87 **1.e4 c5 2.♘f3 d6 3.d4 cxd4 4.♘xd4 ♘f6 5.♘c3 e6 6.♗c4 a6 7.♗b3 b5 8.0-0** (8.f4 8.♕e2 8.f3 8.a3 etc.) 8. ... ♗e7 (8. ... ♗b7) 9.f4 (9.a4 9.♕f3) 9. ... 0-0 (9. ... ♗b7) 10.e5 Sizilianisch (Sosin-Angriff)

B 88 **1.e4 c5 2.♘f3 d6 3.d4 cxd4 4.♘xd4 ♘f6 5.♘c3 e6 6.♗c4 a6 7.♗b3** (7.a3 7.0-0) 7. ... a6 (7. ... ♗e7 etc.) 8.0-0 (8.♗e3 8.f4) 8. ... ♗e7 9.♗e3 0-0 10.f4 Sizilianisch (Sosin-Angriff)

B 89 **1.e4 c5 2.♘f3 d6 3.d4 cxd4 4.♘xd4 ♘f6 5.♘c3 e6 6.♗c4 ♘c6 7.♗e3 ♗e7** (7. ... a6 8.♕e2 ♕c7 9.0-0-0 ♗e7) 8.♕e2 0-0 9.0-0-0 a6 (9. ... ♗d7 9. ... d5 9. ... ♘xd4 9. ... ♕a5) 10.♗b3 ♕c7 (10. ... ♕e8) Sizilianisch (Sosin-Angriff, Velimirović-Angriff)

B 90 **1.e4 c5 2.♘f3 d6 3.d4 cxd4 4.♘xd4 ♘f6 5.♘c3 a6 6.♗c4** (6.♗e3 Serbische Variante 6.h3 Fischer 6.♘b3 6.a4) 6. ... ♘bd7 (6. ... e6 → B 86; 6. ... e5 6. ... b5 6. ... ♗d7 6. ... g6) Sizilianisch (Najdorf-Variante, Abweichungen)

B 91 **1.e4 c5 2.♘f3 d6 3.d4 cxd4 4.♘xd4 ♘f6 5.♘c3 a6 6.g3** e5 (6. ... ♗g4 6. ... b5) 7.♘de2 ♗e7 (7. ... ♘bd7 7. ... ♗e6 etc.) 8.♗a2 (8.♗g5) 8. ... 0-0 9.a4 Sizilianisch (Najdorf-Variante mit 6.g3)

B 92 **1.e4 c5 2.♘f3 d6 3.d4 cxd4 4.♘xd4 ♘f6 5.♘c3 a6 6.♗e2** e5 (6. ... ♕c7 6. ... ♘bd7) 7.♘b3 ♗e7 8.0-0 (8.♗e3) 8. ... 0-0 9.f4 (9.♗e3 9.a4 9.♗g5 etc.) 9. ... ♕c7 10.a4 ♗e6 11.f5 ♗c4 12.a5 Sizilianisch (Najdorf-V. mit 6.♗e2, Opočenský-System)

B 93 **1.e4 c5 2.♘f3 d6 3.d4 cxd4 4.♘xd4 ♘f6 5.♘c3 a6 6.f4** e5 (6. ... ♕c7 6. ... ♘c6 6. ... ♕b6 6. ... ♘bd7 6. ... g6 6. ... ♗g4; 6. ... e6 → B 82) 7.♘f3 ♕c7 (7. ... ♘bd7) 8.a4 (8.♗d3) Sizilianisch (Najdorf-Variante mit 6.f4)

B 94   **1.e4 c5 2.♘f3 d6 3.d4 cxd4 4.♘xd4 ♘f6 5.♘c3 a6 6.♗g5 ♘bd7** (6. ... h6 etc.; 6. ... ♘c6 → B 60) 7.♗c4 ♕a5 (7. ... h6) 8.♕d2 e6 9.0–0–0 b5 10.♗b3 (10.♗d5) Sizilianisch (Najdorf-Variante mit 6.♗g5)

B 95   **1.e4 c5 2.♘f3 d6 3.d4 cxd4 4.♘xd4 ♘f6 5.♘c3 a6 6.♗g5 e6 7.♕f3** (7.♕e2 7.♕d3) 7. ... ♗d7 (7. ... h6 7. ... ♗e7 7. ... ♘bd7) 8.0–0–0 ♘c6 Sizilianisch (Najdorf-Variante mit 6.♗g5)

B 96   **1.e4 c5 2.♘f3 d6 3.d4 cxd4 4.♘xd4 ♘f6 5.♘c3 a6 6.♗g5 e6 7.f4 b5** (7. ... h6 8.♗h4 ♕b6; 7. ... ♘bd7 8.♕f3 ♕c7 9.0–0–0 b5; 7. ... ♕c7 7. ... ♗d7) 8.e5 dxe5 9.fxe5 ♕c7 10.exf6 (10.♕e2 ♘fd7 11.0–0–0 ♗b7) 10. ... ♕e5+ 11.♗e2 ♕xg5 Sizilianisch (Najdorf-Variante, Polugajewski-System)

B 97   **1.e4 c5 2.♘f3 d6 3.d4 cxd4 4.♘xd4 ♘f6 5.♘c3 a6 6.♗g5 e6 7.f4 ♕b6 8.♕d2** (8.♘b3) 8. ... ♕xb2 9.♖b1 (9.♘b3) 9. ... ♕a3 10.f5 (10.e5 10.♗e2 10.♗xf6) 10. ... ♘c6 11.fxe6 fxe6 12.♘xc6 bxc6 13.e5 dxe5 14.♗xf6 gxf6 15.♘e4 ♗e7 16.♗e2 h5 17.♖b3 ♕a4 Sizilianisch (Najdorf-V. mit 7. ... ♕b6, Bauernraubvariante)

B 98   **1.e4 c5 2.♘f3 d6 3.d4 cxd4 4.♘xd4 ♘f6 5.♘c3 a6 6.♗g5 e6 7.f4 ♗e7 8.♕f3** (8.♕e2) **8. ... ♕c7** (8. ... h6 Göteborger Variante 9.♗h4 g5 10.fxg5 ♘fd7) 9.0–0–0 h6 Sizilianisch (Najdorf-Variante)

B 99   **1.e4 c5 2.♘f3 d6 3.d4 cxd4 4.♘xd4 ♘f6 5.♘c3 a6 6.♗g5 e6 7.f4 ♗e7 8.♕f3 ♕c7 9.0–0–0 ♘bd7** 10.g4 (10.♗d3 10.♗e2 10.♕g3) 10. ... b5 11.♗xf6 ♘xf6 12.g5 ♘d7 13.f5 (13.a3 ♖b8 14.h4 b4) 13. ... ♘c5 (13. ... ♗xg5+ 14.♔b1 ♘e5 15.♕h5 ♕d8 15. ... ♕e7!?) 14.f6 (14.h4 b4) 14. ... gxf6 15.gxf6 ♗f8 16.♖g1 h5 Sizilianisch (Najdorf-V.)

C 00   **1.e4 e6 2.d4** [2.d3 2.♕e2 2.♘f3 (2. ... d5 3.e5 c5 4.b4 Wing-Gambit) 2.♘e2 2.b3 2.♘c3 2.c4 2.e5 etc.] 2. ... d5 (2. ... b6 etc.) 3.♗d3 3.♗e3 3.c4 Französische Verteidigung, Französisch (Seltene Züge)

C 01   **1.e4 e6 2.d4 d5 3.exd5** Französisch (Abtauschvariante)

C 02   **1.e4 e6 2.d4 d5 3.e5** Französisch (Vorstoßvariante)

C 03   **1.e4 e6 2.d4 d5 3.♘d2 ♘c6** (3. ... a6 3. ... b6 3. ... ♘d7 3. ... f5 3. ... e5 3. ... g6 3. ... ♘e7 etc.) 4.♘gf3 (4.c3) 4. ... g6 (4. ... ♘h6 4. ... e5 4. ... ♘ge7 4. ... f5 etc.) Französisch (Tarrasch-Variante)

C 04   **1.e4 e6 2.d4 d5 3.♘d2 ♘c6 4.♘gf3 ♘f6** Französisch (Tarrasch-Variante)

C 05   **1.e4 e6 2.d4 d5 3.♘d2 ♘f6 4.e5 ♘fd7** (4. ... ♘g8; 4. ... ♘e4 5.♘xe4 dxe4 → C 11) 5.♗d3 (5.f4 5.♘gf3 5.♘df3) 5. ... c5 (5. ... b6) 6.c3 ♘c6 (6. ... b6) 7.♘e2 (7.♘gf3) 7. ... f6 (7. ... ♕a5 7. ... ♕b6 7. ... b6 7. ... ♗e7 etc.) Französisch (Tarrasch-Variante)

C 06   **1.e4 e6 2.d4 d5 3.♘d2 ♘f6 4.e5 ♘fd7 5.♗d3 c5 6.c3 ♘c6 7.♘e2 cxd4 8.cxd4 ♕b6** (8. ... ♘b6) Französisch (Tarrasch-Variante)

C 07   **1.e4 e6 2.d4 d5 3.♘d2 c5 4.exd5** (4.♘gf3 4.dxc5) **4. ... ♕xd5** (4. ... cxd4 4. ... ♘f6) Französisch (Tarrasch-Variante)

C 08   **1.e4 e6 2.d4 d5 3.♘d2 c5 4.exd5 exd5 5.♘gf3** (5.♗b5) **5. ... a6** (5. ... ♘f6 5. ... c4) Französisch (Tarrasch-Variante)

C 09   **1.e4 e6 2.d4 d5 3.♘d2 c5 4.exd5 exd5 5.♘gf3 ♘c6** Französisch (Tarrasch-Variante)

C 10   **1.e4 e6 2.d4 d5 3.♘c3 dxe4** (3. ... ♘c6 3. ... c5 etc.) Französisch (Rubinstein-Variante)

C 11   **1.e4 e6 2.d4 d5 3.♘c3 ♘f6 4.♗g5** (4.e5 4.♗d3 4.exd5) **4. ... dxe4** Französisch

C 12   **1.e4 e6 2.d4 d5 3.♘c3 ♘f6 4.♗g5 ♗b4** Französisch (MacCutcheon-Variante)

C 13   **1.e4 e6 2.d4 d5 3.♘c3 ♘f6 4.♗g5 ♗e7 5.e5** (5.♗xf6 5.exd5) **5. ... ♘fd7** (5. ... ♘e4 5. ... ♘g8) **6.h4** Aljechin-Chatard-Angriff, Französisch (Klassisches System)

C 14   **1.e4 e6 2.d4 d5 3.♘c3 ♘f6 4.♗g5 ♗e7 5.e5 ♘fd7 6.♗xe7** Französisch (Klassische Hauptvariante)

C 15   **1.e4 e6 2.d4 d5 3.♘c3 ♗b4 4.a3** (4.♗d3 4.♘ge2 Aljechins Zug 4.♗d2 4.♕g4 4.exd5 ♕xd5) 4. ... ♗xc3+ 5.bxc3 dxe4 6.f3 (Winckelmann-Reimer-Gambit) Französisch (Nimzowitsch-Variante)

C 16   **1.e4 e6 2.d4 d5 3.♘c3 ♗b4 4.e5 b6** (4. ... ♘e7 4. ... ♕d7 4. ... f6 4. ... f5 4. ... ♗d7 etc.) Französisch (Nimzowitsch-Variante)

C 17 **1.e4 e6 2.d4 d5 3.♘c3 ♗b4 4.e5 c5 5.a3** (5.♗d2 5.♕g4 5.dxc5) **5. ...** ♗**a5** (5. ... cxd4) Französisch (Nimzowitsch-Variante)

C 18 **1.e4 e6 2.d4 d5 3.♘c3 ♗b4 4.e5 c5 5.a3** ♗**xc3+ 6.bxc3** ♘**e7** (6. ... ♕c7 6. ... ♕a5 6. ... ♗d7 6. ... c4 6. ... ♘c6 etc.) **7.♕g4** (7.h4) Französisch (Nimzowitsch-Variante)

C 19 **1.e4 e6 2.d4 d5 3.♘c3 ♗b4 4.e5 c5 5.a3** ♗**xc3+ 6.bxc3** ♘**e7 7.a4** (7.♘f3) Französisch (Nimzowitsch-Variante)

C 20 **1.e4 e5** (2.c3 2.♘e2 2.g3 2.d3 2.♗b5 Portugiesische Eröffnung etc.) Seltene Züge

C 21 **1.e4 e5 2.d4 exd4 3.c3** (3.f4 etc.) dxc3 4.♗c4 Nordisches Gambit u. a.

C 22 **1.e4 e5 2.d4 exd4 3.♕xd4** Mittelgambit

C 23 **1.e4 e5 2.♗c4 ♗c5** (2. ... c6 2. ... f5 etc.) Läuferspiel

C 24 **1.e4 e5 2.♗c4 ♘f6** Läuferspiel

C 25 **1.e4 e5 2.♘c3 ♘c6** (2. ... ♗c5 2. ... ♗b4 2. ... f5 etc.) Wiener Partie

C 26 **1.e4 e5 2.♘c3 ♘f6 3.♗c4** (3.g3) **3. ...** ♗**b4** (3. ... c6 etc.) Wiener Partie

C 27 **1.e4 e5 2.♘c3 ♘f6 3.♗c4** ♘**xe4** Wiener Partie

C 28 **1.e4 e5 2.♘c3 ♘f6 3.♗c4** ♘**c6** Wiener Partie

C 29 **1.e4 e5 2.♘c3 ♘f6 3.f4** exf4 4.d4 Steinitz-Gambit 4.♘f3 g5 5.h4 g4 (6.♘g5 Hamppe-Allgaier-Gambit) Wiener Partie

C 30 **1.e4 e5 2.f4** ♗**c5** Läufer-Verteidigung (2. ... ♘f6 2. ... d6 Rabinowitschs Zug etc.) Abgelehntes Königsgambit

C 31 **1.e4 e5 2.f4 d5 3.exd5** (3.♘f3 3.♘c3 3.d4 etc.) **3. ... e4** (3. ... c6 etc.) **4.d3** ♕**xd5** Falkbeer-Gegengambit

C 32 **1.e4 e5 2.f4 d5 3.exd5 e4 4.d3** ♘**f6** Falkbeer-Gegengambit

C 33 **1.e4 e5 2.f4 exf4 3.♗c4** (3.♗e2 Jänisch-Tartakower-Variante 3.d4 3.♘c3 3.♕f3 Breyer-System 3.♗b5 etc.) Angenommenes Königsgambit, Läufer-Gambit

C 34 **1.e4 e5 2.f4 exf4 3.♘f3** ♘**f6** (3. ... d6 3. ... ♘e7 3. ... f5) Königsspringer-Gambit

C 35 **1.e4 e5 2.f4 exf4 3.♘f3** ♗**e7** Cunningham-Gambit

C 36 **1.e4 e5 2.f4 exf4 3.♘f3 d5** Königsgambit (Moderne Variante)

C 37 **1.e4 e5 2.f4 exf4 3.♘f3 g5 4.♗c4** (4.d4 4.♘c3) **4. ... g4** (4. ... d5 4. ... h6 4. ... ♘c6 etc.) 5.♘c3 MacDonnell-Gambit 5.d4 Ghulam-Kassim-Gambit 5.0–0 Muzio-Gambit 5.♘e5 f3 Cochrane-Gambit 5. ... ♘h6 Silberschmidt-Gambit 5. ... ♕h4+ 6.♔f1 ♘f6 Salvio-Gambit (6. ... ♘c6 Herzfeld-Gambit) Königsspringer-Gambit

C 38 **1.e4 e5 2.f4 exf4 3.♘f3 g5 4.♗c4** ♗**g7** Königsspringer-Gambit (Greco und Philidor, Hanstein-Gambit)

C 39 **1.e4 e5 2.f4 exf4 3.♘f3 g5 4.h4** g4 5.♘g5 (5.♘e5 Kieseritzky-Gambit) Königsspringer-Gambit (Allgaier-Gambit)

C 40 **1.e4 e5 2.♘f3 f5** (2. ... d5 2. ... ♕e7 2. ... f6 Damiano-Verteidigung etc.) Lettisches Gambit, Gambit in der Rückhand

C 41 **1.e4 e5 2.♘f3 d6** Philidor-Verteidigung

C 42 **1.e4 e5 2.♘f3 ♘f6 3.♘xe5** Grundsystem (3.♘c3 3.♗c4 3d3) Russische Verteidigung oder Petrow-Verteidigung

C 43 **1.e4 e5 2.♘f3 ♘f6 3.d4** Russische Verteidigung (Steinitz-System)

C 44 **1.e4 e5 2.♘f3 ♘c6 3.d4** (3.c3 Ponziani-System 3.♗e2 Blackburne-Tartakower-V. 3.d3) **3. ... exd4** (3. ... ♘xd4 3. ... d5) **4.c3** (4.♗c4 4.♗b5 Relfson-V.) Schottisches Gambit

C 45 **1.e4 e5 2.♘f3 ♘c6 3.d4 exd4 4.♘xd4** (4.c3 Göring-Gambit) Schottische Partie

C 46 **1.e4 e5 2.♘f3 ♘c6 3.♘c3 ♘f6** (3. ... g6 3. ... ♗b4 3. ... ♘ge7 3. ... ♗c5 3. ... f5 etc.) **4.♗e2** (4.a3 etc.) Vierspringerspiel (Seltene Züge)

C 47 **1.e4 e5 2.♘f3 ♘c6 3.♘c3 ♘f6** 4.g3 ♗c5 4. ... d5 Glek-Variante **4.d4** 4. ... ♗b4 Morphy-Bogoljubow-V. **4. ... exd4** 5.♘d5 Belgrader Gambit 5.♘xd4 Schottisches Vierspringerspiel

C 48 **1.e4 e5 2.♘f3 ♘c6 3.♘c3 ♘f6 4.♗b5** ♘**d4** (4. ... ♗c5 4. ... a6) Vierspringerspiel (Rubinstein-Variante)

C 49 **1.e4 e5 2.♘f3 ♘c6 3.♘c3 ♘f6 4.♗b5 ♗b4** Vierspringerspiel (Symmetrische Variante)

C 50 **1.e4 e5 2.♘f3 ♘c6 3.♗c4 ♗c5** (3. ... ♗e7 Ungarische Verteidigung 3. ... f5 3. ... ♕f6 3. ... ♘d4 3. ... g6 etc.) **4.d3** „Giuoco-Pianissimo-System" (4.0–0) Italienische Partie, Italienisch oder Giuoco Piano

C 51 **1.e4 e5 2.♘f3 ♘c6 3.♗c4 ♗c5 4.b4 ♗xb4** (4. ... ♗b6 4. ... d5 4. ... ♗e7 etc.) **5.c3** (5.0–0) **5. ... ♗e7** Evans-Gambit

C 52 **1.e4 e5 2.♘f3 ♘c6 3.♗c4 ♗c5 4.b4 ♗xb4 5.c3 ♗a5** Evans-Gambit (Hauptvariante)

C 53 **1.e4 e5 2.♘f3 ♘c6 3.♗c4 ♗c5 4.c3** Möller-Angriff **4. ... ♘f6** (4. ... ♕e7 4. ... d6 4. ... ♕f6 4. ... f5 etc.) **5.d4** (5.0–0 5.♕e2 5.d3) **5. ... exd4 6.e5** (6.b4) Italienische Partie, Giuoco Piano, Spiel des Polerio

C 54 **1.e4 e5 2.♘f3 ♘c6 3.♗c4 ♗c5 4.c3 ♘f6 5.d4 exd4 6.cxd4** Italienische Partie (Hauptv.)

C 55 **1.e4 e5 2.♘f3 ♘c6 3.♗c4 ♘f6 4.d4** (4.♘c3 4.d3 4.0–0 4.♕e2) **4. ... exd4 5.0–0** (5.e5 5.♘g5 5.♘d4 5.♕e2 etc.) **5. ... ♗c5** (5. ... d5) Zweispringerspiel

C 56 **1.e4 e5 2.♘f3 ♘c6 3.♗c4 ♘f6 4.d4 exd4 5.0–0** (5. ... ♗c5 Max-Lange-Angriff) **5. ... ♘xe4** Zweispringerspiel im Nachzuge

C 57 **1.e4 e5 2.♘f3 ♘c6 3.♗c4 ♘f6 4.♘g5** Preußische Partie **4. ... d5** (4. ... ♗c5 Traxler-Variante etc.) **5.exd5 ♘d4** Fritz-Variante (5. ... b5 Ulvestad-Gambit 6.♗f1 ♘d4 7.c3 ♘xd5 8.♘xf7 Semenenko-Gambit) Zweispringerspiel im Nachzuge

C 58 **1.e4 e5 2.♘f3 ♘c6 3.♗c4 ♘f6 4.♘g5 d5 5.exd5 ♘a5 6.♗b5+** (6.d3) **6. ... c6 7.dxc6 bxc6 8.♕f3** (8.♗d3 etc.) Zweispringerspiel im Nachzuge (Klassisches System)

C 59 **1.e4 e5 2.♘f3 ♘c6 3.♗c4 ♘f6 4.♘g5 d5 5.exd5 ♘a5 6.♗b5+ c6 7.dxc6 bxc6 8.♗e2** Zweispringerspiel im Nachzuge (Klassisches System)

C 60 **1.e4 e5 2.♘f3 ♘c6 3.♗b5 g6** (3. ... ♘ge7 3. ... ♗b4 etc.) Spanische Partie, Spanisch, Spiel des López

C 61 **1.e4 e5 2.♘f3 ♘c6 3.♗b5 ♘d4** Spanisch (Bird-Verteidigung)

C 62 **1.e4 e5 2.♘f3 ♘c6 3.♗b5 d6** Spanisch (Steinitz-Verteidigung)

C 63 **1.e4 e5 2.♘f3 ♘c6 3.♗b5 f5** Spanisch (Jänisch-Gambit, Schliemann-Verteidigung)

C 64 **1.e4 e5 2.♘f3 ♘c6 3.♗b5 ♗c5** Spanisch (Cordel-Verteidigung)

C 65 **1.e4 e5 2.♘f3 ♘c6 3.♗b5 ♘f6** (Berliner Verteidigung) **4.0–0** (4.d4 4.d3 4.♕e2 etc.) **4. ... ♗c5** Spanisch

C 66 **1.e4 e5 2.♘f3 ♘c6 3.♗b5 ♘f6 4.0–0 d6** Spanisch (Verbesserte Steinitz-Verteidigung)

C 67 **1.e4 e5 2.♘f3 ♘c6 3.♗b5 ♘f6 4.0–0 ♘xe4 5.d4 ♗e7 6.♕e2 ♘d6 7.♗xc6 bxc6 8.dxe5 ♘b7** Spanisch (Rio de Janeiro-Variante)

C 68 **1.e4 e5 2.♘f3 ♘c6 3.♗b5 a6 4.♗xc6 dxc6** (4. ... bxc6) **5.♘c3** (5.d4 etc.) Spanisch (Abtauschvariante)

C 69 **1.e4 e5 2.♘f3 ♘c6 3.♗b5 a6 4.♗xc6 dxc6 5.0–0** Spanisch (Abtauschvariante)

C 70 **1.e4 e5 2.♘f3 ♘c6 3.♗b5 a6 4.♗a4 b5** (4. ... f5 4. ... ♘ge7 4. ... ♗c5 etc.) Spanisch (Abweichungen im 4. Zug)

C 71 **1.e4 e5 2.♘f3 ♘c6 3.♗b5 a6 4.♗a4 d6 5.c4** (5.d4 5.♘c3 etc.) Spanisch (Moderne Steinitz-Verteidigung)

C 72 **1.e4 e5 2.♘f3 ♘c6 3.♗b5 a6 4.♗a4 d6 5.0–0** Spanisch (Moderne Steinitz-Verteidigung)

C 73 **1.e4 e5 2.♘f3 ♘c6 3.♗b5 a6 4.♗a4 d6 5.♗xc6+** Spanisch (Moderne Steinitz-Vert.)

C 74 **1.e4 e5 2.♘f3 ♘c6 3.♗b5 a6 4.♗a4 d6 5.c3 f5** Spanisch (Moderne Steinitz-Verteidigung)

C 75 **1.e4 e5 2.♘f3 ♘c6 3.♗b5 a6 4.♗a4 d6 5.c3 ♗d7 6.d4 ♘ge7** (6. ... ♗e7) Spanisch (Moderne Steinitz-Verteidigung)

C 76 **1.e4 e5 2.♘f3 ♘c6 3.♗b5 a6 4.♗a4 d6 5.c3 ♗d7 6.d4 g6** Spanisch (Moderne Steinitz-Vert.)

C 77 **1.e4 e5 2.♘f3 ♘c6 3.♗b5 a6 4.♗a4 ♘f6 5.d3** (5.d4 5.♗xc6 5.♘c3 5.♕e2 etc.) Spanisch (Anderssen-Variante)

C 78 **1.e4 e5 2.♘f3 ♘c6 3.♗b5 a6 4.♗a4 ♘f6 5.0–0 b5** (5. ... ♗c5) Spanisch (Archangelsker-Variante, Möller-Variante)

C 79   **1.e4 e5 2.♘f3 ♘c6 3.♗b5 a6 4.♗a4 ♘f6 5.0–0 d6** Spanisch (Russische Variante)

C 80   **1.e4 e5 2.♘f3 ♘c6 3.♗b5 a6 4.♗a4 ♘f6 5.0–0 ♘xe4 6.d4** (6.♖e1 6.♕e2 etc.) **6. ... b5** (6. ... exd4 7.♖e1 d5 Riga-Variante) **7.♗b3** (7.d5 etc.) **7. ... d5** (7. ... exd5) **8.dxe5** (8.♘xe5 8.a4 etc.) **8. ... ♗e6** (♘e7) **9.a4** (9.♘bd2 9.♗e3 etc.) Spanisch (Offene Verteidigung)

C 81   **1.e4 e5 2.♘f3 ♘c6 3.♗b5 a6 4.♗a4 ♘f6 5.0–0 ♘xe4 6.d4 b5 7.♗b3 d5 8.dxe5 ♗e6 9.♕e2** Spanisch (Offene Verteidigung, Keres-System)

C 82   **1.e4 e5 2.♘f3 ♘c6 3.♗b5 a6 4.♗a4 ♘f6 5.0–0 ♘xe4 6.d4 b5 7.♗b3 d5 8.dxe5 ♗e6 9.c3 ♗c5** (9. ... ♘c5 9. ... g6 etc.) Spanisch (Offene Verteidigung, Italienische Variante)

C 83   **1.e4 e5 2.♘f3 ♘c6 3.♗b5 a6 4.♗a4 ♘f6 5.0–0 ♘xe4 6.d4 b5 7.♗b3 d5 8.dxe5 ♗e6 9.c3 ♗e7** Spanisch (Offene Verteidigung, Hauptvariante)

C 84   **1.e4 e5 2.♘f3 ♘c6 3.♗b5 a6 4.♗a4 ♘f6 5.0–0 ♗e7 6.d4** (6.♘c3 etc.) Spanisch (Mittelgambit)

C 85   **1.e4 e5 2.♘f3 ♘c6 3.♗b5 a6 4.♗a4 ♘f6 5.0–0 ♗e7 6.♗xc6** Spanisch (Steenwijker V.)

C 86   **1.e4 e5 2.♘f3 ♘c6 3.♗b5 a6 4.♗a4 ♘f6 5.0–0 ♗e7 6.♕e2** Spanisch (Englischer Angriff, Worrall-Angriff)

C 87   **1.e4 e5 2.♘f3 ♘c6 3.♗b5 a6 4.♗a4 ♘f6 5.0–0 ♗e7 6.♖e1 d6** Spanisch (Russische Variante mit Zugumstellung)

C 88   **1.e4 e5 2.♘f3 ♘c6 3.♗b5 a6 4.♗a4 ♘f6 5.0–0 ♗e7 6.♖e1 b5 7.♗b3 0–0** (7. ... ♗b7 etc.) **8.a4** (8.d4 etc.) Spanisch (Geschlossenes System)

C 89   **1.e4 e5 2.♘f3 ♘c6 3.♗b5 a6 4.♗a4 ♘f6 5.0–0 ♗e7 6.♖e1 b5 7.♗b3 0–0 8.c3 d5** Spanisch (Marshall-Angriff)

C 90   **1.e4 e5 2.♘f3 ♘c6 3.♗b5 a6 4.♗a4 ♘f6 5.0–0 ♗e7 6.♖e1 b5 7.♗b3 0–0 8.c3 d6 9.d3** (9.♗c2 9.a4 etc.) Spanisch (Abweichungen von der Hauptvariante)

C 91   **1.e4 e5 2.♘f3 ♘c6 3.♗b5 a6 4.♗a4 ♘f6 5.0–0 ♗e7 6.♖e1 b5 7.♗b3 0–0 8.c3 0–0 9.d4** Spanisch (Abweichungen von der Hauptvariante)

C 92   **1.e4 e5 2.♘f3 ♘c6 3.♗b5 a6 4.♗a4 ♘f6 5.0–0 ♗e7 6.♖e1 b5 7.♗b3 0–0 8.c3 0–0 9.h3 ♘d7** (9. ... ♗e6 9. ... ♗b7 etc.) Spanisch (Tschigorin-System, Saizew-Variante)

C 93   **1.e4 e5 2.♘f3 ♘c6 3.♗b5 a6 4.♗a4 ♘f6 5.0–0 ♗e7 6.♖e1 b5 7.♗b3 0–0 8.c3 0–0 9.h3 h6** Spanisch (Smyslow-Variante)

C 94   **1.e4 e5 2.♘f3 ♘c6 3.♗b5 a6 4.♗a4 ♘f6 5.0–0 ♗e7 6.♖e1 b5 7.♗b3 0–0 8.c3 0–0 9.h3 ♘b8 10.d3** Spanisch (Breyer-Verteidigung)

C 95   **1.e4 e5 2.♘f3 ♘c6 3.♗b5 a6 4.♗a4 ♘f6 5.0–0 ♗e7 6.♖e1 b5 7.♗b3 0–0 8.c3 0–0 9.h3 ♘b8 10.d4** Spanisch (Breyer-Verteidigung)

C 96   **1.e4 e5 2.♘f3 ♘c6 3.♗b5 a6 4.♗a4 ♘f6 5.0–0 ♗e7 6.♖e1 b5 7.♗b3 0–0 8.c3 0–0 9.h3 ♘a5 10.♗c2 c5** (10. ... ♗b7 10. ... c6 10. ... ♘d7 10. ... ♖e8 etc.) **11.d4 ♘d7** (11. ... cxd4 11. ... ♗b7 11 ... ♘c6) Spanisch (Abweichungen vom Tschigorin-System)

C 97   **1.e4 e5 2.♘f3 ♘c6 3.♗b5 a6 4.♗a4 ♘f6 5.0–0 ♗e7 6.♖e1 b5 7.♗b3 0–0 8.c3 0–0 9.h3 ♘a5 10.♗c2 c5 11.d4 ♕c7 12.♘bd2** (12.b4 12.dxc5 12.a4 12.b3 12.d5 etc.) **12. ... ♗b7** (12. ... ♖e8 12. ... ♗d7 etc.) Spanisch (Abweichungen vom Tschigorin-System; Panow-V.)

C 98   **1.e4 e5 2.♘f3 ♘c6 3.♗b5 a6 4.♗a4 ♘f6 5.0–0 ♗e7 6.♖e1 b5 7.♗b3 0–0 8.c3 0–0 9.h3 ♘a5 10.♗c2 c5 11.d4 ♕c7 12.♘bd2 ♘c6** Spanisch (Tschigorin-System)

C 99   **1.e4 e5 2.♘f3 ♘c6 3.♗b5 a6 4.♗a4 ♘f6 5.0–0 ♗e7 6.♖e1 b5 7.♗b3 0–0 8.c3 0–0 9.h3 ♘a5 10.♗c2 c5 11.d4 ♕c7 12.♘bd2 cxd4** Spanisch (Tschigorin-System)

D 00   **1.d4 d5 2.♘c3** (2.♗g5 2.♗f4 2.e3 2.e4 dxe4 3.f3 Blackmar-Gambit 3.♘c3 Diemer-Gambit 2.♘d2 etc.) **2. ... ♘f6** (2. ... f5 2. ... g6 2. ... ♗f5 2. ... c5 etc.) **3.♘f3** (3.e4 ♘xe4 Hübsch-Gambit 3.♗f4 etc.) Damenbauernspiele

D 01   **1.d4 d5 2.♘c3 ♘f6 3.♗g5** Damenbauernspiele (Richter-Weressow-System)

D 02   **1.d4 d5 2.♘f3 ♘f6** (2. ... ♘c6 2. ... c5 2. ... e6 etc.) **3.♗f4** (3.g3) Damenbauernspiele

D 03   **1.d4 d5 2.♘f3 ♘f6 3.♗g5 e6** (3. ... g6) Damenbauernspiele

D 04   **1.d4 d5 2.♘f3 ♘f6 3.e3 c5** (3. ... g6 3. ... ♗f5 3. ... ♗g4 3. ... c6 etc. ohne e7-e6)

D 05 **1.d4 d5 2.♘f3 ♘f6 3.e3 e6** 4.♘bd2 c5 5.c3 (ohne c2-c4) Damenbauernspiele (Colle-Aufbau)

D 06 **1.d4 d5 2.c4 ♗f5** Keres-Vert. (2. ... c5 2. ... ♘f6 Marshall-Verteidigung 2. ... g6 etc.) Damengambit (Seltene Züge)

D 07 **1.d4 d5 2.c4 ♘c6** Damengambit (Tschigorin-Verteidigung)

D 08 **1.d4 d5 2.c4 e5 3.dxe5 d4 4.♘f3** (4.e4 4.a3 etc.) **4. ... ♘c6 5.♘bd2** (5.a3 etc.) Albins Gegengambit, Damengambit (Slawische Verteidigung)

D 09 **1.d4 d5 2.c4 e5 3.dxe5 d4 4.♘f3 ♘c6 5.g3** Albins Gegengambit

D 10 **1.d4 d5 2.c4 c6 3.♘c3 e5!?** Winawer-Gambit (3.e3 3.cxd5 etc.) Damengambit (Slawische Verteidigung, Lasker/Smyslow-Variante)

D 11 **1.d4 d5 2.c4 c6 3.♘f3 ♘f6** (3. ... dxc4 3. ... ♗f5) **4.e3** (4.g3 4.♘bd2 4.♕c2 etc.) **4. ... ♗g4** (Slawische Verteidigung)

D 12 **1.d4 d5 2.c4 c6 3.♘f3 ♘f6 4.e3 ♗f5** Damengambit (Slawische Verteidigung)

D 13 **1.d4 d5 2.c4 c6 3.♘f3 ♘f6 4.cxd5 cxd5 5.♘c3** (5.e3) **5. ... ♘c6** (5. ... ♘bd7 5. ... e6) **6.♗f4** (6.♘e5 etc.) **6. ... e6** (6. ... ♕a5 6. ... ♘h5 etc.) Damengambit (Slawische Vert., Abtauschvariante)

D 14 **1.d4 d5 2.c4 c6 3.♘f3 ♘f6 4.cxd5 cxd5 5.♘c3 ♘c6 6.♗f4 ♗f5** Damengambit (Slawische Verteidigung, Abtauschvariante)

D 15 **1.d4 d5 2.c4 c6 3.♘f3 ♘f6 4.♘c3 dxc4** (4. ... ♗g4 4. ... ♗f5 etc.) **5.e4** Damengambit (Slawische Verteidigung)

D 16 **1.d4 d5 2.c4 c6 3.♘f3 ♘f6 4.♘c3 dxc4 5.a4 ♘a6** (5. ... ♗g4 5. ... e6 5. ... g6 etc.) Damengambit (Lasker/Smyslow-Variante)

D 17 **1.d4 d5 2.c4 c6 3.♘f3 ♘f6 4.♘c3 dxc4 5.a4 ♗f5 6.♘e5** (6.♘h4) Damengambit (Slawische Verteidigung)

D 18 **1.d4 d5 2.c4 c6 3.♘f3 ♘f6 4.♘c3 dxc4 5.a4 ♗f5 6.e3 e6** (6. ... ♘a6 6. ... ♗d3) **7.♗c4 ♗b4** (7. ... ♘bd7) **8.0–0 0–0** (8. ... ♘bd7 8. ... a5) **9.♘h4** (9.♕b3 9.♘e2 9.♘e5 9.♗d3) Damengambit (Slawische Verteidigung, Hauptvariante)

D 19 **1.d4 d5 2.c4 c6 3.♘f3 ♘f6 4.♘c3 dxc4 5.a4 ♗f5 6.e3 e6 7.♗c4 ♗b4 8.0–0 0–0 9.♕e2** Damengambit (Slawische Verteidigung, Hauptvariante)

D 20 **1.d4 d5 2.c4 dxc4 3.e4** (3.e3 3.♘c3 etc.) Angenommenes Damengambit

D 21 **1.d4 d5 2.c4 dxc4 3.♘f3 a6** (3. ... ♘d7 3. ... e6 3. ... c5 etc.) **4.e4** (4.a4 4.♘c3) Angenommenes Damengambit

D 22 **1.d4 d5 2.c4 dxc4 3.♘f3 a6 4.e3 ♗g4** (4. ... b5) Angenommenes Damengambit

D 23 **1.d4 d5 2.c4 dxc4 3.♘f3 ♘f6 4.♕a4+** Angenommenes Damengambit (Mannheimer V.)

D 24 **1.d4 d5 2.c4 dxc4 3.♘f3 ♘f6 4.♘c3 a6** (4. ... ♗f5 4. ... c5 4. ... e6) 5.e4 (5.a4) Angenommenes Damengambit

D 25 **1.d4 d5 2.c4 dxc4 3.♘f3 ♘f6 4.e3 ♗g4** (4. ... g6 4. ... ♗e6 4. ... a6 etc.) Angenommenes Damengambit

D 26 **1.d4 d5 2.c4 dxc4 3.♘f3 ♘f6 4.e3 e6 5.♗xc4** (5.♘bd2) **5. ... c5** (5. ... a6 etc.) **6.0–0** (6.♕e2 6.♘c3 etc.) **6. ... cxd4** (6. ... ♘c6 6. ... ♗e7) Angenommenes Damengambit

D 27 **1.d4 d5 2.c4 dxc4 3.♘f3 ♘f6 4.e3 e6 5.♗xc4 c5 6.0–0 a6 7.a4** Angenommenes Damengambit

D 28 **1.d4 d5 2.c4 dxc4 3.♘f3 ♘f6 4.e3 e6 5.♗xc4 c5 6.0–0 a6 7.♕e2 b5** (7. ... ♘c6 7. ... cxd4 7. ... ♗e7 7. ... ♘bd7 etc.) **8.♗b3** (8.♗d3) **8. ... ♘c6** (8. ... ♘bd7 8. ... c4 etc.) Angenommenes Damengambit

D 29 **1.d4 d5 2.c4 dxc4 3.♘f3 ♘f6 4.e3 e6 5.♗xc4 c5 6.0–0 a6 7.♕e2 b5 8.♗b3 ♗b7** Angenommenes Damengambit

D 30 **1.d4 d5 2.c4 e6 3.♘f3** (3.e3 3.g3 etc.) Damengambit (ohne Sc3)

D 31 **1.d4 d5 2.c4 e6 3.♘c3 c6** (3. ... ♗e7 3. ... dxc4 etc.) 4.e4 (4.♘f3) Damengambit (Halbslawisch)

D 32 **1.d4 d5 2.c4 e6 3.♘c3 c5 4.cxd5** (4.♘f3) **4. ... exd5** (4. ... cxd4 → Schara-Hennig-Gambit)

5.♘f3 (5.dxc5 5.e4) 5. ... ♘c6 (5. ... ♘f6) 6.e3 (6.♗g5 ♗f4 etc.) Damengambit (Tarrasch-Verteidigung)

D 33   1.d4 d5 2.c4 e6 3.♘c3 c5 4.cxd5 exd5 5.♘f3 ♘c6 6.g3 ♘f6 (6. ... c4 → Schwedische Variante; 6. ... cxd4 6. ... ♗g4 etc.) 7.♗g2 cxd4 (7. ... ♗g4 → Wagner V.; 7. ... ♗e6 etc.)

D 34   1.d4 d5 2.c4 e6 3.♘c3 c5 4.cxd5 exd5 5.♘f3 ♘c6 6.g3 ♘f6 7.♗g2 ♗e7 8.0–0 0–0 9.♗g5 9.dxc5 9.♗f4 9.b3 9.♗e3 Tarrasch-Verteidigung (Hauptvariante)

D 35   1.d4 d5 2.c4 e6 3.♘c3 ♘f6 4.cxd5 (4.♗f4 etc.) 4. ... exd5 5.♗g5 (5.♗f4 5.♘f3 etc.) 5. ... c6 (5. ... ♗e7) 6.e3 (6.♘f3 etc.) Damengambit (Abtauschvariante)

D 36   1.d4 d5 2.c4 e6 3.♘c3 ♘f6 4.cxd5 exd5 5.♗g5 c6 6.♕c2 ♗e7 7.e3 ♘bd7 8.♗d3 0–0 (8. ... ♘h5 9.♗xe7 ♕xe7) 9.♘f3 (9.♘ge2 ♖e8 10.0–0 10.0–0–0) 9. ... ♖e8 10.0–0 (10.0–0–0 10.h3) 10. ... ♘f8 11.♖ab1 (11.♘e5 11.♖ae1 11.♗xf6 11.h3) Damengambit (Abtauschv.)

D 37   1.d4 d5 2.c4 e6 3.♘c3 ♘f6 4.♘f3 ♗e7 (4. ... ♘bd7 4. ... ♘e4 etc.) 5.♗f4 0–0 (5. ... c6) Damengambit mit 5.♗f4

D 38   1.d4 d5 2.c4 e6 3.♘c3 ♘f6 4.♘f3 ♗b4 5.♗g5 (5.cxd5 5.♕a4 5.a3 5.♕c2 etc.) 5. ... h6 (→ E 21) Damengambit (Ragosin-Verteidigung)

D 39   1.d4 d5 2.c4 e6 3.♘c3 ♘f6 4.♘f3 ♗b4 5.♗g5 dxc4 Damengambit (Ragosin-Verteidigung)

D 40   **1.d4 d5 2.c4 e6 3.♘c3 ♘f6 4.♘f3 c5 5.e3** (5.♗g5 → D 50) Damengambit (Verbesserte Tarrasch-Verteidigung)

D 41   1.d4 d5 2.c4 e6 3.♘c3 ♘f6 4.♘f3 c5 5.cxd5 ♘xd5 (5. ... cxd4 5. ... exd5 → D 32) 6.e3 (6.e4 6.g3 etc.) 6. ... ♘c6 (6. ... ♗e7 6. ... cxd4 etc.) 7.♗c4 (7.♗d2 etc.) Damengambit (Verbesserte Tarrasch-Verteidigung)

D 42   1.d4 d5 2.c4 e6 3.♘c3 ♘f6 4.♘f3 c5 5.cxd5 ♘xd5 6.e3 ♘c6 7.♗d3 Damengambit (Verbesserte Tarrasch-Verteidigung)

D 43   1.d4 d5 2.c4 e6 3.♘c3 ♘f6 4.♘f3 c6 5.♗g5 (5.♕b3 5.♕c2 etc.; 5.♗f4 ♘bd7 6.e3 → D 37) 5. ... h6 Damengambit, Halbslawisch (Botwinnik-Variante, Anti-Meraner Gambit)

D 44   1.d4 d5 2.c4 e6 3.♘c3 ♘f6 4.♘f3 c6 5.♗g5 dxc4 Damengambit, Halbslawisch (Botwinnik-Variante, Anti-Meraner Gambit)

D 45   1.d4 d5 2.c4 e6 3.♘c3 ♘f6 4.♘f3 c6 5.e3 ♘bd7 (5. ... a6 5. ... ♗e7 5. ... ♗d6 etc.) 6.♕c2 (6.♘e5 Rubinstein, 6.♗d2 6.b3 etc.) Damengambit, Halbslawisch (Anti-Meraner Varianten)

D 46   1.d4 d5 2.c4 e6 3.♘c3 ♘f6 4.♘f3 c6 5.e3 ♘bd7 6.♗d3 ♗d6 (6. ... ♗b4 6. ... ♗e7 6. ... a6) Damengambit, Halbslawisch

D 47   1.d4 d5 2.c4 e6 3.♘c3 ♘f6 4.♘f3 c6 5.e3 ♘bd7 6.♗d3 dxc4 7.♗xc4 b5 (7. ... a6 8.e4 → D 46; 7. ... c5 → D 26) 8.♗d3 (8.♗b3 8.♗e2) 8. ... b4 (8. ... ♗b7) Damengambit, Halbslawisch (Meraner Variante)

D 48   1.d4 d5 2.c4 e6 3.♘c3 ♘f6 4.♘f3 c6 5.e3 ♘bd7 6.♗d3 dxc4 7.♗xc4 b5 8.♗d3 a6 9.e4 (9.0–0 9.a4 etc.) 9. ... c5 (9. ... b4 9. ... ♗b7) 10.e5 (10.d5 Reynolds) 10. ... cxd4 (10. ... ♘g4 etc.) 11.♘e4 etc. Damengambit, Halbslawisch (Meraner Variante)

D 49   1.d4 d5 2.c4 e6 3.♘c3 ♘f6 4.♘f3 c6 5.e3 ♘bd7 6.♗d3 dxc4 7.♗xc4 b5 8.♗d3 a6 9.e4 c5 10.e5 cxd4 11.♘xb5 Damengambit, Halbslawisch (Meraner Variante, Sosin-Angriff)

D 50   **1.d4 d5 2.c4 e6 3.♘c3 ♘f6 4.♗g5 c5** (4. ... ♗b4 etc.) 5.♘f3 (5.cxd5) Damengambit (Canal-Prins-Gambit)

D 51   1.d4 d5 2.c4 e6 3.♘c3 ♘f6 4.♗g5 ♘bd7 5.e3 (5.♘f3 ♗b4 Westphalia-Variante, Manhattan-Variante) 5. ... c6 6.cxd5 (6.♕c2 6.a3 6.♗d3) Damengambit (Cambridge-Springs-Variante und Abweichungen)

D 52   1.d4 d5 2.c4 e6 3.♘c3 ♘f6 4.♗g5 ♘bd7 5.e3 c6 6.♘f3 ♕a5 7.cxd5 (7.♘d2 7.♗xf6) Damengambit (Cambridge-Springs-Variante)

D 53   1.d4 d5 2.c4 e6 3.♘c3 ♘f6 4.♗g5 ♗e7 5.e3 (5.♘f3) 5. ... 0–0 (5. ... h6 5. ... ♘bd7 5. ... ♘e4; 5. ... b6 6.♘f3 0–0 → D 55) 6.♕c2 (6.♗xf6 etc.) Damengambit (Hauptvariante, Abweichungen)

D 54   1.d4 d5 2.c4 e6 3.♘c3 ♘f6 4.♗g5 ♗e7 5.e3 0–0 6.♖c1 Damengambit (Hauptvariante, Abweichungen)

D 55 **1.d4 d5 2.c4 e6 3.♘c3 ♘f6 4.♗g5 ♗e7 5.e3 0–0 6.♘f3 h6** (6. ... b6 6. ... ♘e4 etc.) **7.♗xf6** Damengambit (Hauptvariante Abweichungen; Alte Lasker-Variante etc.)

D 56 **1.d4 d5 2.c4 e6 3.♘c3 ♘f6 4.♗g5 ♗e7 5.e3 0–0 6.♘f3 h6 7.♗h4 ♘e4 8.♗xe7 ♕xe7 9.♖c1** (9.♕c2 9.♘xe4 9.♗d3 etc.) Damengambit (Moderne Lasker-Verteidigung)

D 57 **1.d4 d5 2.c4 e6 3.♘c3 ♘f6 4.♗g5 ♗e7 5.e3 0–0 6.♘f3 h6 7.♗h4 ♘e4 8.♗xe7 ♕xe7 9.cxd5** Damengambit (Moderne Lasker-Verteidigung)

D 58 **1.d4 d5 2.c4 e6 3.♘c3 ♘f6 4.♗g5 ♗e7 5.e3 0–0 6.♘f3 h6 7.♗h4 b6 8.cxd5** (8.♗e2 8.♖c1 8.♗d3 8.♕b3 8.♕c2 8.♗xf6 etc.) **8. ... exd5** Damengambit (Tartakower-Vert.)

D 59 **1.d4 d5 2.c4 e6 3.♘c3 ♘f6 4.♗g5 ♗e7 5.e3 0–0 6.♘f3 h6 7.♗h4 b6 8.cxd5 ♘xd5** Damengambit (Tartakower-Verteidigung)

D 60 **1.d4 d5 2.c4 e6 3.♘c3 ♘f6 4.♗g5 ♗e7 5.e3 0–0 6.♘f3 ♘bd7 7.♗d3** (7.♕b3 etc.) Damengambit (Hauptvariante)

D 61 **1.d4 d5 2.c4 e6 3.♘c3 ♘f6 4.♗g5 ♗e7 5.e3 0–0 6.♘f3 ♘bd7 7.♕c2 h6** (7. ... c6 7. ... ♘e4 7. ... ♖e8 etc. Damengambit, Hauptv. mit 7.♕c2 (Nebenvarianten mit 7. ... c5)

D 62 **1.d4 d5 2.c4 e6 3.♘c3 ♘f6 4.♗g5 ♗e7 5.e3 0–0 6.♘f3 ♘bd7 7.♕c2 c5 8.cxd5** Damengambit (Hauptvariante mit 7.♕c2)

D 63 **1.d4 d5 2.c4 e6 3.♘c3 ♘f6 4.♗g5 ♗e7 5.e3 0–0 6.♘f3 ♘bd7 7.♖c1 c6** (7. ... a6 7. ... c5 7. ... b6 7. ... ♖e8 7. ... h6 etc.) **8.a3** (8.c5 8.♕b3 etc.) Damengambit (Hauptv. mit 7.♖c1)

D 64 **1.d4 d5 2.c4 e6 3.♘c3 ♘f6 4.♗g5 ♗e7 5.e3 0–0 6.♘f3 ♘bd7 7.♖c1 c6 8.♕c2 a6** (8. ... ♘e4 8. ... ♖e8 8. ... h6 8. ... dxc4 8. ... c5 8. ... b6 etc.) **9.a3** (9.c5 9.♗d3 9.a4 etc.) Damengambit (Tempokampf-Variante)

D 65 **1.d4 d5 2.c4 e6 3.♘c3 ♘f6 4.♗g5 ♗e7 5.e3 0–0 6.♘f3 ♘bd7 7.♖c1 c6 8.♕c2 a6 9.cxd5** Damengambit (Tempokampf-Variante)

D 66 **1.d4 d5 2.c4 e6 3.♘c3 ♘f6 4.♗g5 ♗e7 5.e3 0–0 6.♘f3 ♘bd7 7.♖c1 c6 8.♗d3 dxc4** (8. ... h6 8. ... ♖e8 8. ... a6 etc.) 9.♗xc4 b5 (9. ... a6 etc. außer 9. ... ♘d5) Damengambit (Hauptvariante, Erweitertes Fianchetto)

D 67 **1.d4 d5 2.c4 e6 3.♘c3 ♘f6 4.♗g5 ♗e7 5.e3 0–0 6.♘f3 ♘bd7 7.♖c1 c6 8.♗d3 dxc4 9.♗xc4 ♘d5 10.♗xe7** (10.♗f4 10.♘e4 10.h4 etc.) **10. ... ♕xe7** (10. ... ♘xc3 10. ... ♘xe7) **11.0–0** (11.♘e4) **11. ... ♘xc3 12.♖xc3 b6** etc. außer·12. ... e5 Damengambit (Hauptv., Capablancas Entlastungsmanöver)

D 68 **1.d4 d5 2.c4 e6 3.♘c3 ♘f6 4.♗g5 ♗e7 5.e3 0–0 6.♘f3 ♘bd7 7.♖c1 c6 8.♗d3 dxc4 9.♗xc4 ♘d5 10.♗xe7 ♕xe7 11.0–0 ♘xc3 12.♖xc3 e5 13.♕c2** (13.♕b1 13.♗b3 13.d5 13.♖e1 13.♕b3 13.a3 etc. außer 13.dxe5) Damengambit (Hauptvariante, Capablancas Entlastungsmanöver)

D 69 **1.d4 d5 2.c4 e6 3.♘c3 ♘f6 4.♗g5 ♗e7 5.e3 0–0 6.♘f3 ♘bd7 7.♖c1 c6 8.♗d3 dxc4 9.♗xc4 ♘d5 10.♗xe7 ♕xe7 11.0–0 ♘xc3 12.♖xc3 e5 13.dxe5 ♘xe5 14.♘xe5 ♕xe5 15.f4** Damengambit (Hauptv., Capablancas Entlastungsmanöver, Rubinstein-Angriff)

D 70 **1.d4 ♘f6 2.c4 g6 3.g3** (3.f3 3.♘f3 etc.) **3. ... d5 4.♗g2 c6** (4. ... dxc4 etc. außer ♗g7) Grünfeld-Indische Verteidigung, Grünfeld-Verteidigung (Abweichungen im 3. Zug)

D 71 **1.d4 ♘f6 2.c4 g6 3.g3 d5 4.♗g2 ♗g7 5.cxd5 ♘xd5 6.e4** (6.♘c3 6.♕b3 etc.) **6. ... ♘b4** Grünfeld-Vert. mit 3.g3

D 72 **1.d4 ♘f6 2.c4 g6 3.g3 d5 4.♗g2 ♗g7 5.cxd5 ♘xd5 6.e4 ♘b6** Grünfeld-Vert. mit 3.g3

D 73 **1.d4 ♘f6 2.c4 g6 3.g3 d5 4.♗g2 ♗g7 5.♘f3 0–0** (5. ... dxc4 5. ... c6 5. ... c5 5. ... ♘c6 etc.) **6.cxd5** (6.♘c3 6.c5 etc.) **6. ... ♘xd5 7.e4** Grünfeld-Verteidigung mit 3.g3

D 74 **1.d4 ♘f6 2.c4 g6 3.g3 d5 4.♗g2 ♗g7 5.♘f3 0–0 6.cxd5 ♘xd5 7.0–0 c5** (7. ... c6 7. ... ♘a6 7. ... e6 7. ... a5 etc.) **8.e4** (8.♕b3 ♕c6 9.dxc5 → D 75; 8.♘a3 ♘a6 9.dxc5 → D 75) Grünfeld-Vert. mit 3.g3

D 75 **1.d4 ♘f6 2.c4 g6 3.g3 d5 4.♗g2 ♗g7 5.♘f3 0–0 6.cxd5 ♘xd5 7.0–0 c5 8.dxc5** (8.♘c3) Grünfeld-Verteidigung mit 3.g3

D 76 **1.d4 ♘f6 2.c4 g6 3.g3 d5 4.♗g2 ♗g7 5.♘f3 0–0 6.cxd5 ♘xd5 7.0–0 ♘b6** Grünfeld-Verteidigung mit 3.g3

D 77   **1.d4 Nf6 2.c4 g6 3.g3 d5 4.Bg2 Bg7 5.Nf3 0–0 6.0–0 dxc4** (6. ... c5 6. ... e6 etc.) **7.Na3** (7.Qc2 7.Qa4 7.Nbd2 etc.) 7. ... c3 (7. ... Nc6 7. ... Na6) 8.bxc3 c5 9.Nc4 (9.Ne5 9.Rb1) Grünfeld-Verteidigung mit 3.g3

D 78   **1.d4 Nf6 2.c4 g6 3.g3 d5 4.Bg2 Bg7 5.Nf3 0–0 6.0–0 c6 7.Nbd2** (7.b3 7.Qb3 7.Qa4 7.Nc3 7.Na3 7.Ne5 etc.) Grünfeld-Verteidigung mit 3.g3

D 79   **1.d4 Nf6 2.c4 g6 3.g3 d5 4.Bg2 Bg7 5.Nf3 0–0 6.0–0 c6 7.cxd5** cxd5 8.Nc3 (8.Nbd2 8.Ne5) Grünfeld-Verteidigung mit 3.g3

D 80   **1.d4 Nf6 2.c4 g6 3.Nc3 d5 4.Bg5 Ne4** (4. ... dxc4) 5.cxd5 (5.Nxe4) Grünfeld-Verteidigung mit 4.Bg5

D 81   **1.d4 Nf6 2.c4 g6 3.Nc3 d5 4.Qb3 dxc4** (4. ... c6) 5.Qxc4 Be6 6.Qb5+ (6.Qd3) 6. ... Bd7 (6. ... Nc6) Grünfeld-Vert. (Botwinnik-Variante)

D 82   **1.d4 Nf6 2.c4 g6 3.Nc3 d5 4.Bf4 Bg7** (4. ... dxc4 4. ... Nh5 4. ... c6) **5.e3** (5.Qa4+ 5.Be5 etc.) **5. ... c5** 6.dxc5 Qa5 7.Rc1 (7.cxd5 7.Qb3 7.Qa4) Grünfeld-Verteidigung mit 4.Bf4

D 83   **1.d4 Nf6 2.c4 g6 3.Nc3 d5 4.Bf4 Bg7 5.e3 0–0 6.Qb3** (6.Rc1 6.Be5 6.b4 etc.) Grünfeld-Verteidigung mit 4.Bf4

D 84   **1.d4 Nf6 2.c4 g6 3.Nc3 d5 4.Bf4 Bg7 5.e3 0–0 6.cxd5** Nxd5 7.Nxd5 Qxd5 8.Bxc7 Na6 (8. ... Nc6 8. ... Bf5) 9.Bxa6 Qxg2 (9. ... bxa6) 10.Qf3 Qxf3 11.Nxf3 bxa6 12.Rc1 (12.Rg1 12.0–0) Grünfeld-Verteidigung mit 4.Bf4

D 85   **1.d4 Nf6 2.c4 g6 3.Nc3 d5 4.cxd5 Nxd5 5.e4** (5.Qa4 5.Bd2 etc.; 5.Qb3 Nxc3 6.bxc3 Bg7 7.Nf3 → D 90) **5. ... Nxc3** (5. ... Nb6 5. ... Nf6) **6.bxc3 Bg7** (6. ... c5 etc.) **7.Nf3** (7.Ba3 7.Bb5+ etc.) Grünfeld-Verteidigung (Hauptfortsetzung)

D 86   **1.d4 Nf6 2.c4 g6 3.Nc3 d5 4.cxd5 Nxd5 5.e4 Nxc3 6.bxc3 Bg7 7.Bc4 0–0** (7. ... c5 7. ... b6 etc.) **8.Ne2 Nc6** (8. ... b6 8. ... Qd7 etc. außer 8. ... c5) Grünfeld-Verteidigung (Hauptfortsetzung, Simagin-Variante)

D 87   **1.d4 Nf6 2.c4 g6 3.Nc3 d5 4.cxd5 Nxd5 5.e4 Nxc3 6.bxc3 Bg7 7.Bc4 0–0 8.Ne2 c5 9. 0–0** (9.Be3 etc.) **9. ... Nc6** (9. ... Nd7 9. ... Qc7 9. ... cxd4 etc.) **10.Be3** (10.dxc5 etc.) **10. ... Qc7** (10. ... Na5 10. ... b6 etc. außer 10. ... cxd4) Grünfeld-Verteidigung (Hauptfortsetzung, Botwinnik-Variante)

D 88   **1.d4 Nf6 2.c4 g6 3.Nc3 d5 4.cxd5 Nxd5 5.e4 Nxc3 6.bxc3 Bg7 7.Bc4 0–0 8.Ne2 c5 9.0–0 Nc6 10.Be3 cxd4 11.cxd4 Bg4** (11. ... Na5 11. ... Bd7 11. ... b6 etc.) **12.f3 Na5** (12. ... Bd7) 13.Rc1 (13.Bd5 13.Bxf7+ etc. außer 13.Bd3) Grünfeld-Verteidigung (Hauptfortsetzung, Aljechin-Variante)

D 89   **1.d4 Nf6 2.c4 g6 3.Nc3 d5 4.cxd5 Nxd5 5.e4 Nxc3 6.bxc3 Bg7 7.Bc4 0–0 8.Ne2 c5 9.0–0 Nc6 10.Be3 cxd4 11.cxd4 Bg4 12.f3 Na5 13.Bd3** Grünfeld-Verteidigung (Geschlossenes S.)

D 90   **1.d4 Nf6 2.c4 g6 3.Nc3 d5 4.Nf3 Bg7 5.cxd5** (5.Qa4+ außer 5.Bg5 5.Bf4 5.e3 5.Qb3) **5. ... Nxd5 6.Bd2** (6.Qb3 6.Qa4+) d5 4.Nf3 Bg7 Grünfeld-Verteidigung (Flohr-Variante)

D 91   **1.d4 Nf6 2.c4 g6 3.Nc3 d5 4.Nf3 Bg7 5.Bg5** Grünfeld-Verteidigung mit 5.Bg5

D 92   **1.d4 Nf6 2.c4 g6 3.Nc3 d5 4.Nf3 Bg7 5.Bf4 0–0** (5. ... c6) **6.Rc1 c5** (6. ... dxc4) 7.dxc5 Be6 (7. ... dxc4) Grünfeld-Verteidigung mit 5.Bf4

D 93   **1.d4 Nf6 2.c4 g6 3.Nc3 d5 4.Nf3 Bg7 5.Bf4 0–0 6.e3 c6** (6. ... c5) 7.Qb3 (7.Rc1 7.Be2 etc.) Grünfeld-Verteidigung mit 5.Bf4

D 94   **1.d4 Nf6 2.c4 g6 3.Nc3 d5 4.Nf3 Bg7 5.e3 0–0** (5. ... dxc4 6.Bxc4 → D 25) **6.cxd5** (6.Bd3 6.Be2 6.b4 6.Bd2 etc. außer 6.Qb3) 6. ... Nxd5 7.Bc4 Nxc3 (7. ... Nb6 etc.) 8.bxc3 c5 (nach 6.Be2 c6 entsteht die Schlechter-Variante), Grünfeld-Verteidigung (Geschlossenes System)

D 95   **1.d4 Nf6 2.c4 g6 3.Nc3 d5 4.Nf3 Bg7 5.e3 0–0 6.Qb3** Grünfeld-Verteidigung (Geschlossenes System)

D 96   **1.d4 Nf6 2.c4 g6 3.Nc3 d5 4.Nf3 Bg7 5.Qb3 dxc4** (5. ... c6 6.cxd5 etc.) **6.Qxc4 0–0 7.e3** (7.g3 etc. außer 7.e4; 7.Bf4 → D 92) Grünfeld-Vert. (Russisches System)

D 97   **1.d4 Nf6 2.c4 g6 3.Nc3 d5 4.Nf3 Bg7 5.Qb3 dxc4 6.Qxc4 0–0 7.e4 Na6** (7. ... c6 7. ... Nc6 7. ... a6 7. ... etc. außer 7. ... Bg4) Grünfeld-Vert. (Russisches System, Ragosin-Variante)

D 98 1.d4 ♘f6 2.c4 g6 3.♘c3 d5 4.♘f3 ♗g7 5.♕b3 dxc4 6.♕xc4 0–0 7.e4 ♗g4 8.♗e3 (8.♗e2 8.♘e5 8.♘g5 etc.) **8. ... ♘fd7** (8. ... ♘c6 8. ... ♘bd7 etc.) **9.♖d1** (9.♗e2 9.0–0–0 9.♘d2 etc. außer 9.♕b3) Grünfeld-Vert. (Russisches System, Smyslow-Variante)

D 99 1.d4 ♘f6 2.c4 g6 3.♘c3 d5 4.♘f3 ♗g7 5.♕b3 dxc4 6.♕xc4 0–0 7.e4 ♗g4 8.♗e3 ♘fd7 **9.♕b3 ♘b6** (9. ... c5) 10.♖d1 ♘c6 11.d5 ♘e5 12.♗e2 ♘xf3+ (12. ... ♕c8) 13.gxf3 ♗h5 (13. ... ♗h3) 14.♖g1 (14.a4 14.♘b5 14.h4 14.f4) Grünfeld-Vert. (Russisches S., Smyslow-V.)

E 00 1.d4 ♘f6 2.c4 e6 3.g3 d5 (3. ... ♗b4 3. ... e5 etc.) **4.♘f3** (4.♘c3) Katalanisches System oder Katalanisch

E 01 1.d4 ♘f6 2.c4 e6 3.g3 d5 4.♗g2 c5 (4. ... c6 4. ... ♗d6 4. ... b6 4. ... ♗b4+ etc. außer 4. ... dxc4) Katalanisch

E 02 1.d4 ♘f6 2.c4 e6 3.g3 d5 4.♗g2 dxc4 5.♕a4+ ♘bd7 (5. ... ♗d7 5. ... c6 etc.) 6.♘f3 (6.♘d2 6.♘c3 etc. außer 6.♕xc4) Katalanisch

E 03 1.d4 ♘f6 2.c4 e6 3.g3 d5 4.♗g2 dxc4 5.♕a4+ ♘bd7 6.♕xc4 a6 (6. ... c5) 7.♕c2 (7.♘f3) 7. ... c5 8.♘f3 Katalanisch

E 04 1.d4 ♘f6 2.c4 e6 3.g3 d5 4.♗g2 dxc4 5.♘f3 c5 (5. ... a6 5. ... ♘bd7 5. ... b5 etc. außer 5. ... ♗e7) Katalanisch

E 05 1.d4 ♘f6 2.c4 e6 3.g3 d5 4.♗g2 dxc4 5.♘f3 ♗e7 6.0–0 0–0 7.♕c2 (7.♘e5 7.♘bd2 7.♘c3) 7. ... a6 (7. ... c5 7. ... ♘bd7 etc.) mit möglichen Zugumstellungen, Katalanisch

E 06 1.d4 ♘f6 2.c4 e6 3.g3 d5 4.♗g2 dxc4 5.♘f3 0–0 (5. ... ♘bd7 5. ... c5 etc.) **6.0–0** (6.♕c2 6.b3 etc.) **6. ... c6** (6. ... c5 etc. außer 6. ... ♘bd7) Katalanisch

E 07 1.d4 ♘f6 2.c4 e6 3.g3 d5 4.♗g2 dxc4 5.♘f3 0–0 6.0–0 ♘bd7 7.b3 (7.♘c3 etc. außer 7.♕c2) Katalanisch

E 08 1.d4 ♘f6 2.c4 e6 3.g3 d5 4.♗g2 dxc4 5.♘f3 0–0 6.0–0 ♘bd7 7.♕c2 c6 (7. ... b6 7. ... c5 7. ... ♘e4 etc.) 8.b3 (8.♖d1 etc. außer 8.♘bd2) Katalanisch

E 09 1.d4 ♘f6 2.c4 e6 3.g3 d5 4.♗g2 dxc4 5.♘f3 0–0 6.0–0 ♘bd7 7.♕c2 c6 8.♘bd2 b6 (8. ... ♖e8 8. ... b5 etc.) 9.b3 (9.e4) 9. ... ♗b7 (9. ... ♗a6 9. ... a5) 10.♗b2 Katalanisch

E 10 1.d4 ♘f6 2.c4 e6 3.♘f3 c5 4.d5 b5 Blumenfeld-Gambit

E 11 1.d4 ♘f6 2.c4 e6 3.♘f3 ♗b4+ 4.♗d2 (4.♘bd2) 4. ... ♕e7 (4. ... ♗xd2+ 4. ... ♗e7 4. ... a5) (Bogoindisch, Bogoljubow-Indische Verteidigung)

E 12 1.d4 ♘f6 2.c4 e6 3.♘f3 b6 4.♘c3 (4.♗g5 4.a3 4.♗f4 etc.) **4. ... ♗b7 5.♗g5** (5.a3 5.♕c2 etc.) 5. ... h6 (5. ... ♕e7 5. ... ♗b4 5. ... c5 etc.) 6.♗h4 (6.♗xf6 6.♗f4 etc.) 6. ... ♗e7 etc. außer 6. ... ♗b4 Damenindisch (4.a3 Petrosjan-System und 4.♗g5 oder 5.♗g5)

E 13 1.d4 ♘f6 2.c4 e6 3.♘f3 b6 4.♘c3 ♗b7 5.♗g5 h6 6.♗h4 ♗b4 Damenindisch mit 5.♗g5

E 14 1.d4 ♘f6 2.c4 e6 3.♘f3 b6 4.e3 ♗b7 5.♗d3 ♗e7 (5. ... c5 5. ... d5 5. ... ♗b4+ 5. ... ♘e4 etc.) 6.♘c3 d5 7.0–0 0–0 8.b3 (8.♕e2 etc.) 8. ... c5 (8. ... ♘bd7) 9.♗b2 ♘c6 (9. ... cxd4 9. ... ♘bd7 9. ... ♘e4) 10.♖c1 (10.♕e2) Damenindisch (Zentralsystem mit 4.e3)

E 15 1.d4 ♘f6 2.c4 e6 3.♘f3 b6 4.g3 ♗b7 (4. ... ♗a6 4. ... ♗b4+ 4. ... c5 etc.) **5.♗g2 c5** (5. ... ♕c8 5. ... d5 etc. außer 5. ... ♗b4+) Damenindisch (Hauptfortsetzung, Abweichungen)

E 16 1.d4 ♘f6 2.c4 e6 3.♘f3 b6 4.g3 ♗b7 5.♗g2 ♗b4+ 6.♗d2 (6.♘bd2 6.♔f1?!) 6. ... ♗xd2+ (6. ... ♕e7 6. ... ♗e7 6. ... a5) 7.♕xd2 (7.♘bd2) 7. ... 0–0 (7. ... d6) 8.♘c3 d6 9.♕c2 Damenindisch (Hauptfortsetzung mit ♗b4)

E 17 1.d4 ♘f6 2.c4 e6 3.♘f3 b6 4.g3 ♗b7 5.♗g2 ♗e7 6.0–0 (6.♘c3 6.♕c2 etc.) 6. ... 0–0 (6. ... c5 6. ... d5 etc.) 7.♕c2 (7.b3 7.♖e1 7.d5 etc.) Damenindisch (Hauptfortsetzung)

E 18 1.d4 ♘f6 2.c4 e6 3.♘f3 b6 4.g3 ♗b7 5.♗g2 ♗e7 6.0–0 0–0 7.♘c3 ♘e4 (7. ... d5 7. ... ♕c8 etc.) **8.♕c2** (8.♘xe4 8.♗d2) **8. ... ♘xc3** (8. ... f5 etc.) **9.bxc3**

E 19 1.d4 ♘f6 2.c4 e6 3.♘f3 b6 4.g3 ♗b7 5.♗g2 ♗e7 6.0–0 0–0 7.♘c3 Se4 8.♕c2 ♘xc3 9.♕xc3 c5 (9. ... f5 9. ... ♘e4 9. ... d6 9. ... ♕c8 etc.) 10.♖d1 (10.b3 10.♗e3 10.dxc5) 10. ... d6 11.b3 (11.♕c2) Damenindisch (Hauptfortsetzung)

E 20 1.d4 ♘f6 2.c4 e6 3.♘c3 ♗b4 4.f3 (4.g3 4.♗d2 4.♕d3 etc.) Nimzowitsch-Indisch oder Nimzo-Indisch (seltene Züge)

E 21 **1.d4 ♘f6 2.c4 e6 3.♘c3 ♗b4 4.♘f3 c5** (4. ... ♗xc3+ 4. ... d6 4. ... ♘e4 4. ... 0–0 etc. (4. ... b6 mit möglichem Übergang → E 12, E 13, E 16) Nimzo-Indisch mit 4.♘f3

E 22 **1.d4 ♘f6 2.c4 e6 3.♘c3 ♗b4 4.♕b3 c5** (4. ... ♘c6 etc.) **5.dxc5 ♘a6** (5. ... ♗c5 etc.) Nimzo-Indisch mit 4.♕b3 (Spielmann-Variante)

E 23 **1.d4 ♘f6 2.c4 e6 3.♘c3 ♗b4 4.♕b3 c5 5.dxc5 ♘c6** Nimzo-Indisch mit 4.♕b3 (Spielmann-Variante)

E 24 **1.d4 ♘f6 2.c4 e6 3.♘c3 ♗b4 4.a3 ♗xc3+ 5.bxc3 c5** (5. ... b6 5. ... ♘e4 5. ... d5 5. ... d6) **6.f3** (6.♕c2 etc.) **6. ... d5** (6. ... d6 etc.) **7.e3** Nimzo-Indisch (Sämisch-Variante)

E 25 **1.d4 ♘f6 2.c4 e6 3.♘c3 ♗b4 4.a3 ♗xc3+ 5.bxc3 c5 6.f3 d5 7.cxd5 ♘xd5** (7. ... exd5) **8.dxc5 f5** (8. ... ♕a5) **9.♕h3** (9.e4 9.c4 9.♕c2) Nimzo-Indisch (Sämisch-Variante)

E 26 **1.d4 ♘f6 2.c4 e6 3.♘c3 ♗b4 4.a3 ♗xc3+ 5.bxc3 c5 6.e3 b6** (6. ... ♘c6 6. ... ♕a5 etc.) Nimzo-Indisch (Sämisch-Variante)

E 27 **1.d4 ♘f6 2.c4 e6 3.♘c3 ♗b4 4.a3 ♗xc3+ 5.bxc3 0–0 6.f3** (6.♕c2 etc.) Nimzo-Indisch (Sämisch-Variante)

E 28 **1.d4 ♘f6 2.c4 e6 3.♘c3 ♗b4 4.a3 ♗xc3+ 5.bxc3 0–0 6.e3** (Zugumstellung 4.e3 0–0 5.a3 ♗xc3+ 6.bxc3) **6. ... c5** (6. ... d6 6. ... ♖e8 6. ... ♘c6 6. ... b6 etc.) **7.♗d3** (7.♘e2 etc.) **7. ... d6** (7. ... b6 etc. 7. ... d5 → E 49) Nimzo-Indisch (Sämisch-Variante)

E 29 **1.d4 ♘f6 2.c4 e6 3.♘c3 ♗b4 4.a3 ♗xc3+ 5.bxc3 0–0 6.e3 c5 7.♗d3 ♘c6 8.♘e2** (8.e4 etc.) **8. ... b6** (8. ... d6 etc.) **9.e4** (9.♘g3) **9. ... ♘e8 10.e5** (10.0–0 10.♗e3 etc.) Nimzo-Indisch (Sämisch-Variante)

E 30 **1.d4 ♘f6 2.c4 e6 3.♘c3 ♗b4 4.♗g5 h6** (4. ... c5 4. ... ♗xc3+ etc. 4. ... d5 → D 50) **5.♗h4 c5 6.d5** (6.♕a4 etc.) **6. ... b5** (6. ... 0–0 6. ... ♗xc3+ 6. ... g5 6. ... ♕a5 etc.) Nimzo-Indisch mit 4.♗g5 (Leningrader Variante)

E 31 **1.d4 ♘f6 2.c4 e6 3.♘c3 ♗b4 4.♗g5 h6 5.♗h4 c5 6.d5 d6 7.e3** (7.f3 etc.) **7. ... ♗xc3+** (7. ... exd5 7. ... e5 etc.) **8.bxc3 e5 9.f3** (9.♕c2 9.f4 9.♘f3 9.♗d3) **9. ... ♕e7** (9. ... g5) **10.e4** Nimzo-Indisch mit 4.♗g5 (Leningrader Variante, Spasski-Variante)

E 32 **1.d4 ♘f6 2.c4 e6 3.♘c3 ♗b4 4.♕c2 d6** (4. ... 0–0 4. ... b6 etc.) **5.a3** (5.♗g5 5.♘f3 5.e3) **5. ... ♗xc3 6.♕xc3 0–0 7.g3 a5 8.♗g2 a4** Nimzo-Indisch mit 4.♕c2

E 33 **1.d4 ♘f6 2.c4 e6 3.♘c3 ♗b4 4.♕c2 ♘c6 5.♘f3** (5.e3) **5. ... d6** (5 ... 0–0) **6.♗d2** (6.a3 6.♗g5) Nimzo-Indisch mit 4.♕c2

E 34 **1.d4 ♘f6 2.c4 e6 3.♘c3 ♗b4 4.♕c2 d5 5.cxd5** (5.e3 etc.) **5. ... ♕xd5 6.♘f3 c5** (6. ... 0–0) **7.♗d2** (7.dxc5 7.a3) **7. ... ♗xc3 8.♗xc3** (8.bxc3) **8. ... cxd4** (8. ... ♘c6) **9.♖d1** (9.♘xd4) Nimzo-Indisch mit 4.♕c2

E 35 **1.d4 ♘f6 2.c4 e6 3.♘c3 ♗b4 4.♕c2 d5 5.cxd5 exd5 6.♗g5** (6.a3 6.♘f3) **6. ... h6** (6. ... ♕d6 etc.) **7.♗xf6** (7.♗h4) **7. ... ♕xf6 8.a3 ♗xc3+** (8. ... ♕a5) **9.♕xc3** Nimzo-Indisch mit 4.♕c2

E 36 **1.d4 ♘f6 2.c4 e6 3.♘c3 ♗b4 4.♕c2 d5 5.a3 ♗xc3+** (5. ... ♗e7 etc.) **6.♕xc3 ♘c6** (6. ... 0–0 6. ... dxc4 etc. außer 6. ... ♘e4) **7.♘f3** Nimzo-Indisch mit 4.♕c2

E 37 **1.d4 ♘f6 2.c4 e6 3.♘c3 ♗b4 4.♕c2 d5 5.a3 ♗xc3+ 6.♕xc3 ♘e4 7.♕c2 c5** (7 ... ♘c6 7. ... 0–0) **8.dxc5 ♘c6 9.♘f3** (9.cxd5 9.e3) **9. ... ♕a5+ 10.♘d2** (10.♗d2) **10. ... ♘d4** Nimzo-Indisch mit 4.♕c2

E 38 **1.d4 ♘f6 2.c4 e6 3.♘c3 ♗b4 4.♕c2 c5 5.dxc5** (5.e3 etc.) **5. ... ♗xc5** (5. ... ♘c6 5. ... ♘a6 etc. außer 5. ... 0–0) **6.♘f3 d5 7.cxd5** Nimzo-Indisch mit 4.♕c2

E 39 **1.d4 ♘f6 2.c4 e6 3.♘c3 ♗b4 4.♕c2 c5 5.dxc5 0–0 6.♘f3 ♘a6** (6. ... ♘c6) **7.e3** (7.♗d2 etc.) Nimzo-Indisch mit 4.♕c2

E 40 **1.d4 ♘f6 2.c4 e6 3.♘c3 ♗b4 4.e3 ♘c6** (4. ... d5 etc. Nebenvarianten) **5.♘e2** (5.♗d3 5.g3 5.♘f3 etc.) **5. ... d5 6.a3 ♗e7 7.cxd5 exd5 8.♘f4 ♗f5** (8. ... 0–0) **9. b4** Nimzo-Indisch (Rubinstein-System)

E 41 **1.d4 ♘f6 2.c4 e6 3.♘c3 ♗b4 4.e3 c5 5.♗d3** (5.♘f3 5.a3 etc. außer 5.♘e2) **5. ... ♘c6** (5. ... b6) **6.♘f3 ♗xc3+ 7.bxc3 d6** Nimzo-Indisch (Rubinstein-System)

E 42 **1.d4 ♘f6 2.c4 e6 3.♘c3 ♗b4 4.e3 c5 5.♘e2 cxd4** (5. ... d5 5. ... ♘e4 5. ... d6 etc.) **6.exd4 d5 7.c5** (7.a3) Nimzo-Indisch (Rubinstein-System)

E 43   **1.d4 ♘f6 2.c4 e6 3.♘c3 ♗b4 4.e3 b6 5.♗d3** (5.♕f3 5.♘f3 etc. außer 5.♘e2; 5.f3 c5 → E 20; 5.a3 ♗xc3+ 6.bxc3 → E 24) Nimzo-Indisch (Rubinstein-System)

E 44   **1.d4 ♘f6 2.c4 e6 3.♘c3 ♗b4 4.e3 b6 5.♘e2 ♗b7** (5. ... ♘e4 etc. außer 5. ... ♗a6; 5. ... 0–0 → E 46; 5. ... c5 → E 42) 6.a3 ♗e7 (6. ... ♗xc3+) 7.d5 (7.♘f4 7.f3 7.♘g3) Nimzo-Indisch (Rubinstein-System)

E 45   **1.d4 ♘f6 2.c4 e6 3.♘c3 ♗b4 4.e3 b6 5.♘e2 ♗a6** 6.a3 (6.♘g3 6.♘f4 6.♕a4) 6. ... ♗e7 (6. ... ♗xc3+) 7.♘f4 (7.♘g3) 7. ... d5 (7. ... 0–0) 8.cxd5 Nimzo-Indisch (Rubinstein-S.)

E 46   **1.d4 ♘f6 2.c4 e6 3.♘c3 ♗b4 4.e3 b6 5.♘e2** (5.♗d2 d5 6.♘f3 b6 7.cxd5 exd5 8.♗d3 ♗b7 9.0–0 → E 52; 6. ... c5 → E 51) 5. ... d5 6.a3 ♗e7 7.cxd5 exd5 (7. ... ♘xd5) Nimzo-Indisch (Rubinstein-System)

E 47   **1.d4 ♘f6 2.c4 e6 3.♘c3 ♗b4 4.e3 0–0 5.♗d3 d6** (5. ... c5 5. ... ♘c6 etc. mit Abweichungen, Nimzo-Indisch (Moderne Variante)

E 48   **1.d4 ♘f6 2.c4 e6 3.♘c3 ♗b4 4.e3 0–0 5.♗d3 d5 6.a3** (6.♘e2 6.cxd5 etc.) **6. ... dxc4** 7.♗xc4 (7.♗xh7+) Nimzo-Indisch (Moderne Variante)

E 49   **1.d4 ♘f6 2.c4 e6 3.♘c3 ♗b4 4.e3 0–0 5.♗d3 d5 6.a3 ♗xc3+** 7.bxc3 c5 (7. ... dxc4 8.♗xc4 c5) 8.cxd5 exd5 9.♘e2 b6 (9. ... ♘c6 9. ... c4 9. ... ♗g4 etc.) 10.0–0 ♗a6 11.♗xa6 ♘xa6 Nimzo-Indisch (Moderne Variante)

E 50   **1.d4 ♘f6 2.c4 e6 3.♘c3 ♗b4 4.e3 0–0 5.♘f3 c5** (5. ... d6 etc. außer 5. ... d5) 6.♗d3 b6 (6. ... ♘c6 6. ... d6) 7.d5 Nimzo-Indisch (Moderne Variante)

E 51   **1.d4 ♘f6 2.c4 e6 3.♘c3 ♗b4 4.e3 0–0 5.♘f3 d5 6.♗d3** (6.a3 6.♗e2 etc.) **6. ... ♘c6** (6. ... ♘bd7 etc. außer 6. ... b6 und 6. ... c5) Nimzo-Indisch (Moderne Variante)

E 52   **1.d4 ♘f6 2.c4 e6 3.♘c3 ♗b4 4.e3 0–0 5.♘f3 d5 6.♗d3 b6** 7.0–0 (7.♕c2 etc.) 7. ... ♗b7 8.cxd5 (8.a3 8.♗d2 8.♕e2 etc.) 8. ... exd5 9.♗d2 (9.♘e5 9.a3 etc.) Nimzo-Indisch (Moderne V.)

E 53   **1.d4 ♘f6 2.c4 e6 3.♘c3 ♗b4 4.e3 0–0 5.♘f3 d5 6.♗d3 c5 7.0–0** (7.a3 7.♕c2 etc.) **7. ... ♘bd7** (7. ... b6 7. ... cxd4 etc. außer 7. ... dxc5 und ♘c6) Nimzo-Indisch (Moderne Variante)

E 54   **1.d4 ♘f6 2.c4 e6 3.♘c3 ♗b4 4.e3 0–0 5.♘f3 d5 6.♗d3 c5 7.0–0 dxc4 8.♗xc4 b6** (8. ... ♗d7 8. ... ♕e7 8. ... cxd4 8. ... a6 8. ... ♘c6) 9.a3 (9.♕e2 9.♗d2 etc.) 9. ... cxd4 (9. ... ♗xc3+) 10.axb4 dxc3 11.♕xd8 ♖xd8 12.bxc3 Nimzo-Indisch (Moderne Variante)

E 55   **1.d4 ♘f6 2.c4 e6 3.♘c3 ♗b4 4.e3 0–0 5.♘f3 d5 6.♗d3 c5 7.0–0 dxc4 8.♗xc4 ♘bd7** 9.♕e2 (9.a3 9.♗d3 9.♕b3 9.♗b3 etc.) 9. ... b6 (9. ... cxd4 9. ... a6) 10.♖d1 (10.d5 10.♗d2 etc.) Nimzo-Indisch (Moderne Variante)

E 56   **1.d4 ♘f6 2.c4 e6 3.♘c3 ♗b4 4.e3 0–0 5.♘f3 d5 6.♗d3 c5 7.0–0 ♘c6 8.a3** (8.cxd5 etc.) **8. ... dxc4** (8. ... ♗a5 9.cxd5 exd5 10.dxc5 ♗xc3 11.bxc3) **9.♗xc4** (9.axb4 cxd4 10.♗xc4 dxc3 11.bxc3 → E 57) **9. ... ♗a5** 10.♗a2 (10.♕d3 10.♗d3 etc.) Nimzo-Indisch (Moderne V.)

E 57   **1.d4 ♘f6 2.c4 e6 3.♘c3 ♗b4 4.e3 0–0 5.♘f3 d5 6.♗d3 c5 7.0–0 ♘c6 8.a3 dxc4 9.♗xc4 cxd4** 10.exd4 (10.axb4 dxc3 11.bxc3 ♕c7) 10. ... ♗e7 (10. ... ♗xc3) 11.♕d3 Nimzo-Indisch (Moderne Variante)

E 58   **1.d4 ♘f6 2.c4 e6 3.♘c3 ♗b4 4.e3 0–0 5.♘f3 d5 6.♗d3 c5 7.0–0 ♘c6 8.a3 ♗xc3+ 9.bxc3 ♕c7** (9. ... b6) 10.cxd5 (10.♗b2 10.♕c2 etc.) Nimzo-Indisch (Moderne Variante)

E 59   **1.d4 ♘f6 2.c4 e6 3.♘c3 ♗b4 4.e3 0–0 5.♘f3 d5 6.♗d3 c5 7.0–0 ♘c6 8.a3 ♗xc3+ 9.bxc3 dxc4** 10.♗xc4 ♕c7 11.♗a2 (11.♗e2 11.♗b2 11.♗d3 11.♗b5 11.a4 11.♖e1 11.♕e2 etc.) Nimzo-Indisch (Moderne Variante)

E 60   **1.d4 ♘f6 2.c4 g6 3.♘f3** (3.g3 etc. ohne ♘c3) **3. ... ♗g7 4.g3** (4.b3 etc. ohne ♘c3) **4. ... 0–0** (4. ... c5 etc.) **5.♗g2 d6** (5. ... c6 6.0–0 d5 → D 78) **6.0–0** Königsindische Verteidigung, Königsindisch ohne ♘c3

E 61   **1.d4 ♘f6 2.c4 g6 3.♘c3 ♗g7** (3. ... b6 3. ... c5 etc.) **4.♘f3** (4.g3 d6 5.♗g2 0–0 6.e3 Flohr-System 4.e3 4.♘f4 4.♗g5 etc.) **4. ... d6** (4. ... 0–0 4. ... c5) **5.♗g5** (5.e3 5.♗f4 etc.) Königsindisch (Abweichungen der Hauptvariante)

E 62   **1.d4 ♘f6 2.c4 g6 3.♘c3 ♗g7 4.♘f3 d6 5.g3 0–0** (5. ... c5 etc.) **6.♗g2 ♘c6** (6. ... c6 6. ... ♘fd7 6. ... ♗d7 6. ... ♗g4 6. ... ♗f5 etc. außer 6. ... c5 und 6. ... ♘bd7) **7.0–0** (7.d5 etc.) **7. ... e5** (7. ... ♗g4 7. ... ♗f5 7. ... ♗d7 7. ... ♘e8 etc. außer 7. ... a6) Königsindisch mit g3 und 6. ... ♘c6

E 63 **1.d4 ♘f6 2.c4 g6 3.♘c3 ♗g7 4.♘f3 d6 5.g3 0–0 6.♗g2 ♘c6 7.0–0 a6** 8.h3 (8.d5 8.♕d3 8.♗g5 8.b3 etc.) Königsindisch mit g3 und 6. ... ♘c6

E 64 **1.d4 ♘f6 2.c4 g6 3.♘c3 ♗g7 4.♘f3 d6 5.g3 0–0 6.♗g2 c5 7.d5** (7.dxc5 7.h3 7.b3 7.♗d2 7.e3 etc. außer 7.0–0) 7. ... ♘a6 8.0–0 ♘c7 9.a4 ♖b8 Königsindisch (Jugoslawische V.)

E 65 **1.d4 ♘f6 2.c4 g6 3.♘c3 ♗g7 4.♘f3 d6 5.g3 0–0 6.♗g2 c5 7.0–0 ♘c6** (7. ... ♘bd7 7. ... ♘a6 7. ... a6 7. ... cxd4 etc.) **8.dxc5** (8.e3 8.h3 etc.) 8. ... dxc5 9.♗e3 (9.♗f4 etc.) 9. ... ♗e6 (9. ... ♕a5) Königsindisch (Jugoslawische V.)

E 66 **1.d4 ♘f6 2.c4 g6 3.♘c3 ♗g7 4.♘f3 d6 5.g3 0–0 6.♗g2 c5 7.0–0 ♘c6 8.d5 ♘a5 9.♘d2** (9.♕d3) 9. ... a6 (9. ... e5 9. ... e6 etc.) 10.♕c2 ♖b8 11.b3 Königsindisch (Jugoslawische V.)

E 67 **1.d4 ♘f6 2.c4 g6 3.♘c3 ♗g7 4.♘f3 d6 5.g3 0–0 6.♗g2 ♘bd7 7.0–0** (7.h3 7.♗f4) **7. ... e5 8.♕c2** (8.b3 8.e3 8.h3 8.dxe5) Königsindisch (Hauptvariante im g3-System ohne e2-e4)

E 68 **1.d4 ♘f6 2.c4 g6 3.♘c3 ♗g7 4.♘f3 d6 5.g3 0–0 6.♗g2 ♘bd7 7.0–0 e5 8.e4 c6** (Fianchetto mit e2-e4) (8. ... exd4 8. ... ♖e8 8. ... b6 8. ... h6 etc.) **9.♕c2** (9.♗e3 9.♖b1 9.b3 9.d5 9.♖e1 etc. außer 9.h3) Königsindisch (Hauptv. des g3-Systems mit e2-e4)

E 69 **1.d4 ♘f6 2.c4 g6 3.♘c3 ♗g7 4.♘f3 d6 5.g3 0–0 6.♗g2 ♘bd7 7.0–0 e5 8.e4 c6 9.h3 ♖e8** (9. ... exd4 9. ... ♕b6 9. ... ♕a5 9. ... a6 9. ... ♘e8 9. ... a5 etc.) 10.♖e1 (10.♗e3 etc.) 10. ... a5 (10. ... exd4 etc.) 11.♕c2 (11.♖b1 etc.) Königsindisch (Hauptvariante des g3-Systems mit e2-e4 und h2-h3)

E 70 **1.d4 ♘f6 2.c4 g6 3.♘c3 ♗g7 4.e4 d6** (4. ... 0–0 4. ... c5 etc.) **5.♗g5** (5.♗d3 5.♘ge2 5.♗f4) 5. ... h6 (5. ... c5) Königsindisch (mit frühem e2-e4, Abweichungen im 5. Zug)

E 71 **1.d4 ♘f6 2.c4 g6 3.♘c3 ♗g7 4.e4 d6 5.h3 ♘bd7** (5. ... 0–0) 6.♗e3 e5 7.d5 ♘c5 8.♕c2 0–0 9.g4 Königsindisch mit 5.h3 (Makogonow-Variante)

E 72 **1.d4 ♘f6 2.c4 g6 3.♘c3 ♗g7 4.e4 d6 5.g3 0–0** (5. ... e5) 6.♗g2 e5 (6. ... c5 6. ... ♘c6) 7.♘ge2 Königsindisch (Varianten mit g2-g3 und Sge2)

E 73 **1.d4 ♘f6 2.c4 g6 3.♘c3 ♗g7 4.e4 d6 5.♗e2 0–0** (5. ... e5 5. ... c5 5. ... ♘c6 5. ... ♘bd7 5. ... ♘fd7 etc.) **6.♗g5** (6.♗e3 6.g4 etc.) **6. ... h6** (6. ... ♘bd7 6. ... ♘a6 etc. außer 6. ... c5) 7.♗e3e5 (7. ... c5) Königsindisch (Awerbach-System)

E 74 **1.d4 ♘f6 2.c4 g6 3.♘c3 ♗g7 4.e4 d6 5.♗e2 0–0 0–0 6.♗g5 c5 7.d5** (7.dxc5) **7. ... h6** (7. ... ♕a5 7. ... a6 7. ... b5 7. ... e5 7. ... ♘bd7 7. ... ♘a6 etc. außer 7. ... e6) Königsindisch (Awerbach-System)

E 75 **1.d4 ♘f6 2.c4 g6 3.♘c3 ♗g7 4.e4 d6 5.♗e2 0–0 6.♗g5 c5 7.d5 e6 8.♕d2** (8.♘f3 etc.) 8. ... exd5 (8. ... ♕a5) 9.exd5 ♖e8 (9. ... ♕b6 9. ... a6) 10.♘f3 Königsindisch (Awerbach-System)

E 76 **1.d4 ♘f6 2.c4 g6 3.♘c3 ♗g7 4.e4 d6 5.f4 0–0** (5. ... c5 5. ... e5) **6.♘f3** (6.♗d3) **6. ... c5 7.dxc5** (7.d5 b5, 7.d5 e6) **7. ... ♕a5 8.♗d3 ♕xc5 9.♕e2 ♘c6 10.♗e3 ♕a5** (10. ... ♕h5) Königsindisch (Vierbauernangriff)

E 77 **1.d4 ♘f6 2.c4 g6 3.♘c3 ♗g7 4.e4 d6 5.f4 0–0 6.♗e2 c5** (6. ... e5 6. ... c6 6. ... ♘bd7 etc.) **7.d5 e6** (7. ... b5 etc.) **8.♘f3** (8.dxe6) 8. ... exd5 9.exd5 (9.e5) 9. ... ♘h5 (9. ... ♖e8 9. ... ♗f5 9. ... ♘a6 etc.) Königsindisch (Vierbauernangriff)

E 78 **1.d4 ♘f6 2.c4 g6 3.♘c3 ♗g7 4.e4 d6 5.f4 0–0 6.♗e2 c5 7.♘f3 cxd4** (7. ... ♗g4 7. ... ♘c6 7. ... ♕a5 7. ... ♕b6 etc.) **8.♘xd4 ♘c6** (8. ... ♘a6 8. ... ♗g4 8. ... ♕b6 8. ... ♘bd7 etc.) **9.♘c2 ♗e6** (9. ... ♗d7 9. ... ♘d7 9. ... a6 9. ... b6 9. ... ♕b6) 10.0–0 ♖c8 (10. ... ♘a5) Königsindisch (Vierbauernangriff)

E 79 **1.d4 ♘f6 2.c4 g6 3.♘c3 ♗g7 4.e4 d6 5.f4 0–0 6.♗e2 c5 7.♘f3 cxd4 8.♘xd4 ♘c6 9.♗e3 e5** (9. ... ♘g4 9. ... ♘d7 9. ... ♘xd4 9. ... ♗g4 9. ... ♕b6 9. ... ♗d7) Königsindisch (Vierbauernangriff)

E 80 **1.d4 ♘f6 2.c4 g6 3.♘c3 ♗g7 4.e4 d6 5.f3 c6** (5. ... e5 5. ... c5 etc. außer 5. ... 0–0) **6.♗e3 a6 7.♗d3** (7.c5 7.♕d2) Königsindisch (Sämisch-Angriff)

E 81 **1.d4 ♘f6 2.c4 g6 3.♘c3 ♗g7 4.e4 d6 5.f3 0–0 6.♗e3** (6.♘ge2 6.♗g5 6.♗d3 etc.) **6. ... c6** (6. ... a6 6. ... ♘bd7 6. ... c5 etc. außer 6. ... b6) 7.♗d3 (7.♘ge2 7.♕d2) Königsindisch (Sämisch-Angriff)

E 82 1.d4 ♘f6 2.c4 g6 3.♘c3 ♗g7 4.e4 d6 5.f3 0–0 6.♗e3 b6 7.♗d3 (7.♕d2) 7. ... ♗b7 (7. ... a6) 8.♘ge2 (8.♘h3 etc.) Königsindisch (Sämisch-Angriff)

E 83 1.d4 ♘f6 2.c4 g6 3.♘c3 ♗g7 4.e4 d6 5.f3 0–0 6.♗e3 ♘c6 7.♘ge2 (7.♕d2 7.♗d3 7.d5 etc.) 7. ... a6 (7. ... ♖b8 etc.) 8.♕d2 (8.a3 8.♘c1 etc.) 8. ... ♗d7 (8. ... e5 etc. außer 8. ... ♖b8) Königsindisch (Sämisch-Angriff)

E 84 1.d4 ♘f6 2.c4 g6 3.♘c3 ♗g7 4.e4 d6 5.f3 0–0 6.♗e3 ♘c6 7.♘ge2 a6 8.♕d2 ♖b8 9.♘c1 (9.♗h6 9.h4 9.♖d1 9.♘c1 9.a4) 9. ... e5 10.d5 (10.♘b3) Königsindisch (Sämisch-Angriff)

E 85 1.d4 ♘f6 2.c4 g6 3.♘c3 ♗g7 4.e4 d6 5.f3 0–0 6.♗e3 e5 7.♘ge2 (7.dxe5 7.♗d3 7.♕d2 etc. außer 7.d5 → E 87–89) 7 ... ♘c6 (7. ... exd4 etc. außer 7. ... c6 → E 86) Königsindisch (Sämisch-Angriff)

E 86 1.d4 ♘f6 2.c4 g6 3.♘c3 ♗g7 4.e4 d6 5.f3 0–0 6.♗e3 e5 7.♘ge2 c6 8.♕d2 (8.♕b3 8.dxe5) 8. ... exd4 (8. ... ♘bd7 8. ... a6 8. ... ♘fd7 8. ... ♗d7 8. ... ♘a6) 9.♗xd4 (9.♘xd4) Königsindisch (Sämisch-Angriff)

E 87 1.d4 ♘f6 2.c4 g6 3.♘c3 ♗g7 4.e4 d6 5.f3 0–0 6.♗e3 e5 7.d5 ♘h5 (7. ... ♘e8 7. ... ♘bd7 7. ... a5 7. ... ♘fd7 etc. außer 7. ... c6) 8.♕d2 f5 9.0–0–0 Königsindisch (Sämisch-Angriff)

E 88 1.d4 ♘f6 2.c4 g6 3.♘c3 ♗g7 4.e4 d6 5.f3 0–0 6.♗e3 e5 7.d5 c6 8.♕d2 (8.♗d3 8.dxc6 etc.) 8. ... cxd5 9.cxd5 a6 (9. ... ♘a6 9. ... ♘e8) 10.0–0–0 etc. Königsindisch (Sämisch-Angriff)

E 89 1.d4 ♘f6 2.c4 g6 3.♘c3 ♗g7 4.e4 d6 5.f3 0–0 6.♗e3 e5 7.d5 c6 8.♘ge2 cxd5 9.cxd5 ♘bd7 (9. ... ♘a6 9. ... ♘e8 9. ... a6) 10.♕d2 a6 11.g4 (11.♘c1) 11. ... h5 12.g5 (12.♗g5 12.h3) Königsindisch (Sämisch-Angriff)

E 90 1.d4 ♘f6 2.c4 g6 3.♘c3 ♗g7 4.e4 d6 5.♘f3 0–0 (5. ... c5 5. ... ♘bd7 5. ... ♘c6 5. ... ♗g4 5. ... c6 etc.) 6.h3 (6.♗g5 6.♗e3 6.e5 6.♗f4 6.♗d3 etc. außer 6.♗e2) Königsindisch (Klassisches System)

E 91 1.d4 ♘f6 2.c4 g6 3.♘c3 ♗g7 4.e4 d6 5.♘f3 0–0 6.♗e2 ♗g4 (6. ... c5 6. ... c6 6. ... ♘bd7 6. ... ♘c6 etc. außer 6. ... e5) 7.♗e3 (7.♗g5) Königsindisch (Klassisches System)

E 92 1.d4 ♘f6 2.c4 g6 3.♘c3 ♗g7 4.e4 d6 5.♘f3 0–0 6.♗e2 e5 7.d5 Petrosjan-S. (7.♗e3 7.dxe5 etc. außer 7.0–0) 7. ... c5 (7. ... a5 7. ... ♘a6 7. ... h6 7. ... ♘h5 7. ... c6 7. ... ♗g4 7. ... ♘e8 außer 7. ... ♘bd7) 8.♗g5 (8.0–0) 8. ... h6 9.♗h4 (9.♗d2) Königsindisch (Klassisches S.)

E 93 1.d4 ♘f6 2.c4 g6 3.♘c3 ♗g7 4.e4 d6 5.♘f3 0–0 6.♗e2 e5 7.d5 ♘bd7 8.♗g5 (8.♕c2 8.♗e3) 8. ... h6 9.♗h4 g5 (9. ... a6) 10.♗g3 ♘h5 Königsindisch (Klassisches System)

E 94 1.d4 ♘f6 2.c4 g6 3.♘c3 ♗g7 4.e4 d6 5.♘f3 0–0 6.♗e2 e5 7.0–0 ♘bd7 (7. ... c6 7. ... ♗g4 7. ... exd4 7. ... ♕e8 7. ... ♕e7 etc. außer 7. ... ♘c6) 8.d5 (8.♗e3 8.♗g5 8.♕c2 8.h3 8.dxe5 8.♖b1 8.b3 etc. außer 8.♖e1) 8. ... ♘c5 (8. ... a5) 9.♕c2 a5 10.♗g5 (10.♘e1 10.♘d2 etc.) 10. ... h6 11.♗e3 Königsindisch (Klassisches System)

E 95 1.d4 ♘f6 2.c4 g6 3.♘c3 ♗g7 4.e4 d6 5.♘f3 0–0 6.♗e2 e5 7.0–0 ♘bd7 8.♖e1 c6 (8. ... ♖e8 8. ... exd4 8. ... ♘g4 8. ... h6 8. ... a5 etc.) 9.♗f1 (9.♖b1 9.d5 9.dxe5 9.♗e3 9.h3 etc.) 9. ... exd4 (9. ... ♖e8 9. ... ♘g4 9. ... ♕b6 9. ... ♘e8 etc. außer 9. ... a5) 10.♘xd4 ♖e8 11.♗f4 (11.♘c2) Königsindisch (Klassisches System)

E 96 1.d4 ♘f6 2.c4 g6 3.♘c3 ♗g7 4.e4 d6 5.♘f3 0–0 6.♗e2 e5 7.0–0 ♘bd7 8.♖e1 c6 9.♗f1 a5 10.♖b1 (10.h3 10.d5 10.b3 10.♗e3) 10. ... exd4 (10. ... ♖e8) 11.♘xd4 ♖e8 12.f3 Königsindisch (Klassisches System)

E 97 1.d4 ♘f6 2.c4 g6 3.♘c3 ♗g7 4.e4 d6 5.♘f3 0–0 6.♗e2 e5 7.0–0 ♘c6 8.d5 (8.♗e3 8.dxe5 etc.) 8. ... ♘e7 (8. ... ♘b8) 9.b4 (9.♗d2 9.♘d2 9.♗e3 9.c5 9.h3 9.♖b1 9.♘h4 9.a3 etc. außer 9.♘e1) 9. ... ♘h5 10.g3 f5 11.♘g5 ♘f6 12.f3 f4 (12. ... h6 12. ... c6) Königsindisch (Klassisches System)

E 98 1.d4 ♘f6 2.c4 g6 3.♘c3 ♗g7 4.e4 d6 5.♘f3 0–0 6.♗e2 e5 7.0–0 ♘c6 8.d5 ♘e7 9.♘e1 ♘d7 (9. ... ♘e8 9. ... c5 9. ... ♔h8 etc.) 10.♘d3 (10.b4 10.♗d2 etc. außer 10.f3; 10.g4 f5 11.f3 Zugumstellung) 10. ... f5 11.exf5 (11.♗d2) 11. ... gxf5 (11. ... ♘xf5) 12.f4 Königsindisch (Klassisches System)

E 99 1.d4 ♘f6 2.c4 g6 3.♘c3 ♗g7 4.e4 d6 5.♘f3 0–0 6.♗e2 e5 7.0–0 ♘c6 8.d5 ♘e7 9.♘e1 ♘d7 10.f3 f5 11.♘d3 (11.g4 11.♗e3) 11. ... f4 (11. ... ♘f6) 12.♗d2 Königsindisch (Klassisches System)

6. Übungssammlung für Unterricht und Training

📖 Didaktische Überlegungen

Das Lösen von praxisorientierten Aufgaben und Studien soll bei den Übenden die Fähigkeit zum Variantenberechnen schulen und gleichzeitig jederzeit abrufbereite taktische Muster zum Speichern im Langzeitgedächtnis entwickeln. Durch das Training erworbene Motivbilder rufen in bestimmten Partiestellungen dann relevante spieltaktische Assoziationen hervor.

Vorliegende Sammlung von Übungsbeispielen bietet dem Lehrenden eine umfangreiche Stofffülle von Trainingsmaterial. Die thematisch geordneten Aufgaben ermöglichen die schnelle und einfache Auswahl für Unterrichts- und Trainingsstunden aller Leistungsklassen vom Novizen bis zum Großmeister. So können z. B. die taktischen Übungen direkt als Themenstellung eines Trainingsabends verwendet werden. Dagegen sind die unter dem Begriff »Strategie- und Taktikschulung« dargebotenen Gewinn- und Remisstudien aufgrund ihres relativ schwierigen Lösungsgrades nur für Spieler mit hohem Leistungsniveau geeignet.

Beim Lösen taktischer Übungen, vor allem mit der Aufgabenstellung »Zwangsläufige Mattkombinationen«, ist nach partiepraktischen Denkmustern zu verfahren. So werden auch lösungsverzögernde Züge, wie Dazwischenziehen von Dame oder anderen Figuren, die den Mattweg sinnlos verlängern, nicht mit im Lösungstext angegeben.

Gemäß der Leitidee des didaktisch-methodischen Grundsatzes der Fasslichkeit wäre es zweckmäßig, wenn der Trainer gegebenenfalls verbale Lösungshilfen so formuliert, dass er a) den Schlüsselzug oder b) die Lösungsidee nennt. Andererseits sollten bei stärkeren Schachspielern die Denkanforderungen eine Steigerung erfahren wie z. B. durch Nichtberühren der Figuren oder Ändern der Fragestellung auf »Wie ist die Stellung einzuschätzen?«. Besonders bei der letzten Methode ist der Lösungsweg durch die erzwungene Gedankenbreite beachtlich erschwert.

Die mathematischen und humoristischen Beispiele stellen nicht zu unterschätzende Leistungsanforderungen. Natürlich ist hier der unterhaltende Gedanke dominierend. Zum Auflockern von Übungsstunden bzw. zu deren Abschluss sowie anlässlich besonderer Ereignisse wie Jahreswechsel, Faschingszeit usw. erzielen sie die gewünschten Effekte.

Zweifellos wird bei allen Aufgaben in starkem Maße die ästhetisch-künstlerische Komponente des Schachspiels angesprochen. Durch das Abstrahieren auf das Wesentliche, das Erfassen des Kulminationspunktes einer Partiephase und das Vertiefen in die künstlerisch geprägte Komposition werden positive emotionale Effekte erzeugt und dadurch verstärkt Trainingspotenzen freigelegt. Die an sich sehr harte und ernste »Schacharbeit« kann so besser kompensiert werden. Leichte Aufgaben in Form von Mattmöglichkeiten in ein oder zwei Zügen vermögen bereits Kinder im frühen Alter zu lösen und somit einen effizienten Leistungsfortschritt zu erzielen. »Meine beiden jüngeren Schwestern erlernten im Alter von 4–5 Jahren hauptsächlich anhand der Problemstellungen die Kombinationsmöglichkeiten des Schachspiels« erklärt dazu Zsuzsa Polgar im Vorwort ihres Buches »Schach matt in 2 Zügen« (1987, S. 5).

👉 Denkschritte beim Lösen einer Schachaufgabe (Kombination)

Wenn man davon ausgeht, dass eine Kombination das Berechnen einer zwingenden Folge von Zügen ist, die besondere Möglichkeiten und Konstellationen einer Stellung ausnutzt, um ein bestimmtes Ziel zu erreichen, dann ergeben sich beim Realisieren des kombinatorischen Weges folgende Überlegungen:

1. Erkennen einer kombinatorischen Möglichkeit aus einer Vielzahl von Varianten
2. Einschränken des Suchraumes und Konzentrieren auf einen bestimmten Brettabschnitt
3. Gedankliches Reduzieren des vorhandenen Figurenmaterials.

Betrachten wir dazu ein einfaches Beispiel.

Charakterisieren der Situation

In Diagrammbild 364 steht Schwarz materiell klar überlegen. Falls sich keine zwingende Zugfolge gegen den schwarzen König ergeben sollte, kann Schwarz durch Schlagen des Bauern auf g6 alle Gefahren beseitigen. Weiß richtet also seine ganze Aufmerksamkeit auf einen unmittelbaren Angriff gegen den schwarzen König und überlegt dabei auch an Opfermöglichkeiten. Dabei spielen die abseits stehenden Steine wie die Dame auf f4 und der Springer auf c6 keine Rolle.

Lösungsidee

Beim konkreten Überlegen, inwieweit eine zwangsweise Zugfolge Erfolg haben könnte, denkt man bestimmt an Opfermöglichkeiten des weißen Turmes auf h8 (Diagramm 365), zumal Mattangriffe in der Regel durch Opfer eingeleitet werden.

Lösungsverlauf

Nachstehende Diagrammreihe zeigt nach dem Erkennen des Lösungsgedanken einen einfachen Weg zum Matt. Alle Züge sind Zwangszüge, denn Schwarz besitzt keine anderen Erwiderungsmöglichkeiten:

1. ♖h8+ ♔xh8 2.♕xf8+ ♖g8 3.♕h6 matt.

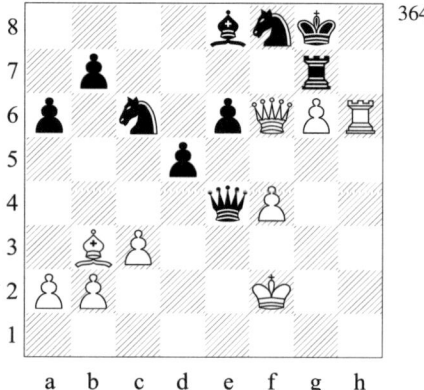

Weiß am Zug kann in drei Zügen matt setzen

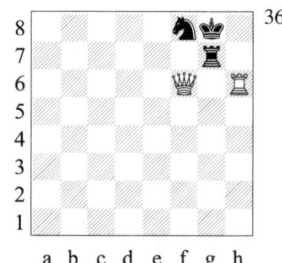

Suchraumeinschränkung!
Reduzieren des Materials
Erkennen des Turmopfers
auf h8!

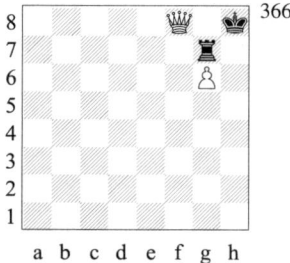

1. ... ♔xh8 (Zwangszug)
2.♕xf8

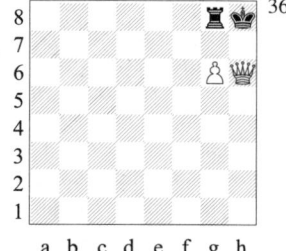

2. ... ♖g8 (Zwangszug)
3. ♕h6 matt

6.1   Taktische Übungen

6.1.1   Taktische Übungen   Matt in einem Zug   Weiß am Zug

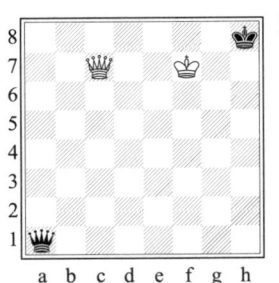

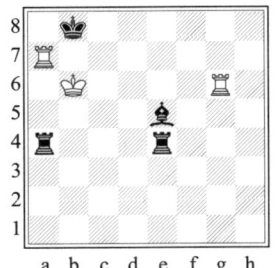

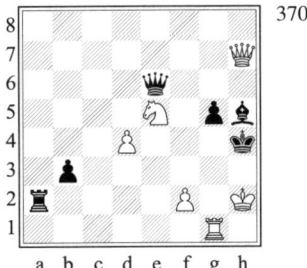

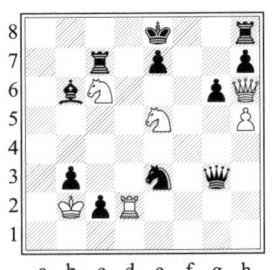

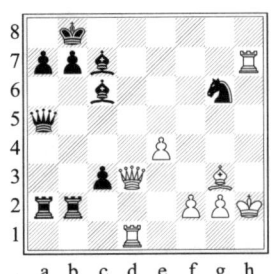

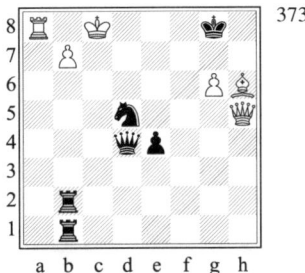

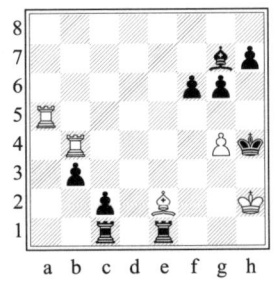

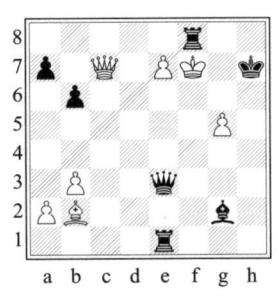

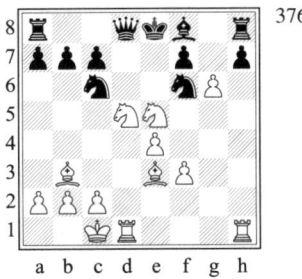

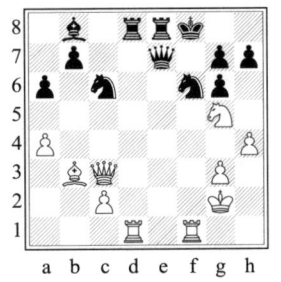

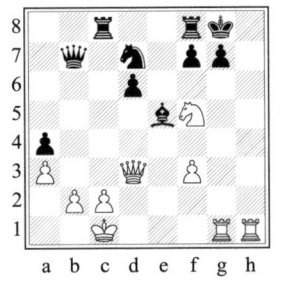

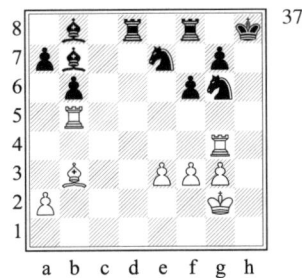

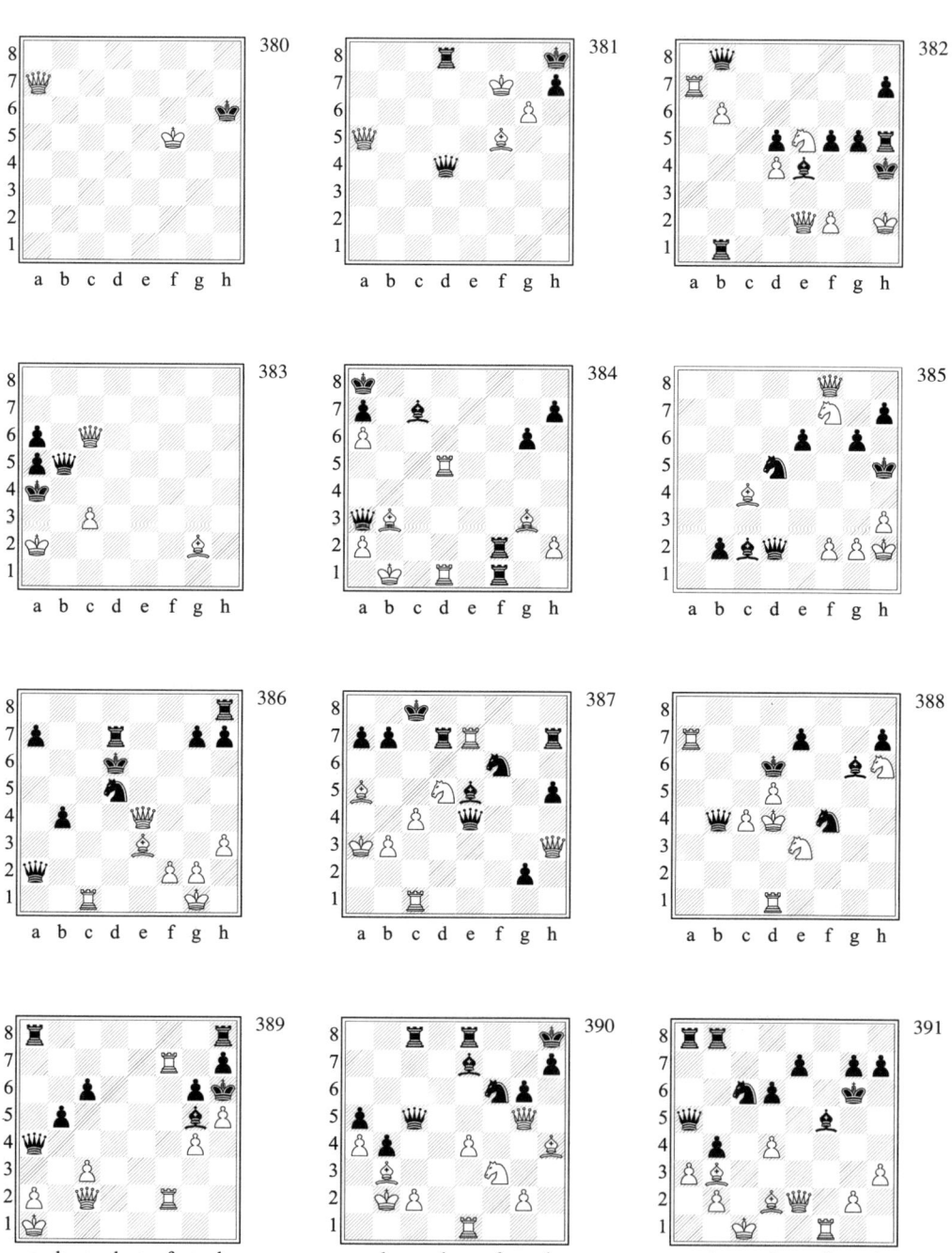

6.1.2   Taktische Übungen   Matt in zwei Zügen   Weiß am Zug

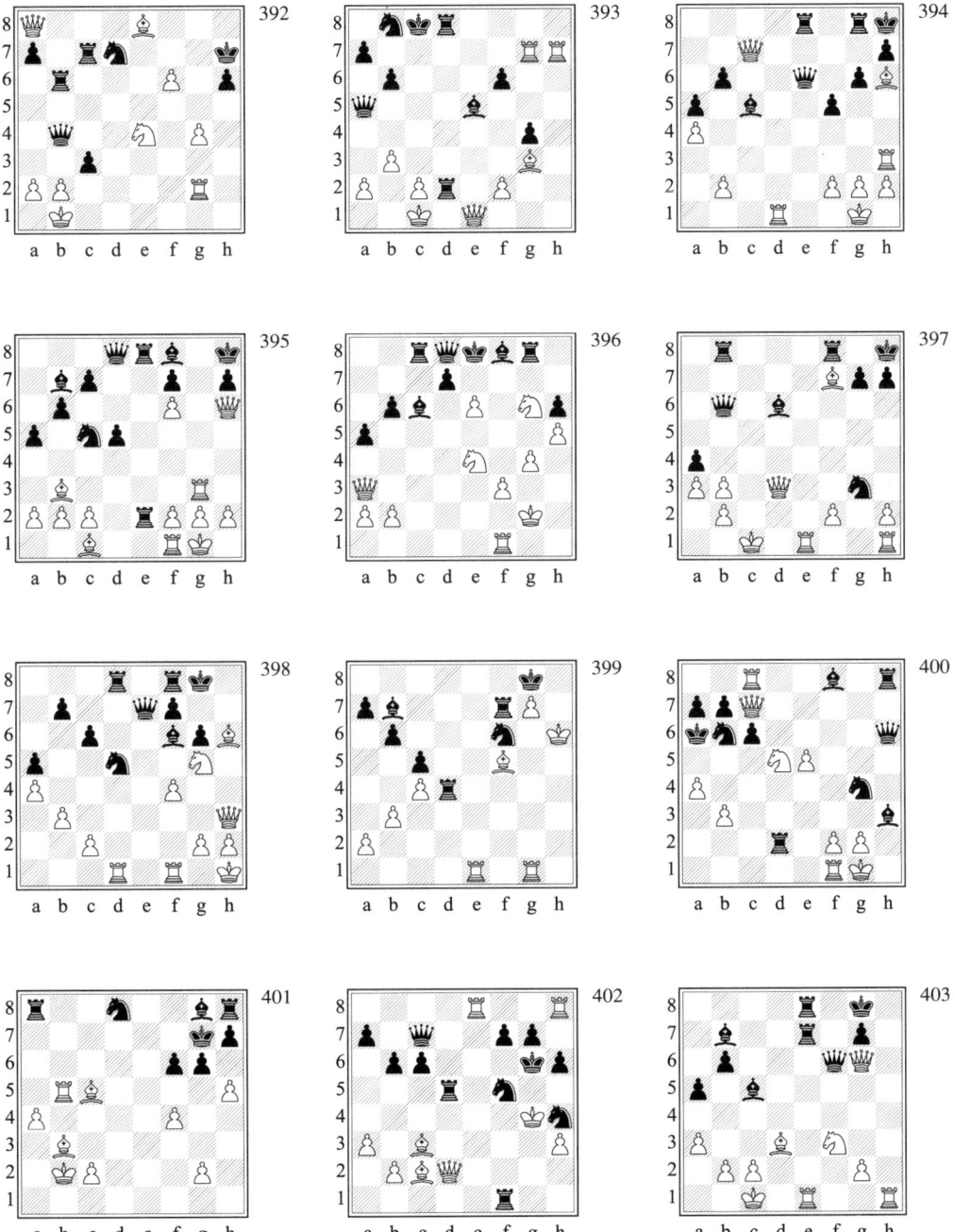

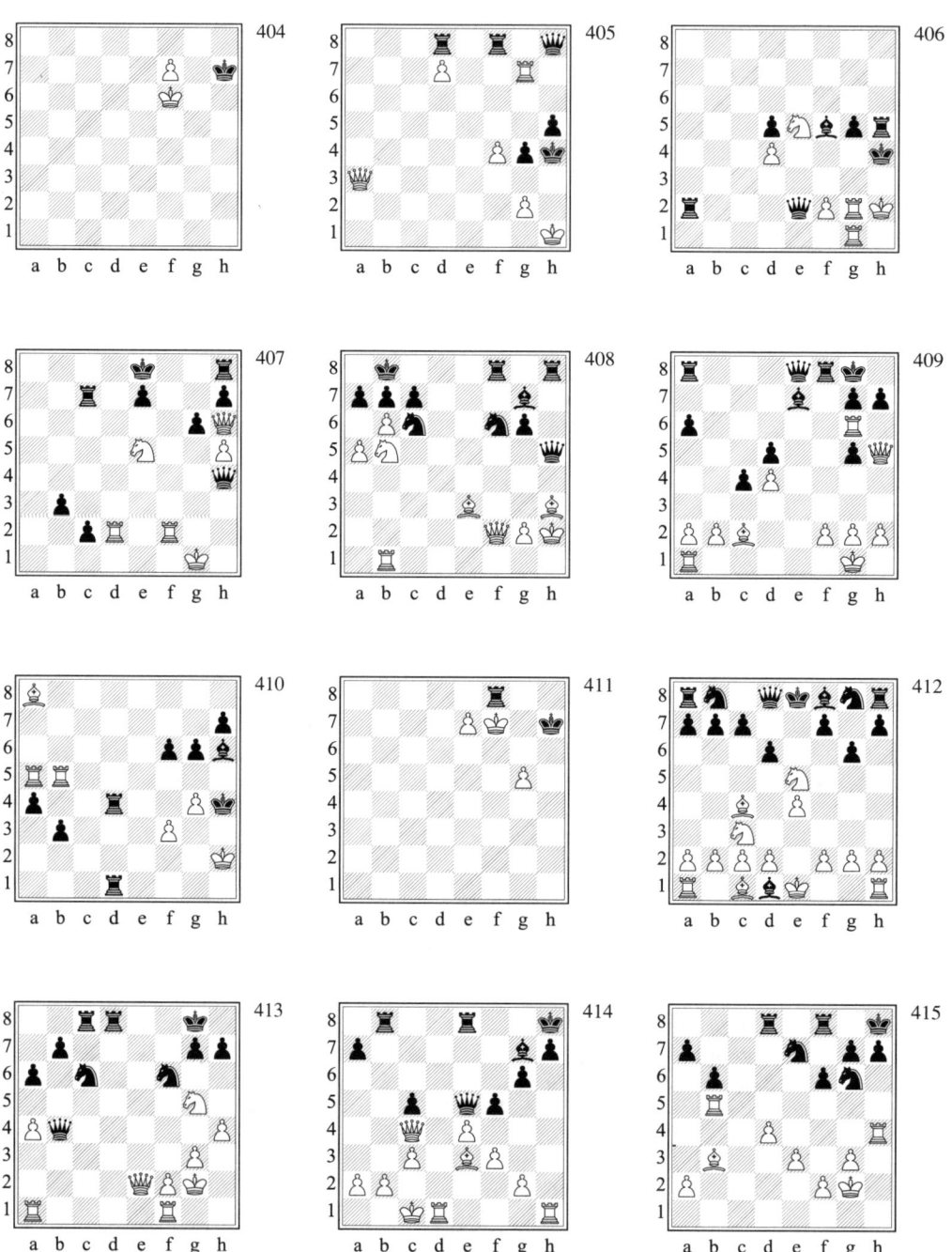

6.1.3   Taktische Übungen   Einfache Mattkombinationen   Weiß am Zug

416

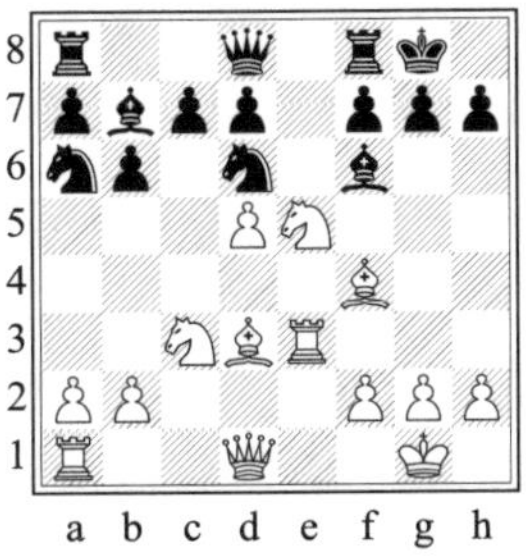

417

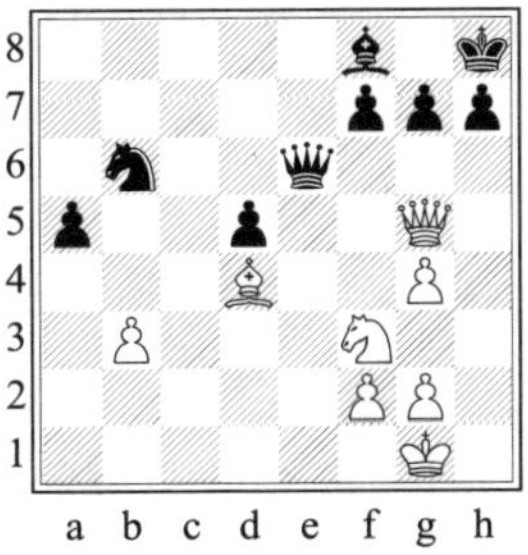

418

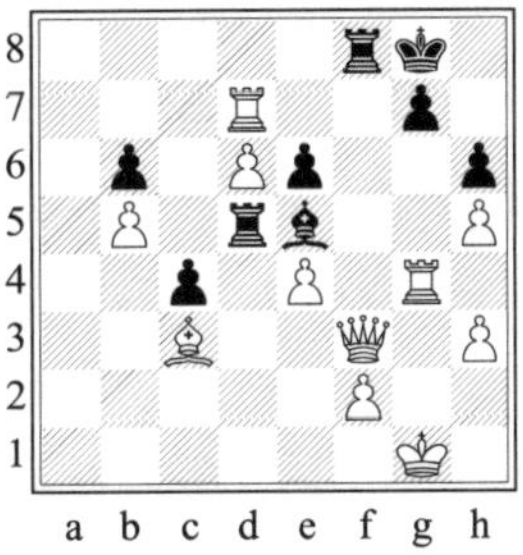

419

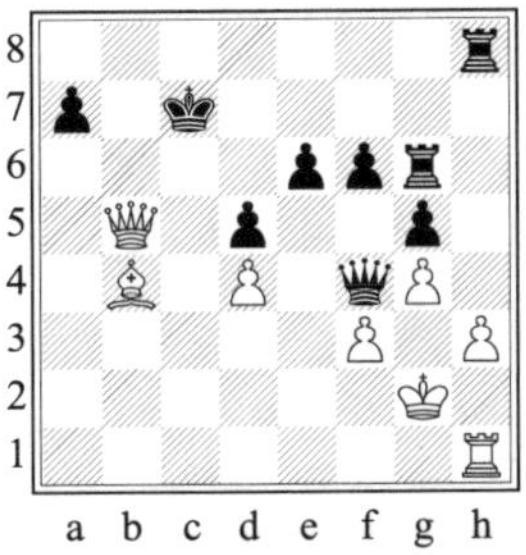

420

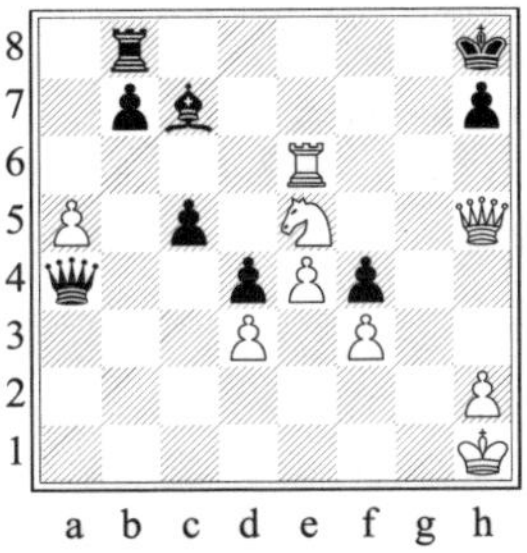

421

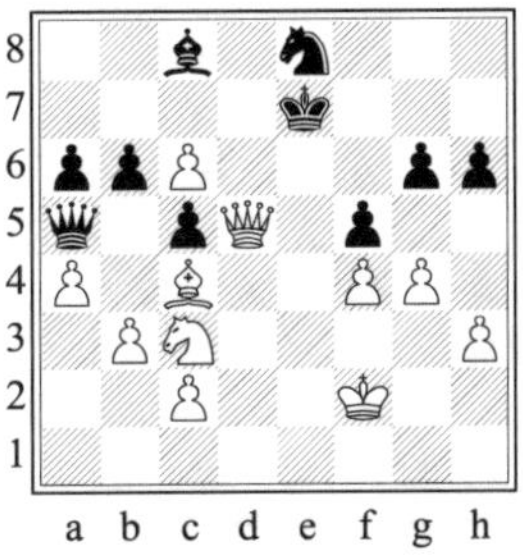

422

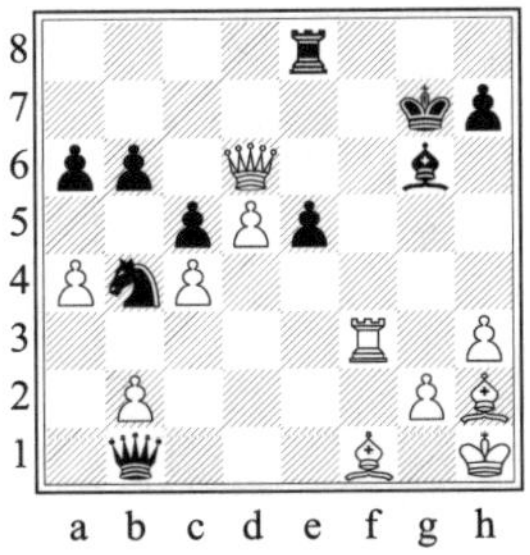

423

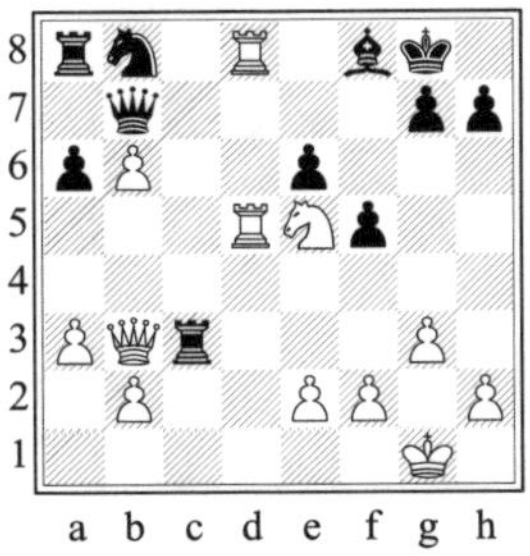

424

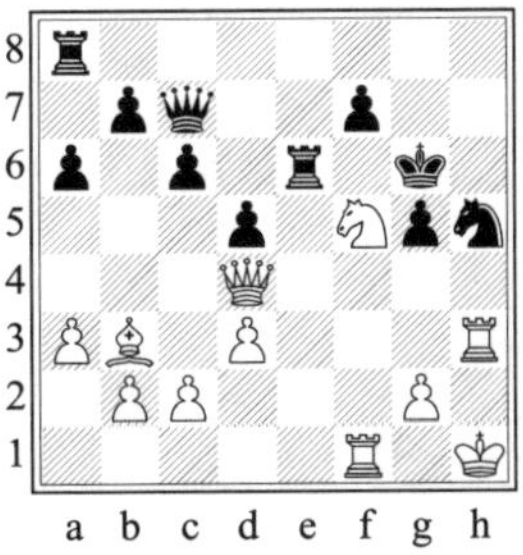

425

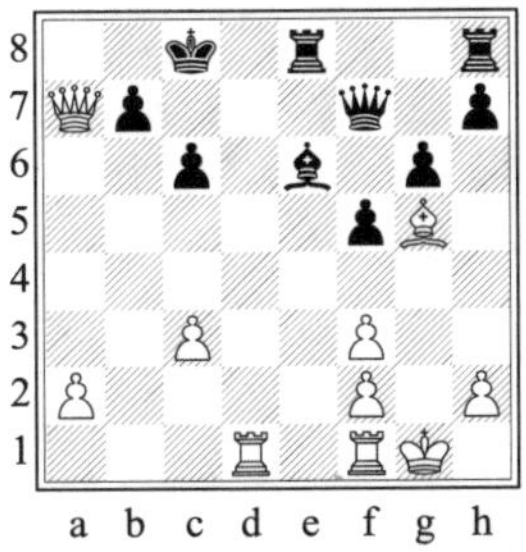

426

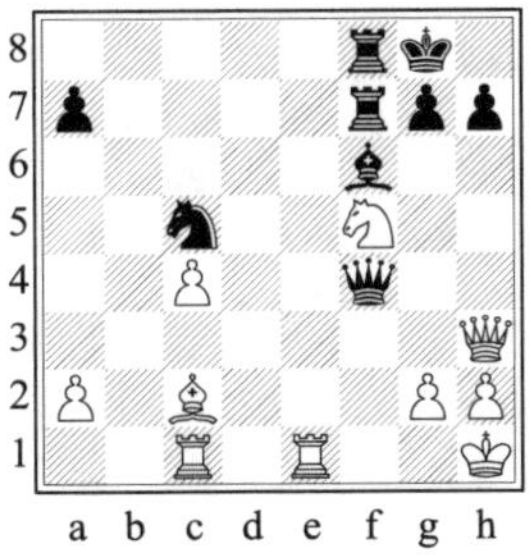

427

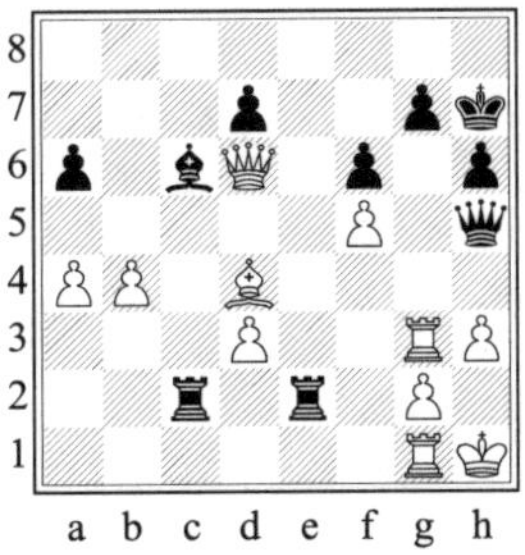

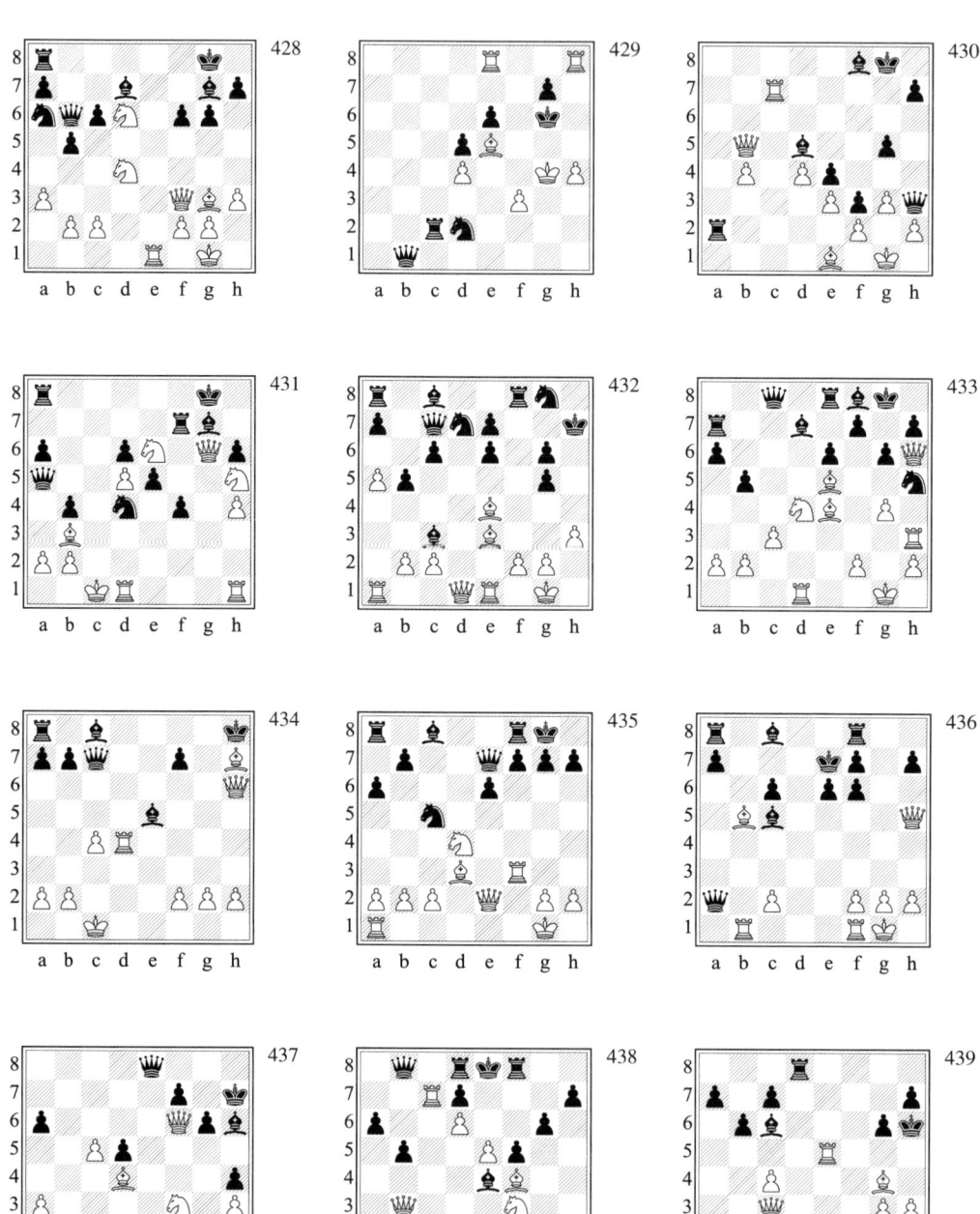

6.1.3   Taktische Übungen   Einfache Mattkombinationen   Weiß am Zug

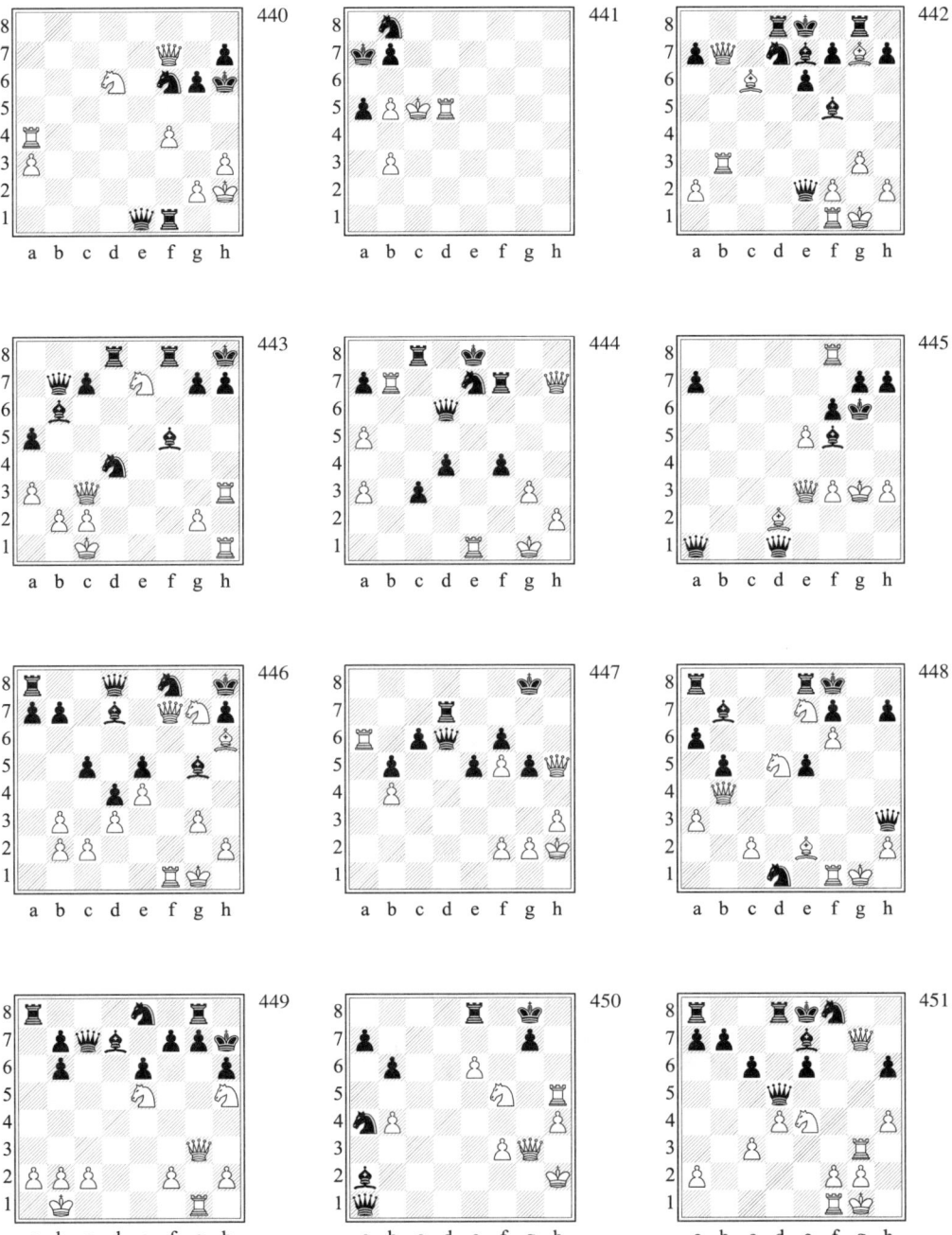

6.1.3 Taktische Übungen   Einfache Mattkombinationen   Weiß am Zug

452

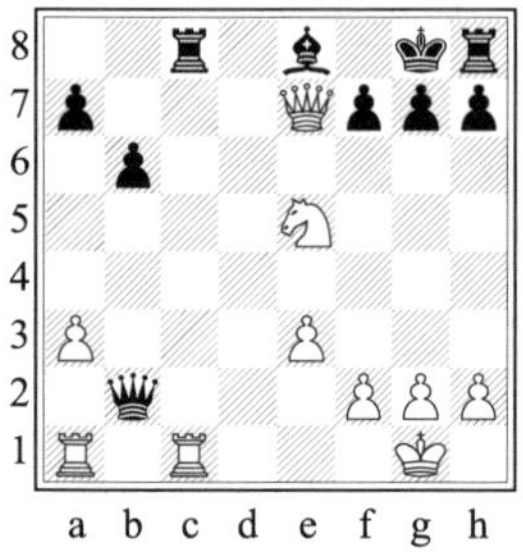

8 7 6 5 4 3 2 1
a b c d e f g h

453

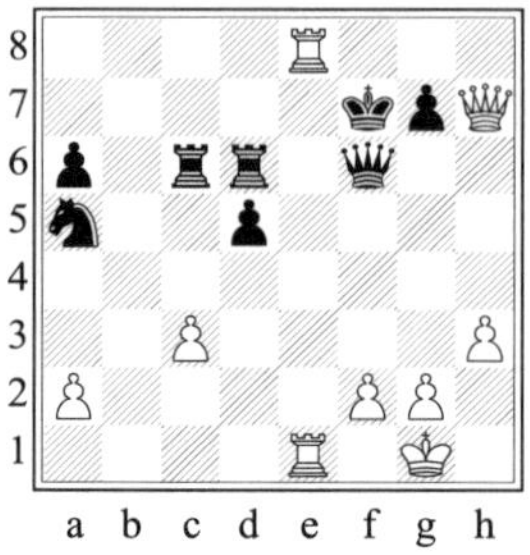

8 7 6 5 4 3 2 1
a b c d e f g h

454

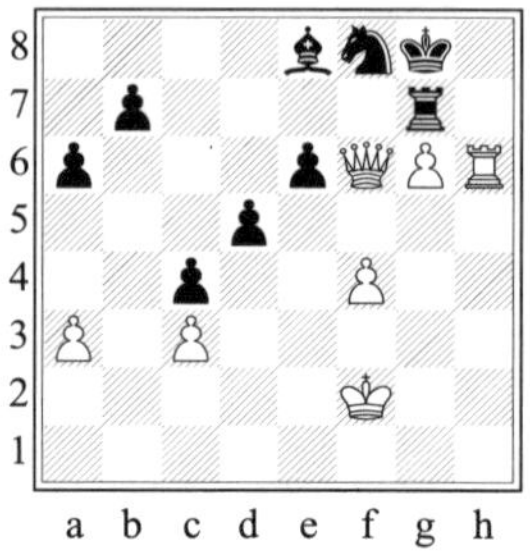

8 7 6 5 4 3 2 1
a b c d e f g h

455

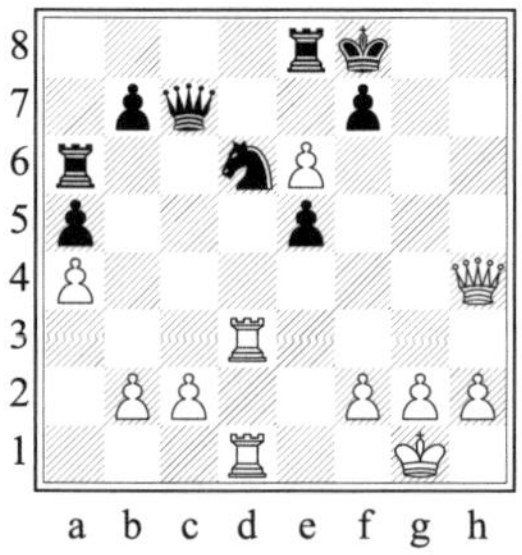

8 7 6 5 4 3 2 1
a b c d e f g h

456

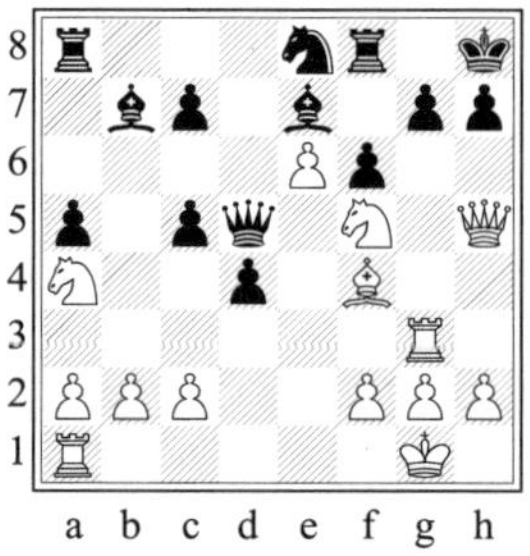

8 7 6 5 4 3 2 1
a b c d e f g h

457

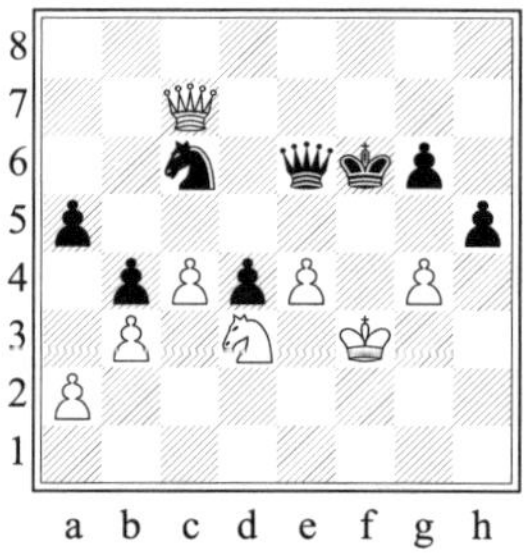

8 7 6 5 4 3 2 1
a b c d e f g h

458

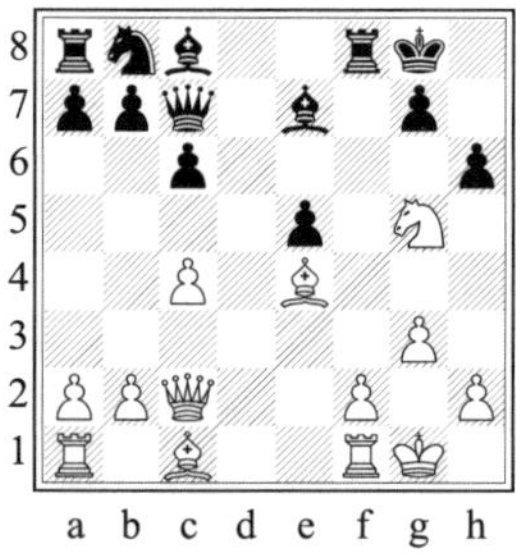

8 7 6 5 4 3 2 1
a b c d e f g h

459

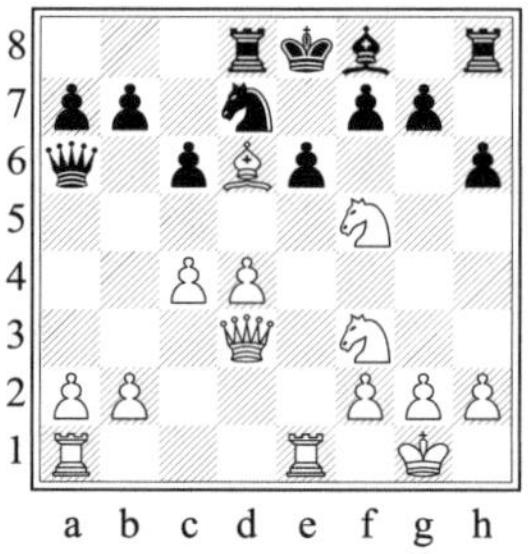

8 7 6 5 4 3 2 1
a b c d e f g h

460

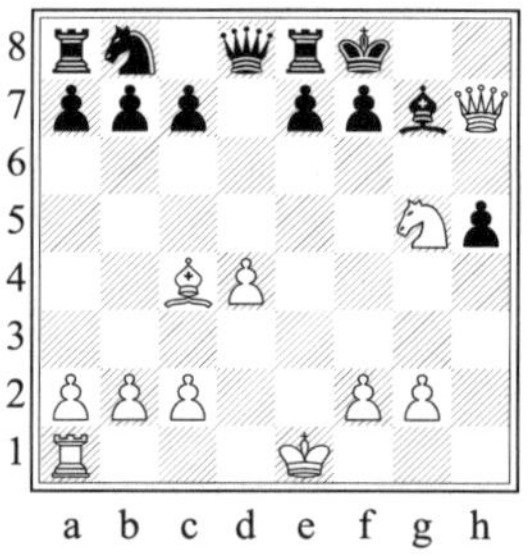

8 7 6 5 4 3 2 1
a b c d e f g h

461

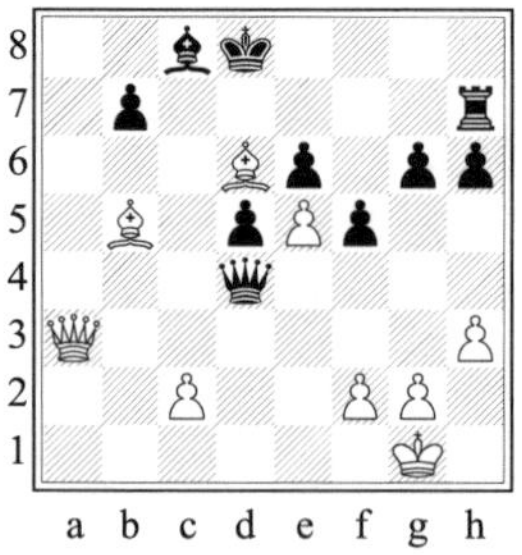

8 7 6 5 4 3 2 1
a b c d e f g h

462

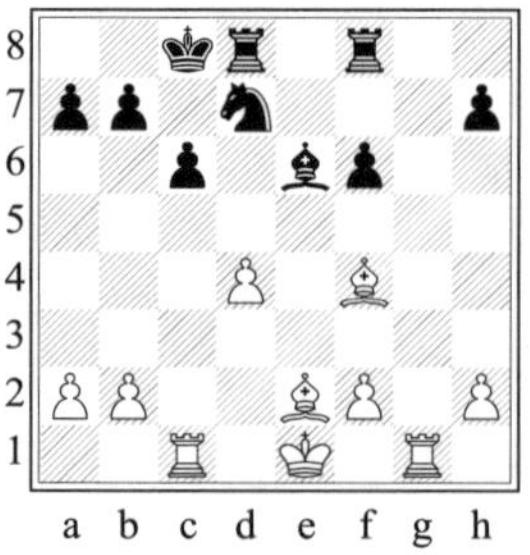

8 7 6 5 4 3 2 1
a b c d e f g h

463

8 7 6 5 4 3 2 1
a b c d e f g h

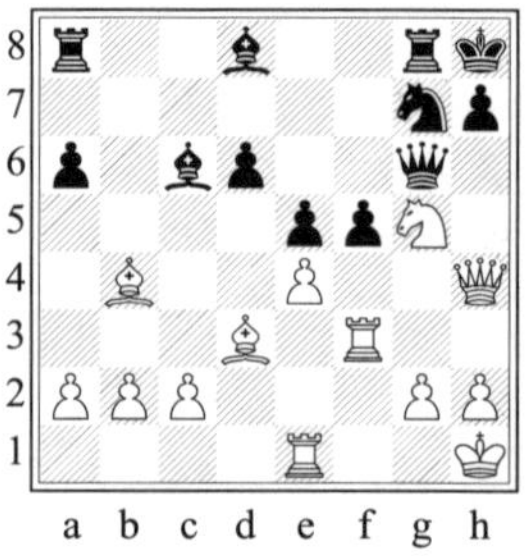

6.1.3 Taktische Übungen   Einfache Mattkombinationen   Weiß am Zug

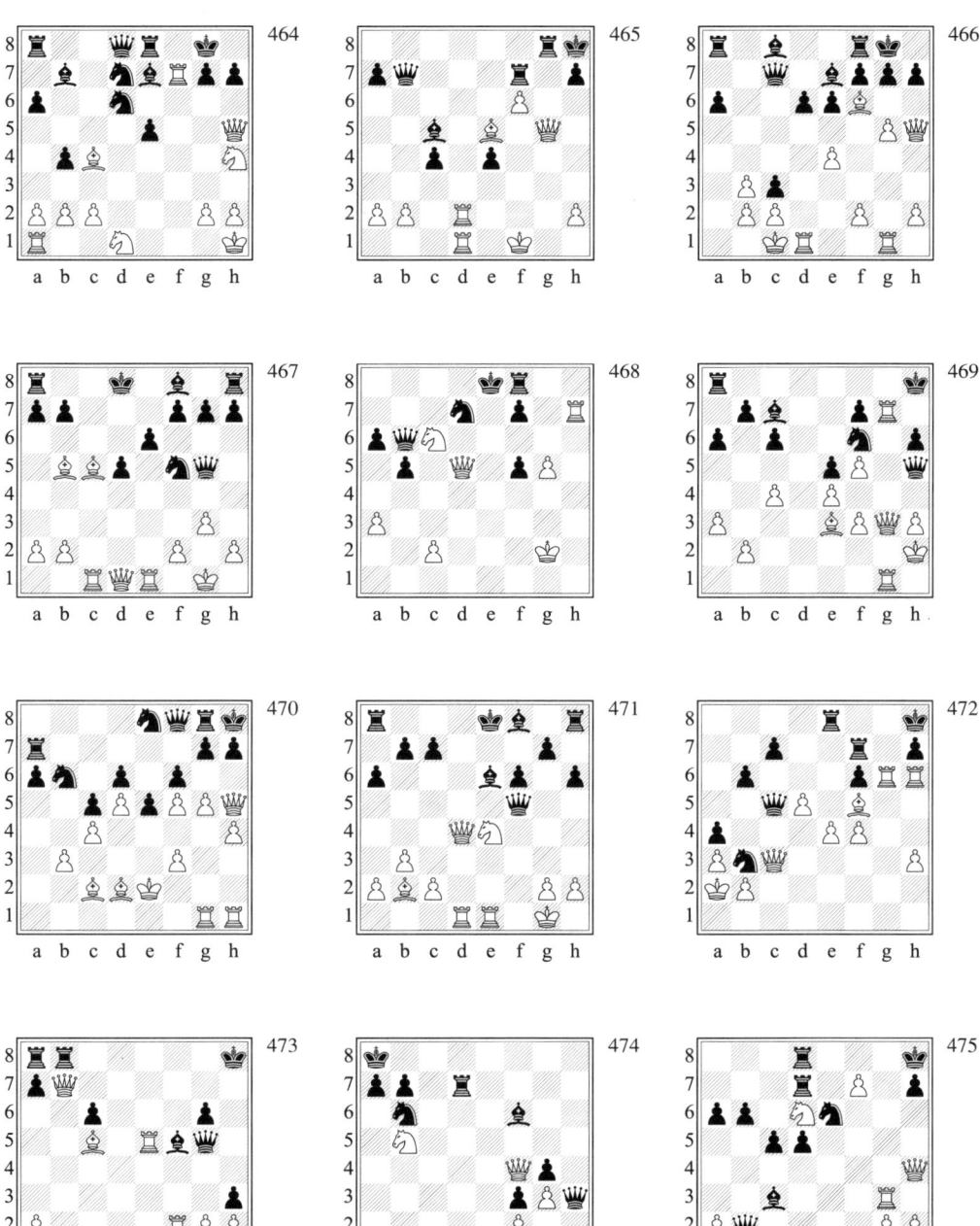

6.1.4   Taktische Übungen   Zwangsläufige Mattkombinationen   Schwarz am Zug

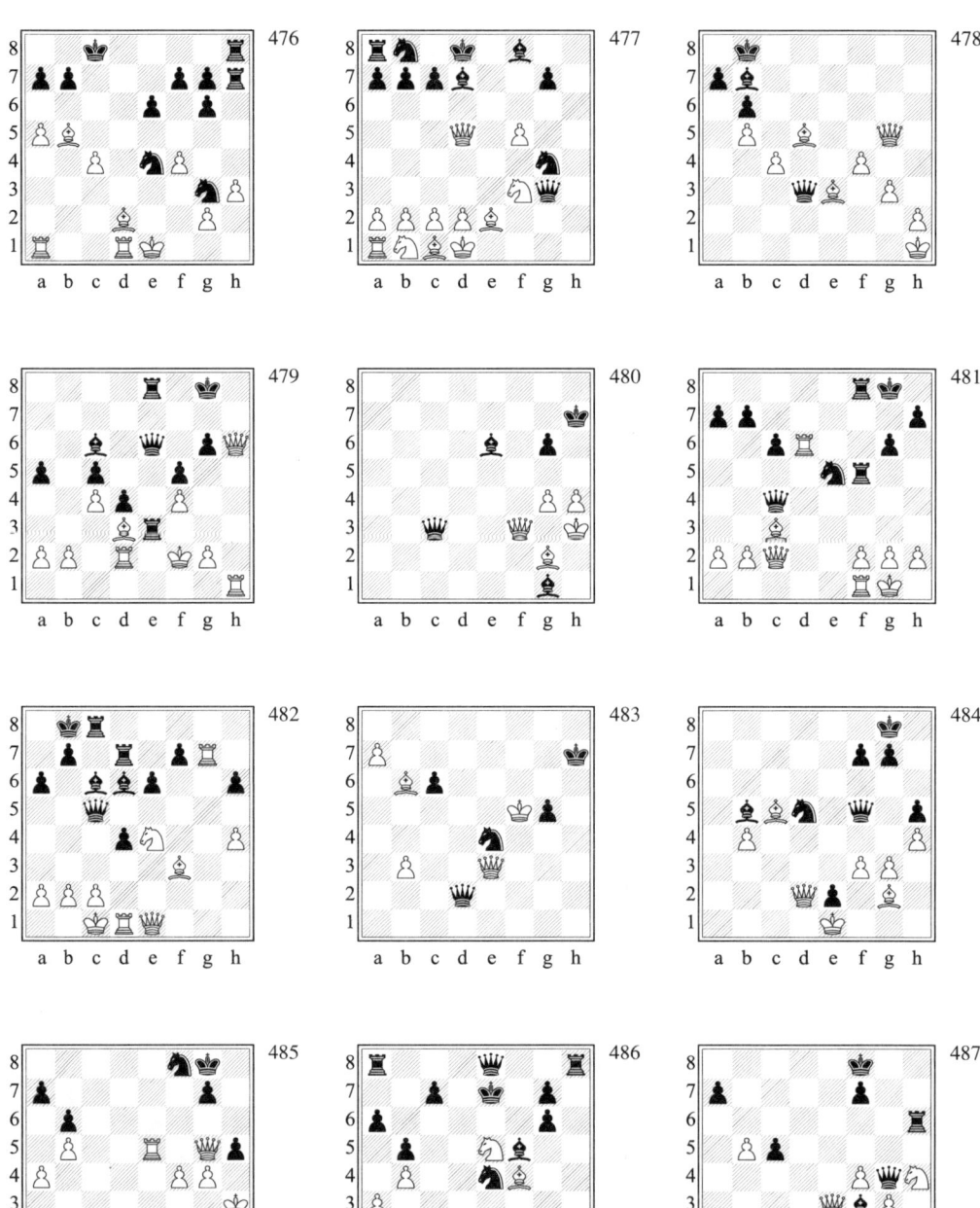

6.1.4 Taktische Übungen   Zwangsläufige Mattkombinationen   Weiß am Zug

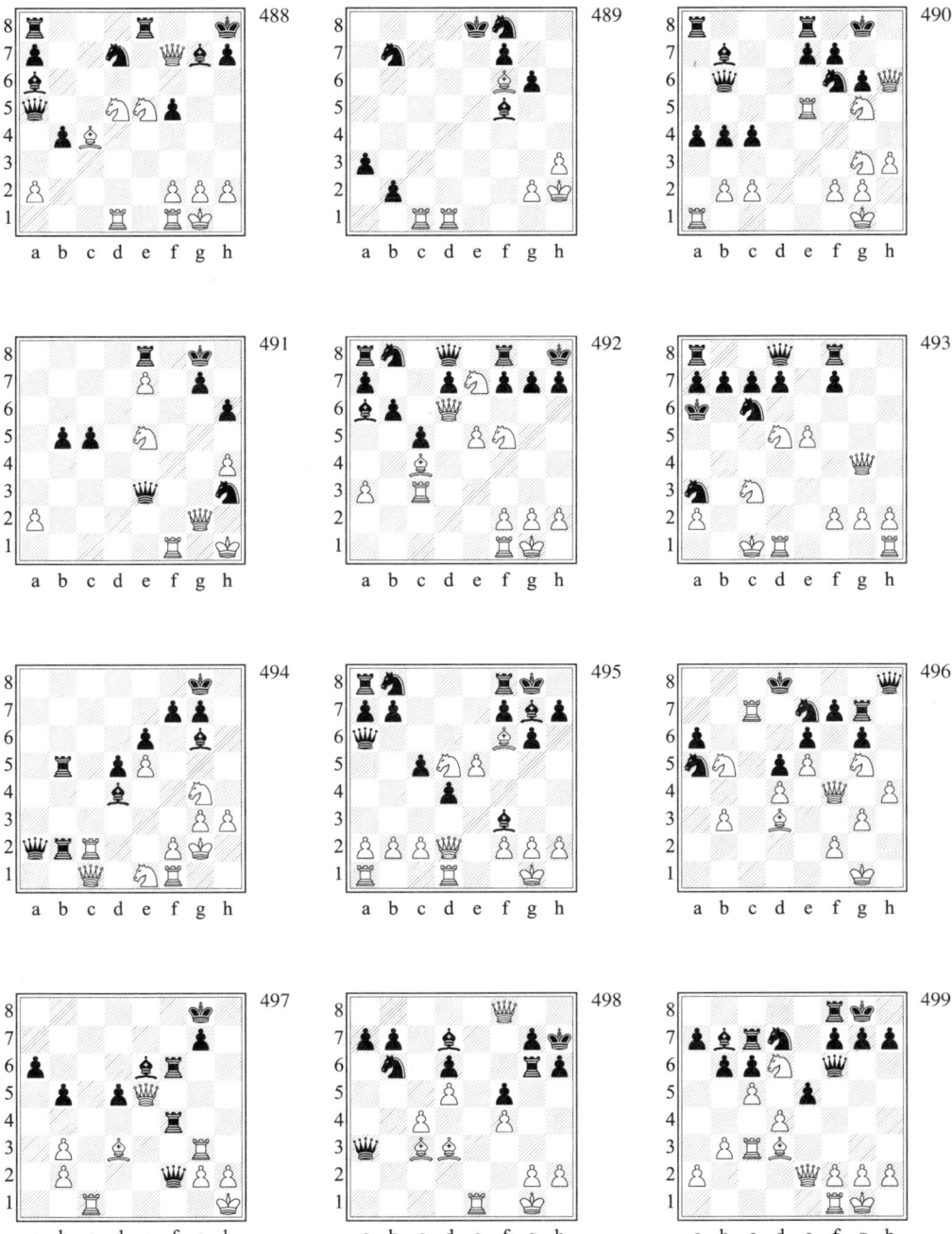

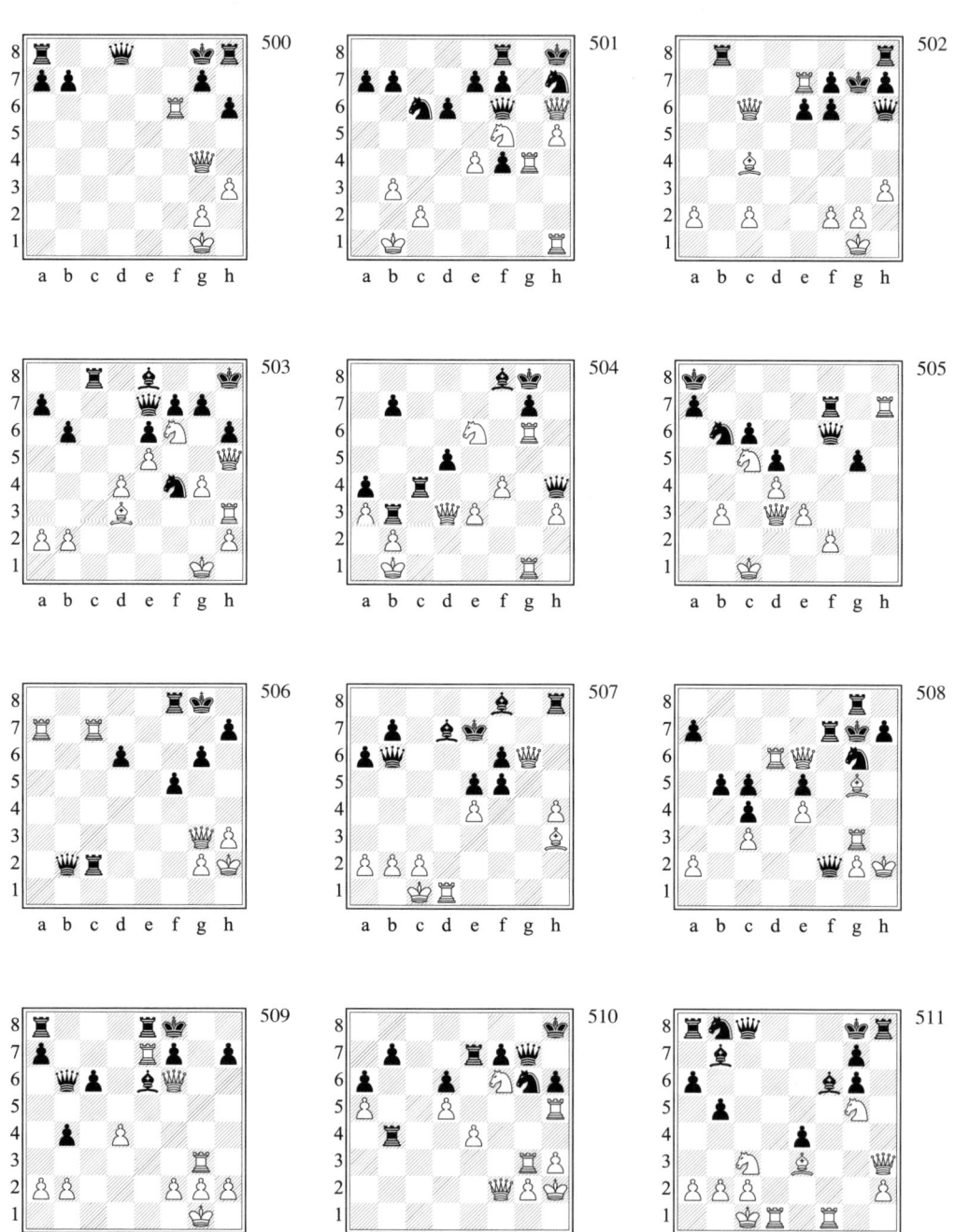

6.1.4 Taktische Übungen Zwangsläufige Mattkombinationen Weiß am Zug

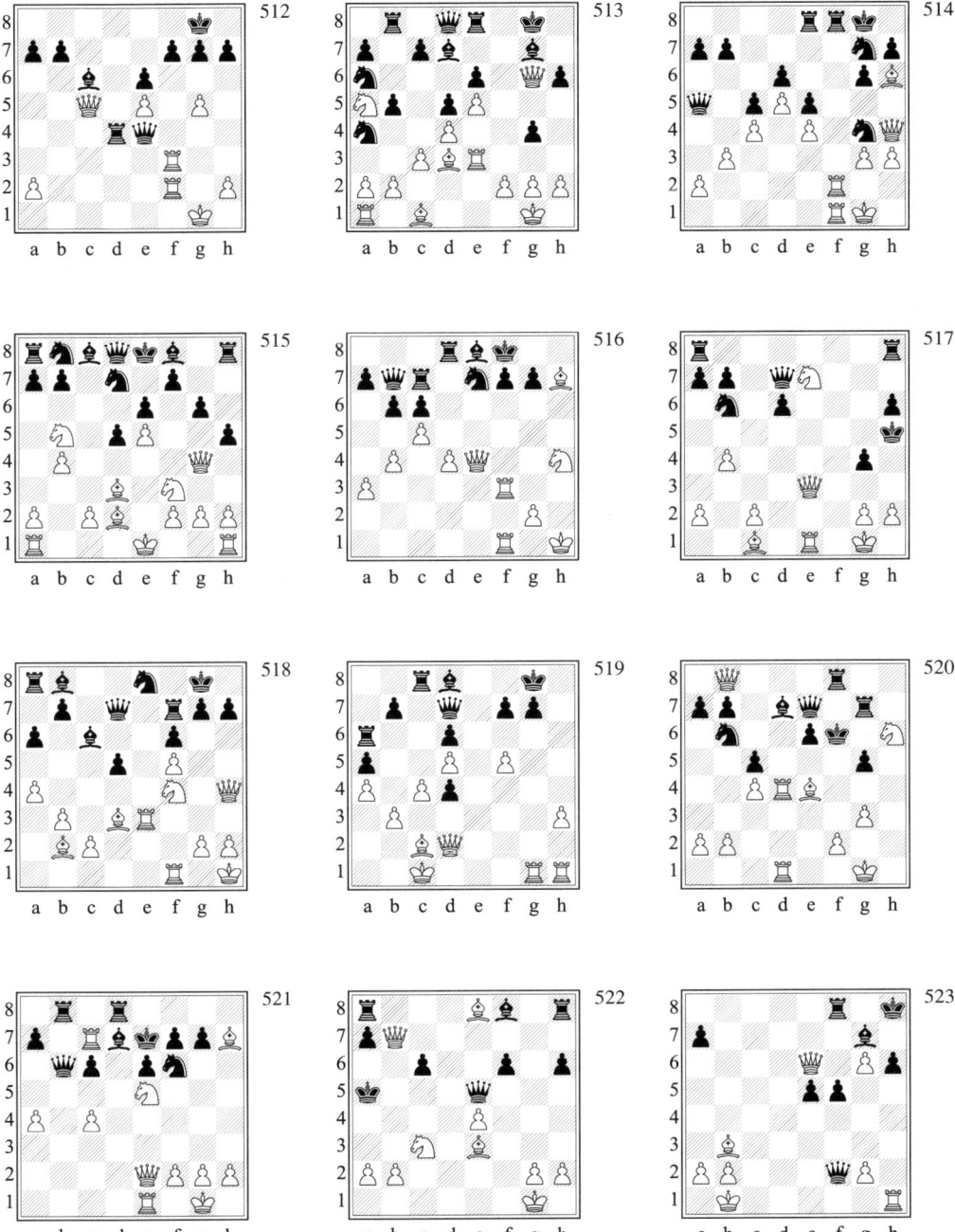

6.1.4 Taktische Übungen   Zwangsläufige Mattkombinationen

Weiß am Zug: 524–529   Schwarz am Zug: 530–535

6.1.4   Taktische Übungen   Zwangsläufige Mattkombinationen   Schwarz am Zug

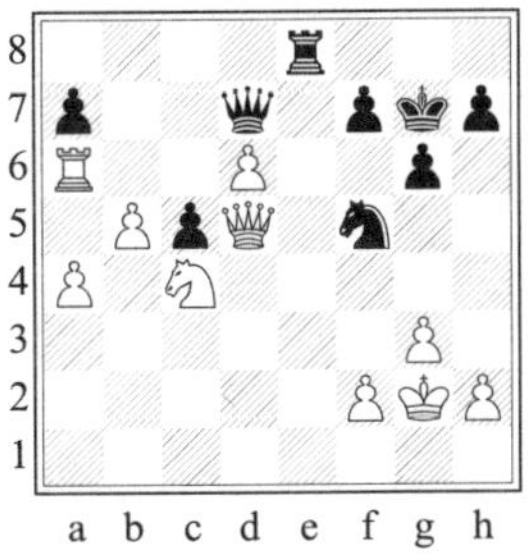

536

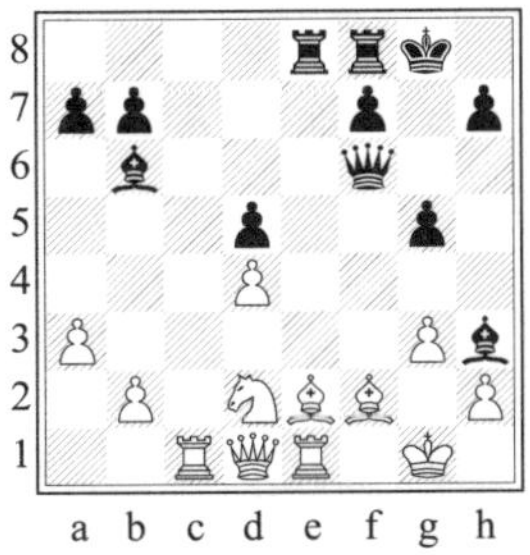

537

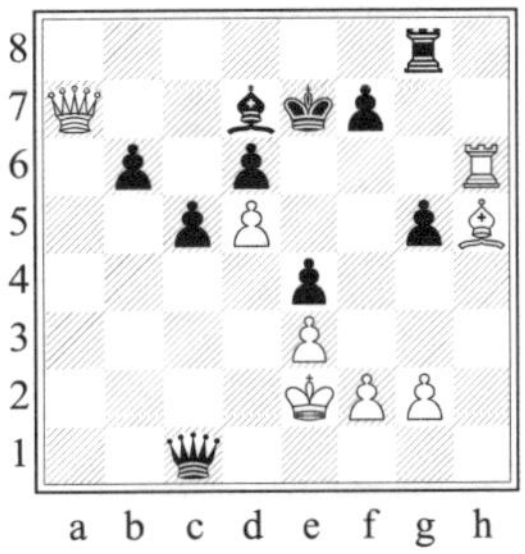

538

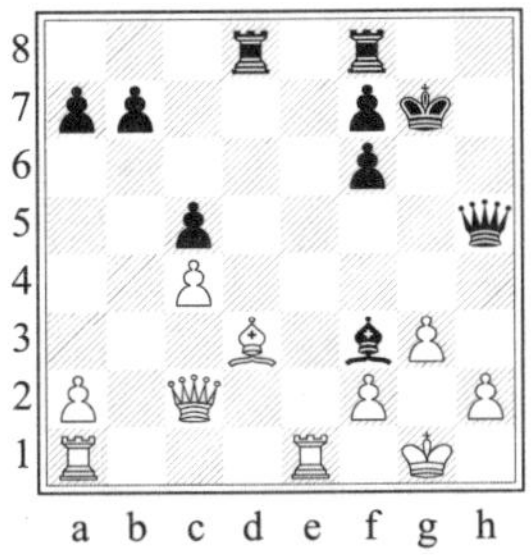

539

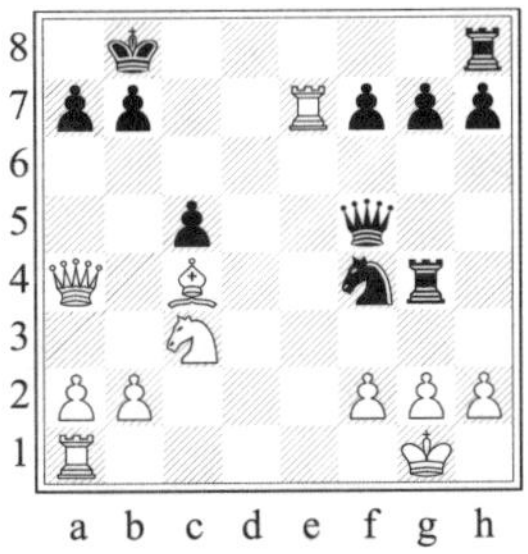

540

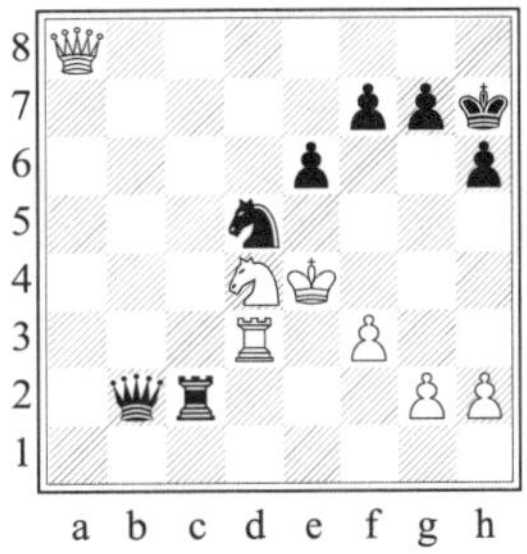

541

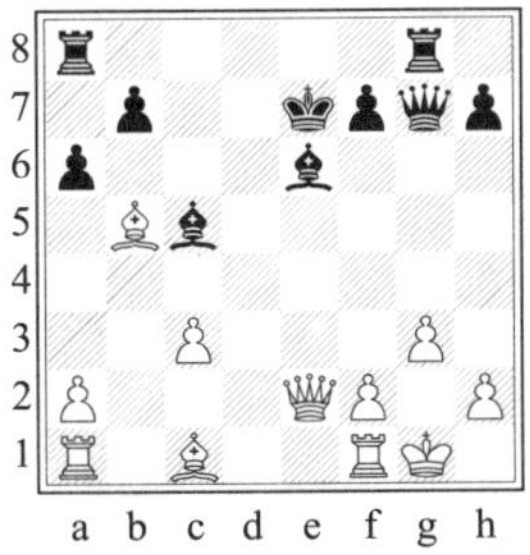

542

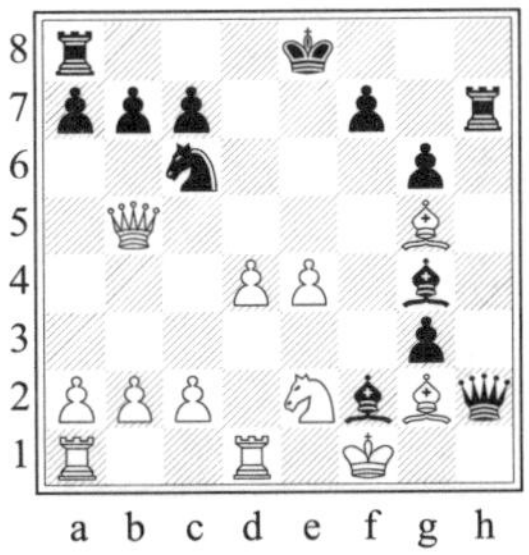

543

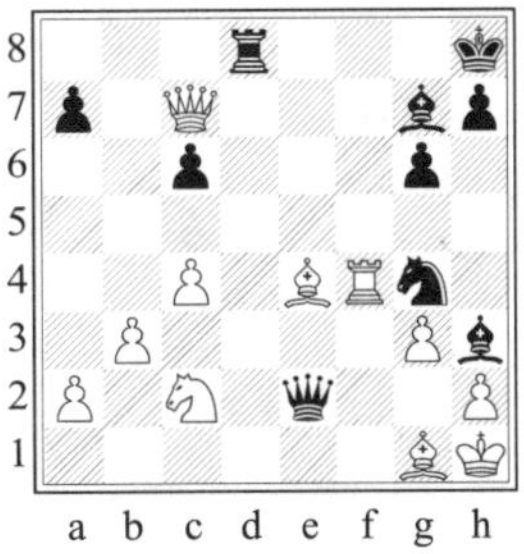

544

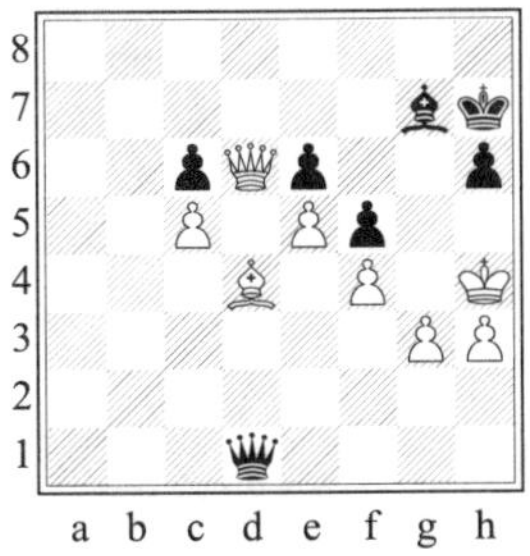

545

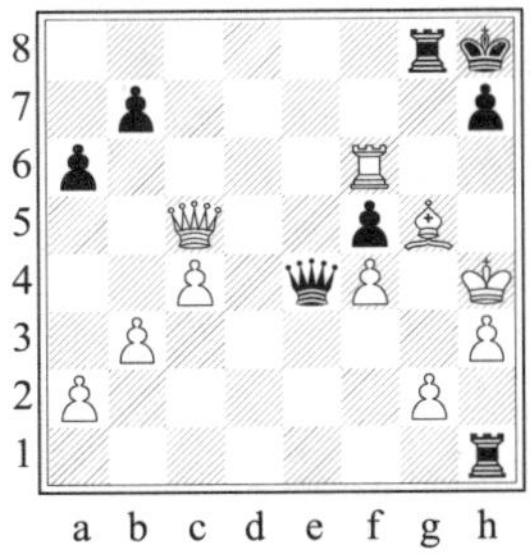

546

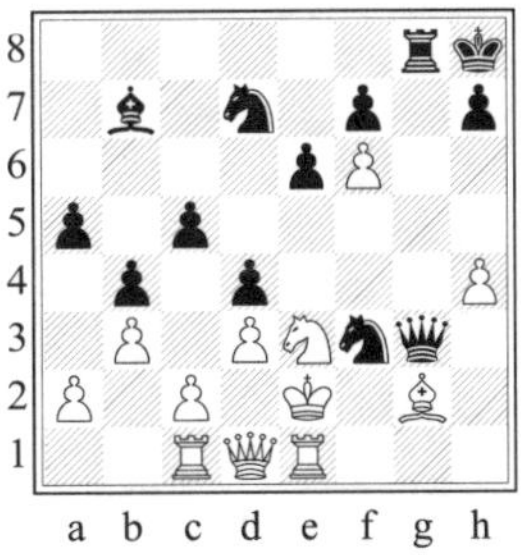

547

6.1.5 Taktische Übungen   Matt oder entscheidender Vorteil   Weiß am Zug

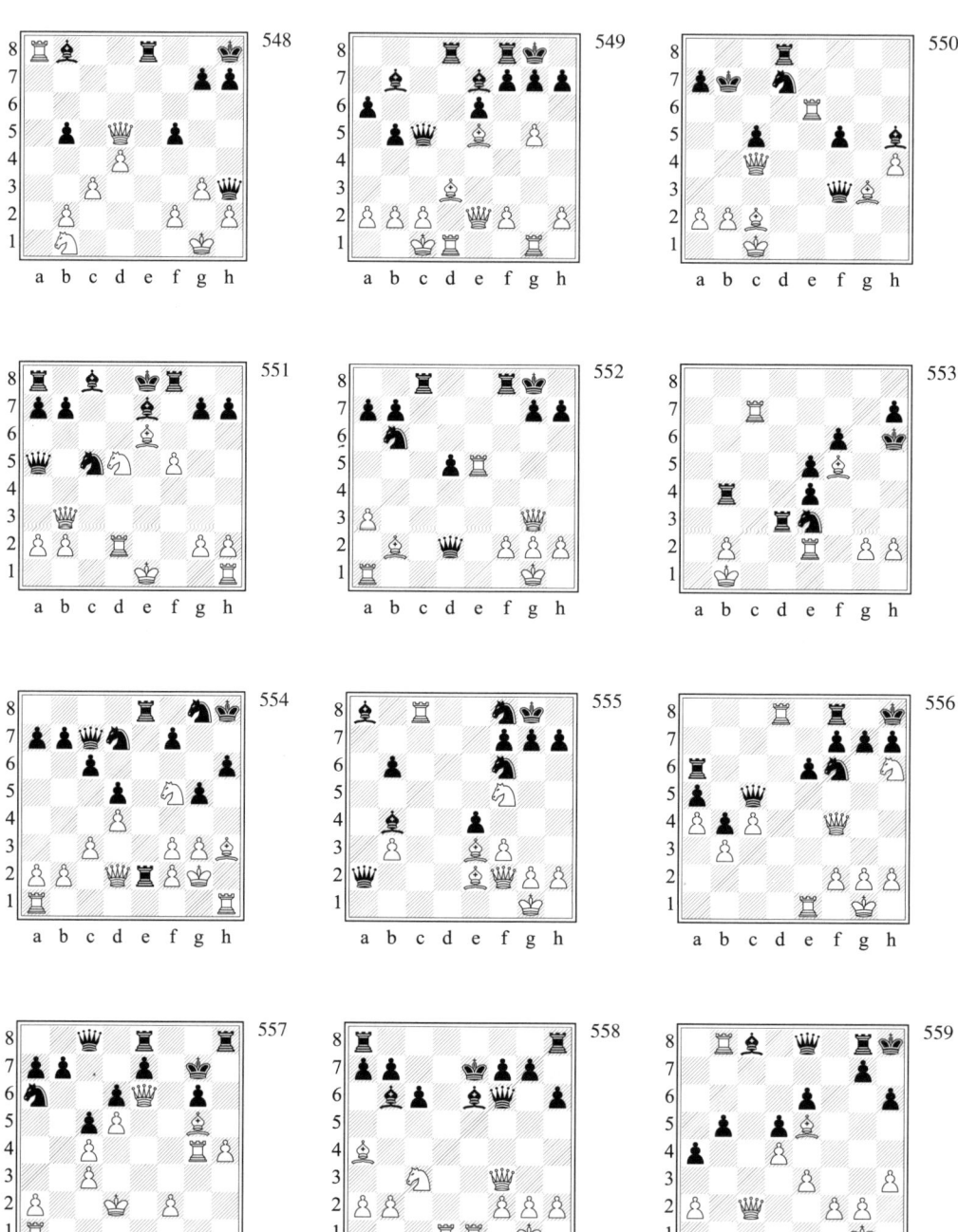

6.1.5   Taktische Übungen   Matt oder entscheidender Vorteil   Weiß am Zug

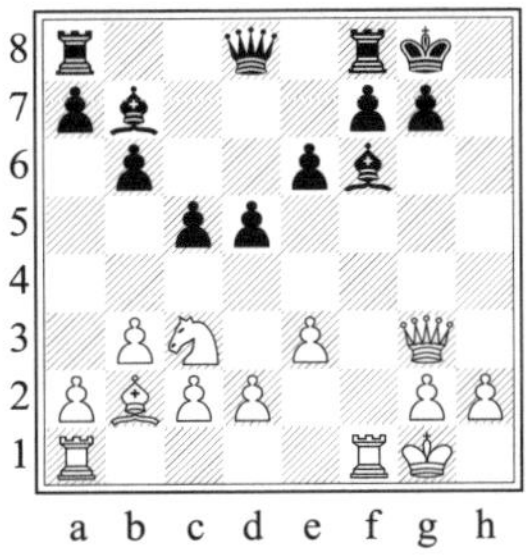

560

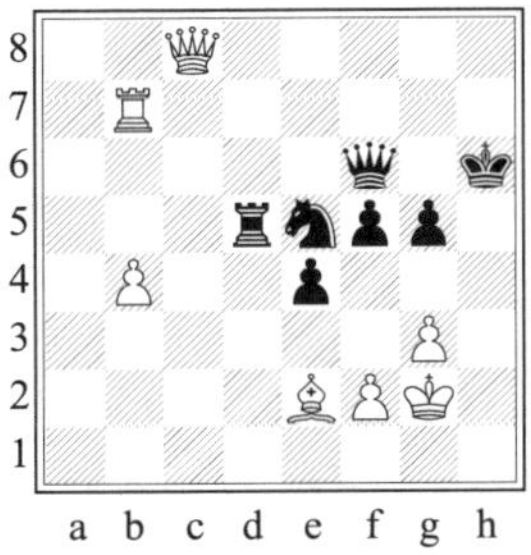

561

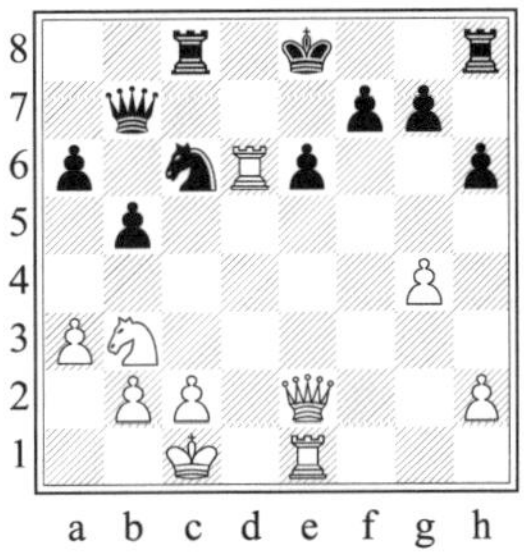

562

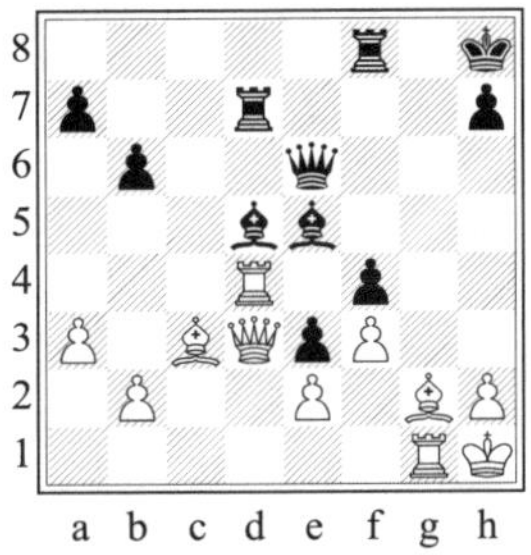

563

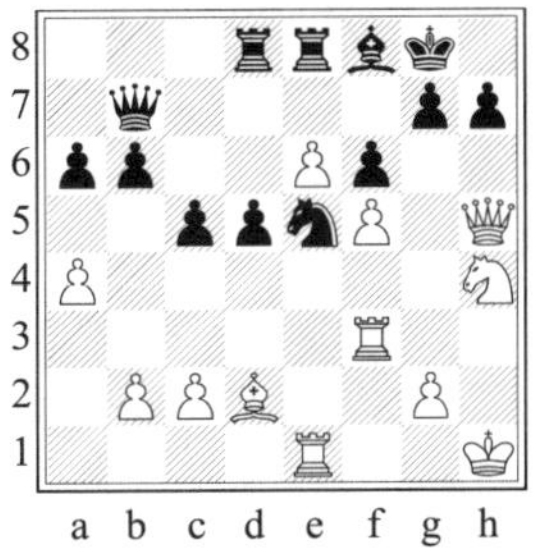

564

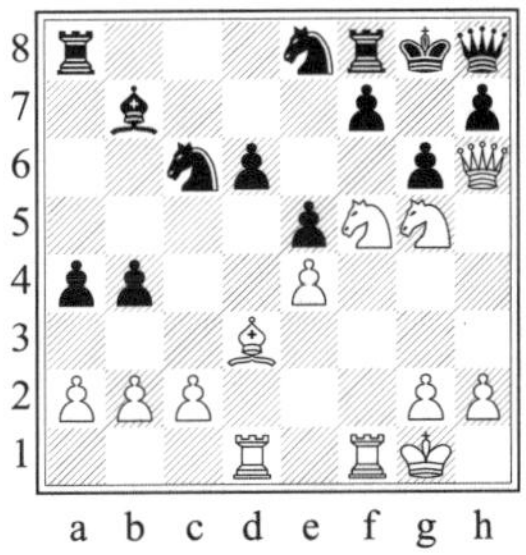

565

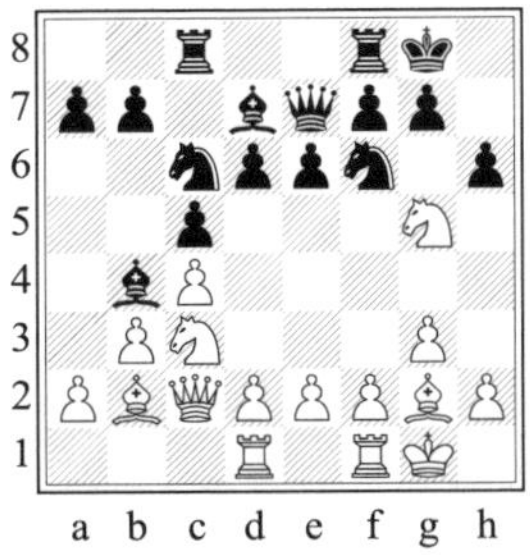

566

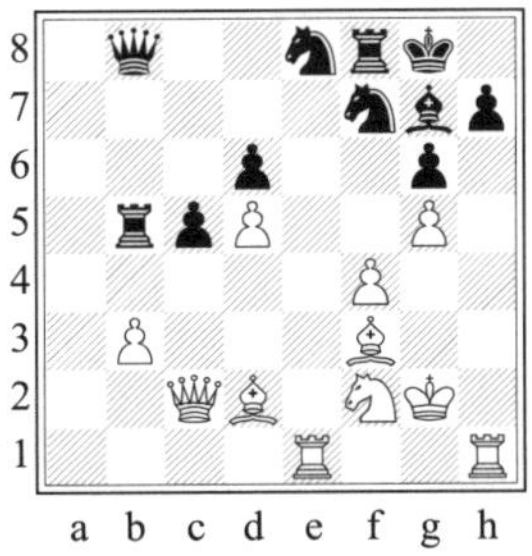

567

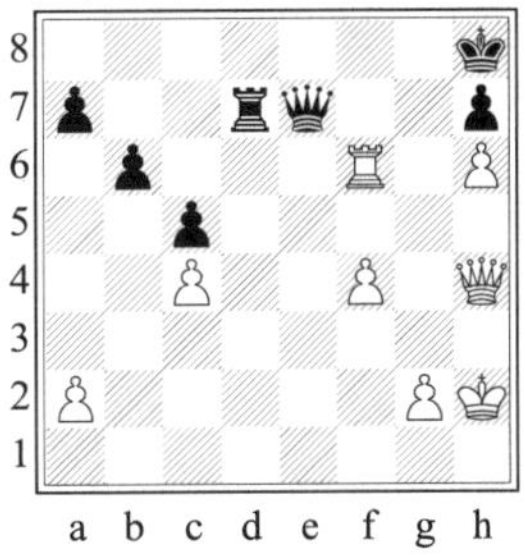

568

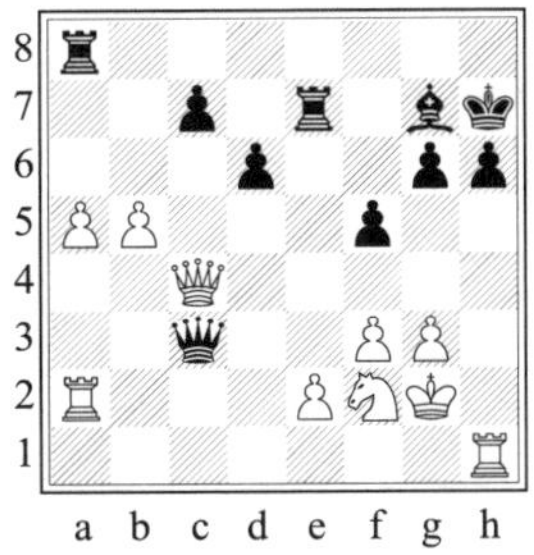

569

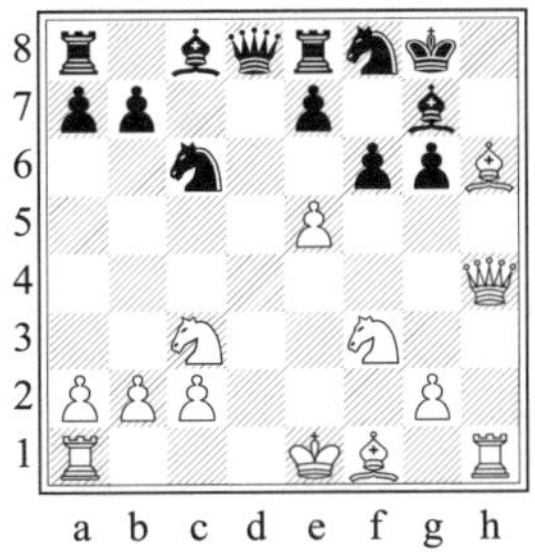

570

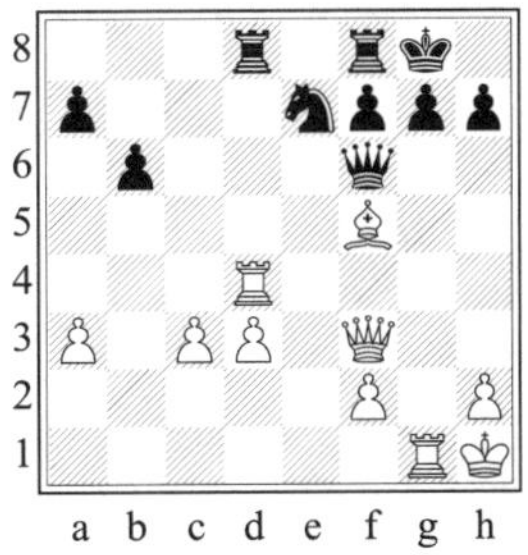

571

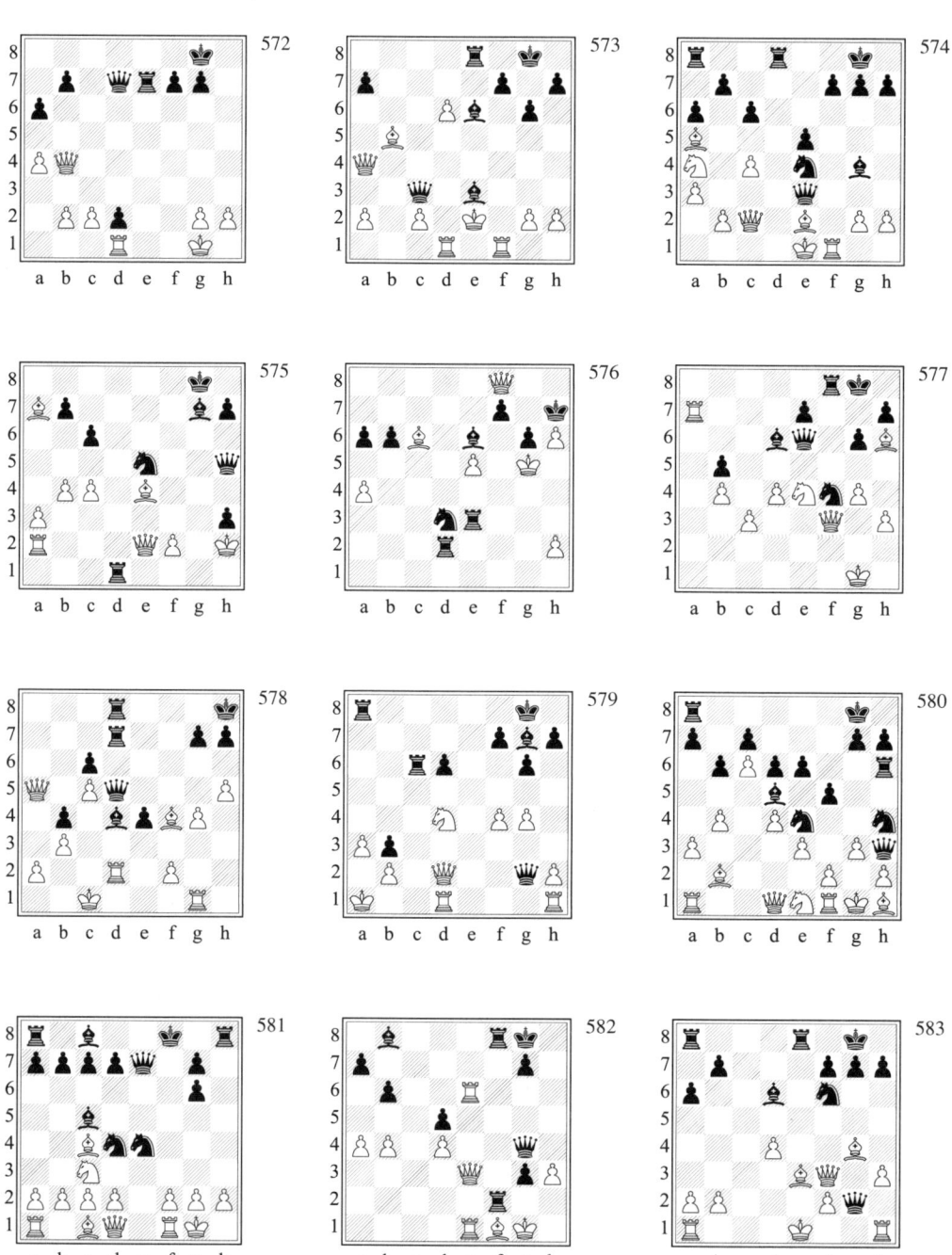

6.1.5 Taktische Übungen   Matt oder entscheidender Vorteil   Schwarz am Zug

6.1.6 Taktische Übungen

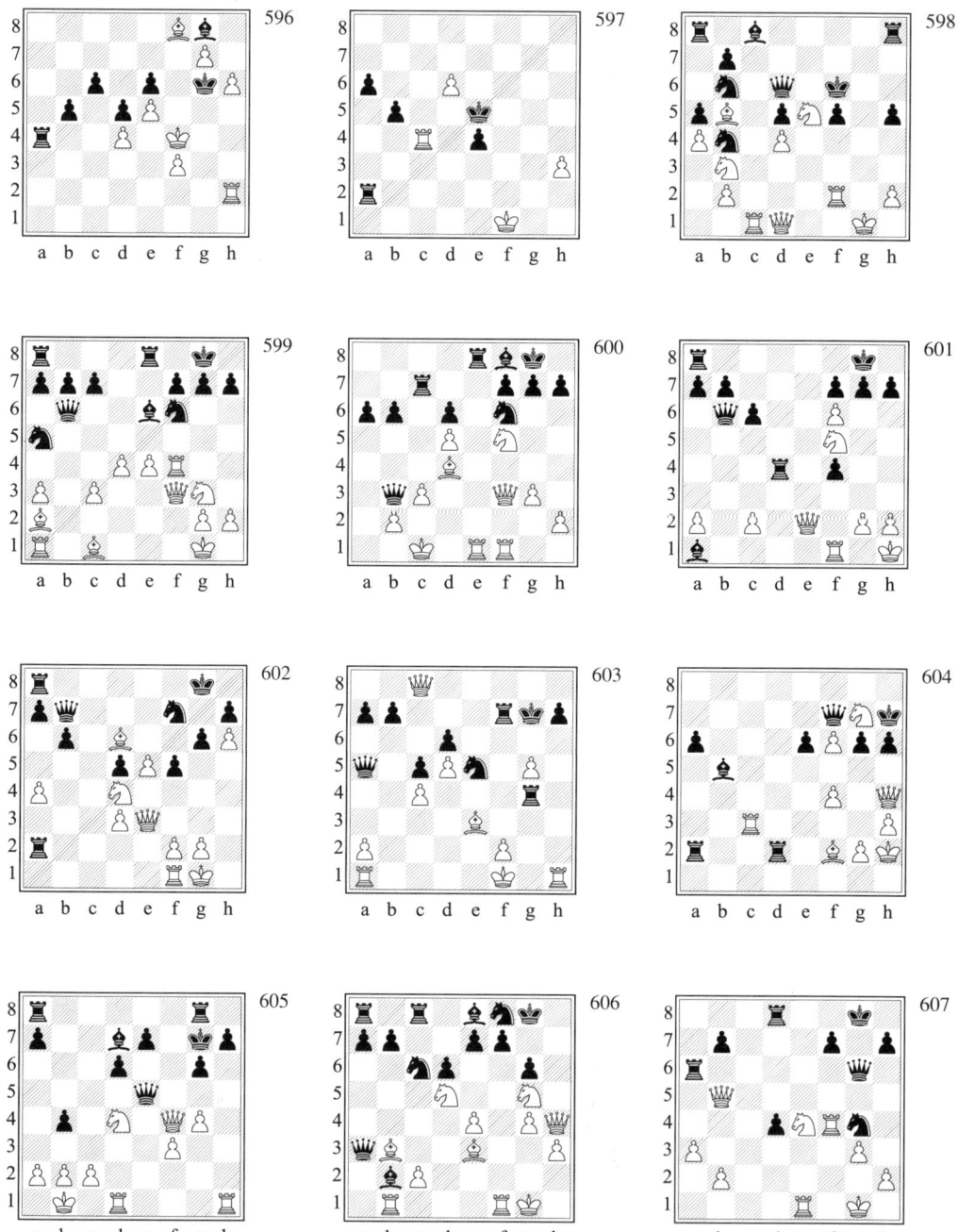

6.1.6   Taktische Übungen   Wie gewinnt Weiß am Zug?

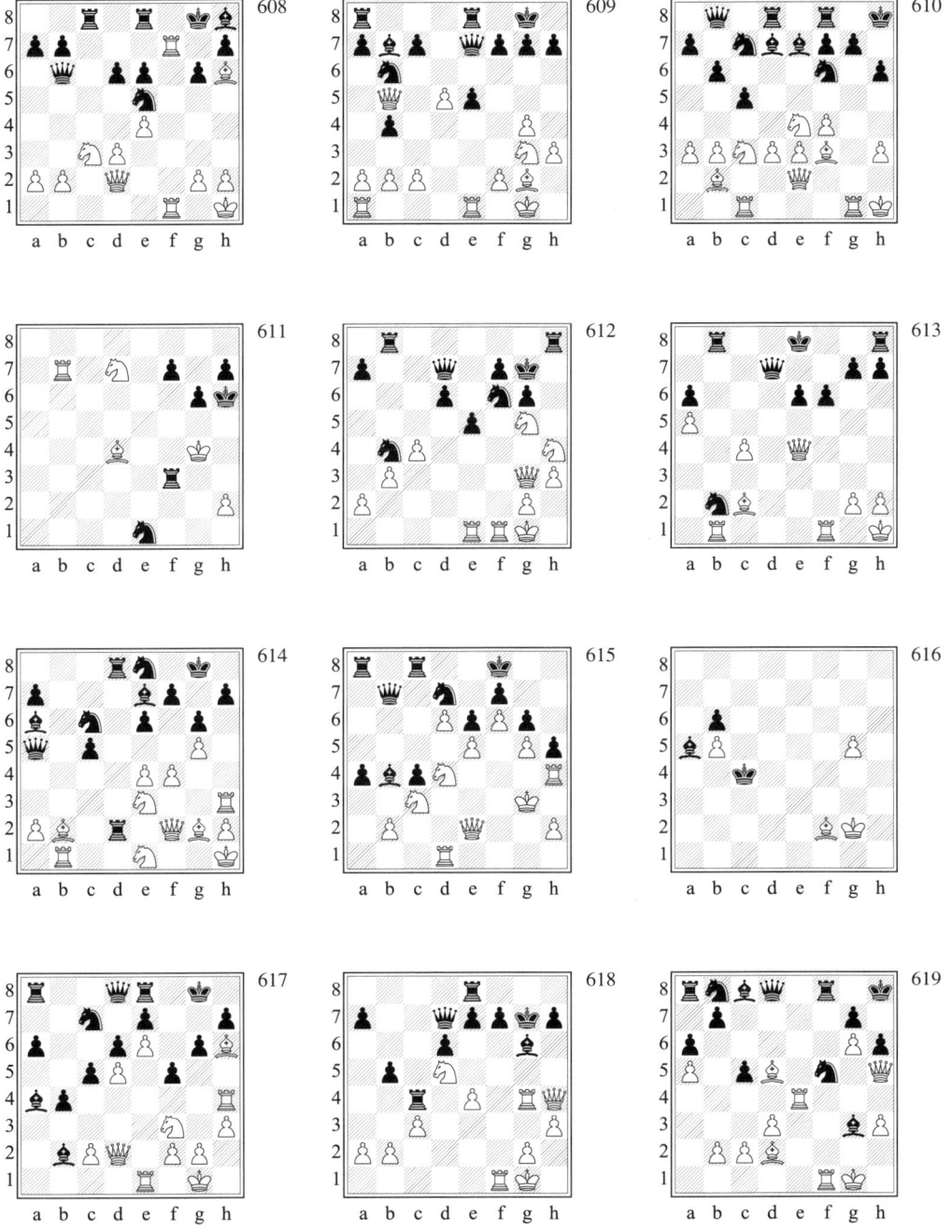

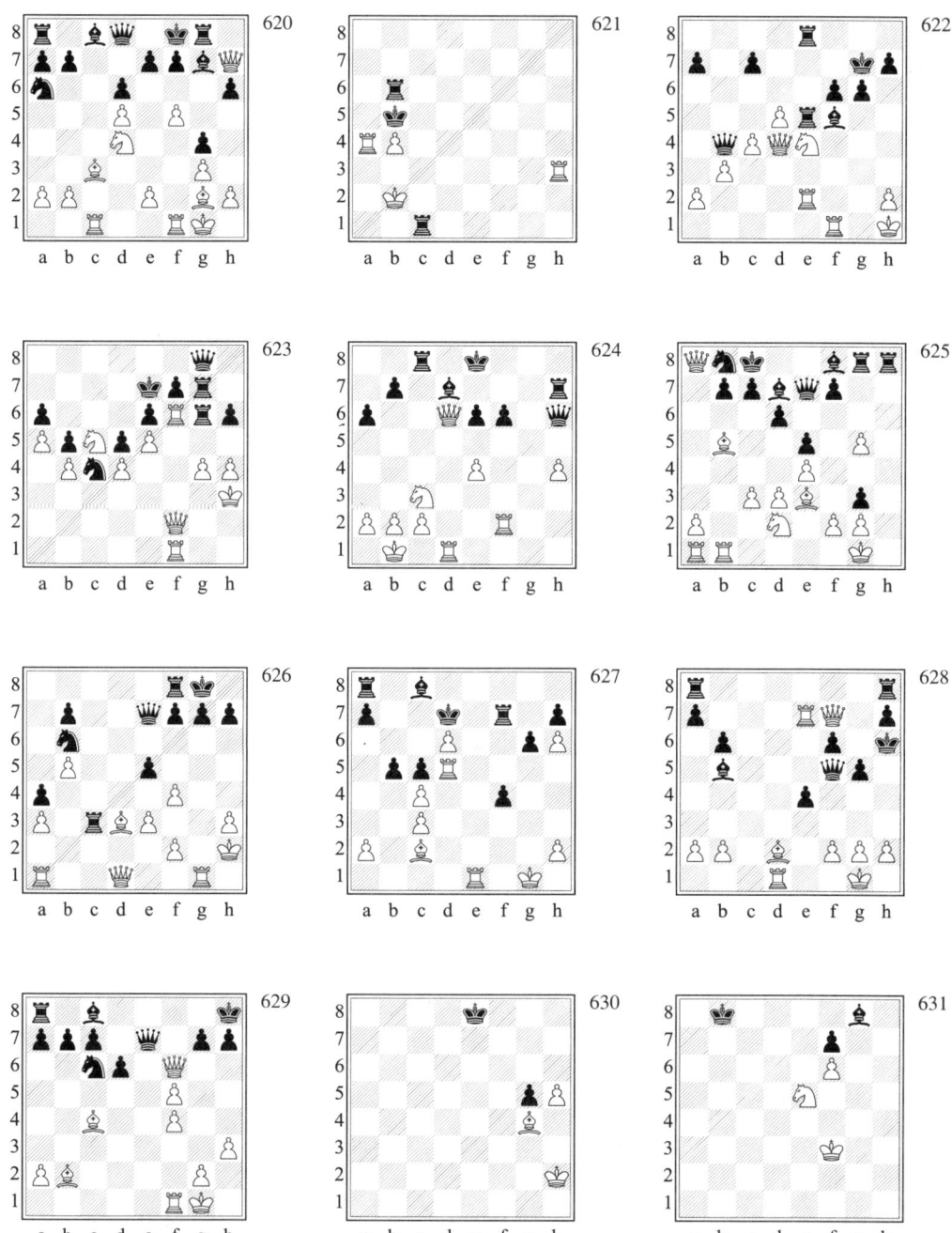

6.1.6   Taktische Übungen   Wie gewinnt Weiß am Zug?

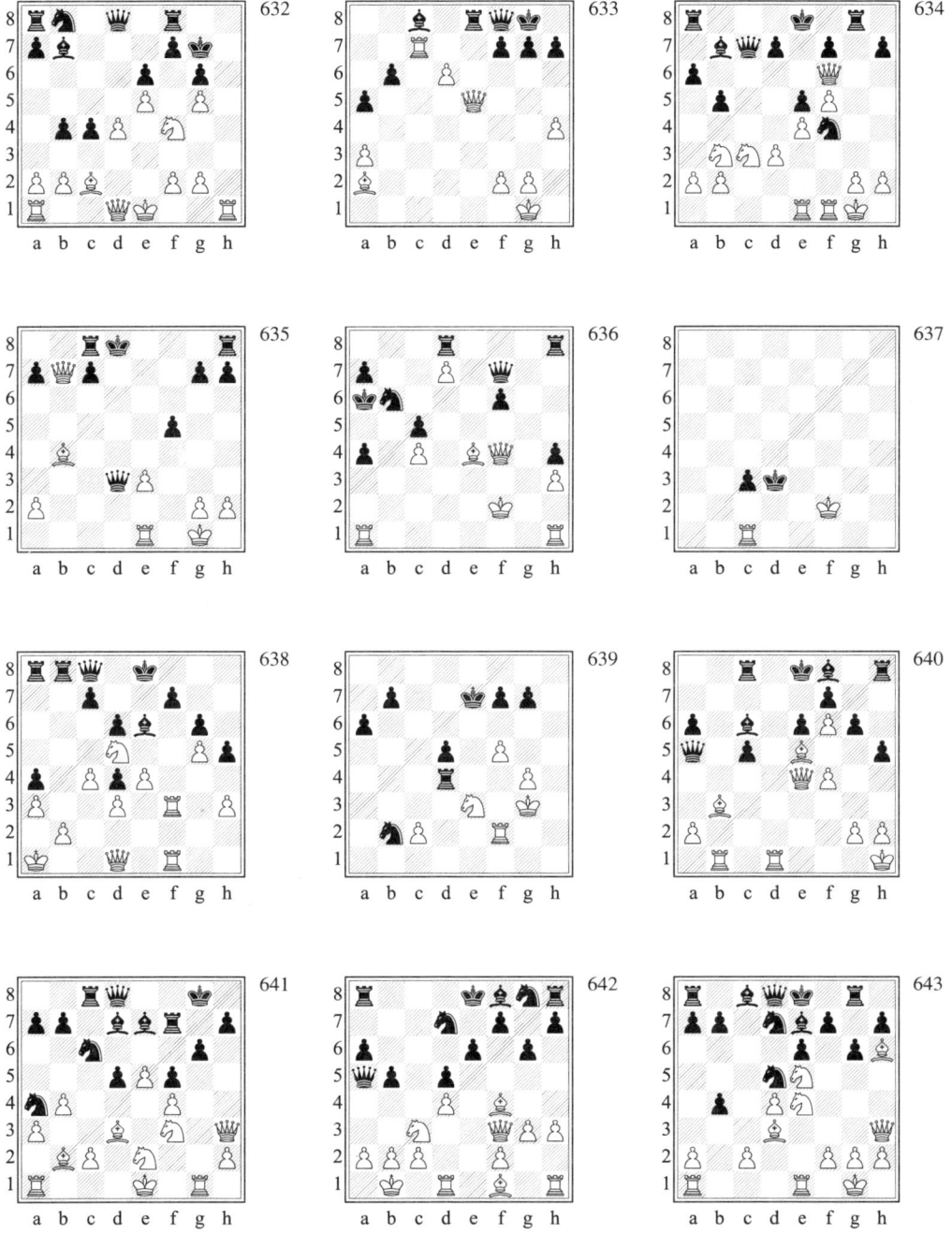

6.1.6   Taktische Übungen   Wie gewinnt Weiß am Zug?

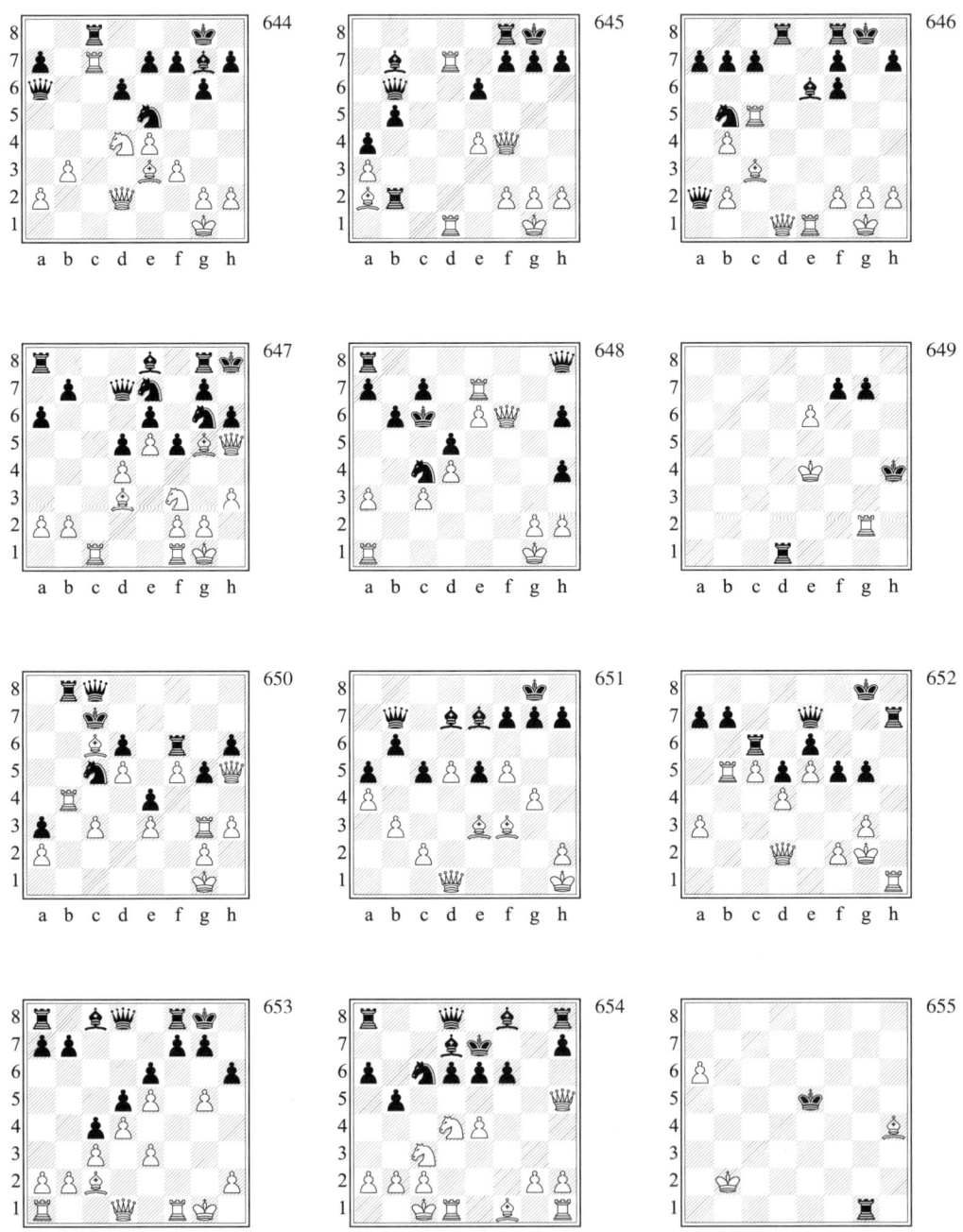

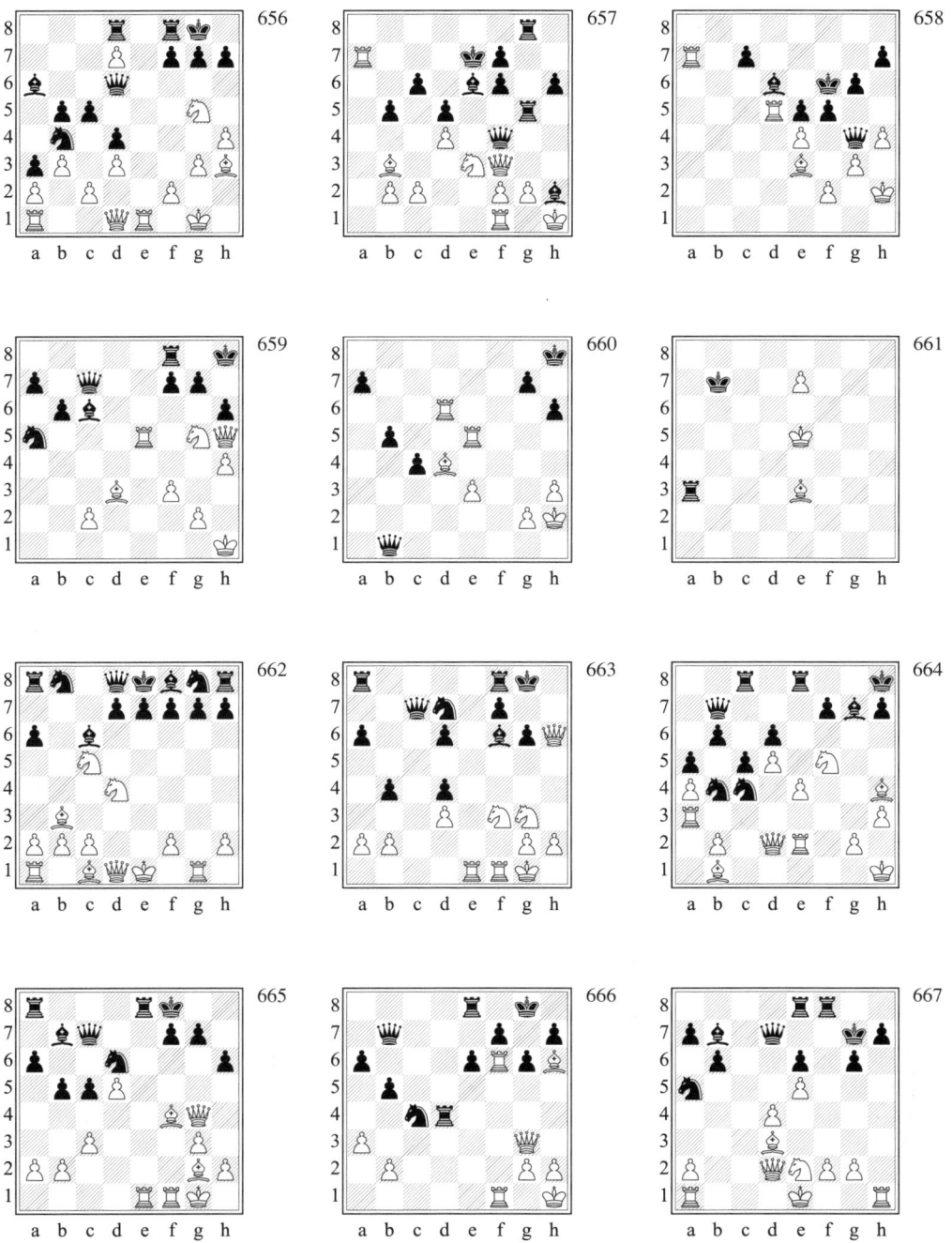

Wie gewinnt Schwarz am Zug?

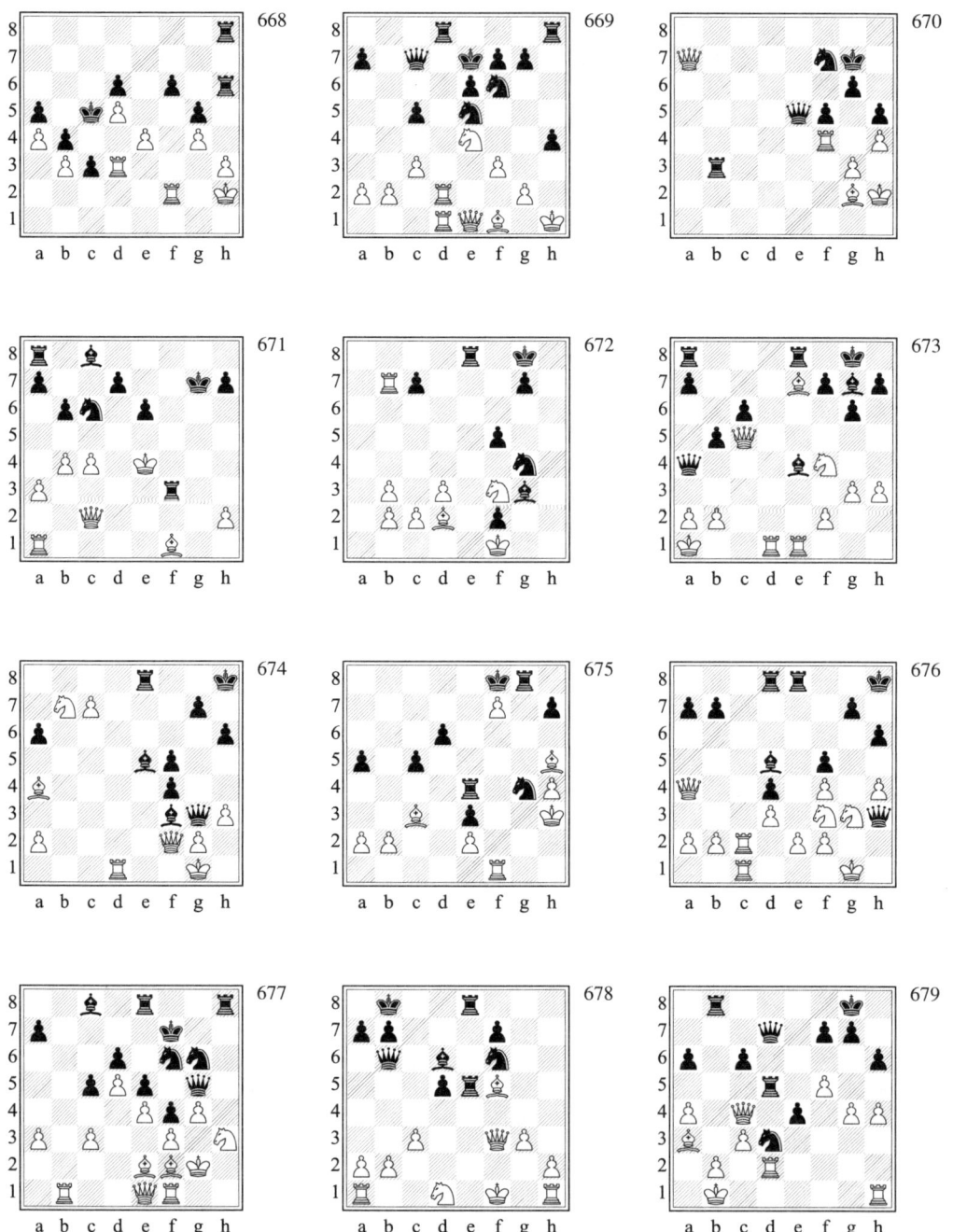

6.1.7   Taktische Übungen   Wie gewinnt Schwarz am Zug?

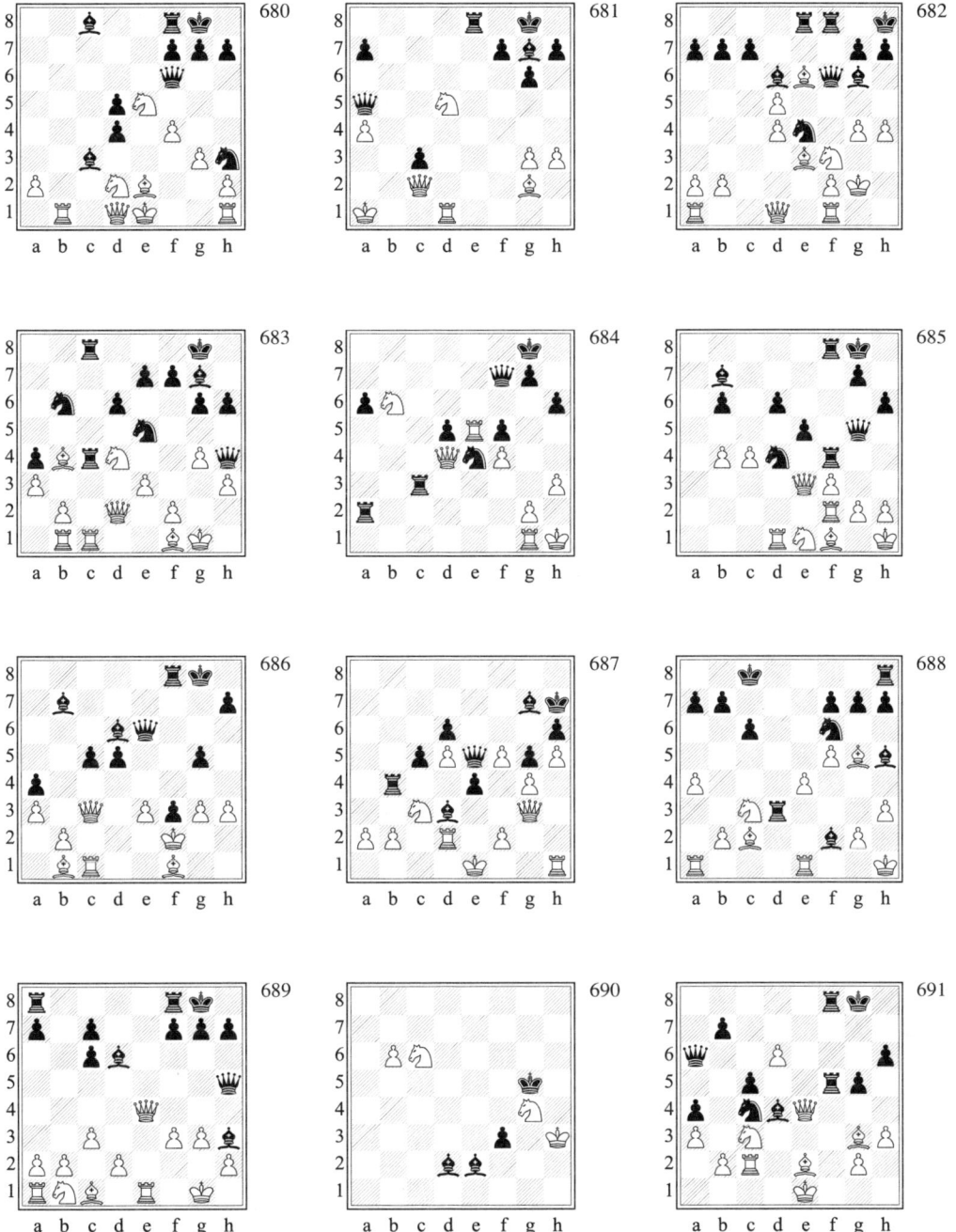

6.1.7 Taktische Übungen   Wie gewinnt Schwarz am Zug?

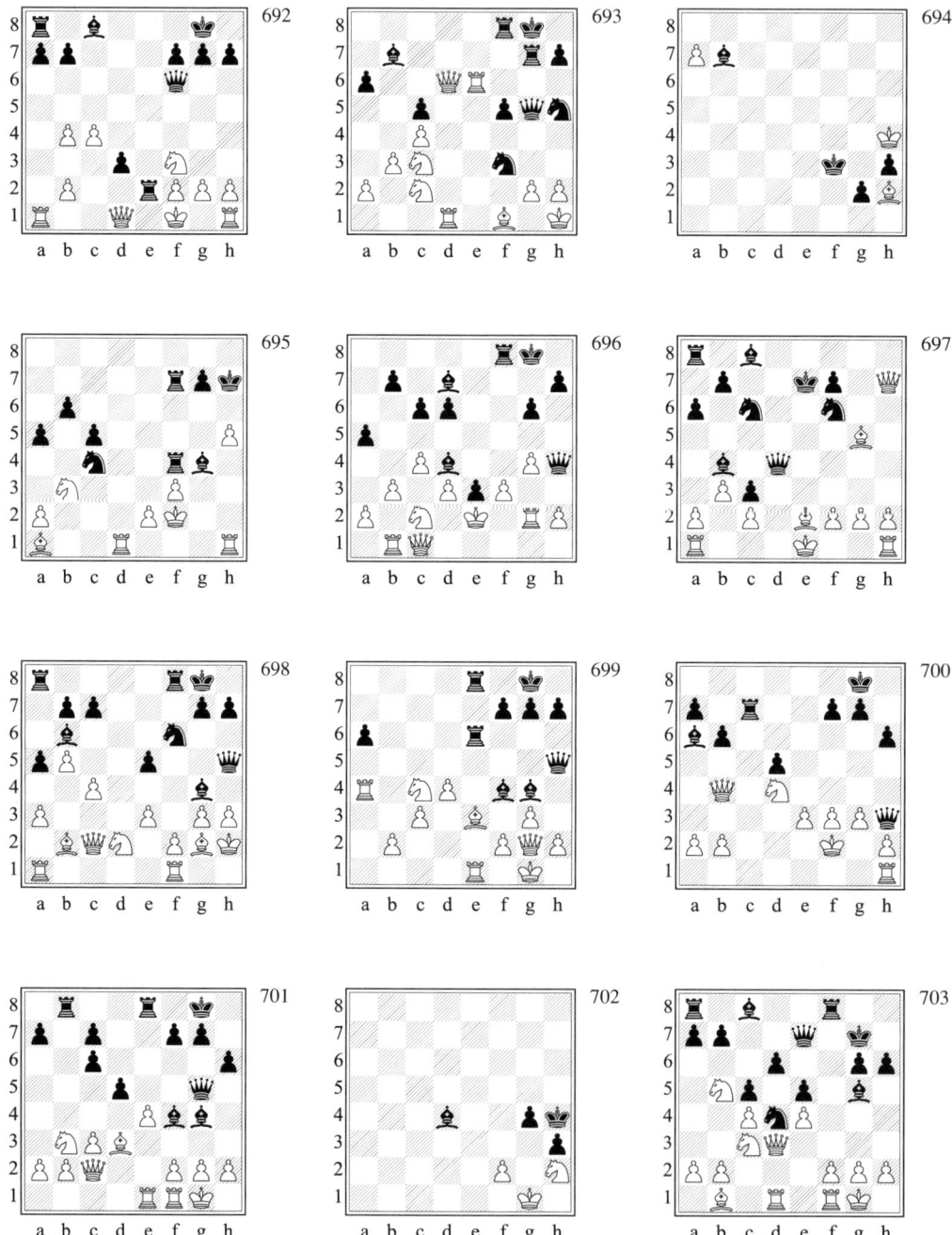

6.1.7 Taktische Übungen   Wie gewinnt Schwarz am Zug?

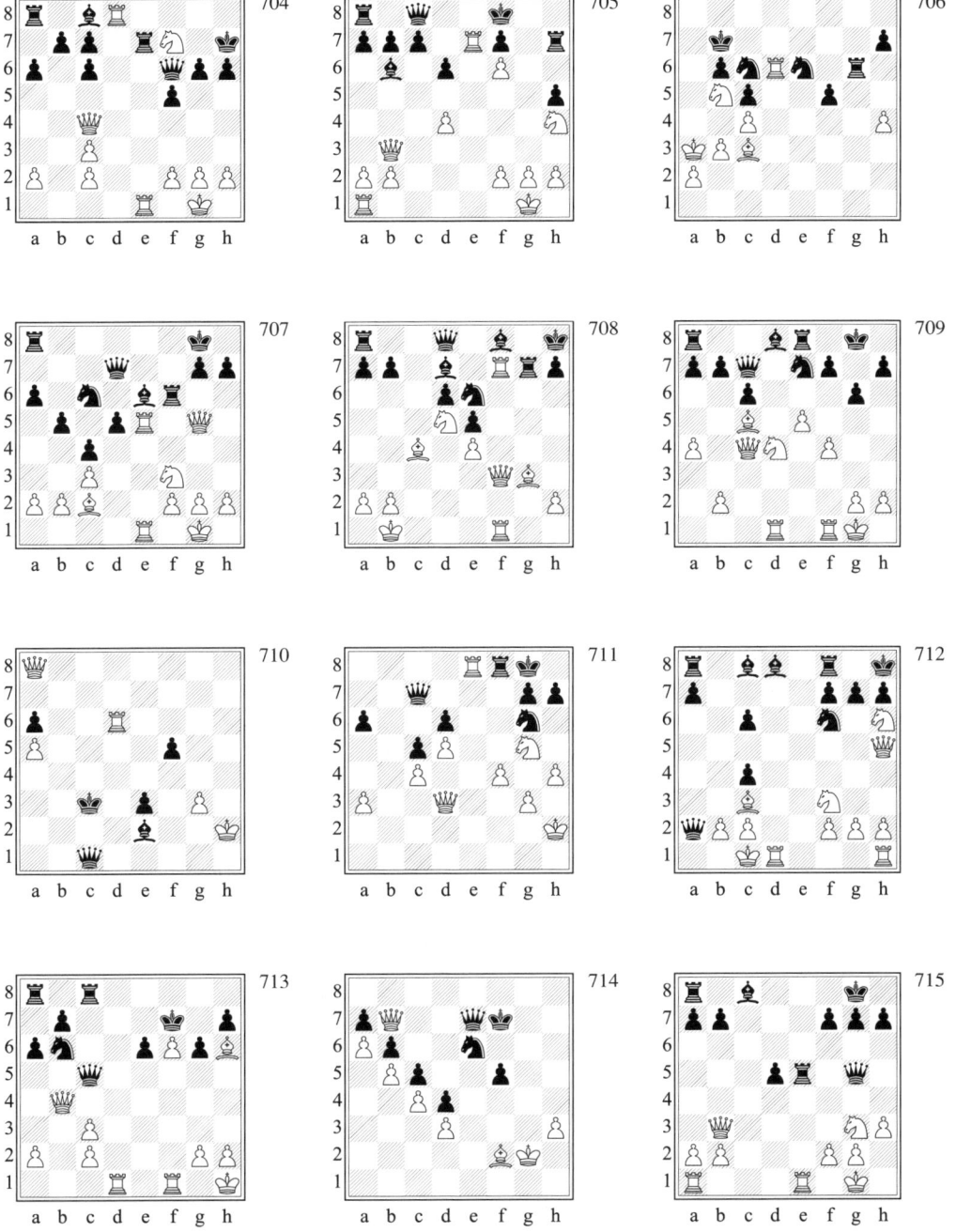

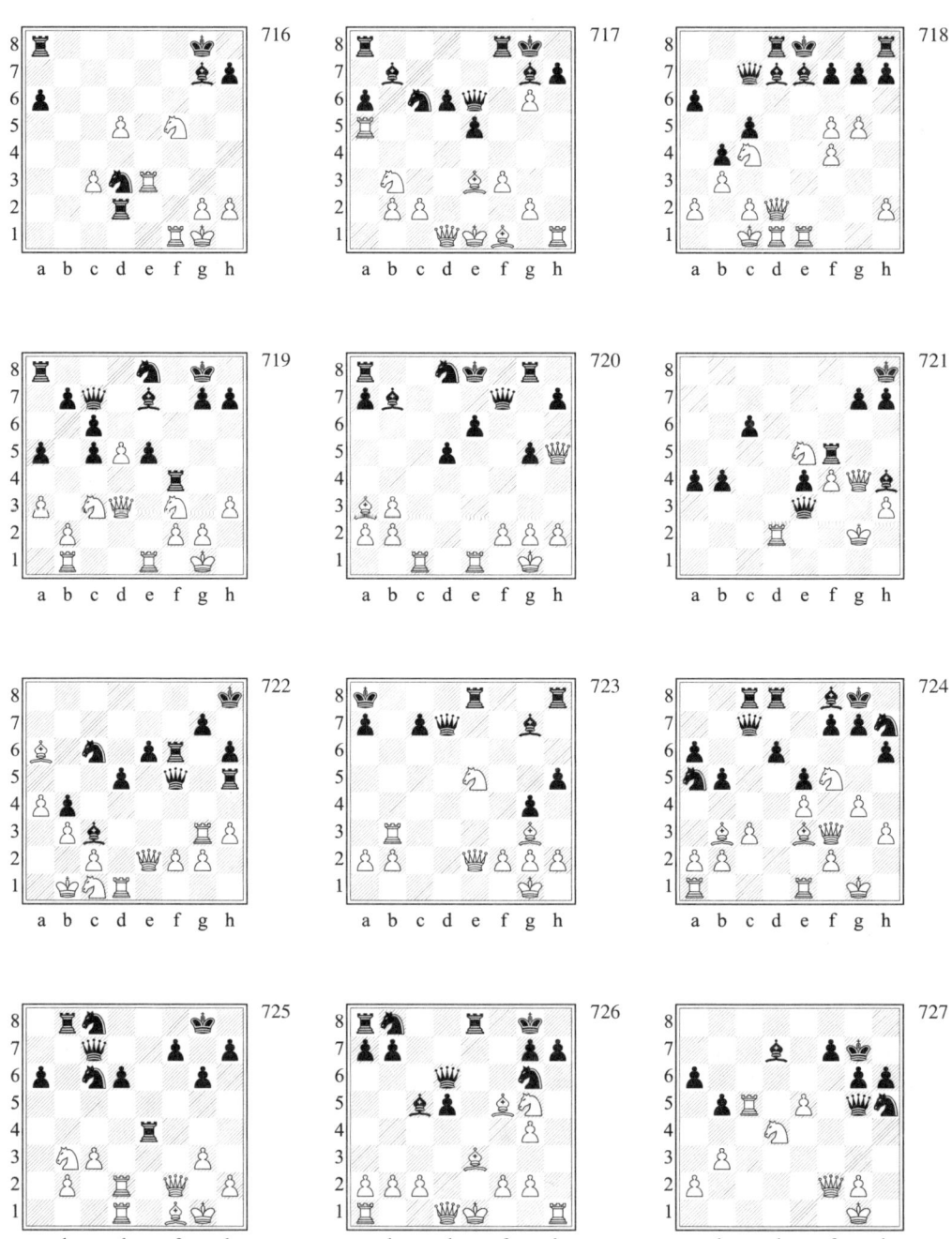

6.1.8   Taktische Übungen   Wie erzielt Weiß am Zug Materialvorteil?

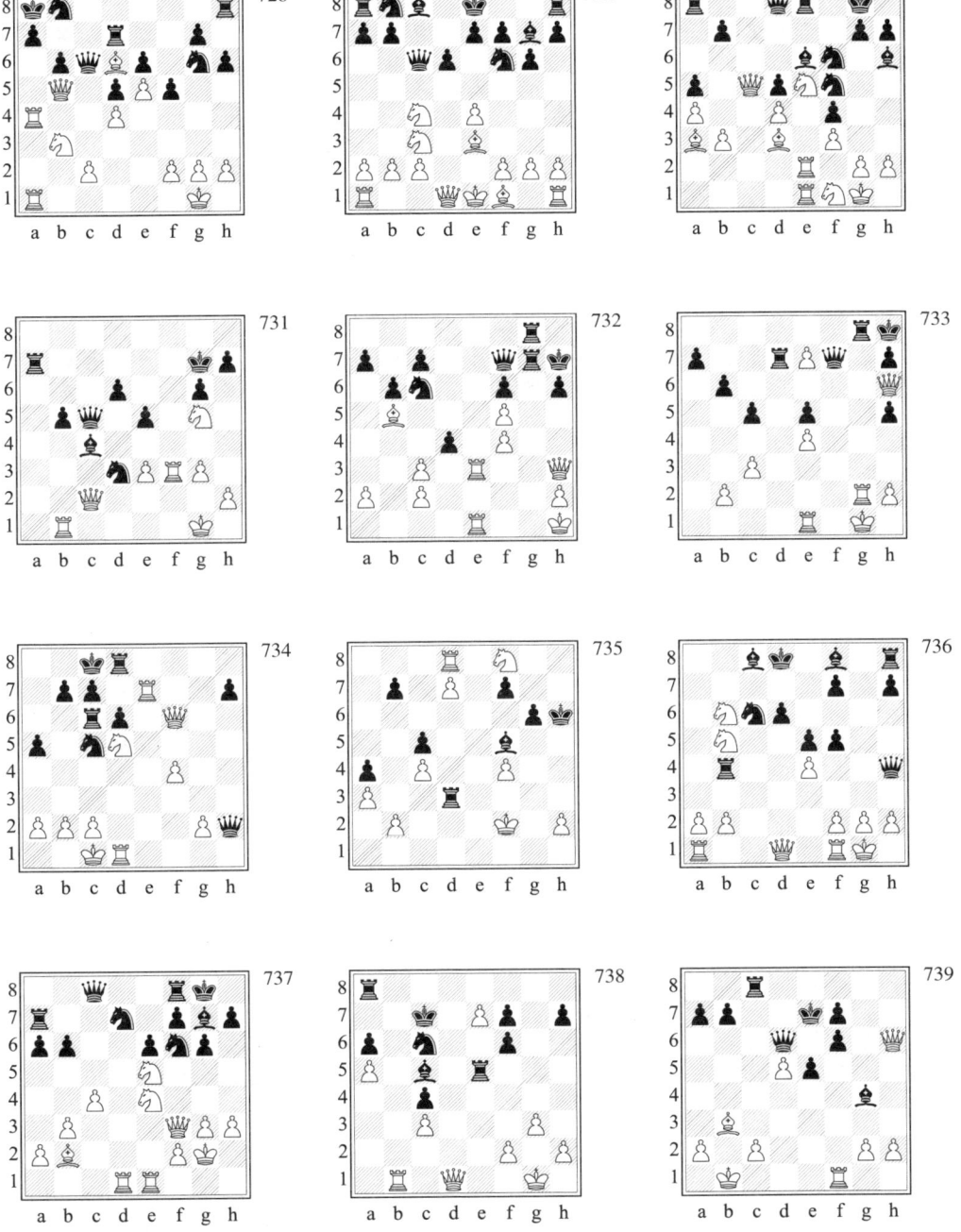

6.1.9 Taktische Übungen

Wie erzielt Schwarz am Zug Materialvorteil?

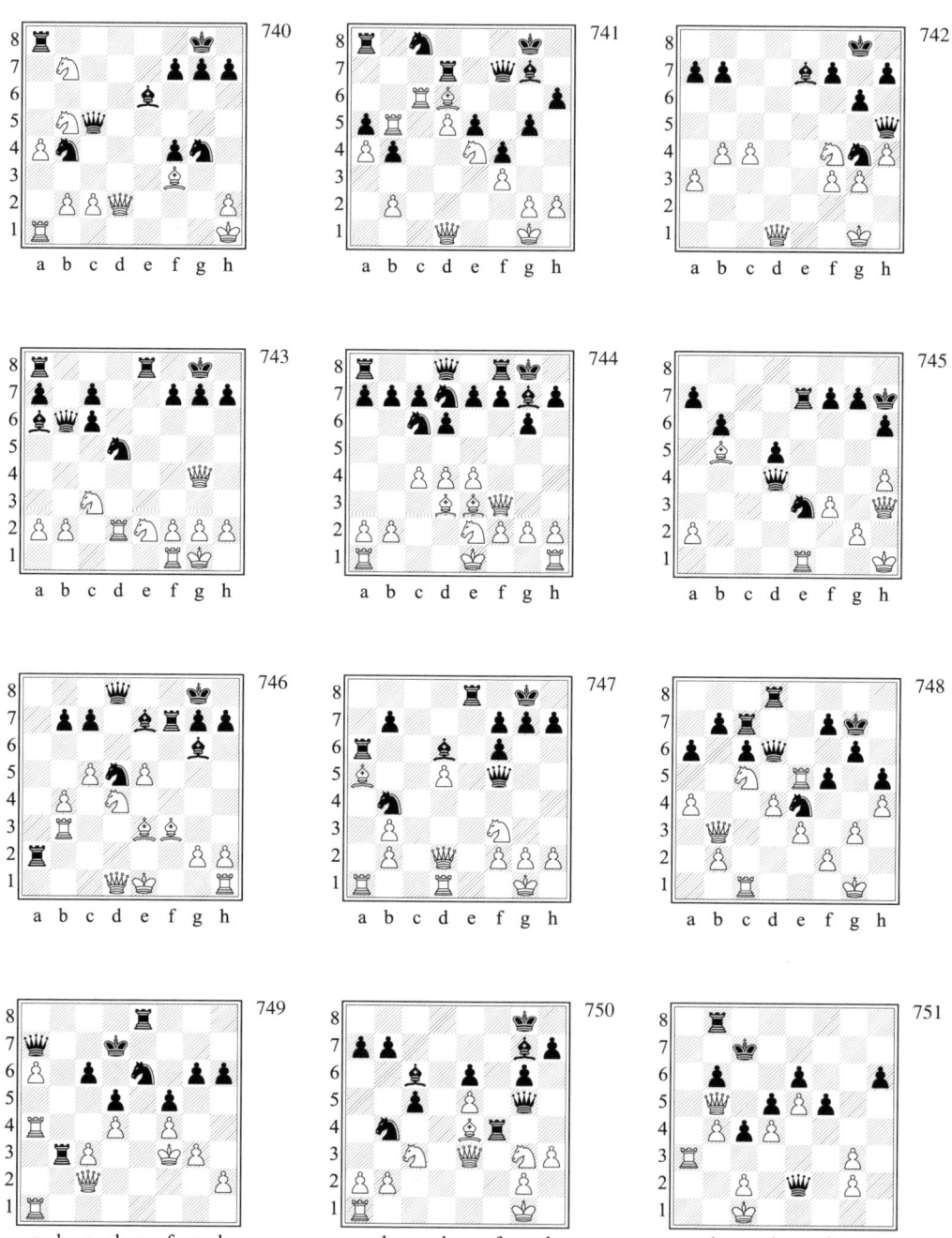

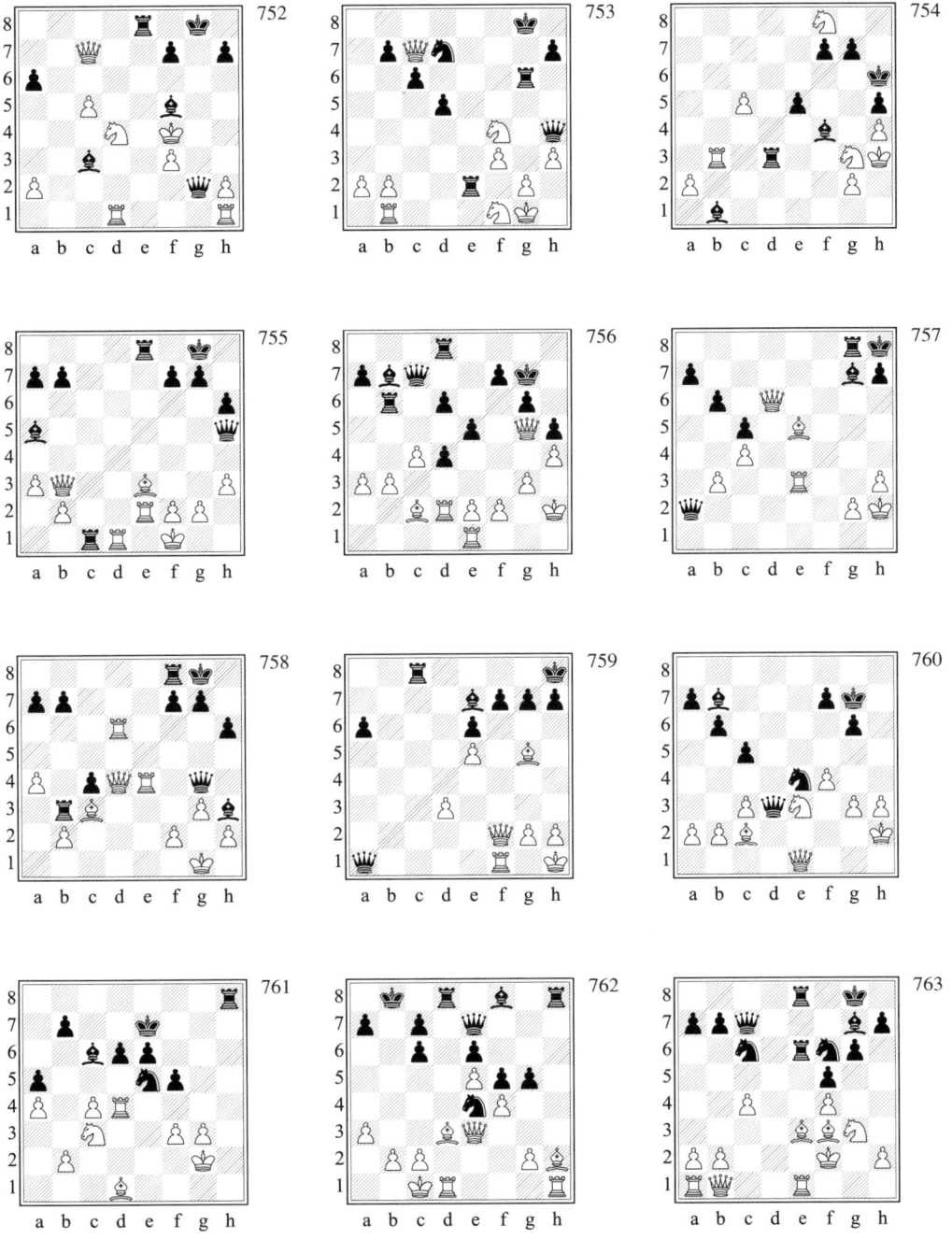

6.1.9   Taktische Übungen   Wie erzielt Schwarz am Zug Materialvorteil?

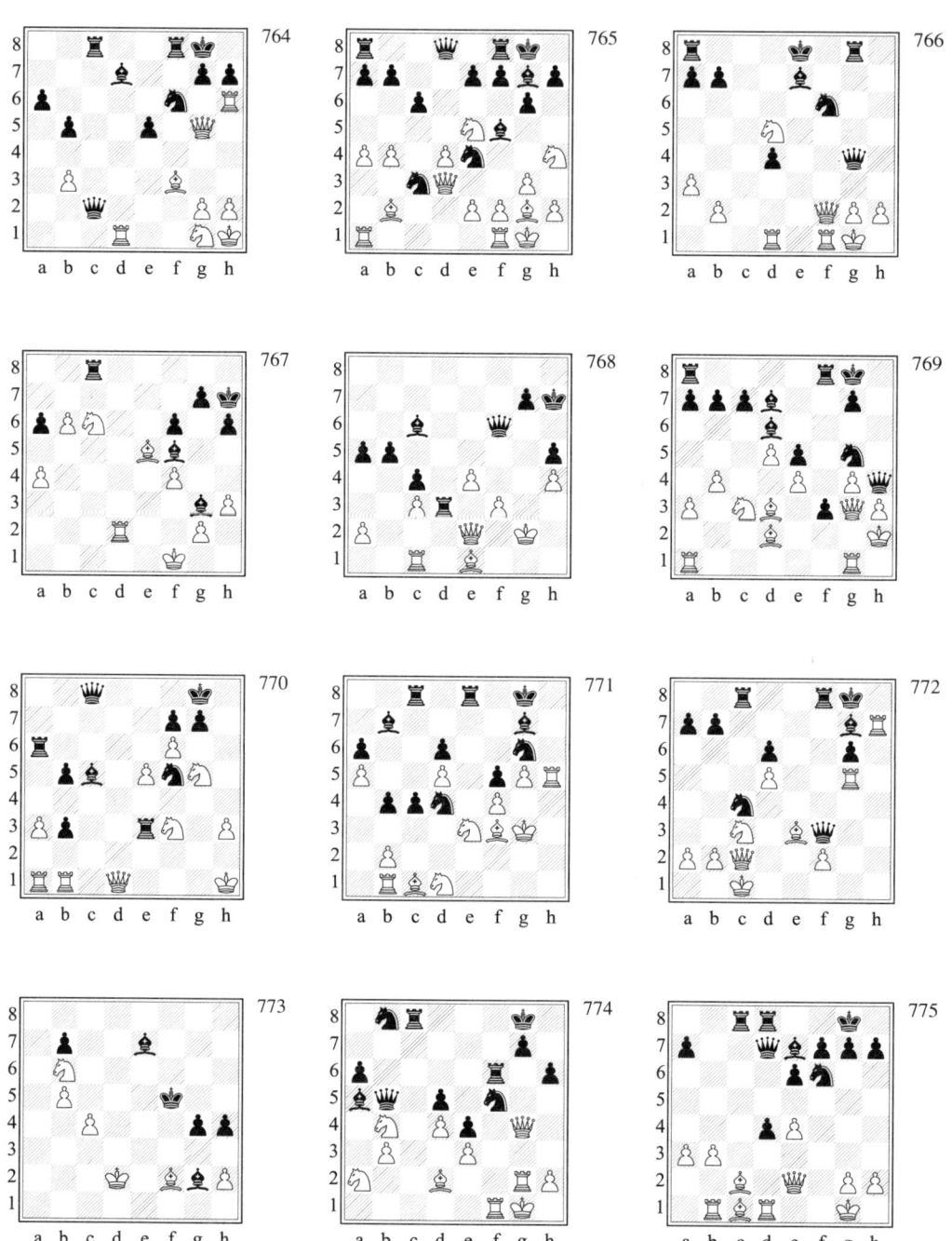

6.1.10 Taktische Übungen   Remiskombinationen

Finde mit Weiß am Zug den Remisweg!

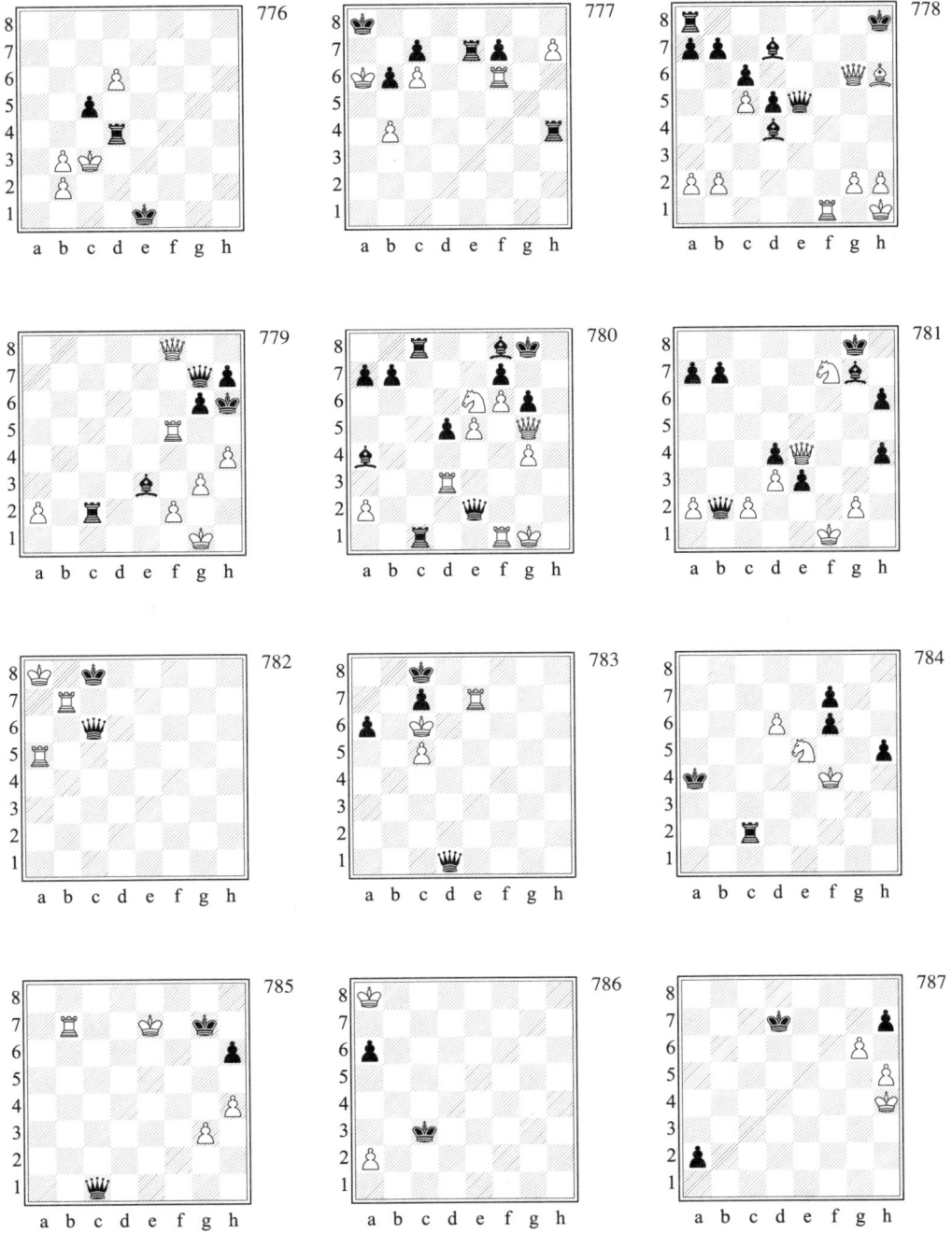

6.1.10 Taktische Übungen
Remiskombinationen

Finde mit Weiß am Zug den Remisweg!

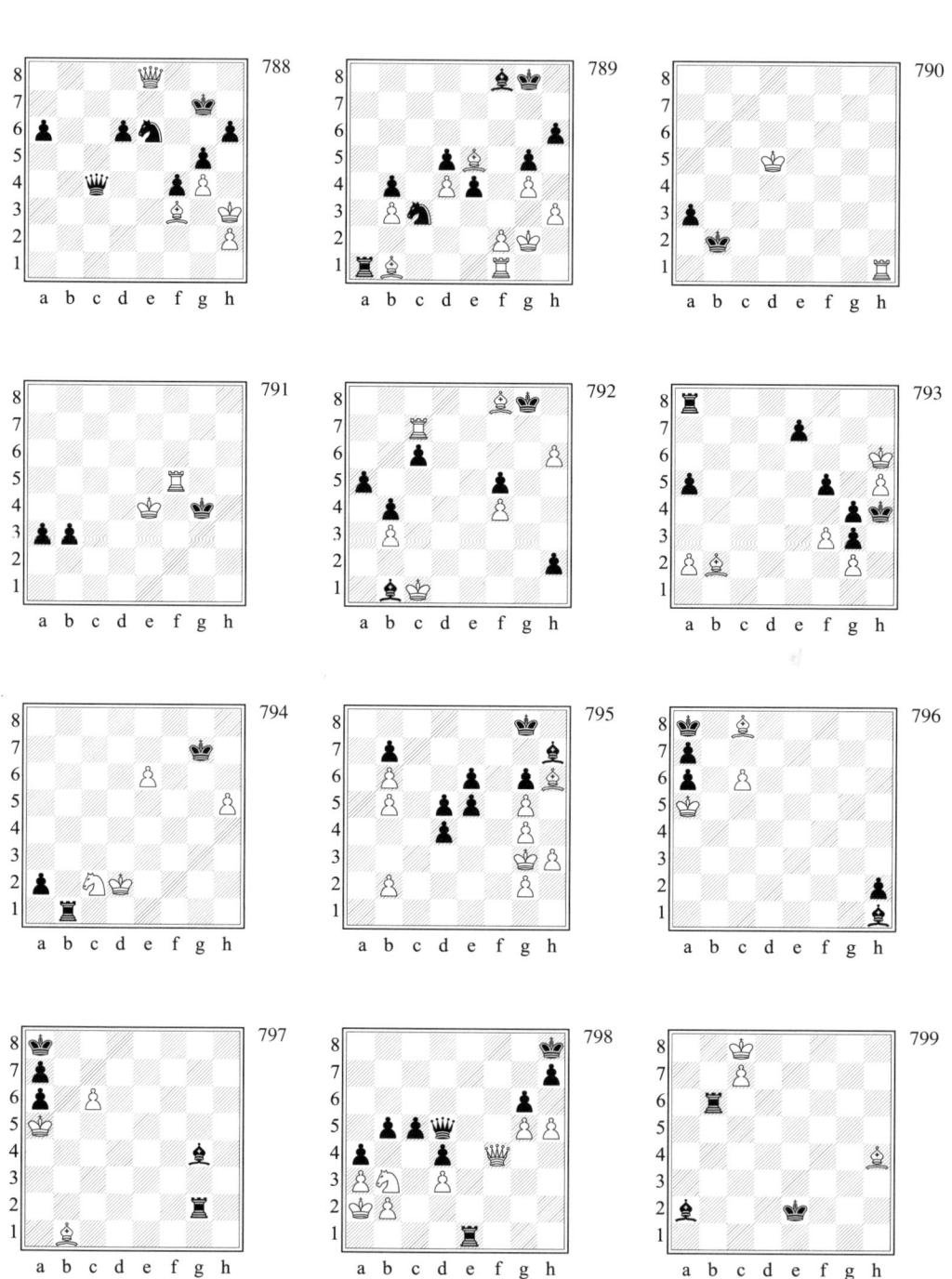

6.1.10 Taktische Übungen   Remiskombinationen

Finde mit Schwarz am Zug den Remisweg!

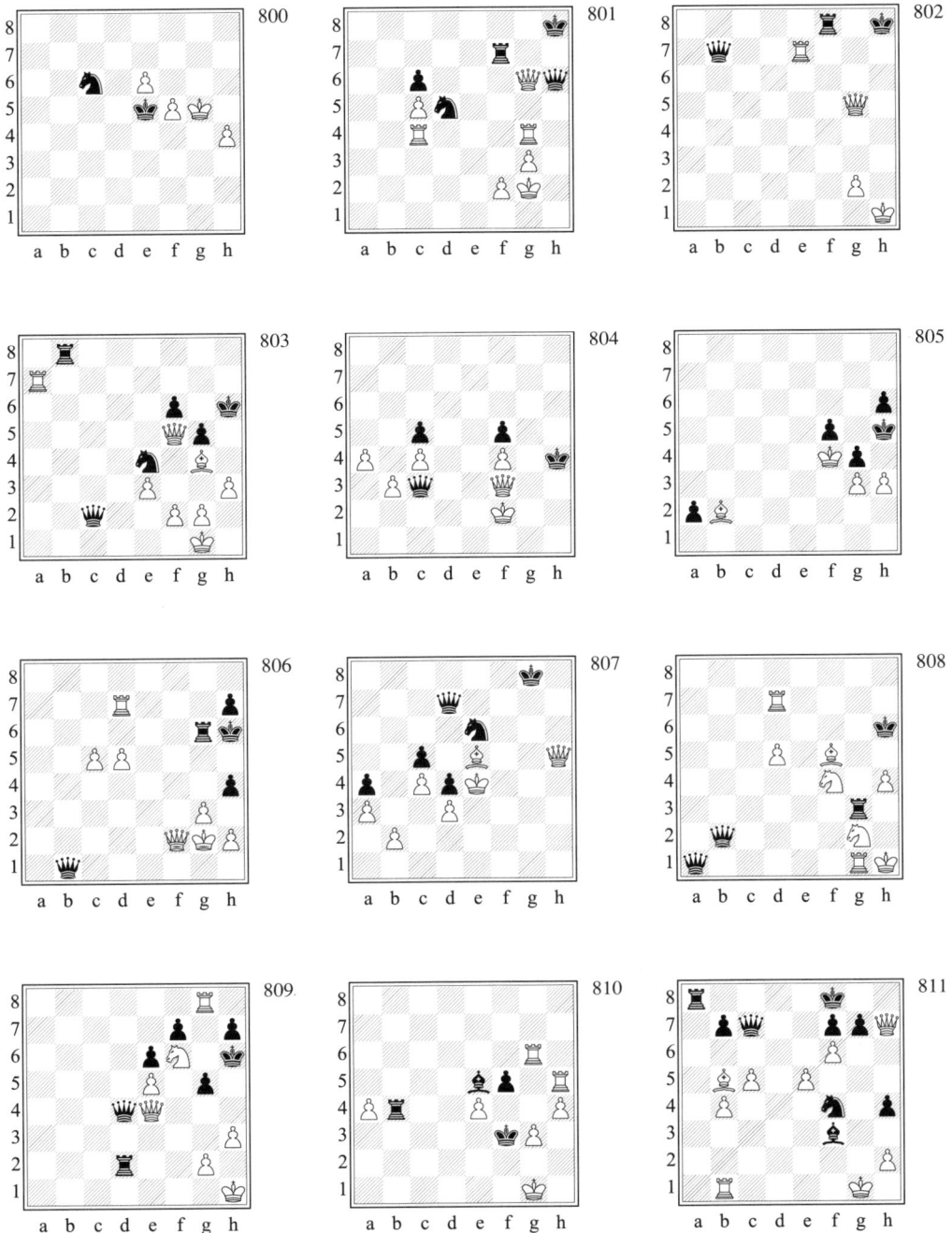

6.2 Strategie- und Taktikschulung

6.2.1 Strategie- und Taktikschulung   Abwicklungskombination   Weiß am Zug

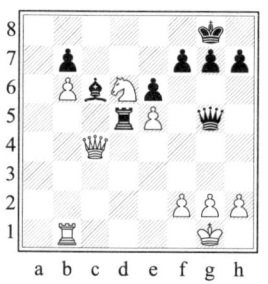
812

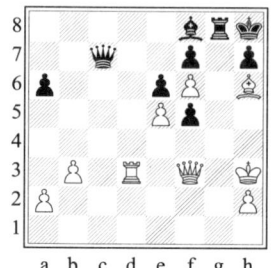
813

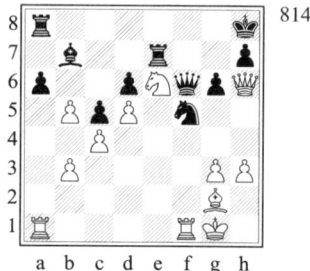
814

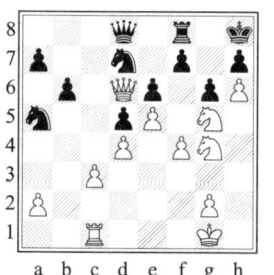
815

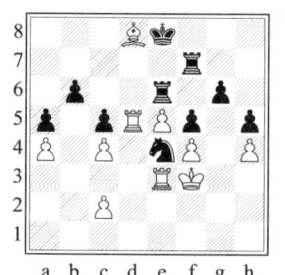
816

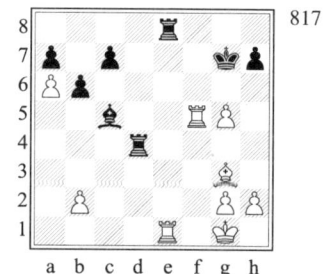
817

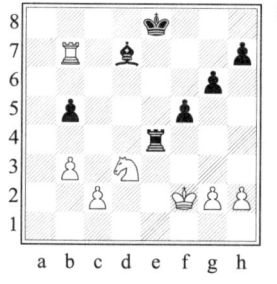
818

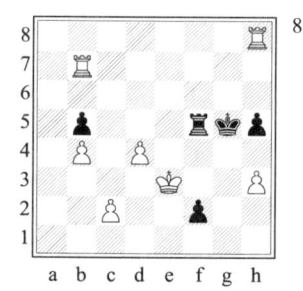
819

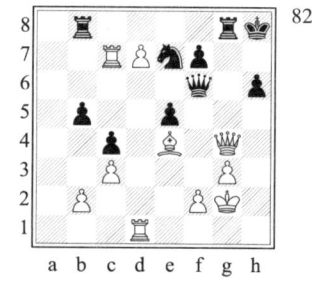
820

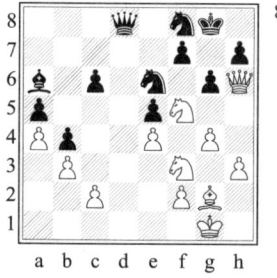
821

822

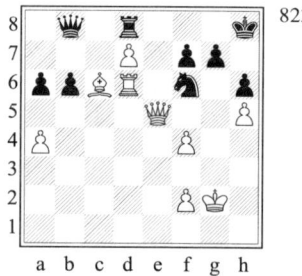
823

6.2.2   Strategie- und Taktikschulung   Praxisnahe Gewinnstudien

Weiß am Zug gewinnt

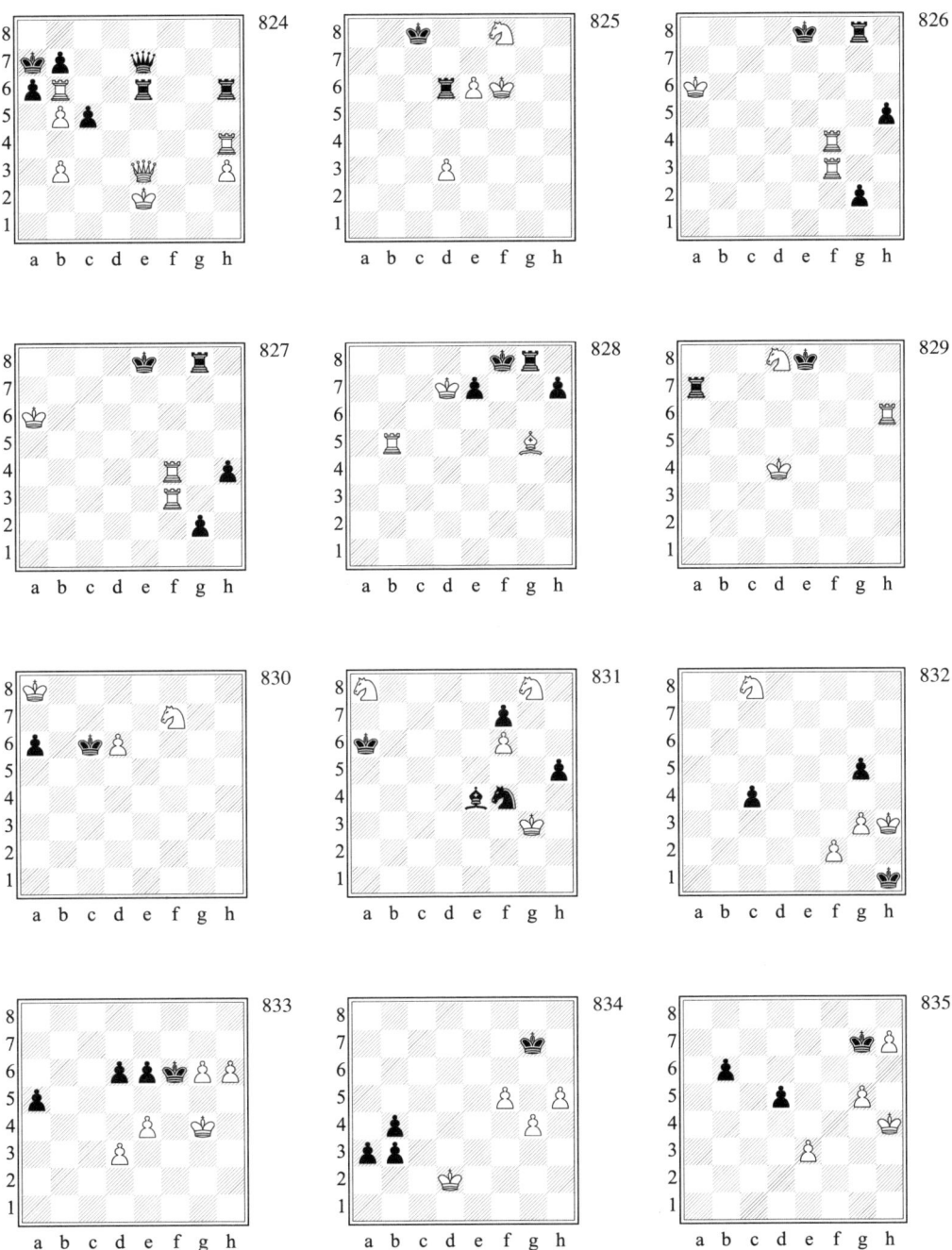

6.2.2 Strategie- und Taktikschulung   Praxisnahe Gewinnstudien
Weiß am Zug gewinnt

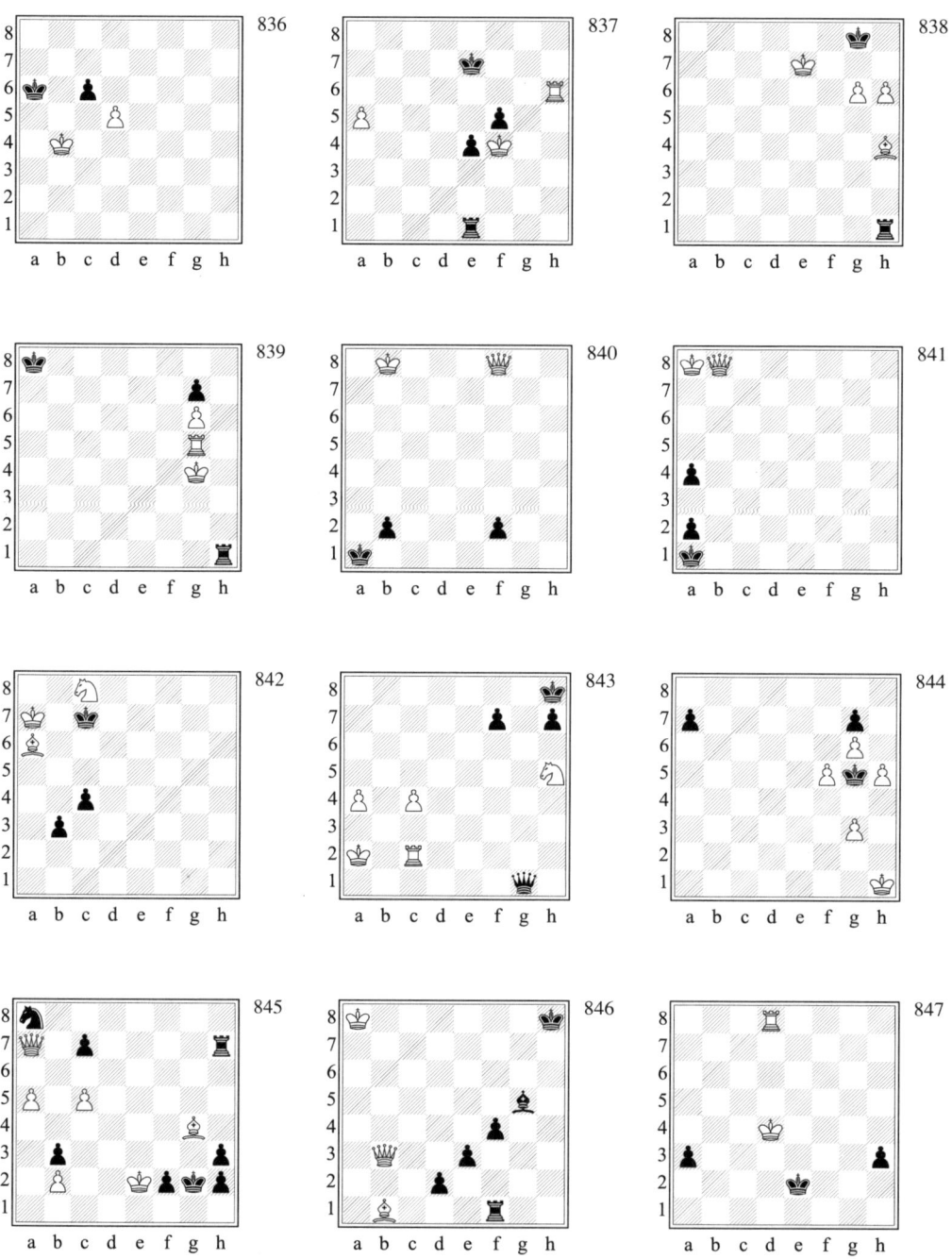

6.2.2 Strategie- und Taktikschulung   Praxisnahe Gewinnstudien
Weiß am Zug gewinnt

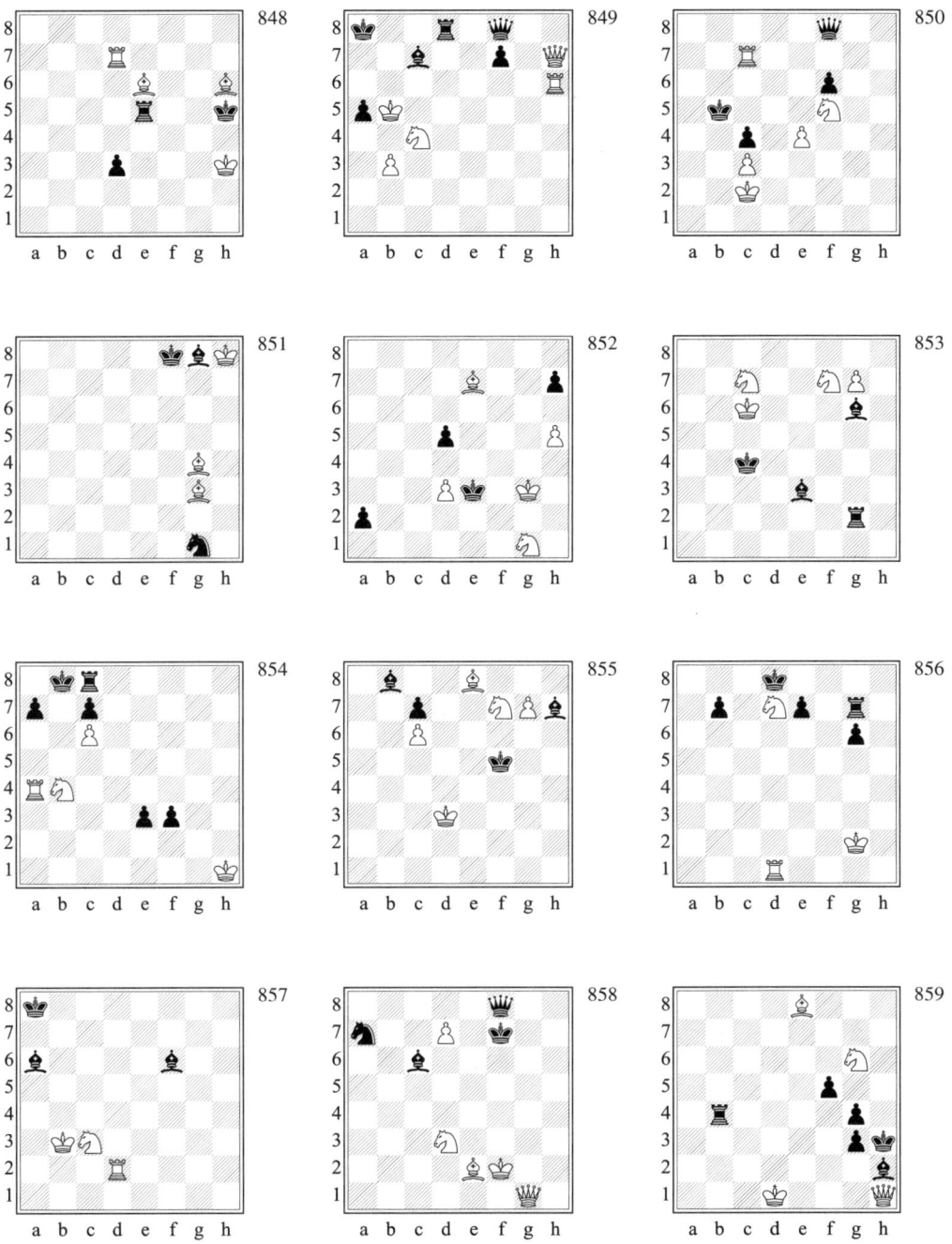

6.2.3 Strategie- und Taktikschulung   Praxisnahe Remisstudien

Wie hält Weiß am Zug remis?

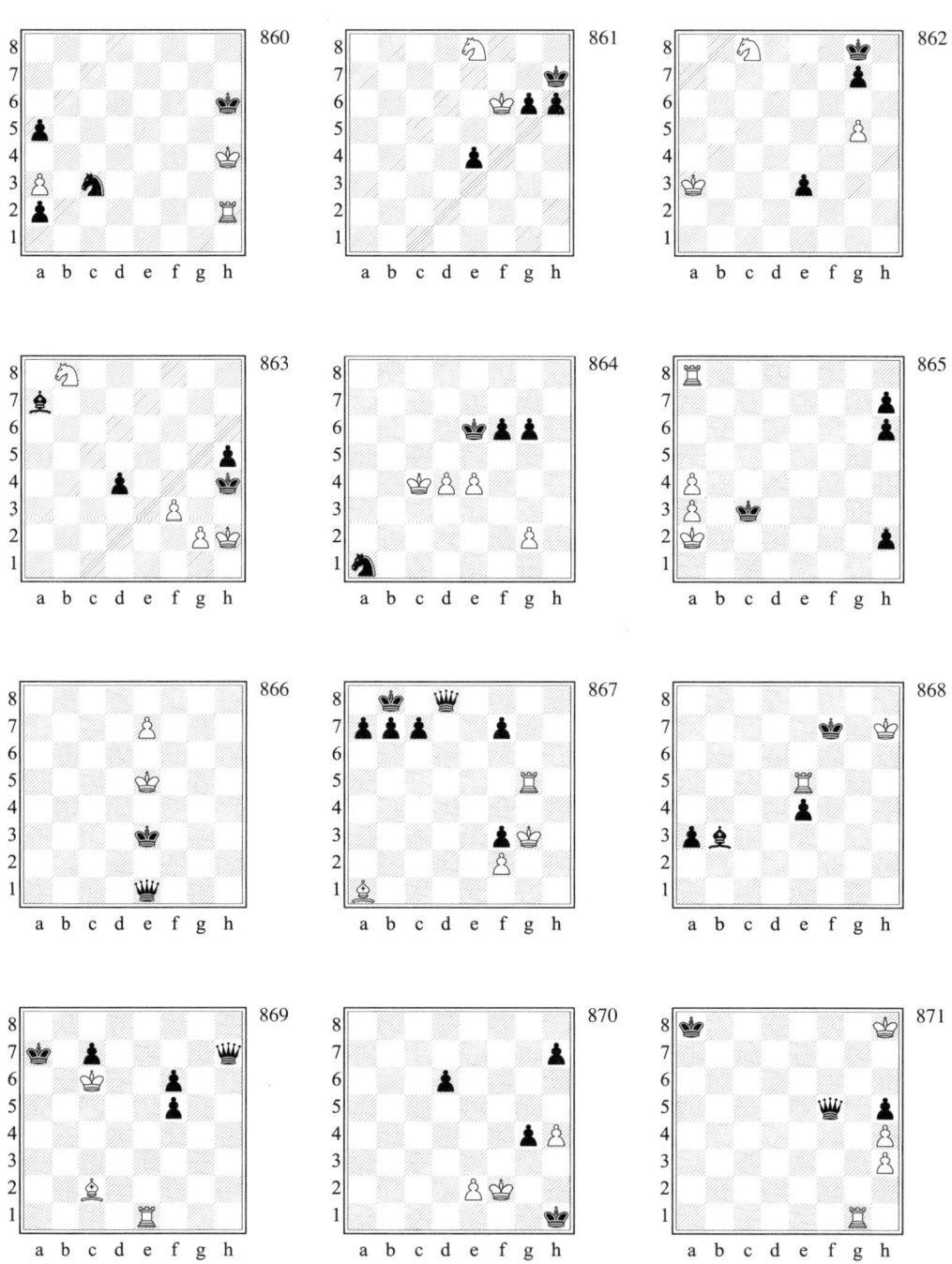

6.3 Mathematische Schachaufgaben

Zum Lösen nachstehender Aufgaben sind keine speziellen mathematischen Kenntnisse erforderlich. Es werden jedoch hohe Anforderungen an die Vorstellungskraft der Übenden gestellt.

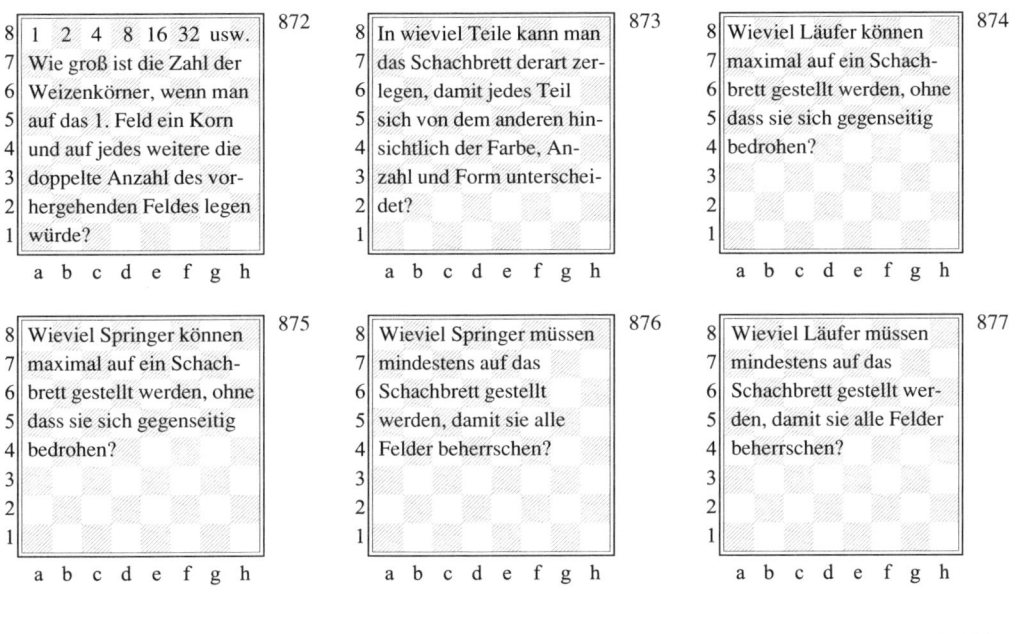

872
1 2 4 8 16 32 usw. Wie groß ist die Zahl der Weizenkörner, wenn man auf das 1. Feld ein Korn und auf jedes weitere die doppelte Anzahl des vorhergehenden Feldes legen würde?

873
In wieviel Teile kann man das Schachbrett derart zerlegen, damit jedes Teil sich von dem anderen hinsichtlich der Farbe, Anzahl und Form unterscheidet?

874
Wieviel Läufer können maximal auf ein Schachbrett gestellt werden, ohne dass sie sich gegenseitig bedrohen?

875
Wieviel Springer können maximal auf ein Schachbrett gestellt werden, ohne dass sie sich gegenseitig bedrohen?

876
Wieviel Springer müssen mindestens auf das Schachbrett gestellt werden, damit sie alle Felder beherrschen?

877
Wieviel Läufer müssen mindestens auf das Schachbrett gestellt werden, damit sie alle Felder beherrschen?

Kennzeichne den Weg der aufgedruckten Figur – ohne eine Strecke zweimal zu durchkreuzen (878–883)!

878 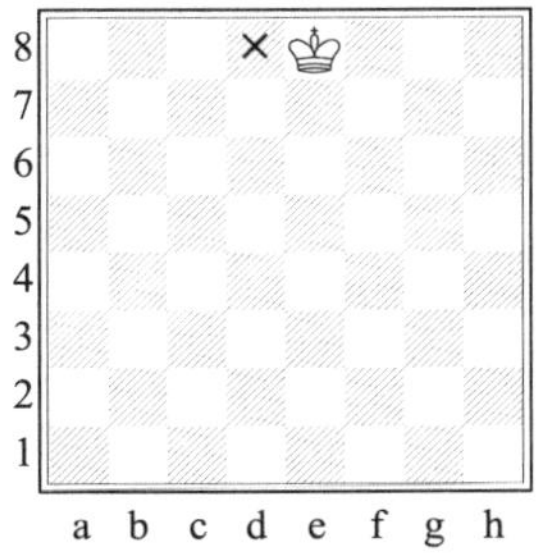
... über alle Felder bis d8

879 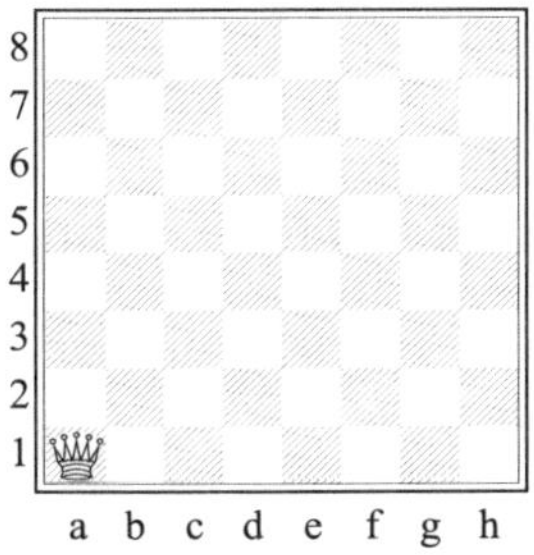
... in 14 Zügen über alle Felder bis zum Ausgangspunkt zurück

880 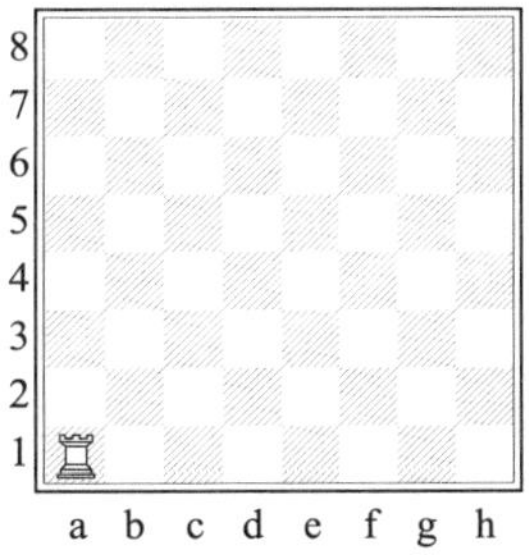
... über alle Felder bis zum Ausgangspunkt zurück

881 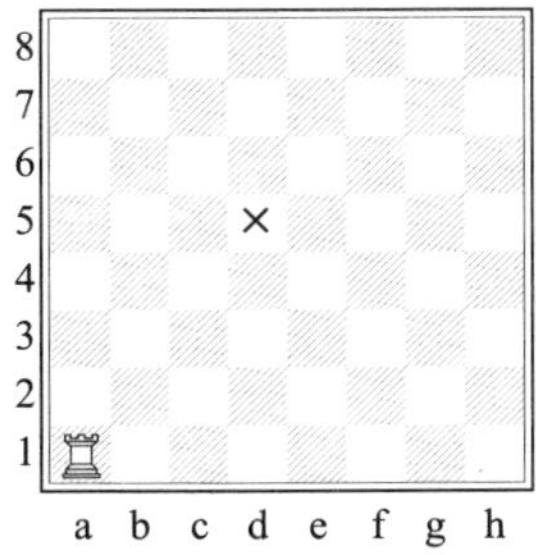
... über alle Felder bis d5

882 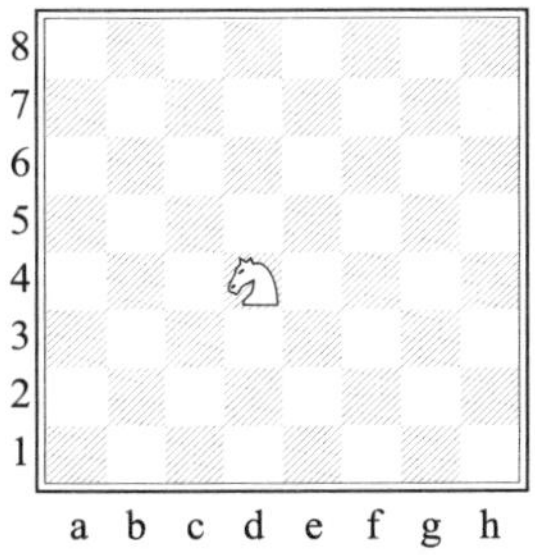
... über alle Felder hinweg

883 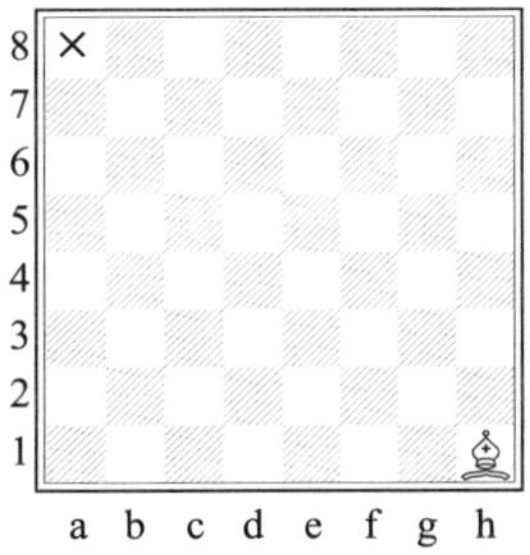
... von h1- a8 über alle weißen Felder

6.3   Mathematische Schachaufgaben

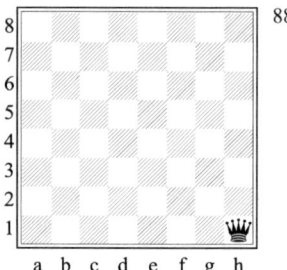

Stelle noch 4 Damen so auf,
dass sie insgesamt alle Felder
beherrschen!

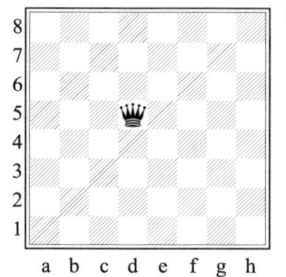

Stelle noch 7 Damen so auf,
dass sie sich gegenseitig
nicht bedrohen!

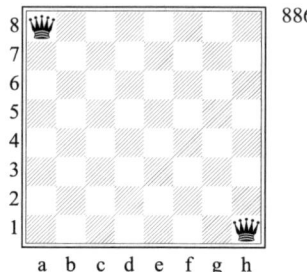

Verteile noch 14 Damen so,
dass auf keiner Reihe, Linie
und Diagonale mehr als
2 Damen stehen, die sich
gegenseitig bedrohen!

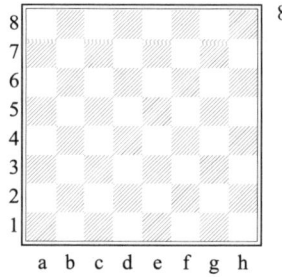

Stelle eine maximale Anzahl
von Damen so auf, dass sie alle
Felder bis auf eines (a1)
beherrschen!

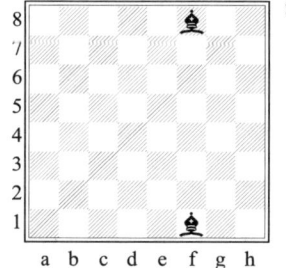

Stelle noch 12 Läufer so auf,
damit sie sich nicht gegenseitig bedrohen!

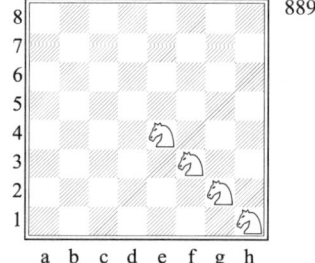

Ordne jedem Springer einen
gleich großen Raum zu
(graphische Lösung)!

6.4   Humoristische Aufgaben

Die vorwiegend dem Kunstschach entliehenen Übungsbeispielen besitzen extrem unterschiedliche Schwierigkeitsgrade. Manche Beispiele sind wahre Wunderwerke menschlichen Scharfsinns und stellen hohe Anforderungen an das Vorstellungsvermögen.
Auf das präzise Erkennen und Durchdenken der differenzierten Fragestellungen ist besonders zu achten. Die unter dem Begriff ›Kuriositäten‹ zusammengefassten Aufgaben sind mit einem leichten ›Augenzwinkern‹ hinsichtlich der strengen Spielgesetze im Schachspiel zu interpretieren.

Klare Sachen

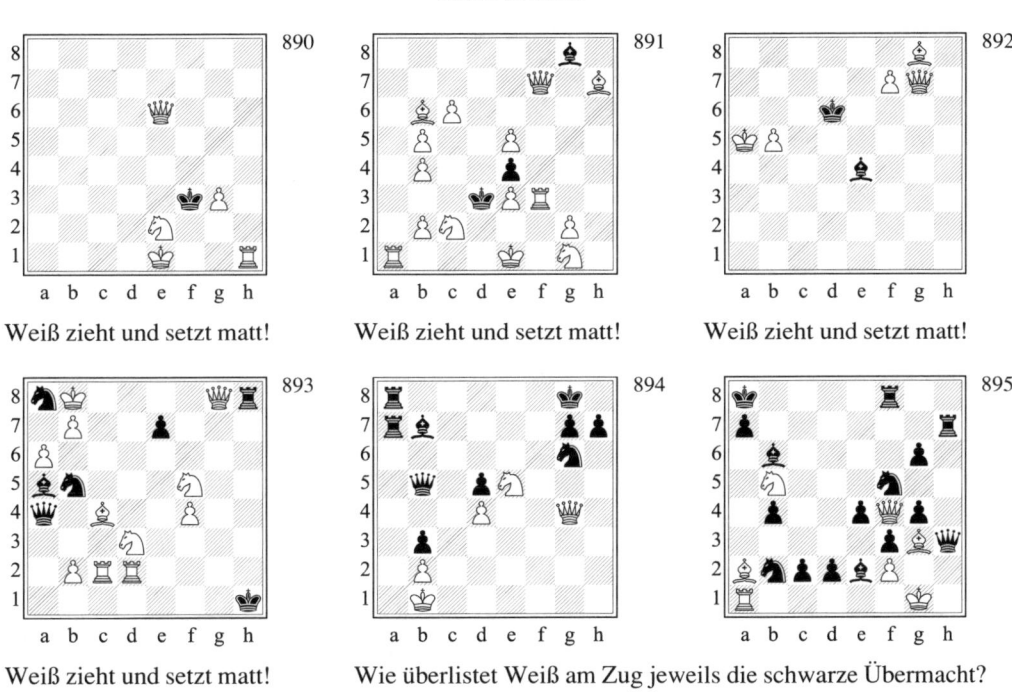

Weiß zieht und setzt matt! (890)

Weiß zieht und setzt matt! (891)

Weiß zieht und setzt matt! (892)

Weiß zieht und setzt matt! (893)

Wie überlistet Weiß am Zug jeweils die schwarze Übermacht? (894, 895)

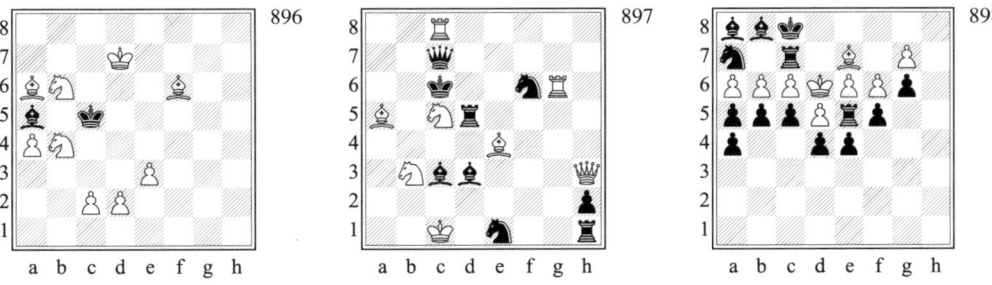

Schwarz zieht und Weiß setzt matt! (896)

Wie kann der jeweils am Zug Befindliche einzügig matt setzen? (897, 898)

6.4   Humoristische Aufgaben   Kuriositäten

899

Weiß setzt in ½ Zug matt!

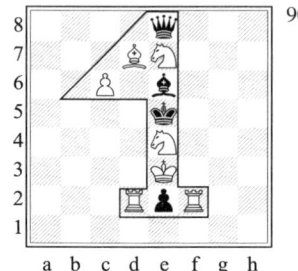

900

Weiß setzt in 1 Zug matt, nachdem er vorher einen seiner Steine in einen schwarzen gleicher Art verwandelte!

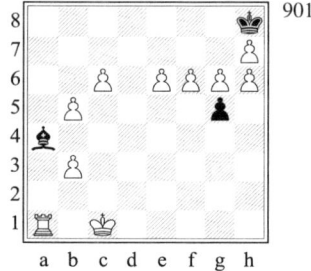

901

Weiß setzt in 1½ Zug matt!

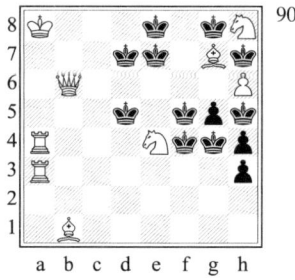

902

Wie setzt Weiß in 2 Zügen gleich 10 schwarze Könige matt?

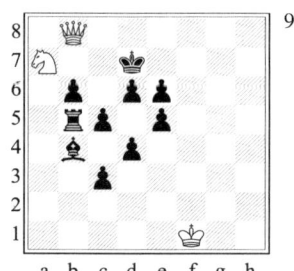

903

Die Treibjagd auf den schwarzen König endet im auf 5. Zug mit Matt!

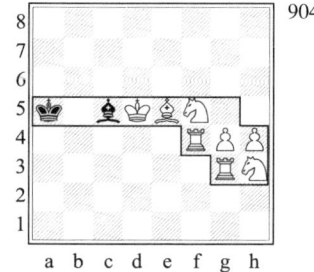

904

Matt in 21 »Pistolenschüssen« auf engstem Raum!

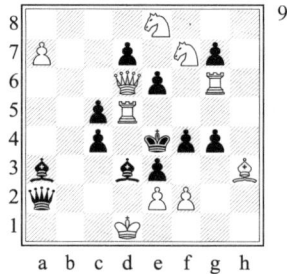

905

Wie erreicht Weiß mittels zehn gezielter Schachgebote das erstickte Mattbild

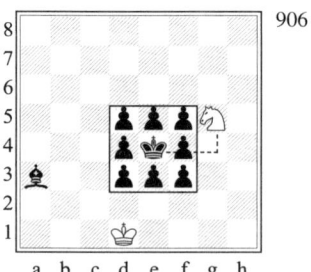

906

907

Symmetrieschach: Weiß zieht und setzt im 2. Zug matt!

6.4   Humoristische Aufgaben

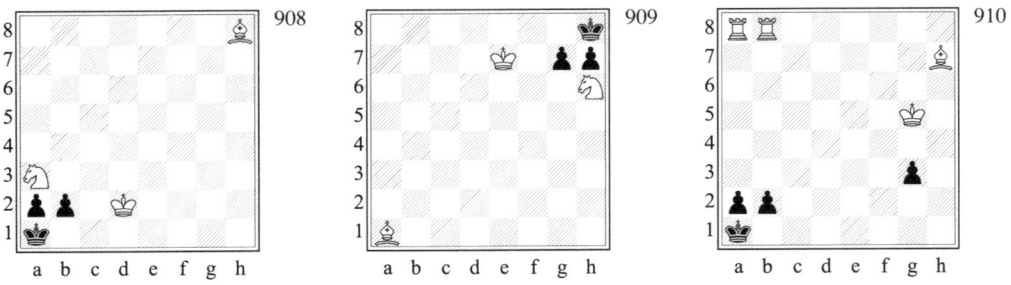

Drei dreizügige Mattminiaturen sind mit jeweils Weiß am Zug zu lösen!

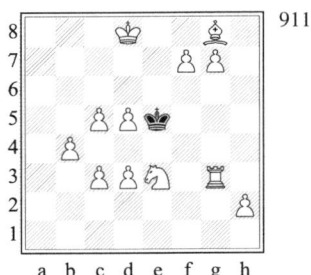

Exekution des schwarzen Königs in 2 Zügen!

Wie kann Weiß in 7 Zügen matt setzen, ohne dass die Damen die erste Reihe verlassen?

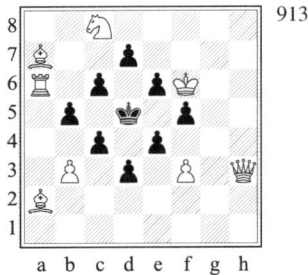

In wie viel »Würfen« wird der schwarze König »matt gekegelt«?

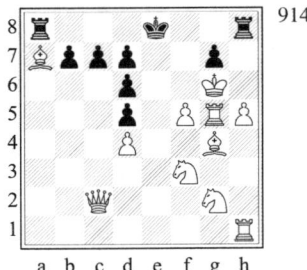

Welche Konsequenzen ergeben sich nach der langen und kurzen Rochade von Schwarz?

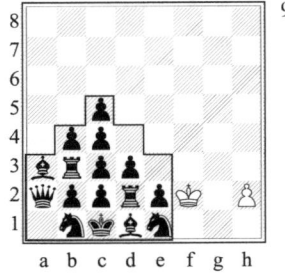

Wie »knackt« der weiße Bauer die schwarze Bastion?

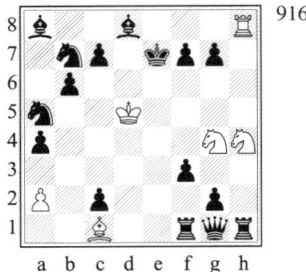

Wie ermöglichen die beiden »Schimmel«, gegen die erdrückende schwarze Übermacht das Remis zu erzwingen?

6.4   Humoristische Aufgaben

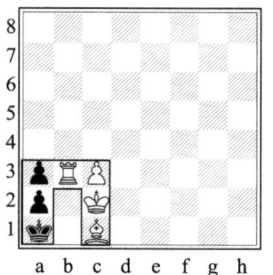

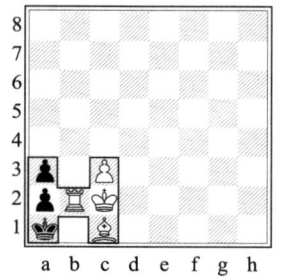

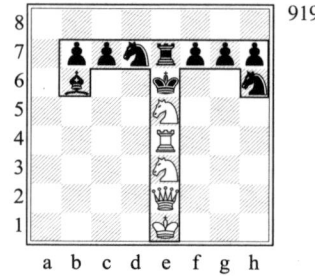

Zwei zweizügige Minimatts mit Weiß am Zug!

Der schwarze König wird in 5 Zügen matt gesetzt!

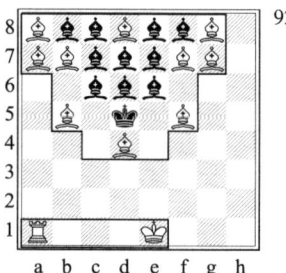

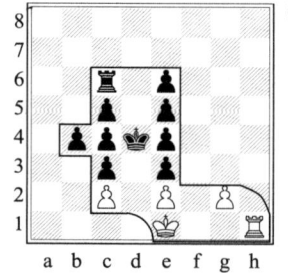

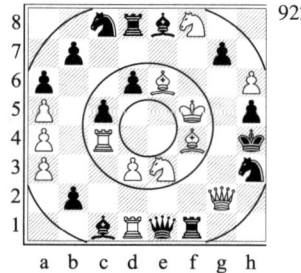

Die Weißen setzen in 2 Zügen matt!

Wer sich am Zug befindet, setzt in 2 Zügen matt!

Wie können a) Weiß am Zug und b) Schwarz am Zug in 2 Zügen matt setzen?

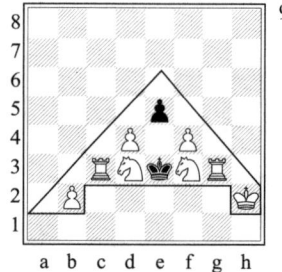

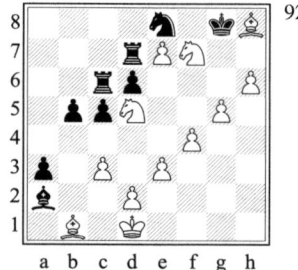

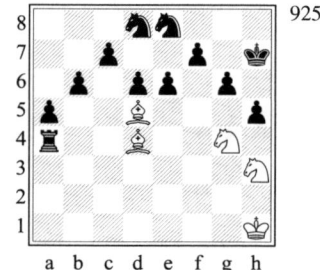

Der schwarze König kann in 3 Zügen matt gesetzt werden!

Wie kann Weiß in 8 Zügen das Matt erzwingen?

Wie können die beiden Springer in 12 Zügen matt setzen?

6.4   Humoristische Aufgaben   Wie stürmt Weiß die schwarze Festung?

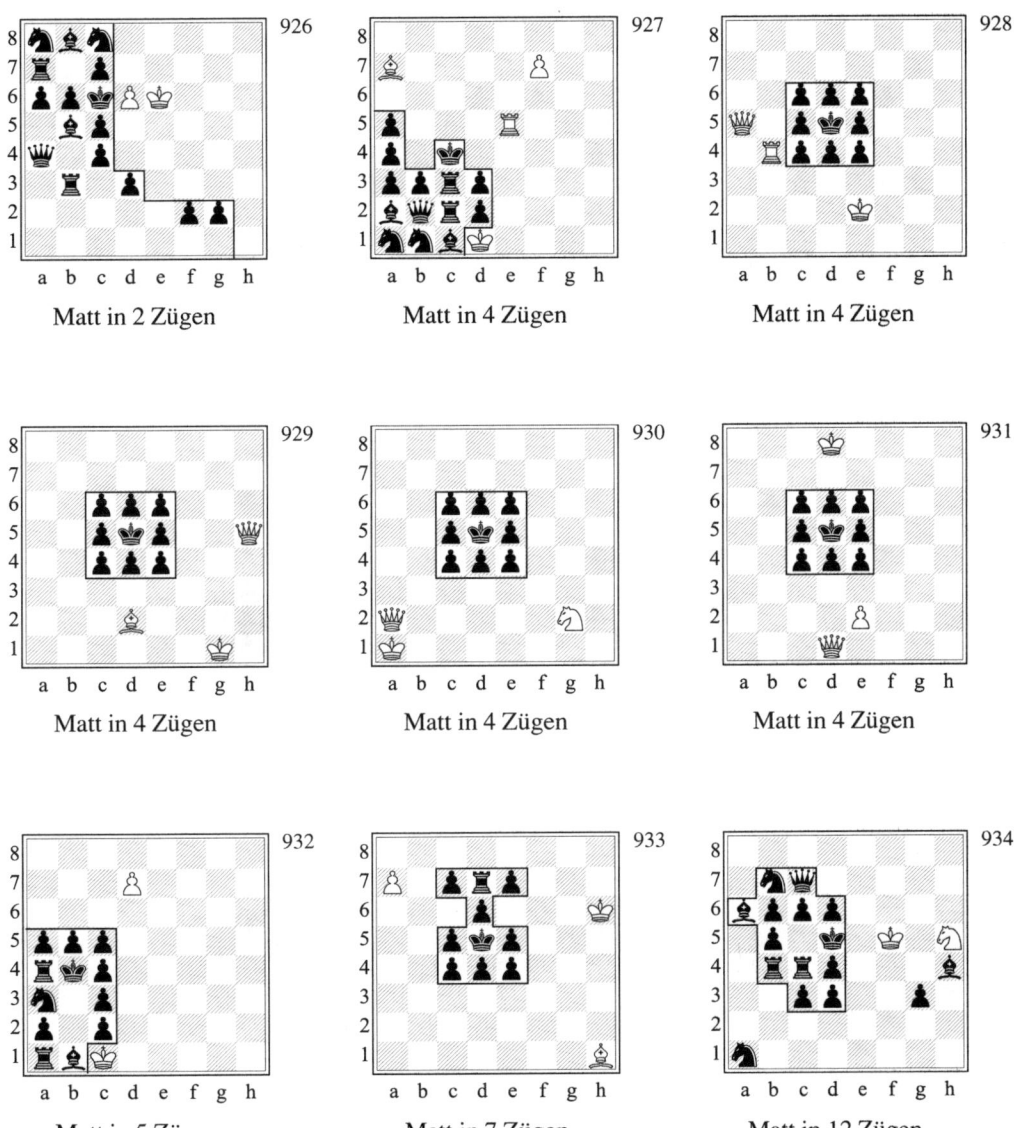

926	Matt in 2 Zügen
927	Matt in 4 Zügen
928	Matt in 4 Zügen
929	Matt in 4 Zügen
930	Matt in 4 Zügen
931	Matt in 4 Zügen
932	Matt in 5 Zügen
933	Matt in 7 Zügen
934	Matt in 12 Zügen

6.4 Humoristische Aufgaben Treppenwitze

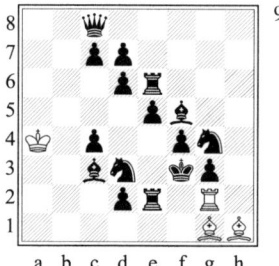

Wie gewinnen 4 gegen alle?

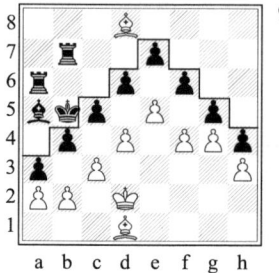

Wie erschwindelt sich Weiß am Zug das Remis?

Ein schwarzes Bäuerlein am Zug exekutiert allein den weißen Monarchen!

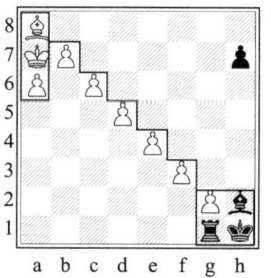

Schwarz am Zug, wer gewinnt?

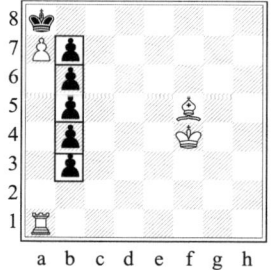

In 6 Zügen ist der schwarze König matt!

In 7 Zügen kann der weiße Turm matt setzen!

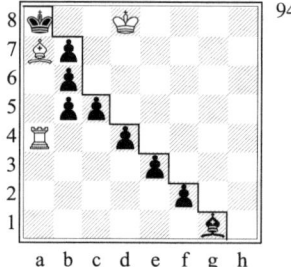

Wie kann Weiß durch geschickte Abzugschachs in 13 Zügen matt?

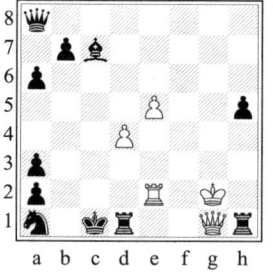

Beim 14. hintereinander-folgenden Schach ist der schwarze König matt!

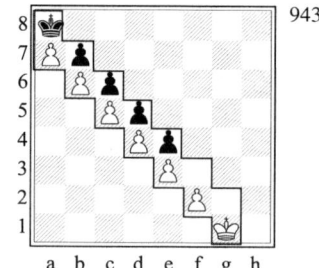

Weiß kann in 18 Zügen matt setzen!

6.4   Humoristische Aufgaben

3 x Springerakrobatik

944

8 setzen gegen 4 in
2 Zügen matt!

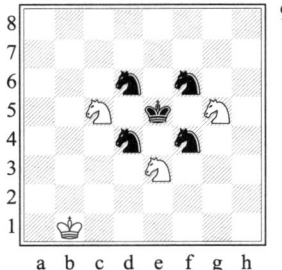

945

3 gewinnen gegen 4
ebenfalls in 2 Zügen!

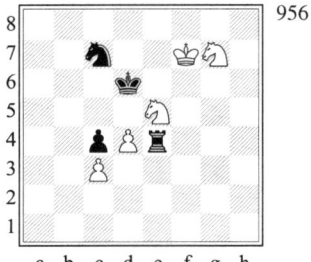

956

Ein Springer jagt den schwarzen
König im 10. Zug ins Matt!

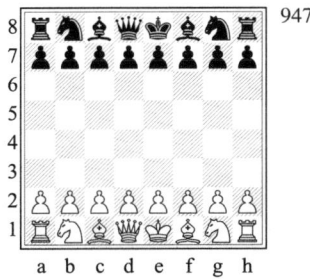

947

Wie kann der Anziehende in
4 Zügen matt setzen, wenn beide
die gleichen Züge machen?

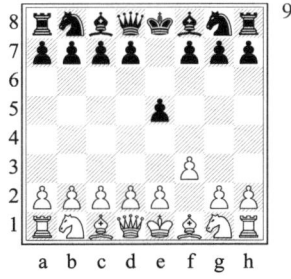

948

Wie lässt sich schon nach
weiteren 3 Zügen ein
Abzugsmatt herbeiführen?

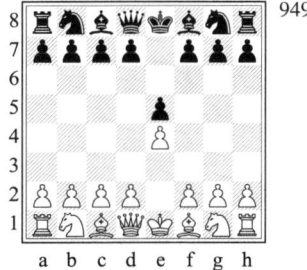

949

Wie kann Weiß nach weiteren
7 Zügen sein eigenes Matt
erzwingen, wenn beide die
gleichen Züge wählen?

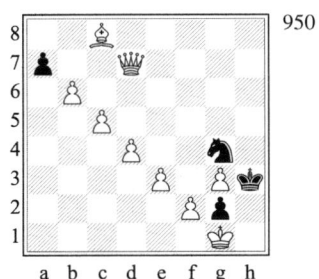

950

Wie zwingt die weiße Partei
Schwarz dazu, dass der eigene
weiße König in 5 Zügen matt
gesetzt wird?

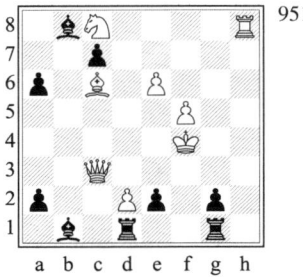

951

Kennzeichne diejenigen Felder,
auf denen ein schwarzer König
matt gesetzt worden sein könnte!

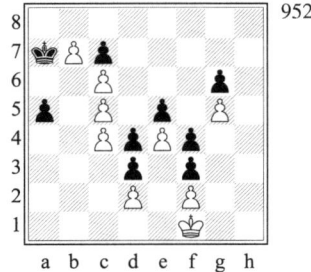

952

Wie setzt Weiß in etwa
50 Zügen matt?

6.4   Humoristische Aufgaben

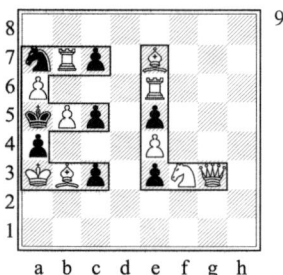

953

Zur Erinnerung an Emanuel Lasker; Weiß setzt in 2 Zügen matt!

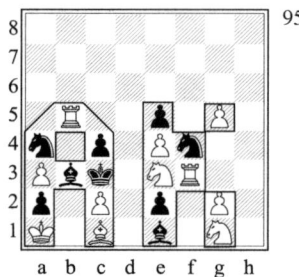

954

Anatoli Karpow zu Ehren; Weiß setzt in 2 Zügen matt!

955

In 5 Zügen wird der schwarze König im »Stadion« matt gesetzt!

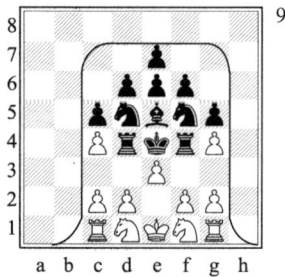

956

Die »Glocke« setzt beim 2. Gongschlag den schwarzen König matt!

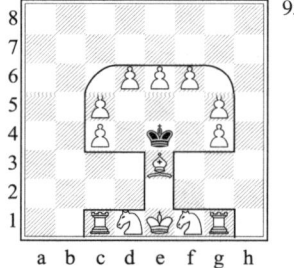

957

Mit 2 Schüssen setzt die »Dicke Berta« den schwarzen König matt!

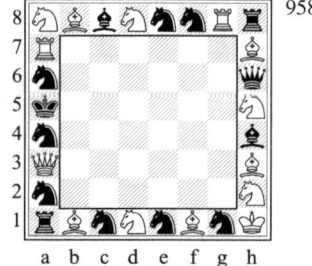

958

Wie setzt Weiß in 2 Zügen matt?

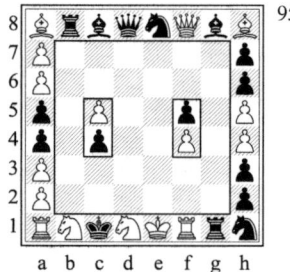

959

Wie setzt Weiß in 4 Zügen matt?

960

Wie fängt die Katze in 4 »Sprüngen« die »Maus« (schwarzer König)?

961

Wie fängt die Katze in 4 »Sprüngen« die »Maus« (schwarzer König)?

6.4   Humoristische Aufgaben   Kriminalrätsel: Wer steht wo?

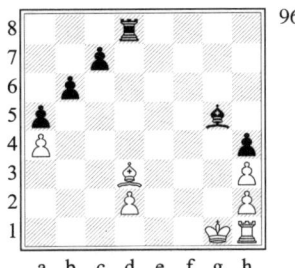

Weiß am Zug kann den schwarzen König sofort matt setzen. Wo steht er?

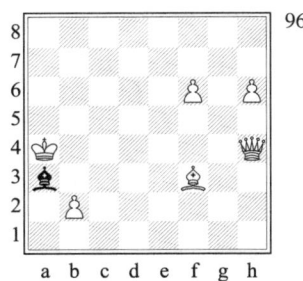

Wo befindet sich der schwarze König, damit er in 2 Zügen matt gesetzt werden kann?

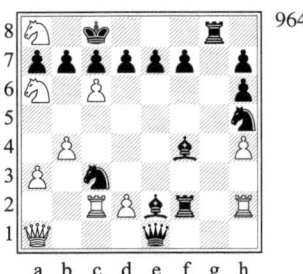

Der weiße König ist als Bauer »getarnt«. Nach der Demaskierung wird er einzügig ermor ... (mattet)!

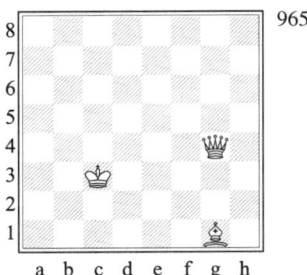

Auf welchem Feld wäre der schwarze König a) patt, b) matt und c) in 1 Zug matt gesetzt worden?

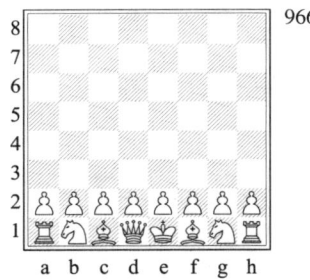

Auf welchem Feld muss der schwarze König stehen, damit er in 3 Zügen matt gesetzt werden kann?

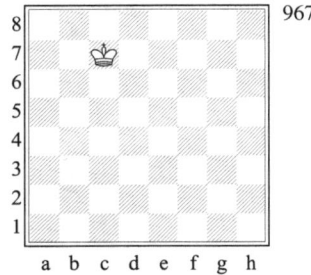

Wie müssen die Figuren (ohne Bauern) postiert werden, damit nicht mehr als 10 Felder bedroht sind?

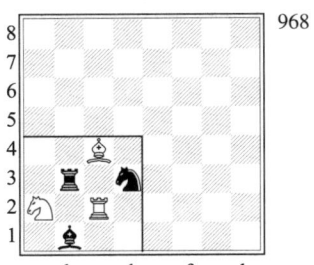

Setze jeweils eine zweite Figur so in das Diagramm, dass jede Figur danach in der Lage ist, zwei gegnerische zu schlagen!

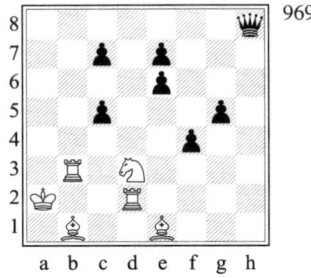

Stelle 10 schwarze Könige so aufs Brett, dass alle mit einem Zug matt gesetzt werden können!

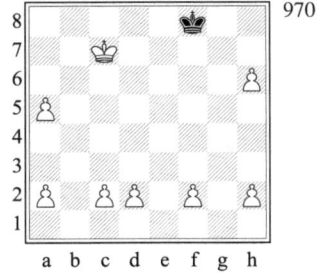

Stelle alle weißen Figuren so aufs Brett, dass die maximale Anzahl von 109 Zügen ausgeführt werden kann.

6.4   Humoristische Aufgaben   Harte Nüsse

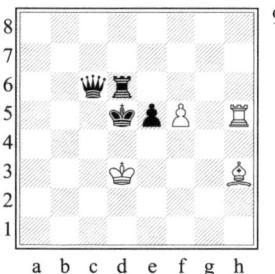

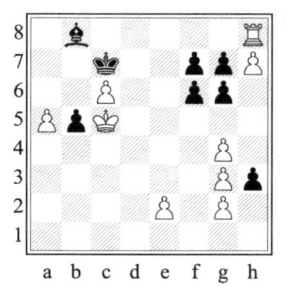

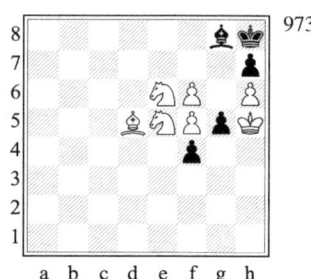

Welches kürzeste Matt ist in beiden Diagrammen möglich?
Weiß am Zug!

Wie kann Weiß im 3. Zug
matt setzen?

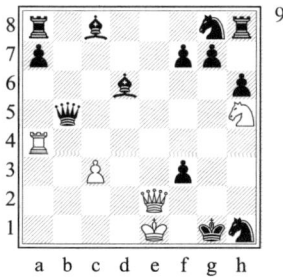

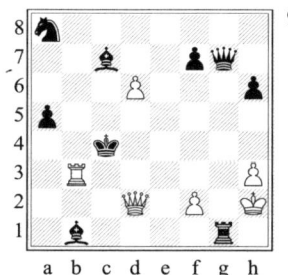

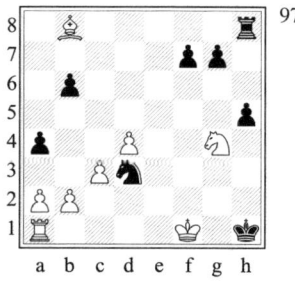

Weiß nimmt jeweils seinen letzten Zug zurück und setzt statt dessen matt!

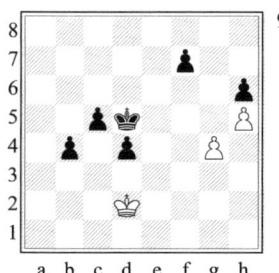

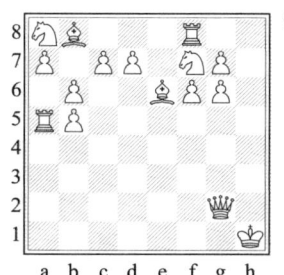

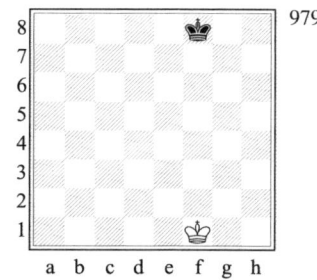

Wie ist die Stellung mit Weiß
am Zug einzuschätzen?
Begründe, warum?

Hohe Schwierigkeitsstufe!
Wie setzt sich Weiß in
25 Zügen selbst patt?

Höchste Schwierigkeitsstufe!
Mit wie viel Zügen kann man
zu dieser Endstellung
kommen?

6.5   Lösungen zu den Übungsaufgaben

368. 1.Qh2++
369. 1.Rg8++
370. 1.Nf3++
371. 1.Rd8++
372. 1.Qd8++
373. 1.Kd7++
374. 1.g5++
375. 1.exf8N++
376. 1.gxf7++
377. 1.Nxh7++
378. 1.Ne7++
379. 1.Rh5++
380. 1.Qb7 (c7, d7, e7) Kh5 2.Qh7++
381. 1.Qxd8+ Qxd8 2.g7++
382. 1.Qxh5+ Kxh5 2.Rxh7++
383. 1.Bh1 (f3, e4, d5) Qxc6 2.Bxc6++
384. 1.Rd8+ Bxd8 2.Bd5++
385. 1.Be2+ Qxe2 2.Qh6++ (1. ... Kh4 2.g3++) *Durant-Wenke*, Oberhof 1998
386. 1.Bf4+ Nxf4 2.Rc6++ *Bönsch, U.-Tschechow, W.*, Halle 1987
387. 1.Qxd7+ Nxd7 2.Re8++
388. 1.Nef5+ Bxf5 2.Nxf5 (Nf7)++ oder 1.Nf7+ Bxf7 2.Nf5++
389. 1.Rxh7+ Kxh7 (Rxh7) 2.Qxg6++
390. 1.Qxf6+ Bxf6 2.Bxf6++
391. 1.Qg4+ Bxg4 2.Bf7++
392. 1.Bg6+ Kxg6 2.Qg8++
393. 1.Rc7+ Bxc7 2.Rxc7++
394. 1.Qxh7+ Kxh7 2.Bf8++
395. 1.Rg7 Bxg7 2.Qxg7++
396. 1.Qxf8+ Rxf8 2.Nd6++
397. 1.Qxh7+ Kxh7 2.hxg3++
398. 1.Bg7 Bxg7 (1. ... Bxg5 2.Qh8++) 2.Qh7++
399. 1.Re8+ Nxe8 (1. ... Rf8 2.Rxf8++) 2.Bh7++
400. 1.Qxb6+ axb6 2.Ra8++
401. 1.h6+ Kxh6 2.Bf8++
402. 1.Qxh6+ gxh6 2.Reg8++
403. 1.Rh8+ Kxh8 2.Qh7++
404. 1.f8R! Kh6 2.Rh8++
405. 1.Kh2 Qxg7 2.g3++ oder 1.Qh3+ gxh3 2.g3++
406. 1.Rg4+ Qxg4 2.Rxg4+ Bxg4 3.Ng6++
407. 1.Rd8+ Kxd8 2.Rf8+ Rxf8 3.Qxf8++
408. 1.bxa7+ Nxa7 2.Bxa7+ Ka8 3.Nxc7++
409. 1.Rxg7+ Kxg7 2.Qxh7+ Kf6 3.Qh6+ Qg6 4.Qxg6++ *Colutiis-Samaritani*, Bratto 1998
410. 1.Rh5+ gxh5 2.Rxh5++
411. 1.exf8B! Kh8 2.Bg7+ Kh7 3.g6++
412. 1.Bxf7+ Ke7 2.Nd5++ fehlerhafte Eröffnungsvariante
413. 1.Qe6+ Kh8 2.Nf7+ Kg8 3.Nh6+ Kh8 4.Qg8+ R(N)xg8 5.Nf7++
414. 1.Rxh7+ Kxh7 2.Rh1+ Bh6 3.Qf7+ Qg7 (3. ... Kh8) 4.Rxh6++ *Pavlović-Karapanos*, Ponormo 1998
415. 1.Rxh7+ Kxh7 2.Rh5++

416. 1.♗xh7+ ♔h8 (1. ... ♔xh7 2.♕h5+ mit Matt) 2.♕h5 ♖e8 3.♗g6+ ♔g8 4.♕h7+ ♔f8 5.♘c6++ *Arwanitakis- Frank*, AUT-chT2S 1996/97

417. 1.♗xg7+ ♗xg7 2.♕d8+ mit Matt, *Tischbierek-Deglmann*, Bad Wörishofen op. 1997

418. 1.♖dxg7+ ♗xg7 2.♖xg7+ ♔h8 3.♕xf8++ *Kasparow-Alvaro*, Madrid Simultan 1997

419. 1.♗a5+ ♔d6 2.♗b7 e5 3.♗b4+ ♔e6 4.♕e7++ *Kasparow-Guerrero*, Madrid Simultan 1997

420. 1.♘f7+ ♔g8 2.♕g5+ ♔f8 3.♕e7+ mit Matt, *Ginzburg-Pierrot*, Buenos Aires 1997

421. 1.♕e5+ ♔f8 2.♕h8+ ♔e7 3.♘d5+ ♔e6 4.♕xe8+ mit Matt, *Jongsma-Com. Mephisto Milano Pro.*, Den Haag Aegon 1997

422. 1.♗xe5+ ♖xe5 2.♕xe5+ ♔h6 3.♕f4+ mit Matt, *Romanischin-Wohl*, Ubeda 1997

423. 1.♖xf8+ ♔xf8 2.♕b4+ ♔e8 3.♖d8+ ♔xd8 4.♕f8++ *Bronstein, D.-Vedder*, Hoogeveen op. 1997

424. 1.♕g7+ ♘xg7 2.♖h6++ *Heyer-Dietzel*, Leipzig 1997

425. 1.♗f4! ♗d5 2.♕b8+ ♔d7 3.♕c7+ ♔e6 4.♕d6++ *Van Gompel-De Koeijer*, Vlissingen 1997

426. 1.♘e7+ ♖xe7 2.♕xh7+ ♔f7 3.♗g6++ *Kuipers-Inostraza*, Vlissingen 1997

427. 1.♖xg7+ ♔xg7 2.♕xf6+ ♔g8 3.♕g7++ *Breyther-Luckow*, Hamburg 1997

428. 1.♕b3+ ♔h8 2.♘f7+ ♔g8 3.♘h6+ ♔h8 4.♕g8+ ♖xg8 5.♘f7++ *Lau-Henning*, BL 1998

429. 1.h5+ ♔f7 2.♖hf8++ *Polzin-Trabert*, Hamburg 1997

430. 1.♕xd5+ ♔h8 2.♕e5+ ♔g8 3.♕xg5+ mit Matt, *Rosen-Boog*, Hamburg 1997

431. 1.♘f6+ ♖xf6 2.♕xg7++ *Hanny-Vidawati*, World Cities 1997

432. 1.♕h5+ ♔g7 2.♕xg6+ ♔h8 3.♕h7++ Eventualfortsetzung, da Schwarz vorher aufgab, *Bönsch, U.- Maiwald*, Budapest 1996

433. 1.♕xh7+ ♔xh7 2.♖xh5+ ♗h6 3.♗f6 ♖h8 4.♖xh6+ ♔xh6 5.♖d3 mit Matt, *Jonkman-Espig, L.*, Chemnitz 1998

434. 1.♗g6+ ♔g8 2.♖d8+ ♕xd8 3.♕h7+ ♔f8 4.♕xf7++ *Hauchard-Schlosser*, Herzliya 1998 (Analysediagramm)

435. 1.♗xh7+ ♔xh7 2.♖h3+ ♔g8 3.♘f5! ♕g5 4.♕h5 mit Matt, *Tal-N.N.*, Simultan Berlin 1974

436. 1.♕xc5+ ♔d8 2.♕d6+ ♗d7 3.♖fd1 ♕d5 4.♖xd5 exd5 5.♗xc6 mit Matt, *Degraeve-Vuksanović*, Ubeda 1998 (Analysediagramm)

437. 1.♘g5+ ♗xg5 2.♕g7++ *Bönsch, U.-Yin Hao*, Peking 1995

438. 1.♕e6+ dxe6 2.♗e7++ *Maeder-Tönnemann*, BRD-Fernschachturnier 1978

439. 1.♖h5+ gxh5 2.♕f6++ *Rakić-Govedaca*, Belgrad 1975

440. 1.♘f5+ ♔h5 2.♕xh7+ ♘xh7 3.g4++ *Medina-Sanz*, Olot 1975

441. 1.b6+! ♔a8 (1. ... ♔a6 2.♖d8 mit Matt) 2.♖d8 a4 3.♔d6 (3.bxa4?? patt) 3. ... axb3 4.♔c7 b2 5.♖xb8++ *Bönsch, U.-Azmaiparaschwili*, Dortmund 1990

442. 1.♕xd7+ ♖xd7 2.♖b8+ ♗d8 3.♗f6! mit Matt, *Ponomarjow-Demidow*, Swerdlowsk 1976

443. 1.♖xh7+ ♗xh7 2.♖xh7+ ♔xh7 3.♕h3++ *Bönsch, E.-Kovalek*, Simultan Berlin 1999

444. 1.♕g8+ ♖f8 2.♕g6+ ♕xg6 3.♖1xe7+ ♔d8 4.♖bd7++ *Hartston-Witheley*, London 1974

445. 1.♕h6+! gxh6 2.♖xf6+ ♔g7 3.♗xh6+ ♔g8 4.♖f8++ *Nowoshenin-Panfilow*, Swerdlowsk 1976

446. 1.♘e8! ♗xh6 2.♕xf8+ ♗xf8 3.♖xf8++ *Casper-Grottke*, Frankfurt/O. 1977

447. 1.♖a8+ ♖d8 2.♖a7 e4+ 3.g3 ♕d5 4.♕h7+ nebst Matt oder 1.♕e8+ ♔g7 2.♖a8 e4+ 3.g3 nebst Matt, *Schütze- Schinkowski*, Überlingen 2000

448. 1.♘g6+ ♔g8 2.♕f8+ ♖xf8 3.♘de7++ *Lengyel-Farago*, Budapest 1981

449. 1.♕xg7+ ♖xg7 2.♖xg7+ ♘xg7 3.♘f6+ ♔h8 4.♘xf7++ *Horvath-Eperjesi*, Budapest 1971

450. 1.♘h6+ ♔f8 2.♕d6+ ♔e7 3.♕d8+ ♖e8 4.♗f5+ mit Matt, *Iwantschuk-Dorfman*, Cap d'Agde KO rapid 1998

451. 1.♕xe7+ ♔xe7 2.♖g7+ ♔e8 3.♘f6++ *Kortschnoj-Peterson*, Kiew 1964/65

452. 1.♕xf7+ ♗xf7 2.♖xc8+ ♗e8 3.♖xe8++ *Geir-Olafsson*, Reykjavik 1953

453. 1.♖f8+ ♔xf8 2.♕h8+ ♔f7 3.♕e8++ oder 1.♕h5+ ♕g6 (1. ... g6 2.♕h7+ usw.) 2.♖1e7+ ♔f6 3.♕e5++ *Zeschkowski-Semenjuk*, Tscheljabinsk 1975

454. 1.♖h8+ ♔xh8 2.♕xf8+ ♔g8 3.♕h6++ *Karasek-Welz*, Potsdam 1977

455. 1.e7+ nebst Matt *Hadochipetrow-Nikolow*, Bulgarien 1953

456. 1.♕xh7+ ♔xh7 2.♖h3+ ♔g6 3.♘xe7++ *Gipslis-Kostro*, Dubna 1976

457. 1.g5+! ♔xg5 2.♕f4++ *Ustinow-Iliwitzki*, Frunse 1959

458. 1.♗d5+ cxd5 2.♕h7++ *Rasmyslowitsch-Fischman*, Riga 1978

459. 1.♘xg7+ ♗xg7 2.♖xe6+ fxe6 3.♕g6++ *Klitzsch-Gratschal*, Dresden 1948

460. 1.♕g6!! oder 1.♘e6+ fxe6 2.♗xe6 nebst Matt *Wintrich-Elstner*, Meiningen 1955

461. 1.♗c7+! und Matt auf d6 bzw. f8 *Fuchs-N. N.*, Simultan Berlin 1978

462. 1.♖xc6+! bxc6 2.♗a6++ *Karlsson-Rögaard*, Hvidovre 1978

463. 1.♕xh7+! ♕xh7 2.♘f7++ *Gruschewski-Scheweljew*, Moskau 1979

464. 1.♖f8+ ♔xf8 2.♘g6+ hxg6 3.♕h8++ *Kaplan-Heinrich*, USA 1974

465. 1.♕xg8+! ♔xg8 2.♖g2+ ♔h8 3.♖d8+ ♗f8 4.♖xf8+ ♖xf8 5.f7++ *Kopras-Bokor*, Ungarn 1972

466. 1.♕h6! mit unparierbarem Matt *Baljon-Junjunvala*, Teesside 1974

467. 1.♕xd5+! exd5 2.♗b6+ axb6 3.♖e8++ Foltys-Lang, Neuseeland 1956

468. 1.♕e6+ fxe6 2.♖e7++ *Toschew-Wojnow*, Bulgarien 1937

469. 1.♖h7+! nebst Matt *Lissizyn-Sagorjanski*, Moskau 1936

470. 1.♕xh7+! ♔xh7 2.g6+ ♔h8 3.♖g5! mit Matt, *Borissenko-Naimowski*, UdSSR 1968

471. 1.♕d7+! ♗xd7 2.♘d6+ ♔d8 3.♘f7+ ♔c8 4.♖e8+ ♗xe8 5.♖d8++ *Pollock-N. N.*, Buffalo 1893

472. 1.♖xh7+ ♔xh7 2.♖xf6+ ♔g7 3.♖g6+ ♔f8 (3. ... ♔h7 4.♖g7+ ♔h8 5.♖h7+ ♔g8 6.♖h8++ oder 6.♕h8++) 4.♕h8+ ♔e7 5.♖e6+ ♔d7 6. ♕xe8++ *Aljechin-Yates*, Semmering 1926

473. 1.♖e8+! ♖xe8 2.♗d4+ mit Matt, *Pytel-Wisnewski*, Polen 1967

474. 1.♖e8+ ♗d8 2.♖xd8+ ♖xd8 3.♘c7+ ♔b8 4.♘a6+ ♔a8 5.♕b8+ ♖xb8 6.♘c7++ Mansube v. S*tamma* 1790

475. 1.♕xd8+! ♖xd8 2.f8♕+ ♖xf8 3.♖xf8+ ♘xf8 4.♘f7++ *Capablanca-N. N.*

476. 1. ... ♖xh3 2.gxh3 ♖xh3 mit Matt, *Weich-Schulz, M.*, Oberhof 1999

477. 1. ... ♘f2+ 2.♔e1 ♘d3+ 3.♔d1 ♕e1+ 4.♘xe1 ♘f2++ *Greco*, 1625

478. 1. ... ♕f1+ 2.♗g1 ♕f3+ 3.♗xf3 ♗xf3++

479. 1. ... ♖f3+ 2.gxf3 (2.♔g1 ♕e1+ 3.♔h2 ♕g3+ 4.♔g1 ♖e1+ 5.♗f1 ♖xf1++) 2. ... ♕e3+ 3.♔f1 ♕xf3+ 4.♖f2 ♕d1++ *Kmoch-Rubinstein*, Semmering 1926

480. 1. ... ♕e5! 2.♕g3 ♗xg4+ 3.♔xg4 ♕f5++ *Hoede-Pedersen*, Dänemark 1979

481. 1. ... ♘f3+! 2.gxf3 ♖g5+ nebst ♕xf1++ *Szabó-Ivkov*, Bath 1973

482. 1. ... ♕xc2+! 2.♔xc2 ♗xe4+ 3.♔d2 (3.♔b3 ♗c2++) 3. ... ♖c2++ *Bielicki-Parma*, 1959

483. 1. ... ♕d7+! 2.♔xe4 ♕d5++ *Trapl-Forintos*, Oberhausen 1961

484. 1. ... ♕b1+ 2.♔f2 ♕f1+! 3.♗xf1 exf1♕++ *Knežević-Kasparow*, B. Luka 1979

485. 1. ... ♖xh2+ (1. ... ♖f3+ 2.♔h4 ♖xh2+ nebst Matt) 2.♔g3 (2.♘xh2 ♖xh2 3.♔g3 ♕f2++) 2. ... ♖c3+ 3.♖5e3 ♕f2++ *Tschernin-Bönsch, U.*, Lugano 1989

486. 1. ... ♖xh2+ 2.♗xh2 ♘g3+ 3.♗xg3 ♕h8+ 4.♗h2 ♕xh2+ 5.♔xh2 ♖h8+ 6.♔g1 ♖xh5++ *N. N.-Stower*, USA 1924

487. 1. ... ♖xh4+ 2.gxh4 ♕xh4++ *Meduna-Bönsch, U.*, Trnava 1988

488. 1.♕g8+!! ♖xg8 2.♘f7++, 1. ... ♔xg8 2.♘e7+! ♔f8 3.♘5g6+ hxg6 4.♘xg6++ *Podzerov-Kuncević*, Fernpartie

489. 1.♖c7! b1♕ 2.♖e7++ *Daniel-Merioel*, Belgien 1969

490. 1.♘h5! gxh5 2.♘e6 fxe6 3.♖g5+ ♔f7 4.♕g7++ *Berkwist-Timman*, Fernpartie 1971/72

491. 1.♖f8+! ♖xf8 2.♕d5+ ♔h7 3.exf8♘+!! ♔h8 4.♘eg6++ *Gulko-Grigorjan*, Wilnjus 1971

492. 1. ♕g6!! mit Matt, *Aljechin-Supico*, Blindvorstellung

493. 1.♕a4+ ♘a5 2.♕b5+! ♘xb5 3.♘b4+ ♔b6 4.♘a4++ *Saizew, l.-Storoschenko*, UdSSR 1970

494. 1.♖c8+ ♔h7 2.♕h6+! gxh6 3.♘f6+ ♔g7 4.♖g8++

495. 1.♕h6! ♗xh6 2.♘e7++, 1. ... ♗xf6 2.♘xf6+ ♕xf6 3.exf6 nebst Matt *Bednarski-Nouissere*, Siegen 1970

496. 1.♕xf7 ♖xf7 2.♘xe6+ ♔e8 3.♘d6++ oder 1. ... axb5 2.♘xe6++ *Geller-Gariga*, Spanien 1979

497. 1.♖c8+! ♗xc8 2.♕e8+ ♖f8 3.♖xg7+ ♔xg7 4.♕g6+ ♔h8 5.♕h7++ *Horowitz-Anon,* Simultan 1941

498. 1.♗xg7 ♖xg7 2.♗xf5+ ♗xf5 3.♕xf5+ nebst Matt *Gligorić-Hort*, Moskau 1963

499. 1.♗xh7+ ♔xh7 2.♖h3+ ♔g8 3.♕h5 ♕h6 4.♘f5! ♕xh5 5.♘e7+ ♔h7 6.♖xh5++ *Toth-Szigeti*, Budapest 1946

500. 1.♕e6+ ♔h7 2.♖xh6+ gxh6 3.♕f7++ *Helling-N. N.*, Berlin 1934
501. 1.♖g6! fxg6 (1. ... ♕e5 2.♖g7 nebst Matt) 2.hxg6 ♖f7 3.♕f8+! ♖xf8 4.♖xh7+ ♔g8 5.♘h6++ *Bach-Botto*, Tjentiste 1975
502. 1.♖xf7+ ♔g6 (1. ... ♔xf7 2.♕xe6+ ♔g6 3.♗d3+ ♔g7 [3. ... ♔g5 4.♕g4++] 4.♕e7+ ♔g8 5.♗c4++) 2.♕e4+ ♔xf7 (2. ... ♔g5 3.♕g4++) 3.♕xe6+ mit Matt *Short-Adianto*, Kasparov-Chess GP 2000 (Internet)
503. 1.♕xh6+ gxh6 2.♖xh6+ ♔g7 3.♖h7+ ♔f8 4.♖h8+ ♔g7 5.♖g8+ ♔h6 6.g5++ *Winogradow-Fedin*, UdSSR 1973
504. 1.♖xg7+ ♗xg7 2.♖xg7+ ♔h8 3.♖g8+ ♔xg8 4.♕g6+ ♔h8 5.♕g7++ *Moissejew-Iliwitzki*, Primorsko 1974
505. 1.♕g6! ♕xg6 2.♖h8+ mit Matt, *Katalymow-Kolpakow*, Riga 1975
506. 1.♕b3+!! ♕xb3 2.♖g7+ ♔h8 3.♖xh7+ ♔g8 4.♖ag7++ *Fatalibekowa-Lyssenko*, Nikolajew 1978
507. 1.♖xd7+! ♔xd7 2.♕xf5+ ♔c6 3.♕d7+ ♔c5 4.♕d5+ ♔b4 5.a3+ ♔a4 6.♗d7+ ♕b5 7.♕xb7! ♗h6+ 8.♔b1 ♕xd7 9.♕xa6++ *Pähtz-Ghinda*, Potsdam 1985
508. 1.♕xe5+ ♘xe5 2.♗f6+ ♔h6 3.♗g7+ ♔h5 4.♖h6++ *Witkowski-Blaszak*, Polen 1953
509. 1.♖d7!! ♗xd7 2.♕d6+ ♖e7 3.♕h6+ ♔e8 4.♖g8++ oder 1.♖f3 ♔g8 2.♖xf7 ♗xf7 3.♕xf7+ nebst Matt *Popow-Angelow*, Fernpartie 1961
510. 1.♕f4! ♘xf4 2.♖xh6+ ♖xh6 3.♖g8++ *Huss-Pandavos*, Saloniki 1984
511. 1.♖d8+! ♗xd8 (1. ... ♕xd8 2.♕e6+ ♔f8 3.♕f7++) 2.♕xh8+ ♔xh8 3.♖f8++ *Kaválek-Chodos*, Sinaia 1965
512. 1.♕f8+! ♔xf8 2.♖xf7+ ♔e8 3.♖f8+ ♔e7 4.♖2f7++ *Winter-Friede*, DDR 1978
513. 1.♖f3! gxf3 2.♗xh6 ♕e7 3.♕h7+ ♔f8 4.♕h8+ ♔f7 5.♕xg7++ *Sokolski-Saigin*, Kiew 1950
514. 1.♕e7! ♘f5 2.♖xf5 mit Matt, *Gawachelischwili-N. N.*, Simultan UdSSR 1978
515. 1.♕xe6+! fxe6 (1. ... ♗e7 2.♘d6+ ♔f8 3.♕xf7++) 2.♗xg6+ ♔e7 3.♗g5+ ♘f6 4.exf6+ ♔d7 5.♘e5++ *Mazulski-Gurewitsch*, UdSSR 1977
516. 1.♕xe7+! ♔xe7 (1. ... ♖xe7 2.♘g6++) 2.♖e1+ ♔d7 3.♗f5++ *Clauss-Mann*, Thalheim 1979
517. 1.♕e5+!! dxe5 2.♖xe5+ ♔h4 3.♘g6++ *Zschako-Müller*, Fernpartie 1979
518. 1.♕xh7+ ♔xh7 2.♖h3+ ♔g8 3.♘g6 nebst Matt *Pachow-Kewe*, Loxstedt 1998
519. 1.♖xg7+! ♔xg7 2.♖g1+ ♗g5 3.♕xg5+ ♔f8 4.♕h6+ ♔e8 5.♕h8+ ♔e7 6.f6++ *Risin-Achmetow*, Liepaja 1972
520. 1.♕e5+!! ♔xe5 2.♘g4++ *Lind-Gannholm*, Norrköping 1984
521. 1.♘g6+ ♔e8 (1. ... fxg6 2.♕xe6+ ♔f8 3.♕e7++) 2.♕xe6+ und Matt nach 2. ... ♗xe6 3.♖e7++ oder 2. ... fxe6 3.♖xe6+ ♔f7 4.♖e7++ *Horvath-Udovcić*, 1948
522. 1.b4+ ♗xb4 2.♗b6+ axb6 3.♕xa8++ *Blackburne-N. N.*, 1912
523. 1.♖xh6+ ♗xh6 2.♕xe5+ ♗g7 3.♕h2+ mit Matt, *Wade-Kuijpers*, England 1972
524. 1.♘f6+! gxf6 2.exf6 und Matt nach ♕g3+ oder ♕xf8+ *Löwenfisch-Rjumin*, Moskau 1936
525. 1.♕f8+! ♗xf8 2.♖xf8+ ♔g7 3.♘xe6++ *Primavera-Baldanello*, Ferari 1952
526. 1.♖xg6+! (falls 1. ... hxg6 2.♕h8++) 1. ... ♗xg6 2.♗xe6+ ♗f7 3.♕g5+ nebst Matt *Bröder-Nünchert*, Suhl 1979
527. 1.♖h5 gxh5 2.♗d3+ ♔g8 3.♕xh6 oder 1. ... g5 2.♕xg5 nebst ♖xh6++ *Minić-Hulak*, Vincovci 1974
528. 1.♕b7+! ♘xb7 2.♘c6+ ♔a8 3.axb7+ ♔xb7 4.♖xa7++ *Kalbert-Balbe*, Spanien 1971
529. 1.♗xc7+! ♖xc7 2.♕e8+ ♔xe8 3.♖b8+ nebst Matt *Vinc-Videla*
530. 1. ... ♕e3+!! 2.♘xe3 fxe3+ 3.♔e2 (3.♔c2 ♘e1++) 3. ... ♘3f4+ 4.♔e1 ♘xg2+ 5.♔e2 ♘5f4++ *Rosch-Fiolka*, Rosenberg 1962
531. 1. ... ♕f2+! 2.♕xf2 ♖h5+!! 3.♗xh5 g5++, 2.♖g3 ♕xf4 3.♖xg2 ♖h5++ *Georgadse-Kuindschi*, Tbilissi 1973
532. 1. ... ♖f2! 2.♖xf2 exf2+ 3.♔xf2 ♖f8+ 4.♖f3 De3+ nebst Matt *Kudari-Larsen*, Kanada 1970
533. 1. ... ♘f3+! 2.gxf3 (2.♔f2 ♕d4+ 3.♔g3 ♕h4++ oder 3.♔e2 ♕d2++) 2. ... ♕g3+ 3.♗g2 ♖d2 mit Matt, *Harper-Keres*, Vancouver 1975

534. 1. ... Rd3!! 2.Nxd3 Be6++, 2.Rc1 Nxa3++ *Kopylow-Karlson*, Irkutsk 1961

535. 1. ... Re1+! 2.Kxg2 Qg5+ 3.Kf3 Qh5+ 4.Kg2 f3+ 5.Kg3 Rg1++ *Zinn-Pähtz*, Potsdam 1974

536. 1. ... Nh4+! 2.gxh4 Qg4+ 3.Kf1 Qh3+ 4.Qg2 Qd3+ nebst Matt *Ivkov-García*, Tel Aviv 1964

537. 1. ... Qxf2+! 2.Kxf2 Bxd4+ 3.Kf3 Re3+ 4.Kf2 Rd3++ *Steudtmann-Bönsch, U.*, Oberliga Halle 1985

538. 1. ... Ra8!! 2.Qxa8 Bb5++ *Möbius-Hennings*, DDR-Sonderliga 1973

539. 1. ... Qh3! (Nicht 1. ... Qxh2+? 2.Kxh2 Rh8+ 3.Bh7 Rxh7+ 4.Qxh7+) 2.Bf1 Qxh2+ 3.Kxh2 Rh8+ 4.Bh3 Rxh3+ 5.Kxh3 Rh8+ mit Matt oder 1. ... Rxd3 2.Qxd3 Qxh2+ usw. *Sobol-Harifulin*, Fernpartie 1970

540. 1. ... Rxg2+! 2.Kf1 (2.Kh1 Rxh2+ nebst Matt) 2. ... Rg1+ 3.Kxg1 Nh3+ 4.Kg2 Qxf2+ 5.Kxh3 Qf3+ 6.Kh4 g5+ 7.Kxg5 Rg8+ 8.Kh6 Qh3++ *Sosenkow-Isakow*, Fernpartie 1971

541. 1. ... Re2+ 2.Nxe2 f5++ *Ghinda-Stohl*, Potsdam 1985

542. 1. ... Qxg3+ 2.hxg3 Rxg3+ 3.Kh2 Rh3+ 4.Kg2 nebst Rg8 matt *Müller-Zeihser*, Forst 1977

543. 1. ... Qh1+! 2.Bxh1 Rxh1+ 3.Kg2 Rh2+ 4.Kf1 Bh3++ oder 1. ... Qxg2+ 2.Kxg2 Rh2+ 3.Kf1 Bh3++ *Jakobsen-Petersen*, Flensburg 1970

544. 1. ... Nf2+ 2.Bxf2 (2.Rxf2 Qxe4+) 2. ... Rd1+ 3.Bg1 Rxg1+ 4.Kxg1 Bd4+! 5.Nxd4 Qe1+ 6.Rf1 Qxf1++ *Serjanow-Nikitin*, UdSSR 1978

545. 1. ... Bf6+! 2.exf6 Kg6! 3.g4 Qe1+ 4.Bf2 Qxf2++ *Buska-Kovacs*, Budapest 1964

546. 1. ... Qe1+ 2.Kh5 (2.g3 Rxh3+ mit Matt) 2. ... Qe2+ 3.Kh6 Qxg2 4.h4 Qxg5+! 5.fxg5 Rxh4++, auf 3.Kh4 Qg4++ *Muchin-Mamljanow*, Taschkent 1978

547. 1. ... Qxg2+ 2.Nxg2 Rxg2+ 3.Kf1 Nh2++ *Ramazzotti-Caldwell*, Hyeres 1979

548. 1.Qe5! *Brüning-Malik*, Hamburg 2000

549. 1.Bxh7+! Kxh7 2.Rxd8 Rxd8 3.Qh5+ Kg8 4.Bxg7 Kxg7 (4. ... Bxg5+ 5.Rxg5 Rd1+ 6.Kxd1 Bf3+ 7.Kc1) 5.Qh6+ Kg8 6.g6 fxg6 7.Qxg6+ Kf8 8.Qg8++ *Gusejnow-Balajan*, UdSSR 1975

550. 1.Be4+! (1.Qa6+ Ka8 2.Be4+! usw.) 1. ... fxe4 (1. ... Qxe4 2.Rxe4 fxe4 3.Qxe4+ Kb6 4.Qe7 mit Materialgewinn) 2.Qd5+ Kc8 3.Qc6++ *Urzica-Honfi*, Bukarest 1975

551. 1.Qb5+!! *Mitchell-Other*, Leicestershire 1960

552. 1.Re2! Qh6 2.Re6! g6 3.Qe5 Nd7 4.Qxd5 mit Materialgewinn *Lucacs-Blackstock*, Budapest 1977

553. 1.Rxe3! Rxe3 2.h4! mit Matt, *Saitschik-Tschechow*, Wilnjus 1978

554. 1.Qxg5! hxg5 2.Bg4+ Nh6 3.Rxh6+ Kg8 4.Rah1 f6 5.Rh8+ Kf7 6.R1h7+ mit Matt, *Bolduc-Blackburne*, Fernpartie 1976

555. 1.Bc5!! Bxc5 (1. ... bxc5 2.Ne7+ nebst Matt) 2.Qxc5! Nd7 3.Qxf8+! Nxf8 4.Ne7+ Kh8 5.Rxf8++ *Osnos-Dely*, Budapest 1965

556. 1.Qc7! Rc6 2.Qxf7! Rxd8 3.Qg8+! Rxg8 4.Nf7++ oder 2.Qxc6 mit Materialgewinn *Pantzke-Below*, Berlin 1952

557. 1.Bf6+! exf6 (1. ... Kh6 2.Rxg6+ Kh5 3.Rag1 Qxe6 4.R6g5+ Kh6 5.Bg7+ Kh7 6.Rh5+ usw.) 2.Rxg6+! Kxg6 3.Rg1+ Kh5 4.Qf7+ Rxh4 5.Qxf6+ Kh3 6.Qf3+ und gewinnt *Schlosser-Gräfe*, Zittau 1957

558. 1.Nd5+! cxd5 2.Qa3+ Kd8 3.Qd6+ Kc8 4.Rc1+ mit Matt, *Klawinsch-Shurawlew*, Riga 1968

559. 1.Rxc8! Qxc8 2.Qg6 mit Matt, *Réti-Fahrni*, Mannheim 1914

560. 1.Rxf6! Qxf6 2.Nxd5 Qh6 3.Bxg7 Qxg7 4.Nf6+ Kh8 5.Qh3+ nebst Matt, auf 2. ... Qxb2 3.Ne7+ Kh7 4.Qh4++ *Mildenhall-Ardin*, Coventry 1978

561. 1.Rb6! Qxb6 2.Qh8+ Kg6 3.Bh5++, nach 1. ... Rd6 2.Rxd6 Qxd6 3.Qh8+ usw. *Mariotti-Pantschenko*, Las Palmas 1978

562. 1.Na5! Nxa5 2.Rxe6+! fxe6 3.Qxe6+ mit Matt, *Jansson-Littlewood*, Skien 1978

563. 1.Bh3! Qxh3 2.Rxf4! mit Gewinn *Manin-Ruderfer*, Taschkent 1979

564. 1.Rxe5! fxe5 2.Qxh7+! Kxh7 3.Ng6 und Rh3 nebst Rh8++ *Bogomolow-Koslow*, Moskau 1978

565. 1.Ne6! Nf6 (1. ... fxe6 2.Ne7+ Kxe7 3.Rxf8++) 2.Qxf8+! Rxf8 3.Qh6++ *Wiese-Muresan*, Zalaegerszeg 1979

566. 1.Qd5! exd5 2.Bxf6 nebst Matt oder Damenverlust *Uhlmann-Schwarz*, Stralsund 1975

567. 1.♖xh7+ ♔xh7 2.♕xg6+ ♔g8 (2. ... ♔xg6 3.♗e4+ ♔h5 4.♖h1++) 3.♗e4 ♘h8 4.♕h7+ ♔f7 5.♗f5 ♖xb3 6.g6+ ♔f6 7.♘g4+ ♔xf5 8.♕h5++ *Poldauf-Gaponenko*, Groningen 1994

568. 1.♕e1!! ♕d8 (1. ... ♔g8 2.♖e6) 2. ♕e5 ♔g8 3. ♕e6+ ♔h8 4.♕xd7! *Koshnitsky-Wolfers*, Australien 1972

569. 1.♖xh6+! (1. ... ♗xh6 2.♕xc3) 1. ... ♔xh6 2.♕h4++ *Smejkal-Adorjan*, Vrnjacka Banja 1972

570. 1.♗xg7 ♔xg7 2.♕h8+ ♔f7 3.♗c4+ ♗e6 (3. ... e6 4.♘g5+ ♔e7 5.♕g7++ oder 4. ... fxg5 5.0–0+ ♔e7 6.♕g7++) 4.♘g5+! fxg5 5.0–0++ *Seuss-Hurme*, Dresden 1969

571. 1.♗xh7+! ♔xh7 2.♕xf6 gxf6 3.♖h4++ (1. ... ♔h8 2.♕xf6 gxf6 3.♖h4 ♘g6 4.♗xg6+ mit Gewinn des Springers) *Tschambaew-Schmit*, Wolka 1973

572. 1. ... ♖e1+ 2.♖xe1 ♕d4+ nebst Matt oder Damengewinn *Madsen-Napolitano*, 1953

573. 1. ... ♗g4+ 2.♔f3 (2.♕xg4+ ♗b6+ 3.♗xe8 ♕e3++) 2. ... ♗d4+ 3.♔f1 (3.♗xe8 ♗xf3+ 4.♔f1 ♗e2+ usw.) 3. ... ♕xf3+! 4.gxf3 ♗h3++ *Andersson-Östmark*, Fernpartie 1977

574. 1. ... ♖d2! *Rygiel-Marcinkiewicz*, Fernpartie 1978

575. 1. ... ♘g4+! nebst ♗e5+ *Rensch-Trojanescu*, Sofia 1969

576. 1. ... f6+! 2.exf6 (2.♔xf6 ♖f2+ mit Damenverlust) 2. ... ♖e5+ 3.♔h4 ♖h5+ 4.♔g3 ♖h3++ *Kjellander-Sechi*, III. Fernschach-WM

577. 1. ... ♕xe4! 2.♕xe4 ♘xh3+ 3.♔g2 (3.♔h1 ♖f1+ 4.♔g2 ♖f2+ 5.♔h1 ♖h2++) 3. ... ♖f2+! 4.♔xh3 ♖h2++ *Gass-Kindl*, Stuttgart 1979

578. 1. ... e3! 2.fxe3 (2.♗xe3 ♗xe3 3.fxe3 ♕xd2+ usw.) 2. ... ♗b2+! 3.♖xb2 ♕d1+ 4.♖xd1 ♖xd1+ 5.♔c2 ♖8d2++ *Other-Mart*, Nathanya 1967

579. 1. ... ♖c1+! 2.♕xc1 (2.♖xc1 ♕xd2) 2. ... ♖xa3+ 3.♔b1 ♖a1+! 4.♔xa1 ♕a8+ 5.♔b1 ♕a2++ *Wheeler-Hall*, England 1964

580. 1. ... ♘d2! 2.♖xd2 ♕xh2+! 3.♔xh2 ♘f3+ 4.♔g2 ♖h2++ (Analyse von Knaak: 1. ... ♕xh2+! 2.♔xh2 ♘f3+ 3.♔g2 ♖h2+ 4.♔xf3 ♖xf2++) *Mühlberg-Fuchs*, Halle 1965

581. 1. ... ♖xh2! 2.♔xh2 (2.♘xe4 ♕h4 3.♘g3 ♕xg3!) 2. ... ♕h4+ 3.♔g1 ♘g3 mit Matt, »BLITZ 6.5«-»BELLE«, Computerwettkampf USA 1978

582. 1. ... g2! 2.hxg4 ♗h2+! 3.♔xh2 gxf1♕+ mit Gewinn *Kuhlberg-Syrjänen*, Lahti 1978

583. 1. ... ♖xe3+! 2.fxe2 ♗b4+ 3.♔d1 ♕d2++ bzw. 2.♕xe3 ♕xh1 nebst ♕xa1 *Szell-Orso*, Budapest 1978

584. 1. ... ♘c4+ 2.bxc4 ♖xa4+ 3.♔xa4 ♕a2+ 4.♔b4 ♕b2+ nebst Matt nach 5.♔a5 ♕a3++ oder 5.♔c5 ♕xf2+ Damengewinn *Tartakower-Euwe*, 1948

585. 1. ... ♖bxc4! 2.bxc4 ♖xd2 3.♕xd2 ♕g5! Matt oder Damenverlust *Lovass-Titkos*, Ungarn 1971

586. 1. ... ♖xh2+ 2.♖xh2 f2+ 3.♖g2 ♕h4++ (2.♔xh2 ♕h4+ 3.♔g1 ♖g8+ mit Damengewinn oder Matt) *Best-Muir*, Fernpartie 1969

587. 1. ... ♖xe3 2.fxe3 ♗e4+! 3.♖f2 (3.♕e5 f2+ 4.♕xe4 f1♕) 3. ... ♖xa2! 4.♖gf1 ♕xf1+ *Virtanen-Lathinen*, Fernpartie 1977

588. 1. ... ♕g3+! 2.♔h1 (2.♖xg3 hxg3+ 3.♔h1 ♘f2++) 2. ... ♕xf3 mit Gewinn *Unzicker-Dankert*, München 1979

589. 1. ... ♕xe4+! 2.♗xe4 ♖xf1+ 3.♔g2 ♖g1++, falls 2.♕g2 ♕xd3 und gewinnt *Nadiraschwili-Gipslis*, Riga 1979

590. 1. ... ♘h3! 2.♕e2 ♕d2 mit Matt oder Materialverlust *Evans-Grefe*, USA 1973

591. 1. ... ♖h3+! nach 2.♔xh3 ♕g3++ und auf 2.♕xh3 kommt 2. ... ♕xc2+ nebst ♔xf8 mit Turmgewinn *Smyslow-Sprostinsch*, Fernpartie UdSSR 1984

592. 1. ... ♘c4! 2.♗f2 ♕h2++ bzw. 2.e5 ♘e3+ nebst ♘xc2 *Bischoff-Tal*, Albena 1984

593. 1. ... ♕g4! 2.♗h2 ♖h6 3.♕f1 ♖e4 4.d5 (4.♖h1 ♖xe3!) 4. ... ♕xh3+ und auf 5.♕xh3 ♖eh4 mit Matt *van Bentum-Bernard*, DDR 1978

594. 1. ... ♕f2! 2.♕xe4+ ♔h8 3.♘g2 ♖f8 4.♖g1 ♕xg1+ 5.♔xg1 ♖f1++ *Rustemow-Bönsch, U.*, BL Solingen 2000

595. 1. ... ♘f3+! 2.gxf3 ♖h1+ 3.♔xh1 ♕h3+ mit Matt oder 2.♔f1 ♖h1+ 3.♔e2 ♕xe4 usw. *Hamrin-Jerou*, Fernpartie Frankreich 1982

596. 1.h7! ♗xh7 2.♖h6+! ♔f7 3.♖xh7 und gewinnt *Sommer-Findeisen*, Chemnitz 1947

597. 1.♖d4! ♔xd4 2.d7 *Watnikow-Fietal*, CSSR 1973

598. 1.Txc8! Taxc8 2.Txf5+ Kxf5 (2. ... Ke6 3.Df3 Thf8 4.Sf7!) 3.Df3+ Kg5 4.Sf7+ Kg6 5.Sxd6 Tcf8 6.Le8+! *Hopp-Schulz*, Berlin 1950

599. 1.Txf6! gxf6 2.Sh5 Lxa2 3.Sxf6+ Kg7 (3. ... Kh8 4.Df5) 4.Lh6+ Kxh6 5.Dh5+ Kg7 6.Dg5+ Kh8 7.Dh6 Dxf6 8.Dxf6+ Kg8 9.Txa2 und gewinnt *Dittmann-Barcza*, München 1958

600. 1.Lxf6! Txe1+ 2.Txe1 gxf6 3.Dg4+ Kh8 4.Dg7+ Lxg7 5.Te8+ Lf8 6.Txf8++ oder 1.Sh6+ gxh6 2.Dxf6 bzw. 1. ... Kh8 2.Lxf6 Txe1+ 3.Txe1 gxf6 4.Dxf6 mit Matt, *Tixier-Soltan*, Bagneux 1977

601. 1.Sh6+ gxh6 (1. ... Kf8 2.De7++ oder 1. ... Kh8 2.Sxf7+ Kg8 3.De6 usw.) 2.Dg4+ Kf8 3.Te1! Te4 4.Dg7+ Ke8 5.Txe4+ Kd7 6.Dxf7+ Kd6 7.De7+ Kd5 8.c4++ *Dennison-Pos*, Manchester 1978

602. 1.Sxf5! Sxd6 2.exd6 gxf5 3.Dg5+ Kf8 (3. ... Kh8 4.Te1) 4.Te1! Df7 (4. ... Te8 5.Dg7+!) 5.Te7 Dg6 6.Txg6 hxg6 7.h7 *Diez del Corral-Portisch*, Buenos Aires 1978

603. 1.Ke2! Dc3 2.Txh7+! Kxh7 3.Th1+ Kg7 4.Dh8+ Kg6 5.Th6+ Kf5 6.Tf6+ *Knaak-Tichy*, Leipzig 1978

604. 1.Tc8! Txf2 (1. ... h5 2.Dg5 nebst Dh6+!) 2.Dxh6+! Kxh6 3.Th8++ *Mathot-Baumgartner*, Fernpartie 1958

605. 1.Txh7+ Kxh7 2.Df7+ Kh6 3.Th1+ Kg5 4.f4+! Dxf4 5.De7+ mit Damenverlust *Andersson-O'Hare*, IX. Fernschach-Olympiade

606. 1.Sxf7! e6 (1. ... Lxf7 2.Sxe7+! Sxe7 3.Sxf7+ Kg7 4.Dh6++) 2.Se7+ Sxe7 3.Sh6+ Kh7 4.Sf5+ nebst Matt *Lukin-Nurmamedow*, Moskau 1979

607. 1.Txg4+ Dxg4 2.Txa6! Dxe4 3.Da5! b6 4.Dg5+ oder 3. ... Dd5 4.Te8+ *Gawlikowski-Olearczyk*, Warschau 1964

608. 1.Df4! Dd4 (1. ... Dd8 2.d4 Sd7 3.Dg7+ nebst Matt) 2.Tf8+ mit Matt *Sznapik-Spassow*, Warschau 1979

609. 1.d6! cxd6 2.Sf5 Dc7 3.Lxb7 Dxb7 4.Sxd6 mit Materialgewinn *Hübner-Hickl*, Altenkirchen 1999

610. 1.Txg7!! Kxg7 2.Tg1+ Kh7 3.Sxf6+ Lxf6 4.Le4+ Kh8 5.Dh5 Lg7 6.Txg7! *Friedman-Gilfer*, Folkestone 1933

611. 1.Sf6! g5 (1. ... Kg7 2.Sg8+ Kxg8 3.Tb8++; 1. ... Tf5 2.Sg8++) 2.Sg8+ Kg6 3.Se7+ Kh6 4.Sf5+ aufgegeben 4. ... Kg6 5.Tb6+ f6 6.Txf6++ *Bönsch, U.-Schirow*, Dresden 2000

612. 1.Txf6! Kxf6 2.Tf1+ Kg7 3.Txf7+ Dxf7 4.Sxf7 Kxf7 5.Dxg6+ Ke7 (5. ... Kf8 6.Df6+ Kg8 7.Sg6) 6.Sf5+ Kd7 7.Dxd6+ Kc8 8.Se7+ Kb7 9.Dxb4+ *Padewski-Braun*, Amsterdam 1972

613. 1.La4! Dxa4 2.Dxe6+ Kd8 3.Dd6+ Kc8 4.Tf5, 2. ... Kf8 3.Txf6+ gxf6 4.Dxf6+ Kg8 5.Tf1 Dd7 6.Dg5+ Kg7 7.Dd5+ Df7 8.Dxf7++ *Dückstein-Pachman*, Warna 1962

614. 1.Txh7! (nicht 1.Dh4? h5 2.gxh6 Txb2!) 1. ... f6 (1. ... Lf6 2.Dh4 Lxb2 3.Txb2 Dc3 4.e5! oder 1. ... Sf6 2.Th8+! Kxh8 3.Dh4+ Kg8 4.Lxf6 Lxf6 5.gxf6 Dc3 6.e5!) 2.Dh4 Txb2 3.Dh6! *Iljin-Hramow*, UdSSR 1972

615. 1.Txh5! gxh5 2.Dxh5 Ke8 3.Sxe6 Sf8 4.d7+! Dxd7 5.Dh8+ Lf8 6.Dxf8+! Dxf8 7.Sg7++ *Sanakojew-Sagorowski*, UdSSR 1972

616. 1.Lxb6! Lc3 2.La5! *Bannik-Nikolaewski*, UdSSR 1958

617. 1.Lf8! Txf8 2.Dh6 Tf7 3.exf7+ Kxf7 4.Dxh7+ Lg7 5.Th6 Dg8 6.Dxg6+ Kf8 7.Sg5 Dxd5 8.Th8+ Lxh8 9.Sh7++ *Tal-Benkö*, Zagreb 1959

618. 1.Txg6+! fxg6 (falls 1. ... Kxg6 2.Dg3+ Kh6 3.Tf4 nebst Th4++) 2.Df7+! Dxf7 3.Dxh7+ Ke6 (3. ... Kf8 4.Sf4!) 4.Dxg6+ Ke5 5.Dg7+ Kxe4 6.Sf6+ exf6 7.Dxd7 *Ragosin-Weressow*, Moskau 1947

619. 1.Lxh6!! Sxh6 (1. ... gxh6 2.Txf5! Kg7 3.Tf7+ Txf7 4.gxf7) 2.Tf7 Ld6 3.Dxh6+! *Ramane-Matscha*, Riga 1973

620. 1.Se6+! Lxe6! 2.Lxg7+ Txg7 3.Dh8+ Kg8 4.Dxh6+ Tg7 5.fxe6 f6 6.Tf5! Sc7 7.Tg5! *Euwe-Nestler*, Dubrovnik 1950

621. 1.Ta5+! Dxb4 2.Tha3!! *Prokesch-Balogh*, Haag 1928

622. 1.Sxf6! Dxf6 2.Tfe1 c5 (2. ... Dd6 3.c5) 3.Dh4+ g5 4.Dh6+ Kg6 5.Txe5 Txe5 6.Df8+ *Réti-Muffang*, London 1927

623. 1.♘xe6! fxe6 2.♖f8! ♕h7 3.♖a8 ♔d7 4.♕f8 *Pietzsch-Czerniak*, Leipzig 1960

624. 1.♘d5! exd5 2.♖xf6 ♕g7 3.♖df1 ♖h8 4.♖f7 ♕xf7 5.♖xf7 ♔xf7 6.♕xd7+ ♔g6 7.♕f5+ *Shurawlew-Andrjew*, Fernpartie 1954–1956

625. 1.♕xb7+! ♔xb7 2.♗xd7+ ♔a8 3.♖xb8+ ♔xb8 4.♖b1+ ♔a8 5.♗c6++ oder 2. ... ♔a6 3.♗c8+ ♔a5 4.♘c4+ ♔a4 ♖b4++ *Balogh*-Gromer, Prag 1931

626. 1.♗xh7+! ♔xh7 2.♕h5+ ♔g8 3.♖g7+! ♔xg7 4.♖g1+ ♔f6 5.f5 *Nedelković-Matanović*, 1950

627. 1.♗xg6 hxg6 2.♖e7+ ♖xe7 3.dxe7+ ♔xe7 4.♖d8! *Buaje-Filip*, 1972

628. 1.♖xe4! ♕xe4 2.♖xf6+ ♕g6 3.♗xg5+ ♔h5 4.g4+ *Lewi-Semlin*, Fernpartie 1970–1971

629. 1.♕xg7+! ♕xg7 2.f6 *Morphy-N. N.*, New Orleans 1858

630. 1.♗e6 ♔e7 2.h6 ♔f6 3.♗f5 ♔f7 4.♗h7 ♔f6 5.♔g3 der schwarze König wird abgedrängt. Studie von *Troitzky*, 1896

631. 1.♘d7+ ♔c7 2.♘f8 ♔d8 3.♔f4 ♔e8 4.♔g5 ♔xf8 5.♔h6, 2. ... ♔d6 3.♔g4 ♔d5! 4.♔h5! ♔e5 5.♔g5 nebst ♔h6, Studie von *Koslowski*, 1931

632. 1.♖h7+! ♔g8 (1. ... ♔xh7 2.♕h5+ nebst ♘xg6!) 2.♔g4! ♕xd4 3.♘xg6!! ♕xg4 4.♘e7++ oder 1.♕h5! gxh5 (1. ... ♖h8 2.♘xe6+) 2.♘xh5+ ♔g8 3.♘f6+ ♕xf6 4.gxf6 und Weiß gewinnt auf der h-Linie. *Ahues-N. N.*, Berlin 1934

633. 1.♕xe8! ♕xe8 2.♗xf7+ ♕xf7 3.♖xc8+ ♕f8 4.d7 *Filip-Urbanek*, Prag 1955

634. 1.♖xf4 exf4 2.♘d5 ♔d8 (2. ... ♗xd5 3.exd5+ ♔f8 4.♕h6+ ♖g7 6.f6) 3.♕d6 mit den Drohungen ♘f6+ oder ♘c7+ *Strautinsch-Witol*, Fernpartie 1963–1964

635. 1.♖e2! ♕xe2 2.♕d5+ ♔e8 3.♕e6+ ♔d8 4.♕e7++ oder 1. ... ♕b1+ 2.♔f2 c5 3.♖d2+ ♔e8 4.♕xc8+ oder 1. ... ♕d7 2.♖d2 *Morphy-Moriam*, New Orleans 1866

636. 1.♖xa4+!! ♕xa4 2.♕d6+ ♔a5 3.♕c7+ ♔b4 4.♖b1+ ♔c3 (4. ... ♔a3 5.♕b7 ♕xc4 6.♖a1+ ♕a2+ 7.♗c2! oder 4. ... ♔xc4 5.♗c6 usw.) 5.♕a5+ ♔d4 6.♕d2+ ♔xc4 7.♖e1+ und Schwarz würde nach 7. ... ♔f5 8.♕d3+ ♔g5 9.♖g1+ ♔h6 10.♕e3+ ♔h7 11.♕e4+ ♔h6 12.♕xh4+ ♕h5 13.♕xf6+ ♔h7 14.♕g7 matt *Espig-Zinn*, Erfurt 1973

637. Nur 1.♖d1+! gewinnt. Fehlerhaft wäre 1.♔e1? c2 2.♖a1 ♔c3 3.♖c1 ♔d3 remis, *theoretische Position*

638. 1.♖xf7! ♗xf7 2.♕f3 ♗xd5 2.cxd5 nebst Matt *Anderssen-Alexander*, Hamburg 1869

639. 1.f6+! ♔f8 (droht ♘f5+) 2.fxg7+ ♔g8 3.♘f5 nebst ♖e2 oder ♖h2 mit Gewinn, *Lissizyn-N. N.*

640. 1.♗xe6! ♗xe4 2.♗d7+ ♔d8 3.♗a4+ nebst Matt *Klein-Strauss*, Reggio Emilia 1969

641. 1.e6! ♗xe6 2.♖xg6+! ♔f8 3.♕h6+ ♔e8 4.♖g8+ ♖f8 5.♖xf8+ ♗xf8 6.♕xe6+ ♘e7 7.♗b5+ ♖c6 8.♖xa4 ♕b6 9.♘e5 *Nenarokow-Abaza*, Moskau 1899

642. 1.♘xd5 exd5 2.♕xd5 ♖d8 3.♗c4! und gewinnt *Vogt-Böhnisch*, Leipzig 1978

643. 1.♘xf7! ♔xf7 2.♘d6+! ♗xd6 3. ♕xe6++ *Herrmann-Pietzsch*, Schwarzheide 1951

644. 1.♕e2! ♘xf3+ 2.♘xf3! ♕xe2 3.♖xc8+ ♗f8 4.♗h6 ♕d1+ 5.♔f2 ♕c2+ 6.♖xc2 *Radulow-Estevez*, Leningrad 1973

645. 1.♖xf7!! ♖xf7 (1. ... ♖d8 2.♖xd8+ ♕xd8 3.♖f8+!! ♕xf8 4.♗xe6+) 2.♗xe6! ♕xe6 3.♖d8+ oder 2. ... ♕c7 3.♕xf7+ ♕xf7 4.♖d8++ *Telidse-Gutkin*, UdSSR 1973

646. 1.♗xf6! ♖d5 2.♖d2! *Kinzel-Dückstein*, Wien 1958

647. 1.♗f6! ♘f8 2.♕xh6+ ♘h7 3.♘g5 ♗g6 4.♕xh7+ ♗xh7 5.♘f7++ *Chanow-Posdeew*, Aschchabad 1951

648. 1.♖xc7+! ♔b5 (1. ... ♔xc7 2.♕e7+ ♔c6 3.♕d7++ oder 2. ... ♔c8 3.♖f1) 2.♕e7 a5 3.♕d7+ ♔a6 4.♖b1 ♕e8 5.♖a7+! oder 4.♘xa3 5.♖xb6+ ♔xb6 6.♕c6++ *Kotow-Keres*, Budapest 1950

649. 1.e7! ♖e1+ 2.♔f4 ♔h3 3.♖g3+ ♔h4 (h2) 4.♖e3 oder 2. ... ♔h5 3.♖g5+ ♔h6 4.♖e5 oder 2. ... g5+ 3.♔f3 g4+ (3. ... ♔h3 4.♖e2) 4.♖xg4+ ♔h5 5.♖e4 Studie von *Prokesch*, 1940

650. 1.♖xg5! hxg5 2.♕h7+ ♘d7 (2. ... ♔d8 3.♕h8+ ♔e7 4.♔g7+ ♖f7 5.f6+) 3.♔xd7 ♕g8 (3. ... ♕xd7 4.♖c4+ ♔d8 5.♕h8+ ♔e7 6.♕xb8) 4.♖b7+!! ♔xb7 5.♗c8! gewinnt die Dame *Mason-Winawer*, Wien 1882

651. 1.d6 ♗c6 2.dxe7! ♗xf3+ 3.♔g1 *Baikow-Bitman*, Moskau 1972

652. 1.♖xb7!! ♕xb7 2.♖xg5+ ♖g7 (2. ... ♔h8 3.♕d8+ ♔g7 4.♕f6+ ♔g8 5.♕g6+ ♔h8 6.♖xh7+

♕xh7 7.♕e8+ oder 2. ... ♕g7 3.♕d8+ ♔f7 4.♖xh7 ♕xh7 5.♕d7+ usw.) 3.♕d8+ ♔f7 4.♖h6! ♖g6 5.♖h7+ ♖g7 6.♕h8! *Birn-Bachman*, Helsinki 1952

653. 1.♖f6! gxf6 2.exf6 und Matt nach ♕h5 nebst ♕xh6 *Bobylew-Gaewskij*, Donezk 1971

654. 1.♘f5+ exf5 2.♘d5+ ♔e6 3.exf5+ ♔e5 4.♗c4 *Draper-Leonhardt*, Fernpartie 1964–1965

655. 1.a7 ♖g2+ (1. ... ♖g8 2.♗g3+ ♔d5 3.♗b8 ♖g2+ 4.♔b3) 2.♔b1 (a1) (2.♔b3? ♖g8 und nicht 3.♗g3+ wegen ♖xg3+) 2. ... ♖g1+ (oder 2. ... ♖g8 3.♗g3+) 3.♗e1!! ♖xe1+ 4.♔b2 ♖e2+ 5.♔b3 ♖e3+ 6.♔b4 ♖e4+ 7.♔b5 und gewinnt, Studie von *Weenink*,1917

656. 1.♖e6!! ♕c7 2.♕h5 h6 3.♖xh6! oder 1. ... fxe6 2.♗xe6+ ♔h8 3.♕h5 h6 4.♕g6 hxg5 5.♕h5++ *Hennings-Zinn*, DDR 1973

657. 1.♘f5+! ♗xf5 2.♕c3 ♔e6 3.♕xc6+ und Matt nach 3. ... ♕d6 4.♗xd5++ *Chodko-Nosow*, UdSSR 1956

658. 1.♖xd6+!! cxd6 2.♗g5+ ♔e6 3.♖e7++ *Quinteros-Tukmakow*, Leningrad 1973

659. 1.♖e6! ♔g8 (1. ... fxe6 2.♕g6!) 2.♗h7+ ♔h8 3.♖xh6 *Quinteros-Mjagmasuren*, Skopje 1972

660. 1.♖xh6+! gxh6 2.♖xb5+ Damengewinn *Knaak-Silberstein*, Tallinn 1979 (Analyse)

661. 1.♗a7! ♖a1 (1. ... ♔xa7 2.♔d4) 2.♔f4 ♖f1+ 3.♔f2! ♖xf2+ ♔e3 Studie von *Matison*, 1914

662. 1.♗xf7+! ♖xf7 2.♖xg7+! ♔xg7 (2. ... ♗xg7 3.♕h5+ nebst Matt) 3.♕g4+ ♔f7 4.♕h5+ ♔g7 5.♘f5+ usw. *Schlosser-Kontschew*, 1967

663. 1.♘h5! gxh5 (1. ... ♗h8 2.♘g5 nebst Matt) 2.♘g5 ♗xg5 3.♕xg5+ ♔h7 4.♕xh5+ ♔g7 5.♕g5+ ♔h7 6.♖f3 mit Matt, *Pinter-Hardicsay*, Ungarn 1974

664. 1.♕h6! ♗xh6 (1. ... f6 2.♘xg7 ♕xg7 3.♗xf6 oder 1. ... ♖g8 2.♗f6!) 2. ♗f6+ ♔g8 3.♖g3+ ♔f8 4.♘xh6 nebst 5.♖g8++ oder 2. ... ♗g7 3.♖xg7+ ♔g8 4.♖g3 h5 5.♗f6+ ♔h7 6.♖g7+ *Jahnel-Stettler*, DDR 1977

665. 1.♕g6! f6 2.♖e6 ♖xe6 3.dxe6 ♖d8 4.♖d1 ♗xg2 5.♗xd6+ ♖xd6 6.♖xd6 c4 7.♖d8+! *Tarjan-Popow*, Banja Luka 1974

666. 1.♕f2! und nach 1. ... ♖d7 2.♖xg6+!! fxg6 3.♕f8+ ♖xf8 4.♖xf8++ oder 2. ... hxg6 3.♕f6 nebst Matt *Bönsch, U.-Rodriguez*, Berlin 1979

667. 1.♗xg6! ♖e7 2.♗xh7 *Baumbach-Porecca*, Fernpartie 1979

668. 1. ... ♖xh3+ 2.♖xh3 ♖xh3+ 3.♔xh3 ♗d4! 4.♗xf6 c2 5.♗f1 ♔xe4! *Ahonen-Lahti*, Helsinki 1954

669. 1. ... h3! 2.♖xd8 hxg2+ 3.♔xg2 ♖h2+! 4.♔xh2 ♘xf3+ 5.♔g2 ♘xe1+ 6.♔f2 ♘xe4+ 7.♔xe1 ♕g3+ 8.♔e2 ♕f2+ 9.♔d3 ♖xd8 10.♔xe4+ ♔e7 *Schuster-Zeidler*, Suhl 1978

670. 1. ... g5! 2.hxg5 h4! 3.g6 ♔xg6 4.♕a6+ ♔g5 5.gxh4+ ♔xf4 6.♕c4+ ♔e3+ 7.♔h3 ♔f2+ 8.♕xb3 ♘g5+ *Dorfman-Zeschkowski*, Tbilissi 1978

671. 1. ... d5+! 2.cxd5 (2.♔xf3 ♘d4+!) 2. ... exd5+ 3.♔xd5 ♗e6+ 4.♔d6 ♖d8+ 5.♔c7 ♗f7+ *Stepanow-Romanowski*, Leningrad 1926

672. 1. ... ♖e1+!! und der Freibauer verwandelt sich nach ♘h2+ auf e1 oder f1 *Wilde-Bauer*, Frauenstein 1950

673. 1. ... ♖xe7! 2.♕xe7 ♗xb2+ 3.♔xb2 ♕c2+ 4.♔a1 ♕c3++ *Gustavsson-Kurho*, Helsinki 1978

674. 1. ... ♗d4! 2.♖xd4 ♖e1+ 3.♕xe1 ♕xg2++ *Wargnin-Watnikow*, Moskau 1978

675. 1. ... ♘f2+ 2.♖xf2 ♖xh4+! 3.♖xh4 exf2 und der Bauer verwandelt sich, *Mariotti-Ivkov*, Praia da Rocha 1978

676. 1. ... ♖xe2 2.♖xe2 ♗xf3 oder 2.♘xe2 ♕xf3 nebst Matt *Gowbinder-Kapengut*, Moskau 1979

677. 1. ... ♖xh3! 2.♔xh3 ♘xg4! 3.fxg4 ♗xg4+ 4.♗xg4 ♖h8+ 5.♔g2 ♕xg4+ 6.♗g3 ♖h3 7.♖b2 ♘h4+ *Jabbusch-Möhring*, Leipzig 1979

678. 1. ... ♖e1+ 2.♔g2 ♖xh1 3.♔xh1 ♖e1+ 4.♔g2 ♖g1+ 5.♔h3 ♖e8! 6.♔h4 ♕xh2+ 7.♔g5 ♖g8+ 8.♔xf6 ♕h6+ 9.♔xf7 ♖f8++ *Wende-Jahn*, Piesdorf 1979

679. 1. ... e3 2.♗e2 ♘xb2! 3.♖xb2 ♖d1+ 4.♖xd1 ♖xd1+ 5.♗a2 ♖xb2+ 6.♗xb2 e2 und der Bauer verwandelt sich, *Dontschew-Hesse*, Warna 1979

680. 1. ... ♘xf4! 2.gxf4 ♕h4+ 3.♔f1 ♗h3+ 4.♔g1 ♕xf4 5.♘f1 d3 6.♘f3 ♗d4+ *Frotscher-Wandel*, Leipzig 1979

681. 1. ... ♖e2! 2.♔e4 (2.♕xe2 c2+ 3.♔a2 ♕xa4++) 2. ... ♕xa4+! 3.♕xa4 c2+ 4.♔a2 cxd1♕+ *Modrova-Hofmann*, CSSR 1974

682. 1. ... ♖xe6 2.dxe6 ♘c3! 3.bxc3 ♗e4 4.♔h3 ♕xf3+ 5.♔xf3 ♖xf3+ 6.♔g2 ♖g3+ 7.♔h2 ♖g2+ 8.♔h1 ♖h2+ 9.♔g1 ♖h1++ *Norman-Hansen – Andersen*, 1934

683. 1. ... ♖xd4! 2.♖xc8+! ♘xc8 3.♕c2 ♖xg4+! 4.hxg4 ♘f3+ 5.♔g2 ♕xg4+ *Barcza-Matanović*, Moskau 1956

684. 1. ... ♕h5! 2.♕xd5+ ♔h7 3.♕xa2 ♖xh3+! 4.gxh3 ♕xh3+ 5.♕h2 ♘f2++ *Larsen-Najdorf*, Lugano 1968

685. 1. ... ♖xf3!! auf 2.♕xg5 ♖xf2! oder 2.♖xf3 ♕xe3 3.♖xe3 ♖xf1++ *Stahlberg-Aljechin*, Hamburg 1930

686. 1. ... ♗xg3 2.♔xg3 ♕d6+ 3.♔f2 ♕h2+ 4.♔e1 ♕g3+ 5.♔d2 ♕f2+ *Monticelli-Najdorf*, Warschau 1935

687. 1. ... ♕xc3! 2.f4 ♖xb2 oder 2.bxc3 ♖b1+ 3.♖d1 ♗xc3++ *Enklaar-Timman*, Amsterdam 1972

688. 1. ... ♖xh3! 2.gxh3 ♗f3+ 3.♔h2 ♘g4+ 4.hxg4 h5! 5.♗h6 hxg4 nebst ♖xh6++ *Meister-Grosdow*, 1954

689. 1. ... ♗xg3! 2.hxg3 ♖ae8 3.♕xe8 ♖xf3 4.♕e4 ♕xg3+ 5.♔h1 ♗g2+ 6.♕xg2 ♕xe1+ 7.♕g1 ♕e4+ 8.♕g2 ♕d3 nebst ♖e8 *Lutt-Keres*

690. 1. ... ♗f4! 2.♘h2 (2.b7 ♗f1++) 2. ... ♗xh2! 3.♔xh2 f2 4.b7 f1♕ 5.b8♕ ♕f2+ 6.♔h3 (6.♔h1 ♗f3++) 6. ... ♗f1++ *Markosjan-Osnos*, Frunse 1973

691. 1. ... ♖f1+! 2.♗xf1 ♖xf1+ 3.♔xf1 ♘d2+ 4.♔e1 ♘xe4 5.♘xe4 ♕d3! und es gewinnt z. B. 6.♖e2 ♕b1+ 7.♔d2 ♕xb2+ 8.♔d1 ♕b3+ 9.♔d2 c4 10.d7 ♗b6 11.♗d6 ♕d3+ 12.♔e1 c3 *Nowschazkij-Lewi*, Wolgograd 1971

692. 1. ... ♕xf3! 2.gxf3 ♗h3+ 3.♔g1 ♖ae8 nebst d2 *Steidmen-Lasker, Ed.*, 1913

693. 1. ... ♖d7! Nach 2.♕xd7 ♘g3+ 3.hxg3 ♕h5++ *Ustinow-Stein*, 1965

694. 1. ... g1♕!! 2.♖xg1 ♗g2 3.♔g4 ♖a8 4.♔h4 ♗f3! (Zugzwang) 5.a8♕ ♗xa8 6.♔g4 ♗b7 7.♔h4 ♗f3 *Calvo-Hamann*, 1974 (Partieanalyse)

695. 1. ... ♗xf3! 2.exf3 ♖xf3+ 3.♔g1 (3.♔e2 ♖e3++) 3. ... ♘e3 4.♖d2 (4.♖e1 ♖g3+ 5.♔h2 ♖g2+ 6.♔h3 ♖f3+ 7.♔h4 ♖g4++) 4. ... ♖g3+ 5.♔h2 ♖ff3!! mit Matt *Hesse-Franz*, Annaberg-Buchholz 1965

696. 1. ... ♖xf3! 2.♔xf3 ♗g4+ 3.♔xg4 ♕f2+ 4.♔e4 ♕f5+ 5.♔xd4 ♕e5++ *Bellon-Smejkal*, Siegen 1970

697. 1. ... ♕d2+! 2.♗xd2 cxd2+ 3.♔d1 ♘xh7 *Chult-Rosenblatt*, Stockholm 1972

698. 1. ... ♘xh3!! 2.♗xh3 ♘g4+ 3.♔g2 ♖xf2+!! 4.♔g1 (4.♖xf2 ♘xe3+) 4. ... ♕xh3 5.♖xf2 ♕xg3+ 6.♖g2 ♕xe3+ 7.♔f1 ♖f8+ oder 7.♔h1 ♕h3+ *Leroi-Diemer*, Banju 1973

699. 1. ... ♗f3! 2.♕f1 ♖h6 3.h4 ♕xh4!! 4.gxh4 ♖g6+ 5.♕g2 ♖xg2+ 6.♔f1 ♗h2 *Iwanow-Makow*, UdSSR 1973

700. 1. ... ♗f1! 2.♖xf1 ♕xh2+ nebst ♖c1++ oder 2.♖g1 ♕xh2+ nebst ♖c1+ *Juferow-Gussew*, Kaliningrad 1973

701. 1. ... ♗xh2+! 2.♔xh2 ♗f3! 3.gxf3 ♕h5+ 4.♔g2 ♕g6+! und Matt nach ♖e5 nebst ♖h5++ *Koschel-Schejanow*, Sotschi 1971

702. 1. ... g3! 2.♘f3+ ♔h5 3.♘xd4 h2+! 4.♘g2 gxf2 *Sadai-Marillai*, Ungarn 1971

703. 1. ... ♖f3! 2.gxf3 ♗f4 3.♘d5 ♗xh2+ 4.♔xh2 ♕h4+ 5.♔g1 ♗h3 6.f4 (6.♕e3 ♘e2+! 7.♕xe2 ♕g5+) 6. ... ♕g4+ 7.♕g3 ♘f3+ 8.♔h1 ♕h5! *Bartha-Kluger*, Budapest 1979

704. 1.♘g5+! hxg5 2.♕g8+ ♔h6 3.♖xe7 ♕xe7 4.♕h8+ ♕h7 5.♕f6 *Mestel-Ball*, Birmingham 1975

705. 1.♖xf7+ ♖xf7 2.♘g6+ ♔g8 (2. ... ♔e8 3.♖e1+) 3.♘e7+ *Grosser-Hallbauer*, Weißenfels 1947

706. 1.h5 ♖h6 2.♗g7! Qualitätsgewinn *Kuligowski-Biyiasas*, Buenos Aires 1978

707. 1.♗xh7! ♔xh7 2.♖xe6 ♖xe6 3.♕f5+ Bauerngewinn *Koskinen-Visocnik*, Fernpartie 1978

708. 1.♘c7! ♖xf7 (1. ... ♘xc7 2.♖xf8+!) 2.♕xf7 ♕xc7 3.♗xe6 ♗g7 4.♕xd7 *Kauppala-Freund*, Avrin 1977

709. 1.♘e6! fxe6 (es drohte 2.♘xd8 nebst Figurengewinn auf e7) 2.♘xe6+ ♔g7 3.♖d7 mit Materialgewinn *Belke-Steudtmann*, DDR Sonderliga 1979

710. 1.♖c6+ ♗c4 2.♖xc4+ ♔xc4 3.♕c8+ mit Damengewinn (Analyse) Hobusch-Keller, Suhl 1979

711. 1.♕xg6 hxg6 2.♖xf8+ ♔xf8 3.♘e6+ und Weiß behält eine Mehrfigur *Lukowniko-Malewinski, UdSSR 1977*

712. 1.♕xf7! ♕a1+ (1. ... ♖xf7 2.♖xd8+ ♘g8 3.♘xf7++) 2.♔d2 ♖xf7 3.♘xf7+ ♔g8 4.♖xa1 mit Qualitätsvorteil *Tal-Smyslow*, Bled 1959

713. 1.♕xb6!! ♕xb6 2.♖d7+ ♔g8 (2. ... ♔e8 3.♖e7+ ♔d8 4.♖d1+ mit Matt) 3.f7+ ♔h8 4.♗g7+ ♔xg7 5.f8♕++ Prandstetter-Jankoveć, Marianske Lázné 1978

714. 1.♗h4! ♕c7 2.♗d8! erzwingt den verlustbringenden Damentausch *Wysozkis-Scherschnew*, Jurmala 1978

715. 1.♕xd5! gewinnt einen Turm *Sawon-Dshumamuradow*, Moskau 1979

716. 1.♖g3 ♔h8 erzwungen, auf 1. ... ♖a7 folgt 2.♘h6+ ♔h8 3.♖f8+ ♗xf8 4.♖g8++ *Witolinsch-Gaidarow*, Riga 1979

717. 1.♕xd6! ♕xd6 2.♗c4+ ♔f7 (2. ... ♔h8 3.♖xh7++) 3.♗xf7+ ♔f8 4.♗c5 *Adorjan-Fuller*, 1975

718. 1.♕d6! ♕xd6 2.♘xd6+ ♔f8 3.♘b7 ♗xf5 (3. ... ♖e8 4.♖xd7 ♗xg5 5.♖xf7+) 4.♘xd8 *Jansa-Kozma*, 1960

719. 1.dxc6 bxc6 2.♘d5 cxd5 3.♕xd5+ mit Qualitätsgewinn *Schaschin-Demidow*, UdSSR 1976

720. 1.♖c7! ♕xh5 2.♖e7+ ♔f8 3.♖xb7+ ♔e8 4.♖e7+ ♔f8 5.♖xh7+ ♔e8 6.♖xh5 *Antunac-Hübner*, Dresden 1969

721. 1.♘f7+ ♔g8 (1. ... ♖xf7 2.♕c8+) 2.♘h6+ ♔h8 3.♕xg7+!! ♔xg7 4.♘xf5+ und Weiß behält einen Turm mehr *Stoltz-Pedersen*, Mariánské Lázne 1951

722. 1.♖xc3! bxc3 2.g4 mit Figurengewinn *Bondarewski-N. N.*

723. 1.♕e4+ c6 2.♖b8+! ♔xb8 3.♘xd7+ ♔c8 4.♘e5 ♖e6 5.f4! gxf3 6.♕xf3 oder 1.♖b8+ usw. *Tartakower-Steiner*

724. 1.♗b6!! ♕xb6 2.♘xh6+ ♔h8 (2. ... gxh6 3.♕xf7+ ♔h8 4.♕g8++) 3.♘xf7+ ♔g8 4.♘xe5+ ♘xb3 5.♕f7+ ♔h8 6.♘g6++ *Kinnmark-Olivera*, Olympiade Havanna 1966

725. 1.♘c5! dxc5 (1. ... ♖e7 2.♘xa6 mit Qualitätsgewinn) 2.♖d7 ♕xd7 3.♖xd7 ♖e7 4.♖d1 mit Materialgewinn *Byrne, R.-Taimanow*, Leningrad 1973

726. 1.♗xg6 hxg6 2.♖h8+ ♔xh8 3.♘f7+ mit Damengewinn *Strautinsch-Gunderam*, Fernpartie 1970

727. 1.e6! ♕xc5 2.♘f5+ ♕xf5 3.♕xf5 gxf5 4.exd7 *Strautinsch-Müller*, Fernpartie 1971–1973

728. 1.♖xa7+! ♖xa7 2.♖xa7+ ♔xa7 3.♗xb8+ ♔b7 4.♘a5+ gewinnt die Dame *Oney-Azzopardi*, Groningen 1974–1975

729. 1.♘b6! ♕xe4 (1. ... axb6 2.♗b5!) 2.♘cd5! ♔f8 3.♘xa8 *Petrow-Sinicin*, Fernpartie 1974

730. 1.♘c6!! bxc6 (1. ... ♕d7 2.♖xe6 ♖xe6 3.♗xf5) 2.♗xf5 ♗xf5 (2. ... ♗f7 3.♖xe8+ ♕xe8 4.♖xe8+) 3.♖xe8+ ♕xe8 (3. ... ♖xe8 4.♕f8++) 4.♖xe8+ ♖xe8 5.♕xa5 mit klarem materiellen Vorteil *Najdorf-Braga*, Mar del Plata 1974

731. 1.♕xd3! ♗xd3 2.♘e6+ ♔h6 3.g4! g5 4.♖f6+ ♔g6 5.♘xc5 dxc5 6.♖xb5 *Portisch-Honfi*, Ungarn 1972

732. 1.♗c4!! ♕xc4 2.♕xh6+! ♔xh6 3.♖h3++ *Pavlović-Marić*, Jugoslawien 1972

733. 1.♕f6+! ♕xf6 2.♖xg8+ ♔g8 3.e8♕+ nebst ♕xd7 *Lažarević-Jovanović*, Jugoslawien 1971

734. 1.♖xc7+! ♖xc7 2.♘b6+ ♔b8 3.♕xd8+ *Strautinsch-Kastelli*, Fernpartie 1970–1971

735. 1.♘e6! ♖h7 2.♘xc5 ♖d4 3.♘e3! ♖d6 4.♖f8! ♗xd7 5.♖xf7+, 1. ... ♗xe6 2.♖h8+ ♔g7 3.d8♕ *Gerber-Lewin*, Fernpartie 1965

736. 1.♘xd6! ♖d4 2.♘xf7+ ♔e7 (2. ... ♔e8 3.♕b3!) 3.♘xc8+ ♔xf7 4.♕b3+ ♔f6 5.exf5 und Weiß behält 4 Bauern für die Figuren und Angriff *Tischbierek-Espig, T.*, Suhl 1979

737. 1.♘c6! gewinnt die Qualität oder mit ♘e7+ die Dame *Lechtynsky-Gross*, Mariánské Lázné 1978

738. 1.♖b7+! ♔xb7 2.♕d7+ ♔b8 3.e8♕+ ♖xe8 4.♕xe8+ ♔b7 5.♕d7+ ♔b8 6.♕xc6 *Tal-Keller*, Zürich 1959

739. 1.♕h4! ♗d7 2.♖xf6 ♕xf6 3.d6+ mit Damengewinn *van den Berg-Eliskases*, Beverwijk 1959 (Partieanalyse)

740. 1. ... ♕xb5! 2.axb5 (2.♘d6 ♕b8!) 2. ... ♖xa1+ 3.♗d1 (3.♔g2 ♘e3+ 4.♔f2 ♖f1+ 5.♔e2 ♗c4+!) 3. ... ♖xd1+ 4.♕xd1 ♘f2+ mit Rückgewinn der Dame *Fuentes-Grinberg*, Mar del Plata 1975

741. 1. ... ♕g6! 2.♖xa5 (2.♗c7 ♕xc6!) 2. ... ♖xa5 3.♖xc8+ ♔f7 4.♗c5 ♕a6! 5.♗xb4 ♖axd5 *Schmidt-Kuligowski*, Warschau 1979

742. 1. ... ♗c5+! 2.bxc5 ♛xc5+ mit Damenverlust *Dür-Hölzl*, Wien 1979

743. 1. ... ♘e3! mit Qualitätsgewinn *Hoffmann-Kübart*, Leipzig 1947

744. 1. ... ♘ce5! 2.dxe5 ♘xe5 3.♛g3 ♘xd3+ mit Bauerngewinn *Norman-Vidmar*, Hastings 1925

745. 1. ... ♘g4! mit Materialgewinn *Perlis-Reti*, Wien 1910

746. 1. ... ♖xf3! und Weiß verliert Material: 2.♛xf3 ♖a1+, 2.♘xf3 ♗c2, 2.gxf3 ♘xe3 3.♖xe3 ♗h4+ 4.♔f1 ♖f2+ usw. *Harju-Lippstreu*, Fernpartie 1979

747. 1. ... ♖ea8! 2.♗xb4 ♖xa1 3.♗xd6 ♖xd1+ 4.♛xd1 ♛xd5 und der Läufer auf d6 geht noch verloren

748. 1. ... ♘d2 2.♛d1 ♘c4! 3.♖xc4 ♛xe5 *Böhm-Larsen*, Lone Pine 1978

749. 1. ... ♛xa6! 2.♛xb3 (2.♖xa6 ♘xd4+ nebst ♘xc2) 2. ... ♘xd4+ oder 2. ... ♘g5+ und Weiß wird matt *Weinreich-Zoll*, Rostock 1976

750. 1. ... ♘c2! 2.♗xc2 ♖f1+ 3.♖xf1 ♛xe3+ mit Damengewinn *Peew-Timoschtschenko*, Děčin 1978

751. 1. ... ♖a8! 2.♖xa8 (2.♛b2 ♖xa3 3.♔xa3 ♛xc2) 2. ... ♛f1+ 3.♔b2 c3+! mit Damengewinn *Medina-Smederevac*, Beverwijk 1965

752. 1. ... ♖e4+! 2.fxe4 (2.♔xf5 ♛g6++) 2. ... ♛xe4+ 3.♔g5 (3.♔g3 ♛g4+ 4.♔f2 ♗xd4+ 5.♖xd4 ♛xd4+ und der ♖h1 geht verloren) 3. ... h6+ mit Matt *Mardarowicz-Weiz*, Mielno 1979

753. 1. ... ♛xf4! Nach 2.♛xf4 ♖exg2+ 3.♔h1 ♖g1+ 4.♔h2 ♖6g2++ *Ryschkow-Faas*, Kusmolowo 1978

754. 1. ... ♖xg3+ 2.♖xg3 ♗f5+ 3.♔h2 g5! 4.hxg5+ ♔g7! gewinnt Springer und Turm *Dolmadshan-Antonow*, Bulgarien 1978

755. 1. ... ♛b5! gewinnt die Dame (Analyse) *Tschaikowskaja-Dmitriewa*, Wilnjus

756. 1. ... ♖xb3!! 2.f4 (2.♗xb3 f6! Damenfang oder 2.♛xd8 ♖xd8 3.♗xb3 ♛a5!) 2. ... d3! 3.♖xd3 f6 4.♖xd6 fxg5 5.♖xg6 ♔f7 6.fxg5 ♖f3! 7.exf3 ♖d2+ 8.♔h3 ♖xc2 usw. *Kashdan-Steiner*, Warschau 1937

757. 1. ... ♛xg2+! 2.♔xg2 ♘xe5+ *Reshevsky-Byrne*, USA 1973

758. 1. ... ♖xc3! Nach 2.bxc3 ♛f3! und 2.♛xc3 ♛xe4 *Bobozow-Andrić*, 1961

759. 1. ... ♛xf1+ 2.♔xf1 ♗xg5 nebst ♖c1 *Jansa-Sacharow* 1976

760. 1. ... ♘d2! 2.♗d1 ♛xe3! Auf 2.♗xd3 ♘f3+ 3.♔g2 ♘xe1+ nebst ♘xd3 *Tichomirowa-Gaprindaschwili*, Riga 1960

761. 1. ... ♗xf3+! 2.♔xf3 ♖h2+! 3.♔xh2 ♘xf3+ nebst ♘xd4 *Shurawlew-Kapengut*, UdSSR 1968

762. 1. ... ♖xh2! 2.♔xh2 ♛xa3!! 3.bxa3 ♗xa3+ 4.♔b1 ♘c3+ 5.♔a1 ♗b2+! 6.♔xb2 ♘xd1+ nebst ♘xe3 *Andreew-Doluchanjan*, UdSSR 1965

763. 1. ... ♖xe3! 2.♖xe3 ♖xe3 3.♔xe3 ♛xf4+!! (4.♔xf4 ♗h6++ oder 4.♔f2 ♛g4+ 5.♔g2 ♘e3+ 6.♔f2 ♘d4 mit Figurengewinn) *Letelier-Fischer*, Leipzig 1960

764. 1. ... ♛xd1! 2.♗xd1 ♘e4 nebst ♘f2+ *Jeleszijević-Honfi*, Trstenik 1979

765. 1. ... ♘xg3! 2.♘xf5 ♘cxe2+ und die Dame geht verloren; oder 2.♛xg3 ♘xe2+ *Bassler-Scheichel*, Holland 1972

766. 1. ... ♛xg2+! 2.♛xg2 ♖xg2+ 3.♔xg2 ♘xd5 4.♖xd4 ♘e3+ 5.♔f2 ♘xf1 6.♔xf1 ♖d8 mit Materialvorteil *Lazarević-Vreeken*, Jugoslawien 1972

767. 1. ... ♖xc6! 2.b7 ♖c1+ 3.♔e2 ♗e4! 4.♖b2 (4.b8♛ ♖e1++) 4. ... ♗xb7 5.♖xb7 fxe5 6.f5 ♗h4 *Kusmin-Hennings*, Zinnowitz 1971

768. 1. ... ♛f4! nebst ♖xf3 und ♗xe4 *Gligorić-Smyslow*, Amsterdam 1971

769. 1. ... f2! 2.♛xh4 fxg1♛+ 3.♖xg1 ♘f3+ 4.♔g3 ♘xh4 5.♔xh4 ♖f3 6.♗f1 ♔f7! und Weiß wird matt gesetzt *Radomski-Furman*, UdSSR 1971

770. 1. ... ♖e2! droht ♘g3++ 2.♛xe2 ♘g3+ Damengewinn *Kunzelmann-Berner*, Fernpartie DDR 1980

771. 1. ... ♘xf4! (2.♔xf4 ♗e5++) nebst ♗e5 usw. *Santacruz-Kavakul*, Luzern 1982

772. 1. ... ♛xe3+! 2.fxe3 ♖f1+ 3.♘d1 ♗xb2+ 4.♔b1 ♘a3+ 5.♔xb2 ♖xc2+ 6.♔xa3 ♔xh7 *Kaunonen-Suttles*, Heilimo-Fernturnier 1981

773. 1. ... g3! 2.hxg3 h3 3.♗g1 ♗c5 4.♗h2 Lxb6 *Pihajlicva-Klimova*, Děcin 1982

774. 1. ... ♛xf1+! 2.♔xf1 ♘e3+ nebst ♘xg4 *Sheljandinow-Wyschmanawin*, Tallinn 1982

775. 1. ... d3! 2.♖xd3 ♖xc2!, 2.♛xd3 ♖xc2!, 2.♗xd3 ♖c3! 3.♗c2 ♖xc2! *Ostermeyer-Romanischin*, Dortmund 1982

776. 1.b4! ♖xb4 2.d7 ♖d4 3.b4! ♖xd7 4.bxc5 remis *Helmertz-Wernbro*, Schweden 1973

777. 1.♖h6! ♖xh6 2.h8♕+ ♖xh8 3.b5 patt *Marshall-Kljua*, New York 1923

778. 1.♗e3! (1. ... ♗xe3? 2.♖f7 mit Matt) 1. ... ♕xe3 2.♕h5+ ♔g8 3.♕f7+ Dauerschach *Smyslow-Mikenas*, Moskau 1949

779. 1.♖h5+! gxh5 2.♕d6+ ♕g6 3.♕f8+ Dauerschach *Smyslow-Wasjukow*, Moskau 1961

780. 1.♕xg6+! fxg6 2.f7+ ♔h7 3.♖h3+ ♗h6 4.♘g5+ ♔g7 5.♘e6+ Dauerschach, da 4. ... ♔h8 5.♖xh6+ ♔g7 6.♖h7+ ♔f8 7.♘e6+ ♔e7 8.f8♕+ matt ergeben würde *Osmanagić- Gligorić*, Sarajevo 1963

781. 1.♘xh6+! ♗xh6 2.♕e6+ ♔h7 3.♕e4+ ♔g8 4.♕e6+ ♔f8 5.♕f6+ ♔e8 6.♕e6+ ♔d8 7.♕d6+ ♔c8 8.♕c5+ ♔d7 9.♕d5+ ♔e7 10.♕e5+ ♔f7 11.♕f5+ ♔g7 12.♕e5+ Dauerschach *Knežević-Smejkal*, Jugoslawien 1971 (Analyse)

782. 1.♖c5! ♕xc5 2.♖c7+ ♕xc7 patt

783. 1.♖e8+ ♕d8 2.♖g8!! a5 (2. ... ♕xg8 patt) 3.♖xd8+ ♔xd8 4.♔b5 remis. Nach Motiven einer Studie von *Kubbel* (Schachmaty 16/1971)

784. 1.d7 ♖d2 2.♘c4 ♖d4+ 3.♔e3 ♖xd7 4.♘b6+ remis oder 1. ... fxe5+ 2.♔e3 ♖c3+ 3.♔e2! (3.♔e4? f5+ oder 3.♔d2? ♖c4) 3. ... ♖c2+ 4.♔e3 remis Studie von *Prokeš*, 1945

785. 1.♔e6+! ♔g6 (1. ... ♔f8 2.♖b8+) 2.h5+! ♔xh5 (2. ... ♔g5 3.♖g7+) 3.♖g7 mit Remis, da der schwarze König eingesperrt ist. Studie von *Sachodjakin*, 1950

786. 1.♔b7 a5 2.♔c6 (2.♔b6? a4 3.♔c5 a3 nebst ♔b2) 2. ... a4 3.♔d5 a3 4.♔e4 ♔b2 5.♔d3 ♔xa2 6.♔c2 oder 3. ... ♔b2 4.♔c4 (d4) ♔xa2 5.♔c3 remis Studie von *Prokeš*, 1947

787. 1.g7 a1♖! (1. ... a1♕ 2.g8♕ ♕h1+ 3.♔g5 ♕g2+ 4.♔h6 ♕xg8 patt) 2.♔g5 ♔e7 3.♔h6! (3.g8♕+? ♔f7 4.♘h6 ♔e6 5.♘g4 ♖g1 und Schwarz gewinnt, aber nicht 3. ... ♔e6? 4.♔h6 ♖a7 5.♘f6 ♔xf6 patt) 3. ... ♔f7 4.♔xh7 ♖g1 5.h6 ♖g2 6.g8♕+ ♖xg8 patt Studie von *Pogosjanz*, 1964

788. 1.♕e7+ ♔g6 (1. ... ♔g8 2.♕e8+ ♘f8 3.♗d5+! ♕xd5 4.♕xf8+! ♔xf8 patt) 2.♗e4+!! ♕xe4 3.♕g7+ ♔xg7 patt *Sliwa-Doda*, 1967

789. 1.♗xe4!! ♖xf1 2.♗f5 Dauerschach *Radewitsch-Donskich*, Bakuriani 1972

790. 1. ♖h2+ ♔b3! (1. ... ♔b1? verliert wegen 2.♔c4 a2 3.♔b3 a1S+ 4.♔c3) 2.♖h3+ ♔b2 3.♔c4 a2 4.♖h2+ ♔a3! remis (theoretische Position)

791. 1.♖f1! b2 (1. ... ♔g5? 2.♔d3!) 2.♖g1+ ♔h5 3.♔f5 ♔h4 4.♔f4 ♔h3 5.♔f3 ♔h4 (5. ... ♔h2? 6.♖b1) 4.♔f4 remis Studie von *Lasa*, 1864

792. 1.h7+ ♔h8 2.♔g7+! ♔xh7 3.♗a1+!! ♔h6 4.♖xc6+ ♔h5 5.♔b2!! h1♕ 6.♖h6+! ♔xh6 Patt- studie von *Platow*, 1907

793. 1.♗f6+! exf6 2.f4 ♖h8+ 3.♔g7 ♖xh5 4.a4 ♖g5+ 5.♔h8! (5.♔h7? ♔h5 und gewinnt) 5. ... ♖g6 6.♔h7 ♔h5 7.♔h8 ♖h6+ 8.♔g7 ♖g6+ 9.♔h8 ♔h6 patt Studie von *Smyslow*, Schachmaty w SSSR 1938

794. 1.h6+! ♔xh6 2.e7 ♖b8 3.♔c1 ♔g7 4.e8♕! ♖xe8 5.♔b2 ♖e2 6.♔a1!! und patt nach 6. ... ♖xc2 oder 6. ... ♔f6 7.♘b4 nebst ♘xa2 remis *Teichmann-Marbl*, Leipzig 1913

795. 1.♗f8! e4 (1. ... ♔xf8 2.♔h4 nebst g3 und b4 patt) 2.♔h4 e5 3.g3! ♔h8 4.♗g7+!! ♔g8 5.♗f8 ♔f7 6.♔b4! ♔e8 7.♗a5 ♔g8 8.b4! patt Pattstudie von *Beltschikow*, 1962

796. 1.c7 ♗b7! (1. ... ♗c6 2.♗e6 ♗b7 3.♗d5) 2.♗f5! h1♕ 3.c8♕+ ♗xc8 4. ♗e4+ ♕xe4 patt Studie von *Kubbel*, 1914

797. 1.c7 ♖e2 2.♗e4+! ♖xe4 3.c8♕+ ♔xc8 patt Studie von *Kubbel*,1912

798. 1.♕f6+ ♔g8 2.♕g7+! ♔xg7 3.h6+ patt *Bartolitsch-Atkin*, Petersburg 1902

799. 1.♔d8 ♖d6+ 2.♔e7 ♖c6 3.♔d7 ♖h6 (4.c8♕ ♗e6+!) 4.♗f6! ♗b1! (4. ... ♖xf6 5.c8♕ ♗e6+ 6.♔e7! remis) 5.♔e6 ♖h5 6.♗g5! ♖h8 7.♗d8 ♖h5 8.♗g5 usw. positionelles Remis *Peckover* in »Problem« 1985

800. 1. ... ♘e7 2.h5 (2.f6 ♔xe6 3.fxe7 ♔xe7 4.♔g6 ♔f8) 2. ... ♘xf5 3.e7! ♘d6! 4.h6 ♔e6 5.h7 ♔xe7 nebst Springerschach auf f7 *Judowitsch-Nisman*, 1976

801. 1. ... ♖xf2+! 2.♔xf2 ♕d2+ 3.♔g1 ♕e1+ 4.♔h2 ♕f2+ 5.♔h3 ♘f4+!! 6.gxf4 (6.♔h4 ♘xg6+ 7.♖xg6 ♕h2+ 8.♔g5 ♕g3+ remis) 6. ... ♕f1+ 7.♔g4 ♕xf4+ 8.♔h5 ♕h4+ 9.♔xh4 patt *Schernezki-Nordijk*, Anwers 1942

802. 1. ... ♖f1+ 2.♔h2 ♖h1+ 3.♔g3 ♕xg2+! 4.♔xg2 ♖g1+ 5.♔xg1 patt *Jofe-Ray*, Moskau 1973

803. 1. ... Rb1+ 2.Kh2 Rh1+! 3.Kxh1 Ng3+ 4.fxg3 Qg2+! 5.Kxg2 patt *Ormosch-Betozki*, Budapest 1951

804. 1. ... Qe1+ 2.Kg2 Qg1+ 3.Kxg1 patt *Walbrodt-Charousek*, Budapest 1896

805. 1. ... Kg6! 2.hxg4 (2.h4 Kh5 3.Ke5 Kg6 4.Ke6 f4!) 2. ... fxg4 3.Kxg4 h5+ 4.Kf4 Kh6! (In der Partie geschah fehlerhaft 1. ... gxh3?? 2.Kxf5! h2 3.Bf6 mit Matt.) *Sallai-Honfi*, Budapest 1973 (Analyse)

806. 1. ... h3+! 2.Kxh3 Qf5+! 3.Qxf5 Rxg3+!! 4.Kh4 Rg4+! 5.Qxg4 patt *Tiberger-Dreschkievicz*, Polen 1970

807. 1. ... Qc6+ 2.Kf5 Ng7+ 3.Bxg7 Qg6+! 4.Kxg6 patt *Pietzsch-Fuchs*, Berlin 1963

808. 1. ... Qxg1+! 2.Kxg1 Qa1+! 3.Kh2 Rxg2+! 4.Kxg2 Qf1+ 5.Kg3 Qf3+ 6.Kxf3 patt *Alexejew-Kirpitschikow*, UdSSR 1964

809. 1. ... Rd1+ 2.Kh2 Qg1+! 3.Kg3 Rd3+!! 4.Qxd3 Qe3+!! 5.Qxe3 patt *Gogolew-Warschawski*, Luksena 1967

810. 1. ... f4! (2.gxf4 Rb1+ 3.Kh2 Bxf4+ 4.Kh3 Rh1++) 2.Rxe5 Rb1+ 3.Kh2 Rb2+ 4.Kh3 Rb1! 5.Kh2 Rb2+ usw. *Andrianow-Kremenezki*, Moskau 1982

811. 1. ... Nh3+ 2.Kf1 Bg2+! 3.Kxg2 (3.Ke2 Qxe5+) 3. ... Ra2+! 4.Kh1 (4.Kxh3 Qc8+ oder 4.Kf3 Ng5+) 4. ... Nf2+ 5.Kg1 Nh3+ Dauerschach, denn 6.Kf1? Rf2+ 7.Ke1 Qxe5+ usw. *Budowitsch-Kosikow*, Belzy 1979

812. 1.Qxc6! bxc6 2.b7 Qd8 3.b8Q Rd1+ 4.Rxd1 Qxb8 5.Nb7! mit Rückgewinn der Dame *Sliwa-Stoltz*, Bukarest 1953

813. 1.Bxf8 Rxf8 2.Qg2 Rg8 3.Qg3 Qb8 4.Qxg8+ Qxg8 5.b4! Qf8 6.Qg7+ und der a-Bauer geht zur Dame *Kupper-Schmid*, Zürich 1956

814. 1.Rxf5! Qxa1+ (1. ... Qxf5 2.Rf1) 2.Rf1 axb5 3.Rxa1 Rxa1+ 4.Kh2 Rf7 5.Ng5 Rg7 6.Nxh7! Rh1+ 7.Kxh1 und Schwarz gab auf *Neukirch-Syré*, Rostock 1979

815. 1.Nf6 Nxf6 2.Nxf7+ und gewinnt *Hort-Seirawan*, Lone Pine 1979

816. 1.Rxe4! fxe4+ 2.Kxe4 und die schwarze Stellung bricht zusammen, z. B. 2. ... Rc6 3.Bg5 Rg7 4.Rd8+ Kf7 5.Rd7+ Kg8 6.Rd6 usw. *Pfretschner-Kunad*, Fernpartie DDR 1979

817. 1.Rxc5! Rxe1+ 2.Bxe1 bxc5 3.Bc3 Kg6 4.Bxd4 cxd4 5.h4 mit gewonnenem Endspiel *Steinitz-Zukertort*, 1886

818. 1.Rxd7 Kxd7 2.Nc5+ Kd6 3.Nxe4+ fxe4 4.Ke3 Ke5 5.c4 b4 6.g3 gewinnt *Radulow-Estevez*, Leningrad 1973

819. 1.Rg7+ Kh4 2.Rg4+ Kxh3 3.Rxh5+ Rxh5 4.Rf4 Kg3 5.Rxf2 mit gewonnenem Turmendspiel *Strautinsch-Chipunow*, Fernpartie 1967–1968

820. 1.Qxg8+! Rxg8 2.d8Q Rxd8 3.Rxd8+ Kg7 4.Rxd7 Ng6 5.Rxf7+ Qxf7 6.Rxf7+ Kxf7 7.Bc6! mit Bauerngewinn *Lewi-Ogurzow*, Fernpartie 1970/71

821. 1.Qg7+ Nxg7 2.Nh6+ Kh8 3.Nxf7+ Kg8 4.Nxd8 c5 5.Nxe5 *Zichichi-Hort*, 1971

822. 1.Nb6+ Kb8 (1. ... axb6 2.Ra2+ Kb8 3.Be5+ Kc8 4.Ra8++) 2.Nh2!! Qxh2 3.Be5+ Qxe5 4.Nd7+ Kc7 5.Nxe5 *Friedman-Tompson*, 1949

823. 1.Rxf6! gxf6 (1. ... Qxe5 2.fxe5 gxf6 3.exf6 und Weiß gewinnt durch »Zugzwang«) 2.Qxf6+ Kg8 3.Qxh6 Qc7 4.Qf6! mit der Drohung h6 nebst Matt *Olafsson-Unzicker*, Lugano 1970

824. 1.Rxe6 Rxe6 2.b6+! Kxb6 3.Rh6!! *Kling* und *Horwitz*, 1851

825. 1.d4! Rxd4 2.e7 Rd6+ 3.Kg7! Rd8 4.Kf7 gewinnt. Nach 2. ... Re4 folgt 3.Ne6 Kd7 4.Nc5+ *Réti*, Tagesbote 1928

826. 1.Re4+ Kd7 2.Rd3+ Kc7 3.Rc4+ Kb8 4.Rb3+ Ka8 5.Rg3 *Prokeš*, 1949

827. 1.Re3+ Kd7 2.Rd4+ Kc7 3.Rc3+ Kb8 4.Rb4+ Ka8 5.Rg4 *Prokeš*, 1949

828. 1.Bh6+ Kf7 2.Bf5+ Kg6 3.Bg5+ Kf7 4.Rxg8! Kxg8 5.Ke6 Kh8 6.Kf7 e5 7.Bg7++ *Troitzky*, NIWA 1909

829. 1.Rh8+ Kd7 2.Rh7+ Kd6! (3.Rxa7 patt) 3.Nf7+ (3.Nb7+ Kc6 4.Nd8+ Kb6) 3. ... Kc6 4.Ne5+ Kb6 5.Nc4+ Ka6 6.Rh6+ Kb5 7.Rb6+ Ka4 8.Kc3 Rb7 9.Nb2+ nebst 10.Rxb7 oder 6. ... Kb7 7.Nd6+ Kb8 (7. ... Kc6 8.Nc8+ und auf 7. ... Ka8 8.Rh8++) 8.Rh8+ Kc7 9.Nb5+ mit Gewinn *Tontschew*, »64« 1927

830. 1.Kb8! Kd7 2.Kb7 a5 3.Kb6 a4 4.Kc5 a3 5.Ne5+ Ke8! 6.Kc6 a2 7.Kc7 a1Q 8.d7+ Ke7

9.d8♕+ ♔e6 10.♕g8+ ♔f5 11.♕g4+ ♔f6 12.♕g6+ ♔xe5 13.♕g7+ *Scheffler*, SCHACH 1977

831. 1.♘c7+ ♔b7 2.♘xf4 ♗h7 3.♘e6 ♗xg8 4.♘f8 ♔c7 5.♔g5 ♔d6 6.♔xh5 ♔d5 7.♔h6 ♔e4 8.♔g7 ♔e5 9.♘d7+ usw. oder 5. ... ♔d8 6.♔xh5 ♔e8 7.♔g5! ♔xf8 8.♔h6 Blandford, 1953

832. 1.g4! (1.♘d6? g4+! 2.♔xg4 c3!) 1. ... c3 2.♘d6 c2 3.♘f5 (3.♘e4? ♔g1 4.♘c3 ♔xf2!) 3. ... c1♘! (3. ... c1♕? 4.♘g3+ ♔g1 5.♘e2+) 4.f4! gxf4 5.g5 ♘d3 6.g6 ♘f2+ 7.♔h4 ♘e4 8.g7 ♘f6 9.♔g5 ♘g8 10.♔xf4 ♔g2 11.♔g5 ♔f3 12.♔g6 oder 3. ... ♔g1 4.♘d4 c1S 5.f4 gxf4 6.g5 ♘d3 7.g6 ♘f2+ 8.♔h4 ♘e4 9.g7 ♘f6 10.♔g5 ♘g8 11.♔xf4 ♔f2 12.♘f5 ♔g2 13.♔g5 *Scheffler*, SCHACH 1979

833. 1.h7 ♔g7 2.d4! a4 3.d5 exd5 4.e5! (falsch wäre 4.♔f5? a3 5.♔e6 a2 6.h8♕+ ♔xh8 7.♔f7 a1♕) 4. ... dxe5 5.♔f5 a3 6.♔e6 a2 7.h8♕+ ♔xh8 8.♔f7 a1♕ 9.g7+ ♔h7 10.g8♕+ ♔h6 11.♕g6++ *Pogosjanz*, Schachmaty 1979

834. 1.♔c1! b2+ 2.♔c2 (2.♔b1? b3! 3.g5 ♔g8 4.f6 ♔f7 5.h6 ♔g6 = oder 4.h6 ♔h7 5.f6 ♔g6 = oder 4.g6 ♔g7 =) 2. ... b3+ 3.♔b1 ♔f6 (3. ... ♔g8 4.g5! oder 3. ... ♔h6 4.f6 ♔h7 5.g5 ♔g8 6.h6!) 4.h6 ♔f7 5.g5 ♔f8! 6.g6! ♔g8 7.g7 ♔h7 8.g8♕+! ♔xg8 9.f6 ♔h7 (♔f7) 10.f7 (h7) *Kowalenko*, SCHACH 1976

835. 1.g6 b5 2.e4! (um die Diagonale b1-h7 zu versperren) 2. ... dxe4 3.♔g4 b4 4.♔f5 b3 5.♔e6 b2 6.h8♕+ ♔xh8 7.♔f7 b1♕ 8.g7+ nebst Matt auf g6 (zieht Schwarz 2. ... b4, so 3.e5! b3 4.e6 b2 5.e7 b1♕ 6.h8♕+ ♔xh8 7.e8♕+ ♔g7 8.♕f7+ nebst Matt) *Aisenstadt*, Smena 1931

836. 1.d6 ♔b6 2.♔c4! c5 (2. ... ♔b7 3.♔c5 ♔b8 4.♔b6) 3.♔d5 c4 4.♔e6 c3 5.d7 Irkarte, 1957

837. 1.a6 ♖a1 2.a7 ♔f7 3.♖h8! ♖xa7 4.♖h7+ *Kling* und *Horwitz*, 1851

838. 1.h7+ ♔g7 2.h8♕+! ♔xh8 3.♔f7 ♖f1+ (3 .... ♖xh4 4.g7+ ♔h7 5.g8♕+ ♔h6 6.♕g6++) 4.♗f6+ ♖xf6+ 5.♔xf6 ♔g8 6.g7 *Steinitz*, 1862

839. 1.♖d5 ♖g1+ (gegen die Drohung 2.♖d8+ nebst Bauerngewinn gerichtet) 2.♔f5 ♖f1+ 3.♔e5 ♖e1+ 4.♔d6 ♖g1 5.♔c7! ♖c1+ 6.♔d7 ♖e1 7.♖d6 ♔b8 8.♔d8 ♖g1 9.♔e8 *Mandler*, 1950

840. 1.♕a3+ ♔b1 2.♕a6! ♔c2 3.♕e2+ ♔c3 4. ♕f1! *Horwitz* und *Kling*, 1851

841. 1.♔a7! a3 2.♔b6 ♔b2 3.♔a5+ ♔c2 4.♕c7+ ♔b2 5.♕b6+ ♔c2 6.♕c5+ ♔b2 7.♕b4+ ♔c2 8.♕xa3 ♔b1 9.♔d3+ ♔b2 10.♕d2+ ♔b1 11.♔b4 a1♕ 12.♔b3 mit Matt. Fehlerhaft wäre 1.♔b7? ♔b2 2.♔a6+ ♔c2 und Schwarz hält remis. *Gorgiew*, 1959

842. 1.♘b6 b2 2.♘d5+ ♔d6 3.♘c3 c5 (3. ... ♔e5? 4.♘b1 ♔d4 5.♗c8 c3 6.♗f5) 4.♘b1! (4.♘a4+ ♔b4 5.♘xb2 c3 6.♗d3 ♔b3) 4. ... ♔b4 5.♘b6 (5.♗c8 c3 6.♗f5 ♔b3 7.♗e6+ ♔b4) 5. ... c3 6.♗d3 ♔b3 7.♔b5 c2 8.♗c4++ *Kubbel*, Schachmaty w SSSR 1940

843. 1.♖e2 ♕g8 2.♘g7! (2.♘f6 ♕g1! 3.♖e8+ ♔g7 4.♖g8+ ♔h6 5.♖xg1 patt) 2. ... ♔xg7 3.♖g2+ nebst ♖x♕ und der a- Bauer gewinnt; nach 2. ... ♕xg7 folgt 3.♖e8+ ♕g8 4.♖xg8+ usw. *Prekiorka* Szach, Polski 1920

844. 1.♔g2! a5 2.♔f3 a4 3.h6! ♔xh6 4.♔g4 a3 5.♔h4 a2 6.g4 a1♕ 7.g5++ oder 1. ... ♔xf5 2.♔f3 ♔g5 3.g4 a5 4.♔e4 ♔xg4 5.h6 *Schindler*

845. 1.♕b7+! ♔g1 2.♕h1+! ♔xh1 3.♔f1 ♖f7 4.♗e6 ♖g7 5.♗d5+ ♖g2 6.c6! ♘b6 7.axb6 cxb6 8.c7 und gewinnt, aber nicht 1.♕xa8+? ♔g1 2.♕h1+ ♔xh1 3.♔f1 ♖g7 4.♗f3+ ♖g2 5.c6 patt *Greban-Rusinek*, Schach 1976

846. 1.♗a2 ♔g7 2.♕g8+ ♔f6 (2. ... ♔h6 3.♗f7 nebst Matt) 3.♕f7+ ♔e5 4.♕e6+ ♔d4 5.♕d5+ ♔c3 6.♕c4+ ♔b2 7.♕b3+ ♔a1 8.♗b1! ♖xb1 9.♕a3++ *Kozdon*, 1973

847. 1.♔e4! h2 2.♖h8 ♔d2 3.♔d4! ♔c2 4.♔c4! a2 5.♖xh2+ ♔b1 6.♔b3 a1♘+ 7.♔c3 oder 1. ... a2 2.♖a8 ♔f2 3.♔f4! h2 4.♖xa2+ ♔g1 5.♔g3 h1♘+ 6.♔f3 *Havel*, 1944

848. 1.♖d5! ♖xd5 2.♗e3! ♖g5 3.♗f7+ ♖g6 4.♔h2 und der Turm geht verloren *Mattison*, Atputa 1930

849. 1.♕e4+ ♔b8 2.♖b6+ ♔xb6 3.♗a6 ♖d7 4.♕a8+ ♔xa8 5.♘xb6+ ♔b8 6.♘xd7+ gewinnt die Dame *Kubbel*, 1921

850. 1.♖c8 ♕a3 2.♘d4+ ♔b6 3. ♖b8+ ♔c5 4.♖b5+ ♔d6 5.♖d5+ ♔e7 6.♖a5!! (auf 6. ... ♕xa5+ 7.♘c6+ mit Gewinn) *Bron*, Schachmatny Listok 1927

851. 1.♗d6+ ♔f7 2.♗f4! ♔f8 3.♗h6+ ♔f7 4.♗e3! ♔f8 5.♗c5+ ♔f7 6.♗g1 ♔f8 7.♗c5+ ♔f7 8.♗b4 und gewinnt *Neistadt*, Schachmaty w *SSSR* 1929

852. 1.♗f6 d4 2.♘e2 (2.♘f3? a1♕ 3.♗xd4+ ♕xd4 4.♘xd4 ♔xd4 5.♔f4 ♔xd3 6.♔g5 ♔e4 7.♔h6 ♔f5 8.♔xh7 ♔f6 remis) 2. ... a1♕ 3.♘c1!! (es droht ♗g5++). Nach 3. ... ♕xc1 entscheidet 4.♗g5+, auf 3. ... ♔d2 4.♘b3+ auf 3. ... ♔a5 4.♗xd4+ nebst 5.♘b3+ und auf 3. ... h6 4.♗e5 *Platow, W. u. M.*, Rigaer Tageblatt 1909

853. 1.♘e5+ (1.♘d6+ ♔d3 2.g8♕ ♗e4+ 3.♘xe4 ♖xg8) 1. ... ♔d4 2.g8♕! ♗e4+ 3.♔d6 ♖xg8 4.♘b5++ *Lasar*, 1924

854. 1.♘a6+ ♔a8 2.♖b4 ♖h8+ 3.♔g1 f2+ 4.♔g2! (4.♔f1? ♖h1+ 5.♔e2 f1♕+) 4. ... ♖g8+ (4. ... f1♕+ 5.♔xf1 e2+ 6.♔g2!) 5.♔h2! (5.♔h3? f1♕+) 5. ... ♖h8+ 6.♔g3 ♖g8+ 7.♔h4 ♖h8+ 8.♔g5 ♖g8+ 9.♔h6 ♖h8+ 10.♔g7 ♖c8 11.♖b8+ ♖xb8 12.♘xc7++ oder nach 3. ... ♖g8+ 4.♔h2! (4.♔f1? e2+ 5.♔f2 ♖g2+ 6.♔xf3 e1♘+ 7.♔e4 ♖g4+ 8.♔f5 ♖xb4 9.♘xb4 ♔b8) 4. ... ♖h8+ 5.♔g3 *Kollarik*, SCHACH 1976

855. 1.g8♕ ♖xg8 2.♘h6+ ♔f6 3.♘xg8+ ♔g7 4.♘e7 ♔f8 5.♘c8 ♔xe8 6.♔c4 ♔d8 7.♔b5 ♔xc8 8.♔a6 *Karowin*, 1964

856. 1.♘f8+! (1.♘c5+ ♔c8! 2.♘e6 ♖g8! oder 1.♘f6+ ♔c8 2.♖c1+ ♔d8!) 1. ... ♔c8 2.♖c1+ ♔b8 (2. ... ♔d8 3.♘e6+) 3.♘d7+ ♔a7 4.♖a1++ oder 1. ... ♔e8 2.♘e6 ♖g8 3.♘c7+ ♔f7 4.♖f1+ ♔g7 5.♘e6+ ♔h7 6.♖h1++ *Kubbel*, Tschigorin-Wettbewerb 1938–39

857. 1.♘e4! (1.♖d6 ♗xc3) 1. ... ♗e7 (es drohte 2.♖a2 ♔b7 3.♘c5+) 2.♖d7 ♗b4 3.♖h7 ♗e1 4.♖h1 ♗a5 5.♖a1 mit Figurengewinn *Sachodjakin*, 1933

858. 1.♕g5!! ♔e6+ (1. ... ♗xd7 2.♘f4 nebst ♗h5+) 2.♔g1!! (2.♔e1 ♗xd7 3.♘c5+ ♔c8 4.♗a6+ ♔b8 5.♕g3+ ♔a8 6.♗b7+ ♗xb7 7.♘d7 ♕b4+) 2. ... ♗xd7 3.♘c5+ ♔c8 (3. ... ♔d6 4.♕g3+! ♔d5 5.♗c4+! ♔xc4 6.♕b3+ ♔xc5 7.♕a3+ nebst 8.♕xf8) 4.♗a6+ ♔b8 5.♕g3+ ♔a8 6.♗b7+! ♗xb7 7.♘d7! ♕d8 8.♕b8+! ♕xb8 9.♘b6++ *Selezkij*, Schachmaty w SSSR 1933

859. 1.♗c6!! ♖b1+ 2.♔e2 ♖xh1 3.♗g2+!! ♔xg2 4.♘f4+ ♔g1 5.♔e1 g2 6.♘e2++ *Troitzky*, Nowoe wremja 1897

860. 1.♔g4+! (Nicht 1.♖xa2 ♘xa2 2.♔g4 a4 3.♔f4 ♘c3 4.♔e3 ♘b5 5.♔d3 ♘xa3 6.♔c3 ♘b5+ 7.♔b4 a3 und Schwarz gewinnt) 1. ... ♔g6 2.♖xa2 ♘xa2 3.♔f4 ♔f6 4.♔e4 ♔e6 5.♔d4 ♔d6 6.♔c4 ♔c6 7.♔b3 ♘c1+ 8.♔a4 ♔b6 mit Patt *Gurwicz*, Schachmatny Listok 1927.

861. 1.♔f7 e3 2.♘f6+ ♔h8 3.♘d5! (3.♔g4? e2 4.♘e5 ♔h7 5.♔f3 h5 6.♔f6 h4) 3. ... e2 4.♘f4 e1♕ 5.♘xg6+ ♔h7 6.♘f8+ Dauerschach *Chéron*, 1952

862. 1.♘e7+ ♔h7 (Falls 1. ... ♔f8 oder ♔h8, so 2.♘g6+ nebst ♘f4 und nach 1. ... ♔f7 folgt 2.♘c6 e2 3.♘e5+ nebst ♘f3) 2.g6+ ♔h8 (2. ... ♔h6 3.♘f5+) 3.♔b4 e2 4.♔c5 e1♕ 5.♔d6 und die Dame ist machtlos gegen die Springerblockade *Iljin*, Schachmaty w SSSR 1947

863. 1.♘c6 d3 2.♘xa7! d2 3.♘b5 d1♕ 4.♘c3! ♕d6+ 5.♔h1 positionelles Remis *Troitzky*, Didskrift för Schak 1910

864. 1.d5+! (1.♔c3 f5! 2.e5 f4 3.♔b2 g5 4.♔xa1 g4 nebst f3 oder nach 2.exf5 ♔xf5 3.♔b2 ♔e4 4.♔xa1 ♔xd4 5.♔b2 g5 6.♔c2 ♔e3 7.♔d1 ♔f2 8.g4 ♔f3 und Schwarz gewinnt. 2.d5+ ♔f6! 3.exf5 ♔xf5 4.♔b2 ♔e5 5.♔xa1 ♔xd5 6.♔b2 ♔d4 7.♔c2 ♔e3 gewinnt ebenfalls Schwarz.) 1. ... ♔e5 2.♔c3 f5 3.d6! ♔xd6 4.exf5 gxf5 5.g4! (1. ... ♔d6 2.♔c3 ♔e5 3.g4!) remis *Botwinnik*, Ogonjok 1952

865. 1.♖c8+ ♔d2! 2.♖d8+ ♔e2 3.♖e8+ ♔f2 4.♖f8+ ♔g2 5.♖b8! h1♕ 6.♖b1! ♕h5 7.♖b2+ ♔f3 8.♖b3+ ♔e4 9.♖b4+ Dauerschach *Sachodjakin*, Schachmaty w SSSR 1947

866. 1.♔e6! ♔d4+ 2.♔d7 usw. *Troitzky*, 1935

867. 1.♗f6! ♕d6+ 2.♔e5 ♕f8 3.♔g7 ♕a3 4.♗b2! ♕f8 5.♗g7 ♕b4 6.♗c3! ♕f8 7.♗g7 ♕e7 8.♗f6 ♕f8 9.♗g7 ♕g8 10.♗f6 ♕h7 11.♖g7 ♕h8 12.♗g5 ♕f8 13.♗g7 remis *Nadareishwili*, SCHACH 1976

868. 1.♖xe4! (1.♖a5? e3 2.♖xa3 e2 3.♖a1 ♗d1 4.♖a7+ ♔f6 5.♖a6+ ♔f5 6.♖a5+ ♔f4) 1. ... ♗c2 2.♔h8! a2 3.♖e1 ♗b1 4.♖e5! a1♕ 5.♖a5 ♗a2 6.♖a7+ mit positioneller Remisstellung *Deniel*, 1910

869. 1.♖a1+ ♔b8 2.♖b1+ ♔c8 3.♗xf5+ ♕xf5 4.♖b8+! ♔xb8 patt *Kubbel*, 1923

870. 1.♔g3 h5 2.e4 ♔g1 3.e5! dxe5 patt *Rinck*, 1911

871. 1.♖g8+ ♔b7 2.♖g7+ ♔c6 3.♖g6+! ♔d7 4.♖g7+ ♔e6 5.♖g6+ ♔f7 (5. ... ♔e5 6.♖g5) 6.♖g7+ ♔f6 7.♖f7+ ♔xf7 patt

872. Die Summe $= 2^0 + 2^1 + 2^2 + \ldots 2^{63} = \sum_{i=0}^{63} 2^i = 2^{64} - 1 = 18\ 446\ 744\ 073\ 709\ 551\ 615$. Das entspricht einer Menge von rund 300 Mill. Güterzügen Weizen, die etwa 4000 mal den Erdball umspannen.

873. In 18 verschiedene Teile (vgl. Diagrammbild 980). Von *Loyd*, Sam Loyds Puzzle, Magazine 1908

874. 14 Läufer sind möglich, z. B. auf a3, a5, a7, a8, b1, c8, d1, e8, f1, g8, h2, h4, h6, h8 (vgl. Diagramm 981).

875. Es sind 32 Springer, z. B. auf allen weißen Feldern wie im Diagramm 982.

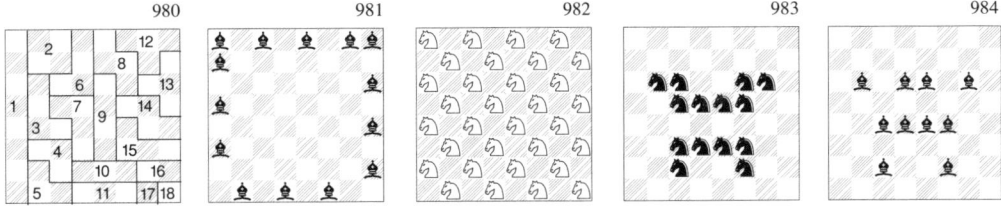

980   981   982   983   984

876. Es müssen mindestens 14 Springer eingesetzt werden, z. B. auf b6, c2, c3, c5, c6, d3, d5, e3, e5, f2, f3, f5, f6, g6 (vgl. Diagramm 983).

877. Es sind dafür 10 Läufer erforderlich, z. B. auf b6, c2, c4, d4, d6, e4, e6, f2, f4, g6 (vgl. Diagramm 984).

878. Eine mögliche Lösung zeigt das Zahlendiagramm 985.

879. Vergleiche die im Diagramm 986 eingezeichneten Damenzüge! Von *Loyd*, Le Sphinx 1866

880. Vergleiche die im Diagramm 987 eingezeichneten Turmzüge! Nach *Gik*

881. Ein Beispiel zeigt die mögliche Zugfolge des Turms nach d5 in Diagramm 988. Nach *Gik*

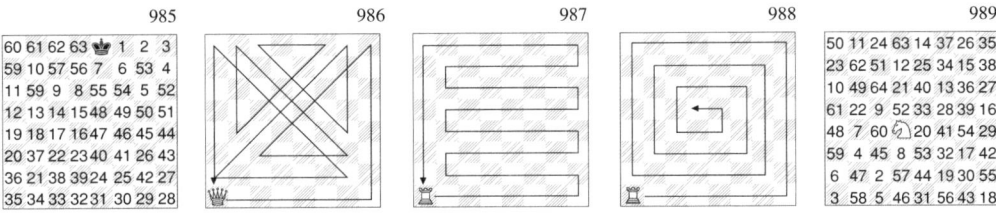

985   986   987   988   989

882. Eine Lösung ist im Diagrammbild 989 ersichtlich. *Jaenisch*

883. Den Weg des Läufers von h1 nach a8 über alle weißen Felder zeigt das Diagrammbild 990.

884. Die anderen 4 Damen stehen auf b7, d5, e4, f3 (vgl. Diagramm 991). Insgesamt können bei dieser Aufgabe die 5 Damen so gestellt werden, dass 4860 (!) unterschiedliche Konstellationen entstehen.

885. Die anderen 7 Damen stehen auf a6, b4, c1, e8, f2, g7, h3 (vgl. Diagramm 992). Insgesamt sind 92 (!) Möglichkeiten gegeben 8 Damen so auf das Brett zu stellen, dass sie sich nicht bedrohen.

886. Die anderen Damen stehen auf a4, b2, b6, c4, c7, d1, d3, e6, e8, f2 f5, g3, g7, h5 (vgl. Diagramm 993).

887. Die maximale Anzahl von Damen beträgt 42. Sie stehen auf den Feldern b3, b4, b5, b6, b7, b8, c2, c4, c5, c6, c7, c8, d2, d3, d5, d6, d7, d8, e2, e3, e4, e6, e7, e8, f2, f3, f4, f5, f7, f8, g2, g3, g4, g5, g6, g8, h2, h3, h4, h5, h6, h7 (vgl. Diagramm 994).

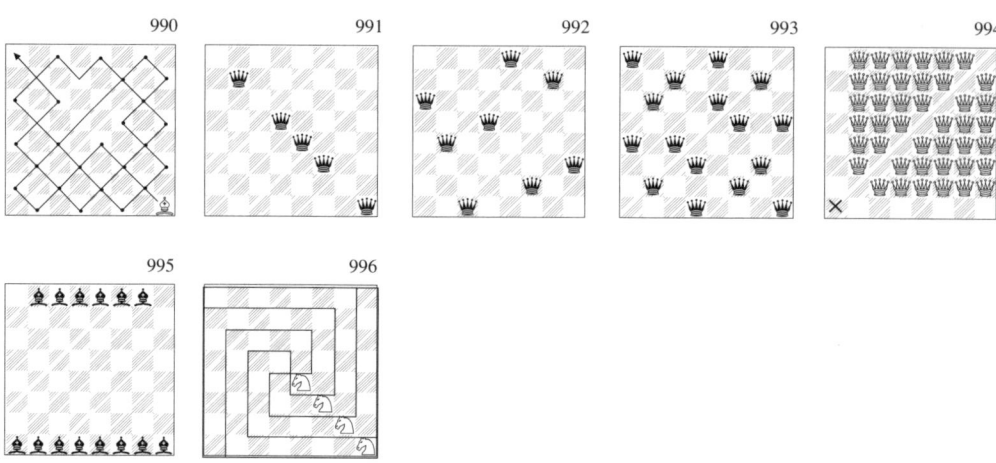

888. Die anderen Läufer stehen auf Randfeldern a1, b1, c1, d1, e1, g1, h1, b8, c8, d8, e8, g8 (vgl. Diagramm 995).

889. Jeder Springer steht auf einem Territorium von 16 Feldern (vgl. Diag. 996). *Loyd*, Sam Loyds Puzzle, Magazine 1908

890. 1.0–0++ *Soltsin*, 1957

891. 1.0–0–0++ *Petrović*, Breuer Mem. T. 1973

892. 1.f8♛++ *Loyd*, Chess Strategic 1881

893. 1.bxa8♛++ *Loyd, N. Y.*, Illustrated News 1860

894. 1.♛e6+ ♚h8 (1. ... ♚f7 2.♛f7++) 2.♞f7+ ♚g8 3.♞h6+ ♚h8 4.♛g8+! ♜xg8 5.♞f7++

895. 1.♗d5+ ♜b7 2.♛b8+ ♜xb8 3.♜xa7+ ♗xa7 4.♞c7++

896. 1. ... ♚xb6 (1. ... ♗xb4) 2.♗d4++ oder 1. ... ♚xb4 2.♗e7++ *Prutkowa*, in »64«, 1/1971

897. 1.♛d7++, 1. ... ♞g2++ *Loyd*, Texas Siftings 1888

898. 1.g8♛ (♜)++, 1. ... ♜xc6++ *Dalvson*, Fairy Chess Review 1946

899. Weiß vollendet die Rochade! *Loyd, N.Y.*, Illustrated News 1860

900. Der weiße Bauer auf c6 wird in einen schwarzen verwandelt, dann setzt der Springer auf c6 matt! *Munoz*, 150 Schachkuriositäten 880.

901. Vollenden der langen Rochade nebst Matt auf d8. *Latzel*, Die Schwalbe 1950

902. 1.♜e3!! h2 und 2.♞f6++ für 10 schwarze Könige. *Dayk*,1947

903. 1.♞c6 ♚xc6 2.♛c8+ ♚d5 3.♛a8+ ♚c4 4.♛a2+ ♚d3 5.♛e2++ *Loyd, N.Y.* Albion, 1856

904. Bei Zwangszügen des schwarzen Königs ziehen nacheinander folgende weiße Figuren: 1.♞g5 2.♜h3 3.♞g3 4.♜f5 5.♗f4 6.♜e5 7.♞f5 8.♜g3 9.♞h3 10.♗g5 11.♞f4 12.♜h3 13.♞g3 14.♜f5 15.♚e5 16.♞d5 17.♚f4 18.♜e5 19.♚f5 20.♞f4 21.♜xc5++ *Doysona*

905. 1.f3+ gxf3 2.exd3+ cxd3 3.♗f5+ exf5 4.♜e6+ dxe6 5.♜d4+ cxd4 6.a8♗+ ♛d5 7.♗xd5+ exd5 8.♞f6+

906. gxf6 9.♛e5+ fxe5 10.♞g5++ *Jaenisch*, 1849

907. 1.♛e4! nebst Matt nach jedem schwarzen Zug. *S. Knudsen*

908. 1.♚c3! b1♛ 2.♞c2+ ♛xc2 3.♚xc2++, 1. ... b1♞+ 2.♚c2+ ♞c3 3.♗xc3++ *A. Guljaew*

909. 1.♗f6! gxf6 2.♚f8 f5 3.♞f7++ *A. Galizkiy*, 1900

910. 1.♗c2! g2 2.♜xa2+ ♚xa2 3.♜a8++ *A. Guljaew*, 1944

911. 1.f8♞! ♚f6 2.♞d7++ oder 1. ... ♚f4 2.♞g6++ Aus *Chairabedjan*, Sabawna schachmatna komposizija 1969

912. 1.♛f1 ♚a7 2.♛h1 ♚a6 3.♛hg1 ♚a5 4.♛gf1 ♚a4 5.♛ce1 ♚a3 6.♛a1+ ♚b3 7.♛eb1++ *Ensor*, Schachscherze 1915

913. Das Matt ist in 2 Zügen erreichbar 1.♛g2! und auf 1. ... b4 2.bxc4++, 1. ... c3 2.b4++, 1. ... c5 2.♜d6++, 1. ... d2 2.♛xd2++, 1. ... d6 2.♞e7++, 1. ... e3 2.f4++, 1. ... e5 2.♛g8++, 1. ... f4 2.fxe4++ *Yait*, 1906

914. Nach 1. ... 0–0–0 setzt Weiß mit 2.♕xc7+ ♚xc7 3.♖c1 matt. Nach 1. ... 0–0 setzt Schwarz auf 2.h6 ♖f6+ 3.♔h5 ♖xh6 matt. *Chairabedjan* und *Atakasow*, At. Chr. 1969

915. 1.♔xe1 ♕a1 2.h3! ♕a2 3.h4 ♕a1 4.h5 ♕a2 5.h6 ♕a1 6.h7 ♕a2 7.h8♘!! und der Springer setzt mit f7 – e5 – d7 – xc5 – e4 – d6 -xc4 – a5 – xb3 matt. Aus *Gik*, Matematika na schachmatnoi doske 1976

916. Remis durch Dauerschach 1.♘f5+ ♔d7 2.♘e5+ ♔c8 3.♘e7+ ♔b8 4.♘d7+ ♔a7 5.♘c8+ ♔a6 6.♘b8+ ♔b5 7.♘a7+ ♔b4 8.♘a6+ ♔c3 9.♘b5+ ♔d3 10.♘b4+ ♔e2 11.♘c3+ ♔f2 12.♘d3+ ♔g3 13.♘e4+ ♔g4 14.♘e5+ ♔f5 15.♘g3+ ♔f6 16.♘g4+ ♔e7 17.♘f5+ usw. Aus *Chairabedjan*, Sabawna schachmatna komposizija 1969

917. 1.♖b2! axb2 2.♗xb2++ *Pogosjanz*, Moskowskiy komsomolez 1964

918. 1.c4 axb2 2.♗xb2++ *Pogosjanz*, Moskowskiy komsomolez 1964

919. 1.♕c4+ ♔f6 2.♖f4+ ♔g5 3.♖f5+ ♘xf5 4.♕g4+ ♔h6 5.♘xf5++ *Schumow*, 1855

920. 1.♖d1! (Nicht 1.0–0–0, da der weiße König und Turm schon einmal gezogen haben müssen, wie aus der Figurenkonstellation ersichtlich ist; alle weißen und schwarzen Bauern verwandelten sich in Läufer!) Nach jedem schwarzen Zug folgt ein Abzugsmatt. *Mazukewitsch*, Schachmaty w SSSR 1977 (Der »Vogel Ruch«)

921. 1.0–0 nebst ♖d1++; 1. ... ♖a6 nebst. ... ♖a1++ (Die Rochade verbietet sich, da Weiß im letzten Zug nur den König oder Turm gezogen haben kann!) *Dauison*, 1934

922. a) W. a. Zug: 1.♕xh3+ ♔xh3 2.♔g5++ b) Sch. a.Z.: 1. ... ♘e7+ 2.♔e4 ♖xf4++ *Loyd*, American Chess Journal 1878

923. 1.♘c5+ ♔xf4 2.♘xe5 ♔f5 3.♖cf3++ oder 1. ... ♔e2 (f2) 2.♖g2+ ♔d1 (f1) 3.♖d2++ (♖c1++) *Loyd*, The Circle 1908

924. Durch reizvolle Bauernschachs 1.h7+ ♔xf7 2.g6+ ♔e6 3.f5+ ♔xd5 4.e4+ ♔c4 5.d3+ ♔b3 6.♗c2+ ♔b2 7.c4+ ♘f6 8.♗xf6++ *Verfasser* unbekannt; veröffentlicht unter dem Titel »The Chase«

925. 1.♘g5+ ♔g8 2.♘h6+ ♔f8 3.♘h7+ ♔e7 4.♘g8+ ♔d7 5.♘f8+ ♔c8 6.♘e7+ ♔b8 7.♘d7+ ♔a7 8.♘c8+ ♔a6 9.♘b8+ ♔b5 10.♘a7+ ♔b4 11.♘a6+ ♔a3 12.♘b5++ *Petroff*, 1866

926. 1.d7 nebst 2.d8♘++ Aus *Chairabedjan*, Sabawna schachmatna komposizija 1969

927. 1.♗b6! ♔b4 2.♗xa5+ (2.f8♕+? ♔c5 3.♗xc5+ ♔c4!) 2. ... ♔c4 3.f8♕! (droht 4.♕c5++) 3. ... ♔d4 4.♕f4++ *Sidorow*, Komsomolskoe snamja 1982

928. 1.♕a1! d3+ 2.♔e3 nebst ♖b5 (nach 2. ... cxb4 3.♕a5+c5 4.♕a8++), 1. ... e3 2.♕h1+ e4 3.♕h5+ e5 4.♕f7++, 1. ... c3 2.♕a2+ c4 3.♕xc4++ *Jespersen*

929. 1.♗c3! d2 2.♔h1 d2 3.♔h2! d1♕ 4.♕xd1++ oder 1. ... e3 2.♕h1+ e4 3.♕h5+ e5 4.Df7++ *Keller*, 1910

930. 1.♕f2! d3 2.♘e3+ ♔d4 3.♘f5+ ♔d5 4.♘e7++, 1. ... c3 2.♕a2+ c4 3.♕a5+ c5 4.♕a8++, 1. ... e3 2.♕f3+ e4 3.♕h5+ e5 4.♕f7++ *Wainrait*, 1910

931. 1.♕a1! c3 2.♕a2+ c4 3.♕a5+ c5 4.♕a8++, 1. ... e3 2.♕h1+ e4 3.♕h5+ e5 4.♕f7++, 1. ... d3 2.♕c3! e3 3.exd3 cxd3 4.♕xd3++ *Man*, 1907

932. 1.d8♘! ♔b3 2.♘e6 ♔b4 3.♘c7 ♔b3 4.♘a6! ♖b4 5.♘xc5++ *Nerong*, Schachscherze 1915

933. 1.a8♕+ c6! (1. ... ♔e6 2.♕g8+ ♔f5 3.♔h5 mit Matt) 2.♕g8+ e6 3.♕g2 c3 4.♕a2+ c4 5.♕a5+ c5 6.♕a8+ ♖b7 7.♕xb7++ *Sidorow*, »64« 1981

934. 1.♘f4+ ♔c5 2.♘e6+ ♔d5 3.♘xc7+ ♔c5 4.♘xa6+ ♔d5 5.♘c7+ ♔c5 6.♘e6+ ♔d5 7.♘f4+ ♔c5 8.♔e4 d5+ 9.♔e5 ♗f6+ 10.♔e6 ♘d8+ 11.♔d7 und 12.♘xd3++ *Blaty*, 1932

935. Weiß gewinnt durch Abzugs- und Doppelschachs: 1.♖f2+ ♔e3 2.♖f3+ ♔e4 3.♖e3+ ♔d4 4.♖e4+ ♔d5 5.♖d4+ ♔c5 6.♖d5+ ♔c6 7.♖c5+ ♔b6 8.♖c6+ ♔b7 9.♖b6+ ♔a7 10.♖b7+ ♔a8 11.♖a7+ ♔b8 12.♖a8++ *White*

936. 1.♗a4+! ♔xa4 (2. ... ♔c4 3.♗b3+) 2.b3+ ♔b5 3.c4+ ♔c6 4.d5+ ♔d7 5.e6+ ♔xd8 6.f5 und Schwarz ist in seiner Hälfte gefangen! *Rudolf*, 1912

937. Schwarz setzt im 4. Zug matt: 1. ... exf5 2.d6 fxg4 3.d7 gxh3 4.d8♕ hxg2++ *Loyd* 1868

938. Weiß gewinnt! 1. ... ♖b1 2.g3! ♗xg3 3.f4 ♗xf4 4.e5 ♗xe5 5.d6 ♗xd6 6.c7 ♗xc7 7.b8♕+ nebst Dxb1 *Korolkow*, Moskau 1970

939. 1.♗b1! b2 2.♖a2 b3 3.♖a3 b4 4.♖a4 b5 5.♖a5 b6 6.♗e4++ *Bridshuotr*, Chess 1936

940. 1.♗g4 ♔c4 2.♔xb2 ♔c5 3.♔xb3 ♔c6 4.♔xb4 ♔c7 5.♔xb5 ♔b8 6.♔xb6 ♔a8 7.♖d8++ *Weber*, Die Schwalbe 1931

941. 1.♖a2! ♝h2 (Es drohte 2.♗xb6+ nebst ♗c7++) 2.♗xb6+ ♚b8 3.♗a7+ ♚a8 4.♗xc5+ ♚b8 5.♗a7+ ♚a8 6.♗xd4+ ♚b8 7.♗a7+ ♚a8 8.♗xe3+ ♚b8 9.♗a7+ ♚a8 10.♗xf2+ ♚b8 11.♗a7+ ♚a8 12.♗g1+ ♚b8 13.♗xh2++ *Karlstrom*, Die Schwalbe 1940

942. 1.♕e3+ ♚b1 2.♕e4+ ♚c1 3.♕f4+ ♚b1 4.♕f5+ ♚c1 5.♕g5+ ♚b1 6.♕g6+ ♚c1 7.♕h6+ ♚b1 8.♕h7+ ♚c1 9.♕xc7+ ♚b1 10.♕b6+ ♚c1 11.♕c5+ ♚b1 12.♕b4+ ♚c1 13.♕xa3+ ♚b1 14.♕b2++ Loyd Chess Monthly 1859

943. 1.f3 exf3 2.♔f1 f2 3.e4 dxe4 4.♔xf2 e3+ 5.♔e1 e2 6.d5 cxd5 7.♔xe2 d4 8.♔d2 d3 9.c6 bxc6 10.♔xd3 ♚b7 11.♔c4 ♚a8 12.♔c5 ♚b7 13.♔d6 c5 14.a8♕+ ♚xa8 15.♔c7 und es folgt ein Matt in 3 Zügen: 15. ... c4 16.b7+ ♚a7 17.b8♕+ ♚a6 18.♕b6++ Autor unbekannt

944. 1.♘5g3+ ♚f4 2.Se6++ *K. Wait*, 1950

945. 1.♗a2! Zugzwang *Mazukewitsch*, 1969

946. 1.♘f5+ ♚d5 2.♘e7+ ♚d6 3.♘c8+ ♚d5 4.♘b6+ ♚d6 5.♘xc4+ ♚d5 6.♘b6+ ♚d6 7.♘c8+ ♚d5 8.♘e7+ ♚d6 9.♘f5+ ♚d5 10.c4++ *Gilberg*, 1890

947. 1.c4 c5 2.♕a4 ♛a5 3.♕c6 ♛c3 4.♕xc8++ oder 1.d4 d5 2.♕d3 ♛d6 3.♕h3 ♛h6 4.♕xc8++ *Loyd*, Le Sphinx 1866

948. (1.f3 e5) 2.♔f2 h5 3.♔g3 h4+ 4.♔g4 d5++ *Loyd*, Le Sphinx 1866

949. (1.e4 e5) 2.♔e2 ♚e7 3.♔e3 ♚e6 4.♕f3 ♛f6 5.♘e2 ♞e7 6.b3 b6 7.♗a3 ♝a6 8.♘d4+ exd4++ Loyd Le Sphinx 1866

950. 1.♗a6! Zugzwang 1. ... axb6 2.♗b5 bxc5 3.♗c4 cxd4 4.♗d3 dxe3 5.♗e2 exf2++ Aus *Assiac*: Vergnügliches Schachbuch, 1953, S. 192

951. Es sind 33 Felder: a1, a3, a4, a5, a7, a8, b2, b3, b4, b5, b6, b7, c2, c4, c5, d3, d4, d5, d6, d8, e7, f6, f7, f8, g6, g7, g8, h1, h2, h4, h5, h6, h7 *Loyd*, Chess Strategie 1881

952. Während der schwarze König nur zwischen a7-b8 pendeln kann, erobert der weiße König zunächst den a- Bauern, dann den f3 Bauern, stellt danach den schwarzen König auf patt, damit f4-f3 erzwungen wird und erobert anschließend diesen Bauern. Jetzt wird mit Hilfe des weißen f-Bauern die Umwandlung des e-Bauern erzwungen mit nachfolgendem Matt. *Kipping*

953. 1.♘d4! cxd4 2.♗b4++ 1. ... exd4 ♕xc7+, 1. ... c2 2.♕e1++, 1. ... e2 ♕xc3++, 1. ... axb3 2.♘xb3++, 1. ... c6 2.♗d8++, 1. ... ♘xb5 2.♖xb5++, 1. ... ♘c8 2.♘c6++ Widmung v. *W. Golz* zu Ehren Lasker-Gedenkturnier Berlin 1962

954. 1.♖d5! Zugzwang 1. ... ♗xc2 2.♘d1++, 1. ... ♘a~ 2.♗b2++, 1. ... ♗e~ 2.♗d2++, 1.♘f~ 2.♘xe2++ *A. Kuntze* für »Deutsches Sportecho« 1982

955. 1.♖e7 ♚xf5 2.♘xh5 ♚g6 3.♗f4 ♚xh5 4.♖e6 ♚xh4 5.♖xh6++ *Kudrjawzew*, Wetschirniy Kuiw, 1981–82

956. 1.♔e2! und Matt im nächsten Zug *Verfasser* unbekannt

957. 1.e7 ♚e5 2.e8♕(♖)++ oder 1. ... ♚d3(f3) 2.♘f2(d2)++ Verfasser unbekannt

958. 1.♖g4! *Mazukewitsch*, »64« 1979

959. 1.♘c3+ ♚c2 2.♘e3+ ♚d3 3.0–0–0+ ♚xe3 4.♖f3++ *Loyd*, Chess Monthly 1858

960. 1.b8♘ ♖xg1 2.♘xd7 ♖e1 3.♘c5 nebst Matt auf b3 oder e4, auf 1. ... d5 folgt 2.♘c6 dxc4 3.♘e4++ *Loyd*, Texas Siftings 1888

961. 1.♘f4+ ♚xf2 2.♘xh3+ ♚xg3 3.♘f5+ ♚xh3 4.♗g4++ oder 2. ... ♚e2 3.c8♕ nebst ♕a6++ *Loyd*, Texas Siftings 1888

962. Auf f3. Weiß vollendet die Rochade mit Matt. Aus *A. Bauer*: Heiteres aus der Schachwelt, 1916, S. 56

963. Auf c5. Matt nach 1.♕e1! *J. Jespersen*

964. Der getarnte König steht auf e7 und kam über f6 nach ... ♘h5+ dorthin. Matt 1. ... ♗d6++. Verfasser unbekannt

965. a) h1, b) e3, c) a8 *Loyd*, Le Sphinx 1866

966. Er muß auf h4 stehen, sodann 1.d4 ♚g4 2.e4+ ♚h4 3.g3++ oder 1. ... ♚h5 2.♕d3 ♚g4 (♚h4) 3.♕h3++ *Loyd*, Chess Monthly 1858

967. Um den weißen König auf c7 stehen: ♕b8, ♖b7, ♖c8, ♗a7, ♗a8, ♘b6, ♘d8 (Schwerfiguren und weitstrahlenden Figuren wurden wohlweislich verstellt!) Nach »Problem«, Zagreb, Mai 1967

968. Weiß: ♖b2, ♖c2, ♗b4, ♗c4, ♘a2, ♘d2, Schwarz: ♖b3, ♖c3, ♗b1, ♗c1, ♘a3, ♘d3 Aufgabe nach *Zwetkow*

969. Die schwarzen Könige stehen auf c4, c6, d6, d7, e3, f3, f5, f7, g4, g6 Nach *Gik*, 1976

970. Restliche weiße Figuren stehen auf ♕g4, ♖b1, ♖e3 ♗d5 ♗f6, ♘c5 ♘d6 Nach »Problem«, Zagreb, Mai 1967

971. 1.fxe6 e. p.++ nach ... e5! *Chairabedjan*, 1969

972. Ein einzügiges Matt wäre nach ... b5 mit axb6 e. p. möglich! *Loyd*, 1876

973. 1.fxg6 e. p. hxg6+ 2.♘xg6+ ♔h7 3.♘f8++, 1. ... ♗xe6 2.g7+ ♔g8 3.♗xe6++, 1. ... ♗f7 2.gxf7 f3 3.f8♕++ *N. Schätzke*, 1985

974. Anstelle 1.♖a1 nach a4 setzt Weiß durch die Rochade matt! *Loyd*, Chess Monthly 1860

975. Anstelle 1.exd6 e. p. (auf ... d5) war 1.♕c3++ möglich! *Loyd*, Chess Monthly 1860

976. Anstelle 1.a7xb8♗ war 1.a8♕++ möglich! (auf b8 musste ein schwarzer Läufer sein) *Loyd*, Chess Monthly 1860

977. Weiß gewinnt! 1.g5! (1. ... hxg5 2.h6 und gewinnt mit der Dame gegen die schwarzen Bauern) 1. ... ♔e6 2.gxh6 ♔f6 3.♔c2!! c4 4.♔c1! Zugzwang (die Bauern gehen verloren) *Kling* und *Horwitz*, 1851

978. 1.b7 2.♘b6 3.a8♖ 4.♗a7 5.♖ad8 6.b8♖ 7.♕a8 8.♔g2 9.♔f3 10.♔e4 11.♔d5 12.♔c6 13.♔b7 14.♔c8 15.♖b7 16.♕b8 17.♘a8 18.b6 19.♖h5 20.♖5h8 21.♖hg8 22.♘h8 23.♗f7 24.♗e8 25.f7 patt *Tailer*, Fairy Chess Review 1956

979. 1.e4 d5 2.exd5 ♕xd5 3.♕h5 ♕xa2 4.♕xh7 ♕xb1 5.♕xg7 ♖xh2 6.♖xa7 ♖xg2 7.♖xb7 ♖xg1 8.♖xc7 ♖xb2 9.♖xc8+ ♔d7 10.♖xb8 ♖xb8 11.♗xb2 ♖xb2 12.♖xg1 ♖xc2 13.♕xf7 ♖xd2 14.♕xe7+ ♔xe7 15.♖xg8 ♖xf2 16.♖xf8 ♖xf1+ 17.♔xf1 ♔xf8 *Loyd*, Nokkur Skakdaemi og Tafflok, 1901

(Unbezeichnete Lösungen = Lehr- und Übungsbeispiele der Autoren)

7. Rahmentrainingsplan (RTP)

Richtlinien für das Training der Kaderspieler/innen im Deutschen Schachbund (Auszüge)

Vorliegender Rahmentrainingsplan ist ein Leitfaden für Trainer und leistungsorientierte Kaderspieler*. Die Kader- und Trainingsstrukturen im Deutschen Schachbund und in den Landesverbänden orientieren sich an den aktuellen Materialien des Deutschen Sportbundes, Bereich Leistungssport (Nationales Spitzensport-Konzept, LA-L – Rahmenkonzeption, Förderkonzept 2000, Weiterentwicklung des Stützpunktsystems ab 1. 1. 1997) sowie des Deutschen Schachbundes »Konzeption zur Leistungssportförderung im Deutschen Schachbund« (Mai 1999) und »Konzeption Leistungssportförderung der Landesschachverbände« (September 1999). Alle angebotenen Trainingsinhalte und Trainingsmethoden tragen aufbauenden und aufeinander abgestimmten Charakter.

Die jeweiligen Kaderstrukturen im Rahmen der Spitzen- und Nachwuchsförderung sowie der Förderung in den Landesverbänden bieten die Grundlage für alle nachstehende Trainingskonzepte. Diese erstrecken sich von talentierten Kindern in den Fördergruppen bzw. Förderkadern in den Landesverbänden bis zu Toptalenten und Spitzenspielern im A-Kaderkreis der Frauen und Männer des Deutschen Schachbundes.

(* Gemeinsame Bezeichnung für männliche und weibliche Kaderspieler/innen, Trainer/innen etc.)

Inhalt
1. **Kaderstrukturen in den Landesverbänden und im Deutschen Schachbund**
2. **Trainer und ihre Einsatzgebiete**
3. **Rahmenpläne für das Grundlagentraining**
3.1 Rahmenplan für das Grundlagentraining 1 ⇨ Fördergruppen
3.2 Rahmenplan für das Grundlagentraining 2 ⇨ Förderkader
3.3 Rahmenplan für das Grundlagentraining 3 ⇨ D1-Kader
4. **Rahmenpläne für das Leistungstraining**
4.1 Rahmenplan für das Leistungstraining Stufe 1 ⇨ D2-Kader
4.2 Rahmenplan für das Leistungstraining Stufe 2 ⇨ D3-Kader
4.3 Rahmenplan für das Leistungstraining Stufe 3 ⇨ D4-Kader
4.4 Rahmenplan für das Leistungstraining Stufe 4 ⇨ D/C-Kader
5. **Rahmenpläne für das Hochleistungstraining**
5.1 Rahmenplan für das Hochleistungstraining C-Kader Männer
5.2. Rahmenplan für das Hochleistungstraining C-Kader Frauen
5.3. Rahmenplan für das Hochleistungstraining A/B-Kader Männer
4.4 Rahmenplan für das Hochleistungstraining A/B-Kader Frauen

1. **Kaderstrukturen in den Landesverbänden und im Deutschen Schachbund**
1.1 **Kaderstrukturen in den Landesverbänden** (jeweils Mädchen und Jungen)
1.1.1 **Fördergruppen** (Regional-/Vereinsebene)
1.1.2 **Förderkader** (Unterverbands-/Bezirks-/Kreisebene)
1.1.3 **D1-Kader** (Landesebene)
1.1.4 **D2-Kader** (Landesebene)
1.1.5 **D3-Kader** (Landesebene)
1.1.6 **D4-Kader** (Landesebene)
1.2 **Kaderstrukturen im Deutschen Schachbund** (jeweils Frauen und Männer)
1.1.1 **D/C-Kader** (Landes- und DSB-Kader)
1.1.2 **C-Kader** (DSB-Kader)

1.1.3 **B-Kader** (DSB-Kader)
1.1.4 **A-Kader** (DSB-Kader)

2. Trainer und ihre Einsatzgebiete

Bei offiziellen Trainings- und Wettkampfmaßnahmen werden prinzipiell nur im Lizenzverfahren ausgebildete Trainer des Deutschen Schachbundes eingesetzt (Ausnahme: Spielertrainer). Die vorrangigen Aufgabenbereiche der verschiedenen Trainer gehen aus folgender Übersicht hervor.

– **Fachübungsleiter und C-Lizenztrainer:** Anfängertraining und Trainingsmaßnahmen in Vereinen
– **B- Lizenztrainer:** Training in Vereinen sowie Assistenten bei A-Lizenztrainern im Leistungstraining
– **A- Lizenztrainer:** Training der D-, D/C-, B-Kader; Landestrainer oder leitende Trainer von Landesleistungsstützpunkten und Leistungsstützpunkten
– **Bundesnachwuchstrainer:** Training und Betreuung der D/C-Kader. Nominieren von Nachwuchskadern zu nationalen und internationalen Wettkämpfen, Welt- und Europameisterschaften.
– **Bundestrainer:** Training und Betreuung der A-, B- und C-Kader; Erarbeiten und Koordinieren von Trainingskonzepten; Nominieren der Spitzenkader zu nationalen und internationalen Wettkämpfen wie Weltmeisterschaften, Schacholympiaden, Europäischen MM, Länderkämpfen u. a.

3. Rahmenpläne für das Grundlagentraining

3.1 Rahmenplan für das Grundlagentraining 1 ⇨ Fördergruppen

Richtlinien zur Kaderaufstellung

Die erste Stufe des Grundlagentrainings ist für Fördergruppen gedacht, in denen Kinder bis zu zehn Jahren bereits unter Anleitung eine systematische Ausbildung erhalten sollen. Dabei handelt es sich um erstmals erkannte Talente, die aus einem Großverein bzw. örtlich zusammenliegenden Vereinen stammen oder regional zusammengefasst werden. Die Fördergruppen werden von den Verantwortlichen in den jeweiligen Vereinen oder regionalen Vereinigungen gebildet. In die Fördergruppen sollen Kinder aufgenommen werden, die schachliche Grundkenntnisse mitbringen, über ein gewisses Talent verfügen, den Willen zum Training aufbringen und am Wettkampfbetrieb teilnehmen.

Trainingsprogramm Grundlagentraining 1

Das Grundlagentraining 1 stellt die erste Stufe einer systematischen geführten schachlichen Ausbildung dar. Da schachliche Voraussetzungen, wie Beherrschen der Spielregeln und gewisse Wettkampferfahrungen erwartet werden, sind in dieser Stufe weitere schachspezifische Kenntnisse (Eröffnungs- und Endspielphase) zu vermitteln und taktisch-strategische Fähigkeiten besonders im Mittelspiel auszubilden.

Ausbildungsziele

- Entwickeln von taktischen Fähigkeiten: Die Spieler lernen wichtige Kombinationsmotive kennen. Sie erfahren den hohen Stellenwert der Kombination für das praktische Spiel und werden dazu angehalten, ihr eigenes Spiel taktisch betont zu gestalten.
- Kennenlernen der einfachen Bauernendspiele
  Studium der Lehre vom Quadrat, der Oppositionsregeln und der Rolle des Randbauern
- Überblick über die Eröffnungen erlangen
  Die Spieler sollen einen ersten Überblick über die offenen, halboffenen und geschlossenen Eröffnungen erhalten. Es ist ihnen zu empfehlen, offene Spiele zu spielen, d. h. 1.e2-e4 zu ziehen. Es ist ein einfaches spezialisiertes Repertoire zuzulegen, wobei mit je einer Eröffnung von Schwarz gegen 1.e4 und 1.d4 zu beginnen ist.
- Wecken von dauerhaftem Interesse am Schachspiel
- Aufstieg in den Kreis der Förderkader
- Erwerb einer ersten DWZ

Trainingsinhalte

- Einführung in die drei Spielphasen einer Schachpartie
  – Eröffnung
  – Mittelspiel (Taktik und Strategie)
  – Endspiel
- Elemente der Taktik

- Gabel und Spieß
- Fesselung und Entfesselung
- Doppelschach und Abzugsschach
- Ab- und Hinlenkung
- Überlastete Figuren
- Umwandlungskombinationen
- Räumung
- Hemmung
- Batterie
- Zwickmühle
- Zwischenzüge
- Typische Mattbilder
- Remiskombinationen (Dauerschach, ewige Verfolgung, Festungen, Patt)
- Endspiele
  Bauernendspiele: Quadratregel, Opposition, Zugzwang, Besonderheiten des Randbauern
- Eröffnungen
  - Allgemeine Grundsätze (Wirksamkeit der Figuren, Zentrum, Sicherheit des Königs)
  - Überblick über offene Spiele
  - Überblick zu halboffenen Spielen
  - Überblick zu geschlossenen Spielen
  - Aufbau eines ersten Eröffnungsrepertoires: Spezialisieren mit Schwarz gegen 1.e4 und 1.d4. Dabei sollen je eine Verteidigung erarbeitet werden, z. B. gegen 1.e4 die Erwiderung 1. ... e5 oder 1. ... c5.
- Auswertung eigener Partien
  Die gründliche Analyse der eigenen Wettkampfpartien, hauptsächlich der Partien mit unbefriedigenden Ergebnissen dient zum Aufspüren von eigenen Fehlern und deren Ursache. Der Schwerpunkt sollte auf der kritischen Auseinandersetzung mit den eigenen schachspezifischen Denkmethoden liegen. Die Unterstützung durch einen erfahrenen Trainer ist gerade hier besonders wirksam.
- Anlegen eines individuellen Wettkampfbuchs, in dem alle Partien registriert und mit Unterstützung des Trainers ausgewertet werden (Die Partien sind nicht abzuschreiben, sondern parallel dazu in einem Hefter/Ordner abzuheften).
- Gesunde Lebensweise, einschließlich Ausgleichssport

Organisation des Trainings
- Gruppentraining
  In einer Fördergruppe sollen maximal zehn Kinder trainieren. Zunächst sind die einzelnen Trainingstreffen nicht länger als zwei Stunden auszudehnen. Sie sind möglichst abwechslungsreich zu gestalten.
- Lehrgänge
  Lehrgänge an Wochenenden können das regelmäßige Training in der Fördergruppe sinnvoll ergänzen. Es ist darauf zu achten, dass die Lehrgänge nicht zu intensiv sind, abwechslungsreich gestaltet und genügend Pausen eingestreut werden. Lehrgänge sollten auch immer Ausgleichssport beinhalten.
- Hausaufgaben
  In der Regel wird im Training und bei Lehrgängen nicht genügend Zeit für eine gründliche Ausbildung zur Verfügung stehen. Der Trainer sollte deswegen zusätzliche Übungsbeispiele als Hausaufgaben verteilen und Literaturhinweise geben.

Wettkampfziele
- Umsetzen im Training erworbener Ausbildungsinhalte!
- Hohe Kampfkraft und Wettkampfausdauer entwickeln!
- Mit steigender Spielstärke eine DWZ erhalten oder verbessern!

Wettkampfprogramme
Die regelmäßige Teilnahme an Wettkämpfen ist eine wichtige Form des Trainings. Die Zahl der unter Turnierbedingungen gespielten Partien pro Jahr sollte zwischen 40 und 50 liegen.

- Wettkämpfe in Schule und Verein
- Wettkämpfe an Unterverbands-/Bezirks-/Kreismeisterschaften in ihrer oder höheren Altersgruppe
- Mannschaftskämpfe (Jugend und Erwachsene)
- Jugendmeisterschaften der Landesverbände in den einzelnen Altersklassen
- Offene Turniere

Aufgaben des Trainers
- Planen von Trainingskursen
- Gestaltung der regelmäßigen Trainingstreffen
- Organisieren von Trainingsturnieren
- Planung und Durchführung von Lehrgängen
- Bereitstellen von Lehrmaterial
- Hausaufgaben geben

Trainerqualifikation
- C-Lizenztrainer oder erfahrener Fachübungsleiter

Trainingsmaterial
- Schachbücher
- Schachzeitschriften
- Computerdatenbanken
- Eigene Eröffnungskartei/Datei
- Persönliches Wettkampfbuch

3.2 Rahmenplan für das Grundlagentraining 2 ⇨ Förderkader

Richtlinien zur Kaderaufstellung

Förderkader sind bei Trainings- und Wettkampfveranstaltungen gesichtete junge Talente, die eine schnelle Spielstärkeentwicklung erwarten lassen. Einbezogen werden junge Mädchen und Jungen im Alter bis zu zehn Jahren. Sie kommen in der Regel aus den Fördergruppen der Großvereine bzw. örtlich zusammenliegenden Vereinen oder regionalen Schachorganisationen. In den Förderkader sollen nur Kinder aufgenommen werden, die das schachliche Grundlagentraining der ersten Stufe erfolgreich abgeschlossen haben, den Willen zum Training aufbringen und eine Leistungssteigerung im Wettkampfbetrieb erkennen lassen.

Trainingsprogramm Grundlagentraining 2

Die zweite Stufe des Grundlagentrainings beinhaltet den Ausbildungsprozess für Jungen und Mädchen im Förderkader der Unterverbände oder Verbände.

Das Grundlagentraining 2 vertieft die speziellen Kenntnisse in der Eröffnung- und Endspielphase und soll gleichzeitig die taktisch-strategischen Fähigkeiten auf ein höheres Niveau bringen. Alle Förderkader erhalten einen Individuellen Jahrestrainingsplan.

Ausbildungsziele
- Verbesserung der taktischen Fähigkeiten: Die Förderkader werden dazu angehalten, ihr eigenes Spiel taktisch betont zu gestalten.
- Beherrschen der strategischen Grundbegriffe: Die wichtigsten strategischen Elemente wie Material, Zentrum, Entwicklung, Raum, Zeit, Sicherheit des Königs, Initiative, Freibauer, Doppelbauer sind praxisorientiert zu vermitteln.
- Verbessern der Endspieltechnik: Nach der Grundschulung in den Bauernendspielen, der Lehre vom Quadrat, den Oppositionsregeln und der Rolle des Randbauers, die jeder Spieler sicher beherrschen muss, werden die elementaren Turmendspiele erlernt. Anschließend sollten die Spieler auch mit einigen wichtigen anderen Endspielen vertraut gemacht werden.
- Vertiefen und Aktualisieren der eröffnungstheoretischen Kenntnisse
  Das Eröffnungsrepertoire ist zu erweitern. Mit den weißen Steinen ist gegen alle Verteidigungen, die nach 1.e2-e4 entstehen können, eine Hauptvariante zu erarbeiten.
- Aufstieg in den Kreis der D1-Kader
- Verbesserung der DWZ

Trainingsinhalte
- Die im Grundlagentraining 1 erlernten Elemente der Taktik sind zu wiederholen und unter Einbe-

ziehen von schwierigeren Beispielen aus der Praxis zu trainieren. Dabei ist auf präzises Rechnen (Vorausberechnen) in taktischen Stellungen besonderer Wert zu legen.

- Endspiele
  - Bauernendspiele: Fortgeschrittene (Beispiele mit der Regel vom Quadrat und Oppositionsregel spielen lassen)
  - Turmendspiele: König, Turm und 2 Bauern gegen König und Turm; König, Turm und Bauer gegen König und Turm (Ausnutzen der ›Brücke‹)
- Eröffnungen: Klares Favorisieren des Zuges 1.e2-e4, damit offene und taktisch betonte Spielweisen entstehen. In spezialisierter Form je eine Hauptvariante gegen 1. ... e5, Sizilianisch, Französisch, Caro-Kann, Skandinavisch, Pirc und Aljechin-Verteidigung erarbeiten und in einer Eröffnungskartei bzw. Datenbank festhalten.
- Auswertung eigener Partien
  Die gründliche Analyse eigener Wettkampfpartien, hauptsächlich der Partien mit unbefriedigenden Ergebnissen, dient zum Aufspüren von Fehlern und deren Ursachen. Der Schwerpunkt sollte auf der kritischen Auseinandersetzung mit den eigenen schachspezifischen Denkmethoden liegen. Die Unterstützung durch einen erfahrenen Trainer ist besonders wirksam.
- Regelmäßiges Führen des individuellen Wettkampfbuchs, in dem alle Partien registriert und mit Unterstützung des Trainers ausgewertet werden (Die Partien sind nicht abzuschreiben, sondern parallel dazu in einem Hefter/Ordner abzuheften). Trainer und Stützpunktleiter nehmen regelmäßig Einsicht in die Wettkampfbücher und zeichnen sie ab.
- Gesunde Lebensweise, einschließlich Ausgleichssport

Organisation des Trainings
- Gruppentraining
  Die Förderkader können in kleineren Gruppen oder im Einzeltraining ausgebildet werden. Die Stundenanzahl ist deutlich zu erhöhen. Als effektiv und konditionsfördernd gelten sogenannte Trainingsblöcke mit je vier Stunden (evtl. eine kleine Pausen einlegen).
- Lehrgänge
  Lehrgänge an Wochenenden oder Tageslehrgänge ergänzen sinnvoll das regelmäßige Gruppentraining. Auch bei Lehrgängen soll auf eine intensivere Gestaltung der Unterrichts/Trainingsstunden Wert gelegt werden.
- Hausaufgaben
  Der Trainer sollte gezielte Trainingshinweise für zu Hause, zusätzliche Übungsbeispiele als Hausaufgaben bzw. Literaturhinweise geben. Dabei ist betont auf das Einbeziehen des Computers als praktisches Heim-Trainingsmittel aufmerksam zu machen.

Wettkampfziele
- Umsetzen der im Training erworbenen Ausbildungsinhalte. Damit soll die Spitzenposition im jeweiligen Territorium erreicht oder bestätigt werden.
- Hohe Kampfkraft und Wettkampfausdauer entwickeln!
- Qualifikation für Deutsche Jugendmeisterschaft in den einzelnen Altersklassen
- Erfolge bei Landesmeisterschaften (Platz 1–3 in ihrer Altersgruppe, beim Start in höheren Altersgruppen muss die Performance besser als die eigene DWZ sein).
- Verbessern der persönlichen DWZ

Wettkampfprogramme
Die regelmäßige Teilnahme an Wettkämpfen ist eine wichtige Form des systematischen Trainingsaufbaus. Die Anzahl der unter Turnierbedingungen gespielten Partien pro Jahr sollte zwischen 50 und 60 liegen.
- Wettkämpfe an Unterverbands-/Bezirks-/Kreismeisterschaften in ihrer oder höherer Altersgruppe
- Mannschaftskämpfe (Jugend und Erwachsene)
- Jugendmeisterschaften der Landesverbände in den einzelnen Altersgruppen
- Deutsche Jugendmeisterschaften in den einzelnen Altersgruppen
- Offene Jugend- und Erwachsenenturniere

Aufgaben des Trainers
- Planung von Trainingsveranstaltungen

- Durchführen der regelmäßigen Trainingstreffen
- Leiten von Lehrgängen
- Bereitstellen von Lehrmaterial
- Hausaufgaben vergeben und Einsichtnahme in Trainingsmaterialien (Eröffnungskartei und Wettkampfbuch)
- Aufstellen eines jährlichen individuellen Trainingsplans (Heimtrainer)

Trainerqualifikation
- C- und B-Lizenztrainer

Trainingsmaterial
- Schachbücher
- Schachzeitschriften
- Computerdatenbanken
- Eigene Eröffnungskartei/Datei
- Persönliches Wettkampfbuch
- Individueller Jahrestrainingsplan

3.3 Rahmenplan für das Grundlagentraining 3 ⇨ D1-Kader

Richtlinien zur Kaderaufstellung

D1-Kader sind Kinder der Altersgruppe U12 und jünger, die nach mindestens einjährigem verstärkten Training als weiter zu fördernde Talente erkannt werden. Die Anzahl der Kader pro Landesverband soll zwischen 14 bis 40 Jungen und 7 bis 20 Mädchen liegen.

In den Kreis der D-Kader sollen nur Kinder aufgenommen werden, die das schachliche Grundlagentraining der zweiten Stufe erfolgreich abgeschlossen haben oder als besonders hochtalentierte Spieler auf sich aufmerksam machen. Sie müssen den Willen zum verstärktem Training mitbringen und eine deutliche Leistungssteigerung im Wettkampfbetrieb erkennen lassen.

Trainingsprogramm Grundlagentraining 3

Diese Ausbildungsstufe gilt als fortgeschrittenes Grundlagentraining. Es beinhaltet den Ausbildungsprozess für Jungen und Mädchen im D1-Kader der Landesverbände.

Im Grundlagentraining 3 erhält das leistungsorientierte Training immer individuellere Züge. Jungen und Mädchen müssen besonders zu Hause im Selbststudium/Selbsttraining neue Stoffgebiete erarbeiten und gewissenhaft ihre individuelle Eröffnungskartei (Datenbank) und ihr persönliches Wettkampfbuch führen. Alle D1-Kader erhalten einen jährlichen Individuellen Jahrestrainingsplan.

Ausbildungsziele
- Verbesserung der taktischen Fähigkeiten
- Kennenlernen der strategischen Begriffe als Voraussetzung einer strategischen Spielführung auf taktischer Grundlage
- Studieren der Endspieltechnik, Gewinn- bzw. Remisverfahren von Basisendspielen
- Vertiefen und Aktualisieren der eröffnungstheoretischen Kenntnisse
- Aufstieg in den Kreis der D2-Kader
- Verbesserung der DWZ

Trainingsinhalte
- Das kombinatorische Sehvermögen und die Variantenberechnung ist durch wiederholtes Lösen von folgenden Aufgabenstellungen zu schulen:
  - Zwangsläufige Mattkombinationen
  - Wie erzielt Weiß/Schwarz Matt oder entscheidenden Vorteil?
  - Wie gewinnt Weiß/Schwarz am Zuge?
  - Wie erzielt Weiß/Schwarz am Zuge Materialvorteil?
- Vertraut machen mit den strategischen Gesetzmäßigkeiten und Elementen, die mittels nachstehender Themen geschult werden können:
  - ▸ Finden eines Hauptplans und Ableiten von Teilplänen
  - ▸ Angriffs- und Verteidigungsoperationen
  - ▸ Starke und schwache Felder
  - ▸ Offene Linien

- ▸ Bedeutung des Raumvorteils
- ▸ Bedeutung des Zentrums
- ▸ Bekämpfen des Zentrums durch Figuren
- ▸ Wahl der Rochade
- ▸ Gute und schlechte Läufer
- ▸ Spiel mit Schwerfiguren
- ▸ Bedeutung der 7. Reihe
- ▸ Schwäche der Grundreihe
- ▸ Wahl eines Angriffsziels
- ▸ Kunst des Lavierens
- ▸ Typische Angriffe am Königs- und Damenflügel
- ▸ Minoritätsangriff
- ▸ Harmonie der Figurenstellung
- ▸ Bedeutung der Beweglichkeit
- ▸ Bedeutung der Prophylaxe
- ▸ Übergang ins Endspiel
- • Endspiellehre
  Studieren des methodischen Vorgehens (Erkennen der Gewinn- bzw. Verteidigungspläne) bei folgenden Endspieltypen:
  – Dame gegen Turm
  – Dame gegen 2 Türme
  – Dame gegen Läufer
  – Dame gegen Springer
  – Dame gegen 2 Läufer
  – Dame gegen 2 Springer
  – Dame gegen Läufer und Springer
- • Eröffnungen
  – Spezialisieren auf je eine Verteidigung gegen 1.d2-d4, 1.c2-c4 und 1.Sg1-f3
  – Anlegen einer entsprechenden Eröffnungskartei bzw. Datenbank
- • Auswertung eigener Partien
  Gründliches Analysieren der eigenen Wettkampfpartien mit Unterstützung eines erfahrenen Trainers
- • Regelmäßiges Führen des individuellen Wettkampfbuchs; Trainer und Stützpunktleiter nehmen regelmäßig Einsicht in die Materialien und zeichnen sie ab.
- • Spielen von Beratungspartien
  Schwächere Spieler lernen von den verbalisierten Gedanken Leistungsstärkerer
- • Gesunde Lebensweise, einschließlich Ausgleichssport

Organisation des Trainings
- • Gruppentraining
  D1-Kader können in kleineren Gruppen oder im Einzeltraining ausgebildet werden. Als effektiv und konditionsfördernd gelten Trainingsblöcke mit je vier Stunden (evtl. nur eine kleine Pausen einlegen).
- • Lehrgänge
  Lehrgänge an Wochenenden oder Tageslehrgänge ergänzen sinnvoll das regelmäßige Gruppentraining. Auch bei Lehrgängen soll auf eine intensivere Gestaltung der Unterrichts-/Trainingsstunden Wert gelegt werden.
- • Hausaufgaben
  Der Anteil der häuslichen Schacharbeit (Selbststudium und Selbsttraining) ist zu erhöhen. Der Computer als praktisches Heim-Trainingsmittel für das Eröffnungsstudium und als Sparringspartner ist regelmäßig zu nutzen.

Wettkampfziele
- • Die Spitzenposition im jeweiligen Territorium ist zu behaupten.
- • Erfolge bei Landesmeisterschaften (Platz 1–3 in ihrer Altersgruppe, beim Start in höheren Altersgruppen muss die Performance besser als die eigene DWZ sein).

- Qualifikation für Deutsche Jugendmeisterschaft in den einzelnen Altersklassen
- Bei Deutschen Meisterschaften ist eine höhere Performance zu erreichen (als die eigene DWZ).
- Verbessern der persönlichen Wertzahl

Wettkampfprogramme
- Spielen von jährlich 60–70 Partien unter wettkampfmäßigen Bedingungen
- Wettkämpfe an Unterverbands-/Bezirks-/Kreismeisterschaften in ihrer oder höheren Altersgruppe
- Mannschaftskämpfe bei der Jugend und bei Erwachsenen
- Jugendmeisterschaften der Landesverbände in den einzelnen Altersgruppen
- Deutsche Jugendmeisterschaften in den einzelnen Altersgruppen
- Offene Jugend- und Erwachsenenturniere

Aufgaben des Trainers
- Planen des gemeinschaftlichen und individuellen Trainings
- Durchführen der regelmäßigen Trainingstreffen
- Leiten von Lehrgängen
- Bereitstellen von Lehrmaterialien
- Hausaufgaben vergeben und Einsichtnahme in Trainingsmaterialien (Eröffnungskartei und Wettkampfbuch)
- Aufstellen eines jährlichen individuellen Trainingsplans (Heimtrainer)

Trainerqualifikation
- C- und B-Lizenztrainer

Trainingsmaterial
- Schachbücher
- Schachzeitschriften
- Computerdatenbanken
- Eigene Eröffnungskartei/Datei
- Persönliches Wettkampfbuch
- Individueller Jahrestrainingsplan

4. Rahmenpläne für das Leistungstraining
4.1 Rahmenplan für das Leistungstraining Stufe 1 ⇨ D2-Kader
Richtlinien zur Kaderaufstellung
D2-Kader sind begabte und entwicklungsfähige Talente der Altersgruppe U14 und jünger. Die Anzahl der Kader pro Landesverband soll zwischen 9 bis 27 Jungen und 5 bis 14 Mädchen liegen.
In den Kreis der D2-Kader sollen nur Kinder aufgenommen werden, die das schachliche Grundlagentraining der dritten Stufe erfolgreich abgeschlossen haben oder als besonders hochtalentierte Spieler auf sich aufmerksam machen. Sie müssen den Willen zum verstärktem Training mitbringen und eine deutliche Leistungssteigerung im Wettkampfbetrieb erkennen lassen. Wichtig ist auch die Unterstützung des Elternhauses und der Schule.

Trainingsprogramm Leistungstraining Stufe 1
Die erste Stufe des Leistungstrainings beinhaltet den Ausbildungsprozess für Jungen und Mädchen im D2-Kader der Landesverbände. Diese Trainingsstufe gilt gleichzeitig als Aufbautraining für die weiteren anspruchsvollen und trainingsintensiveren Stufen des Leistungstrainings. Jungen und Mädchen müssen besonders zu Hause im Selbststudium/Selbsttraining neue Stoffgebiete erarbeiten und gewissenhaft ihre individuelle Eröffnungskartei (Datenbank) und ihr persönliches Wettkampfbuch führen. Die D2-Kader erhalten einen jährlichen Individuellen Jahrestrainingsplan.

Ausbildungsziele
- Verbesserung der taktischen Fähigkeiten
- Anstreben einer strategischen Spielführung auf taktischer Grundlage
- Studieren der Endspieltechnik, Gewinn- /Remisverfahren von schwierigeren Basisendspielen
- Vertiefen und Aktualisieren der eröffnungstheoretischen Kenntnisse
- Aufstieg in den Kreis der D3-Kader
- Verbesserung der DWZ

Trainingsinhalte

- Das kombinatorische Sehvermögen und die Variantenberechnung ist durch ein verstärktes Lösen folgender Aufgabenstellungen zu schulen:
  - Abwicklungskombinationen
  - Remiskombinationen
  - Praxisnahe Gewinnstudien
  - Praxisnahe Remisstudien
- Nachstehende strategische Elemente, die in der dritten Stufe des Grundlagentrainings eingeführt wurden, sind variationsreich im Trainingsprozess zu wiederholen:
  - Finden eines Hauptplans und Ableiten von Teilplänen
  - Angriffs- und Verteidigungsoperationen
  - Starke und schwache Felder
  - Offene Linien
  - Bedeutung des Raumvorteils
  - Bedeutung des Zentrums
  - Bekämpfen des Zentrums durch Figuren
  - Wahl der Rochade
  - Gute und schlechte Läufer
  - Spiel mit Schwerfiguren
  - Bedeutung der 7. Reihe
  - Schwäche der Grundreihe
  - Wahl eines Angriffsziels
  - Kunst des Lavierens
  - Typische Angriffe am Königs- und Damenflügel
  - Minoritätsangriff
  - Harmonie der Figurenstellung
  - Bedeutung der Beweglichkeit
  - Bedeutung der Prophylaxe
  - Übergang ins Endspiel
- Endspiellehre
  Studieren des methodischen Vorgehens (Erkennen der Gewinn- bzw. Verteidigungspläne) bei folgenden Endspieltypen:
  - Turm gegen Läufer
  - Turm gegen Springer
  - Turm und Läufer gegen Turm
  - Turm und Springer gegen Turm
  - 2 Türme gegen Turm
  - 2 Läufer gegen Turm
  - 2 Läufer und Springer gegen Turm
  - 2 Springer und Läufer gegen Turm.
- Eröffnungslehre
  - Spielen von offenen Eröffnungen mit 1.e2-e4
  - Erweiterung der Verteidigungssysteme in der Eröffnungsspezialisierung als Nachziehender gegen 1.e2-e4 und 1.d2-d4 (Aufnahme einer zweiten Variante in der jeweiligen Verteidigung)
  - Anlegen einer entsprechenden Eröffnungskartei bzw. Datenbank.
- Auswertung eigener Partien
  Gründliches Analysieren der eigenen Wettkampfpartien mit Unterstützung eines erfahrenen Trainers.
- Regelmäßiges Führen des individuellen Wettkampfbuchs. Trainer und Stützpunktleiter nehmen regelmäßig Einsicht in die Materialien.
- Spielen von Beratungspartien; Schwächere Spieler lernen von den verbalisierten Gedanken Leistungsstärkerer.
- Gesunde Lebensweise, einschließlich Ausgleichssport

Organisation des Trainings

- Gruppentraining
  D2-Kader werden in kleineren Gruppen oder im Einzeltraining ausgebildet. Als effektiv und konditionsfördernd gelten Trainingsblöcke mit je vier Stunden.
- Lehrgänge
  Lehrgänge an Wochenenden oder Tageslehrgänge ergänzen sinnvoll das regelmäßige Heimtraining.
- Hausaufgaben
  Der Anteil der häuslichen Schacharbeit (Selbststudium und Selbsttraining) ist weiter zu erhöhen. Der Computer als praktisches Heim-Trainingsmittel für das Eröffnungsstudium und als Sparringspartner ist regelmäßig zu nutzen.

Wettkampfziele

- Die Spitzenposition im jeweiligen Territorium ist zu behaupten.
- Erfolge bei Landesmeisterschaften (Platz 1–3 in ihrer Altersgruppe, beim Start in höheren Altersgruppen muss die Performance besser als die eigene DWZ sein).
- Qualifikation für Deutsche Jugendmeisterschaft in den einzelnen Altersklassen
- Bei Deutschen Meisterschaften ist eine höhere Performance zu erreichen (als die eigene DWZ).
- Deutliche Verbesserung der persönlichen Wertzahl
- Erwerb einer Elo-Halbzahl

Wettkampfprogramme

- Spielen von jährlich 70–80 Partien unter wettkampfmäßigen Bedingungen
- Wettkämpfe an Unterverbands-/Bezirks-/Kreismeisterschaften in ihrer oder höheren Altersgruppe
- Mannschaftskämpfe bei der Jugend und bei Erwachsenen
- Jugendmeisterschaften der Landesverbände in den einzelnen Altersgruppen
- Deutsche Jugendmeisterschaften in den einzelnen Altersgruppen
- Offene Jugend- und Erwachsenenturniere
- Teilnahme an internationalen Turnieren (Einladungsturniere und Open)

Aufgaben des Trainers

- Planen des gemeinschaftlichen und individuellen Trainings
- Durchführen regelmäßiger Trainingstreffen
- Leiten von Lehrgängen
- Bereitstellen von Lehrmaterialien
- Hausaufgaben vergeben und Einsichtnahme in Trainingsmaterialien (Eröffnungskartei und Wettkampfbuch)
- Aufstellen eines jährlichen individuellen Trainingsplans (Heimtrainer)

Trainerqualifikation

- C- und B-Lizenztrainer

Trainingsmaterial

- Schachbücher
- Schachzeitschriften
- Computerdatenbanken
- Eigene Eröffnungskartei/Datei
- Persönliches Wettkampfbuch
- Individueller Jahrestrainingsplan

4.2 Rahmenplan für das Leistungstraining Stufe 2 ⇨ D3-Kader
Richtlinien zur Kaderaufstellung

D3-Kader sind begabte und entwicklungsfähige Talente der Altersgruppe U16 und jünger. Die Anzahl der Kader pro Landesverband wird leistungsgerecht gering gehalten und soll 6 bis 18 Jungen und 3 bis 9 Mädchen umfassen.

In den Kreis der D3-Kader sollen nur Kinder aufgenommen werden, die das Aufbautraining in der ersten Leistungsstufe erfolgreich abgeschlossen haben oder als besonders hochtalentierte Spieler auf sich aufmerksam machen. Sie müssen den Willen zum verstärktem Training mitbringen und eine deutliche

Leistungssteigerung im Wettkampfbetrieb erkennen lassen. Wichtig ist auch die Unterstützung des Elternhauses und der Schule.

Trainingsprogramm Leistungtraining Stufe 2

Die zweite Stufe des Leistungstrainings beinhaltet den Ausbildungsprozess für Jungen und Mädchen im D3-Kader der Landesverbände. Alle Jungen und Mädchen müssen besonders zu Hause im Selbststudium/Selbsttraining neue Stoffgebiete erarbeiten bzw. vertiefen und gewissenhaft ihre individuelle Eröffnungskartei (Datenbank) und ihr persönliches Wettkampfbuch führen. Die D2-Kader erhalten einen jährlichen Individuellen Jahrestrainingsplan.

Wettkampfziele

- Erfolge bei Landesmeisterschaften (Platz 1–3 in der Altersgruppe, beim Start in höheren Altersgruppen muss die Performance besser als die eigene DWZ sein).
- Qualifikation für Deutsche Jugendmeisterschaft in den einzelnen Altersklassen
- Bei deutschen Meisterschaften Platz 1–6 in der Altersgruppe. Beim Start in höheren Altersgruppen ist eine höhere Performance zu erreichen (als die eigene DWZ/Elo-Zahl)
- Bei internationalen Einsätzen, z. B. Open soll die Performance besser sein als die eigene DWZ/Elo-Zahl
- Erwerb einer Elo-Zahl bzw. Verbesserung der Wertungszahl

Wettkampfprogramme

- Spielen von jährlich 80–90 Partien unter wettkampfmäßigen Bedingungen
- Wettkämpfe an Unterverbands-/Bezirks-/Kreismeisterschaften in ihrer oder höheren Altersgruppe
- Mannschaftskämpfe bei der Jugend und bei Erwachsenen
- Jugendmeisterschaften der Landesverbände in den einzelnen Altersgruppen
- Deutsche Jugendmeisterschaften in den einzelnen Altersgruppen
- Offene Jugend- und Erwachsenenturniere
- Teilnahme an internationalen Turnieren (Einladungsturniere und Open)

Trainingsziele

- Verbesserung der taktischen Fähigkeiten
- Anstreben einer strategischen Spielführung auf taktischer Grundlage
  Nachdem der Schwerpunkt der Schulung und auch des Spiels in den unteren Trainings- bzw. Kaderstufen mehr auf die Taktik ausgerichtet ist, sollten im D3-Kader zunehmend strategische Denkweisen verstärkt werden.
- Studieren der Endspieltechnik
- Vertiefen und Aktualisieren eröffnungstheoretischer Kenntnisse
- Aufstieg in den Kreis der D4-Kader

Trainingsinhalte

- Taktikübungen
  Wiederholen der Kombinationsmotive aus dem Leistungstraining Stufe 1, damit das präzise Rechnen in taktischen Stellungen weiter verbessert wird.
- Turmendspiele
  - Turm gegen Bauer
  - Turm und Bauern gegen Bauern
  - Turm und Bauer (außer Randbauer) gegen Turm
  - Turm und Randbauer gegen Turm
  - Turm und Bauern gegen Turm
- Eröffnung
  - Erweiterung der individuellen Eröffnungskartei als Nachziehender gegen 1.e2-e4, 1.d2- d4, 1.c2-c4, 1.Sg1-f3.
  - Erweiterung der individuellen Eröffnungskartei als Anziehender gegen 1. ... g6, 1. ... Sf6, 1. ... Sc6
- Strategiethemen
  Stellungen mit ungleicher Materialverteilung:
  - Bedeutung ungleichfarbiger Läufer
  - Läuferpaar

- Springer gegen Läufer
- Dame gegen 2 Türme
- Dame gegen Leichtfiguren
- Der relative Wert der Qualität
- Figur gegen Bauer(n)
- Auswertung eigener Partien
  Gründliches Analysieren der eigenen Wettkampfpartien mit Unterstützung eines erfahrenen Trainers.
- Spielen von Trainingspartien mit verkürzter Bedenkzeit
  Zweckmäßig sind Themapartien (z. B. vorgegebene Eröffnungen) mit reduzierter Bedenkzeit, aber nicht Blitzpartien. Für das Training von Endspielen oder strategischen Stellungen ist auch das Ausspielen von vorgegebenen Partiestellungen geeignet.
- Spielen von Beratungspartien
  Schwächere Spieler lernen von den verbalisierten Gedanken Leistungsstärkerer.
- Einbeziehen des Computers als Sparringspartner
- Gesunde Lebensweise, einschließlich Ausgleichssport

Organisation des Trainings
- Gruppentraining
  Das D3-Kader-Training sollte nach Möglichkeit als Gruppenarbeit in den Stützpunkten oder Talentezentren der Landesverbände durchgeführt werden. Die Trainingstreffen sollten ca. vier Stunden dauern. Die Trainingsinhalte sind überwiegend für eine Gruppenarbeit unter Anleitung eines Trainers geeignet.
- Einzeltraining
  Ein Einzeltraining wird bei den D-Kadern nur in Ausnahmefällen möglich sein. Es ist anzustreben, wenn die finanziellen Voraussetzungen gegeben sind und ein besonderes Talent zusätzlich gefördert werden soll.
- Lehrgänge
  Lehrgänge an Wochenenden oder auch für längere Zeit können das regelmäßige Training am Stützpunkt ergänzen oder auch vollständig ersetzen. Lehrgänge sollten nach Möglichkeit in Sportschulen stattfinden und Ausgleichssport beinhalten.
- Turnierbegleitung durch Heim- oder Landestrainer
  Eine sehr effektive Ergänzung zum regelmäßigen Training im Stützpunkt kann die Betreuung der Spieler bei Turnieren sein. Der Trainer hat beim Wettkampf Gelegenheit, bei der Vor- und Nachbereitung der Partien mitzuwirken.

Aufgaben des Trainers
- Planen des gemeinschaftlichen und individuellen Trainings
- Durchführen regelmäßiger Trainingstreffen
- Leiten von Lehrgängen
- Bereitstellen von Lehrmaterialien
- Hausaufgaben vergeben und Einsichtnahme in Trainingsmaterialien (Eröffnungskartei und Wettkampfbuch)
- Aufstellen eines jährlichen individuellen Trainingsplans (Heimtrainer)
- Betreuung bei Turnieren

Trainerqualifikation
- A- oder B-Lizenztrainer unterstützt durch C-Lizenztrainer
  Das Training der D3-Kader sollte von Trainern durchgeführt werden, die mindestens die B-Trainerlizenz besitzen. C-Trainer können für Teilaufgaben mit herangezogen werden.

Trainingsmaterial
- Schachbücher
- Schachzeitschriften
- Computerdatenbanken
- Eigene Eröffnungskartei/Datei
- Persönliches Wettkampfbuch
- Individueller Jahrestrainingsplan

4.3 Rahmenplan für das Leistungstraining Stufe 3 ⇨ D4-Kader
Richtlinien zur Kaderaufstellung
D4-Kader sind die besten Talente der Altersgruppe U18 und jünger. Das Höchstaufnahmealter beträgt 17 Jahre. Die Anzahl der Kader pro Landesverband wird den Leistungsanforderungen entsprechend gering gehalten und soll 4 bis 12 Jungen und 2 bis 6 Mädchen umfassen.

In diesen Kaderkreis sollen nur Jugendliche aufgenommen werden, die die zweite Leistungsstufe erfolgreich abgeschlossen haben oder als hochtalentierte jüngere Spieler/innen auf sich aufmerksam machen. Sie müssen den Willen zum Selbststudium/Selbsttraining mitbringen und eine deutliche Leistungssteigerung im Wettkampfbetrieb erkennen lassen. D4-Kader können durch den DSB auch in den D/C-Kaderkreis des Deutschen Schachbundes aufgenommen werden.

Trainingsprogramm Leistungstraining Stufe 3
Die dritte Stufe des Leistungstrainings beinhaltet den Ausbildungsprozess für Jungen und Mädchen im D3-Kader der Landesverbände. Die Jungen und Mädchen müssen so motiviert sein, dass sie regelmäßig zu Hause im Selbststudium/Selbsttraining neue Stoffgebiete erarbeiten bzw. vertiefen und gewissenhaft ihre individuelle Eröffnungskartei (Datenbank) und ihr persönliches Wettkampfbuch führen. Alle Kader erhalten einen jährlichen Individuellen Jahrestrainingsplan.

Wettkampfziele
- Bei Deutschen Meisterschaften in ihrer Altersgruppe Platz 1–2 (ab U14 und älter)
- Bei Deutschen Meisterschaften in ihrer Altersgruppe Platz 1–4 (U12 und jünger)
- Bei internationalen Einsätzen, z. B. Open soll die Performance besser sein als die eigene DWZ/Elo-Zahl
- Steigerung der Elo-Zahl bzw. Erwerb einer Elo-Zahl bei jüngeren Spielern

Wettkampfprogramme
- Spielen von jährlich 80–100 Partien unter wettkampfmäßigen Bedingungen
- Mannschaftskämpfe bei der Jugend und bei Erwachsenen (einschließlich 2. Bundesliga)
- Deutsche Jugendmeisterschaften in den einzelnen Altersgruppen
- Offene Jugend- und Erwachsenenturniere
- Teilnahme an internationalen Turnieren (Einladungsturniere und Open)

Trainingsziele
- Aktives Beherrschen der Inhalte des Leistungstrainings Stufe 3 und erfolgreiches Umsetzen in der Spielpraxis
- Anstreben einer strategischen Spielführung auf taktischer Grundlage
- Verstärktes Studium der Endspieltechnik
- Vertiefen und Aktualisieren der eröffnungstheoretischen Kenntnisse
- Aufstieg in den Kreis des D/C-Kaders im Deutschen Schachbund

Trainingsinhalte
- Taktikübungen: Wiederholen und Variieren der Kombinationsmotive aus dem Leistungstraining Stufe 2
- Endspielstudium Damenendspiele:
  - Dame gegen Bauern
  - Dame und Bauer gegen Dame (Mittelbauer, Läuferbauer, Springerbauer, Turmbauer)
  - Dame und Bauern gegen Dame
- Eröffnung
  - Erweiterung der individuellen Eröffnungskartei als Nachziehender gegen die meisten sinnvollen Verteidigungen von Weiß
  - Erweiterung der individuellen Eröffnungskartei als Anziehender gegen die meisten sinnvollen Verteidigungen von Schwarz
- Strategiethemen zu Bauernstrukturen:
  - Doppelbauer, Tripelbauer
  - Freibauer
  - Die Kraft verbundener Freibauern
  - Rückständiger Bauer
  - Bauerninseln

- Isolierter Bauer
- Isolierter Damenbauer
- Hängender Bauer
- Bauernmehrheit am Damenflügel
- Bauernmehrheit am Königsflügel
- Bauernketten
- Formationen aus ausgewählten Eröffnungen (Igel, Benoni, Stonewall etc.)
- Auswertung eigener Partien
  Gründliches Analysieren der eigenen Wettkampfpartien mit Unterstützung eines erfahrenen Trainers.
- Spielen von Beratungspartien
  Schwächere Spieler lernen von den verbalisierten Gedanken Leistungsstärkerer.
- Spielen von Trainingspartien mit verkürzter Bedenkzeit
  Zweckmäßig sind Themapartien (z. B. vorgegebene Eröffnungen) mit reduzierter Bedenkzeit. Für das Training von Endspielen oder strategischen Stellungen ist das Ausspielen von vorgegebenen Partiestellungen zweckmäßig.
- Anfertigen von Spielerporträts
  Über die leistungsstärksten Spielerpersönlichkeiten der Schachgeschichte sind schachspezifische Porträts zusammenzustellen und zu erklären.
- Einbeziehen des Computers als Sparringspartner
- Nutzen von elektronischen Datenbanken (ChessBase) und Partien aus dem Internet
- Gesunde Lebensweise, einschließlich Ausgleichssport

Organisation des Trainings

- Gruppentraining
  Das D4-Kader-Training sollte möglichst als Gruppenarbeit in den Stützpunkten oder Talentzentren der Landesverbände durchgeführt werden. Die Trainingstreffen sollen mindestens vier Stunden dauern. Die Trainingsinhalte sind überwiegend für eine Gruppenarbeit unter Anleitung eines Trainers vorgesehen.
- Einzeltraining
  Durchführen eines Einzeltrainings als effektivste Form der Trainingsunterweisung, wenn organisatorische und finanzielle Möglichkeiten vorhanden sind. Von allen D4-Kaderspielern wird ein wissenschaftliches Selbststudium und Selbsttraining von wöchentlich 10–15 Stunden erwartet.
- Lehrgänge
  Lehrgänge an Wochenenden oder auch für längere Zeit sind verstärkt zu nutzen. Sie sollten möglichst in Sportschulen stattfinden und Ausgleichssport einschließen.
- Turnierbegleitung durch Trainer

Aufgaben des Trainers

- Planen des gemeinschaftlichen und individuellen Trainings
- Durchführen regelmäßiger Trainingstreffen
- Leiten von Lehrgängen
- Bereitstellen von Lehrmaterialien
- Hausaufgaben vergeben und Einsichtnahme in Trainingsmaterialien (Eröffnungskartei und Wettkampfbuch)
- Hinführen zum Arbeiten am Computer und im Internet
- Aufstellen eines jährlichen individuellen Trainingsplans (Heimtrainer)
- Betreuung bei Turnieren

Trainerqualifikation

A- oder B-Lizenztrainer

Trainingsmaterial

- Schachbücher
- Schachzeitschriften
- Computerdatenbanken, Internetanschluss
- Eigene Eröffnungskartei/Datei

- Persönliches Wettkampfbuch
- Individueller Jahrestrainingsplan

4.4 Rahmenplan für das Leistungstraining Stufe 4 ⇨ D/C-Kader

D/C-Kader gelten als besonders begabte Spieler, die erwarten lassen, dass sie sich bei weiterer systematischen Förderung zum Spitzenspieler im Erwachsenenbereich entwickeln.

Es gelten folgende Aufnahmekriterien:
- Höchstaufnahmealter ist 17 Jahre
- Nationale Ergebnisse: Platz 1–2 bei DEM in ihrer Altersgruppe (älter als U12)
  Platz 1–4 bei DEM in ihrer Altersgruppe (U12 und jünger)
- Internationale Ergebnisse: z. B. bei Openturnieren (Performance besser als die eigene DWZ)
- Mindest-DWZ: Jungen 2000, Mädchen: 1800
- Beherrschen der Inhalte des Leistungstrainings Stufe 3
- Turnieraktivitäten (gewertet werden nur Einzelturniere und Mannschaftskämpfe, bei denen der DWZ/Elo-Durchschnitt der Gegner über der eigenen DWZ liegt).

Wettkampfziele
- Steigerung der Elo-Zahl auf: m 2350, w 2150 mit dem Ziel der Aufnahme in den C-Kader des DSB
- Erfolge bei internationalen Normenturnieren: Erringen von IM-Normen und Verbessern der Elo-Zahl
- Erfolgreiche Teilnahme bei Europa- und Weltmeisterschaften der Jugend

Wettkampfprogramme
- Spielen von jährlich 90–100 Partien unter wettkampfmäßigen Bedingungen
- Mannschaftskämpfe bei der Jugend und bei Erwachsenen (einschließlich Bundesliga und 2. Bundesliga)
- Deutsche Jugendmeisterschaften in den einzelnen Altersgruppen
- Offene Jugend- und Erwachsenenturniere
- Teilnahme an internationalen Turnieren (Einladungsturniere und Open)
- Europa- und Weltmeisterschaften der Jugend

Trainingsziele
- Aktives Beherrschen der Inhalte des Leistungstrainings Stufe 4 und erfolgreiches Umsetzen in der Spielpraxis
- Anstreben einer strategischen Spielführung auf taktischer Grundlage
- Verstärktes Studium der Endspieltechnik
- Vertiefen und Aktualisieren der eröffnungstheoretischen Kenntnisse
- Aufstieg in den Kreis des C-Kaders im Deutschen Schachbund

Trainingsinhalte
- Taktikübungen: Wiederholen und Variieren der Kombinationsmotive aus dem Leistungstraining Stufe 3
- Endspielstudium Damenendspiele:
  - Dame gegen Bauern
  - Dame und Bauer gegen Dame (Mittelbauer, Läuferbauer, Springerbauer, Turmbauer)
  - Dame und Bauern gegen Dame
- Eröffnung
  - Erweiterung der individuellen Eröffnungskartei als Nachziehender gegen alle sinnvollen Verteidigungen von Weiß
  - Erweiterung der individuellen Eröffnungskartei als Anziehender gegen alle sinnvollen Verteidigungen von Schwarz
- Strategiethemen zu Bauernstrukturen:
  - Doppelbauer, Tripelbauer
  - Freibauer
  - Die Kraft verbundener Freibauern
  - Rückständiger Bauer

- Bauerninseln
- Isolierter Bauer
- Isolierter Damenbauer
- Hängender Bauer
- Bauernmehrheit am Damenflügel
- Bauernmehrheit am Königsflügel
- Bauernketten
- Formationen aus Eröffnungen (Igel, Benoni, Stonewall, Karlsbader Struktur etc.)
- Auswertung eigener Partien
  Gründliches Analysieren der eigenen Wettkampfpartien mit Unterstützung eines erfahrenen Trainers.
- Spielen von Trainingspartien mit verkürzter Bedenkzeit
  Zweckmäßig sind Themapartien (z. B. vorgegebene Eröffnungen) mit reduzierter Bedenkzeit. Für das Training von Endspielen oder strategischen Stellungen ist das Ausspielen von vorgegebenen Partiestellungen zweckmäßig.
- Anfertigen von Spielerporträts
  Über die leistungsstärksten Spielerpersönlichkeiten der Schachgeschichte sind schachspezifische Porträts zusammenzustellen und zu erklären.
- Einbeziehen des Computers als Sparringspartner
- Nutzen von elektronischen Datenbanken (ChessBase) und Partien aus dem Internet
- Gesunde Lebensweise, einschließlich Ausgleichssport, evtl. psychoregulative Verfahren wie Autogenes Training, Musikrelaxation etc.

Organisation des Trainings
- Gruppentraining
  Das D/C-Kader-Training sollte möglichst als Gruppenarbeit in den Stützpunkten oder Talentzentren der Landesverbände durchgeführt werden. Die Trainingstreffen sollen mindestens vier Stunden dauern. Die Trainingsinhalte sind überwiegend für eine Gruppenarbeit unter Anleitung eines Trainers vorgesehen.
- Einzeltraining
  Durchführen eines Einzeltrainings als effektivste Form der Trainingsunterweisung, wenn organisatorische und finanzielle Möglichkeiten vorhanden sind. Von allen D/C-Kaderspielern wird ein wissenschaftliches Selbststudium und Selbsttraining von wöchentlich 15–20 Stunden erwartet.
- Lehrgänge
  - Lehrgänge an Wochenenden oder auch für längere Zeit sind verstärkt zu nutzen. Sie sollten möglichst in Sportschulen stattfinden und Ausgleichssport einschließen.
  - Teilnahme an zentralen Lehrgängen des DSB
- Turnierbegleitung durch Trainer

Aufgaben des Trainers
- Planen des gemeinschaftlichen und individuellen Trainings
- Durchführen regelmäßiger Trainingstreffen
- Leiten von Lehrgängen
- Bereitstellen von Lehrmaterialien
- Hausaufgaben vergeben und Einsichtnahme in Trainingsmaterialien (Eröffnungskartei und Wettkampfbuch)
- Hinführen zum Arbeiten am Computer und im Internet
- Aufstellen eines jährlichen individuellen Trainingsplans (Bundesnachwuchstrainer)
- Betreuung bei Turnieren

Trainerqualifikation
A- oder B-Lizenztrainer, Bundesnachwuchstrainer

Trainingsmaterial
- Schachbücher
- Schachzeitschriften
- Computerdatenbanken, Internetanschluss
- Eigene Eröffnungskartei/Datei

- Persönliches Wettkampfbuch
- Individueller Jahrestrainingsplan

5.   Rahmenpläne für das Hochleistungstraining
5.1 Rahmenplan für das Hochleistungstraining der C-Kader Männer
Richtlinien zur Kaderaufstellung
Der C-Kader ist ein zentraler Kader des Deutschen Schachbundes. Er wird vom Technischen Ausschuss des DSB einmal im Jahr neu aufgestellt. Grundlage für das Bestimmen des C-Kaders sind folgende Kriterien:

- Kadergröße maximal 18 Spieler
- Aufnahmealter bis 18 Jahre
- Voraussetzung für die Aufnahme ist eine Elo-Zahl von mindestens 2350 oder hochtalentierte junge Spieler
- Bereitschaft zum Hochleistungstraining
- Hohe Einsatzbereitschaft im Wettkampf
- Erkennbare Leistungsverbesserungen

Trainingsziele
Das Leistungstraining im C-Kader ist gekennzeichnet durch steigenden Umfang des Trainings mit dem generellen Ziel, die persönliche Bestleistung zu erreichen. Methodisch sollen die Kader an das Hochleistungstraining der Spitzenkader herangeführt werden. Die Trainingsarbeit wird zunehmend individuell ausgerichtet und durch Formen des Selbststudiums ergänzt. Die im Grundlagentraining erlernten Kenntnisse und erworbenen Fähigkeiten sollen vertieft und verbreitert werden.

Folgende Aufgaben sind dabei zu erfüllen:

- Herausfinden und Herausarbeiten einer individualtypischen stilistischen Spielweise
- Anstreben der erweiterten Spezialisierung und Vervollkommnen des Eröffnungsrepertoires als An- und Nachziehender
- Vertiefen von schachstrategischen Kenntnissen
- Erweitern der Endspielkenntnisse
- Verbessern der kombinatorischen Fähigkeiten
- Stabilisieren der körperlichen Fitness
- Erfüllen der Kriterien für den B-Kaderkreis

Trainingsprogramm
Vom DSB werden verschiedene Trainingsprogramme angeboten. Koordiniert bzw. geleitet werden sie durch den Bundestrainer oder einen von ihm beauftragten Trainer.

- Einzeltraining oder kleine Gruppe mit einem Trainer
- Sportförderstelle in der Bundeswehr
- Sportförderstelle im Zivildienst
- Zentrale C-Kader-Lehrgänge
- Trainingsunterstützende Maßnahmen
  - Einbeziehen von Computern (Notebooks bei Turnieren zur unmittelbaren Wettkampfvorbereitung)
  - Nutzen von Schachdatenbanken z. B. ChessBase, Partien aus dem Internet, »Schach plus«
  - Bereitstellen von Partienmaterial
  - Vermitteln von Turniereinladungen

Die Teilnahme an diesen Trainingsprogrammen wird individuell mit den Mitgliedern des C-Kaders vereinbart.

Wettkampfprogramme
Mitglieder des C-Kaders werden zu repräsentativen Aufgaben im Jugend- und Juniorenbereich herangezogen. Sie vertreten den Deutschen Schachbund bei Europa- und Weltmeisterschaften in ihren Altersklassen. Darüber hinaus nehmen sie an Einzelturnieren und Mannschaftskämpfen im In- und Ausland teil. Die Beteiligung hängt jeweils von entsprechenden Einladungen oder Qualifikationen ab. Nachstehende Wettkampfeinsätze sind vorgesehen:

- Mannschaftskämpfe (Bundesliga oder 2. Bundesliga)
- Mannschaftskämpfe der Deutschen Schachjugend

- Deutsche Einzelmeisterschaften (Jugend und Erwachsene)
- Jugend Europa- und Weltmeisterschaften (verschiedene Altersklassen)
- Juniorenturniere
- Internationale GM- und IM-Turniere
- Offene Turniere

Wettkampfziele

- Festigen der Wettkampfstabilität und Konditionierung
- Vordere Plätze bei Jugend Europa- und Weltmeisterschaften
- Gute Platzierungen bei Deutschen Meisterschaften
- Verbessern der internationalen Ratingzahl
- Erzielen von IM- und GM-Normen
- Erwerben von IM- und GM-Titeln

Trainingsinhalte

- Übungen in taktisch betonten Stellungen
  Die Fähigkeit, kombinatorische Lösungen in taktisch zugespitzten Stellungen zu finden, muss ständig weitertrainiert werden. Als Studienmaterial eignen sich Bücher zur Schachtaktik, aber auch Aufgaben zu Stellungsbildern aus Partien in Fachzeitschriften.
- Studium schwieriger Endspiele
  - Analyse von Endspielen mit mehreren Figuren
  - Analyse von Endspielen mit ungleicher Materialverteilung
  - Lösen von Studien
- Studium von Meisterpartien
  Das Verfolgen der in den bedeutenden Turnieren gespielten Partien gehört zur schachlichen Allgemeinbildung und sollte zum Trainingsprogramm aller Spieler des C-Kaders gehören.
- Nutzen der Trainingsmethode des ›lauten Denkens‹. Am Beispiel einer gut kommentierten Welt- oder Großmeisterpartie sollen Defizite und typische Fehler im Vorausberechnen verbal erkannt werden.
- Gezielte Vorbereitung auf Gegner
  Mit zunehmender Spielstärke erhalten die Mitglieder des C-Kaders in Turnieren Gelegenheit, mit solchen Gegnern zu spielen, deren Partien aus der Presse oder aus Partiesammlungen/Datenbanken bekannt sind. Damit wächst die Möglichkeit, sich auf den Spielstil und besonders auf die Eröffnungsgewohnheiten des Gegners gezielt einzustellen. Der Nutzen einer solchen Vorbereitung wächst mit der eigenen Flexibilität und dem Umfang des persönlichen Repertoires.
- Auswerten der eigenen Wettkampfpartien.
- Ergänzung des Eröffnungsrepertoires
  Das Eröffnungsrepertoire sollte darauf überprüft werden, ob es zu dem sich genauer herausbildenden Spielstil passt. Je nach Stand der eröffnungstheoretischen Ausbildung sind praktizierte Eröffnungssysteme zu vertiefen und Änderungen bzw. eine erweiterte Spezialisierung vorzunehmen.
- Anfertigen von Spielerporträts
  Über die leistungsstärksten Spielerpersönlichkeiten der Schachgeschichte sind schachspezifische Porträts zusammenzustellen und zu erklären.
- Spielen von Beratungspartien: Schwächere Spieler lernen von den verbalisierten Gedanken Leistungsstärkerer.
- Spielen von Trainingspartien mit voller und verkürzter Bedenkzeit
- Ausgleichssport bzw. physische und psychische Maßnahmen zum Erhalt der Fitness

Organisation des Trainings

- Aufstellen eines Individuellen Trainingsplans (ITP)
  In Absprache mit dem betreuenden Trainer sollte ein ITP aufgestellt werden. Festzulegen sind die wesentlichen Inhalte der Trainingsarbeit, sportliche Ziele, Anzahl der Wettkampfpartien pro Jahr und die geplanten Turnierteilnahmen. Die formale Aufstellung eines Trainingsplans regt zum Nachdenken über Prioritäten an und dient zur Erfolgskontrolle. Der ITP kann auch der Schule oder ausbildenden Stelle vorgelegt werden.
- Individuelle Zusammenarbeit mit einem Trainer

Es wird angestrebt, jedem Spieler des C-Kaders einen geeigneten Trainer zuzuordnen, der möglichst häufig als Trainingspartner und individueller Berater zur Verfügung steht. Bei der Auswahl des Trainers sind personelle, geographische und finanzielle Gesichtspunkte zu berücksichtigen.

- Selbststudium/Selbsttraining
  Das zu studierende Material aus der Literatur oder elektronischen Datenträgern wird mit dem Trainer abgestimmt oder es ergibt sich aus dem ITP.
- Lehrgänge für C-Kader
  Der Bundestrainer oder ein von ihm beauftragter Trainer organisiert Lehrgänge für Spieler des C-Kaders. Wichtigster schachlicher Inhalt der Lehrgänge ist die gemeinsame Analyse von Partien der Teilnehmer. Zusätzlich werden Vorträge von den Trainern gehalten. Bei Veranstaltungen, die mehrere Tage dauern, wird auch Ausgleichssport betrieben. Für C-Kader-Mitglieder, die keinen individuellen Trainer haben, bieten die C-Kader-Lehrgänge eine Möglichkeit des Kontakts zu einem kompetenten Trainer.

Aufgaben des Trainers
- Planen, Vorbereiten und Leiten von Trainings- und Vorbereitungslehrgängen
- Aufstellen von individuellen Trainingsplänen
- Erarbeiten und Bereitstellen von Ausbildungsmaterialien: Pflege einer ChessBase-Datenbank, Bereitstellen von gezielten Ausdrucken, Bereitstellen von Turnierbulletins.
- Individuelle Beratung zur erweiterten Eröffnungsspezialisierung
- Trainingspartner bei Themapartien mit verkürzter Bedenkzeit
- Fachliche Unterstützung vor Turniereinsätzen
- Betreuungsaufgaben/Sekundant bei wichtigen Wettkämpfen
- Gemeinsames Auswerten der gespielten Wettkampfpartien

Trainerqualifikation
- Bundestrainer, Bundesnachwuchstrainer, A-Lizenztrainer oder leistungsstarker Spitzenspieler mit pädagogischen Fähigkeiten

Trainingsmaterial
- Datenbanken
  - Datenbank auf dem Computer
  - Schachinformatoren oder andere Nachschlagewerke
  - Turnierbulletins
  Die Datenbank auf dem Computer, unterstützt durch ein Verwaltungssystem wie ChessBase, ist die effektivste Form für das Heimtraining.
- Persönliche Eröffnungskartei oder Datei
- Enzyklopädien als Nachschlagewerke
  Der Stand der Schachtheorie, besonders die Eröffnungen, sind in mehreren Bänden der Enzyklopädie veröffentlicht. Diese Quellen sind für Spitzenspieler als Nachschlagewerk nach wie vor erforderlich.
- Vom Trainer empfohlene Fachliteratur
- Selbstgewählte Schachliteratur
- Nationale und internationale Schachzeitschriften
- Internetschachzeitungen

5.2 Rahmenplan für das Hochleistungstraining der C-Kader Frauen
Richtlinien zur Kaderaufstellung
Der C-Kader der Frauen ist ein zentraler Kader des Deutschen Schachbundes. Er wird vom Technischen Ausschuss des DSB einmal im Jahr neu aufgestellt. Grundlage für die Bestimmung des C-Kaders sind folgende Kriterien:
- Kadergröße maximal 12 Spielerinnen
- Aufnahmealter bis 18 Jahre
- Voraussetzung für die Aufnahme ist eine Elo-Zahl von mindestens 2150 oder besonders hochtalentierte junge Spielerinnen
- Bereitschaft zum Hochleistungstraining

- Hohe Einsatzbereitschaft im Wettkampf
- Erkennbare Leistungsverbesserungen

Trainingsziele

Das Leistungstraining im C-Kader ist gekennzeichnet durch steigenden Umfang des Trainings mit dem generellen Ziel, die persönliche Bestleistung zu erreichen. Methodisch sollen die Kader an das Hochleistungstraining der Spitzenkader herangeführt werden. Die Trainingsarbeit wird zunehmend individueller ausgerichtet und durch Formen des Selbststudiums ergänzt. Die im Grundlagentraining erlernten Kenntnisse und erworbenen Fähigkeiten sollen vertieft und verbreitert werden.

Folgende Aufgaben sind dabei zu erfüllen:

- Herausfinden und Herausarbeiten einer individualtypischen stilistischen Spielweise
- Anstreben der erweiterten Spezialisierung und Vervollkommnen des Eröffnungsrepertoires als An- und Nachziehende
- Vertiefen von schachstrategischen Kenntnissen
- Erweitern der Endspielkenntnisse
- Verbessern der kombinatorischen Fähigkeiten
- Stabilisieren der körperlichen Fitness
- Erfüllen der Kriterien für den B-Kaderkreis Frauen

Trainingsprogramm

Der Deutsche Schachbund bietet verschiedene Trainingsprogramme an, die vom Bundestrainer oder einem von ihm beauftragten Trainer organisiert werden:

- Einzeltraining oder kleine Gruppe mit einem Trainer
- Zentrale C-Kader-Lehrgänge
- Trainingsunterstützende Maßnahmen
  - Einbeziehen von Computern (Notebooks bei Turnieren zur unmittelbaren Wettkampfvorbereitung)
  - Nutzen von Schachdatenbanken z. B. ChessBase, Partien aus dem Internet, »Schach plus«
  - Bereitstellen von Partienmaterial
  - Aktuelle Fachliteratur
  - Vermitteln von Turniereinladungen

Die Teilnahme an diesen Trainingsprogrammen wird individuell mit den Mitgliedern des C-Kaders der Frauen vereinbart.

Wettkampfprogramme

Mitglieder des C-Kaders Frauen werden zu repräsentativen Aufgaben im Jugend- und Juniorenbereich herangezogen. Sie vertreten den Deutschen Schachbund bei Europa- und Weltmeisterschaften in ihren Altersklassen. Darüber hinaus nehmen sie an Einzelturnieren und Mannschaftskämpfen im In- und Ausland teil. Die Beteiligung hängt jeweils von entsprechenden Einladungen oder Qualifikationen ab. Nachstehende Wettkampfeinsätze sind vorgesehen:

- Mannschaftskämpfe (Frauen-Bundesliga)
- Mannschaftskämpfe der Männer
- Deutsche Einzelmeisterschaften (Jugend und Erwachsene)
- Jugend Europa- und Weltmeisterschaften weiblich (verschiedene Altersklassen)
- Einladungsturniere der Frauen
- Offene Turniere

Wettkampfziele

- Festigen der Wettkampfstabilität und Konditionierung
- Vordere Platzierungen bei Deutschen Meisterschaften (weibliche Jugend und Frauen)
- Vordere Plätze bei Jugend Europa- und Weltmeisterschaften
- Verbessern der internationalen Ratingzahl
- Erzielen von internationalen Titelnormen
- Erwerben von WIM-Titeln

Trainingsinhalte

- Übungen in taktisch betonten Stellungen
  Die Fähigkeit, kombinatorische Lösungen in taktisch zugespitzten Stellungen zu finden, muss ständig

weitertrainiert werden. Als Studienmaterial eignen sich Bücher zur Schachtaktik, aber auch Aufgaben zu Stellungsbildern aus Partien in Fachzeitschriften.
- Studium schwieriger Endspiele
  - Analyse von Endspielen mit mehreren Figuren
  - Analyse von Endspielen mit ungleicher Materialverteilung
  - Lösen von Studien
- Studium von Meisterpartien
  Das Verfolgen der in den bedeutenden Turnieren gespielten Partien gehört zur schachlichen Allgemeinbildung und sollte im Trainingsprogramm der Spielerinnen des C-Kaders Frauen enthalten sein.
- Gezielte Vorbereitung auf Gegner
  Mit zunehmender Spielstärke erhalten die Mitglieder des C-Kaders Frauen in Turnieren Gelegenheit, mit solchen Gegnern zu spielen, deren Partien aus der Presse oder aus Partiesammlungen/Datenbanken bekannt sind. Damit wächst die Möglichkeit, sich auf den Spielstil und besonders auf die Eröffnungsgewohnheiten des Gegners gezielt einzustellen. Der Nutzen einer solchen Vorbereitung wächst mit der eigenen Flexibilität und dem Umfang des persönlichen Repertoires.
- Auswerten eigener Wettkampfpartien.
- Ergänzung des Eröffnungsrepertoires
  Das Eröffnungsrepertoire sollte darauf überprüft werden, ob es sich für den speziellen Spielstil eignet. Je nach Stand der eröffnungstheoretischen Ausbildung sind praktizierte Eröffnungssysteme zu vertiefen und Änderungen bzw. eine erweiterte Spezialisierung vorzunehmen.
- Anfertigen von Spielerporträts
  Über die leistungsstärksten Spielerpersönlichkeiten der Schachgeschichte sind schachspezifische Porträts zusammenzustellen und zu erklären.
- Spielen von Beratungspartien; Schwächere Spieler lernen von den verbalisierten Gedanken Leistungsstärkerer.
- Spielen von Trainingspartien mit voller und verkürzter Bedenkzeit
- Nutzen der Trainingsmethode des ›lauten Denkens‹. Am Beispiel einer gut kommentierten Welt- oder Großmeisterpartie sollen Defizite und typische Fehler im Vorausberechnen verbal erkannt werden.
- Ausgleichssport bzw. physische und psychische Maßnahmen zum Erhalt der Fitness

Organisation des Trainings
- Aufstellen eines Individuellen Trainingsplans (ITP)
  In Absprache mit dem betreuenden Trainer sollte ein ITP aufgestellt werden. Festzulegen sind die wesentlichen Inhalte der Trainingsarbeit, sportliche Ziele, Anzahl der Wettkampfpartien pro Jahr und die geplanten Turnierteilnahmen. Die formale Aufstellung eines Trainingsplans regt zum Nachdenken über Prioritäten an und dient zur Erfolgskontrolle. Der ITP kann auch der Schule oder ausbildenden Stelle vorgelegt werden.
- Individuelle Zusammenarbeit mit einem Trainer
  Es wird angestrebt, jedem Spieler des C-Kaders Frauen einen geeigneten Trainer zuzuordnen, der möglichst häufig als Trainingspartner und individueller Berater zur Verfügung steht. Bei der Auswahl des Trainers sind personelle, geographische und finanzielle Gesichtspunkte zu berücksichtigen.
- Selbststudium/Selbsttraining
  Das zu studierende Material aus der Literatur oder elektronischen Datenträgern wird mit dem Trainer abgestimmt oder es ergibt sich aus dem ITP.
- Lehrgänge für C-Kader Frauen
Der Bundestrainer oder ein von ihm beauftragter Trainer veranstaltet Lehrgänge für Spielerinnen des C-Kaders Frauen. Wichtigster schachlicher Inhalt der Lehrgänge ist die gemeinsame Analyse von Partien der Teilnehmerinnen. Zusätzlich werden Vorträge von den Trainern gehalten. Bei Veranstaltungen, die mehrere Tage dauern, wird auch Ausgleichssport betrieben. Für C-Kaderspielerinnen, die keinen individuellen Trainer haben, bieten die Lehrgänge eine Möglichkeit des Kontakts zu einem kompetenten Trainer.

Traineraufgaben
Diese Aufgaben werden vorrangig vom Bundesnachwuchstrainer bzw. in Abstimmung mit beauftragten Honorartrainern, gelöst.
- Planen, vorbereiten und leiten von Trainings- und Vorbereitungslehrgängen
- Aufstellen von individuellen Trainingsplänen
- Erarbeiten und Bereitstellen von Ausbildungsmaterialien: Pflege einer ChessBase-Datenbank, Bereitstellen von gezielten Ausdrucken, Bereitstellen von Turnierbulletins.
- Individuelle Beratung zur erweiterten Eröffnungsspezialisierung
- Trainingspartner bei Themapartien mit verkürzter Bedenkzeit
- Fachliche Unterstützung vor Turniereinsätzen
- Betreuungsaufgaben/Sekundant bei wichtigen Wettkämpfen
- Gemeinsames Auswerten der gespielten Wettkampfpartien

Trainerqualifikation
- Bundestrainer, Bundesnachwuchstrainer, A-Lizenztrainer oder leistungsstarker Spitzenspieler mit pädagogischen Fähigkeiten

Trainingsmaterial
- Datenbanken
  - Datenbank auf dem Computer
  - Schachinformatoren oder andere Nachschlagewerke
  - Turnierbulletins

  Die Datenbank auf dem Computer, unterstützt durch ein Verwaltungssystem wie ChessBase, ist die effektivste Form für das Heimtraining.
- Persönliche Eröffnungskartei oder Datei
- Enzyklopädien als Nachschlagewerke

  Der Stand der Schachtheorie, besonders die Eröffnungen, sind in mehreren Bänden der Enzyklopädie veröffentlicht. Diese Quellen sind für Spitzenspielerinnen als Nachschlagewerk nach wie vor erforderlich.
- Vom Trainer empfohlene Fachliteratur
- Selbstgewählte Schachliteratur
- Nationale und internationale Schachzeitschriften
- Internetschachzeitungen

5.3 Rahmenplan für das Hochleistungstraining der A/B-Kader Männer

Richtlinien zur Kaderaufstellung
Der A/B-Kader wird aus den stärksten Spielern des Deutschen Schachbundes gebildet. Mit Ausnahme von einigen jüngeren Spielern befinden sich in der Regel nur Großmeister im A/B-Kader. Die Aufstellung des Kaders erfolgt einmal im Jahr durch den Technischen Ausschuss des DSB. Grundlage für das Bestimmen des A/B-Kaders sind folgende Kriterien:
- Kadergröße: 6 A-Kader, 12 B-Kader
- Voraussetzung für die Aufnahme ist eine Elo-Zahl von mindestens 2525 (B-Kader), 2575 (A-Kader) oder besonders junge hochtalentierte Spieler.
- Für A-Kader-Spieler besteht kein Alterslimit. Mit Erreichen des 40. Lebensjahres scheidet ein Spieler aus dem B-Kader aus.
- Bereitschaft zum Hochleistungstraining
- Bereitschaft zur Teilnahme an internationalen Wettkämpfen

Der A/B-Kader wird in einen A-Kader (Nationalmannschaft) und B-Kader (Reservekader für die Nationalmannschaft) unterteilt, wenn die vom Deutschen Sportbund definierten Kaderkriterien dies zulassen.

Trainingsziele
Die Trainingsziele der Mitglieder im A/B-Kader sind darauf gerichtet, eine möglichst universelle Spielfähigkeit zu erreichen. Dazu ist die gründliche Analyse des eigenen Spiels erforderlich, um vorhandene Mängel zu erkennen und durch gezielte Maßnahmen zu bekämpfen. Hinzu kommt die spezielle Vorbereitung auf Turniere.

Folgende Einzelziele sind zu verfolgen:

- Beseitigen erkannter Schwächen im eigenen Spiel
- Erweiterung/Veränderung des Eröffnungsrepertoires
- Einstellen auf kommende Gegner
- Erhalt/Verbessern der körperlichen Fitness, gesundheitliche Maßnahmen

Trainingsprogramm

Das Trainingsprogramm für den A/B-Kader wird vom Bundestrainer festgelegt. Folgende Maßnahmen werden in Abhängigkeit von den dafür vorhandenen Finanzmitteln durchgeführt:

- Vorbereitungstreffen der Nationalmannschaft
- Trainingsunterstützende Maßnahmen
  - Ausstattung mit Komplettpaketen durch ChessBase (jeweils aktuelle Versionen des Programms, von »Fritz«, Hauptdatenbank von ChessBase sowie ständige Lieferungen von CBM und CB extra)
  - Kostenlose Vergabe von »Schach plus«, wenn die Zeitschrift SCHACH bezogen wird
  - Vermitteln von Turniereinladungen
- Einzeltraining mit Weltklassespielern
- Trainingspartnerschaften
- Seminare über Spezialthemen (z. B. Wettkampfpsychologie)

Wettkampfprogramme

Die Mitglieder des A/B-Kaders vertreten den Deutschen Schachbund in der Ländermannschaft und bei Internationalen Einzelwettbewerben. Das Wettkampfprogramm besteht aus der Teilnahme an folgenden Veranstaltungen, soweit entsprechende Einladungen oder Qualifikationen vorliegen:

- Schacholympiade (alle zwei Jahre)
- Mannschaftsweltmeisterschaften (alle vier Jahre)
- Europäische Mannschaftsmeisterschaften (alle vier Jahre)
- Sonstige Länderkämpfe z. B. Mitropacup
- FIDE-Qualifikationsturniere zur Weltmeisterschaft: Zonenturniere, Weltmeisterschaftsturniere
- Bundesliga
- Deutsche Einzelmeisterschaft (Freiplätze)
- Internationale Einzelturniere
  - Rundenturniere entsprechend der Elo-Zahl des zu entsendenden Teilnehmers
  - Turniere zum Erwerb von Normen und internationaler Titel
- Offene Turniere

Wettkampfziele

- Erfolgreiche Repräsentation bei Schacholympiaden und Europäischen Mannschaftsmeisterschaften
- Qualifikation für die Einzel-Weltmeisterschaft
- Verbesserung der internationalen Ratingzahl
- Festigen der Wettkampfstabilität und Konditionierung

Trainingsinhalte

- Studium von Partien der wichtigsten Turniere

  Das Verfolgen der in den bedeutenden Turnieren gespielten Partien dient zur allgemeinen Information, aber auch zum Aufspüren von Trends in der Eröffnungswahl oder von bemerkenswerten Neuerungen.

- Studium von Partien der nächsten Gegner

  Als Vorbereitung auf Turniere werden neuere Partien voraussichtlicher Gegner analysiert. Dabei geht es darum, Eröffnungsgewohnheiten sowie besondere Stärken und Schwächen der Konkurrenten festzustellen, um darauf Strategien für das eigene Spiel gegen die jeweiligen Gegner zurechtzulegen. Die Vorbereitung auf den Gegner kann in der häuslichen Umgebung erfolgen, wenn die Gegner bekannt sind. Sie kann mit Einschränkungen aber auch bis wenige Stunden vor Beginn einer Partie stattfinden, wenn der Gegner erst kurzfristig bekannt wird.

- Nachbereitung eigener Partien, evtl. Einbeziehen computergestützter Programme.
- Aktualisieren des Eröffnungsrepertoires

  An seinem Eröffnungsrepertoire muss auch der beste Spieler ständig ›feilen‹. Beim Nachbereiten der letzten Wettkampfpartien werden immer wieder Unzulänglichkeiten im eigenen Repertoire festgestellt, die es zu beheben gilt. Aber auch Umstellungen oder Erweiterungen des Eröffnungs- programms sollten erwogen werden, um die gegnerische Vorbereitung zu erschweren. Eine wich- tige Zielsetzung besteht darin, eigene schöpferische Arbeit zu leisten und danach zu streben, bis- her bekannte Varianten der Theorie zu verbessern.

- Nutzen der Trainingsmethode des ›lauten Denkens‹. Am Beispiel einer gut kommentierten Welt- oder Großmeisterpartie sollen Defizite und typische Fehler im Vorausberechnen verbal erkannt werden.
- Ausgleichssport bzw. physische und psychische Maßnahmen zum Erhalt der Fitness

Organisation des Trainings
- Vorrangig selbständig arbeiten
  Da die Trainingsinhalte für einen Spitzenspieler sehr individuell ausgerichtet sein müssen, kommt ein Training in Gruppen nur bedingt in Betracht. Ausreichend qualifizierte Trainer für ein indivi- duelles Training sind aber meist nicht vorhanden oder zu teuer. Deshalb führen die Mitglieder des A/B-Kaders ihr Training überwiegend selbständig durch.
- Individuelle Zusammenarbeit mit einem Trainer
  Als Ergänzung zum selbständig durchgeführten Training ist besonders für die jüngeren Mitglieder des A/B-Kaders eine zeitweilige Arbeit mit einem erfahrenen Trainer als Ratgeber und Kritiker sehr nützlich. Ist ein geeigneter Trainer nicht vorhanden, kommt auch die Zusammenarbeit mit einem Kaderkollegen als Trainingspartner in Frage.
- Lehrgänge oder Seminare
  Lehrgänge werden für den A/B-Kader gewöhnlich nur als unmittelbare Wettkampfvorbereitung auf wichtige sportliche Veranstaltungen (Schacholympiade u. ä.) durchgeführt. Dabei geht es dann neben dem Schachtraining auch um das Einstimmen der Mannschaft.

Aufgaben des Trainers
Die Aufgaben für Trainer des A/B-Kaders liegen in den Bereichen trainingsfördernde Maßnahmen (Beschaffen von Trainingsmaterial oder Finanzmitteln), schachliche Beratung oder Unterstützung und Wettkampfbetreuung. Einige wichtige Aufgaben im einzelnen:
- Beschaffen/Aufbereiten von Trainingsmaterial
  - Pflege einer ChessBase-Datenbank
  - Bereitstellen von allgemeinen Datenbanken
  - Bereitstellen von speziellen Datenbanken z. B. Eröffnungstheorie, Spielerdossier
- Beratung Eröffnungsprogramme
- Partner bei Themapartien
- Fachliche Unterstützung vor und nach Turniereinsätzen
- Psychologisches Betreuen bei Wettkämpfen
- Logistisches Betreuen bei Wettkämpfen

Trainerqualifikation
- Bundestrainer oder leistungsstarker Spitzenspieler mit pädagogischen Fähigkeiten
  Für die schachliche Beratung, z. B. Eröffnungswahl oder beim Vor- und Nachbereiten von Turnie- ren ist ein Trainer mit hoher schachlicher Kompetenz notwendig. Der Trainer sollte ein ähnlich hohes Spielstärkeniveau wie der Aktive haben oder einmal besessen haben. Bei anderen Trainer- aufgaben wie etwa Materialbeschaffen oder Betreuen im Wettkampf kommt es weitgehend auf an- dere Qualitäten des Trainers an. Hierfür ist schachliche Spielstärke weniger erforderlich.

Trainingsmaterial
- Datenbanken
  - Eröffnungs- und Spielerdatenbanken
  - Schachinformatoren oder andere Nachschlagewerke
  - Turnierbulletins
  Die Datenbank auf dem Computer unterstützt durch ein Verwaltungssystem wie ChessBase ist die effektivste Form für das Heimtraining. Für Reisen zu Turnieren empfiehlt sich die Anschaffung eines Laptops. Wer keinen Computer hat oder mag, kann auch mit Schachinformatoren oder ähn- lichen Werken arbeiten.
- Persönliche Eröffnungsdatei oder Kartei

- Enzyklopädien als Nachschlagewerke
  Der Stand der Schachtheorie, besonders die Eröffnungen, sind in mehreren Bänden der Enzyklopädie veröffentlicht. Sie sind für den Spitzenspieler als Nachschlagewerk nach wie vor geeignet (Buchform oder CD).
- Selbstgewählte Schachliteratur
- Nationale und internationale Schachzeitschriften
- Internetschachzeitungen

5.4 Rahmenplan für das Hochleistungstraining A/B-Kader Frauen
Richtlinien zur Kaderaufstellung
Der A/B-Kader der Frauen wird aus den stärksten Spielerinnen des Deutschen Schachbundes gebildet. Die Aufstellung des Kaders erfolgt einmal im Jahr durch den Technischen Ausschuss des DSB. Grundlage für das Bestimmen des A/B-Kaders sind folgende Kriterien:
- Kadergröße: 8–10
- Voraussetzung für die Aufnahme ist eine Elo-Zahl von mindestens 2250 (B-Kader), 2350 (A-Kader) oder besonders junge hochtalentierte Spielerinnen.
- Für A-Kader-Spielerinnen besteht kein Alterslimit. Mit Erreichen des 40. Lebensjahres scheidet eine Spielerin aus dem B-Kader aus.
- Bereitschaft zum Hochleistungstraining
- Bereitschaft zur Teilnahme an internationalen Wettkämpfen
  Die A/B-Kaderkreise werden in einen A-Kader (Weltspitze) und B-Kader (nationale Spitze) unterteilt, wenn es die vom Deutschen Sportbund definierten Kaderkriterien zulassen.

Trainingsziele
Die Trainingsziele der Mitglieder im A/B-Kader sind darauf gerichtet, eine möglichst universelle Spielfähigkeit zu erreichen. Dazu ist die gründliche Analyse des eigenen Spiels erforderlich, um vorhandene Mängel zu erkennen und durch gezielte Maßnahmen zu bekämpfen. Hinzu kommt die spezielle Vorbereitung auf Turniere. Folgende Einzelziele sind zu verfolgen:
- Beseitigen erkannter Schwächen im eigenen Spiel
- Erweitern/Verändern/Aktualisieren des Eröffnungsrepertoires
- Einstellen auf kommende Gegner
- Erhalt/Verbessern der körperlichen Fitness bzw. Einleiten von gesundheitsfördernden Maßnahmen

Trainingsprogramm
Das Trainingsprogramm für den A/B-Kader der Frauen wird vom Bundestrainer festgelegt. Folgende Maßnahmen werden in Abhängigkeit der dafür vorhandenen Finanzmitteln durchgeführt:
- Unmittelbare Wettkampfvorbereitung der Nationalmannschaft
- Trainingsunterstützende Maßnahmen: Bereitstellen von Computern (Notebooks), ChessBase und »Schach plus«, Bereitstellen von Partienmaterial, aktuelle Fachliteratur, Vermitteln von Turniereinladungen.
- Einzeltraining mit Spitzenspielern

Wettkampfprogramme
Die Mitglieder des A/B-Kaders Frauen vertreten den Deutschen Schachbund in der Ländermannschaft und bei internationalen Einzelwettbewerben. Das Wettkampfprogramm besteht aus der Teilnahme an folgenden Veranstaltungen, soweit entsprechende Einladungen oder Qualifikationen vorliegen:
- Frauen-Schacholympiade (alle zwei Jahre)
- Europäische Mannschaftsmeisterschaften (alle vier Jahre)
- Länderkämpfe
- FIDE-Qualifikationsturniere zur Weltmeisterschaft: Zonenturniere, Weltmeisterschaftsturniere
- Frauen-Bundesliga
- Mannschaftskämpfe der Männer
- Deutsche Einzelmeisterschaft (Freiplätze)
- Internationale Einzelturniere
  - Internationale Frauen-GM-Turniere

– Internationale Meisterturniere der Männer
– Turniere zum Erwerb von Normen und internationaler Titel
- Offene Turniere

Wettkampfziele
- Erfolgreiche Repräsentation bei Schacholympiaden und Europäischen Mannschaftsmeisterschaften
- Qualifikation für das Interzonenturnier der Frauen
- Erhalt/Verbessern der internationalen Ratingzahl
- Festigen der Wettkampfstabilität und Konditionierung

Trainingsinhalte
- Studium von Meisterpartien
- Vorbereitung auf Gegnerinnen
  Zur Vorbereitung auf Turniere werden neuere Partien voraussichtlicher Gegnerinnen analysiert. Es sollen Eröffnungsgewohnheiten der Konkurrentinnen erkannt und die eigene Spielweise bestimmt werden.
- Auswerten eigener Partien, evtl. Einbeziehen computergestützter Programme.
- Aktualisieren und Vertiefen des eigenen Eröffnungsprogramms
  Bei der Nachbereitung der letzten Wettkampfpartien werden immer wieder Lücken in der Tiefe oder in der Breite des eigenen Repertoires aufgedeckt, die es zu beheben gilt.
- Spielen von Übungspartien mit verkürzter Bedenkzeit
- Nutzen der Trainingsmethode des ›lauten Denkens‹. Am Beispiel einer gut kommentierten Welt- oder Großmeisterpartie sollen Defizite und typische Fehler im Vorausberechnen verbal erkannt werden.
- Ausgleichssport bzw. physische und psychische Maßnahmen zum Erhalt der Fitness

Organisation des Trainings
- Individuelle Zusammenarbeit mit einem Trainer
  Erfahrungsgemäß wirkt die Zusammenarbeit mit einem Trainer sehr motivierend und ist anzustreben.
- Lehrgänge
  Lehrgänge werden für den A/B-Kader Frauen in der Regel nur als unmittelbare Wettkampfvorbereitung auf wichtige sportliche Veranstaltungen (Schacholympiade u. ä.) durchgeführt. Dabei geht es dann neben dem Schachtraining auch um das Einstimmen der Mannschaft. Es werden aber auch schachliche Themen nach den Wünschen der Spielerinnen aufgenommen.

Aufgaben des Trainers
- Individuelles Beraten beim Auswählen neuer Eröffnungssysteme
- Sparringspartner beim Spielen von Themapartien
- Beschaffen/Aufbereiten von Trainingsmaterial: Pflege einer ChessBase-Datenbank, Bereitstellen von gezielten Ausdrucken, Bereitstellen von Turnierbulletins.
- Fachliche Unterstützung vor und nach Turniereinsätzen
- Gemeinsame analytische Auswertung von gespielten Partien
- Psychologisches Betreuen bei Wettkämpfen
- Logistisches Betreuen bei Wettkämpfen

Trainerqualifikation
- Bundestrainer oder leistungsstarker Spitzenspieler mit pädagogischen Fähigkeiten.
  Für die schachliche Beratung, z. B. Eröffnungswahl oder beim Vor- und Nachbereiten von Turnieren ist ein Trainer mit hoher schachlicher Kompetenz notwendig. Der Trainer sollte ein ähnlich hohes Spielstärkeniveau wie die aktive Spielerin besitzen oder einmal gehabt haben. Bei anderen Traineraufgaben wie etwa Materialbeschaffen oder Betreuen im Wettkampf kommt es vornehmlich auf organisatorische, soziale und kommunikative Fähigkeiten des Trainers an. Hierfür ist schachliche Spielstärke weniger erforderlich.

Trainingsmaterial
- Partiensammlung
  Spielerinnen des A/B-Kaders sollten eine Partiensammlung, insbesondere auch mit Partien von internationalen Frauenturnieren, besitzen. Die Partiensammlung kann in unterschiedlicher Form angelegt sein: Kartei, Datenbank, Schachinformatoren, Turnierbulletins.

- Persönliche Eröffnungsdatei oder Kartei
- Enzyklopädien als Nachschlagewerke
- Vom Trainer empfohlene Schachliteratur
- Selbstgewählte Schachliteratur
- Nationale und internationale Schachzeitschriften
- Internetschachzeitungen

Lehrkommission des Deutschen Schachbundes e.V.:
Dr. Hans-Jürgen Hochgräfe, Herbert Bastian, Dr. Ernst Bönsch (Red.), Klaus Darga, Joachim Gries
Endredaktion: Uwe Bönsch, Bundestrainer des Deutschen Schachbundes e.V.

8. ARBEITSMATERIALIEN FÜR SCHACHPÄDAGOGEN

8.1 Notationsformen

8.1.1 Algebraische Notation

Die Algebraische Notation gilt als offizielle und vereinheitlichte Schreibform zum Aufzeichnen von Partien bei nationalen und internationalen Wettkämpfen. Jedem Spieler wird jedoch das Recht eingeräumt, den Anfangsbuchstaben des Figurennamens in seiner Landessprache zu verwenden:

Deutsch	K	– König	D – Dame	T – Turm	L – Läufer	S – Springer
Englisch	K	– King	Q – Queen	R – Rook	B – Bishop	N – Knight
Französisch	R	– Roi	D – Dame	T – Tour	F – Fou	C – Cavalier
Russisch	Kp	– Korol	F – Fers	L – Ladja	C – Slon	K – Kon
Spanisch	R	– Rey	D – Reina	T – Torre	A – Alfil	C – Caballo
Italienisch	R	– Re	D – Donna	T – Torre	A – Alfiere	C – Chaval

8.1.2 Beschreibende oder englische Notation

Das im englischen Sprachraum verwendete System weist grundlegende Unterschiede gegenüber der algebraischen Notation auf. Es ist eine beschreibenden Darstellung. Folgende Gedanken und Festlegungen sind dabei bestimmend:

- Der An- und Nachziehende notieren die Felder (Reihen) ziffernmäßig immer »von sich«, das heißt von seiten der weißen oder schwarzen Grundstellung aus. Dadurch ergeben sich für jedes Feld normalerweise zwei Bezeichnungen. Zum Beispiel ist die vierte Reihe von Weiß aus gesehen die fünfte aus der Sicht des Schwarzen.
- Die einzelnen Linien werden nach den auf ihnen befindlichen Figuren bezeichnet:
  Die a- und h-Linien sind also die Turmlinien, die c- und f-Linien die Läuferlinien usw. Dabei ist die a-Linie die Damenturmlinie, die h-Linie die Königsturmlinie usw.
- Für die Rochade nach der Königsseite gilt das Symbol 0–0. Für die Rochade nach der Damenseite gilt das Symbol 0–0–0.
- Das »en passant«-Schlagen lautet in der Abkürzung e. p.
- Alle Steine werden nach ihren Anfangsbuchstaben benannt:

König	King	K
Dame	Queen	Q
Turm	Rook	R
Läufer	Bishop	B
Springer	Knight	Kt oder N
Bauer	Pawn	P

- Die Felder auf der ersten Reihe heißen demnach (von der Seite des Anziehenden):

QR1	Queen's Rook	Damenturm a1
QKt1	Queen's Knight	Damenspringer b1
QB1	Queen's Bishop	Damenläufer c1
Q1	Queen's	Dame d1
K1	King's	König e1
KB1	King's Bishop	Königsläufer f1
KKt1	King's Knight	Königsspringer g1
KR1	King's Rook	Königsturm h1

8.1.3 Internationale Fernschachnotation (Zahlennotation)

Die Fernschachnotation stellt eine abgewandelte Form der algebraischen Notation dar. Dabei wird jedes Feld durch eine zweistellige Zahl bezeichnet. Das Darstellen eines Zuges geschieht in der Form, dass die Felder, von denen die Steine kommen, und die Felder, auf die sie ziehen, hintereinander mit je zwei Ziffern genannt und so zu einer vierstelligen Zahl vereinigt werden. Während die Zeichen für »Schach«, »schlägt« und »en passant« unberücksichtigt bleiben, erhalten die Rochadeformen ihre Kennzeichnung durch den Königszug:

Kurze Rochade für Weiß	⇨	5171
Lange Rochade für Weiß	⇨	5131
Kurze Rochade für Schwarz	⇨	5878
Lange Rochade für Schwarz	⇨	5838

Im Gegensatz zu allen anderen Zugnotierungen bilden die Bauernumwandlungen eine Ausnahme. Als fünfte Ziffer muss die Figur angegeben werden, in die der Bauer verwandelt wird (1 für Dame, 2 für Turm, 3 für Läufer und 4 für Springer).

Beispiel der Notation einer Partieeröffnung:

Algebraische Notation		Zahlennotation	
1. e2-e4	c7-c5	1. 5254	3735
2. Sg1-f3	d7-d6	2. 7163	4746
3. d2-d4	c5xd4	3. 4244	3544
4. Sf3xd4	Sg8-f6	4. 6344	7866
5. Sb1-c3	a7-a6	5. 2133	1716
6. Lc1-g5	e7-e6	6. 3175	5756
7. f2-f4	Sb8-d7	7. 6264	2847
8. Dd1-f3	Dd8-c7	8. 4163	4837
9. 0-0-0	b7-b5	9. 5131	2725
usw.		usw.	

997

8	18	28	38	48	58	68	78	88
7	17	27	37	47	57	67	77	87
6	16	26	36	46	56	66	76	86
5	15	25	35	45	55	65	75	85
4	14	24	34	44	54	64	74	84
3	13	23	33	43	53	63	73	83
2	12	22	32	42	52	62	72	82
1	11	21	31	41	51	61	71	81
	a	b	c	d	e	f	g	h

8.2 Klassifizierungsordnungen

8.2.1 Internationale Titelbestimmungen der FIDE
Bestätigt von der Generalversammlung 1982 und ergänzt in den Jahren von 1984 bis 1998

0.0 Einleitung
0.1 Die FIDE erkennt nur solche Schachtitel an, die gemäß den von ihr aufgestellten Bestimmungen erworben worden sind.

0.2 Die folgenden Bestimmungen müssen durch die Generalversammlungen auf Empfehlung der Qualifikationskommission geändert werden.

   0.21 Jede dieser Änderungen tritt am 1. Juli des Jahres in Kraft, das der Entscheidung der Generalversammlung folgt. In Turnieren werden diese Veränderungen angewandt, wenn sie an oder nach oben genannten Datum beginnen.

0.3 Internationale FIDE Titel sind:

   0.31 Titel für Normalschach, über die die FIDE Qualifikationskommission entscheidet: Großmeister (GM), Internationaler Meister (IM), FIDE-Meister (FM), Frauen-Großmeister (WGM), Internationaler Frauen-Meister (WIM) Frauen FIDE-Meister (WFM), Ehren-Meister (H-M) und FIDE Kategorie-Spieler

   0.3 11 Schnellschach Titel

   0.32 Internationaler Schiedsrichter (IA), über die die FIDE Schiedsrichterkommission entscheidet

   0.33 Internationaler Organisator (I0), über den die FIDE-Qualifikationskommission entscheidet

   0.34 Titel für Problemschach, über die die ständige Kommission für Problemschach entscheidet

   0.35 Fernschach Titel, über die die Internationale Fernschach Föderation (ICCF) entscheidet

   0.36 Ehren-Meister für Problemschach, über den die Kommission für Problemschach entscheidet

   0.37 Titel Schach-Ausbilder, über den die FIDE-Qualifikationskommission entscheidet

   0.38 Titel, die für besondere Verdienste außerhalb des praktischen Spiels verliehen werden. Diese Titel werden durch die Generalversammlung vergeben.

0.4 Die Titel sind vom Tage der Verleihung oder Registrierung an auf Lebenszeit gültig.

   0.41 Die Benutzung von FIDE-Titeln oder Wertzahlen zum Zweck der Beschädigung ethischer Prinzipien des Titel- oder Wertzahlensystems kann die Aberkennung des Titels auf Empfehlung der Qualifikationskommission und endgültige Entscheidung der Generalversammlung zur Folge haben.

0.5 Titel, die gemäß 0.61 und 0.62 verliehen werden, werden durch den FIDE-Präsidenten registriert. Andere Titel werden durch die Generalversammlung auf Empfehlung des Entscheidungsgremiums, dass der Kandidat die geforderten Bedingungen erfüllt hat, verliehen. Das Präsidium und der Exekutivrat können Titel gemäß 0.31 und 0.32 nur in klaren Fällen verleihen. Das Entscheidungsgremium muss sich vom Prinzip »gleiche Leistungen für gleiche Titel« leiten lassen.

   0.51 Für 0.35 beurteilt und verleiht die ICCF die Titel; nach Erhalt des Berichtes über die Verleihung bestätigt die Generalversammlung diese Titel.

0.6 Registrierte Titel

   0.61 Das sind Titel, die durch Ergebnisse in bestimmten Wettkämpfen (Turnieren und Matches) erworben wurden. Abschnitte 1.12, 1.13, 1.22, 1.23, 1.24, 1.25, 1.26, 1.32, 1.33, 1.34, 1.42, 1.43, 1.52, 1.53, 1.54, 1.55, 1.62, 1.63.

   0.62 Das sind Titel, die durch Erreichen einer Wertzahl erworben werden, die in diesen Bestimmungen fixiert sind und auf allen erreichten Resultaten basieren (Abschnitte 1.31, 1.61).

0.7 Mitglieder der Qualifikationskommission sind

   0.71 Gewählt durch die Generalversammlung für die gleiche Amtsperiode wie der FIDE-Präsident: Ein Präsident oder Vorsitzender, ein Stellvertreter des Vorsitzenden, ein Sekretär und fünf Experten.

   0.72 Mitglieder entsprechend ihrer Funktion: Der FIDE-Präsident, wenn er nicht Vorsitzender der Kommission ist, die Kontinental-Präsidenten der FIDE, die Stellvertreter des FIDE-Präsidenten, die Präsidenten der FIDE-Zonen und der FIDE-Rating-System-Administrator.

0.73 Im allgemeinen entscheidet die Kommission in ihren Sitzungen unmittelbar vor Eröffnung der Generalversammlung. In Abwesenheit kann ein Zonen-Präsident seine Vollmacht einem anderen Vertreter übertragen.

0.74 Falls nichts anderes in diesen Bestimmungen festgelegt ist, erfolgt die Abstimmung entsprechend den Artikeln 4.7, 4.8 und 4.9 des FIDE-Statuts.

0.75 Ausnahmsweise kann die Kommission einen Titel durch Briefwahl empfehlen.

1.0 Anforderungen an die in 0.31 aufgeführten Titel

1.1 Großmeister: Erwerb durch Erfüllen einer der folgenden Bedingungen:

1.11 Zwei oder mehr GM-Resultate in Veranstaltungen mit insgesamt mindestens 24 Partien (30 Partien ohne Rundenturnier oder Olympiade) und eine Wertzahl von mindestens 2500 in der zum Zeitpunkt der Bearbeitung des Antrages durch den FIDE- Kongress gültigen FIDE-Ratingliste oder innerhalb von sieben Jahren nach dem ersten Titelresultat, das erreicht wurde (s. 1.7, 10.10).

1.12 Qualifikation für den Kandidaten-Wettbewerb zur Weltmeisterschaft

1.13 Ein GM-Resultat in einem Interzonenturnier der FIDE

1.14 Sieg im Match der Frauenweltmeisterschaft

1.15 Sieger nach Wertung in der Junioren-Weltmeisterschaft

1.16 Ein geteilter erster Platz in der Junioren-Weltmeisterschaft entspricht einem 9-Partien-GM-Resultat.

1.17 Sieger nach Wertung in der kontinentalen Einzel- oder kontinentalen Junioren-Meisterschaft entspricht einem 9-Partien-GM-Resultat. Die arabischen und zentralamerikanisch-karibischen Jugendwettkämpfe werden als eine kontinentale Meisterschaft gewertet.

1.18 Der eindeutig erste Platz im Frauen-Kandidatenturnier entspricht einem 9-Partien-GM-Resultat.

1.19 Ein 13 -Partien-GM-Resultat in der Olympiade führt zur Verleihung des Titels.

1.20 Sieger der Senioren-Weltmeisterschaft

1.2 Internationaler Meister: Erwerb durch Erfüllung einer der folgenden Bedingungen:

1.21 Zwei oder mehr IM-Resultate in Veranstaltungen mit insgesamt mindestens 24 Partien (30 Partien ohne Rundenturnier oder Olympiade) und eine Wertzahl von mindestens 2400 in der zum Zeitpunkt der Bearbeitung des Antrags durch den FIDE-Kongress gültigen FIDE-Wertungsliste oder innerhalb von sieben Jahren nach dem ersten Titelresultat, das erreicht wurde (s. 1.7).

1.22 Der erste Platz in einer der folgenden Veranstaltungen: Kandidatenturnier der Frauen, Zonenturnier, Kontinentale Einzelmeisterschaft, Sieger nach Wertung in folgenden Veranstaltungen: Kontinentale Junioren-Einzelmeisterschaft; Arabische Einzel- und Juniorenmeisterschaft; Zentralamerikanisch-karibische Juniorenmeisterschaft; U18 Weltmeisterschaft; Commonwealth Schachmeisterschaft; Weltmeisterschaft der Internationalen Blinden-Schach-Assoziation (IBCA), falls der Weltmeister eine Wertzahl von 2205 besitzt; Weltmeisterschaft des Internationalen Komitees der Gehörlosen (ICSC), falls der Meister eine Wertzahl von 2205 besitzt; Weltmeisterschaft der Internationalen Schach-Assoziation der Körperbehinderten (IPCA), falls der Weltmeister eine Wertzahl von 2205 besitzt.

1.22.1 Im Fall eines geteilten ersten Platzes bei einer der oben genannten Veranstaltungen in 1.22 erhält jeder der punktgleichen Spieler den Titel Internationaler Meister, vorausgesetzt es betrifft nicht mehr als drei Spieler.

1.23 Die ersten drei Medaillentrager in der Junioren-Weltmeisterschaft erhalten den Titel Internationaler Meister.

1.24 Qualifikation für das Interzonenturnier des Weltmeisterschafts-Zyklus

1.25 Ein IM-Ergebnis im Zyklus der Einzel-Weltmeisterschaft mit nicht weniger als 13 Partien. Wenn Vor- und Endrunden gespielt werden, sind die Ergebnisse zusammenzufassen.

1.26 Ein Resultat von 66 2/3 % oder besser in nicht weniger als 9 Partien in einem Zonenturnier oder Sub-Zonenturnier, das durch das Präsidium der FIDE genehmigt wurde. Wenn Vor- und Endrunden gespielt werden, sind die Ergebnisse zusammenzufassen.

1.27 Sieger nach Wertung in der U 16 Weltmeisterschaft und der kontinentalen U18 und U16 Meisterschaft entspricht einem 9-Partien-IM-Resultat.

1.28 Ein 13-Partien-IM-Resultat in der Olympiade fährt zur Verleihung des Titels.

1.3 FIDE-Meister: Erwerb durch Erfüllen einer der folgenden Bedingungen:

1.31 Eine Wertung von mindestens 2300, die auf mindestens 24 Partien beruht. Die nationale Föderation ist verantwortlich für die Zahlung der in den Finanzbestimmungen festgelegten Gebühr, worauf der Titel verliehen wird.

1.32 Der erste Platz in einer der folgenden Veranstaltungen: Weltmeisterschaften für Spieler U10 bis U16; IBCA Junioren-Weltmeisterschaft, falls er eine Wertzahl von 2205 hat; ICSC Junioren-Weltmeisterschaft, falls er eine Wertzahl von 2205 hat; IPCA Junioren-Weltmeisterschaft, falls er eine Wertzahl von 2205 hat.

1.33 Der erste Platz in einer der folgenden Veranstaltungen: Kontinentale U10, 12, 14, 16 und 18 Meisterschaft, Arabische U10, 12, 14, 16 und 18 Meisterschaft,
1.33.1 Im Fall eines geteilten ersten Platzes bei einer der o. g. Veranstaltungen erhält jeder der punktgleichen Spieler den Titel FIDE-Meister, vorausgesetzt es betrifft nicht mehr als drei Spieler.

1.34 Ein Resultat von 50 % oder besser in einem Zonenturnier oder Sub-Zonenturnier, das durch das Präsidium der FIDE genehmigt wurde, mit nicht weniger als 9 Partien. Sofern ein Turnier mit Vor- und Endrunden gespielt wurde, werden die Ergebnisse zusammengefasst.

1.35 Zweiter der IBCA-Weltmeisterschaft, falls er eine Wertzahl von 2205 hat. Zweiter der ICSC-Weltmeisterschaft, falls er eine Wertzahl von 2205 hat. Zweiter der IPCA-Weltmeisterschaft, falls er eine Wertzahl von 2205 hat.

1.4 Frauen-Großmeister: Erwerb durch Erfüllen einer der folgenden Bedingungen:

1.41 Zwei oder mehr WGM-Resultate in Veranstaltungen mit insgesamt mindestens 24 Partien (30 Partien ohne Rundenturnier oder Olympiade) und einer Wertung von mindestens 2300 in der zum Zeitpunkt der Bearbeitung des Antrages durch den FIDE-Kongress gültigen FIDE-Wertungsliste oder innerhalb von sieben Jahren nach dem ersten Titelresultat, das erreicht wurde (s. 1.7).

1.42 Qualifikation für die Kandidaten-Wettkämpfe zur Frauen-Weltmeisterschaft

1.43 Ein WGM-Ergebnis im Zyklus der Einzelweltmeisterschaft der Frauen mit nicht weniger als 13 Partien. Sofern in einem Turnier mit Vor- und Endrunden gespielt wurde, werden die Ergebnisse zusammengefasst.

1.44 Sieger nach Wertung in der Weltmeisterschaft der Juniorinnen

1.45 Ein geteilter erster Platz entspricht einem 9-Partien-WGM-Resultat

1.46 Sieger nach Wertung in der kontinentalen Einzel- oder kontinentalen Juniorinnen-Meisterschaft entspricht einem 9-Partien-WGM-Resultat. Die arabischen und zentralamerikanisch-karibischen Jugendwettkämpfe werden als kontinentale Meisterschaft gewertet.

1.47 Ein 13-Partien-WGM-Resultat in der Olympiade führt zur Verleihung des Titels.

1.48 Sieger der Seniorinnen Weltmeisterschaft.

1.5 Internationaler Frauenmeister:
Erwerb durch Erfüllung einer der folgenden Bedingungen:

1.51 Zwei oder mehr WIM-Ergebnisse in Veranstaltungen mit insgesamt wenigstens 24 Partien (30 Partien ohne Rundenturnier oder Olympiade) und eine Wertung von mindestens 2200 in der zum Zeitpunkt der Bearbeitung des Antrages durch den FIDE-Kongress gültigen FIDE-Wertungsliste oder innerhalb von sieben Jahren nach dem ersten Titelresultat, das erreicht wurde (s. 1.7).

1.52 Qualifikation für das Interzonenturnier zur Frauen-Weltmeisterschaft

1.53 Der erste Platz in einer der folgenden Veranstaltungen: Kontinentale Frauenmeisterschaft, Frauen-Zonenturnier, Arabische Frauenmeisterschaft, Mädchen U18 Meisterschaft, Arabische Mädchenmeisterschaft, Kontinentale Juniorinnen U20 Meisterschaft, Zentralamerikanisch-karibische U20, Commonwealth Schachmeisterschaft, Frauen-Weltmeisterschaft des Internationalen Komitees der Gehörlosen (ICSC) bis maximal drei Frauen, Frauen-Weltmeisterschaft der Internationalen Schach-Assoziation der Körperbehinderten (IPCA) bis maximal drei Frauen, Frauen-Weltmeisterschaft der Internationalen Blinden-Schach-Assoziation (IBCA) bis maximal drei Frauen.

1.53.1 Im Fall eines geteilten ersten Platzes bei einer der o. g. Veranstaltungen soll jede der punktgleichen Spielerinnen den Titel WIM erhalten, vorausgesetzt es betrifft nicht mehr als drei Spielerinnen.

1.54 Die ersten drei Medaillenträgerinnen in der Juniorinnen Unter-20 Weltmeisterschaft erhalten den Titel Internationaler Frauenmeister.

1.55 Ein WIM-Ergebnis im Zyklus der Einzelweltmeisterschaft der Frauen mit nicht weniger als 13 Partien. Sofern in einem Turnier mit Vor- und Endrunden gespielt wurde, sind die Ergebnisse zusammenzufassen.

1.56 Eine Punktzahl von 66 2/3 % oder besser mit nicht weniger als 9 Partien in einem Zonenturnier der Frauen-Weltmeisterschaft. Wenn Vor- und Endrunden gespielt werden, sind die Ergebnisse zusammenzufassen.

1.57 Der eindeutig erste Platz in der Mädchen Unter-16 Weltmeisterschaft und der kontinentalen Mädchen U18 und U16 Meisterschaft entspricht einem 9-Partien-WIM-Resultat.

1.58 Ein 13-Partien-WIM-Resultat in der Olympiade führt zur Verleihung des Titels

1.6 Frauen-FIDE-Meister: Erwerb durch Erfüllung einer der folgenden Bedingungen:

1.61 Eine Wertung von mindestens 2100, die auf mindestens 24 Partien beruht. Die nationale Föderation ist verantwortlich für das Zahlen der in den Finanzbestimmungen festgelegten Gebühr, worauf der Titel verliehen wird.

1.62 Der erste Platz in einer der folgenden Veranstaltungen:
Mädchen-Weltmeisterschaft für Spielerinnen U10 bis U16; Kontinentale Mädchen Meisterschaft U10 bis U18; IBCA-Weltmeisterin, falls sie eine Wertzahl von 2005 hat; ICSC-Weltmeisterin, falls sie eine Wertzahl von 2005 hat; IPCA-Weltmeisterin, falls sie eine Wertzahl von 2005 hat.

1.62.1 Im Fall eines geteilten ersten Platzes bei einer der o. g. Veranstaltungen soll jede der punktgleichen Spielerinnen den Titel WFM erhalten, vorausgesetzt es betrifft nicht mehr als drei Spielerinnen.

1.63 Ein Resultat von 50 % oder besser in einem Frauen-Zonenturnier oder Sub-Zonenturnier, das durch das Präsidium der FIDE genehmigt wurde, mit mindestens 9 Partien. Wenn Vor- und Endrunden gespielt werden, sind die Ergebnisse zusammenzufassen.

1.7 (a) Spieler/innen, die einen GM-, IM-, WGM- oder WIM-Titel unter der Bedingung erhalten haben, dass sie die Mindestwertzahl innerhalb von sieben Jahren nach dem Erreichen des ersten Titelresultats erzielen, und diese Mindestwertung in der Mitte einer Wertungsperiode (sogar in der Mitte eines Turniers) erreicht haben, können die folgenden Turnierergebnisse für die Titelanerkennung außer acht lassen.

(b) Internationale Titelnormen bei Kontinental- und Welt-Mannschaftswettbewerben können auch in Veranstaltungen mit sieben Runden erzielt werden.

1.8 FIDE-Kategorie-Spieler

Der Titel eines FIDE-Kategorie-Spielers setzt eine Wertungszahl und Aufnahme in die FIDE-Ratingsliste voraus.

Um den Titel zu erhalten, muss der Spieler folgende Bedingungen erfüllen:

(a) Er muss einen Antrag über seine nationale Föderation, verbunden mit einer Gebühr von 100,00 SF, an das FIDE-Sekretariat richten. Der Antrag muss enthalten: die Ratingzahl, Datum der Veröffentlichung in der FIDE-Ratingliste, vollständiger Name des Spielers, Adresse und Geburtsdatum.

(b) Die nationale Föderation des Antragstellers sollte 20 % der Gebühr für adininistrative Zwecke einbehalten und den Restbetrag, gemeinsam mit dem Antrag des Spielers, an das FIDE-Sekretariat überweisen.

(c) Als Gebühr für den Spielerantrag behält das FIDE-Sekretariat 60,00 SF ein und überweist den Restbetrag von 20,00 SF an das Titel- und Ratingkomitee. Dafür wird eine vom FIDE-Präsidenten unterschriebene Urkunde an die Föderation des Spielers geschickt.

1.9 Bedingungen für Schnellschach-Titel: wie in B.05 aufgeführt

2.0 Bedingungen für die Titel in 0.32 und 0.33

2.1 Bedingungen für den Titel Internationaler Schiedsrichter (IA)

Erforderliche Voraussetzungen:

2.11 Gründliche Kenntnis der Schachregeln und FIDE-Bestimmungen für Schachwettkämpfe.

2.12 Absolute Objektivität, die jederzeit während seiner Tätigkeit als Schiedsrichter unter Beweis gestellt wird.

2.13 Ausreichende Kenntnis in mindestens einer offiziellen FIDE-Sprache.

2.14 Erfahrung als Haupt- oder stellvertretender Schiedsrichter in wenigstens vier FIDE-Wertungs-Wettkämpfen, wie:

(a) Finale der Nationalen Einzelmeisterschaft (nicht mehr als zwei)

(b) Offizielle FIDE-Turniere und -Matches

(c) Internationale Titelturniere und Matches

(d) Internationale Schachfestivals mit wenigstens 100 Teilnehmern

(e) Bei Bewerbern von Föderationen, die nicht in der Lage sind, irgendein unter (a) bis (d) genanntes Turnier durchzuführen, müssen die vier Veranstaltungen nicht FIDE-gewertet sein, falls der Bewerber sich einer Prüfung durch die Schiedsrichterkommission unterzieht und diese besteht.

2.15 Die Normen-Berichte, die einen Internationalen-Schiedsrichter-Antrag unterstützen, müssen von mindestens zwei verschiedenen Turniertypen und von Veranstaltungen stammen, deren Beginn innerhalb eines Zeitraumes von fünf Jahren liegen. Der Antrag darf nicht später als zum zweiten FIDE-Kongress nach der letzten darin aufgeführten Veranstaltung eingereicht werden.

2.16 Der Titel eines Internationalen Schiedsrichters für Blinde entspricht einer Norm für Internationale Schiedsrichter. Der Titel für Internationale Schiedsrichter der ICSC entspricht einer Norm für Internationale Schiedsrichter. Der Titel für Internationale Schiedsrichter der IPCA entspricht einer Norm für Internationale Schiedsrichter.

2.2 Bedingungen für den Titel Internationaler Organisator

Erforderliche Voraussetzungen:

2.21 Experte in der Organisation von Schachwettkämpfen

2.22 Ausreichende Kenntnis in mindestens einer offiziellen FIDE-Sprache

2.23 Erfahrung als Organisator von mindestens fünf Turnieren bei mindestens zwei unterschiedlichen Typen, die durch die FIDE in Übereinstimmung mit B.03 registriert wurden; oder Erfahrung als Organisator von mindestens zwei unterschiedlichen FIDE-Wettbewerben.

2.24 Die Normen-Berichte, die einen IO-Antrag unterstützen, müssen von Veranstaltungen stammen, deren Beginn innerhalb eines Zeitraumes von sechs Jahren liegen. Der Antrag darf nicht später als zum zweiten FIDE-Kongress nach der letzten darin aufgeführten Veranstaltung eingereicht werden.

2.3 Bedingungen für den Titel FIDE-Ausbilder

2.31 Erforderliche Voraussetzungen:

Der Kandidat muss von einer nationalen Föderation vorgeschlagen werden.

• Lebenslauf mit dem Nachweis praktischer Erfahrung auf diesem Gebiet

• Bestätigung von aktuellen Aktivitäten über nicht weniger als drei Jahre Arbeit (von der nationalen oder regionalen Föderation).

2.32 Erforderlich sind zwei der folgenden drei Voraussetzungen:

• Internationale Wertungszahl

• 2. Bildungsniveau

• Teilnahmebestätigung über nicht weniger als drei FIDE- (oder nationale von der FIDE registrierte) Seminare, Kongresse oder ähnliches.

3.0 Bedingungen für Problemschachtitel: wie durch die FIDE/PCCC-Bestimmungen festgelegt.

4.0 Bedingungen für Fernschachtitel: wie durch die ICCF-Bestimmungen festgelegt.

5.0 Bedingungen für die Administration Internationaler Titelturniere

5.1 Die folgenden Bestimmungen sind die Bedingungen für Veranstaltungen, bei denen Titelresultate gemäß den Paragraphen 1.11., 1.21., 1.41., 1.51. erreicht werden können.

5.2 Die Wertungsbestimmungen für diese Veranstaltungen sind in Abschnitt B. 02 enthalten.

5.3 Sie werden geregelt durch das FIDE-Regelwerk und die Spielregeln.

5.4 Es dürfen nicht mehr als zwei Runden pro Tag gespielt werden. Um ein GM-Resultat zu ermöglichen, darf nicht mehr als an zwei Tagen doppelrundig gespielt werden, wobei in den letzten drei Runden nicht mehr als eine Partie pro Tag gespielt werden darf.

5.5 Das Spieltempo darf 46 Züge in 2 Stunden in keiner Phase des Spiels überschreiten, mit der Ausnahme, dass die Partien durch Schnellschach (Quickplay finish) mit einer letzten Zeitkontrolle von mindestens 30 Minuten bei Turnieren mit Partien von mindestens sieben Stunden beendet werden. Bei elektronischen Schachuhren darf das Spieltempo 46 Züge in 2 Stunden in keiner Phase des Spiels überschreiten, und es muss eine zusätzliche Zeit von mindestens 15 Sekunden für jeden Zug vom ersten Zug an hinzugerechnet werden. Das Spieltempo von 40 Zügen in zwei Stunden gefolgt von einer Stunde für alle übrigen Züge ist für Titeergebnisse zulässig. Jedoch kann nur ein derartiges Resultat für einen Titelantrag herangezogen werden.

5.6 Die Veranstaltung muss innerhalb von 90 Tagen durchgeführt werden.

    5.6.1 Eine Ausnahme wird bei Ligen und nationalen Mannschaftsmeisterschaften gemacht, die länger als 90 Tage dauern. Die zu Beginn der Saison gültige Wertungsliste gilt für Titelzwecke.

5.7 Das Turnier soll, falls möglich, von einem Internationalen Schiedsrichter geleitet werden.

6.0 Bestimmungen über die Registrierung von Titelturnieren: wie in B.03

7.0 Bestimmungen zur Einreichung der Berichte über Titelturniere

7.1 Innerhalb von 30 Tagen nach Beendigung der Veranstaltung hat der Hauptschiedsrichter eines von der FIDE registrierten Turniers oder der Rating-Officer der Föderation einen Wertungsbericht über das Turnier per Einschreiben und Luftpost an das FIDE-Sekretariat zu senden. Der Bericht muss von ihm als korrekt bestätigt worden sein. Der Bericht muss nach den Berichtsvorschriften gemäß Artikel 11 von 13.02 erstellt sein. Falls dies nicht geschieht, soll die veranstaltende Föderation mit einer zusätzlichen Strafgebühr von 100 Sfr. belegt werden.

    7.11 Falls ein Turnier nicht im voraus bei der FIDE registriert wurde, darf nur die Föderation des Landes, in dem das Turnier stattgefunden hat, die Ergebnisse einreichen.

    7.12 Als Ende des Turniers gilt das Datum der letzten Runde und als Absendedatum das Datum des Poststempels.

    7.13 Falls der Wertungs-Administrator feststellt, dass ein fehlerhafter Bericht zum Zweck der Korrektur zurückgesandt werden muss, so ist der korrigierte Bericht innerhalb von vier Wochen nach dem vom Rating-Administrator angezeigten Datum an das FIDE-Sekretariat zu übersenden. Wird dies versäumt, so gilt die Veranstaltung für die Wertzahlberechnung als nicht berichtet.

7.2 Wie unter 7.1 muss der Hauptschiedsrichter eine dreifache Bescheinigung über die erreichten Turnierergebnisse vorbereiten. Eine Kopie erhält die Föderation des Spielers, eine Kopie die FIDE und eine Kopie die veranstaltende Föderation.

7.3 Berichte, die mit mehr als einer Wertungsperiode Verspätung eingereicht wurden, werden für Wertungs- und Titelzwecke nicht mehr akzeptiert.

7.4 Föderationen, die einen Wertungsbericht für Turniere ab Kategorie 7 einreichen, haben alle in diesem Turnier gespielten Partien zusammen mit dem Bericht zu schicken. Die Partien können entweder auf Papier oder vorzugsweise in einem standardisierten elektronischen Schachdatenbankformat übermittelt werden.

8.0 Zusammensetzung von Titelturnieren

8.1 Das Turnier setzt sich zusammen aus dem Spieler und seinen Gegnern.

    8.11 Partien gegen Gegner, die keiner FIDE-Föderation angehören oder den Föderationen angehören, die zeitweilig ausgeschlossen wurden, werden nicht berücksichtigt.

8.12 Partien gegen Computer werden nicht berücksichtigt.

8.13 Kampflose Partien und Partien, die wegen Abschätzung oder in anderer Weise nicht ausgespielt wurden, werden nicht berücksichtigt. Partien, die bereits begonnen und später unabhängig vom Grund aufgegeben (abgebrochen) wurden, werden berücksichtigt.

8.2 Das Turnier muss mindestens neun Runden beinhalten.

8.3 Wenigstens 80 % der Spieler müssen eine Wertzahl besitzen.

8.31 Spieler ohne Wertzahl werden mit 2000 eingestuft,

8.32 Ein Spieler kann sein Resultat gegen Spieler ohne Wertzahl streichen, wenn er diese besiegt hat, vorausgesetzt es verbleiben neun Partien in der Wertung. Unabhängig davon muss die vollständige Turniertabelle der Veranstaltung eingereicht werden.

8.33 In Zonenturnieren ist die Begrenzung auf 20 % Spieler ohne Wertzahl aufgehoben. In WM-Zonenturnieren startet jeder Spieler ohne Wertzahl mit dem Wert 2100 (s. 8.3 1). In Frauen-WM-Zonenturnieren startet jede Spielerin ohne Wertzahl mit dem Wert 2000.

8.4 Mindestens 50 % der Spieler müssen Titelträger im Sinne von 0.31 (aber nicht 0.31.1) sein. Bei Ausnahmen siehe 10.2 und 10.4.

8.5 Mindestens 1/3 der Spieler dürfen nicht der gleichen Föderation wie der Kandidat selbst angehören. Das heißt, dass in einem 9-Rundenturnier, an dem zehn Spieler (Kandidat eingeschlossen) teilnehmen, mindestens vier Gegner anderen Föderationen angehören müssen (Ausnahme s. 8.8). Diese Information muss eindeutig in der Titel-Antragsform spezifiziert sein. Diese Bestimmung ist ebenso auf Turniere nach Scheveninger System anzuwenden.

8.6 Es müssen mindestens drei Föderationen vertreten sein, mit Ausnahme von Turnieren, die im Scheveninger System durchgeführt werden, und Zonenturnieren einer Ein-Föderations-Zone (Ausnahme für Spieler, aber nicht für Turniere, s. 8.8 und 8.9).

8.7 Für einen Spieler, der nicht der Veranstalter-Föderation angehört, bedeutet die Bestimmung in 8.5: Nicht mehr als 2/3 + 1 Spieler sollen von einer Föderation kommen, z. B. bei 9 Runden ([2x10]+1)/3 ergibt sich 7, und bei 13 Runden ([2x14]+1)/3 ergibt sich 10 (Ausnahme: s. 8.8). Das setzt voraus, dass mindestens ein Drittel der Gegner von einer anderen Föderation als seiner eigenen kommen müssen.

8.8 Schweizer-System-Turniere sollen von den Bestimmungen der Abschnitte 8.5, 8.6 und 8.7 ausgenommen werden; vorausgesetzt, dass im Turnier sowohl mindestens 20 ausländische Spieler mit einer FIDE-Wertzahl von mindestens drei Föderationen als auch mindestens zehn von ihnen Träger des GM- oder IM-Titels sind. Diese Information muss eindeutig in der Titel-Antragsform spezifiziert sein.

8.9 Für weibliche Titelbewerber werden Schweizer-System-Turniere von den Erfordernissen der Abschnitte 8.5, 8.6 und 8.7 ausgenommen unter der Voraussetzung, dass es sowohl mindestens 20 FIDE-gewertete ausländische Spieler von mindestens drei Föderationen als auch mindestens zehn von ihnen FIDE-Titelträger sind (oder eine Wertzahl von mindestens 2300 haben). Diese Information muss eindeutig in der Titel-Antragsform spezifiziert sein.

8.10 In jedem Jahr können die nationale Herren- und Damenmeisterschaft (nur das Finale unter Ausschluss irgendeiner oder aller Vorrunden) als ein Internationales Turnier betrachtet werden (8.5, 8.6 und 8.7 entfallen), vorausgesetzt dass das Turnier in jedem Fall vorher registriert worden ist. Ligen und nationale Mannschaftsmeisterschaften können ebenfalls als internationale Titelturniere gezählt werden, wenn sie allen normalen Erfordernissen entsprechen. Titelanträge, die nur auf der Grundlage dieser Veranstaltungen beruhen, werden nicht akzeptiert.

9.0 Bestimmung des Rating-Durchschnitts für ein Titel-Resultat (Titelnorm)

9.1 In einem Rundenturnier wird der Wertungsdurchschnitt für Titelbedingungen vor dem Turnierbeginn bestimmt.

9.2 In einem Schweizer-, Scheveninger- oder Mannschaftsturnier wird der Wertungsdurchschnitt für Titelbedingungen festgelegt, wenn alle Gegner eines Spielers bekannt sind. Ein Kandidat betrachtet dann sich selbst und alle seine Gegner für Titelzwecke wie ein Rundenturnier.

9.2.1 Beim Beantragen eines Großmeistertitels kann ein Spieler darauf hinweisen, dass ein offensichtlich unzureichendes Ergebnis (gemäß der Kategorie/Ergebnis-Tabelle) ausreicht, falls es das Erfordernis eines Performance-Resultates erfüllt (z. B. 2600 + GM-Performance, 2450 + IM-Performance, 2400 + WGM-Performance und 2250 + WIM- Performance). Bei dieser Berechnung kann der Spieler wählen, ob er sich in die Berechnung des Turnierdurchschnitts einbezieht oder nicht.

9.3 Ungewertete Spieler starten mit 2000.

    9.3.1 Ergebnisse gegen ungewertete Spieler, deren Punktzahl Null ist, werden für die Berechnung der Titelnormen in Rundenturnieren nicht berücksichtigt.

9.4 Ein GM im Alter von 55 oder älter, der sich in der Vergangenheit wenigstens für ein Kandidaten-Halbfinale qualifiziert hatte, wird mit einer zeitweiligen Ehren-Wertzahl versehen. In einem Turnier darf nur ein Spieler diesen Vorzug genießen. Diese Ehren-Wertzahl soll der durchschnittlichen Wertzahl aller anderen Spieler entsprechen. Sie ist dann für die Berechnung der Turnierkategorie und der Wertungsveränderungen der anderen Spieler gültig. Trotzdem soll der GM mit der Ehren-Wertzahl seine Wertungsänderung auf Basis seiner aktuellen Wertzahl berechnet bekommen.

10.0 Bestimmungen hinsichtlich der Titel-Ergebnisse und der Verleihung eines Titels

10.1 GM-Resultate in Turnieren mit weniger als drei GM sind nicht gültig.

10.2 WGM-Resultate in Turnieren mit weniger als drei der nachfolgend Aufgeführten sind nicht gültig: GM, IM, WGM oder Spielerinnen, deren Wertzahl über 2300 liegt.

10.3 IM-Resultate in Turnieren mit weniger als drei IM oder zwei GM sind nicht gültig.

10.4 WIM-Resultate in Turnieren mit weniger als drei WIM oder zwei der nachfolgend Aufgeführten sind nicht gültig: GM, IM, WGM oder Spielerinnen, deren Wertzahl über 2300 liegt.

10.5 Wenigstens ein Titel-Resultat muss auf einem Rundenturnier oder einer Olympiade basieren. Andernfalls soll die Anerkennung des Titels auf mindestens 30 Partien beruhen.

    10.5.1 Die Regeln 1.16, 1.17, 1.18, 1.27, 1.45, 1.46 und 1.56, die sich auf ein 9-Partien Ergebnis beziehen, werden als Schweizer-System-Resultat betrachtet.

10.6 Wenigstens ein Titel-Resultat muss in einer Veranstaltung erreicht worden sein, bei der nicht mehr als eine Runde pro Tag gespielt worden ist.

10.7 Die Resultate, die für einen Titelantrag eingereicht werden, müssen in Veranstaltungen erzielt worden sein, deren Beginn innerhalb einer Sechsjahresperiode liegt. Ausnahmen durch die Qualifikationskommission können der Generalversammlung vorgeschlagen werden.

10.8 Falls ein Resultat für mehr als einen Titel ausreichend ist, kann es als Teil des Antrages für beide Titel genutzt werden.

10.9 Ein Spieler, der ein Titel-Resultat bereits vor der letzten Runde erreicht hat, kann alle weiteren Partien ignorieren. In dem Fall soll der Hauptschiedsrichter das Resultat des Spielers als gültiges Titel-Resultat bestätigen.

10.10 Wo ein Spieler die benötigte Norm um einen, zwei oder drei Punkte übererfüllt, wird ein Turnier beim Berechnen der Gesamtzahl von Partien gemäß 1.11, 1.21, 1.41 und 1.51 als um diese Zahl von Partien verlängert betrachtet.

10.11 Ein Titel-Resultat ist gültig, wenn es entsprechend den internationalen Titelbestimmungen, die während des Turniers gültig waren, erzielt wurde.

10.12 Turniere, die verändert werden, um einen oder mehrere Spieler (z. B. durch Verändern der Rundenzahl) bei Titeln oder Wertungen zu begünstigen, werden nicht anerkannt.

11.0 Turnierklassifikation

Um die Klassifikation eines Turniers zu bestimmen, ist die durchschnittliche Wertzahl der Spieler zu ermitteln. Die Kategorien für internationale Titelturniere sind in der folgenden Übersicht aufgeführt. Diese beinhaltet das Mindestergebnis in Prozent, das zum Erreichen eines Resultates (Titelnorm) erforderlich ist, wenn in dieser Kategorie gespielt wird.

11.1 Die durchschnittliche Wertzahl ist die Gesamtsumme der Wertzahlen aller Spieler (einschließlich der des Titelkandidaten) geteilt durch die Anzahl der Spieler.

11.2 Die durchschnittliche Wertzahl wird zur nächsten ganzen Zahl gerundet. 0.5 wird aufgerundet.

11.3 Die Übersichten 11.31 und 11.32 fassen die geforderten Ergebnisse in Abhängigkeit von der Anzahl der Runden zusammen (Seiten 365 und 366).

Wertungs-durchschnitt	Turnier-kategorie		GM-Resultat	IM-Resultat	WGM-Resultat	WIM-Resultat
			(alle Angaben in Prozent)			
2051-2075		1W				76
2076-2100		2W				73
2101-2125		3W				70
2126-2150		4W				67
2151-2175		5W				64
2176-2200		6W				60
2201-2225		7W			76	56
2226-2250		8W			73	53
2251-2275	1	9W		76	70	50
2276-2300	2	10W		73	67	47
2301-2325	3	11W		70	64	44
2326-2350	4	12W		67	60	40
2351-2375	5	13W		64	56	36
2376-2400	6	14W		60	53	33
2401-2425	7	15W	76	57	50	30
2426-2450	8	16W	73	53	47	
2451-2475	9		70	50	44	
2476-2500	10		67	47	40	
2501-2525	11		64	43	36	
2526-2550	12		60	40	33	
2551-2575	13		57	36	30	
2576-2600	14		53	33		
2601-2625	15		50	30		
2626-2650	16		47			

11.4   Handhabung der Performance-Wertungen
Für die Bestimmungen der festgelegten internationalen Titel-Resultate ist nicht länger notwendig, sich auf die Näherung der Kategorien zu verlassen, sondern auf die präzisere Methode der Performance-Wertungen. Folgende Performance-Wertungen sind bestätigt worden für die verschiedenen Titel-Resultate: (a) Ein GM-Resultat ist eine Performance von 2600 und höher. (b) Ein IM-Resultat ist eine Performance von 2450 und höher. (c) Ein WGM-Resultat ist eine Performance von 2400 und höher. (d) Ein WIM-Resultat ist eine Performance von 2250 und höher.

12.0   Antragsverfahren:

12.1   Das Antragsformular für die Titel, die in 0.31 und 0.32 aufgeführt sind, ist angefügt. Der Antrag für diese Titel muss unter Benutzung dieser Formulare gestellt werden, und alle geforderten Informationen müssen zusammen mit dem Antrag eingereicht werden.

12.2   Ein Titelantrag muss von der Föderation des Bewerbers an das zuständige Entscheidungsgremium gerichtet werden. Die nationale Föderation ist für die Gebühr verantwortlich.

(a) Titelanträge, die beim FIDE-Sekretariat nach der 60-Tage-Frist eingehen, werden mit einem Aufschlag von 50 % in Rechnung gestellt, während diejenigen, die am Kongressort eingehen, mit doppelter Gebühr belegt werden.

(b) Titelanträge, die nach 12.2a eingingen, werden durch das Entscheidungsgremium auf dem Kongress geprüft. Diese Entscheidung wird bei der nächsten Präsidiumstagung bestätigt.

Zwischenzeitlich werden diese Anträge veröffentlicht.

12.3   Titelanträge, die beim FIDE-Sekretariat in Lausanne nach der 60-Tage-Frist eingehen, werden mit einem Aufschlag von 50 % in Rechnung gestellt, während diejenigen, die am Kongressort eingehen, mit doppelter Gebühr belegt werden.

Zusammenfassen der Erfordernisse	für Titelturniere	für Wertungsturniere
Partien je Spieler	Minimum 9 (B.01–8.2)	für ungewertete Spieler mindestens gegen 4 gewertete (B.02–6.42)
Anzahl der Teilnehmer, die nicht ein und derselben Föderation angehören	1/3 der Teilnehmer (B.01–8.5)	keine Einschränkung
Anzahl der vertretenen Föderationen (B.01–8.6, 8.7, 8.8, 8.9)	Minimum 3 (Ausnahme Scheveninger Turniere, ZT von 1 Föderation-Zonen; 1 nationale Meisterschaft jährlich für Männer und Frauen; Schweizer-System-Veranstaltungen mit mindestens 20 FIDE-gewerteten Ausländern und 10 GM oder IM)	keine Einschränkung
Anzahl gewerteter Spieler	Minimum 80 % (B.01–8.3)	Für ein Runden-Turnier mindestens 4 oder 1/3 (s. B.02–6.3)
Anzahl Spieler mit Titeln	Minimum 50 % (B.01–8.4)	keine Einschränkungen
Turnierart (B.01–10.5, 10.6)	keine Zweikämpfe; mindestens ein Rundenturnier oder Olympiade, oder mindestens 30 sonstige Partien	jede Art (B.02–6.4, 6.41, 6.42, 6.43, 6.5)
	In Schweizer-, Scheveninger- oder Mannschaftsturnieren kann ein Spieler sich und alle seine Gegner als ein Rundenturnier betrachten (B.01–9.2)	
Anzahl Runden pro Tag (B.01–5.4)	für IM-Resultat maximal 2; für GM-Resultat maximal 2 Tage mit 2 Runden und keine Doppelrunden in den letzten 3 Spieltagen	maximal 3 (B.02–3.1)
Spieltempo für jeden Spieler	maximal 23 Züge pro Stunde (B.01–5.5), ein Resultat mit 40 in 2 Stunden, alle nachfolgenden Züge in einer Stunde	maximal 23 Züge/Stunde; möglich: nach 23 Zügen (Schnell-Schach-Beendigung), alle restlichen Züge in einer Stunde (B.02–9.3, 9.32)
Zeitperiode für die Veranstaltung	maximal 90 Tage (ausgenommen Ligen B.01–5.61)	maximal 90 Tage (B.02–4.1)
abgeschätzte, kampflose Partien u. gegen Computer	nicht gültig (B.01–8.1, 8.11, 8.12, 8.13)	nicht gültig (B.02–5.1)
Geltungsdauer	6 Jahre (B.01, 10.7)	3 Wertungsperioden (B.02–9.14c)

11.31 Punktetabelle zum Erwerb internationaler Titel

KATEGORIEN und DURCHSCHNITTSWERTUNGEN

Teilnehmer	Partien	Ausländer	Ratingspielern	insgesamt	inklusiv	FIDE-Titel	I 2251/2275	II 2276/2300	III 2301/2325	IV 2326/2350	V 2351/2375	VI 2376/2400	VII 2401/2425	VIII 2426/2450	IX 2451/2475	X 2476/2500	XI 2501/2525	XII 2526/2550	XIII 2551/2575	XIV 2576/2600	XV 2601/2625	XVI 2626/2650
10	9	4	8	5	3 GM	GM	7	7	6½	6	6	5½	7	7	6½	6	6	5½	5½	5	4½	4½
					2 GM/3 IM	IM							5½	5	4½	4½	4	4	3½	3	3	
11	10	4	9	6	3 GM	GM	8	7	7	7	6½	6	8	7½	7	7	6½	6	6	5½	5	5
					2 GM/3 IM	IM							6	5½	5	5	4½	4	4	3½	3	
12	11	4	10	6	3 GM	GM	8½	8	8	7½	7	7	8½	8	8	7½	7	7	6½	6	5½	5½
					2 GM/3 IM	IM							6½	6	5½	5½	5	4½	4	4	3½	
13	12	5	11	7	3 GM	GM	9½	9	8½	8	8	7½	9½	9	8½	8	8	7½	7	6½	6	6
					2 GM/3 IM	IM							7	6½	6	6	5½	5	4½	4	4	
14	13	5	12	7	3 GM	GM	10	9½	9½	9	9	8	10	9½	9	9	8½	8	7½	7	6½	6½
					2 GM/3 IM	IM							7½	7	6½	6½	6	5½	5	4½	4	
15	14	5	12	8	3 GM	GM	11	10½	10	9½	9½	8½	11	10½	10	9½	9	8½	8	7½	7	7
					2 GM/3 IM	IM							8	7½	7	7	6	6	5	5	4½	
16	15	6	13	8	3 GM	GM	11½	11	10½	10	10	9	11½	11	10½	10	10	9	8½	8	7½	7
					2 GM/3 IM	IM							8½	8	7½	7	6½	6	5½	5	4½	
17	16	6	14	9	3 GM	GM	12½	12	11½	11	10½	10	12½	12	11½	11	10½	10	9½	8½	8	7½
					2 GM/3 IM	IM							9	8½	8	7½	7	6½	6	5½	5	
18	17	6	15	9	3 GM	GM	13	12½	12	11½	11	10½	13	12½	12	11½	11	10½	10	9	8½	8
					2 GM/3 IM	IM							10	9	8½	8	7½	7	6½	6	5½	
19	18	7	16	10	3 GM	GM	14	13½	13	12½	11½	11	14	13½	13	12½	11½	11	10½	9½	9	8½
					2 GM/3 IM	IM							10½	9½	9	8½	8	7½	6½	6	5½	
20	19	7	16	10	3 GM	GM	14½	14	13½	13	12½	11½	14½	14	13½	13	12½	11½	11	10	9½	9
					2 GM/3 IM	IM							11	10½	9½	9	8½	8	7	6½	6	

11.32 Punktetabelle zum Erwerb internationaler Frauen-Titel

KATEGORIEN und DURCHSCHNITTSWERTUNGEN

Teiln.	Partien	Ausländerinnen	Ratingspielerinnen	insgesamt	inklusiv	FIDE-Titel	I w 2051/2075	II w 2076/2100	III w 2101/2125	IV w 2126/2150	V w 2151/2175	VI w 2176/2200	VII w 2201/2225	VIII w 2226/2250	IX w1 2251/2275	X w2 2276/2300	XI w3 2301/2325	XII w4 2326/2350	XIII w5 2351/2375	XIV w6 2376/2400	XV w7 2401/2425	XVI w8 2426/2450
10	9	4	8	5	3 WGM/2300	WGM							7	7	6½	6	6	5½	5½	5	4½	4½
					2 WGM/3 WIM	WIM	7	7	6½	6	6	5½	5½	5	4½	4½	4	4	3½	3	3	
11	10	4	9	6	3 WGM/2300	WGM							8	7½	7	7	6½	6	6	5½	5	5
					2 WGM/3 WIM	WIM	8	7	7	7	6½	6	6	5½	5	5	4½	4	4	3½	3	
12	11	4	10	6	3 WGM/2300	WGM							8½	8	8	7½	7	7	6½	6	5½	5½
					2 WGM/3 WIM	WIM	8½	8	8	7½	7	7	6½	6	5½	5½	5	4½	4	4	3½	
13	12	5	11	7	3 WGM/2300	WGM							9½	9	8½	8	8	7½	7	6½	6	6
					2 WGM/3 WIM	WIM	9½	9	8½	8	8	7½	7	6½	6	6	5½	5	4½	4	4	
14	13	5	12	7	3 WGM/2300	WGM							10	9½	9½	9	8½	8	7½	7	6½	6½
					2 WGM/3 WIM	WIM	10	9½	9½	9	8½	8	7½	7	6½	6½	6	5½	5	4½	4	
15	14	5	12	8	3 WGM/2300	WGM							11	10½	10	9½	9	8½	8	7½	7	7
					2 WGM/3 WIM	WIM	11	10½	10	9½	9	8½	8	7½	7	7	6	6	5	5	4½	
16	15	6	13	8	3 WGM/2300	WGM							11½	11	10½	10	10	9	8½	8	7½	7
					2 WGM/3 WIM	WIM	11½	11	10½	10	10	9	8½	8	7½	7	6½	6	5½	5	4½	
17	16	6	14	9	3 WGM/2300	WGM							12½	12	11½	11	10½	10	9½	8½	8	7½
					2 WGM/3 WIM	WIM	12½	12	11½	11	10½	10	9½	8½	8	7½	7	6½	6	5½	5	
18	17	6	15	9	3 WGM/2300	WGM							13	12½	12	11½	11	10½	10	9	8½	8
					2 WGM/3 WIM	WIM	13	12½	12	11½	11	10½	10	9	8½	8	7½	7	6½	6	5½	
19	18	7	16	10	3 WGM/2300	WGM							14	13½	13	12½	11½	11	10½	9½	9	8½
					2 WGM/3 WIM	WIM	14	13½	13	12½	11½	11	10½	9½	9	8½	8	7½	6½	6	5½	
20	19	7	16	10	3 WGM/2300	WGM							14½	14	13½	13	12½	11½	11	10½	9½	9
					2 WGM/3 WIM	WIM	14½	14	13½	13	12½	11½	11	10½	9½	9	8½	8	7	6½	6	

Spaltenüberschriften (Notwendige Mindestzahl von / Titelträgerinnen): Teilnehmerinnen, Partien, Ausländerinnen, Ratingspielerinnen, Titelträgerinnen insgesamt, inklusiv, FIDE-Titel.

8.2.2 FIDE-Rating-Bestimmungen
Angenommen von der Generalversammlung (GV) 1982 und ergänzt 1984 bis 1996

0.0 Einleitung
Die Basisdaten für die Beurteilung der Schachleistung müssen breit und umfassend sein. Eine Spielwertung durch die FIDE erfolgt, wenn die Partie in einem registrierten FIDE-Wettbewerb stattfindet und die folgenden Voraussetzungen erfüllt sind.
0.1 Die folgenden Bestimmungen müssen durch die GV auf Empfehlung der Qualifikationskommission geändert werden.
    0.11 Jede dieser Änderungen tritt am 1. Juli des Jahres in Kraft, das der Entscheidung der GV folgt. In Turnieren werden diese Veränderungen angewandt, wenn sie an oder nach oben genannten Datum beginnen.
0.2 Grundsätzlich sollen alle wichtigen Wettbewerbe gewertet werden. Alle hochrangigen Turniere können von der FIDE gewertet werden selbst dann, wenn kein Wertungsbericht von der Föderation eingereicht wird, auf deren Territorium der Wettkampf durchgeführt wird.

1.0 Spieltempo/Bedenkzeit
1.1 Für eine zu wertende Partie muss jeder Spieler ein Minimum von zwei Stunden besitzen, in denen er alle seine Züge ausführen kann unter der Annahme, dass die Partie 60 Züge dauert. Beispiele für unterschiedliche Wege, wie das erreicht werden kann:
    (a) Die Bedenkzeit darf in keinem Spielstadium 23 Züge je Stunde überschreiten
    (b) Alle Züge in zwei Stunden
    (c) 40 Züge in 2 Stunden, gefolgt von 30 Minuten für alle übrigen Züge
    (d) Alle Züge in 100 Minuten, wobei jedes Mal, wenn ein Spieler zieht, 30 Sekunden zur Uhrzeit addiert werden.
1.2 Partien, die mit allen Zügen in einem Tempo schneller als die oben genannten gespielt werden, sind von der Auflistung ausgeschlossen.
1.3 Für Partien, die für Titelanträge gezählt werden sollen, sind mindestens sechs Stunden Gesamtspielzeit vorzusehen. Sofern die Partiedauer weniger als sieben Stunden vorsieht, kann nur ein solches Ergebnis zur Stützung des Titelantrages benutzt werden. Falls eine gewisse Anzahl von Zügen für die erste Zeitkontrolle festgelegt wird, werden 40 Züge empfohlen. Eine Einheitlichkeit liegt im Interesse der Spieler.

2.0 Anzuwendende Regeln
2.1 Für gemäß 1.1 (a) oder (d) gespielte Partien: die normalen Schachregeln unter E. 1.01
2.2 Für gemäß 1.2 (b) oder (c) gespielte Partien: die Regeln unter C.06 oder E.III angepasst wie erforderlich.
2.3 Rauchen ist in FIDE-gewerteten Wettbewerben verboten. Rauchen ist im Turniersaal während des Turniers nicht gestattet. Dies gilt für alle Anwesenden: Spieler, Offizielle, Medienvertreter und Zuschauer. Ein separater Bereich außerhalb des Spielraumes muss vorgesehen werden, wo das Rauchen erlaubt ist. Dieser sollte vom Turniersaal leicht erreichbar sein. Falls örtliche Verordnungen das Rauchen an Ort und Stelle verbieten, müssen die Spieler und Offiziellen einfachen Zugang nach draußen haben.

3.0. Anzahl der Runden pro Tag
3.1 Nicht mehr als 3 Runden pro Tag und eine totale Spieldauer von nicht mehr als 12 Stunden.

4.0. Dauer des Wettbewerbs
4.1 Ein Zeitraum von nicht mehr als 90 Tagen
    4.1 Ligen, die länger als 90 Tage dauern, können gewertet werden. Die gültige Wertungsliste in 9.11 gilt für die Partien, die in der betreffenden Wertungsperiode gespielt werden.

5.0 Nicht gespielte Partien

5.1 Diese Partien werden nicht gewertet, unabhängig davon, ob sie wegen Nichtantritts oder wegen anderer Gründe nicht gespielt wurden.

6.0 Turnierbesetzung

6.1 Wenn ein Spieler ohne Wertzahl in einem Turnier keine Punkte erzielt, wird sein Ergebnis und das seiner Gegner gegen ihn nicht gewertet.

6.2 Bei Veranstaltungen mit Vor- und Finalrunden oder mit Stichkämpfen werden die Resultate zusammengefasst.

6.3 In einem Rundenturnier muss wenigstens 1/3 der Spieler eine Wertzahl besitzen.

    6.31 Wenn ein Wettbewerb weniger als zehn Spieler hat, müssen mindestens vier eine Wertzahl besitzen.

    6.32 In einem doppelrundigen Turnier mit Teilnehmern ohne Wertzahl müssen mindestens sechs Spieler teilnehmen, von denen mindestens vier eine Wertzahl besitzen müssen.

    6.33 Nationale Meisterschaften, die als Rundenturnier gespielt werden, werden gewertet, wenn mindestens drei männliche (oder zwei weibliche in reinen Damenturnieren) Teilnehmer eine offizielle FIDE-Wertung vor Turnierbeginn besitzen.

6.4 In einem Schweizer-System- oder Mannschaftsturnier (Ausnahme Scheveninger Turnier) werden nur die Partien gegen Gegner mit Wertzahl angerechnet.

6.41 Für gewertete Spieler sind alle Partien gegen gewertete Gegner anzurechnen.

6.42 Für nicht gewertete Spieler werden die Ergebnisse nur angerechnet, wenn der Spieler mindestens vier gewertete Gegner im Wettbewerb hat.

6.43 Im Fall eines Rundenturniers, in dem eine oder mehrere Partien nicht gespielt wurden, sind die Turnierergebnisse einzureichen wie bei einem Schweizer-System-Turnier.

7.0 Erfassung der auszuwertenden Wettbewerbe

7.1 Wie in B.03.

8.0 Einreichung der Berichte

8.1 Wie in B.01 Artikel 7 mit Ausnahme von Punkt 7.2, der ignoriert wird, sofern er nicht anwendbar ist.

9.0 Offizielle Wertungsliste der FIDE

Zweimal im Jahr soll die Qualifikationskommission eine Liste erstellen, welche die während der Wertungsperiode gewerteten Partien in die vorhergehende Liste einarbeitet. Dies erfolgt unter Verwendung der auf die prozentuale Erwartungsleistung gestützten und von der Normalverteilungsfunktion der statistischen und Wahrscheinlichkeitstheorie abgeleiteten originalen Formel des Wertungssystems.

9.1 Die Aufstellung muss folgende Angaben enthalten:

    9.11 Das Datum des Inkrafttretens. Die Januarliste ist gültig für Wettbewerbe, die zwischen dem 1. Januar und 30. Juni beginnen. Die Juliliste ist gültig für Wettbewerbe, die zwischen dem 1. Juli und 31. Dezember beginnen.

    9.12 Der Name eines jeden Spielers, dessen Wertung zum jeweiligen Schlusstermin der Liste über 2000 liegt.

    9.12a Die folgenden Daten für jeden Spieler: FIDE-Titel, Föderation, jeweilige Wertung, ID-Nummer, Anzahl der gewerteten Partien in der Rating-Periode, Geburtsdatum, der gültige Wert k des Spielers und über wie viele Partien mit diesem gespielt wurde, wenn k = 25 ist.

    9.13 Die Schlusstermine für den Eingang der Informationen sind normalerweise der 30. 11. und der 31. 05.

    9.13a Auswertbare Partien, die nach dem Schlusstermin beendet und/oder eingegangen sind, werden in der Regel nicht in die Auswertung für die Wertungsliste einbezogen.

    9.14 Eine Wertzahl für einen Spieler, der neu in der Liste erscheint, wird nur veröffentlicht, wenn die folgenden Voraussetzungen erfüllt sind:

9.14a Wenn sie auf einem Resultat gemäß 6.3 basiert bei einem Minimum von neun Partien.

9.14b Wenn sie auf einem Resultat gemäß 6.4 basiert bei einem Minimum von neun Partien, die ausschließlich gegen gewertete Gegner gespielt wurden.

9.14c Die Bedingung von neun Partien muss nicht in einem Turnier erfüllt werden: Resultate von anderen Veranstaltungen, die innerhalb der gleichen oder der nächsten drei Wertungsperioden gespielt wurden, können zusammengefasst werden, um eine Erstwertung zu erreichen.

9.2 Gewertete Spieler, die nicht in die Liste einbezogen werden:

9.21 Spieler, deren Wertzahl unter 2005 gefallen ist, werden in der nächsten Liste als »gestrichen« aufgeführt. Hiernach werden sie in der gleichen Weise behandelt, wie Spieler ohne Wertzahl.

9.22 Titelträger ohne Wertungszahl werden in einer separaten Liste neben der Liste der gewerteten Spieler veröffentlicht.

9.23 Inaktive Spieler sind nicht in der Liste enthalten, werden aber trotzdem gemäß ihrer zuletzt veröffentlichten Wertzahl für Wertungs- und Titelzwecke als Spieler mit Wertzahl behandelt.

9.23a Spieler werden als inaktiv betrachtet, wenn sie in einer Periode von einem Jahr weniger als vier gewertete Partien gespielt haben.

9.23b Inaktive Spieler werden noch in den nächsten fünf Wertungslisten nach Beginn der Inaktivität geführt. Ihre Namen erscheinen in alphabetischer Reihenfolge in der Ratingliste. Sie werden aus der nationalen Föderationsliste, die nur aktive Spieler enthält, entfernt.

9.23c Ein Spieler gilt wieder als aktiv, wenn er wenigstens vier gewertete Partien innerhalb eines Jahres spielt. Danach wird er in der nächsten Liste aufgeführt.

9.23d In der monatlichen Top-Ratingliste sind Spieler nicht mehr enthalten, die mehr als 12 Monate inaktiv waren.

9.24 Spieler von Nicht-Service-Föderationen
Spieler von Nicht-Service-Föderationen erscheinen nur im alphabetischen Teil der Ratingliste und nicht in dem Abschnitt bei ihren Föderationen. Damit werden Organisatoren und Spieler in die Lage versetzt, die FIDE zu unterstützen, dass ein solcher Spieler keinen FIDE-Rating Service erhält.

10.0 Die Funktionsweise des FIDE-Wertungs-Systems

Das FIDE-Wertungs-System ist ein nummerisches System, in dem prozentuale Ergebnisse in Wertungsdifferenzen umgerechnet werden und umgekehrt. Sein Anliegen ist es, auf wissenschaftlicher Bewertung basierende Informationen bester statistischer Qualität zu liefern.

10.1 Die Wertungsskala wurde willkürlich festgelegt mit einem Klassenintervall von 200 Punkten. Die folgenden Tabellen zeigen die Umwandlung der Prozentwerte ›p‹ in Wertungsdifferenzen ›dp‹. Für ein 0- oder 100 % Ergebnis ist dp notwendigerweise unbestimmt. Die zweite Tabelle zeigt die Umwandlung der Wertungsdifferenz ›D‹ in die Ergebniswahrscheinlichkeit ›P_D‹ für die höher ›H‹ bzw. die niedriger ›L‹ gewerteten Spieler. Somit stehen die beiden Tabellen in einem Spiegel-Verhältnis.

10.1a Umrechnungstabelle von Prozentwert p in die Rating-Differenz d_p

p	d_p	p	d_p	p	d_p	p	d_p	p	d_p	p	d_p
1.0		.83	273	.66	117	.49	-7	.32	-133	.15	-296
.99	677	.82	262	.65	110	.48	-14	.31	-141	.14	-309
.98	589	.81	251	.64	102	.47	-21	.30	-149	.13	-322
.97	538	.80	240	.63	95	.46	-29	.29	-158	.12	-336
.96	501	.79	230	.62	87	.45	-36	.28	-166	.11	-351
.95	470	.78	220	.61	80	.44	-43	.27	-175	.10	-366
.94	444	.77	211	.60	72	.43	-50	.26	-184	.09	-383
.93	422	.76	202	.59	65	.42	-57	.25	-193	.08	-401

.92	401	.75	193	.58	57	.41	-65	.24	-202	.07	-422
.91	383	.74	184	.57	50	.40	-72	.23	-211	.06	-444
.90	366	.73	175	.56	43	.39	-80	.22	-220	.05	-470
.89	351	.72	166	.55	36	.38	-87	.21	-230	.04	-501
.88	336	.71	158	.54	29	.37	-95	.20	-240	.03	-538
.87	322	.70	149	.53	21	.36	-102	.19	-251	.02	-589
.86	309	.69	141	.52	14	.35	-110	.18	-262	.01	-677
.85	296	.68	133	.51	7	.34	-117	.17	-273	.00	
.84	284	.67	125	.50	0	.33	-125	.16	-284		

10.1b Umrechnungstabelle von Wertungsdifferenzen D in Punktwahrscheinlichkeiten P_D für den höheren (H) bzw. den tiefer (L) gewerteten Spieler

D Rtg Dif	P_D H	L	D Rtg Dif	P_D H	L	D Rtg Dif	P_D H	L	D Rtg Dif	P_D H	L
0–3	.50	.50	92–98	.63	.37	198–206	.76	.24	345–357	.89	.11
4–10	.51	.49	99–106	.64	.36	207–215	.77	.23	358–374	.90	.10
11–17	.52	.48	107–113	.65	.35	216–225	.78	.22	375–391	.91	.09
18–25	.53	.47	114–121	.66	.34	226–235	.79	.21	392–411	.92	.08
26–32	.54	.46	122–129	.67	.33	236–245	.80	.20	412–432	.93	.07
33–39	.55	.45	130–137	.68	.32	246–256	.81	.19	433–456	.94	.06
40–46	.56	.44	138–145	.69	.31	257–267	.82	.18	457–484	.95	.05
47–53	.57	.43	146–153	.70	.30	268–278	.83	.17	485–517	.96	.04
54–61	.58	.42	154–162	.71	.29	279–290	.84	.16	518–559	.97	.03
62–68	.59	.41	163–170	.72	.28	291–302	.85	.15	560–619	.98	.02
69–76	.60	.40	171–179	.73	.27	303–315	.86	.14	620–735	.99	.01
77–83	.61	.39	180–188	.74	.26	316–328	.87	.13	über 735	1.0	.00
84–91	.62	.38	189–197	.75	.25	329–344	.88	.12			

10.2 Die Bestimmung der Wertzahl ›R_u‹ in einer gegebenen Veranstaltung für einen bisher ungewerteten Spieler.

10.21 Zuerst wird sein Turnierdurchschnitt ›Rc‹ ermittelt.

10.21a In einem Schweizer-System- oder Mannschafts-Turnier: dies ist einfach der Wertungsdurchschnitt seiner Gegner.

10.21b In einem Rundenturnier sind die Ergebnisse der gewerteten und der ungewerteten Spieler zu berücksichtigen. Für ungewertete Spieler ist der Wertungsdurchschnitt R_c, ebenfalls der Turnierdurchschnitt R_a wie folgendermaßen festgelegt:

(i) Bestimmung des Wertungsdurchschnitts ›R_{ar}‹ der Spieler mit Wertzahl.

(ii) Die Bestimmung von p für jeden der Spieler mit Wertzahl gegen alle seine Gegner. Danach wird d_p für jeden dieser Spieler bestimmt. Anschließend wird der Durchschnitt dieser d_p gebildet: d_p = ›d_{pa}‹.

(iii) ›n‹ ist die Anzahl der Gegner. $R_a = R_{ar}$ – dpa x n/(n+ 1).

10.22 Wenn sein Ergebnis 50 % beträgt, dann ist $R_u = R_c$.

10.23 Falls sein Ergebnis über 50 % beträgt, ist $R_u = R_c$ + 12.5 für jeden halben Punkt, der über 50 % erzielt wurde.

10.24 Falls sein Ergebnis weniger als 50 % in Schweizer- oder Mannschafts-Turnier beträgt, ist $R_u = R_c + d_p$.

10.25 Falls sein Ergebnis weniger als 50 % in einem Rundenturnier beträgt: R(u) = R(c) + d(p) x n/(n+1).

10.3 Die Wertzahl R_n, die für einen bisher ungewerteten Spieler veröffentlicht wird, bestimmt sich durch das gewogene Mittel aller seiner R_u-Resultate: z. B. erzielt ein Spieler R_u-Ergebnisse von 2280 in 5 Partien, 2400 in 10 Partien und 2000 in 5 Partien: R_n = [2280 x 5 + 2400 x 10 + 2000 x 5]/20 = 2270.

   10.31 Falls die erste Leistung eines Spielers weniger als 2005 beträgt, wird das Ergebnis ignoriert.

   10.32 R_n wird für die nächste FIDE-Wertungsliste (FRL) gerundet auf die nächste 5 oder 0. Nur $R_n \geq 2005$ ist zu beachten.

10.4 Jeder Spieler ohne Wertzahl, der in 50 % oder mehr der Runden einer Olympiade spielt und ein Ergebnis von wenigstens 50 % erzielt, wird in die FRL mit 2200 (2050 für Spielerinnen bei der Frauen-Olympiade) aufgenommen, es sei denn, die Leistung berechtigt zu einer höheren Wertzahl.

   10.41 Ein Spieler, der sich gemäß dieser Bestimmung für eine Wertzahl von 2200 (oder 2050) bereits vor der letzten Runde der Olympiade qualifiziert hat, kann alle weiteren Partien ignorieren. In dem Fall soll der Hauptschiedsrichter bestätigen, dass das Ergebnis des Spielers zur oben genannten Wertzahl berechtigt.

10.5 Falls ein ungewerteter Spieler eine veröffentlichte Wertzahl erhält, bevor ein Turnier, in dem er gespielt hat, ausgewertet wird, so wird er als Spieler mit seiner aktuellen Wertzahl gewertet. Bei der Wertberechnung seiner Gegner wird er allerdings als Spieler ohne Wertzahl betrachtet.

10.6 Die Bestimmung der Wertzahlveränderung für einen Spieler mit Wertzahl:

   10.61 Bestimmung von R_c: In einem Schweizer-System-Turnier oder bei Einzel-Matchkämpfen ist dies der Wertzahlen-Durchschnitt der Gegner des Spielers. Eine Wertungsabweichung von mehr als 350 Punkten wird einer Differenz von 350 Punkten gleichgesetzt (10.67). In einem Rundenturnier: wobei R = Wertzahl des Spielers, n = Anzahl der Gegner, R_a = Wertungsdurchschnitt des gesamten Turniers wie in 10.21b berechnet, soweit Spieler ohne Wertzahl teilnehmen.

   10.62 Vergleiche B.01./9. 4. für Ehren-Wertzahl, deren Regeln auch für 10.21b Anwendung finden.

   10.63 R – veröffentlichte Wertzahl des gewerteten Spielers. $R - R_a = D$. Zur Berechnung von P_D ist 10.1b zu nutzen.

   10.64 W ist das erzielte Ergebnis (Punkte) und W_e das erwartete Ergebnis $W_e = P_D$ x n für Schweizer-System-Turniere oder Einzel-Match. $\Delta R = K \times (W-W_e)$, wobei ΔR die Wertzahlveränderung ist.

   10.64a K ist der Entwicklungskoeffizient. K = 25 für einen Spieler, der neu in die Ratingliste aufgenommen wurde, bis zum Erreichen von mindestens 30 gewerteten Partien. K = 15 solange die Wertzahl niedriger als 2400 ist. K = 10 sobald die veröffentlichte Wertzahl 2400 beträgt und der Spieler mindestens 30 Partien erreicht. Danach bleibt K konstant bei 10.

   10.65 Zur Berechnung von R_n für einen Spieler mit Wertzahl wird ΔR für jedes Turnier, in dem er spielt, bestimmt. R_o – alte Wertzahl. $\sum \Delta R$ ist die Summe der ΔR für alle Veranstaltungen, an denen der Spieler teilgenommen hat. $R_n = R_o + \sum \Delta R$.

   10.66 Handhabung von Ziffern bei Wertungen. Ohne gegenteiligen Festlegungen vorzugreifen wird empfohlen, die genauen Wertzahlen zu gebrauchen, statt näherungsweise nach R_n auf 5 oder 0 zu runden, um eine präzisere Ordnung im Ratingsystem einzuführen.

   10.67 In Turnieren nach Scheveninger System, an denen Spieler ohne Wertzahl teilnehmen, werden neue Wertzahlen wie folgt berechnet:

     a) Berechne die Turnierleistung der Spieler ohne Wertzahl, die auf den Resultaten gegen Spieler mit Wertzahl basiert;

     b) Unter Verwendung der neuen Erfolgszahl der Spieler ohne Wertzahl berechne erneut die Wertzahl der Spieler ohne Wertzahl auf Grundlage ihrer Turnierleistung (Performance) gegen den Wertungsdurchschnitt aller Gegner.

     c) Wiederhole Schritt (b) zur Bestimmung der neuen Wertzahl R_n des ungewerteten Spielers solange bis die Wertzahlveränderung in der Iteration weniger als 1 beträgt.

d) Berechne den Wertungsdurchschnitt der Gegner jedes gewerteten Spielers unter Verwendung von R_n aus Schritt (c) für die Gegner ohne Wertzahl.

e) Sofern R_n mehr als 350 Punkte höher oder niedriger als die Wertzahl des Spielers ist, dann wird R_a angepasst wie erforderlich.

f) Ohne in die Provisorien bezüglich Artikel 10.67 einzugreifen, werden ab 1. Januar 2000 Turniere und Wettkämpfe nach Scheveninger System, in denen ungewertete Spieler teilnehmen, nicht mehr ausgewertet.

10.68 Berechnung der Wertung in einem Rundenturnier
Das Beispiel wurde entwickelt, um die Methodik zu demonstrieren und damit zu zeigen, wie die Einladungen sorgfältig gewählt werden müssten.

Spieler	Wertzahl	Pkt.	p	d_p	R_c	R_u (neu)	R_c (neu)	R_u (neu)	D	P_D	We	ΔR
A	2600	8	.89	351	2320		2373		227	.79	7.11	+8.9
B	2500	7	.78	220	2331		2350		150	.70	6.30	+7.0
C	ohne	7			2348	2411	2355	2418				
D	2400	6	.67	125	2342		2348		52	.57	5.13	+8.7
E	ohne	6			2348	2386	2352	2390				
F	2150	4	.44	-43	2370		2359		-209	.23	2.07	+28.95
G	2300	3	.33	-125	2353		2353		-53	.43	3.87	-13.05
H	ohne	2			2348	2128	2332	2112				
I	ohne	1			2348	1997	2286	1935				
J	2300	1	.11	-351	2353		2353		-53	.43	3.87	-43.05

R_{ar} = 2600 + 2500 + 2400 + 2150 + 2300 + 2300 geteilt durch 6
R_{ar} = 2375
d_{pa} = 351 + 220 + 125 – 43 – 125 – 351 geteilt durch 6
d_{pa} = 29.5
R_a = 2375–29.5 x 9/10
R_a = 2348
Für Spieler C R_u = 2348 + 5 x 12.5 = 2411.
Für Spieler E R_u = 2348 + 3 x 12.5 = 2386.
Für Spieler H R_u = 2348 – 220 = 2128.
Für Spieler I R_u= 2348 – 351 = 1997.
Indessen ist Spieler I mehr als 350 Punkte unter den Spielern C und E.
I ist ebenso mehr als 350 Punkte unter A, B und D. H unter A und B.
Für C zählt I als 2061: 2061 – 1997 = 64; 64/9 = 7; R_c(neu) = 2355.
Für A zählt F als 2250, wie auch H und J: R_c(neu) = 2320 + 53 = 2373.
Für G: D = 2300–2353 = -53; P_D =.43; W_c =.43 x 9 = 3.87.
ΔR = (3 – 3.87) x 15 = -13.05
F war ein schlecht gewählter Spieler für das Turnier. Er zog den Wertungsdurchschnitt zu weit herunter. Wäre ein Spieler mit 2380 oder höherem Wert für ihn eingesetzt worden, würde C eine bessere Wertzahl erreichen, sogar mit einem Punkt weniger. Der Grund liegt darin, dass für ungewertete Spieler mit Pluspunkten die Durchschnittswertung des Feldes extrem wichtig ist. Wäre zu erwarten gewesen, dass I so wenig Punkte erreicht, hätte man ihn, der jeden anderen benachteiligt, nicht ausgewählt.

11.0 Verfahren der Berichterstattung

11.1 Ergebnisse werden wie in B.01/7. eingereicht: Artikel 7. 2. wird ignoriert, wenn irrelevant.

11.2 Die hauptsächliche Information von einem Rundenturnier wird in günstig zusammengefasster Form in Formular 1 (angefügt) eingereicht. Sie besteht aus:

11.21 Bezeichnung der Veranstaltung einschließlich exakter Daten für Beginn und Ende.

11.22 Angabe der Zeitbegrenzung.

11.23 Die vollständige Turniertabelle. In dieser Tabelle müssen die Spieler in der Rangfolge mit vollem Namen, Vornamen, Titel, Föderation und Wertzahl aufgeführt werden. Jede Abweichung von der aktuellen FRL, wie eine Namensänderung bei Heirat, muss exakt ausgewiesen werden. Für jeden Spieler muss sein Resultat gegen seine Gegner mit 1, 1/2 (oder 0,5) oder 0 angegeben werden. Jedes kampflose Resultat soll mit ›+‹, ›-‹ oder ›=‹ ausgewiesen werden, wenn ein voller, kein oder ein halber Punkt vergeben wurde. Falls notwendig, muss eine entsprechende Erklärung beigefügt werden. Ungewöhnliche Umstände in einer Veranstaltung müssen ebenfalls schriftlich erklärt werden.

11.3 Die hauptsächliche Information von einem Schweizer-System-Turnier wird in günstig zusammengefasster Form in Formular 2 und 3 eingereicht. Sie besteht aus dem Material, das in 11.2 aufgeführt ist und aus der Farbe, mit der in den o. g. Partien gespielt wurde. Eine vollständige Turniertabelle der Veranstaltung muss ebenfalls beigefügt werden.

11.31 Alternativ kann eine vom Computer erstellte Turniertabelle als Wertungsbericht eingereicht werden. Sie muss R_{ar}, n und W beinhalten. Für ungewertete Spieler, für die n kleiner als 4 ist, soll 0 in die R_{ar},-Spalte eingetragen werden. Eine Spalte für $W-W_e$ soll ebenfalls enthalten sein (d. i. die Wertungsabweichung vor Anwendung von K). Für einen ungewerteten Spieler, der auf mindestens 4 gewertete Gegner trifft, soll R_u auch berechnet werden, wenn der Wert kleiner als 2000 ist. Eine Föderation, die Resultate in dieser Form einreichen möchte, sollte sich vorher mit dem Rating-Administrator konsultieren, um Testläufe des Programms zu ermöglichen.

11.4 Ergebnisse aller internationalen Wettkämpfe müssen für Wertungszwecke eingereicht werden, sofern nicht die Originaleinladung deutlich signalisiert hat, dass die Veranstaltung nicht von der FIDE gewertet wird. Der Hauptschiedsrichter muss dies ebenfalls vor Turnierbeginn den Spielern mitteilen.

11.5 Jede nationale Föderation muss einen Offiziellen benennen, um Qualifikations- und Wertungsangelegenheiten zu koordinieren und zu versenden. Sein Name und weitere Details sind dem FIDE-Sekretariat zu übermitteln.

12.0 Kontrolle der Arbeit des Wertungssystems

12.1 Eine der Aufgaben des Kongresses ist es, die Politik festzulegen unter der FIDE-Titel und Wertzahlen zuerkannt werden. Die Funktion des Wertungssystems besteht darin, eine wissenschaftliche Informationserfassung bester statistischer Qualität zu gewährleisten, um den Kongress zu befähigen, gleiche Titel für gleiche Fähigkeiten der Spieler zu vergeben. So muss das Wertungssystem wissenschaftlich exakt sowohl kurz- als auch langfristig gepflegt und angepasst werden.

12.2 Die Wertungsskala ist willkürlich und nach oben offen. So haben allein die Wertungsdifferenzen eine statistische Bedeutung ausgedrückt in Wahrscheinlichkeiten. Somit kann sich bei Änderung des FIDE-Rating-Pools die Wertungsskala hinsichtlich der tatsächlichen Spielstärke der Spieler verschieben. Es ist das Hauptziel, die Integrität des Systems so zu sichern, dass die Wertung bei gleicher Zahl von Jahr zu Jahr die gleiche Spielstärke repräsentiert.

12.3 Ein Teil der Verantwortung des Ratingsystem-Administrators besteht darin, Verschiebungen in der Ratingskala zu erkennen. Dies kann in folgender Weise geschehen:
  – Kontrolle der Wertzahlen einer ausgewählten Gruppe von bewährten Spielern im Alter von 25 bis 40 Jahren hinsichtlich jeder Änderung im Durchschnitt der Wertung dieser Gruppe.
  – Kontrolle der durchschnittlichen Wertzahlen der Spitze, z. B. der besten 50 Spieler.
  – Kontrolle der Verteilung der Wertzahlen innerhalb des Rating-Pools.

12.31 Es sollte alle drei Jahre ein Turnier zwischen einem Computer und 30 aktiven Spielern veranstaltet werden, die sich in einem Wertungsbereich von ± 100 gegenüber der geschätzten Wertzahl des Computers befinden. Dies sollte mit unterschiedlichen Spielern mit ähnlichen Wertzahlen wie in der ersten Gruppe wiederholt werden. Das statistische Datenmaterial würde dann analysiert.

13.0 Die Anforderungen an den FIDE-Wertungssystem-Administrator

13.1 Ausreichende Kenntnis in der statistischen Wahrscheinlichkeitstheorie wie sie zur Bewertung in der physischen und Verhaltenswissenschaft angewandt wird.

13.2 Die Fähigkeit
  – zur Vorbereitung der Kontrolle gemäß 12.3,
  – zur Interpretation der Ergebnisse der Überwachung,
  – notwendige Maßnahmen zur Erhaltung der Integrität des Wertungssystems der Qualifikationskommission zu empfehlen.

13.3 Er muss in der Lage sein, jede FIDE-Mitglieds-Föderation beim Aufbau eines nationalen Wertungssystems zu beraten und zu unterstützen.

13.4 Er muss gleichermaßen objektiv arbeiten wie ein FIDE-Schiedsrichter.

14.0 Einige Bemerkungen zum Wertungssystem

14.1 Die folgende Formel stellt eine Approximation der Tabelle 10.1a/b dar: $P = 1 / (1 + 10 - [D/400])$. Die Tabellen sind wie erklärt zu nutzen.

14.2 Die Tabellen 10.1a/b sind wie erklärt exakt zu nutzen, Extrapolationen für die Gewinnung einer dritten signifikanten Zahl sind nicht gestattet.

14.3 K wird als stabilisierender Einfluss im System genutzt. Für K = 10 wird die Wertzahl etwa in 75 Partien umgesetzt, bei K = 15 in 50 und bei K = 25 in 30 Partien.

14.4 Dieses System soll jeden Spieler in die Lage versetzen, seine Wertzahl schnell zu überprüfen. Es wäre genauer, jede Partie gesondert zu werten, da der Durchschnitt auf einer linearen Skala basiert. Dies wäre aber wesentlich aufwendiger.

15. Schnellschach-Wertung

Folgende Prinzipien sollen die Arbeitsweise des Schnellschach-Wertungssystems bestimmen.

a) Spieler ab einer Wertzahl von 1600 sollen in die Schnellschach-Wertungsliste aufgenommen werden.

b) Der Wert des K-Faktors soll durch den Rating-Administrator bestimmt werden

c) Um die Schnellschach-Wertung von der des Normalschachs zu unterscheiden, ist die Schnellschach-Wertung durch die ersten drei Ziffern zu kennzeichnen.

(Übersetzung Titel- und Ratingbestimmungen aus FIDE-Handbuch 1999: H. Metzing, Dr. H.-J. Hochgräfe, Internationale Schiedsrichter)

Formular 1   *Für Föderationen oder Organisatoren*

Tournament Report

Event Name:

City: Federation: Start: Finish:

Rank	Name, First Name ID# Title, Rating, Federation	1	2	3	4	5	6	7	8	9	10	Total
1		X										
2			X									
3				X								
4					X							
5						X						
6							X					
7								X				
8									X			
9										X		
10											X	

Players — Cross Table

Time Limit: .... moves in .... hours; then............... moves in .... hour

Average rating: .... Category:......... Pts. required for norms, GM: .... IM:............

Remarks:

Certified as a correct report: Place/Date:

Chief Arbiter   Deputy Arbiter
For a tournament not registered in advance with FIDE, endorsement of national federation official:

Name in Print: Signature/Seal of Federation

Remarks should include any changes in name, title or federation from that shown in the current FIDE Rating List, and a description of any special circumstances which might affect the validity of the results. Birthdates of unrated players should be given. Results of unplayed games should be indicated by ›+‹ for a win by forfeit or a ›-‹ for a loss by forfeit.

8.3 Spielsysteme für Einzel- und Mannschaftswettbewerbe

8.3.1 Rundensystem (einschließlich Paarungstabellen für Turniere von 3–18 Teilnehmern)

Das Rundensystem kann bei Einzel- und Mannschaftsturnieren angewendet werden. Sein Prinzip besteht darin, dass im Verlaufe eines Turniers jeder Teilnehmer oder jede Mannschaft gegen alle anderen Teilnehmer oder Mannschaften zu spielen hat. Vor Beginn des Turniers erfolgt eine Auslosung, durch die jedem Teilnehmer oder jeder Mannschaft eine Auslosungsnummer zugeordnet wird. Die Auslosungsnummern bestehen bei n Teilnehmern aus allen ganzen Zahlen von 1 bis n.
Durch Paarungstabellen wird der Ablauf des Turniers derart geregelt, dass
– bei gerader Teilnehmerzahl kein Teilnehmer und bei ungerader Teilnehmerzahl in jeder Runde ein Teilnehmer spielfrei ist,
– bei Einzelturnieren alle Teilnehmer und bei Mannschaftsturnieren alle teilnehmenden Spieler bei konstanter Brettbesetzung annähernd gleich oft und abwechselnd die weißen und die schwarzen Steine führen.
Bei Einzelturnieren erhält der in der Paarungstabelle jeweils erstgenannte Teilnehmer die weißen Steine. Bei Mannschaftsturnieren ist die in der Paarungstabelle erstgenannte Mannschaft Gastgeber und führt an den ungeraden Brettern die schwarzen und an den geraden Brettern die weißen Steine. Bei Doppelwettkämpfen (je Runde zwei Wettkämpfe) führt der Gastgeber beim ersten Wettkampf an allen Brettern die schwarzen und beim zweiten Wettkampf an allen Brettern die weißen Steine.
Die Anzahl der Runden ist bei ungerader Teilnehmerzahl gleich der Anzahl der Teilnehmer und bei gerader Teilnehmerzahl gleich der um eins verminderten Zahl der Teilnehmer.
Bei ungerader Teilnehmerzahl ist jeweils der Teilnehmer spielfrei, der gegen die in den Paarungstabellen in Klammern stehende Auslosungsnummer gepaart ist.
Bei Mannschaftsturnieren im Rundensystem ergibt die Anzahl der erzielten Brettpunkte die Reihenfolge der Platzierung. Erreichen zwei oder mehrere Teilnehmer oder Mannschaften nach Abschluss des Turniers die gleiche Punktzahl, wird ihre Endplatzierung durch eine Wertberechnung oder durch Stichkämpfe (meist nur bei vorderen Plätzen) ermittelt.
Erste Wertberechnung für Einzelturniere: Anzahl der gewonnenen Partien. Ist diese gleich, wird als zweite Wertberechnung das Sonneborn-Berger-System angewendet: Für jede gewonnene Partie erhält der Teilnehmer die Gesamtpunktzahl und für jedes Remis die Hälfte der Gesamtpunktzahl des jeweiligen Gegners als Wertpunkte (auch Qualitätspunkte genannt) angerechnet. Bei gleicher Punktzahl platziert sich der Spieler mit der höheren Gesamtwertpunktzahl (Qualität) vor dem Spieler mit der geringeren Gesamtwertpunktzahl.
Bei Mannschaftsturnieren im Rundensystem gibt es verschiedene Möglichkeiten einer Wertung, so dass die jeweilige Ausschreibung die anzuwendende Wertberechnung festlegen muss. Meist gibt man einer Mannschaft in jeder Runde für einen Sieg zwei Mannschaftspunkte und für unentschieden einen Mannschaftspunkt.

Paarungstabellen für Turniere mit 3 bis 18 Teilnehmern

3 und 4 Teilnehmer		
1. Runde	1 (4)	2,3
2. Runde	(4) 3	1,2
3. Runde	2 (4)	3,1

5 und 6 Teilnehmer		
1. Runde	1 (6)	2,5	3,4
2. Runde	(6)4	5,3	1,2
3. Runde	2 (6)	3,1	4,5
4. Runde	(6)5	1,4	2,3
5. Runde	3 (6)	4,2	5,1

7 und 8 Teilnehmer

1. Runde	1 (8)	2,7	3,6	4,5
2. Runde	(8) 5	6,4	7,3	1,2
3. Runde	2 (8)	3,1	4,7	5,6
4. Runde	(8) 6	7,5	1,4	2,3
5. Runde	3 (8)	4,2	5,1	6,7
6. Runde	(8) 7	1,6	2,5	3,4
7. Runde	4 (8)	3,5	6,2	7,1

9 und 10 Teilnehmer

1. Runde	1 (10)	2,9	3,8	4,7	5,6
2. Runde	(10) 6	7,5	8,4	9,3	1,2
3. Runde	2 (10)	3,1	4,9	5,8	6,7
4. Runde	(10) 7	8,6	9,5	1,4	2,3
5. Runde	3 (10)	4,2	5,1	6,9	7,8
6. Runde	(10) 8	9,7	1,6	2,5	3,4
7. Runde	4 (10)	5,3	6,2	7,1	8,9
8. Runde	(10) 9	1,8	2,7	3,6	4,5
9. Runde	5 (10)	6,4	7,3	8,2	9,1

11 und 12 Teilnehmer

1. Runde	1 (12)	2,11	3,10	4,9	5,8	6,7
2. Runde	(12) 7	8,6	9,5	10,4	11,3	1,2
3. Runde	2 (12)	3,1	4,11	5,10	6,9	7,8
4. Runde	(12) 8	9,7	10,6	11,5	1,4	2,3
5. Runde	3 (12)	4,2	5,1	6,11	7,10	8,9
6. Runde	(12) 9	10,8	11,7	1,6	2,5	3,4
7. Runde	4 (12)	5,3	6,2	7,1	8,11	9,10
8. Runde	(12) 10	11,9	1,8	2,7	3,6	4,5
9. Runde	5 (12)	6,4	7,3	8,2	9,1	10,11
10. Runde	(12) 11	1,10	2,9	3,8	4,7	5,6
11. Runde	6 (12)	7,5	8,4	9,3	10,2	11,1

13 und 14 Teilnehmer

1. Runde	1 (14)	2,13	3,12	4,11	5,10	6,9	7,8
2. Runde	(14) 8	9,7	10,6	11,5	12,4	13,3	1,2
3. Runde	2 (14)	3,1	4,13	5,12	6,11	7,10	8,9
4. Runde	(14) 9	10,8	11,9	12,6	13,5	1,4	2,3
5. Runde	3 (14)	4,2	5,1	6,13	7,12	8,11	9,10
6. Runde	(14) 10	11,9	12,8	13,7	1,6	2,5	3,4
7. Runde	4 (14)	5,3	6,2	7,1	8,13	9,12	10,11
8. Runde	(14) 11	12,10	13,9	1,8	2,7	3,5	4,5
9. Runde	5 (14)	6,4	7,3	8,2	9,1	10,13	11,12
10. Runde	(14) 12	13,11	1,10	2,9	3,8	4,7	5,6
11. Runde	6 (14)	7,5	8,4	9,3	10,2	11,1	12,13
12. Runde	(14) 13	1,12	2,11	3,10	4,9	5,8	6,7
13. Runde	7 (14)	8,6	9,5	10,4	11,3	12,2	13,1

15 und 16 Teilnehmer

1. Runde	1 (16)	2,15	3,14	4,13	5,12	6,11	7,10	8,9
2. Runde	(16) 9	10,8	11,7	12,6	13,5	14,4	15,3	1,2
3. Runde	2 (16)	3,1	4,15	5,14	6,13	7,12	8,11	9,10
4. Runde	(16) 10	11,9	12,8	13,7	14,6	15,5	1,4	2,3
5. Runde	3 (16)	4,2	5,1	6,15	7,14	8,13	9,12	10,11
6. Runde	(16) 11	12,10	13,9	14,8	15,7	1,6	2,5	3,4
7. Runde	4 (16)	5,3	6,2	7,1	8,15	9,14	10,13	11,12
8. Runde	(16) 12	13,11	14,10	15,9	1,8	2,7	3,6	4,5
9. Runde	5 (16)	6,4	7,3	8,2	9,1	10,15	11,14	12,13
10. Runde	(16) 13	14,12	15,11	1,10	2,9	3,8	4,7	5,6
11. Runde	6 (16)	7,5	8,4	9,3	10,2	11,1	12,15	13,14
12. Runde	(16) 14	15,13	1,12	2,11	3,10	4,9	5,8	6,7
13. Runde	7 (16)	8,6	9,5	10,4	11,3	12,2	13,1	14,15
14. Runde	(16) 15	1,14	2,13	3,12	4,11	5,10	6,9	7,8
15. Runde	8 (16)	9,7	10,6	11,5	12,4	13,3	14,2	15,1

17 und 18 Teilnehmer

1. Runde	1 (18)	2,17	3,16	4,15	5,14	6,13	7,12	8,11	9,10
2. Runde	(18) 10	11,9	12,8	13,7	14,6	15,5	16,4	17,3	1,2
3. Runde	2 (18)	3,1	4,17	5,16	6,15	7,14	8,13	9,12	10,11
4. Runde	(18) 11	12,10	13,9	14,8	5,7	16,6	17,5	1,4	2,3
5. Runde	3 (18)	4,2	5,1	6,17	7,16	8,15	9,14	10,13	11,12
6. Runde	(18) 12	13,11	14,10	15,9	16,8	17,7	1,6	2,5	3,4
7. Runde	4 (18)	5,3	6,2	7,1	8,17	9,16	10,15	11,14	12,13
8. Runde	(18) 13	14,12	15,11	16,10	17,9	1,8	2,7	3,6	4,5
9. Runde	5 (18)	6,4	7,3	8,2	9,1	10,17	11,16	12,15	13,14
10. Runde	(18) 14	15,13	16,12	17,11	1,10	2,9	3,8	4,7	5,6
11. Runde	6 (18)	7,5	8,4	9,3	10,2	11,1	12,17	13,16	14,15
12. Runde	(18) 15	16,14	17,13	1,12	2,11	3,10	4,9	5,8	6,7
13. Runde	7 (18)	8,6	9,5	10,4	11,3	12,2	13,1	14,17	15,16
14: Runde	(18) 16	17,15	1,14	2,13	3,12	4,11	5,10	6,9	7,8
15. Runde	8 (18)	9,7	10,6	11,5	12,4	13,3	14,2	15,1	16,17
16. Runde	(18) 17	1,16	2,15	3,14	4,13	5,12	6,11	7,10	8,9
17. Runde	9 (18)	10,8	11,7	12,6	13,5	14,4	15,3	16,2	17,1

8.3.2 Das Rutschsystem

Als praktische Form zum Veranstalten von Blitz- und Schnellturnieren gilt das Rutschsystem.
Voraussetzungen:
Eine lange Tischreihe mit abwechselnd aufgestellten weißen und schwarzen Steinen auf einer Seite.
Bei der ersten Runde können die Teilnehmer a) sich beliebig zusammensetzen bzw. b) nach einer vorangegangenen Auslosung »gepaart« werden.
Spielgedanke:
Nach der ersten Runde rückt jeder Spieler im Uhrzeigersinn um einen Platz weiter. Bei einer geraden Anzahl von Teilnehmern bleibt ein Spieler am ersten Tisch jeweils sitzen (rückt nicht weiter und wechselt immer die Farbe der Steine).
Bei Mannschaftsturnieren kann das gleiche Prinzip angewendet werden. Einem Einzelspieler mit den weißen Steinen entspricht eine Mannschaft, die an den ungeraden Brettern die schwarzen Steine und an den geraden Brettern die weißen Steine führt. Einem Einzelspieler mit den schwarzen Steinen entspricht eine Mannschaft, die an den ungeraden Brettern die weißen und an den geraden Brettern die weißen Steine führt.

Beispiel für Turniere mit geraden Teilnehmerzahlen (8 Spieler):

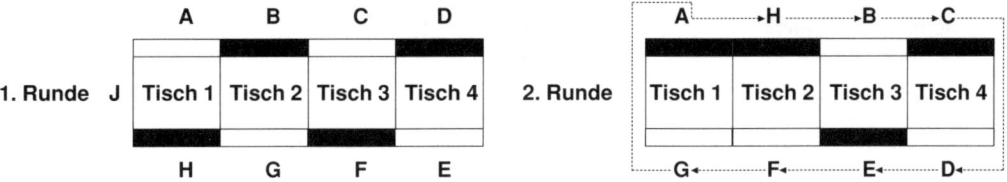

Beispiel für Turniere mit ungeraden Teilnehmerzahlen (9 Spieler):

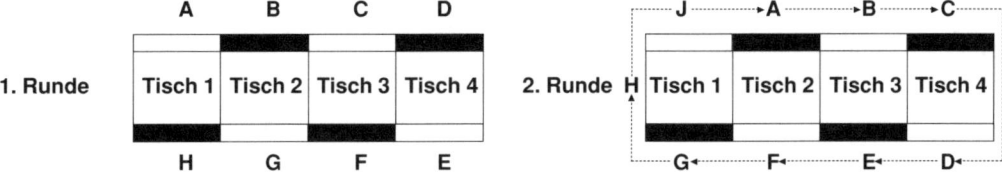

8.3.3 Das Schweizer System

Diese Form der Auslosung wird speziell bei Einzelturnieren angewendet, wenn eine große Teilnehmerzahl und Zeitmangel das Austragen eines Turniers im Rundensystem nicht ermöglichen. Im Verlauf des Turniers spielt jeder Teilnehmer – entsprechend der Anzahl der Runden nur gegen einen Teil aller möglichen Gegner.
Nachstehende vom russischen Mathematiker Edward Dubev erarbeiteten Anwendungsregeln wurden 1997 von der FIDE als offizielles System anerkannt und gelten als modernste Fassung des Schweizer Systems.

1. Definition: ⇨ **»R« ist die Elo-Zahl eines Spielers.**
* »ARO« ist die durchschnittliche Elo-Zahl der bisherigen Gegner eines Spielers. »ARO« wird nach jeder Runde neu berechnet.
* »Die Sollfarbe eines Spielers ist Weiß«,
  – wenn er bisher mehr mit Schwarz als mit Weiß gespielt hat
  – wenn er bisher gleich oft Weiß und Schwarz, aber zuletzt mit Schwarz gespielt hat.
* »Die Sollfarbe eines Spielers ist Schwarz«,
  – wenn er bisher mehr mit Weiß als mit Schwarz gespielt hat
  – wenn er bisher gleich oft Weiß und Schwarz, aber zuletzt mit Weiß gespielt hat.
* Punktgruppe: Gruppe von Spielernn mit gleicher Punktzahl, evtl. ergänzt durch Floater oder umgesetzte Spieler aus anderen Punktgruppen.
* Aktuelle Punktgruppe: Punktgruppe, für die gerade die Paarungen ermittelt werden.

2. Paarungsbeschränkungen
2.1 Zwei Spieler, die bereits miteinander gespielt haben, dürfen nicht mehr miteinander gepaart werden.
2.2 Ein Spieler, der bereits einen kampflosen Punkt erhalten hat, soll kein Freilos mehr erhalten.
2.3 Der Absolutbetrag der Differenz der Anzahl von Weiß- und Schwarzpartien eines Spielers soll nicht größer als zwei werden.
2.4 Ein Spieler soll nicht dreimal hintereinander dieselbe Farbe haben.
2.5 Abgesehen von der letzten Runde kann ein Spieler nicht zweimal hintereinander
  – oder mehr als dreimal insgesamt (bei weniger als 10 Runden insgesamt)

– oder mehr als viermal insgesamt (bei mehr als 9 Runden insgesamt) als Floater in eine höhere Punktgruppe genommen werden.

2.6 Ein Spieler soll nicht von der Untergruppe seiner Sollfarbe in die Untergruppe der anderen Sollfarbe verlegt werden, wenn dies die Bedingungen 2.3 oder 2.4 verletzen würde.

3. Farbzuordnung

Bei der Paarung zweier Spieler muss die Farbzuordnung nach folgenden Regeln mit abnehmender Priorität erfolgen:
– beide Spieler erhalten ihre Sollfarbe
– die Anzahl der gespielten Farben soll ausgeglichen werden
– die Farben der Spieler sollen abwechselnd bezüglich des ersten festzustellenden Farbunterschieds, wenn man die Farbgeschichte, von der zuletzt gespielten Runde bis zur ersten Runde, zurückverfolgt.
– Der Spieler mit der höheren »ARO« erhält Weiß
– Der Spieler mit der niedrigeren »R« erhält Weiß.

4. Ungerade Anzahl von Spielern

Der Spieler in der untersten Punktgruppe mit der niedrigsten »R« erhält das Freilos. Gibt es in beiden Farb-Untergruppen Spieler mit gleicher niedrigster »R«, dann erhält der Spieler aus der dominierenden Farbuntergruppe das Freilos. Gibt es mehrere Spieler mit gleicher niedrigster »R«, dann erhält der Spieler mit der höheren »ARO« das Freilos.

5. Paarung der ersten Runde

Diese Paarung erfolgt nach denselben Regeln wie in den anderen Schweizer-Systemen der FIDE.

6. Paarung der weiteren Runden

6.1 Standardfall (Sonderfälle siehe Punkt 7)
Die Anzahl der Spieler in der Punktgruppe ist gerade, und die Anzahl der Spieler mit Sollfarbe Weiß und Schwarz ist gleich. Jeder Spieler in der Punktgruppe kann mit mindestens einem Spieler derselben Punktgruppe spielen.

6.2 Erster Versuch
Die Spieler mit der Sollfarbe Weiß werden in der Reihenfolge der aufsteigenden »ARO« sortiert. Bei gleicher »ARO« entscheidet das kleinere »R«, falls »ARO« und »R« gleich sind, wird alphabetisch sortiert. Die Spieler mit der Sollfarbe Schwarz werden in der Reihenfolge der absteigenden »R« sortiert. Bei gleicher »R« entscheidet die größere »ARO«. Wenn »ARO« und »R« gleich sind, wird alphabetisch sortiert.

Beide Spielerfolgen werden nebeneinander aufgeschrieben und Reihe für Reihe gepaart:

Weiß (ARO)	Schwarz (R)
2310,0	2380
2318.4	2365
2322.3	2300
2333.7	2280
2340.5	2260
2344.6	2250

Die Namen der Spieler einer Zeile werden als Gegner aufgeschrieben, wobei nur geprüft wird, ob sie schon miteinander gespielt haben.

6.3 Tauschmanöver

Wenn die Spieler einer Paarung (nach 6.2) bereits miteinander gespielt haben, dann wird der Weiß-Spieler mit dem ersten Schwarz-Spieler der darunter stehenden Paarungen gepaart, mit dem er noch nicht gespielt hat. Wenn dies in der letzten Reihe einer Punktegruppe erfolgt, dann wird die vorletzte Reihe geändert. Wenn dies in der k-ten Reihe passiert und alle darunter stehenden Schwarz-Spieler haben bereits mit dem Weiß-Spieler gespielt, dann wird die Reihe k-1 geändert. Wenn dies nicht geht,

wird die Reihe k-2 geändert usw. Wenn der Weiß-Spieler bereits mit allen Schwarz-Spielern seiner Punktgruppe gespielt hat, wird für ihn ein Gegner unter den Weiß-Spielern, beginnend in der Reihe k+1 nach unten bis zum Ende, danach beginnend mit der Reihe k-1 nach oben bis zum Anfang gesucht.
Die Farbzuordnung entspricht der Regel 3.

6.4 Floater

Es ist das Ziel der Paarungsalgorithmen, jeden Spieler in der eigenen Punktgruppe zu paaren. Wenn das nicht möglich ist, werden die nicht gepaarten Spieler in die nächste Punktgruppe geschoben und dort entsprechend Regel 8 behandelt. Wenn eine Wahl möglich ist, so sollen die Floater mit abnehmender Priorität wie folgt gewählt werden:
- der Spieler kommt nicht bereits aus einer höheren Punktgruppe und kann in der nächsten Punktgruppe spielen
- der Spieler kommt nicht bereits aus einer höheren Punktgruppe und kann nicht in der nächsten Punktegruppe spielen
- der Spieler kommt bereits aus einer höheren Punktgruppe und kann in der nächsten Punktgruppe spielen
- der Spieler kommt bereits aus einer höheren Punktgruppe und kann nicht in der nächsten Punktgruppe spielen.

7.   Umgruppierung von Spielern, um die Standardregel 6 zu ermöglichen

Wenn die Voraussetzungen der Standardregel 6 nicht alle erfüllt sind, sollen folgende Umgruppierungen in der beschriebenen Reihenfolge durchgeführt werden.

7.1 Wenn ein Spieler der aktuellen Punktgruppe bereits mit allen Spielern seiner Punktgruppe gespielt hat, dann wird ein Spieler der nächstmöglichen Punktgruppe in die aktuelle Punktgruppe umgesetzt, der noch nicht mit dem betreffenden Spieler gespielt hat und mit ihm entsprechend den Farbregeln gepaart werden kann. Bei der Auswahl dieses umzusetzenden Spielers sollen folgende Kriterien in abnehmender Priorität beachtet werden:
- die Sollfarbe ist entgegengesetzt zur Sollfarbe des suchenden Spielers
- wenn eine Wahl besteht, wird der Spieler mit der höchsten »R« umgesetzt
- wenn zwischen mehreren Spielern gleicher »R« eine Wahl besteht wird der Spieler mit niedrigster »ARO« umgesetzt.

7.2 Wenn die Anzahl der Spieler der aktuellen Punktgruppe ungerade ist, wird ein Spieler von der nächst möglichen Punktgruppe in die aktuelle Punktgruppe umgesetzt, der noch mit mindestens einem Spieler der aktuellen Punktgruppe noch nicht gespielt hat und mit diesem unter Beachtung der Farbregeln gepaart werden kann. Der umzusetzende Spieler soll folgende Bedingungen in abnehmender Priorität erfüllen:
- seine Sollfarbe ist entgegengesetzt zur dominierenden Sollfarbe der aktuellen Punktgruppe
- wenn eine Wahl besteht, wird der Spieler mit der höchsten »R« umgesetzt
- wenn zwischen mehreren Spielern gleicher »R« eine Wahl besteht, wird der Spieler mit niedrigster »ARO« umgesetzt.

7.3 Wenn die Anzahl der Spieler in der aktuellen Punktgruppe gerade ist, aber die Zahl der Weiß-Spieler die Schwarz-Spieler um 2n übersteigt, dann werden n Weiß-Spieler mit der geringsten »ARO« in die Gruppe der Schwarz-Spieler umgesetzt. Wenn die »ARO« gleich ist, wird der Spieler mit höherer »R« umgesetzt. Wenn »ARO« und »R« gleich sind, wird alphabetisch, beginnend bei »A« ausgewählt.

7.4 Wenn die Anzahl der Spieler in der aktuellen Punktgruppe gerade ist, aber die Zahl der Schwarz-Spieler die Weiß-Spieler um 2n übersteigt, dann werden n Schwarz-Spieler mit der höchsten »ARO« in die Gruppe der Weiß-Spieler umgesetzt. Wenn die »ARO« gleich ist, wird der Spieler mit niedrigerer »R« umgesetzt. Wenn »ARO« und »R« gleich sind, wird alphabetisch, beginnend bei »A« ausgewählt.

8. Behandlung der Floater

8.1 Prioritäten beim Paaren

Die Weiß-Spieler unter den Floatern werden entsprechend Punkt 6.2 geordnet. Die Schwarz-Spieler unter den Floatern werden ebenfalls entsprechend Punkt 6.2 sortiert. Beginnend mit dem höchsten »weißen« Floater werden diese einer nach dem anderen bis zum tiefsten gepaart, wobei immer zwischen den »weißen« und »schwarzen« Floatern abgewechselt wird.

8.2 Paarung der Floater

Jeder der Floater wird mit dem nächst verfügbaren Spieler mit der höchsten »R«, wenn möglich mit der entgegengesetzten Sollfarbe, gepaart. Wenn mehr als ein Spieler mit gleicher »R« zur Wahl stehen, dann wird der Spieler mit der niedrigsten »ARO« ausgewählt.

9. Schlussvorschriften

Die Liste der »ARO«-Werte soll nach jeder Runde veröffentlicht werden, damit die Spieler ihre Paarungen selbst berechnen können.

(Nach Ch. Krause RE 1/2000, S. 102–103)

8.3.4 K.o.-System (Pokalsystem)

Das K.o.- oder Pokalsystem wird speziell bei Mannschaftsturnieren dann angewendet, wenn in möglichst wenig Runden eine Siegermannschaft: ermittelt werden soll.

Die Paarungen jeder Runde werden durch das Los bestimmt. Dabei ist es aus ökonomischen Erwägungen zulässig, bei einer starken territorialen Streuung der teilnehmenden Mannschaften vor allem in der ersten Runde regionale Gruppen (mindestens 4 Mannschaften je Gruppe) zu bilden und innerhalb dieser Gruppen auszulosen.

Nach jeder Runde scheiden die Verlierer aus. Endet ein Mannschaftskampf nach Brettpunkten unentschieden, entscheidet die reziproke Wertberechnung: Für einen Sieg am letzten Brett erhält eine Mannschaft einen Wertpunkt, am vorletzten Brett 2 Wertpunkte usw. (bei einem Remis jeweils die Hälfte). Die Mannschaft mit der niedrigeren Gesamtwertpunktzahl scheidet aus dem Turnier aus. Bei Wertpunktgleichheit nach Anwendung der beschriebenen reziproken Wertung benutzt man oft als zweite Wertberechnung erneut die reziproke Wertung, diesmal jedoch nur auf eine bestimmte Anzahl vorderer Bretter bezogen. In jedem Fall sollten die anzuwendenden Arten der Wertberechnung bei jedem Turnier nach dem K.o.-System in der Ausschreibung angegeben sein, Erforderlichenfalls ist durch die Auslosung ergänzendes sinnvolles Setzen zu sichern, dass möglichst viele Mannschaften abwechselnd Heimmannschaft und reisende Mannschaft sind. Die in den Paarungen zuerst genannten Mannschaften sind Gastgeber und führen an den ungeraden Brettern die schwarzen und an den geraden Brettern die weißen Steine.

In n Runden kann man mit dem K.o.-System aus höchstens 2^n Mannschaften den Sieger ermitteln (z.B. in 4 Runden aus höchstens $2^4 = 16$ Mannschaften). Es ist deshalb zweckmäßig, in der ersten Runde genau so viel Paarungen anzusetzen, dass nach dieser Runde die Anzahl der noch im Wettbewerb verbliebenen Mannschaften eine ganzzahlige Potenz der Zahl 2 (z.B. 4, 8, 16 oder 32) ist. Beispiel: Zu einem Turnier haben 55 Mannschaften gemeldet. Die nächstniedrige Potenz der Zahl 2 ist die 32. Nach der 1. Runde sollten also noch 32 Mannschaften übrig sein.

Demnach müssen nach der ersten Runde 23 Mannschaften ausscheiden. Um das zu erreichen, muss man 46 Mannschaften paaren, während 9 Mannschaften in der 1. Runde spielfrei sind.

Um den Turniersieger aus den übrigbleibenden $32 = 2^5$ Mannschaften zu ermitteln, braucht man genau 5 weitere Runden, in deren Verlauf keine weitere Mannschaft spielfrei ist. Insgesamt geht das Turnier über 6 Runden.

8.3.5 Gemischtes System

Das gemischte System wird nur in Ausnahmefällen bei Mannschaftsturnieren angewendet, wenn bei einer relativ großen Anzahl von Mannschaften mit geringen Kosten, d. h. einer geringen Anzahl von Runden, nicht nur die Siegermannschaft ermittelt, sondern die Platzierung aller Mannschaften weitestgehend ihrer Spielstärke entsprechend erreicht werden soll. Es ist besonders für Mannschaftsturniere im Bereich des Freizeit- und Breitensports zu empfehlen.

Das Prinzip des gemischten Systems besteht darin, dass im Verlaufe des Turniers jede Mannschaft mit einer möglichst gleichgroßen Anzahl von Spielern gegen alle anderen Mannschaften anzutreten hat. Dieses Prinzip ist nur dann zu realisieren, wenn die um eins verminderte Anzahl der teilnehmenden Mannschaften höchstens gleich ist dem Produkt aus Anzahl der Bretter je Mannschaft und Anzahl der zu spielenden Runden.

Ist es nicht möglich, mit gleich viel Spielern gegen alle gegnerischen Mannschaften zu spielen, muss man Gruppen bilden, die sich in ihrer Gruppenstärke höchstens um eins unterscheiden. Aus beigefügter Tabelle kann man für übliche Turniergrößen ablesen, wie viel Gruppen mit wie viel Spielern gebildet werden müssen.

		Anzahl der Mannschaften								
		8	9	10	11	12	13	14	15	16
Produkt aus Anzahl der Bretter je Mannschaft und Rundenzahl	8	6 1	8							
	9	5 2	7 1	9						
	10	4 3	6 2	8 1	10					
	11	3 4	5 3	7 2	9 1	11				
	12	2 5	4 4	6 3	8 2	10 1	12			
	13	1 6	3 5	5 4	7 3	9 2	11 1	13		
	14	7	2 6	4 5	6 4	8 3	10 2	12 1	14	
	15	6 1	1 7	3 6	5 5	7 4	9 3	11 2	13 1	15
	16	5 2	8	2 7	4 6	6 5	8 4	10 3	12 2	14 1
	17	4 3	7 1	1 8	3 7	5 6	7 5	9 4	11 3	13 2
	18	3 4	6 2	9	2 8	4 7	6 6	8 5	10 4	12 3
	19	2 5	5 3	8 1	1 9	3 8	5 7	7 6	9 5	11 4
	20	1 6	4 4	7 2	10	2 9	4 8	6 7	8 6	10 5
	21	7	3 5	6 3	9 1	1 10	3 9	5 8	7 7	9 6
	22	6 1	2 6	5 4	8 2	11	2 10	4 9	6 8	8 7
	23	5 2	1 7	4 5	7 3	10 1	1 11	3 10	5 9	7 8
	24	4 3	8	3 6	6 4	9 2	12	2 11	4 10	6 9
Gruppenstärke		1 2 3 4	1 2 3	1 2 3	1 2 3	1 2 3	1 2	1 2	1 2	1 2

Beispiel:
9 Mannschaften sollen 3 Runden an 6 Brettern spielen. Zur Ermittlung der Gruppenstärken wird wie folgt vorgegangen: Man bildet zunächst das Produkt aus der Anzahl der Bretter je Mannschaft und der Anzahl der Runden: 6 x 3 = 18. Dann liest man in der Spalte, in deren Kopf die 9 steht, in Höhe der 18 (linke Spalte) ab: 6 Gruppen zu je 2 Brettern und 2 Gruppen zu je 3 Brettern.

Jede Mannschaft hat also im Verlauf des Turniers mit je 2 Spielern gegen 6 Gegner und mit je 3 Spielern gegen die übrigen 2 Gegner zu spielen.

Nachdem bekannt ist, mit wie viel Spielern gegen wie viel Gegner zu spielen ist, muss noch festgelegt werden, ob man die Gruppen grundsätzlich (falls möglich) geschlossen in einer Runde spielen lässt oder die Teilwettkämpfe der Gruppen auf möglichst viele Runden aufgeteilt werden (z. B. kann eine Gruppe aus 3 Spielern an allen 3 Brettern in einer Runde oder an je einem Brett in drei Runden spielen). Danach ist ein Paarungsschema aufzustellen, das folgenden Forderungen genügt:

– jedes Brett jeder Mannschaft führt während des gesamten Turniers annähernd gleich oft die weißen und die schwarzen Steine,
– jede Mannschaft führt während des gesamten Turniers annähernd gleich oft die weißen und die schwarzen Steine.

Durch die Aufstellung eines Paarungsschemas stehen wie beim Rundensystem vor Beginn des Turniers die Ansetzungen für alle Runden fest.

Sind Mannschaften nach Beendigung des Turniers punktgleich, können Verfahren der Wertberechnung angewendet werden, die sich an die für die anderen Spielsysteme bekannten Wertungsverfahren anlehnen. Im Freizeit- und Erholungssport wird verschiedentlich ein Wertungsverfahren verwendet, bei dem für Siege mit den schwarzen Steinen mehr Wertungspunkte vergeben werden als für Siege mit den weißen Steinen. In jedem Fall ist die anzuwendende Wertberechnung in die Ausschreibung aufzunehmen.

8.3.6 Scheveninger System

In der Stadt Scheveningen fand im Jahre 1923 erstmals ein Wettkampf zwischen einer holländischen Vertretung und ausländischen Spielern statt, in dem jeder Spieler des Gastgebers gegen jeden ausländischen Spieler kämpfte. Seitdem werden alle Wettkämpfe, die nach diesem Prinzip ausgetragen werden, als Scheveninger System bezeichnet.

Schematische Darstellung des Wettkampfs zwischen zwei Mannschaften (z. B. Blitzvergleich an 10 Brettern): Es werden insgesamt zehn Runden gespielt. Die gastgebende Mannschaft behält in allen Runden ihre Plätze inne, während die Gastmannschaft »weiterrückt« (vgl. Schema).

Gastgeber	A	B	C	D	E	F	G	H	I	J	
	Brett 1	Brett 2	Brett 3	Brett 4	Brett 5	Brett 6	Brett 7	Brett 8	Brett 9	Brett 10	
Gäste	A'	B'	C'	D'	E'	F'	G'	H'	I'	J'	1. Runde
	J'	A'	B'	C'	D'	E'	F'	G'	H'	I'	2. Runde
	I'	J'	A'	B'	C'	D'	E'	F'	G'	H'	3. Runde usw.

Rundenübersichten von Wettkämpfen mit unterschiedlicher Mannschaftsstärke: Jeder Spieler einer Mannschaft kämpft gegen jeden Spieler der anderen Mannschaft. Alle Mitglieder einer Mannschaft führen in einer Runde die Steine mit der gleichen Farbe. Von Runde zu Runde wird die Farbe gewechselt.

Mannschaft mit 4 Teilnehmern			
1. Runde	2. Runde	3. Runde	4. Runde
1 – I	I – 2	3 – I	I – 4
2 – II	II – 3	4 – II	II – 1
3 – III	III – 4	1 – III	III – 2
4 – IV	IV – 1	2 – IV	IV – 3

Mannschaft mit 6 Teilnehmern					
1. Runde	2. Runde	3. Runde	4. Runde	5. Runde	6. Runde
1 – I	I – 2	3 – I	I – 4	5 – I	I – 6
2 – II	II – 3	4 – II	II – 5	6 – II	II – 1
3 – III	III – 4	5 – III	III – 6	1 – III	III – 2
4 – IV	IV – 5	6 – IV	IV – 1	2 – IV	IV – 3
5 – V	V – 6	1 – V	V – 2	3 – V	V – 4
6 – VI	VI – 1	2 – VI	VI – 3	4 – VI	VI – 5

Mannschaft mit 7 Teilnehmern						
1. Runde	2. Runde	3. Runde	4. Runde	5. Runde	6. Runde	7. Runde
1 – I	I – 2	3 – I	I – 4	5 – I	I – 6	7 – I
2 – II	II – 3	4 – II	II – 5	6 – II	II – 7	1 – II
3 – III	III – 4	5 – III	III – 6	7 – III	III – 1	2 – III
4 – IV	IV – 5	6 – IV	IV – 7	1 – IV	IV – 2	3 – IV
5 – V	V – 6	7 – V	V – 1	2 – V	V – 3	4 – V
6 – VI	VI – 7	1 – VI	VI – 2	3 – VI	VI – 4	5 – VI
7 – VII	VII – 1	2 – VII	VII – 3	4 – VII	VII – 5	6 – VII

Mannschaft mit 8 Teilnehmern							
1. Runde	2. Runde	3. Runde	4. Runde	5. Runde	6. Runde	7. Runde	8. Runde
1 – I	I – 2	3 – I	I – 4	5 – I	I – 6	7 – I	I – 8
2 – II	II – 3	4 – II	II – 5	6 – II	II – 7	8 – II	II – 1
3 – III	III – 4	5 – III	III – 6	7 – III	III – 8	1 – III	III – 2
4 – IV	IV – 5	6 – IV	IV – 7	8 – IV	IV – 1	2 – IV	IV – 3
5 – V	V – 6	7 – V	V – 8	1 – V	V – 2	3 – V	V – 4
6 – VI	VI – 7	8 – VI	VI – 1	2 – VI	VI – 3	4 – VI	VI – 5
7 – VII	VII – 8	1 – VII	VI – 2	3 – VII	VII – 4	5 – VII	VII – 6
8 – VIII	VIII – 1	2 – VIII	VIII – 3	4 – VIII	VIII – 5	6 – VIII	VIII – 7

8.4 Regelwerke und Spielordnungen

8.4.1 Spielregeln der FIDE

Die FIDE-Schachregeln gelten für das Spielen am Brett. Der englische Text ist die authentische Fassung der FIDE-Schachregeln, angenommen vom 67. FIDE-Kongress, Erevan 1996. Sie treten am 01. Juli 1997 in Kraft. In diesen Regeln werden Personenbezeichnungen und ihre Fürwörter so verwendet, dass sie das männliche und das weibliche Geschlecht mit einschließen.

VORWORT

Die Schachregeln können weder alle Situationen erfassen, die sich im Laufe einer Partie ergeben können, noch können sie alle administrativen Fragen regeln. In Fällen, die nicht durch einen Artikel der Schachregeln genau geklärt sind, sollte es möglich sein, durch das Studium analoger Situationen, die von den Schachregeln erfasst werden, zu einer korrekten Entscheidung zu gelangen. Die Schachregeln setzen voraus, dass Schiedsrichter das notwendige Sachverständnis, gesundes Urteilsvermögen und absolute Objektivität besitzen.

Eine allzu detaillierte Regelung könnte dem Schiedsrichter seine Entscheidungsfreiheit nehmen und ihn somit daran hindern, eine sportliche, logische und die speziellen Gegebenheiten angemessene Lösung zu finden.

Die FIDE appelliert an alle Schachspieler und Föderationen, sich dieser Auffassung anzuschließen. Eine angeschlossene Föderation hat das Recht, detailliertere Schachregeln einzuführen, vorausgesetzt, dass diese:

a) in keiner Weise mit den offiziellen Regeln der FIDE in Konflikt geraten,

b) nur im Gebiet der betreffenden Föderation Anwendung finden,

c) weder für Wettkämpfe, Meisterschaften oder Qualifikationsturniere der FIDE, noch für Titel- oder Wertungsturniere der FIDE gelten.

SPIELREGELN

Artikel 1: Wesen und Ziele des Schachspiels

1.1 Das Schachspiel wird zwischen zwei Gegnern gespielt, die abwechselnd Figuren auf einem quadratischen Spielbrett, »Schachbrett« genannt, ziehen. Der Spieler mit den weißen Figuren beginnt die Partie. Ein Spieler »ist am Zug«, sobald der Zug seines Gegners beendet worden ist.

1.2 Das Ziel eines jeden Spielers ist es, den gegnerischen König so »anzugreifen«, dass der Gegner keinen regelmäßigen Zug zur Verfügung hat, der ein Schlagen des Königs im folgenden Zug vermeiden würde. Der Spieler, der dies erreicht, hat den Gegner »mattgesetzt« und das Spiel gewonnen. Der Gegner, der mattgesetzt worden ist, hat das Spiel verloren.

1.3 Ist eine Stellung erreicht, in der keinem der beiden Spieler das Mattsetzen mehr möglich ist, ist das Spiel »remis« (unentschieden).

Artikel 2: Die Anfangsstellung der Figuren auf dem Brett

2.1 Das Schachbrett besteht aus einem 8 x 8 Gitter von 64 gleich großen Quadraten, die abwechselnd hell und dunkel sind (die »weißen« und die »schwarzen« Felder). Das Schachbrett wird so zwischen die Spieler gelegt, dass auf der Seite vor einem Spieler das rechte Eckfeld weiß ist.

2.2 Zu Beginn der Partie hat der eine Spieler 16 helle (»weiße«), der andere 16 dunkle (»schwarze«) Figuren. Diese Figuren sind die folgenden:

ein weißer König mit	♔	als gebräuchlichem Symbol
eine weiße Dame mit	♕	als gebräuchlichem Symbol
zwei weiße Türme mit	♖	als gebräuchlichem Symbol
zwei weiße Läufer mit	♗	als gebräuchlichem Symbol
zwei weiße Springer mit	♘	als gebräuchlichem Symbol
acht weiße Bauern mit	♙	als gebräuchlichem Symbol

ein schwarzer König mit	♚	als gebräuchlichem Symbol
eine schwarze Dame mit	♛	als gebräuchlichem Symbol
zwei schwarze Türme mit	♜	als gebräuchlichem Symbol
zwei schwarze Läufer mit	♝	als gebräuchlichem Symbol
zwei schwarze Springer mit	♞	als gebräuchlichem Symbol
acht schwarze Bauern mit	♟	als gebräuchlichem Symbol

2.3 Die Anfangsstellung der Figuren auf dem Schachbrett ist die folgende:

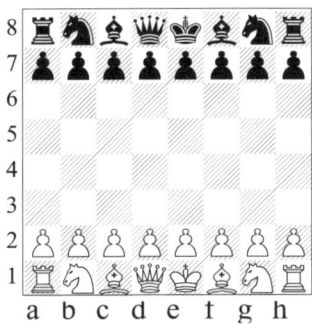

2.4 Die acht senkrechten Spalten von Feldern heißen »Linien«, die acht waagerechten Zeilen von Feldern heißen »Reihen«. Eine geradlinige Folge von Feldern gleicher Farbe, die sich jeweils an den Ecken berühren, heißt »Diagonale«.

Artikel 3: Die Gangart der Figuren

3.1 Keine Figur kann auf ein Feld ziehen, das bereits von einer Figur der gleichen Farbe besetzt ist. Wenn eine Figur auf ein Feld zieht, das von einer gegnerischen Figur besetzt ist, wird letztere geschlagen und als Teil desselben Zuges vom Schachbrett entfernt. Eine Figur greift ein Feld an, wenn diese Figur auf jenem Feld gemäß Artikel 3.2 bis 3.5 schlagen könnte.

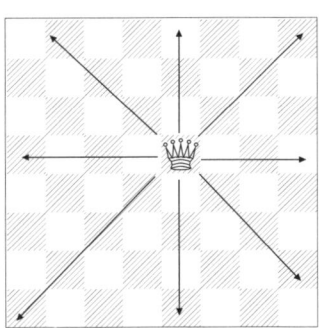

3.2 a) Die Dame zieht auf ein beliebiges anderes Feld entlang der Linie, der Reihe oder einer der Diagonalen, auf welcher sie steht.

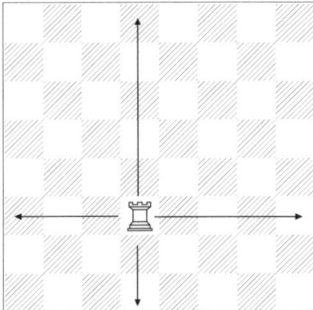

b) Der Turm zieht auf ein beliebiges anderes Feld entlang der Linie oder der Reihe, auf welcher er steht.

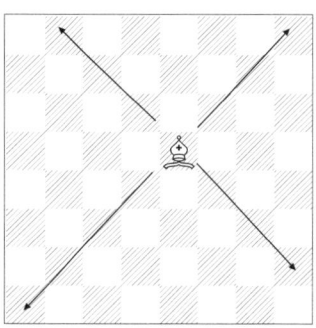

c) Der Läufer zieht auf ein beliebiges anderes Feld entlang einer der Diagonalen, auf denen er steht.

Beim Ausführen dieser Züge dürfen Dame, Turm und Läufer nicht über andere Figuren hinweg ziehen.

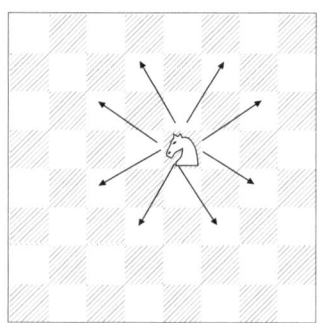

3.3 Der Springer zieht auf eines der Felder, die seinem Standfeld am nächsten, aber nicht auf gleicher Linie, Reihe oder Diagonalen mit diesem liegen. Er zieht nicht direkt über dazwischenliegende Felder.

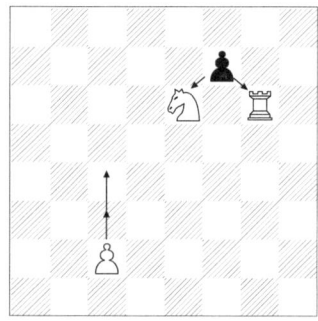

3.4 a) Der Bauer zieht vorwärts auf das unbesetzte Feld direkt vor ihm auf derselben Linie, oder
b) er rückt in seinem ersten Zug um zwei Felder entlang derselben Linie vor, sofern beide Felder unbesetzt sind, oder
c) er zieht auf ein von einer gegnerischen Figur besetztes Feld diagonal vor ihm auf eine benachbarte Linie, indem er jene Figur schlägt.

d) Ein Bauer, der ein Feld angreift, das von einem gegnerischen Bauern überschritten worden ist, der von seinem Ursprungsfeld aus in einem Zug um zwei Felder vorgerückt ist, darf diesen gegnerischen Bauern so schlagen, als ob letzterer nur um ein Feld vorgerückt wäre. Dieses Schlagen darf nur in dem Zug geschehen, der auf ein solches Vorrücken folgt, und wird »Schlagen en passant« genannt.

e) Sobald ein Bauer diejenige Reihe erreicht hat, die am weitesten von seinem Ursprungsfeld entfernt ist, muss er als Teil desselben Zuges gegen eine Dame, einen Turm, einen Läufer oder einen Springer der selben Farbe ausgetauscht werden. Die Auswahl des Spielers ist nicht auf bereits geschlagene Figuren beschränkt. Dieser Austausch eines Bauern für eine andere Figur wird »Umwandlung« genannt, und die Wirkung der neuen Figur tritt sofort ein.

3.5 a) Der König hat zwei verschiedene Gangarten:
I) er zieht auf ein beliebiges angrenzendes Feld, das nicht von einer oder mehreren gegnerischen Figuren angegriffen wird, oder
II) er »rochiert«. Die Rochade ist ein Zug des Königs und eines gleichfarbigen Turmes auf der gleichen Reihe. Sie gilt als ein ein Zug und wird folgendermaßen ausgeführt: Der König wird von seinem Ursprungsfeld um zwei Felder in Richtung des Turmes hin versetzt, dann wird dieser Turm über den König hinweg auf das Feld gesetzt, das der König soeben überquert hat.

1) Die Rochade ist regelwidrig:
a] wenn der König bereits gezogen hat, oder
b] mit einem Turm, der bereits gezogen hat.

2) Die Rochade ist momentan verhindert,
a] wenn das Standfeld des Königs oder das Feld, das er überqueren muss, oder sein Zielfeld von einer oder mehreren gegnerischen Figuren angegriffen wird,
b] wenn sich zwischen dem König und dem Turm, mit dem rochiert werden soll, irgendeine Figur befindet.

b) Ein König »steht im Schach«, wenn er von einer oder mehreren gegnerischen Figuren angegriffen wird, sogar wenn diese selbst nicht ziehen können. Das Ansagen eines Schachgebots ist nicht obligatorisch. Ein Spieler darf keinen Zug machen, der seinen König ins Schach führt oder im Schach stehen lässt.

Artikel 4: Die Ausführung der Züge
4.1 Jeder Zug muss mit einer Hand allein ausgeführt werden.
4.2 Vorausgesetzt, dass er seine Absicht im voraus bekannt gibt (z. B. durch die Ankündigung »j'adoube«), darf der Spieler, der am Zuge ist, eine oder mehrere Figuren auf ihren Feldern zurechtrücken.
4.3 Berührt der Spieler, der am Zuge ist, den Fall von Artikel 4.2 ausgenommen, absichtlich auf dem Brett
a) eine oder mehrere Figuren derselben Farbe, muss er die zuerst berührte Figur ziehen oder schlagen, die gezogen oder geschlagen werden kann, oder
b) je eine Figur beider Farben, muss er die gegnerische Figur mit seiner Figur schlagen oder, falls dies regelwidrig ist, die erste berührte Figur, die gezogen oder geschlagen werden kann, ziehen oder schlagen. Fehlen Beweismittel, so gilt, dass die eigene Figur vor der gegnerischen berührt worden ist.
4.4 a) Wenn ein Spieler absichtlich einen Turm und danach seinen König berührt, darf er mit diesem Turm in diesem Zug nicht rochieren, und der Fall wird durch Artikel 4.3 geregelt.
b) Wenn ein Spieler, in der Absicht zu rochieren, seinen König oder König und Turm zugleich berührt, die Rochade aber auf dieser Seite regelwidrig ist, muss der Spieler entweder auf der anderen Seite rochieren, vorausgesetzt, dass die Rochade auf jener Seite zulässig ist, oder seinen König ziehen. Falls der König keinen regelgemäßen Zug zur Verfügung hat, darf der Spieler einen beliebigen regelgemäßen Zug ausführen.
4.5 Falls keine der berührten Figuren gezogen oder geschlagen werden kann, darf der Spieler einen beliebigen regelgemäßen Zug ausführen.
4.6 Wenn der Gegner gegen Artikel 4.3 oder 4.4 verstößt, kann der Spieler dies nicht mehr beanstanden, nachdem er selbst absichtlich eine Figur berührt hat.

4.7 Wenn in einem regelgemäßen Zug oder Teil eines regelgemäßen Zuges eine Figur auf einem Feld losgelassen worden ist, kann sie nicht mehr auf ein anderes Feld gezogen werden. Der Zug gilt als auf dem Brett ausgeführt, wenn alle anwendbaren Anforderungen von Artikel 3 erfüllt worden sind.

Artikel 5: Die beendete Partie

5.1 a) Die Partie ist von dem Spieler gewonnen, der den gegnerischen König mit einem regelgemäßen Zug mattgesetzt hat. Damit ist die Partie sofort beendet.

b) Die Partie ist von dem Spieler gewonnen, dessen Gegner erklärt, dass er aufgebe. Damit ist die Partie sofort beendet.

5.2 Die Partie ist »remis« (unentschieden), wenn der Spieler, der am Zuge ist, keinen regelgemäßen Zug zur Verfügung hat und sein König nicht im Schach steht. Eine solche Stellung heißt »Pattstellung.« Damit ist die Partie sofort beendet.

5.3 Die Partie ist remis durch eine von den beiden Spielern während der Partie getroffene Übereinkunft. Damit ist die Partie sofort beendet.

5.4 Die Partie darf remis gegeben werden, falls die identische Stellung zum dritten Mal auf dem Brett entstanden ist (siehe Artikel 9.2).

5.5 Die Partie darf remis gegeben werden, falls die letzten 50 aufeinanderfolgenden Züge von jedem Spieler gemacht worden sind, ohne dass irgend ein Bauer gezogen oder irgendeine Figur geschlagen worden wäre (siehe Artikel 9.3).

TURNIERREGELN
Artikel 6: Die Schachuhr

6.1 Eine »Schachuhr« ist eine Uhr mit zwei Zeitanzeigen, die so miteinander verbunden sind, dass zu gleicher Zeit nur eine von ihnen laufen kann. »Uhr« bedeutet in den Schachregeln jeweils eine der beiden Zeitanzeigen. Das Fallen des »Fallblättchens« bedeutet, dass die einem Spieler zugewiesene Zeit aufgebraucht worden ist.

6.2 Wenn eine Schachuhr benutzt wird, muss jeder Spieler eine bestimmte Zahl von Zügen oder alle Züge in einer bestimmten Zeitperiode ausführen, und/oder es darf ihm nach jedem Zug eine zusätzliche Bedenkzeit zugeteilt werden. All dies muss im voraus im Detail angegeben werden. Die Zeit, die ein Spieler in der einen Zeitperiode gespart hat, wird ihm für die nächste Periode zu seiner verfügbaren Zeit hinzugerechnet, außer im Aufschub-Modus. Im Zeitaufschub-Modus erhalten beide Spieler eine »Basiszeit« zugewiesen. Außerdem erhalten sie eine »festgelegte Zusatzzeit« für jeden Zug. Die Basiszeit bricht dann an, nachdem die Zusatzzeit abgelaufen ist. Vorausgesetzt, dass der Spieler seine Uhr vor Ablauf der Zusatzzeit anhält, wird die Basiszeit nicht verändert, unabhängig von der Art und Weise, wie die Zusatzzeit gehandhabt wird.

6.3 Jede Zeitanzeige hat ein Fallblättchen. Unmittelbar nach dem Fallen eines Fallblättchens müssen die Erfordernisse von Artikel 6.2 überprüft werden.

6.4 Der Schiedsrichter entscheidet, wo die Schachuhr zu stehen hat.

6.5 Zu dem für den Partiebeginn festgesetzten Zeitpunkt wird die Uhr des Spielers mit den weißen Figuren in Gang gesetzt.

6.6 Ein Spieler verliert die Partie, wenn er mehr als eine Stunde nach dem plangemäßen Beginn der Spielzeit am Brett eintrifft (es sei denn, das Turnierreglement sehe etwas anderes vor oder der Schiedsrichter entscheide anders).

6.7 a) Während der Partie hält jeder Spieler, nachdem er seinen Zug auf dem Brett ausgeführt hat, seine eigene Uhr an und setzt die seines Gegners in Gang. Einem Spieler muss es immer ermöglicht werden, seine Uhr anzuhalten. Sein Zug gilt nicht als vollständig abgeschlossen, solange er das nicht getan hat, es sei denn, der ausgeführte Zug habe die Partie beendet (siehe Artikel 5.1, 5.2 und 5.3). Die Zeit zwischen der Ausführung des Zuges auf dem Brett und dem Drücken der Uhr ist Teil der Bedenkzeit des betreffenden Spielers.

b) Ein Spieler muss seine Uhr mit der gleichen Hand anhalten, mit der er seinen Zug gemacht hat. Es ist verboten, den Finger auf oder über dem Knopf zu behalten.

c) Die Spieler müssen die Schachuhr anständig behandeln. Es ist verboten, auf sie draufzuhauen, sie hochzuheben oder umzuwerfen. Unkorrektes Umgehen mit der Uhr wird gemäß Artikel 13.4 bestraft.

6.8 Das Fallblättchen eines Spielers gilt als gefallen, wenn der Schiedsrichter dies festgestellt oder einer der Spieler zu Recht darauf hingewiesen hat.

6.9 Außer in den Fällen, die durch die Artikel 5.1, 5.2 und 5.3 erfasst sind, gilt, dass ein Spieler seine Partie verloren hat, wenn er die vorgeschriebene Anzahl von Zügen in der zugewiesenen Zeit nicht vollständig ausgeführt hat. Die Partie ist jedoch remis, wenn eine Stellung erreicht worden ist, aus der heraus es dem Gegner nicht möglich ist, den Spieler durch irgendeine Folge von regelgemäßen Zügen (d. h. selbst bei ungeschicktestem Gegenspiel) matt zu setzen.

6.10 Jede Anzeige auf den Uhren ist bindend, sofern kein offensichtlicher Mangel vorliegt. Eine Schachuhr mit einem offensichtlichen Mangel muss ersetzt werden. Der Schiedsrichter bestimmt nach bestem Ermessen, auf welche Zeiten die Ersatzuhr zu stellen ist.

6.11 Wenn beide Fallblättchen gefallen sind, aber nicht nachweisbar ist, welches zuerst, wird die Partie fortgesetzt.

6.12 a) Wenn die Partie unterbrochen werden muss, werden die Uhren vom Schiedsrichter angehalten.

b) Ein Spieler darf beide Uhren anhalten, um den Schiedsrichter zu Hilfe zu rufen.

c) Der Schiedsrichter entscheidet, wann die Uhr wieder in Gang gesetzt wird.

6.13 Wenn die Figuren infolge eines Regelverstoßes oder aus anderen Gründen in eine vorangegangene Stellung zurückversetzt werden müssen, bestimmt der Schiedsrichter nach bestem Ermessen, auf welche Zeiten die Uhren zu stellen sind.

6.14 Projektionsleinwände, Bildschirme oder Demonstrationsbretter, welche die aktuelle Stellung auf dem Brett, die Züge und die Anzahl der gespielten Züge zeigen, sowie die Uhren, die auch die Zügezahl anzeigen, sind im Turniersaal erlaubt. Jedoch darf kein Spieler einen Antrag mit einer solchen Anzeige begründen.

Artikel 7: Regelwidrige Stellungen

7.1 a) Wenn während einer Partie festgestellt wird, dass die Anfangsstellung der Figuren falsch war, wird die Partie annulliert und eine neue gespielt.

b) Wenn während einer Partie festgestellt wird, dass der einzige Fehler darin besteht, dass das Brett nicht gemäß Artikel 2.1 ausgelegt worden war, wird die Partie fortgesetzt, aber die erreichte Stellung darf auf ein korrekt liegendes Brett übertragen werden.

7.2 Wenn eine Partie mit vertauschten Farben begonnen worden ist, wird sie fortgesetzt, es sei denn, der Schiedsrichter entscheidet anders.

7.3 Wenn ein Spieler eine oder mehrere Figuren verschiebt, muss er die korrekte Stellung auf Kosten seiner eigenen Zeit wieder aufbauen. Falls nötig hat der Gegner das Recht, die Uhr des Spielers wieder in Gang zu setzen, ohne einen eigenen Zug gemacht zu haben, um damit sicher zu stellen, dass der Spieler die korrekte Stellung auf Kosten seiner eigenen Zeit wieder aufbaut.

7.4 Wenn während einer Partie festgestellt wird, dass ein regelwidriger Zug gemacht worden ist oder, dass Figuren von ihren Feldern verschoben worden sind, wird die Stellung vor dem Regelverstoß wieder aufgebaut. Wenn die Stellung unmittelbar vor dem Regelverstoß nicht ermittelt werden kann, wird die Partie von der letzten bekannten Stellung vor dem Regelverstoß aus weitergespielt. Die Uhren werden gemäß Artikel 6.13 gestellt, und im Falle eines regelwidrigen Zuges wird Artikel 4.3 angewandt auf den Zug, der den regelwidrigen ersetzt. Daraufhin wird die Partie fortgesetzt.

Artikel 8: Die Aufzeichnung der Züge

8.1 Im Laufe der Partie ist jeder Spieler verpflichtet, seine eigenen Züge und die seines Gegners aufzuzeichnen, Zug für Zug, so klar und lesbar wie möglich, in algebraischer Notation (siehe Anhang E), auf dem für das Turnier vorgeschriebene Partieformular. Ein Spieler darf, wenn er es wünscht, auf den Zug seines Gegners antworten, bevor er ihn aufzeichnet. Er muss seinen eigenen vorangegangenen Zug aufzeichnen, bevor er einen neuen macht. Ein Remisangebot muss sofort von beiden Spielern auf dem Partieformular aufgezeichnet werden (siehe Anhang E.12).

Wenn körperliche oder religiöse Gründe einem Spieler nicht gestatten, die Partie aufzuzeichnen, wird ihm zu Beginn der Partie eine vom Schiedsrichter bestimmte Zeitspanne von seiner Bedenkzeit abgezogen.

8.2 Das Partieformular soll vom Schiedsrichter zu jeder Zeit eingesehen werden können.

8.3 Die Partieformulare sind Eigentum der Turnierveranstalter.

8.4 Wenn ein Spieler weniger als fünf Minuten Restbedenkzeit hat, ist er nicht verpflichtet, die Anforderungen von Artikel 8.1 zu erfüllen. Dies gilt nicht, wenn er für jeden Zug mindestens 30 Sekunden zu seiner Bedenkzeit hinzugefügt bekommt. Nachdem eines der Fallblättchen gefallen ist, muss der Spieler seine Aufzeichnungen sofort vollständig nachtragen.

8.5 a) Wenn gemäß Artikel 8.4 kein Spieler mehr mitschreiben muss, soll, wenn möglich, der Schiedsrichter oder ein Assistent anwesend sein und mitschreiben. In diesem Fall hält der Schiedsrichter, unmittelbar nach dem eines der Fallblättchen gefallen ist, die Uhren an. Daraufhin tragen beide Spieler ihre Aufzeichnungen unter Benutzung der Aufzeichnungen des Schiedsrichters oder des Gegners nach.

  b) Wenn nur einer der Spieler gemäß Artikel 8.4 nicht verpflichtet ist mitzuschreiben, muss er seine Aufzeichnungen vollständig nachtragen, sobald sein Fallblättchen gefallen ist. Unter der Voraussetzung, dass der Spieler am Zuge ist, darf er die Aufzeichnungen seines Gegners benutzen. Erst nachdem er sein Partieformular vervollständigt und das seines Gegners zurückgegeben hat, kann er die Partie fortsetzen.

  c) Wenn keine vollständige Aufzeichnung vorliegt, müssen die Spieler die Partie auf einem zweiten Schachbrett unter Aufsicht des Schiedsrichters oder eines Assistenten rekonstruieren. Als erstes, bevor die Rekonstruktion beginnt, zeichnet der Schiedsrichter die aktuelle Partiestellung auf.

8.6 Wenn die Partieformulare nicht auf den aktuellen Stand gebracht werden können und somit nicht zeigen können, ob ein Spieler die Bedenkzeit vor Ausführung der verlangten Zahl von Zügen überschritten hat, gilt der nächste Zug als der erste für die folgende Zeitperiode, es sei denn, es sind nachweisbar mehr Züge gespielt worden.

Artikel 9: Das Remis (die unentschiedene Partie)

9.1 Ein Spieler kann remis anbieten, nachdem er einen Zug auf dem Brett ausgeführt hat. Er muss dies tun, bevor er seine Uhr betätigt. Ein Remisangebot zu einer beliebigen anderen Zeit ist zwar gültig, verstößt aber gegen Artikel 12. 5. An das Angebot können keine Bedingungen geknüpft werden. In beiden Fällen kann das Remisangebot nicht zurückgezogen werden und bleibt gültig, bis es der Gegner angenommen hat, mündlich abgelehnt hat, durch Ausführen eines Zuges abgelehnt hat oder die Partie auf andere Weise beendet worden ist. Das Remisangebot muss von jedem Spieler mit dem Symbol »(=)« auf dem Partieformular notiert werden.

9.2 Die Partie ist remis auf Verlangen des Spielers, der zu dem Zeitpunkt am Zuge ist, da dieselbe Stellung zum dritten (nicht notwendigerweise aufeinanderfolgenden) Mal,

  a) unmittelbar entstehen wird, falls er als erstes seinen Zug auf sein Partieformular schreibt und dem Schiedsrichter seine Absicht erklärt, diesen Zug ausführen zu wollen, oder

  b) soeben entstanden ist. Stellungen unter a) und b) gelten als gleich, wenn der gleiche Spieler am Zuge ist, Figuren der gleichen Art und Farbe die gleichen Felder besetzen und die Zugmöglichkeiten aller Figuren beider Spieler gleich sind. Stellungen sind nicht gleich, wenn sich das Recht en passant zu schlagen oder das Recht zu rochieren momentan oder endgültig geändert hat.

9.3 Die Partie ist remis auf Verlangen des Spielers, der am Zuge ist,

  a) falls die letzten 50 aufeinanderfolgenden Züge eines jeden Spielers geschehen sind, ohne dass ein Bauer gezogen oder eine Figur geschlagen worden wäre, oder

  b) falls er einen Zug auf sein Partieformular schreibt und seine Absicht erklärt, diesen Zug ausführen zu wollen mit dem Ergebnis, dass dann die 50 aufeinanderfolgenden Züge eines jeden Spielers gemacht worden sind, ohne dass ein Bauer gezogen oder eine Figur geschlagen worden wäre.

9.4 Wenn ein Spieler einen Zug macht, ohne gemäß Artikel 9.2 oder 9.3 remis beansprucht zu haben, verliert er für diesen Zug das Recht dazu.

9.5 Wenn ein Spieler gemäß Artikel 9.2 oder 9.3 remis beansprucht, muss er sofort beide Uhren anhalten. Er ist nicht berechtigt, seinen Antrag zurückzuziehen.

a) Erweist sich der Anspruch als berechtigt, ist die Partie sofort remis.

b) Erweist sich der Anspruch als nicht berechtigt, zieht der Schiedsrichter dem Antragsteller die Hälfte der ihm verbleibenden Bedenkzeit, aber nicht mehr als drei Minuten, ab und fügt drei Minuten zur Bedenkzeit des Gegners hinzu. Dann wird die Partie fortgesetzt und der angekündigte Zug muss ausgeführt werden.

9.6 Die Partie ist remis, sobald eine Stellung entstanden ist, aus welcher Matt durch keine erdenkliche Folge von regelgemäßen Zügen, selbst ungeschicktestem Spiel, erreichbar ist. Damit ist die Partie sofort beendet.

Artikel 10: Die Endspurtphase

10.1 Die »Endspurtphase« ist die letzte Phase in einer Partie, in welcher alle verbleibenden Züge in einer begrenzten Zeit gemacht werden müssen.

10.2 Wenn der Spieler weniger als zwei Minuten Restbedenkzeit hat, darf er, bevor sein Fallblättchen gefallen ist, remis beantragen. Er hält die Uhren an und ruft den Schiedsrichter herbei.

a) Falls der Schiedsrichter zur Überzeugung kommt, der Gegner unternehme keine Anstrengungen, die Partie mit normalen Mitteln zu gewinnen, oder die Partie sei mit normalen Mitteln überhaupt nicht zu gewinnen, erklärt er die Partie für remis. Andernfalls schiebt er seine Entscheidung hinaus,

b) Falls der Schiedsrichter seine Entscheidung hinausschiebt, darf der Gegner mit zwei zusätzlichen Minuten Bedenkzeit entschädigt werden, und die Partie wird im Beisein des Schiedsrichters fortgesetzt.

c) Falls der Schiedsrichter seine Entscheidung hinausgeschoben hat, darf er die Partie auch später noch für remis erklären, selbst nachdem ein Fallblättchen gefallen ist.

10.3 Regelwidrige Züge führen nicht notwendigerweise zum Verlust. Nach Anwendung von Artikel 7.4 bestraft der Schiedsrichter einen ersten regelwidrigen Zug eines Spielers, indem er seinem Gegner zwei zusätzliche Minuten gibt, einen zweiten regelwidrigen Zug desselben Spielers, indem er seinem Gegner abermals zwei zusätzliche Minuten gibt, und einen dritten regelwidrigen Zug desselben Spielers, indem er die Partie für ihn als verloren erklärt.

10.4 Wenn beide Fallblättchen gefallen sind und es nicht nachweisbar ist, welches das erste war, ist die Partie remis.

Artikel 11: Spielergebnisse

11.1 Der Sieger einer Partie erzielt einen Punkt (1), der Verlierer keinen Punkt (0), und bei einem Remis erhalten beide Spieler einen halben Punkt (1/2).

Artikel 12: Das Verhalten der Spieler

12.1 Von den Spielern werden beste Umgangsformen erwartet.

12.2 Während des Spielverlaufs ist es den Spielern verboten, sich irgendwelche Notizen, Informationsquellen oder Ratschläge zunutze zu machen oder auf einem andern Schachbrett zu analysieren. Das Partieformular dient ausschließlich zur Aufzeichnung der Züge, der Zeitangaben auf den Uhren, der Remisangebote und der mit einem Antrag in Zusammenhang stehenden Dinge.

12.3 Während des Spielverlaufs ist im Spielbereich keinerlei Analysieren gestattet, weder durch Spieler noch durch Zuschauer. Spieler, die ihre Partie beendet haben, gelten als Zuschauer.

12.4 Es ist den Spielern nicht gestattet, das Turnierareal ohne Erlaubnis des Schiedsrichters zu verlassen. Das Turnierareal ist begrenzt auf den Spielbereich, Toiletten, Verpflegungsbereiche und Nebenräume für Raucher sowie auf etwaige weitere, vom Schiedsrichter bezeichnete Bereiche. Dem Spieler, der am Zug ist, ist es nicht gestattet, den Spielbereich ohne Erlaubnis des Schiedsrichters zu verlassen.

12.5 Es ist verboten, den Gegner auf irgendwelche Art abzulenken oder zu belästigen. Dazu gehört auch das dauernde Anbieten von remis.

12.6 Ein Verstoß gegen irgendeinen Teil der Artikel 12.2 bis 12.5 wird gemäß Artikel 13.4 bestraft.

12.7 Die Partie ist verloren für einen Spieler, der sich beharrlich weigert, die Schachregeln zu befolgen. Der Schiedsrichter entscheidet über das Ergebnis des Gegners.

12.8 Wenn sich beide Spieler gemäß Artikel 12.7 schuldig machen, wird für beide das Spiel für verloren erklärt.

Artikel 13: Der Aufgabenbereich des Schiedsrichters (siehe Vorwort)

13.1 Der Schiedsrichter achtet auf striktes Einhalten der Schachregeln.

13.2 Der Schiedsrichter handelt im besten Interesse des Wettkampfes. Er soll dafür sorgen, dass durchgehend gute Spielbedingungen herrschen und, dass die Spieler nicht gestört werden. Er beaufsichtigt den Ablauf des Wettkampfes.

13.3 Der Schiedsrichter beobachtet die Partien, besonders in der Zeitnotphase, setzt von ihm getroffene Entscheidungen durch und verhängt zum angebrachten Zeitpunkt Strafen über Spieler.

13.4 Dem Schiedsrichter stehen unter anderen folgende Bestrafungsmöglichkeiten zur Verfügung:

    a) eine Verwarnung
    b) das Verlängern der Restbedenkzeit des Gegners
    c) das Verkürzen der Restbedenkzeit des zu bestrafenden Spielers
    d) der Verlust der Partie
    e) der Ausschluss vom Turnier.

13.5 Bei Störungen aus der Umgebung darf der Schiedsrichter einem der Spieler oder auch beiden zusätzliche Bedenkzeit gewähren.

13.6 Der Schiedsrichter darf nicht dadurch in eine Partie eingreifen, dass er die Zahl der gespielten Züge bekannt gibt, außer in Anwendung von Artikel 8.5 im Zeitpunkt, da mindestens einer der Spieler seine gesamte Bedenkzeit verbraucht hat. Der Schiedsrichter unterlässt es, einem Spieler mitzuteilen, dass sein Gegner gezogen habe, oder dass er vergessen hat, seine Uhr zu drücken.

13.7 Zuschauer und Spieler anderer Partien dürfen nicht über eine Partie reden oder sich auf andere Weise einmischen. Falls nötig, darf der Schiedsrichter die Störer aus dem Turnierareal weisen.

Artikel 14: Die FIDE

14.1 Angeschlossene Föderationen können die FIDE um offizielle Entscheidungen über Fragen zu den Schachregeln ersuchen.

ANHANG

A. Hängepartien (abgebrochene Partien)

1. a) Ist nach Ablauf der vorgeschriebenen Spielzeit eine Partie noch nicht beendet, fordert der Schiedsrichter den Spieler, der am Zuge ist, dazu auf, seinen Zug »abzugeben«. Der Spieler muss seinen Zug in unzweideutiger Schreibweise auf sein Partieformular schreiben, dieses und dasjenige seines Gegners in einen Umschlag legen und den Umschlag verschließen. Erst danach darf er seine Uhr anhalten, ohne dabei aber die Uhr seines Gegners in Gang zu setzen. Solange er die Uhren noch nicht angehalten hat, behält Spieler das Recht, seinen Abgabezug zu ändern. Ein Spieler, der nach der Aufforderung durch den Schiedsrichter, seinen Zug abzugeben, auf dem Schachbrett einen Zug ausführt, muss diesen Zug als seinen Abgabezug auf sein Partieformular schreiben.

    b) Wenn ein Spieler, der am Zuge ist, vor Ende der vorgesehenen Spielzeit die Partie abbricht, gilt das spielplangemäße Ende der Spielzeit als Zeitpunkt der Zugabgabe.

2. Folgende Angaben gehören auf den Umschlag:

    a) die Namen der Spieler,
    b) die Stellung unmittelbar vor dem abgegebenen Zug,
    c) die von jedem Spieler verbrauchte Zeit,
    d) der Name des Spielers, der den Zug abgegeben hat,
    e) die Nummer des abgegebenen Zuges,

f) ein Remisangebot, falls es noch vor Partieabbruch gemacht worden ist,

g) Datum, Zeit und Ort der Wiederaufnahme der Partie.

3. Der Schiedsrichter überprüft die Richtigkeit der Angaben auf dem Umschlag und ist für dessen sichere Aufbewahrung verantwortlich.

4. Wenn ein Spieler Remis anbietet, nachdem sein Gegner seinen Zug abgegeben hat, bleibt das Angebot gültig, bis der Gegner es gemäß Artikel 9.1 angenommen oder abgelehnt hat.

5. Vor Wiederaufnahme der Partie wird die Stellung unmittelbar vor dem Abgabezug auf dem Schachbrett aufgebaut und die Uhren werden auf die Zeiten gestellt, die jeder Spieler bis zum Partieabbruch verbraucht hatte.

6. Falls vor der Wiederaufnahme der Partie ein Remis vereinbart wird oder einer der Spieler dem Schiedsrichter mitteilt, dass er aufgebe, ist die Partie beendet.

7. Der Umschlag wird erst geöffnet, wenn der Spieler, der auf den Abgabezug muss, anwesend ist.

8. Mit Ausnahme der Fälle, die durch die Artikel 6.9 und 9.6 erfasst werden, ist die Partie für einen Spieler verloren, dessen Aufzeichnung seines Abgabezuges

    a) mehrdeutig ist, oder

    b) falsch ist auf eine Art, welche die wahre Bedeutung unmöglich erkennen lässt, oder

    c) regelwidrig ist.

9. Zum vereinbarten Zeitpunkt der Wiederaufnahme wird wie folgt verfahren:

a) Falls der Spieler, der auf den Abgabezug antworten muss, anwesend ist, wird der Umschlag geöffnet, der Abgabezug auf dem Brett ausgeführt und die Uhr in Gang gesetzt.

b) Falls der Spieler, der auf den Abgabezug antworten muss, nicht anwesend ist, wird seine Uhr in Gang gesetzt. Bei seinem Eintreffen darf er seine Uhr anhalten und den Schiedsrichter rufen. Dann wird der Umschlag geöffnet und der Abgabezug auf dem Brett ausgeführt. Danach wird seine Uhr wieder in Gang gesetzt.

c) Falls der Spieler, der den Zug abgegeben hatte, nicht anwesend ist, hat sein Gegner das Recht, seinen Antwortzug, statt ihn auf normale Weise auszuführen, auf seinem Partieformular aufzuzeichnen, dieses in einem neuen Umschlag zu verschließen, seine Uhr anzuhalten und die seines Gegners in Gang zu setzen. In diesem Fall wird der Umschlag dem Schiedsrichter zur sicheren Aufbewahrung ausgehändigt und erst beim Eintreffen des Gegners geöffnet.

10. Die Partie ist für den Spieler verloren, der mit mehr als einer Stunde Verspätung zur Wiederaufnahme einer Hängepartie erscheint. Ist der abwesende Spieler jedoch derjenige, der den Zug abgab, wird die Partie anders entschieden, falls:

    a) der abwesende Spieler die Partie dadurch gewonnen hat, dass der Abgabezug matt setzt, oder

    b) der abwesende Spieler dadurch ein Remis verursacht hat, dass der Abgabezug patt setzt oder eine der Stellungen, die in Artikel 9.6 beschrieben sind, herbeiführt, oder

    c) der am Schachbrett anwesende Spieler die Partie gemäß Artikel 6.9 verloren hat.

11. a) Wenn der Umschlag mit dem Abgabezug abhanden gekommen ist, wird die Partie aus der Stellung und mit den Uhrzeiten, wie sie bei Partieabbruch aufgezeichnet worden waren, fortgesetzt. Kann die von jedem Spieler verbrauchte Bedenkzeit nicht mit Sicherheit festgelegt werden, werden die Uhren vom Schiedsrichter eingestellt. Der Spieler führt den »Abgabezug« aus.

    b) Wenn es unmöglich ist, die Stellung mit Sicherheit festzulegen, ist die Partie ungültig, und es muss eine neue Partie gespielt werden.

12. Wenn bei der Wiederaufnahme der Partie einer der Spieler vor Ausführung seines ersten Zuges darauf hinweist, dass die verbrauchte Zeit auf einer der Uhren falsch eingestellt worden sei, muss der Fehler berichtigt werden. Wird der Fehler nicht festgestellt, geht die Partie ohne Berichtigung weiter, es sei denn, der Schiedsrichter erachte die Folgen als zu schwerwiegend.

13. Maßgebend für Anfang und Ende jeder Wiederaufnahmespielzeit ist die Uhr des Schiedsrichters. Die Uhrzeiten für Anfang und Ende der Spielzeit werden im voraus bekannt gegeben

B. Schnellschach

1. Eine Schnellschachpartie ist eine Partie, in welcher alle Züge innerhalb einer festgesetzten Zeit von zwischen 15 und 60 Minuten gemacht werden müssen.

2. Es gelten die FIDE-Schachregeln, ausgenommen dort, wo sie durch die folgenden Regeln außer Kraft gesetzt werden.

3. Die Spieler müssen die Züge nicht aufzeichnen.

4. Sobald jeder Spieler zumindest drei Züge gemacht hat, kann eine falsche Stellung von Figuren, Brett oder Uhrzeiger nicht mehr beanstandet werden.

5. Der Schiedsrichter fällt eine Entscheidung gemäß Artikel 4 und 10 nur auf Ersuchen durch einen oder beide Spieler.

6. Das Fallblättchen gilt als gefallen, sobald einer der Spieler mit Recht darauf hingewiesen hat. Der Schiedsrichter unterlässt es, das Fallen eines Blättchens anzuzeigen.

7. Um einen Gewinn durch Zeitüberschreitung zu beantragen, muss der Antragsteller beide Uhren anhalten und den Schiedsrichter benachrichtigen. Dem Antrag wird nur stattgegeben, wenn nach Anhalten der Uhren das Fallblättchen des Antragstellers noch oben und das seines Gegners gefallen ist.

8. Falls beide Fallblättchen gefallen sind, ist die Partie remis.

C. Blitzschach

1. Eine Blitzpartie ist eine Partie, in welcher alle Züge innerhalb einer festgesetzten Zeit von weniger als 15 Minuten gemacht werden müssen.

2. Es gelten die Schnellschachregeln gemäß Anhang B, ausgenommen dort, wo sie durch die folgenden Regeln außer Kraft gesetzt werden.

3. Ein regelwidriger Zug ist beendet, sobald die Uhr des Gegners in Gang gesetzt worden ist. Daraufhin, vor Ausführung seines eigenen Zuges, ist der Gegner berechtigt, den Gewinn zu beanspruchen. Hat der Gegner seinen eigenen Zug erst einmal ausgeführt, kann ein regelwidriger Zug nicht mehr berichtigt werden.

4. Um zu gewinnen, muss ein Spieler das Potential zum Mattsetzen haben. Dies wird definiert als hinreichendes Material, um mit regelgemäßen Zügen, gegebenenfalls mit Hilfe des Gegners, schließlich eine Stellung erreichen zu können, in welcher der Gegner am Zuge ist und nicht verhindern kann, dass er im nächsten Zug matt gesetzt wird. Somit sind König und zwei Springer gegen König unzureichend, aber Turm gegen Springer ist ausreichend.

5. Artikel 10.2 ist nicht in Kraft.

D. Endspurtphase ohne Anwesenheit eines Schiedsrichters

1. Wenn Partien gemäß Artikel 10 gespielt werden, kann ein Spieler zu einem Zeitpunkt, bei dem ihm weniger als zwei Minuten Bedenkzeit verbleiben, aber sein Fallblättchen noch nicht gefallen ist, remis beantragen. Dies beendet die Partie. Er hat die Möglichkeit, seinen Antrag darauf zu begründen, dass

a)   sein Gegner mit normalen Mitteln nicht gewinnen könne, oder

b)   sein Gegner keine Versuche unternommen habe, mit normalen Mitteln zu gewinnen.

Im Fall a) muss der Spieler die Endstellung aufschreiben und sein Gegner muss sie bestätigen. Im Fall b) muss der Spieler die Endstellung aufschreiben und ein vor dem Ende der Partie komplett ausgefülltes Partieformular abgeben. Der Gegner bestätigt sowohl die Partieaufzeichnung als auch die Stellung. Der Antrag wird einem unabhängigen Schiedsrichter übergeben, dessen Entscheid endgültig ist.

E. Algebraische Notation

1. Jede Figur mit Ausnahme der Bauern wird mit dem großgeschriebenen Anfangsbuchstaben ihres Namens angegeben.

2. Jeder Spieler hat das Recht, den Anfangsbuchstaben des Figurennamens, der in seiner Landessprache üblich ist, zu verwenden. Beispiele: K = König, D = Dame, T = Turm, L = Läufer, S = Springer. Für gedruckte Veröffentlichungen wird der Gebrauch von Symbolen anstelle der Figurennamen empfohlen.

3. Bauern werden nicht mit ihrem Anfangsbuchstaben angegeben, sondern sind durch das Fehlen eines solchen zu erkennen. Beispiele: e5, d4, a5.

4. Die acht Linien (für Weiß von links nach rechts, für Schwarz von rechts nach links) werden mit den kleingeschriebenen Buchstaben a, b, c, d, e, f, g und h angegeben.

5. Die acht Reihen (für Weiß von unten nach oben, für Schwarz von oben nach unten) werden nummeriert mit 1, 2, 3, 4, 5, 6, 7 und 8. Infolgedessen stehen in der Anfangsstellung die weißen Figuren auf der ersten und zweiten Reihe, die schwarzen auf der achten und siebenten Reihe (siehe Art. 2.3).

6. Jedes Feld wird angegeben mit 1. dem Buchstaben der Linie und 2. der Zahl der Reihe.

7. Jeder Zug einer Figur wird angegeben mit a) dem Anfangsbuchstaben ihres Namens und b) dem Ankunftsfeld. Zwischen a) und b) steht kein Bindestrich. Beispiele: Le5, Sf3, Td1. Bei Bauern wird nur das Ankunftsfeld angegeben. Beispiele: e5, d4, a5.

8. Wenn eine Figur schlägt, wird ein »x« zwischen a) dem Anfangsbuchstaben ihres Namens und b), dem Ankunftsfeld, eingefügt. Beispiele: Lxe5, Sxf3, Txd1. Wenn ein Bauer schlägt, muss nicht nur das Ankunftsfeld, sondern auch die Herkunftslinie, gefolgt von einem »x«, angegeben werden. Beispiele: dxe5, gxf3, axb5. Im Falle eines Schlagens en passant wird als Ankunftsfeld das Feld genommen, auf welchem der schlagende Bauer schließlich zu stehen kommt, und »e. p.« wird der Aufzeichnung angefügt.

9. Falls zwei gleichartige Figuren auf dasselbe Feld ziehen können, wird die Figur, die gezogen wird, wie folgt angegeben:

1) Falls die beiden Figuren in derselben Reihe stehen, mit a) dem Anfangsbuchstaben ihres Namens, b) der Herkunftslinie und c) dem Ankunftsfeld.

2) Falls die beiden Figuren auf derselben Linie stehen, mit a) dem Anfangsbuchstaben ihres Namens, b) der Herkunftsreihe und c) dem Ankunftsfeld.

3) Falls die beiden Figuren auf verschiedenen Reihen und verschiedenen Linien stehen, wird Methode 1) bevorzugt.

Beim Schlagen muss ein »x« zwischen b) und c) eingefügt werden. Beispiele:

1) Auf g1 und e1 stehen gleichfarbige Springer, und einer von ihnen zieht nach f3: entweder Sgf3 oder Sef3, je nachdem.

2) Auf g5 und g1 stehen gleichfarbige Springer, und einer von ihnen zieht nach f3: entweder S5f3 oder S1f3, je nachdem.

3) Auf h2 und d4 stehen gleichfarbige Springer, und einer von ihnen zieht nach f3: entweder Shf3 oder Sdf3, je nachdem.

Falls in den vorangegangenen Beispielen der Springer auf f3 schlägt, wird ein »x« eingefügt: 1) entweder Sgxf3 oder Sexf3, 2) entweder S5xf3 oder S1xf3, 3) entweder Shxf3 oder Sdxf3, je nachdem.

10. Wenn zwei Bauern auf demselben Feld schlagen können, wird die Aufzeichnung des Zuges des schlagenden Bauern nicht verändert. Siehe Artikel E.8.

11. Im Falle einer Bauernumwandlung wird der ausgeführte Bauernzug angegeben, unmittelbar gefolgt vom Anfangsbuchstaben der neuen Figur. Beispiele: d8D, f8S, b1L, g1T.

12. Wichtige Abkürzungen:

0–0	Rochade mit Th1 oder Th8 (kleine oder kurze Rochade)
0–0–0	Rochade mit Ta1 oder Ta8 (große oder lange Rochade)
x	schlägt
+	Schachgebot
++	Schachmatt
e. p.	(schlägt) »en passant«
(=)	Remisangebot

Musterpartie: 1.d4 Sf6 2.c4 e6 3.Sc3 Lb4 4.Ld2 0–0 5.e4 d5 6.exd5 exd5 7.cxd5 Lxc3   8.Lxc3 Sxd5 9.Sf3 b6 10.Db3 Sxc3 11.bxc3 c5 12.Le2 cxd4 13.Sxd4 Te8 14.0–0 Sd7 15.a4 Sc5 16.Db4 Lb7 17.a5 (=) ... usw.

(Beim Übersetzen der FIDE-Schachregeln 1997 aus dem Englischen wirkten mit: Dr. Dirk Hauschildt, Dr. Hans-Jürgen Hochgräfe, Jürgen Kohlstädt, Rolf Mäser, Horst Metzing, Werner Stubenvoll, Michael Voß.)

8.4.2   Spielordnung der International Correspondence Chess Federation (ICCF) für »Partien in Einzelturnieren, welche normalerweise per Post gespielt werden«

1   Spiel und Spielordnung

A   Sofern anwendbar, gelten die Schachregeln der FIDE.

B   Ein Turnierdirektor wird bestimmt, der für die Turnierleitung und den ordnungsgemäßen Ablauf der Partien verantwortlich ist.

2   Zugübermittlung

A   Züge werden nummeriert und

B   unter Benutzung der Zahlennotation oder einer anderen Notation, auf die sich beide Partner verständigt haben,

C   auf Postkarten (oder in Briefen) abgesandt,

D   die den Namen, die Anschrift und die Unterschrift des Absenders sowie

E   die richtige Wiederholung des letzten gegnerischen Zuges und die Bestätigung des Poststempels enthalten.

F   Der Absender vermerkt auf der Postkarte

G   das Ankunftsdatum des letzten gegnerischen Zuges und

H   den voraussichtlichen Absendtag.

I   Falls diese Angaben fehlen, werden sie durch den Empfänger realistisch geschätzt und mit dem Antwortzug mitgeteilt.

J   Wenn das vom Absender angegebene Absenddatum mit dem Poststempel nicht übereinstimmt, korrigiert der Empfänger diese Angabe und informiert den Absender mit seinem Antwortzug.

K   Die Bedenkzeit, die für einen Zug verbraucht wird (siehe 6D), und die Gesamtbedenkzeit werden festgehalten.

L   Interkontinentale Partien werden via Luftpost gespielt. Eine Turnierausschreibung kann Luftpost auch für andere Partien verpflichtend vorschreiben.

M   Wenn beide Spieler sich darauf verständigen, können Partien via Email oder Fax gespielt werden; auch dann behalten diese Regeln jedoch ihre Gültigkeit.

3   Mahnpflicht

A   Hat ein Spieler nach 14 Tagen plus zusätzlicher Postlaufzeit von seinem Partner keine Antwort erhalten, so muss er ihn per Einschreiben oder durch registrierte Ablieferung mahnen, indem er seinen letzten Zug wiederholt.

B   Falls die durchschnittliche Postlaufzeit sieben Tage oder weniger beträgt, kann die Zugwiederholung durch normale Luftpost erfolgen, sofern dieses rechtzeitig geschieht. Wenn auch nach weiteren 14 Tagen plus zusätzlicher Postlaufzeit keine Antwort eintrifft, muss per Einschreiben (oder durch registrierte Ablieferung) gemahnt werden.

C   Wenn auf eine eingeschriebene (oder registrierte) Mahnung keine Antwort erfolgt, wird der Turnierdirektor informiert; die Bestätigung des Postamtes ist beizufügen.

D   Partien, in denen über ein halbes Jahr hinweg kein Zug erfolgt, werden für die Spieler als verloren gewertet, die keine eingeschriebene (oder registrierte) Mahnung nachweisen können.

4   Züge und Eventualzüge

A   Ein abgeschickter gültiger Zug kann auf keine Weise zurückgenommen werden; Schreibfehler sind bindend, soweit es sich um einen gültigen Zug handelt. Die korrekte Wiederholung des letzten Zuges ist Voraussetzung für die Gültigkeit des Antwortzuges.

B   Falls ein unmöglicher oder ungültiger Zug übermittelt wird, hat der Empfänger postwendend bei seinem Gegner rückzufragen; dieser ist nicht verpflichtet die ›Berührt-geführt‹-Regelung zu beachten.

C   Eine leere Karte oder eine Karte ohne Antwortzug wird wie ein ungültiger Zug interpretiert.

D   Das Weglassen oder Hinzufügen schachlicher Zeichen (Schach, schlägt, en passant) ist ohne Bedeutung.

E   Der Vorschlagende ist an Eventualzüge gebunden, bis der Empfänger von der vorgeschlagenen Zugfolge abweicht.

F   Bei der Annahme einer Eventualzugfolge sind alle angenommenen Eventualzüge zu wiederholen.

G   Falls auf eine akzeptierte Eventualzugfolge kein Antwortzug erfolgt, ist dieser Zug ungültig.

5 Notationen und Rückmeldungen

A Die Züge der Partien sind zu notieren, desgleichen die verbrauchte Bedenkzeit. Die gesamte Korrespondenz des Gegners ist bis zum Abschluss des Turniers aufzubewahren und auf Anforderung an den Turnierdirektor zu senden.

B Wenn ein Spieler Rückfragen des Turnierdirektors unbeantwortet lässt, kann auf stillschweigenden Rücktritt erkannt werden.

C Adressenänderungen sind dem Turnierdirektor und den Gegnern zu melden.

D Der Turnierdirektor muss über alle Unstimmigkeiten zwischen den Spielpartnern unverzüglich informiert werden.

6 Bedenkzeiten und Sanktionen

A Die Bedenkzeit beträgt 30 Tage für jeweils 10 Züge.

B Die zulässige Bedenkzeit darf einmal überschritten werden.

C Ersparte Bedenkzeit wird gutgeschrieben.

D Als Bedenkzeit gilt die Zeitdifferenz zwischen dem Ankunftsdatum des letzten gegnerischen Zuges und dem Poststempel des Antwortzuges.

E Postlaufzeit wird nicht verrechnet.

F Falls eine Eventualzugfolge akzeptiert wird, zählt die Bedenkzeit für den letzten angenommenen Zug.

G Spieler, die einen ungültigen oder unmöglichen Zug abgeben, erhalten eine zusätzliche Bedenkzeit von 5 Tagen; diese gilt auch dann, wenn der letzte gegnerische Zug falsch wiederholt oder nicht, falls vorgeschrieben, per Luftpost abgesandt wird.

7 Zeitüberschreitungen

A Reklamationen von Zeitüberschreitungen müssen spätestens bei der Beantwortung des 10., 20. usw. Zuges erfolgen und sind unter Anfügung aller erforderlichen Detailangaben an den Turnierdirektor zu richten.

B Gleichzeitig ist der Gegner eingeschrieben (oder registriert) zu benachrichtigen; die Quittung ist der Reklamation an den Turnierdirektor beizufügen.

C Proteste gegen Reklamationen von Zeitüberschreitungen müssen per Einschreiben (oder registrierte Ablieferung) bei dem Turnierdirektor innerhalb von 14 Tagen nach Empfang der eingeschriebenen (oder registrierten) Benachrichtigung erfolgen; wer dieses Recht nicht rechtzeitig wahrnimmt, hat stillschweigend die reklamierte Zeitüberschreitung anerkannt.

D Der Turnierdirektor informiert beide Spieler über seine Entscheidung. Falls eine 1. Zeitüberschreitung festgestellt wird, beginnt der zehnzügige Turnus mit dem Erhalt der eingeschriebenen Benachrichtigung des Gegners neu.

E Die Feststellung einer 2. Zeitüberschreitung hat den Verlust der Partie zur Folge.

F Wenn der Turnierdirektor einen Antrag auf Zeitüberschreitung als unbegründet zurückweist, kann er darauf dringen, dass derselbe Spieler innerhalb des laufenden 10-Tage-Zyklus keinen erneuten Antrag auf Zeitüberschreitung stellen darf.

8 Urlaub

A Jeder Spieler kann in jedem Kalenderjahr bis zu 30 Tage Urlaub nehmen.

B Spieler, die Urlaub nehmen, sind verpflichtet, ihre Gegner und den Turnierdirektor im voraus zu informieren.

C In besonderen Fällen kann der Turnierdirektor zusätzlichen Urlaub gewähren; dieser Sonderurlaub kann rückwirkend erteilt und/oder verlängert werden.

D Wenn ein Spieler während seines Urlaubs antwortet, gilt der restliche Urlaub in dieser Partie als beendet; sein Gegner muss mit normaler Bedenkzeit antworten.

9 Rücktritt

Bei Rücktritt oder Tod entscheidet der Turnierdirektor, ob alle Partien als verloren gewertet oder annulliert oder die unbeendeten abgeschätzt werden.

10 Abschätzung

A Wenn eine Partie bei Turnierabschluss nicht beendet ist, haben beide Gegner dem Turnierdirektor innerhalb von 30 Tagen die Abschrift der Partie,

B die Abbruchstellung und

C einen Antrag auf Wertung der Partie (Gewinn, Remis) vorzulegen; der Antrag kann durch ausführliche Analysen unterstützt werden.

D Spieler, die entsprechende Unterlagen nicht einreichen, verlieren das Reklamationsrecht gegen das Abschätzungsergebnis.

E Der Turnierdirektor teilt das Abschätzungsergebnis beiden Spielern mit und informiert über das Reklamationsrecht.

11 Reklamationen gegen Abschätzungen

A Innerhalb von 14 Tagen nach Erhalt des Abschätzungsergebnisses kann beim Turnierdirektor Berufung eingelegt werden;

B daraufhin beauftragt der Turnierdirektor einen zweiten Abschätzer und teilt beiden Spielern das Ergebnis mit. Gegen das Urteil des zweiten Abschätzers gibt es kein Reklamationsrecht.

C Reklamation gegen Abschätzungen kann durch Analysen unterstützt werden.

12 Resultate

A Die Notation jeder Partie ist sofort nach Beendigung von beiden Spielern an den Turnierdirektor zu senden.

B Anspruch auf Wertung entsteht erst nach Einreichung des Partieverlaufs.

C Liegt von keinem der beiden Spieler eine Meldung bei dem Turnierdirektor vor, wird die Partie für beide als verloren gewertet.

13 Entscheidungen und Revisionen

A Der Turnierdirektor kann Spieler, die diese Spielordnung nicht beachten, bestrafen oder disqualifizieren;

B er entscheidet in allen Fällen, die durch die Spielordnung nicht geregelt werden.

C Gegen Entscheidungen des Turnierdirektors kann innerhalb von 14 Tagen bei der zuständigen Revisionsinstanz (ersatzweise dem Leiter des zuständigen Turnierbüros) Einspruch erhoben werden; die zweitinstanzlichen Entscheidungen sind endgültig.

(Diese Spielordnung wurde auf dem ICCF-Kongress Bad Neuenahr 1996 beschlossen)

8.4.3 Wettkämpfe mit Sehbehinderten (Regeln für das Zweibrettspiel)

In Wettkämpfen zwischen sehenden und sehbehinderten Spielern kann jeder der beiden Spieler die Benutzung von zwei Schachspielen verlangen. Der sehende Spieler benutzt ein normales Spiel, der sehbehinderte Spieler ein speziell gefertigtes. Das speziell gefertigte soll den folgenden Bestimmungen entsprechen:

a) Mindestgröße 20 x 20 Zentimeter
b) die schwarzen Felder sind erhöht
c) eine Sicherungsöffnung in jedem Feld
d) jede Figur hat einen Stift, der in die Sicherungsöffnungen passt
e) Figuren im Stauntonformat, die schwarzen Figuren sind besonders gekennzeichnet.

Nach folgenden Regeln soll verfahren werden:

1. Die Züge müssen deutlich angesagt, vom Gegner wiederholt und von ihm auf seinem Brett ausgeführt werden. Um die Ansage so deutlich wie möglich zu machen, wird der Gebrauch von Namen anstatt der Buchstaben in der algebraischen Notation vorgeschlagen: A-Anna, B-Bella, C-Cesar, D-David, E-Eva, F-Felix, G-Gustav, H-Hector. Die Reihen von Weiß nach Schwarz werden mit den deutschen Nummern bezeichnet: 1-eins, 2-zwei, 3-drei, 4-vier, 5-fünf, 6-sechs, 7-sieben, 8-acht. Die Rochade wird mit »Lange Rochade« und »Kurze Rochade« angesagt. Die Figuren tragen folgende Namen: König, Dame, Turm, Läufer, Springer, Bauer. Wenn ein Bauer umgewandelt wird, muss der Spieler ansagen, welche Figur er wählt.

2. Auf dem Brett des sehbehinderten Spielers zählt eine Figur als »berührt«, wenn sie aus der Sicherungsöffnung genommen wurde.

3. Ein Zug gilt als ausgeführt wenn:
   a) bei einem Schlagen, die geschlagene Figur vom Brett des am Zuge befindlichen Spielers genommen wurde,

b) eine Figur in eine neue Sicherungsöffnung gesteckt wurde,

c) der Zug angesagt wurde.

Nur dann darf die Uhr des Gegners in Gang gesetzt werden. Für die Punkte 2 und 3 gelten für den sehenden Spieler die normalen Schachregeln.

4. Eine Spezialuhr für den sehbehinderten Spieler sollte verfügbar sein und folgende Einrichtungen haben:

a) Ein Zifferblatt mit verstärkten Zeigern, alle fünf Minutenteilungen mit einem erhöhten Punkt bezeichnet und alle 15 Minutenteilungen mit zwei Punkten.

b) Ein Fallblättchen, das leicht ertastet werden kann. Es ist darauf zu achten, dass das Fallblättchen so angeordnet ist, dass der Spieler den Minutenzeiger während der letzten fünf Minuten der Stunde ertasten kann.

5. Der sehbehinderte Spieler muss die Partie in Braille oder Langschrift notieren oder ein Bandgerät benutzen.

6. Ein Versprechen bei der Ansage der Züge muss sofort berichtigt werden, und zwar bevor die Uhr des Gegners in Gang gesetzt wird.

7. Falls während des Spiels auf beiden Brettern unterschiedliche Stellungen festgestellt werden, müssen sie unter Mithilfe des Schiedsrichters und Benutzen der Aufzeichnungen beider Spieler berichtigt werden. Wenn beide Aufzeichnungen übereinstimmen, muss der Spieler, der den richtigen Zug aufgeschrieben, aber den falschen ausgeführt hat, seine Brettstellung entsprechend den Aufzeichnungen berichtigen.

8. Wenn unterschiedliche Stellungen festgestellt werden und die Mitschriften nicht übereinstimmen, werden die Züge bis zu dem Zug zurückgenommen, wo beide Mitschriften übereinstimmen. Der Schiedsrichter berichtigt die Stellung der Uhren.

9. Der sehbehinderte Spieler darf sich von einem Helfer unterstützen lassen, der folgende Pflichten hat:

a) die jeweiligen Züge auf dem Brett des Gegners ausführen,

b) die Züge beider Spieler ansagen,

c) die Mitschrift für den sehbehinderten Spieler durchzuführen und die Uhr seines Gegners in Gang setzen (unter Beachtung 3.c),

d) den sehbehinderten Spieler nur auf dessen Verlangen über die Zügezahl und den Zeitverbrauch beider Spieler zu informieren,

e) den Sieg bei Zeitüberschreitung zu reklamieren und den Schiedsrichter über das Berühren von Figuren durch den sehenden Spieler zu informieren,

f) die Formalien bei einem Spielabbruch vorzunehmen.

10. Wenn der sehbehinderte Spieler keinen Helfer nutzt, kann der sehende Spieler einen Helfer bitten, die Aufgaben bezüglich Punkt 9.a, b zu übernehmen.

(Die Veranstalter besitzen das Recht, vorstehende Regeln den örtlichen Umständen entsprechend anzupassen.)

9. ORGANISATIONSSTRUKTUREN

9.1 Fédération Internationale des Échecs (FIDE)

 Der Weltschachbund wurde am 20. Juli 1924 in Paris gegründet. Er ist die internationale Dachorganisation von 159 Mitgliedsföderationen mit mehr als fünf Millionen registrierten Spielern. Die FIDE besitzt eine eigene Flagge und Hymne. Ihr Wahlspruch lautet: »Gens una sumus« – »Wir sind eine Familie«. Der Sitz des FIDE-Sekretariats befindet sich in Lausanne.

Höchstes beschlussfassendes Organ ist die Generalversammlung (General Assembly, GA).

Anschrift: FIDE, Avenue de Beaumont 9, CH-1012 Lausanne, Switzerland, Tel. (41) 213103900, Fax (41) 213103905

Postadresse: FIDE, P. O. Box 166, CH-1000 Lausanne 4, Switzerland

E-Mail: FIDE General Secretariat: fide@fide.ch.

E-Mail: Wertungs- und Titelangelegenheiten: echess@elista.ru.

E-Mail: FIDE Commerce PLC: info@worldfide.com.

E-Mail: Net Capital PLC: info@netcptl.com

Internet: www.worldfide.com und www.fide.com

9.1.1 FIDE Offizielle und Kommissionen

Presidential Board (FIDE-Vorstand)

Präsident: Kirsan ILJUMSCHINOW (RUS)

Ehren-Präsident: Florencio CAMPOMANES (PHI)

Stellvertretender Präsident: Georgios MAKROPOULOS (GRE)

Vizepräsident: P. T. Ummer KOYA (IND)

Vizepräsident: Stephen DOYLE (USA)

Vizepräsident: Emrehan HALICI (TUR)

Generalsekretär: Noureddine TABBANE (TUN)

Schatzmeister: David JARRETT (ENG)

Ehren-Vizepräsident: Kurt JUNGWIRTH (AUT)

Ehren-Vizepräsident: Andrei SELIVANOV (RUS)

Ehren-Vizepräsident: Vanik ZAKARIAN (ARM)

Kontinentalpräsident Europa: Boris KUTIN (SLO)

Kontinentalpräsident Amerika: Pedro BARRERA (ESA)

Kontinentalpräsident Asien: Khalifa Mohd. AL-HITMI (QAT)

Kontinentalpräsident Afrika: Lakhdar MAZOUZ (ALG)

Executive Board, EB (Exekutivkomitee)

Mitglieder des Vorstands, gewählte Mitglieder, Revisor, Weltmeister, Weltmeisterin, Ramon Rafael BARRIOS (NCA), Richard BATTIN (SEY), Margree CHILWESA (ZAM), Michael FREEMAN (NZL), Israel GELFER (ISR), Ammar HOURY (LIB), Willy ICLICKI (BEL), William KELLEHER (USA), I. KONATE (MLI), Juan Angel MAS (ARG), Yasuji MATSUMOTO (JPN), Javier OCHOA de ECHAGUEN ESTBALEZ (ESP), Joachim OKOTH (UGA), Morten SAND (NOR), Naser Ahmad SAEED (UAE), John WARLICK (ISV)

Zonen-Präsidenten: Zone 1.1, 1.2, 1.3, 1.4, 1.5, 1.6, 1.7, 1.8, 1.9; Zone 2.1, 2.2, 2.3, 2.4, 2.5; Zone 3.1a, 3.1b, 3.2a, 3.2b, 3.3, 3.4; Zone 4.1, 4.2, 4.3

Qualification Commission, QC (Qualifikationskommission)
Mitglieder des Vorstands, Zonen-Präsidenten, *Vorsitzender*: Mikko MARKKULA (FIN), *Rating Administrator:*
Casto ABUNDO (PHI), Kevin O'CONNELL (IRL), Abd Hamid MAJID (MAS), William KELLEHER (USA),
Panagiotis NIKOLOPOULOS (GRE), Eric PRIE (FRA), Michael SHADAREVIAN (QAT), John D. WAL-
LACE (SCO)

Titles and Ratings Committee (Titel- und Ratingkomitee)
Vorsitzender: Kevin J. O'CONNELL (IRL), Casto ABUNDO (PHI), Serafin CHUIT (CUB), Evgeny ELETSKY
(RUS), Carol JARECKI (IVB), Javier Perez LLERA (ESP), Leandro PLOTINSKY (ARG), Eric PRIE (FRA),
Michael SHADAREVIAN (QAT)

Arbiters' Council (Schiedsrichter-Kommission)
Technical Commission (Technische Kommission)
Rules Committee (Regel-Komitee)
Swiss Pairings Committee (Komitee Schweizer System)

Chess Events Commission (Schach Veranstaltungs-Kommission)
Vorsitzender: Stephen DOYLE (USA), Andra CIMINA (LAT), Horst METZING (GER)

World Championship Cycle Committee (Komitee zur Durchführung der Weltmeisterschaften)
Youth and Junior Events Committee (Komitee für Jugend- und Juniorenveranstaltungen)
Organisers Committee (Organisations-Komitee)
Development Commission (Entwicklungs-Kommission)
**Committee for Assistance to Chess Developing Countries, CACDEC (Kommission zur Unterstützung von
Entwicklungsländern im Schach)**

Committee on Chess in Schools (Schulschach-Kommission)
Vorsitzender: Nicola PALLADINO (ITA), Goran ANTUNAC (CRO), Uvencio BLANCO (VEN), Vassilis EKO-
NOMOPOULOS (GRE), E. HAMOODA (EGY), Alexander KOSTYEV (RUS), Margaret M. MURPHY (ISV),
Beatriz MARINELLO (USA), Elisabeta POLIHRONIADE (ROM), Alejandro REY (ARG), Abdulla I. SUWA-
YAH (LYB), Arnaldo VALDES (CUB), Aleksander VEINGOLD (EST), Helen WARREN (USA), B. van WYKE
(RSA)

Committee on Chess for the Handicapped (Komitee Schach für Behinderte)
**Committee on Intellectual Property Rights on Chess Game (Komitee für geistiges Eigentum an
Schachpartien)**

Committe on Woman's Chess (Kommission für Frauenschach)
Vorsitzende: Nana ALEXANDRIA (GEO), Hanna ERENSKA-RADZEWSKA (POL), Geurt GIJSSEN (NED),
Davit GURGENIDZE (GEO), Horst METZING (GER), Slobodanka MILIVOJEVIC (YUG), Vivian Ramon
PITA (CUB), Elizabeta POLIHRONIADE (ROM), Alexy ROOT (USA), Galina STRUTINSKAYA (RUS)

Committee on International Organizations (Komitee für internationale Organisationen)
Vorsitzender: Hassan MOHSEN (EGY), Miguel Angel PINEDA (CUB),
Delegierter für IOC: Anatoly KARPOV (RUS), *Delegierter für UNESCO:* Hassan MOHSEN (EGY)

Players Council (Spielerrat)
Vorsitzender: Jan TIMMAN (NED), Efstratios GRIVAS (GRE), Branimir JUKIC (CRO), Darcy LIMA (BRA),
Alisa MARIC (YUG)

Trainers' Committee (Trainer-Komitee)
Yuri RAZUVAEV (RUS), Uwe BÖNSCH (GER), Roberto CIFUENTES (NED), John DONALDSON (USA),
Iosif DORFMAN (FRA), Evgeny ELETSKY (RUS), J. L. Fernandez GARCIA (ESP), Boris GULKO (USA), V.
MURILLO (ESA), Lev PSAKHIS (ISR), Jose Luis Altuna RENA (CUB), Reza REZAI (IRI), Josip RUKAVINA
(CRO), Valentina STOIKA (ROM), Denis VERDUGA (MEX)

Special Commission (Sonderkommission)

Chess Art and Exhibition Committee (Kommission Schach und Kunst/Schach und Ausstellungen)
Vorsitzender: Lothar SCHMID (GER), *Stellv. Vorsitzender:* Eduard GUFELD (USA), Hans HOLLANDER (GER),
Thomas THOMSON (GER)

Chess Compositions Committee (Komitee für Problemschach)
Computer Chess Committee (Kommission für Computerschach)
Committee on Chess Philately (Kommission für Schachphilatelie)
Committee for Chess Information, Publication and Statistics, CHIPS (Kommission für Schachinformation, Veröffentlichungen und Statistik)
Verification Commission (VC)
Ethik Commission/EC (Ethik-Kommission)
Permanent Fund

9.1.2 Mitgliedlländer der Förderation Internationale des Echecs (FIDE-Zoneneinteilung

Europa	
Zone 1.1a	England (ENG), Schottland (SCO), Wales (WLS), Irland (IRL), Guernsey (GCI), Jersey (JCI)
Zone 1.1b	Belgien (BEL), Frankreich (FRA), Luxemburg (LUX), Monaco (MNC), Niederlande (NED)
Zone 1.1c	Andorra (AND), Italien (ITA), Portugal (POR), San Marino (SMR), Spanien (ESP)
Zone 1.2a	Österreich (AUT), Deutschland (GER), Liechtenstein (LIE), Slowenien (SLO), Schweiz (SUI)
Zone 1.2b	Bosnien-Herzegowina (BIH), Kroatien (CRO), Israel (ISR), Makedonien (FRM)
Zone 1.3	Dänemark (DK), Färöer Inseln (FAI), Finnland (FI), Island (ISL), Norwegen (NOR), Schweden (SWE)
Zone 1.4	Bulgarien (BUL), Polen (POL), Slowakei (SVK), Tschechische Republik (CZE), Ungarn (HUN), Rumänien (ROM)
Zone 1.5a	Albanien (ALB), Zypern (CYP), Griechenland (GRE), Jugoslawien (YUG), Malta (MLT), Türkei (TUR)
Zone 1.5b	Armenien (ARM), Georgien (GEO)
Zone 1.6	Russland (RUS)
Zone 1.7	Estland (EST), Lettland (LAT), Litauen (LTU)
Zone 1.8	Aserbaidschan (AZE), Moldawien (MDA), Weißrussland (BLR)
Zone 1.9	Ukraine (UKR)

Amerika	
Zone 2.1	USA (USA)
Zone 2.2	Kanada (CAN)
Zone 2.3a	Bahamas (BAH), Barbados (BAR), Bermuda (BER), British Virgin Islands (IVB), Dominikanische Republik (DOM), Haiti (HAI), Jamaika (JAM), Kuba (CUB), Puerto Rico (PUR), US-Virgin Islands (ISV)
Zone 2.3b	Antigua und Barbuda (ANT), Ecuador (ECU), Guyana (GUY), Kolumbien (COL), Niederländische Antillen (AHO), Suriname (SUR), Trinidad und Tobago (TRI)
Zone 2.3c	Belize (BLZ), Costa Rica (CRC), El Salvador (ESA), Guatemala (GUA), Honduras (HON), Mexiko (MEX), Nicaragua (NCA), Panama (PAN), Venezuela (VEN),
Zone 2.4	Bolivien (BOL), Brasilien (BRA), Peru (PER)
Zone 2.5	Argentinien (ARG), Chile (CHI), Paraguay (PAR), Uruguay (URU)

Asien	
Zone 3.1a	Bahrain (BRN), Iran (IRI), Irak (IRQ), Jemen (YEM), Jordanien (JOR), Katar (QAT), Kuwait (KUW), Libanon (LEB), Palästina (PLE), Syrien (SYR), Vereinigte Arabische Emirate (UAE)
Zone 3.1b	Afghanistan (AFG), Bangladesch (BAN), Indien (IND) Nepal (NEP), Pakistan (PAK), Sri Lanka (SRI)

Zone 3.2a	Brunei (BRU), Hongkong (HKG), Indonesien (INA), Japan (JPN), Korea (KOR), Macau (MAC), Malaysia (MAS), Mongolei (MGL), Myanmar (MYA), Philippinen (PHI), Singapur (SIN), Thailand (THA), Vietnam (VIE)
Zone 3.2b	Australien (AUS), Fidschi (FIJ), Neuseeland (NZL), Papua-Neuguinea (PNG)*
Zone 3.3	China (CHN)
Zone 3.4	Kasachstan (KAZ), Kirgistan (KGZ), Tadschikistan (TJK), Turkmenistan (TKM), Usbekistan (UZB)

Afrika	
Zone 4.1	Algerien (ALG), Burkina Faso (BUR), Gambia (GAM)*, Libyen (LBA), Mali (MLI)*, Mauretanien (MAU)*, Marokko (MAR), Senegal (SEN), Tunesien (TUN)
Zone 4.2	Ägypten (EGY), Äthiopien (ETH), Ghana (GHA)*, Dschibuti (DJI), Kenia (KEN), Nigeria (NGR), Seychellen (SEY), Sudan (SUD), Tansania (TAN), Uganda (UGA)
Zone 4.3	Angola (ANG), Botsuana (BOT), Madagaskar (MAD), Mauritius (MRI), Mosambik (MOZ), Namibia (NAM), Sambia (ZAM), Simbabwe (ZIM), Südafrika (RSA)

* Zeitweise ausgeschlossen (Stand: 2000)

9.2 Europäische Schachunion (European Chess Union)

Die Europäische Schachunion (ECU) wurde 1985 in Graz gegründet. Ihr gehören 53 Föderationen an. Sitz des Generalsekretariats ist Berlin.

Vorstand
Präsident: Boris KUTIN (SLO)
Vizepräsident: Mikko MARKKULA (FIN)
Schatzmeister: Egon DITT (GER)
Generalsekretär: Horst METZING (GER)
Mitglieder: Evgeni ELETSKY (RUS), Márton KRAJCSOVICS (HUN), Javier Ochoa de ECHAGÜEN ESTIBÁLEZ (ESP)
Anschrift: Europäische Schachunion (Generalsekretariat), Hanns-Braun-Straße, Friesenhaus I, 14053 Berlin, Tel. (030) 30007850, Fax (030) 30007830, E-Mail: ecu@schachbund.de

9.3 Deutscher Schachbund e.V. (DSB)

Der Deutsche Schachbund wurde 1877 in Leipzig gegründet. Ihm gehören über 94 000 Mitglieder an in etwa 3000 Vereinen. Er zählt zu den größten Schachverbänden der Welt. Der DSB ist Mitglied im Deutschen Sportbund. Zum DSB gehören 17 Landesverbände (16 Bundesländer – wobei Baden und Württemberg jeweils eigene Verbände bilden), der Deutsche Blindenschachbund (DBSB) sowie die Schwalbe (Problemschach). Die Geschäftsstelle des DSB befindet sich in Berlin.
Anschrift: Deutscher Schachbund e. V., Hanns-Braun-Straße, Friesenhaus I, 14053 Berlin, Tel. (030) 3000780, Fax (030) 30007830, E-Mail: info@schachbund.de; Internet: http://schachbund.de

9.3.1 Verantwortungsträger für Ausbildung, Leistungssport und Training

9.3.1.1 Präsidium
Präsident: Egon DITT, Meißener Str. 18, 28215 Bremen, Tel. (0421) 3763475 Fax (0421) 3763476, E-Mail: praesident@schachbund.de
Ehrenpräsident: Alfred KINZEL, Dorfstr. 78, 16818 Neuruppin-Lichtenberg, Tel. (03391) 651250
Vizepräsident: Dr. Heinz MEYER, Fritz-Reuter-Weg 2, 24939 Flensburg, Tel. (0461) 57240,
E-Mail: heinz.hfmeyer@t-online.de

Vizepräsident: Siegfried WÖLK, Müssenredder 31a, 22399 Hamburg, Tel./Fax (040) 6061466
Geschäftsführer: Horst METZING, DSB-Geschäftsstelle (030) 3000780, Fax (030) 30007830
Schatzmeister: Heinz-Jürgen GIESEKE, Goebenstr. 16, 31135 Hildesheim, Tel. (05121) 517846p, (0511) 8291120d.
Bundesrechtsberater: Wolfgang UNZICKER, Meßheimer Str. 11a, 81247 München, Tel. (089) 8117308
Sportdirektor: Reinhold KASPER, Auf Pötsch 9, 54518 Minderlittgen, Tel. (06571) 7797, Fax (06571) 969903, E-Mail: sportdirektor@schachbund.de
Referentin für Frauenschach: Verena WEGNER, Falkenstr. 45, 40699 Erkrath, Tel.(0211) 9003713, Fax (0211) 9003714, E-Mail: damenschach@schachbund.de
Referent für Öffentlichkeitsarbeit: Andreas WEIß, Willy-Sachse-Str. 22, 06766 Wolfen, Tel. (03494) 25625 und (03494) 504102, Fax (03494) 504103, E-Mail: presse@schachbund.de
Referent für Seniorenschach: Erhard VOLL, Springhoffsfeld 12, 45277 Essen, Tel. (0201) 584363
Referent für Breiten- und Freizeitsport: Ernst BEDAU, Obere Hofstückstr. 26, 67146 Deidesheim, Tel. (06326) 989270p., (06321) 2498d., Fax (06321) 34734, E-Mail: breitenschach@schachbund.de
Referent für Ausbildung: Dr. Hans-Jürgen HOCHGRÄFE, Dethardingstr. 4, 18057 Rostock, Tel./Fax (0381) 2020834, E-Mail: h.hochgraefe@wi.hs-wismar.de
Referent für Leistungssport: Thomas DELLING, Bleichgäßchen 2, (02977) Hoyerswerda, Tel. (03571) 405452, E-Mail: leistungssport@schachbund.de
Referent für Wertungen: Joachim FLEISCHER, Lübecker Str. 20, 53797 Lohmar, Tel. (02246) 2178, PC-Fax (02246) 909865, E-Mail: dwz@schachbund.de
Referent für Datenverarbeitung: Jürgen DAMMAN, Lucas-Cranach-Str. 26, 68163 Mannheim, Tel. (0621) 4186770, Fax (0621) 4186773, E-Mail: datenverarbeitung@schachbund.de
1. Vorsitzender der DSJ: Michael JUHNKE, König-Ludwig-Str. 18, 31515 Wunstorf, Tel. (05031) 912348, E-Mail: jugend@schachbund.de

9.3.1.2 Landesverbände

Badischer Schachverband
1. Vorsitzender: Eberhard BEIKERT, In den Brückengärten 3, 68519 Viernheim, Tel. (06204) 71919
Landesturnierleiter: Jürgen DAMMANN, Lucas-Cranach-Str. 26, 68163 Mannheim, Tel. (0621) 4186770, Fax (0621) 4186773, E-Mail: Juergen.Dammann@t-online.de
Schatzmeister: Wolfgang FINKBEINER, Franz-Allgaier-Str. 10, 76287 Rheinstetten, Tel. (07242) 4307
Bayerischer Schachbund
1. Vorsitzender: Dr. Klaus-Norbert MÜNCH, Salzmannstr. 49b, 86163 Augsburg, Tel. (0821) 63363, E-Mail: Klaus_Ulla.Muench@t-online.de
Landesspielleiter: Ralph ALT, Pettenkofer Str. 5, 80336 München, Tel. (089) 5501784, E-Mail: schach.muenchen@t-online.de
Schatzmeister: Gerhard KUCHLING, Wartburgpl. 1, 80804 München, Tel. (089) 3611421 (p), (09221) 3985 (d), E-Mail: gerhard.kuchling@mch11.siemens.de
Geschäftsstelle (extern): Schlegl, Georg-Brauchle-Ring 93, 80992 München, Tel. (089) 15702242, Fax (089) 15702517, E-Mail: GstelleBSB@aol.com
Geschäftsstelle (intern): Kurt EWALD, Bahnhofsplatz 8, 82319 Starnberg, Tel. (08151) 72828, Fax (08151) 72724, E-Mail: Kurt_Ewald@compuserve.com
Berliner Schachverband
Präsident: Alfred SEPPELT, Tautenburger Str. 1 a, 12249 Berlin, Tel./Fax (030) 7754538, E-Mail: praesident@berlinerschachverband.de
Landesspielleiter: Dr. Joachim FECHNER, Dolgenseestr. 53, 10319 Berlin, Tel. (030) 5128558, E-Mail: spielleiter@berlinerschachverband.de
Schatzmeister: Werner KOCH, Kuhnertstr. 1, 13595 Berlin, Tel. (030) 3611153, E-Mail: schatzmeister@berlinerschachverband.de
Geschäftsstelle: Blumenweg 17, 12105 Berlin, Tel. (030) 7056606, E-Mail: info@berlinerschachverband.de
Homepage: www.berlinerschachverband.de
Landesschachbund Brandenburg
Präsident: Hilmar KRÜGER, Friedrichstr. 25, 04895 Falkenberg/E., Tel./Fax (035365) 2379, E-Mail: Hilmar.Krueger@t-online.de
Spielleiter: Manfred KLINKE, Karl-Marx-Str. 66, 01983 Großräschen, Tel./Fax (035753) 13182, E-Mail: MKLSBB@t-onlin.de

Schatzmeister: Jakob DAUM, Schillerring 58, 16303 Schwedt, Tel./Fax (03332) 32528, E-Mail: jakob.daum@t-online.de

Vizepräsident und Geschäftsstelle: Norbert HEYMANN, Lindenstr. 34, 15230 Frankfurt/O., Tel. (0335) 522129, Fax (0335) 537478, E-Mail: Doe.KriNo@t-online.de

Landesschachbund Bremen

Präsident: Wolfgang JACKWERTH, Fischhuder Straße 56, 28273 Bremen, Tel. (0421) 6163253

Landesspielleiter: Thomas BECKER, Grenzstr. 12, 28832 Achim, Tel. (04202) 81829

Schatzmeister: Oliver HÖPFNER, Wätjenstr. 126, 28213 Bremen, Tel./Fax (0421) 217576, E-Mail: Messrs.Hoepfner@t-online.de

Geschäftsstelle: Dirk STIEGLITZ, Hohensalzastr. 49, 28237 Bremen, Tel./Fax (0421) 6199360, E-Mail: Dstschach@aol.com

Hamburger Schachverband

1. Vorsitzender: Dr. Hans SCHÜLER, Saseler Weg 1, 22359 Hamburg, Tel. (040) 6039345

Landesturnierleiter: Jürgen KOHLSTÄDT, Thiemannhof 2, 21147 Hamburg, Tel. (040) 7966675, Fax (040) 7961084, E-Mail: SchachBL@aol.com

Schatzmeister: Harm CORDING, Heussweg 1 a, 25337 Elmshorn, Tel. (04121) 71210

Geschäftsstelle: Haus des Sports, Schäferkampsallee 1, 20357 Hamburg, Tel. (040) 41908245, Fax (040) 447127

Geschäftsführer: Wilhelm GRAFFENBERGER, Kanadaweg 5, 22145 Hamburg, Tel. (040) 6788427, E-Mail: webmaster@schachbund.de

Hessischer Schachverband

1. Vorsitzender: Erich BÖHME, Im Riedeboden 2, 35274 Kirchhain, Tel. (06422) 7679

Landesspielleiter: Konrad NEUPERT, Fichtestr. 19, 65719 Hofheim, Tel. (06192) 26469

Schatzmeister: Stephan KLOTZ, Daubhausstr. 16, 35075 Gladenbach, Tel. (06462) 912039, E-Mail: SKLOTZ3709@aol.com

Landesschachbund Mecklenburg-Vorpommern

Präsident: Bernd SEGEBARTH, Am Tannenberg 34, 19069 Pingelshagen, Tel./Fax (0385) 4867369

Landesspielleiter: Hans-Jürgen ISIGKEIT, Arnold-Zweig-Str. 74, 18435 Stralsund, Tel./Fax (03831) 381284

Schatzmeister: Andrea SCHMIDT, Kurt-Schumacher-Ring 169, 18146 Rostock, Tel. (0381) 6860925

Geschäftsstelle: Holger Blauhut, August-Bebel-Str. 80, 18055 Rostock, Tel./Fax (0381) 7683881, E-Mail: hblauhut@aol.com

Niedersächsischer Schachverband

Präsident: vakant

Vizepräsident: Manfred TIETZE, Nonnenstieg 43, 37075 Göttingen, Tel./Fax (0551)24059, E-Mail: mtietze@gwdg.de

Landesspielleiter: Martin WILLMANN, Grammelmoorweg 12, 49565 Bramsche, Tel. (05461) 91168,

Referent ›Finanzen‹: Erhard HENTZSCHEL, Kirchlahe 17, 31275 Lehrte, Tel. (05175) 7133

Schachbund Nordrhein-Westfalen

Präsident: Alfred SCHLYA, Mathildestr. 36 A, 46149 Oberhausen, Tel. (0208) 640400, Fax (0208) 644451, E-Mail: Alfred.Schlya@t-online.de

Landesspielleiter: Peter SCHULZE, Königsheide 5, 44536 Lünen, Tel. (0231) 872219, Fax (0231) 872219

Schatzmeister: Hans LENNARTZ, Bundesstr. 23a, 52159 Roetgen, Tel. (02471) 990947, E-Mail: Hans.Lennartz@t-online.de

Geschäftsstelle: Friedrich-Alfred-Str. 25, 47055 Duisburg, Tel. (0203) 7381674, Fax (0203) 7381676, E-Mail: schachbund.nrw@t-online.de, Homepage: www.schachbund-nrw.de

Schachbund Rheinland-Pfalz

1. Vorsitzender: Günther MÜLLER, Bassenheimer Str. 14, 56220 Kettig, Tel. (02637) 92400, Fax: (02637) 924021

Landesspielleiter: Lothar KIRSTGES, Römerweg 10, 56626 Andernach, Tel./Fax (02632) 44626

Schatzmeister: Wolfgang SPITZ, Marienstr. 5, 56154 Bad Salzig, Tel. (06742) 60483

Saarländischer Schachverband

1. Vorsitzender: Herbert BASTIAN, Gersweiler Str. 49, 66127 Saarbrücken-Klarenthal, Tel. (06898) 935521, Fax (06898) 935522, E-Mail: herbertbastian@01019freenet.de

Landesspielleiter: Tim AUBERTIN, Im Apfeltal 78, 66352 Großrosseln, Tel. (06898) 40583

Schatzmeister: Ulrich MEYER, Unterdorfstr. 57, 66265 Holz, Tel. (06806) 800780

Geschäftsstelle: Hermann-Neuberger, Sportschule, Gebäude 54, 66123 Saarbrücken, Tel. (0681) 3879242

Schachverband Sachsen

Präsident: Siegfried MÜLLER, Hauptstr.33, 02794 Leutersdorf, Tel. (03586) 789549 p.

Landesspielleiter: Dr. Helge KILDAL, Feldstr. 44, 044454 Holzhausen, Tel. (034297) 72770, Fax (034297) 43449

Schatzmeister: Andreas NEUMEYER, Friesenstr. 11, 04177 Leipzig, Tel. (0341) 4426136

Geschäftsstelle: Marienallee 14 b, 01099 Dresden, Tel./Fax: (0351) 8009919, E-Mail: Schachverband-Sachsen@t-online.de

Geschäftsführerin: Hannelore LIEBS, Schlesische Straße 95, 02828 Görlitz, Tel. (03581) 305598

Schachverband Sachsen-Anhalt

Präsident: Dr. Günter REINEMANN, Agnes-Gosche-Str. 40, 06120 Halle, Tel./Fax (0345) 5504004

Landesspielleiter: Dr. Hans WERCHAN, Röntgenstr. 1, 39108 Magdeburg, Tel. (0391) 7336838

Schatzmeister: Reiner SCHÄTZKE, Daniel-Pöppelmann-Str. 4, 06124 Halle, Tel. (0345) 8056957

Geschäftsstelle: Steigenberger Exprix Hotel Halle, Neustädter Passage 5, 06122 Halle, Tel. (0345) 6931350, Fax (0345) 6931626, E-Mail: Schach.S-Anhalt@t-online.de

Schachverband Schleswig-Holstein

1. Vorsitzender: Peter WEHL, Dütschfeldredder 10b, 24223 Raisdorf, Tel. (04307) 7557, Fax (04307) 7541

Landesspielleiter: Karl-Heinz SZILLAT, Langenfelde 141, 24159 Kiel, Tel. (0431) 373211, Fax (0431) 374272, E-Mail: sz111233@aol.com und KH.Szillat@t-online.de

Schatzmeister: Volker IBS, Adolfstr. 34, 24105 Kiel, Tel. (0431) 5796370

Thüringer Schachbund

Präsident: Joachim BRÜGGEMANN, Töttlebener Höhe 21, 99198 Erfurt-Töttleben, Tel. (036203) 60410

Landesspielleiter: Roland STIEFEL, Oberes Waldtor 8, 99880 Waltershausen, Tel. (03622) 901777

Schatzmeister: Hartmut SEELE, Liebknechtstr. 9, 99085 Erfurt

Geschäftsstelle: Schützenstr. 4, 99096 Erfurt, Tel./Fax (0361) 3746247

Schachverband Württemberg

Präsident: Hanno DÜRR, Steckfeldstr. 4, 70599 Stuttgart, Tel. (0711) 4581103 p., Tel. (0711) 4581260 d. Fax (0711) 4581209

Landesspielleiter: Thomas WIEDMANN, Gottfried-Keller-Str. 5, 73054 Eislingen, Tel. (07161) 811799

Schatzmeister: Eberhard HALLMANN, Goethestr. 22, 72661 Grafenberg, Tel. (07123) 33305

Geschäftsstelle: Albert ROTH, Hauptstr. 30, 88480 Achstetten, Tel. (07392) 912922, Fax (07392) 912923 Internet: www.schachverband-wuerttemberg.de

Schwalbe, Problemschach

1. Vorsitzender: Dr. Hemmo AXT, Heubergweg 2, 83112 Frasdorf, Tel. (08052) 2648

Problemturnierwart: Manfred SEIDEL, Fenchelstr. 70, 47445 Moers, Tel. (02841) 42106

Schatzmeister: Stephen ROTHWELL, Immbarg 7, 24558 Henstedt, Tel. (04193) 6907

Delegierter: Kurt EWALD, Bahnhofplatz 8, 82319 Starnberg, Tel. (08151) 72828, Fax (08151) 72724, E-Mail: Kurt_Ewald@compuserve.com

Deutscher Blindenschachbund

1. Vorsitzender: Ludwig BEUTELHOFF, Rabengasse 6, 34576 Homberg, Tel. (05681) 1341, E-Mail: Chrilubeu@t-online.de

Bundesturnierleiter: Herbert LANG, Königsberger Str. 18, 69181 Laimen, Tel. (06224) 71604

Schatzmeister: Martin KRÖGER, Kolonnenweg 17, 24113 Kiel, Tel. (0431) 682654

Pressewart: Dieter SAUER, Fritz-Remy-Str. 11, 63071 Offenbach, Tel. (069) 5973059

9.3.1.3 Ausbildungskommission des Deutschen Schachbundes e.V.

Vorsitzender: Dr. Hans-Jürgen HOCHGRÄFE, Dethardingstr. 4, 18057 Rostock, Tel./Fax (0381) 2020834, E-Mail: H.Hochgraefe@wi.hs-wismar.de

Vertreter der Schiedsrichterkommission: Jürgen KOHLSTÄDT, Thiemannhof 2, 21147 Hamburg, Tel. (040) 7966675, E-Mail: SchachBL@aol.com

Vertreter der DSJ: vakant

Schachverband Baden: Siegfried STOLLE, Eduard-Deutsch-Str. 9, 76698 Ubstadt-Weiher, Tel./Fax (07253) 50340

Bayerischer Schachbund: Wolfgang GNAD, Alte Waldmünchnerstr. 35, 93059 Regensburg, Tel. (0941) 43346

Berliner Schachverband: Martin HAMANN, Maximilliankorso 43, 13465 Berlin, Tel. (030) 40150401, Fax (030) 4011132, E-Mail: ausbildung@berlinerschachverband.de

Hamburger Schachverband: Frank BEHRHORST, Lokstedter Damm 20, 22453 Hamburg, Tel. (040) 5532366, Fax (040) 5532376

Hessischer Schachverband: Joachim GRIES, Hinterm Feld 4, 35102 Rollshausen, Tel. (06462) 91070,
    E-Mail: petraamft@aol.com
Schachbund Nordrhein-Westfalen: Hans-Jürgen DORN, Buscher-Holzweg 110, 47802 Krefeld, Tel./Fax
    (02151)
Niedersächsischer Schachverband: Lothar KARWATT, Auf der Lieth 30, 37077 Göttingen, Tel. (0551) 25521
Schachbund Rheinland-Pfalz: Hans-Martin FONDEL, Oberstr. 66a, 56154 Boppard, Tel. (06742) 2506
Saarländischer Schachverband: Wolfgang MAIER, Wackenhübel 23, 66822 Lebach, Tel. (06881) 4361
Schachverband Schleswig-Holstein: Heiko SPAAN, Ansgarstr. 83b, 25336 Elmshorn, Tel./Fax (04121) 63957
Landesschachbund Bremen: Thomas RUNDÉ, Pappelstr. 4, 28857 Syke-Barrien, Tel. (04242) 80133
Schachverband Württemberg: Ulrich SCHEIBE, Torfstr. 11, 71229 Leonberg, Tel. (07152) 71665
Landesschachbund Brandenburg: Dr. Ernst BÖNSCH, Ahrenshooper Str. 33/0501, 13051 Berlin, Tel./Fax
    (030) 9295682, E-Mail: Ernst.Boensch@gmx.de
Landesschachverband Mecklenburg-Vorpommern: Herbert GOSS, Robert-Beltz-Str. 74, 19059 Schwerin,
    Tel. (0385) 719300
Schachverband Sachsen: Horst SCHÖBEL, Löbauer Str. 37, 02894 Reichenbach, Tel. (035828) 72483
Landesschachverband Sachsen-Anhalt: Ralf KUNA, Hagedornstr. 6, 39118 Magdeburg, Tel. (0391) 6227890 p.
Thüringer Schachbund: Bernd FELDMANN, Brackstr. 10, 98574 Schmalkalden, Tel. (03683) 607302

9.3.1.4 Lehrkommission

Dr. Hans-Jürgen HOCHGRÄFE, Dethardingstr. 4, 18057 Rostock, Tel./Fax (0381) 2020834,
    E-Mail: H.Hochgraefe@wi.hs-wismar.de
Herbert BASTIAN, Gersweiler Str. 49, 66127 Saarbrücken-Klarenthal, Tel. (06898) 935521, Fax (06898)
    935522, E-Mail: herbertbastian@01019freenet.de
Dr. Ernst BÖNSCH, Ahrenshooper Str. 33/0501, 13051 Berlin, Tel./Fax (030) 9295682,
    E-Mail: Ernst.Boensch@gmx.de
Klaus DARGA, Bussardweg 1, 71111 Waldenbuch, Tel. (07157) 3532, Fax (07157) 3541,
    E-Mail: Klaus@Darga.de
Joachim GRIES, Hinterm Feld 4, 35102 Rollshausen, Tel. (06462) 91070, Fax (06462) 91071,
    E-Mail: petraamft@aol.com

9.3.1.5 Kommission Leistungssport (KL)

Referent für Leistungssport (Vorsitzender): Thomas DELLING, Bleichgäßchen 2, (02977) Hoyerswerda,
    Tel. (03571) 405452, E-Mail: leistungssport@schachbund.de
Schachverband Baden: Josef BEUTELHOFF, Wilkerstr. 81a, 72213 Altensteig, Tel. (07453) 6898
Bayerischer Schachbund: Helmut STADLER, Feldstr. 9, 84503 Altötting, Tel./Fax (08671) 881637,
    E-Mail: Stadler@t-online.de
Berliner Schachverband: Carsten SCHMIDT, Rohrweihstr. 35 A, 13505 Berlin, Tel. (030) 4364184,
    E-Mail: jugendwart@berlinerschachverband.de
Hamburger Schachverband: Hendrik SCHÜLER, Siemersplatz 4, 22529 Hamburg, Tel. (040) 5535277
Hessischer Schachverband: Oliver KOELLER, Wilhelmshöher Allee 25a, 34117 Kassel, Tel. (0561)
    7399726, E-Mail: Riesenrind@hsj.de
Schachbund Nordrhein-Westfalen: Dr. Helmut JACOB, Rotdornstr. 24, 48607 Ochtrup, Tel./Fax (02553)
    2930, E-Mail: BarbaraHelmutJacob@t-online.de
Niedersächsischer Schachverband: Lars SCHMIDT, Knochenmühle 2, 37075 Göttingen, Tel. (0551) 2099671
Schachbund Rheinland-Pfalz: Werner RIES, Schenkendorfstr. 7, 56068 Koblenz, Tel. (0179) 5976479
Saarländischer Schachverband: Jörg SIMONS, Bernwardstr. 16, 66424 Homburg-Saar
Schachverband Schleswig-Holstein: Heiko SPAAN, Ansgarstr. 83b, 25336 Elmshorn, Tel./Fax (04121)
    63957, E-Mail: Heiko.spaan@t-online.de
Schachverband Württemberg: Josef KRUCK, Emanuel-Geibel-Weg 3, 74189 Weinsberg, Tel. (07134)
    4374, Fax (07131) 995422
Landesschachbund Brandenburg: Jörg ZÄHLER, Maienbergstr. 20, 15562 Rüdersdorf, Tel. (033638) 64959,
    Fax (033638) 64961
Landesschachverband Mecklenburg-Vorpommern: Bernd SEGEBARTH, Am Tannenberg 34, 19069
    Pingelshagen, Tel./Fax (0385) 4867369
Schachverband Sachsen: Oswald BINDRICH, Gerhard-Hauptmann-Str. 14, 02763 Zittau, Tel. (03583) 680956,
    E-Mail: Oswald.Bindrich@t-online.de

Landesschachverband Sachsen-Anhalt: Dirk MICHAEL, Franz-Mehring-Str. 9, 06333 Hettstedt, Tel.(03476) 852315

Thüringer Schachbund: Norbert KRUG, Hopfengasse 1, 99084 Erfurt, Tel. (0361) 6464457

Bundestrainer: Uwe BÖNSCH, Lerchenweg 24, 06179 Langenbogen, Tel. (034601) 23033, Fax (034601) 20234, E-Mail: bundestrainer@schachbund.de

Bundesnachwuchstrainer: Michael BEZOLD, Eichendorffstr. 12 f, 97072 Würzburg, Tel. (0931) 613229, Fax (0931) 8806295, E-Mail: Bezold@gmx.net

Aktivensprecherin: Veronika WERNER, Lerchenhain 17, 97074 Würzburg, Tel (0931) 72592

Aktivensprecher: Christopher LUTZ, Bachemer Str. 173, 50931 Köln, Tel. (0221) 427239, Fax (0221) 4069359, E-Mail: clutz@gm-schach.de

Vertreter der Deutschen Schachjugend: Bernd VÖKLER, Erfurter Str. 70, 99510 Apolda, Tel. (03644) 557415, E-Mail: VOEKLERB@aol.com

Weiterer Vertreter der Deutschen Schachjugend

Vertreter der Geschäftsstelle (beratend): Hanns-Braun-Straße, Friesenhaus I, 14053 Berlin, Tel. (030) 3000780, Fax (030) 30007830, E-Mail: info@schachbund.de

9.3.1.6 Technischer Ausschuss (TA)

Referent für Leistungssport (Vorsitzender): Thomas DELLING, Bleichgäßchen 2, (02977) Hoyerswerda, Tel. (03571) 405452, E-Mail: leistungssport@schachbund.de

Bundestrainer (stellvertretender Vorsitzender): Uwe BÖNSCH, Lerchenweg 24, 06179 Langenbogen, Tel. (034601) 23033, Fax (034601) 20234, E-Mail: bundestrainer@schachbund.de

Bundesnachwuchstrainer: Michael BEZOLD, Eichendorffstr. 12 F, 97072 Würzburg, Tel. (0931) 613229, Fax (0931) 8806295, E-Mail: bezold@gmx.de

DSJ-Vertreter: Bernd VÖKLER, Erfurter Str. 70, 99510 Apolda, Tel. (03644) 557415, E-Mail: vöklerb@aol.com

Landesverbandsvertreter: Oswald BINDRICH, Gerhard-Hauptmann-Str. 14, 02763 Zittau, Tel. (03583) 680956, E-Mail: Oswald.Bindrich@t-online.de

Landesverbandsvertreter: Dr. Günther Beikert, Geroldsauerstr. 16, 76534 Baden-Baden, Tel. (07221) 994290

Aktivensprecherin: Veronika WERNER, Lerchenhain 17, 97074 Würzburg, Tel (0931) 72592

Aktivensprecher: Christopher LUTZ, Bachemer Str. 173, 50931 Köln, Tel. (0221) 427239, Fax (0221) 4069359, E-Mail: clutz@gm-schach.de

Vertreter der Geschäftsstelle (beratend): Hanns-Braun-Straße, Friesenhaus I, 14053 Berlin, Tel. (030) 3000780, Fax (030) 30007830, E-Mail: info@schachbund.de

9.3.1.7 A-Lizenztrainer des Deutschen Schachbundes

Mieczyslaw BAKALARZ, Moselstr. 18, 54441 Wellen, Tel./Fax (06584) 952341

Herbert BASTIAN, Gersweiler Str. 49, 66127 Saarbrücken-Klarenthal, Tel. (06898) 935521, Fax (06898) 935522, E-Mail: herbertbastian@01019freenet.de

Werner BECKEMEYER, Vivaldistr. 30, 48147 Münster, Tel. (0251) 232866

Frank BEHRHORST, Lokstedter Damm 20, 22453 Hamburg, Tel. (040) 5532366

Martina BELTZ, Sommerfelder Weg 101, 04329 Leipzig, Tel. (0341) 2511210, Fax (0341) 2311162

Georg BÖLLER, Stadtmauergasse 1, 92242 Hirschau, Tel. (09622) 3363

Dr. Ernst BÖNSCH, Ahrenshooper Str. 33/0501, 13051 Berlin, Tel./Fax (030) 9295682, E-Mail: Ernst.Boensch@gmx.de

Uwe BÖNSCH, Lerchenweg 24, 06179 Langenbogen, Tel. (034601) 23033, Fax (034601) 20234, E-Mail: bundestrainer@schachbund.de

Holger BORCHERS, Sophienstr. 6a, 10317 Berlin, Tel. (030) 5223545

Ekaterina BORULIYA, Adenauerstr. 33, 51149 Köln, Tel. (02203) 301875

Christian BOSSERT, Am Winkel 8, 76477 Elchesheim, Tel. (07245) 89233, E-Mail: cbossert@grenke.de

Klaus DARGA, Bussardweg 1, 71111 Waldenbuch, Tel. (07157) 3532, Fax (07157) 3541, E-Mail: Klaus@Darga.de

Karl-Heinz DEMUTH, Charlottenstr. 85, 10969 Berlin, Tel. (030) 25298483

Dr. Gerhard FAHNENSCHMIDT, Somborer Weg 5, 71067 Sindelfingen Tel. (070) 31386554

Fritz ROLAND, Steinstr. 5, 89522 Heidenheim, Tel. (07321) 51292, (07323) 960660, E-Mail: Rieke.Roland@t-online.de

Christian GOLDSCHMIDT, Balsterstr. 77, 44309 Dortmund

Heinrich GUTHEIL, Kortemickestr. 50, 57462 Olpe, Tel. (02761) 61039

Lev GUTMAN, Lindath 17, 49324 Melle, Tel. (05422) 958938
Heiko HENNINGS, Wassermannstr. 52, 12489 Berlin, Tel./Fax (030) 6710444
Enno HEYKEN, O'swaldstr. 32, 22111 Hamburg
Hans-Uwe HINRICHS, Außerhalb 12, 55411 Bingen, Tel. (06721) 15093/921478, E-Mail: hinrichs@t-online.de
Alfred KERTÉSZ, Niederberger Höhe 3, 56077 Koblenz, Tel. (0261) 66487
Jerzy KONIKOWSKI, Vogelpothsweg 25, 44149 Dortmund, Tel./Fax (0231) 171567, E-Mail:
    JKonikowsk@aol.com
Matthias KRALLMANN, Wertherstr. 99b, 33615 Bielefeld, Tel. (0521) 1368845
Felix LEVIN, Potsdamer Str. 5, 19063 Schwerin
Christopher LUTZ, Bachemer Str. 173, 50931 Köln, Tel. (0221) 427239, Fax (0221) 4069359,
    E-Mail: clutz@gm-schach.de
Claus-Dieter MEYER, Eduard-Grunow-Str. 27, 28203 Bremen, Tel. (0421) 704697
Horst MÜLLER, Böhmerwaldweg 5, 63069 Offenbach, Tel. (069) 837344
Dr. Klaus-Norbert MÜNCH, Salzmannstr. 49 B, 86163 Augsburg, Tel. (0821) 63363, E-Mail: Klausnorbert-
    muench@wiso.uni-augsburg.de
Jörg PACHOW, Schreinerstr. 13, 10247 Berlin, Tel. (030) 4229759, E-Mail: Joerg.Pachow@t-online.de
Bruno PIOCHACZ, Lechweg 7, 82140 Olching, Tel./Fax (08142) 2343, E-Mail: piochacz@informatik.tu-
    muenchen.de
Heinz RÄTSCH, Langensalzaer Str. 41 A, 99867 Gotha, Tel./Fax (03621) 855324
Bernd ROSEN, Waterloostr. 43, 45141 Essen, Tel. (0201) 325518
Philipp SCHLOSSER, Geroldsauerstr. 63, 76534 Baden-Baden, Tel. (07221) 681448, 681450, E-Mail:
    pschlosser@karpow-schachzentrum.de
Gerhard SCHMIDT, Hauptstr. 12, 82008 Unterhaching, Tel. (089) 6111206
Stephan SOLONAR, Westendstr. 32, 63477 Maintal, Tel. (06181) 497605
Yaroslav SROKOVSKIY, Adenauerstr. 33, 51149 Köln, Tel. (02203) 301875
Rainer TRÖGER, Hanns-Maaßen-Str. 16, 14974 Ludwigsfelde, Tel. (03378) 873893
Reinhold UNTERREITMEIER, Lange Feldstr. 8, 85435 Erding, Tel. (08122) 902050, Fax (08122) 902051)
Lothar VOGT, Buchenweg 10, 04827 Machern, Tel. (034292) 72560
Bernd VÖKLER, Erfurter Str. 70, 99510 Apolda, Tel. (03644) 557415, E-Mail: VOEKLERB@aol.com
Harry WIENIGK, Fritz-Reuter-Str. 23, 21493 Schwarzenbek
Siegfried WÖLK, Müssenredder 31a, 22399 Hamburg, Tel./Fax (040) 6061466
Herbert ZAPF, Barloer Weg 88, 46397 Bocholt, Tel. (02871) 33755, E-Mail: herbertzapf@arcormail.de

9.3.2 Internationale Großmeister (FIDE-Liste unter Deutschland)

BEZOLD, Michael		23. 05. 1972
BISCHOFF, Klaus		09. 06. 1961
BÖNSCH, Uwe		15. 10. 1958
BORULYA, Ekaterina	W	31. 12. 1969
DARGA, Klaus		24. 02. 1934
DAUTOV, Rustem		28. 11. 1965
ENDERS, Peter		02. 02. 1963
EPISHIN, Vladimir		11. 07. 1965
ESPIG, Lutz		05. 01. 1949
GABRIEL, Christian		03. 03. 1975
GUTMAN, Lev		26. 09. 1945
HECHT, Hans-Joachim		29. 01. 1939
HERTNECK, Gerald		18. 09. 1963
HICKL, Jörg		16. 04. 1965
HORT, Vlastimil		12. 01. 1944
HÜBNER, Robert Dr.		06. 11. 1948
JÜRGENS, Vera	W	05. 09. 1969
JUSSUPOW, Artur		13. 02. 1960
KACHIANI-GERSINSKA, Ketino	W	11. 09. 1971
KALINITSCHEW, Sergey		03. 02. 1956
KEITLINGHAUS, Ludger		24. 07. 1965
KHENKIN, Igor		21. 03. 1968

KINDERMANN, Stefan		28. 12. 1959
KNAAK, Rainer		16. 03. 1953
LAU, Ralf		19. 10. 1959
LEVIN, Felix		05. 11. 1958
LOBRON, Eric		07. 05. 1960
LUTHER, Thomas		04. 11. 1969
LUTZ, Christopher		24. 02. 1971
MAINKA, Romuald		15. 05. 1963
MAIWALD, Jens-Uwe		06. 05. 1974
MALICH, Burkhard Dr.		29. 11. 1936
MOHR, Stefan		22. 10. 1967
MUELLER, Karsten		23. 11. 1970
NAUMANN, Alexander		17. 02. 1979
PACHMANN, Ludek		11. 05. 1924
PÄHTZ, Thomas		04. 09. 1956
PFLEGER, Helmut Dr.		06. 08. 1943
ROTSTEIN, Arkadij		29. 04. 1961
SARANA, Oksana	W	28. 04. 1979
SCHLOSSER, Philipp		19. 08. 1968
SCHMID, Lothar		10. 05. 1928
SCHMITTDIEL, Eckhard		13. 05. 1960
STANGL, Markus		29. 04. 1969
SLOBODJAN, Roman		01. 01. 1975
TESKE, Henrik		28. 02. 1968
TISCHBIEREK, Raj		24. 09. 1962
ZEITLIN, Mikhail		16. 06. 1947
UHLMANN, Wolfgang		20. 03. 1935
UNZICKER, Wolfgang		26. 06. 1925
VOGT, Lothar		17. 01. 1952
WAHLS, Matthias		25. 01. 1968

9.4 Deutsche Schachjugend (DSJ)

Die Deutsche Schachjugend ist die Jugendorganisation des Deutschen Schachbundes. Sie wurde 1970 gegründet und ist ein ehrenamtlich organisierter Sportjugendverband. Die DSJ besteht aus siebzehn Landesuntergliederungen, wobei ca. 25000 Kinder und Jugendliche betreut werden. Geführt wird die Deutsche Schachjugend vom 1. Vorsitzenden, der mit Sitz und Stimme dem Präsidium des Deutschen Schachbunds angehört. Er wird jeweils für zwei Jahre auf der Jugendversammlung der DSJ gewählt. Die Deutsche Schachjugend ist gleichberechtigtes Mitglied der Deutschen Sportjugend und bekennt sich zu deren Grundsätzen.

Vorstand:

Erster Vorsitzender: Michael JUHNKE, König-Ludwig-Str. 18, 31515 Wunsdorf, Tel. (05031) 912348, E-Mail: juhnkem@aol.com

Zweiter Vorsitzender: Patrick WIEBE, Rendsburger Landstr. 87, 24113 Kiel, Tel. (0431) 6434122, E-Mail: P.Wiebe@t-online.de

Referent für Finanzen: Markus SEMMEL, Hainstr. 7, 63526 Erlensee, Tel. (06183) 4163, E-Mail: MaSemmel@aol.com

Nationaler Spielleiter: Norbert LUKAS, Buer-Gladbecker-Str. 50, Tel./Fax (0209) 39230, E-Mail: norbert.lukas@schachfreunde-buer.de

Referent für Schulschach: Eckhard LÜERS, Weidenstr. 9, 26135 Oldenburg, Tel. (0441) 13696, Fax (0441) 13692, E-Mail: elueers@t-online.de

Referent für Mädchen: Frank SOLF, Beerenwiese 1, 36304 Alsfeld, Tel./Fax (06631) 5281, E-Mail: Frank.Solf@gmx.de

Referent für Öffentlichkeitsarbeit: Christian WARNEKE, Saselbergweg 58, 22395 Hamburg, (040) 6066355, E-Mail: cwarneke@gmx.net

Referent für Allgemeine Jugendarbeit: Helmut SCHUMACHER, Am Hammbügel 4e, 34225 Baunatal, Tel. (0561) 9491649, Fax (0561) 9491647, E-Mail: Schumi@hsj.de

Referent für Mitarbeiterqualifikation: vakant

Jugendsprecherin: Franziska SEEL, Winterhuder Marktplatz 13, 22299 Hamburg, E-Mail: dekleene@gmx.net

Jugendsprecher: Jan POHL, Fritz-Schumacher-Allee 75, 22417 Hamburg, (040) 5205282, E-Mail: jean.paul@t-online.de

Beauftragter für Leistungssport: Bernd VÖKLER, Erfurter Str. 70, 99510 Apolda, Tel. (03644) 557415, E-Mail: VOEKLERB@aol.com

Geschäftsführer: Jörg SCHULZ, Detmolder Str. 66, 10715 Berlin, Tel. (030) 85726073, E-Mail: SchulzJP@aol.com

Geschäftsstelle der Deutschen Schachjugend: Hanns-Braun-Straße, Friesenhaus I, 14053 Berlin, Tel. (030) 30007813, Fax (030) 30007830

9.5 International Correspondence Chess Federation (ICCF), Weltfernschachbund

Präsident: A. P. BORWELL (SCO), E-Mail: AlanBorwell@compuserve.com

Ehrenpräsident: H. J. MOSTERT (NLD)

Stellvertretender Präsident (Entwicklung): A. A. van't RIET (NLD), E-Mail: A. A.Riet@inter.NL.net

Stellvertretender Präsident (Regeln): R. WIKMAN (FIN), E-Mail: rwikman@ra.abo.fi

Stellvertretender Präsident (Turniere): E. LÜERS (GER), E-Mail: Elueers@t-online.de

Generalsekretär: A. RAWLINGS, E-Mail: alanr@bpcf.u-net.com

Schatzmeister: C. Flores GUTIERREZ (ESP), E-Mail: c.flores@retE-Mail.es

Zonendirektor Zone 1: Prof. G.-M. TANI (ITA), E-Mail: gian-tani@itbox.net

Zonendirektor Zone 2: C. CRANBOURNE (ARG), E-Mail: cacranb@attglobal.net

Zonendirektor Zone 3: Prof. M. ZAVANELLI (USA), E-Mail: ZPRChess@aol.com

Zonendirektor Zone 4: Ing. M. SAMRAOUI (ALG), E-Mail: samaoui@aol.com

Vertreter bei FIDE: G. RADOSZTICS (OST), E-Mail: radoiccf@bnet.co.at

Revisor: H. B. SARINK (NLD), Staverdenhoek 53, 7546 GE Enschede, Tel./Fax 31–53–4763191

Weltturnier-Büro: Prof. G.-M. TANI (ITA), E-Mail: gian-tani@itbox.net

ICCF im Internet: www.iccf.com

9.6 Deutscher Fernschachbund (BdF)

Präsident: Dr. Fritz Baumbach, Schonensche Str. 4a, 10439 Berlin, Tel./Fax (030) 4716534

Ehrenpräsident: Hermann Heemsoth, Georg-Gröningstr. 105, 28209 Bremen, Tel. (0421) 341335

Turnierdirektor: Eckhard Lüers, Weidenstr. 9, 26135 Oldenburg, Tel. (0441) 13696, Fax (0441) 13662, E-Mail: Elueers@aol.com

Schatzmeister: Harry Gromotka, Berta-von-Suttner-Ring 37, 25436 Tornesch, Tel. (04122) 54006, Fax (04122) 54007

Leiter Turnierbüro: Ulrich Wagner, Voßbrink 15, 33739 Bielefeld, Tel. (0526)705303, Fax (0526) 705304, E-Mail: BdFTbuero@online.de

Turniersekretär: Peter Schmidt, Lutoner Str. 12, 13581 Berlin, Tel. (030) 3325699, Fax (030) 3312801

Geschäftsführer u. Postanschrift BdF: Eberhard Gromotka, Postfach 2025, 37010 Göttingen, Tel. (0551) 51085, Fax (0551) 51086, E-Mail: gromotka@mcis.de, http.//www.fernschach.de

9.7 Bedeutende deutsche Schachschulen, Sportschulen und Trainingsstätten

Name	Leitung/Schule/Lehrgang	Anschrift
Bildungs- und Freizeitstätte der SJ im LSB Sachsen-Anhalt	Schachlehrgänge	Barenberg 18, 38879 Schierke Tel. (039455) 8630, Fax (039455) 86310
Bildungs- und Freizeitstätte der Thüringer Sportjugend	»Waldhof« Finsterbergen Schachlehrgänge	Spießbergstr. 27, 99898 Finsterbergen Tel. (03623) 306228, Fax (03623) 306246
Bildungswerk des LSB Sachsen	Landessportbund Sachsen	Marienallee 14b, 01099 Dresden Tel. (0351) 8009926 u. 27
Bootshaus am Sorpesee	LSB Nordrhein-Westfalen Schachlehrgänge	Willi-Weyer-Schule, PF 2020, 59837 Sundern-Hachen, Tel. (02935) 520
Botwinnik-Schachschule Talentgruppe Jungen Talentgruppe Mädchen	Sportschule Bad Blankenburg Bundesnachwuchstrainer GM Michael Bezold A-Lizenztrainer Heinz Rätsch	Sportschule Bad Blankenburg Wirbacher Str. 10, 07422 Bad Blankenburg Tel. (036741) 620, Fax (036741) 62510
Bremer Schullandheim	Trainingslehrgänge für Kaderspieler	Bremer Schullandheim, Bartelsweg 1, 31737 Rinteln, Tel. (05751) 5325
ChessTour-Akademie Björn Röber	Intensivkurse für Kinder und Jugendliche	Müllerring 61, 04466 Lindenthal, Tel. (0341) 46840012, Fax (0341) 46840013, E-Mail: info@chesstour.de, www.chesstour.de
Feriendorf Hachen	LSB Nordrhein-Westfalen Schachlehrgänge	Am Holthahn 1, 59846 Sundern-Hachen Tel. (02935) 9520, Fax (02935) 952157
Feriendorf Hinsbeck	LSB Nordrhein-Westfalen Schachlehrgänge	Heide 2c, 41334 Nettetal 1-Hinsbeck Tel. (02153) 9158–0, Fax (02153) 5988
Ferienheim Bad Schönhagen/ Ostsee	Hamburger Sportjugend Schachlehrgänge	Strandstr. 1, 24398 Schönhagen/Karby Tel. (040) 41908–216, Fax (040) 41908–296
Haus des Sports	Hamburger Sportjugend Schachlehrgänge	Schäferkampsallee 1, 20357 Hamburg Tel. (040) 41908–0, Fax (040) 41908–274
Hermann-Neuberger-Sportschule	Schachlehrgänge	Im Stadtwald – Gebäude 54, 66123 Saarbrücken, Tel. (0681) 3879–110, 494, Fax (0681) 3879–154, 487
Jugendherberge Buckow	Kaderlehrgänge Jugend Brandenburg	Berliner Str. 36, 15377 Buckow Tel./Fax (033433) 286
Artur Jussupow Schachakademie	GM Artur Jussupow Tages- und Wochenendseminare	Hagenthaler Str. 19, 89264 Weißenhorn Tel. (07309) 426059, Fax (07309) 426069 E-Mail: Artur_Jussupow@compuserve.com Internet: http://ourworld.compuserve.com/ homepages/Artur_Jussupow
Karpow-Schachzentrum Baden-Baden e. V. Schach-Akademie LLZ Baden-Württemberg	GM Philipp Schlosser Christian Bossert Dr. Markus Keller (Geschäftsführer)	Schwarzwaldstr. 99, 76532 Baden-Baden Tel. (07221) 681448, Fax (07221) 681450 E-Mail: pschlosser@karpow-schachzentrum.de Internet: www.karpow-schachzentrum.de

Landessportschule Bad Blankenburg	Lehrgänge DSB und LV	Wirbacher Str. 10, 07422 Bad Blankenburg Tel. (036741) 620, Fax (036741) 62510
Landessportschule Lindow	Landessportbund Brandenburg	Granseer Str. 10–11, 16835 Lindow Tel. (033933) 70323, Fax (033933) 70243
Landessportschule Osterburg	Landessportbund Sachsen-Anhalt	Thälmannstr. 10, 39606 Osterburg Tel./Fax (03937) 82912
Landessportschule Werdau	LSB Sachsen	PF 1355, 08403 Werdau Tel. (03761) 18180, Fax (03761) 1818–245
Landgasthof Hotel Waldow	Trainingslehrgänge	Hinter der Bahn 20, 03172 Guben Tel. (03561) 4060, Fax (03561) 2171
Leistungsstützpunkt Leipzig	B-Lizenztrainer Matthias Liedke	Spiellokal SC Leipzig Gohlis Ansprechpartner: M. Liedke, Brackerstr. 34, 04207 Leipzig, Tel. (0341) 9414317
Schachakademie Ratingen und Krefeld	Holger Möller	Am Hosiepen 47, 44869 Wattenscheid Tel./Fax (02327) 73059, E-Mail: schachakademie@holger-moeller.de Homepage: www.schachakademie.de
Schachreisen Jörg Hickl	mit GM Christian Gabriel	Holiday Land Licher Reisebüro/Jörg Hickl Schachreisen, Heinrich-Neeb-Str. 4, 35423 Lich, Tel. (06404) 662612, Fax (06404) 63212, E-Mail: Schachreisen@compuserve.com
Schachschule 2000	GM Igor Glek Jugend-, Gruppen-, Einzel- und Onlinetraining	Ellernstr. 72, 45326 Essen Tel/Fax (0201) 292735, Tel.mobil 0173–2923885 E-Mail: i.glek@t-online.de; Internet: www.glek.de
Schachschule Erlangen	Willi Caspar	Ritzerstr. 36, 91054 Erlangen E-Mail: Schachschule.Erlangen@t-online.de
Schachschule Greifswald	Trainer Guido Springer	Lomonossowallee 20, 17491 Greifswald, Tel. (0172) 3937123
Schachseminare	GM Lev Gutman	Lindath 17, 49324 Melle, Tel. (05422) 958938
Sportgymnasium Dresden	Schachlehrer Falk Sempert	Parkstr. 4, 01067 Dresden, www.sportgymnasium.de
Sportgymnasium Leipzig	Schachförderung geplant	Marschnerstr. 30, 04109 Leipzig
Sportheim und Appartmenthaus Neuastenberg	LSB Nordrhein-Westfalen Schachlehrgänge	Zur Lenneplätze 11, 59955 Winterberg Tel. (02981) 9224–0, Fax (02981) 9224–40
Sporthotel Mühlhausen	Schachlehrgänge	Kasseler/Wanfrieder Straße, 99974 Mühlhausen Tel. (03601) 4980, Fax (03601) 498252
Sportschule des Landesportbundes Berlin	Leiter Frank Kegler	Priesterweg 4, 10829 Berlin, Tel. (030) 787724–0, Fax (030) 7883217
Sportschule des LSB Hessen	Landessportbund Hessen	Otto-Fleck-Schneise 4, 60528 Frankfurt Tel. (069) 6789–400, Fax (069) 6789273

Sportschule des LSB Niedersachsen	Landessportbund Niedersachsen	Ferd.-Wilhelm-Fricke-Weg 10, 30169 Hannover Tel. (0511) 1268180
Sportschule Mainz	Berno-Wischmann-Haus	Dahlheimer Weg, 55120 Mainz Tel. (06131) 37494–0, Fax (06131) 37494–80
Sportschule Oberhaching	Lehrgänge DSB und LV	Im Loh 2, 82041 Oberhaching Tel. (089) 613840, Fax (089) 613840–111
Sportschule Radevormwald	LSB Nordrhein-Westfalen Schachlehrgänge	Jahnstr. 29, 42477 Radevormwald Tel. (02195) 91300, Fax (02195) 913030
Sportschule Sachsenwald	Lehrgänge DSB und LV	Am Fuchsberg 1, 21465 Wentorf Tel. (040) 729089–0, Fax (040) 7203085
Sportschule Schöneck	Lehrgänge DSB und LV	Sepp Herberger Weg 2, 76201 Karlsruhe Tel. (0721) 409040, Fax (0721) 4090424
Sportschule Westerstede	Schachlehrgänge	Hössensportanlage, 26655 Westerstede Tel. (04488) 3006–3007
Sport- und Bildungszentrum Güstrow	Trainer/Schiedsrichter Aus/ Weiterbildungslehrgänge	Am Niklotstadion, 18272 Güstrow Tel. (03843) 250912
Sport- und Bildungszentrum Malente	Landessportverband Schleswig-Holstein	Eutiner Str. 45, 23714 Malente Tel. (04523) 3322, Fax (04523) 5277
Sport- u. Bildungszentrum Rabenberg	LSB Sachsen	08359 Breitenbrunn Tel. (037756) 1710, Fax (037756) 171555
Sport- u. Jugendleiterschule Nellingen-Ruit	Lehrgänge DSB und LV	Im Zinsholz, 73760 Ostfildern Tel. (0711) 34840, Fax (0711) 3484–147
Sportzentrum Kienbaum für Leistungs- und Breitensport	Trainer/Schiedsrichter Aus- und Weiterbildungslehrgänge	Puschkinstr. 2, 15345 Kienbaum Tel. (0334) 760, Fax (0334) 70204
Sportzentrum Uckley e. V.	Trainer/Schiedsrichter Aus/ Weiterbildungslehrgänge	15758 Kablow Ziegelei Tel. (03375) 293662, Fax (03375) 295193
Südbadische Sportschule Steinbach	Kaderlehrgänge DSB	Georgstr. 115, 76534 Baden-Baden (Steinbach) Tel. (07223) 51190, Fax (07223) 511917
Trainingscamp der sächsischen Schachjugend	Jugendcamp Grömitz	Blankenwasserweg 135, 23743 Grömitz Tel. (04562) 4400, Fax (04562) 25193
Trainingspension und Gesundheitspraxis im Gästehaus Seyde	Ansprechpartner Frank Rieger	Bergstr. 49, 01776 Hermsdorf-Seyde Tel./Fax (035057) 50720–3 E-Mail: RiegerFr@aol.com
Yachthafen Warnemünde	Schulleiter Jürgen Mier	Am Bahnhof 3, 18119 Rostock-Warnemünde Tel. (0381) 52384
Willi-Weyer-Schule	LSB Nordrhein-Westfalen Schachlehrgänge	Am Holthahn 1, 59846 Sundern-Hachen Tel. (02935) 9520, Fax (02935) 952157
Wintersportschule des LSB Thüringen	Sporthotel Oberhof	Am Harzwald 1, 98559 Oberhof Tel. (036842) 21033, Fax (036842) 22595

9.8 Internetadressen für Training, Wettkämpfe und Informationen

Aus der Vielzahl von professionellen und privaten Internetanbietern werden einige Adressen in deutscher und englischer Sprache für den Einsteiger angeboten. Da die Offerten im Internet stetig anwachsen, sollten mit Internetanschluss ausgerüstete Spieler aufmerksam neue sites im World Wide Web und in der Fachpresse beachten. Die Landesverbände im DSB geben eigene Homepages heraus.

http://schachbund.de	Offizielle Seite des Deutschen Schachbundes e.V. mit umfangreichen Informationen über das Schachleben in Deutschland, einschließlich großer Linkliste (deutsch)
http://deutsche-schachjugend.de/dsj	Informationen für jugendliche Schachspieler und Trainer zu Themen wie Trainings- und Leistungssportbereich, Schulschach, Allgemeine Jugendarbeit, Lehrarbeit (deutsch)
http://correspondencechess.com	Für Fernschachinteressenten mit einem umfangreichen Partienangebot einschließlich aller Partien der bisherigen FS-Weltmeister (englisch)
http://ourworld.compuserve.com/homepages/rochade	Onlineausgabe der Zeitschrift »Rochade Europa« (deutsch)
www.chesscafe.com	Internetmagazin mit Schachveröffentlichungen und Informationen (englisch)
www.chesscenter.com/twic/twic/html	Führende Internetzeitung »The Week in Chess« (TWIC) mit täglicher Aktualisierung und einer Wochenausgabe am Dienstag, umfangreiche Partiendownload sites (englisch)
www.chessclub.com	Internet Chess Club (ICC), täglich werden tausende Partien zwischen Gegnern unterschiedlicher Leistungsstärke gespielt (englisch)
www.chess-international.de	Spezielles Internetmagazin mit komplettem Angebot in deutsch
www.gm-schach.de	Aktuelle Informationen, Trainingsangebote und Bundesligaberichterstattung mit Partien
www.kasparovchess.com	Eine der führenden Seiten mit einem Komplettangebot rund um das Schach, Live-Berichterstattungen von Veranstaltungen, eigene Spielmöglichkeiten, Organisation von Turnieren mit GM-Beteiligung (englisch)
www.schach.com	Internetzeitung mit täglicher Aktualisierung (deutsch)
www.schach-magazin.de	Onlineausgabe der Zeitschrift »Schach-Magazin 64« (deutsch)
www.worldfide.com	Seite des Weltschachbundes FIDE mit offiziellen Informationen und aktualisierten Elo-Zahlen (englisch)
www.zeitschriftschach.de	Internetauftritt der Zeitschrift »Schach« mit Tagesberichten bei internationalen Spitzenturnieren (deutsch)

9.9 Literatur-, Software- und Computerbezugsquellen für Schachtraining/Unterricht sowie Verlage für Schachliteratur

Name	Anschrift	Telefon/Fax	E-Mail/Internet
Antiquariat Klittich-Pfankuch	PF 1133 38001 Braunschweig	Tel. (0531) 242880 Fax (0531) 13505	antiquariat@klittich-pfankuch.de
Batsford	9 Blenheim Court, Brewery Road London N7 9NT	Tel. (0171) 700 7444	
Binder & Heymann GbR	Postfach 1123 15201 Frankfurt/O.	Tel. (0335) 522129 Fax (0335) 537478	Doe.Kri.No@t-online.de Homepage: www.hasy.de
Blauer Punkt Verlag	Königsberger Str. 20, 61130 Nidderau		BlPuVerlag@aol.com
ChessAcademy-Zentrale W. Braslawski ChessAcademy Software	Urdenbacher Alle 61 40593 Düsseldorf	Tel. (0211) 742826 Mobil. 01739255389 Fax (0211) 742831	chessacademy@aol.com chessacademy@compuserve.com webmaster@chessacademy.de www.chessacademy.de
ChessBase Data Schweiz	Wermetswilerstr. 33 CH-8610 Uster	Tel. (01) 9408622 Fax (01) 9405968	
ChessBase GmbH	Mexikoring 35 22297 Hamburg	Tel. (040) 639060–10 Fax (040) 6301282	info@chessbase.com magazine@chessbase.com www.chessbase.de
chess-international.de	Franz Jittenmeier Norbert Lukas Heinz in der Elst	Tel. (02323) 44312, 46153, 46306 Fax (02323) 9131713	chess-international.de
ChessWare Bernhard Jehle	Von-Thürheim-Str. 72 89264 Weißenhorn	Tel. (07309) 7999 Fax (07309) 41100	Chessware@t-online.de www.chessware.de
Computer-Schach & Spiele, Druck+Verlag Ernst Vögel	Kalvarienbergstr. 22–30 93491 Stamsried	Tel. (09466) 9400–0 Fax (09466) 1276	voegel@voegel.com redaktion@computerschach.de www.computerschach.de
Denksportboekhandel L'Esprit	Postbus 172 NL-5240 AD Rosmalen	Tel. (073) 5216607 Fax (073) 5220172	peter.lauwen@tip.nl
Deutscher Schachbund Wirtschaftsdienst GmbH	Hanns-Braun-Straße Friesenhaus 1 14053 Berlin	Tel. (030) 30007821 Fax (030) 30007830	info@schachbund.de http://schachbund.de
Edition Olms	Breitlenstrasse 11 CH-8634 Hombrechtikon/Zürich	Tel. 0041/55/2445030 Fax 0041/55/2445031	
Elektroschach Heide Ketterling	Dudenstr. 32 10965 Berlin	Tel./Fax (030) 7857674	
Emmerich Österreicher	Schmiederfelderstr. 47 73066 Uhlingen	Tel. (07161) 31493 Fax (07161) 388102	
EuroChess Zentrale	Heinrich-Horn-Str. 12 53639 Königswinter	Tel. (02244) 912840 Fax (02244) 81506	
Euro Schach Dresden	Oskar-Mai-Str. 6 01159 Dresden	Tel. (0351) 4161636 Fax (0351) 4161639	dresden@euro-schach.de www.euro-schach.de

Everman Publishers plc. formerly Cadogan Books	Gloucester Mansions, 140 A Shaftesburg Av., London WC2H 8HD		
Exzelsior Verlag GmbH Zeitschrift Schach	Reichenberger Str. 124 10999 Berlin	Tel. (030) 61076285 Fax (030) 61076287	Redaktion_Schach@compuserve.com www.zeitschriftschach.de
fettesoft Martin Fette	Jägerstr. 21 23774 Heiligenhafen	Tel. (04362) 5045–60 Fax (04362) 5045–70	fettesoft@aol.com www.fettesoft.de
Frank David	Hans-Drewitz-Ring 23b 21075 Hamburg		
Frank Helm	Beckerhof 10a 06618 Casekirchen/ OT Seidewitz		
Gambit-Soft Schachversandhandel	Zimmerner Str. 9 A 78628 Rottweil	Tel. (0741) 46413 Fax (0741) 46313	gambits@gambitsoft.com www.gambitsoft.com
Ingenieurbüro S. H. Jörke	Endlikerstr. 71 CH-8408 Winterthur	Tel./Fax (052) 2231678	
Internet Service Team	Gartenstr. 12a 86495 Eurasburg	Tel. (08208) 1354 Fax (08208) 90142	IST@games-of-chess.de www.games-of-chess.de
Joachim Beyer Verlag	Langgasse 25 96142 Hollfeld	Tel. (09274) 95051 Fax (09274) 95053	Beyer.Verlag@t-online.de www.beyerverlag.de
José Maria Gutiérrez Dopino	Berliner Str. 242 63067 Offenbach/Main	Tel. (069) 818650	
Jussupow Schachakademie Verlag	Hagenthalerstr. 19 89264 Weißenhorn	Tel. (07309) 426059 Fax (07309) 426069	Artur_Jussupow@compuserve.com www.ourworld.compuserve. com/homepages/ArturJussupow
M. Gluth Verlag	Ahornallee 9 02708 Löbau	Tel./Fax (03585) 404871	fschach@chronos-gmbh.de
Lasker's (Schachladen) Edition Marco Verlag Arno Nickel	Wilhelmshavener Str. 31 10551 Berlin-Tiergarten	Tel. (030) 39037607 Fax (030) 39037608	edmarco@snafu.de
Millenium 2000 GmbH Hegener & Weiner	Liebigstr. 28 80538 München	Tel. (089) 290035–0 Fax (089) 290035–20	hcc@computerchess.com www.computerchess.com
Pickard & Son	P. O.Box 2320 USA-Wylie, TX 75098	Tel. 972–429–9052 Fax 972–429–9053	www.ChessCentral.com
Profi-Schach-Laden Ralf-Axel Simon	Albrechtstr. 111 12167 Berlin	Tel. (030) 7973784 Fax (030) 6186981	Axelsimon@aol.com
Rochade Europa Carsten Köhler	Postfach 1154 99601 Sömmerda	Tel. (03634) 603850 Fax (03634) 622213	ROCHADE@compuserve.com www.ourworld.compuserve. com/homepages/rochade
Schachagentur Berlin Dagobert Kohlmeyer	Wilhelm-Stolze-Str. 19 10249 Berlin	Tel./Fax (030) 4264908	DagoBerlin@aol.com
Schachagentur Norbert Kranewitter	A-6330 Kufstein Feldgasse 51	Tel. (05372) 66760 Fax (05372) 63493	n.kranewitter@tirol.com
Schach E. Niggemann	Industriestr. 10 46359 Heiden	Tel. (02867) 8088, 89 Fax (02867) 90666	schach.niggemann@t-online.de www.niggemann.com

SchachDepot Harald Wohlt	Bebelstr. 85 70193 Stuttgart	Tel. (0711) 6572002 Fax (0711) 6572004	SchachDepot.Wohlt@t-online.de www.schachdepot.de
Schachfirma Fruth	Truderinger Str. 2 82008 Unterhaching	Tel. (089) 6115203 Fax (089) 617576	schachfruth.chess@t-online-de
Schachladen Peter Zymelka	Karlsgraben 42/46 52064 Aachen	Tel. (0241) 408800 Fax (0241) 408866	
Schachhaus Mädler	Wägnerstr. 5 01309 Dresden	Tel. (0351) 3400151 Fax (0351) 3360145	Schachhaus.Maedler@t-online.de
Schachladen im Altstadthof	Albrecht-Dürer-Str. 12 90403 Nürnberg	Tel. (0911) 2308990 Fax (0911) 2308995	Schachladen@t-online.de www.schachladen-altstadthof.de
Schachmagazin 64/Schach-Echo	Red. IM Otto Borik Nienstedt 16 27211 Bassum	Fax (04245) 95082	Borik@t-online.de
Schach Markt Verlag Werner Rätz	Breitenbachweg 6 75006 Bretten	Tel. (7252) 4827 Fax (7252) 85565	Raetz.SM@t-onlin.de www.schachmarkt.de
Schach Profi Verlag Reinhold Dreier	Seydlitzstr. 13 67061 Ludwigshafen	Tel. (0621) 5296969 Fax (0621) 5889722	
Schachverlag Kania FM Harald Keilhack	Richard-Wagner-Str. 43 71701 Schwieberdingen	Tel./Fax (07150) 37098	Keilhack@aol.com www.Kaniaverlag.de
Schachverlag Rudi Schmaus	Rohrbacher Str. 27 69115 Heidelberg	Tel. (06221) 21347	
Schach!! Verlag. Vertrieb. Veranstaltungen Jürgen Daniel	Bocholter Weg 16 41334 Nettetal	Tel. (02153) 912794 Fax (02153) 912795	JuergenDaniel@compuserve.com www.schach-daniel.com www.gm-schach.de
Schachversand Robert Ullrich	Postfach 1249 97471 Zeil/Main	Tel. (09524) 6610 Fax (09524) 3310	Schachversand-Ullrich@t-online.de www.home.t-online.de/home/ schachversand-ullrich/
Schachzentrale Rattmann	Randersweide 63 21035 Hamburg	Tel. (040) 73598800 Fax (040) 73590109	
Sportverlag Berlin/ Econ Ullstein List GmbH & Co. KG München	Hohenzollerndamm 56 14199 Berlin Paul-Heyse-Str. 26–28 80336 München	Tel. (030) 897366–6 Fax (030) 897366–88 D-Netz (0172) 5182299	kruegerberlin@t-online.de
Stefan Bücker Verlag Kaissiber	Bispingallee 7 48356 Nordwalde	Tel. (02573) 4263 Fax (02573) 4293	101641.1204@compuserve.com
Steinwender EDV-Beratung	Dieter Steinwender Entenweg 34 22549 Hamburg	Tel. (040) 83293133 Fax (040) 8317998	Steinwender@t-online.de
Swiss Chess Dipl.-Ing. Franz-Josef Weber	Willbecker Str. 97 40699 Erkrath	Tel. (02104) 449456 Fax (02104) 45967	swiss-chess.turniersoftware@ t-online.de www.swiss-chess.de
Thüringer Schachecke Preuße zu Jena	Franz Liszt Str. 81 07749 Jena	Tel./Fax (03641) 446507	
Verlag Bock & Kübler	Brandenburgische Str. 149, 15566 Schöneiche	Tel. (030) 64387562 Fax (030) 64387563	

Verlag Carl Ed. Schünemann KG	Postfach 106067 28060 Bremen	Tel. (0421) 36903–25 Fax (0421) 36903–34	kontakt@schach-magazin.de www.schach-magazin.de
Verlag Emil Katzbichler	Wilhelming 7 83112 Frasdorf	Tel. (08051) 2595 Fax (08051) 64113	
Verlagsbuchhandlung Georg Olms	Hagentorwall 7 31134 Hildesheim	Tel. (05121) 150117 Fax (05121) 150123	
Walter Rau Verlag	Postfach 120407 Benderstr. 168a 40625 Düsseldorf	Tel. (0211) 283095 Fax (0211) 283827	

(Quellen des Adressenmaterials: Internet, Zeitschrift Rochade Europa, Zeitschrift Schach Markt, Schach-Kalender 2000, Offizielle Materialien des DSB und der Landesschachverbände, Stand 09/2000)

10. EHRENKODEX FÜR TRAINERINNEN UND TRAINER IM SPORT

I. Präambel

Der Ehrenkodex für Trainerinnen und Trainer im deutschen Sport basiert auf dem Prinzip Verantwortung für das Wohl der Sportlerinnen und Sportler. Er ist ein selbstauferlegter Kanon von Pflichten und stellt ein in Worte gefasstes, traditionell gewachsenes, sittlich angestrebtes und gewissenbestimmtes Standesethos dar. Er ist die immer neu zu prüfende moralische Grundlage für ein eigenbestimmtes berufliches Selbstverständnis im Rahmen unseres freiheitlich-demokratischen Gemeinwesens unter strenger Beachtung der Würde des Menschen und der Bürgerrechte. Er ist ein wesentlicher Bestandteil der Entwicklung einer Berufskultur, die sich der menschlichen Leistung und der Prämisse von Humanität verpflichtet fühlt.

Der Ehrenkodex hat normen- und wertbegründete Orientierungen für die Gesinnung und das Handeln im Bereich des Trainings und Wettkampfes zum Inhalt. Diese Orientierungen sind im Grundsatz an einem »humanen Leistungssport« sowie am Wohl von Kindern und Jugendlichen, an der »mündigen Athletin« und am »mündigen Athleten« ausgerichtet. Die damit verbundenen Verpflichtungen sind von der Überzeugung getragen, dass Leistung und Humanität, Sieg und Moral, Erfolg und persönliches Glück nicht nur miteinander zu vereinbaren sind, sondern sich auch gegenseitig bedingen. Dies bedeutet: Die durch Training zu erreichenden Leistungssteigerungen dürfen nur durch humane Maßnahmen verwirklicht werden. Die Erfolge im Wettkampf sind unter Befolgung der jeweils geltenden Regeln und unter Beobachtung des Fairness-Gebots anzustreben. Dabei gilt:

Die Würde des Menschen hat in Training und Wettkampf immer Vorrang!

Vor diesem Hintergrund kommt der pädagogischen Verantwortung der Trainerinnen und Trainer für den ihnen anvertrauten Sportlerinnen und Sportlern, insbesondere für die Kinder und Jugendlichen im Sinne einer Erziehung zur Leistung ganz besondere Bedeutung zu. Der Ehrenkodex und die mit ihm gegebenen Pflichten und Verantwortungen betreffen nicht nur den Umgang der Trainerinnen und Trainer mit den betreffenden Sportlerinnen und Sportlern, sondern auch den gegenseitigen Umgang zwischen ihnen und den fürsorgepflichtigen Eltern, den anderen in das Sportgeschehen eingebundenen Personen wie Ärztinnen und Ärzten, ehren- und hauptamtlichen Funktionärinnen und Funktionären, Kolleginnen und Kollegen, Zuschauerinnen und Zuschauer sowie Vertreterinnen und Vertretern der Medien, Wirtschaft und Politik.

Trainerinnen und Trainer können ihre Pflichten nur dann sinnvoll erfüllen, wenn alle beteiligten Gruppen die Prinzipien des Ehrenkodexes akzeptieren. Aus diesem Grund dient der Ehrenkodex nicht nur der persönlichen Sicherheit, dem persönlichen Schutz und den sozialen Anforderungen der mit dem Training befassten Personen. Der Ehrenkodex geht von der Selbstbestimmung des Berufsstandes der Trainerinnen und Trainer im deutschen Sport aus. Er ist wesentlicher Bestandteil der Entwicklung und Festigung einer Berufskultur, die sich der menschlichen Leistung unter der Vorherrschaft der Humanität verpflichtet fühlt. Er leistet deshalb auch einen wichtigen Beitrag zur Entwicklung eines positiven Selbstbildes von Trainerinnen und Trainern.

Die Verantwortlichen im deutschen Sport verpflichten sich ihrerseits, den Ehrenkodex im Bedarfsfalle in enger Zusammenarbeit mit den Trainerinnen und Trainern weiterzuentwickeln und die Rahmenbedingungen für die praxisnahe Umsetzung dieser ethisch-moralischen Vorgaben zu schaffen.

Der Deutsche Sportbund und seine Mitgliedsorganisationen stützen und schützen ihre Trainerinnen und Trainer (sowie alle anderen verantwortlichen Betreuerinnen und Betreuer von Sportlerinnen und Sportlern) bei der Einhaltung dieses Ehrenkodexes.

II. Ehrenkodex

1. Trainerinnen und Trainer respektieren die Würde der Sportlerinnen und Sportler, die unabhängig von Alter, Geschlecht, sozialer und ethnischer Herkunft, Weltanschauung, Religion, politischer Überzeugung oder wirtschaftlicher Stellung gleich und fair behandelt werden.

2. Trainerinnen und Trainer bemühen sich, die Anforderungen des Sports in Training und Wettkampf mit den Belastungen des sozialen Umfeldes insbesondere von Familie, Schule, Ausbildung und Beruf, in Einklang zu bringen.

3. Trainerinnen und Trainer bemühen sich um ein pädagogisch verantwortliches Handeln:
   - Sie geben an die zu betreuenden Sportlerinnen und Sportler alle wichtigen Informationen zur Entwicklung und Optimierung ihrer Leistung weiter.
   - Sie beziehen die Sportlerinnen und Sportler in Entscheidungen ein, die diese persönlich betreffen.
   - Sie berücksichtigen bei Minderjährigen immer auch die Interessen der Erziehungsberechtigten.
   - Sie fördern die Selbstbestimmung der ihnen anvertrauten Sportlerinnen und Sportler.
   - Sie bemühen sich bei Konflikten um offene, gerechte und humane Lösungen.
   - Sie wenden keine Gewalt – in welcher Form auch immer – gegenüber den ihnen anvertrauten Athletinnen und Athleten an.
   - Sie erziehen zur Eigenverantwortlichkeit und zur Selbständigkeit der Sportlerinnen und Sportler, auch im Hinblick auf deren späteres Leben.

4. Trainerinnen und Trainer erziehen ihre Sportlerinnen und Sportler darüber hinaus
   - zu sozialem Verhalten in der Trainingsgemeinschaft,
   - zu fairem Verhalten innerhalb und außerhalb des Wettkampfes und zum nötigen Respekt gegenüber allen anderen in das Leistungssportgeschehen eingebundenen Personen und Tieren,
   - zum verantwortlichen Umgang mit der Natur und der Mitwelt.

5. Das Interesse der Athletinnen und Athleten, ihre Gesundheit, ihr Wohlbefinden und ihr Glück stehen über den Interessen und den Erfolgszielen der Trainerinnen und Trainer sowie der Sportorganisationen. Alle Trainingsmaßnahmen sollen dem Alter, der Erfahrung sowie dem aktuellen physischen und psychischen Zustand der Sportlerinnen und Sportler entsprechen.

6. Trainerinnen und Trainer verpflichten sich, den Gebrauch verbotener Mittel (Doping) zu unterbinden und Suchtgefahren (Drogen-, Nikotin- und Alkoholmissbrauch) vorzubeugen. Sie werden durch gezielte Aufklärung und Wahrnehmung ihrer Vorbildfunktion negativen Auswüchsen entgegen wirken.

(Verabschiedet durch das Präsidium des Deutschen Sportbundes am 27. Juni 1997)

11. Spezielle Schachtermini

11.1 Kleines Schachlexikon mit Sachwortregister

Nachfolgende stichwortartige Zusammenstellung soll dem Lehrenden als auch den Lernenden eine schnelle Information über wichtige und oft gebrauchte Schachbegriffe geben. Besonderen Raum nehmen Termini der Schachpädagogik, des Übungs-, Trainings- und Wettkampfbetriebes ein. Da das Schachspiel und der Schachsport im Laufe seiner historischen Entwicklung eine schacheigene Sprache hervorbrachte, werden auch Begriffe erläutert, die heute zum täglichen Sprachgebrauch der Schachlehrer, Trainer und Fachübungsleiter als auch aktiven Schachspieler gehören. Dazu zählen neue Worte und Wortschöpfungen des modernen Schachs und der Computertechnik.

Die Übersicht zu den Schachtermini schließt die Funktion eines **Sachwortregisters** mit ein. Querverweise ↳ auf Textstellen im Buch erleichtern den schnellen Zugriff zu den gewünschten Themen in den einzelnen Kapiteln. Pfeile ⇨ verweisen auf einen näher erläuterten Begriff. Grammatikalische Veränderungen, die sich beim Erklären des Stichworts (evtl. durch Deklination, Konjugation oder Pluralbildung) ergeben, werden in der abgekürzten Form nicht berücksichtigt (z. B. beim Stichwort Beratungspartie steht B. auch für die Pluralform Beratungspartien).

Abarten des Schachs: vom Normalschach (nach gültigen FIDE-Spielregeln) abweichende Formen des Schachspiels, bei denen die Regeln oft subjektiv variiert werden. Unterschiede entstehen durch das Verwenden ungewöhnlicher Bretter, Figuren und Regeln. Die bekanntesten A. sind ⇨Doppelzugschach, ⇨Festungsschach, ⇨Fischer Random Schach ⇨Flintenschach, ⇨Geisterschach, ⇨Kniffel-Schach ⇨Minischach, ⇨Protestschach bzw. Wahlschach, ⇨Raumschach, ⇨Schlagschach, ⇨sechseckiges Schach, ⇨36-Felder-Schach, ⇨Superschach, ⇨Systemschach, ⇨Tandemschach, ⇨Taschenspringerschach, ⇨Vierpersonenschach, ⇨Würfelschach, ⇨Zufallsschach, ⇨Zylinderschach bzw. Walzenschach.

Abschätzung: notwendige Form des Beendens einer Trainings- oder Wettkampfpartie, falls kein Ergebnis auf dem Schachbrett bzw. durch Übereinkunft erzielt wurde. A. erfolgt heute vorwiegend bei Trainingspartien durch den Übungsleiter und im Fernschach.

Abspiel: Untergliederung einer Eröffnungsvariante bzw. Zugfolge eines Systems, einer Variante oder Verteidigung.

Abtausch: gegenseitiges Schlagen von Steinen mit gleicher Wertigkeit, z. B. Dame gegen Dame, Bauer gegen Bauer oder Läufer gegen Springer. Sinnvoll tauschen sollte man nach Nimzowitsch, um 1. ein Tempo zu gewinnen, 2. eine Linie oder Diagonale rasch zu besetzen oder zu öffnen, 3. durch einen Rückzug keine Zeit zu verlieren, 4. eine wichtige Verteidigungsfigur zu vernichten, 5. eine starke Angriffsfigur zu beseitigen, 6. Materialvorteil leichter realisieren zu können.

Abtauschvariante: spezielle Form einer Zugfolge in der Eröffnung, falls der Anziehende mittels Figuren- oder Bauernabtausch eine etwas vereinfachende Stellung herbeiführt, z. B. A. Spanische Partie 1.e4 e5 2.♘f3 ♞c6 3.♗b5 a6 4.♗xc6 dxc6 (bxc6); A. Französische Verteidigung 1.e4 e6 2.d4 d5 3.exd5 exd5; A. Damengambit 1.d4 d5 2.c4 e6 3.♘c3 ♞f6 4.cxd5 exd5; A. Slawische Verteidigung 1.d4 d5 2.c4 c6 3.cxd5 cxd5.

Abzugsschach: durch das Wegziehen einer Figur kommt es gleichzeitig zum Schachgebot durch eine andere Figur. ↳147, 216, 328, 464

Advanced Chess: eine von G. Kasparow vorgeschlagene Spielform, in der auch beim Wettkampf elektronische Ratgeber wie Computerprogramm und Datenbanken während der Partie zu Rate gezogen werden können. Das erste Match dieser Art fand zwischen Kasparow und Topalow vom

09.–12. 06. 1998 in León/Spanien statt (Ergebnis 3 : 3 mit Hilfe von Fritz 5). Inhaltlich vorbildwirkend ist das moderne Fernschach.

algebraische Notation: wurde im 18. Jh. zum ersten Mal von Philipp Stamma angewandt und von der FIDE seit 1981 zur verbindlichen Notation des Weltschachbundes erklärt. ✎146 ff., 353, 391, 396 f.

Aljechin, Alexander: (31. 10. 1892 Moskau – 25. 03. 1946 Estoril, Portugal); Weltmeister von 1927–1935. ✎37, 43 ff., 60, 68, 101, 113, 230

Aljechin-Chatard-Angriff: Angriffsvariante, die in der Französischen Verteidigung nach den Zügen 1.e4 e6 2.d4 d5 3.♘c3 ♘f6 4.♗g5 ♗e7 5.e5 ♘fd7 6.h4 entsteht. ✎43, 236

Allgaier-Gambit: Eröffnungsvariante im Königsgambit, benannt nach dem österreichischen Meister Johann Baptist Allgaier (1763–1823). 1.e4 e5 2.f4 exf4 3.♘f3 g5 4.h4 g4 5.♘g5 h6 6.♘xf7 ♔xf7 7.♗c4+ d5 8.♗xd5+ ♔e8 usw. ✎29, 237

Allroundspielen: unsystematische Behandlungsweise der Eröffnungsphase im Kindesalter oder Anfängerstadium. Bezeichnet den stetigen undurchdachten Wechsel von Eröffnungszügen im Gegensatz zur eröffnungsmäßigen Spezialisierung. ✎103

Altersklassen: Schachwettkämpfe werden im Nachwuchsbereich in folgenden A. bestritten: U10, U12, U14, U16, U18, U20. In einigen Bundesländern finden zur Talentförderung Sichtungsturniere für A. U7, U8, U9 statt.

Altindische Verteidigung: eine von Jänisch und Tschigorin in der 2. Hälfte des 19. Jh. eingeführte Verteidigungsvariante gegen 1.d4 mit dem Ziel des schnellen Zentrumsvorstoßes e7-e5: 1.d4 ♘f6 2.c4 d6 3.♘c3 e5 4.♘f3 ♘bd7 usw. ✎192

Analyse: präzise Untersuchung von Zugfolgen in einer Schachstellung. Hauptsächliche Gebiete, die analytisch untersucht werden: Eröffnungsvarianten, Mittelspielstellungen, Endspiele, Fernschachpartien, Probleme und Studien. Der Ausspruch »Schach ist die Kunst der A.« kennzeichnet den hohen Stellenwert der analytischen Tätigkeit.

Anastasias Matt: dreizügige Opferkombination, die in der Novelle »Anastasia und das Schachspiel« (W. Heinse) vorkommt: Weiß: ♔g1 ♖c5 ♖h5 ♘d5, Schwarz: ♔g8 ♖f8 h7 g7 f7. Weiß am Zuge spielt 1.♘e7+ ♔h8 2.♖xh7+ ♔xh7 3.♖h5 matt.

Anderssen, Adolf: 1818–1879; lebte als Professor für Mathematik in Breslau und zählte zu den stärksten Schachmeistern seiner Zeit. Er war ein hervorragender Angriffsspieler, der besonders Opferkombinationen liebte. Seine Partien gegen Kieseritzky (⇨»Unsterbliche«) und Dufresne (»Immergrüne«) gehören zu den eindrucksvollsten der Schachgeschichte. Durch seine Veröffentlichung »Aufgaben für Schachspieler« (1842) wurde er auch als Problemkomponist bekannt. ✎30 f.

Angriff: zielorientierter, aktiver Einsatz materieller Mittel (Figuren und Bauern) gegen die feindliche Stellung. Bekannt sind ⇨Königsangriff, Flügelangriff, ⇨Minoritätsangriff, A. gegen schwache Punkte, Figurenangriff, Mattangriff usw. Das Motto »Angriff ist die beste Verteidigung!« beinhaltet auch spieltaktische Aspekte. Betont unternehmungslustige Spieler nennt man Angriffsspieler, z. B. Anderssen, Marshall, Tal u. a.

Anzug: Weiß besitzt in jeder Partie den A. Der Führer der weißen Steine wird auch als Anziehender bezeichnet. Damit verbunden ist der sogenannte Anzugsvorteil und die Wahl des ersten Zuges, z. B. 1.e4, 1.d4, 1.♘f3 u. a. Verschiedene Eröffnungen erhielten dadurch ihre Bezeichnung wie Königsindisch im A:, Holländisch im A., Sizilianisch im A.

Association Internationale de la Presse Echiquéenne, AIPE: Vereinigung von internationalen Schachjournalisten, die für die Besten eines Jahres den ⇨Schach-Oscar vergibt.

Aufgabe: Möglichkeit des Beendens einer Partie, die durch Handschlag (Gratulation für den Gegner), mündliche Ankündigung, symbolisches Umlegen des eigenen Königs, Unterschreiben des Verlustes auf dem Spielformular oder Anhalten der Schachuhr, kundgetan wird.

Ausgleich: 1. Bezeichnung für eine Partieposition, falls in oder nach der Eröffnungsphase eine ausgeglichene Stellung erzielt wurde. Es erfolgte ein Egalisieren des in der Regel mit den weißen Steinen vorhandenen Anzugsvorteils. 2. A. oder eine ausgeglichene (meist stark materialreduzierte) Stellung veranlasst viele Spieler, ihre Partie im späten Mittelspiel oder vor allem im Endspiel remis zu geben.

Autoplayer: miteinander verbundene Computer, die vollautomatisch Schachpartien zwischen verschiedenen Spielprogrammen austragen können. Das Übertragungsprotokoll wurde von Chrilly Donninger (Wien) entwickelt.

Awerbach, Juri Lwowitsch: * 08. 02. 1922 in Kaluga; russischer GM, der besonders in den 50er und 60er Jahren erfolgreich war. Verfasser mehrerer Endspielwerke, darunter des 4bändigen »Lehrbuches der Schachendspiele«. A.-System der Königsindischen Verteidigung (1.d4 ♘f6 2.c4 g6 3.♘c3 ♗g7 4.e4 d6 5.♗e2 0–0 6.♗g5). ♘100, 179

BASIC: Abk. von »Beginners All Purpose Symbolic Instruction Code«. Programmiersprache zur Verarbeitung numerischer Probleme und Textverarbeitung. Gilt als international geläufigste Programmiersprache für Schachcomputer.

Batterie: im Problemschach gebrauchter Begriff falls in einer Stellung eine oder mehrere Abzugsmöglichkeiten mittels zweier gleichfarbiger Steine vorliegen. Der dem feindlichen König nähere Stein heißt »maskierender« Stein. Die Gefahr geht jedoch vom langschrittigen »Wirkungsstein« aus. ♘328

Bauer: Schachstein mit der geringsten Wertigkeit, da seine Bewegungsfreiheit stark eingeschränkt ist. ♘26 f., 32, 144 ff., 174 ff., 388 ff., 468, 473

Bauerndurchbruch: bei gleichem Material kann mittels eines B. ein Gewinn erreicht werden.

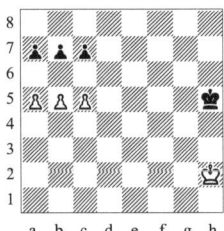

Weiß am Zug gewinnt
Ein typisches Beispiel ist 1.b6 cxb6 (auf 1. ... axb6 gewinnt 2.c6) 2.a6 bxa6 3.c6 und gewinnt.

Bauernendspiele: Kategorie von Endspielen, an denen nur Könige und Bauer(n) beteiligt sind. Nach Chéron bestimmen sechs Grundregeln die B.: 1. Regel des Quadrats; 2. Regel der Opposition; 3. der Turmbauer ist wenig wert; 4. Regel der wirksamen Felder; 5. Regeln über das Nehmen von blockierten Bauern; 6. das Kopfrechenverfahren. ♘73 f., 82, 90, 100, 179 ff., 217, 468

Bauernkette: in der Regel eine ›günstige‹ Strukturanordnung von Bauern. Sie befinden sich in diagonaler Position zueinander und können von feindlichen Steinen nur an ihrer Basis angegriffen werden. ♘28, 165 f., 468

Bauernmajorität: ist dann gegeben, wenn eine der beiden Parteien auf einem der beiden Flügel oder im Zentrum eine Bauernmehrheit besitzt. B. kann im Endspiel partieentscheidend sein.

Bauernopfer: freiwillige Preisgabe eines Bauern mit dem Ziel, anderweitiges Äquivalent bzw. Vorteil zu erlangen. In der Eröffnung spricht man von einem Gambit. Andere Motive wären: Öffnen von Linien oder Diagonalen, Zerstören günstiger Bauernstrukturen bzw. der feindlichen Königsstellung, Erlangen von Initiative u. a.

Bauernschwächen: positionelle Schwächen in der Bauernstruktur z. B. ⇨Doppelbauer, ⇨Tripelbauer, ⇨Einzelbauer, ⇨rückständiger Bauer. ♘32, 165 f.

Bedenkzeit: vor Beginn eines Wettkampfes festgelegtes Zeitlimit in bezug auf Anzahl der Züge. ♘30, 399, 469

Belgrader Gambit: Mitte der 40er Jahre von jugoslawischen Spielern in die Praxis eingeführte Gambitfortsetzung im Schottischen Vierspringerspiel: 1.e4 e5 2.♘f3 ♘c6 3.♘c3 ♘f6 4.d4 exd4 5.♘d5!?

Benoni-Verteidigung: Eröffnungssystem als Nachziehender mit dem Ziel, frühzeitig den weißen Zentrumsbauern d4 mittels c7-c5 anzugreifen: 1.d4 ♘f6 2.c4 c5 3.d5 e5 (auch Hromadka-Benoni benannt). In der heutigen Turnierpraxis wird fast ausschließlich die moderne B. angewandt.1.d4 ♘f6 2.c4 c5 3.d5 e6 4.♘c3 exd5 5.cxd5 d6 6.e4 g6 (Hauptvariante). ♘48, 190 ff., 228 ff.<

Beratungspartie: je zwei oder mehrere Spieler auf jeder Seite spielen gegeneinander eine Partie, in der die geplanten Züge gemeinsam beraten werden. B. können zur Unterhaltung, aber auch als Trai-

ningsform genutzt werden. Dabei profitieren besonders schwächere Spieler von den Gedankengängen der Stärkeren, die ihre analytischen Überlegungen erläutern. ✎113

Berger, Johann Nepomuk: 1845–1933; österreichischer Endspieltheoretiker und Problemkomponist.
Seine bekanntesten Werke sind »Das Schachproblem und dessen kunstgerechte Darstellung« (1884),
»Theorie und Praxis der Endspiele« (1890), »Katechismus des Schachspiels« (1891). Seinen Namen
trägt auch ein Wertungssystem für Turniere: ⇨Sonneborn-Berger-System.

Berliner Schachschule: auch Berliner Schule; Anfang des 19. Jahrhunderts entwickelte Schachrichtung, die unter dem Einfluss ⇨Anderssens gegen die noch stark verbreiteten Prinzipien ⇨Philidors
opponierte. ✎31, 68

Berliner Verteidigung: eines der ältesten Verteidigungssysteme gegen Spanisch, das von Vertretern
der Berliner Schule erarbeitet und nach ihnen benannt wurde: 1.e4 e5 2.♘f3 ♘c6 3.♗b5 ♘f6
4.0–0 ♘xe4 5.d4 ♗e7 oder 5. ... ♘d6.

berührt – geführt: einer der ersten Grundsätze im Anfängerschach. Bei Wettkampfpartien ist es un-
umstößliche Pflicht, einen berührten Stein auch zu ziehen. Möchte man einen Stein während der
Partie zurechtrücken, so sagt man ⇨ j'adoube oder »ich berühre«. ✎141, 471

beschreibende Notation: gilt als eine der ältesten Notationsformen, die heute noch im englischen
und spanischen Sprachraum gelegentlich angewandt wird. Grundgedanke der b. N.: Die An- und
Nachziehenden notieren die Felder (Reihen) ziffernmäßig immer von sich aus gesehen, also von
der weißen oder schwarzen Grundstellung aus. ✎353

Bindung: Das Auftreten von verschiedenartigen Kontakten zwischen Figuren und Bauern sowie zwischen Figuren und einzelnen Feldern. Sie sind Voraussetzung für das Entstehen unterschiedlicher
Verknüpfungen und kombinationsreifer Situationen (nach Awerbach).

Bird-Eröffnung: 1.f4 wurde nach dem englischen Schachmeister Henry Edward Bird (1830–1908)
benannt. Wenn Schwarz 1. ... e5 erwidert, entsteht das Froms-Gambit. Als Hauptzug gilt 1. ... d5.
✎192, 226

Blackmar-Diemer-Gambit, B.-D.-G.: ein nach dem Engländer A. E. Blackmar (1826–1888) und dem
Deutschen Emil Josef Diemer (1908–1990) benanntes Gambitsystem. Blackmar zog nach 1.d4 d5
2.e4 dxe4 3.f3, was durch 3. ... e5! widerlegt werden konnte. Deshalb verbesserte Diemer die Variante
mit 3.♘c3. Falls 3. ... ♘f6, dann 4.f3 exf3 5.♘xf3 g6 usw. Er schrieb das Buch »Vom ersten Zug
an auf Matt«.

»Blindblitz«-Simultanspiel: ein in stark beschleunigtem Tempo durchgeführtes Simultanspiel
ohne Ansicht des Brettes. Den Rekord hält George Koltanowski, der 1960 in San Francisco 56
Partien im B. (alle 10 Sekunden ein Zug) spielte.

Blindenschach: für Blinde bzw. Sehgeschädigte werden besondere Schachbretter (Mindestmaße 20
x 20 cm) mit erhöhten schwarzen Feldern und Steinen verwendet. Die Züge werden angesagt und
sind vom Gegner zu wiederholen. Bei offiziellen Wettkämpfen wird eine spezielle Blindenuhr benutzt, bei der durch Tasten die Zeigerstellung zu erkennen ist. In besonderen Fällen darf auch ein
Helfer (Sekundant) hinzugezogen werden. Regelmäßig finden Wettkämpfe, Turniere, Landesmeisterschaften und Weltmeisterschaften statt. Gegebenenfalls können Blinde an Veranstaltungen der
sehenden Schachspieler teilnehmen. Alle Landesverbände der sehgeschädigten Sportler sind in der
»International Braille Chess Association« (IBCA) vertreten. Diese organisiert Schacholympiaden
(seit 1961) und Einzelweltmeisterschaften (seit 1966). ✎400 f.

Blindspiel: Spielen einer Schachpartie ohne Ansicht des Brettes. In der Regel werden Blindsimul-
tanwettkämpfe ausgetragen, bei denen ein starker Schachmeister gegen mehrere Teilnehmer (die
mit Hilfe des Schachbrettes ihre Züge ausführen) gleichzeitig »blind« spielt. Obwohl der Wert des
B. aufgrund seiner extremen konzentrierten Anspannung umstritten ist, gibt es in der Schachgeschichte zahlreiche Blindsimultanveranstaltungen mit Schaucharakter. Den gegenwärtigen Weltrekord hält der Ungar Janos Flesch (1960 in Budapest) mit 52 Partien (+31 -3 =18). Im September
1999 gewann GM Dr. Robert Hübner gegen die II. Bundesligamannschaft von SC Kreuzberg in
Berlin mit 6 $^1/_2$: 1 $^1/_2$ Punkten. In manchen hochklassigen Turnieren wird wettkampfmäßig blind
gespielt. ✎62

Blitzschach: Schachpartien mit stark eingeschränkter Bedenkzeit für jeden Spieler. Am beliebtesten
sind 5-Minuten-Uhrenblitzpartien. Gespielt wird auch mit 1, 2, 3, 7 und 10 Minuten Bedenkzeit oder

im »Fischermodus« d. h. pro Zug werden einige Sekunden zur eigenen Bedenkzeit hinzugegeben. Als Trainingsmittel sind Themablitzpartien wertvoll. Früher spielte man häufig Ansageblitz. Ein Sprecher gab das Kommando: »Weiß« – »Schwarz«. Auch Tonbänder oder Gongs wurden genutzt. B. dient zur Unterhaltung, gilt als Trainingsform und wird wettkampfmäßig betrieben (z. B. Deutsche Blitzmeisterschaften, Weltmeisterschaften in 1 und 5 Minuten-Tempo u. a. auch im Internet). ✎112 f., 396

Blockade: Methode des Kampfes gegen einen oder mehrere gegnerische Bauern. Sinn der B. ist es, gegnerische Bauern an ihrem weiteren Vordringen zu hindern. Das geschieht am zweckmäßigsten mit einer Leichtfigur, da diese wegen ihrer geringeren Wertigkeit nicht so wirkungsvoll angegriffen werden kann wie Turm, Dame oder König. Besonders wichtig ist das Blockieren von zur Umwandlung strebenden gegnerischen Freibauern.

Blumenfeld-Gambit: nach Benjamin Markowitsch Blumenfeld (1884–1947) benannte Gambit-Verteidigung. Ziel: schnelles Öffnen von Linien und Diagonalen mit gleichzeitiger Figurenentwicklung 1.d4 ♘f6 2.c4 c5 3.d5 b5 4.cxb5 a6 5.bxa6 e6 usw.

Bogoljubow-Indische Verteidigung: von Jefim Dmitrijewitsch Bogoljubow (1889–1952) in die Praxis eingeführtes Läuferschach auf b4: 1.d4 ♘f6 2.c4 e6 3.♘f3 ♗b4+. ✎40,

Botwinnik, Michail Moissejewitsch: 1911–1995; russischer WM von 1948–1957, 1958–1960, 1961–1963. ✎22, 48 ff., 55, 60, 68, 96, 99

Botwinnik-Schule: eine von Michail Botwinnik 1963 ins Leben gerufene »Fernschule« für die besten jungen Talente des damaligen sowjetischen Schachverbandes. Voraussetzungen zur Aufnahme waren ein hoher schachlicher Leistungsstand und gute Schulzensuren. Die Ausbildung erfolgt in der Regel von 11 bis 19 Jahren; fand jährlich 2- bis 3mal zu Lehrgängen in Erholungsgebieten (Gebirge, Schwarzes Meer) statt und war ausgefüllt mit Gesprächen, Analysen und Vorträgen. Hervorragende Großmeister wie A. Karpow, G. Kasparow, A. Jussupow, S. Dolmatow und viele andere besuchten die B. ✎Seite ... In Deutschland gründete Botwinnik gemeinsam mit dem Deutschen Schachbund eine B. zum Fördern junger Talente. Die B. wird seit dem in einer männlichen und weiblichen Gruppe mit zwei Lehrgängen im Jahr durchgeführt. ✎65, 130, 414

Buchholz-Wertung: 1932 von dem Magdeburger Bruno Buchholz erdachtes Wertungssystem zum Ermitteln der Rangfolge von punktgleichen Spielern bei einem im Schweizer System ausgetragenen Turnier. Die Platzierung ergibt sich aus der Summe der Punkte, die die Gegner erzielt haben. Entsteht wiederum Punktgleichheit, dann entscheidet die Addition der gegnerischen Wertpunkte über die endgültige Reihenfolge. ✎473

Buchstabenproblem: auch als Ornamentalproblem bekannte Schachaufgabe, deren Ausgangsstellung eine Figurenanordnung, ein bestimmtes Motiv, z. B. ein Buchstabe, ist.

Budapester Gambit: von Z. Barasz und G. Breyer erforschtes Gambit und im Jahr 1917 in die Turnierpraxis eingeführt: 1.d4 ♘f6 2.c4 e5.

Bykowa, Elisaweta Iwanowna: 1913–1989; WM der Frauen von 1953–1956 und 1958–1962.

Café **de la Régence:** historisch berühmt gewordenes Schachcafé in Paris, in dem sich vor allem in der Zeit von 1750 bis 1830 Schachmeister aus der ganzen Welt zum Spielen trafen. Namen wie Philidor, La Bourdonnais, Kieseritzky, Harrwitz, Saint-Amant, Deschapelles, Stamma u. a. verbürgten die hohe spielerische Qualität im C. Aber auch Persönlichkeiten des öffentlichen Lebens wie Napoleon Bonaparte, Voltaire, Rousseau, Zar Paul I., Kardinal Richelieu, Robespierre, Benjamin Franklin u. v. a. besuchten das Café. ✎27

Caissa: Name für die Göttin des Schachspiels, die Glück bringen soll.

Cambridge-Springs-Variante: 1.d4 d5 2.c4 e6 3.♘c3 ♘f6 4.♗g5 ♘bd7 5.e3 c6 6.♘f3 ♕a5 ist eine Zugfolge im klassischen Damengambit, die während des internationalen Turniers 1904 im pennsylvanischen Badeort Cambridge Springs mehrfach gespielt wurde und dadurch ihre Bezeichnung erhielt. ✎241

Capablanca y Graupera, José Raul: (19. 11. 1888 Havanna – 08. 03. 1942 New York); kubanischer WM von 1921–1927. Hervorragender Vertreter des positionell-technischen Präzisionsstils.

Er spielte relativ fehlerlos, was ihm den Beinamen »die Schachmaschine« eintrug. ♚35 ff., 43, 49, 51, 60, 101, 113

Caro-Kann-Verteidigung: 1.e4 c6 2.d4 d5 sind die Anfangszüge einer Eröffnung, die nach dem Berliner Horatio Caro und dem Wiener Markus Kann benannt wurde.♚33, 36, 45, 231

Central Processing Unit, CPU: Zentrale Rechnereinheit (Prozessor), die Informationen verarbeitet und im übertragenen Sinn als Gehirn des Computers gilt. Formiert im Schachcomputer mit Rechenwerk, Arbeitsspeicher und Steuerwerk das Zentrum und steuert alle Abläufe im Computersystem.

Chatrang oder Tschatrang, später Schatrandsch (arabisch): Bezeichnung für das Schachspiel in Persien im 6. Jh. C. ist eine Ableitung von Tschaturanga, dem indischen Schach. ♚25 f.

Chéron, André: 1895–1980; mehrfacher französischer Landesmeister und bedeutender Endspieltheoretiker. Verfasste das vierbändige »Lehr- und Handbuch der Endspiele« (1952–1958), in dem alle Endspieltypen, didaktisch-methodisch vortrefflich aufbereitet, dargestellt worden sind. ♚100, 172, 179, 212

Chess Collectors International, CCI: Vereinigung der weltweit organisierten Schachsammler. Alle zwei Jahre werden Kongresse durchführt, an denen Sammler und Liebhaber zu thematischen Gebieten referieren und Forschungsergebnisse darstellen. Das CCI-Gründungsland ist USA.

ChessOle!: von dem Göttinger Frank David entwickeltes leistungsstarkes Grafikprogramm, das Schachdiagramme nach Wunsch erstellt. Die Diagramme können gestalterisch variiert, in andere Textverarbeitungsprogramme eingebunden und variabel für Trainingsaufgaben verwendet werden. ♚85, 137

Chinesisches Schachspiel: chinesisch Hsiang ch'i (Xiangqi); das Spielfeld weist neun Linien und zehn Reihen auf. Die Steine werden ähnlich dem Go nicht auf Feldern, sondern auf Schnittpunkten der Geraden aufgestellt. Zwischen der fünften und sechsten Reihe befindet sich ein »Wassergraben«. Ziel des Spiels ist ebenfalls das Mattsetzen des feindlichen Königs, aber auch Patt zählt als Gewinn. Gespielt wird wie beim Damespiel mit runden Scheibchen, die mit Symbolen illustriert sind. Die Symbole entsprechen folgenden Bezeichnungen: General/Feldherr = König, Ratgeber/Offizier = Dame, Elefant/Minister = Läufer, Pferd = Springer, Wagen = Turm, Fußsoldat = Bauer, Kanone = Ka (Abkürzung).

Colle-System: nach dem belgischen Schachmeister Edgar Colle (1897–1932) benannter weißer Aufbau im Damenbauernspiel: 1.d4 d5 2.♘f3 ♞f6 3.e3 e6 4.♘bd2 c5 5.c3.

Common Sense: in diesem Begriff (gesunder Menschenverstand) verdichtete Lasker seine Auffassung und Theorie des Kampfes.1895 erschien sein Buch »Common sense in Chess«, das 29 Jahre später in der stark überarbeiteten deutschen Fassung unter dem Titel »Gesunder Menschenverstand im Schach« in Berlin (1925) herausgegeben wurde. ♚35

Computerschach: der Bau von schachspielenden Maschinen begann bereits in der 2. Hälfte des 18. Jh. Aufsehen erregte damals v. Kempelens »Türke«. Das moderne C. begann mit der Entwicklung digitalelektronischer Großrechenanlagen. Pionierarbeit leisteten nach dem zweiten Weltkrieg die beiden Mathematikwissenschaftler Claude Shannon in Amerika und Alan Turing in England. Inzwischen zeigen Schachprogramme, auf großen Rechnern laufend, hohes Spielniveau. Die zunehmende Miniaturisierung in der Elektronik, vor allem die der integrierten Schaltkreise, ermöglichte das Herstellen von Mikro-Schachcomputern (ab 1977), die sich in ihren Leistungen stetig verbessern. Heute sind die Kleincomputer schon ernst zu nehmende Spielpartner und bezwingen bis auf wenige Ausnahmen alle menschlichen Gegner im direkten Vergleich. Inzwischen fungiert der Computer als Intelligenzverstärker bzw. Dialogpartner zum Lösen von Problemen sowie für lehr- und trainingsunterstützende Maßnahmen. Durch das Registrieren, Ordnen und Verdichten von Schachpartien, Eröffnungen, Varianten bzw. neuen Zügen und die schnelle Zugriffszeit zu den gespeicherten Fakten (Datenbanken) entsteht ein völlig neuer Gebrauchswert des C. ♚22 ff., 58

Cunningham-Gambit: eine von Alexander Cunningham (1654–1737) aus Schottland eingeführte Variante im Königsgambit, auch »Gambit der drei Bauern« genannt: 1.e4 e5 2.f4 exf4 3.♘f3 ♝e7 4.♝c4 ♝h4+ 5.g3!? fxg3 6.0–0! gxh2+ 7.♔h1.

Dame: Schachfigur mit der größten Wirkungskraft. Sie kann gerade und schräg auf den Linien, Reihen und Diagonalen des Schachbretts ziehen und schlagen. ⇔Seite ... Eine beliebte Denkaufgabe ist das 8-Damen-Problem, wobei acht Damen so aufs Brett zu stellen sind, dass sie sich nicht gegenseitig bedrohen. Insgesamt gibt es 92 (!) Möglichkeiten. ⇔133, 141, 142 ff., 173 ff., 387 ff., 469, 474

Damenbauernspiele: Bezeichnung der Eröffnungen mit 1.d4 d5, jedoch ohne 2.c4 (Damengambit). Die gebräuchlichsten Fortsetzungen sind 2.♘f3 ♞f6 3.e3 e6 oder 2.♘c3. ⇔228 f.

Damenendspiele: 1. im engeren Sinne alle Endspiele, in denen beide Parteien eine oder mehrere Damen und eine Partei mindestens einen oder mehrere Bauern besitzen. 2. König und Dame gegen König und Bauer. 3. König und Dame gegen König und Leichtfigur(en). ⇔100 f., 121, 174 ff., 469

Damengambit: eines der beliebtesten Eröffnungssysteme, in dem nach 1.d4 d5 2.c4 ein Bauer geopfert wird. Die umfangreiche Theorie teilt sich in zwei Hauptgruppen: das Abgelehnte D. 1.d4 d5 2.c4 e6, auch klassisches D. genannt und das Angenommene D. 1.d4 d5 2.c4 dxc4. Es können auch eine Reihe anderer Eröffnungssysteme entstehen, wie 2. ... c6 (Slawische Verteidigung), 2. ... e5 (Albins Gegengambit), 2. ... ♞c6 (Tschigorin-Verteidigung) u. a. ⇔34, 42, 48, 50, 190 ff,. 240 ff.

Damenindische Verteidigung: 1.d4 ♞f6 2.c4 e6 3.♘f3 b6 Eröffnungssystem mit Schwarz, das die schnelle Fianchettierung des Läufers nach b7 zum Ziel hat. Wurde erstmals von Nimzowitsch 1914 in St. Petersburg gegen Bernstein angewandt. ⇔51, 56, 190 ff., 244

Damenopfer: Preisgabe der stärksten Figur mit dem Ziel, anderweitige taktische oder strategische Vorteile zu erzielen. D. mit anschließendem Matt sind sehr effektvoll.

Damianos Matt: eine von dem portugiesischen Meister Damiano im Jahre 1512 komponierte effektvolle fünfzügige Mattaufgabe mit Doppelturmopfer.

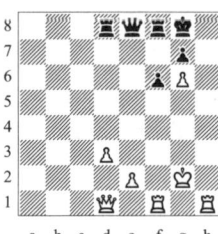

Lösung: 1.♖h8+ ♔xh8 2.♖h1+ ♔g8 3.♖h8+ ♔xh8 4.♕h1+ ♔g8 5.♕h7 matt.

Dauerschach: vermag ein König den gegnerischen Schachgeboten nicht zu entweichen oder durch Dazwischenziehen von Steinen zu entkräften, kann ein D. gegeben werden. Heißt auch »ewiges« Schach. Damit endet die Partie unentschieden oder remis. ⇔158 f., 204 f., 468

DEBEKA: Unternehmensgruppe mit umfangreichen Versicherungs- und Finanzdienstleistungsangeboten, die im Mai 1998 einen Partnerschaftsvertrag mit dem Deutschen Schachbund e. V. schloss.

decken: Schützen eines Steines durch einen anderen gleicher Farbe, damit er nicht ohne Nachteil geschlagen werden kann.

Deutsche Wertungszahl, DWZ: Nationale Wertungszahl, die von aktiven Spielern des DSB entsprechend ihrer Spielstärke erworben werden kann. Sie basiert auf einem für den DSB gültigen Wertungssystem, das ab 1991 dem Internationalen Ratingsystem der FIDE (Elo-System) angeglichen wurde. ⇔108, 109, 110, 131, 138, 327 ff.

Demonstrationsbrett: übergroßes Schachbrett (Feldgröße mindestens 10 x 10 cm) mit Holz- oder Magnetfiguren. Es dient zur besseren Anschaulichkeit beim Schachunterricht und Training und wird ebenfalls zur Demonstration von Schachpartien bei bedeutenden Wettkämpfen eingesetzt. Bei Schachsendungen im Fernsehen nutzt man häufiger elektronisch gesteuerte Bildschirmdiagramme anstelle des herkömmlichen D. ⇔74, 83, 85, 91, 98, 139 ff., 474

Deutscher Schachbund e. V., DSB: Vereinigung der organisierten Schachspieler in der Bundesrepublik Deutschland. Ging aus dem 1877 in Leipzig ins Leben gerufenen Deutschen Schachbund hervor und wurde 1950 wiedergegründet. Der DSB, untergliedert nach dem Territorialprinzip in 17 Landesverbände, ist mit ca. 100.000 Mitgliedern die zweitgrößte nationale Schachorganisation in der Welt. Es wurden bedeutende Wettbewerbe wie die Schacholympiaden in München 1958, Oberhausen 1961 (Frauen) und Siegen 1970 veranstaltet. In Hamburg fanden 1965 Europa-Mannschaftsmeisterschaften statt. Juniorenweltmeisterschaften gab es 1980 in Dortmund und 1995 in Halle/S. In verschiedenen Orten wurden Zonenturniere der Damen und Herren ausgetragen. An leistungsstarken internationalen Traditionsturnieren in den Städten Baden-Baden, Bad Homburg, Berlin, Dortmund, Essen, Frankfurt/M. und München nahmen zahlreiche Weltklassespieler teil. Dem DSB angeschlossen sind der Deutsche Blinden-Schachbund (DBSB), die Vereinigung von Problemfreunden »Schwalbe« und die Deutsche Schachjugend (DSJ). ✎93, 118, 122, 128 ff., 133, 135 f., 326 ff., 405 ff., 474

Deutscher Schach-Verband der DDR, DSV: wurde am 27. 04. 1958 in Leipzig gegründet. Er organisierte 1960 die XIV. Schacholympiade in Leipzig einschließlich der Ausstellung »Schach im Wandel der Zeiten«, die FIDE-Zonenturniere 1963 und 1967 in Halle/S. sowie die XVI. Mannschaftsstudenten-WM 1969 in Dresden. Jeweils die Bronzemedaille errangen die DSV-Frauen bei den Schacholympiaden in Emmen 1957, Split 1963 und Oberhausen 1966 sowie die Männer bei den Europäischen MM 1970 in Kapfenberg. Von 1973 bis 1987 durfte laut DTSB-Beschluss der DSV nicht an FIDE-Meisterschaften teilnehmen. Am 29. 09. 1990 traten beim Vereinigungskongress in Leipzig die neugebildeten Landesverbände des DSV dem Deutschen Schachbund e. V. bei. Formal blieb der DSV bis zu seiner Auflösung am 31. 12. 1990 bestehen. ✎474

DGT-Brett: elektronisches Schachbrett, das durch eine serielle Schnittstelle mit einem Computerprogramm verbunden ist. Es wird sowohl als Spielpartner (besonders Blitzschach) als auch zur Demonstration von Schachpartien bei Turnieren verwendet. Die Partie-Notationen werden in digitaler Form zur Weiterverarbeitung z. B. in Datenbanken oder im Internet bereit gestellt. ✎112

Diagonale: Bezeichnung für die schräge durchgängige Felderanordnung auf dem Schachbrett. Es gibt weiße, schwarze, lange und kurze D. Die Läufer können sich nur auf Diagonalen bewegen. ✎110, 140 f., 196, 216, 387, 465, 474

Diagramm: Schema zur Veranschaulichung schachlicher Stellungsbilder, Lehraufgaben, Probleme, Studien, Eröffnungs- und Endspielpositionen, Kombinationen sowie Fernschachstellungen. Den Anschauungsgrad erhöhen D.-Ausschnitte bzw. Teildiagramme. ✎74, 139 ff.

Doppelangriff: Element der Schachtaktik. Mit einem Zug werden mehrere Drohungen aufgestellt bzw. Steine angegriffen; z. B. Doppelschach, Gabel, Familienschach. ✎98, 148, 465

Doppelbauer: zwei auf einer Linie befindliche Bauern der gleichen Farbe zum Unterschied von ⇨Einzelbauern (Isolani) und ⇨Tripelbauern. Häufig ist es ein strategisches Ziel, dem Gegner durch Abtauschen einen D. zu verursachen. Falls sie nicht durch benachbarte Bauern gedeckt werden können, sind sie leicht angreifbar und eine ernste positionelle Schwäche. ✎110, 166 f., 208, 465, 474

Doppelfianchetto: beide Läufer einer Partei werden fianchettiert, d. h. auf die Felder b2 und g2 bzw. b7 und g7 entwickelt. Das D. stellt ein Merkmal von geschlossenen Eröffnungen dar.

Doppelschach: mit einem Zug bieten zwei Figuren gleichzeitig Schach. Diese Form des Doppelangriffs ist nur aus einem Abzugsschach heraus erreichbar. Auf ein D. muss der König ziehen. Im Problemschach finden D. ihr besonderes Anwendungsfeld. ✎328, 464

Doppelzugschach: Abart des Schachspiels; unterscheidet sich vom Schach durch mögliche Doppelzüge (außer dem weißen Eröffnungszug). Der Doppelzug kann auch mit einem anderen Stein erfolgen. Wer als erster den feindlichen König schlägt, hat gewonnen. Wird im ersten Teilzug Schach geboten, muss auf den zweiten Teilzug verzichtet werden. Jedoch ist ein Schachgebot im ersten Teilzug sofort zu parieren. D. wurde in den zwanziger Jahren besonders in Marseille gepflegt und wird deshalb auch als Marseiller Schach bezeichnet.

Drachenvariante: eine der ältesten Varianten in der Sizilianischen Verteidigung. Der Name rührt sicher von der Versinnbildlichung des schwarzen Läufers auf g7 als »Drachen« her, der aus seiner »Höhle« (Bauernkette f7, g6, h7) herkommend oft auf der schwarzen langen Diagonale h8-a1 zum gefahrbringenden Einsatz gelangt. Aufbau nach 1.e4 c5 2.♘f3 d6 3.d4 cxd4 4.♘xd4 ♘f6 5.♘c3 g6. In der modernen Behandlung versucht Schwarz, den Zug d6 einzusparen bzw. hinauszuzögern. 1.e4 c5 2.♘f3 ♘c6 3.d4 cxd4 4.♘xd4 g6.

Drag&Drop: Windows-Begriff (englisch) und bedeutet soviel wie »Ziehen und Fallenlassen«. Wird in ChessBase (Schachdatenbanken) zum Kopieren von Partien mit der Maus verwendet.

Dreiecknutzung (Dreiecksmanöver): strategisches Manöver in der Behandlung von Bauernendspielen mit dem Ziel des Eroberns von Feldern durch den König, indem man drei gegenüber zwei Zügen ausführt. Der König der stärkeren Partei soll also nach drei Zügen wieder auf seinem Ausgangsfeld stehen, während der gegnerische König bereits nach zwei Zügen sein Ausgangsfeld erreicht. Durch den erzwungenen Wechsel des Zugrechts (Zugzwang) erlangt der König der stärkeren Partei die Opposition und erzielt Stellungsvorteil. ↻ 182 f., 471

Drei-Hirn-System: ein von dem Jenaer Mathematikprofessor Dr. Ingo Althöfer entwickeltes Spielsystem, durch das menschliche und computergesteuerte Denkmethoden miteinander nutzbringend kombiniert werden.

Dreispringerspiel: ältere Eröffnung, die nach den Zügen 1.e4 e5 2.♘f3 ♞c6 3.♘c3 entsteht. ↻ 190 ff.

Drohung: Ziel jeder D. ist es, materiellen oder positionellen Vorteil zu erzielen bzw. matt zu setzen. Weite Phasen einer Schachpartie werden durch D., Paraden oder Gegendrohungen bestimmt. Von Tartakower stammt der psychologische Spruch: »Die Drohung ist stärker als ihre Ausführung!« ↻ 39, 471

Dufresne, Jean: 1829–1893; Berliner Schachmeister und Autor des »Kleinen Lehrbuchs des Schachspiels« (1881). ↻ 30

Durchschnittswertung: notwendige mathematische Größe zum Errechnen der Turnierkategorie bzw. Ermitteln neuer Ratingzahlen von Turnierteilnehmern. Die Berechnung erfolgt, indem die Wertzahlen der Teilnehmer eines Wettkampfes zusammengezählt und dann durch die Anzahl der Beteiligten geteilt werden. ↻ 365 ff., 370 ff.

DWZ-Master: BASIC-Programm für IBM- oder kompatible PCs zum Berechnen der DWZ (Programmautor: Peter Zöfel, Marburg).

Einsperren: Einengen der Zugmöglichkeiten von Figuren bis zum völligen Lahmlegen ihrer Wirkungskraft. Verfahrensweise besonders im Endspiel, wenn abseits stehende Springer durch Läufer und König eingesperrt bzw. erobert werden. Beim elementaren Mattspiel mit ♔♕ – ♚, ♔♖ – ♚, ♔+2♗ – ♚, ♔+♗♘ – ♚ wird der gegnerische König systematisch an den Rand gedrängt und anschließend matt gesetzt.

einstellen: unbeabsichtigtes Preisgeben eines Steines durch Unaufmerksamkeit oder zu schnelles Ziehen. Besonders im Blitzschach werden oftmals Steine eingestellt.

Einzelbauer: strategisches Element im Schach, da der E. nicht durch benachbarte eigene Bauern gestützt (gedeckt) werden kann und somit zur Schwäche neigt. Im Endspiel vermag ein entfernt stehender, weit nach vorn geschobener E. große Kräfte zu entfalten. In der Fachsprache auch isolierter Bauer (Isolani).

Einzelbindungen: verschiedene Formen des Kontaktes, der zwischen den Figuren und Bauern beider Lager bzw. eines Lagers, aber auch zwischen Figuren und Bauern sowie den von ihnen kontrollierten Feldern entsteht (Awerbach).

elementare Endspiele: alle Endspieltypen, in denen der allein stehende König von König und Schwerfigur(en) bzw. König mit Leichtfiguren zwangsläufig matt gesetzt werden kann: 1. ♔+♕ gegen ♚; 2. ♔+♖ gegen ♚; 3. ♔+2♗ gegen ♚; 4. ♔+♗+♘ gegen ♚. Folgende elementare Endspiele sind nicht zu gewinnen: ♔+♗ gegen ♚, ♔+♘ gegen ♚, ♔+2♘ gegen ♚.

EloBase: Computerprogramm, das vom DSB und seinen Wertungsreferenten zum Berechnen und Verwalten der DWZ verwendet wird (Weiterentwicklung des früheren Ingo-Programms) Programmautor: Wolfgang Zahn, München).

Elo-System: auch ⇨Ratingsystem genannt; internationales Wertungssystem, wodurch sich alle leistungsstarken Schachspieler in der Welt vergleichen lassen. Einführung erfolgte durch die FIDE 1972 aufgrund eines Vorschlages des amerikanischen Professors für theoretische Physik Arpad Emrick Elo (25. 08. 1903 in Ungarn bis 05. 11. 1992 USA). Das E. ist ein numerisches System, das die Spielstärke von Schachspielern angibt, indem prozentuale Leistungen in Wertungsunterschiede und umgekehrt Wertungsdifferenzen in Leistungswahrscheinlichkeiten umgewandelt werden. Maßstäbe für die Berechnung sind die jeweiligen Gegner mit ihren aktuellen Ratingzahlen und die gegen sie erzielten Gewinnpunkte. Die Ermittlung erfolgt nach speziellen Formeln und mit Hilfe spezifischer Prozent-Umrechnungstabellen. ♦65

E-Mail Weltmeisterschaft: wurde von der International Email Chess Groups (IECG) erstmals 1996–97 (18 Monate lang) organisiert. Den Titel errang FS-GM Simon Webb.

Endspiel: letzte Phase einer Schachpartie (nach Eröffnung und Mittelspiel) mit stark reduziertem Figurenmaterial. Diese Partiephase wurde am exaktesten wissenschaftlich erforscht und in zahlreichen Büchern erfasst. Neuerdings übernehmen auch spezielle Computerprogramme diese Aufgabe. Besondere Verdienste erwarben sich dabei J. Berger, A. Chéron und J. Awerbach. Einteilung der E. in elementare E., Bauernendspiele, Leichtfigurenendspiele, Turmendspiele, Damenendspiele. Als künstlerische E. bezeichnet man Studien. ♦73, 75, 90, 98, 100, 110, 113, 120, 169 ff., 209 ff., 327., 465, 474

Endspurtphase: ist die letzte Phase einer Wettkampfpartie, in der alle verbleibenden Züge in einer begrenzten Zeit ausgeführt werden müssen. ♦393, 396

Englische Partie: oder Englische Eröffnung; 1.c4 c5 oder 1.c4 e5; von englischen Spielern, vor allem Staunton, gegen Mitte des 19. Jh. eingeführte Spieleröffnung. Auch als Bremer Partie oder Sizilianisch im Anzug bekannt. ♦33, 37, 48, 50, 226 ff.

Englund-Gambit: 1.d4 e5; nach dem schwedischen Meister F. C. Englund (1871–1933) benanntes Gambitsystem in der Eröffnung. ♦227

en passant, e. p.: aus dem Französischen stammender Begriff für eine besondere Schlagform des Bauern; er ist zu übersetzen mit »Schlagen im Vorübergehen« und besagt: Ein Bauer kann dann geschlagen werden, wenn er aus der Grundstellung zwei Felder nach vorn zieht und dabei ein Feld überschreitet, das von einem gegnerischen Bauern bedroht wird. Das Schlagen muss gleich im nächsten Zug erfolgen. ♦26, 144, 150 f., 200 f., 353, 388, 397, 465, 474

Entwicklung: Grundstrategie in der Eröffnungsphase, wobei die Figuren möglichst rasch auf wirkungsvolle Felder gestellt werden. Zweckmäßig ist, wenn mit jedem Zug eine Figur aus der Ausgangsstellung gezogen (entwickelt) wird. ♦28, 33, 38, 190, 465

Entwicklungsvorsprung: in der Eröffnung erzielter positioneller Vorteil eines Spielers durch besseres und rascheres Postieren der Figuren auf wirkungsvolle Felder gegenüber dem Gegner. E. versucht man auch durch Opfern von Steinen, in der Regel Bauern, zu bekommen. ♦110, 474

Epaulettenmatt: selten anzutreffendes Mattbild, an dem nur Schwerfiguren beteiligt sind; z. B. Weiß: ♕e6, Schwarz: ♚e8 ♖d8 ♖f8. Die Türme als »Schulterstücke« (Epauletten) des Königs.

Eröffnung: erste Spielphase einer Schachpartie, der sich das Mittelspiel anschließt. Über mehrere Jahrhunderte hinweg versuchten Schachmeister und Theoretiker, die zweckmäßigsten Züge bzw. Zugfolgen in der E. zu finden. Unter dem Einfluss prominenter Spieler entstanden Varianten, Systeme, ganze E.-Komplexe und damit die »Theorie«. Oft tragen diese Zugfolgen den Namen populärer Schachmeister der Vergangenheit und Gegenwart. ♦99 f., 110, 120, 190 ff., 214 ff., 225 ff., 327 ff., 468

Eröffnungsgrundsätze: Leitsätze für die Eröffnungsbehandlung, die ein Lernender stets beachten sollte. ♦35, 208 f.,

Eröffnungskartei: praktisches Organisationsmittel beim systematischen Erfassen der Varianten des eigenen Eröffnungsprogramms (⇨Eröffnungsrepertoire). Notwendiges Handwerkszeug für jeden leistungsinteressierten Schachspieler. Das Eröffnungsgut wird in Loseblattform oder gehefteten Ordnungsmitteln bzw. in Datenbanken gespeichert. ♦74, 78, 104 ff., 329 ff., 474

Eröffnungsrepertoire: Eröffnungsprogramm eines Schachspielers als An- und Nachziehender. Es umfasst alle Eröffnungs- und Verteidigungssysteme, die ein Spieler bei der Spezialisierung erarbeitet hat und im Gedächtnis »gespeichert« hält. Das gesamte E. wird in der individuellen Eröffnungskartei festgehalten, immer wieder durch neue Fachliteratur bzw. durch eigene Analysen ergänzt und aktualisiert. ♦99 f., 102, 120, 125, 327 ff.

Eröffnungsreport: wertvolle Funktion bei ChessBase ab Version 7.0 wobei die automatische Auswertung einer vorgegebenen Eröffnungsstellung beurteilt wird: wann war die Variante in Mode, wer spielte sie mit welchem Erfolg; Darstellen der wichtigsten Pläne, Hauptvarianten und kritischen Varianten, Zug- bzw. Variantenvorschläge. ♦87

ersticktes Matt: Von Juan Ramírez de Lucena 1497 erstmals erwähnt, deshalb auch »Lucenas Matt« genannt. Durch Opfern einer Figur werden dem gegnerischen König Fluchtfelder genommen, was in der Folge zum Matt führt.

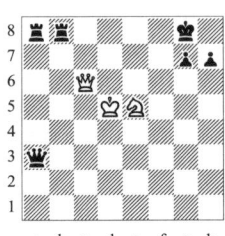

Ein anschauliches Motiv zeigt das Diagrammbeispiel. Lösung: 1.♕e6+ ♔h8 2.♘f7+ ♔g8 3.♘h6+ ♔h8 4.♕g8+! ♖xg8 4.♘f7 matt.

Europäische Schachunion, European Chess Union, ECU: wurde 1985 in Graz gegründet. Präsidenten: Rolf Littorin, Prof. Kurt Jungwirth und Boris Kutin. Generalsekretär ist Horst Metzing mit Sitz in Berlin. 53 Schachföderationen sind Mitglied. Durch die ECU werden u. a. ausgerichtet: Europäische Einzel- und Mannschaftsmeisterschaften Frauen und Männer, Einzel Junioren, Einzel männlich und weiblich U20, Europäische Einzel- und Mannschaftsmeisterschaften Jungen und Mädchen U10 bis U18, Europäischer Vereinscup Männer und Frauen und Mitropacup. ♆405, 475

Euwe, Max: (20. 05. 1901 Watergrafmer – 26. 11. 1981 Amsterdam); holländischer Professor für Mathematik und Kybernetik. Den WM-Titel errang er 1935 im Kampf gegen Aljechin. ♆37 f., 60, 101

Evans-Gambit: eine nach dem Engländer W. D. Evans (1790–1872) benannte scharfe Spielvariante, die aus der Italienischen Partie entsteht: 1.e4 e5 2.♘f3 ♘c6 3.♗c4 ♗c5 4.b4. ♆28

Executive Board: von der ⇨FIDE 1999 neugebildetes Leitungsgremium in Form eines Vorstandes bzw. erweiterten Präsidiums, der turnusgemäß einberufen wird. ♆402

Fachübungsleiter, auch Übungsleiter (ÜL): Ausgebildeter Übungsleiter eines Sportverbandes, der die Lizenz in einem Landesschachbund (Verband) für den Breitensport erworben hat. Gilt auch als 1. Lizenzstufe im Rahmen der offiziellen Trainerausbildung im DSB. ♆327 ff.

Falkbeers Gegengambit: nach dem Österreicher Karl-Ernst Falkbeer (1819–1885) benannte Variante im Königsgambit.1.e4 e5 2.f4 d5 3.exd5 e4!

Falle: geplanter Zug oder Zugfolge mit dem Ziel, den Gegner zu einem Fehler zu verleiten. Bekannt sind vornehmlich Eröffnungs- und Pattfallen. Eine umfangreiche Zusammenfassung der lehrreichsten Eröffnungsfallen ist zu finden in Gelenczei: »200 Eröffnungsfallen« (1964) und »200 neue Eröffnungsfallen« (1982).

falscher Läufer: Bezeichnung für einen Läufer im Endspiel, der nicht die Farbe vom Umwandlungsfeld des sich zu verwandelnden Randbauern besitzt. Diesem Läufer gelingt es nicht, den gegnerischen König aus der Ecke zu vertreiben, und damit endet die Partie remis. ♆170 f.

Familienschach: in Schachsprache gebrauchter Ausdruck falls ein Springer so Schach bietet, dass gleichzeitig mehrere gegnerische Figuren bedroht sind. Er bietet der ganzen »Familie« Schach.

Fédération Internationale des Échecs, FIDE: der Weltschachbund wurde anlässlich der Olympischen Spiele am 20. Juli 1924 in Paris gegründet und ist Dachorganisation von 159 nationalen Verbänden (10/2000) mit über fünf Millionen registrierten Mitgliedern. Wahlspruch: Gens una sumus (Wir sind eine Familie). Offizielle FIDE-Sprachen sind Arabisch, Deutsch, Englisch, Französisch, Portugiesisch, Russisch und Spanisch. Bei unterschiedlichen sprachlichen Auslegungen gilt die englische Version. Bisherige Präsidenten: Alexander Rueb, Folke Rogard, Prof. Dr. Max Euwe, Fridrik Olafsson, Florencio Campomanes, Kirsan Iljumschinow. ♆53, 54, 56, 58, 68, 355 ff., 386, 402 ff., 474

Fernopposition: strategischer Begriff aus der Theorie der Bauernendspiele (Regel der Opposition). Die Könige stehen sich in einem Abstand von drei und mehr Feldern gegenüber. Es wird unterschieden in waagerechte, senkrechte und schräge F. Eine besondere Form der F. ist die ⇨ virtuelle Opposition. Ziel der F. ist das Herbeiführen einer nutzbringenden Nahopposition. ✎181 ff., 183, 465

Fernschach: Schachpartien, bei denen die Gegner räumlich voneinander getrennt sind (zum Unterschied vom Nahschach) und ihre Züge auf postalischem Wege (Fernschachkarten, Briefe, Fax) und per Internet bzw. Email übermitteln. Die Bedenkzeit beträgt 30 Tage für 10 Züge, die Postlaufzeit wird nicht mit angerechnet. Zur Vermeidung von Übermittlungsfehlern bzw. zum Aufheben von Sprachschwierigkeiten bei internationalen Partien wurde eine einheitliche »Fernschachsprache«, d. h. eine Zahlennotation entwickelt. Gespielt werden Freundschaftspartien, Mannschafts-, Städte-, Ländervergleiche, offizielle Wettkämpfe der ICCF wie Weltmeisterschaften (einschließlich Semifinale, Kandidatenturnier), F.-Olympiade, Aufstiegsturniere (III., II., I. Klasse, Hauptturnier- und Meisterklasse), Pokalturniere, Sonderturniere (Thema-, Gedenk- u. a. Turniere). Das ›beste leistungssportliche Alter‹ wird von Tynu Yim zwischen 35 und 45 Jahre angegeben. Eine besondere Form ist das ⇨ Teleschach. ✎75, 113 f., 355 f., 398 ff., 464, 474

Fers: Figur aus der Urform des Schachspiels, dem Tschaturanga. Persischer Name (auch Fersan) für Wesir, Minister oder General des Königs. War damals die schwächste Figur auf dem Brett und konnte nur jeweils einen Schrägschritt ziehen. Entspricht der heutigen Dame, die seit dem 15. Jh. zur stärksten Figur avancierte. ✎26

Fesselung: ein Stein wird durch eine gegnerische Figur so angegriffen, dass er am Wegziehen gehindert ist. Es gibt echte (absolute) und unechte (relative) Fesselungen. Bei einer echten F. kann der angegriffene Stein gemäß Spielregeln nicht wegziehen bzw. sich selbst befreien. Bei der unechten F. kann zwar der Stein wegziehen, aber gewöhnlich ist damit ein materieller Nachteil verbunden. ✎98, 148, 328, 468

Festungsschach: im 18. Jh. in Russland entstandene Form des Schachspiels, das von vier Personen gespielt wird. ⇨ Vierpersonenschach.

Fianchetto: aus dem Italienischen stammender Begriff für das Entwickeln eines Läufers nach b2, g2, b7 oder g7 mit dem Ziel, eine Diagonale zu besetzen. Charakteristische F. kommen in den indischen Systemen, wie Königs-, Damen-, Grünfeld-Indisch, in der Drachenvariante, im Réti-System und verschiedenen anderen Eröffnungen, z. B. Doppelfianchetto, vor.

FIDE COMMERCE PLC: in London ansässige Agentur, die mit der Weltföderation zusammenarbeitet und Schachveranstaltungen organisiert bzw. vermarktet.

FIDE-Meister: offizieller Titel der FIDE, der verliehen werden kann, wenn eine Ratingzahl von 2300 (Männer) und 2100 (Frauen), beruhend auf mindestens 24 Partien, vorliegt. ✎66, 355 ff., 475

Fischer, Robert James (Bobby): * 09. 03. 1943 in Chicago; WM nach Matchsieg 1972 gegen Spasski in Reykjavik. Spielte als amtierender WM keine Wettkampfpartie und verzichtete auf seine Titelverteidigung im Jahre 1975. Die FIDE erkannte ihm daraufhin den WM-Titel ab. ✎52 ff., 60, 68, 126

Fischer-Bedenkzeit: neue Bedenkzeitregelung, die von R. J. Fischer vorgeschlagen und bei offiziellen FIDE-Wettkämpfen verwendet wird: 40 Züge in 100 Minuten plus weitere 20 Züge in 50 Minuten und alle weiteren Züge in 10 Minuten, wobei es von Anfang an je Zug 30 Sekunden Gutschrift gibt.

Fischer Random Schach: nach R. J. Fischer (auf der Basis des Shuffle-Schachs) benannte Spielform, bei der die Figuren abweichend von der Normalstellung aufgebaut werden. Es gibt 960 sogenannte »Fischer-Positionen«. Die Bauern stehen auf der zweiten und siebenten Reihe. Gespielt wird nach zwei Festlegungen: 1. Der König muss zwischen den Türmen stehen. 2. Die beiden Läufer müssen auf Feldern verschiedener Farbe stehen. 3. Rochiert kann nach beiden Seiten werden, wenn der König und Turm noch nicht gezogen haben und der König nicht im Schach steht. Nach der Rochade stehen König und Turm auf den gleichen Feldern wie im Normalschach. ⇨ Zufallsschach

Flintenschach: Abart vom Normalschach, bei dem die schlagenden Steine nicht den Platz des geschlagenen Steines einnehmen, sondern auf ihrem Platz bleiben.

Flohr, Salo: 1908–1983; Großmeister, der erst für die Tschechoslowakei und ab 1939 für die UdSSR spielte, deren Staatsbürgerschaft er 1942 annahm. ♘48

Fluchtfeld: ein Feld, das dem König oder einer anderen Figur die Möglichkeit bietet, sich einer drohenden Gefahr zu entziehen. Typisches F. für den König ist ein »Luftloch«, das durch Vorziehen eines Bauern aus der Rochadestellung entsteht, z. B. h6, g3 usw.

Flügel: die a-, b- und c-Linie bilden den Damenflügel, die f-, g- und h-Linie den Königsflügel. Vorgetragene Angriffe auf einer Flanke sind entweder Königs- oder Damenflügelangriffe. ♘32, 57, 472

forcieren: verwendeter Begriff aus dem Englischen (force – erzwingen), der eine unvermeidliche zwangsläufige Zugfolge bzw. Zwangszüge in einer Abwicklung oder Kombination ausdrücken soll. Ein f. Matt bedeutet den unausweichlichen Weg zum Matt.

Förderkreis Schach-Geschichtsforschung e. V.: am 19./20. 07. 1996 in Tübingen gegründete Vereinigung von Schachwissenschaftlern und Historikern, die sich vorrangig mit dem Erforschen der Entstehungs- und Entwicklungsgeschichte des Schachspiels, seinen Vorläufern und verwandten Brettspielen befasst. In den Vorstand wurden die Herren Manfred Eder, Egbert Meissenburg und Manfred Mittelbach gewählt.

Franklin, Benjamin: 1706–1790; amerikanischer Staatsmann, der sich intensiv mit dem Schachspiel beschäftigte und 1779 in seinen »Morals of chess« erstmals Anstandsregeln für die Spieler formulierte. ♘28

Französische Verteidigung: Eröffnungsvariante, die nach einer 1842 gespielten Fernpartie London-Paris benannt wurde. 1.e4 e6 2.d4 d5. ♘34, 39, 42 f., 49, 190 ff., 236 f.

Freibauer: wird ein Bauer genannt, wenn er auf seinem Weg zum Umwandlungsfeld (auf der letzten Reihe) durch keinen gegnerischen Bauern aufgehalten oder geschlagen werden kann. ♘33, 38, 468

freie Partie: »Freundschaftspartie« ist eine Partie, die nur zur Unterhaltung und ohne wettkampfmäßige Reglementierung gespielt wird. Früher auch als Kaffeehauspartie bezeichnet. Die berühmteste f. P. war Anderssens ⇨«Unsterbliche».

Fritz: elektronisches Schachprogramm der Firma ChessBase Hamburg, das inzwischen in mehreren verbesserten Versionen vorliegt. F. ist ein starker Spielpartner und kann zahlreiche Analyse- und Trainingsfunktionen ausüben. Ab Fritz5 können gesprochene Kommentare gehört werden.

Froms-Gambit: 1.f4 e5. Nach dem dänischen Schachmeister Martin From (1828–1895) benannt, der 1862 erstmals den Zug anwandte. ♘226

Führungszahlen, FZ: nationale Wertzahlen in der Schweiz. Die Umrechnung zur internationalen Ratingzahl erfolgt nach der Formel FZ =1/2 Ratingzahl – 500. Rating = 2 x FZ + 1000. ♘475

50-Züge-Regel: mittels der 50-Züge-Regel kann eine Partie auf Verlangen des am Zuge befindlichen Spielers als remis gewertet werden, wenn er nachweist, dass mindestens 50 Züge von beiden Seiten geschehen sind, ohne dass ein Stein geschlagen oder ein Bauer gezogen worden ist. ♘115, 127, 157, 160 ff., 171, 205 f.

Gabel: ein Stein greift zwei gegnerische Figuren an, z. B. Bauerngabel, Springergabel ♘328, 466

Gambit: in der Eröffnung gebrachtes Bauernopfer bzw. Figurenopfer mit dem Ziel, für den geopferten Stein strategische Vorteile, wie Entwicklungsvorsprung, Raumvorteil, offene Linien oder Diagonalen bzw. günstige Angriffschancen, zu erhalten. Erstmals von Lopez 1561 als Begriff erwähnt. Zahlreiche Eröffnungen werden danach bezeichnet: Damengambit, Königsgambit, Mittelgambit, Nordisches Gambit usw. ♘26 ff., 466

Gambit Damiano: eine nach dem portugiesischen Spieler Damiano im Jahre 1512 benannte Eröffnung: 1.e4 e5 2.♘f3 f6 3.♘xe5 fxe5 4.♕h5+ ♔e7 5.♕xe5+ ♔f7 6.♗c4+ usw., die heute im Lehrsinne als Standardfehler bekannt ist. ♘26

Gaprindaschwili, Nona: * 03. 05. 1941 in Sugdidi; georgische WM von 1962–1978. ♘61

GARDE electronic: Schachuhr aus Ruhla mit LCD-Anzeige, in der die Restbedenkzeit eines Spielers in einem Balkendiagramm (20 Balken für 60 Sekunden) angezeigt wird. Alle drei Sekunden verlischt ein Balken und baut sich nach einer Minute wieder auf. Besonders in der Zeitnotphase ist das Sanduhrprinzip sehr hilfreich.

Gardez: heißt im Französischen ›Achtung‹ und musste früher bei Bedrohung der Dame angesagt werden. Das galt gleichfalls für »Schach« dem König, was heute ebenfalls nicht mehr erforderlich ist.

Gasthof zum Schachspiel: historische Gaststätte im Schachdorf Ströbeck, in dessen seit 1886 geführtem »Fremdenbuch des Ströbecker Schachvereines« viele bekannte Namen stehen. ✎29

Gegengambit: Beantworten eines Eröffnungsgambits durch ein Gegenopfer, z. B. Albins G., Falkbeers G.

Gegenspiel: Kompensieren einer gegnerischen Initiative bzw. eines Angriffs durch aktive Gegenmaßnahmen. In einer gedrückten Stellung kann evtl. G. auch durch Opfern erfolgen. Ein Angriff lässt sich manchmal durch einen Gegenangriff entkräften nach dem Motto »Der (Gegen-) Angriff ist die beste Verteidigung«. Das G. kann auch auf einem anderen Flügel oder im Zentrum eingeleitet werden.

Geisterschach: auch als Gespensterschach oder Kriegsspiel bekannt, wird zur Belustigung gern von Jugendlichen gespielt. Beide Spieler oder Parteien benutzen ein eigenes Brett, das nicht von der anderen Seite eingesehen werden kann. Es werden immer nur die eigenen Steine gesetzt. Ein Unparteiischer überwacht den Spielverlauf auf einem neutralen Brett und übermittelt gleichzeitig den beiden Spielern, ob ihre Züge technisch möglich sind.

Gens una sumus: offizieller Wahlspruch der FIDE in der Bedeutung »Wir sind eine Familie«. ✎402

geschlossene Stellung: charakteristische Merkmale sind zusammenhängende Bauernstrukturen wie Bauernketten bzw. wenige offene Linien.

geschlossene Systeme: zusammenfassende Bezeichnung für alle Eröffnungen, die nicht mit 1.e4 beginnen; z. B. Damengambit, Damenbauernspiel, Englische Partie, Réti-System, Bird-Eröffnung, alle Indischen und Damenindischen Verteidigungen u. a. ✎190 ff.

Giuoco piano: frühere Bezeichnung für die Italienische Partie wegen des ruhigen Spielaufbaus 1.e4 e5 2.♘f3 ♘c6 3.♗c4 ♗c5 4.d3 ♘f6 5.♘c3 d6. ✎27 f., 190 ff., 238

Glanzpartie: eine besonders gut gelungene Partie, die ästhetischen Ansprüchen gerecht wird. Sie kann sowohl taktischen als auch positionellen Charakter tragen. Historische G. sind die ⇨Unsterbliche und die ⇨Immergrüne von Anderssen. Sie werden auch »Schönheitspartien« genannt und mit Preisen ausgezeichnet.

Gleichgewicht: wird in Verbindung mit Stellungseinschätzungen gebraucht und bedeutet, dass die Remisbreite in einer bestimmten Position nicht überschritten ist. Suetin spricht von einem dynamischen G. und meint damit strategisch oder taktisch betonte unterschiedliche Partiestellungen, in denen jede Seite ihre speziellen Chancen bewahrt. ✎32, 112

Göttinger Handschrift: erster literarischer Nachweis des modernen Schachspiels mit neuen Regeln. Wurde in Manuskriptform Ende des 15. Jh. in lateinischer Sprache geschrieben und beinhaltet neben 30 Schachaufgaben 12 Partieanfänge. Benannt nach dem Aufbewahrungsort, der Göttinger Universitätsbibliothek. ✎26

Großmeister, GM, IGM, WGM: offizielle Bezeichnung der FIDE ist »Internationaler Großmeister«; Die ersten GM-Titel erhielten die erfolgreichsten Spieler des Internationalen Turniers in St. Petersburg 1914 von Zar Nikolaus II. verliehen: Lasker, Capablanca, Aljechin, Tarrasch, Marshall. Bis zur Regelung durch die FIDE im Jahr 1950 wurden diejenigen Spieler und Spielerinnen mit dem GM-Titel geehrt, die ein bedeutendes internationales Turnier gewonnen hatten. Der UdSSR-Schachverband vergab im Rahmen seiner Sportklassifizierung den Titel eines nationalen GM. Weltklassespielerinnen können sowohl den weiblichen (WGM) als auch den männlichen Titel (GM), erwerben. Für besondere Verdienste werden von der FIDE die Titel Ehren-Großmeister (H-GM) und Ehren-Frauen Großmeister (H-WGM) vergeben. ✎66, 67, 355 ff., 411 f., 476

Grundreihe: 1. und 8. Reihe auf dem Schachbrett. Grundreihenmatt = Matt auf der 1. oder 8. Reihe durch Dame oder Turm, vor allem dann, wenn der rochierte König kein Luftloch besitzt. ✎332

Grünfeld-Indische Verteidigung: nach dem österreichischen GM Ernst Grünfeld (1893–1962) benanntes und heute sehr populäres Verteidigungssystem: 1.d4 ♘f6 2.c4 g6 3.♘c3 d5, durch das Weiß zunächst ein starkes Bauernzentrum erhält. ✎40, 48, 49, 50, 190 ff., 242 ff.

halboffene Linie: Linie, auf der nur Bauern oder gewöhnlich ein Bauer einer Farbe stehen. Figuren, vor allem Türme, können auf der h. L. starken positionellen Druck auf die oder den gegnerischen Bauern ausüben.

halboffene Spiele: Komplex jener Eröffnungen, bei denen der Nachziehende nicht mit 1 ... e5 auf 1.e4 antwortet. Strategischer Grundgedanke der h. S. ist der Angriff auf die beiden weißen Zentrumsbauern; z. B. gegen e4: 1. ... d5 (Skandinavische Verteidigung), 1. ... e6 2.d4 d5 (Französische Verteidigung), 1. ... c6 2.d4 d5 (Caro-Kann-Verteidigung), 1. ... ♘f6 (Aljechin-Verteidigung), 1. ... c5 (Sizilianische Verteidigung), 1. ... ♘c6 (Nimzowitsch-Verteidigung) 1. ... d6 2.d4 g6 nebst ... ♗g7 (Pirc-Ufimzew-Verteidigung). ✎191 f., 217 f., 328

Hamilton-Russel-Pokal: von Frederick George Hamilton Russel (1867–1941) gestifteter Goldpokal, der ab 1927 bei den Schacholympiaden der Männer jeweils als Wanderpokal vergeben wird.

Handikapwettkampf oder -simultan: spezielle Form des Simultanspiels, wobei ein starker Spieler zur gleichen Zeit gegen mehrere Teilnehmer unter wettkampfähnlichen Bedingungen spielt. Die Partien werden nach einem vereinbarten Zeitlimit ausgetragen, z. B. 40 Züge in 2 Stunden. ✎113, 133

hängen: 1. ein nicht gedeckter Stein. 2. Eine Partie »hängt«, d. h., sie wird unterbrochen und später fortgesetzt.

Hängepartie: abgebrochene Partie, d. h. eine Partie, die nach festgelegter Spielzeit noch nicht beendet ist. Der am Zuge befindliche Spieler schreibt seinen geplanten Zug in eindeutiger Notation auf sein Spielformular und übergibt dieses sowie das seines Gegners verschlossen in einem Hängepartienumschlag dem Schiedsrichter. Heute gibt es kaum noch H. ✎100, 396 f., 466, 475

Hardware: bezeichnet beim Schachcomputer alle technischen und physikalischen Bestandteile, die anfassbar vorhanden sind. Eingeschlossen sind die ⇨CPU, Tastatur und Gehäuse.

harmonisches Figurenspiel: wohlkoordiniertes und aufeinander abgestimmtes Zusammenwirken der Figuren. Capablanca maß diesem strategischen Prinzip große Bedeutung bei und hob es in seinem »Lehrbuch des Schachspiels« besonders hervor.

Hauptvariante: eine von der Theorie angegebene tragende Variante in den verschiedenen Eröffnungssystemen.

Hash-Tables: bereits einmal berechnete und bewertete Schachpositionen werden beim Computer im Arbeitsspeicher (RAM) abgelegt und unterstützen die Programme.

Hilfsmatt: im Problemschach gebrauchte Mattform, die sich aus der Forderung ergibt: Schwarz zieht an und hilft Weiß, den schwarzen König in der vorgeschriebenen Zügezahl matt zu setzen.

Hineinziehungsopfer: taktisches Kombinationsmotiv mit dem Ziel, den gegnerischen König durch ein Opfer auf ein Mattfeld oder in ein Mattnetz zu lenken (zwingen).

Holländische Verteidigung: nach dem holländischen Meister Elias Stein (1748–1812) benannte Spieleröffnung 1.d4 f5, die er in seinem Buch »Nouvel essai sur le jeu des échecs, avec des réflections militaires relatives á ce jeu« (Neue Abhandlung über das Schachspiel mit militärischen Überlegungen zu diesem Spiel) 1789 erstmals erwähnte. ✎39, 48, 190 ff., 229 ff.

Hromadka-System: nach dem tschechoslowakischen Meister Karel Hromadka vor allem im tschechischen Sprachraum benanntes Eröffnungssystem 1.d4 ♘f6 2.c4 c5. Wird auch als Tschechische Verteidigung und vor allem als ⇨Benoni-Verteidigung bezeichnet.

Hsiang ch'i (Xiangqi): Bezeichnung für das Chinesische Schachspiel. Das Wort Hsiang entspricht vier Bedeutungen: Elefant, Elfenbein, Bild/Figur und Himmelskonstellation; ch'i heißt (Brett-)Spiel.

Hübner, Robert, Dr.: * 06. 11. 1948 in Köln; deutscher GM und Weltklassespieler, der sich wiederholt für das Kandidatenturnier qualifizierte. ✎34, 44, 99, 101

Hypermoderne Schachschule: eine anfangs der 20er Jahre entstandene Stilrichtung im Schach. Hauptvertreter der neuen Auffassung waren Nimzowitsch, Tartakower und Réti. Sie nahmen eine neue Einschätzung des Zentrumskampfs vor und propagierten die indirekte Einwirkung auf das Zentrum (vor allem durch das Fianchettieren der Läufer z. B. im Réti-System). ✎40

im Vorbeigehen (en passant): oder im Vorübergehen, bezieht sich auf das »En passant«-Schlagen des Bauern. ✎388

Immergrüne Partie: hervorragend gespielte Angriffs-Opferpartie, die 1852 zwischen Anderssen und Dufresne in Berlin gespielt wurde. ↳20, 30 f.

Inder, Henry Augustus Loveday: (1815–1848); komponierte das angeblich berühmteste Problem aller Zeiten, das Indische Problem (Ur-Inder).

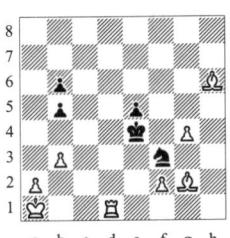

Lösung: 1.♗c1 b4 2.♖d2 b5 3.♔b1 (b2) ♔f4 4.♖d4 matt.

Indische Verteidigungen: Gruppe von Verteidigungssystemen, die nach 1.d4 ♘f6 entstehen und in denen der Nachziehende seinen Königs- oder Damenläufer fianchettiert. Die bekanntesten I. V. sind Königsindisch, Damenindisch, Grünfeld-Indisch, Nimzo-Indisch, Benoni-Verteidigung. Nach Veröffentlichung von Tartakowers Broschüre »Indisch« (1924) setzten sich diese Bezeichnungen weltweit durch. ↳190 ff.

Individueller Trainingsplan, ITP: Spezieller Plan, der gemeinschaftlich von Trainer und Spieler für die Trainingsaufgaben in einem Jahr ausgearbeitet wird. ↳132 f., 331 ff., 475

Ingo-System: ein im Jahre 1947 von Anton Hößlinger (1875–1959) entwickeltes und nach seinem Heimatort Ingolstadt benanntes Wertungssystem, das von 1973–1991 als offizielles nationales Wertungssystem für die Spieler des DSB galt. Ab 1991 begann die DWZ-Berechnung auf der Basis des ⇨Elo-Systems.

Initiative: Merkmal aus der Schachstrategie über die Aktivierung der Kräfte. I. ist oft abhängig von der Position der Figuren und Bauern vom Besitz oder der Ausbaufähigkeit starker Punkte bzw. von Entwicklungsvorteilen. Die I. kann auch mittels forcierter Operationen, z. B. Kombinationen, Opfer, beschleunigt werden. ↳466, 475

International Computer Chess Association, ICCA: 1978 gegründete Weltorganisation des Computerschachs. 1981 vereinbarten ICCA und FIDE, sich gegenseitig als Dachorganisation für Computerschach bzw. Schach anzuerkennen und zusammenzuarbeiten. ICCA organisiert Computerweltmeisterschaften und setzt sich bei kommerziellen und universitären Einrichtungen für die wissenschaftliche Weiterentwicklung des Computerschachs ein. ↳476

International Correspondence Chess Federation, ICCF: Weltfernschachbund seit 1951. Früher Internationaler Fernschachbund (IFSB von 1928–1939) und International Correspondence Chess Association (ICCA von 1949–1951). Die I. organisiert offizielle Weltmeisterschaften, Olympiaden u. a.; Fernschachweltmeister: Cecil Purdy (Australien) 1953, Wjatscheslaw Ragosin (UdSSR) 1959, Alberic O'Kelly de Galway (Belgien) 1962, Wladimir Sagorowski (UdSSR) 1965, Hans Berliner (USA) 1968, Horst Rittner (DDR) 1971, Jakow Estrin (UdSSR) 1975, Jörn Sloth (Dänemark) 1980, Tynu Yim (UdSSR) 1983, Viktor Palciauskas (USA) 1984, Dr. Friedrich Baumbach (DDR) 1988, Grigori Sanakojew (Russland) 1991, Michail Umanski (Russland) 1995, Tynu Yim (Estland) 1999. ↳355, 398 ff., 413, 476

Internationaler Meister, IM: offizieller Titel der FIDE für erbrachte Leistungen gemäß Titelbestimmungen. Für Frauen wird der Titel Internationaler Frauen-Meisterin (WIM) vergeben. ↳66, 67, 355 ff., 476

Intuition: beim Schach integratives Moment im Entwicklungsstand schöpferischen Denkens, bei dem neue Ideen, Kombinationen und Varianten unerwartet und plötzlich auftreten. Der Zeitpunkt des Entstehens dieser Geistesblitze ist weitgehendst vom Zufall abhängig. Das intuitive Denken basiert nicht auf exakter Vorausberechnung. Nicht der Lösungsweg, sondern das Resultat (Endziel) der Denkoperationen entsteht vor dem geistigen Auge des Spielers. Es besteht ein Zusammenhang mit dem Positionsgefühl und zur taktischen Bereitschaft. ↳91

ISBN: Internationale Standardbuchnummer, die sich aus vier Teilen zusammensetzt: Landes-, Verlags-, Artikelnummer und Reihenschlüssel. Z. B. bei SCHACHLEHRE-SCHACHTRAINING ☞ 3–328–00869–1.

Italienische Eröffnung: Italienische Partie oder Spiel des Polerio. Sie zählt zu den ältesten Eröffnungen und ist seit Beginn des 17. Jh. bekannt. 1.e4 e5 2.♘f3 ♘c6 3.♗c4 ♗c5. Umfangreich untersuchte Fortsetzungen sind 4.d3 (Giuoco Piano) 4.c3 (Möller-Angriff) 4.b4 (Evans-Gambit), ☞(Italienisches Gambit). ✎27, 28, 190 ff., 238

Italienische Schule: offensive, angriffsfreudige Stilrichtung im 18. Jh., die besonders von den drei »Modenesen« Ercole Del Rio, Giambattista Lolli und Domenico Lorenzo Ponziani repräsentiert wurde. Auch »Schachschule von Modena« genannt. ✎28 f.

J'adoube: kommt aus dem Französischen und heißt »ich berühre« oder auch »ich rücke zurecht« (gesprochen: schadub). J. muss immer vor (!) dem Berühren eines Steines, der nicht gezogen werden soll, angesagt werden. ✎145, 389

Jänisch-Gambit: nach Carl Friedrich von Jänisch (1813–1872), Professor für Mechanik in St. Petersburg benannte Gambitvariante in der Spanischen Partie: 1.e4 e5 2.♘f3 ♘c6 3.♗b5 f5. ✎41

Jugendweltmeisterschaften: unter diesem Sammelbegriff werden von der FIDE folgende Einzelweltmeisterschaften männlich und weiblich ausgetragen: U10, U12, U14, U16, U18.

Kalabresische Schule: angriffsbetonte, opfer- und kombinationsreiche Stilrichtung des 16. und 17. Jh. Einer ihrer bedeutendsten Vertreter war Gioacchino Greco, der aus der Landschaft Kalabrien stammte. ✎27

Karlsbader Bauernstruktur: weitere Bezeichnungen sind Karlsbader Struktur oder Karlsbader Formation. Sie stellt in ihrer charakteristischen Form eine weiße und schwarze Bauernkette dar, die aus Eröffnungssystemen wie der Abtauschvariante im Klassischen Damengambit, Bogoljubow-System, der Grünfeld-Indischen Verteidigung, Nimzowitsch-Indischen Verteidigung und weiteren Systemen entstehen kann. Historisch basiert die K. B. auf Partien, die beim III. Karlsbader Turnier 1923 erstmals zur Anwendung kamen. Grundvariante: 1.d4 d5 2.c4 e6 3.♘c3 ♘f6 4.♗g5 ♗e7 5.e3 0–0 6.♘f3 ♘bd7 7.♖c1 a6 8.cxd5 exd5 9.♗d3 c6.

Karpow, Anatoli Jewgenjewitsch: * 23. 05. 1951 in Slatoust; russ. WM von 1975–1985 und 1993–1999 ✎54 ff., 57, 59, 60, 63, 64, 68

Kasparow, Garri Kimowitsch: * 13. 04. 1963 in Baku mit dem Namen Weinstein; russ. WM von 1985–1993, PCA-WM ab 1993 ✎19, 22, 24, 56 ff., 60, 63, 64, 66, 68, 102, 104, 118, 124, 127

Katalanische Eröffnung: 1.d4 ♘f6 2.c4 e6 3.g3 nebst der für die Eröffnung charakteristischen Läuferflankierung nach g2. Erhielt ihren Namen nach dem Turnier, das 1929 in Barcelona, der Hauptstadt Kataloniens, stattfand. Dort wurde die Eröffnung erstmals angewandt. ✎190 ff., 244

Kategorie: verkürzte Bezeichnung für Leistungskategorie (leistungsgerechte Einstufung der aktiven Schachspieler); Turnierkategorie (Qualitätsmerkmal für nationale und internationale Schachturniere). ✎63, 110, 464, 476

Keller-Herrmann, Edith: * 17. 11. 1921 in Dresden; deutsche GM, fünfmalige DDR-Meisterin in den Jahren 1950–1960, 5. Platz bei Frauen-WM 1949 in Moskau.

Kempelen, Wolfgang von: 1734–1804; der ungarische Domänenrat konstruierte eine mechanisch bewegbare Schachmaschine in Gestalt eines »Türken«. Mit diesem Apparat trat er 1769 in Pressburg (Bratislava) an die Öffentlichkeit. Die hohe Spielstärke des Automaten erregte in vielen Ländern der Welt Aufsehen. Wie sich später herausstellte, verbarg sich ein Schach spielender Mensch von kleinem Wuchs mit beträchtlicher Spielstärke im Inneren der Maschine. Bei Besichtigung derselben wechselte er geschickt seine Position. Nach dem Tod K. wechselte der »Türke« mehrfach seinen Besitzer. 1854 verbrannte die sensationelle Erfindung im Kuriositätenkabinett von Philadelphia.

Keres-Angriff: nach dem estnischen GM Paul Keres (1916–1975) benannte Angriffsfortsetzung gegen die Scheveninger Variante in der Sizilianischen Verteidigung 1.e4 c5 2.♘f3 e6 3.d4 cxd4 4.♘xd4 ♘f6 5.♘c3 d6 6.g4 (6. ... h6, 6 .... a6, 6 .... ♗e7, 6 .... ♘c6).

Khalifman, Alexander: * 18. 01. 1966 in Leningrad, errang den 14. WM-Titel 1999 in Las Vegas (erstmals in einem K. o.-Turnier) und leitet eine Schachschule in St. Petersburg. ↳59, 60, 119

Kieseritzky-Gambit: nach Lionel Kieseritzky (1806–1853), dem führenden französischen Spieler seiner Zeit, benannte taktisch betonte Angriffsfortsetzung im Königsgambit 1.e4 e5 2.f4 exf4 3.♘f3 g5 4.h4 g4 5.♘e5. ↳30

Klaus, Georg: 1912–1974; Professor für Logik und Erkenntnistheorie in Berlin. War ein starker Schachspieler und Präsident des DSV der DDR in den 50er Jahren. In verschiedenen wissenschaftlichen Arbeiten würdigte er u. a. die philosophischen Leistungen des Weltmeisters Emanuel Lasker. Sein Werk »Spieltheorie in philosophischer Sicht« (1968) hebt die Schachtheorie und speziell Lasker als Vorläufer der modernen Spieltheorie hervor. In »Kybernetik und Erkenntnistheorie« (1966) nutzt er im Kapitel »Der homo ludens und die Spielautomaten« Denkweisen des Schachmeisters für Problemlösungsprozesse kybernetischer Maschinen. ↳19

Kling, Josef: 1811–1876; deutscher Musikprofessor. Bedeutender Endspielkenner und Studienkomponist. Gemeinsam mit Horwitz veröffentlichte er 1851 die »Schachstudien«. K.: Bezeichnung einer nach ihm benannten schwarzen Schnittpunktkombination, die in einer Remisstudie erstmals dargestellt wurde (1849).

Kniffelschach: von Autor Peter Krystufek begründet und 1980 erstmals urkundlich erwähnt. K. sind Denksportaufgaben, die von orthodoxen Strukturen und Vorgaben befreit sind und in der Regel (noch) nicht von Computerprogrammen gelöst werden können. Es geht nicht darum, in zwei, drei oder mehreren Zügen matt zu setzen, remis zu halten oder den Gewinnzug zu finden, sondern es gilt, mit kriminalistischer Kombinationsgabe und logischem Denken, z.B. vergangene Züge zu rekonstruieren, unbekannte Schachfiguren zu ermitteln oder sonstige rätselhafte Zusammenhänge zu erkennen.

Kombination: zwangsweise Zugfolge, die durch sinnvolles Zusammenwirken von Figuren – in der Regel unter Verwenden von Opfern – eine temporeiche Widerspruchslösung bewirkt und damit eine vorteilhaftere Stellungsqualität im Gewinn- oder Remissinne herbeiführt. Die Voraussetzung für jede gelungene K. besteht in einem jeweiligen Kräfte-, Zeit- oder Raumübergewicht. Aljechin bezeichnete die K. als »Herz des Schachspiels«. ↳91, 98, 249 ff., 464

Kompensation: in der Schachstrategie gebrauchter Begriff für Ausgleich oder Gegengewicht. Materielle K. besteht bei einer Leichtfigur für drei Bauern, zwei Türmen für die Dame u. a. m. Eine andere Art von K. entsteht durch positionell-dynamische Faktoren gegenüber materiellen Vorteilen wie Initiative für das Geben eines Bauern oder Opfern von Figuren oder Bauern für Angriffschancen usw.

König: wichtigste Figur im Schachspiel. Hauptziel des Spiels ist das Mattsetzen des feindlichen K. Die persische Bezeichnung für den K. »schah« bildet die Grundlage für das Wort Schach. ↳25 ff., 141, 142 ff., 173 ff., 388 ff., 466, 476

Königsangriff: Teilstrategie in einer Partie, die gewöhnlich mit taktischen Mitteln realisiert wird. Wirksame Vorbereitung eines K. geschieht durch Schwächen bzw. Zerstören der gegnerischen Königsstellung. Angriffsunterstützende Maßnahmen sind Abtauschen und Ablenken von Verteidigungsfiguren sowie Opfern von Bauern und Figuren. In der Regel ist ein Angriff nur dann erfolgversprechend; wenn ein Übergewicht der Kräfte geschaffen werden kann.

Königsflügel: umfasst die auf der Königsseite befindlichen Linien f, g und h. ↳96, 100, 216, 466, 476

Königsgambit: eine der ältesten Spieleröffnungen mit dem Ziel, unter Opfern des f-Bauern Linien freizulegen und Angriff auf den Punkt f7 zu erlangen. 1.e4 e5 2.f4. Es können zwei Hauptvarianten entstehen: a) Angenommenes K.: 2. ... exf4 3.♘f3 (Königsspringergambit), 3.♗c4 (Königsläufergambit), 3.♕f3 (Breyer-Gambit), 3.♘c3 (Steinitz-Gambit); b) Abgelehntes K.: 2. ... d5 (Falkbeers Gegengambit) 2. ... ♗c5 3.♘f3 d6 4.♗c4 usw. ↳48, 237

Königsindische Verteidigung: eines der meistgespielten Verteidigungssysteme gegen 1.d4 mit dem ursprünglichen Ziel des indirekten Einwirkens auf das weiße Zentrum. 1.d4 ♘f6 2.c4 g6 3.♘c3 ♗g7. In der Folge ergeben sich partiell eigenständige Varianten: a) 4.e4 d6 5.♘f3 0–0 6.♗e2 e5 7.0–0 ♘c6 (Hauptvariante); 5.♗e2 0–0 6.♗g5 (Awerbach-System); 5.f4 (Vierbauernangriff); 5.f3 (Sämisch-System) b) 4.g3 d6 5. ♗g2 0–0 6.♘f3 (Gegenfianchetto) mit den Fortsetzungen 6. ... ♘bd7, 6. ... ♘c6, 6. ... c5. ↳42, 51, 190 ff., 246 ff.

Königsspringergambit: aus dem Königsgambit entstandene Varianten nach 1.e4 e5 2.f4 exf4 3.♘f3; a) 3. ... g5 4.h4 g4 5.♘e5 (Kieseritzky-Gambit); 4.h4 g4 5.♘g5 (Allgaier-Gambit); 4.♗c4 g4 5.0–0 (Muzio-Gambit); 4.♗c4 g4 5.♘e5? (Herzfeld-Gambit); 4.♗c4 ♗g7 5.h4 (Philidor-Gambit); 4.♗c4 ♗g7 5.0–0 h6 6.d4 (Hanstein-Fortsetzung); b) 3. ... ♗e7 (Cunningham-Gambit); 3. ... h6 (Becker-Verteidigung); 3. ... ♘f6 (modernes System); 3. ... d5.

Königsstellung: gemeint ist gewöhnlich die nach der Rochade entstandene Stellung des weißen und schwarzen Königs. Eine offene K. kann entstehen, wenn der König in der Mitte verbleibt und somit leichter gegnerischen Figurenangriffen ausgesetzt ist.

Konzentrationsfähigkeit: eine im Schach wichtige Leistungsvoraussetzung für das erfolgreiche Spielen von Schachpartien. Konzentrationsmängel äußern sich in übermäßig langem Nachdenken bzw. Berechnen von Zügen, im Einstellen von Figuren, Übersehen von günstigen Fortsetzungen, Mattmöglichkeiten usw. Die andauernde Notwendigkeit, sich konzentrieren zu müssen, verbessert gleichzeitig die K. Bei hochklassigen Schachwettkämpfen über 5–6 Stunden wird eine konzentrative Langzeitausdauer verlangt. Diese kann bei Leistungssportlern neben der sportartspezifischen Förderung auch durch außerschachliche Mittel wie Autogenes Training erzielt werden. ✎18 ff., 23

Kopfrechenverfahren: grundlegendes methodisches Verfahren bei der Behandlung von Bauernendspielen mit dem Ziel des schnellen und sicheren Erkennens des Ergebnisses nach einer langen Zugfolge. Methode: 1. gedankliches Durchspielen aller eigenen Züge bis zum Erkennen eines bestimmten Resultats. 2. Durchspielen der gleichen Anzahl von gegnerischen Zügen. 3. gedanklicher Vergleich beider Resultate mit Entscheidungsfindung. ✎179 ff., 187 ff., 219

Kraft: Bezeichnung für das jeweils vorhandene Figuren- und Bauernpotential auf dem Brett. Wichtigster Faktor im strategischen Kampf neben »Raum« und »Zeit«.

Kreuzfesselung: taktisches Element im Schach, wobei eine Figur doppelt gefesselt ist.

Kreuzschach: im Problemschach erfolgter Abwehrzug gegen ein Schachgebot mit gleichzeitigem Gegenschachgebot (evtl. auch mit Matt).

Kunstschach: Darstellen von Problemaufgaben im Rätselgewand. Vgl. ➪Problemschach.

Kurznotation: gebräuchlichste Form des Notierens einer Partie. Es wird bei jedem Zug jeweils nur das Zielfeld angegeben. Vgl. ➪algebraische Notation.

Kurzpartien: Schachpartien, die nur eine geringe Anzahl von Zügen aufweisen. Zwei Arten: 1. durch fehlerhaftes Spiel errungener schneller Sieg (geeignet für Lehrzwecke); 2. Kurzremisen, wenn sich zwei Spieler nach wenigen Zügen auf Remis einigen (oft auch Großmeister-Remisen genannt).

Labourdonnais, Louis-Charles Mahé de: 1797–1840; spielstarker französischer Schachmeister und Herausgeber der ersten Schachzeitung der Welt »Le Palaméde. Revue mensuelle des échecs.« ✎29

Langschrittler: Figuren mit weitreichender Wirkungskraft: Dame, Turm und Läufer. Alle anderen Steine sind Kurzschrittler: König, Springer und Bauer.

Larsen-Eröffnung: nach dem dänischen GM Bent Larsen (* 04. 03. 1935) benannte Eröffnung, die mit 1.b3 beginnt und das schnelle Fianchettieren des Damenläufers ermöglicht. Die geläufigsten Erwiderungen sind 1. ... e5, 1. ... d5, 1. ... ♘f6.

Lasker, Emanuel: (24. 12. 1868 Berlinchen, heute Barlinek, Polen – 13. 01. 1941 New York); WM von 1894–1921, er trug den Titel am längsten (27 Jahre) in der Schachgeschichte. L. begründete im Schach eine neue Stilrichtung, die des psychologischen Kampfes. ✎21, 34 ff., 60, 68

Läuferpaar: behält ein Spieler im Laufe der Partie beide Läufer, dann spricht man vom L. Es kann vor allem in »offenen Stellungen« durch die große Reichweite beider Läufer starke Wirkungskraft erlangen. ✎110, 173, 468, 477

Lavieren: strategische Kampfesweise in einer Partie mit dem Ziel, allmählich die eigene Stellung zu verbessern oder eine gegnerische Schwäche (z. B. schwachen Bauern) durch positionelles Manövrieren (Umgruppieren der Figuren) wirkungsvoll anzugreifen. Durch das L. wird der Gegner oft zu taktischen und positionellen Fehlern verleitet. Ein Meister des L. war Exweltmeister Petrosjan. ✎37, 51, 332

Lehrkommission: 1997 vom Bundeskongress des DSB in Bad Schandau berufene zentrale Kommission, die alle Fragen des Ausbildungswesens im Bereich des DSB neu durchdenkt und Lehr- und Planungsmaterialien zu Fragen der Grund-, Kader- und Trainerausbildung erarbeitet. ↻352, 409

Lehrwart: Verantwortlicher für die Ausbildung in einem Landesverband und Koordinator zwischen dem DSB und dem jeweiligen Landesverband. Mitglied der Ausbildungskommission des DSB.

Leichtfiguren: sind Läufer und Springer. Sie sollen in der Anfangsphase einer Partie als erste entwickelt werden. Eine eigene Gruppe von Endspielen bilden die L.-Endspiele (Läuferendspiele, Springerendspiele, Läufer gegen Springer). ↻28, 142 ff., 176

leistungsbestimmende Faktoren: im Schach ein Komplex von Leistungsvoraussetzungen, die in ihrer Gesamtheit die Spielstärke (Leistungspotential) eines Schachsportlers bestimmen: a) psycho-physische Faktoren (guter Gesundheitszustand, intaktes Zentral- und vegetatives Nervensystem), starke Konzentrationsfähigkeit, Phantasie, Intuition, Gedächtnis- und Vorstellungsvermögen u. a.; b) schachspezifische Faktoren (strategisches und taktisches Können, eröffnungstheoretische Kenntnisse, Endspielwissen, Fähigkeit zur richtigen Stellungsbeurteilung, Analysefähigkeit, psychologische Spielführung, Einteilen der Bedenkzeit, Sicherheit in regeltechnischen Fragen u. a.); c) psychisch-moralische Faktoren (Siegeswille, Entschlusskraft, Mut, gesundes Selbstvertrauen, Spielbesessenheit, Ausdauer, Selbstkritik, Fleiß, Angriffsfreudigkeit, Verteidigungshärte, Ernstnehmen jedes Gegners u. a.); d) Trainingsfaktoren (Disziplin, gründliches Auswerten eigener Partien und Vorbereiten auf den Gegner, ausdauerndes wissenschaftliches Selbststudium, Führen eines Wettkampfbuches und einer Eröffnungskartei, Auswertung von Datenbanken und Fachliteratur, Fachzeitschriften und Bulletins, regelmäßiger Ausgleichssport u. a.); e) Wettkampffaktoren (Spielen von Turnier- und Wettkampfpartien, Partien mit verkürzter Bedenkzeit einschließlich Blitzpartien). ↻52 f., 56, 106, 116

Leistungsschach: mit Leistungsabsichten betriebenes Wettkampf- und Turnierschach auf nationaler und internationaler Ebene, das einen zielgerichteten Trainingsprozess einschließt. Unterschied zum Freizeit- und Erholungsschach.

Lettisches Gambit: eine von lettischen Spielern untersuchte Gambitfortsetzung mit den schwarzen Steinen, dessen Korrektheit jedoch noch nicht überzeugend nachgewiesen werden konnte:1.e4 e5 2.♘f3 f5?! ↻191

Linie: senkrechte oder vertikale Felderanordnung auf dem Schachbrett. Es gibt acht bezeichnete L.: a, b, c, d, e, f, g und h. Wichtige Aspekte in der Schachstrategie sind das Öffnen und Besetzen von Linien. Im taktischen Kampf spielen Angriffslinien eine bedeutende Rolle. ↻110, 140 f., 142 ff., 387, 477

Lizenzstufen: Ausbildungsstufen im Rahmen der Trainerausbildung des DSB. Es gibt drei L.: 1. Lizenzstufe (C-Trainer oder Fachübungsleiter), 2. Lizenzstufe (B-Trainer), 3. Lizenzstufe (A-Trainer). ↻116, 133, 135 ff., 196, 327 ff., 410 f.

Lolli, Giambattista: 1698–1769; italienischer Meister. In seinem 1763 erschienenen Werk »Osservazioni teorico-pratiche sopra il giuoco degli scacchi« (Theoretisch-praktische Betrachtungen über das Schachspiel) publizierte er das »Lolli-Gambit«, eine Opfervariante im Königsgambit, die jedoch widerlegt wurde: 1.e4 e5 2.f4 exf4 3.♘f3 g5 4.♗c4 g4 5.♗xf7+?, z. B. 5. ... ♔xf7 6.♘e5+ ♔e8 7.♕xg4 ♘f6 8.♕xf4 d6! Lolli entdeckte zahlreiche Gesetzmäßigkeiten im Endspiel. ↻28

Londoner Turnier 1851: erstes internationales Schachturnier. Gilt als Geburtsstunde des modernen Turnierschachsports. Sieger: Anderssen. ↻30

Loyd, Samuel: 1841–1911; bekannter amerikanischer Problemkomponist, dem zahlreiche originelle Schachprobleme und Rätsel zu verdanken sind. A. S. White würdigte sein Schaffen in dem 1926 in Leipzig erschienenen Werk »Sam Loyd und seine Schachaufgaben«.

Luftloch: Öffnungszug eines Bauern vor dem König nach der Rochade, der ein evtl. Matt auf der Grundreihe verhindern soll. Typische L. nach der kurzen Rochade sind h3, g3 sowie h6, g6; nach der langen Rochade a3, b3 und a6, b6.

Mac**Cutcheon-Variante:** erstmals während einer Simultanveranstaltung in New York 1885 von einem Teilnehmer namens MacCutcheon gegen den Simultanspieler L. Paulsen angewandter Zug in der Französischen Verteidigung 1.e4 e6 2.d4 d5 3.♘c3 ♘f6 4.♗g5 ♗b4.

Macheide: abgeleitet von griechisch »Machee« – der Kampf. Laskers zentrale Figur der Theorie des Kampfes und Idealkonstruktion eines perfekten Spielers, dem für alle Situationen optimale Strategien zur Verfügung stehen. ↳35

Mannheimer Variante: wurde 1934 in Mannheim beim WM-Match Bogoljubow – Aljechin in der 23. Partie gespielt und erhielt deshalb diesen Namen. 1.d4 d5 2.c4 dxc4 3.♘f3 ♘f6 4.♕a4+.

Manöver: Grundelement der Strategie und Taktik mit dem Ziel, durch Umgruppieren von Figuren ihr Zusammenspiel bzw. die Wirkungskraft zu erhöhen. Gemäß ihrer Aufgabenstellung gibt es Zwangs-M., Verteidigungs-M., Umgehungs-M., Angriffs-M. u. a.

Mansube: älteste überlieferte Zeugnisse des Schachs in Form von 500 alt-arabischen Aufgaben. Sie lehnen sich in ihrer Konstruktion und im Lösungsverlauf eng an das Partieschach an und waren in der Regel auch Spielendungen. Die Forderung zum Lösen lautete »Weiß (oder Schwarz) zieht und gewinnt!«. Heute wird der Begriff M. für Probleme noch gewählt, falls der Lösungsverlauf wie in einer Partie den einzigen Weg zum Gewinn vorsieht. Große Bedeutung besitzt die 1737 von Ph. Stamma in Paris veröffentlichte Aufgabensammlung »Traité sur le jeu des échecs«.

Märchenschach: zusammenfassende Bezeichnung für Aufgaben, die nicht den üblichen Spielgesetzen der Schachkomposition entsprechen. Gegenüber den orthodoxen Schachproblemen ergeben sich Unterscheidungsmerkmale in Form des Schachbretts, der Steine, in den Spielbedingungen bzw. Problemforderungen. M. wird auch heterodoxes oder Feenschach genannt. Die Vielfalt des M. charakterisiert der Ausspruch »Erlaubt ist, was gefällt!«

Maróczy-System: nach dem ungarischen GM Géza Maróczy (1870–1951) benannte Zugfolge, die sich gegen die Drachenvariante der Sizilianischen Verteidigung richtet 1.e4 c5 2.♘f3 ♘c6 3.d4 cxd4 4.♘xd4 g6 5.c4.

Marshall-Angriff: vom amerikanischen GM Frank J. Marshall (1877–1944) 1918 in New York gegen Capablanca in die Turnierpraxis eingeführter Gambitzug mit Schwarz gegen die Spanische Partie. 1.e4 e5 2.♘f3 ♘c6 3.♗b5 a6 4.♗a4 ♘f6 5.0–0 ♗e7 6.♖e1 b5 7.♗b3 0–0 8.c3 d5.

Material: Sammelbegriff für Figuren und Bauern. Daraus ergeben sich abgeleitete Begriffe wie M.-Verlust, M.-Gewinn, M.-Übergewicht, M.-Vorteil, materielles Gleichgewicht u. a.

matt: oder schachmatt, das vom persischen Ausdruck schah mat (der König ist verloren) stammt. Entsprechend dem Spielgedanken im Schach soll der gegnerische König matt gesetzt werden. Der König ist matt, wenn ein gegnerisches Schachgebot nicht mehr abgewehrt werden kann. ↳26, 96, 151 ff., 201 ff., 216, 250 ff., 477

Mattnetz: wenn ein um den König liegendes Gebiet von gegnerischen Figuren so beherrscht wird, dass ein Entrinnen bzw. Abwehren von Schachgeboten unmöglich ist, spricht man von einem M.

Max-Lange-Angriff: nach dem deutschen Schachmeister Max Lange (1832–1899) benannte Variante im Zweispringerspiel im Nachzug: 1.e4 e5 2.♘f3 ♘c6 3.♗c4 ♘f6 4.d4 exd4 5.0–0.

Meisteranwärter, MA: Titel bzw. Leistungskategorie als Vorstufe zum Meistertitel in den nationalen Klassifizierungsordnungen östlicher Länder und des ehemaligen DSV. ↳67

Menchik, Vera: (16. 02. 1906 Moskau – 27. 06. 1944 London); erste WM der Frauen (von 1927–1944). Spielte mit Erfolg in Männerturnieren; erreichte 1929 in Ramsgate nach dem siegenden Capablanca gemeinsam mit Rubinstein den geteilten 2.–3. Platz. ↳61

Meraner Verteidigung: Variante in der Slawischen Verteidigung, die 1924 zwischen Grünfeld und Rubinstein in Meran erstmals angewandt wurde. 1.d4 d5 2.c4 c6 3.♘f3 ♘f6 4.♘c3 e6 5.e3 ♘bd7 6.♗d3 dxc4 7.♗xc4 b5.

Metamorphoseschach: Grundgedanke dieser Abart des Schachspiels ist das Verbleiben aller Figuren auf dem Brett. Das wird erreicht, indem jede geschlagene Figur auf ihrem Ursprungsfeld (Grundaufstellung) wieder zum Einsatz gelangt. Sollte dieses Feld nicht frei sein, kann die Figur nicht geschlagen werden.

Mieses, Jacques: 1865–1954; spielstarker GM aus Leipzig, der 1939 nach England emigrierte. Überarbeitete das Werk »Kleines Lehrbuch des Schachspiels« von Dufresne und erlangte unter dem Autornamen Dufresne-Mieses und dem Titel »Lehrbuch des Schachspiels« hohe Popularität; trug sehr zur Verbreitung des Schachspiels im deutschsprachigen Raum bei. Nach ihm wurde in der Skandinavischen Verteidigung der Gambitzug 4.b4!? (nach 1.e4 d5 2.exd5 ♕xd5 3.♘c3 ♕a5) benannt.

Miniatur: Schachaufgabe, die nicht mehr als sieben Steine aufweist.

Minimal: Problemaufgabe mit der Mindestanzahl der für das Mattsetzen notwendigen weißen Steine, dem König und einem weiteren Stein.

Minipartie: im Anfängertraining verwendete wettkampfähnliche Übungsform zum Festigen des vermittelten Ausbildungsstoffes. Beide Partner spielen beispielsweise mit reduziertem Material wie 3 Bauern gegen 3 Bauern, 2 Läufer gegen 2 Springer usw. Wer bei Partieabbruch oder -ende über das bessere Figurenpotential verfügt, hat »gewonnen«. ♦75, 79, 113, 139 ff.

Minischach: Kleinform des Schachspiels, bei der alle Figuren sowie je vier weiße und schwarze Bauern auf dem Brett sind. Die von dem Wiener Norbert Eder entwickelte Abart wird auf einem 6 x 6-Felder-Brett mit normalen Regeln gespielt (Bauer kann aus der Grundstellung nur ein Feld vorziehen).

Minoritätsangriff: strategischer Minderheitsangriff einer geringeren Anzahl von Bauern auf einem Flügel gegen eine größere gegnerische Bauernkette. Typische Formen des M. entstehen gegen die ›Karlsbader Bauernstruktur‹ im Damengambit, in dem zwei gegen drei Bauern ›stürmen‹.

Mittelbauern: die im Zentrum befindlichen Bauern e4, d4, e5 und d5. ♦38, 174

Mittelgambit: eine in früheren Jahren häufig gespielte Eröffnung, die nach 1.e4 e5 2.d4 entsteht. In der heutigen Turnierpraxis wird das M. selten angewandt, da der Nachziehende schnellen Ausgleich erhält. ♦27, 191, 237

Mittelspiel: nach der Eröffnung entstandener Spielabschnitt (Mittelspielphase), dem sich das Endspiel anschließt. Wenn in der Eröffnung keine entscheidenden Fehler begangen werden, dann findet im M. der eigentliche Schachkampf statt. Es ist gleichzeitig die schöpferischste Partiephase, deren fast unerschöpfliche Variantenvielfalt nicht so wissenschaftlich durchdrungen werden kann wie die beiden anderen Spielphasen. Hier findet die Strategie und Taktik im klassischen Sinne ihre Anwendung. Die beste Schulung (Training) des M. realisiert sich durch die Spielpraxis. ♦44, 95, 110, 120, 327 ff., 477

Möller-Angriff: eine von dem dänischen Meister I. Möller zu Beginn des 20. Jh. untersuchte Zugfolge, in der der Anziehende das schnelle Besetzen des Zentrums in der Italienischen Partie anstrebt. 1.e4 e5 2.♘f3 ♘c6 3.♗c4 ♗c5 4.c3 nebst d4.

Morphy, Paul: 1837–1884: amerikanisches Wunderkind im Schach. Nach seinem hohen 8 : 3-Sieg im Jahre 1858 gegen Anderssen galt er als stärkster Spieler seiner Zeit. Sein phantasiereicher Stil brachte ihm viele Anhänger und Bewunderer. Von einer schönen Kombination sagt man heute noch »à la Morphy«. ♦28 f.

Morra-Gambit: nach dem Franzosen Pierre Morra (1900–1969) benannte Gambitvariante gegen die Sizilianische Verteidigung. Die Züge 1.e4 c5 2.d4 cxd4 3.c3 wurden zuerst von Tartakower angewandt. Andere Bezeichnungen lauten Rivadavia-Gambit (nach der längsten Straße in Buenos Aires) oder Matulovic-Gambit nach dem bekannten jugoslawischen GM. Morphy schaltete den Zug 3.♘f3 ein und zog erst 4.c3. ♦231

Muster: Anordnung von stellungsrelevanten Steinen und Feldern, die als schachliches Abbild im Langzeitgedächtnis gespeichert werden. Ein geübter Schachmeister kann nach de Groot auf etwa 50000 Chunks, also Gedächtniseinheiten bzw. Muster (Motive) mit schachspezifischen Inhalten zurückgreifen. ♦90, 91, 95, 101, 105, 106

Najdorf-System: beliebtes und oft gespieltes Verteidigungssystem in der Sizilianischen Verteidigung, das von dem argentinischen GM Miguel Najdorf (1910–1997) turnierfähig gemacht wurde 1.e4 c5 2.♘f3 d6 3.d4 cxd4 4.♘xd4 ♘f6 5.♘c3 a6. Nach dem jeweiligen 6. Zug von Weiß entstehen relativ unterschiedliche Systeme (6.♗e2, 6.♗g5, 6.♗c4, 6.f4, 6.g3, 6.♗e3, 6.h3). Wird in der Literatur mitunter auch als Opočenský-System (nach dem tschechischen Meister Karel Opočenský, 1892–1975) bezeichnet. ♦91, 104, 235 f.

Narrenmatt: entsteht nach 1.g4 e5 (e6) 2.f3 (f4)?? ♕h4 matt. Es ist das kürzeste Matt aus der Grundstellung und kann nur von Schwarz aus erfolgen.

Nebenlösung: im Problemschach vom Autor einer Schachaufgabe nicht berücksichtigte zweite oder dritte Lösungsmöglichkeit. Der eigentliche Wert dieser Aufgabe wird dadurch stark gemindert.

Neuerung: bisher noch nicht in der Eröffnungstheorie bekannter und fixierter Zug. N. werden zunehmend seltener und müssen nicht in jedem Falle eine Verbesserung bisheriger Varianten oder Zugfolgen bedeuten. ♦110, 467, 477

Neurolinguistisches Programmieren, NLP: Psychologische Methoden und Techniken zum positiven Verändern und Verbessern beeinträchtigender Verhaltensweisen. *Neuro* bezieht sich auf die Funktionsebene des Nervensystems, *linguistisch* auf das beeinflussende Mittel durch die Sprache und *Programmieren* verweist auf das befreiende Helfen von negativ ablaufenden inneren Programmen. Wird u. a. von GM Stefan Kindermann gegen mentale schachliche Schwächen eingesetzt. ✎124, 125, 477

Nimzowitsch, Aaron: (07. 11. 1886 Riga – 16. 03. 1935 Kopenhagen); als einer der weltbesten Spieler und führender Theoretiker in den 20er Jahren ist sein Name mit vielen historischen und schachmethodischen Begriffen verbunden. In seinen Werken »Mein System« und »Die Praxis meines Systems« veranschaulichte er die Grundgedanken der damals entstandenen Hypermodernen Schachschule. ✎37 ff., 51, 68

Nimzowitsch-Indische Verteidigung: auch Nimzo-Indische Verteidigung; ein von Nimzowitsch in den 20er Jahren popularisiertes Verteidigungssystem gegen die weiße Zentrumsstrategie nach 1.d4 und 2.c4. Die N. ist aus der heutigen Turnierpraxis nicht mehr wegzudenken.1.d4 ♘f6 2.c4 e6 3.♘c3 ♗b4. Gegen diesen Zug gibt es zahlreiche annähernd gleichwertige Bekämpfungsmethoden: 4.a3 (Sämisch-System), 4.e3 (Rubinstein-Variante), 4.♕c2 (Aljechin-System), 4.♕b3 (Spielmann-Variante), 4.♗g5 (Leningrader System). ✎37, 48, 190 ff., 244 ff.,

Nimzowitsch-Verteidigung: von Nimzowitsch 1907 in Ostende gegen Duras in die Turnierpraxis eingeführtes Verteidigungssystem 1.e4 ♘c6. ✎39, 192, 230

Nordisches Gambit: von den dänischen Meistern Nilsen und Sörensen untersuchte Gambiteröffnung nach 1.e4 e5 2.d4 exd4 3.c3 dxc3 4.♗c4 cxb2 5.♗xb2 d5!, die heute im Leistungsschach selten geworden ist. ✎191

Notation: Dokumentation von Schachzügen bzw. -partien zur Kontrolle des Partieverlaufs bei offiziellen Wettkämpfen. In der Praxis werden verschiedene N.-Formen benutzt: ⇨algebraische N. als offizielle FIDE-Notation, ⇨beschreibende N., ⇨Udemann Code, ⇨Zahlennotation. ✎145 ff., 199, 221, 353 ff., 391, 399, 467

Notationsschlüssel: mit Hilfe des N. können Partieaufzeichnungen aus Zeitschriften, Bulletins und Büchern in den verschiedensten Sprachen »entschlüsselt« und nachvollzogen werden. ✎101 f.

Oculomotorische Aktivität: Augenbewegungen bei Schachspielern, die beim Betrachten bzw. Vertiefen in eine Spielstellung schachspezifische Überlegungen und damit generelle Prozesse des menschlichen Denkens widerspiegeln. Wissenschaftliche Untersuchungen mittels Filmaufnahmen der Augenbewegungen von Schach spielenden Versuchspersonen führte der Psychologe K. Tichomirow 1967 in Moskau durch.

Offene Spiele: alle Spielanfänge (Eröffnungen), die mit 1.e4 e5 beginnen. ✎29, 190 ff., 215 f., 328

Offene Turniere: »Open«, eingebürgerter Begriff aus dem Englischen für Turniere, an denen Teilnehmer unterschiedlicher Spielstärke nach vorheriger Anmeldung mitspielen dürfen. Die O. wurden in den achtziger Jahren des letzten Jahrhunderts populär und ermöglichten erstmals einer großen Anzahl von Spielern die Teilnahme an internationalen Turnieren. Im Unterschied zum Rundensystem erfolgt das Auslosen jeder Spielrunde nach dem ⇨Schweizer System.

Offener Spanier: geläufiger Begriff für die offene Verteidigungsform der Spanischen Partie.1.e4 e5 2.♘f3 ♘c6 3.♗b5 a6 4.♗a4 ♘f6 5.0–0 ♘xe4 6.d4 b5 7.♗b3 d5 8.dxe5 ♗e6 9.c3. Charakteristisch für diese Variante ist das schnelle Tauschen der Zentrumsbauern e4 und e5. Besondere Verdienste bei der theoretischen Erforschung erwarben sich Tarrasch, Euwe, Larsen und Karpow.

Offizier: frühere Bezeichnung für die Leichtfiguren Läufer und Springer. ✎38

Ohneschach: auch als Prohibitionsschach bekannt. In dieser Abart vom Normalschach darf nur dann Schach geboten werden, wenn es gleichzeitig Matt ist.

O'Kelly-System: nach dem bekannten belgischen GM und Fernschachweltmeister Alberic O'Kelly de Galway (1911–1980) benanntes Verteidigungssystem in der Sizilianischen Verteidigung. 1.e4 c5 2.♘f3 a6 mit dem Gedanken, nach den üblichen Zügen 3.d4 cxd4 4.♘xd4 ♘f6 5.♘c3 e5 ziehen zu können, ohne dem weißen Springer das Feld b5 zu geben.

Opfer: freiwillige Preisgabe eines Steines mit dem Ziel, ein vorteilhaftes Äquivalent zu erhalten. Der angestrebte Gegenwert kann materielle und positionelle Vorteile bringen. O. gibt es in allen drei

Partiephasen (Eröffnung, Mittel- und Endspiel) sowie besonders im Kunstschach. Im Partieschach sind sie ein wichtiges taktisches Kampfmittel zum Erhöhen der Wirksamkeit eigener Figuren, Erlangen von Entwicklungsvorsprung und Raumüberlegenheit, Ausnutzen gegnerischer Fehler, Schwächen der feindlichen Königsstellung, Erreichen von positioneller Überlegenheit und zur psychologischen Beeinflussung u. a. ⇨26 ff., 32, 39, 41, 49, 51, 57 f., 95, 109, 115, 122, 127, 470

Opposition: Begriff aus der Endspiellehre. »Die Könige stehen in O., wenn in dem Rechteck, dessen Ecken die Könige besetzen, alle Ecken von derselben Farbe sind« (Chéron). Oppositionsformen: waagerechte, senkrechte und schräge Nah- und Fern-O., virtuelle O. Die Einnahme der O. bringt den gegnerischen König in Zugzwang. Gewöhnlich ist damit auch ein Vorteil verbunden, bzw. es können strategisch wichtige Felder besetzt werden. ⇨45, 85, 86, 93, 179 ff., 217

Orang-Utan-Eröffnung: von Tartakower zunächst scherzhaft gebrauchte Bezeichnung für den Zug 1.b4. Wird heute auch ⇨Sokolski-Eröffnung genannt. ⇨40, 192, 226

Orthodoxe Verteidigung: Gemeint ist die klassische Form des Abgelehnten Damengambits 1.d4 d5 2.c4 e6 3.♘c3 ♘f6 4.♗g5 ♗e7 5.e3 0–0 6.♘f3 ♘bd7 7.♖c1 c6.

Paarungstabellen: in Tabellen festgelegte Reihenfolge des Aufeinandertreffens der Teilnehmer in einem Rundenturnier. Durch die vor Beginn des Turniers erfolgte Auslosung weiß jeder Teilnehmer, in welcher Runde und mit welcher Farbe er gegen seine Konkurrenten spielt. ⇨376 ff., 385

Palaméde: Name der ersten Schachzeitung in der Welt, die 1836 von Labourdonnais und Mery in Paris herausgegeben wurde. ⇨29

Panow-Angriff: von dem russischen IM Wassili Nikolajewitsch Panow (1906–1973) untersuchter initiativreicher Aufbau gegen die Caro-Kann-Verteidigung. 1.e4 c6 2.d4 d5 3.exd5 cxd5 4.c4. ⇨231

Partie: Kurzform für Schachpartie, die entsprechend dem Spielcharakter völlig unterschiedlicher Art sein kann, z. B. Blindp., Blitzp., Demonstrationsp., ernste P., Fernschachp., freie P., Kaffeehausp., Kombinationsp., Kurzp., lebende P., Lehrp., Minip., Positionsp., Schnellp., Schönheitsp., Traump., Turnierp., Übungsp., unsterbliche P., Wettkampfp., Zeitnotp. u. a. ⇨65, 98, 106, 112 ff., 121 f., 125

patt: wenn der König des am Zug befindlichen Spielers nicht im Schach steht, aber trotzdem nicht ziehen kann, dann nennt man das p. Die Partie wird als unentschieden (remis) gewertet. ⇨26, 37, 55, 153, 157, 204, 470

Pattfalle: versuchter kombinatorischer Weg, aus einer schlechteren oder verlorenen Stellung noch ein Remis zu erzielen. ⇨157

Pattwanderung: im Problemschach verwendete Bezeichnung für Schachaufgaben, in denen der weiße König ständig den Schachs der schwarzen Figur ausweicht, da beim Schlagen derselben der schwarze König patt steht.

Paulsen-System: nach dem deutschen Meisterspieler Louis Paulsen (1833–1991) benannter Aufbau in der Sizilianischen Verteidigung. Unterschiedlich zum Scheveninger System wird der d-Bauer zunächst zurückgehalten und der schwarzfeldrige Läufer nach b4 c5 oder d6 gestellt. 1.e4 c5 2.♘f3 e6 3.d4 cxd4 4.♘xd4 a6 5.♘c3, 5.c4, 5.♗d3.

Performance: Turniererfolgszahl oder die in der Ratingzahl ausgedrückte Leistung eines Spielers in einem Wettkampf. ⇨109, 110, 362 ff., 477

Petrosjan, Tigran Wartanowitsch: 1929–1984; WM von 1963–1969; P. besaß ein überaus feines Positionsgefühl und eine hohe Manövrierkunst im Mittelspiel. ⇨51 f., 56, 60, 68

Philidor, François André Danican: 1726–1795; bedeutendster französischer Schachspieler. In seinem Buch »L'Analyse du jeu des Èchecs« (1749) entwickelte er grundlegende Ansichten zur Schachstrategie. ⇨27 f., 31, 68, 237

Pirc-Ufimzew-Verteidigung: nach dem jugoslawischen GM Vasja Pirc (1907–1980) und dem russischen Meisterspieler Anatoli Ufimzew (1914–2000) benanntes Eröffnungssystem 1.e4 d6 2.d4 ♘f6 3.♘c3 g6 4.f4 oder 4.♗e2, 4.♘f3, 4.♗g5, 4.f3. ⇨48, 58, 107 ff., 190 ff., 231

Plagiat: besonders im Problemschach vorkommende Form der unberechtigten Inanspruchnahme der Urheberschaft. Wird bei Kompositionsturnieren P. festgestellt, verliert die betroffene Schachaufgabe ihre Auszeichnung.

Plan: vorausschauende, zielgerichtete Überlegung, mit welchen strategischen und taktischen Mitteln Ziele in einer Schachpartie erreicht werden können. Grundlegender P. einer Schachpartie: 1. maximales Ausnutzen der der jeweiligen Eröffnung innewohnenden Entwicklungstendenzen; 2. Kampf um das Erringen eines Vorteils; 3. Realisieren des Vorteils. Diesen drei Grundgedanken ordnen sich alle Pläne und Teilpläne unter, wobei immer von einer präzisen Stellungsbeurteilung auszugehen ist. Der konkrete Inhalt eines P. wird im Wechselspiel mit den gegnerischen Zügen oftmals Veränderungen unterworfen. Entsprechend der Zielstellung gibt es strategische und taktische P., Angriffs- und Verteidigungsp. u. a.

Plejaden: Gruppe von sieben Schachspielern, auch »Berliner Siebengestirn« genannt, die das Schachleben der 30er Jahre im 19. Jh. durch praktische und theoretische Leistungen in Deutschland maßgeblich weiter entwickelt. Zu ihnen zählten Ludwig Bledow, Tassilo v. Heydebrand und der Lasa, Paul Rudolf von Bilguer, Karl Schorn, Bernhard Horwitz, Wilhelm Hanstein, Karl Mayet. ✎31

Polgar-Experiment: Ein von László und Klara Polgár 1967 psychologisch orientierter Versuch, die Einflüsse der Vererbung und Umwelt zu erkennen und den bedeutenden Einfluss von Motivation, Erziehung und systematischem Schachtraining gegen herausfordernde Widerstände als Gegendenken am lebenden Beispiel zu beweisen. Durch frühzeitiges langjähriges hartes Training und Spielen gegen leistungsstarke Gegner sollen Mädchen die Leistungsstärke von Männern im Schach erreichen. ✎61 f., 65, 68

Polnische Verteidigung: von dem polnischen Spieler Alexander Wagner (1868–1942) im Jahre 1913 eingeführtes System gegen den Damenbauernzug 1.d4 b5 2.e4 mit der Absicht, schnell den schwarzen Damenläufer zu fianchettieren: 2. ... ♝b7 3.f3 usw. Möglich ist auch die verzögerte Zugfolge 1.d4 ♞f6 2.♞f3 b5.

Ponziani-Eröffnung: der Aufbau 1.e4 e5 2.♞f3 ♞c6 3.c3 wurde erstmals in der Göttinger Handschrift erwähnt und 1769 von dem Italiener Lorenzo Domenico Ponziani (1719–1796) publiziert.

Position: anderer Ausdruck für eine Stellung auf dem Schachbrett, d. h. die nach jedem Zug sich ergebende weiße und schwarze Figurenkonstellation oder Bauernformation.

positionelle Vorteile: nach Steinitz gibt es folgende p. V.: 1. Entwicklungsvorsprung; 2. Beherrschen des Zentrums; 3. Raumvorteil; 4. schwache Punkte im gegnerischen Lager; 5, günstigere Bauernstellung; 6. Bauernübergewicht am Damenflügel; 7. geschwächte gegnerische Königsstellung; 8. Besitz von offenen Linien und Diagonalen (Nutzen durch eigene Schwerfiguren bzw. Läufer); 9. Besitz des Läuferpaares gegen Läufer und Springer oder gegen zwei Springer. ✎32

Positionsbaum: Datenbank, die aus zahlreichen Stellungen besteht. Durch sekundenschnelles Erzeugen von temporären Bäumen können Funktionen für das Eröffnungstraining genutzt werden: Zusammenstellen und Ausgabe der Hauptvariante in einer bestimmten Stellung, Zeigen der kritischen Variante bei bestem Spiel beider Parteien, Berechnen aller zu einem Stellungsbild führenden vollen Zugfolgen u. a. ✎87, 100, 105

Positionsgefühl: intuitive Fähigkeit des Schachspielers bei der strategischen Beurteilung einer Stellung. Typisch für einen Spieler mit ausgeprägtem P. ist, dass er weiß (»spürt«), wo die eigenen Figuren hingehören, am zweckmäßigsten stehen sollten. Das schachliche P. ist vergleichbar mit dem »Ballgefühl« in Spielsportarten, dem »Wassergefühl« des Schwimmers oder dem »Distanzgefühl« des Boxers oder Fechters. ✎36, 54, 91

Positionsspiel: Spielweise im Schach, die, ausgehend von Steinitz, neue Prinzipien bei der Führung des Schachkampfes gegenüber der früher dominierenden Italienischen Stilrichtung berücksichtigt. Hauptinhalt des P. ist nicht der Angriff gegen den feindlichen König, sondern das Anhäufen von positionellen Vorteilen und damit Stören des Gleichgewichts der Stellung. P. wird auch als strategische Spielführung bezeichnet. ✎38 f.

Präzisionsstil: eine nach Capablanca benannte positionell-technische Stilrichtung, die auf das fast fehlerlose Spiel des ehemaligen kubanischen WM zurückgeht. ✎35 ff., 68

Preußische Partie: von den Vertretern der Berliner Schule untersuchte Angriffsfortsetzung des Zweispringerspiels im Nachzuge 1.e4 e5 2.♞f3 ♞c6 3.♝c4 ♞f6 4.♞g5 d5 5.exd5 ♞a5 usw.

problemhaft gestalteter Schachunterricht: besonders effektive Form der Vermittlung von Schachwissen durch selbständiges Finden von Stoffinhalten und Lösen von Aufgabenstellungen. ✎71 ff.,

Problemschach: im Gegensatz zum Partieschach erdachte Aufgaben, die bestimmte Forderungen zum Ziel haben, z. B. »Matt in 2 Zügen!«. Unterschiedliche Forderungen treten im Hilfsmatt, Selbstmatt und bei Märchenschachaufgaben auf. Eine deutliche Abgrenzung besteht zum Studienschach. Die im P. gebrauchte Forderung »Matt in n Zügen« beinhaltet, dass Weiß immer beginnt und trotz bester Gegenwehr in der angegebenen Zügeanzahl matt setzen kann. Nicht (vom Autor) gewünschte Lösungswege nennt man Nebenlösungen. Sie mindern den Gehalt einer Aufgabe. Als Vorläufer des P. gelten die altarabischen Mansuben.

Professionell Chess Association, PCA: 1993 von Garri Kasparow und Nigel Short alternativ zur FIDE gegründete Vereinigung, um einen Weltmeisterschaftszyklus außerhalb der FIDE zu organisieren. Nachdem der Sponsor Intel seine Unterstützung versagte, wurde die Profiorganisation bedeutungslos. ♘58

Programmbibliothek: beinhaltet gewöhnlich mehrere Schachprogramme verschiedener Schwierigkeitsgrade.

Protestschach: Abart vom Normalschach, wobei jeweils ein nicht angenehmer Zug des Gegners zurückgewiesen werden kann. Somit wird ein evtl. Matt zunächst verhindert.

psychoregulative Verfahren: zum Wiederherstellen psychophysischer Kräfte und Verbesserung schachlicher Leistungsfähigkeit angewandte Maßnahmen. Bewährte Formen sind autogenes Training, progressive Muskelentspannung, Biofeedback-Verfahren, Musikrelaxation und ⇨Neurolinguistisches Programmieren.

Quadrat des Bauern: gedankliches Hilfsmittel in Bauernendspielen, um rasch zu erkennen, ob der gegnerische König einen zur Umwandlung strebenden Bauern aufzuhalten vermag oder nicht. ♘93, 179 ff., 211 ff., 217 f.

Qualität: drückt den Besitz eines Turms gegenüber einer Leichtfigur (Läufer oder Springer) aus. ♘142

Qualitätsopfer: freiwillige Hergabe eines Turms für eine Leichtfigur mit zwei Zielrichtungen: 1. taktisch betontes Qu. mit dem Ziel, Angriffs- oder Verteidigungsoperationen zu unterstützen; 2. positionell orientierte Qu., um vorteilhafte Positionen eigener Leichtfiguren zu erwirken und die Stellung insgesamt zu verbessern.

Racheschach: ein im Prinzip überflüssiges Schachgebot in ausweglos er Stellung.

Rahmentrainingsplan, RTP: vom Bundestrainer erarbeiteter Plan, der sich an der Kaderstruktur des DSB orientiert und Richtlinien für den Trainingsbetrieb der A-, B-, C-, D-Kader (männlich und weiblich) über einen längeren Zeitraum festlegt. ♘93, 326 ff., 478

Ratingliste: offizielle Wertungsliste der FIDE (FRL), in der zweimal im Jahr ca. 33600 Spielerinnen und Spieler mit den aktuellen Ratingzahlen veröffentlicht werden. Stichtage sind der 01. Januar und 01. Juli. ♘62, 87, 368 ff.

Beispiel der Weltrangliste vom 01.07.2000 (Platz 1–10):

Name	Titel	Land	R.-Zahl	Partien	Geburtsdatum
1 Kasparow, Garri	g	RUS	2849	35	13.04.63
2 Kramnik, Wladimir	g	RUS	2770	23	25.06.75
3 Anand, Viswanathan	g	IND	2762	23	11.12.69
4 Morosewitsch, Alexander	g	RUS	2756	28	18.07.77
5 Adams, Michael	g	ENG	2755	38	17.11.71
6 Schirow, Alexej	g	ESP	2746	33	04.07.72
7 Leko, Peter	g	HUN	2743	29	08.09.79
8 Iwantschuk, Wassili	g	UKR	2719	10	18.03.69
9 Topalow, Wesselin	g	BUL	2707	11	15.03.75
10 Krassenkow, Michal	g	POL	2702	61	14.11.63

Ratingsystem (auch Elo-System): allgemeingültiges internationales Wertungssystem der Weltföderation FIDE. ✎361 f., 367 ff.

Ratingzahl (auch Elo-Zahl): international anerkannte Wertzahl, die jeder Spieler erhält, falls er gegen mindestens 9 Gegner mit Wertung gespielt hat. ✎59, 62, 65, 128 f., 368 ff., 478

Raum: Gesamtheit der auf dem Schachbrett befindlichen Felder, Reihen, Linien sowie das Zentrum oder der Königs- und Damenflügel. Ein wichtiger strategischer Faktor ist der Kampf um den Raum mit dem Ziel des Raumgewinns. Mehr Raum bedeutet auch mehr Platz zum Manövrieren hinter den eigenen Bauern. In der Eröffnung versucht man gewöhnlich, Raumvorteil bzw. Raumüberlegenheit (z. T. unter Preisgabe von Bauern) zu erlangen. ✎128, 162 f., 470, 478

Raumschach: vom Normalschach stark abweichende Form, wobei in mehr als zwei Dimensionen, z. B. $5^3 = 125$ »Zellen« oder $8^3 = 512$ »Zellen«, mit speziellen Raumschachfiguren gespielt wird. Wurde angeblich gegen 1850 von Kieseritzky erfunden.

Räumungsopfer: Freilegen eines Feldes mittels Geben eines Steines, meist Bauern, damit ein anderer eigener Stein eine bessere Position einnehmen kann.

Rauser-Angriff: nach dem russischen Schachmeister Wsewolod Alfredowitsch Rauser (1908–1941) in den 30er Jahren eingeführter Aufbau mit Weiß gegen die Sizilianische Verteidigung 1.e4 c5 2.♘f3 ♘c6 3.d4 cxd4 4.♘xd4 ♘f6 5.♘c3 d6 6.♗g5 e6 7.♕d2 a6 8.0–0–0 usw.

Rechengeschwindigkeit: Anzahl der Rechenoperationen eines Computers pro Sekunde. Der erste Schachcomputer *Ural* schaffte 1956 in Moskau 100 000 Operationen/Sekunde. Der amerikanische Großcomputer *Deep Blue* rechnete 1996 im Match gegen Kasparow 100 Millionen, 1997 bereits 200 Millionen Stellungen durch. Inzwischen entwickelten Chiphersteller Intel und das staatliche amerikanische Forschungslabor Sandia National Laboratory einen Superrechner mit 1,06 »Teraflops«, also 1.06 Billionen Rechenoperationen pro Sekunde.

Reduktion von Suchräumen: auf Teilgebiete des Schachbretts gerichtetes schachspezifisches Denken. Der Blick eines versierten Schachspielers richtet sich nicht gleichermaßen auf alle 64 Felder, sondern wählt mit unterschiedlicher Intensität bestimmte Gebiete wie den Königsflügel, das Zentrum oder den gegnerischen Damenflügel aus. Nach Botwinnik werden in der Regel etwa 8–18 Felder betrachtet. ✎96

Reduktion von Varianten: Teil des schachspezifischen Denkens, das eine Einschränkung des angebotenen Zugpotentials vornimmt. So prüft ein geübter Spieler nicht alle, sondern nur durchschnittlich zwei bis vier Züge einer Position. Wenn bei einer 40 Züge langen Partie objektiv etwa 10^{116} Varianten möglich sind, rechnet der Schachspieler nur etwa 100 erste Züge durch. ✎96

Reihe: nebeneinander befindliche Felder in waagerechter Anordnung auf dem Schachbrett, z. B. 1. Reihe, 2. Reihe bis ... 8. Reihe; auch Horizontale oder Waagerechte genannt. ✎140 ff., 196, 387

remis: unentschieden; Partieausgang, bei dem jeder Spieler einen halben Punkt erhält. Es gibt folgende Möglichkeiten, ein R. zu erzielen: 1. Patt; 2. Übereinkunft beider Spieler; 3. bei dreimaliger Stellungswiederholung mit demselben Spieler am Zuge; 4. in Endspielstellungen, in denen keine Seite mangels Material Gewinnmöglichkeiten besitzt. 5. auf Verlangen eines Spielers, sofern dieser nachweist, dass mindestens 50 Züge von beiden Seiten geschehen sind, ohne dass eine Figur geschlagen oder ein Bauer gezogen wurde (50-Züge-Regel); 6. Dauerschach. ✎110, 156 ff., 206 f., 390, 392 f., 397, 465

Remisbreite: Spannbreite in einer Partiestellung, in der beide Seiten gleiche Chancen besitzen bzw. das Gleichgewicht einer Stellung trotz geringfügiger Vorteile (Material- oder Raumvorteil) noch nicht gestört ist.

Remistod: in den zwanziger Jahren kam u. a. aufgrund der relativ fehlerfreien Partieführung Capablancas der Gedanke an den R., d. h. an die Überlebtheit des Schachspiels auf. ✎37

Remisvariante: 1. eröffnungstheoretisch nachgewiesene Variante, die relativ zwangsläufig zur Vereinfachung führt bzw. durch forcierte Opferwendungen Dauerschach oder vereinfachende Stellungen erzwingt. 2. Forcierte Zugfolgen im Mittel- und Endspiel mit zwangsweiser Abwicklung zum Remis.

Restabbild: gedankliches Übertragen von vorheriger Figurenkonstellation bzw. Teile davon oder einzelnen Figurenpositionen auf die aktuelle Partiestellung.

Réti, Richard: 1889–1929; erfolgreicher tschechischer GM in den zwanziger Jahren, Vertreter der Hypermodernen Schachschule. Weltbekannt wurde seine Bauernendspielstudie (Weiß: ♔h8 c6, Schwarz: ♚a6 h5 mit Weiß am Zuge). ✎37 ff., 68, 82, 101

Réti-System: 1923 von Réti in die Turnierpraxis eingeführtes Eröffnungssystem. Idee: Führen des Zentrumskampfes mittels indirekter Figureneinwirkung und Nichtbesetzen der Zentralfelder durch eigene Bauern: 1.♘f3 d5 2.c4 (Klassisches R.), 1.♘f3 d5 2.g3 ♘f6 3.♗g2 ♗f5 4.c4 (Modernes R.). ↘40, 192

Retroanalyse: bei Rückschlussaufgaben verwendetes Verfahren, in der eine Stellung durch partiegemäßes Rückverfolgen der Züge geprüft wird, welche Steine geschlagen wurden, über welche Felder ein König zum jetzigen Stand gelangt ist, welche Figuren sich verwandelt haben müssen u. a. Damit lässt sich präzis nachweisen, welche Seite am Zuge ist, ob eine Rochade noch ausgeführt werden darf oder nicht usw. Berühmt wurde Loyds »Erinnerungsaufgabe« aus dem Jahre 1894, in der er vom Diagramm aus die Partie 50 Züge zurückverfolgte.

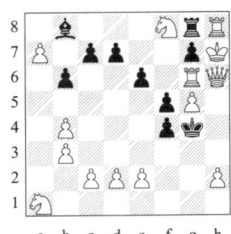

Retroanalyseaufgabe:
Matt in 4 Zügen→1.gxf6 e. p.+ ♚f5 2.♖g5+ ♚e4 3.♛g6+ ♚d4 4.c3 (♛d3) matt.

Rochade: gemeinsamer Zug von König und Turm, der regeltechnisch als einfacher Königszug gilt. ↘26, 33, 37, 149, 389 ff., 464, 476

Röntgen-Wirkung: Bezeichnung für das Entfalten einer Wirkung durch andere Steine hindurch, z. B. Röntgenangriff oder Röntgendeckung (erfolgt bei Abzugsbatterien und oft bei Verdopplungen, Fesselungen).

Rössel: kindgemäße und veraltete Bezeichnung für Springer.

Rösselsprung: beliebte mathematische Aufgabe, mit der sich bereits im 18. und 19. Jh. bedeutende Mathematiker beschäftigten, lautet: Wie kann der Springer alle Felder des Schachbretts überqueren, wobei er jedes Feld nur einmal betreten darf? Bereits vor 150 Jahren fand Varnsdorf eine Regel, nach der man relativ einfach einen Springerweg festlegen kann: Der Springer muss jeweils auf das Feld ziehen, von dem aus er die geringste Zahl von Zügen auf noch nicht betretene Felder ausführen kann. Bei mehreren möglichen lässt sich ein beliebiges davon auswählen. Inzwischen versucht man der Frage nachzugehen, wie man nicht nur eine Marschroute des Springers angeben, sondern alle Wege des Springers und deren Anzahl bestimmen kann! Bis jetzt gibt es keine Lösung. Es wurde lediglich ermittelt, dass die Zahl der Lösungen kleiner als $\binom{168}{63}$ und größer als 30 Millionen ist. (Literatur Gik: Schach und Mathematik, S. 35).

rückständiger Bauer: ein hinter den unmittelbaren Nachbarbauern zurückgebliebener und von diesen nicht mehr zu schützender (deckender) Bauer. Stellt bei Stellungsbeurteilungen einen beachtlichen strategischen Faktor dar.

Rukh: Spielfigur aus dem persischen Schatrandsch (Vorläufer des Schachs), die dem heutigen Turm entsprach. ↘26

Russische Schachschule: schöpferische Schachrichtung im vorrevolutionären Russland, die stark durch die Persönlichkeit M. Tschigorins geprägt wurde. ↘41 ff.

Russische Verteidigung: Eröffnungssystem, das nach 1.e4 e5 2.♘f3 ♘f6 entsteht. Wurde früher auch »Spiel des Petrow«, nach dem russischen Meister und Schachschriftsteller Alexander Dmitrijewitsch Petrow (1794–1867), genannt.

Rutschsystem: praktikable Form der Spielerpaarung bei Blitz- und Schnellturnieren. Auf einer langen Tischreihe werden die Schachspiele abwechselnd mit den weißen und schwarzen Farben aufgestellt. Nach jeder Runde rücken die Teilnehmer im Uhrzeigersinn um einen Platz weiter. ↘378 f.

Sämisch-System: nach dem deutschen GM Fritz Sämisch (1896–1975) benannte Eröffnungssysteme in der Königsindischen Verteidigung (1.d4 ♘f6 2.c4 g6 3.♘c3 ♗g7 4.e4 d6 5.f3) und Nimzowitsch-Indischen Verteidigung (1.d4 ♘f6 2.c4 e6 3.♘c3 ♗b4 4.a3 ♗xc3+ 5.bxc3).

schachblind: grobes Versehen beim Schachspielen. Der Fehlzug ist nicht auf das Spielniveau zurückzuführen und lässt sich schachspezifisch kaum erklären. Mögliche Ursachen sind Konzentrationsschwäche, zu große Selbstsicherheit, verringerte Umschaltfähigkeit u. a.

Schachfiguren: Bezeichnung für 32 weiße und schwarze Steine auf dem Schachbrett. Korrekt ausgedrückt, gibt es je 8 weiße und schwarze Figuren (König, Dame, 2 Türme, 2 Läufer, 2 Springer) sowie je 8 Bauern. Dame und Turm nennt man Schwerfiguren, Läufer und Springer Leichtfiguren.

Schach im Kindergarten: unter dem Motto »Spielend lernen« wird zunehmend mehr Aufmerksamkeit dem Erlernen des Schachspiels im Vorschulalter gewidmet. Erfahrungen besagen, dass dadurch die geistige Entwicklung angeregt und gefördert wird, individuelle Denkprozesse entwickelt, geistige Ressourcen ausgeschöpft werden und durch die damit verbundenen Konzentrationsübungen eine bessere Vorbereitung auf die Schulzeit erfolgt.

Schachinformator: seit 1966 erscheinende Publikation in Buchform mit dem Ziel, alle bedeutsamen Partien der Öffentlichkeit zugänglich zu machen. Dreimal jährlich werden etwa 600–700 Partien nach Eröffnungen geordnet und durch führende Großmeister mit Symbolen kommentiert. Außerdem werden Kombinations- und Endspielstellungen, Turniertabellen und Mitteilungen der FIDE in die z. Z. knapp 400 Seiten starken Bände einbezogen (auch als CD erhältlich). ✎54, 100

Schachkomposition: Überbegriff für Problemschach und Studien.

Schachliteratur: Gesamtheit der veröffentlichten Schachtitel im Nah-, Fern- und Kompositionsschach. Gilt als besonders bedeutsames Trainingsmittel zur Information und Lehre in der Sportart Schach. Vgl. thematisches Literaturverzeichnis am Ende des Buches.

Schacholympiade: größter internationaler Mannschaftswettbewerb. Anlässlich der Olympischen Spiele 1924 erstmals in Paris ausgetragen; besitzt seit 1927 (London) offiziellen FIDE-Charakter. Sie findet alle zwei Jahre statt. ✎101, 348 ff.

Schach-Oscar: höchste von der (⇨Association Internationale de la Presse Echiquéenne) vergebene Schachauszeichnung von Journalisten für die erfolgreichsten Spieler eines Jahres. In den letzten Jahren wird die Vergabe von der Zeitschrift »Schachmatnoje obosrenije« unter Leitung von Alexander Roschal organisiert.

Schachpsychologie: ist maßgebend für die effektive Führung des Schachkampfs, Motivation des Spielers und Ausschöpfung seines Leistungsvermögens; andererseits ist Schach als denkintensives Spiel mit vernetzten Problemanforderungen Modellgegenstand für die Wissenschaftsdisziplin Psychologie: 1. Bei der ausgeprägten Denksportart Schach besitzt das Eingehen auf die Psyche des Gegners hohe Bedeutung. Das Kennenlernen seiner Stärken und Schwächen, individuellen Besonderheiten wie seines sportartspezifischen Wissens, stilistische Ausrichtung, Erfahrung, Denkgewohnheiten, Charakter und Temperament ermöglichen zielgerichtete psychologische Verhaltens- und Kampfesweisen. Eigene Leistungsschwankungen und ermüdungsbedingte Beeinträchtigungen in Form verringerter Konzentration, verlangsamter Denkabläufe und erhöhter Fehlerhäufigkeit können mit Hilfe psychoregulativer Verfahren bekämpft werden. 2. Schach als Untersuchungsgegenstand für menschliche Denkprozesse beschäftigt seit vielen Jahren die Fachwissenschaftler. ✎22 f., 34 f., 45, 98, 108, 111, 112, 113, 115, 118, 124, 125 f., 130, 134

Schachrätsel: in Problemform gekleidete Schachaufgaben, in denen folgende Motive charakteristisch sind: Materialopfer, Versperren bzw. Aufgabe eigener Angriffslinien oder Öffnung gegnerischer Angriffslinien, Figurenzüge abseits des Kampfgeschehens, Fluchtfeldfreigabe, Hinterstellung, Provozieren von Schachs, Motivverbindungen usw. Weitere speziell gegen die Gewohnheiten der Löser gerichtete Motive sind unkonventionelle Schlüsselzüge, besonders naheliegende Schlüsselzüge, Mattführungen und Verknüpfung von Motiven.

Schachschulen: 1. historisch entstandene, meist nach führenden Schachmeistern, spieltheoretischen Auffassungen und territorialen Gesichtspunkten benannte entwicklungsgeschichtliche Stilrichtungen. ✎Seite ... 2. leistungssportliche Einrichtungen einer Organisation oder Einzelperson. ✎25 ff., 47, 51, 56, 65, 68, 414 ff.

schachspezifisches Denken: auf das Wesentliche einer jeweiligen Stellung gerichtetes selektives Prüfen von Zugentscheidungen, wobei reproduktive Faktoren wie Gedächtnis und Erfahrung eine bedeutsame Rolle spielen. Es werden Reduktionen von Varianten und Suchräumen vorgenommen. ✎Seite95 ff.

Schachstrategie: abgeleitet von den allgemeinen Gesetzmäßigkeiten der Theorie des Kampfes (z. B. in der Kriegskunst) beinhaltet die S. die grundsätzliche Planung und das Vorgehen, ein vorgesehenes Ziel (mit den Mitteln der Schachtaktik) zu erreichen. ♟28, 30, 33, 35 ff., 46, 49, 98 f., 115, 288 ff.

Schachtaktik: bestimmt die Art und Weise des Verwirklichens strategischer Pläne. Sie kennzeichnet das konkrete Herangehen an die Beurteilung einer jeweiligen Stellung. Hauptbestandteil der S. ist die ⇨Kombination. ♟35, 37 f., 44 ff., 49 ff., 95 ff., 112 ff., 128, 133, 249 ff.

Schachtalent: frühzeitiges Ausprägen einer Begabung im Schach, die sich in relativ hoher Spielstärke und in der Mehrheit folgender Kriterien zeigt: schöpferischen Verlaufsqualitäten des Denkens und hoher intellektueller Leistungsgrad, nicht selten gemessen am hervorragenden Zensurendurchschnitt in der Schule; harmonisch entwickeltes Gesamtverhalten; belastungsfähiges vegetatives Nervensystem; gesunder Ehrgeiz mit zielgerichtetem Leistungsstreben; ausgeprägter Spieltrieb, Freude am Knobeln und Lösen von Denksportaufgaben; zielorientierter Wille und Fleiß; ausdauernde Aufmerksamkeit bzw. anhaltende Konzentrationsfähigkeit; Unbekümmertheit und gesundes Selbstvertrauen; leistungsfähiges Gedächtnis; Einfallsreichtum und Phantasie.

Schachtrainer: auf dem Gebiet des Schachsports haupt- oder ehrenamtlich tätige Persönlichkeit, die über grundlegende Kenntnisse zu Fragen der Bildung und Erziehung sowie über fachspezifische methodische Fähigkeiten und schachpraktische Fertigkeiten verfügt. Tätig sind: Bundestrainer, Bundesnachwuchstrainer, Landes- und Honorartrainer, A-, B- und C-Lizenztrainer. ♟116 ff., 134 ff., 326 ff., 410 f.

Schachtraining: ist der nach wissenschaftlichen Erkenntnissen geführte pädagogische Prozess der sportlichen Vervollkommnung, in dem dauerhafte spezialisierte Eröffnungskenntnisse und konkretes Endspielwissen durch intensives Studium angeeignet, schöpferisches Denken hinsichtlich kombinatorischer und strategischer Fähigkeiten im Mittelspiel durch kontinuierliche, konsequente und variable Wiederholungen entwickelt und mit Hilfe umfangreicher Spielpraxis hohe Fertigkeiten in der Führung von Wettkampfpartien erworben werden. Der Form nach kann das S. gemeinschaftlich (Gruppentraining) oder individuell (Selbsttraining, Selbststudium) erfolgen. Inhaltlich gliedert es sich in theoretisches und praktisches Training. Wichtige Trainingsmittel sind Fachliteratur, Eröffnungskartei und Datenbanken. ♟93 ff., 98 ff., 130, 326 ff., 418 ff.

Schachuhr: zum Registrieren und Kontrollieren der verbrauchten Bedenkzeit während einer Schachpartie verwendetes Doppeluhrwerk. Durch Knopfdruck wird je eine Uhr an- oder abgestellt. Somit sind jederzeit die verbrauchten Denkzeiten beider Spieler ablesbar. Zur besseren Übersicht hebt sich in den letzten 5 Minuten ein Fallblättchen, das gleichzeitig das genaue Ende jeder vollen Stunde durch Herabfallen angibt. Gegen Mitte des vergangenen Jahrhunderts benutzte man Sanduhren zur Kontrolle. Erst ab 1883 wurde das von Wilson (England) erfundene Zweiuhrenwerk mit gegenseitigem Abschalten angewendet. Bei hochrangigen Veranstaltungen werden zunehmend elektronische Uhren eingesetzt. ♟30, 112 f., 390 ff., 464

Schach und Mathematik: zwischen beiden Gebieten gibt es ungewöhnlich viele Berührungspunkte. Schachspiel, Brett und Figuren, zur Veranschaulichung mathematischer Begriffe genutzt, finden Aufnahme in die Spieltheorie, Kybernetik, Computertechnik, numerische Mathematik, Operationsforschung, Zahlentheorie u. a. Die bedeutenden Mathematiker Leonhard Euler und Carl Friedrich Gauß befassten sich mit schachbezogenen Themen, z. B. mit der Rösselsprungaufgabe oder dem Problem der 8 Damen. Auch die Pioniere der Computerentwicklung wie Norbert Wiener, Alan Mathison Turing und Claude Shannon bezogen das Schach in ihre kybernetischen und rechentechnischen Aufgabenstellungen ein. Zahlreiche bekannte Schachmeister aus der Geschichte und Gegenwart waren Meister der Mathematik verbunden und übten mathematisch-technische Berufe aus wie die ehemaligen Weltmeister Steinitz, Lasker, Euwe, Botwinnik. ♟23

Schachunterricht: Hauptform der schachlichen Stoff- bzw. Wissensvermittlung (Ausbildungsprozess), der in der Regel im außerunterrichtlichen Lehr- und Übungsbetrieb in den Arbeitsgemeinschaften der Schulen realisiert wird. Lehrplanmäßiger S. mit Zensurenbewertung wird im Schachdorf ⇨Ströbeck erteilt. ♟69 ff., 91, 130, 418 ff.

Schäferzug: auch Schäfermatt das nach 1.e4 e5 2.♗c4 ♗c5 3.♕f3 ♘c6 4.♕xf7 matt entsteht. Dieses Matt in 4 Zügen kann auch durch andere Zugfolgen herbeigeführt werden: 2.♗c4 ♘c6 3.♕h5 ♘f6 4.♕xf7 matt.

Schahnameh: das von Abu al-Quassim Mansur (Firdausi) stammende »Buch der Könige« mit dem

Heldenepos über das persische Sassanidenreich (226–651) berichtet über die Anfänge des Schachspiels in Persien. ✎26

Scheinopfer: vorgetäuschtes Opfer, bei dem man das gleiche Material wieder zurückerhält. Die Folgen eines S. sind genau berechenbar im Gegensatz zum wirklichen ⇨Opfer.

Scheveninger System: Spielsystem, benannt nach der holländischen Stadt Scheveningen, in der 1923 erstmals ein Wettkampf stattfand, bei dem jeder Spieler der Gastgebermannschaft gegen jeden Spieler der Gästemannschaft spielte. Das S. kann auch teilweise angewandt werden, z. B. bei zwei Achtermannschaften spielen die Spieler 1–4 und 5–8 jeder Mannschaft gegeneinander. ✎372, 384 ff.

Scheveninger Variante: erstmals von Maróczy-Euwe in Scheveningen 1923 gespielt. Gilt als eine der Hauptvarianten in der Sizilianischen Verteidigung: 1.e4 c5 2.♘f3 e6 3.d4 cxd4 4.♘xd4 ♘f6 5.♘c3 d6. Weiß hat folgende Hauptfortsetzungen: 6.♗e2, 6.f4, 6.g4, 6.g3, 6.♗c4.

Schiedsrichter: hat die Aufgabe, auf die genaue Einhaltung der Regeln während eines Wettkampfes zu achten und festzustellen, ob die vorgeschriebene Zeit von den Spielern nicht überschritten worden ist. Von der FIDE wird der offizielle Titel »Internationaler Schiedsrichter« auf Lebenszeit verliehen. Der DSB vergibt den Titel »Nationaler Schiedsrichter« und »Regionaler Schiedsrichter«. Bei größeren Veranstaltungen wird ein Hauptschiedsrichter eingesetzt und ein Schiedsgericht gewählt. ✎359 f., 396f., 476, 478

Schlagen: Nehmen eines gegnerischen Steines, der vom Schachbrett entfernt wird. Der eigene Stein besetzt das frei gewordene Feld (Besonderheit beim ⇨En passant). Außer dem König können alle Steine geschlagen werden. Es besteht jedoch keine Schlagpflicht. ✎145 ff.,

Schlagschach: beliebteste abartige Form des Schachs, auch als Lachschach, Fressschach, Räuberschach bekannt. Mit den Grundregeln des Schachspiels wird das Ziel verfolgt, sich so schnell wie möglich seiner eigenen Steine zu entledigen bzw. nicht mehr ziehen zu können. Besitzt man keine Steine mehr oder ist patt, bedeutet dies Gewinn der Partie. Dabei besteht Schlagpflicht. Der König gilt als gleicher Stein wie die anderen, und es kommt dadurch zu keinem Schachgebot. Es gibt bereits eine »Theorie« des S. So wurde nachgewiesen, dass die beiden häufigsten Eröffnungszüge 1.e4 und 1.d4 zwangsläufig für Weiß zum Verlust führen, z. B. 1.d4 e5! 2.dxe5 ♛g5! 3.♕xd7 ♗xd7 4.♗xg5 ♔d8 5.♗xd8 a6 6.♗xc7 ♖a7 7.♗xb8 b6 8.♗xa7 a5 9.♗xb6 g6 10.♗xa5 ♗b4 11.♗xb4 ♘e7 12.♗xe7 ♖f8 13.♗xf8 h6 14.♗xh6 g5 15.♗xg5 f6 16.♗xf6 ♞h3 17.♘xh3.

Schlechter, Karl: 1874–1918; österreichischer GM, der im Kampf um die Weltmeisterschaft 1910 gegen Lasker mit 5 : 5 ein unentschiedenes Resultat erzielte, womit Lasker den Titel behielt. Er liebte einen ausgeprägten sicherheitsbetonten Stil (50 % seiner etwa 700 gespielten Partien endeten remis). ✎31, 60

Schlüsselzug: der erste oder auch Lösungszug eines Schachproblems.

Schmid, Lothar: *10. 05. 1928, deutscher GM im Nah- und Fernschach, Hauptschiedsrichter bei mehreren WM-Matchs, u. a. bei Kasparow-Karpow; besitzt die größte deutschsprachige Schachbibliothek.

Schnellpartien: Schachpartien mit verkürzter Bedenkzeit. Jeder Spieler erhält ein Zeitlimit von 60, 30, 20 oder 15 Minuten je Partie ohne festgelegte Zugzahl. Die Partie endet spätestens mit dem Überschreiten der Bedenkzeit.

Schnittpunkt: Feld, auf dem sich die Wirkungslinien von Figuren treffen. Im Problemschach wird die Wirkungslinie einer Figur (Langschrittler) verstellt.

Schönheitspreis: für die »schönste« Partie eines Turniers ausgesetzter Preis. Die FIDE empfahl darüber hinaus die Vergabe von Medaillen. Für den besten Angriff die Aljechin-Medaille, für die beste Verteidigung die Lasker-Medaille, den besten Plan die Steinitz-Medaille, das beste Endspiel die Capablanca-Medaille. ✎54, 469

Schottische Partie: nach dem Fernschachkampf Edinburgh-London in den Jahren 1824–1826 bezeichnete Eröffnung 1.e4 e5 2.♘f3 ♘c6 3.d4. Das Schottische Gambit entsteht nach 3. ... exd4 4.♗c4; Göring-Gambit 4.c3.

Schutzbindung: Kontakt, der zwischen Figuren und Bauern eines Lagers besteht, wenn sie sich gegenseitig decken (Awerbach).

Schwäche: Feld, Reihe, Linie, Diagonale oder ein anderes Gebiet auf dem Schachbrett, das a) leicht von der gegnerischen Seite angreifbar und b) schwer mit den eigenen Kräften zu verteidigen ist. Schwache Punkte sind in der Eröffnungsphase die Bauern f7 und f2. In manchen Eröffnungssystemen neigt der rückständige Bauer d6 zur S.

Schweizer System: Auslosungssystem, das bei einer größeren Anzahl von Teilnehmern zum Ermitteln einer leistungsgemäßen Rangordnung verwendet wird. ↳379 ff.

Schwerfiguren: Oberbegriff für die langschrittigen und spielgewichtigen Figuren Dame und Turm zum Unterschied der Leichtfiguren. ↳142, 151

sechseckiges Schach: oder hexagonales Schach besitzt als Spielfläche ein Sechseck. Es wurde mit unterschiedlichen Regeln von V. Glinski (Polen) und I. Schafran (Russland) popularisiert. Mit der polnischen Variation wurde bereits 1980 eine Europameisterschaft gespielt. Das Brett besteht hierbei aus 91 Feldern, deren Farben weiß, schwarz und grau sind. Zusätzlich zum üblichen Figurensatz erhält jeder Spieler einen graufeldrigen Läufer und einen Bauern. Außer der Rochade gelten alle anderen Regeln des Schachs. Allerdings gibt es Schwierigkeiten in der Betrachtungsweise der Horizontalen, die von den Diagonalen ersetzt werden (schräge Turmzüge).

36-Felder-Schach: die verkleinerte Abart vom Normalschach wurde von dem Österreicher Norbert Eder erfunden. Die Grundstellung auf dem 6 x 6-Felder-Brett ist von Weiß folgende: ♔c1, ♕d1, ♖a1, ♖f1, ♗b1, ♗e1, ♘c2, ♘d2, Bauern a2, b2, e2, f2. Die schwarze Aufstellung erfolgt analog.

Seekadettenmatt: eine aus eröffnungstheoretischer Sicht fehlerhafte Zugfolge, die nach der Partie Légal-Saint-Brie (Paris 1750) in der Operette »Der Seekadett von Segal« 1887 gezeigt wurde und durch das Schlagen der weißen Dame mit schnellem Matt endete: 1.e4 e5 2.♘f3 d6 3.♗c4 ♘c6 4.♘c3 ♗g4 5.♘xe5? ♗xd1?? (5. ... ♘xe5!) 6.♗xf7+ ♔e7 7.♘d5 matt.

SeE-Test: vergleichendes Verfahren im Computerschach, um Stärken und Schwächen als auch Eigenarten von Spielprogrammen unter Ausschluss der Eröffnungsbibliotheken, untereinander zu testen.

Sekundant: zeitweiliger Berater (Betreuer, Trainer) eines Aktiven bei wichtigen Schachwettkämpfen. Hauptaufgaben sind die gemeinsame eröffnungstheoretische Vorbereitung und psychologische Unterstützung. Bei früheren WM-Matchs stand für diese Aufgaben arbeitsteilig ein Team von Spezialisten zur Verfügung (Eröffnungstheoretiker, Psychologen, Endspielexperten u. a.).

Selbstmatt: Form des Problemschachs, bei dem Weiß im Anzug Schwarz zwingt, den weißen König in der geforderten kurzen Zügezahl matt zu setzen.

Selbsttraining: individuelles Aneignen von Eröffnungs-, Mittelspiel- und Endspielwissen, Lösen von taktischen und strategischen Stellungsbildern, das eigenständige Auswerten gespielter Partien bzw. Vorbereiten auf den Wettkampfgegner. Es besitzt im Schach historischen Charakter und wird heute überwiegend in Form des individuellen Selbststudiums geführt. ↳65, 71, 78 f., 84, 91, 98 ff., 106, 121, 126

Shannonsche A- und B-Strategie: Methode der Schachprogrammierung, die von dem amerikanischen Mathematiker und Kybernetiker Claude Shannon im Jahre 1950 entwickelt wurde. Bei der A- oder Alpha-Strategie werden im Sinne der »Brute Force«-Methode (Gewaltmethode) alle möglichen Fortsetzungen bis zu einer festgesetzten Rechentiefe vollständig untersucht. Die B- oder Beta-Strategie kennzeichnet ein Verfahren, in dem nur eine geringfügige Anzahl von möglichen Stellungen untersucht und bewertet wird. Diese Methode entspricht etwa den Gedankengängen eines Schachspielers, der ebenfalls selektiv denkt. Immer mehr versucht man, beide Systeme zu kombinieren, um durch die positiven Effekte beider Verfahren den erwünschten Leistungszuwachs zu erzielen.

Shogi: Bezeichnung für das japanische Schach, das 1000 n. Chr. in Japan entstand und ab dem 16. Jh. mit 40 Figuren gespielt wurde. Bis zur Mitte des 19. Jh. war Shogi das beliebteste Spiel und eng verbunden mit der japanischen Kulturgeschichte.

Simultanschach: ein Schachspieler der höheren Leistungsklasse trägt gegen mehrere Teilnehmer gleichzeitig einen Wettkampf aus. Der Simultanspieler erhält in der Regel an allen Brettern die weißen Farben. Die Spieltische stehen in einer Reihe oder sind hufeisenförmig aufgestellt. Die am Brett sitzenden Teilnehmer dürfen erst dann ihren Zug ausführen, wenn der Simultanspieler an ihr Brett tritt. Der jugoslawische GM Bojan Kurajica stellte 1991 in Sarajevo einen neuen Weltrekord an 666 Brettern auf (+570 =83 -13). Er spielte 26 Stunden ohne Pause. ↳121, 133, 470

Sizilianische Verteidigung: bereits im 16. Jh. bekannte Verteidigung gegen den Zug 1.e2-e4. Zählt heute zu den beliebtesten Verteidigungssystemen, da in der Regel ein aktives Gegenspiel auf dem Damenflügel erzielt werden kann. Die S. V. zählt zum Komplex der halboffenen Spiele. Nach dem Zug 1.e4 c5 lässt sich folgende Grobeinteilung der Varianten vornehmen: A. Die Hauptfortsetzung 2.♘f3 mit den Erwiderungen 2. ... d6 3.d4 cxd4 4.♘xd4 ♘f6 5.♘c3 g6 (⇨ Drachenvariante); 2. ...

d6 3.d4 cxd4 4.♘xd4 ♘f6 5.♘c3 a6 (⇨Najdorf-System); 2. ... e6 3.d4 cxd4 4.♘xd4 a6 (Modernes ⇨Paulsen-System oder ⇨Taimanow-System); 2. ... ♘c6 3. d4 cxd4 4.♘xd4 ♘f6 5.♘c3 e5 (Lasker-System); 2. ... ♘c6 3.d4 cxd4 4.♘xd4 ♘f6 5.♘c3 e6 (Klassisches System); 2. ... a6 (⇨ O'Kelly-System); 2. ... ♘f6 (Nimzowitsch-System); B. 2.♘c3 (Geschlossenes System). C. 2.d4 (⇨Morra-Gambit). D. 2.c3 (Alapin-System). ♰37, 39, 45, 48, 53, 57, 74, 91, 102 ff., 133, 190 ff., 231 ff., 478

Skandinavische Verteidigung: von skandinavischen Spielern untersuchtes Eröffnungssystem mit der Zugfolge 1.e4 d5 2.exd5 ♕xd5 3.♘c3 ♕a5 usw. Immer mehr in den Vordergrund trat die Gambitform der S. V. 2. ... ♘f6 3.d4 ♘xd5 4.♘f3 g6 usw. Aus dieser Variante kann auch der ⇨Panow-Angriff in der Caro-Kann-Verteidigung entstehen 3.c4 c6 4.d4 cxd5 5.♘c3.

Slawische Verteidigung: aus dem Damengambit entstandene Verteidigungsform 1.d4 d5 2.c4 c6. Gliederung: A. 3.cxd5 cxd5 4.♘f3 ♘f6 5.♘c3 ♘c6 6.♗f4 ♗f5 7.e3 e6 (Abtauschsystem). B. 3.♘f3 ♘f6 4.♘c3 dxc4 5.a4 ♗f5 6.♘e5 e6 (Tschechisches System). C. 3.♘f3 ♘f6 4.♘c3 e6 5.e3 ♘bd7 6.♗d3 dxc4 7.♗xc4 b5 (Meraner Verteidigung). D. 3.♘f3 ♘f6 4.♘c3 e6 5.♗g5 dxc4 6.e4 b5 7.e5 h6 8.♗h4 g5 (Botwinnik-Variante). E. 3.♘c3 e6 4.♘f3 dxc4 5.a4 ♗b4 6.e3 b5 (Noteboom-System). F. 3.♘c3 e6 4.e4 dxe4 5.♘xe4 ♗b4+ 6.♗d2 ♕xd4 7.♗xb4 ♕xe4+ (Slawisches Gambit). ♰48, 49

Smyslow, Wassili Wassiljewitsch: * 24.03. 1921 in Moskau; WM von 1957–1958. ♰49 f., 60, 101

Sokolski-Eröffnung: nach dem russischen Meister Alexei Pawlowitsch Sokolski (1908–1970) benannte originelle Spieleröffnung 1.b2-b4. Im deutschen Sprachgebrauch meist als ⇨Orang-Utan-Eröffnung bezeichnet. ♰226

Sonderförderung: vertraglich abgesicherte Förderung für einige wenige Talente (1–3) des DSB, die über übliche Fördermaßnahmen für Kaderspieler bezüglich Training und Wettkampfprogramm hinausgeht und viele Lebensbereiche eines Spielers einschließt.

Sonneborn-Berger-System: von William Sonneborn und Johann ⇨Berger eingeführtes Wertungssystem zum Berechnen der Reihenfolge punktgleicher Teilnehmer in einem Rundenturnier. Für jede gewonnene Partie erhält der Spieler die Gesamtpunktzahl, für jedes Remis die Hälfte der Gesamtpunktzahl des jeweiligen Gegners als Wertpunkte (Qualitätspunkte) angerechnet. Spieler mit der besseren Qualitätspunktzahl werden in der Tabelle höher platziert. ♰376

Sowjetische Schachschule: nach dem ersten Weltkrieg entstandene breite Schachbewegung, die ihre traditionellen Wurzeln in der ⇨Russischen Schachschule und ihren Repräsentanten Alexander Petrow, Michail Tschigorin, Alexander Aljechin hatte. Bedeutendster Vertreter der s. S. war WM ⇨Michail Botwinnik. ♰44 ff.

Spanische Partie: von dem im 16. Jh. lebenden spanischen Meister Ruy López de Segura publiziertes Eröffnungssystem, das innerhalb der Offenen Spiele die beliebteste Eröffnung darstellt. Charakteristisch für die Spielstrategie ist ein lang anhaltender Zentrumskampf, bei dem Schwarz unterschiedliche Verteidigungsmöglichkeiten besitzt. 1.e4 e5 2.♘f3 ♘c6 3.♗b5 mit der Untergliederung 3. ... ♗c5, 3. ... ♘d4 (Bird-Verteidigung), 3. ... f5 (Jänisch-Gambit), 3. ... d6 (Steinitz-Verteidigung), 3. ... ♘f6 (Berliner Verteidigung), 3. ... g6 (Fianchetto-Verteidigung). Nach 3. ... a6 ergeben sich die Fortsetzungen 4.♗xc6 (Abtauschvariante) und 4.♗a4 mit 4. ... f5?! (Gambitvariante), 4. ... b5 5.♗b3 Sa5, 4. ... d6 (Verbesserte Steinitz-Verteidigung), 4. ... ♘f6 5.0–0 ♘xe4 6.d4 b5 7.♗b3 d5 8.dxe5 ♗e6 (offene Verteidigung) 5. ... ♗e7 6.♖e1 b5 7.♗b3 (geschlossene Verteidigung). ♰27 f., 37, 38, 42, 48, 53, 55, 190 ff., 238 ff.

Spasski, Boris Wassiljewitsch: * 30.01. 1937 in Leningrad; WM von 1969–1972. ♰52 f., 60

Spezialisierung: Fachbegriff aus dem Schachtraining, der zwei Hauptformen beinhaltet: einfache oder »strenge« – und erweiterte S. Die höchste Stufe der S. stellt die erweiterte S. dar. Das Ausarbeiten und aktive Beherrschen von 2–3 Eröffnungs- und 3–4 Verteidigungssystemen erfordert eine jahrelange harte Trainingsarbeit. Vorteile der S.: Das Anwenden vertrauter Varianten bietet eine hohe Sicherheit in der Eröffnungsphase. Das Wesen der Partieanlage wird weitgehend selbst bestimmt. Psychische Kräfte und Bedenkzeiten werden eingespart und kommen anderen Spielphasen zugute. ♰53, 78, 102 ff., 125

Spiegelschach: Nachvollziehen von Zugfolgen bzw. Partien vom Nachbarbrett, z.B. bei Mannschaftskämpfen, wenn abwechselnd mit den weißen und schwarzen Farben gespielt wird indem die Gedanken des mit der gleichen Farbe spielenden Gegners Zug für Zug nachgeahmt werden. Ein spiegelbildliches Nachvollziehen der gegnerischen Züge ist nicht zu empfehlen, da Weiß seinen Anzugsvorteil immer ausnutzen kann. Eine von Sam Loyds Problemaufgaben weist das anschaulich nach: 1.d4 d5 2.♕d3 ♕d6 3.♕h3 ♕h6 4.♕xc8 matt.

Spielerkartei: früher häufig verwendete alphabetisch geordnete Übersicht über das Eröffnungsrepertoire von ständig wiederkehrenden Wettkampfgegnern. Dabei werden alle Partieanfänge bis zum 15. oder 20. Zug mit Weiß und Schwarz aufgenommen. Inzwischen gibt es umfangreiche elektronische Datenbanken einschließlich Spielerlexika, auf denen alle namhaften Spieler/Innen mit ihren Partien abrufbereit gespeichert werden. ♘87

Spielmann, Rudolf: 1884–1942; Österreichischer GM und ausgezeichneter Angriffsspieler. Veröffentlichte 1935 das Buch »Richtig opfern«.

Spielregeln: Die S. des Weltschachbundes sind die gültigen Bestimmungen für alle offiziellen Wettkämpfe in den der FIDE angeschlossenen Verbänden. Als authentischer Text gilt die englische Fassung. ♘386 ff.

Spielsysteme: folgende S. finden im Schach Anwendung: Rundensystem, Schweizer System, Pokalsystem (K. o.-System), Scheveninger System. ♘376 ff.

Springer: Spielfigur, auch umgangssprachlich als Rössel oder Pferd bezeichnet. Zählt zur Kategorie der Leichtfiguren. ♘141, 142 ff., 154, 170 ff., 173, 388 ff., 467, 479

Springergabel: gleichzeitige Bedrohung von zwei Schwerfiguren oder Schwerfigur und König durch einen Springer, beim Bedrohen mehrerer Schwerfiguren bzw. König spricht man vom Familienschach.

SSDF-Liste: Svenska Schackdatorföreningen wird seit 1984 vom schwedischen Computerschachverband als leistungsbewertende Liste für Schachcomputer herausgegeben. Sie beruht ausschließlich auf Vergleichen zwischen Computerpartien.

Stammpartie: Partie, in der erstmals eine Variante oder Neuerung angewandt wurde.

Staunton-Gambit: nach dem englischen Schachmeister Howard Staunton (1810–1874) benannte Opfervariante gegen die Holländische Verteidigung 1.d4 f5 2.e4 fxe4 3.♘c3 ♘f6 4.f3 (Stammpartie Staunton – Horwitz 1846). ♘28

Steinitz, Wilhelm: (05. oder 17.05. 1836 Prag – 12.08. 1900 New York) wurde 1886 nach seinem Matchsieg gegen Zukertort +10 -5 =5 erster WM der Schachgeschichte. Seine Erkenntnisse über das Positionsspiel besitzen heute noch fundamentale Bedeutung. ♘31, 60 f., 68

Steinitzsche Lehre: ausgehend von seiner These, dass das Gleichgewicht einer Stellung im Verlauf einer Partie nur durch einen Fehler gestört werden kann, schuf Steinitz ein System von strategischen Grundsätzen. ♘31 ff.

Steinitz-Verteidigung: in der Spanischen Partie 1.e4 e5 2.♘f3 ♘c6 3.♗b5 d6; wurde erstmals zwischen Lasker – Steinitz 1894 gespielt. Von Schlechter stammt die verbesserte S.-V. 1.e4 e5 2.♘f3 ♘c6 3.♗b5 a6 4.♗a4 d6. ♘37

stiller Zug: ein scheinbar die Stellung nicht verändernder Zug, wobei keine Figur geschlagen bzw. Schach geboten wird. Besonders im Endspiel kann er gleichbedeutend mit einem Tempozug (Tempogewinn) sein und dadurch partieentscheidend werden.

Stonewall: aus dem Englischen stammende Bezeichnung für eine feste, relativ unveränderbare Bauernstruktur im Zentrum. S. mit Weiß: 1.d4 d5 2.c4 c6 3.♘c3 ♘f6 4.e3 e6 5.f4. S. mit Schwarz: 1.d4 f5 2.c4 ♘f6 3.g3 e6 4.♗g2 ♗e7 5.0–0 0–0 6.♘f3 d5 (⇨Holländische Verteidigung). ♘230

Ströbeck, Schachdorf: in Sachsen-Anhalt, 7,5 km westlich von Halberstadt gelegenes Dorf, in dem das Schachspiel seit dem Mittelalter traditionell gepflegt wird. Seit 1823 wurde auf Beschluss der Gemeindeväter Schach als Unterrichtsfach in den Stundenplan aufgenommen. ♘29

Studie: künstlerisch gestaltetes Endspiel; im Gegensatz zum Schachproblem trägt die S. partiegemäßen Charakter und besitzt hohen Trainingseffekt in der Endspielschulung. Entsprechend der Zielrichtung gibt es Gewinn-, Remis- bzw. Pattstudien. Gewöhnlich entscheidet immer nur ein Weg zum Lösen der Aufgabe. ♘40, 44 f., 46, 50, 68, 289 ff., 465, 470

Suetin, Alexei: *16.11. 1926; russ. GM, langjähriger Trainer und Theoretiker, war mehrfach Sekundant von WM Petrosjan, Journalist, Fernsehkommentator und Autor. S. gilt als vielseitiger und produktiver Schachbuchautor der Gegenwart. Senioren-Weltmeister 1997.

Superschach: auch Janusschach; neuzeitliche Abart vom Normalschach, wird auf 80 Feldern (8 X 10) gespielt. Zusätzlich zu den üblichen Schachfiguren kommen noch je zwei »Januse«, die die

Gangart von Springer und Läufer vereinen. Jeder Spieler besitzt 20 Steine, davon 10 Bauern. Der Janus kann ohne Mithilfe einer anderen Figur allein matt setzen. S. wurde 1978 von W. Schöndorf (Saarland) erfunden.

Symmetrievarianten: Abspiele in Eröffnungssystemen, in denen eine längere Zugfolge spiegelbildlich von Schwarz ausgeführt wird. Z.B die symmetrische Verteidigung in der Englischen Eröffnung: 1.c4 c5 2.♘c3 ♘c6 3.g3 g6 4.♗g2 ♗g7 5.e3 e6 6.♘ge2 ♘ge7 7.0–0 0–0. Symmetrische Zugfolgen gibt es u. a. im Damengambit, der Grünfeld-Indischen Verteidigung, der Réti-Eröffnung und im Maróczy-System der Sizilianischen Verteidigung. Die symmetrische Spielweise birgt gewisse Gefahren in sich, da der weiße Anzugsvorteil mitunter ausgenutzt werden kann.

Systemschach: von N. Dolginowitsch erfundene Abart des Normalschachs, bei dem zwei Personen an drei Brettern A, B, C gegeneinander spielen. Weiß (an allen drei Brettern) zieht in der Reihenfolge A bis C, jedoch sind die Bretter B und C synchron: er kann darauf nur gleiche Züge ausführen. Schwarz antwortet in der Folge auf Brett C-B-A. Für den Nachziehenden sind die Bretter B und A synchron. Ziel: Auf den gegnerischen synchronen Brettern sollen unsynchrone Züge erzwungen werden. Ein Spieler kann entweder auf beiden oder auf einem (nach Wunsch) synchronen Brett verlieren.

Swiss Chess: Auslosungsprogramm für Turniere nach Schweizer System. Es können damit auch Ergebnisse unterschiedlich dargestellt werden (Runden- und Mannschaftsturniere). Es ermöglicht eine unverzügliche Rating- und DWZ-Auswertung. Programmautor: Franz-Josef Weber aus Erkrath.

Taimanow-System: in der Sizilianischen Verteidigung 1.e4 c5 2.♘f3 ♘c6 3.d4 cxd4 4.♘xd4 e6. Ein modernes flexibles Verteidigungssystem, nach dem russischen GM Mark Taimanow (* 1926), das auch als ⇨Paulsen-Taimanow-Verteidigung bezeichnet wird.

taktische Übungen: Lösen vorgegebener kombinatorisch orientierter Stellungsbilder auf dem Normalschachbrett, vom Demonstrationsbrett, von Arbeitsblättern, mittels Overhead-Projektor, am Computer und unter wettkampfmäßigen Bedingungen mit Benutzen der Schachuhr. Inhaltlich-thematische Aufgabenstellungen sind u. a. einfache, zwangsläufige, Abwicklungs- und Remiskombinationen; Matt oder entscheidender Vorteil! Wie gewinnt Weiß (Schwarz) am Zug? Wie erzielt Weiß (Schwarz) am Zug Materialvorteil? ✎251 ff., 326 ff.

Tal, Michail Nechemjewitsch: (09. 11. 1936 Riga – 28. 06. 1992 Moskau); WM von 1960–1961. ✎50 f., 60, 117

Tandemschach: abgewandelte Form des Normalschachs, bei der zwei nebeneinander sitzende Spieler eine »Mannschaft« bilden je einmal mit weißen und schwarzen Farben). *Idee:* Spieler einer Mannschaft (Partei) können die von ihnen erbeuteten bzw. abgetauschten Steine ihrem Partner übergeben und wieder ins Spiel einsetzen. Das Einsetzen gilt als ein Zug. Bauern dürfen nicht auf den beiden Grundreihen eingesetzt werden. Die einfachste Form des T. ist, wenn je zwei Spieler eine Partei bilden und an einem Brett abwechselnd ziehen.

Tarrasch, Siegbert: (05. 03. 1862 Breslau – 17. 02. 1934 München); erfolgreicher deutscher Großmeister um die Jahrhundertwende. Seine besondere Vorliebe galt der lehrtheoretischen Weiterentwicklung des Schachs. Von ihm stammt der fundamentale Lehrsatz »Die Türme gehören hinter die Freibauern, hinter die feindlichen, um sie aufzuhalten, hinter die eigenen, um ihr Vorgehen zu unterstützen!« ✎32 ff., 36, 38, 68

Tarrasch-Variante: In der Französischen Verteidigung 1.e4 e6 2.d4 d5 3.♘d2, A. 3. ... c5 4.exd5 oder 4.♘gf3 ♘c6 5.exd5 exd5 6.♗b5 ♗d6 7.0–0 ♘e7 8.dxc5, B. 3. ... ♘f6 4.e5 ♘fd7 5.f4 c5 6.c3 ♘c6 7.♘df3 usw. oder 5.♗d3 c5 6.c3 ♘c6 7.♘e2 ♕b6 8.♘f3 cxd4 9.cxd4 f6 10.exf6 ♘xf6 11.0–0 usw., C. 3. ... ♘c6 4.♘gf3 ♘f6 5.e5 ♘d7 6.♘b3 usw.; Im Damengambit 1.d4 d5 2.c4 e6 3.♘c3 c5. Als verbesserte T. gilt die Zugfolge 3.♘c3 ♘f6 4.♘f3 c5 5.cxd5 ♘xd5. ✎52

Tartakower, Savielly Xavier Grigoriewitsch: (19. 02. 1887 Rostow – 05. 02. 1956 Paris); österreichischer Großmeister; Er liebte die »unterhaltsame« Methodik und versuchte aphorismenhaft zu interpretieren, wie »Die Drohung ist stärker als ihre Ausführung!«, »Der vorletzte Fehler gewinnt!« u. a. ✎37 ff.

Taschenspringerschach: Abart vom Normalschach, in der beide Spieler vor Partiebeginn den Damenspringer in die Tasche stecken und im Laufe der Partie dieselben jederzeit auf ein freies Feld setzen können. Beim Einsetzen darf jedoch nicht gleichzeitig ein feindlicher Stein geschlagen werden. Abweichungen sind möglich, wie Beginnen einer Partie mit einem dritten Springer oder Spieler mit je zwei Taschenspringern.

Teleschach: 1. früher verwandte spezielle Form des ⇨Fernschachs, bei dem die Züge über Fernschreiber, Telefon, Fax oder Funk übermittelt werden. Der erste Wettkampf mittels Fernsprecher war 1891 zwischen London und Liverpool. FIDE und ICCF organisierten 1978, 1981 und 1990 T.-Olympiaden. Beim letzten Kampf siegte im Finale die DDR gegen die UdSSR an acht Brettern (davon eine Dame und ein Junior) mit 4 : 4 (nach Brettwertung). 2. Neuere Bezeichnung für Fernschach und E-Mail-Schach ⇨E-Mail Weltmeisterschaft.

Tempo: Strategieelement der Zeit. Zwischen dem Material (Steine), Raum und der Zeit gibt es enge spielentscheidende Zusammenhänge. Tempi lassen sich gewöhnlich durch Gambits, also Opfern von Steinen, gewinnen. Im Endspiel spricht man vom Tempokampf der Bauern, wenn je ein weißer und schwarzer zur Umwandlung strebt. ✎ 163 f., 467, 471

Textzug: bei Partiebeschreibungen tatsächlich gespielter Zug in einer Schachpartie; im Gegensatz zu angegebenen Analysezügen.

Themapartie: Wettkampf- oder Trainingspartie mit vorgegebener Eröffnungsthematik. Im Fernschach werden Thematurniere veranstaltet. Normalerweise dienen T. dem eröffnungstheoretischen Kenntnisgewinn. Beliebt sind auch Themablitzpartien.

Tiebreak: Stichkampf nach Punktgleichstand. Bei FIDE-WM im K. o.-System wird nach Gleichstand mit einem T. fortgesetzt: in der 1. Rd. zwei Partien mit verkürzter Bedenkzeit je 25 Min. plus 10 Sek. pro Zug; ab 2. Rd. zwei Partien je 15 Min. plus 10 Sek. pro Zug. Bei wiederum Gleichstand entscheiden Blitzpartien mit 4 Min. für Weiß und 5 Min. für Schwarz plus jeweils 10 Sek. pro Zug bis zur nächsten Gewinnpartie.

Trainingsbriefe: spezielle, dem Leistungsniveau junger Spieler angemessene Weiterbildungsmaterialien, die sich aus eröffnungstheoretischen Hinweisen, modernen Partiebeispielen, taktischen und strategischen Aufgabenstellungen zusammensetzen. Heinz Rätsch (1975) und Oswald Bindrich (1998) schrieben zu T. ihre Trainerarbeiten (vgl. Literatur). ✎ 99

Traxler-Variante: nach dem tschechischen Problemkomponisten Karl Traxler (1866–1936) bezeichneter Gegenangriff in der Preußischen Partie oder im Zweispringerspiel im Nachzug: 1.e4 e5 2.♘f3 ♞c6 3.♗c4 ♞f6 4.♘g5 ♝c5, wonach Weiß folgende Fortsetzungen besitzt: A. 5.♘xf7 ♝xf2+! 6.♔f1 (♔xf2), B. 5.♗xf7+ ♚e7 6.♗d5! C. 5.d4 d5!? 6.♗xd5 ♞xd4 7.♘xf7 ♛e7 8.♘xh8 ♝g4! 9.f3 ♞xd5 10.fxg4 usw.

Tripelbauer: Bezeichnung für drei hintereinanderstehende Bauern der gleichen Farbe auf einer Linie (Senkrechten). Da sie sich nicht gegenseitig decken können, sind sie leicht angreifbar. ✎ 166 f., 208

Tschaturanga: indische Bezeichnung für Schach und gleichzeitig Name für das indische Heer. ✎ 25

Tschiburdanidse, Maja Grigorjewna: * 17. 01. 1961 in Kutaissi; grusinische Großmeisterin bei den Frauen und Männern, WM von 1978–1991. ✎ 48, 61, 66

Tschigorin, Michail Iwanowitsch: 1850–1908; erfolgreicher Spieler der Russischen Schachschule. ✎ 41 ff.

Tschigorin-Verteidigung: Im Damengambit erhielt die antipositionell anmutende Zugfolge nach 1.d4 d5 2.c4 ♞c6 den Namen Tschigorins. ✎ 42, 192

Turmendspiele: Endspieltyp, bei dem ein oder mehrere Türme mit einem oder mehreren Bauern im Spiel sind. T. kommen in der Praxis am häufigsten vor und sind theoretisch umfangreich erforscht. ✎ 33, 100, 470

Turmlinie: vertikale Linie, auf der sich kein Bauer (offene Linie) oder ein Bauer bzw. Doppel- oder Tripelbauer (halboffene Linie) befindet. Strategisch bedeutsam ist das Besetzen einer T. mit einem oder zwei Türmen.

Turnierleiter: verantwortlich für die organisatorische Vorbereitung und Durchführung eines Schachturniers oder Mannschaftskampfs. Er kann eine Lizenz erwerben, die vom jeweiligen Landesverband nach Ausbildung und Prüfung vergeben wird.

Turnier- und Wettkampfprotokoll: jährlich geführter Auswertungsbogen mit statistischen Angaben über alle Wettkämpfe des Jahres.

Tussy: Turnier-Organisationsprogramm dient als Paarungsprogramm für Schweizer-System-Turniere (Autor: Egon Lück, Köln).

TWIC: »The Week in Chess« ist die führende Internetzeitung für Schach und wurde von Mark Crowther am 17. 09. 1994 erstmals ins Netz gestellt.

Übergangsphasen: Partiestadien zwischen Eröffnung und Mittelspiel bzw. Mittel- und Endspiel. Durch den ganzheitlichen Charakter einer Schachpartie sind die Ü. fließend und nicht genau zu bestimmen. Beim Übergang in das Mittelspiel sind der Angriff bzw. die Initiative eine wichtige strategische Methode. Übergänge ins Endspiel sind vorrangig durch Abtauschaktionen oder Abwicklungen gekennzeichnet.

überlasteter Stein: Figur, die nicht gleichzeitig zwei Deckungsaufgaben bewältigen kann. Daraus entstehen oftmals Kombinationsmotive.

Übertraining: Missverhältnis zwischen übermäßigem Training und zu häufigen Wettkämpfen gegenüber zu kurzen Regenerationszeiten; gilt generell als »Stress > Regenerationsmissverhältnis«. Langzeit-Übertraining kann zu gesundheitlichen Störungen mit anhaltender Leistungsminderung, Müdigkeit und verschlechtertem Allgemeinbefinden führen.

Udemann-Code: auch als telegrafische Notation bekannt. Wurde 1882 erstmals von Luis Udemann in der Schachzeitung »Brentano Chess Monthly« veröffentlicht und dient der telegrafischen Zugübermittlung von Schachpartien. Grundgedanken: Die *Reihen* werden von den beiden Grundreihen ausgehend bis zur Mitte des Feldes jeweils mit den Vokalen A, E, I und O bezeichnet. Die *Linien* auf der weißen Bretthälfte sind in der Richtung von links nach rechts mit den Konsonanten B, C, D, F, G, H, K, L und auf der schwarzen Bretthälfte mit M, N, P, R, S, T, W, Z gekennzeichnet.

Umwandlung: jeder Bauer, der die gegnerische Grundreihe erreicht hat, muss sofort als Bestandteil des Zuges in eine Dame, einen Turm, Läufer oder Springer gleicher Farbe verwandelt werden. Die Wirkung der umgewandelten Figur tritt sofort in Kraft. ♘144, 175 f., 212, 216 f., 397

Ungarische Verteidigung: nach einer 1842–45 zwischen Paris und Budapest gespielten Fernpartie benanntes Verteidigungssystem mit passivem Charakter 1.e4 e5 2.♘f3 ♘c6 3.♗c4 ♗e7 4.d4 d6 5.♘c3 ♘f6 6.h3 0–0 7.0–0 h6 usw. ♘238

unmöglicher Zug: ein nicht den Spielregeln des Weltschachbundes gemäßer Zug; er muss zurückgenommen werden. Wird ein regelwidriger Zug erst später festgestellt, dann ist die Stellung so wiederherzustellen, wie sie vor Ausführung des regelwidrigen Zuges war. Ist bei einem Wettkampf die Stellung nicht wieder rekonstruierbar, muss eine neue Partie gespielt werden.

unregelmäßige Eröffnungen: Eröffnungszüge und Zugfolgen, die nicht in der Eröffnungstheorie erfasst sind.

»Unsterbliche« Partie: 1851 in London zwischen Anderssen und Kieseritzky gespielte Glanzpartie: 1.e4 e5 2.f4 exf4 3.♗c4 ♛h4+ 4.♔f1 b5 5.♗xb5 ♘f6 6.♘f3 ♛h6 7.d3 ♘h5 8.♘h4 ♛g5 9.♘f5 c6 10.g4 ♘f6 11.♖g1 cxb5 12.h4 ♛g6 13.h5 ♛g5 14.♛f3 ♘g8 15.♗xf4 ♛f6 16.♘c3 ♗c5 17.♘d5 ♛xb2 18.♗d6 ♗xg1 19.e5 ♛xa1+ 20.♔e2 ♘a6 21.♘xg7+ ♔d8 22.♛f6+ ♘xf6 23.♗e7 matt. ♘20, 30 f., 68, 95, 98

Unterverwandlung: ein Bauer verwandelt sich nach Erreichen der achten oder ersten Reihe nicht wie üblich in eine Dame, sondern in eine schwächere Figur wie Turm, Läufer oder Springer. Im Partieschach kommt eine U. nur selten vor, z. B. bei Pattgefahren. Im Kunstschach sind mit der U. verschiedene Motive verbunden.

Variante: 1. vorausbedachte, auf dem Schachbrett ausgeführte oder in der Literatur festgehaltene Zugfolge. Je nach Bedeutung werden Haupt- und Nebenvarianten unterschieden. 2. In der Eröffnungstheorie benutzte Bezeichnung für erforschte und überwiegend namentlich benannte Eröffnungs- und Verteidigungssysteme. ♘110, 467

Vera-Menchik-Klub: vom Wiener Meister Becker (scherzhaft) in den 20er Jahren »gegründet« für alle Spieler, die gegen die erste Weltmeisterin der Frauen eine Partie verloren. Er wurde unfreiwillig das erste Mitglied. Später folgten bekannte Meister wie Alexander, Colle, Euwe, Mieses, Reshevsky, Yates u. a.

Verführung: vorwiegend im Problemschach benutzte Methode, den Löser beim Beginn der Aufgabe in eine falsche Richtung zu lenken.

vergifteter Stein: Nehmen eines Steines, das mit einem unweigerlichen Nachteil verbunden ist.

Verteidigung: 1. allgemein bedeutet V. die Abwehr eines Angriffs oder einer Drohung. Beachtenswerte Prinzipien der V. sind: präzises Einschätzen der verfügbaren Ressourcen; ökonomischer Einsatz der eigenen Mittel; Geduld und Ausdauer in einem langwierigen Abwehrkampf üben! Abtauschen von feindlichen Angriffsfiguren! Vermeiden von Linienöffnungen! Erhöhen der eigenen Figurenbeweglichkeiten und Streben nach Gegeninitiative bzw. Gegenangriff! 2. Begriff für Eröffnungssysteme des Nachziehenden, z. B. Französische V., Sizilianische V. usw. ✇27 ff., 110, 465, 479

Vertikal- oder Tiefenstrategie: maßgebliche Phase des schachspezifischen Denkprozesses, in der die analytische Denkarbeit, das Vorausberechnen von Varianten, in die Tiefe erfolgt. Die verschiedenen »Untersuchungsbäume« in Form von Varianten mit ihren Verzweigungen und Verästelungen werden gedächtnismäßig bis zu einer Entscheidungsfindung gespeichert und bewertet. ✇97

Vielzüger: Kunstschachaufgaben mit hoher Zügezahl, z. B. mit der Forderung Matt in 50 Zügen bzw. Matt in einer bestimmten Anzahl von Zügen.

Vierbauernangriff: I. in der Königsindischen Verteidigung 1.d4 ♞f6 2.c4 g6 3.♞c3 ♝g7 4.e4 d6 5.f4; II. in der Aljechin-Verteidigung 1.e4 ♞f6 2.e5 ♞d5 3.d4 d6 4.c4 ♞b6 5.f4.

Vierpersonenschach: Abart des Schachspiels, bei dem zwei sich gegenübersitzende Spieler eine Mannschaft bilden. Wird auch Vierschach genannt. In der Praxis sind verschiedene Variationen bekannt. Im 18. Jh. entstand in Russland das Vierschach, auch als ⇨Festungsschach bezeichnet, mit 192 Feldern (128 auf dem Brett und 16 in den vier Eckfestungen). Zwei Spielweisen dominieren: In der russischen muss der matt gesetzte König sofort vom Brett genommen werden; während er in der westeuropäischen im Spiel verbleibt. Im deutschsprachigen Raum spielte man nach einer von G. Arthur Lutze entwickelten Version auf 160 Feldern. Hierbei ist die Partie erst dann verloren, wenn auch der zweite König (nachdem schon der erste geschlagen wurde) matt gesetzt wird.

Vierspringerspiel: Eröffnungssystem nach 1.e4 e5 2.♞f3 ♞c6 3.♞c3 ♞f6. Nach 4.♝b5 entsteht das Spanische V. und nach 4.d4 das Schottische V. ✇38, 190 ff., 237

virtuelle Opposition: spezielle Art der Opposition, bei der sich die beiden Könige zwar nicht gegenüberstehen, aber in einem gedachten Rechteck auf der gleichen Farbe befinden und alle Eckfelder ebenfalls die gleiche Farbe aufweisen. ✇181 ff.

Vorausberechnen: gedankliches Prüfen der eigenen und möglichen gegnerischen Züge in einer bestimmten Stellung oder beim Berechnen einer Kombination. Die V. ist ein wichtiger Bestandteil der schachlichen Spielstärke. Qualitätskriterien sind das geistige Erfassen einer möglichst großen Zugzahl, das Unterscheiden wesentlicher von unwesentlichen Varianten sowie das in hohem Maße fehlerfreie variantenmäßige Durchdenken in einer vertretbar kurzen Zeitspanne. ✇37, 91, 95, 97, 113, 123, 127, 128, 212

Vorbereitung: bezieht sich im Schach auf 1. langfristige Aufgaben: Festlegen geeigneter Eröffnungswaffen als An- und Nachziehender; Auswerten der nationalen und internationalen Fachliteratur; Aufbau bzw. Vervollständigen der Eröffnungskartei; Trainieren wettkampfnaher Situationen; Spielen von Thema- und Blitzpartien u. a.; 2. unmittelbare Vorbereitungsaufgaben: Aufspüren der schachspezifischen Schwächen des zu erwartenden Gegners; Studium des gegnerischen Spielstils und Eröffnungsrepertoires durch Nutzen von Partiendatenbanken; Rekapitulieren eigener Spezialvarianten und spezifische eröffnungstheoretische Einstellung auf den jeweiligen Gegner u. a. ✇43, f., 48, 50, 54, 65, 78, 93, 99, 104, 113, 119, 124 ff.

Vorgabepartien: zum Ausgleichen der Spielstärke geschaffene unterschiedliche Bedingungen. Bei Trainingswettkämpfen können materielle (Bauer oder Figur) bzw. Zeitvorgaben (z. B. bei Blitzpartien 5 min gegen 1 min) gegeben werden. Das Prinzip der V. trifft auch bei ⇨Handikapwettkämpfen zu. ✇28

Vorposten: eine im gegnerischen Lager befindliche Figur mit starker Wirkungskraft, die gewöhnlich von einem Bauern gestützt wird (z. B. Vorpostenspringer).

Vorwirkungsbild: ein auf künftig mögliche Veränderungen bezogenes, durch das Bewusstsein fixiertes, aber nicht als wahrscheinliches, sondern als bereits real existierendes gedachtes Element (nach Krogius). Es führt zu einer ungenauen Wahrnehmung der Situation. ↳97

Weizenkornlegende: das Entstehen des Schachspiels wird nach einer Aufzeichnung des Persers Ibn Khallikan (1211–1282) dem weisen Brahmanen Sissa Ibn Dahir zugeschrieben, der als Belohnung für seine Arbeit vom König Weizenkörner in einer unvorstellbaren Höhe erhalten sollte (Verdoppeln der Menge von Feld zu Feld). ↳25

Weressow-System: nach dem IM Gawriil Nikolajewitsch Weressow (1912–1979) benannte Eröffnung: 1.d4 d5 2.♘c3 ♘f6 3.♗g5 ♘bd7 (3. ... ♗f5 4.♗xf6 exf6 5.e3 usw.) 4.♘f3 e6 5.e4!? h6 6.♗h4 g5 7.♗g3 ♘xe4 8.♘xe4 dxe4 9.♘d2 ♗g7 10.h4! ♗xd4 11.c3 gxh4? 12.♖xh4 ♗f6 13.♕h5. ↳192

Wert der Figuren: genauer heißt es der »relative W.«, da ihr Wert im Laufe einer Partie veränderlich ist und sogar von Zug zu Zug anders sein kann.

Westphalia-Variante: Zugfolge im Damengambit, die ihren Namen nach einer Analyse auf dem Schiff »Westphalia« durch Spielmann und Vidmar auf der Reise zum New-Yorker Turnier 1927 erhielt: 1.d4 d5 2.c4 e6 3.♘c3 ♘f6 4.♗g5 ♘bd7 5.♘f3 ♗b4 6.cxd5 exd5 7.e3 c5 8.♗d3 ♕a5. Wird auch Manhattan-Verteidigung genannt, da das Turnier dort stattfand.

Wettkampfbuch, WB: wichtiges trainingsunterstützendes Mittel zum Anregen systematischer schachlicher Betätigung, Analysieren der eigenen Wettkampfpartien, Kontrollmöglichkeit über Leistungsentwicklung sowie Registrieren aller Wettkampfpartien. ↳78, 106 ff., 115, 328 ff., 480

Wiener Partie: Eröffnungssystem, das durch den Wiener Theoretiker Karl Hamppe (1814–1876) eingeführt wurde: 1.e4 e5 2.♘c3. Mögliche Entgegnungen sind: A. 2. ... ♘f6 3.♗c4 ♘xe4 4.♕h5 ♘d6 5.♗b3 ♘c6 6.♘b5 g6 7.♕f3 f5 usw.; B. 2. ... ♘f6 3.f4 d5 4.fxe5 ♘xe4 5.♘f3; C. 2. ... ♘f6 3.g3 ♗c5 4.♗g2 d6 5.♘f3 ♘c6 6.d3 ♗g4 7.♘a4 ♘d7 usw. ↳191

Wiener Schachschule: entstand als ein Zentrum des Schachlebens um die Jahrhundertwende in Wien. Die bekanntesten Mitglieder des etwa 600 Mitglieder umfassenden Wiener Schachklubs waren Rudolf Spielmann, Savielly Tartakower, Richard Réti, Milan Vidmar und Georg Marco. Hohes Ansehen verschaffte Großmeister Karl Schlechter dem österreichischen Schach.

Winawer-Gambit: nach dem Warschauer Meister Simon Winawer (1838–1920) benannte Gambiteröffnung, die zwischen Marshall und Winawer 1901 in Monte Carlo erstmals angewandt wurde, aber heute kaum noch im Turnierschach anzutreffen ist: 1.d4 d5 2.c4 c6 3.♘c3 e5, und Weiß erhält nach 4.cxd5 cxd5 5.♘f3 e4 6.♘e5 ♘c6 7.♕a4 ♘e7 8.♗f4 oder 7. ... ♗d7 8.♘xd7 ♕xd7 9.♗f4 leichten Positionsvorteil.

wirksame Felder: Felder, die der König des Bauern mit Rücksicht auf diesen besetzen muss, um dessen Umwandlung und den Sieg sicherzustellen (nach Chéron). Zwei Arten werden unterschieden: 1. Felder der unbedingten Wirksamkeit, 2. Felder der bedingten Wirksamkeit. ↳179 ff., 184, 218

Wolga-Gambit: in den 50er Jahren von russischen Spielern untersuchte Spielweise, die sich aus dem Blumenfeld-Gambit entwickelte. Heute ist die Hauptfortsetzung 1.d4 ♘f6 2.c4 c5 3.d5 b5 4.cxb5 a6 5.bxa6 ♗xa6 sehr populär. ↳192

World Chess Council, WCC: Im Februar 1998 von Garri Kasparow, Luis Rentero (Spanien), William Wirth (Schweiz) u. a. in Linares gegründete Vereinigung, die gegenüber der FIDE einen sportlichen Gegenpol in Form einer weiteren Weltmeisterschaft schaffen sollte. ↳58

World Chess Foundation, WCF: Privatstiftung des FIDE-Präsidenten Kirsan Iljumschinow, die ab 1997 zehn Weltmeisterschaftskämpfe mit einem Preisfonds von fünf Millionen Dollar finanziert.

Wunderkinder im Schach: Kinder im Schul- oder Vorschulalter, die bereits relativ hohe, schachliche Spielstärke zeigen. Aus psychologischer Sicht sind eine starke Ausprägung biologischer Basiskomponenten wie adäquate Verschlüsselung und Entschlüsselung von Informationen im Gehirn, interne

Informationsverarbeitungsgeschwindigkeit, Kapazität des Kurzzeitgedächtnisses und Behalten neuer Informationen mittels leistungsfähigen Langzeitgedächtnisses erforderlich. W. beeindrucken durch hohe Lernfähigkeit und demzufolge effektiveres Verarbeiten von Informationen im schachlichen Denkprozess. Als W. bzw. Frühbegabungen wurden bekannt: Paul Morphy, José Raul Capablanca, Arturo Pomar, Samuel Reshevsky, Michail Tal, Robert Fischer, Nigel Short, Garri Kasparow u. a. Auch im weiblichen Bereich machten in den letzten Jahren einige Spielerinnen durch ihre hohe frühzeitige Leistungskraft aufmerksam. Die Polgar-Schwestern Zsuzsa, Sofia, Judit erreichten bereits im Kindesalter eine ungewöhnlich hohe Spielstärke.

Würfelschach: Abart des Schachspiels, das in der heutigen Fassung nach folgenden Regeln gespielt wird: Entsprechend der gewürfelten Zahl muss mit einem bestimmten Stein gezogen werden (1 = König, 2 = Dame, 3 = Turm, 4 = Läufer, 5 = Springer, 6 = Bauer). Wenn der gewürfelte Stein nicht ziehen kann oder sich nicht mehr auf dem Brett befindet, muss der Spieler aussetzen. Ziel: Schlagen des Königs (nicht matt setzen). Ein Schachgebot wird nicht beachtet.

Z

Zahlennotation: jedes Feld auf dem Schachbrett wird durch eine zweistellige Zahl bezeichnet. Ein Zug ergibt sich durch Aneinanderreihen von zwei Felderbezeichnungen (Ausgangs- und Zielfeld). ♤353 f.

Zeit: einer der Hauptfaktoren des schachlichen Kampfes neben dem Material und Raum. Als Grundeinheit der Z. gilt das Tempo bzw. der Zug. ♤162 f., 168, 471, 480

Zeitkontrolle: Einhalten der vor Wettkampfbeginn getroffenen Festlegung über das Zeit-Züge-Verhältnis (Bedenkzeitregelung) in einer Partie mittels des Fallblättchens in der Schachuhr.

Zeitnot: wenn einem Spieler nur noch 5 Minuten in einer Wettkampf- oder Trainingspartie bis zur festgelegten Zeitkontrolle verbleiben. In diesem Zeitraum ist der Spieler vorübergehend von seiner Notationspflicht enthoben. Z. wird individuell sehr unterschiedlich empfunden, während manche Spieler ohne Mühe zehn Züge in einer Minute spielen, fühlen sich andere schon früher in Z. ♤109, 110, 127, 396, 471, 480

Zeitüberschreitung, ZÜ: gleichbedeutend mit Verlust der Partie, wenn ein Spieler die festgelegte Zügezahl in der geforderten Zeit nicht erfüllte. ♤109, 110, 467, 480

Zentrum: die Zentralfelder e4, d4, e5, d5 bilden das Z. In das erweiterte Z. werden die Felder c4, c5, f4, f5 einbezogen. ♤33, 96, 140 f., 164 ff., 195 f., 208 f., 216, 332 f., 464

Zonen der FIDE: nach geographischen Gesichtspunkten eingeteilte Mitgliedsländer des Weltschachbundes zwecks administrativer Tätigkeit und qualifikationstechnischer Aufschlüsselung. ♤404 f.

Zufallsschach: stammt aus England »Shuffle Chess«. Vor Beginn der Partie werden die Figuren anders auf der Grundreihe aufgestellt. Die Bauern stehen auf ihren normalen Feldern. Außer dem Rochieren gelten die Schachregeln. Es wird auch als Freischach bezeichnet. Wir unterscheiden drei Versionen: 1. Weiß und Schwarz stellen jeweils abwechselnd eine Figur auf. 2. Die Positionen der Figuren werden ausgewürfelt. Die Figuren werden analog bei Schwarz aufgestellt. 3. Jeder baut seine Figuren zunächst ohne Kenntnis des Gegners auf. ⇨ Fischer Random Schach

Zugumstellung: Wählen einer anderen, den Grundgedanken der Zugfolge bzw. Variante aber nicht berührenden Reihenfolge.

Zugwiederholung: 1. mehrmaliges Wiederholen von gleichen Zügen. 2. Wenn ein am Zug befindlicher Spieler in der Lage ist, die gleiche Stellung zum dritten Male herbeizuführen, kann auf Verlangen Remis beansprucht werden.

Zugzwang: wenn ein Spieler am Zug ist und durch das Erfüllen der Zugpflicht in Nachteil gerät, so nennt man das Z. Der Nachteil kann positionell oder materiell sein und sogar zum Partieverlust führen. ♤110, 170 f., 173, 191, 472, 480

Zukertort, Johannes Hermann: (07. 09. 1842 Lublin – 20. 06. 1888 London); gewann 1883 das stark besetzte Londoner Turnier mit drei Punkten Vorsprung vor dem späteren WM Steinitz. ♤60

Zylinderschach: Spielform des Märchenschachs. Auf einem an den a- und h-Linien bzw. der 1. und 8. Reihe zusammengefügten Schachbrett entsteht ein Horizontal- oder Vertikalzylinder, den Problemkomponisten für kompositorische Aufgabenstellungen nutzen.

Zwei-Personen-Nullsummenspiel: Schach ist aus spieltheoretischer Sicht ein Z., wobei die Summe der Spielergebnisse beider Spieler bei jeder Partie den Betrag Null ergibt. Der eine Spieler kann also nur auf Kosten des anderen gewinnen. ♦19

Zweispringerspiel im Nachzug: bereits im 16. Jh. erwähnte Eröffnung, die zu scharfem Spiel führt: 1.e4 e5 2.♘f3 ♘c6 3.♗c4 ♘f6; I. 4.♘g5 (⇨Preußische Partie) d5 (4. ... ♗c5 Traxler-Variante) 5.exd5 ♘a5 6.♗b5+ c6 7.dxc6 bxc6 8.♗e2 h6 usw.; II. 4.d4 exd4 5.0–0 ♘xe4 (5. ... ♗c5 Max-Lange-Angriff 6.♖e1 d5 7.♗xd5 ♕xd5 8.♘c3 ♕a5 usw. ♦53, 191, 238

Zwischenschach: Zwischenzug mit Schachgebot. ♦466

Zwischenzug: beim Vorausberechnen nicht bedachter gegnerischer Zug. Während einer Angriffs-operation oder bei Kombinationen kann ein Z. den Erfolg beeinträchtigen. Besonders störend wirkt er psychologisch in der Zeitnotphase. ♦328

11.2 Wichtige englischsprachige Schachbegriffe

accept — annehmen
  to accept a draw — Remis annehmen
accurate — genau
  this clock is not accurate — Diese Uhr ist nicht in Ordnung
active pieces — aktive Figuren
adjourn — abbrechen
  adjourned game — Hängepartie
  adjourned position — Abbruchstellung
advantage — Vorteil, Übergewicht
  decisive advantage — entscheidender Vorteil
  material advantage — materieller Vorteil
  clear advantage — klarer Vorteil
  positional advantage — Positionsvorteil
  development advantage — Entwicklungsvorteil
  space advantage — Raumvorteil
  to get advantage — in Vorteil kommen
  to have advantage — Vorteil haben
advance the pawns! — Vorwärts mit den Bauern!
advanced passed pawn — vorgerückter Freibauer
against — gegen
agree (with) — einverstanden sein mit
analyse — analysieren
analysis — Analyse
arbiter — Schiedsrichter
attack — Angriff, angreifen
avoiding counter play — Vermeiden des Gegenspiels

bad — schlecht
bad piece — schlechte Figur
wrong bishop and rook pawn — falscher Läufer und Randbauer
beautiful — schön
because — weil
because of — wegen
better is (was) — besser ist (war)
bishop — Läufer
  bishops of opposite colours — ungleichfarbige Läufer
  bishops of the same colours — gleichfarbige Läufer

bishop ending	Läuferendspiel
black	Schwarz
blockade	Blockade
board	Brett
breakthrough	Durchbruch
brilliant	glänzend
bye: to have the bye	spielfrei sein
Calculate	rechnen
calculate deeply	tief rechnen
captain	Kapitän
capture	schlagen
capturing the knight	Erobern des Springers
castle	rochieren
castling	Rochade
category	Kategorie
centre	Zentrum
centralization	Zentralisieren
chase	Jagd
champion	Meister
championship	Meisterschaft
chance	Chance, Aussicht
chances to win	Gewinnchancen
check	Schach
discovered check	Abzugschach
double check	Doppelschach
checks from the side	Seitenschachs
to give check	Schach bieten
checkmate	Matt
to give checkmate	Matt setzen
chess	Schach
game of chess	Schachspiel
laws of chess	Schachregeln
correspondence chess	Fernschach
chess clock	Schachuhr
chess set	Schachgarnitur
chess player	Schachspieler
clearance	Räumung
closing ceremony	Abschlussveranstaltung
colour	Farbe
combination	Kombination
brilliant combination	glänzende Kombination
compensation	Kompensation
sufficient compensation	hinreichende Kompensation
insufficient compensation	unzureichende Kompensation
to have compensation	Kompensation haben
competition	Wettkampf
complicated	kompliziert
complications	Komplikationen
connected passed pawns	verbundene Freibauern
continuation	Fortsetzung
continue	fortsetzen
to continue the game	Partie fortsetzen

coordinate squares	zugeordnete Felder
correct	richtig
counter-attack	Gegenangriff
counter play	Gegenspiel
creating a passed pawn	Schaffen eines Freibauern
creating weaknesses	Schwächen schaffen
cross table	Tabelle
cutting off the king vertically	König vertikal abschneiden

damaging piece	ungünstige Figurenstellung
decision	Entscheidung
right decision	richtige Entscheidung
wrong decision	falsche Entscheidung
decisive	entscheidend
decoy	Hinlenkung
defence	Verteidigung
deflection	Ablenkung
develop	entwickeln
development	Entwicklung
diagonal	Diagonale
diagram	Diagramm
difficult	schwierig, schwer
difficult to say	schwer zu sagen
discover	entdecken
discovered attack	Abzugsangriff
distant opposition	Fernopposition
distant passed pawn	entfernter Freibauer
dubious	zweifelhaft
double	doppelt
double attack	Doppelangriff
doubled pawns	Doppelbauer(n)
draw (drew, drawn)	unentschieden, Remis
drawn position	Remisstellung
drawing of lots	Auslosung
during the game	während der Partie

elementary positions elementare Stellungen	
eliminating the last pawn	Beseitigen des letzten Bauern
endgame study	Studie
ending	Endspiel
en passant (in passing)	en passant (im Vorbeigehen)
envelope	Kuvert
equal	gleich
chances are equal	Chancen stehen gleich
equalise	ausgleichen
exchange	Abtausch, abtauschen, Qualität
exchanging the queens	Damentausch
exchanging to an endgame	Abwickeln in ein Endspiel
extra: extra pawn (piece)	Mehrbauer (Figur)

favour	zugunsten
favourable	vorteilhaft, günstig
favourable ending	günstiges Endspiel

favourable exchange of pieces	günstiger Figurentausch
fianchetto	Fianchetto
fighting for a tempo	kämpfen um ein Tempo
file	Vertikale, Senkrechte
open file	offene Vertikale (Linie)
finish	beenden
finish a game	Partie beenden
fixing weaknesses	Schwächen fixieren
flag	Fähnchen
flag fell down	Blättchen ist gefallen
force	erzwingen
forced	erzwungen
fork	Gabel
fortress	Festung
freeing the king	Befreiung des Königs
gambit	Gambit
game	Partie
adjourned game	Hängepartie
beautiful game	schöne Partie
good knight versus bad bishop	guter Springer gegen schlechten Läufer
half a point	halber Punkt
hiding-place for the king	Schlupfwinkel für den König
hole	Loch
illegal: illegal move	regelwidriger Zug
immediately	sofort
improve	verbessern
improving the king's position	Verbessern der Königsstellung
improvement	Verbesserung
inferior	schlechter
inferior is (was)	schlecht ist (war)
initiative	Initiative
interesting	interessant
intermediate	zwischen
intermediate check	Zwischenschach
j'adoube	j'adoube, ich berühre
judgement	Abschätzung
key squares	Schlüsselfelder
king	König
king manoeuvres	Königsmanöver
king on the back rank	König auf der letzten Reihe
king on the edge of the board	König am Rand des Brettes
kingside	Königsflügel
knight	Springer
knight ending	Springerendspiel
knight on the edge of the board	Springer am Rand
lack	Mangel
lack of space	Raummangel

last move	letzter Zug
last	dauern
late	spät
lead	in Führung liegen
leave (left)	lassen
like: I like this move	gefallen: Dieser Zug gefällt mir
like: I would like	gern mögen: Ich möchte gern
line	Variante
liquidating to an endgame	Abwickeln in ein Endspiel
lose (lost)	verlieren
lose on time	Zeit überschreiten
lost	verloren
lost game (ending)	verlorenes Endspiel
loss	Verlust
loss of a tempo	Tempoverlust
luck: to have good luck	Glück: Glück haben
to have bad luck	Pech haben
match	Wettkampf, Zweikampf
mating threats	Mattdrohungen
mating net	Mattnetz
mating with a pawn	Mattsetzen mit einem Bauern
middle game	Mittelspiel
miss	verpassen
to miss a draw	Remis verpassen
mistake	Fehler
to make a mistake	Fehler machen
more distant passed pawn	entfernterer Freibauer
move	Zug
bad move	schlechter Zug
dubious move	zweifelhafter Zug
fine move	feiner Zug
to make a move	Zug machen
move (v)	ziehen
white (black) to move	Weiß (Schwarz) am Zuge
must	müssen
you must move this piece!	Sie müssen mit dieser Figur ziehen!
notation	Notation
algebraic notation	algebraische Notation
descriptive notation	beschreibende Notation
novelty	Neuerung
Obstacle	Hindernis
obvious move	offensichtlicher Zug
occupy	besetzen
only	nur
the only move	einziger Zug
open	öffnen
open up the envelope	Kuvert öffnen
open line	offene Linie
opening	Eröffnung
opening up a line	Linienöffnung

opinion	Meinung
in my opinion	meiner Meinung nach
opponent	Gegner
opposite coloured bishops	verschiedenfarbige Läufer
out: one out of two	aus: ein aus zwei
outcome	Ergebnis, Ausgang
outplay	überspielen
overestimate	überschätzen
overlook	übersehen
overstep	überschreiten
to overstep the time limit	Zeit überschreiten
pair of bishops	Läuferpaar
pairing	Paarung
passed pawn	Freibauer
passed pawns on both wings	Freibauern auf beiden Flügeln
participant	Teilnehmer
pawn	Bauer
backward pawn	rückständiger Bauer
isolated pawn	isolierter Bauer
passed pawn	Freibauer
to create a passed pawn	einen Freibauern bilden
pawn chain	Bauernkette
pawn ending	Bauernendspiel
pawn mobility	Beweglichkeit der Bauern
pawn promotion	Bauernumwandlung
to queen a pawn	Umwandlung in eine Dame
weak pawn	schwacher Bauer
pawn majority on the queenside	Bauernmehrheit auf dem Damenflügel
penetrate	eindringen
perpetual attack	Dauerangriff
perpetual check	Dauerschach
perhaps	vielleicht
piece	Stein, Figur
pin	Fesselung
place	Platz
occupy a place	Platz belegen
take place	stattfinden
plan	Plan
planning	Planung
play	Spiel
out of play	abseits
play-off	Stichkampf, Entscheidungsspiel
play	spielen
playable	spielbar
it is (was) playable	spielbar ist (war)
pocket-chess	Taschenschach
point	Punkt
half a point	halber Punkt
to get a point	Punkt erzielen
position	Position
draw position	Remisstellung
equal position	gleiche Stellung

inferior position	schlechtere Stellung
lost position	verlorene Stellung
won position	gewonnene Stellung
positional draw	positionelles Remis
possibility	Möglichkeit
postpone	vertagen
practice	Praxis
to be out of practice	Mangel an Praxis
precise	exakt
prefer	vorziehen
preferable, p. is	vorziehen, vorzuziehen ist
prize	Preis
brilliancy prize	Schönheitspreis
prize money	Preisgeld
probable	wahrscheinlich
problem	Problem, Aufgabe
problem move	Problemzug
prophylaxis	Prophylaxe
propose	anbieten, vorschlagen
propose a draw	Remis anbieten
protected passed pawn	gedeckter Freibauer
protest	Protest
protest a decision	P. einlegen gegen eine Entscheidung
purpose	Zweck
push the passed pawn	Vorstoß des Freibauern
queen	Dame
queen ending	Damenendspiel
queen side	Damenflügel
queen versus pawn(s)	Dame gegen Bauer(n)
queen a pawn	Bauernverwandlung in eine Dame
quiet move	stiller Zug
quite well	ganz gut
rank (oder row)	Reihe, Horizontale
rate, rate of play	Bedenkzeit, Spieltempo
reach	erreichen
recommend	empfehlen
reconstruction of moves	rekonstruieren der Niederschrift
refutation	Widerlegung
refute	widerlegen
repeat	wiederholen
repetition of the position	Stellungswiederholung
remember	erinnern
request	Forderung, Bitte
reserve	Ersatzspieler
resign, resigned	aufgeben
rest-day	Ruhetag, spielfreier Tag
resumption of play	Partiefortsetzung
result	Ergebnis
risky	riskant
rook	Turm
rook ending	Turmendspiel

rook manoeuvres	Turmmanöver
rook promotion	Turmumwandlung
rook versus pawn(s)	Turm gegen Bauer(n)
rookendings f and h pawns	Turmendspiele mit f- und h-Bauern
rook on the seventh rank (row)	Turm auf der siebenten Reihe
round	Runde
Sacrifice	Opfer
score	Ergebnis
score sheet	Partieformular
seal, to seal the move	Zug abgeben
sealed, sealed move	Abgabezug, abgegebener Zug
seat	Platz
to take a seat	Platz nehmen
grab	ergreifen, erobern
to grab the initiative	Initiative ergreifen
self-pin	Selbstfesselung
semi-final	Semifinale
show	zeigen
side	Seite
sign	unterschreiben
to sign the score sheet	Partieformular unterschreiben
signature	Unterschrift
silence, keep silence	Ruhe, bitte!
simultaneous exhibition	Simultanvorstellung
simplify	vereinfachen
simplification	Vereinfachung
solution	Lösung
solve	lösen
to solve a problem	Problem lösen
space	Raum
space advantage	Raumvorteil
spectator	Zuschauer
square	Feld
stage	Bühne
stalemate	Patt
start	beginnen
stop	aufhalten
strive (strove, striven)	anstreben
strong	stark
study	Studie
study theory	Theorie studieren
substitute	ersetzen
success	Erfolg
sufficient	hinreichend, genügend
suggest	vorschlagen
suppose	annehmen, vermuten
surely	bestimmt, sicher
surprise	Überraschung
symmetrical positions	symmetrische Stellungen
take (took, taken)	nehmen
take a piece	Figur nehmen

take place	stattfinden
talk	sprechen
talking is forbidden	Gespräche sind verboten
Tarrasch rule	Tarraschs Regel
team	Mannschaft
team member	Mannschaftsmitglied
list of the team	Mannschaftsaufstellung
tell (told, told)	sagen
tempo	Tempo
text-book	Lehrbuch
theory	Theorie
theoretical positions	theoretische Stellungen
therefore	deshalb, darum
think (thought, thought)	denken
threat	Drohung
threaten	drohen
ticket	Karte
tie (with)	geteilt mit (bei Punktgleichheit)
till	bis
time	Zeit
to spend time	Zeit verbrauchen
time-limit	Zeitverbrauch, Zeitgrenze
to overstep the time-l.	Zeit überschreiten
time-trouble	Zeitnot
to be in time-trouble	in Zeitnot sein
to run in time-trouble	in Zeitnot kommen
tired	müde
token	Zeichen
to token of friendship	als (zum) Zeichen der F.
tonight	heute Abend
touch	berühren
touch move	berührt-geführt
tournament	Turnier
tournament hall	Turniersaal
tournament standing	Turnierstand
transition	Übergang
transition to an ending	Übergang ins Endspiel
trap	Falle
triangulating with the king	Dreieckmanöver des Königs
turn, turn to move	am Zuge sein
typical	typisch
Underestimate	unterschätzen
understand (understood)	verstehen
unexpected	unerwartet
unfavourable exchange of pieces	ungünstiger Figurentausch
unknown	unbekannt
unknown line	unbekannte Variante
unprotected	ungedeckt
unsuccessful	erfolglos
unsuccessful attempt	erfolgloser Versuch
useful	nützlich
useless	nutzlos

usual	üblich
Variant	Variante
view, point of view	Standpunkt
violate, to violate the rules	übertreten, Regeln übertreten
Wait	warten
want	wollen
weak	schwach
weakness	Schwäche
positional weakness	Positionsschwäche
weaken	schwächen
which pawn to push?	Welchen Bauern ziehen?
which pawn to take?	Welchen Bauern schlagen?
white	Weiß, weiß
win, win (won)	Gewinn, gewinnen
wing	Flügel
winner	Gewinner, Sieger
winning a tempo	Tempogewinn
winning the rook	Turmgewinn
withdraw (withdrew, drawn)	ausscheiden
without	ohne
worst	(der) schlechteste
write (wrote, written)	schreiben
write down	aufschreiben
wrong	falsch
wrong solution	falsche Lösung
Zero	Null
zonal	Zone
zonal tournament	Zonenturnier
zugzwang	Zugzwang

11.3 Übersicht zu Abkürzungen, Symbolen und Kürzeln

Im Verlaufe der historischen Entwicklung bürgerte sich auf nationaler und internationaler Ebene eine ungewöhnlich große Anzahl von schachspezifischen Abkürzungen, Kürzeln und Symbolen ein. Aus ökonomischer Sicht werden besonders die Kurzbezeichnungen der Figuren, Zugbewertungen, Titelangaben und Spielsysteme regelmäßig genutzt. Die moderne Computer- und Internetsprache wird zunehmend üblicher bei den elektronischen Spiel- und Trainingsmitteln im Schach. Wer es nicht vermag, die in der umfangreichen Fachliteratur wie Schachbüchern, Fachzeitschriften, Bulletins, CDs, Datenbanken etc. regelmäßig verwendeten Abkürzungen richtig zu deuten, bekommt Schwierigkeiten, Schachtexte, Ausschreibungen, Spielordnungen oder Turnierindexe sinnerfüllend zu verstehen. Die Vielzahl der abzukürzenden Worte bringt es mit sich, dass für ein Kürzel zum Teil mehrere Ausdrücke stehen.
Zur besseren Übersicht sind hier alle im Buch vorkommenden bzw. weitere im schachlichen Sprach- und Schriftgebrauch übliche Abkürzungen, alphabetisch geordnet aufgeführt. Einbezogen wurden der Informator/Enzyklopädie-Index sowie das internationale New in Chess Code System. Verschiedene englischsprachige Begriffe sind übersetzt wiedergegeben. Die Kurzbezeichnungen für die 159 FIDE-Mitgliedsländer sind in Kapitel 9.1 enthalten.

Allgemeiner Deutscher Hochschulsportverband	ADH
Altersgruppe Unter 10 Jahren, 12 Jahren usw.	U10, U12
Altersklasse	AK
American National Standards Institute (Dateiformat für Windows)	ANSI
American Standard Code for Information Interchange (Dateiformat)	ASCII
Angriffsvariante in einer Eröffnung	A.
Anmerkung der Redaktion (remarque de la rédaction)	RR
Anschlusstraining	AST
Anzahl der Gegner	n
Anzahl der Partien	N
Arbeitsgemeinschaft	AG
Arbiters' Commission (Schiedsrichter Kommission)	AC
Aufbautraining	ABT
Auflage	Aufl.
Association Internationale de la Presse Echiquéenne)	AIPE
at (Trennungszeichen bei E-Mailanschriften)	@
ausgezeichneter Zug	!!
Band	Bd.
Bauer	B oder ♟
beliebiger Zug	~
besser ist	⌒ oder ≥
Betriebs-Schach(Sport-)gruppe, Betriebssportgemeinschaft	BSG
Binary Digit	Bit
Bishop (Läufer)	B
Blackmar-Diemer-Gambit	B.-D.-G.
Blind Carbon Copy (»blinder Durchschlag« in Anschriftenzeile bei E-Mails)	BCC
British Chess Magazine	BCM
Buchholz-Wertung	BH.
Bundesliga	BL
Bundestrainer	BT
Central Committee	CC
Central Processing Unit (Prozessor)	CPU
ChessBase Datenbankstrukturen	
– Partiekenndaten (header)	.CBH
– Züge und Varianten (game)	.CBG
– Kommentare (annotations)	.CBA
– Spielerindex (players)	.CBP
– Turnierindex	.CBT
– Kommentatorindex (commentators)	.CBC
– Quellenindex (sources)	.CBS
– Suchbeschleuniger (booster)	.CBB
– Konfigurationsdatei	.INI
– Eröffnungsschlüssel	.CKO/.CPO
– ChessBaseformat (alt)	.CBF/.CBI
– Textdatei im CB60-Verzeichnis	CB.INI
ChessBase-Format	CBF
ChessBase Magazin	CBM
Chess Collectors International	CCI
Commission for Assistance to Chess Developing Countries	CACDEC
Commission for Chess in Schools	CCS
Commission on Chess Art	CHART
Commission on Chess Information, Publication and Statistics	CHIPS
Commission on Computer Chess	CCC
Commission on South Africa	COSA
Commission on Women's Chess	CWC
compact disc	CD

Computer Based Training (Computergestütztes Lernen)	CBT
Computerschach und Spiele (Fachzeitschrift)	CSS
Computer Chess League (Computer Rangliste)	CCL
Continental Assembly	CA
Dame	D oder ♛
Damen (Spielerinnen)	Da
Damenflügel	«
Datenbank	DB
Datenfernübertragung	DFÜ
Demonstrationsbrett	Demobrett
deutsch	dt.
Deutsche Einzelmeisterschaft(en)	DEM
Deutsche Landes-Mannschafts-Meisterschaft(en)	DLMM
Deutsche Blitz-Einzelmeisterschaft	DBlitzEM
Deutsche Blitz-Einzelmeisterschaft der Damen	DBlitzEM-D
Deutsche Blitz-Einzelmeisterschaft der Senioren	DSEM-Sen
Deutsche Blitz-Mannschaftsmeisterschaft	DBlitzMM
Deutsche Blitz-Mannschaftsmeisterschaft der Damen	DBlitzMM-D
Deutsche Damen-Einzelmeisterschaft	DDEM
Deutsche Damen-Mannschaftsmeisterschaft	DDMM
Deutsche Damen-Mannschaftsmeisterschaft der Landesverbände	DDMM-LV
Deutsche Mannschaftsmeisterschaft	DMM
Deutsche Pokal-Einzelmeisterschaft (Dähne-Pokal)	DPEM
Deutsche Pokal-Mannschaftsmeisterschaft	DPMM
Deutsche Pokal-Mannschaftsmeisterschaft der Damen	DPMM-D
Deutsche Schnellschach-Einzelmeisterschaft	DSEM
Deutsche Schnellschach-Einzelmeisterschaft der Damen	DSEM-D
Deutsche Schnellschach-Einzelmeisterschaft der Senioren	DSEM-Sen
Deutsche Schachblätter	DSB
Deutsche Schachjugend, Deutsche Sportjugend	DSJ
Deutsche Schachzeitung	DSZ
Deutsche Senioren-Mannschaftsmeisterschaft der Landesverbände	DSenMM
Deutsche Vereinsmeisterschaften	DVM
Deutsche Wertungszahl(en)	DWZ
Deutsch-Französisches Jugendwerk	DFJW
Deutscher Fernschachbund	BdF
Deutscher Schachbund e. V.	DSB e. V.
Deutscher Schachverband	DSV
Deutscher Schulschach-Mannschaftswettbewerb	DSMW
Deutscher Sportbund	DSB
Deutscher Turn- und Sportbund	DTSB
Diagonale	↗
Diagramm	Diagr. oder D
Disk Operating System (Betriebssystem)	DOS
Doppelbauer	8
down-floater	DF
Durchschnittswertung der Gegner (Ratingsystem)	Rc
Dynamic Link Library (Bibliotheksmodul)	DLL
En passant-Schlagen	e. p.
einziger Zug	□
Eisenbahner SK(V)	ESK(V)
Electronic Chess Board	DGT-Brett
Endspiel	⊥ oder EN
Entwicklungskoeffizient (Ratingsystem, DWZ)	K
Entwicklungsvorsprung	⊂ oder ↑↑
Encyclopaedia of Chess Endings (Enzyklopädie der Endspiele)	ECE

Encyclopaedia of Chess Openings (Eröffnungskode)	ECO-Code
Erfolgsanteilfaktor (DWZ)	E
Erfolgswertung (Ratingsystem), Erfolgszahl im Turnier (DWZ), performance	Rp
Eröffnungsbuch-Konverter (Fritz, Genius, Chessmaster4000, Rebel)	FGCR
Eröffnungskartei	EK
Eröffnungsphase	EP
Eröffnungssystem	S.
et cetera (und so weiter)	etc. (usw.)
Europacup	EC
Europäische Schachunion	ECU
Europäische Wirtschaftsregion	EWR
Europäischer Janusschachverband	EJV
Europameisterschaften	EM
Executive Board	EB
Executive Council	EXCO
Fachbereich	FB
Federation	FED
Fédération Internationale des Échecs	FIDE
Fernschach	FS
Fernschachwertungszahl(en)	FWZ
Fernpartie, correspondence	corr., cr
Fersan (frühere Schachfigur für Wesir oder General des Königs)	Fers
FIDE-Meister	FIDE-M oder f
File Transfer Protocol	ftp
Finale	f
folgende Seiten	ff.
Frankfurter Chess Classic	FCC
Führungszahlen (Wertzahlen in der Schweiz)	FZ
Game	G
Gegenspiel (mit)	⇆
General Assembly, Generalversammlung	GA, GV
Geschäftsstelle	GS
Gigabyte	Gbyte, GB
gleichfarbige Läufer	◚
Gnu (Märchenschachstein Springer und Kamel)	Gn
Grandmasters Association	GMA
grober Fehler	??
Grundlagentraining	GLT
guter Zug	!
halber Punkt (unentschieden, remis)	$1/2$, 0,5
Hängepartie	H
Hard Disk Drive	HDD
Hashtables	HT
Hauptschiedsrichter	HSR
Herausgeber	Hrsg.
Hilfsdatei (Endung)	.CBD
Hochleistungstraining	HLT
Honorary Grandmaster (Ehren-Großmeister)	H-GM
Honorary Woman Grandmaster (Ehren-Frauengroßmeister)	H-WGM
HyperText Markup Language (Seitenbeschreibungssprache im WWW)	html
HyperText Transfer Protokoll	http
Integrated Services Digital Network	ISDN
Identification Nummer (Identifikationsnummer)	ID
Individueller Trainings- und Wettkampfplan	ITP
Initiative, mit	↑
interessanter Zug	!?

International Arbiter (Internationaler Schiedsrichter)	IA
International Braille Chess Organization	IBCA
International Computer Chess Association	ICCA
International Correspondence Chess Association (1949–1951)	ICCA
International Correspondence Chess Federation (ab 1951)	ICCF
International Committee of Silent Chess	ICSC
International Email Chess Groups	IECG
International Organizer	IO
International Rating List, offizielle FIDE-Wertungsliste	FRL
Internationale Ratingzahl der FIDE	ELO-Zahl
Internationale Standardbuchnummer	ISBN
Internationaler Fernschachbund (1928–1939)	IFSB
Internationaler Großmeister, Großmeister	IGM, GM, g
Internationaler Meister	IM, m
Internationales Olympisches Komitee, International Olympic Committee	IOK, IOC
Internationales Wertungssystem	IWS
Internet Chess Club	ICC
Interzonenturnier	IZT
Jahrgang	Jg.
Jahrhundert	Jh.
Jugendbundesliga	JBL
Jugendliche	Ju
Jugendweltmeister(schaft)	JWM
Junior	jr
Kagans Neueste Schachnachrichten	KNS
Kaiserin (Märchenschachstein Turm und Springer)	Ks
Kamel (Märchenschachstein)	Km
Kandidatenturnier, candidates tournament	KT oder ct
Kapitel	Kap.
Kategorie	Kat.
Kilobyte pro Sekunde	kByte/s
King	K
King's Bishop (Königsläufer)	KB
King's Knight (Königsspringer)	KKt
King's Rook (Königsturm)	KR
Knight (Springer)	N
Knockout-System (Pokalsystem)	K. o.-System
Kommission Leistungssport	KL
Komplexe Leistungsdiagnostik	KLD
König	K oder ♔
König-Dame-Bauer-Endspiel	KDB
König-Turm-Läufer-Endspiel	KTL
Königsflügel	»
Königsspringer	KS
Künstliche Intelligenz (Artificial Intelligence)	KI (AI)
kurze (kleine) Rochade	0–0
Länderkampf	LK
Landeseinzelmeisterschaft	LEM
Landesklasse	LK
Landesleistungsstützpunkt	LLSP
Landesliga	LL
Landessportbund	LSB
Landesverband	LV
lange (große) Rochade	0–0–0
Langzeitausdauer	LZA
Läufer	L oder ♗

Läuferpaar	⊞
Leistungsdiagnostik	LD
Leistungsklasse, Leistungskategorie	LK
Leistungsvoraussetzungen	LV
Linie	⇔
Liquid Crystal Shutter (Flüssigkristallanzeige z. B. Schachcomputer)	LCD
Makrozyklus (großer Trainingsabschnitt)	MAZ
männlich	m
Mannschaftsaufstellung	MA
Mannschaftsführer	MF
Mannschaftsmeisterschaft	chT
Mannschaftsturnier, team tournament	tt
Match	m
matt	++ oder #
Megabyte	Mbyte, MB
Meister	M
Meisteranwärter	MA
Meisterschaft, nationale	ch
Meldeschluss	MS
Mesozyklus (aus mehreren MIZ bestehender Trainingsabschnitt)	MEZ
Mikrozyklus (kleiner Trainingsabschnitt)	MIZ
Million Instructions Per Second (Maß für Computer-Leistungsfähigkeit)	MIPS
mit	∟
mit Angriff	→
mit der Idee	∧
Mitgliederverwaltungsprogramm des DSB	MIVIS
Mittelspiel	M
»namenlose Gegner«	N.-N.
Nationalmannschaft	NM
Nationale Wertzahl(en) des ehem. DSV (Ost)	NWZ
Nationaler Schiedsrichter	NSR
Neuerung	N
Neurolinguistisches Programmieren	NLP
New in Chess	NIC
NIC-Klassifikation	✶
nichtolympische Verbände	NOV
Notationen mit Figurinen und Kommentarsymbolen (ChessBase)	FigurineTmsCB
Nummer der Zeitschrift	Nr.
Oberliga	OL
Offene Deutsche Damen-Einzelmeisterschaft	ODDEM
Offene Deutsche Senioren-Einzelmeisterschaft	ODSenEM
Offenes Turnier, Open	op
ohne	
Optical Character Recognition (Texterkennung)	OCR
Operating System, Betriebssystem	OS, BS
Pädagogik	Päd., paed.
pages (Seiten)	pp.
Pawn (Bauer)	P
Performance	Perf
Permanent Commission for Chess Compositions	PCCC
Personal Mailbox (Postfach für eingehende E-Mail)	PM
Portable Game Notation (international gebräuchliches DB-Format)	PGN
Post(Polizei-)SV	PSV
Professional Chess Association	PCA
Prozentwert	p
Psychologie	Psych.

Punkt(e), points	Pkt., pts.
Punktwahrscheinlichkeit	P_D
Qualification Commission	QC
Qualifikationsturnier	qual oder prel
Queen (Dame)	Q
Queen's Bishop (Damenläufer)	QB
Queen's Knight (Damenspringer)	QKt
Queen's Rook (Damenturm)	QR
Rahmentrainingsplan	RTP
Random Access Memory (Arbeitsspeicher)	RAM
Rapid Chess Commission	RCC
Rating	Ra
Rating-Differenz	d_p
Raumvorteil	○
Read Only Memory (Nur-Lesen-Speicher)	ROM
Redaktion	Red.
Regionalklasse	RK
Regionalliga	RL
Remisangebot	(=) oder RA
Repertoire	r oder R
rich text format (Volltextformat)	RTF
Rochade Europa	RE
Rook	R
Rules Commission	RC
Schwarz	S
Schachabteilung	SABT
Schachfreund	SF
Schachgebot	+
Schachgemeinschaft	SG
Schachklub, Schachclub	SK oder SC
Schacholympiade	OL oder ol
Schachsportabzeichen	SSpA
Schach(sport-)union	SU
Schachverein, Schachvereinigung	SV
Schiedsrichter	Schiri
Schlagzeichen	x oder :
Schlüsselbuch (Keybook)	KB
Schnellschach	Ss
schwach (unzureichend)	<
schwächer ist	≤
schwacher Punkt	x
schwacher Zug	?
Schwarz hat entscheidenden Vorteil	-+
Schwarz hat Kompensation für das Material	∞
Schwarz steht besser	∓
Schwarz steht etwas besser	⩲
Schwarz-Weiß (Verein)	SW
Schweizerische Schachzeitung	SSZ
Semifinale	Sf, sf
Senioren	Se
Seniorenmeisterschaft	SM
Seite	S.
Sizilianische Verteidigung	Sizi.
Spiellokal (Spielplanansetzungen)	S, SL
Spiel mit einheitlicher Eröffnungsbibliothek	SeE
Spielzeiten	Z

Springer	S. ♞
stark (ausreichend)	>
Startgeld	StG
Stellung ist ausgeglichen	=
Stellung ist unklar	∞
Stichkampf	playoff
Svenska Schackdatorföreningen, schwedische Computer-Weltrangliste	SSDF-Liste
Tagged Image File Format (Pixelgrafik, auch für Schachdiagramme)	TIFF
Talentsichtung	TASI
Technischer Ausschuss	TA
Teilnehmer	TN
Telegrafischer (telefonischer) Wettkampf	TELE
Telexpartie, telex	tx
Terror (Märchenschachstein Dame und Springer)	Tr
Textdatei (Endung)	.TXT
Textformat	pgn
Theoretische Neuerung	TN
The Week in Chess (Internet-Schachzeitung)	TWIC
Tournament Calendar Commission	TCC
Trainingsmethodische Grundkonzeption	TMGK
Trainingsübungen	TÜ
Trainingszentrum	TZ
Turm	T ♜
Turnierdurchschnitt	R_C
Turnierleiter	TL
Turnierverwaltungsprogramm für Windows	SWISS CHESS
Turnierwertungszahl	TWZ
Übergangsperiode (zwischen Wettkampf- und Vorbereitungsperiode)	ÜP
Übersetzer	Übers.
Übungsleiter, Fachübungsleiter	ÜL
und ähnliche(s)	u. ä.
und andere(s)	u. a.
ungewerteter Spieler	R_u
ungleichfarbige Läufer	♝
United Nations Educational, Scientific and Cultural Organization	UNESCO
United States Chess Federation	USCF
Universitätssportverein	USV
Unmittelbare Wettkampfvorbereitung	UWV
Unterrichtseinheiten	UE
Unterverband	UV
up-floater	UF
Variante	V.
verbundene Bauern	oo
vereinzelte Bauern	o..o
vergleiche	vgl.
Verification Commission	VC
Verteidigung	Vert.
Video Graphics Array (Farbgrafikkarte)	VGA
Vorbereitungsperiode (zur Entwicklung der sportlichen Form)	VP
Vorgruppe	prel
Vorsitzender	V, Vors.
weiblich	w
Weiß	W
Weiß hat entscheidenden Vorteil	+-
Weiß hat Kompensation für das Material	∞
Weiß steht besser	±

Weiß steht etwas besser	$\pm$
Weltschach-Eröffnungs-Datenbank	WED
Weiterbildung	WB
Weltmeisterschaft	WM
Wertungsdifferenz	D
Wertzahlberechnungssystem (früher in Deutschland)	INGO
Wertungszahl des Spielers	R
Wertungszahl des Spielers (alte DWZ)	R_0
Wertungszahl des Spielers (neue DWZ)	R_n
Wettkampfbuch	WB
Wettkampfpartie(n)	WP
Wettkampfperiode	WP
Wertungszahlendifferenz (Ratingsystem)	d(p)
Wiener Schachzeitung	WSZ
Women (Frauen)	W
Woman FIDE Master, Frauen FIDE-Meisterin	WFM, f
Woman Grandmaster, Frauen Großmeisterin	WGM, g
Woman International Master, Internationale Frauenmeisterin	WIM, IFM, m
World Championship Cycle Commission	WCCC
World Chess Council	WCC
World Chess Foundation	WCF
World Wide Web, the Web	WWW
Zeit	$\oplus$ oder T
Zeitnot	ZN
Zeitüberschreitung	ZÜ
Zeitschrift	Z.
Zeitung	Zt.
Zentrale Passstelle	ZPS
Zentralnervensystem	ZNS
Zonenturnier	ZT
Zugzwang	$\circ$ oder Z
zweifelhafter Zug	?!

LITERATUR

Dieses Verzeichnis soll neben seiner eigentlichen Funktion als Literaturnachweis gleichzeitig ein Hilfsmittel zur Vertiefung des schachspezifischen Wissens sein. Das Symbol ☞verweist auf einen direkten Bezug zum Buchtext in Form eines Zitats oder einer speziellen Aussage. Nicht beabsichtigt ist, eine vollständige Bibliographie der Schachliteratur zu leisten. Wer sich umfassend auf diesem Gebiet informieren möchte, sei auf die öffentlichen Bestände großer deutscher Bibliotheken wie die Stadt- und Universitätsbibliothek Frankfurt/Main (über 2000 Titel ausleihbar), Staatsbibliothek in Berlin (Haus 1 und 2), Deutsche Bücherei und Sächsische Landesbibliothek Leipzig, Bayerische Staatsbibliothek München, Universitäts- und Landesbibliothek Halle/S. u. a. verwiesen. Bei einem jährlichen Zuwachs an Schachwerken ab 1980 von 200–500 Titeln dürften inzwischen über 40 000 Schachschriften vorliegen (nach E. Meissenburg, 1998).
Vorrangig in nachfolgender Zusammenstellung sind Bücher, Dissertationen, Diplomarbeiten, Belegarbeiten, A- und B-Trainer Hausarbeiten u. ä. zu pädagogischen, methodischen, psychologischen und leistungssportlichen Themen sowie zur Bedeutung des Schachspiels. Da viele Schachlehrer/Übungsleiter/Trainer auch noch gern auf die ›Klassiker‹ im Schach zurückgreifen, wurden relevante ältere Titel ebenfalls mit einbezogen.
Darüber hinaus wird zum Auffinden weiterer Quellen auf schachthematische Bibliographien aufmerksam gemacht, die als Sonderdrucke oder Literaturhinweise in Büchern und Zeitschriften zu finden sind.
Zu einigen Formalien: Aus der Vielzahl praktizierter Formen wurde eine zweckmäßige Darstellungsweise gewählt, die schnell und übersichtlich zur Themenauswahl orientiert. Die hinzugefügte Seitenanzahl eines Werkes soll zusätzliche Information zum quantitativen Einschätzen einer Quelle geben. Als Abkürzungen wurden verwendet: Aufl. = Auflage, Bd. = Band, Ed(s). = Herausgeber, ed. = edition (Auflage), Diss. = Dissertation, RE (ER) = Rochade Europa, ff. = folgende Seiten, HA = Hausarbeit, Hrsg. = Herausgeber, incl. = eingeschlossen, Kap. = Kapitel, o. J. = ohne Jahresangabe, o. O. = ohne Ortsangabe, pp. = pages (Seiten), Red. = Redaktion, S. = Seite, u. a. = und andere, Uni. = Universität, Vert. = Verteidigung, wiss. = wissenschaftlich, Z. = Zeitschrift, Zt. = Zeitung. Bei Zeitschriften gilt folgende Reihenfolge der Angaben: Autor(en), Titel, Name der Zeitschrift, Jahreszahl in Klammer, Heftnummer, Seitenangabe.
Um einen raschen Zugriff zu bestimmten Themen zu ermöglichen, wurden die Sachgebiete untergliedert in
📖 Allgemeine Schachlehrbücher
📖 Lehr- und Trainingsmaterialien
📖 Spezielle Schachlehrbücher und Ausbildungsmaterialien
  • Eröffnungstheorie
  • Strategie und Taktik
  • Endspieltheorie
📖 Pädagogische, psychologische, trainingsorientierte Schriften und Beiträge
📖 Wissenschaftliche Trainerarbeiten: Dissertationen, Diplomarbeiten, Belegarbeiten, Hausarbeiten (HA) zum Erlangen der A- und B-Trainerlizenz
📖 Schachphilosophie
📖 Biographien und Partiesammlungen
📖 Geschichte des Schachspiels und Lexika
📖 Computerschach, Internet, Schach und Mathematik
📖 Problemschach und Studien
📖 Turnier- und Wettkampforganisation
📖 Materialien des Deutschen Schachbunds/Deutsche Schachjugend
📖 Verschiedene Publikationen, Texte und Arbeitsmaterialien
📖 Fachzeitschriften und Periodika

ALLGEMEINE SCHACHLEHRBÜCHER
Awerbach, J. u. Beilin, M.: ABC des Schachspiels. 9. Aufl., Berlin 1987, 152 S.
Awerbach, J., Kotow, A. u. Judowitsch, M.: Das Schachlehrbuch für die Meister von Morgen. 3. Aufl., Hollfeld 1991, 228 S.

Bilguer, von P. R. (von d. Lasa), Schlechter, C.: Handbuch des Schachspiels. 8. Aufl., Hrsg. v. C. *Schlechter*, Leipzig 1916, 1040 S. ☞

Bojki, I. u. Polowodin, I.: Schach im Selbstunterricht. Sankt Petersburg 1992, 230 S.

Bönsch, E.: Schachlehre für Lehrende und Lernende. 3. Aufl., Berlin 1989, 446 S.☞

Brinckmann, A. u. Konikowski, J.: Lehrbuch des Schachspiels. Hollfeld 1998, 226 S.

Cantrell, J.: The Basics of Winning Chess. New York 1993, 64 S.

Dufresne, J. u. Mieses, J.: Lehrbuch des Schachspiels. 18. Aufl., Leipzig 1950, 758 S.

Euwe, M.: Urteil und Plan im Schach. 6. Aufl. Hollfeld 1997, 176 S.

Euwe, M. u. Kramer, H.: Das Mittelspiel. Hamburg Neuaufl. 1956–1996, 734 S.

FIDE (Chess in Schools Committee): Chess for Beginners. Milan 1998, 105 S.

Fischer, B.: Bobby Fischer lehrt Schach. Ein programmierter Schachlehrgang, München/Gütersloh/Wien 1972, 335 S. ☞

Fondern, van, M.: Tips für Anfänger. 9. Aufl., Hollfeld 1998, 160 S.

Grischin, W. u. Iljin, I.: Abc des Schachspiels. Moskau 1980, 88 S.

Karpow, A.: Disneys Schachbuch (Originaltitel: Disney's chess guide). München 1998, 120 S.

Keene, R.: Chess for Absolute Beginners. New York 1993, 80 S.

Koblenz, A. u. Tal, M.: Der Weg zum Erfolg. Bd. 1, Berlin 1982, 320 S.

Koblenz, A. u. Tal, M.: Der Weg zum Erfolg. Bd. 2, Berlin 1983, 320 S.

Kostjew, A.: Schach lehren – leicht gemacht. Frankfurt/M.-Berlin 1987, 192 S.

Kostjew, A.: Schachbuch für Meister von Übermorgen. Neuaufl., Hollfeld 1996, 148 S.

Krogius, N.: Schach für Einsteiger – 33 Lektionen. Berlin 1997, 172 S.

Krogius, N.: Schach für Aufsteiger – 33 Lektionen. 3. Aufl., Berlin 1998, 191 S.

Lasker, Em.: Lehrbuch des Schachspiels. 8. Aufl., Berlin 1928, 300 S.

Lasker, Em.: Brettspiele der Völker. Kapitel: Das Schachspiel. Berlin 1931, S. 14–88

Lasker, Ed.: Chess – The Complete Self-Tutor. London 1997, 368 S.

Maier-Puschi, K.: Schachlehrbuch für Kinder. 7. Aufl., Berlin 1981, 144 S.

Maiselis I. L. u. Judowitsch, M. M.: Lehrbuch des Schachspiels. Berlin 1966, 176 S.

Pfleger, H. u. Treppner, G.: Schach für Fortgeschrittene. Niedernhausen 1997, 95 S.

Richardson, M. J.: Chess for Children. Oxford 1991

Richter, K.: Mein erstes Schachbuch – Ein Ratgeber für Anfänger. 3. Aufl., Berlin 1953, 88 S. (10. Aufl., überarbeitet von J. Konikovski, 192 S., 448 Diagr., Hollfeld 1998)

Richter, K.: Der Schachpraktiker – Ein Wegweiser für Lernende. 3. Aufl., Berlin 1953, 84 S.

Schwarz, K.-H.: Schach auf neuen Wegen – Für Anfänger und Fortgeschrittene, Zürich 1971, 140 S.

Short, N.: Chess Basics. New York 1993, 96 S.

Spindler, M.: Schachlehrbuch für Kinder – Anfänger. 5. Aufl., Hollfeld 2000, 120 S.

Spindler, M.: Schachlehrbuch für Kinder – Fortgeschrittene. Hollfeld 1997, 116 S.

Starck, B.: Schach macht Spass. 3. Aufl., Berlin 1998, 159 S.

Suetin, A.: Schachlehrbuch für Fortgeschrittene. 6. Aufl., Berlin 1989, 376 S. ☞

Tarrasch, S.: Die moderne Schachpartie. 3. Aufl., Leipzig 1921, 455 S.

Tarrasch, S.: Das Schachspiel – Systematisches Lehrbuch für Anfänger und Geübte. Berlin 1931, 483 S.; 3. Neuaufl. 1998, 411 S. ☞

Tartakower, S.G.: Die hypermoderne Schachpartie. 2. Aufl., Wien 1924/25, 517 S. ☞

Tartakower, S.G.: Tartakowers Glanzpartien. Berlin 1956

Tatakower, S. G.: Das neuromantische Schach. Berlin 1928, 130 S.

Teschner, R.: Schach – Eine Schule des Schachs in 40 Stunden. 2. Aufl., Zürich 1995, 160 S.

Teschner, R.: Das moderne Schachlehrbuch. Teil 1 Die Eröffnung (157 S.), Teil 2 Das Mittelspiel (125 S.), Teil 3 Das Endspiel (180 S.), Zürich 1994

Withuis B. J.: Jeugdschaak (Jugendschach). Amsterdam 1975, 139 S.

LEHR- UND TRAININGSMATERIALIEN

Alatorzew, W. A. u. Rochlin, J. G.: Schachmaty – Materialy po teorii, metodike i praktike k programme sanjatii schachmatistow perwogo rasrjada (Schach – theoretisches und praktisches Material zum Unterrichtsprogramm für Schachspieler der ersten Leistungsklasse). Moskwa 1962, 84 S. ☞

Alekseew, N. u. Slotnik, B.: Problemy otbora perspektiwnych junych schachmatistow – Utschebnoe posobie dlja studentow i slyschatelej Wysschej schkoly trenerow GZOIFKa, Moskwa 1984, 83 S.

Awerbach, J, Taimanow, M., Kotow, A., Keres, P., Tal, M. u.a.: Die Russen lehren Schach. 24 Lektionen aus der Z. Schachmaty w SSSR als Beiträge »Schule der Vervollkommnung«, Zürich 1998, 186 S.

Bakalarz, M.: Aus der Praxis eines Schachtrainers. In: RE (1998) 8, S. 71

Bastian, H.: Analyse einer kritischen Stellung (3-Phasen-Modell). Manuskript, Saarbrücken 1993, 5 S.

Bastian, H.: Schach – Grundkurs 1 – Ein Lehrplan für die Ausbildung auf der ersten Stufe (»Bauernmeister«). 4. Aufl., Saarbrücken 1998, 64 S. ☛

Bastian, H.: B-Trainer-Lehrgang 1998 (Schriftliche Prüfungsfragen). Saarbrücken, 9 S.

Baumbach, F.: 52–54: Fernschach – Tips und Tricks vom Weltmeister. Berlin 1990, 252 S.

Beltz, M. u. Niesch, H.: Schach im Kindergarten – Methodik für die Erzieher. Leipzig 1995, 63 S. (A4-Format)

Blankenburg, G. u. a.: Schach in der Schule. (Mit Lehrgang für Anfänger in 10 Stunden), Hamburg 1986, 33 S.

Bönsch, E.: Das Trainingsbuch des Schachsportlers. In: Z. Schach (1958) 9, S. 135 ☛

Bönsch, E.: Schach – Lehr- und Ausbildungsprogramm. Technische Grundelemente in fünf Lektionen mit Stoffaufgliederung und Arbeitsblättern. Berlin 1987, 56 S.

Bönsch, E.: Beispiele von Arbeitsblättern für den Schachunterricht – Übungen, Wissensspeicher, Kontrollübungen. Berlin/Leipzig 1988, 41 S. ☛

Bönsch, E.: Didaktiko-metoditscheskie osnowy obutschenija schachmatam (Didaktisch-methodische Grundlagen der Schachlehre). In: Estrin, J. B.: Teorija i praktika schachmatnoi igry (Theorie und Praxis des Schachspiels), Moskau 1984, S. 13–17 ☛

Bönsch, E.: Lerne Schach! Berlin/Leipzig 1989, 48 S. ☛

Bönsch, E.: Schach Anleitung für Anfänger – Ein methodischer Weg zum schnellen Erlernen des Schachspiels. Berlin/Leipzig 1989, 44 S. ☛

Bönsch, E.: Das Spezialisieren in der Eröffnungsphase und das Anlegen einer individuellen Eröffnungskartei. Lehr- und Lernmaterialien für Trainer/Fachübungsleiter u. Kaderspieler im Landesschachbund Brandenburg, 01/199 ☛

Bönsch, E.: Das Anlegen und Führen eines Wettkampfbuchs. Lehr- und Lernmaterialien für Trainer/Fachübungsleiter und Kaderspieler im Landesschachbund Brandenburg, 01/1997 ☛

Bossert, Ch.: Chandler-Karpow, Lernziele/Lerninhalte (Skript zur A-Trainerweiterbildung, Hannover 9/1999), 5 S. ☛

Botwinnik, M.: Wie ich mich vorbereitete. Arbeitsübersetzung aus Z. Schachmaty w SSSR (1981) 8. ☛

Branca, S., De Maria, F., Sonzogni, F. u. Eggmann, K.: Schachlehrgang. Heft a: Einführung Theorie, 28 S.; Heft b: Einführung Praxis, 52 S.; Heft c: Eröffnungen, 28 S.; Heft d: Kombinationen, 64 S.; Heft e: Endspiele, 36 S.; Heft f: Lösungen, 20 S., Zürich-Huttwil 1989

Brömel, R., Preuße, G. u. Richter, G.: Schach konkret – Arbeits- und Übungsbuch 1. Donauwörth 1995, 62 S.

Brömel, R. u. Richter, G.: Schach konkret. Arbeits- und Übungsbuch 2. Donauwörth 1997, 64 S.

Česky Šachový Svaz (Red. F. Pithart): Příručka pro činovníky šachových oddílů. I. část. Praha 1954, 32 S.

Česky Šachový Svaz (Red. F. Pithart): Šachy příručka pro trenéry III. a II. třídy. Učebni texty pro školeni. (Schach Handbuch für Trainer der III. und II. Leistungsklasse. Lehrtexte für Schulungen), Praha 1973, 254 S.

Česky Šachový Svaz (Red. F. Pithart): Šachy pro trenéry IV. třídy. Praha 1977, 42 S.

Darga, K.: Rahmentrainingsplan Schach – Richtlinien für das Training der Kaderspieler im Deutschen Schachbund. Waldenbuch 11/1993, 36 S. (auch in Diskettenform)

Derkatsch, A. u. Issajew, A.: Der erfolgreiche Trainer – Das pädagogische Können des Trainers und Übungsleiters. Berlin 1986, 125 S.

Deutscher Schachverband der DDR (Red. H.-J. Hochgräfe u. D. Neukirch).: DSV-Studienmaterial. Eröffnungstheoretische Schriftenreihe mit ausgewählten Partien, Rostock 1984 -1990, ca. je 16 S.

Deutscher Schachverband der DDR, Kommission für Studentensport (Red. G. Preuße u. R. Brömel): Empfehlungen einer Stoffverteilung für den freiwilligen Schachunterricht an lehrerbildenden Einrichtungen. Manuskript Jena 1985, 5 S.

Dieckmann, E.: Vergleichende Analyse der bereits vorliegenden wissenschaftlichen Materialien über die gesellschaftlichen Werte einer kontinuierlichen Weiterentwicklung des Schulschachs in der DDR. Wiss. Hausarbeit zum kombinierten Fachschulstudium für leitende Kader des DTSB, Bad Blankenburg 1977, 36 S.

Dworetski, M.: Geheimnisse gezielten Schachtrainings. 2. Aufl., Zürich 1996, 256 S.

Dworetski, M. u. Jussupow, A.: Angriff und Verteidigung. Zürich 1999, 218 S.

Eggmann, K.: Schach 1-Leitfaden und Arbeitsblätter für den Schachunterricht. Loseblätter, 3. Aufl., o. O. 1973, 86 S.

Euwe, M., u. Mühring, W.J.: Ich teste mich selbst. Berlin 1967, 78 S.

Euwe, M., u. Meiden, W.: Meister gegen Amateur. 4. Aufl., Hollfeld 1997, 225 S.

Euwe, M., u. Meiden, W.: Amateur wird Meister. 4. Aufl., Hollfeld 1997, 259 S.

Euwe, M., u. Meiden, W.: Meister gegen Meister. 2. Aufl., Hollfeld 1997, 212 S.

Feustel, P.: Untersuchungen über Leistungstendenzen in der Entwicklung des Frauenschachs von 1949–1976. Wissenschaftlich-praktische Arbeit an der EOS Rudolf Hildebrand, Leipzig 1977

Ftacnik, L.: Gewinnen in 20 Zügen. Trainings-CD mit 333 lehrreichen Kurzpartien, ChessBase, Hamburg 1998

Gaffron, P.: Anleitungsmaterial für Übungsleiter von Schulschach-Arbeitsgemeinschaften. Leipzig 1986, 40 S.

Goldschmidt, Ch. u. Sohrabi, A.: Brackeler Schachlehrgang – Bauerndiplom. Übungsheft 1990, 21 S.

Golenischtschew, W.: Programma podgotowski junych schachmatistow IV i III rasrjadow (Programm d. Ausbildung junger Schachspieler der IV. und III. Leistungsklassen). Moskwa 1969, 62 S.

Golenischtschew, W.: Programma podgotowski junych schachmatistow II rasrjada (Programm der Ausbildung junger Schachspieler der II. Leistungsklasse). Moskwa 1971, 111 S.

Gries, J.: Lehrgangsmaterialien des Hessischen Schachverbandes zur C-Trainerausbildung. Broschüre mit Unterrichtsmaterialien, Rollshausen 1999, 122 S.

Hauschild, A.: Grundkurs Schach – Schachtrainerlehrgang für die Grundschule. Dresden 1993, 145 S.

Hertneck, G.: Wie verbessert man eigentlich seine Spielstärke? In: ER (1990), 1, S. 37–38

Heyken, E.: Schach für Einsteiger – Regeln, Strategien, Tests. 3. Aufl., Niedernhausen 1999, 128 S.

Heymann, N. (unter Mitarbeit von K. Pews und K. Trautmann): Hasy's Schachwelt. Loseblattwerk für Kinder, Jugendliche und Übungsleiter, Frankfurt/O., ab 01/2000 periodisch

Hort, V. u. Jansa, V.: Der beste Zug. 1. Testband für den aktiven Schachspieler. Dresden 1998, 203 S. ☛

Jussupow, A. u. Dworezki, M.: Der selbständige Weg zum Schachprofi. 4. Aufl., Hollfeld 1997, 170 S. ☛

King, D.: Angreifen! Interaktive Multimedia-CD mit Testfragen, Beispiel- und Vergleichspartien. ChessBase Hamburg 1997

Knaak, R.: Mattangriff gegen die kurze Rochade. Ein Praxiskurs gegen den schulmäßigen Rochadeangriff gegen Fritz, ChessBase-CD, Hamburg 1998

Kostjew, A. N.: Schachmatny kruschok w schkole i pionerskom lagere. (Methodisches Material für die Arbeit mit Kindern), Moskwa 1980, 112 S.

Kostjew, A. N.: Uroki schachmat (Unterrichtsstunden im Schach). Moskwa 1984, 208 S.

Kotow, A.: Denke wie ein Großmeister. 3. Aufl., Zürich 1998, 190 S. ☛

Kotow, A.: Spiele wie ein Großmeister. 3. Aufl., Zürich 1998, 181 S.

Matwejew, L.: Grundlagen des sportlichen Trainings. Berlin 1981, 254 S.

Millennium 2000 GmbH: Karpov Schachschule. Die Multimedia-Schachschule des vielfachen Weltmeisters (Interaktiver Schachlehrgang für Anfänger mit einem Schachspielprogramm). CD-ROM, München 1999

Nunn, J.: Schachgeheimnisse. Ein Kursus zum Selbstunterricht. Zürich 1998, 176 S.

Petrosjan, T.: Die Schachuniversität. Zürich 1988, 116 S. ☛

Pews, K.: SchachKükenkalender für das Jahr 2001. Frankfurt/O. 2000, 64 S.

Pews, K.: KönigsDrachen Kalender für das Jahr 2001. Frankfurt/O. 2000. 64 S.

Pfleger, H. u. Kurz, E.: Zug um Zug – Schach für jedermann. Bd. 1: Erringung des Bauerndiploms (80 S.), Bd. 2: Erringung des Turmdiploms (132 S.), Bd. 3: Erringung des Königsdiploms (120 S.). Falken-Verlag, Niedernhausen/Ts. 1997

Platz, H.: Eine Trainingsmethode zur Schulung des Positionsverständnisses. Belegarbeit des 16. Weiterbildungslehrganges der leitenden Kader des Leistungssports an der DHfK, Leipzig 1972, 17 S.

Potháček, L.: Šach-Metodická priručka pre inštruktorov a vedúcich Pionierskej organizácie (Schachmethodisches Handbuch für Instrukteure und Leiter der Pionierorganisation des SZM). Bratislava 1975, 32 S.

Rätsch, H.: Trainingsbriefe als Methode des Selbsttrainings im Deutschen Schachverband. Wissenschaftliche Hausarbeit zum kombinierten Fachschulstudium für leitende Kader des Deutschen Turn- und Sportbundes, Bad Blankenburg 1975, 41 S.

Richter, K. – Konikowski, J.: Mein erstes Schachbuch. (Von J. K. aktualisiert und erweitert), Hollfeld 1997, 192 S.

Rahmenlehrplan – Lehrfach Schach. Jugenddorf Christopherusschule Altensteig, Manuskript, 13 S.

Rochlin, J. G. u. Romanowski, P. A.: Schachmaty – programm dlja sportiwnych sekzii kollektiwow fisitscheskoi kultury po podgotowke schachmatistow IV i III rasrjadow (Schachprogramm für Sportsektionen zur Ausbildung von Schachspielern der Leistungsklassen IV und III). Moskwa 1956, 60 S.

Rochlin, J. G.: Schachmaty-programma – posobie dlja podgotowki schachmatistow srechnich rasrjadow (Schachprogramm-Lehrmaterial zur Ausbildung von Schachspielern der mittleren Leistungsklassen). Moskwa 1961, 83 S.

Rochlin, J. G.: Juny Schachmatist (Der junge Schachspieler). Methodische Anleitungen für die außerunterrichtliche und außerschulische Arbeit. Moskwa 1977, 103 S.

Rochlin, J. G.: Schachmatny sanjatja (Schach Übungsstunden). Kiew 1977, 207 S.

Rosen, B.: Fit im Endspiel. (Mit Lehrgangsmaterialien), Brühl 1995, 104 S.

Sak, W.G: Schachmaty-programma dlja detskich sportiwnych schkol po podgotowke schachmatistow IV i III rasrjadow (Schachprogramm für Kindersportschulen zur Ausbildung von Schachspielern der IV. und III. Leistungsklasse). Moskwa 1959, 40 S.

Sak, W.G: Puti sowerschenstwowanija (Wege der Vervollkommnung). Moskwa 1981, 200 S.

Samarian, S.: Das systematische Schachtraining – Trainingsmethoden, Strategien und Kombinationen. 2. Aufl., Zürich 1992, 152 S.

Schachbund Nordrhein-Westfalen e.V.: Schach in Schulen (Sammelmappe mit Übungsheften zum Bauern- und Springer-Diplom, nebst dazugehörigen Prüfungsaufgaben und Urkunden + einem Anfängerpass). Duisburg 2000, 62 S.

Schachverband Württemberg e.V.: Ausbildungsmaterialien für Fachübungsleiter/C-Trainer im Schachverband Württemberg e.V., Stuttgart 2000, 81 S.

Schulz, J.: Lehrplanvorschlag Schach als Schulfach vom Jugenddorf-Christopherusschule Altensteig. In: ER (1985) 8 (Sonderbeilage)

Sobeck, G.: Heiner und die 64 Felder. Chemnitz 1997, 116 S. (incl. Lösungsheft)

Steinkohl, L.: Aus dem Tagebuch eines Bundestrainers – Gespräch mit Sergiu Samarian. In: ER (1982) 6, S. 9–10

Suetin, A.: Stunde der Sekundanten. Berlin-Fürstenwalde 1995, 205 S.

Tal, M. u. Koblenz, A.: Schachtraining mit Exweltmeister Tal. 2. Aufl., Düsseldorf 1981

Trainerrat des DSV (Red. E. Bönsch u. H. Platz): Lehrprogramm zur Ausbildung von Übungsleitern der Stufen I, II und III – Spezielle Theorie und Praxis Schach. Berlin 1963 (21 S.) und 1969 (30 S.)

Trainerrat des DSV (Red. E. Bönsch u. H. Platz): Weiterbildungsprogramm für Übungsleiter der Stufe III – Schach. Berlin 1968

Trainerrat des DSV (Red. E. Bönsch u. H. Platz): Sportartspezifische Probleme für das Rahmenprogramm zur Weiterbildung der Übungsleiter Stufe III 1974–1977 Schach. Berlin 1974

Trainerrat des DSV (Autorenkollektiv): Lehrprogramm zur Ausbildung von Übungsleitern der Stufen I, II und III – Spezielle Theorie und Praxis Schach. Berlin 1979, 60 S.

Trainerrat des DSV (Red. E. Bönsch): Lehrprogramm – Ausbildung von Übungsleitern der Stufen I, II und III. Berlin 1987, 61 S.

Trainerrat des DSV (Red. H. Rätsch, R. Tröger u.a.): Anleitung für Übungsleiter (Lehrmaterialien für den Kinder- und Jugendsport), periodisch in Heftform ca. 16 S.

Trainerrat/Traineraktiv des DSV (Red. H. Rätsch u. H. Platz): Trainingsbriefe. Periodisch herausgegebene Anleitungs- und Aufgabenmaterialen für Anschlusskader A und B (1974–1984)

SPEZIELLE SCHACHLEHRBÜCHER UND AUSBILDUNGSMATERIALIEN
Eröffnungstheorie

Bangiev, A.: Das Gambitlexikon. CD ChessBase Hamburg 1999

CD Schach-Archiv 1973–1997. Hamburg 1998

ChessBase: Eröffnungs-Lexikon. CD Hamburg 1997 (ca. 3000 Eröffnungsübersichten)

Eröffnungs-Lexikon. 70 Eröffnungsdisketten auf CD. ChessBase Hamburg 1997

Euwe, M.: Theorie der Schacheröffnungen. Bd. 1–12., 2. Aufl., Berlin 1957–1962

Gauthier, G.: 1x1 der Schacheröffnungen. CD, ChessBase Hamburg 1999

Gelenczei, E.: Spiel mit gegen Großmeister! – Übungen zum Testen und Verbessern der eigenen Spielstärke. 4. Aufl., Berlin 1986, 150 S.

Heymann, N.: Theorie für den Praktiker. Jahresausgabe 1997/98, Frankfurt/O. 1998, 80 S.

Heymann, N.: Theorie für Profispieler. Loseblattwerk für Spieler bis DWZ 1700, Frankfurt/O. periodisch

Heymann, N.: Theorie für Profispieler. Loseblattwerk für Spieler ab DWZ 1700, Frankfurt/O. periodisch

Jussupow, A. u. Dworezki, M.: Effektives Eröffnungstraining. 3. Aufl., Hollfeld 1997, 266 S.

Kalinichenko, N. u.a.: Modern Chess Opening Encyklopaedia – Sicilian Defence. Petersaurach-Großaslach 1996, 697 S.

Kalinichenko, N. u.a.: Modern Chess Opening Encyklopaedia – Semi-Open Games Petersaurach-Großaslach 1996, 339 S.

Kallai, G.: Buch der Eröffnungen. Kecskemet 1996, 306 S.

Karpow, A.: Siegen mit Russisch. Düsseldorf 1993, 88 S.

Karpow, A. u. Beljawski, A.: Caro-Kann Verteidigung – richtig gespielt. Hollfeld 1997, 200 S.

Kasparow, G.: 24 Lektionen von Garri Kasparow. Lektion 24: Sparen Sie nicht mit der Zeit! In: ER (1986) 5, S. 19 ☞

King, D.: The Closed Sicilian. London 1997, 144 S.

Knaak, R.: Trompowsky-Angriff. ChessBase-CD, Hamburg 1998

Kohlmeyer, D.: Sizilianisch Pur – Buenos Aires ’94. Berlin-Fürstenwalde 1995, 116 S.

Konikowski, J.: Eröffnungen – Richtig gespielt. 2. Aufl., Hollfeld 1997, 184 S.

Kuligowski, A, u. Wienigk, H.: Encyklopaedia of chess games – French Defence Französisch 8000 Partien/ Varianten. Breitenau 1997, 346 S.

Lutz, Ch.: 35 Eröffnungsbücher. In: Z. Schach (1999) 3, S. 68–71

Matanovic, A. u.a.: Enzyklopädie der Schach-Eröffnungen. Band A (A00-A99), 1996, 476 S.; Band B (B00-B99), 1997, 487 S.; Band C (C00-C99), 1997, 487 S.; Band D (D00-D99), 1998, 552 S.; Band E (E00-E99), 1998, 528 S., Belgrad ☞

Mednis, E.: Practical Opening Tips. London 1997, 159 S.

Neistadt, Y.: Eröffnungskatastrophen erkennen – vermeiden. Hollfeld 1997, 187 S.

Nunn, J.: Najdorf für Turnierspieler. Zürich 1996, 304 S.

Nunn, J., Burgess, G., Emms, J. u. Gallagher, J.: Nunn’s Chess Openings (NCO). London 1999, 544 S.

Pachman, L.: Indische Verteidigung – Erfolgreiche Eröffnungstheorie für die Praxis. Zürich 1997, 298 S.

Rabar, B.: Klassifizierung von Schacheröffnungen. Zagreb-Belgrad 1971, 179 S. ☞

Samarian, S.: Internationales Schlüsselbuch der Schacheröffnungen. Heidelberg 1986, 102 S. ☞

Schach-Archiv (K. Rattmann, Hrsg.): Hamburg ab 1951 ff. (jetzt in Buchform und auf Diskette)

Schulz, A.: Königsindisch mit f5-f4 – Gewinnideen für Weiß und Schwarz. ChessBase-CD Hamburg 1997

Suetin, A.: Grundlagen des modernen Eröffnungsspiels – Ein Kompaß im Meer moderner Varianten. Schwieberdingen 1997, 255 S.

Tasc ChessSystem: FideChess Encyclopaedia. CD in TascBase, ChessBase und PGN-Format, Rotterdam 1996

The Chess Player: Partiebulletin. Nottingham, periodisch

Treppner, G.: Testbuch der Eröffnungsfallen. 3. Aufl., Hollfeld 1997, 128 S.

Tschechow, W.: Sizilianisch. Sweschnikow-Variante – richtig gespielt. Hollfeld 1994, 116 S.

Wahls, M.: Modernes Skandinavisch. Nettetal 1997, 302 S.

Strategie und Taktik

Awerbach, J.: Schachtaktik für Fortgeschrittene. 2. Aufl., Berlin 1983, 359 S.

Baumbach, F. u. Thormann, W.: Die Schachuhr läuft – Ihr Zug bitte. Berlin 1993, 128 S.

Bondarenko, F.: Schachtaktik von A – Z. Dresden 1989, 259 S.

Bronstein, D.: Bronsteins Schachlehre – Wege zum erfolgreichen Spiel. Berlin 1989, 256 S.

Capablanca, J.R.: Grundzüge der Schachstrategie. Berlin 1927

Dworetski, M. u. Jussupow, A.: Positionelles Schach. Zürich 1996, 230 S.

Euwe, M. u. Kramer, H.: Das Mittelfeldspiel. Bd. 1–12. Hamburg 1956–1962

Euwe, M.: Feldherrnkunst im Schach. 2. Aufl., Hollfeld 1991, 153 S.

Euwe, M.: Urteil und Plan im Schach. 6. Aufl., Hollfeld 1997, 176 S.

Feustel, B.: Testbuch der Schachtaktik. 3. Aufl., Hollfeld 1994, 112 S.

Gauthier, G.: 1x1 des Mittelspiels. CD, ChessBase Hamburg 1999

Gelenczei, E.: 200 Eröffnungsfallen. 7. Aufl., Berlin 1964

Gelenczei, E.: 200 neue Eröffnungsfallen. 4. Aufl., Berlin 1982

Golz, W. u. Keres P.: Schönheit der Kombination. 4. Aufl., Berlin 1978, 254 S.

Guthmayer, E.: Die Geheimnisse der Kombinationskunst – Leichtfassliche, bequeme und fesselnde Anleitung zum Schachdenken. 2. Aufl., Leipzig (o. J.), 272 S.

Gutmayer, F.: Der fertige Schach-Praktiker. Leipzig 1923, 160 S.

Karpow, A. u. Mazukewitsch, A.: Stellungsbeurteilung und Plan. Berlin 1992, 256 S.

King, D.: Angreifen! Interaktive Trainings-CD, ChessBase Hamburg 1998

Kmoch, H.: Die Kunst der Bauernführung. Berlin 1956, 288 S.

Kmoch, H.: Die Kunst der Verteidigung. 2. Aufl., Berlin 1966

Knaak, R. u. Vogt, L.: Königsindisch pro u. contra. Berlin 1992, 256 S.

Knaak, R.: Gewinnen durch Taktik. Taktikkurs mit 400 Schachkombinationen für Fortgeschrittene, ChessBase-CD, Hamburg 1998

Koblenz, A.: Schachstrategie. Zürich 1994, 228 S.

Koblenz, A.: Lehrbuch der Schachtaktik. Bd. 2., 4. Aufl., Berlin 1981, 304 S.

Koblenz, A.: Schachkombinationen. 2. Aufl., Stuttgart 1981, 82 S.

Koblenz, A. u. Tal, M.: Der Weg zum Erfolg. Bd. 1 und 2, Berlin 1983, 320 S.

Konikowski, J.: Wie teste ich meine Taktik im Mittelspiel? Hollfeld 1996, 120 S.

Kotow, A.: Lehrbuch der Schachstrategie. Bd. 2., 3. Aufl., Berlin 1980, 282 S.

Kotow, A.: Lehrbuch der Schachtaktik. Bd. 1., 4. Aufl., Berlin 1981

Kotow, A.: Spiele wie ein Großmeister. 3. Aufl., Zürich 1998, 181 S.

Lange, M.: Das Schachspiel und seine strategischen Prinzipien. Leipzig-Berlin 1910

Lasker, Ed.: Schachstrategie – Einführung in den Geist der praktischen Partie. 4. Aufl., Leipzig 1928, 246 S.

Lasker, Em.: Gesunder Menschenverstand im Schach. Berlin 1925, 176 S. ☞

Lasker, Em. u. Munzert, R.: Gesunder Menschenverstand im Schach u. Relativität im Schach. Hollfeld 1999, 218 S.

Linder, I.: Faszinierendes Schach. Berlin 1986, 285 S. ☞

Matanovic, A. u.a.: Enzyklopädie des Schachmittelspiels. Belgrad 1980

Matanovic, A. u. a.: Anthologie der Schachkombinationen. Belgrad 1995, 424 S., 2001 Kombinationen

Mazukewitsch, A.: Verflixte Fehler – 500 lehrreiche Minipartien, 1. Aufl., Berlin 1985, 240 S.

Mazukewitsch, A.: Schach matt! – 555 Reinfälle. Berlin 1991, 264 S.

Müller, H.: Angriff und Verteidigung – Strategie und Taktik im Schachspiel. 3. Aufl., Hollfeld 1981, 162 S.

Neistadt, J.: Schachpraktikum. Berlin 1983, 325 S.

Neistadt, J.: Zauberwelt der Kombination. Berlin 1987, 185 S.

Neistadt, J.: Erfolgreich angreifen – Der Damenflügel im Visier. Berlin 1990, 174 S.

Neistadt, J.: Erfolgreich angreifen – Der König im Visier. Berlin 1989, 192 S.

Neistadt, J.: Test Your Tactical Ability. London 1991, 210 S., 378 Aufgaben

Nikolaiczuk, L.: Testbuch der Schachstrategie. 2. Aufl., Hollfeld 1992, 112 S.,

Nunn, J.: Schachgeheimnisse. Ein Kursus zum Selbstunterricht. Zürich 1998, 176 S.,

Pachman, L.: Moderne Schachstrategie. Bd. 1–3, Prag/Berlin 1958, 243 S., 263 S., 268 S.

Pfleger, H.: Taktik und Witz im Schach. Zürich 1993, 182 S.

Polgár, Zs.: Schach matt in 2 Zügen. Düsseldorf 1987, 106 S.

Polgár, L.: Chess training in 5333+1 positions. Köln-Budapest 1994, 1104 S., 5334 Aufgaben

Polgár, L.: Chess Middlegames. Budapest 1998, 1015 S.

Polugajewski, L.: Im sizilianischen Labyrinth. Bd. 1: Eröffnung, Mittelspiel. Berlin 1992, 224 S.; Bd. 2: Strategie, Endspiel. Berlin 1992, 192 S.

Pötzsch, A.: Spaß am Kombinieren. 2. Aufl., Berlin 1989, 192 S.

Renko, G.: Intensivkurs Taktik. CD, ChessBase Hamburg 2000

Réti, R.: Die neuen Ideen im Schachspiel. Wien-Berlin-Leipzig-München 1922

Richter, K.: Schachmatt. Berlin 1950, 95 S.

Richter, K.: Kombinationen. 6. Aufl., Hollfeld 1989, 176 S.

Richter, K.: Einfälle – Reinfälle. 3. Aufl., Hollfeld 1983, 95 S.

Romanowski, P. A.: Mitelspiel – Kombinazija (Mittelspiel – Kombination). Moskwa 1963

Schmidt, G.: Zentrumsformen. Hollfeld 1987, 188 S.

Spielmann, R.: Richtig opfern! Voraussetzungen, Ziel und Durchführung des Opfers im Schachspiel. Leipzig o. J., 96 S., 2. Neuaufl. Düsseldorf 1985, 104 S.

Suetin, A.: Schachstrategie der Weltmeister. Berlin 1983, 288 S.

Suetin, A.: Schachstrategie für Fortgeschrittene. 3. Aufl., Berlin 1983, Bd. 1 (332 S.), Bd. 2 (365 S.)

Suetin, A.: Schachtraining. Berlin 1988, 252 S. ☛

Timman, J.: The Art of Chess Analysis. London 1997, 207 S.

Trautmann, K.: Eine Reise über das Schachbrett – Systematisches Lehrbuch der Kombinationen. Schwieberdingen 1997, 319 S., 715 Diagramme

Treppner, G.: Testbuch der Abwicklungen und Übergänge. Hollfeld 1998, 128 S.

Uhlmann, W. u. Schmidt, G.: Offene Linien. Berlin 1981, 192 S.

Uhlmann, W. u. Schmidt, G.: Bauernschwächen. Berlin 1984, 251 S.

Uhlmann, W. u. Vogt, L.: Gute Läufer – Schlechte Läufer. Berlin 1988, 351 S.

Endspieltheorie

Awerbach, J.: Lehrbuch der Schachendspiele. Bd. 1, 4. Aufl., Berlin 1979, 334 S. ☛

Awerbach, J.: Lehrbuch der Schachendspiele. Bd. 2, 5. Aufl., Berlin 1981, 411 S. ☛

Awerbach, J.: Bauernendspiele. Berlin 1988, 416 S.

Awerbach, J.: Endspiele – Springer gegen Läufer, Turm gegen Leichtfigur. Berlin 1989, 384 S.

Awerbach, J.: Erfolg im Endspiel. Berlin 1987, 207 S.

Awerbach, J.: Damenendspiele – Dame gegen Bauern, ~Dame, ~Turm, ~Springer, ~Läufer. Berlin 1990, 444 S.

Ban, J.: Die Taktik der Endspiele. Budapest 1987, 182 S.

Budde, V., Nikolaiczuk, L. u. Konikowski, J.: Das große Buch der Schachendspiele. 2. Aufl., Hollfeld 1996, 594 S.

Chéron, A.: Lehr- und Handbuch der Endspiele. Bd. I. Turm-Endspiele. Berlin 1952, 354 S.☛

Chéron, A.: Lehr- und Handbuch der Endspiele. Bd. II. Die elementaren Mattführungen, die Bauernendspiele, Springer- und Läufer-Endspiele. Berlin 1957, 468 S. ☛

Chéron, A.: Lehr- und Handbuch der Endspiele. Bd. III. Die Damen-Endspiele, die Umwandlung, Endspiele mit mehr als 50 Zügen, Nachträge. Berlin 1958, 344 S. ☛

Chéron, A.: Lehr- und Handbuch der Endspiele. Bd. IV. Berichtigungen und Ergänzungen zu den Bd. 1–3 sowie weitere Endspieltypen, Berlin 1970, 328 S. ☛

Gawlikowski, St.: Koncowa gra szachowa – Zakonczenia figurowa – pionowe (Schachendspiele – Endspiele mit Figuren und Bauern). Warszawa 1954, 947 S.

Jussupow, A. u. Dworezki, M.: Effektives Endspieltraining. Hollfeld 1996, 180 S.

Konikowski, J.: Testbuch der Bauernendspiele. Hollfeld 1998, 136 S.

Konikowski, J. u. Schulenburg, P.: Testbuch der Endspieltechnik. 4. Aufl., Hollfeld 1998, 160 S.

Konikowski, J. u. Schulenburg, P.: Testbuch der Endspieltaktik. 3. Aufl., Hollfeld 1996, 120 S.

Lutz, Ch.: Endspieltraining für die Praxis. Analysen und Übungen aus Großmeisterhand. Nettetal 1999, 177 S.

Matanovic, A. (Chefredak.) u. a.: Enzyklopädie der Schachendspiele – Bauernendspiele. Beograd 1982, 383 S., 1610 Beispiele ☛

Matanovic, A. (Chefredak.) u. a: Enzyklopädie der Schachendspiele – Turmendspiele. Teil 1, Beograd 1985, 422 S., 1500 Beispiele ☛

Matanovic, A. (Chefredak.) u. a.: Enzyklopädie der Schachendspiele – Turmendspiele. Teil 2, Beograd 1986, 414 S., 1700 Beispiele ☛

Matanovic, A. (Chefredak.) u. a.: Enzyklopädie der Schachendspiele – Damenendspiele. Beograd 1990, 447 S., 1800 Beispiele ☛

Matanovic, A. (Chefredak.) u. a.: Enzyklopädie der Schachendspiele – Läufer- und Springer-Endspiele. Beograd 1993, 564 S., 2016 Beispiel ☛

Literatur 490

Mednis, E.: Praktische Endspieltyps. Hollfeld 2000, 150 S.

Müller, K. u. Lamprecht, F.: Secrets of Pawn Endings (Geheimnisse der Bauernendspiele). London 2000, 288 S.

Nikolaiczuk, L.: Bauernendspiele. Hollfeld 1985, 149 S.

Posthoff, Ch., Staudte, R. u. Schlosser, M.: Computer analysieren Endspiele. In: Z. Schach (1988) 4, 5, 7

Schereschewski, M.: Strategie der Schachendspiele. 2. Aufl., Berlin 1987, 191 S.

Schulz, A. u. Knaak, R.: Theorie der 5-steinigen Endspiele-Gewinnmethoden und Pläne. ChessBase-CD, Hamburg 1998

Smyslow, W.: Die Kunst des Endspiels. Teil I Endspiele, Teil II Meine Studien, Teil III Beispielpartien. Berlin-Fürstenwalde 1996, 176 S. ☞

PÄDAGOGISCHE, PSYCHOLOGISCHE, TRAININGSORIENTIERTE SCHRIFTEN UND BEITRÄGE

Aanstoss, Ch. M.: The Structure of Thinking in Chess. In: Phenomenology and Psychological Resarch, ed. Amedo Giorgi, Pittsburgh, PA: Duquesne University Press (1985), pp. 86–117

Arbeitsmaterialien zum Lehrgebiet Didaktik zur Ausbildung von Diplomlehrern an Universitäten und Pädagogischen Hochschulen. 3. Aufl., Berlin 1985, 192 S.

Asendorpf, J. B.: Psychologie der Persönlichkeit. Berlin/Heidelberg/New York 1996, 363 S.

Asendorpf, J. B.: Psychologie der Beziehung. Bern/Göttingen/Toronto/Seattle 2000, 322. S

Baumgarten, F.: Die Intelligenzprüfung eines Schachwunderkindes. In: Praktische Psych., Leipzig I (1920), S. 235–244

Becker, W. H.: Beziehungen der Schachspielkunst zur Psychiatrie. In: Allg. Z. für Psychiatrie und psychisch-gerichtliche Medizin, 78 (1922), S. 273–279

Beltz, M.: Schach im Kindergartenalter. In: Z. Creativity Magazin (1994) 3, S. 3–4

Bernischer Lehrerverein (Red. B. Rüegsegger): Schulpraxis – Schach in der Schule. Z. des Bernischen Lehrervereins, 80 Jg. v. 29.03. 1990 (Beilage zur »Berner Schule – école bernoise«), 33 S.

Binet, A.: Psychologie des grands calculateurs et joueurs d'échecs. Paris 1894

Binet, A.: Das Gedächtnis der Schachspieler. Eine psychologische Studie über das Blindspiel. Berlin 1897

Blanck, M.: Das Schachspiel als Möglichkeit zur Entwicklung allgemeiner Fähigkeiten zum Problemlösen. Diplomarbeit Universität Greifswald 1985, 95 S.

Bleis, J. u. Hofmann, H. W.: Schach und Management. Wie man besser zum Zuge kommt. Hamburg 1980, 248 S ☞

Bönsch, E.: Die leistungsbestimmenden Faktoren – ein Mittel zur Selbsteinschätzung. In: Z. Schach, Rubrik: Das Training des Monats (1965) 12, S. 365 ☞

Bönsch, E.: Denkprozesse im Schachspiel und ihre Übertragung auf Zweikampfsportarten und Sportspiele. In: Z. Theorie und Praxis der Körperkultur 32 (1983) 11, S. 861–867 ☞

Bönsch, E.: Didaktisch-methodische Fragen im Schachunterricht und Training. Vorlesung am Lehrstuhl Schach an der Hochschule für Körperkultur und Sport in Moskau am 11.09. 1984 ☞

Bönsch, E.: Spezialausbildung für Trainer an der DHfK Leipzig. In: Z. Schach (1986) 9, S. 13

Bönsch, M.: Variable Lernwege-Ein Lehrbuch der Unterrichtsmethoden. Paderborn, München, Wien, Zürich 1991, 244 S.

Borho, I.: Untersuchung kognitiver Prozesse bei Schachspielern unterschiedlicher Spielstärke. Diplomarbeit am Institut für Psychologie, Universität Erlangen-Nürnberg 1984

Botwinnik, I.: Botwinniks Notizbücher. In: RE (1996) 5, S. 72

Botwinnik, M.: Methoden der Wettkampfvorbereitung und der Lebenswandel während Turnieren. In: Estrin, W. (Hrsg.): Weltmeister lehren Schach. Hollfeld 1979 (Neuaufl. 1998) ☞

Brainerd, C. J.: Working-memory Systems and Cognitive Development. In: Brainerd, C. J. (Ed.): Recent Advances in Cognitive-developmental Theory. New York 1983, pp. 167–236

Breuer, H. u. Weuffen, M.: Besondere Entwicklungsauffälligkeiten bei Fünf- bis Achtjährigen. Berlin 1988, 272 S.

Bruschlinski, A.W. u. Tichomirow, O. K.: Zur Psychologie des Denkens. (*Tichomirow:* Struktur der Denktätigkeit des Menschen, Kap. IV Spiele und ihre Programmierung, S. 133–180, Kap. V Augenbewegungen und Denken, S. 181–227, Kap. VI »Manuelles Denken«, S. 229–282, Kap. VII Emotionen und Denken, S. 283–315, Kap. VIII Theoretische Fragen des Verhältnisses zwischen dem Denken und der

Arbeit einer Datenverarbeitungsanlage, S. 317–351), Literaturverzeichnis russisch, englisch- und deutschsprachige Quellen, S. 353–370. Berlin 1975 ☞

Calvin, W. H.: Wie das Gehirn denkt – Die Evolution der Intelligenz. Heidelberg/Berlin 1998, 261 S.

Charness, N.: Search in Chess: Age and Skill Differences. Journal of Experimental Psychology: Human Perception and Performance (1981) 7, pp. 467–476

Charness, N.: Expertise in Chess and Bridge. In: D. Klahr u. K. Kotovsky (Eds., Complex Information Processing. The Impact of Herbert A. Simon (pp. 183–208), Hillsdale, NJ 1989

Charness, N.: Expertise in Chess: the Balance between Knowledge and Search. In: Ericsson, K. A. and Smith, J.: Toward Ageneral Theory of Expertise – Prospects and Limits. Cambridge Uni. Press, 1991, pp. 38–63 (Sonderdruck)

Charness, N.: The Impact of Chess Research on Cognitive Science. Psychological Research (1992) 54, pp. 4–9

Chase, W. G. a. Simon, H.: Perception in Chess. In: Cognitive Psychology (1973) 4, pp. 55–81

Chase, W. G. a. Simon, H.: The Mind's Eye in Chess. In: W. G. Chase (Ed.), Visual Information Processing, 1973 New York (pp. 215–281)

Cleveland, A.: The Psychology of Chess and Learning to Play it. In: American Journal of Psychology (1907), 18, pp. 269–308

Darga, K.: »Es hat mir Spaß gemacht«. Interview mit Bundestrainer Klaus Darga von H. Metz in RE (1996) 9, S. 20–22

Dannemann, K., u. Nolte, P.: Untersuchungen zur Entwicklung der Denkfähigkeit durch Schachspielen in einer Arbeitsgemeinschaft. Diplomarbeit Pädagogische Hochschule Magdeburg 1985, 103 S.

De Groot, A. D.: Het denken van den schaker. Een experimenteel-psychologische studie (Das Denken des Schachspielers. Eine experimentalpsychologische Studie). Diss. A, Amsterdam 1946

De Groot, A. D.: Thought and Choice in Chess (Das Denken und die Wahl im Schach). 2. Aufl., Den Haag 197 ☞

De Groot, A. D.: Intuition in chess. In: ICCA Journal (1986) 9, pp. 67–75

Deutscher Bildungsrat (Hrsg.): Zur Förderung praxisnaher Curriculumentwicklung. Empfehlungen der Bildungskommission. Bonn 1974 ☞

Deutscher Schachbund e. V., Deutsche Schachjugend: Internationaler Schulschachkongreß Hamburg 27. 02.–02. 03. 1984. Berlin 1984, 110 S.

Djakow, I. N., Petrowski, N. W. u. Rudik, P. A.: Psychologie des Schachspiels auf der Grundlage psychotechnischer Experimente an den Teilnehmern des Internationalen Schachturniers in Moskau 1925. Berlin/Leipzig 1927, 61 S. ☞

Döbler, H. (unter Mitarbeit v. H. Schingnitz): Zur Bestimmung des fachwissenschaftlichen Gegenstandes einer Theorie der Sportspiele. Wiss. Z. der Deutschen Hochschule für Körperkultur Leipzig, 7 (1965) 2 (Manuskriptdruck), 27 S.

Doll, J. u. Mayr, U.: Intelligenz und Schachleistung – eine Untersuchung an Schachexperten. Psychologische Beiträge, 29 (1987) Heft 2–3, S. 270–289 (Sonderdruck)

Dörner, D.: Die Logik des Mißlingens – Strategisches Denken in komplexen Situationen. Reinbek/Hamburg 1992, 320 S.

Dörner, D. (Hrsg.): Denken und Problemlösen. Göttingen/Toronto/Zürich 1993, 500 S.

Dorsch, F. (Hrsg.): Psychologisches Wörterbuch. 11. Aufl., Bern/Stuttgart/Toronto 1991, 921 S. ☞

Dudek, P. u. Tenorth, H.-E. (Hrsg.): Transformationen der deutschen Bildungslandschaft. Lernprozeß mit ungewissem Ausgang. Weinheim/Basel 1994, 332 S.

Dürr, H.: Zielgruppen und Trainingsziele im Schachsport. Manuskript 1983, 12 S.

Elkonin, D.: Psychologie des Spiels. Berlin 1980, 472 S.

Ermisch, A.: Auf den Nerv gefühlt. Leipzig 1975, 139 S.

Fehnle, C.: Experimentelle Analyse des Entscheidungsverhaltens von Lehrern in pädagogisch-psychologisch schwierigen Situationen. (Einbeziehen d. Schachcomputers SC2 als konstanten Spielpartner bei Entscheidungsfindungen). Diplomarbeit Universität Leipzig 1984, 77 S.

Fine, R.: The Psychology of the Chessplayer. New York 1967, 74 S.

Freyhof, H., Gruber, H. u. Ziegler, A.: Expertise and Hierachical Knowledge Representation in Chess. In: Psychological Research (1992) 54, pp. 32–37

Friedrich, W. u. Hoffmann, A.: Persönlichkeit und Leistung. Berlin 1986, 326 S.

Fuhrmann, E.: Problemlösen im Unterricht. Berlin 1986, 96 S. ☛

Fuller, P.: Die Champions – Psychoanalyse des Spitzensportlers. Frankfurt/M. 1987, 400 S.

Gehling, K.D.: Rezeption, Kodierung und Rekonstruktion von Schachstellungen. Diplomarbeit Universität Göttingen 1979

Gerschunski, B.S.: Sozialny-pedagogitscheskoe snatschenie schachmat (Die sozialpädagogische Bedeutung des Schachspiels). Arbeitsübersetzung vom Manuskript, Moskau 1987, 21 S.

Gold, A., Gruber, H., Opwis, K. u. Schneider, W.: Zum Einfluß von Vorwissen, metakognitivem Wissen und strategischem Verhalten auf die Gedächtnisleistung: Vergleichende Analysen bei Schachexperten und -novizen. Vortrag auf dem 37. Kongress der Dt. Gesellschaft für Psychologie in Kiel am 25.09. 1990 (Manuskript), 10 S.

Goleman, D.: Emotionale Intelligenz. München 1997, 423 S.

Götze, L.B.: Zweiundzwanzig Stunden Schachunterricht. Hamburg 1967, 115 S.

Grosser, M.: Gutachterliche Stellungsnahme zu den Beziehungen zwischen Schach und sportlicher Aktivität (körperl. Ertüchtigung). Bundesinstitut für Sportwissenschaft Köln, Schreiben v. 29.12.1976, 4 S.

Grottke, H.-J.: Rauchen und Schachsport. In: Z. Schach (1987) 6, S. 12–13

Gruber, H. u. Strube, G.: Zweierlei Experten: Problemisten, Partiespieler und Novizen beim Lösen von Schachproblemen. In: Z. Sprache und Kognition (1989) 8, S. 72–85

Gruber, H., Renkl, A. u. Schneider, W.: Expertise und Gedächtnisentwicklung – Längsschnittliche Befunde aus der Domäne Schach. In: Z. für Entwicklungspsychologie und Pädagogische Psychologie (1994) 26, S. 53–70

Gruber, H. u. Ziegler, A.: Expertisegrad und Wissensbasis – Eine Untersuchung bei Schachspielern. In: Z. Psychologische Beiträge (1990) 32, S. 163–185

Guthke, J.: Zur Diagnostik der intellektuellen Lernfähigkeit. Berlin 1972, 303 S.

Gutjahr, W.: Die Messung psychischer Eigenschaften. Berlin 1971, 296 S.

Harre, D. u.a.: Trainingslehre. Einführung in die allgemeine Trainingsmethodik. 5. Aufl., Berlin 1982 ☛

Hartmann, H.: Hauptaufgaben, methodische Hinweise und Stoffverteilungspläne für den fakultativen Schachunterricht an der Käthe-Kollwitz-Oberschule Wittenberg – Klassen 1 bis 3. (Manuskript) 1971, 16 S.

Hartston, W. u. Wason, P.: The Psychology of Chess. New York 1984, 138 S.

Heyken, E.: Leistungs- und Interessenentwicklung bei Schachspielern. Diplomarbeit Universität Hamburg, FB Psychologie 1990

Heyken, E.: Leistungs- und Interessenentwicklung bei Schachspielern. Münster 1993, 104 S.

Hoffmann, J.: Das aktive Gedächtnis. Berlin 1982, 253 S.

Hohlfeld, M.: Schachliches Denken während ganzer Partien – Pilotstudie mittels der Methode des lauten Denkens. Diplomarbeit FB Psychologie Eberhard-Karl Universität Tübingen 1988

Holding, D.H.: The Psychology of Chess Skill. Hillsdale 1985, 271 S.

Hübner, R.: Über Aljechins Anmerkungen. In: Nickel (Hsg.) Z. Schach-Journal (1992) 4, S. 4–11

Huizinga, J.: Homo ludens – Vom Ursprung der Kultur im Spiel. Hamburg 1958, 220 S. ☛

Jackstel, K.: Schach aus hochschulpädagogischer Sicht. Interview mit Prof. Dr. K. Jackstel v. Dr. sc. M. Kauke in: Z. Schach (1985) 5, S. 198–199

Jerusalem, M. u. Mittag, W.: Gesundheitserziehung in Schule und Unterricht. In: Zeitschrift für Pädagogik 40 (1994) Heft 6, S. 851–869

Kail, R. u. Pellegrino, J.W.: Menschliche Intelligenz. Heidelberg 1988, 192 S.

Kasparow, G.: »Schach ist die beste Methode, um sich selbst zu erkennen«. Ein Gespräch mit Garri Kasparow von Dr. R. Munzert. In: Psychologie heute (1985) 9, S. 60–63 ☛

Kauke, M. u. Schulze, P.: Leiter im Härtetest mit Schachcomputern. Z. wiss. und fortschritt 33 (1983) 7, S. 259–260

Kauke, M.: Hochbegabung im Schach. In: Mehlhorn, H.-G.: Persönlichkeitsentwicklung Hochbegabter. Beiträge zur Psychologie. Berlin 1988, S. 282–304

Kauke, M.: Schachmüde. Psycho-physische Verbesserung der Schachleistungen durch autogenes Training und Musikrelaxation. In: Z. Schach (1983) 2, S. 64–66

Kauke, M.: Zum Einfluß des Schachspiels auf das schöpferische Denken bei Schülern. In: Z. Schach 37 (1987) 2, S 16–17 ☛

Kauke, M.: Zur Psychologie der schachlichen Hochbegabung. In: Z. Schach (1985) 6, 7, 8, 9,10

Kauke, M.: Fördert Schach die Intelligenz? In: Z. academie spectrum (1991) 1, S. 17–19 ☞

Kauke, M.: Spielintelligenz. Heidelberg/Berlin/New York 1992, 200 S. ☞

Kauke, M.: Kooperative Intelligenz. Heidelberg/Berlin 1998, 346 S. ☞

Kauke, M. u. Bönsch, E.: Entwicklung von Expertise: Erste Domäneerfahrungen von Novizen am Beispiel des Erwerbs kompetitiver Spielexpertise im Schach. In: H. Gruber und A. Ziegler (Hrsg.): Expertiseforschung- Theoretische und methodische Grundlagen. Opladen 1996, S. 191–212 ☞

Kern, M.: Zen – oder die Kunst, Schach zu trainieren. In: Z. RE (1996) 4 ff.

Kimura, D.: Weibliches und männliches Gehirn. In: Z. Spektrum der Wissenschaft (1992) 11, S. 104–113

Kindermann, St.: Psychologische Vorbereitung auf Turniere. In: Z. Schach (1995) 12, S. 64–69 ☞

Kintsch, W.: Gedächtnis und Kognition. Berlin/Heidelberg/New York 1982, 411 S.

Klimesch, W.: Struktur und Aktivierung des Gedächtnisses. Bern 1988 ☞

Klingberg, L.: Einführung in die allgemeine Didaktik. 6. Aufl., Berlin 1984, 459 S. ☞

Klivington, K. A.: Gehirn und Geist (The Science of Mind). Heidelberg/Berlin/New York 1992, 240 S.

Klix, F.: Information und Verhalten. Abschnitt 9.3.2.2 »Heuristische Entscheidungen im Schach: Horizontal- und Vertikalstrategien d. Informationsbewältigung als Ausdruck strat. Primärentscheidungen«. Berlin 1971, S. 735–743 ☞

Klix, F.: Gedächtnis-Wissen-Wissensnutzung. Berlin 1984, 262 S.

Klyszcz, M. u. a.: Bericht Mädchenworkshop. Materialien und Ergebnisse des Workshops der DSJ zu psychologischen, soziologischen, schachpädagogischen, trainingsmäßigen und anderen Themen am 25./26. 10. 1997 in Hamburg, 9 S.

Koblenz, A.: ›Vergiftete Pfeile‹ und andere psychologische Handicaps des Schachspielers/Fragebogen des Diagnostik-Zentrums der Internationalen Rigaer Michael Tal Fernakademie. In: Schach-Journal (Hrsg. A. Nickel) (1993) 1, S. 48–58 ☞

Kohlmeyer, D.: Judit interessieren nur Männer. In: Schach-Report (1993) 3, S. 7–10

Kohlmeyer, D. u. Bönsch, E.: Mit Schach zur High School – ein Modell auch für deutsche Gymnasien?. In: RE (1996) 3, S. 43 ☞

Korinth, E.: Neuere Fortschritte in der denkpsychologischen Analyse des Schachspiels. Vordiplomarbeit Humboldt-Universität Berlin. Berlin 1967, 60 S. ☞

Kramnik, W.: Schach wird immer mehr wie Boxen (Interview von R. Tischbierek mit W. Kramnik in Wijk aan Zee). In: Z. Schach (1998) 3, S. 21–22 ☞

Krassenkow, M.: Wandern im Variantengestrüpp. In: Dworetski/Jussupow: Angriff und Verteidigung. Zürich 1999, S. 32–37 ☞

Krogius, N. W.: Die psychologische Analyse des Denkens beim Schachspieler. Autorreferat der Diss. zur Erlangung des wiss. Grades eines Kandidaten der Pädagogischen Wissenschaften in Psychologie, Saratow 1968. In: Schachwissenschaftliche Forschungen. Nr. 2, Hrsg. E. Meissenburg, Winsen/Luhe 1973, S. 61–72

Krogius, N. W.: Psychologie im Schach. Berlin 1983, 227 S. ☞

Kron, F. W.: Grundwissen Pädagogik. München/Basel 1991, 3. Aufl., 383 S. ☞

Kron, F. W.: Grundwissen Didaktik. München/Basel 1993, 379 S. ☞

Kuczynski, J.: Die Intelligenz. Berlin 1987, 348 S.

Lehmann, M. u. a.: Übertraining und Leistungsminderung. In: Z. Leistungssport (1999) 5, S. 23–29

Lindner, G.: Denkvorgänge beim Schachspiel – Prozesse außerhalb der Sprache. In: Z. Versehrtensport (1970) 11, S. 8–10 und (1971) 1, S. 12–13

Loeser, F. u. Schulze, D.: Erkenntnistheoretische Fragen einer Kreativitätslogik. Berlin 1976, 200 S.

Machatscheck, H.: Karpow stellt die Hausaufgaben – Eine einzigartige Fernschule für junge talentierte Spieler. In: Nationalzeitung (1989) Nr. 5, S. 8

Machmutow, M. I.: Didaktische Grundlagen des modernen entwickelnden Unterrichts. In: W. Jantos (Hrsg.) Entwicklung des schöpferischen Denkens und problemhafter Unterricht, Psych. Beiträge, Heft 21, Berlin 1978 ☞

Magath, F.: Analogien zwischen König Fußball und dem königlichen Spiel. Interview mit Exnationalspieler und Fußballtrainer Felix Magath von H. Metz. In: Z. RE (2000) 7, S. 2–4 ☞

Malinovskij, S. V.: Modellierung des taktischen Denkens des Sportlers. Rezension von F. Schubert in: Theorie und Praxis der Körperkultur (1982) 3, S. 229–231

Malkin, W.: Probleme der psychologischen Vorbereitung des Schachspielers. Arbeitsübersetzung aus Schachmaty Riga (1980) 18 von Otto Dietze, 17 S. ☛

Malkin, W.: Elektritscheskie otpetschatki mosga schachmatistow (Die elektrische Aufzeichnung des Gehirns von Schachspielern). Schachmatnyi bjulleten 28 (1982) 8, S. 12–14

Marjoram, D. T.: Schach und hochbegabte Kinder (Vortrag auf 6. Weltkonferenz über hochbegabte und talentierte Kinder vom 05.–09. 08. 1985 in Hamburg). In: ER (1985) 8 (Sonderbeilage)

Matwejew, L. P.: Grundlagen des sportlichen Trainings. Berlin 1981, 254 S.

Mehlhorn, G.: Geistige Leistungsfähigkeit und Schachtraining. Interview mit Prof. Dr. H.-G. Mehlhorn von Dr. sc. M. Kauke. In: Z. Schach (1987) 8, S. 14–15

Mehlhorn, G.: Persönlichkeitsentwicklung Hochbegabter. Berlin 1988, 320 S.

Mehlhorn, G. u. Mehlhorn, H.-G.: Intelligenz – Zur Erforschung und Entwicklung geistiger Fähigkeiten. Berlin 1981, 186 S.

Mehlhorn, G. u. Mehlhorn, H.-G.: Begabung, Schöpfertum, Persönlichkeit. Zur Psychologie und Soziologie des Schöpfertums. Berlin 1985, 320 S.

Meissenburg, E.: Bibliographie der schachpsychologischen Literatur. Sonderdruck mit 83 Titeln. In: Schweizer Schachzeitung 1969

Meissenburg, E.: Schachpsychologische Literatur – 200 ausgewählte Schriften aus den Jahren 1893 bis 1998. In: RE (1999) 11, S. 73–78

Mieses, J.: Das Blindspielen – Schachpsychologisch-historische Skizze nebst einer Auswahl ohne Ansicht des Brettes gespielter Partien. Leipzig 1918, 43 S.

Müller, D. K. (Hrsg.): Pädagogik, Erziehungswissenschaft, Bildung. Köln/Weimar/Wien 1994, 473 S.

Munzert, R.: Schach und Wissenschaft. In: Z. Schach (1997) 6, S. 50 ☛

Munzert, R.: Schachpsychologie. Hollfeld 1998, TB 390 S. ☛

Nachwuchskonferenz des DSV gibt neue Impulse (Red. H. Rittner): Berichte zu Hauptaufgaben der Nachwuchsarbeit (E. Geissert), Arbeit an der »Schachschule« Wittenberg (H. Hartmann), Breitenentwicklung an Schulen (P. Gaffron, A. Welsch), Schachunterricht aus didaktisch-methodischer Sicht im Nachwuchsbereich (E. Bönsch), Selbsttraining (H. Platz), Sichtung, Förderung und Weiterentwicklung von Talenten (H. Rätsch), Arbeit eines Nachwuchstrainers (M. Müller), Individuelle Trainingsgestaltung (A. Beer, G. Richter), Effektive Wettkampfgestaltung (N. Schätzke). In: Z. Schach (1973) 12, (1974) 1, 2, 4, 5

Nickel, A. (Hrsg.), Red. A. Koblenz: Schach-Journal – Wissenschaftliche und literarische Beiträge zu Schachtraining, Schachpsychologie und Schachgeschichte. Berlin Jg. 1991–1994, 600 S.

Nimzowitsch, A.: Mein System. Berlin 1958 (Neuaufl. Hamburg 1996), 272 S ☛

Nimzowitsch, A.: Die Praxis meines Systems. Berlin 1929, Neuaufl. Hamburg 1997, 191 S.

Nitsch, J. u. Udris, I.: Training und Beanspruchung (Beiträge zur psychologischen Analyse sportlicher Leistungssituationen). Bad Homburg 1976, 200 S.

Oerter, R.: Psychologie des Spiels. München 1993, 334 S.

Oerter, R. u. Montada, L.: Entwicklungspsychologie. 4. Aufl., Weinheim 1998, 1295 S.

Opwis, K., Gold, A., Gruber, H. u. Schneider, W.: Zum Einfluß von Expertise auf Gedächtnisleistungen sowie deren Selbsteinschätzung bei Kindern und Erwachsenen. Z. für Entwicklungspsychologie und Päd. Psychologie, 22 (1990) 3, S. 207–224 (Sonderdruck) Göttingen

Penrose, R.: »Computerdenken« (Engl. Originaltitel: The Emperor's New Mind). Heidelberg 1991, 456 S.

Petrosjan, T.: Nekotorye problemy logiki schachmatnogo myschlenija (Einige Probleme der Logik des Schachdenkens). Diss. A, Jerewan 1968, 260 S.

Pfleger, H., Metak, G. u. a.: Sportmedizinische Untersuchungen an Schachspielern beim Schachmedizin-Turnier 1981. Hrsg. vom Deutschen Sportbund, Bundesausschuss Leistungssport, 75 S.

Pfleger, H. u. Treppner, G.: So denkt ein Schachmeister. Niedernhausen/Ts. 1988, 118 S.

Pfleger, H. (unter Mitarbeit von H. Hornung): Schach und Sportmedizin. In: Z. ER (1989) 3, S. 31–32

Pfleger, H. (Interview von H. Metz): Gehirnzellen sind nicht zu dopen. In: RE (2000) 3, S. 40

Poldauf, D.: Kasparow vor Anand (Turnierbericht Wijk aan Zee 1999). In: Z. Schach (1999) 3, S. 6–47 ☛

Poldauf, D.: Der Sizilianer (Turnierbericht Linares 1999). In: Z. Schach (1999) 4, S. 5–30 ☛

Polgár, L. u. K.: Geplante Genies (Interview von S. Koltai mit Laszlo und Klara Polgár). In: Z. Psychologie heute (1988) 4, S. 62–67 ☛

Priepke, W.: Schachunterricht als Mittel zur Förderung kognitiver Fähigkeiten. Diplomarbeit am Psychologischen Institut der Universität Tübingen, Filderstadt 1991, 120 S.

Rädler, W.: Schach in der Grund- und Hauptschule. In: Z. RE (1995) 6, S. 33

Rodionow, A.W. u. a.: Psychologie in Training und Wettkampf. Berlin 1982, 176 S.

Röhrs, H.: Allgemeine Erziehungswissenschaft. 3. Aufl., Weinheim 1993, 537 S.

Schendel, G.: Die russische Schachschule. In: Z. RE (1999) 12, S. 117

Schmidt, H.-D.: Allgemeine Entwicklungspsychologie. Abschnitt 5.4.3. Das Schachproblem »Bauern-durchbruch«, Berlin 1972, S. 178–185 ☞

Schmidt, M.: Die sowjetische Schachschule. Artikelserie über die Geheimnisse der Erfolge, In: Z. Schach (1986) 7–12 ☞

Schnabel, G., Harre, D. u. Borde, A. (Hrsg.): Trainingswissenschaft-Leistung, Training, Wettkampf. Berlin 1994, 556 S. ☞

Schubert, F.: Psychologie zwischen Start und Ziel, Berlin 1981, 295 S.

Seidel, R.: Objektive Beschreibung von Problemen und Beurteilung von Problemlösungsprozessen an Hand exakter Bewertungen der Problemzustände – dargestellt am Schachspiel. In: Z. Psych., Bd. 185 (1977) 3, 4, S. 434–453

Seidel, R.: Zur Syntax des Schachspiels: Rechtfertigung und Definition des Drohungsbegriffs. In: Z. Die Schwalbe (1985) 96, S. 573–576

Simon, H. A. u. Chase, W. G.: Skill in Chess. American Scientist, 61 (1973), pp. 393–403

Spada, H. (Hrsg.): Lehrbuch allgemeine Psychologie. 2. Aufl., Bern/Göttingen/Toronto/Seattle 1992, 616 S.

Spiegel-Gespräch: Irresein als Berufskrankheit? GM Robert Hübner, Psychiater Paul Matussek und andere Fachleute über Schach, Genie und Wahn. In: Z. Der Spiegel (1981) 40, S. 108–128

Spiegel-Gespräch: Genieblitze und Blackouts (Der Spiegel testete Intelligenz, Gedächtnis und Schach-kunst Garri Kasparows). In: Z. Spiegel, Nr. 52 vom 21. 12. 1987, S. 126–140

Stegic, L.: Chess in Schools. Belgrad 1980

Stehr, Ch.: Schach – Großmeister Stefan Kindermann weiht Manager in das königliche Spiel ein. Ein Modell für zielgerichtete Problemlösungen im Beruf. In: Zt. Handelsblatt Nr. 111 vom 15. 06. 1998, S. 43

Strobel, R.: Wissenschaftlicher Spezialkurs in Dresden. In: Z. Schach (1988) 10 ff.

Strobel, R.: II. Wissenschaftlicher Spezialkurs in Dresden. In: Z. Schach (1989) 12 ff.

Ströhlein, T.: Untersuchungen über kombinatorische Spiele. Dissertation Technische Hochschule München 1970

Sydow, H. u. Petzold, P. (unter Mitarbeit von H. Hagendorf u. B. Krause): Mathematische Psychologie: mathematische Modellierung und Skalierung in der Psychologie. Berlin 1981, 323 S.

Tartakower, S. G.: Schachmethodik. Neue Grundlagen zur Erlernung der Mittelspielstrategie. 2. Aufl., Berlin 1929 ☞

Thieß, G., Schnabel, G., Baumann, R.: Training von A bis Z. Berlin 1978, 280 S.

Toschew, J.: Psichograma na schachmatista (Psychogramm des Schachspielers). In: Z. Schachmatna misyl (1972) 11, S. 172–173

Trotter, R.: Wie man ein Meister wird: Wissen, Erfahrung, Intuition. In: Z. Psychologie heute (1986) 10, S. 22–27 ☞

Tudela, R.: Intelligenz und Schach. In: Protokoll des 53. Kongresses des Weltschachbundes FIDE 1982 in Luzern, Beilage 21 (Bericht über das Forschungsprojekt zur Förderung der Intelligenz durch Schach in Venezuela) ☞

Vaas, R.: Die Gehirnaktivität beim Schachspielen. (Separieren und Lokalisieren kognitiver Prozesse wie Analyse einer Schachstellung mit Hilfe der Positronen-Emissions-Tomographie). In: Z. Spektrum d. Wiss. (1994) 9, S. 22–24

Vanek, M. u. Cratty, B. J.: Psychology and the superior athlete (Psychologie u. d. souveräne Athlet). London 1970 ☞

Voll, Ch.: Schach-Sport-Schule. HA im Fach Sport für das Lehramt an Gymnasien. Uni. Regensburg 1993, 80 S.

Wagenbreth, I.: Untersuchungen zur Entwicklung der intellektuellen Lernfähigkeit durch teilprogram-mierte Ausbildung im Schachspiel bei Kindern. Diplomarbeit Universität Leipzig 1983, 53 S., Anhang 15 S. ☞

Waldmann, M. u. Weinert, F. E.: Intelligenz und Denken. Göttingen/Toronto/Zürich 1990, 220 S. ☞

Watnikow, J.: Schach – eine Schule der Strategie und Taktik. In: Z. Schach (1983) 6, S. 256–257

Weinert, F. E.: ›Der gute Lehrer‹, ›die gute Lehrerin‹ im Spiegel der Wissenschaft. In: Z. Beiträge zur Lehrerbildung (1996) 14, S. 141–151

Weinert, F. E.: Psychologie des Lernens und der Instruktion (Sonderdruck aus Enzyklopädie der Psychologie, Serie 1 Pädagogische Psychologie, Band 2). Göttingen/Bern/Toronto/Seattle 1996, 48 S.

Wieteck, H.: Intuition des Schachspiel. In: Z. RE (1997) 11, S. 26–27

Woolfolk, A. E.: Educational Psychology (Pädagogische Psychologie). 4th ed., New Jersey 1990, 622 S.

Wujec, T.: Schneller schalten als andere – Vom spielerischen Denken zur geistigen Überlegenheit. Genf 1991, 255 S.

Zapf, H.: Der Bildungswert des Schach – Vergleichende Untersuchung. Faltblatt, 5 S.

Ziow, l: Schach – ein wichtiges Mittel bei der Erziehung der Schüler. Arbeitsübersetzung Z. Schachmaty (1968) 23, S. 29–31 von Otto Dietze ☞

WISSENSCHAFTLICHE TRAINERARBEITEN:
Dissertationen, Diplomarbeiten, Belegarbeiten, Hausarbeiten (HA) zum Erlangen der A- und B-Trainerlizenz

Appel, H.: Die Steinwall-Formation. HA B-Trainer, Ammerthal 1995, 19 S.

Bakalarz, M.: Schachtraining für den B-Kader der Damen. HA A-Trainer, Essen 1994, 9 S.

Bauer, A.: Typische Bauernstrukturen in der Sizilianischen Verteidigung mit schwarzem e5 und weißem Sd5. HA B-Trainer, Moosbach 1995, 11 S.

Baur, P.: Zum Spiel in scheinbar verlorenen Stellungen. HA B-Trainer, Württemberg 1988, 4 S.

Bayer, U.: Konzept für Jugendliche, deren Endspielkenntnisse noch ganz elementar sind. HA B-Trainer, Leichlingen 1988, 9. S.

Beckemeyer, W.: Die eröffnungstheoretische Auswertung eines Spitzenturniers – Offene und halboffene Eröffnungen in Linares '93. HA A-Trainer, Münster 1994, 17 S.

Behrhorst, F.: Methoden zur Schulung des schachspezifischen Denkens, HA A-Trainer, Hamburg 1994, 17 S. ☞

Beil, D.: Zentrumsstrukturen geschlossene Stellungen W.: c4/d5/e4 Sch.: c5/d6/e5. HA B-Trainer, Mülheim 1994, 16 S.

Bendel, R.: Das Spiel gegen Bauernketten (am Beispiel der Vorstoßvariante in der Französischen Verteidigung). HA B-Trainer, Rodgau 1998, 16 S.

Bender, St.: Zentrumsstrukturen, Pläne u. Motive in d. Königsbauernspielen. HA B-Trainer, Sinsheim-Eschelb 1999, 37 S.

Berendsen, M.: Positionelle Turmendspiele. HA B-Trainer, Kamp-Lintfort 1994, 19 S.

Berens, T.: Zentrumsformen Untersuchungen zum Vollzentrum e4, d4 – d6. HA B-Trainer, Mülheim 1994, 18 S.

Beutelhoff, J.: Dynamische Aspekte der Stellungsbeurteilung gezeigt am Beispiel »Qualitätsopfer«. HA B-Trainer, Altensteig 1988, 7 S.

Bewersdorff, O.: Abtausch bei Materialnachteil. HA B-Trainer, Hessen 1996, 12 S.

Bindrich, O.: Die Bedeutung und der Inhalt von Trainingsbriefen und Lehrgängen für die Herausbildung der schachlichen Grundlagen der jüngsten Talente (Kader D1/D2). HA B-Trainer, Zittau 1998, 26 S., Anhang 33 S. (Trainingsbriefe und Lehrgangspläne) ☞

Blum, N.: Grundsätze der Turm-Endspiele auf beiden Flügeln. HA B-Trainer, Stuttgart 1988, 8 S.

Böhm, J.: Die Variante 8.Se5: in der Spanischen Partie. HA B-Trainer, Hüllhorst 1991

Bönsch, E.: Zur Methodik des Schachspiels. Ein Beitrag für den außerschulischen Kindersport. Diplomarbeit Deutsche Hochschule für Körperkultur, Leipzig 1955, 87 S.

Bönsch, E.: Untersuchungen über die didaktisch-methodische Gestaltung der Schachausbildung unter besonderer Berücksichtigung der spieltheoretischen Entwicklung des Schachsports. Diss. A, Martin-Luther-Universität Halle/S. 1977, 202 S., Anlagen 161 S. ☞

Bönsch, U.: Die Karlsbader Bauernstruktur im Klassischen Damengambit. HA B-Trainer, Langenbogen 1997, 24 S.

Bönsch, U.: Analyse von Schachschulen und leistungsorientierten Ausbildungsstätten – Perspektiven und Möglichkeiten einer Deutschen Schachschule. HA A-Trainer, Langenbogen 1999, 34 S. (und auf Diskette) ☞

Borchers, H.: Grundprinzipien des Endspieles speziell erläutert am Thema »Kampf Läufer gegen Springer bzw. Springer gegen Läufer«. HA A-Trainer, Berlin 1994, 28 S.

Bossert, Ch.: Holländisch – Leningrader System. Ideen einer dynamischen Eröffnung. HA B-Trainer, Durmersheim 1992, 34 S.

Bossert, Ch.: Methoden und Techniken für Schachtrainer. HA A-Trainer, Elchesheim-Illingen 1994, 28 S.

Bräuning, R.: Aufbau eines Eröffnungsrepertoires für Schwarz. HA B-Trainer, Herrenberg 1988, 10 S.

Breitschädel, O.: Strategien für den Nachziehenden in der Caro-Kann-Verteidigung mit 5. ... g7xf6 (Bronstein-Larsen-Variante). HA B-Trainer, Großfelden 1998, 22 S.

Brinckmann, W.: Gute Läufer, schlechte Läufer. HA B-Trainer, Munkwolstrupfeld 1997, 35 S.

Bronznik, V.: Pläne von Schwarz und Weiß bei der Struktur mit einem isolierten Damenbauern. HA B-Trainer, Stuttgart 2000, 41 S.

Brugger, H.: Capablanca. HA B-Trainer, Marktoberdorf 1995, 25 S.

Büchle, R.: Von der Entstehung des Schachs bis zu seiner Ausbreitung in Europa um das Jahr 1200. HA B-Trainer, Dortmund 1988

Busch, C.: Paul Morphy. HA B-Trainer, Grehfrat 1998

Bußlapp, H.: Bauernmajorität am Königsflügel. HA B-Trainer, Recklinghausen 1994, 19 S.

de Cauter, W.: Das Verhalten in der Zeitnotphase. Köln 1991, 11 S.

Dietrich, R.: Das offene Zentrum in der Königsindischen Verteidigung. HA B-Trainer, Neutraubling 1995, 11 S.

Drißen, P.: Läufer gegen Springer im Mittelspiel. HA B-Trainer, Krefeld 1991, 12 S.

Dümer, R.: Psychologische Aspekte des Spiels in Zeitnot. HA B-Trainer, Waldshut 1988, 10 S.

Dürr, H.: Zielsetzungen und Planfindung in der Schachpartie. HA B-Trainer, Stuttgart 1988, 31 S.

Edelmann, K.: Die Bedeutung der Bauernmehrheit am Damenflügel. HA B-Trainer, Bergrheinfeld 1995, 12 S.

Einwiller, D.: Selbststudium und Selbstkontrolle unter Einbeziehung eines Trainers. HA B-Trainer, Reutlingen 1992, 13 S.

Fenske, N.: Typische Bauernstrukturen in der Königsindischen Verteidigung – Geschlossenes Zentrum. HA B-Trainer, München 1995, 12 S.

Fiederling, W.: Michail Iwanowitsch Tschigorin. HA B-Trainer, Geldern 1998

Fiedler, W.: Ausgewählte Beispiele f. d. Stellungsbewertung und deren Anwendung. HA B-Trainer, Neustadt 1995, 50 S.

Fischdick, W.: Die Ausnutzung offener Linien. HA B-Trainer, Mönchengladbach 1991, 10 S.

Fischer, S.: Dr. Emanuel Lasker. HA B-Trainer, Würzburg 1995, 21 S.

Flachsbart, A.: Das positionelle Qualitätsopfer. HA B-Trainer, Koblenz 1998

Freise, F.: Starke und schwache Felder – Definition und Ausnutzung. HA B-Trainer, Boppard 1998, 47. S.

Fritsch, S.: Der Einfluß des Schachspiels auf das schöpferische Denken – Erkundungsuntersuchung zur Ausbildung der Kreativität bei schachspielenden Schülern. Diplomarbeit Universität Leipzig 1986, 59 S., Anhang 47 S.

Fritz, R.: Pläne für Weiß und Schwarz im Igelaufbau. HA B-Trainer, Heidenheim 1988, 21 S.

Fritz, R: Studium der Eröffnungen – Beispiel für den Aufbau eines geschlossenen Eröffnungsrepertoires. HA A-Trainer, Heidenheim 1994, 16 S.

Frohß, R.: Bauernstrukturen im Zentrum und charakteristische strategische Pläne. HA B-Trainer, Dresden 1992, 19 S.

Gallus, G.: Das Läuferpaar. HA B-Trainer, Berlin 1997, 14 S.

Gärtner, B.: Planung einer Trainingseinheit zum Thema »Zentrumsstrukturen« am Beispiel eines Systems der Spanischen Partie. HA B-Trainer, Wilthen 1993, 26 S.

Gärtner, R.: Das geschlossene Zentrum mit der Bauernformation W: c4, d5, e4 S: c5, d6, e5. HA B-Trainer, Bautzen 1993, 12 S.

Gaugel, K. W.: Trainingsprinzipien unter besonderer Berücksichtigung des Schachsports. HA B-Trainer, Köln 1988, 14 S.

Gebhard, D.: Analyse von Hängepartien. Wie soll man vorgehen im Einzelturnier, im Mannschaftskampf? HA B-Trainer, Eppingen 1988, 7 S.

Göldenboog, J. u. Krabbe, Ch.: Der Minoritätsangriff. HA B-Trainer, Gelsenkirchen-Buer/Selm 1991, 9 S.

Goldschmidt, Ch. u. Sohrabi, A.: Typische Gewinn- und Verteidigungsmotive im Endspiel: K T B gegen K T. HA B-Trainer, Dortmund 1991, 19 S.

Götz, A.: Angriff auf den unrochierten König unter Ausnutzung von Entwicklungsvorsprung. HA B-Trainer, Reichenbach 2000

Götze, L.: Das Schachspiel in der Schule. Ein Beitrag zur Erziehungsarbeit in der Hauptschule. Schriftliche Hausarbeit zur 2. Lehrerprüfung. O. O. 1963, 56 S.

Gräff, K.: 20 klassische Kombinationsthemen. HA B-Trainer, Koblenz 1998, 22 S.

Gries, J.: Die Entwicklung des Schachspiels im Wandel der Zeit. HA B-Trainer, Rollshausen 1996, 19 S.

Grube, F.: Didaktische Analyse der Zentrumsformen e4 gegen d6 und d4 gegen e6. HA B-Trainer, Bochum 1994, 25 S.

Grünberg, R.: Frauenschach – Untersuchungen zur unterschiedlichen Spielstärke von Männern und Frauen im Hinblick auf ein zukünftiges Jugendtraining. Diplomarbeit FH Hamburg 1988, 107 S.

Grund, W.: IGM Rainer Knaak aus Leipzig. HA B-Trainer, Selm 1991, 18 S.

Gutheil, H.: Zeitnot – Begriff, Ursachen und Bekämpfung. HA A-Trainer, Olpe 1999, 22 S. (auch auf Diskette)

Haakert, J.: Eine selten gespielte Variante der Aljechin-Verteidigung 1.e4 Sf6 2.e5 Sd5 3.d4 d6 4.Sf3 Sc6 5.c4 Sb6 6.e6 fxe6. HA B-Trainer, Frankfurt/M. 1996, 21 S.

Harm, J.: Die Nutzung des Internets für das Schachtraining. HA B-Trainer, Neumünster 1997, 10 S.

Hennings, H.: Strategisches Denken und Schach – Eine Erkundungsuntersuchung. Diplomarbeit Deutsche Hochschule für Körperkultur, Leipzig 1985, 40 S.

Hermann, H.: Holländische Stonewall-Strukturen. HA B-Trainer, Geilenkirchen 1994, 33 S.

Heyken, E.: Unterrichtsmaterial zur Vermittlung strategischer Standardmotive in der französischen Bauernstruktur. HA B-Trainer, Hamburg 1993, 10 S.

Heyken, E.: Vorschläge für eine konzeptionelle Weiterentwicklung der A-, B- und C-Trainer-Ausbildung auf der Grundlage der Rahmenstoffpläne. HA A-Trainer, Hamburg 1994, 20 S.

Hildenbrand, P.: Spanische Abtauschvariante für Schnellentschlossene. HA B-Trainer, Leimen 1999, 15 S.

Hinrichs, U.: Methoden zur Förderung der Konzentrationsfähigkeit für Schachspieler. HA A-Trainer, Bonn 1994, 20 S.

Hinrichs, H.-U.: Die Ausbreitung des Schachs in Europa. HA B-Trainer, Bingen 1998, 10 S.

Hoffmann, H.: Das Idealzentrum. Pläne und Ideen in der Pirc-Ufimzew-Vert. HA B-Trainer, Leipzig 1993, 47 S.

Holzinger, E.: Typische Gewinnpläne mit Läufer gegen Springer im Endspiel. HA B-Trainer, Heilbronn 1998, 16 S.

Hönsch, M.: Psychologische Strategie in entscheidenden Turniersituationen aus der Sicht des Nachziehenden. HA B-Trainer, Magstadt 1992, 7 S.

Hubel, H.M.: Talentfindung und Talentförderung im Schachbezirk (aufbauend auf Erfahrungen aus dem Schulschach). HA B-Trainer, Birkenfeld 1988, 7 S.

Iberl, M.: Vorstellungskraft trainieren. HA B-Trainer, Buchberg 1995, 16 S.

Jablonski, R.: Spielpläne mit/gegen die »hängenden Bauern«. HA B-Trainer, Kirchberg-Sinnin 1992, 12 S.

Jacobs, A.: Moderne Pläne für Weiß im Sämisch-System in der Königsindischen Verteidigung. HA B-Trainer, Trier 1998, 12 S.

Janus, E.: Methode der Stellungsbewertung nach W. Steinitz. HA B-Trainer, Duisburg 1988, 12 S.

Käser, U.: Die Bedeutung des Läuferpaars. HA B-Trainer, Düren 1991

Kaspar, W.: Didaktisch-methodische Grundsätze im Schachunterricht am Beispiel einer Eröffnungsvariante. HA B-Trainer, Erlangen 1988, 27 S. incl. Anlagen

Keilhack, H.: Schwarze Störmanöver in der Eröffnung. HA B-Trainer, Schwieberdingen 1999, 29 S.

Keller, M.: Schach als Modell zur Analyse strategisch-taktischer Fähigkeiten in Zweikampfsportarten und experimentelle Untersuchungen mittels Schachcomputer. Diplomarbeit Deutsche Hochschule für KK Leipzig 1985, 83 S.

Kemper, M.: Fluktuation u. Ausstiegsverhalten von Jugendlichen im Sport u. Schachsport. HA B-Trainer, Delbrück 1998

Kern, G.: Dr. Siegbert Tarrasch. HA B-Trainer, Duisburg 1998

Kersten, Uwe.: Methodische Reihen zu Leichtfigurenendspielen und Ermittlung schachlicher Kriterien zur Stellungsbeurteilung. HA B-Trainer, Kassel 2000, 32. S

Kettner, J.: Angriffspläne gegen den Drachenaufbau. HA B-Trainer, Mannheim 1988, 11 S.

Kindermann, C.: Historische Entwicklung der Zentrumsstrukturen. HA B-Trainer, Mühlenaue 1994, 36 S.

Kindl, P.: Vorbereitung auf einen Gegner. HA B-Trainer, Stuttgart 1988, 12 S.

Klaus, I.: Der Durchbruch mit c4 und d5 in der Französisch-Vorstoßvariante. HA B-Trainer, Koblenz 1998, 14 S.

Klüners, J.: Analyse einer Verlustpartie. HA B-Trainer, Meerbusch 1991, 11 S.

Knobloch, D.: Das Endspiel: König, Turm und Bauer – König, Turm und Bauer. HA B-Trainer, Sindelfingen 1998, 17 S.

Koprek, J.: Methoden zur Erarbeitung eines geschlossenen Eröffnungsrepertoires. HA B-Trainer, Essen 1994

Kountz, J.: Stärke und Schwäche des Doppelbauern. HA B-Trainer, Hockenheim 1992, 14 S.

Kraetzer, R.: Die Geschichte der Schachweltmeister. Bünde 1988, 13 S., Anhang 6 S.

Krajewski, W.: Besonderheiten ungleichfarbiger Läufer im Endspiel und im Mittelspiel. HA B-Trainer, Berlin 1997, 19 S.

Krallmann, M.: Untersuchung der Zentrumsstruktur: Weiße Bauern e4 und c4 gegen schwarze Bauern d6 und c6. Der Boleslawski-Wall. HA B-Trainer, Bielefeld 1994, 20 S.

Kratochwil, Ch.: Aus der Eröffnung ins Endspiel. HA B-Trainer, Bruchsal 1992, 13 S.

Kraut, R.: Der isolierte Bauer aus der Sicht beider spielenden Partein. HA B-Trainer, Nagold 1992, 10 S.

Kretschmer, M.: Ansätze zur pädagogisch-psychologisch fundierten Verbesserung der Erziehungseffektivität kontra Ängstlichkeit bei Lehrern mit Orientierung auf entwicklungsintensivierende Verfahren (Nutzen des Schachspiels als Modell in der psychologischen Forschung). Diplomarbeit Uni. Leipzig 1985, 54 S., Anhang (Lernprogramm) 39 S.

Kroneder, Ch.: Zugwahlkriterien. HA B-Trainer, Nürnberg 1995, 19 S.

Kuhn, M.: Die Wege der Gedanken (unter besonderer Berücksichtigung des Schachspielens). HA B-Trainer, Essen 1998

Laubsch, B.: Sport für Schachspieler. HA B-Trainer, Uelzen 1997, 14 S.

Liedtke, M.: Bericht über das Kinder- und Jugendtraining des SC Leipzig Gohlis. HA B-Trainer, Leipzig 1998, 16 S.

Liley, U.: Vergleichende Wertung der Weltmeisterschaftskämpfe Kasparow-Karpow. HA B-Trainer, Hagen 1991, 14 S.

Lindörfer, K.: Systematische Talentförderung. Ein Modell. HA B-Trainer, Stuttgart 1988, 16 S.

Lossau, S.: Die ungleichfarbigen Läufer. Gebrauchsanweisung für Schachbohrer. HA B-Trainer, Wutöschingen 1992, 7 S.

Lutz, Ch.: Methoden der Variantenberechnung. HA A-Trainer, Köln 1999, 16 S. ☛

Machelett, H.: Training und Trainer – Funktion unter besonderer Berücksichtigung von Aspekten der pädagogischen Psychologie. HA B-Trainer, Jena/Erfurt 1998, 11 S. ☛

Mackensy, T.: Das Läuferpaar bei offenem Zentrum. HA B-Trainer, Homburg/Saar 1998, 16 S.

Maier, A.: Über die Bauernstruktur im Modern-Benoni. HA B-Trainer, Ingolsstadt 1997, 13 S.

Maxion, D.: Der Doppelbauernkomplex c3/c4 in der Nimzowitsch-Indischen Vert. HA B-Trainer, Berlin 1997, 21 S.

Meier, M.: Saving lost positions. HA B-Trainer, Vaihingen 1992, 8 S.

Möller, H.: Knappe Rettung in Turmendspielen. HA B-Trainer, Wattenscheid 1994, 20 S.

Mölter, A.: Schach als sinnvolle Freizeitgestaltung in der Ganztagserziehung. Wiss. Hausarbeit Institut für Lehrerbildung Halle/S. 1974, 17 S., Anhang 31 S.

Mühlbach, P.: Über den Abtausch. HA B-Trainer, Heidelberg 1988, 19 S.

Müller, K.: Eröffnungstheoretische Auswertung eines Spitzenturniers am Beispiel der Schacholympiade Elista 1998. HA A-Trainer, Hamburg 1999, 22 S. (und auf Diskette)

Müller, T.: Pläne für Schwarz und Weiß in der Französischen Verteidigung, insbesondere unter dem Kriterium der Planfindung zur Lösung der Stellungsproblematik des weißfeldrigen Läufers von Schwarz. HA B-Trainer, Offenbach 2000, 35 S.

Neidhardt, W.: Vorbereitung von F-Kaderjugendlichen auf die erste Teilnahme an der badischen U16-Meisterschaft. HA B-Trainer, Malsch 1999, 33 S.

Neukötter, G.: Die Bauernstruktur e5 – e6 bei freier d-Linie. HA B-Trainer, Paderborn 1994

Niermann, R.: Nationale und internationale Wertungszahlen im Schach. HA B-Trainer, Münster 1991, 12 S. (A5)

Nowarra, W.: Über den erzieherischen Wert und die Einsatzmöglichkeiten des Schachspiels in der schulischen und außerunterrichtlichen Arbeit. Dargestellt an Beispielen aus mehreren Pionierzirkeln und dem Schachunterricht der Polytechnischen Oberschule Ströbeck. Staatsexamensarbeit Martin-Luther-Uni. Halle-Wittenberg 1964, 55 S.

Offinger, R.: Bauernstrukturen im Slawischen Damengambit. HA B-Trainer, Rain am Lech 1995, 94 S.

Olm, G.: Untersuchungen über die Einführung des Schachspiels in der Unterstufe und die Auswirkungen auf den Unterricht. Wiss. Hausarbeit Institut für Lehrerbildung, Halle/S. 1974, 72 S.

Pachow, J.: Zur Leistungs- und Trainingsstruktur im Schach. Diplomarbeit Deutsche Hochschule für Körperkultur, Leipzig 1986, 59 S. ☛

Paukstadt, M.: Das Schachspiel in der Schule. Examensarbeit zur 2. Prüfung für das Lehreramt an Volksschulen. Boksee 1962, 63 S.

Pax, H. Dr.: Geschlossenes Sizilianisch: die Hauptvariante 10.e5. HA B-Trainer, Kaiserslautern 1998

Petzold, K.: Der Einfluß von Adolf Anderssen auf die Schachgeschichte. HA B-Trainer, Aachen 1998

Platz, H.: Zur Spezialisierung im Schachsport. Staatsexamensarbeit für das Trainerfachschulfernstudium Deutsche Hochschule für Körperkultur, Leipzig 1962, 44 S.

Platz, H.: Eine Trainingsmethode zur Schulung des Positionsverständnisses. Belegarbeit d. 16. Weiterbildungslehrg. der leitenden Kader des Leistungssports an der Deutsche Hochschule für Körperkultur, Leipzig 1972, 17 S.

Pröll, B.: Der Minoritätsangriff. HA B-Trainer, Heilbronn 1992, 14 S.

Raabe, J.: Komponenten des Schachdenkens – was macht Schachtalent aus? HA B-Trainer, Wesseling 1998, 24 S.

Rätsch, H.: Trainingsbriefe als Methode des Selbsttrainings im Deutschen Schachverband. Wiss. Hausarbeit zum kombinierten Fachschulstudium für leitende Kader des Deutschen Turn- und Sportbundes, Gotha 1975, 41 S. ☛

Reichel, N.: Methoden zum effektiven Eröffnungstraining in der Altersklasse 7–13 Jahre am Beispiel der vierjährigen Praxis meiner Trainingsgruppe. HA B-Trainer, Erfurt 1998, 41 S.

Relitzki, A.: Zentrumsstrukturen: Festgelegtes Zentrum. HA B-Trainer, Aachen 1994, 59 S. (A5)

Reschke, St.: Prophylaxe in der Drachenvariante. HA B-Trainer, Frankfurt/Sindlingen 2000, 14 S.

Richter, D.: Das Eröffnungsrepertoire. HA B-Trainer, Meerbusch 1991, 10 S.

Riedel, M.: Prüfungsaufgaben zur Erlangung des Schachsportabzeichens. HA B-Trainer, Berlin 1997, 12 S.

Ripperger, R.: Die e-Linie in der Französischen Abtauschvariante – Chancen das Gleichgewicht zu stören. HA B-Trainer, St. Ingbert 1998, 24 S.

Röber, B.: Intensivkurs der Bauernendspiele. Aufgabenorientiertes Training unter Berücksichtigung technischer und taktischer Elemente. HA B-Trainer, Leipzig 1998, 26 S. ☛

Roeberg, F.: Strategische Ideen für Schwarz und Weiß in der Sizilianischen Verteidigung demonstriert am Maroczy – Aufbau. HA B-Trainer, Butzbach 2000

Rogowski, U.: Öffentlichkeitsarbeit im Schach aus der Sicht eines B-Trainers. HA B-Trainer, Mössingen 1992, 11 S.

Rosen, B.: Trainingsprogramm für den D3-Kader. HA A-Trainer, Essen 1999, 30 S.

Rößler, F.-P.: Die Anwendung von ausgewählten Bereichen allgemeiner Trainingslehre auf die Sportart Schach. HA B-Trainer, Zittau 1992, 15 S.

Schätzke, N.: Aufgaben des Trainers bei der Vorbereitung und Durchführung von Schach-Einzelturnieren. Belegarbeit an der Deutschen Hochschule für Körperkultur, Leipzig 1983, 15 S.

Schinke, A.: Dame gegen 2 Türme. HA B-Trainer, Wismar 1997, 17 S.

Schirm, F.: Turm gegen Läufer + Springer. Materialien zum Kadertraining. HA B-Trainer, Hannover 1998, 14 S.

Schlosser, Ph.: Die historische Entwicklung der Zentrumsstrukturen. HA B-Trainer, Soyen 1992, 28 S.

Schlosser, Ph.: Vorbereitung einer Spezialvariante in der Trainingspraxis am Beispiel der 8.Tb1-Variante in der Grünfeld-Indischen Verteidigung. HA A-Trainer, Rieden 1994, 23 S.

Schmalenberg, J.: Biographie Dr. Emanuel Lasker. HA B-Trainer, Duisburg 1991, 22 S.

Schmidt G.: Turmendspiele mit einem Randfreibauern als Mehrbauer. HA B-Trainer, Dresden 1992, 14 S.

Schmidt, St.: Stellungsbeurteilung u. Planfindung im Vergleich m. Computerschach. HA B-Trainer, Mannheim 1992, 17 S.

Schneider, M.: Was man im Endspiel wissen muß! HA B-Trainer, Steinbach 1999, 45 S.

Schoppmeyer, M.: Entgegengesetzte Rochaden. HA B-Trainer, Karlsruhe 1988, 8 S.

Schreiner, H.: 100 Jahre Schachgeschichte. Die Reformen des 16. Jahrhunderts zum modernen Schach. HA B-Trainer, Neckarsteinach 1988, 23 S.

Schuler, G.: Über die Bildungs- und Erziehungswerte des Schachspiels. Zulassungsarbeit zur ersten Dienstprüfung, Weingarten 1952, 21 S.

Schumacher, K.: Taktische Ressourcen gegen die Maroczy-Formation. HA B-Trainer, Schechingen 1998, 25 S.

Schumacher, R.: Starke Felder – Schwache Felder. HA B-Trainer, NRW, 13 S.

Schüttfort, H.: Die Schachgruppe in der Schule als Erziehungsmittel. Seminararbeit am Pädagogischen Institut der Universität Hamburg 1959, 71 S.

Sieglen, J.: Gesamtprozeß der Aufstellung eines Trainingsplans aufgrund individueller Bedarfsdiagnostik. HA B-Trainer, Bonn 1992, 5 S.

Sielecki, Ch.: Spielstärkeentwicklung heutiger Spitzenspieler im Vergleich. HA B-Trainer, Duisburg 1998, 19 S.

Simons, J.: Der Pillsburry-Angriff in der Karlsbader Struktur. HA B-Trainer, Homburg 2000, 19 S.

Smeyts, P.: Francois Andre Philidor. HA B-Trainer, Meckenheim 1998

Spiegel, St.: Endspiele mit ungleichfarbigen Läufern: Allgemeine Grundlagen sowie Beispiele aus der Praxis von Anatoly Karpow. HA B-Trainer, Mainz 1998, 13 S.

Sponer, G.: Besonderheiten der psychosozialen Betreuung von Kindern und Jugendlichen im Schachsport. HA B-Trainer, Berlin 1994, 13 S.

Stanetzek, C.: Analyse der Zentrumsstruktur: Weiß: e4, d4 Schwarz: e6 unter Vernachlässigung der grünfeldindischen Stellungen mit schwarzem Bauern auf g6. HA B-Trainer, Niederkassel 1994, 22 S.

Stelzer, D.: Möglichkeiten der Einführung des Schachspiels in der Unterstufe und ihre Auswirkungen auf mathematischem Gebiet. Wiss. Hausarbeit Institut für Lehrerbildung Halle/S. 1974, 119 S.

Stenzel, P. u. Leithold, M.: Zur Förderung des schöpferischen Denkens mittels Kombinationstraining im Schach. Diplomarbeit Universität Leipzig 1986, 76 S., Anhang 9 S.

Stierhof, R.: Die Rechtfertigung von Bauernopfern in der Eröffnung. HA B-Trainer, Nürnberg 1995, 21 S.

Utecht, P. u. John, S.: Der Einfluß des Schachspiels auf das schöpferische Denken bei Schülern. Diplomarbeit Universität Leipzig 1986, 59 S., Anhang 43 S.

Volesky, K.: Stellungsanalyse in der sizilianischen Drachenvariante. HA B-Trainer, Ahlen 1991

Vökler, B.: Die kollektive Erarbeitung moderner Eröffnungstheorie am Beispiel der Bundesligamannschaft von Erfurt. HA B-Trainer, Erfurt 1992, 6 S.

Vökler, B.: Die Nachwuchssportförderung im Thüringer Schachbund e. V. HA A-Trainer, Erfurt 1998, 9 S. und Anlagen 9 S.

Walfort, R.: Eine Einführung in das Buch »Modernes Skandinavisch« von Matthias Wahls. HA B-Trainer, Vallendar 1998, 24 S.

Weber, St.: Schach und die motorischen Grundeigenschaften (im Hinblick auf ein sportlich gesundheitlich orientiertes Persönlichkeitsbild). HA B-Trainer, Nittenau 2000, 40 S.

Wegener, M.: Schachgeschichte: Schachmeister der Vergangenheit, die nicht Weltmeister waren: Akiba Rubinstein. HA B-Trainer, Köln 1998, 15 S.

Weiß, A.: Aufgaben und Vorgehensweisen eines Mannschaftsführers und Mannschaftsbetreuers. HA B-Trainer, Württemberg 1988, 4 S.

Werner, C.: Bauernopfer für Initiative. HA B-Trainer, Karlsruhe 1988, 7 S.

Wiens, V.: Gleichfarbige Läufer im Endspiel. HA B-Trainer, Bad Kreuznach 1998, 18 S.

Wilczek, R.: Reti's Einfluß auf die Schachgeschichte. HA B-Trainer, Düsseldorf 1998

Wildau, G.: Schulschachgruppen und Vereinsarbeit – Erfahrungen und Probleme – Talenterkennung an besonderen Beispielen. HA B-Trainer, Wolfen 1992, 10 S.

Winter, W.: Der Bildungswert des Schachspiels. Eine Untersuchung schachlicher Denkhaltungen und -methoden und ihre Übertragung auf den pädagogischen Bereich. Zulassungsarbeit Päd. Hochschule Augsburg 1972, 61 S.

Wohlt, H.: Schachdatenbanken. Einsatzmöglichkeiten für B-Trainer am Beispiel von ChessBase. HA B-Trainer, Stuttgart 1992, 18 S. incl. Anlagen

Wokrina, A.: Schachspielen – ein Gewinn oder eine Vergeudung von Talent(en)? HA B-Trainer, Willich 1998

Zinkl, A.: Ableitung von Mittelspielplänen bei fixierten Bauernkomplexen (am Beispiel der Nimzowitsch-Variante Französischen Verteidigung. HA B-Trainer, Tännesberg 1995, 40 S.

SCHACHPHILOSOPHIE

Junk, W.: Philosophie des Schachs. Leipzig 1918, 165 S.

Klaus G.: Emanuel Lasker – ein philosophischer Vorläufer der Spieltheorie. In: Deutsche Z. für Philosophie 13 (1965) 8, S. 976–988

Klaus G.: Spieltheorie in philosophischer Sicht. Berlin 1968, 338 S.

Klaus G.: Was und wem nützt Schach (Aufzeichnungen eines Gesprächs, das K. Metscher mit dem Philosophen und Kybernetiker Prof. Dr. Georg Klaus führte). In: Z. Schach (1969) 8, S. 234–236 ☛

Kleine, L.: Bemerkungen zum Wesen und Wert des Schachspiels. In: Z. Theorie und Praxis der Körperkultur 10 (1961) 6, S. 527–535 und 7, S. 641–647 ☛

Lasker, Em.: Kampf. New York 1907, 78 S.

Seidel, R.: Grundlagen einer wissenschaftlichen Schachtheorie. Berlin 1987, 254 S.

Seifert, J.: Schachphilosophie-Ein Buch für Schachspieler, Philosophen und »normale« Leute. Darmstadt 1989, 146 S.

Siebert, F.: Philosophie des Schachs. Vom Wesen und Ursprung des Schachs. Bad Nauheim 1956, 103 S.

Siebert, F.: Philosophie des Schachs. Die Prinzipien des Schachspiels. Bad Nauheim 1957, 112 S.

BIOGRAPHIEN UND PARTIESAMMLUNGEN

Anand, V.: Meine besten Schachpartien. Zürich 1998, 240 S.

Aljechin, A.: Meine besten Partien 1908–1923. Berlin/Leipzig 1929, 5. Neuaufl., Hollfeld 1997, 252 S. ☛

Aljechin, A.: Auf dem Wege zur Weltmeisterschaft 1923–27. 2. Neuaufl., Berlin 1955, 227 S., 5. Neuaufl., Hollfeld 1997, 228 S. ☛

Aljechin, A.: Das Großmeisterturnier New York 1924. 5. Neuaufl., Hollfeld 1997, 338 S.

Bachmann, L.: Schachmeister Steinitz, Bd. 1 (1859–1877). Ansbach 1910, 440 S.

Bachmann, L.: Schachmeister Steinitz, Bd. 2 (1878–1883). Ansbach 1913, 232 S.

Bachmann, L.: Schachmeister Steinitz, Bd. 3 (1884–1893). Ansbach 1920, 482 S.

Bachmann, L.: Schachmeister Pillsbury. Ansbach 1908

Bönsch, U., Schulz, J. u. a.: Das silberne Jubiläum – 25 Jahre Deutsche Schachjugend. Berlin 1996, 384 S. (incl. Kassette mit sämtlichen Partien der Junioren-WM Halle 1995 und Glorney u. Faber-Cup Magdeburg 1995)

CD-Rom Informator 1–70. Datenbank mit 70 776 Partien im CBH- und CBF-Format, ChessBase Hamburg 1998

Chess Academy 2000. Datenbank Profi 2000 mit ca. 1.6 Millionen Partien bis 1999, Düsseldorf 2000

ChessBase Fernschach-CD. (Datenbank mit ca. 100 000 Partien von Weltmeisterschaften bis Meisterklassenturnieren), Hamburg 1997

ChessBase Mega Database 2000. Datenbank mit ca. 1,4 Millionen Partien von 1794 bis 1999, davon über 37 000 kommentiert, Hamburg 1999 ☛

Dietze, O.: Schachphänomen Morphy. Maintal 1996, 96 S.

Einstein, A.: Geleitwort. In: Hannak, J.: Emanuel Lasker – Biographie eines Schachweltmeisters. Berlin 1952, S. 3–4

Euwe, M. u. Prins, L.: Capablanca – das Schachphänomen. Stuttgart 1952, 368 S. ☛

Evertz, E.: Die große Schau – Großmeisterturnier 1974. Solingen 1974, 220 S. ☛

Forbes, C.: The Polgar Sisters – Training or Genius? London 1992, 177 S.

Gligoric, C.: Fischer-Spasski. Schachmatch des Jahrhunderts. Zürich 1972

Golombek, H.: Richard Reti's Best Games. London 1997, 208 S.

Gottschall, H.: Adolf Anderssen – der Altmeister deutscher Schachspielkunst. Berlin/Leipzig 1912, 554 S.

Gufeld, E.: Garri Kasparow. Tbilisi 1987, 230 S.

Heymann, N.: Gata Kamsky 2.0. Maintal 1995, 80 S.

Heymann, N.: Judit Polgar. Maintal 1995, 80 S.

Hoekeema, E., Kruit, M., Stolk, K., Zwanepol, J.: Turnierbuch. World Chess Championship Groningen 1997, Lausanne 1998 – Women's Candidates Tournament 1997–36th Int. Chess Tournament Groningen 1997. Groningen 1998, 350 S.

Hoffmann, K. u. Miler, Z.: Krol z Barlinka – Nowe odkrycia do biografii Emanuela Laskera (König aus Barlinek – Neue Erkenntnisse zur Biographie Emanuel Laskers). Barlinek 1995, 197 S.

Hübner, R.: Weltmeister Aljechin. CD mit 1700 Partien, davon 500 kommentiert, ChessBase Hamburg 1998 ☞

Jun, X.: The Live and Games of Xie Jun – Chess Champion from China. London 1998, 223 S.

Karau, A. u. a.: XIV. Schacholympiade Leipzig 1960. Berlin 1961, 315 S.

Karpow, A.: Meine besten Partien – 64 Siege aus 25jähriger Schachkarriere. Berlin-Fürstenwalde 1997, 227 S. ☞

Kasparov, G. u. Trelford, D.: Child of Change – The Autobiography of Garry Kasparov. London, Melbourne, Auckland, Johannesburg 1987, 243 S.

Kasparow, G.: Politische Partie. München 1987, 350 S. ☞

Keene, R.: Gary Kasparow's Best Games. London 1993, 63 S.

Keene, R.: Nigel Short's Best Games. London 1993, 63 S.

Keres, P.: The Road to the Top. London 1996, 255 S.

Kohlmeyer, D. u. van Fondern, M. (Hrsg.): Bobby Fischer: Ein Schachgenie kehrt zurück Bobby Fischer – Boris Spasski 1992 10 : 5. Hollfeld 1992, 159 S.

Kohlmeyer, D.: Wie schlägt man den Weltmeister? Die Verlustpartien des Schachweltmeisters Garri Kasparow. Frankfurt/M.-Leipzig 1995, 147 S.

Kohlmeyer, D.: Duell in den Wolken – Schach-WM Kasparow-Anand New York. Berlin-Fürstenwalde 1995, 108 S.

Kohlmeyer, D.: Duell in der Steppe – Schach-WM Karpow-Kamsky Elista '96. Berlin-Fürstenwalde 1996, 96 S.

Kohlmeyer, D. u. Nunn, J.: Chess Roulette in Monte Carlo – 6th Amber Chess Tourn. Berlin-Fürstenwalde 1997, 128 S.

Kortschnoj, V.: Meine besten Kämpfe. 2. Aufl., Düsseldorf 1989, 144 S.

Kotow, A.: Das Schacherbe Aljechins, 1. Teil. Berlin 1957 ☞, 2. Teil. Berlin 1961 ☞, Nachdruck Zürich 1990, 1032 S.

Linder, I. u. Linder, W.: Das Schachgenie Capablanca, Berlin 1988, 304 S.

Linder, I. u. Linder, W.: Das Schachgenie Aljechin, Berlin 1992, 320 S.

Linder, I. u. Linder, W.: Das Schachgenie Lasker, Berlin 1991, 288 S.

Lobron, E.: Schacholympiade Thessaloniki 1984. Berlin 1985, 352 S.

Löffler, St. u. Knaak, R.: So spielt Nigel Short. Berlin 1993, 148 S.

Matanovic, A. u. a.: Schachinformator. Belgrad ab 1966 periodisch (dreimal jährlich), auch als ChessBase Diskette ☞

Matanovic, A.: Schacholympiade Skopje 1972. Beograd 1972, 212 S.

Müller, H. u. Pawelczak, A.: Schachgenie Aljechin. 2. Aufl., Berlin 1962, 276 S.

New in Chess Yearbook. Alkmaar, periodisch (viermal jährlich mit Diskette)

Nikitin, A.: Mit Kasparow zum Schachgipfel. Berlin 1991, 310 S.

Panow, W. N.: Capablanca – das Schachphänomen. Stuttgart 1982, 141 S.

Pfleger, H. u. Behr, A.: Schach-WM 1995 Kasparow-Anand. Zürich 1995, 135 S.

Poldauf, S.: François André Danican Philidor: Musiker und Schachspieler – ein Intellektueller zwischen Königshof und Bürgertum. Magisterarbeit im Fach Kulturwissenschaft, Humboldt-Universität Berlin 1998, 80 S.

Polgar, Zs. u. Shutzman, J.: Queen of the Kings Game. New York 1997, 352 S.

Réti, R.: Die Meister des Schachbretts. Mährisch-Ostrau 1930 ☞

Sanakojew, G.: Der 3. Versuch – Mein Weg zum Fernschach-WM. Schwieberdingen 1997, 240 S.

Shirov, A.: Fire on Board – Shirov's Best Games. London 1997, 239 S.

Smyslow, W. W.: Ausgewählte Schachpartien. Berlin 1954, 195 S. ☞

Suetin, A.: Tigran Petrosjan – Die Karriere eines Schachgenies. Berlin-Fürstenwalde 1997, 352 S.

Suetin, A.: David Bronstein. Berlin-Fürstenwalde 1996, 232 S.

Suetin, A.: Das Schachgenie Botwinnik. Berlin 1990, 302 S.

Suetin, A.: Das Schachgenie Paul Keres. Berlin 1987, 254 S.

Tal, M.: The Life and Games of Mikhail Tal. Neuaufl., London 1997, 496 S.

Tartakower, S. G.: Tartakowers Glanzpartien 1905–1930. Neuaufl. Hollfeld 1986, 228 S. ☞

Ward, C.: The Genius of Paul Morphy. London 1997, 205 S.

Wassiljew, J.: Garri Kasparow – Der letzte Champion der Steinitzschen Epoche. In: Z. Schach (1999) 1, S. 5–17

Wrobel, D. u. a.: XVII. Schacholympiade Havanna 1966. Berlin 1967, 327 S.

GESCHICHTE DES SCHACHSPIELS UND LEXIKA

Abramow, L. J. (Hauptredakteur): Schachmatnyj slowar (Schach-Wörterbuch). Moskwa 1964, 682 S.

Awerbach, J.: Kleines Schachwörterbuch. Beograd 1980, 151 S.

Bachmann, L.: Das Schachspiel und seine historische Entwicklung. Dargestellt an der Spielführung der hervorragendsten Schachmeister, insbesondere der Weltschachmeister. Leipzig 1924, 179 S. ☛

Barcza, G., Altföldy, L. u. Kapu, J.: Die Weltmeister des Schachspiels. Bd. 1: Von Morphy bis Aljechin; Bd. 2: Von Botwinnik bis Fischer. Budapest 1975 ☛

Barkhuis, F.: Schach blüht aus den Ruinen – Das dt. Schachleben 1946–1955 im Spiegel der Caissa. Maintal 1997, 160 S.

Bönsch, E.: Kleines Lexikon Schach. 2. Aufl., Berlin 1990, 126 S. ☛

Borik, O. (Hrsg.), Petzold, J. u. a.: Meyers Schachlexikon – Schachwissen für jedermann. Mannheim/Leipzig/Wien/Zürich 1993, 353 S. ☛

Botwinnik, M. M.: Die Kunst der sowjetischen Schachschule. Sonderdruck, Hrsg. v. L. Toth, Kecskemét 1945, 20 S.

Bouton, Ch. u. Rodrigues, E.: Spektralanalyse der Kämpfe um den Schachthron. In: Z. RE (1993) 7 ☛

ChessBase: Die Welt des Schachs. CD, Hamburg 1999

ChessBase: 100 Jahre Schach. CD, Hamburg 2000

Demeter, G. S.: W. I. Lenin über die physische Ertüchtigung der Revolutionäre. In: Wissenschaftliche Zeitschrift der DHfK Leipzig 9 (1967) 2, S. 58–61 ☛

Ehrmanntraut, R.: Sie spielten Schach. Rezension des Buches ›Oni igrali w schachmaty‹, Moskau 1982 in: Z. ER (1983) 8, S. 24–25

Euwe, M./Nunn, J.: The Development of Chess Style. Neubearbeitung auf der Grundlage Euwes »Praktische Schaaklessen« (1965), London 1997, 224 S.

Deutscher Schachbund e. V. (A. Hild, Hrsg.): Festschrift zum 50jährigen Bestehen (1877–1927). Leipzig 1927, 70 S.

Diel, A.: Schach in Deutschland – Festbuch aus Anlaß des hundertjährigen Bestehens des Deutschen Schachbundes e. V. 1877–1977. Düsseldorf 1977, 200 S.

Dworkowitsch, W. J.: Sprawotschnik schachmatista (Wörterbuch des Schachspielers). Moskwa 1983, 126 S.

Finkenzeller, R., Ziehr, W. u. Bührer, E.: Schach – 2000 Jahre Spiel-Geschichte. Stuttgart 1989, 208 S.

Fondern van, M. u. a.: Lexikon für Schachfreunde. Luzern 1980, 351 S.

Grekow, M.: Die russische Schule in der Schachkunst. In: Sprecher (Hrsg.): Schachkunst in der UdSSR. Wien 1947, S. 13–73 ☛

Hannak, J.: Emanuel Lasker – Biographie eines Schachweltmeisters. Berlin 1952, 315 S. ☛

Heymann, N.: K u. K – Die unendliche Geschichte. Maintal 1997, 158 S.

Hooper, D. u. Whyld, K.: The Oxford Companion to Chess. Oxford 1987, 407 S.

Houska, V. u. Opočenský, K.: Heiteres aus der Welt des Schachs. Prag 1961, 240 S.

Hübner, R.: Der Wettkampf Capablanca-Aljechin, Buenos Aires 1927. In: Schach (1998) 5, S. 5–22; 6, S. 52–71; 8, S. 55–69

Hübner, R.: Der Wettkampf Lasker-Schlechter im Jahre 1910. In: Z. Schach (1999) 5, S. 39–47; 6, S. 49–60; 8, S. 53–66; 10, S. 36–47; 11, S. 53–61 ☛

Karpow, A. E. (Gl. redaktor): Schachmaty enziklopeditscheskij slowar (Schach-Enzyklopädie). Moskwa 1990, 621 S.

Kasparov, C.: Garry Kasparov – by his Mother. In: British Chess Magazine (1986) 1 ☛

Kiefer, A.: Das Schachspiel in Literatur und Kunst. München 1958

Krassenkow, M.: Ein glücklicher Abschnitt der Jugend (Erinnerung an die Smyslow-Schule). In: RE (1997) 5 ☛

Krogius, N.: Boris Spasski – Der letzte Don Quichotte der Schachwelt. In: Schach (1995) 1

Lasa, T. von der: Zur Geschichte und Literatur des Schachspiels – Forschungen. Leipzig 1897, Fotomechanischer Neudruck d. Zentralantiquariats der DDR, Leipzig 1976, 269 S.

Linde, A. van der: Geschichte und Literatur des Schachspiels. Nachdruck d. Berliner Ausg. von 1874, Zürich 1981, 1093 S.

Linde, A. van der: Quellenstudium zur Geschichte des Schachspiels. Das erste Jahrtausend der Schachliteratur 850–1880. Osnabrück 1968, Neudruck der Ausgabe von Berlin 1881

Linder I. M.: Schachmaty na rusi (Schach in Russland). 2. Aufl., Moskwa 1975 (Thematische Literatur S. 202–206)

Linder I. u. Linder, W. (Red. D. Poldauf): Schach – Das Lexikon. Berlin 1996, 367 S. ☞

Lindörfer, K.: Großes Schachlexikon. Geschichte, Theorie und Spielpraxis von A-Z. Gütersloh 1977, 383 S.

Litmanowicz, W. u. Gizycki, J.: Szachy od A do Z. Bd. 1 a-m, Warszawa 1986, S. 5–752

Litmanowicz, W. u. Gizycki, J.: Szachy od A do Z. Bd. 2 n-z, Warszawa 1987, S. 757–1438

Lasa, T. von der: Zur Geschichte und Literatur des Schachspiels. Leipzig 1897. Fotomechanischer Neudruck d. Zentralantiquariats der DDR, Leipzig 1976

Malich, B.: Die spätmittelalterlichen deutschen Spielallegorien als sozialgeschichtliche Quelle. Diss. A, Martin-Luther-Universität Halle/S. 1970, 429 S.

Meissenburg, E. (Hrsg.): Bibliographie der Fernschachliteratur. Nebst Beiträgen zur Frühgeschichte des Fernschachspiels. 2. Aufl., Winsen/Luhe 1971

Meissenburg, E. (Hrsg.): Schachwissenschaftliche Forschungen. Beiträge zur Kultur- und Geistesgeschichte des Schachspiels. 1–5 (1972–1975)

Meissenburg, E.: Der Frankfurter Schachbücherkatalog – Schachschriften in der Stadt- und Universitätsbibliothek Frankfurt/M. Nachtrag I zur 2. Aufl., Seevetal 2 1985

Meissenburg, E.: Schachhistorische Forschung(en), Rückblick und Ausblick. In: Z. RE (1996) 10, S. 86–87

Meissenburg, E.: Schachbüchersammeln und Schachbüchersammlungen. RE (1998) 4, S. 65–66 ☞

Metz, H.: Anand neuer Schnellschach-Weltmeister. In: Z. RE (2000) 8, S. 5–6 ☞

Müller, K.: 100 Jahre Dresdner Sportclub. In: Z. Schach (1998) 7, S. 77–78

Müller, R. A.: Der Arzt im Schachspiel bei Jacob von Cessolis. München 1981, 96 S.

Opfermann, H.C: Die Leistungen und Spielerfolge der großen Schachdenker. Düsseldorf/Wien 1981, 460 S.

Petzold, J.: Schach – Eine Kulturgeschichte. Leipzig 1986, 240 S.

Pfleger, H. u. Metzing, H. (Hrsg.): Schach – Spiel, Sport, Wissenschaft, Kunst. Hamburg 1984, 208 S.

Poldauf, D.: Das große Knockout-Spektakel (Fide-WM Groningen 1997). In: Z. Schach (1998) 2, S. 5–47

Poldauf, D.: Die Stunde der zweiten Reihe (Fide-Weltmeisterschaft Las Vegas). In: Z. Schach (1999) 9, S. 5–47 ☞

Rattmann, K. (Hrsg.): 150 Jahre Hamburger Schachklub von 1830 e. V., Hamburg 1982, 136 S.

Runkel, W.: Schach – Geschichte und Geschichten. Reinbek-Hamburg 1995, 287 S. ☞

Schendel, G.: 50 Jahre internationales Schach in Deutschland. In: Z. RE (2000) 1, S. 97–99

Schendel, G.: Nostalgie in zwei Akten? Chess – ein Musical im Wandel der Zeit. In: Z. RE (2000) 3, S. 21–23

Schendel, G.: Kampf ums Überleben? FIDE-Präsident Iljumschinow: Die Schachwelt muss reorganisiert werden. In: Z. RE (2000) 4, S. 62–65

Schmid, A.: Literatur des Schachspiels. Wien 1847, Fotomechanischer Nachdruck des Zentralantiquariats der DDR, Leipzig 1975, 402 S.

Schmidt, M.: Fernstudium im Schach – Botwinnikschule. In: Z. Schach (1986) 10, S. 15–16

Schulz, J.: Weltmeister Roman Slobodjan eine deutsch-deutsche Geschichte. In: Z. RE (1995) 11, S. 81

Schweizerischer Schachverband (Red. A. Crisovan u. K. Riethmann): 1889–1979 90 Jahre Schweizerischer Schachverband. Schönenberg ZH 1979, 155 S.

Silbermann, J. u. Unzicker, W.: Geschichte des Schachs. München/Gütersloh/Wien 1975, 368 S.

Spasski, B: Die Schachwelt und der Bahnhof (Interview von D. Kohlmeyer mit Boris Spasski). In: Z. RE (1997) 2

Sprecher, S. (Hrsg.): Schachkunst in der UdSSR. Wien 1947, 208 S.

Stolze, R.: Umkämpfte Krone – Die Duelle der Schachweltmeister von Steinitz bis Kasparow. Berlin 1992, 224 S.

Suetin, A.: Schach – gestern und heute. Das klassische Weltschach in der 2. Hälfte des 20. Jahrhunderts. Berlin-Fürstenwalde 1998, 224 S.

Tasc ChessSystem: FideChess Encyclopaedia. CD, Rotterdam 1996

Tischbierek, R.: Sternstunden des Schachs: 30 x Olympia – London 1927 bis Manila 1992. Berlin 1993, 208 S.

Tischbierek, R.: Einmal Steppe und zurück (XXXIII. Schacholympiade Elista 1998). In: Z. Schach (1998) 11, S. 6–55

Tischbierek, R.: Eine Meisterschaft der Superlative (Deutsche Meisterschaft 1998). In: Z. Schach (1998) 12, S. 4–31

Vidmar, M.: Goldene Schachzeiten. 2. Aufl., Berlin 1981, 259 S.

Voland, R.: Strategen im Hintergrund – Das UdSSR-Schach 1941–45. Schwieberdingen 1998, 239 S.

Wahl, G.: Der Geist und die Geschichte des Schachspiels. Halle 1798, Fotomechanischer Neudruck des Zentralantiquariats der DDR, Leipzig-Wiesbaden 1981, 419 S.

Wegener, F.: Die Ströbecker und ihr Schachspiel. In: Z. Schach (1989) 8, S. 15–17; 9, S. 14,15, 22; 10, S. 12–13; 11, S. 12–13

Weiß, A.: Deutschland hat einen Schachweltmeister: Roman Slobodjan vom USC Magdeburg (Interview). In: RE (1995) 11, S. 84

Wichmann, H. u. S.: Schach – Ursprung und Wandlung der Spielfigur in zwölf Jahrhunderten. München 1960, 332 S.

Zander, O.: Geschichte der Berliner Schachgesellschaft – Festschrift zur Feier ihres hundertjährigen Bestehens. Berlin 1927, 137 S.

Zickelbein, Ch. (Red.): 10 Jahre Hamburger Schachjugendbund (1958–1968). Hamburg 1968, 92 S.

COMPUTERSCHACH, INTERNET, SCHACH UND MATHEMATIK

Althöfer, I.: 13 Jahre 3-Hirn. Jena 1998, 348 S.

Berliner, H.: Suchtiefe kontra Intelligenz. In: Z. Schach (1999) 12, S. 52–58

Botwinnik, M. M.: Menschen und Maschinen am Schachbrett. In: Z. Schach (1961) 12, S. 177 f. und 15 (1961) 13, S. 195 f. (Nach einem Vortrag an der Humboldt-Universität Berlin im November 1960)

Botwinnik, M. M.: Computer wird Großmeister schlagen. In: Z. Schach (1969) 7, S. 224 ☛

Botwinnik, M. M.: Meine neuen Ideen zur Schachprogrammierung. Berlin/Heidelberg/New York 1982

Charness, N.: Human Chess Skill. In: Frey, P. W. (Ed.), Chess Skill in Man and Machine. New York 1983

ChessBase Version 6.0. Handbuch, Hamburg 1996, 250 S.

ChessBase Version 7.0. Update Handbuch, Hamburg 1998, 35 S.

ChessBase Version 8.0: Datenbankprogramm (CD), Hamburg 2000

EuroChess Zentrale: Der Schachcomputer-Katalog 1996. Königswinter 1996, 256 S.

Fleischer, L.-G.: Analogien zwischen dem Schachspiel und wissenschaftlichen Problembearbeitungsprozessen. In: Konferenzbroschüre der ersten wiss. Konferenz des Deutschen Schachverbandes in Halle, 1972, S. 50–54 ☛

Frey, P. W: Chess Skill in Man and Machine (Schachliche Fertigkeiten bei Mensch und Maschine). Springer-Verlag 1977, Themabezogene Bibliographie S. 207–211 mit 104 Titeln.

Gik, E. J.: Schach und Mathematik. Moskau/Leipzig/Jena/Berlin 1986, 216 S.

Gik, E.: Faszination Computerschach. Düsseldorf 1991, 104 S.

Heinz, E. A.: Scalable Search in Computer Chess (Algorithmic Enhancements and Experiments at High Search Depths). Braunschweig/Wiesbaden 2000, 268 S.

Herik, H. J. van den: Computerschaak, Schaakwereld en kunstmatige Intelligentie. Delft 1983

Hurst, S.: Chess on the Web. London 2000, 144 S.

Hsu, F.: Large-Scale Parallelization of Alpha-Beta Search: An Algorithmic and Architectural Study with Computer Chess. Disertation Carnegie-Mellon University Pittsburgh, Computer Science Department 1990

Hsu, F., Anantharaman, T., Camphell, M., Nowatzyk, A.: Eine Maschine als Schach-Großmeister. In: Spektrum der Wissenschaft (1990) 12, S. 94–101 ☛

Kasparow, G.: ›Ich habe Gott gesehen‹. Spiegel-Interview mit Weltmeister Garri Kasparow über die Chancen von Schach-Computern. In: Z. Der Spiegel (1991) 13, S. 236

Kauke, M. u. Ziller, S.: Game Strategies to Solve Mathematical Problems. In: A. Posamentier a. W. Schulz (Eds.): The Art of Problem Solving. A Resource for the Mathematics. London 1995, pp. 384–401

Ketterling, H.-P., Schwenkel, F. u. Weiner, O.: Schach dem Computer – Spielen und Lernen mit dem Schach-Computer. München 1983, 220 S.

King, D.: Kasparow gegen Deep Blue. Hollfeld 1997, 148 S.

Kishon, E., Pfleger, H. u. Weiner, O.: Schachcomputer – Gegner und Freund. Frankfurt/M.- Berlin 1993, 313 S.

Knaak, R.: Vergleichende Analyse von schachspielenden Computerprogrammen. Diplomarbeit Universität Leipzig 1979, 40 S.

Knaak, R.: Analysieren mit dem Computer. In: Z. Schach (1999) 7, S. 46–49; 8, S. 78–80; 10, S. 64–67; 12, S. 78–81

Löffler, St.: Ein Männchen in Garris Maschine. Kasparow-Deep Blue Rematch. In: Z. Schach (1997) 6, S. 5–13 ☛

Löffler, St.: Die Wahrheit über Fritz5. In: Z. Schach (1998) 5, S. 40–43

Meyer-Kahlen, St.: Tablebases. In Z. RE (1999) 12, S. 63–64 ☛

Pordzik, D. E.: Alternative Datenbankpflege – Teil II. In: Z. RE (1999) 12, S. 85–86 ☛

Pordzik, D. E.: Chess Base Hamburg – Die Geschichte einer revolutionären Idee. In: Z. RE (2000) 6, S. 89–93 ☛

Posthoff, Ch. u. Reinemann, G.: Computerschach – Schachcomputer. Berlin 1987, 206 S.

Posthoff, Ch.: Mathematische Probleme des Schachspiels. In: Z. Wiss. und Fortschritt 25 (1975) 8, S. 374–377

Posthoff, Ch.: Absolute Wahrheit oder psychologisches Schach. In: Z. Schach (1989) 6, S. 14–15; 7, S. 14, 15, 21

Reinemann, G.: Entwicklungstendenzen der Programmtechnik beim Computerschach. In: Konferenzbroschüre der ersten wissensch. Konferenz des Deutschen Schachverbandes in Halle, 1972, S. 54–57

Reinemann, G.: Schach und Informatik. In: Z. Schach (1985) 11, S. 485–486, 12, S. 533, (1986) 1, S. 5

Schipper, W.: Mathematik und Schach. In: E. Meissenburg (Hrsg.): Schachwissenschaftliche Forschungen, Winsen/Luhe (1972) 1, S. 24–38

Schreiner, P.: Eröffnungsbücher. In: RE (2000) 1, S. 39–40

Shannon, C. E.: Programming a Computer for Playing Chess. Philosophical Magazin 41 (1950), S. 256–275

Sopart, Ch.: Schachcomputer – mein Hobby. München 1983, 142 S.

Steinwender, D. u. Friedel, F.: Schach am PC. Haar b. München 1995, 504 S., incl. CD

PROBLEMSCHACH UND STUDIEN

Awerbach, J.: Kak reschat schachmatnye etjudy (Wie löst man Schachstudien?). Moskwa 1957, 53 S.

Gehlert, A.: Über das Wesen des Schachproblems. Leipzig 1927

Grasemann, H.: Problemschach. Berlin 1955, 196 S.

Hoffmann, F.: Tausend Jahre Schachprobleme. Tübinger Beiträge zum Thema Schach (Band 4) 2000, 144 S.

Holzhausen, W. Frh. v.: Brennpunktprobleme. Eine Schachstudie. 2. Aufl., Leipzig 1926, 135 S.

Horwitz, B. u. Kling, I.: Chess Studies and Endgames. London 1889, Nachdruck 1986, 376 S.

Karpow, A. u. Gik, E.: Schachmatny kaleidoskop. 2. Aufl., Moskwa 1984, 223 S.

Karpow, A. u. Gik, E.: Schachstudien der Weltmeister. Hollfeld 1991, 136 S.

Kasparjan, G. M.: Schachmatnye etjudy (Schachstudien). Bd. 1., Moskwa 1972

Kasparjan, G.M.: Schachmatnye etjudy (Schachstudien). Bd. 2., Moskwa 1974

Kasparjan, G. M.: Posizionnaja nitschja (Positionelles Remis), 2. Aufl., Moskwa 1977, 144 S. ☛

Kasparjan, G. M.: Sila peschki (Die Stärke des Bauern). Eine Sammlung von 1338 Studien aus Vergangenheit und Gegenwart. Erewan 1980

Kasparyan, G. M.: Domination in 2545 Endgame Studies. Moscow 1980, 542 S., 2548 Diagramme

Kohtz, J. u. Kockelkorn, C.: Das Indische Problem. Leipzig 1903, 176 S.

Kohtz, J. u. Kockelkorn, C.: Über das Wesen des Schachproblems. Leipzig 1927, 63 S.

Matanovic, A. (Chefred.) u. a.: Anthologie der Schach-Probleme. Belgrad 1997, 414 S., 2345 Probleme

Palatz, F.: Miniatures Stratégiques. Paris 1935, 135 S.

Petrovic, N.: FIDE-Album 1945–1955. Zagreb 1964, 479 S.

Ranneforth, H.: Das Schachproblem. Leipzig 1937, 72 S.

Roth, H.: Der Schachkomponist – Johann Berger als Schachtheoretiker und Partiespieler, Graz-Stuttgart 1982, 135 S.

Selepukin, H. P.: Slowar schachmatnoj komposizii (Wörterbuch der Schachkompositionen). Kiew 1985, 184 S.

Siehndel, K.-H., Hoffmann, F., Schiller, G. u. Zucker, M.: Problemschach – 407 Aufgaben und Studien. 3. Aufl., Berlin 1991, 252 S. ☛

White, A.C.: Sam Loyd und seine Schachaufgaben. Leipzig 1926, 482 S. ☞

White, A.C.: Problems by my Friends. o. O. 1931, 251 S.

TURNIER- UND WETTKAMPFORGANISATION

Deutsche Schachjugend: Jugendarbeit im Schach – Handbuch für Jugendleiter und Vereine. Loseblatt-werk, Helmbrechts 1973

Deutscher Schachbund e. V. (Red. M. Berndt): Wertungsspiegel 1995/96. 97 S.

Deutscher Schachbund e. V., Schiedsrichterkommission (Red. J. Kohlstädt): FIDE – Schachregeln. Deut-sche Übersetzung, gültig ab 1. Juli 1997 (mit Rahmenrichtlinien für die Schiedsrichterausbildung im DSB e. V.), 28 S. ☞

Deutscher Schachbund e. V. (Red. R. Kasper): Turnierordnung des Deutschen Schachbundes e. V. (Fas-sung vom 25. 05. 1999), 53 S. ☞

Deutscher Schachbund e. V.: Rahmenrichtlinien für die Schiedsrichterausbildung im Deutschen Schach-bund e. V. Beschlossen am 15. 05. 1999, 6 S.

Elo, A. E.: The Rating of Chessplayers, Past and Present. New York 1978

Fédération Internationale des Échecs: FIDE-Handbook 1999. Loseblattwerk mit Aktualisierungen, 486 S. ☞

Filipowicz, A.: FIDE-Rating List of January 1, 1999 (The Fourth Version), All Rated Players Active and non Active Together. Schreiben an H. Metzing vom 16. 03. 1999 ☞

Glenz, K.-H.: Das Elo-System und das DWZ-Verfahren. Essen 1997, 160 S.

Heyme, S.: Urheberrecht an Schachpartien? In: Z. Schach (1999) 4, S. 58–59

Hösslinger, A.: INGO – Die Vorteile des Ingo-Systems. Ingo-Broschüre Nr. 2, Ingolstadt 1954, 22 S.

Krause, Ch.: Das Schweizer System nach Dubov (offizielles Schweizer System d. FIDE). In: RE (2000) 1, S. 102–103 ☞

Reuben, St.: The Chess Organisers Handbook. London 1997, 127 S.

Schweizerischer Schachbund: FIDE Schachregeln 1997 ergänzt mit einer Musterpartie und Beispielen aus der Turnierpraxis. (FIDE-Regeln in Deutsch und Englisch), 112 S. ☞

Schweizerischer Schachverband: Turnierleiter-Handbuch. Huttwil 1982, 132 S.

U. S. Chess Federation: Official Rules of Chess. 4th Edition (Handbuch für Turnierleiter), New York 1993, 370 S.

Weber, F. J.: Swiss Chess. Computerprogramm zur Organisation von Schachturnieren (Handbuch), 2. Aufl., Erkrath 1995, 102 S.

MATERIALIEN DEUTSCHER SCHACHBUND/DEUTSCHE SCHACHJUGEND

Bönsch, U.: Zur Leistungssportförderung im Deutschen Schachbund. Vortrag auf der Tagung der Präsi-denten und Vorsitzenden der Landesverbände des Deutschen Schachbundes e. V. am 07. 02. 1998 in Karlsruhe, Handout 12 S. ☞

Deutsche Schachjugend: Konzept DSJ 2000. Berlin 3/97, 3 S. ☞

Deutsche Schachjugend: Leistungssportkonzept DSJ-Spitzenförderung jugendlicher Schachspieler in der Deutschen Schachjugend. Berlin 3/1996, 6 S.

Deutsche Schachjugend (Red. T. Cmiel, M. Jung, G. Mossakowski, T. Radde, J. Schulz): Schach mal an-ders. Brühl 1996, 44 S. ☞

Deutscher Schachbund e. V. (Red. H.-J. Hochgräfe): Rahmen-Richtlinien des Deutschen Schachbundes für die Ausbildung von Fachübungsleitern und Trainern. Teil A und B, Berlin 09/1992 ☞

Deutscher Schachbund e. V.: Materialien zum ordentlichen Bundeskongreß des Deutschen Schachbundes am 18. Mai 1996 in Bad Segeberg. 139 S. (mit Protokoll des Bundeskongresses von 1995)

Deutscher Schachbund e. V.: Materialien zum ordentlichen Bundeskongreß des Deutschen Schachbundes am 10. Mai 1997 in Bad Schandau. 151 S. (mit Protokoll des Bundeskongresses von 1996)

Deutscher Schachbund e. V.: Materialien zum ordentlichen Bundeskongreß des Deutschen Schachbundes am 23. Mai 1998 in Baden-Baden. 135 S. (mit Protokoll des Bundeskongresses von 1997)

Deutscher Schachbund e. V.: Materialien zum ordentlichen Bundeskongreß des Deutschen Schachbundes am 15. Mai 1999 in Monschau. 148 S. (mit Protokoll des Bundeskongresses von 1998)

Deutscher Schachbund e. V.: Materialien zum ordentlichen Bundeskongress des Deutschen Schachbundes am 03. Juni 2000 in Rostock. 142 S. (mit Protokoll des Bundeskongresses von 1999)

Deutscher Schachbund e. V.: Satzung. Berlin 06/1997, 18 S.

Deutscher Schachbund e.V. (Kommission Schachsportabzeichen): Schachsportabzeichen 1998 – Trainingsmaterialien. Berlin 1998, 48 S.

Deutscher Schachbund e.V. (Strategiekommission): Grundzüge einer zielgruppenspezifischen Marketing-Konzeption für Schach. Berlin 03/1998, 68 S.

Deutscher Schachbund e.V.: Konzeption zur Leistungssportförderung im Deutschen Schachbund. Mai 1999, 19 S.

Deutscher Schachbund e.V. (Red. S. Wölk): Konzeption Leistungssportförderung des Landesschachverbandes Musterland. Hamburg 09/1999, 16 S. ☞

Deutscher Schachbund e.V. u. Deutsche Schachjugend e.V. (Red. Arbeitskreis »Aktionswochen Schule u. Verein«): Zug um Zug – Die Kooperation von Schule und Verein im Schach. Berlin 1994, 2. Aufl., 30 S.

Deutscher Schachbund e.V. (Red. H.-J. Hochgräfe u.H. Friedrich): Protokoll der Tagung der Lehrwarte am 30./31. Oktober 1999 in Schwerin. 4 S., Anlagen 5 S. ☞

Deutscher Schachbund/Schachverlag Arno Nickel: Citroën Handbuch Schach in Deutschland 1993/1994. Berlin, 310 S.

Ditt, E.: Workshop zu Fragen des Nachwuchsleistungssports (Bundeskongreß 1997 des DSB e.V. am 10.05. 1997 in Bad Schandau) ☞

Jordan, D.: Engere Verbindung von Schule und Schach? In: Z. Schach (1990) 5, S. 31–32

Jugendversammlung der DSJ: Positionspapier der DSJ zur Alkohol- und Drogenproblematik. In: Z. JugendSchach (2000) 3, S. 37 ☞

Schily, O.: Grußwort zur Deutschen Jugendmeisterschaft 1999 im Schach. In: Demo (Red. F. Seel, Ch. Warneke), Ausgabe Nr. 7 vom 28.05. 99, S. 3 ☞

Schulz, J.: Aufsichtspflicht – ein immer aktuelles Thema der Jugendarbeit. In: Z. JugendSchach (1998) 2, S. 35–36

Weiß, A.: Topförderung. In: Z. Schach (1998) 2, S. 99–100 ☞

VERSCHIEDENE PUBLIKATIONEN, TEXTE UND ARBEITSMATERIALIEN

Betts, D.A.: Chess. An Annotated Bibliography of Works Published in the English Language, 1850–1968. Boston 1974

Blankenburg, G., Perschon, U., Rothenberg, L. u.a.: Schach in der Schule. Hamburg 1988, 80 S.

Bönsch, E.: Die Stellung des Schachs im System der Sportdisziplinen. Vortrag auf dem Spezialkurs zur Bedeutung des Schachs für die Erziehung, Wissenschaft und Kultur an der Technischen Universität Dresden vom 25.08–02.09. 1988 ☞

Bönsch, E. u. Zähler, J.: Konzeption Leistungssportförderung des Landesschachbundes Brandenburg e.V. In: Z. RE (2000) 4, S. 31–34

Bönsch, U.: Ich setze auf die Jugend (Interview von R. Tischbierek mit dem Bundestrainer). In: Z. Schach (1997) 5, S. 38–39

Brunthaler, H.: Gedanken zum Nachwuchs-Leistungssport. Analysen, Betrachtungen und Methoden zur Lage der Nachwuchskader der Deutschen Schachjugend. Erfurt 1998, 17 S.

Burgess, G.: The Mammoth Book of Chess. London 1998, 537 S., 897 Diagr.

Denksportboekhandel L'Esprit (Lauwen, P., Hrsg.): Schaakkatalogus. Rosmalen/NL 1998, 20 S.

Deutsche Gesellschaft für Psychologie: Richtlinien zur Manuskriptgestaltung. Göttingen/Toronto/Zürich 1987, 43 S.

Deutsche Olympische Gesellschaft (Fair-Play-Initiative des deutschen Sports, Hrsg.): Fair-Halten der Trainer. Frankfurt/M. 1995, 16 S.

Deutscher Schachverband der DDR: Schach und Persönlichkeitsbildung. Konferenzbroschüre der ersten wissenschaftlichen Konferenz des Deutschen Schachverbandes in Halle, 1972, 66 S. ☞

Deutscher Sportbund: Rahmen-Richtlinien für die Ausbildung im Bereich des Deutschen Sportbundes. 7. Aufl., Frankfurt/M. 1994, 49 S. ☞

Deutscher Sportbund (Bundesvorstand Leistungssport): Leistungssport im Nachwuchsbereich (Mit Strukturschema von C. Ostrowski). Frankfurt/Main 1991, S. 20 ☞

Deutscher Sportbund (Bereich Leistungssport): Nachwuchs-Leistungssport-Konzept. Frankfurt/Main, beschlossen vom DSB-Hauptausschuss am 13.12. 1997, 55 S.

Deutscher Sportbund (Red. J. Schröder u.M. Spangenberg): Betreuen, Anleiten, Trainieren im Sport. Planungshilfen für Übungsleiterinnen und Übungsleiter. Niederhausen/Ts. 1997, 232 S.

Deutscher Sportbund (Bundesausschuss für Ausbildung und Weiterbildung): Rahmenrichtlinien für die Ausbildung im Bereich des Deutschen Sportbundes. Frankfurt/M. 1999, 96 S. ☛

Deutscher Sportbund (Hauptausschuss): Förderkonzept 2000. Vom 02. 12. 1995 Bonn, 20 S.

Deutscher Sportbund (Bereich Leistungssport): Nationales Spitzensport-Konzept. Vom 13. 12. 1997 Frankfurt/M., 29 S.

Dudenredaktion (Hrsg.): Duden, Die deutsche Rechtschreibung. 22. Aufl., Mannheim/Leipzig/Wien/Zürich 2000, 1152 S. ☛

Fédération Internationale des Échecs (Hrsg.): International Rating List (halbjährlich) ☛

Heymann, N.: Ratgeber für aktive Vereinsspieler/innen. Frankfurt/O. 1995, 80 S.

Grätz, H. R.: Schach mehr als ein Spiel. Leipzig 1962, 133 S.

Grünberg, R. u. Treppner, G.: Frauen am Schachbrett. Hollfeld 1991, 226 S.

Höhne, H., Röhl, G.: Schach-Bibliographie. Verzeichnis der in der Deutschen Bücherei und der Universitätsbibliothek Leipzig vorhandenen Schachliteratur. Leipzig 1960, 61 S. ☛

Jehle, B.: ChessWare Schachliteratur-Katalog 1999. Weissenhorn 1999, 199 S. (im Jahr 2000 auf CD) ☛

Jordan, D.: Bemerkungen zur Entwicklung von Talenten im Spitzenschach. Manuskript Dresden 1998, 11 S. ☛

Karau, A. u. Renner, W.: Schwarz und Weiß. Heitere und ernste Begegnungen mit dem königlichen Spiel in der Literatur. Berlin 1960, 263 S.

Karpow, A.: Der ökonomische und geistige Wert Freizeit (Auszüge aus Diplomarbeit). In: Z. Sputnik 12 (1978) 8, S. 130–132

Kauke, M. u. Bönsch, E.: Gens una sumus. Schachspielkunst für eine ludische Kultur. In: Bauer, G. (Hrsg.): Homo ludens. Der spielende Mensch. IV. Internationale Beiträge des Institutes für Spielpädagogik an der Hochschule »Mozarteum« Salzburg, München 4 (1994), S. 197–216

Ketteler, G.: Sport als Rechtsbegriff. In: Z. SpuRt, Zeitschrift für Sport und Recht 4 (1997) 3, S. 73–77

Lusis, A.: Chess. An annotated bibliography 1969–1988. London 1991, 320 pp., ca. 3000 Items

Meissenburg, E.: Schachbüchersammeln und Schachbüchersammlungen. RE (1998) 4, S. 65–66 ☛

Metz, H.: Kinder auf Elefanten-Jagd (Chinese Bu Xiangzhi mit 13 Jahren jüngster Großmeister aller Zeiten). In: Z. RE (1999) 12, S. 113 ☛

Neander, J.: Ist Schach nicht mehr als Sport? In: Z. ER (1983) 8, S. 3

Neander, J.: Ist das Schachspiel ein Feind der Deutschen? In: Z. RE (2000) 8, S. 4

Nesis, G.: Ich bin sehr stolz auf meinen Schützling. Telefoninterview von D. Kohlmeyer in RE, 11/1999, S. 6 ☛

Poenicke, K.: Duden – Wie verfaßt man wissenschaftliche Arbeiten? 2. Aufl., Mannheim/Leipzig/Wien/Zürich 1988, 216 S. ☛

Redaktion Schach (Red. R. Tischbierek): Quo vadis, deutsches Schach? – Ein Rund-Tischgespräch über Spitzenschach und Talenteförderung in Deutschland. In: Z. Schach (1997) 10, S. 5–15

Richter, F.: Mädchen und Schach – Eine Analyse über die Unterrepräsentanz des weiblichen Geschlechts im Schach. In: Z. ER (1985) 1, S. 1, 18

Richter, K.: Kurzgeschichten um Schachfiguren. Berlin 1947, 3. Neuaufl., Hollfeld 1991, 343 S.

Schachbund NRW (Red. F. Richter u. H.-J. Dorn): Lehrgangsplan 1998, 26 S.

Schach-Kalender 2000. Edition Marco, 17. Jg. Berlin, 288 S. ☛

Special Course of the Dresden University of Technology 25. August – 2. September 1988. Importance of Chess to Education, Science and Culture. Abstracts of Papers, Dresden 1988, 27 S.

Spezialkurs der Technischen Universität Dresden 15.–28. August 1989. Bedeutung des Schachs für Erziehung, Wissenschaft, Kultur. Kurzreferate, 30 S.

Stegiæ, L.: Chess in Schools. Belgrad 1980, 42 S.

Steinkohl, L.: Faszination Fernschach. Düsseldorf 1984, 240 S.

Trainerakademie Köln (Red. J. Kozel u. a.): Trainerakademie Köln Aktuell. Z. für Trainer, Köln (viermal jährlich)

Trautmann, K.: Der letzte Fehler – 128 irrtümlich aufgegebene Schachpartien. Schwieberdingen 1999, 158 S.

Voland, R. (Hrsg.): Schach – ernst und heiter. 4. Aufl., Berlin 1986, 248 S.

Weyer, W.: Das Schach ist als Sport voll anerkannt. Festrede beim 100. Jubiläum des Deutschen Schachbundes in Bad Lauterberg am 12. März 1977. In: Z. Deutsche Schachblätter (1977) 4, S. 73-78

Yim, T.: »Ich habe nie einen Computer besessen und wüßte auch nicht, wozu ich ihn gebrauchen könnte«.

Dr. F. Baumbach im Gespräch mit Fernschach-Doppelweltmeister Tynu Yim. In: Z. Schach (1999) 5, S. 70–73 ☛

Zollinger, M.: Bibliographie der Spielbücher des 15.–18. Jahrh. Bd. 1, 1473–1700, Stuttgart 1996, 471 S.

Zweig, St.: Schachnovelle. Stockholm/Passau 1965, 95 S.

Fachzeitschriften und Periodika (einschließlich bedeutender früherer Schachzeitungen)

British Chess Magazine: St. Leonards on See, Great Britain

Cheskoslovensky Sah: Fachorgan der Tschechoslowakischen Schachföderation, Prag (ab 1906)

Chess: Maxwell Macmillan Oxford

ChessBase Magazin: Hamburg (jährlich 6 CBM-Ausgaben), ab Mai 1987/1997 mit CD ☛

ChessBase Magazin »Extra«: Hamburg (jährlich 6 CD Ausgaben)

Chess in Israel: Official Publication of the Israel Chess Players Organization

Chess Life and Review: Hrsg. v. der United States Chess Federation, Broadway

Chess Mail (Fernschach) www.chessmail.com

Chess Monthly Magazine: London

Chess World Magazine: italienisch

Computerschach und Spiele, CSS: Hrsg. und Redaktionsleitung Dieter Steinwender, Frederic Friedel, Hamburg

Correspondence Chess Review International: erscheint unregelmäßig mit Fernschachpartiensammlung

Correspondence Chess Yearbook: jährlich 3 Ausgaben

Deutsche Schachblätter: Hrsg. v. Bayrischen Schachbund e. V., Nürnberg

Deutsche Schachzeitung: Hrsg. Anderssen, Berger, Blümich, Dufresne, Gottschall, Halumbirek, Lange, Mieses, Minckwitz, Schlechter, Schmidt u. a., erschien von 1846–1990

Deutsche Schachzeitung: Deutsche Schachblätter. Schach-Report. Verlag Deutsche Schachblätter/Schach-Report GmbH Hollfeld

Europe Echecs: Revue internationale mensuelle du jeu d'echecs, Besançon/Frankreich

Feenschach. Zeitschrift für Märchenschach: Hrsg. v. P. Kniest, Wegberg

Fernschach: Bund deutscher Fernschachfreunde (BdF), Kelkheim

Fernschach International: Verlag Manfred Gluth, Löbau ☛

Fernschach-Informator: jährlich 3 Ausgaben, gebunden

FIDE: Revue officielle trimestrielle de la Fédération internationale des échecs. Praha (1952–1965)

Gambit-Revue: jährlich 4 Ausgaben, Düsseldorf

Inside Chess Online: GM Yasser Seirawan, USA

International Correspondence Chess Review: jährlich 3 Ausgaben, Italien, Chefredakteur Dr. F. Baumbach

Internet Chess Journal: tschechisch

JugendSchach: jährlich 10 Ausgaben, Hrsg. v. DSJ, JugendSchachVerlag Dresden, Red. Jörg Schulz ☛

Kaissiber: 4 Ausgaben jährlich, Stefan Bücker, Nordwalde

L'Italia Scacchistica: Italien

Magyar Sakkélet: Fachorgan der Ungarischen Schachföderation, Budapest

New in Chess Magazine: jährlich 8 Ausgaben, Alkmaar/The Netherlands

New in Chess Yearbook: jährlich 4 Ausgaben, Alkmaar/The Netherlands

Pergamon Chess: England

Problemist, The: The British Chess Problem Cociety

Revista de Sah: Fachorgan der Rumänischen Schachföderation, Bukarest

Rochade Europa (mit Regionalteilen): Hrsg. Carsten Köhler, Sömmerda ☛

Russian Chess Review: Russland

Sahovski Glasnik: Fachorgan der Jugoslawischen Schachföderation, Zagreb

Sakkélet: Ungarische Schachzeitung, Budapest

Schach: Zeitschrift des Deutschen Schachverbandes der DDR, Berlin (1946–02/1990); ab 03/1990 Axel Springer Verlag AG Berlin/SVB Sportverlag Berlin GmbH; ab 02/2000 Exzelsior Verlag GmbH Berlin (Raj Tischbierek) ☛

Schach-Archiv, Das: jährlich 2 Ausgaben, Hamburg

Schach-Aktiv: Hrsg. v. Österreichischen Schachbund, Graz

Schach-Echo: Hrsg. v. Schach-Echo-Verlag, Eppstein

Schach-Informator: jährlich 3 Ausgaben, auch auf CD-Beograd

Schach-Kalender: jährlich. Verlag Arno Nickel ☞

Schachmagazin-Randspringer. Erich Münster Verlag Nürnberg

Schach-Magazin 64: 24 Ausgaben jährlich, Carl. Ed. Schünemann Verlag Bremen, Red. Otto Borik ☞

Schach Markt: jährlich 6 Ausgaben, Verlag Werner Rätz, Bretten ☞

Schachmatna Misl: Fachorgan der Bulgarischen Schachföderation, Sofia

Schachmatny Bjulletin: Organ der UdSSR-Schachföderation, Moskwa (1954–1991)

Schach plus: jährlich 12 Ausgaben (Diskette zur Zeitschrift Schach, Berlin)

Schach-Report: (ab Januar 1997 vereinigt mit Schach) ☞

Schachspiegel: jährlich 4 Ausgaben, Verlag Deutsche Schachblätter/Schach-Report GmbH Hollfeld

Schach und Spiele: Verlag Ernst Vögel GmbH, Stamsried

Schachwoche, Die: (vormals Chess-Press), jährlich 50 Ausgaben, Schach-Woche Verlag Freiburg

Schwalbe, Die: Problemschachzeitschrift, Einbeck

Schweizerische Schachzeitung: Obligatorisches Organ des Schweizerischen Schachverbandes

Spielforschung aktuell: Hrsg. Institut für Spielforschung und Spielpädagogik der Universität Mozarteum Salzburg, jährlich 4 Ausgaben ☞

Szachy: Polnische Schachzeitung, Warszawa

The Week in Chess (TWIC): Internetzeitung Mark Crowther ☞

Tournament Chess: 3–4 Ausgaben im Jahr, Hrsg. Murray Chandler

64: Wöchentliche Beilage zur Zt. Sowjetski sport, Moskwa (1968–1979)

64-Schachmatnoe Obosrenie, Moskau, Chefredakteur Alexander Roschal